中国新媒体年鉴

CHINA NEW MEDIA YEARBOOK

中国记协新媒体专业委员会　编

学习出版社

图书在版编目（CIP）数据

中国新媒体年鉴. 2020 / 中国记协新媒体专业委员会编. --北京 ：学习出版社，2021.12

ISBN 978-7-5147-1086-1

Ⅰ. ①中… Ⅱ. ①中… Ⅲ. ①传播媒介－发展－中国－2020－年鉴 Ⅳ. ①G219.2-54

中国版本图书馆CIP数据核字(2021)第233855号

中国新媒体年鉴 2020

ZHONGGUO XINMEITI NIANJIAN 2020

中国记协新媒体专业委员会　编

责任编辑：边　极
技术编辑：贾　茹
装帧设计：美威设计 MVI DESIGN

出版发行：学习出版社
北京市崇外大街11号新成文化大厦B座11层（100062）
010-66063020　010-66061634　010-66061646
网　　址：http://www.xuexiph.cn
经　　销：新华书店
印　　刷：北京中科印刷有限公司

开　　本：889毫米×1194毫米　1/16
印　　张：53.75
字　　数：1066千字
版次印次：2021年12月第1版　2021年12月第1次印刷

书　　号：ISBN 978-7-5147-1086-1
定　　价：299.00元

中国新媒体年鉴 2020

编　委　会

序　言

守正创新，助力媒体深融驶上“快车道”

中国记协新媒体专业委员会

2020 年是极不平凡的一年。面对突如其来的新冠肺炎疫情，以习近平同志为核心的党中央团结带领全党全国各族人民奋力迎战，交出一份人民满意、世界瞩目、可以载入史册的答卷。全面建成小康社会取得伟大历史性成就，决战脱贫攻坚取得决定性胜利，“十三五”圆满收官，“十四五”全面擘画。新闻舆论战线忠实记录全党全国各族人民奋斗历程，生动展示伟大抗疫精神，深入宣传高质量发展成果，全景记录决战脱贫攻坚，涌现出一件件内容精良、制作精心的优秀融媒作品，淬炼出一批批作风优良、业务精湛的全媒人才队伍。

媒体融合发展作为国家战略推进，到 2020 年已经是第七年。媒体融合发展在取得重大进展重要成果的同时，也步入了纵深推进、攻坚克难的“深水区”。中央从国家治理全局高度，进一步擘画媒体融合发展新蓝图。9 月，中共中央办公厅、国务院办公厅印发了《关于加快推进媒体深度融合发展的意见》，从定国安邦、治国理政的全局着眼，从信息化发展潮流下进一步强化党的新闻舆论工作入手，从重要意义、目标任务、工作原则三个方面明确了媒体深度融合发展的总体要求。10 月，党的十九届五中全会审议通过《中共中央关于制定国民经济和社会发展第十四个五年规划和二〇三五年远景目标的建议》，明确提出“推进媒体深度融合”等要求。这些新部署新要求，为推动新闻宣传主力军全面挺进主战场进一步提供了遵循、指出了方向，也为中国记协新媒体专业委员会（以下简称“专委会”）进一步明晰定位、发挥作用、拓展职能指明了新坐标、新使命。

2020 年，是专委会成立的第三年。这一年，专委会深入贯彻落实习近平总书记关于媒体融合发展重要论述，积极贯彻落实党的十九届五中全会精神和中央加快推进媒体深度融合发展意见，按照中国记协总体工作要求，稳中求进、守正创新，围绕中心、服务大局，以更高标准、更广视野、更大力度，引领广大新闻工作者投身融合发展洪流、加快推进深度融合，引导新媒体及其从业人员奏响抗击新冠肺炎疫情、决战脱贫攻坚等铿锵时代之音，让党的声音传得更开、传得更广、传得更深入。这一年，专委会以改革创新、完善机制为动力，以建设新时代“记者之家”为目标，用新思路落实党管新媒体，用新举措团结引领新媒体，用新机制联系服务新媒体，广泛联系、担当作为，进一步发挥桥梁纽带作用，把新媒体及其从业人员紧密地团结在党的周围。

突出正面引导，发挥新媒力量。专委会发出倡议，号召成员单位充分发挥新媒体力量，打赢战“疫”硬仗。各成员单位积极发挥新媒体特色优势，及时发布疫情权威信息，生动讲述阻击疫情故事，主动创新融合报道方法手段，广泛普及科学防范知识，佳作频现，爆款迭出，为凝聚人心、增强信心抗击疫情营造了良好舆论氛围。专委会组织建设 2020 中国新媒体战“疫”精品案例库，推荐中央、地方媒体各十大战“疫”精品案例，总结推广新媒体精品创作经验。

突出责任践行，助力脱贫攻坚。专委会紧扣“决胜全面小康、决战脱贫攻坚”主题，推出 2020 中国新媒体扶贫联合公益行动，探索新媒体助力扶贫新模式，助力全面打赢脱贫攻坚战。62 家成员单位参与该项目，案例类别涵盖直播带货、文艺节目下乡、乡村振兴青年助农行动、产业“溜索”项目、绿色阅读公益互动等，实践手段新、受众人群广、社会反响好、成果效益实。专委会发布推荐 2020 中国新媒体扶贫十大优秀案例、10 件优秀案例（提名）和 1 件特别案例，向全社会宣传新媒体扶贫新成果。

突出团结联络，拓展服务范围。顺应时代发展和工作要求，专委会探索扩大团结服务引导范围，启动对具有媒体属性和舆论动员功能的互联网商业平台联系机制，通过实地走访调研、开展座谈交流、邀请参加论坛等多种方式，有针对性地引导有关商业平台及其从业人员自觉履行社会责任，营造风清气正的网络舆论环境。

突出精品引领，树立内容标杆。在中国记协评奖办指导下，专委会认真组织第三十届中国新闻奖媒体融合奖项初评工作。初评环节共收到 332 件参评作品，评选出向中国新闻奖定评会推荐的媒体融合作品 110 件；其中参评媒体融合奖项作品 100

件，参评国际传播作品10件。最终，定评会评选出媒体融合奖项获奖作品50件。其中，新华社客户端融合创新作品《新中国密码：15665，611612！》获得特别奖，人民日报客户端短视频专题报道《“中国24小时”》、央视新闻客户端短视频现场新闻《【独家V观】习近平看望“快递小哥”》、交汇点新闻客户端创意互动作品《6397公里的守护》、光明日报客户端新闻名专栏《光明追思》等10件作品、专栏获得一等奖。一批新闻性强、内容表达优、技术应用新、传播效果好的媒体融合优秀作品脱颖而出，“短、实、新”的获奖作品明显增多，体现了评奖的导向和标杆作用。

突出模式创新，强化队伍建设。深化业务培训、强化“四力”教育，一直是专委会工作的重要抓手。2020年新媒体培训强化政治引领，注重专业素养，精心设置课程，拓展培训模式，亮点颇多。首度尝试与地方记协合作办班，8月与浙江省记协在杭州合作举办了新媒体内容建设负责人培训班，9月与江苏省记协在南京合作举办了全国新媒体负责人增强“四力”专题培训班，紧扣习近平总书记关于增强“四力”重要要求和媒体融合发展重要论述，聚焦媒体融合精品创作和转型发展，受到学员好评。首次推出线上培训模式，专委会、新闻培训中心与人民日报媒体技术公司合作，在“人民视云”平台举办“增强‘四力’ 凝心聚力——抗疫新媒体优秀作品案例分享”线上培训、增强“四力”融媒精品创作线上直播培训等5次线上直播培训，共培训约9.3万人次，起到了拓宽培训覆盖面、服务直达基层的效果。

突出品牌效能，放大主流影响。2020中国新媒体大会于11月18日至19日在湖南长沙举办，以“守正聚力 创新共融”为主题，共商融合，共谋发展。中宣部、中国记协、湖南省委负责同志出席开幕式并致辞，来自新闻宣传部门、新闻单位、新闻行业组织、互联网企业、高校新闻院系与新闻研究机构等方面的900多位嘉宾和代表参加。大会创新主题、内容、形式、组织和宣传，举办“内容创新创优”“聚焦新生代赋能新生态”“新平台的社会责任”等分论坛，发布《中国新媒体研究报告2020》《中国新媒体年鉴2019》等研究成果，强化对新媒体领域的政治引领、行业引导、专业引航、队伍引路，进一步树立新时代“记者之家”品牌形象。大会引发广泛关注，有关报道全网传播总点击量超5.2亿次。

突出平台构建，推动公益协作。经中宣部批准，2020年10月，专委会牵头组织开展2020县级融媒体中心东西协作交流公益项目，全国17个省（区）的30家县级融媒体中心积极参与。项目采取东部和中西部省（区）协作帮扶、结对培养县级融媒人才的形式，通过一对一结对、互派代表驻点交流的方式，推动内容生产、管理方法、运营经验、经营模式等方面深度协作，为精准扶贫贡献一份新媒体公益力量。

“长风破浪会有时，直挂云帆济沧海。”今天呈现在大家面前的这本《中国新媒体年鉴2020》，既是对专委会一年工作新重点新特点新亮点的盘点梳理，更是见证中国媒体融合发展新进展新成果新经验的“年度成绩单”。在总结前两年编撰经验的基础上，《中国新媒体年鉴2020》由十大内容板块组成，分别是：一、年度重点关注；二、中国记协新媒体专业委员会主要活动；三、中国新媒体大会记事；四、中国新闻奖媒体融合奖项（含国际传播奖项）作品解析；五、中国记协新媒体专业委员会委员单位工作综述；六、区域进展；七、人才教育；八、发展综述；九、年度盘点；十、附录。简而言之，《中国新媒体年鉴2020》有以下四个特点：

一是政策文件梳理更全面。第一部分年度重点关注中，详细记录本年度党和国家关于媒体融合的重要方针政策、中央领导同志重要讲话等。第十部分附录中，梳理2020年出台的18条与媒体行业紧密相关的制度文件，便于业界收集查阅，遵照执行。

二是前沿研究呈现更丰富。第八部分发展综述中，详细记录了人民网、新华社新媒体中心、中央广播电视总台、中国传媒大学4家传媒领域国家重点实验室的最新进展。附录中还收集了2020年度出版的56部中外书籍简目。值得一提的是，2020年首次增设年度学术观点摘编内容，记录学界研究成果，促进业界学界融合交流。

三是融合成果记录更聚焦。《中国新媒体年鉴2020》突出重点，聚焦内容建设、队伍建设两大融合发展主题。全面梳理荣获第三十届中国新闻奖媒体融合奖项特别奖、一等奖、二等奖、三等奖作品，深入分享特别奖、一等奖获奖者创作心得，收录中国新媒体战“疫”十大精品案例及其创作解读；还聚焦各级各地媒体融合发展中的全媒人才建设新成果，收录了高校人才培养新情况。

四是版本调整体验更优化。为方便读者检索、翻阅，《中国新媒体年鉴2020》采用双栏排版，编排更加合理；改进版式设计，最大限度地促进内容的呈现；缩小开本尺寸，经济、实用、美观；增加展示手段，更多利用二维码等融媒手段展示案例，让本期年鉴既拓展读者的阅听空间，又精致耐用便于馆藏。

《中国新媒体年鉴2020》的付梓，离不开中宣部新闻局的精心指导与大力支持，离不开专委会委员单位的尽心配合与倾力合作，离不开新媒体领域专家学者的潜心研究与深入分析，离不开编纂团队和出版社的悉心编纂与严谨审校，更离不开全国新闻工作者特别是广大新媒体从业人员的守正创新、砥砺奋进。在此，向所有对中国记协新媒体专业委员会的发展、对《中国新媒体年鉴》的成长给予指导、关心、帮助、支持的单位和朋友，致以最诚挚的感谢！

祝愿我国媒体深度融合发展事业驶上“快车道”，乘势而上、蒸蒸日上！

目录

年度重点关注 >>>001

中国记协新媒体专业委员会主要活动 >>>015

中国新媒体大会记事 >>>021

中国新闻奖媒体融合奖项（含国际传播奖项）作品解析 >>>101

中国记协新媒体专业委员会委员单位工作综述 >>>151

区域进展 >>>601

人才教育 >>>725

发展综述 >>>769

年度盘点 >>>813

附录 >>>839

年度重点关注

中央深改委审议通过《关于加快推进媒体深度融合发展的指导意见》

2020 年 6 月 30 日下午，中共中央总书记、国家主席、中央军委主席、中央全面深化改革委员会主任习近平主持召开中央全面深化改革委员会第十四次会议并发表重要讲话。中共中央政治局常委、中央全面深化改革委员会副主任李克强、王沪宁出席会议。

会议审议通过了《关于加快推进媒体深度融合发展的指导意见》等。会议强调，推动媒体融合向纵深发展，要深化体制机制改革，加大全媒体人才培养力度，打造一批具有强大影响力和竞争力的新型主流媒体，加快构建网上网下一体、内宣外宣联动的主流舆论格局，建立以内容建设为根本、先进技术为支撑、创新管理为保障的全媒体传播体系，牢牢占据舆论引导、思想引领、文化传承、服务人民的传播制高点。

（摘自《习近平主持召开中央全面深化改革委员会第十四次会议强调　依靠改革应对变局开拓新局　扭住关键鼓励探索突出实效　李克强王沪宁出席》）

（新华社北京 2020 年 6 月 30 日电）

中共中央办公厅　国务院办公厅印发《关于加快推进媒体深度融合发展的意见》

近日，中共中央办公厅、国务院办公厅印发了《关于加快推进媒体深度融合发展的意见》，并发出通知，要求各地各部门结合实际认真贯彻落实。

《意见》从重要意义、目标任务、工作原则三个方面明确了媒体深度融合发展的总体要求，要求深刻认识全媒体时代推进这项工作的重要性紧迫性，坚持正能量是总要求、管得住是硬道理、用得好是真本事，坚持正确方向，坚持一体发展，坚持移动优先，坚持科学布局，坚持改革创新，推动传统媒体和新兴媒体在体制机制、政策措施、流程管理、人才技术等方面加快融合步伐，尽快建成一批具有强大影响力和竞争力的新型主流媒体，逐步构建网上网下一体、内宣外宣联动的主流舆论格局，建立以内容建设为根本、先进技术为支撑、创新管理为保障的全媒体传播体系。

《意见》指出，要推动主力军全面挺进主战场，以互联网思维优化资源配置，把更多优质内容、先进技术、专业人才、项目资金向互联网主阵地汇集、向移动端倾斜，让分散在网下的力量尽快进军网上、深入网上，做大做强网络平台，占领新兴传播阵地。

《意见》指出，要走好全媒体时代群众路线，坚持以人民为中心的工作导向，坚持贴近群众服务群众，创新实践党的群众路线，大兴“开门办报”之风，把党的优良传统和新技术新手段结合起来，强化媒体与受众的连接，以开放平台吸引广大用户参与信息生产传播，生产群众更喜爱的内容，建构群众离不开的渠道。

《意见》指出，要以先进技术引领驱动融合发展，用好 5G、大数据、云计算、物联网、区块链、人工智能等信息技术革命成果，加强新技术在新闻传播领域的前瞻性研究和应用，推动关键核心技术自主创新。要推进内容生产供给侧结构性改革，更加注重网络内容建设，始终保持内容定力，专注内容质量，扩大优质内容产能，创新内容表现形式，提升内容传播效果。要深化主流媒体体制机制改革，建立适应全媒体生产传播的一体化组织架构，构建新型采编流程，形成集约高效的内容生产体系和传播链条。要发挥市场机制作用，增强主流媒体的市场竞争意识和能力，探索建立“新闻＋政务服务商务”的运营模式，创新媒体投融资政策，增强自我造血机能。

《意见》指出，要按照资源集约、结构合理、差异发展、协同高效的原则，完善中央媒体、省级媒体、市级媒体和县级融媒体中心四级融合发展布局。努力打造全媒体对外传播格局，讲好中国故事，传播中华文化。

《意见》强调，要大力培养全媒体人才，实行更加积极、开放、有效的人才引进政策，提高主流媒体人才吸引力和竞争力。要优化人才队伍结构，把更多熟悉新媒体的中青年优秀人才充实到关键岗位，充分释放人才活力。

《意见》强调，各级党委和政府要强化资金保障，加强政策支持，形成政策保障体系，支持媒体深度融合发展。要强化党的领导，把推进媒体深度融合发展作为本地区本部门本单位落实意识形态工作责任制的重要内容。要加强评估考核，加强督促检查，推动媒体深度融合发展各项任务落到实处。

（新华社北京 2020 年 9 月 26 日电）

全国宣传部长会议在京召开
王沪宁出席并讲话

全国宣传部长会议 6 日在京召开。中共中央政治局常委、中央书记处书记王沪宁出席会议并讲话。他表示，要坚持以习近平新时代中国特色社会主义思想为指导，增强“四个意识”、坚定“四个自信”、做到“两个维护”，围绕开局“十四五”、开启新征程，突出庆祝中国共产党成立 100 周年，扎实做好宣传思想工作，为全面建设社会主义现代化国家开好局起好步提供坚强思想保证和强大精神力量。

王沪宁表示，党的十八大以来，宣传思想战线认真贯彻习近平总书记对新时代宣传思想工作的重要指示和部署要求，把握新形势新任务，把工作融入党和国家事业大局，守正创新、主动作为、勇开新局，推动宣传思想工作发生深层次、根本性变革。

王沪宁指出，做好今年宣传思想工作，要把学习宣传贯彻习近平新时代中国特色社会主义思想作为重大政治任务，在学懂弄通做实上下功夫，增强干部群众拥戴核心、维护核心的政治自觉和思想自觉。要举全战线之力组织开展庆祝中国共产党成立 100 周年宣传教育，生动鲜活讲好中国共产党故事，为党的百年大庆记载伟业、展示辉煌。要谋划好“十四五”时期文化改革发展，推进国家文化软实力建设。要全面加强宣传思想战线党的领导和党的建设，旗帜鲜明讲政治，提高政治判断力、政治领悟力、政治执行力。

中共中央政治局委员、中宣部部长黄坤明主持会议并作工作部署，强调要深入学习贯彻习近平总书记关于宣传思想工作的重要思想，坚持不懈用习近平新时代中国特色社会主义思想凝心铸魂，着力坚定全党全国人民团结奋斗的主心骨，唱响中国共产党好的主旋律，把握开启新征程、开创新局面的主基调，聚焦建成文化强国的主目标，打好外宣改革创新的主动仗，掌握维护意识形态安全的主导权，大力营造共庆百年华诞、共创历史伟业的浓厚氛围，汇聚全面建设社会主义现代化国家的强大力量。要坚持以党的政治建设为统领加强宣传思想队伍建设，增强政治判断力、政治领悟力、政治执行力，建设担当使命责任、勇于创新创造的时代新军。

中共中央政治局委员、国务院副总理孙春兰出席会议。

（新华社北京 2020 年 1 月 6 日电）

黄坤明在学习宣传贯彻党的十九届五中全会精神电视电话会议上强调扎扎实实学习宣传贯彻全会精神汇聚奋斗“十四五”、奋进新征程的强大力量

10 月 29 日晚，中宣部在京召开学习宣传贯彻党的十九届五中全会精神电视电话会议。中共中央政治局委员、中宣部部长黄坤明出席会议并讲话，强调要全面深入学习领会全会精神，扎扎实实推进学习宣传贯彻工作，汇聚奋斗“十四五”、奋进新征程的强大力量。

黄坤明指出，这次全会是在全面建成小康社会胜利在望、全面建设社会主义现代化国家新征程即将开启的重要历史时刻召开的一次十分重要的会议。全会审议通过的规划《建议》，充分体现了以习近平同志为核心的党中央谋划未来的远见卓识和继往开来的历史担当，深刻指明了今后一个时期我国发展的指导方针、目标任务、战略举措，对于动员和激励全党全国人民继续抓住用好重要战略机遇期，推动全面建设社会主义现代化国家开好局、起好步，具有重大而深远的意义。

黄坤明强调，宣传思想战线要立即行动起来，统筹新闻宣传、集中宣讲、理论研究，加大新媒体传播力度和对外宣介力度，生动活泼接地气地宣传好习近平总书记重要讲话精神，展现好“十三五”时期决胜全面小康的决定性成就，阐释好党中央关于当前形势的重大判断和关于推动高质量发展、构建新发展格局等重大部署，用新时代的美好蓝图激励干部群众更加有方向、有信心、有力量地阔步向前。

（新华社北京 2020 年 10 月 29 日电）

胸怀大局大势　强化责任担当
奋发有为投身新时代新闻舆论工作

——在第三十届中国新闻奖、第十六届长江韬奋奖颁奖报告会上的讲话

（2020年11月6日）

黄坤明

在全党全国兴起学习宣传贯彻党的十九届五中全会精神热潮之际，我们在这里欢聚一堂，迎接第二十一个记者节，隆重举行第三十届中国新闻奖、第十六届长江韬奋奖颁奖报告会，向中国新闻奖、长江韬奋奖获奖者以及第七届“好记者讲好故事”活动最佳选手颁奖，表彰优秀新闻工作者，激励广大新闻工作者为党和人民的事业作出新的更大贡献。在此，我向获奖同志表示热烈的祝贺！向新闻战线全体同志致以节日的问候！向所有关心支持新闻舆论工作的同志们、朋友们表示衷心的感谢！

刚才，6位获奖代表讲亲历故事、谈内心感悟，语言朴实、故事鲜活、感情真切，充分展现了新时代新闻工作者的精神风貌，体现了新闻战线学习宣传贯彻习近平新时代中国特色社会主义思想，坚持“四向四做”、践行“四力”要求的丰硕成果。这次获奖的《初心铸就千秋伟业》《新中国密码》《我们走在大路上》等作品，以建党百年为历史景深，以新中国成立70年为主要视角，通过一个个感人至深的故事，展现了社会主义中国和中国人民“当惊世界殊”的奋斗历程。对老英雄张富清和排雷英雄杜富国的专访，深入细致、平实动人，给人以前进的勇气和力量。《黄河滩区脱贫大迁建》《脱贫之后》等作品，从不同角度呈现了神州大地脱贫攻坚的伟大实践。一批选题典型、敢于碰硬的建设性舆论监督报道，

充分发挥了激浊扬清、推动实际工作的作用。一件件优秀新闻作品的背后，是广大新闻工作者的心血和付出。20 名长江韬奋奖获奖同志作风扎实、业绩突出，有的行走和坚守在艰苦一线，有的勇当尖兵投身媒体融合发展，有的以笔为枪积极参与国际舆论斗争，他们是践行“四力”的典范，是广大新闻工作者学习的榜样。希望大家在今后工作中再接再厉，发扬优良作风，保持工作激情，努力作出更大贡献。

回望 2020 年这个极不平凡的年头，我们经历了一场惊心动魄的抗疫大战、艰苦卓绝的历史大考，新闻战线也经受住了一次罕见的压力测试、能力测试，为夺取抗疫斗争重大战略成果作出了重要贡献。让我们深受感动的是，广大新闻工作者响应党中央号召，勇敢逆行、连续奋战。很多年轻记者第一次穿上防护服，日夜蹲守隔离病房、深入医院“红区”，报道疫情动态，抢拍真实瞬间。新闻战线全员皆兵、尽锐出战，推出一大批浸润心血之作、“镇版刷屏”之作，一幅幅画面、一幕幕场景汇集到一起，共同组成了中华民族风雨同舟、荡气回肠的抗疫史诗。让我们深感自豪的是，广大新闻工作者不仅是疫情防控的宣传员，还是抢救生命的战斗员。他们铁肩担道义，传递信息、展示真相，为强信心、暖人心、聚民心发挥了不可替代的作用。在武汉疫情防控最吃劲的时候，一大批新闻工作者深入社区了解群众最关心最急迫的问题建议，积极推动疫情防控、病患救治工作。让我们深为振奋的是，各级媒体大力宣传习近平总书记关于统筹疫情防控和经济社会发展的重要指示精神，积极助力复工复产，全力助推脱贫攻坚，记者主播既知行合一、直播带货，又用心动情讲好抗疫故事、弘扬伟大抗疫精神，唱响了新时代的英雄赞歌，提振了全国各族人民的精气神。

2021 年是中国共产党成立 100 周年、“十四五”开局之年，我国实现全面建成小康社会的第一个百年奋斗目标，从而开启全面建设社会主义现代化国家新征程，向第二个百年奋斗目标进军。中华民族伟大复兴的战略全局与世界百年未有之大变局，相互交织、相互影响，特别是百年不遇的疫情推动形势发生深刻复杂变化。我国发展仍然处于重要战略机遇期，但机遇和挑战都有新的发展变化。民族复兴道路上面临不少风险挑战，但危中有机、危可转机，“东升西降”历史大势不可阻挡。我们要深刻把握当今时代特征和实践发展要求，增强“四个意识”、坚定“四个自信”、做到“两个维护”，以坚强的党性意识和人民立场，更加有力有效地唱响主旋律、弘扬正能量，为聚精会神办好自己的事，在危机中育先机、于变局中开新局提供坚实的思想舆论支撑。

一、坚持思想引领，奏响新时代中国特色社会主义好、中国共产党好的时代强音

党的十九届五中全会深刻总结了“十三五”时期党和国家事业取得的历史性成就。大

家都有深切感受，国家发展和民族复兴之所以向前迈出一大步，根本就在于习近平总书记的领航掌舵，在于习近平新时代中国特色社会主义思想的科学指引。我们要把宣传好、阐释好习近平新时代中国特色社会主义思想作为必须常抓不懈的首要政治任务，深刻把握其真理性实践性的有机统一，注重从理论联系实际、思想指导实践的角度，多用具体案例和鲜活故事，展现这一思想在治国理政中的“定盘星”“指南针”作用，推动这一思想转化为干部群众各展所长、创造美好生活的生动实践。要聚焦习近平总书记揽全局、谋大事、为长远的统筹决断，紧跟习近平总书记运筹大国关系、指导改革发展、深入人民群众的步伐足迹，多用微视频、微镜头、微报道，全方位、有温度地展现大党大国领袖的高超领导能力、强烈担当精神、真挚为民情怀。

我们党即将迎来百年华诞。百年铸就苦难辉煌，百年恰是风华正茂。习近平总书记深刻指出，没有任何一支政治力量能像中国共产党这样，为了民族复兴、人民幸福，不惜流血牺牲，不懈努力奋斗，团结凝聚亿万群众不断走向胜利。我们要紧紧围绕建党百年这个重要历史节点，深入学习宣传党史、新中国史、改革开放史、社会主义发展史，深情回望党领导人民接续奋斗的艰辛历程，充分展现我们党越是艰险越向前、敢教日月换新天的雄心壮志和巨大作用，深刻诠释我们党始终不渝的初心使命和赤子情怀。坚持站位要高、切口要小，总结好“记者重走长征路”等采访活动的经验，聚焦革命建设改革历程特别是新时代的伟大斗争和伟大创造，善于运用小故事、小细节、小视角，生动展示党和人民的血肉联系、鱼水深情，生动回答中国共产党为什么能、党的领导为什么好。

二、紧扣发展脉搏，谱写决胜全面建成小康社会、开启全面建设社会主义现代化国家新征程的时代画卷

中华民族从总体上摆脱绝对贫困，是惠及亿万人民的民心工程，是中国对人类社会的伟大贡献。全面建成小康社会，是我们党不忘初心、忠诚为民、接续奋斗树立起的时代丰碑，是民族复兴进程上具有标志性的伟大跨越。几年来，新闻战线广泛投入精干力量，为打赢脱贫攻坚战倾情奉献、擂鼓助威。2020 年获奖作品中，《我是 188 万分之一》展现了易地搬迁群众发自内心的幸福感自豪感，《二百八十一个签名挽留第一书记》讲述了深度贫困地区驻村干部与村民以真心换真心的生动故事，等等，都是十分鲜活的“扶贫印记”。2020 年以来，全战线开展了“走向我们的小康生活”主题采访、“百城千县万村”调研报道活动、“坐着高铁看中国”主题宣传，都呈现了神州大地的新面貌、广大群众的精气神。要在已有工作的基础上，精心组织实施全面小康纪录工程，着眼为伟大的事业郑重立传，为奋斗的历程留下“信史”，全景式、多层次、立体化记录好、反映好全面小康的伟大壮举。中央地

方各级新闻媒体要选取有代表性的地方，长期定点搜集素材，不间断跟踪拍摄，注重完整性准确性、突出生动性丰富性，记录好小康进程中的关键节点、典型人物、重要事件，记录好城市乡村、各行各业乃至平凡家庭历史的变迁和变化，描绘好中华民族发展史上浓墨重彩的一页。

“十四五”时期对于全面建设社会主义现代化国家开好局、起好步，具有重要而深远的意义。党的十九届五中全会《建议》已经全文向社会公布。要以习近平总书记全会重要讲话精神为引领，持续深入学习宣传贯彻全会精神，宣传好党中央关于当前国际国内形势的重大判断，阐释好党中央关于推动高质量发展、构建新发展格局等重大部署，呈现好未来 5 年以至 2035 年的美好蓝图，切实把干部群众思想和行动统一到全会精神上来。要更加注重新媒体传播，更加关注青少年群体，坚持分众化、互动化、精准化，着力打造一批生动活泼、广受欢迎的“现象级”融媒体产品，营造奋斗“十四五”、奋进新征程的浓厚氛围。

三、敢于善于斗争，树立为国立言、为国发声的时代担当

2020 年，我们隆重纪念了中国人民志愿军抗美援朝出国作战 70 周年。面对极其悬殊的力量对比，面对武装到牙齿的敌人，抗美援朝战争能够夺取伟大胜利，是正义的胜利、和平的胜利、人民的胜利，也是革命精神的胜利、斗争意志的胜利。在胜利背后，同样凝结着新闻战线的巨大付出和英勇牺牲。人民日报派出记者跨过鸭绿江奔赴前线采访，开辟《在朝鲜前线》《写给志愿军》等专栏，涌现出《谁是最可爱的人》《依依惜别的深情》等一大批感人至深的名篇佳作；新华社组建志愿军总分社，前方记者经受生死考验、顶着隆隆炮声，发出大量消息、通讯和述评，挖掘报道了杨根思、黄继光、邱少云、罗盛教等“英雄儿女”，7 位新华人牺牲在朝鲜土地上。报纸、通讯、广播、新闻、电影……我们的媒体不但极大鼓舞着志愿军战士奋勇杀敌，极大凝聚着广大群众举国同心，而且向国际社会发出了中国声音、揭露了侵略者的罪恶行径，为战争胜利作出了重要贡献。

今天，面对严峻复杂的国际舆论环境，我们更要学习老一辈新闻工作者的优良传统和坚定意志，既敢于斗争、又善于斗争，阐释好中国立场、维护好国家利益、展现好中国形象，牢牢掌握国际舆论场的制高点和主动权。要坚持以我为主，深入挖掘生动实践，讲好当代中国和中国人民的故事，科学准确地展现中国特色社会主义制度的显著优势，用融通中外的中国话语、扎实深入的国际传播，掌握中国道路的解释权。要坚持立破并举，高举人民至上的旗帜，高举人类命运共同体的旗帜，及时有效回应关切，有理有据予以批驳，不断扩大朋友圈，让中国声音传得更远、更深、更广。

四、切实增强“四力”，锻造掌握过硬本领、忠诚奉献人民的时代新军

在波澜壮阔的历史进程中，中国特色社会主义进入了新时代，我国发展进入新阶段。这是一个民族复兴梦想飞扬的新时代、国家发展日新月异的新时代、人民创新创造活力迸发的新时代。这个新时代，在上天入海的科研探索中，在筑路架桥的繁忙工地上，更在绿水青山的美景里，在无数奋斗者的汗水里，在老百姓质朴的笑容、祥和的生活里。广大新闻工作者天地广阔、大有可为。要积极投身时代大潮，真正走出去、走下去、走进去，在深入基层、深入群众中感悟新时代，在激发共鸣、形成共振中讴歌新时代，不断推出“眼中有人民、腿上有泥土、心中有真情”的新闻作品。

推动媒体融合发展是适应时代发展和实践要求的战略举措，也是锤炼新闻队伍“四力”的舞台和熔炉。前不久，党中央印发了加快推进媒体深度融合发展的《意见》，对构建全媒体传播体系、培养全媒体人才作出新的重大部署。从这几年推动媒体融合的实践看，人才问题是关键、也是瓶颈。要主动适应和引领新媒体发展潮流，从思想理念、平台载体、方式手段等方面，全面改革创新、升级再造，把我们这支政治素养强、专业背景深的队伍，打造成为时代新军。要加大体制机制创新力度，把原则性和灵活性结合起来，切实提高主流媒体人才吸引力、竞争力，鼓励知名编辑记者、评论员、主持人、播音员到新媒体平台发挥作用，让优秀人才愿意来、留得住、有发展，使我们的队伍在媒体格局深刻调整的时代潮头迎击风雨、淬炼成钢。

中国记协是党和政府联系新闻界的桥梁和纽带。党的十九大以来特别是过去一年来，中国记协深入贯彻落实党中央决策部署，牢牢把握正确政治方向和价值导向，有序推进深化改革，广泛联系服务新媒体从业人员，积极促进“一带一路”记者组织交流合作，及时在国际舆论斗争中发声，持续推进巡视整改，不断加强自身建设，各项工作取得有力进展。新的征程上，中国记协要深入学习宣传习近平新时代中国特色社会主义思想，深入贯彻党的十九届五中全会精神，全力服务党和国家中心工作，持续推进记协组织深化改革，通过更高质量的教育培训、新闻评奖、行业自律、维权服务，引导广大新闻工作者深入践行“四力”，真正把中国记协建设成为新时代“记者之家”。

同志们，新形势需要新担当，新时代呼唤新作为。让我们更加紧密团结在以习近平同志为核心的党中央周围，坚持守正创新、牢记职责使命、更加奋发有为，为全面建设社会主义现代化国家、迈向第二个百年奋斗目标作出更大贡献！

（《中国记者》2020 年第 12 期）

中国记协
新媒体专业委员会
主要活动

2月中旬，为贯彻落实习近平总书记关于做好疫情防控宣传引导工作的重要指示精神，中国记协新媒体专业委员会发出倡议，号召成员单位充分发挥新媒体力量，打赢战“疫”硬仗。各成员单位坚决贯彻党中央决策部署，积极发挥新媒体特色优势，及时发布疫情权威信息，生动讲述阻击疫情故事，主动创新融合报道方法手段，广泛普及科学防范知识，佳作频现，爆款迭出，为凝聚人心、增强信心抗击疫情营造了良好舆论氛围，为打赢战“疫”硬仗贡献了新媒体力量。

3月起，中国记协新媒体专业委员会联合中国记协“一网双微”传播平台，开设“社长总编谈媒体融合”专栏和话题，邀请报纸、通讯社、广电等各级各地媒体有关负责人刊发署名文章，多元、立体展示媒体发展的新思路、新举措，全面、集中反映深度融合的新进展、新成效，为推进媒体融合向纵深发展加油鼓劲。

3月至4月，为及时掌握各省级记协设立新媒体专业委员会的实际情况，推动省级记协新媒体专业委员会成立工作，经中国记协书记处批准，中国记协新媒体专业委员会对31个省（区、市）和新疆生产建设兵团记协组织开展专项在线问卷调查，调研内容涵盖筹备设立情况、性质编制、人员数量、经费状况等方面。在32个省级记协（含新疆生产建设兵团记协）中，成立新媒体专业委员会的共4家，有成立计划的共16家。

3月至6月，在中国记协评奖办指导下，中国记协新媒体专业委员会认真组织第三十届中国新闻奖媒体融合奖项（含国际传播奖项）初评、定评工作。初评工作于3月启动，截至6月中旬，共收到332件参评作品。初评共评选出向中国新闻奖定评会推荐作品110件，其中参评媒体融合奖项的作品100件，参评国际传播的作品10件。最终，定评会评选出获奖作品50件。从获奖作品看，短、实、新作品明显增多，一批新闻性强、内容表达优、技术应用新、传播效果好的媒体融合优秀作品脱颖而出。

4月17日，中国记协新媒体专业委员会、新闻培训中心与人民日报媒体技术股份有限公司合作，首次推出线上培训，在“人民视云”平台举办“增强‘四力’ 凝心聚力——抗疫新媒体优秀作品案例分享”线上培训。来自30个省（区、市）的1.9万余用户在线观看了直播。

5月，中国记协新媒体专业委员会紧扣“决胜全面小康、决战脱贫攻坚”主题，推出2020中国新媒体扶贫联合公益行动，探索新媒体助力扶贫新模式，助力2020年全面打赢脱贫攻坚战。新媒体专委会共有62家成员单位参与该项目，案例类别涵盖直播带货、文艺节目下乡、乡村振兴青年助农行动、绿色阅读公益互动等，充分体现了新媒体公益实践形式手段新、受众人群广、社会反响好、成果效益实等特点。案例自5月开始在中国记协“一网双微”及各媒体自有平台联合展示。

6月，中国记协新媒体专业委员会积极拓展团结服务范围，试点探索建立互联网商业平台长效联络服务机制，团结主流媒体和互联网商业平台共同形成资源集约、结构合理、差异发展、协同高效的全媒体传播体系，引导推动互联网商业平台及其从业人员自觉营造良好舆论生态，唱响主旋律、传播正能量。

6月30日至7月21日，中国记协新媒体专业委员会、新闻培训中心与人民日报媒体技术股份有限公司联合举办了“增强‘四力’融媒精品创作线上直播培训”。邀请来自中央和地方媒体的中国新闻奖获奖代表，结合获奖作品、战“疫”和2020全国两会融媒爆款产品分享创作经验；邀请有关专家学者对媒体融合趋势进行系统的理论总结。培训期间，在线收看课程的学员达7.3万人次。

7月至9月，中国记协新媒体专业委员会赴有关互联网商业平台进行调研，了解商业平台发展情况，建立联系沟通机制，为发挥团结服务引导作用打下基础。调研主要围绕加强全媒体传播体系内容建设、全媒体人才培养、社会责任践行和行业自律、加强联系沟通四方面展开。商业平台针对加强外部培训、健全新媒体职业资格认证体系、提升新媒体内容质量、完善行业自律机制、建立长效沟通机制等方面提出了有针对性的意见和建议。

7月，中国记协新媒体专业委员会组织建设2020中国新媒体战“疫”精品案例库，从全国范围内征集86件战“疫”案例，在中国记协“一网双微”集中展示，总结推广新媒体精品创作经验，向全社会展示新媒体战“疫”成果。

8月至9月，中国记协新媒体专业委员会分别与浙江省记协、江苏省记协合作，在杭州、南京举办了新媒体内容建设负责人培训班、全国新媒体负责人增强“四力”专题培训班，培训学员200余人。培训班紧扣习近平总书记关于增强“四力”重要要求和媒体融合发展重要论述，聚焦媒体融合精品创作和转型发展，结合鲜活实践，解读政策精神，分享创作心得和转型经验，受到学员好评。

10月13日，经中宣部批准，中国记协新媒体专业委员会牵头组织开展的2020县级融媒体中心东西协作交流公益项目正式启动。启动仪式在山东青州县级融媒体中心举行。来自全国17个省（区）的30家县级融媒体中心参与该项目。项目采取东部和中西部省（区）协作帮扶、结对培养县级融媒人才的形式，通过一对一结对、互派代表驻点交流的方式，推动东部地区与中西部地区县级融媒体中心在内容生产、管理方法、运营经验、经营模式等方面深度交流协作，为精准扶贫提供更多信息服务、舆论支持，为全面打赢脱贫攻坚战贡献力量。

11月19日至20日，经中宣部批准，由中央网信办、国家广电总局、湖南省人民政府指导，中国记协和湖南省委宣传部共同主办的2020中国新媒体大会在长沙召开。本次大会以“守正聚力　创新共融”为主题，设立“内容创新创优”“聚焦新生代赋能新生态”“新平台的社会责任”3场分论坛。由中国记协新媒体专业委员会组织编写的《中国新媒体研究报告2020》《中国新媒体年鉴2019》在大会上正式发布。会上还发布了2020中国新媒体战“疫”精品案例与2020中国新媒体扶贫优秀案例，分享了2020县级融媒体中心东西协作交流公益项目最新进展，启动了“中国新媒体联合公益行动”活动。

11月19日至20日，中国记协新媒体专业委员会在长沙召开2020年度工作会议，学习贯彻中央领导同志重要讲话精神，总结2020年年度重要工作，安排部署2021年工作。会议选举中国记协党组书记、副主席、书记处书记刘正荣为专委会主任委员，中宣部新闻局副局长叶文平为专委会副主任委员。

中国
新媒体大会
记事

推动媒体深度融合　做大做强主流舆论

——2020 中国新媒体大会成功举办

2020 年 11 月 19 日至 20 日，经中宣部批准，中国记协和湖南省委宣传部共同主办的 2020 中国新媒体大会在长沙召开。本届大会由中央网信办、国家广电总局、湖南省人民政府指导。大会深入贯彻落实习近平总书记关于媒体融合发展的重要论述，全面贯彻落实党的十九届五中全会精神和中央《关于加快推进媒体深度融合发展的意见》，打造交流互鉴新平台，擦亮深融引导“金招牌”。来自新闻宣传部门、新闻单位、新闻行业组织、互联网企业、高校新闻院系与新闻研究机构等方面 900 多位嘉宾和代表，围绕“守正聚力　创新共融”主题深入研讨、交流思想。大会分为开幕式暨主论坛、分论坛、主题展示活动等主要环节，穿插举办业务培训、成果发布、案例发布、发布公益行动主题等系列活动。

一、凝聚合力、守正创新，加快推进媒体融合

中宣部副部长、国务院新闻办公室主任徐麟，中国记协党组书记、副主席、书记处书记刘正荣，时任湖南省委常委、省委宣传部部长张宏森，出席开幕式并致辞。与会领导认为，当前世界百年未有之大变局加速演进，舆论生态、媒体格局、传播方式等正发生深刻变革，用好新媒体、建设全媒体，越来越成为传媒领域在变局中开新局的必然选择。构建全媒体传播体系要以内容建设为根本、先进技术为支撑、改革创新为抓手，努力形成资源集约、结构优化、差异发展、协同高效的局面。徐麟在致辞中指出，推进媒体深度融合、做大做强主流舆论，是党中央交给我们的重大任务，是时代赋予的重大使命，加快构建全媒体传播体系要牢牢把

握“全媒为本、导向为先、内容为王、技术为要、改革为重、人才为宝”这6个基本点，各地各相关部门要加强政策指导和资源保障，共同支持和推进媒体深度融合发展。刘正荣表示，中国记协成立新媒体专业委员会、举办新媒体大会是推进“记者之家”建设、服务媒体深度融合发展的重要举措，努力为大家搭建交流思想认识、分享实践经验的平台，守好方向之正，聚好融合之力，走好创新之路，抓好共融之举。张宏森表示，湖南将把加快新媒体发展摆在重要位置抓紧抓好，牢牢把握正确导向，积极服务中心大局，创新开掘融合路径，自觉肩负社会责任，加快构建资源集约、结构合理、差异发展、协同高效的全媒体传播体系。湖南省副省长吴桂英主持开幕式。

二、交流思想、凝聚力量，共商融合发展大计

与会嘉宾围绕贯彻落实党的十九届五中全会精神和中央《关于加快推进媒体深度融合发展的意见》，构建推进“共融、共建、共享”融合发展大平台，充分交流思想、碰撞火花，增进共识、凝聚力量，共谋媒体深度融合发展大计。时任人民日报社编委、秘书长乔永清表示，对主流媒体来说，推进媒体深度融合发展既面临着巨大挑战，也迎来了前所未有的机遇。完成好媒体深度融合发展这项重大改革任务，需要守正创新、埋头苦干、奋力拼搏，从拼数量向拼质量转变，以内容优势赢得发展优势，以渠道优势赢得发展空间，以技术优势赢得发展动力。新华社党组成员、秘书长宫喜祥表示，面向未来，新华社将顺应“四全”媒体发展趋势，加快由全媒体业务架构向智媒体业务架构拓展，由服务媒体用户向同时服务媒体用户和终端受众拓展，由提供单纯内容服务向提供综合生态服务拓展，既做好新华社深度融合发展这篇大文章，也努力为全行业、全社会提供更多优质公共资源。中央广播电视总台编务会议成员刘晓龙提出，中央广播电视总台加快实现从传统广播电视媒体向国际一流原创视音频制作发布的全媒体机构转变，从传统节目制播模式向深化内容生产供给侧结构性改革转变，从传统技术布局向“5G+4K/8K+AI”战略格局转变，奋力打造具有强大引领力、传播力、影响力的国际一流新型主流媒体。长沙市委副书记、市人民政府市长、湖南湘江新区党工委书记郑建新提出，近年来，长沙始终把文化产业摆在重要发展位置，精准把握融合发展新趋势，集中打造引领发展新地标，精心培育创新发展新品牌。习近平总书记在湖南考察时对马栏山视频文创园给予充分肯定。未来，长沙将继续把创新创意贯穿文化建设始终，在守正创新深度融合中实现蝶变腾飞。新浪微博高级副总裁、总编辑曹增辉提出，微博一直是政府、媒体的重要发声和传播渠道。疫情防控期间主流媒体、新媒体平台共同发挥了重要作用。入驻微博的政务账号、媒体账号、市县域融媒体账号，年阅读量超过7000亿次，增强了主流媒体传播力、引导力和影响

力。湖南广播影视集团有限公司党委书记、董事长、总编辑张华立提出，湖南广电将建构主辅分明、层次清晰、开放多元的平台矩阵，重点发力新闻类平台“芒果云”，打造短视频为主要产品形式的龙头传播品牌，真正做到既可以利用系列自主平台阵地稳固发声，又能利用全网渠道强势分发扩大声量。湖北长江云新媒体集团总编辑、第十六届长江韬奋奖长江系列获奖者邓秀松提出，“长江云”在2016年湖北发生全域洪涝灾害和2020年新冠肺炎疫情期间迎来了两次用户增长高峰，表明关键时期人民群众对主流媒体的充分信赖。由此可见，从传统媒体到新媒体阵地，无论平台和形态怎么变，对主流价值导向的坚守不能变，守正创新、服务人民的追求不能变。华龙网集团总编辑、第十六届长江韬奋奖韬奋系列获奖者周秋含提出，新闻不只是有目的的阅读、观看，更是生活的体验、经历和实现，媒体也不仅仅只是一家新闻单位，“新闻＋政务＋服务”的大融合格局正在全面形成。

三、分享经验、激扬智慧，探讨创新发展路径

11月19日下午，大会举办“内容创新创优”“聚焦新生代　赋能新生态”“新平台的社会责任”3场分论坛。

“内容创新创优”分论坛聚焦中国新闻奖媒体融合奖项获奖作品创作经验。《新中国密码：15665，611612！》、“中国24小时”系列微视频等10件中国新闻奖特别奖及一等奖作品主创人员在现场分享了创作心得和背后故事，展示了他们在作品创作理念、形式表达、传播方法、技术手段等方面的创新。在“创新创优内容　做实做强传播”主题圆桌论坛环节，业内专家现场对谈。与会专家认为，主流媒体最大的优势是内容优势，创新创优和精品生产是媒体最硬核的竞争力。要创新体制机制，把向传统媒体配置资源为主，转化为向新媒体的新平台配置资源为主，把内容资源优势转化为平台优势，在技术和内容的融合上做好文章，使主力军强力挺进互联网的主阵地主战场。与会专家还分享了优化组织结构、释放创新潜力的经验做法。

“聚焦新生代　赋能新生态”分论坛在马栏山视频文创产业园举行，来自中央主流媒体、网络视听门户平台、新兴媒体、技术公司、新型实验室的嘉宾，分别从创新语态、创新内容、革新技术3个维度对“新生代、新生态”进行深入解读，探讨新型主流媒体如何通过贴近年轻受众的语境语态，构建年轻受众感兴趣的内容体系，更高效地传播主流文化、主流思想、主流价值。在创新语态方面，与会专家认为，要抓住青年群体，积极吸纳青年群体的健康表达方式和潮流元素，进行有深度、有内涵的精品化制作。在创新内容方面，与会专家认为，要在新内容、新赛道、新技术、新市场、新机制上坚持创新，用年轻人喜闻乐见的方式讲好主旋律故事，做好先进青年文化的引领者、新时代国民精神的塑造者。在革新技术方

面，嘉宾们认为，5G 时代的到来，对创新用户体验，助力优质中文内容出海、讲好中国故事、共筑全球内容生态具有重要意义。

“新平台的社会责任”分论坛聚焦“新媒体新平台 + 公益”的扶贫力量，10 余名业内专家和公益人士，围绕创新扶贫报道、创新精准扶贫模式、创新公益模式、促进新媒体行业健康发展作主题演讲，围绕“不忘初心，公益先行，新平台的社会责任”主题展开对话，分享了对新媒体新平台如何助力脱贫攻坚的思考和实践案例；来自全国 6 个县级融媒体中心的代表，分享了县级融媒体中心东西协作交流公益项目的最新进展，交流协作经验，探讨县级融媒体发展利用新平台、新技术的有效路径，研讨推进项目形成长效机制。

四、牢记嘱托、加快建设，主题展示新意迸发

在主论坛和 3 个分论坛之外，大会还组织了“走进马栏山”主题展示活动。2020 年 9 月 17 日，习近平总书记在马栏山视频文创产业园考察时指出，文化和科技融合，既催生了新的文化业态、延伸了文化产业链，又集聚了大量创新人才，是朝阳产业，大有前途。马栏山视频文创产业园作为湖南省创新引领的试验田，集中展现了产业技术底座的建设成果及园区代表性产品，展示出媒体深度融合和文化产业发展的新路子、新成果。本次展示共分 3 个主题。

主题一是“牢记总书记嘱托建好马栏山”。通过还原习近平总书记在马栏山视察的路线，全方位展示马栏山产业技术底座，以及园区经典电影 4K 修复技术、人工智能实时新闻手语播报、“5G+VR”工业渲染技术在先进制造业领域的应用、5G 智慧电台、4K 超高清视频技术加全景声音效等代表性产品和技术成果。

主题二是“科技赋能内容　内容服务人民”。多视角、多形式集中呈现以 5G 为代表的新技术在高新视频领域和媒体深度融合发展方面的研发和应用成果。展示区设有四大运营商和华为、阿里、腾讯、中兴、百度以及马栏山头部研发企业等机构最新 5G 通信技术产品、5G 融媒体技术产品展示体验台，显示出新技术在大文化领域的新应用如何提升人民幸福感和获得感。

主题三是“守正创新讲好中国故事”。通过创意外场布展，生动展现中国网络文学小镇、湖南广电、芒果 TV、长沙广电、浏阳市融媒体中心和马栏山内容头部企业等代表性单位的获奖节目作品和正能量优质 IP，展示出媒体融合的新路径、新成果。同时，设计的创意打卡点，增强了园区的话题度和传播力。

五、搭建平台、推动合作，活动丰富异彩纷呈

大会还穿插了多项相关活动，使大会既有理论高度，又有实践热度，呈现出立体化、实效化特点。

一是发布了系列年度报告和研究成果。

《中国新媒体研究报告 2020》，加强新媒体服务引导，促进和推动新媒体新闻信息传播事业健康发展；《中国新媒体年鉴 2019》，聚焦 5G 时代新兴媒体的再次变革与迭代，全面客观记录了新媒体行业发展态势和中国记协新媒体专业委员会工作；《全国视频文创产业发展指标体系研究》，打开视频文创产业发展的“横截面”，形成“广电总局官方数据 + 权威机构统计数据 + 第三方调查数据”三级数据统计结构，为全国视频文创产业发展新趋势进行数字画像。

二是发布 2020 中国新媒体战“疫”十大精品案例、2020 中国新媒体扶贫十大优秀案例。

三是正式推出“中国新媒体联合公益行动”品牌，发布了 2021 中国新媒体联合公益行动的主题：志愿服务与新媒体力量，推动志愿服务与“新媒体 +”深度融合，助推新时代志愿服务事业发展。

四是举行马栏山视频文创产业园以及 5G 智慧电台项目推介及签约活动。“马栏山视频科技研究院”“央视网智慧媒体学院马栏山分院”“阿里大文娱马栏山项目”“产业互联网视频文创示范基地”“马栏山文化创新中心”等 5 个重点产业项目落户园区，全国第二个“国字号”网络文学示范基地“中国网络文学小镇”落户马栏山月湖公园。

五是会前举办了“增强‘四力’推进媒体深度融合发展”专题培训班，有针对性地为 300 余位新媒体从业者授课。

本届新媒体大会得到业界广泛关注。主流媒体主动聚焦，商业平台积极参与，多元渠道立体传播，为大会营造了浓厚热烈、积极向上的社会舆论氛围。人民日报、新华社刊发综述文章，中央电视台《新闻联播》播发开幕消息，各级各类新媒体创作了一系列联名海报、短视频、微动漫、快闪、H5 作品。截至 2020 年 11 月 25 日，全网有关信息量共计 7.5 万余条，总点击量超 5.2 亿次。

领导致辞

把握好推进媒体深度融合发展的六个基本点

徐　麟

党的十八大以来，以习近平同志为核心的党中央深刻把握时代发展大势和信息化趋势，作出了推动传统媒体和新兴媒体融合发展的重大决策部署。从习近平总书记亲自谋划、指导、推动媒体融合发展，到中央政治局以“全媒体时代和媒体融合发展”为主题进行集体学习；从党的十八届三中全会首次提出媒体融合发展重大任务，到“十四五”规划建议中明确提出推进媒体深度融合、做强新型主流媒体等；从中共中央办公厅、国务院办公厅 2014 年 9 月印发《关于推动传统媒体和新兴媒体融合发展的指导意见》，到 2020 年 9 月印发《关于加快推进媒体深度融合发展的意见》，媒体融合发展成为国家战略、舆论热词、业界显学，充分表明习近平总书记和党中央对媒体融合工作的高度重视和亲切关怀，给我们以鼓舞、给我们以指引、给我们以鞭策。

几年来，经过大家共同努力，媒体融合发展取得重要进展，新闻舆论阵地不断拓展，现象级融媒体产品不断涌现，主流媒体传播力影响力不断提升。比如，大家把客户端建设作为重点，同步做大做强商业平台官方账号，着力打造移动传播矩阵。不仅有人民日报、新华社、中央广电总台等中央媒体的“大端大号”，还涌现出芒果 TV、澎湃新闻、时刻新闻、荔枝新闻、封面新闻、南方 + 等一批各具特色、有影响力的新媒体平台。媒体融合发展从零起步、从无到有，从最初的转观念、做产品、建平台，到由表及里、由点到面逐步铺开，现在要进入全面发力、构建体系的新阶段。这也是贯彻落实党的十九届五中全会精神的要求。可以说，媒体融合前期架梁立柱、筑基企稳的改革成效显著，下一步深度融合、提质增效的改革任重道远。这既是一篇大文章，也是一块硬骨头。下面，我从6个方面，与大家共同探讨加快推进媒体深度融合的理念、路径和方法。

第一，加快构建全媒传播体系。这是全媒体时代推进媒体深度融合的重要目标。在内涵上，这个体系以内容建设为根本、先进技术为支撑、改革创新为抓手，实现资源集约、结构优化、差异发展、协同高效。在格局上，呈现出传统媒体和新兴媒体交融并存、网上和网下一体发展的态势。在结构上，这个体系纵向覆盖中央、省、市、县四级媒体，横向包括主流媒体和商业平台。其中，商业平台主要是发挥渠道、技术等优势助力主流舆论传播。我们要顺应全媒体趋势、增强全媒体意识、把握全媒体规律，既要延续发挥传统平台和渠道作用，更要强化互联网思维，推动主力军全面挺进主阵地，让分散在网下的力量尽快进军网上、深入网上。要规划好布局、统筹好资源，着力打造全程媒体、全息媒体、全员媒体、全效媒体，避免各自为战、简单相加。

第二，始终坚守正确方向导向。坚持正确的政治方向、舆论导向和价值取向，是新闻舆论工作的灵魂。我们推动媒体融合发展，目的是不断巩固宣传思想文化阵地、壮大主流思想舆论，更好地承担起举旗帜、聚民心、育新人、兴文化、展形象的使命任务。促进全体人民在理想信念、价值理念、道德观念上紧紧团结在一起，为服务党和国家事业全局作出更大贡献。决不能将这一重大战略低层次、片面化理解为吸粉引流、增加收入，使媒体融合丧失灵魂、迷失方向。融合发展可能带来媒体形态的变化，但无论什么样的媒体，无论是主流媒体还是商业平台，无论网上还是网下，无论大屏还是小屏，在导向上都是一个标准，没有法外之地、舆论飞地。要牢牢把握新闻舆论工作的主动权主导权，坚决防止借融合发展之名淡化党的领导，坚决防范资本操纵舆论的风险。

第三，着力扩大优质内容产能。我们现在既面对海量信息泛滥，更感到优质内容稀缺。能否吸引受众、留住用户，能否引领舆论、凝聚共识，最终要看内容做得好不好。不管什么时候，好的内容永远是根本，是舆论场上的“硬通货”。主流媒体的看家本领，体现在内容的权威性、准确性上，要始终保持内容定力，不断深化内容生产供给侧结构性改革，在提高内容数量和质量上下功夫，不断强化自身内容生产优势。要把正能量和大流量结合起来，用心用情制作有品质、有格调的内容，打造更多群众喜爱、“刷屏”热传的作品，形成新的增长点和竞争力。要把媒体的专业专长和网民的创新创造结合起来，吸引广大网民参与内容生产传播，生产更多真实客观的新闻报道，提供更多观点鲜明的言论评论，不断丰富优质信息内容。要把受众“需要什么”与媒体“生产什么”结合起来，增强内容供给的精准性、契合度，提供更多个性化、特色化新闻信息产品。我们讲打造“内容+政务服务商务”的生态平台，必须明确内容是核心，不可本末倒置。

第四，积极抢占传播技术高地。媒体融合是一次以技术创新为引领的媒体变革。随着5G等信息技术快速发展，万物互联、万物皆媒的趋势越来越明显，内容和技术相互驱动、高度融合。我们要始终保持技术敏感，对新技术要有了解的兴趣、接纳的态度、运用的能力、管理的本领，战略上占据主动，战术上更趋精准，紧盯技术前沿，瞄准发展趋势，加强对新闻传播领域有关新技术的前瞻性研究和应用，决不能观望等待、被动应对。要充分用好信息技术革命成果，大胆将信息通信、人工智能、大数据等方面的先进技术融入新闻信息生成、传播、服务全过程，驱动传统媒体加快转型升级，引领和带动媒体深度融合发展。要统筹各方面技术资源和力量，建好用好媒体融合国家重点实验室，推动实现传媒领域关键核心技术突破和成果共享，抢占全媒体时代技术高地。要坚持技术为内容服务，适用管用、安全可靠，避免片面追求最新、最尖端技术。比如，基于人工智能"深度伪造"的换脸换声技术，存在较大侵权和真实性风险，运用在新闻领域要慎之又慎，确保新闻真实准确。

第五，大刀阔斧推进深化改革。现在媒体融合已进入深水区、攻坚期，必须以深化改革推动深度融合，以改革的胆识、改革的思维、改革的举措破解发展难题，向改革要办法、向改革要效益、向改革要出路。融合发展不是简单地增设一两个部门，也不是物理上的组合拼装，既要做好相关机构融合，也要做好新闻业务、资源要素融合。我们曾说过，媒体领导班子里如果还有一位专管新媒体的，做传统媒体和新媒体的如果还是两拨人，说明仍是"两张皮"。现在看来，这个现象依然普遍存在。要准确把握媒体发展规律，处理好存量和增量的关系，用好增量、激活存量，优化资源配置、淘汰落后产能，提升整体发展效能。要着力破解体制机制壁垒，深化内部组织架构和采编流程改革，建立适应移动互联网传播的组织架构和工作机制，形成集约高效的内容生产体系和全媒体传播链条。要充分发挥市场机制作用，吸引社会力量参与媒体融合项目的技术开发和市场开拓，不断提高自身造血机能，实现可持续发展。

第六，充分激发人才队伍活力。媒体的核心竞争力是人，实现融合发展关键在人才、在队伍。随着媒体融合向纵深推进，各单位对全媒体人才的需求不断增长，人才紧缺、跟不上的问题日益凸显，解决这个问题，首先要立足改造和提升现有人才队伍，把他们放到媒体融合这个大平台上来历练、来提高，通过学习新技术来练就新本领，通过运用新媒体来驾驭新媒体。要创新用人机制和激励机制，建立科学合理的考核评价体系、职称晋级制度、薪酬分配办法，把原则性和灵活性结合起来，让想留的留得住、想引进的引得进，想淘汰的淘汰得了。要加强采编播管、技术开发、产品运营的人才建设，促进科技人才与传媒人才融合发展，补齐媒体融合专业人才短板。要加快培养后备人才队伍，用好部校共建新闻学院、卓越新闻传播人才教育培养计划、高校人才培养基地等平台，为媒体融合源源不断地输送全媒人才。

以上6个方面的思考，简而言之就是全媒为本、导向为先、内容为王、技术为要、改革为重、人才为宝，这是我们在推进媒体深度融合发展过程中需要牢牢把握的基本点。

同志们、朋友们，推进媒体深度融合、做大做强主流舆论，是中央交给我们的重大任务，是时代赋予的重大使命。希望各媒体把握机遇、顺势而为，各地各相关部门加强政策指导和资源保障，共同支持和推动媒体深度融合发展。中国记协要充分发挥团结服务作用，把中国新媒体大会越办越好、办出特色办出影响，多为大家提供相互学习、交流研讨的平台。

（作者为中央宣传部副部长、国务院新闻办公室主任）

积极服务中心大局　创新开掘融合路径

张宏森

当今世界百年未有之大变局加速演进，舆论生态、媒体格局、传播方式的“变局”也在加速演进，突出表现为新媒体渗透力无处不在、影响力不断扩大。用好新媒体、建设全媒体，越来越成为传媒领域在变局中开新局的必然选择。本次大会以“守正聚力　创新共融”为主题，敏锐把握媒体融合发展、建设全媒体的变革趋势，体现了准确识变、科学应变、主动求变的时代要求，必将产生积极而深远的影响。

近年来，湖南认真贯彻习近平总书记重要指示和党中央决策部署，深入实施创新引领开放崛起战略，大力发展移动互联网和数字经济，扎实推进媒体融合发展、构建全媒体传播体系，初步走出了一条具有湖南特色的媒体融合发展之路。互联网岳麓峰会、世界计算机大会成为湖南新名片，助推移动互联网产业迅猛发展，2019 年实现营业收入 1326 亿元，2020 年可突破 1600 亿元；新湖南、芒果 TV、时刻新闻等新型主流媒体不断壮大，芒果超媒市值一度突破 1300 亿元，中南传媒连续 12 年入选全国文化企业 30 强，马栏山视频文创产业园聚集各类文创企业 3000 多家；融媒精品不断涌现，在 2019 年度、2020 年度中国新闻奖评选中，湖南省分别有 17 件、13 件新闻作品获奖，其中有 12 件新媒体作品获奖，4 件作品获一等奖；县级融媒体中心全面挂牌，形成了覆盖省市县三级主流媒体的“报、台、网、微、端、屏”传播矩阵。在统筹推进疫情防控和经济社会发展工作中，云演播、短视频、新快闪、直播带货等新媒体技术得到广泛运用，形成了融媒报道、全媒宣传的亮丽风景，为决战决胜凝聚磅礴力量，为推动全省经济社会高质量发展提供有力支撑。

全媒体时代，媒体融合发展趋势不可逆转。2020 年 9 月习近平总书记在湖南考察时就坚持守正创新、抓好文化和科技融合发展作出重要指示，党的十九届五中全会《建议》也明确要求“推进媒体深度融合”等。湖南将认真贯彻党的十九届五中全会精神和习近平总书记考察湖南重要讲话精神，把加快新媒体发展摆在重要位置抓紧抓好。我们将牢牢把握正确导向，推动新媒体聚焦学习宣传贯彻习近平新时代中国特色社会主义思想，让党的声音始终占据新媒体头条、首页、首屏，着力扩大主流舆论覆盖面影响力，努力将其建设成为传播党的创新理论的坚强阵地。我们将积极服务中心大局，按照贯彻新发展理念、构建新发展格局要求，以马栏山视频文创产业园、岳麓山国家大学科技城、国家网络安全产业园等为载体，积极推广运用5G、大数据、人工智能等新技术，培育发展文化新型业态和产业集群，为着力打造“三个高地”、践行“四新”使命注入强劲动力。我们将创新开掘融合路径，坚持“应融则融、能融尽融”原则，促进新媒体与文化、旅游、科技深度融合，深化信息生产供给侧结构性改革，大力实施“新闻＋政务商务服务”，推动各种媒介资源、生产要素有效整合，加快构建资源集约、结构合理、差异发展、协同高效的全媒体传播体系。我们将自觉肩负社会责任，统筹发展和安全，引导各类新媒体坚持把社会效益摆在首位，自觉遵纪守法，弘扬新风正气，发展积极健康的网络文化，防范各类风险，努力成为传播正能量、引领新风尚的窗口。

真诚希望与各方一道，充分利用中国新媒体大会的平台，交流分享前沿观点、创新经验、新潮科技，携手推动媒体融合发展、加快构建全媒体传播格局。热忱欢迎国内外新媒体领域知名企业、专家“大咖”和领军人才来湘考察、投资兴业，我们将竭诚提供优质高效服务，与各方共享发展机遇、实现互利共赢。

（作者时任湖南省委常委、省委宣传部部长）

守好方向之正　聚好融合之力

刘正荣

在长沙举办中国新媒体大会，是一个很好的选择。2020 年 9 月，习近平总书记在考察马栏山视频文创产业园时指出：“文化和科技融合，既催生了新的文化业态、延伸了文化产业链，又集聚了大量创新人才，是朝阳产业，大有前途。”我们今天在这里举行中国新媒体大会，探讨“文化和科技融合”的新媒体未来发展，有特殊的现实意义。湖南是文化大省、媒体大省，是盛产媒体融合发展精彩故事之地，不仅有马栏山，还有芒果 TV、红网、新湖南客户端以及县级融媒体中心等群众创造的新做法、好经验，为我们研讨媒体深度融合发展提供了鲜活的经典案例。

推进媒体深度融合发展是重大课题。我们要深入学习贯彻中央《关于加快推进媒体深度融合发展的意见》，守好方向之正，聚好融合之力，走好创新之路，抓好共融之举，并通过实践不断深化对媒体深度融合发展规律的认识。守好方向之正，就要坚持正确的政治方向、舆论导向、价值取向，把习近平总书记“正能量是总要求，管得住是硬道理，用得好是真本事”的要求真正落到实处。聚好融合之力，就要汇聚全媒体之力、全行业之力、全社会之力，把更多优质内容、先进技术、专业人才、项目资金向互联网主阵地汇集、向移动端倾斜，让主力军全面挺进主战场。走好创新之路，就要求新求变求效，做大做强做优，强化理论观念、内容技术、体制机制、管理方式创新，以深化改革推进深度融合。抓好共融之举，就要统筹处理好传统媒体和新兴媒体、中央媒体和地方媒体、主流媒体和商业平台、大众化媒体和专业性媒体的关系，推进构建“共谋、共建、共享、共融、共兴”的媒体融合发展生态。举办中国新媒体大会的目的，就是为大家搭建一个交流思想认识、分享实践经验的平台。

中国记协是全国性人民团体，是党和政府密切联系新闻界的桥梁纽带。中国记协的前身是 1937 年 11 月 8 日在上海成立的“中国青年新闻记者协会”。1949 年 7 月，中华全国新闻工作者协会筹备会在北平筹建，作为全国性的新闻工作者组织，与各民主党派和15个人民团体一起参加了中国人民政治协商会议第一届全体会议。1957年3月，中华全国新闻工作者协会在北京正式成立。

以习近平同志为核心的党中央高度重视中国记协工作。习近平总书记2016年在亲切接见中国记协第九届理事会全体代表和中国新闻奖、长江韬奋奖获奖者代表时，对中国记协工作作出重要指示。2017年中国记协成立80周年之际，习近平总书记专门发来贺信，殷切希望中国记协真正建设成为“记者之家”。在中央宣传部的直接领导下，中国记协正在为落实习近平总书记的重要指示精神而努力奋斗。中国记协新媒体专委会的成立以及中国新媒体大会的举办，也是推进“记者之家”建设、服务媒体深度融合发展的重要举措。希望同志们、朋友们一如既往地支持中国记协的工作，共同把中国新媒体大会越办越好，办成业界共享的品牌。

（作者为中国记协党组书记、副主席、书记处书记）

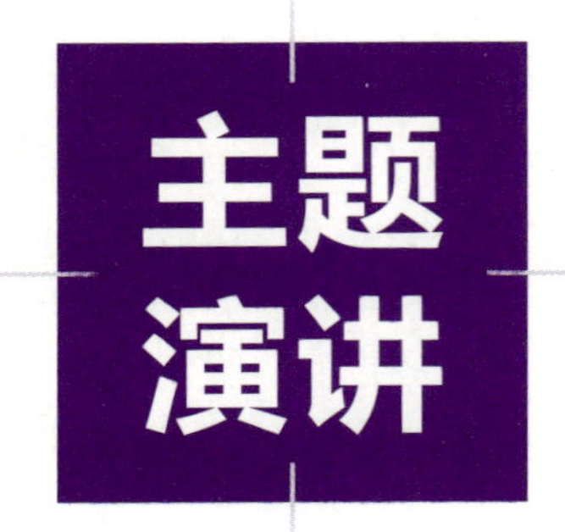

构建全媒体传播体系　做强新型主流媒体

乔永清

媒体融合发展既是一场由技术革命带来的媒体转型，也是传统主流媒体做大做强的必由之路，更是一场事关发展全局、影响各个领域的深刻变革。习近平总书记指出：我们要因势而谋、应势而动、顺势而为，加快推动媒体融合发展，使主流媒体具有强大传播力、引导力、影响力、公信力，形成网上网下同心圆，使全体人民在理想信念、价值理念、道德观念上紧紧团结在一起，让正能量更强劲、主旋律更高昂。

人民日报社认真贯彻落实习近平总书记重要指示精神和党中央决策部署，积极做媒体融合发展的探索者、践行者，媒体融合发展不断取得新进展、新成效。目前，人民日报社已经形成涵盖报、刊、网、端、微、屏等 10 多种载体、综合覆盖受众达 9.7 亿人的新型主流媒体，地域覆盖面、人群覆盖面、内容覆盖面不断扩大，导向作用、旗帜作用、引领作用日益彰显。

2020 年 9 月，中办、国办印发《关于加快推进媒体深度融合发展的意见》，明确了媒体深度融合发展的总体要求。如何使互联网这个最大变量变成事业发展的最大增量，需要我们“守正聚力　创新共融”。在此，与大家分享几点体会。

一、导向是发展之魂，要以正确导向营造清朗舆论空间

当前，世界百年未有之大变局加速演进，国内改革发展稳定任务艰巨繁重。站在“两个一百年”奋斗目标的历史交汇点，主流媒体要履行好举旗帜、聚民心、育新人、兴文化、展形象的使命任务，就必须坚持正确政治方向、舆论导向、价值取向，唱响主旋律，壮大正能量，提振精气神，为实现中华民族伟大复兴的中国梦提供坚强思想保证

和强大舆论支持。

二、内容是优势之本，要用精品佳作画出更大同心圆

从大屏到小屏，从文字到短视频，内容生产传播的形式不同、规律有别，但对优质内容的需求不变。全媒体时代要走好群众路线，以开放平台吸引广大用户参与信息生产传播，推出群众喜爱的内容。主流媒体要丰富内容，创新形式，要拼创意、拼匠心，用心用情打造精品佳作。

舆论生态、媒体格局、传播方式发生了深刻变化，但“内容为王”的本质没有变。正因为对内容的精雕细琢，《复兴大道 70 号》《生死金银潭》和“中国 24 小时”系列微视频等融媒体精品才得以在纷繁复杂的舆论场中点亮人心、赢得口碑。

主流媒体只有不断践行“四力”要求，持续深化内容生产领域的供给侧结构性改革，提供更多优质内容产品，才能赢得更多受众，画出更大同心圆。

三、技术是活力之源，要用高新技术重塑生产传播流程

5G、大数据、云计算、物联网、区块链、人工智能等信息技术成果日新月异，主流媒体既不能故步自封，也不能盲目跟风，要在新技术“为我所用”的同时，努力做到“为我所有”。

2020 年全国两会期间，人民日报智慧媒体研究院研发的“智能云剪辑师”上岗，短短几分钟就能生成视频；人民日报社传播内容认知国家重点实验室成立一年来，牵头发起的“内容科技联盟”已经有数十家科研单位、科技企业和主流媒体参与。

技术是媒体融合的发动机和加速器。在全新的发展环境中，主流媒体的技术创新和优质内容要做到“两翼齐飞”，才能不断产生新的“化学反应”，实现规模生产、精准传播。

党的十九届五中全会《建议》提出，推进媒体深度融合，实施全媒体传播工程，做强新型主流媒体，建强用好县级融媒体中心。对主流媒体来说，推进媒体深度融合发展既面临着巨大挑战，也迎来了前所未有的机遇。完成好媒体深度融合发展这项重大改革任务，需要我们守正创新、埋头苦干、奋力拼搏，从拼数量向拼质量转变，以内容优势赢得发展优势，以渠道优势赢得发展空间，以技术优势赢得发展动力。在媒体发展格局深刻变革的今天，努力构建全媒体传播体系，做强新型主流媒体，方不负党和人民的重托，不负时代为我们提供的宏大舞台。

（作者时任人民日报社编委、秘书长）

加快推进深度融合　做大做强主流舆论

宫喜祥

当前，世界传媒业正在经历一场前所未有的大变革大调整，“四全”媒体深入发展，移动互联网成为信息传播主渠道，人工智能深刻重塑新闻传播的面貌，5G加速应用推动新的新闻业态呼之欲出，万物互联、万物皆媒时代正在到来。伴随这场大变革，媒体融合发展进入深水区、攻坚期，既面临难得历史机遇，又面对诸多可以预见和难以预见的风险挑战，正处在实现全面突破、深度融合的关键节点。对此，中央“十四五”规划建议明确提出，推进媒体深度融合，做强新型主流媒体，中办、国办印发《关于加快推进媒体深度融合发展的意见》。这是以习近平同志为核心的党中央从维护国家政治安全、文化安全、意识形态安全的高度，对媒体融合作出的重大决策部署，为我们推进媒体深度融合、建设新型主流媒体、做大做强主流舆论提供了根本遵循。围绕贯彻落实中央要求，结合大会主题“守正聚力　创新共融”，有几点体会与大家交流、共勉。

一是守正不渝，举旗定向。无论生产模式、产品形态、传播手段如何变化，中国媒体所固有的政治属性不会改变，举旗帜、聚民心、育新人、兴文化、展形象的使命任务不会改变。当互联网成为信息传播主渠道、主平台时，我们更加需要把讲政治摆在首位，始终坚持党指引的方向，坚持党性原则，让党的旗帜在网络舆论场高高飘扬。我们应该把做好习近平总书记新闻报道和习近平新时代中国特色社会主义思想宣传作为头等大事，力争在创意上高人一筹、形式上独具匠心、手法上不拘一格、效果上出新出彩，让党的创新理论成为时代最强音。

二是做强主流，凝聚共识。我国已经进入高质量发展阶段，思想文化领域特别是舆论环境更趋多元、多样、多变，各种观点相互激荡，各种力量竞相发声，主流媒体统一思想、凝聚力量的任务更加艰巨。我们应该不断适应网民分众化、差异化特点，推进理念、内容、形式、方法、手段创新，提高网上正面宣传的针对性和有效性，提振信心、鼓舞士气，使全体人民在理想信念、价值理念、道德观念上紧紧团结在一起，让正能量更强劲、主旋律更高昂，让网络空间真正成为我们凝聚共识的新空间。

三是技术引领，抢占高点。当前，新闻传播创新一日千里。其中，技术创新在媒体变革中的作用愈加凸显，一项重大技术创新可能对整个行业造成颠覆性的冲击。谁能在技术创新上保持先机，谁才能在激烈竞争中保持优势。5G、大数据、云计算、物联网等信息技术快速发展，引发新闻生产、传播和呈现方式深刻变革，为媒体发展带来重要契机。我们必须立足形势发展，用好信息技术革命成果，加强新技术前瞻性研究和应用，创新媒体传播方式，积极占领信息传播制高点。

四是开放协作，激发动能。“十四五”时期是我国由全面建成小康社会向基本实现社会主义现代化迈进的关键时期，也是媒体把握机遇、加快发展的重要窗口期。我们应树立开放、协作、链接的思维，加强媒体与产业的跨界融合，促进媒体资源、政务资源、公共服务资源的融会贯通，构建渠道丰富、覆盖广泛、传播有效、可管可控的媒体型生态平台，切实把社会思想文化公共资源、社会治理大数据、政策制定权的制度优势转化为巩固壮大主流思想舆论的综合优势，共同激活创新引领的合作动能，积极推动中国经济不断焕发生机活力。

新华社是中国媒体融合发展的先行者和排头兵。近年来，新华社坚持导向为魂、内容为王、创新为要，积极探索具有国家通讯社特色的融合发展路径，打造爆款融合产品，建立融合传播矩阵，融合发展局面大开，媒体创新走在前列。

面向未来，我们将顺应“四全”媒体发展趋势，加快由全媒体业务架构向智媒体业务架构拓展，由服务媒体用户向同时服务媒体用户和终端受众拓展，由提供单纯内容服务向提供综合生态服务拓展，既做好新华社深度融合发展这篇大文章，也努力为全行业、全社会提供更多优质公共资源。

第一，提升优质内容供给能力。新华社是国家通讯社，是“媒体的媒体”，向媒体提供内容是我们的基本职责。我们升级了全媒体供稿体系，每天通过 12 种文字，向海内外 200 多个国家和地区近万家用户提供各类新闻产品。我们将进一步强化互联网思维，牢固树立一体化发展、移动端优先理念，扩大优质内容产能，创新内容表现形式，在权威性、及时性、准确性、思想性上下功夫，让网络空间正气充盈。

第二，加快推进媒体深度融合。融合发展是媒体的一场自我革命。新华社将按照中央要求，以理念创新为引领，以深化改革为动力，以技术赋能为支撑，进一步理顺体制机制，重塑生产流程，拓展传播渠道，打造新型平台，加快构建全媒体传播体系。希望与媒体同仁加强交流合作，共享经验做法，激发媒体活力，不断提高传播力、引导力、影响力、公信力。

第三，强化“开门办社”力度。我们将自有采集网络与社会信息资源相结合，重构新闻采集模式，建设融汇社内社外、打通线上线下的信息网络时代“消息总汇”。

我们将向更多用户开放智能化生产平台“媒体大脑”、移动直播平台“现场云”等新华社自主技术平台，与合作伙伴共建媒体融合生产技术与系统国家重点实验室，帮助更多媒体实现移动化、数字化、智能化转型升级，携手打造新型媒体传播生态。

第四，广泛共享经济信息服务。我们将以“新华财经”“新华丝路”“新华信用”“新华指数”经济信息服务平台为依托，与政府部门和市场主体，特别是“一带一路”沿线国家媒体和机构，协商开展经济信息数据交换，探索多种方式的经济信息服务合作，共同促进经济社会发展，携手助力全球经济复苏。

期待我们在这里能深入研讨、分享心得，加强互动、达成共识，努力在“守正”中“创新”，坚持在“创新”中“守正”，加快推进媒体深度融合发展。我们将努力以新的气象、新的作为，创造无愧于时代、无愧于使命、无愧于人民的崭新业绩。

（作者为新华社党组成员、秘书长）

守正创新建设新型主流媒体

刘晓龙

党的十八大以来，以习近平同志为核心的党中央高度重视推动传统媒体和新兴媒体融合发展，习近平总书记从党和国家事业发展的战略全局高度，多次作出重要指示和重要论述，为主流媒体指明了全媒体时代的发展方向，为我们做大做强主流舆论提供了根本遵循。党的十九届五中全会也明确提出，推进媒体深度融合，做强新型主流媒体等。

中央广播电视总台深入学习贯彻习近平总书记关于媒体融合发展的重要论述，坚持守正创新，以“大象也要学会跳街舞”的精神风貌拥抱数字化、迎接数字化，加快实现从传统广播电视媒体向国际一流原创视音频制作发布的全媒体机构转变、从传统节目制播模式向深化内容生产供给侧结构性改革转变、从传统技术布局向“5G+4K/8K+AI”战略格局转变，奋力打造具有强大引领力、传播力、影响力的国际一流新型主流媒体。

新发展阶段、新发展理念、新发展格局，需要主流媒体展现新担当、实现新作为，加快推进媒体融合向纵深发展，按照“四全媒体”要求，主力军全面挺进主战场，为奋力夺取全面建设社会主义现代化国家新胜利提供坚强思想保证和强大精神动力。

一、高举思想旗帜，唱响主流声音

习近平新时代中国特色社会主义思想是指引党和人民走好新时代长征路的行动指南，也是应对重大风险挑战的强大思想武器。在实现中华民族伟大复兴的历史征程中，主流媒体要始终高举伟大思想旗帜，让党的声音传得更开、传得更广、传得更深入。

中央广播电视总台深化提升“头条工程”，精心做好领袖宣传报道。聚焦习近平总书记重要讲话精神，推出了《传习录》《人民领袖》等一批既有思想深度、又有“网言网语”的融媒体产品，突出宣传习近平总书记提出的新理念、新思想、新要求，推动习近平新时代中国特色社会主义思想和习近平总书记人格魅力春风化雨“飞入寻常百姓家”。

2020 年 7 月，《新闻联播》换了新的片头和演播室，让人眼前一亮。9 月又“上新”了 4 位主播，很快就在朋友圈刷了屏。我们还着力进行语态语境的改革，推出了《主播说联播》《联播 +》等新媒体品牌，构筑了以“新闻联播”为 IP 的跨媒体新生态，让这个“老”栏目焕发出了新生机，受到年轻网民的欢迎。

11 月初，中国记协公布了第三十届中国新闻奖的评选结果，中央广播电视总台有 23 件作品获奖，其中就有不少新媒体作品。比如，央视新闻的短视频现场新闻《【独家 V 观】习近平看望“快递小哥”》，获得了一等奖。2019 年春节前夕，习近平总书记在结束看望慰问的返回途中，临时决定下车看望北京前门石头胡同快递服务点的快递小哥。创作团队使用备用手机抓住现场的感人细节，拍摄下了习近平总书记和快递小哥交流互动的温暖时刻。短视频以原生态的纪实风格，第一时间在央视新闻客户端推出，立刻成为网络爆款，被各大网站头条置顶推送，在央视新闻公众号上的阅读量迅速达到 10 万 +，大量网友主动转发，“刷屏”朋友圈，当天全网点击量突破 2.9 亿次。

二、发挥融合优势，弘扬主流价值

中央广播电视总台持续深化“台网并重、先网后台、移动优先”战略，充分发挥新媒体平台带动作用，用好“大中台、小前台”整合各类生产要素，推动传统广播电视的传播优势向新媒体延伸、优质内容向新媒体端集结，不断提升原创能力、激发创新活力。

2020 年新冠肺炎疫情暴发后，总台投入 5500 多人的采编播力量，派出 216 人报道团队深入湖北疫情防控一线，发稿近 60 万篇次。其中，除了广播电视记者，还派出大量新媒体记者，这是过去没有过的。从 1 月 27 日开始，央视新闻客户端推出长达 73 天的全天候不间断视频直播节目《共同战“疫”》，成为全网最长时间、最多视角、最高关注度的疫情防控大直播，在微博引发多个热搜话题。两个多月后，微博话题“共同战‘疫’”阅读量超过 100 亿次。与此同时，大量新闻新媒体素材反哺大屏，实现了媒体的深度融合。

总台“央视频”新媒体平台，开设 24 小时直播窗口，开展火神山医院、雷神山医院施工建设“慢直播”，多个机位全天候不间断呈现现场实时画面。在没有主持人、没有解说词、没有剪辑包装的情况下，共计吸引近 1.2 亿人次在线“云监工”，“武汉加油、湖北加油、中国加油”等祝福“刷屏”。

三、强化技术赋能，壮大主流阵地

中央广播电视总台迎接数字化、拥抱数字化，瞄准科技前沿、把握时代大势，加快构建“5G+4K/8K+AI”全新战略格局，巩固和壮大主流舆论阵地。

2020 年 11 月 20 日，是首个国家级 5G 新媒体平台“央视频”正式上线一周年的日子。这是中央广播电视总台基于“5G+4K/8K+AI”等新技术全新打造的综合性视听新媒体旗舰，从技术流程上实现了内容用户数据的共享分享、互联互通，力争以高起点高标准实现“眼前一亮、闻之一振、爱不释手”的传播效果。

同时，总台以“超高清制播呈现国家重点实验室”为依托，联合国内外科研机构和企业，运用5G、人工智能、大数据、云计算等高新技术，积极推进电视媒体升级转型和我国超高清视频产业快速发展。

在2021年总台春晚，我们开展4K/8K/VR直播，4K电视信号还将接入上海国际传媒港电影城进行影院直播。

四、坚持以攻为守，传递中国声音

在世界百年未有之大变局中，主流媒体要深刻把握“两个大局”，精准定位中国所处的历史坐标与世界坐标，提高斗争本领，奋力提升在国际传播领域的地位和份额。要不断拓展国际视野，打好舆论斗争“组合拳”，以攻为守、主动作为，绵绵发力、久久为功。

中央广播电视总台充分发挥《央视快评》《国际锐评》《玉渊谭天》《海峡时评》《大湾区之声热评》和CGTN评论矩阵等品牌产品舆论威力，不断增强发声能力。同时，加快推进“好感传播”，运营好多语种网红工作室，加强媒体合作，做到借嘴说话、借筒传声、借力办事，有力有效地传递中国声音。

面对来势汹汹的新冠肺炎疫情，主流媒体有责任、有义务为推动全世界范围的团结协作搭建桥梁、传播科学、凝聚力量。截至2020年8月中旬，中央广播电视总台共推出76期新媒体直播节目《全球疫情会诊室》，通过海内外专家全球视频连线等方式，向各国介绍中国一线医护人员抗疫实践经验，全球阅览量达2.8亿次。中央广播电视总台希伯来语网红工作室——“小溪工作室”2020年1月26日至3月29日期间，共发布53期抗疫报道原创视频，新媒体平台触达率近3500万，与以色列主流媒体合作传播百余次，最高收视率超20%，引发国际媒体和智库关注。

在全媒体时代，中央广播电视总台将守正创新、以攻为守，奋力打造具有强大引领力、传播力、影响力的国际一流新型主流媒体，更加有力有效地服务党和国家工作大局，为夺取全面建设社会主义现代化国家新胜利作出新的更大贡献。

（作者为中央广播电视总台编务会议成员）

在守正创新深度融合中蝶变腾飞

郑建新

以新媒体为代表的文化产业是极具发展潜力的朝阳产业。近年来，长沙始终把文化产业摆在重要发展位置，将创新创意贯穿文化建设始终，坚持大视野布局、大融合发展、大项目支撑、大龙头带动，引领文化产业在守正创新中增光出彩，先后获得“东亚文化之都”“国家文化消费试点城市”“世界媒体艺术之都”等殊荣。

习近平总书记在考察时对马栏山视频文创产业园给予充分肯定。文化产业是一个朝阳产业，因为和技术的链接，成为一个高新科技产业，大有前途。我们突出抓好3个方面的工作。

一、精准把握融合发展新趋势

主动适应媒体发展新变化，积极顺应文化融合大趋势，推动文化产业在融合中拓展新空间、焕发新活力。一是坚持传承与创新相结合。将城市悠久深厚的文化传承与现代媒体艺术和城市可持续发展深度融合。一方面，按照“整体修旧如旧，局部修新如旧，细节修旧如新”的要求，推进城市有机更新，让“老长沙”的文化基因延续长沙3000多年的历史文脉。特别修建国内首条总长22公里的历史步道，巧妙串起历史文化街区、历史地段、历史资源等“长沙记忆”。另一方面，充分运用数字烟花、数字灯光、数字会展等新媒体艺术，精心打造媒体艺术之都，用创新的“灯火”照亮星城夜空，展示湖湘文化的独特魅力。二是坚持守正与跨界相结合。抢抓跨界融合风口，推动文化与科技、旅游、金融等深度融合，特别是注重用现代科技改造提升传统文化产业、注重在旅游产业发展中打好“文化牌”、注重鼓励银行加大对文创企业的信贷力度，有力助推文创产业集群迅速崛起、文化产业发展做大做强。全市现有规模以上文化企业1157家，主板上市文化企业8家，3家文化企业入选“全国文化企业30强”，文化产业总产出突破3000亿元，产业增加值占GDP比重达9%，成为名副其实的支柱产业。三是坚持开放与开拓相结合。主动服务国家“一带一路”建设，开文化展示之“窗”，搭文化交流之

"台"，拓文化贸易之"市"。连续举办"一带一路"青年创意与遗产论坛，以沿线100多个国家200余名青年代表为纽带，全方位展示灿烂文化，深层次开展文化交流。以建设国家文化出口基地为契机，大力培育外向型文化企业和项目，金鹰卡通、明和光电、芒果国际等一批国家文化出口重点企业蓬勃发展，湖南湘绣、浏阳花炮等文化品牌声名远播，文化产品远销60多个国家和地区，向世界充分展现充满创意的文化名城形象。

二、集中打造引领发展新地标

以马栏山视频文创产业园为突出重点，守正创新，打造引领长沙文化高质量发展的重大战略平台。一是着力打造科技文化深度融合示范区。依托湖南广电、长沙软件业和互联网产业优势资源，实施"文化+科技"战略，加快5G、大数据、人工智能等数字技术赋能，推动科技与文化的融合互动，把科技的"血液"注入文化的"肌体"，让科技为文化服务、文化为大众服务，成功获评国家文化与科技融合示范基地。二是着力打造文创产业高质量发展新高地。以头部企业为引领、重大产业项目为支撑、产业生态为环境、高端人才为保障，打造视频产业集群。短短两年多时间，园区已聚集芒果超媒、电广传媒、中广天择等3000多家视频文创、新兴媒体企业，2019年文创产业产值接近350亿元，2020年园区完成重大项目投资60.55亿元，新注册企业676家。三是着力打造弘扬中华优秀传统文化排头兵。牢记"导向金不换"，用新技术、新业态、新模式传承传播好红色文化、革命精神，担当好坚定文化自信的时代重任。目前园区正在建设技术领先的4K修复生产线，力争达到一年修复50—100部电影电视剧的水平，在弘扬中华优秀传统文化等各方面践行马栏山"一马当先"的担当使命。

三、精心培育创新发展新品牌

聚焦移动终端、创新创意、人才队伍等新媒体及文创产业发展关键要素，大力提升新媒体影响力，积极打造优质特色文化创意品牌。一是聚焦移动优先塑品牌。深入实施移动优先战略，积极探索媒体融合发展，集中优势资源打造网上精锐传播力量，推动重大时政报道、突发事件报道、重大舆论引导稿件优先在新兴网络传播阵地刊播推送。目前已打造"掌上长沙""智慧长沙""星辰头条"等自主可控新闻端，形成以"长沙发布"为龙头的全省最大政务新媒体矩阵。二是聚焦内容为王强品牌。着力在推进新媒体内容生产供给侧改革上下功夫，坚持技术服务内容、内容服务人民，推动内容原创、权威报道、深度解读、言论评论等优势向新兴网络媒体延伸。《恰同学少年》《伟大的转折》等作品深受群众喜爱，成为"刷屏"热传的现象级产品。三是聚焦人才引领优品牌。发挥重点实验室、科研企业的人才集聚功能，用真金白银、真情实感引才、用才、育才；协同长沙学院、头部企业，办好马栏山新媒体学院，用市场化的方式吸引更多优秀人才参与新媒体发展，近年来每年有近20万名优秀人才落户长沙、投资长沙、逐梦长沙。

（作者为长沙市委副书记、市人民政府市长，湖南湘江新区党工委书记）

从微博传播看全媒体发展未来

曹增辉

作为全球最大的中文社交全媒体平台，微博目前月活跃用户5.23亿，日活跃用户2.29亿。用户年轻化、区域下沉化、内容垂类化趋势明显，其中16—30岁人群占月活跃用户的80%，三四线城市及以下人群超过50%。内容生态上，微博一直坚持的平台定位，是帮助有生产能力的人获取粉丝，提升影响力。目前微博头部作者超过100万，覆盖了55个垂直领域。微博的优势是通过文字、图片、短视频、直播、投票等多种形式构成一个信息获取、知识传递、观点交流的多元化价值平台。

长久以来，微博一直是政务、媒体的重要发声和传播渠道。拥有超过17万政务账号，形成了从中央到地方、从系统到垂直的矩阵覆盖；超过3.5万媒体账号、6000多市县域融媒体账号，年阅读量超过7000亿人次，增强了主流媒体的传播力、引导力和影响力。

疫情防控期间，传统主流媒体、新媒体平台共同发挥了巨大的作用。对此，我们深有体会。疫情防控期间，各级各类媒体在微博上都是7×24小时不间断工作，共发布228万条与疫情相关微博，阅读量达3000亿人次，各地的疫情发布会直播超过1万场，累计直播观看量超30亿人次。另一个鲜明特性是，每天微博上发布的关于疫情知识解读分析的长文章有几万篇，以前台实名的方式认证了1298个医护和患者，传播一线信息。微博与媒体合作开通了“肺炎患者求助超话”，累计收到上万条有效求助，加速了患者救治的速度和效率。这些举措都使正能量宣传和权威声音更加强劲。

这次疫情也推动我们对于新媒体发展进行深度思考，下面分享关于新媒体发展的3个观点。

一、报道的多元视角

新媒体形态有效打破了传统时空限制，其信息来源和传播方向呈现出多元多维的立体空间延展趋势，尤其是短视频平台的快速普及和覆盖。由普通网友、“自媒体”提供新闻线索，专业媒体进行深度报道，权威媒体一锤定音的模式愈加明显，微博成为各种信息传播、舆论发酵、达成共识的一个平台。

以微博上的案例来说，疫情期间，大量新闻线索来自个人发布或者短视频平台内容的迁移传播，主流媒体也将大量个人微博发布的信息作为新闻素材。例如，在武汉无疫情小区重新开放时，当地居民在微博上发布多条视频，展现了老百姓重回正常日常生活的感受，这些视频被央视新闻账号采用，并在微博平台上形成广泛传播。还有很多有价值的信息被平台推送放大，比如张文宏成为"网红医生"、流行病学家曾光教授成为"科普达人"等。

二、内容的全媒体化

当下是视频为王的时代，微博上，百万粉丝级别的视频大号已经超过5000个。但视频不是唯一传播方式，对于媒体内容的消费者和传播参与者而言，更希望看到全媒体立体化的展现。这不仅表现在多媒体内容的呈现上，更体现在内容的传播、讨论和参与上。社会需要有价值的、多元化信息的提供，而不是单纯的算法推荐。

举个例子说明，微博联合媒体24小时不间断直播火神山医院、雷神山医院建设，牵动了千万网友的心。在网友的"云监工"下，两座医院拔地而起，又在网友的见证下"关门大吉"，直播观看量超过1.3亿人次。这一直播最大的成功在于激起了用户极大的参与热情，互动超过千万人次。网友给现场施工队伍起了很多昵称，也和工人师傅们在微博上进行图文互动，一场直播上了多次热搜，充分体现出全媒体化传播的巨大前景。

三、传播的矩阵效应

在微博上，很多政务媒体和主流媒体都搭建了自己的账号矩阵。现在越来越多的媒体认识到，单纯靠媒体号、栏目号这些"蓝V"账号是不够的，需要升级矩阵，尤其是引入主持人、记者、评论专家等角色，以使传播内容更具人格性，更有吸引力。

例如"@观视频"账号，内容生产的主要方式是利用资源优势，打造"栏目+人物"IP，进而迅速提升影响力。现在，观视频及旗下专家组组成了媒体生产矩阵，多维度多层次地进行优质内容生产，成功塑造了自己的品牌影响力。

当然，湖南媒体这方面成功经验也很多，2019年外交部湖南全球推荐会宣传片推广的时候，湖南媒体在微博上以"创新湖南、融入世界"为主题进行传播，调动了湖南卫视的主持人、明星和湘籍名人进行互动参与，话题阅读量超过59.6亿人次，成为现象级案例。

新媒体的发展有着巨大想象空间，产品不断更新迭代，内容精彩多样。变化是新媒体唯一不变的地方。我们能做的就是去拥抱和接纳这些变化，因时而动、顺势而为。在主流舆论场中，专业人才和一流内容是引导社会舆论、抢占舆论场话语权的重要力量，发挥着正面意见领袖的作用。希望更多专业人士能够走到新媒体传播的第一线来，在传播中迸发更多新能量。

（作者为新浪微博高级副总裁、总编辑）

建设主流新媒体集团的芒果思考

张华立

2020年9月17日下午，习近平总书记考察马栏山视频文创产业园，为我们指明了发展方向。中办、国办印发《关于加快推进媒体深度融合发展的意见》，勾勒出了媒体深度融合清晰的时间表和路径图。对照中央的要求，梳理湖南广电过去的媒体融合实践，"建设主流新媒体集团，主力军挺进主阵地"的时代机遇已经到来。

2014年，湖南广电坚定布局"一云多屏、两翼齐飞"的媒体融合战略，湖南卫视基本保持了传统的竞争力，芒果超媒加入了长视频网站的正面竞争。然而，面对那些迅速发展起来的互联网平台，传统媒体还有没有继续增长的机会？长视频网站能不能获得超常规发展？即便是湖南卫视和芒果TV，坦率来讲也只是走在初步探索的路上，没有力量完全拉直这两个沉重的问号。如果说过去几年湖南广电跌跌撞撞地探索了所谓1.0版本的"芒果模式"，那么到了今天，我们来到了迭代升级为2.0版本的时刻，我们来到了媒体深度融合的下半场，要回答上面的两个问题，我们必须坚定地向"建设主流新媒体集团"这个目标勇敢出发！

这一份思考要转化为实践，就必须厘清和界定"主流新媒体集团"这个概念。

一、守正创新的党媒属性

党媒姓党，要对党绝对忠诚。意识形态属性是主流新媒体的本质属性，做大做强主流舆论，是湖南广电必须承担的时代使命。进军主阵地，就要能做主力军，为时代聚人心，为社会存正义，为人间弘美德，为民族展形象，让正能量更强劲、主旋律更高昂。湖南广电始终坚持内容为王，坚持将长视频特别是主旋律长视频作为核心竞争力的内容战略。2020年湖南卫视先后获得"全国抗击新冠肺炎疫情先进集体""全国脱贫攻坚组织创新奖"两个大奖，就是湖南卫视和芒果超媒合二为一、深度合作的结果，也是用互联网思维策划、生产、推广的结果。以一流传播效应创造一流社会效益，这才是"主流"一词的根本价值所在，也是建设"主流新媒体集团"的终极追求。

二、矩阵传播的融合面貌

传播生态已经发生深刻变化，“人找信息”的主要分发模式让位于算法推荐、人际社交等新兴技术应用。对此，我们不能固守原来的媒体分工，需要因时而变调整我们的新媒体布局，建构主辅分明、层次清晰、开放多元的平台矩阵。在现有主平台湖南卫视和芒果 TV 深度融合的基础上，湖南广电还将重点发力新闻类平台芒果云，打造以短视频为主要产品形式的龙头传播品牌。真正做到既可以利用系列自主平台阵地稳固发声，又能利用全网渠道强势分发扩大声量，具有主流媒体应有的强大传播力、引导力、影响力、公信力。

三、中台赋能的组织形态

传统媒体转型升级的最大难点来自体制机制。以湖南广电来说，资源分散，利出多孔，业务同质，集团运营的集约化程度不高，治理能力和治理水平亟待提高。现代传媒企业必然是数字化企业，而传统媒体还没有足够重视数据支撑和数据模型。湖南卫视将借助集团整体数字化建设来主导组织变革，从原有的一体两翼、一体多元升级到一云多屏、多元一体的扁平组织形态，大力建设数据和数字资产。这一建设的核心要义是通过技术手段建立强大统一的业务中台，实现组织管理的转型转轨和业务流程的提质提效，为经营资源的科学配置、高效使用提供支撑赋能系统。

四、全媒时代的人才结构

事以人成，业由人广。实事求是地说，传统媒体的人才体系已经难以适应转型升级的要求。湖南卫视和芒果 TV 人员结构就有很大区别。要从根本上建立新型人才培养计划，优化人才类型结构，一方面要巩固内容创意类人才的团队优势，另一方面又要补足人才短板，快速补充软件工程、产品研发、内容运营、数据运维等新媒体新技术人才，为全面参与新媒体的头部竞争做好人才准备。

五、链路完善的产品集群

从过去经验来看，传统媒体的内容产品形式单一，商业模式也一成不变。但数字技术的颠覆效应已经在重建崭新的产品形态和商业模式，令传统的媒体商业模式产生了诸多变化。IP 零售和直播电商等内容电商形态欣欣向荣，其高速迭代的特点大大开阔了我们的认知视野。传媒的经济回报不再终结在流量曝光环节，而是可以通过高价值内容服务型产品来延长产业链条和放大产业价值。2020 年，我们启动了“芒果季风计划”“小芒电商计划”，力图补足精品力作的短板，解决长视频商业兑现的难题。

六、前沿领先的应用技术

新媒体的诞生和进化源于科技驱动。对新技术保持高度敏感应该成为我们的自觉意识和自觉反应。2020年3月，5G高新视频多场景应用国家广电总局重点实验室落户马栏山，使我们探索5G背景下内容生态与平台应用迈出了坚实的第一步。湖南广电与中国移动、华为等公司相继达成了合作协议，围绕智能影像视觉、光场技术、AR/VR、5G全息等重大核心技术展开合作，探索应用场景，转化研究成果，坚持把技术创新作为夯实数字经济、打造主流新媒体集团的新基石。

七、开放合作的运营生态

以我为主建平台，还要开放合作办平台。既要诚心诚意地设计共赢共享的游戏规则，又要在执行落地上有业务接口。创意研发资源、生产制作资源、IP运营资源、平台经营资源等，要开发面向生态伙伴的SAAS产品，使社会机构、内容创作者、技术公司可以便捷和快速地参与芒果生态的建设。同时，要善于运用资本力量来托举我们的生态建设。湖南广电拥有两家上市公司——芒果超媒和电广传媒，我们可以抓住资本市场改革的有利契机趁势而为，围绕核心主业建链强链，加大对产业上下游生态链的延伸与掌控；积极探索文化产业发展的新路径，缩小与商业化平台公司在资本运营上的差距。

习近平总书记指出“媒体融合发展是一篇大文章”。我们深知，一篇大文章不可能一蹴而就，需要付出艰苦的努力。然而，骄傲的初心，因勇气而伟大，因热爱可抵岁月漫长！湖南广电将在媒体深度融合上谋划更大创新作为，为全媒体时代的媒体融合发展继续探索芒果答卷。

（作者为湖南广播电视台党委书记、董事长、总编辑）

变化的是平台　不变的是初心

邓秀松

守正聚力，创新共融。借此机会和大家分享长江云的转型经历和体会。

一、建一朵属于自己的“云”

2014 年，湖北广电响应习近平总书记号召，开启媒体融合之路。

2015 年，我们痛下决心，搭建可管可控的自有平台。

2016 年，湖北省委决定，在我们新媒体云平台的基础上，建设覆盖湖北省的长江云移动政务融媒体平台。

2020 年，长江云作为湖北省县级融媒体建设唯一支撑平台，已基本构建起省市县三级联通的新闻生产和发布矩阵，成立了长江云平台运营合作体和编委会，通过“云稿库”实现传播全覆盖。如今，通过 9 次大版本迭代升级，我们已经培养和锻炼出自己的核心技术和产品研发团队，集团成为拥有“三证一高”的本土优势互联网企业、武汉市科技创新平台、武汉市重点研发中心、优秀上市种子后备企业，入选湖北省十大最具成长性文化企业，成为中国（湖北）广播电视媒体融合发展创新中心的核心成员单位。

二、平台化传播携手“出圈”

长江云依托自有平台，坚定走平台化融合发展之路，实现了三大突破：一是突破了单个媒体的局限，它不只是湖北广电自身的媒体融合，而是湖北省区域的媒体融合；二是突破了单一媒体的局限，它不只是广播或电视媒体融合，而是广播、电视、平面媒体、政府网站等所有媒体的整体性融合；三是突破了单纯媒体的局限，它是媒体与政务、社会资源的融合。平台化建设，是我们抢占舆论阵地的选择。

2020 年年初，新冠肺炎疫情暴发，长江云迎来大考。我们忠实履行区域性平台的责任，在发挥主流媒体舆论作用之外，还干了 5 件计划之外的事情。

一是依托长江云平台迅速建立起一个主流媒体联动平台——战“疫”集结号。集结全国 30 个省（区、市）、67 家媒体、254 个端口，汇聚全国力量，形成抗疫媒体矩阵，发挥了强有力的平台传播作用。

二是承担国新办和湖北省疫情防控指挥部一共150多场新闻发布会任务。实现新闻发布史上3个前所未有的突破，即广电5G首次实战应用，首创发布会线上无接触采访，首次实现“直播+”全媒体现场报道形态。

三是紧急开通求助平台。平台大数据全面介入公共危机处理，帮助数千名病患得到及时救治，及时为疫情防控提供决策参考，为中央指导组和湖北省委、省政府研判决策提供科学依据。

四是创建在线义诊平台。携手腾讯微医搭建起抗疫义诊平台，来自全国的5.5万余名专业医师24小时接诊，为170万用户提供在线咨询和心理辅导。

五是搭建居家抗疫服务平台。开通“湖北省中小学线上教学平台”，推出“湖北人民免费看”“音乐抗疫”“家庭健身房”“云赏花”等线上活动，为宅在家里的用户提供丰富多样的精神文化生活。

我们总是抱怨，在“自媒体”和网红横行的时代，地方主流媒体很难找到自我。长江云有两次用户增长高峰，一次是2016年湖北发生全域洪涝灾害，一次是在2020年新冠肺炎疫情期间，后台每天近20万用户增长，关键时期，危难时刻，人民群众对主流媒体充分信赖。因此，从传统媒体到新媒体阵地，无论平台和形态怎么变，我们的初心不能变，对主流价值导向的坚守不能变，守正创新、服务人民的追求不能变。

三、革命人永远年轻

我的个人经历，就是时代的写照。40多年前高考制度的恢复让我有机会进入高校学习，改革开放让我有幸成为一名记者。转型干新媒体时我52岁，我说，我能行吗？董事长张建红同志说：我俩同龄，怕什么，事业需要，咱们属虎的，拿出虎劲来，干他一场。在台党委领导下，我们迅速组建起湖北广电第一支新媒体团队——“飞虎队”。

凭着新媒体人的年轻心态，凭着只争朝夕的劲头，凭着新闻人的不变初心，团队的大小伙伴们一起拼搏了6年。“飞虎队”变身长江云，被称为媒体融合的“湖北模式”，得到全国同行们的支持与肯定。

我干了30年广播，前不久，却以新媒体人的身份走进人民大会堂，获得长江韬奋奖这一至高荣誉。感谢这个机遇挑战并存、创新发展同在的媒体融合时代，让我们传统媒体人走上媒体融合创新的舞台中央。这是中宣部、中国记协对主流媒体融合发展的肯定，是对中国新媒体群体的褒奖，更是推进媒体深度融合再出发的号令和期待！我们将冷静思考，再次出发，继续撸起袖子加油干！

（作者为湖北长江云新媒体集团总编辑、第十六届长江韬奋奖长江系列获奖者）

创新共融　危机中育先机

周秋含

媒体融合发展到今天，新闻人正面临巨大挑战，媒体正积极寻找破局之道。

当前，我们面临着4个方面的问题，越来越对我们形成困扰。

越来越复杂的生态。万物互联、万物皆媒，舆论生态、媒体格局、传播方式发生深刻变化，移动化、社交化、视频化发展态势不可当，主流媒体、“自媒体”、商业平台形成了新格局。

越来越嘈杂的业态。信息无处不在、无所不及、无人不用，全媒体时代每个人都可能成为信息源，大量无用无效、看不到来源、未经核实的信息稀释甚至屏蔽了主流真实的声音。

越来越焦虑的心态。一些同行开始焦虑，追热点忘重点，追流量忘质量，追速度忘深度。

越来越犯愁的状态。陷入“愁人才愁技术愁经营愁地位”的困境。

但是，危机中育先机、变局中开新局。中办、国办印发的《关于加快推进媒体深度融合发展的意见》，为媒体深度融合发展提供了根本遵循、注入了强劲动力。我们也看到，时代也正在给新媒体的蝶变赋予更多机遇。这些机遇包括——

疫情下网民激增。最新统计数据显示，截至2020年6月，国内网民规模达到9.4亿，相比2020年3月新增网民3625万。疫情背景之下，单季度互联网化的速度是以往的2倍。

5G时代视频的兴起。“无视频，不传播”，凭借生动、形象的呈现形式，短视频作为信息传播载体的价值越来越被认可，也改变着我们的新闻叙事方式和传播方式。

网络内容创新升级。内容表现形式不断融合创新，互动式交流、沉浸式体验、场景化展示等多种形态，大幅提升着用户体验及获得感。

媒体边界极大拓展。新闻不只是有目的的阅读、观看，更是生活的体验、经历和实现；媒体也不仅仅只是一家新闻单位，“新闻＋政务＋服务”正在全面融合。

大时代下的传播转型。互联网成为主阵

地，移动端成为新高地。传播力不看流量看互动，影响力不看到达看点赞。这是我们打造新型传播平台的最好时机。

这些机遇，为我们提供了奋发有为的广阔空间。我们这代媒体人，拥有丰富的平台资源和时代赋予的“风口”，没有理由不珍惜。华龙网在重庆市委宣传部、市委网信办指导下，正融合、创“芯”，与时代同行，具体做法有以下几个方面：

一是坚持正能量是总要求，扭住内容为王“牛鼻子”。不管时代怎么发展，传播生态怎么变，新闻是我们的底线必须坚守，做大影响力永远在路上永无止境。华龙网发展到今天，已不仅仅是一家媒体，也是一家以“内容＋技术＋运营”布局的互联网公司，但我们始终清醒认识到，华龙网作为互联网公司的前提首先是新闻单位，必须要有这个战略定力。同时，我们布局互联网产业形成的经济效益，最终也是为了反哺新闻事业的发展，为了把新闻做大做强。

二是以大破大立适应大变革，统筹融合发展资源。媒体深度融合是一项系统工作，不仅仅是宣传网信部门和媒体的事。我们要善于嫁接有利于媒体融合发展的一切资源，破落后之根、破内部之壁、破部门之篱；善于构建良好生态，在社会生态中构建媒体自己的小生态，打造生态链，为媒体深度融合赋能。

三是强化技术引领，打造自主可控新“引擎”。媒体发展的过程中，技术本身也逐步从“支撑者”的角色转变为“引领者”。技术在主导新闻采编和内容发展，带来新闻传播新的表达方式。我们通过打造“华龙芯”中台，加速采编发流程全方位改造升级，努力形成自主核心技术与产品应用，运用大数据智能化驱动媒体深度融合。

四是创新运营模式，提升市场搏击能力。加快市场化转型，围绕主业积极探索互联网产业新业态，探索建立“新闻＋政务服务商务”运营模式，利用自身千万量级用户规模的3个“1+41”平台优势，深度参与“渝快办”“网站集约化平台”等智慧城市项目建设，提升市场搏击和抗风险能力。

五是借力资本力量，为融合发展注入新动能。推进资本化运作，加快收购、并购媒体上下游朝阳产业，积极筹备上市融资，反哺阵地建设，增强媒体综合实力。目前，华龙网正在积极推进上市工作。

未来已来，媒体融合发展大潮正如火如荼。作为新媒体人，是成为弄潮儿，还是沦为看潮者，就看我们自己手里有没有“金刚钻”，能不能揽得下“瓷器活”。

（作者为华龙网集团总编辑、第十六届长江韬奋奖韬奋系列获奖者）

“内容创新创优”分论坛

一、分论坛信息要闻

2020年11月19日下午，由中国记协、湖南省委宣传部指导，中国记协新媒体专业委员会、湖南省记协、湖南省新媒体协会主办，湖南日报社承办的2020中国新媒体大会“内容创新创优”分论坛在长沙马栏山拉开帷幕。中国记协党组书记、书记处书记刘正荣，时任湖南省委常委、省委宣传部部长张宏森，新华社原副社长、中国记协新媒体专业委员会顾问周锡生，中国记协党组成员、书记处书记吴兢，中宣部新闻局副局长叶文平出席论坛。

论坛聚焦中国新闻奖媒体融合奖项获奖作品创作经验，发布中国新媒体战“疫”十大精品案例，专家深刻剖析，主创深入分享，精品深度示范，揭示创新路径、探寻创优规律，助力内容生产供给侧结构性改革、扩大优质内容产能，助推新媒体保持内容定力、提升内容质量。

作为“内容创新创优”分论坛的重磅环节，《新中国密码：15665，611612！》、“中国24小时”系列微视频等10件中国新闻奖特别奖及一等奖作品主创人员进行了现场分享，展示媒体在理念、形式、方法、手段等方面的创新，对于如何在内容创作中体现新时代特征进行深入探讨。

在“创新创优内容　做实做强传播”主题圆桌论坛环节，中国记协新媒体专业委员会顾问、中央广播电视总台融合发展中心主任汪文斌，新华日报社总编辑顾雷鸣，四川日报报业集团党委副书记、总编辑李鹏，北京字节跳动科技有限公司副总编辑、媒体合作总经理郎峰蔚现场进行了深入的交流，中国记协新媒体专业委员会副主任委员、中国传媒大学电视学院党委书记曾祥敏主持论坛。与会人员共同见证了一场来自传媒界大咖的有关媒体融合创新的巅峰头脑风暴。

在抗击新冠肺炎疫情当中，广大新闻媒体记者努力践行“脚力、眼力、脑力、笔力”，积极发挥新媒体特色优势，主动创新融合报道方法手段，深入宣传党中央决策部署，生动讲述万众一心抗击疫情的故事。为进一步总结推广新媒体精品创作经验，向全社会展示新媒体战“疫”的奋斗和成果，中国记协新媒体专业委员会开展了2020中国新媒体战“疫”精品案例推荐活动。论坛现场，“2020中国新媒体战‘疫’十大精品案例（中央媒体）”和“2020中国新媒体战‘疫’十大精品案例（地方媒体）”揭晓。中国记协党组成员、书记处书记吴兢宣读推荐作品名单。

二、“创新创优内容　做实做强传播”专家圆桌论坛发言摘编

中国记协新媒体专业委员会副主任委员、中国传媒大学电视学院党委书记曾祥敏：当前，媒体呈现出“内容＋传播”的全面创新，本次论坛以“创优创新内容　做实做强传播”为题，就是探讨如何既做好内容，又做强传播。作为传统主流媒体，在深度融合当中要着重推进的，是优势资源向新媒体业态的集结。在这个过程当中需要把传统的组织机构打散、重组，现在已经有媒体在这方面取得了积极的探索成果；主流媒体的新媒体平台如何去引领存量的改革，从开新创到动本体，是下一步工作的重点。我们要重视传统媒体的优势，“正”仍然是传统媒体最宝贵的财富，当然，在融合转化过程当中，话语方式、话语体系要进行创新。

技术赋能，内容赋质，技术和内容共同提升媒体影响力。在内容的创优创新上，主流媒体应该加大机制扶持力度，实现“双轮驱动”：一手抓主流舆论的引领，壮大主流舆论强势，巩固共同思想基础；一手提升作品“破圈”能力、话语融通能力。同时，要以用户为中心，从工具普及，到内容加法，都要坚持用户为中心的理念。用户正在把技术工具变成社交工具，进而变成媒体可以发布信息的工具；我们主流媒体转型，就是要想办法变成用户可以使用的工具，进而成为发布信息的工具。

中国记协新媒体专业委员会顾问、中央广播电视总台融合发展中心主任汪文斌：中央广播电视总台对媒体融合和新媒体发展高度重视。总台在机构改革中成立了与新媒体直接相关的3个中心，一个是融合发展中心，负责统筹协调整个媒体融合和新媒体发展；一个是新闻新媒体中心，负责“央视新闻”客户端；一个是视听新媒体中心，负责建设视听新媒体的旗舰平台“央视频”。总台现在全力推进和部署台网并重、先网后台、移动优先和“5G+4K/8K+AI”的战略部署。

主流媒体的最大优势是内容优势，当前内容建设的关键是如何将这种内容优势转化为平台优势。首先要转场。必须要把向传统媒体配置资源为主转化为向新媒体的新平台

配置资源为主，尤其是优势资源要向新媒体集结，核心资源要向新媒体倾斜，这样才能形成核心竞争能力。其次要转化。就是要创新话语体系，转变表达方式。要由传统的话语表达方式转变为新兴的话语表达方式。必须把我们传统的内容资源、传统的金牌节目、传统的优质IP进行融媒体改造，让年青一代移动端的用户能够接受和喜爱。总台在这方面做了很多成功的尝试，比如“主播说联播”，新冠肺炎疫情期间“两神山”建设的慢直播等。

新华日报社总编辑顾雷鸣：创新创优内容和精品生产是媒体最硬核的竞争力，是“硬通货”。在最近3届的中国新闻奖评选中，新华报业累计21件作品获奖。在第三十届中国新闻奖评选当中，交汇点新闻客户端《6397公里的守护》获得了中国新闻奖媒体融合奖一等奖。我们主要做了3个方面的工作。首先，一支队伍服务多个平台。按照“融为一体、合而为一”的要求，优化调整机构设置，建立适应全媒体内容生产的一体化组织结构。例如新华日报社采访部门都冠上了全媒体的前缀，除了为报纸提供稿件以外，更重要的是优先为移动端提供稿件，同时各个部门还运维交汇点客户端相对应的多个频道，以及在商业平台分发的一些账号。其次，两级策划激发创新活力。实施编委会和采编部门两级策划，并通过采编联动会机制将其打通，提高了创意策划能力。编委会主要负责重大主题策划，围绕重大主题调集整个集团的力量开动脑筋进行策划；各采访部门精耕条线，加强经济民生热点等方面的策划。各个部门的策划在采编联动会上由编委会进行确认，有价值的就放大、提升，把媒体创新创优的潜力进一步释放出来。最后，三项机制提供坚实保障。我们改革了考核机制，向移动端、优质稿件倾斜；建立了阅评研讨机制，将优秀作品的创作经验大力推广；加强了人才培养机制，解决了后备优秀人才成长的问题。

四川日报报业集团党委副书记、总编辑李鹏：媒体融合迈向纵深的重点应该是技术和内容的融合。为何这么讲？一是技术赋能内容。层出不穷的新技术为新闻报道、信息传播赋予了内容新效能，比如通过视频、直播、航拍、虚拟现实（VR）、AR、混合现实（MR）等新技术应用，提升了内容的技术性、新颖性、鲜活性，进而提升了主流内容传播力。二是技术生产内容。人工智能技术已经用于改造信息生产的采、编、审、发、效果反馈等各个环节。无论四川日报全媒体还是封面新闻，都已经把人工智能技术整体嵌入新闻信息采编全流程，助力内容生产。比如川观新闻打造了“大川机器人”，封面新闻打造了“小封机器人”，生产了大量的新内容。还有建设“智能编辑部”，加强人机协同等，都是在改造媒体内容生产，重新定义媒体。

媒体深度融合的难点，应该是体制机制创新。推动主力军强力挺进互联网主阵地主战场，没有体制机制创新，就很难持续推进。四川日报报业集团以封面传媒公司为主体进行体制创新，以四川日报全媒体为主体进行流程机制再造。必须真正建立适应互联网赛道的体制机制，否则媒体融合不可能真正迈向纵深，不可能产生质变。

北京字节跳动科技有限公司副总编辑、媒体合作总经理郎峰蔚：字节跳动在创新方面的着力点就是“优质”，围绕“优质”创新，围绕“优质”做加法。一是在技术能力上做加法。平台的任务就是辅助内容分发，辅助用户消费，而技术可以让这些目标更容易实现。比如，我们2020年推出的一款制作视频的新产品“剪映”，可以让普通的文字创作者成为优质的视频创作者，这就是用技术给作者进行了赋能。二是在内容引进上做加法。今日头条的口号是“看见更大的世界”，抖音的口号是“记录美好生活”，都是希望平台上的内容更多质量更好，希望大家能够在头条、抖音上得到信息的增量，让字节跳动的产品成为真正的百科全书。三是不断做创作者引进的加法。我们每年会统计获得中国新闻奖的单位入驻今日头条、西瓜、抖音等平台的数量，从2017年到2020年，入驻量从60%左右增加到了80%。同时，“媒体+”的工作，不仅仅是增加媒体数量，也要增加媒体内部孵化的IP矩阵的数量。我们期待更多的来自媒体的专业创作者、垂类工作室入驻字节跳动平台。

“聚焦新生代　赋能新生态”分论坛

一、分论坛信息要闻

2020年11月19日下午，2020中国新媒体大会“聚焦新生代　赋能新生态”分论坛在马栏山视频文创产业园举行。中国记协党组书记、书记处书记刘正荣，时任湖南省委常委、省委宣传部部长张宏森出席。

论坛邀请中央主流媒体、网络视听门户平台、新兴媒体、技术公司、新型实验室相关嘉宾，聚焦传播语态创新、精品内容打造和媒体智慧化传播等话题展开讨论。讨论从创新语态、创新内容、革新技术3个维度对“新生代、新生态”进行深入的解读，探讨新型主流媒体如何通过贴近年轻受众的语境语态、构建年轻受众感兴趣的内容体系，更高效地传播主流文化、主流思想、主流价值。现场还进行了马栏山视频文创产业园推介、产业项目签约活动。

本次论坛由中华全国新闻工作者协会、湖南省委宣传部指导，由湖南省委网信办、湖南省广播电视局主办，由芒果TV、中国（长沙）马栏山视频文创产业园承办，由湖南省网络视听协会协办。

二、领导致辞摘编

湖南省委宣传部副部长，湖南省广播电视局党组书记、局长张严：2020年9月17日，习近平总书记考察马栏山视频文创产业园时指出，文化和科技融合，既催生了新的文化业态、延伸了文化产业链，又集聚了大量创新人才，是朝阳产业，大有前途。我们聚集在“中国V谷”马栏山，探讨视听新媒体发展话题，是贯彻落实习近平总书记考察马栏山重要讲话精神的重要举措。

聚焦新生代。我们要深入研究新生代的价值观念和生活方式。新生代是我们的工作重点，也是新媒体发展的重点，贴近才能亲近；新生代具有青春向上、热爱祖国、开拓创新的鲜明时代特色，媒体应创新传播语态，以平等的态度、互动的形式吸引新生代；要提供优质精神文化产品，引导他们树立正确的价值观。

赋能新生态。面对新生态，我们要推动青年主力军全面挺进主战场，占领新兴传播阵地。首先，要以内容为王。高质量的内容供给永远是媒体最核心的竞争力。“要么做第一，要么第一个做！”湖南广电凭着敢为人先、勇于创新的精神，打造了“广电湘军”这张亮丽的名片。其次，要跨界融合。树立流量思维、变现思维、融合思维，在上游进一步重视技术的引进和研发，中游做好基于互联网的内容生态，下游带动区域产业链的发展，带动其他实体行业的转型升级。最后，双效统一。习近平总书记强调：“文化产业既有意识形态属性，又有市场属性，但意识形态属性是本质属性。”只有双效统一的媒体新生态才是健康的、有前景的。

筑梦马栏山。习近平总书记考察马栏山园区后，这里成为全球媒体人关注的焦点，更成为青年人创新创业的热土。我们希望全国乃至全世界的年轻人筑梦马栏山，在这里挥洒青春、成就梦想。

湖南省委宣传部副部长、省委网信办主任周湘：党的十八大以来，以习近平同志为核心的党中央作出了加快传统媒体和新兴媒体融合发展的战略部署。按照中央和省委部署要求，湖南大力推进媒体融合，形成了融媒体集群发展格局。

胸怀“两个大局”，担负起新时代赋予的职责使命。新型主流媒体要深入贯彻落实习近平总书记重要指示精神，站在“两个大局”的高度来审视世界格局之变、时代发展之变、舆论生态之变，切实提高新闻舆论传播力、引导力、影响力、公信力，构建网络舆论新生态，为全面建设社会主义现代化国家新征程贡献力量。

强化“用户思维”，不断创新内容赢得发展优势。新型主流媒体必须强化“精品意识”“用户思维”，聚焦“新生代”，用贴近年轻用户的语境语态，构建年轻用户感兴趣的内容体系，不断推动内容生产供给侧改革，使内容产品“颜值”更高、品质更优、传播更广，不断增强舆论引导的针对性、实效性，引导和鼓舞青年一代，不断巩固和壮大主流思想舆论阵地。

突出“技术赋能”，积极抢占新技术变革先机。新型主流媒体要将新一代信息技术有机融入新闻采集、生产、分发、接收、反馈全流程，用个性化定制、精准化生产、智能化推送重塑与用户的连接，全面提高网络传播的到达率、阅读率、点赞率。

挖掘“第一资源”，汇聚创新人才做新生代宣传。新型主流媒体要备好“燃料”引才，提升“动能”育才，念好“人才”经，大力引进和培养具有新生代思维、了解新生代喜好、熟悉新生代表达的创新型人才来做新媒体，用社会主义核心价值观教育引导新生代，赢得国家和民族发展的未来。

长沙市委常委、宣传部部长陈刚：习近平总书记在湖南考察期间来到马栏山，肯定了湖南文创的特色。习近平总书记的重要讲话为马栏山的发展指明了方向。我们将牢记习近平总书记嘱托，进一步坚定走向，加快建好马栏山。

走文化与科技相结合之路更坚定。马栏山践行守正创新，首要的是推动“文化＋科技”相结合，“用技术服务内容，用内容服务人民”。巩固内容创作优势，借力5G、云计算、高新视频、人工智能、虚拟现实等技术发展契机，加快产业底座搭建，加快实验室成果转化，以内容创制及IP衍生商业链、数字孪生及视觉预演多场景应用链为核心，形成高新视频内容制作流程、技术工艺、视觉美学及交易标准，开发更具人文精神、传承红色文化、反映当代成就的作品和产品，用中国技术、中国标准讲好中国故事。

走媒体深度融合发展之路更坚定。中宣部副部长徐麟从“全媒为本、导向为先、内容为王、技术为要、改革为重、人才为宝”6个方面，提出了加快推进媒体深度融合的理念、路径和方法。马栏山要深入贯彻，抓好落实。重点是要加强与在座专家、各大媒体和企业的深度合作，借助技术力量，促进各种媒介资源、生产要素有效整合，驱动传统媒体加快转型升级，真正做到“融为一体、合而为一”。

走党建引领青年文化之路更坚定。马栏山是青年创业的乐土，也是党建引领的“红土地”。通过党建带团建，服务青年，团结青年，发现人才，聚集人才。研究青年需求，走进青年生活，用年轻人的“语言”讲年轻人的“故事”，用青春的榜样激发青春的斗志，用红色文化传承红色基因，引领青年文化。

三、主题演讲摘编

人民网人民数据常务副总编辑、人民数据研究院院长陈丽：习近平总书记指出，青年的价值取向决定了未来整个社会的价值取向。对青年积极的价值取向的引导，是所有传媒人的责任。人民数据通过对网络舆论和消费数据的挖掘，精准把握当下社会各界特别是年轻人的诉求、心理特征和喜好变化。

青年群体崇尚品质与圈群认同，有深度、有内涵的精品化制作是大势所趋。近年来，受过良好教育、有稳定收入的青年群体，对社会议题更加关注，表达更为理性，追求有品质、有态度的生活。打造这些群体的精神食粮，需要我们加大内容在垂直化、个性化、圈层化方向的发展，并围绕青年群体的情感消费场景和习惯进行传播。

“调频聚焦”，进入“网络原住民”的视听部落。近年来，大量政务号入驻抖音、快手，这些账号以政法系统为主，占比高达70%。这些政务短视频活跃、有趣，逐渐成为受网民喜爱的政务新媒体。还有一些机构通过喜马拉雅音频的方式传递信息。

积极吸纳青年群体的有益表述和潮流元素，寻求“融合”与“破圈”。人民数据研究发现，公安干警的形象在网民群体中发生了较大的积极改变，很大一方面得益于公安系统丰富的宣传脚本。这些脚本中纳入了青年群体的“圈内”要素，比如，通过青年群体喜欢的沙画、热门歌曲等，展现人民公安忠于职守的主题。还有一些应用了媒体融合的技巧，比如将日历、手提袋等作为宣传的载体，向青年群体传播。

只有正视互联网、正视青年网民的习惯及话语生态，才能将最大变量变成最大增量，长久服务于社会治理体系和治理能力现代化。

新华社新媒体中心总编辑周亮：创新表现方式是一场自我革命。习近平总书记在“2·19”讲话中，提出 9 个环节的创新，为我们指明了方向。其中，创新方式、方法，就与今天要说的“语态”有关。但是，传统媒体创新表现方式，自我革命，走出舒适区，很不容易。尽快构建对等、亲切，有贴近性、互动式的新表现方式，是一个重大课题，也是十分紧迫的任务。

创新表现方式要与时代相适应。就表现方式而言，应着重围绕“短、实、新、活”4 个字展开。

短，提供有效信息，节省受众时间。有些思想性强的作品，应该有一定篇幅和容量，但大多数报道要有所节制。比如短视频，如果超过 1 分 40 秒，除非有效信息含量比较大，否则就挑战受众的耐心了。

实，就是真实、权威，值得信任。这是传统媒体的优势。但是，要注意改变一些传统报道中空洞无物、故作高深的毛病，尤其是要解决语态中教训人、宣传腔的问题。

新，就是生动、鲜活，有趣、抓人。一些传统媒体的弊病，是一厢情愿，在表现方式上太过随意，忽略情节、细节，不关注人。这样吸引不了人、打动不了人。

活，就是多样、丰富，发动受众参与。融合时代，为我们提供可以互动的平台，让我们能够与受众共情、共鸣、共进、共享，这是走好全媒体时代群众路线的具体体现。

走好创新表现方式的行军路。主力军要挺进主战场，需要走一条艰难的行军路。传统媒体创新不宜跟着社交媒体走，应该在守正中创新。同时，不能机械地迎合大众，需要开拓一种吸引大众、引领和培育大众审美趣味的新路子。在分众化时代，特别要注重吸引青年群体。

中央广播电视总台新闻新媒体中心客户端部副主任唐怡：传统栏目 × 创新语态。《主播说联播》是总台新闻新媒体中心旨在传递主流声音打造的节目新品牌，2019 年 7 月 29 日正式上线，迅速形成自己的特色。其不仅继承了主流媒体“专”“定”“广”的优势，又发扬了新媒体时代“微”“精”“近”的特质。《新闻联播》的主持人，用年轻人听得懂、愿意听的语言，塑造出网红主播 IP 形象，拉近了与年轻人之间的距离，真正实现了传统媒体话语的新媒体突围。

主流媒体搭台 × 融合新技术拓维。央视新闻新媒体在 2020 年 4 月 6 日开启“谢谢你为湖北拼单”公益直播带货，“主持人 + 网红”跨界组合。节目在娱乐、猎奇、公益、社交等方面满足了用户需求，用户在购买商品时，更多的是为这些商品的附加价值埋单。

线下抵达 × 线上传播。2020 年国庆中秋假期，是常态化疫情防控以来的第一个长假，央视新闻在武汉火车站特别制作《我的祖国》快闪视频，邀请人民英雄张定宇、武汉医务工作者、抗疫志愿者等参加。国庆期间，各地也陆续推出不同版本的快闪，让《我的祖国》燃爆整个假期。《我的祖国》将全国人民拉入一种仪式感中，大家在共享和参与中构建起了一种共识。

用户参与 × 平台传导。“等你回来片段”“切菜的、吃到肚子里、玫瑰花”，这些视频片段都来自医疗队的家人。我们只是分类组合，对内容进行专业制作和平台传播。

内容在任何时候都是舆论场的“硬通货”，传媒要适应传播变革新趋势，不断探索、突破，实现与年轻观众的沟通对话，在舆论引导中赢得话语权和主导权。

芒果超媒总经理、总编辑，芒果 TV 总裁蔡怀军：新时代有新审美：“过程要上头，结尾要走心。”现在的年轻人追求时尚、先锋，但也会被《石榴花开》里的国风娃娃吸引，形成一种“新主流审美”。像《乘风破浪的姐姐》这样的优质内容都有一个共同点，就是过程很上头、结尾很走心，充满了正能量。

正能量有大流量：建立起相对闭环的工业化生产体系。一直以来，我们坚持内容为王，牢牢把核心生产要素掌握在自己手上。

价值标准方面：意识形态属性是主流新媒体的本质属性。做一个内容必须能解决一个社会问题，或观照一种社会现象，这是芒果做内容的黄金法则。

团队建设方面：我们坚持自主自控、协同作战，公司有 20 个节目制作团队、12 个影视制作团队和 25 家“新芒计划”战略工作室，还成立了音乐、导摄、视觉等多维工作室，这是我们最重要的战斗力和“核武器”。

智能中台方面：项目的评估、运营、产品、技术等环节全部由中台完成。同时，我们还将人工和人工智能（AI）相结合，让中台更加智能化。

芒果生态方面：我们围绕核心主业不断延伸产业链，打造基于“小芒”的垂直电商平台，推出“芒果季风计划”打造国内首个台网联动周播剧场等。

新媒体有新展望：做青年文化引领者。芒果 TV 与青年共振共鸣，生产出大量优质内容。专门为会员们打造了“青春芒果节”。自主打造芒果 TV 国际 App，并进行本土化部署，下载量已超过 3350 万次。用芒果特色内容吸引越来越多的国际青年，让他们在这里读懂中国、感受青春的力量。

芒果 TV 将坚定融合发展的道路，在新内容、新赛道、新技术、新市场、新机制上坚持创新，争做青年文化的引领者。

爱奇艺首席内容官王晓晖：立足新时代的重要历史节点，网络视听行业持续推陈出新。2020 年，爱奇艺主要从以下 3 个方面发力精品创作。

现实题材观照人文情怀。2020年8月，爱奇艺自制剧《破冰行动》荣获第26届上海电视节“白玉兰”奖“最佳中国电视剧”奖，成为首部获得该奖项的网络首播电视剧。

真正的精品创作不仅要在制作水准上追求极致化呈现，还要在导向立意上严守底线思维，严把创作关。2020年上半年，爱奇艺推出的网剧《我是余欢水》是难得一见的现实喜剧题材短剧，告别了国产都市剧惯常的剧情铺陈，直奔小人物逆袭主题，通过黑色幽默折射人生百态，收获了观众好评。

网络综艺引领青年文化。爱奇艺凭借对主流意识形态的洞察把握和对年轻人潜在兴趣的精准开掘，2020年推出了10多个头部综艺，多元布局说唱队、原创音乐、青年竞演、冲浪、社交、青年生活等题材，全面覆盖青年群体喜好、审美、生活方式、情感状态等，引发社会关注和探讨。

多元内容满足群众需求。近年来，爱奇艺在动画片、纪录片等领域持续发力，满足用户多元观影需求，全面呈现新时代精神风貌。2020年8月，由爱奇艺出品的动画系列片《无敌鹿战队》登陆尼克儿童频道，成为首个在创意阶段就被国际知名电视媒体预购的中国原创IP动画。疫情防控期间，爱奇艺推出纪录片《〈中国医生〉战“疫”版》，真实记录疫情之下中国医护人员坚守岗位、不怕牺牲、勇挑重担的责任担当。

未来，爱奇艺将积极发挥自身优势，创作播出更多“以人民为中心，为人民而创作”的精品佳作，与时代同频共振。

哔哩哔哩党委副书记朱承铭：良好的创作氛围是优质精品内容不断涌现的丰沃土壤。B站绝大多数内容是由UP主们创作的，质量很高，正能量满满。比如UP主“四月是我的生日”制作了《抗美援朝始末》系列视频。许多优质视频播放量过百万次。每到国庆节、建军节等时间节点，很多UP主就会创作视频抒发爱国情怀。B站也成为传统文化爱好者的聚集地，还是在线学习平台。只要有良好的创作氛围，年轻人喜欢的正能量作品就会像种子一样自动生长出来。

用年轻人喜闻乐见的方式讲好主旋律。年轻人喜欢动画，我们一直致力于制作出优质的国产动画。《那年那兔那些事》就是我们出品的优秀国产动画。我们平台播出的动画片《领风者》，讲述“千年思想家”马克思一生的传奇故事，播放量已接近1000万次。年轻人还喜欢纪录片，《我在故宫修文物》就是在B站爆火的。年轻人还特别喜欢弹幕这样的互动方式。

媒体深度融合能有效促进精品内容生产和主流价值传播。许多主流媒体已将B站视为向年轻人传播主流价值的重要渠道，开设了B站官方账号。主流媒体也会将B站上的优质内容在自身平台上进行推送，扩大影响。主流媒体在对主流文化和价值的把握以及深度内容的制作方面有着天然优势。而B站比较善于策划制作年轻人喜爱的内容，而且平台上聚集了大量优质的年轻用户和才华出众的 UP 主。推进媒体深度融合，我们希望与主流媒体开展更多合作，创作出更多受年轻人喜爱的精品内容，传播好主流价值。

中兴通讯股份有限公司执行副总裁兼 CTO 王喜喻：5G 新基建，媒体新动能，中兴通讯愿为新媒体注入 5G 之“心”。

过去一年中，在新华社牵头带领之下，中兴通讯有幸参与到中国“5G+ 新媒体”实践的滚滚浪潮之中。如果把 4G 比作 4 车道的高速公路，5G 就是 100 车道的高速公路，这么快的高速公路让超高清视频行业化成为可能。“5G+ 高清视频”，丰富了视觉媒体的种类，提高了传播速度，让传播更加及时，拓宽了媒体信源，提高了媒体融合积极性。5G 为新媒体注入底层“心”，为微信息社会注入“心”动力。

为什么中兴通讯积极参与到“5G+ 新媒体”？第一，中兴通讯源于航空，秉承航天精神，不忘初心，产业报国不忘本。第二，中兴通讯历经跨世纪，激荡 30 年。在 30 年中中兴通讯坚持做最难的事情，坚持发展核心技术，这些核心技术是中兴通讯能够为新媒体作出应有贡献的基础。

中兴通讯能为新媒体做什么？新媒体等于“内容 + 平台 + 技术”，中兴通讯首先最想为媒体朋友和媒体单位提供的是融合的视频云平台，有了这个平台，采购更容易，能够实现“内容 + 互动 + 时空”的多维信息融通，让媒体容易服务于 C 端。其次，中兴通讯提供 CDN 技术，实现多屏融合，提供自由沉浸式体验，让受众能随心随选。再次，中兴通讯提供人工智能技术，新媒体极其消耗带宽，中兴通讯 AI 技术让带宽节省 70% 以上。最后，中兴通讯提供很多其他技术，比如操作系统、数据库等。

我们的定位有 3 点，一是行业赋能者，二是创新业务实践者，三是生态贡献者，帮助合作伙伴打造更开放的生态圈，实现互赢、共赢。

华为消费者业务云服务总裁张平安：华为有领先的 5G 技术和 5G 终端等产品，面对未来数字化智能社会的高速发展，华为终端提出了“1+8+N”的智能硬件战略，1 是华为的手机，是用户最常用的智能设备；8 是平板、PC、智慧屏、车载、手表等 8 个品类，华为专注研发和创新“1+8”；N 是合作伙伴提供的可以通过 HiLink 与华为“1+8”硬件互联互通的其他智能设备。

2019 年 5 月 16 日后，在海外，我们的新手机不能继续使用谷歌服务，所以下决心构建华为自己的移动服务（HMS）应用生态，来支持华为“1+8+N”的智能硬件战略，构建全场景智慧化的移动服务生态。

我们打造了全球化精品视频、音频、阅读内容平台和内容合作中心，实现一点引入全球分发，通过平台的持续构建，缩短优质内容与用户的距离。通过统一的视频内容开放合作平台——百花号平台，服务于内容创作者。以华为视频为例，我们已在英国、法国、意大利、西班牙、德国、俄罗斯、新加坡等海外 20 多个国家、地区上线。

我们向全球合作伙伴和开发者开放华为AI能力、媒体处理能力，包括自由视角/多视角技术，也与芒果TV等共同探索体验创新，20多种语言的AI字幕翻译、AI视频增强技术、超分技术，通过这些创新技术赋能全球内容合作伙伴，构筑以华为终端用户为中心的全球内容生态，为用户提供越来越丰富的极致视频体验。

针对智慧屏，我们还上线了AiMax影院，与全球范围内的内容伙伴一起，提供海量高清片源，打造“极致＋纯粹”的超高清体验。

我们希望继续携手合作伙伴，助力优质中文内容出海，讲好中国故事，共筑全球内容生态，为全球范围内7亿华为终端用户带来更美好的数字生活。

“新平台的社会责任”分论坛

一、分论坛信息要闻

2020年11月19日下午，由中国记协新媒体专业委员会、湖南省新媒体协会主办，湖南红网新媒体集团承办的“新平台的社会责任”分论坛在长沙举行。中国记协党组书记、书记处书记刘正荣，时任湖南省委常委、省委宣传部部长张宏森等嘉宾出席了论坛。

在万物智联的新时代，伴随大数据、5G、人工智能、区块链等新技术新应用的深刻演变，如雨后春笋般出现的各类新媒体、新平台的全新价值入口，日益成为党和政府治国理政的重要平台，承担着越来越多的社会功能。2020年，在全面建成小康社会和全面打赢脱贫攻坚战的时代进程中，各大主流新媒体通过多种形式的新闻扶贫、消费引导扶贫、农产品营销推广扶贫等，充分展现出新的使命担当和时代责任。

作为2020中国新媒体大会一场重量级分论坛，此次论坛精彩纷呈，亮点多多，包括媒体大咖主旨演讲、扶贫公益优秀案例评选揭晓、2021中国新媒体联合公益行动启动等，都备受关注。

二、“中国新媒体联合公益行动”发布

时任中国记协书记处书记冯海青：新技术，激发新动力；新平台，带来新责任。在加快推进媒体深度融合的大趋势下，如何全面推进内容、技术、效益、责任等各方要素总体进步、协调发展，是摆在新媒体面前的一道时代课题。中国记协新媒体专业委员会成立以来，新媒体同仁坚定正确导向、生产优质内容、勇担社会责任，在各个领域都取得亮眼成绩。

中国记协新媒体专业委员会一直注重团结引领新媒体担当社会责任，推进社会公益。在2019中国新媒体大会上就发布推荐2019中国新媒体公益十大优秀案例，并启动2020中国新媒体扶贫联合公益行动。专委会成员单位积极参与行动，形成2020中国新媒体扶贫案例库，体现了新媒体公益实践形式手段新、受众人群广、社会反响好、

成果效益实等特点。在此基础上，推荐了2020中国新媒体扶贫十大优秀案例，发挥优秀标杆案例的引导作用，进一步推动新媒体开拓思路、找准切口，发挥优势、做实项目，积极投身社会公益项目实践、履行社会责任。2020年，中国记协新媒体专业委员会还牵头组织了县级融媒体中心东西协作交流公益项目，促进东部、中西部地区县级融媒体中心之间在内容生产、管理方法、运营经验、经营模式等方面展开深度交流协作。

为强化新媒体在公益领域的信息服务、舆论支持力度，进一步推动新媒体联合公益行动长效化、制度化、品牌化，中国记协新媒体专业委员会在前期组织公益行动实践的基础上，推动形成新媒体公益的品牌。

在此，我宣布，“中国新媒体联合公益行动”品牌正式推出！

三、主题演讲摘编

光明日报社副总编辑张碧涌：脱贫攻坚贵在精准，重在精准，成败之举在于精准。光明日报作为中央党报，以思想文化为特色，教科文卫是传统优势领域。我们在对口扶贫青海玉树囊谦县时，重点做了4件事：

建平台。捐资上百万元，与国家广电总局一起，帮扶囊谦县挂牌成立融媒体中心，改造、完善了硬件设备，现在囊谦已成为青海省的县级融媒体试点。

搞培训。将囊谦县电视台的全体采编人员集中到北京参加专业培训，帮他们开阔视野、提升能力；将囊谦县在抖音、快手等短视频平台上活跃的18名青年网红邀请到北京参加系统培训，提高他们的短视频制作技能以及法律法规意识，还专门为他们配备了无人机。

做电商。我们积极参与囊谦县电商中心建设，疫情防控期间，囊谦开展了直播带货，将藏区的特色农副产品销售到了全国。

搞活动。从2019年开始，我们在囊谦发起了网上文化旅游节，报社派出新媒体技术团队，由囊谦本地的青年网红“出镜”，以现场直播的方式，推介囊谦的自然之美、文化之美和生态之美，让囊谦在手机小屏上走红。第一场直播是在面积1800多平方米、能够容纳700多人的牦牛黑帐篷中举行的，当天通过光明日报客户端、光明网和其他的直播平台，直播观看量达上百万人次。

2020年4月，囊谦县已退出贫困县序列。我们将继续扛牢责任，按照“脱贫不脱帮扶”的要求，在信息传播、旅游推介、技能培训、直播带货等方面进一步发挥新媒体平台的作用，补齐囊谦发展中的短板、弱项，巩固脱贫成果，为囊谦乡村振兴奠定坚实基础。

湖南广播影视集团（湖南广播电视台）党委副书记、总经理、台长龚政文：芒果人的社会责任体现在永远坚守正确的政治方向和舆论导向，体现在永远坚守党媒国企的职责使命，体现在永远坚守社会主义核心价值观，体现在永远热心社会公益，关怀大众。

党之所指，我之所向；“国之大者”，我之所为。2020年，“国之大者”有二，一个是抗击新冠肺炎疫情，一个是决战脱贫攻坚。抗疫期间，湖南广电在全国省级广电中第一个调整综艺节目编排，第一个在黄金时段开辟疫情防控新闻专栏，第一个创制公益宣传片和主题 MV，第一个举办抗疫主题晚会。湖南广电的记者不仅坚守本土抗疫一线，还奔赴武汉、黄冈，和援鄂医疗队一起战斗。湖南广电着力打造主流媒体参与消费扶贫的湖南样本。湖南卫视携手芒果超媒建立了芒果扶贫云超市的新媒体平台，一键开店、一键直播、一键到家，帮助农民开店 7000 多家，培育“农民网红”1.6 万多人，带动农产品销售总共超过了 29 亿元。大型直播“出手吧兄弟”一台晚会卖空了湖南 15 个县的多种特色农产品。

履行好社会责任，实现最佳社会效益，芒果人有 3 点体会：一是把媒体人的职责使命意识融入血脉基因。通过常态化的马克思主义新闻观培训教育，通过党性教育、台史教育不断激活和强化全体员工的导向意识和责任意识。二是构建组织体系。不断健全导向的把控体系和社会责任体系，建立社会责任的指挥调度机制，完善社会效益评价体系。三是创新表达方式。芒果人的创新精神和青春气质也体现着主流价值表达和社会责任担当。在坚定地走出单纯娱乐、过度娱乐的同时，努力把节目做得既有意义又有意思，既有收视又有口碑，既有经济效益又有社会效益。

腾讯公益慈善基金会执行秘书长窦瑞刚：腾讯公益慈善基金会是 2007 年 6 月由腾讯公司倡导并发起的，中国互联网在民政部注册的第一家全国性非公募基金。腾讯公司每年把利润的 1% 捐赠给基金会，截至 2020 年 5 月，腾讯公司累计捐赠资金超过了 65 亿元人民币，其中员工捐款超过了 7000 万元。

腾讯公司希望通过腾讯公益慈善基金会这个平台来连接爱心网络、公益机构和爱心企业。在腾讯公司提供的技术支持下，基金会搭建了基于网络的腾讯公益平台，动员网友一起参与公益项目。2015 年推出了全世界第一个基于互联网的筹款日“99 公益日”，5 年的时间里，带动了亿万网友参与，从 2015 年的 205 万人次增加到 2020 年的 5780 万人次，累计撬动资金（包括爱心企业的捐赠以及网友的捐赠）从 2015 年的 2.27 亿元增加到 2020 年的 30 亿元。

腾讯公益平台的援助项目涵盖面非常广，包括灾害、疾病、教育、生态、文化，以及乡村振兴、精准扶贫。腾讯公司捐赠给基金会的 65 亿元中，迄今对外支出 45 亿余元，其中用于扶贫相关项目的比例超过了九成。在腾讯公益平台 10 多年来收到的 10.23 亿人次累计捐赠的 115 亿余元中，九成用于扶贫济困，仅 2019 年一年的扶贫款就超过 26 亿元。腾讯“筑梦新乡村”定点乡村公益帮扶项目、智慧乡村信息服务平台“为村”，都是采用信息化手段推动中国农村脱贫致富的实践。此外，腾讯还通过数字长城、数字敦煌等数字化技术，探索特色文旅服务。

北京快手科技有限公司副总裁王强：快手的价值观是平等普惠和科技向善。我们希望通过快手的平台，以直播和短视频的方式赋能每一个地区，赋能每一个人。从 2018 年开始，快手专门成立了扶贫办公室。截至目前，全国有 2570 多万人在快手上有了收入，其中有 664 万人来自国家级贫困县；在所有国家级贫困县中，每 4 个贫困县就有一个快手的活跃用户。快手主要通过 3 个方面推动扶贫工作：

人，扶贫首先要扶智，我们希望通过快手让更多的人提升能力。目前在快手上活跃着大概 1000 多位来自全国各地的政务人员，他们中有市领导、县领导，还有扶贫第一书记，这就是快手的“乡村振兴官计划”。快手通过“短视频 + 直播”帮助他们开展工作，已经成为脱贫攻坚的新农具、乡村治理的新工具。

物，主要是“快手福苗计划”。请快手“网红”做直播卖货，让贫困地区的好货能够通过快手传播出去，销售出去。

景，让贫困地区的非遗、人文特色、民俗风情通过快手能够得到更好更广的展现。“打开快手发现美丽中国”活动中，快手运用技术赋能各地，深入挖掘文旅、物产资源，从文旅开发、非遗新生、产业赋能等维度切入，综合贫困地区实际需求，通过线上推广、线下落地，帮助当地人找到属于自己的“幸福感”。目前，快手已与黑龙江、贵州、广西、云南和西藏等省区及近百个县市达成区域战略合作，扩大这些地方的影响力。

人民日报新媒体中心副主任王恬：主流媒体必须把握融合发展趋势，构建强大传播生态，走好全媒体时代群众路线，更好担负职责使命。下面结合人民日报新媒体的发展实践，分享 3 点体会。

拓展媒体边界，提供有价值的服务。中办、国办印发的《关于加快推进媒体深度融合发展的意见》明确把“服务功能”作为媒体深度融合发展的重要突破口，可以预见，未来媒体的发展将由较为单一的信息传播功能向服务功能极大延伸。疫情防控期间，很多主流媒体已经通过提供垂直化、人性化、下沉化的服务延伸内容供给。人民日报新媒体突破传统媒体边界，充分发挥互联网平台的作用，针对抗疫不同时期的特殊社会需求，提供多个精准服务。比如人民日报新媒体上线的“征集新型冠状病毒肺炎求助者信息”平台，“为鄂下单”系列公益直播带货活动，“慢性病缺药求助信息平台”等。

构建“以人民为中心”的内容生态。人民日报新媒体整合资源，以开放平台吸引用户参与构建一个“以人民为中心”的内容生态。全国移动新媒体聚合平台“人民号”经过两年多的发展，已经成为内容的“蓄水池”和用户的“输水管”。人民日报新媒体还将推出应用人工智能技术的“创作大脑”，为自身采编团队和媒体机构，特别是普通内容创作者提供通用型创作工具，提升创作效能。

打造更加丰富和开放的信息环境。主流

媒体的新媒体平台履行社会责任，重要一点就是要不断推进内容供给侧结构性改革。一是要扩大优质内容产能，创新内容表现形式。二是要增强服务意识，强化用户理念，提升传播效果。2019 年 9 月人民日报客户端 7.0 版搭载“主流算法”正式亮相，目前取得初步成效。

新浪集团首席信息官王巍：2020 年是特殊的一年，面对新冠肺炎疫情这样一个重大突发公共卫生事件，新浪也在思考互联网媒体平台责任的内涵和外延。新浪为抗疫主要做了 3 件事：

提高权重，主推主流媒体发布的新闻资讯。追求流量的前提是要处理好流量与质量的关系。作为有正向价值观的互联网媒体平台，新浪借助推荐人民日报、新华社等主流媒体的内容，去引导用户获取有价值、有深度的信息。

及时发布权威信息，切实助力全民疫情防控。借助大数据和可视化产品技术，及时获取国家和各地卫生健康委发布的权威疫情信息，打造疫情数据产品，及时向网民传播疫情动态。以新浪的实时疫情地图为例，它将抽象的数据用图形、图表等具象形式表现出来，降低了用户获取信息的成本，为疫情防控和大众行为提供参考。

融合内外资源，打造优质公益策划。媒体不仅是公益活动的报道者和传播者，也应该是公益行为的主体，成为组织者和引导者。疫情防控期间，我们积极联动主流媒体、权威机构以及各领域明星大咖，推出了一系列公益活动，并通过新浪全矩阵传播资源放大公益声音。比如，联合新华网、湖北电视台共同发起“2020 我想说：谢谢你”活动，制作抗疫纪念画册，在微博发起话题征集；探索“明星 + 公益”的抗疫公益新路径，打造“中国科普月”活动；疫情防控后期推出如“佳片复苏计划”等活动，持续引导年轻用户尤其是粉丝群体关注各领域的复工复产进程。

利用技术优势，提升专业度、品质力和创新性，为人们营造风清气正的信息环境，是新浪追求的方向。

大江网（中国江西网）总编辑王宣海：近年来，大江网（中国江西网）坚持守正创新，主动服务全局，推出了一系列有社会影响力的品牌公益活动，凝聚起最强网上正能量，画出了最大公益“同心圆”。

精准发力，打造系列“互联网 + 公益”平台。大江网不只做信息“传声筒”，还要做“民生服务员”，以公益践行媒体责任，助推传统行业优化升级。“法媒银 · 失信被执行人曝光台”是江西日报社联合江西省高级人民法院与 18 家银行金融机构一起合作建设的，在全国首创人民法院、新闻媒体、银行金融机构联合惩戒失信被执行人新模式。2017 年 10 月，中宣部、最高人民法院、中国银行业监督管理委员会联合下发通知，要求各地各有关部门认真学习借鉴江西“法媒银”平台经验，推进全面依法治国和培育社会主义核心价值观工作深入开展。2019 年“问政江西”栏目与江西省“五型”政府建设领导小组办公室联合打造的省“五型”政府建设扩大社会参与加强社会监督平台，已经成为广大网友反映民声、表达民意、汇聚民智的最直接平台之一。

强化策划，积极参与组织引导公益事业。大江网热心公益报道，策划了“关爱城市守护者　盛夏酷暑送清凉”大型公益活动、帮橘农卖滞销蜜橘等系列公益活动。新冠肺炎疫情暴发后，我们在做好抗疫、防疫报道的同时，还开展多种志愿服务、公益捐赠活动。例如，策划推出“爱心蔬菜致敬抗击疫情一线”行动，先后向南昌援助湖北医护人员家属、各大定点医院一线医护人员等捐赠了5万多公斤新鲜蔬菜。在2020年江西抗洪救灾中，第一时间启动“爱心大篷车”大型公益，自7月10日至7月底，接受外界捐助物资近千万元，并在第一时间送到抗洪一线，受到社会各界的广泛好评。

四、县级融媒体中心东西协作交流公益项目研讨

浙江兰溪市融媒体中心新媒体中心主任龚献：很幸运有机会深入贫困地区采访记录伟大的脱贫攻坚工程，我深刻感受到了国家脱贫攻坚的力度和决心。在陕西省略阳县一个月的时间里，我到周边几个县级融媒体中心进行学习交流，更加深入地了解了西部的融媒体建设。

应该说西部的融媒体中心的发展空间、成长潜力都是很大的。相关负责人到东部一些发达的、做得好的融媒体中心考察学习过，对东西部融媒体中心的差距，包括如何缩小差距的方法和路径都很清楚。但是，学习回来以后，东部的一些好的经验、好的做法，在当地很难落地，推行不下去。我问他们为什么，他们说，主要还是受制于体制和机制。让西部的融媒体中心以事业的身份实行企业化的管理，深入全面地推行绩效考核机制，这是从源头上解决西部融媒体中心发展的一个关键性问题，也是解决其他问题的先决条件。

山西省吕梁市中阳县融媒体中心播音部主任苗岚：在江苏学习的一个月时间里收获很多。首先，优秀的理念、互联网思维已深入当地融媒体中心每个人的心里。我所在的融媒体中心打造了一个多平台的融媒矩阵，制作精良，推送及时，内容丰富，令我震撼。

融媒体中心做节目一定要多关注民生，要接地气，有温度。学习交流期间，我感触最深的是参加了一个“12345”政府服务热线的现场直播，短短两个小时内，住建部门的相关人员解答了10多个来自网络后台留言、场外电话及现场观众提问的问题，涉及老百姓生活的方方面面。例如老旧小区的电梯加装、大学生公租房申请等。这些问题在现场都得到了解决，真正实现了倾听民声、为民解忧。我们回到中阳就合作了一个直播节目，把中阳的特产黑木耳全网推送，我个人也实现了直播首秀，感受了一把新媒体的魅力。

吕梁融媒人一定会跟随习近平总书记的

脚步，赓续红色基因，发扬吕梁精神，做最基层最贴近群众的融媒体，把党的声音传得更快、传得更广、传得更远。

甘肃陇南市文县融媒体中心主任岳文斌：甘肃文县是深度贫困县。在东西协作交流项目中，我们派出一个人到山东省淄博市博山融媒体中心学习，博山融媒体中心派了两个技术骨干到文县进行帮扶。在为期一个月的交流中，文县融媒体中心在讲好脱贫攻坚故事方面取得了长足进步，全县脱贫攻坚中的好人好事得到了传播，鼓舞了全县人民打赢脱贫攻坚战的士气。此外，交流项目对融媒体中心的建设，包括品牌栏目的打造、技术的更新、人员的培养等，都起到了积极推动作用。特别是博山融媒体中心的同志在交流工作时，文县发生了泥石流，面对灾情，博山融媒体中心发动社会力量，给文县受灾群众捐赠了 30 万元的生活用品。通过媒体的交流，带动了其他层面更广泛和深入的交流。希望这种交流能够持久下去，使西部的融媒体建设能够真正助力脱贫攻坚和乡村振兴战略。

山东淄博市博山区融媒体中心主任魏其宁：举办县级融媒体中心东西协作交流公益项目，在决战决胜脱贫攻坚的重要时刻具有重要意义，可以使东部西部融媒体进一步加强了解，共建共享。通过一个月的交流，我感觉很有收获：一是帮助了对方，二是激励了自己，三是实现了共同提升。

文县一位姓张的同志到博山交流学习一个月，在结束时举行的共学共建成果交流会上，他泣不成声地向大家三鞠躬，因为他没想到能学到这么多东西，他舍不得离开。一个月的时间里，我们将交流日程安排得非常紧凑，想在最短的时间内用优势补他们的短板，实现精准帮扶。在日常工作中，从品牌栏目创设、运营模式到活动组织，都尽量让他参与进来，使他尽可能多地得到收获。

同时，项目也激励了我们自己。我们帮扶别人，就得拿出真东西，必须提升自我。

最后，我们实现了共同提升。文县是中国记协常年对口帮扶对象，他们的很多理念思想走在全国前列，我们互相取长补短，共同进步。

下一步的发展，一是实现长期共建，交流项目结束是另一个起点，要持续进行下去；二是实现常态共建，常年交流；三是从带队伍方面、运营模式方面做更深入的交流。

湖南省永顺县融媒体中心主任向洪斌：湘西是习近平总书记精准扶贫思想的首创地，也是全国脱贫攻坚的主战场。县级融媒体中心，承担着用新闻舆论打通服务群众“最后一公里”的责任，在脱贫攻坚中发挥着巨大的作用。

一是县级融媒体中心要做脱贫政策宣传的快车道。中央和湖南省委、省政府为了使边远的少数民族地区脱贫，出台了一系列政策，对困难群众在基本生活、教育、医疗、住房等方面作出兜底性制度安排。县融媒体中心要采用群众喜闻乐见的方式，比如土家山歌、方言广播、村村响、地方戏等，把政策深入浅出地传达给老百姓，让老百姓真正地感受到党和政府的温暖，理解支持脱贫攻坚工作。二是要讲好脱贫故事。县级融媒体中心最大的特点就是接地气，讲的就是身边人的故事，老百姓对融媒体中心的报道很关注。习近平总书记在湘西花垣十八洞村提出了精准扶贫的十六字方针，我们的基层干部和群众就围绕这十六字方针推进生动的实践。这个过程中，涌现了很多先进典型和可复制可推广的经验，需要县级融媒体中心沉下去，把故事生动地讲出来，牢牢把握舆论引导的阵地；把可复制可推广的经验总结出来推广出去，达到共同进步的目的。三是搞好群众服务。首先要把群众的心声、群众的建议意见收集上来，反馈给当地的党委政府，便于当地党委政府决策；其次要利用好县级融媒体中心新媒体平台，通过抖音和快手号的直播带货，把永顺县的土特产品腊肉、柑橘、猕猴桃等推销出去。

江苏省如皋市融媒体中心主任薛建兵：如皋是江苏历史文化名城，是中国花木盆景之都，也是世界长寿福地。如皋融媒体中心是江苏省第一家县域性的传媒集团，2010年实现了整合，2018年成为中宣部第一批重点支持推动建设的融媒体中心。一路走来，有一种力量在推动我们前行，那就是技术赋能，内容为王，这两方面缺一不可。就县级融媒体中心而言，新技术主要体现在应用层面，门槛没有那么高，要去尝试，主动积极拥抱新技术。此外，县级融媒体中心建设要系统考虑问题，以创新、协调、绿色、开放、共享的新发展理念来打造新平台。新技术、新应用在平台中的运用，要考虑到县级融媒体中心区域性很强的特点，要与当地实际相结合。

最关键的还是解决人的问题。首先是思想上要接受新技术新思维，另外要把人充分调动起来。我们是老中青相结合的团队，所以在新技术的应用上，使用“1+1+N”的模式培养团队，使团队的技能得到整体提升。

五、“不忘初心　公益先行”沙龙

清华大学新闻与传播学院学术委员会主任金兼斌：媒体是整个社会非常重要的基础设施。随着新媒体的发展，媒体概念本身、媒体的社会责任，都注入了很多新内涵。所以今天我们的话题是，怎么理解新平台的社会责任？我们履行这个责任时，有哪些创新的做法，存在哪些问题，以及未来如何更好地履行这个责任。

新华网首席运营官、总裁助理孙巍：很早以前网站是新媒体，今天已经不算新了，成了过渡性媒体。新媒体有它的特质。在当前互联网生态下，新媒体是整个互联网板块的重要组成部分，在履行社会责任方面，它与“旧媒体”有很多共性。除了公益之外，新媒体平台对内要正确引导舆论，传播主流价值观；对外，新媒体平台要讲好中国故事，树立良好国际形象。从这一方面来说，新旧媒体履行社会责任没有太明显的差异。新媒体不是一个特区，它在社会责任价值的发挥和弘扬方面，跟传统媒体、传统机构是同一把尺子、同一个标准。

刚才看到很多优秀的公益扶贫案例，这些案例有共同的规律性，都是传统媒体借助自身的影响力和资源优势，同时又利用新媒体的交互性，跨时空跨地域的特性，进行了充分的融合。新平台的特性被传统媒体加以融合使用，能够在社会责任履行、社会价值践行中创造出很多新场景和新模式。

齐鲁网·闪电新闻总编辑谭鲁民： 说到社会责任，作为新平台主流媒体，首先是政治责任，要坚持正确的导向。我们是传统媒体出身，年轻时进入新闻行业，都是怀揣“铁肩担道义”的初心，希望能扶贫济困。这种初心，在互联网成为舆论主阵地的今天应该依然保有。媒体平台要把公益属性，把我们的社会责任担当放到第一位。比如，原来传统媒体做民生新闻，经常会遇到一些需要救助的对象，我们把故事讲好，打动观众，就会帮助他们得到社会的捐助。新媒体也是一样。2010 年齐鲁网上线后就做了一个公益行动，一个山区的小女孩刚刚考上大学，被查出患了白血病，因家境贫寒，女孩放弃救治回到学校，想用剩下不多的时间去感受大学生活的美好。我们推出这个故事后，各大平台纷纷转载，3 天时间内两部热线电话 24 小时不停响起，美国、加拿大的读者也打来电话希望提供救助。新平台的公益感召力就是如此之大。所以，媒体的责任担当转移到新的阵地，依然发挥着强大的功能。

这些年来齐鲁网秉承“打造正能量爆款”的理念，“闪电新闻”客户端每年点击量过亿的内容都符合主流价值观和公益导向，引导大家关注公益事业，奉献爱心，引导正能量。惟其如此，无论互联网风口如何，我们始终能够在其中找到一片天地。

安徽新媒体集团总经理章理中： 新媒体的社会责任，从根本上来理解就是坚持正确的政治方向，坚守正确的舆论导向。因此，充分利用新媒体特点，发挥新媒体优势，宣传好党的路线方针政策，宣传好人民群众的经验智慧，是媒体的职责所在。

做好公益事业是新媒体工作的应有之义，是媒体深度融合的重点任务，也是媒体企业发展的一种内在要求。无论从经济效益社会效益来说，还是从发挥宣传工作的职能引导群众服务群众方面来说，都是这样。安徽新媒体集团成立 6 年了，2020 年在公益事业方面也做了一些工作，把握了 3 条原则：

一是高起点谋划。2020 年是决胜全面建成小康社会、决战脱贫攻坚之年。习近平总书记 4 月在陕西考察时的重要讲话，充分肯定了电商的作用。5 月，安徽新媒体集团联合省扶贫办、省农业农村厅、省商务局、省网信办共同举行了系列网络直播带货活动“第一书记夸家里”。这个活动邀请全省各地的第一书记代表和主持人一起直播介绍各地特色农产品，引起社会广泛反响。

二是高标准推进。在“第一书记夸家里”直播带货活动实施过程中，省扶贫办、省委组织部推荐第一书记人选，省农业农村厅对农产品质量进行鉴定把关，在宣传推进中，充分发挥“学习强国”学习平台、抖音等第三方平台的宣传推送作用，逐渐形成了成熟的运营方式。

三是高质量发展。随着乡村振兴战略的实施，“第一书记夸家里”网络直播带货等活动已经成为安徽省优质农产品的展示平台。下一步，要把这些活动下大力气抓好，唱响两个品牌：安徽新媒体集团的公益品牌和安徽省农副产品品牌，使它们成为集团履行社会责任的一个重要载体。

阿里巴巴社会公益部高级品牌专家申志民：公益，可以理解为“公共利益”，“公共”是我们每一个人，公益就是“我们的利益”。所以，履行社会责任，最终受益的是每一个人，也包括我们自己。

企业的社会责任，是企业发展的核心竞争力。推动社会责任的落地，可以通过平台的力量去联合网络另一端的每一个“我们”，向社会传递爱心和力量。

阿里巴巴希望通过技术开发，“让天下没有难做的公益”。蚂蚁森林是一项旨在带动公众低碳减排的公益项目，2016 年 8 月支付宝公益板块正式推出蚂蚁森林，迄今已经带动 5.5 亿人共种植了 2 亿棵树。2020 年疫情防控期间，阿里巴巴技术团队在政府部门的指导下，率先研发出健康码，为民众出行和复工复产提供了便利。

村播计划是淘宝计划在全国 100 个县培育 1000 名月入过万元的农民主播，用电商直播的形式助力农产品推广和销售。在推进村播计划的过程中，出现了很多鼓舞人心的案例。安徽某贫困大县有位 58 岁的张家成大叔，原本不知道直播为何物，后来通过村播计划快速致富，一年内相继买了电动车、小汽车，他下一个目标是买一栋房子给孩子结婚用。这让我们看到了中国新时代农民与科技致富之间具有的可能性。当他们拿起手机做直播的时候，新的生产营销模式诞生了。2020 年 3 月 30 日，村播计划 2.0 正式发布，计划带动农产品销售额 150 亿元，20 万农民将参与直播。让更多的“我们”过上更好的日子，这是阿里希望看到的。

案例展示

2020 中国新媒体战“疫”十大精品案例

一、中央媒体

武汉日记
——人民网前方报道团队武汉采访实录

作品信息

刊播单位：人民网
主创人员：集体

作品简介

新冠肺炎疫情发生后，人民网总网记者奔赴武汉，与湖北频道记者奔走于武汉的医院重症监护室、居民社区、援鄂医疗队驻地、火神山医院和雷神山医院建筑工地等，用文字、图片、短视频 Vlog、现场直播等形式为网友打开了直击战“疫”一线的窗口。50 多天、40 多篇报道，人民网用“日记”这种亲切的形式陪伴读者、记录历史，温暖人心。

手机端展示

扫描二维码，
观看本作品新媒体展示。

纪录片《英雄之城》

作品信息

刊播单位：新华通讯社
主创人员：集体

作品简介

纪录片《英雄之城》首次以纪录片形式见证以习近平同志为核心的党中央指挥、部署武汉战“疫”并最终取得胜利的全过程。全片凝聚了新华社记者两个多月在武汉深入采访，勇闯“红区”拍摄的珍贵影像，以时间为轴、以人物故事为核心，将国家视角、百姓视角和历史视角结合，通过“离汉暂停”“抢救生命”“关键之举”“全民英雄”“世间大爱”“冬去春归”6个篇章，记录了武汉战“疫”的各大关键节点与关键之举背后的故事，深刻诠释了“英雄之城”的主题内涵，展现了众多平民英雄的温情大义。

影片中英文版全球推出后获得热烈反响，总点击量突破6.7亿人次。

手机端展示

扫描二维码，
观看本作品新媒体展示。

系列时政微视频《总书记指挥这场人民战争》

作品信息

刊播单位：中央广播电视总台
主创人员：集体

作品简介

该系列创作于抗疫关键时期，从“令出如山”“不负人民”“重地之战”“决战双胜”“坚决打赢”“白衣执甲”“命运与共”“科技战‘疫’”“大党担当”“凝心聚力”等角度全方位展现习近平总书记带领全国人民共同抗疫的历程。

手机端展示

扫描二维码，观看本作品新媒体展示。

时政微视频〔1〕| 总书记指挥这场人民战争——令出如山

时政微视频〔2〕| 总书记指挥这场人民战争——不负人民

时政微视频〔3〕| 总书记指挥这场人民战争——重地之战

时政微视频〔4〕| 总书记指挥这场人民战争——决战双胜

时政微视频〔5〕| 总书记指挥这场人民战争——坚决打赢

时政微视频〔6〕| 总书记指挥这场人民战争——白衣执甲

时政微视频〔7〕| 总书记指挥这场人民战争——命运与共

时政微视频〔8〕| 总书记指挥这场人民战争——科技战“疫”

时政微视频〔9〕| 总书记指挥这场人民战争——大党担当

时政微视频〔10〕| 总书记指挥这场人民战争——凝心聚力

《追问新冠肺炎》系列报道

作品信息

刊播单位：科技日报社
主创人员：集体

作品简介

此系列报道是科技日报社在抗击新冠肺炎疫情期间，针对疫情防控热点、焦点问题策划推出的。报道直面各种传言和谣言，从公众最急切想知道，但又得不到答案或者容易被误导的话题入手，引导公众尊重科学，理性判断。为保证内容的客观性、专业性和权威性，采访了多位领域内专家，将新型冠状病毒抽茧剥丝般多角度解读科普，使公众在消除恐慌情绪的同时吸收科学知识、提高科学素养。

该系列报道文章均采用图文相结合的方式，条理清晰，风格统一，设计独特，吸引公众眼球，也便于读者查阅搜索。

手机端展示

扫描二维码，
观看本作品新媒体展示。

互喊加油，四大“天团”会师武汉！网友：王炸来了，中国必胜！

作品信息

刊播单位：中国青年报社
主创人员：集体

作品简介

作品通过四大“天团”医疗队（北协和、南湘雅、东齐鲁、西华西）支援湖北的感人细节，以小见大，介绍了16个省（区、市）派出精锐团队支援湖北的情况。通过图片、文字和视频等形式，结合权威信息及舆论评价，坚定广大受众特别是青年群体对全国齐心战“疫”、战“疫”必胜的信心。仅在中国青年报官方微信一个账号的阅读量就达到1560万人次，百万网友转发，同时被成千上万的平台账号转载，全网阅读量累计过亿人次。

手机端展示

扫描二维码，
观看本作品新媒体展示。

壮哉，大武汉
——献给英雄的武汉人民

作品信息

刊播单位：新华社湖北分社
主创人员：集体

作品简介

报道以文、图、视融合的手段，全媒体全景式记录这座英雄城市和英雄人民的牺牲和奉献精神。文字上，以武汉关闭离汉通道期间的“识大体、顾大局”、勇斗疫魔的“传大爱、担大义”、闯关夺隘的“迎大考、战大疫”，6个“大”共同诠释和支撑主标题的“大武汉”之“大”；图片选取上，将张继先、张定宇、孙婉清、丰枫等标志性人物的精神风貌和医护人员撤离、武汉轨道交通部分线路恢复运营等节点故事定格嵌入，丰富报道内容；视频拍摄剪辑上，以热干面归来作为情感寄托，将武汉逐步复苏的故事娓娓道来，情感表达更加充沛丰满。文、图、视互为融合、相互映衬，立体化、多角度、全景式反映了武汉人民的疫情防控斗争故事，大气磅礴地展现了“英雄的城市、英雄的人民”重大主题。

手机端展示

扫描二维码，
观看本作品新媒体展示。

纪录片《生死金银潭》

作品信息

刊播单位：人民日报社新媒体中心
主创人员：集体

作品简介

这部28分钟的作品，是全国唯一全景式记录武汉定点医院隔离"红区"的纪录片。拍摄团队深入"红区"连续跟拍36个日夜，记录了大量一线的画面。全片没有主观性的旁白，通篇为医护和患者的画面和同期声，用白描的手法，冷静、克制的镜头语言，呈现了金银潭医院疫情期间最真实的样子。有文章评价这部纪录片"贵在真实，让人如鲠在喉，引起思考"。大量客观镜头的运用，国际化的叙事方式，让许多国外网友在看完视频后感慨，他们看到了中国真实的情况，扭转了许多国外网友对中国抗击疫情的偏见。

手机端展示

扫描二维码，
观看本作品新媒体展示。

与疫情赛跑
——"两神山"等系列慢直播

作品信息

刊播单位：中央广播电视总台
主创人员：集体

作品简介

中央广播电视总台响应习近平总书记关于"把疫情防控工作作为当前最重要的工作来抓"的重要指示，全面展开疫情防控报道工作。"央视频"5G新媒体平台发挥特长，开通"疫情24小时"专栏，通过多机位慢直播展现火神山、雷神山两家抗疫医院争分夺秒抓紧建设的情况，吸引过亿网友观看直播并为抗疫一线的工作人员点赞，相关直播迅速成为网络话题，引起国内和境外媒体的高度关注。

手机端展示

扫描二维码，
观看本作品新媒体展示。

慢直播 | 与疫情赛跑！见证火神山医院崛起全过程

慢直播 | 与疫情赛跑——全景直击雷神山建设最前线

"疫情24小时"专栏（含不同机位慢直播）

新冠病毒：遇到 PLA 是种什么体验

作品信息

刊播单位：解放军新闻传播中心网络部
主创人员：集体

作品简介

作品以拟人化的新冠病毒的第一视角，构建了一个从新冠病毒初期肆虐横行到中期胆战心惊到后期溃败而逃 3 个阶段为主要线索的故事，对应展现了全军在党中央和中央军委统一指挥下，牢记人民军队宗旨，闻令而动，勇挑重担，敢打硬仗，积极支援地方疫情防控的现实写照。这样两条线索相互交织，相互推动，形成除了受众已知的新闻故事之外又一个新故事。新冠病毒的拟人化角色增加了作品的趣味性，同时连接了不同主题的画面，使阅读更加流畅，情节发展更加顺畅。

手机端展示

扫描二维码，
观看本作品新媒体展示。

“抗击新冠病毒的中国方案”英文网站

作品信息

刊播单位：中国日报网
主创人员：集体

作品简介

2020 年 3 月，在中国疫情防控形势得到有效控制之时，疫情开始在全球范围蔓延。为助力全球抗击新冠肺炎疫情，维护全球卫生安全，在国务院新闻办公室、国家卫生健康委、科技部、国家药监局和国家中医药管理局等单位的指导支持下，中国日报网 3 月 18 日上线推出“抗击新冠病毒的中国方案”英文网站，围绕国际关切，权威、系统、及时、准确地向国际社会介绍中国有效抗击新冠肺炎疫情的做法，分享中国方案、中国经验，讲好中国抗击疫情故事，得到国际社会广泛关注。

手机端展示

扫描二维码，
观看本作品新媒体展示。

二、地方媒体

共同“面”对，为武汉加油！这组创意海报刷屏了

作品信息

刊播单位：湖北长江云新媒体集团
主创人员：集体

作品简介

《共同“面”对，为武汉加油！》创意海报，以全国各地面食为纽带，融合创新，在疫情期间汇聚起了一股强大的战“疫”力量。

起源于中国的面条，是中华民族的传统美食之一，已有4000多年的历史，各地面条也各具地方特色。长江云与多家媒体联手烹制了一组在移动端传播的海报——“一碗面”。贵州肠旺面、兰州拉面、河南烩面、山西刀削面、天津打卤面、宁夏臊子面、福建沙茶面、重庆小面……这些广受人们喜爱的地方面食，为武汉热干面“加油”，代表了全国人民对湖北、对武汉战胜疫情的支持。

手机端展示

扫描二维码，
观看本作品新媒体展示。

6小时跟拍，实录武汉重症病房的“我和你”

作品信息

刊播单位：现代快报社
主创人员：集体

作品简介

记者穿着厚重的防护服，在医院重症隔离病房里跟拍了6个多小时，用现场实录的方式，记录下新冠肺炎重症病房里医务人员紧张抢救的辛苦，也记录下白衣战士与患者之间的温情互动。患病的婆婆说，“你一走，我就心慌；你一来，我就心安”；无法说话的大爷，竭力抬起手竖起大拇指，为照顾他的医生点赞……他们，是真正的生死之交。作品以这样动人的医患关系“我和你”为切入点，用镜头一、镜头二这样的特写，文字加多图，并配以短视频的方式来报道。

手机端展示

扫描二维码，
观看本作品新媒体展示。

创意海报 | 这些痕迹，刻在你脸上，痛在我心里

作品信息

刊播单位：湖南日报社
主创人员：集体

作品简介

2020 年 2 月 2 日，新湖南客户端新媒体产品策划小组收到新冠肺炎疫情前方摄影记者发回的一组令人震撼的新闻特写镜头。经过精心筛选，策划小组最终从组图中选取了 9 张，以一线医护人员摘取口罩后的勒痕为主线，采用面部特写，放大细节，通过他们坚毅温柔的眼神、略显疲惫却面带微笑的表情，给人温暖和力量，传递战“疫”必胜的信心。该组海报以这 9 张照片为核心元素，每张照片配以 50 字左右的简要说明，点出定格瞬间的时间、地点。每张图片底部加粗的主标题，则似旁白，表达着每个普通人对他们的敬意。海报上没有一句采访对象的话，却无语胜千言，直击受众心灵。

手机端展示

扫描二维码，
观看本作品新媒体展示。

休舱后天使摘下口罩，你一定要记住这些笑脸

作品信息

刊播单位：多彩贵州网
主创人员：集体

作品简介

2020 年 3 月 10 日，运行了 35 天的武汉市首个方舱医院——武昌方舱宣布休舱。这是武汉首个启用的方舱医院，也是最后一家关闭的方舱医院。贵州省第五批援鄂医疗队，就在这个方舱医院参与救援。

10 日中午，在武汉奋战 24 天的贵州省第五批援鄂医疗队 20 名穿着蓝色工作服的贵州医护人员，在楼梯上站成一竖排，依次摘下口罩，用一张张温暖的笑脸，迎接这场战“疫”的阶段性胜利。每位摘下口罩的医护人员，视频下方都用加粗的字体写出了他们的名字。天使的笑脸和天使的名字，终于第一次展露人前，看过这个视频的网友无不泪目。

手机端展示

扫描二维码，
观看本作品新媒体展示。

战“疫”系列公益短片

作品信息

刊播单位：湖北广播电视台
主创人员：集体

作品简介

4部系列战“疫”公益短片由《武汉莫慌　我们等你》《阳台里的武汉》《武汉色彩》《2020使用说明书》组成，其中，《武汉莫慌　我们等你》完成于2020年1月底武汉新冠肺炎疫情最困难时期。首创的“暂停键”及“播放键”成为国内外2020年度热词。该片全网播放量超21.7亿次，被国家外文局译成12种语言，全球传播，覆盖100多个国家。《武汉色彩》是迎接4月8日武汉开城日的城市形象宣传片，以不同的色彩代表各类逆行英雄，展示历经70多天封城艰难时日后浴火重生的英雄之城的文化精神和人民风采。该片被国家外文局译制成13种语言，引发国内外高度关注和全社会广泛共鸣。

手机端展示

扫描二维码，
观看本作品新媒体展示。

《武汉莫慌　我们等你》

《阳台里的武汉》　《武汉色彩》　《2020使用说明书》

《重生》系列报道

作品信息

刊播单位：长江日报社
主创人员：集体

作品简介

2020年5月2日至7月22日，长江日报用文字、图片和视频等全媒体传播形式，推出100名新冠肺炎治愈者的重生故事。100个重生者中，有多位百岁高龄老人被治愈的感人故事；有长江救援队队员康复后，畅游长江重返志愿者队伍的故事；有患者康复后种下桂花树，感谢援汉医疗队的故事；有餐饮老板康复后复工复产，拿出积蓄给员工发工资，共渡难关的故事；有95后小伙小武在微博上记录自己被救治的过程，粉丝数从1000暴涨到170万的故事。这些经历了生死磨难，感受到八方关爱的治愈者，从心底重新燃起对生活梦想的追求，展现了武汉这座英雄的城市挺过逆境，涅槃重生的不屈精神。

手机端展示

扫描二维码，
观看本作品新媒体展示。

新疆阿克苏两名小学生向医护人员敬礼

作品信息

刊播单位：阿克苏市融媒体中心
主创人员：集体

作品简介

2020 年 3 月 23 日是新冠肺炎疫情之后新疆学生全面复课的第一天，阿克苏市第二小学的两名放学回家的小学生经过兵团一师医院，主动向穿防护服的值班医生敬少先队队礼并鞠躬致敬，医生也向她们回礼。阿克苏市融媒体中心提前布置了复课第一天的新闻报道，记者及时捕捉到这一信息，制作成短视频，于当晚 22 点 41 分，在阿克苏市融媒体中心抖音官方平台发布。短视频一经播出迅速扩散，65 个小时浏览量达 1.2 亿人次以上，该视频是全疆首个由县级融媒体中心创作的网络浏览量突破 1 亿人次的新媒体作品。

手机端展示

扫描抖音二维码，
观看本作品新媒体展示。

影像纪实 | 上海医疗队在武汉

作品信息

刊播单位：解放日报社
主创人员：集体

作品简介

新冠肺炎疫情在武汉暴发后，解放日报 · 上观新闻一个月内先后共有 2 位摄影记者和 1 位文字记者到达武汉，同时迅速组成了前后方联动小组。在第一时间对前方记者采写拍摄的大量高质量图文进行整合包装推出融媒体产品的基础上，先后在上海援鄂医疗队出征 50 天、60 天推出了两件电子画册 H5 作品，并于 5 月 20 日上海援鄂医疗队全部凯旋之际，第三次推出电子画册《去时暖江城　归时江城暖》。这些高质量的一线图文报道除了结集出版、举办新书首发式向公众推介之外，还作为主展区主要作品，入选“‘我们众志成城’上海防控新冠肺炎疫情主题展”等展览。

手机端展示

扫描二维码，
观看本作品新媒体展示。

《致敬仁心　感恩大爱》大型融媒报道

作品信息

刊播单位：湖北日报社
主创人员：集体

作品简介

2020年岁末年初，新冠肺炎疫情突袭武汉、湖北。党中央、中央军委一声令下，全国4.2万多名医务人员闻令而动，逆行荆楚。在全国各地援鄂医疗队陆续完成使命凯旋之际，湖北日报聚合海量感人素材，精心策划，倾力打造了《致敬仁心　感恩大爱》大型融媒报道，分为32个篇目，融合图文、海报、视频、H5、31个子专题、微博话题，成矩阵、全平台、多媒体呈现援鄂医疗队感人事迹，深情送别逆行荆楚的白衣天使，向他们致以最崇高的敬意和感谢。

手机端展示

扫描二维码，
观看本作品新媒体展示。

《武汉！武汉！》H5专题

作品信息

刊播单位：新京报社
主创人员：集体

作品简介

武汉关闭离汉通道30天，是中国抗疫的重要节点。《武汉！武汉！》H5专题作品由非常时刻的“封”与治、城中人的守与望、金银潭的昼与夜、疫情线上的生与死等特稿，封城后的武汉之变（数据新闻）、300秒直击“封城”战“疫”（视频）、“封城”武汉影像日历（图集）等10个包括评论、特稿、数据新闻、摄影图集、短视频等多种新闻报道及呈现形式的作品组成。该H5专题内容丰富，多媒体手段丰富多样，互动性、沉浸感强，风格多样丰富。

手机端展示

扫描二维码，
观看本作品新媒体展示。

2020 中国新媒体扶贫十大优秀案例

一、扶贫十大优秀案例

人民日报新媒体公益带货系列直播

作品信息

刊播单位：人民日报社新媒体中心
主创人员：集体

作品简介

新冠肺炎疫情发生以来，全国经济受到影响，为助力复工复产、经济复苏，人民日报新媒体推出公益带货直播系列活动。2020 年 4 月至 8 月，先后面向湖北、陕西、广西、甘肃、福建、云南、贵州、新疆等地区推出多场扶贫带货直播，多渠道打通地方农副产品销售链路，切实解决群众困难。

手机端展示

扫描二维码，
观看本作品新媒体展示。

“老乡别急　我们帮你”消费扶贫直播带货系列公益活动

作品信息

刊播单位：天津津云新媒体集团
主创人员：集体

作品简介

2020年是决战全面小康、决胜脱贫攻坚之年。津云新媒体集团“老乡别急　我们帮你”消费扶贫直播带货系列公益活动，将直播带货扶贫与脱贫攻坚宣传结合起来，创造了在全国具有天津特色的“宣传＋帮扶”独有模式。津云新媒体集团在直播脚本里融入风土人情、产品文化，并找到与天津民俗文化的最优结合点，碰撞出一期期主题鲜明、特色突出的直播，比如相声味儿、脱口秀、田园风、家宴范儿、云连麦等多种形式，更加贴合网友喜好，也在互动中增强天津脱贫攻坚工作成效的宣传效果。

手机端展示

扫描二维码，
观看本作品新媒体展示。

“青耘计划”乡村振兴青年助农行动

作品信息

刊播单位：中国青年报社
主创人员：集体

作品简介

为贯彻落实党中央、国务院关于打好精准脱贫攻坚战的决策部署，推进共青团投身打赢脱贫攻坚战三年行动，团中央网络影视中心联合快手推出“青耘计划”乡村振兴青年助农行动，重点关注全国52个未摘帽贫困县以及因疫致贫、因疫返贫地区，通过电商手段帮助农民脱贫增收，渡过疫情难关。“青耘计划”乡村振兴青年助农行动以“3项行动”“1个矩阵”为抓手，构建长效可持续助农机制，实现开发式、造血式扶贫。力争在两年内，展开对全国至少100个县的助农帮扶，以乡村振兴巩固脱贫成果。

手机端展示

扫描二维码，
观看本作品新媒体展示。

芒果扶贫云超市

作品信息

刊播单位：湖南广播电视台
主创人员：集体

作品简介

2020年3月12日，公益平台“芒果扶贫云超市”正式上线，通过推出一键开店、一键直播、一键到家的模式，计划在湖南51个市县区，开展直播助农带货。截至9月26日，“芒果扶贫云超市”已在全省36个县开展农产品电商直播活动，共计7092家农民网店入驻，上架26311种湖南特色农产品，完成直播22774场，平台平均日活12万，浏览量突破2549万人次，吸引31个省351个城市的超过65.3万居民购买了144万多组湖南特色农产品。此外，通过与湖南卫视大屏扶贫新闻联动，直接带动扶贫农产品全网销售28亿元。

手机端展示

扫描二维码，
观看本作品新媒体展示。

“美丽乡村我代言”大型扶贫公益活动

作品信息

刊播单位：央视网
主创人员：集体

作品简介

2020年是扶贫攻坚的决胜之年，央视网、中国农业电影电视中心、工业和信息化部信息中心共同发起“美丽乡村我代言”大型扶贫公益活动。借助融媒体优质资源，以“落地活动＋矩阵传播”等方式形成线上线下双向融合发力，为地方搭建起一个乡村优质扶贫农产品和优秀人才的挖掘、宣传、推介、包装等全链条式服务平台。

“美丽乡村我代言”活动的亮点主要是“我代言”，代言人有奥运冠军，有文艺名人，有县长、乡长、村长、返乡创业者和普通农民等。通过“我代言”这种形式，形成一种全民参与，以实际行动来支持脱贫攻坚的社会氛围。

手机端展示

扫描二维码，
观看本作品新媒体展示。

AI 教育公益助学活动
——青少年科技素养提升计划

作品信息

刊播单位：科技日报社
主创人员：集体

作品简介

2018 年 5 月，科技日报社在京举办“未来 AI 青年领袖峰会”，发起以互联网教育填补教育鸿沟、提升全国青少年科学素养的“AI 教育公益助学活动”。2020 年，该项目在疫情期间推出“为你加油，未来有你”抗疫科学视频征集活动，面向农村青少年群体开展抗疫科普教育。4 月，推出系列情景大师直播课，围绕人工智能、农业科学、生命科学、航空航天、智能制造，利用科学教育的方式扶贫。

结合 2020 年全国科普日“决胜全面小康，践行科技为民”的主题，青少年科技素养提升计划于 9 月发起了“我们都是科技侠”主题活动，号召社会公众通过知识分享的方式为乡村青少年科技梦助力，积极推进城乡科技教育资源的互助。

手机端展示

扫描二维码，
观看本作品新媒体展示。

“你好，马吉米溜索！出山，脱贫金果果！”专项扶贫公益行动

作品信息

刊播单位：云南日报报业集团·云报客户端
主创人员：集体

作品简介

怒江傈僳族自治州福贡县马吉乡马吉米村是云南深度贫困地区的典型代表，草果产业近年来成为马吉米村主要经济收入来源。为解决草果种植在山高坡陡的山谷中，运输成本高的难题，2020 年 6 月，云南日报报业集团新媒体部联合集团驻村扶贫工作队组织策划了“你好，马吉米溜索！出山，脱贫金果果”专项扶贫公益行动。派出全媒体采访组进村入户，蹲点采访 10 余天，采访了村民、扶贫驻村工作队员、村民小组长、马吉乡乡长等 20 多位群众和扶贫一线的干部，制作推出一批内容鲜活、形态多样的全媒体产品，真实生动地讲述正在发生的中国脱贫攻坚故事，取得了很好的传播效果。

手机端展示

扫描二维码，
观看本作品新媒体展示。

“科学用药　科普扶贫”直播活动

作品信息

刊播单位：光明网
主创人员：集体

作品简介

“科学用药　科普扶贫”活动是中国药学会近年来打造的科普扶贫新品牌。2020年，中国药学会联合光明网，采取线上连线的形式，开展“科学用药　科普扶贫”直播活动。活动走进安徽省的临泉县和砀山县，结合两县本地产业结构特点与实际情况，因地制宜开展专题培训，从帮助贫困人口最直接、最现实、最紧迫的健康问题入手，有针对性地推广普及医药知识，强化防病治病的意识和能力。同时，提升当地药学服务团队的能力和水平，为当地培养一支具有安全合理用药知识的团队。活动把科学的知识、先进的技术送到基层，有效地防止因病致贫、因病返贫。

手机端展示

扫描二维码，
观看本作品新媒体展示。

“搭把手　拉一把”湖北农副产品公益大直播

作品信息

刊播单位：湖北长江云新媒体集团
主创人员：集体

作品简介

受疫情影响，湖北多地农产品待销，城市购买渠道受限。为更好地助农脱困，推进脱贫攻坚，湖北广播电视台联合“学习强国”学习平台共同发起湖北农副产品公益大直播活动，创新“媒体＋电商”助农新模式，搭建供需对接的桥梁，“扶贫助农”同时享受“家乡味道”，助力乡村振兴。

该项目覆盖全省17个市州，依托“学习强国”学习平台，长江云和全省120个云上系列客户端，以“电商＋直播”的方式，邀请各地党委政府负责人为农产品代言，对当地的滞销农副产品进行网上带货，受到了各地的积极响应和好评。

手机端展示

扫描二维码，
观看本作品新媒体展示。

二、扶贫优秀案例提名

“爱在东方”公益行动

作品信息

刊播单位：东方网
主创人员：集体

作品简介

东方网坚持发挥媒体资源优势，致力社会公益，持续关注社会弱势群体，并通过资金扶贫、项目扶贫，助力脱贫攻坚，巩固脱贫成果。2004年起，东方网出资援建甘肃岷县清水乡东方网希望小学，16年间，东方网对希望小学的爱心帮助从未间断，东方网青年员工志愿者定期组织支教队伍前往岷县看望那里的孩子，清水乡以及东方网希望小学发生了巨大变化。“爱在东方”公益行动以教育扶贫“扶智扶志”为切入点，为当地兴建教育基础设施、提升职业教育，充分展现了“打赢脱贫攻坚战”的成效。

手机端展示

扫描二维码，
观看本作品新媒体展示。

院士直播为农产品带货

作品信息

刊播单位：新华社新媒体中心
主创人员：集体

作品简介

新华社新媒体中心积极响应2020中国新媒体扶贫联合公益行动，推出院士直播为农产品带货报道，邀请院士通过直播的形式销售农特产品。例如请中国工程院院士为广东省雷州市所产荔枝直播带货，以新媒体形式为脱贫攻坚助力。

手机端展示

扫描二维码，
观看本作品新媒体展示。

扶贫印记
——2020 重庆视觉扶贫行动

作品信息

刊播单位：重庆日报·视觉重庆
主创人员：集体

作品简介

2020 年 4 月 8 日扶贫行动启动以来，在 30 多个区县摄影家协会的配合下，组织了 700 位重庆主流媒体记者和关注扶贫、热心公益的重庆优秀摄影人，历时 6 个多月，分 16 批次进入全市 33 个区县 60 多个村，总行程达 2.5 万多公里。扶贫行动用新闻和图片、视频、航拍、直播等多种形式聚焦扶贫战线的丰硕成果、扶贫干部的工作成绩、脱贫群众的新生活和美好愿景，并采集影像素材建立重庆市脱贫攻坚历史影像档案大数据图库。同时，向深度贫困村捐赠 33 套摄影棚产品，350 位区县摄影家与贫困群众结成视觉帮扶对子，达到了摄制优质影像、宣传成绩典型、采集扶贫素材、交流培训人才、引发社会参与、助推消费扶贫等综合效应。

手机端展示

扫描二维码，
观看本作品新媒体展示。

“北国助农，‘益’起奔小康”大型直播活动

作品信息

刊播单位：辽宁日报“北国”新闻客户端
主创人员：集体

作品简介

2020 年是决胜全面建成小康社会之年和“十三五”规划收官之年，全国人民上下齐心，为了实现这个目标共同努力。辽宁日报“北国”新闻客户端选择用直播带货的方式为全面建成小康社会贡献力量。“北国助农，‘益’起奔小康”直播第一季中，7 位副县长来到辽宁日报官方抖音直播间，化身“带货达人”为网友带来各地特产好物，推广“辽宁品牌”，助力贫困地区农民脱贫增收。

2020 年 10 月下旬，活动启动第二季，以“秋收”为主题，继续公益助农活动。

手机端展示

扫描二维码，
观看本作品新媒体展示。

甘肃省广播电视总台新媒体扶贫公益行动

作品信息

刊播单位：甘肃省广播电视总台
主创人员：集体

作品简介

随着甘肃省决胜决战脱贫攻坚工作进入攻坚期，甘肃广播电视总台围绕提升脱贫攻坚宣传报道质量不断开展探索尝试。总台各频率频道以“视听甘肃”客户端为载体，积极开展与企业共同举办的“外面的世界”关爱留守儿童公益活动。同时，深挖全省贫困县乡村的特色产品，以发布图文、短视频、在线网络直播等方式，深入新媒体扶贫公益行动。行动极大地调动了政府、企业和农民参与的积极性，达成“协同作战、资源优化、合力共赢”的整合扶贫效果，促成输血与造血并举、强效与长效并重的扶贫模式。

手机端展示

扫描二维码，
观看本作品新媒体展示。

小康村 24 小时

作品信息

刊播单位：浙江广电集团融媒体新闻中心（浙江卫视新闻中心）
主创人员：集体

作品简介

“小康村 24 小时”以小屏慢直播、大屏融通连线、联播深度报道、多端带货直播等多种报道方式，讲述浙江“忠实践行‘八八战略’ 全力打造‘重要窗口’”的实践。活动关注浙村，浙人，浙事。其中，“24 小时慢直播”吸引全国网友自主选择窗口，直观地带大家“云”游、畅游“浙”村；全媒体直播“为‘浙’村拼单”，将小康故事、乡愁乡情寄托在各类乡村农产品和文旅产品中，用媒体的品牌力和影响力“硬核”助农；全媒体直播“主播带你游”，通过主持人深入田间地头，以“走村”探访形式，带领游客进行深度游，不仅欣赏小康村的外在美，更揭秘其丰富的内在美。

手机端展示

扫描二维码，
观看本作品新媒体展示。

助农脱贫　幸福时间

作品信息

刊播单位：北京新媒体（集团）有限公司
主创人员：集体

作品简介

为做好新媒体扶贫工作，履行社会责任，北京新媒体（集团）有限公司整合相关优质资源，推出专题宣传报道：在北京时间网站及客户端推出“助农扶贫　幸福时间”专题，对助农惠农政策、特色农产品、相关新闻等进行全面宣传报道。

此外，北京时间与北京广播电视台相关部门共同协作推出的“助力湖北京鄂人民一家亲”“北京尖货平谷鲜桃季”“农民丰收节”等助农带货直播，均获得了较好成绩。同时，北京时间将助农直播等在微博、抖音、快手、百度、爱奇艺、一直播等全网多平台进行同步新媒体矩阵宣推，提升了影响力，让更多人关注扶贫、参与扶贫。

手机端展示

扫描二维码，
观看本作品新媒体展示。

家乡好货　我来代言

——助力脱贫攻坚

作品信息

刊播单位：长城新媒体集团
主创人员：集体

作品简介

2019 年 10 月，长城新媒体集团推出“家乡好货　我来代言”公益助农活动，邀请了 200 多位村“两委”干部、驻村第一书记、农业合作社负责人等为当地农产品代言。活动社会反响强烈，一大批优质农产品通过“触网”走出乡村，拓宽了销售渠道。在受新冠肺炎疫情影响，河北多地出现农产品滞销难题时，长城新媒体集团进一步加大活动组织力度，多平台重点推送各地报送的“代言”短视频，不仅帮助了受困农户，更传递了社会温暖，也引导全社会关心支持脱贫攻坚工作，凝聚起脱贫致富奔小康的磅礴力量。

手机端展示

扫描二维码，
观看本作品新媒体展示。

“善行无疆·善者无忧”好人传播帮扶奖励公益活动

作品信息

刊播单位：中国江西网（江西文明网）
主创人员：集体

作品简介

这是由江西省文明办指导，中国江西网（江西文明网）发起，联合中国移动通信总公司、江西省体育彩票管理中心及省内各新闻媒体共同开展的一项大型公益活动。通过“文明江西”微信号挖掘、选树、宣传“身边好人”，联合爱心单位对当选的“江西好人”发放一定数额的帮扶金、手机通信费等；联合省内外新闻媒体呼吁，帮助当选好人销售产品、礼遇好人，让“好人有好报”成为一种风尚。

手机端展示

扫描二维码，
观看本作品新媒体展示。

“人民优选”直播大赛之“百城百县直播助农”

作品信息

刊播单位：人民网
主创人员：集体

作品简介

2018 年 12 月，由人民网·人民健康发起建立的综合消费服务平台“人民优选”正式上线试运行。2020 年，“人民优选”以柞水木耳、大同黄花菜、湖北地区相关产品为抓手，陆续推出了多种形式的传播推广和销售拓展，有效提升了产品销量和农民收入。为进一步深入贯彻落实习近平总书记系列重要讲话精神，有效助力消费扶贫、乡村振兴、消费升级工作，“人民优选”联合人民网新电商研究院、人民网地方频道、人民网社交媒体集群以及抖音、快手、京东等各大流量平台、中国广告协会等相关机构，共同开展“人民优选”直播大赛活动。“百城百县”直播助农活动是人民优选直播大赛的一部分。

手机端展示

扫描二维码，
观看本作品新媒体展示。

三、扶贫特别推荐案例

“湘农荟”大直播

作品信息

刊播单位：湖南红网新媒体集团
主创人员：集体

作品简介

为推进信息化助农工作走深走实，将各地优质产业推上直播风口、让各地优质产品搭上电商快车，由湖南省农业农村厅主办，湖南红网新媒体集团负责建设运营的湖南农产品权威营销新平台——“湘农荟”于2020年3月13日正式上线。活动动员“五大队伍”进县区，即联动省属媒体队伍、发动市州融媒队伍、联合采购商家队伍、携手品牌电商队伍、策动网红直播队伍，通过“五大队伍”凝聚力量、丰富形式，打造流程化、标准化、品牌化的立体式信息化助农活动。

手机端展示

扫描二维码，
观看本作品新媒体展示。

“小朱配琦”来了！一起为湖北拼单

作品信息

刊播单位：央视新闻
主创人员：集体

作品简介

央视新闻尝试新闻主播“带货直播”节目形态，号召人们为各地拼单，帮扶贫困地区，刺激消费，扩大内需。2020年4月6日，央视新闻新媒体推出“小朱配琦”组合首场公益直播——“谢谢你为湖北拼单”，售出4000余万元湖北商品，迅速成为全社会热议的话题，使当地农副产品“出圈”。截至2020年11月10日，央视新闻新媒体共发起22场“带货直播”系列节目，销售额累计已超50亿元。

手机端展示

扫描二维码，
观看本作品新媒体展示。

中国新闻奖
媒体融合奖项
（含国际传播奖项）
作品解析

第三十届中国新闻奖媒体融合奖项（含国际传播奖项）获奖作品

特别奖

融合创新

◎ 新中国密码：15665，611612！

一等奖

短视频现场新闻

◎【独家V观】习近平看望“快递小哥”

◎ 病死猪田间乱丢知道吗……《问政山东》现场局长被8连问后语无伦次

短视频专题报道

◎“中国24小时”系列微视频

◎ 十八洞村龙金彪的Vlog | 脱贫之后

移动直播

◎ 直播 | 百色大暴雨引发山洪，公路塌方车辆被冲走！通讯员黄文秀发回现场视频后却不幸遇难……

创意互动

◎ 6397公里的守护

融合创新

◎“数说70年”数据新闻可视化系列短视频

◎ 2019对话1949：时代变了　初心未变

新闻名专栏（新媒体）

◎ 长安街知事

◎ 光明追思

二等奖

短视频现场新闻

◎ 全乡村民化身“爬山侠”守护雪山！村民跋涉5000米高山捡垃圾

◎ 独家航拍：香港理工大学之殇，看看暴徒对它做了什么？

◎ 这一夜，我们为她点亮太空！

短视频专题报道

◎ 抢手的王老师们

◎ AI剪辑大阅兵

◎ 我捐了心肝肺肾眼角膜，他们帮我圆篮球梦

◎ 原来你是这样的00后大学生

◎ China won't accept unequal trade deal（中文标题《点到为止：中国不会接受不平等条约》）（国际传播）

移动直播

◎ 超强台风“利奇马”登陆浙江温岭 浙视频记者夜闯台风眼

◎ 江苏盐城一化工园区内发生爆炸 救援已展开

创意互动

◎ 复兴大道 70 号

◎ 72 个红手印，究竟为了留住谁?

融合创新

◎ 大国工匠朱恒银：向地球深部进军

◎ 好在有你

◎ 大阅兵后再看这组外媒数据，忍不住又红了眼眶!

◎ 主播说联播

◎ 功夫学徒（国际传播）

◎ 新动力人群说（国际传播）

三等奖

短视频现场新闻

◎ 创纪录！ 82 岁女飞行员再次冲上云霄

◎《铲车车主勇救村民》续集

◎ 漫长的 2 秒：伊宁男童从 5 楼坠落后

◎ 超燃！新型主力战机亮相庆祝人民空军成立 70 周年航空开放活动

◎ 惊险！陕西警方现场抓捕制毒嫌犯 查获冰毒 107.52 公斤原料 88 公斤

短视频专题报道

◎ 揭秘！周总理亲自定名的长安街华灯，为何能长亮 60 年?

◎ 独家视频！开国将军 10 封家书被意外发现，里面写着……

◎ 五本驾证情　中国铁路梦——一名火车司机的“中国速度”

◎ Vlog：小姐姐的两会初体验

◎ 中国有故事

◎ 全国两会 · 刷新 2019——“点击、刷新”的隐藏功能

◎ 上“旧”了，云冈!

◎《我的家　我的国》（*The Untold Story*）系列纪录片（国际传播）

移动直播

◎ 严查“百吨王”

◎ 中新网独家直播香港警队代表团登长城做好汉

创意互动

◎ 致敬！闪亮的名字 |“庆祝上海解放 70 周年群英展”邀你一起点亮星星!

◎ 下党开启“一键美颜”！你来帮她变变看

融合创新

◎ 请记住这个年轻人，他叫“云贵川”

◎ “万里边疆教育行”大型融媒体报道

◎ 手绘 H5 · 绿沙 |“人民楷模”王有德

◎ 视频 | 火遍中国的这张 A4 纸，背后有更多的感动

◎ 毒气，余生

◎《致敬，北极！》第三集：穿越迷雾 中国科技探秘北极

◎ 我的前辈们

特别奖

融合创新

新中国密码：15665，611612！

作品信息

作品类型：特别奖・融合创新
刊播单位：新华社客户端
报送单位：中国记协新媒体专业委员会
主创人员：集体
发布日期：2019 年 9 月 27 日 8 时 34 分

作品简介

"15665，611612！"是歌曲《没有共产党就没有新中国》曲谱手稿上第一句旋律的简谱。微电影时长 13 分 14 秒，寓意"一生一世"，以歌曲《没有共产党就没有新中国》为主线，以歌曲作者曹火星女儿的讲述、曲谱特效为意象贯穿全片，运用富有创意和冲击力的表现形式，生动展现了中国共产党带领人民不懈奋斗，迎来从站起来、富起来到强起来伟大飞跃的壮伟历程，上线后在亿万网民中产生强烈共鸣。

手机端展示

扫描二维码，
观看本作品新媒体展示。

一等奖

短视频现场新闻

【独家Ｖ观】习近平看望"快递小哥"

作品信息

作品类型：一等奖・短视频现场新闻
刊播单位：央视新闻客户端
报送单位：中国记协新媒体专业委员会
主创人员：集体
发布日期：2019 年 2 月 1 日 15 时 39 分

作品简介

2019 年春节前夕，习近平总书记在结束北京前门东区看望慰问乘车返回途中，临时下车来到前门石头胡同的快递服务点，看望仍在工作的快递小哥。由于是临时下车，摄像来不及调试设备，紧急中使用备用手机拍摄记录下了总书记和快递小哥交流互动的温暖时刻。后期编辑紧紧抓住现场的感人细节，全力保留了手机拍摄的原生态记录风格，第一时间制作推出。作品生动体现了习近平总书记的民生情怀，真实、质朴，充满力量、打动人心。

手机端展示

扫描二维码，
观看本作品新媒体展示。

一等奖

短视频现场新闻

病死猪田间乱丢知道吗……《问政山东》现场局长被 8 连问后语无伦次

作品信息

作品类型：一等奖・短视频现场新闻
刊播单位：闪电新闻
报送单位：中国记协新媒体专业委员会
主创人员：林绍荣　刘桂秋　李　莎　杨　帅　宋小龙
发布日期：2019 年 4 月 6 日 20 时 28 分

作品简介

2019 年 4 月 6 日，山东广播电视台《问政山东》节目问政山东省农业农村厅主要负责人。面对病死猪乱丢弃的问题，主持人李莎 8 次连环提问，层层递进追问当地有关部门负责人。当晚短视频“李莎八问”推出，在网上引起强烈反响。短视频呈现了问政现场真实、紧张、尴尬的氛围，聚焦形式主义、官僚主义突出问题，助推舆论监督，助力工作落实。

手机端展示

扫描二维码，
观看本作品新媒体展示。

一等奖

短视频专题报道

“中国 24 小时”系列微视频

作品信息

作品类型：一等奖・短视频专题报道
刊播单位：人民日报客户端
报送单位：中国记协新媒体专业委员会
主创人员：集体
发布日期：2019 年 3 月 5 日至 8 月 1 日

作品简介

2018 年全国两会期间，人民日报社新媒体中心推出微视频《中国 24 小时》上下集（即锦绣河山篇、天道酬勤篇）。此后，延续“中国 24 小时”势能，相继推出《中国军人 24 小时》等主题篇与“中国 24 小时・地方篇”。系列微视频均以 1 天为维度、1 小时为刻度，以 24 小时里的时间演进为逻辑主线，以系列化的形态架构起新中国成立 70 年来的整体风貌，呈现了中国与各地方在各领域取得的发展成就，描绘了祖国山河魅力，展现出中国人民意气风发的精神风貌。

手机端展示

扫描二维码，观看本作品新媒体展示。

短视频专题报道

十八洞村龙金彪的 Vlog | 脱贫之后

作品信息

作品类型：一等奖·短视频专题报道
刊播单位：新湖南客户端
报送单位：中国记协新媒体专业委员会
主创人员：集体
发布日期：2019 年 11 月 3 日 7 时 31 分

作品简介

2019 年 11 月 3 日，是习近平总书记在湖南湘西十八洞村首次提出“精准扶贫”重要论述 6 周年，新湖南客户端推出新媒体短视频产品《十八洞村龙金彪的 Vlog | 脱贫之后》，以十八洞村年轻村民龙金彪在脱贫后的故事为切入点，讲述十八洞村人如何做到脱贫后不返贫且致富奔小康的生动实践。作品内容鲜活、形式丰富，在脚本创新、视频拍摄、创意设计上充分发挥了“融合”优势，后期制作综合了手绘、动画等多种新媒体元素，让作品更有“网感”，活泼有趣。

手机端展示

扫描二维码，
观看本作品新媒体展示。

一等奖

移动直播

直播 | 百色大暴雨引发山洪，公路塌方车辆被冲走！通讯员黄文秀发回现场视频后却不幸遇难……

作品信息

作品类型：一等奖·移动直播
刊播单位：广西云客户端
报送单位：中国记协新媒体专业委员会
主创人员：徐顺东　崔佐钧　陈仕平　宋春风
　　　　　晏　彦　刘洋洋　黄　俪　何明华
发布日期：2019 年 6 月 17 日 8 时 46 分

作品简介

2019 年 6 月 16 日晚，广西百色市凌云县遭受特大暴雨袭击。广西云客户端启动突发事件报道应急机制，通过移动直播对灾情进行了及时、准确、完整的报道，同时第一时间记录下原乐业县新化镇百坭村驻村第一书记黄文秀同志遭遇山洪，从拍下生前最后一段视频、投稿，到失联，最后确认不幸遇难的完整过程。直播内容被多家媒体及“自媒体”引用、转载，对社会上流传的多种不实信息起到了正本清源的作用，体现了主流媒体的担当和引导力。

手机端展示

扫描二维码，
观看本作品新媒体展示。

一等奖

创意互动

6397 公里的守护

作品信息

作品类型：一等奖·创意互动
刊播单位：交汇点新闻客户端
报送单位：中国记协新媒体专业委员会
主创人员：集体
发布日期：2019 年 12 月 30 日 7 时 30 分

作品简介

交汇点新闻以习近平总书记生态文明思想为指导，在六五环境日前夕策划启动"'长江大保护　绿色共成长'行动计划"融媒体新闻行动。这一项目拟连续跟踪报道 12 年，记录长江水质及周围环境变化，同时挑选具有环保理念的小朋友担任"长江大保护小使者"，关注他们的成长。作品在技术上创新性地采用模拟定位滑动方式，用户浏览更加流畅、操作更加简便，互动性更强。

手机端展示

扫描二维码，
观看本作品新媒体展示。

一等奖

融合创新

"数说 70 年"数据新闻可视化系列短视频

作品信息

作品类型：一等奖·融合创新
刊播单位：经济日报微信公众号
报送单位：中国记协新媒体专业委员会
主创人员：张小影　陈发宝　张益勇　朱文娟
王　琳　吉亚矫　雷雨田　赵田格格
发布日期：2019 年 9 月 23 日至 28 日

作品简介

"数说 70 年"数据新闻可视化系列短视频产品主体投放平台为移动终端。经济日报从消费、饮食、大国工程、数字经济、生态、外贸六个方面，以具有纵深感的视角，具有话题性的内容，充分展现人民生活在 70 年历程中不断改善并持续提升的发展过程。其活泼、欢快的表达方式为用户所喜闻乐见，让大众从数据的变化中实实在在地感受到新中国 70 年发展的伟大成绩。

手机端展示

扫描二维码，观看本作品新媒体展示。

融合创新

2019 对话 1949：时代变了　初心未变

作品信息

作品类型：一等奖·融合创新
刊播单位：华龙网—新重庆客户端
报送单位：中国记协新媒体专业委员会
主创人员：康延芳　曾　静　黄　宇　冯　珊　易　华　宋　卫　陈　洋　尹建红
发布日期：2019 年 10 月 7 日 17 时 30 分

作品简介

该作品使用“双屏互动”等新媒体技术，从新中国成立 70 年这一特殊时间节点切入，让不同时代的人物上演了一场“平行世界”的“隔空对话”，深刻阐释“时代变了　初心未变”的主题，呼应了共产党人的初心使命，是重大主题报道的创新表现。

手机端展示

扫描二维码，
观看本作品新媒体展示。

一等奖

新闻名专栏（新媒体）

长安街知事

作品信息

作品类型：一等奖·新闻名专栏（新媒体）
刊播单位：长安街知事微信公众号
报送单位：中国记协新媒体专业委员会
主创人员：汤一原　陈　岩　郭　涛　刘　柳　周经纬　岳三猛
首发日期：2014 年 11 月 18 日

作品简介

长安街知事秉承“提供靠谱的政事分析、解读注意不到的新闻细节、脑补有趣有料的政治常识、提供走心的时政新闻”理念，专注时政新闻、时事热点，以激浊扬清、积极向上的价值取向巩固党报新媒体的主流定位，着力在舆论大事件中突出主流媒体舒缓公众情绪、弘扬社会正能量的作用。

历经 5 年多的发展，长安街知事原创文章经过微信、微博、北京日报移动客户端、PC 端网络平台等媒体形态传播，被人民日报、新华网、参考消息、环球时报等中央媒体和大量地方媒体转载，形成覆盖全网、具有全国影响力的品牌。

手机端展示

扫描二维码，
观看本作品新媒体展示。

一等奖

新闻名专栏（新媒体）

光明追思

作品信息

作品类型：一等奖 · 新闻名专栏（新媒体）
刊播单位：光明日报客户端
报送单位：中国记协新媒体专业委员会
主创人员：吴　娜　李　苑　蒋新军　王子墨
　　　　　叶乐峰
首发日期：2018 年 12 月 10 日

作品简介

“光明追思”专栏旨在第一时间通过光明日报微博、微信、客户端和光明网，报道我国突出贡献知识分子和名家大家的逝世消息，引导网友关注、哀悼这些名家大家，追忆他们的精神品质和爱国情怀，回顾他们的卓越成绩和奋斗历程，在网络上快速形成见贤思齐、追忆名家的舆论氛围，汇聚网络正能量。

栏目因定位准确、特色鲜明、人文关怀，收获广泛关注。同时注重报、网、端、微各平台联动，消息、通讯、新媒体产品等多体裁呈现，凸显出了极强的媒体融合属性，目前已经成为有光明日报特色的品牌栏目。

手机端展示

扫描二维码，
观看本作品新媒体展示。

二等奖

短视频现场新闻

全乡村民化身“爬山侠”守护雪山！村民跋涉 5000 米高山捡垃圾

作品信息

作品类型：二等奖 · 短视频现场新闻
刊播单位：封面新闻客户端
报送单位：中国记协新媒体专业委员会
主创人员：杜江茜　吴　枫
发布日期：2019 年 6 月 5 日 11 时 49 分

作品简介

本短视频聚焦“蜀山之王”贡嘎雪山上一群最可爱的人——四川甘孜康定市贡嘎山乡村民。他们自发组织，定期上山拾捡游客丢下的垃圾，最高需要爬到海拔 5000 米以上的高山。记者跟随村民们一起翻山越岭，用跟踪式采访拍摄，以小切口讲述保护雪山的故事。视频记录了他们扶老携幼从石头缝里捡起氧气瓶、烟头、矿泉水瓶、带着油渍的塑料方便饭盒等，装满编织袋，清理运走的过程。

手机端展示

扫描二维码，
观看本作品新媒体展示。

二等奖

短视频现场新闻

独家航拍：香港理工大学之殇，看看暴徒对它做了什么？

作品信息

作品类型：二等奖 · 短视频现场新闻
刊播单位：中国日报官方微博账号
报送单位：中国记协新媒体专业委员会
主创人员：D. J. Clark　史小风　高启辉　赵晨雁　周　婵
发布日期：2019 年 11 月 20 日 11 时 29 分

作品简介

在 2019 年的香港“修例”风波中，暴徒和激进分子对香港进行了大肆破坏。中国日报在揭批报道中，注重用事实说话，多次派记者赴暴力一线采访。最终，在香港理工大学内拍摄到了一组震撼的航拍镜头，向全球网友呈现了一幕幕触目惊心的画面。视频发布后，引起了广泛共鸣，在国内外的舆论场上给暴徒以有力的还击。

手机端展示

扫描二维码，
观看本作品新媒体展示。

二等奖

短视频现场新闻

这一夜，我们为她点亮太空！

作品信息

作品类型：二等奖 · 短视频现场新闻
刊播单位：人民视频
报送单位：中国记协新媒体专业委员会
主创人员：集体
发布日期：2019 年 9 月 21 日 12 时 25 分

作品简介

新中国成立 70 周年大庆前夕，人民网策划组织了“点亮人民红　网聚中国心”——“向祖国表白”全国城市灯光秀活动。9 月 20 日起，全国 26 个省份 48 个城市 84 个地标建筑集体持续点亮，人民网记者在 84 个地标现场用图片、视频的形式进行实时报道；9 月 21 日，整合各地灯光秀现场视频推出现场汇总视频《这一夜，我们为她点亮太空！》；9 月 27 日起，编辑对现场视频进行二次加工，分别以“暖情篇”“燃情篇”“浓情篇”为主题，推出“向祖国表白”灯光秀混剪短视频三部曲，以不同风格回顾展示了本次灯光秀的经典场景。

手机端展示

扫描二维码，观看本作品新媒体展示。

二等奖

短视频专题报道

抢手的王老师们

作品信息

作品类型：二等奖·短视频专题报道
刊播单位：牛咔视频
报送单位：中国记协新媒体专业委员会
主创人员：集体
发布日期：2019 年 12 月 30 日 18 时 9 分

作品简介

2019 年 3 月 18 日，习近平总书记在学校思想政治理论课教师座谈会上高屋建瓴地阐明了开好思政课的长远意义。记者在采访中发现了具有典型性的来自南京师范大学马克思主义学院“六位王老师”的故事。本视频不仅记录了 6 位王老师为上好思政课付出的努力，讲述了发生在他们之间、他们和学生之间的生动故事，也展示了课程的精彩内容和与时俱进的创新，表现出王老师们通过思政课对学生成长所带来的积极深远的影响。

手机端展示

扫描二维码，
观看本作品新媒体展示。

二等奖

短视频专题报道

AI 剪辑大阅兵

作品信息

作品类型：二等奖·短视频专题报道
刊播单位：央视新闻客户端
报送单位：中国记协新媒体专业委员会
主创人员：唐　怡　王　元　董晓波　许卫国　杜　通　张　凯
发布日期：2019 年 10 月 1 日 11 时 15 分

作品简介

为更多角度以及更高效率地展现中华人民共和国成立 70 周年阅兵式与游行现场，央视新闻使用 AI（人工智能）来完成分列式与群众游行的 82 个方队方阵的视频剪辑。这是中国广播电视总台“5G+4K/8K+AI”战略的一次应用实践，拓宽了人工智能技术在新闻报道实战中的应用范围和使用场景，是中国首个新闻 AI 实时多路信号混合剪辑系列，对未来新闻行业利用人工智能等新技术提高生产效率，有较强的实践意义。

手机端展示

扫描二维码，
观看本作品新媒体展示。

短视频专题报道

我捐了心肝肺肾眼角膜，他们帮我圆篮球梦

作品信息

作品类型：二等奖 · 短视频专题报道
刊播单位：冬呱视频
报送单位：中国记协新媒体专业委员会
主创人员：石大东　孙　娟　白　阳　程红森
发布日期：2019 年 2 月 21 日 21 时 50 分

作品简介

本作品讲述了一支特殊球队的故事：5 名由 16 岁少年叶沙器官受捐者组成的篮球队，为了帮叶沙圆梦，走进了 WCBA 全明星篮球赛场，姚明也向这支球队致敬。因为 1 个人的选择，5 个人的生命得以延续。短视频专题报道挖掘这一生命延续工程的深刻意义，让这项生命延续工程广为人知，鼓舞了更多人志愿登记器官捐献，加入“传递生命”的大爱善举中。

手机端展示

扫描二维码，
观看本作品新媒体展示。

二等奖

短视频专题报道

原来你是这样的 00 后大学生

作品信息

作品类型：二等奖 · 短视频专题报道
刊播单位：羊城晚报新闻客户端
报送单位：中国记协新媒体专业委员会
主创人员：孙朝方　鲁钇山　陶奕燃　潘　亮
　　　　　杨　奇
发布日期：2019 年 5 月 4 日至 12 月 31 日

作品简介

2019 年五四青年节暨五四运动 100 周年前夕，羊城晚报精心策划，聚焦大学新生，捕捉展现新时代新青年的精神风貌。制作团队紧抓“新时代”和“新青年”主题点，选取 10 位 00 后大学生代表，走进他们的学习和生活，展现他们的多元生活及背后丰富的精神世界：家国情怀、个人志趣和奋斗精神。本专题节目共 10 期，制作完成后陆续在羊城晚报新闻客户端（羊城派）、金羊网等平台首发，并被众多媒体广泛转载。

手机端展示

扫描二维码，
观看本作品新媒体展示。

短视频专题报道

China won't accept unequal trade deal（中文标题《点到为止：中国不会接受不平等条约》）

作品信息

作品类型：二等奖 · 短视频专题报道（国际传播）
刊播单位：CGTN 客户端
报送单位：中国记协新媒体专业委员会
主创人员：刘　欣　江和平　梅　焰　杨福庆
　　　　　程　晶　徐　花　毕建录
发布日期：2019 年 5 月 22 日

作品简介

CGTN《视点》栏目主持人刘欣在这条视频中有力驳斥了福克斯商业频道女主播翠西 · 里根宣扬对华“经济战”的言论，引发了中美电视主播的首次电视辩论。在辩论中，刘欣有理有据地回应了知识产权、关税壁垒、国家资本主义等关键议题。此次对话是中国主播与美国主播首次正面交锋，被多家媒体称为“中美贸易战的缩影”。这是中国主播首次登上美国主流媒体黄金时段节目，面向美国观众发出中国声音。

手机端展示

扫描二维码，
观看本作品新媒体展示。

二等奖

移动直播

超强台风“利奇马”登陆浙江温岭 浙视频记者夜闯台风眼

作品信息

作品类型：二等奖 · 移动直播
刊播单位：浙江新闻客户端
报送单位：中国记协新媒体专业委员会
主创人员：周旭辉　胡元勇　王嘉楠　马佳妮
　　　　　彭　鹏
发布日期：2019 年 8 月 10 日 2 时

作品简介

2019 年 8 月 10 日，超强台风“利奇马”在浙江温岭登陆。浙视频记者驱车赶往台风登陆地点，并一路进行直播报道，成为当晚唯一进入台风眼中心直播的媒体记者。本场直播持续近一个小时，除了用视频直播方式表现外，还辅以图文滚动直播不断补充和更新“利奇马”的相关内容。百万网友同时在线与记者一起“云”闯台风眼。

手机端展示

扫描二维码，
观看本作品新媒体展示。

二等奖

移动直播

江苏盐城一化工园区内发生爆炸救援已展开

作品信息

作品类型：二等奖·移动直播
刊播单位：新华社客户端
报送单位：中国记协新媒体专业委员会
主创人员：集体
发布日期：2019年3月21日18时20分

作品简介

3月21日14时48分，江苏省盐城市响水县陈家港镇天嘉宜化工有限公司化学储罐发生爆炸事故。事故发生后，新华社音视频部立刻启动突发事件应急报道机制，分社记者迅速反应，在暴露于苯类化合物燃烧污染的环境下冒着危险完成直播，时效领先；现场采访刚从爆炸现场撤离的工人，率先披露事故原因是由苯罐爆炸引发；记者边拍边解读现场，现场感强。

手机端展示

扫描二维码，
观看本作品新媒体展示。

二等奖

创意互动

复兴大道70号

作品信息

作品类型：二等奖·创意互动
刊播单位：人民日报客户端
报送单位：中国记协新媒体专业委员会
主创人员：张意轩　宋　嵩　王　坎　刘若轩
　　　　　刘镇杰　安　然　陈　露
发布日期：2019年10月1日

作品简介

作品以超长画卷与“一镜到底”的形式，通过丰富多元的场景变化与精细翔实的内容细节，描绘了新中国成立70年来的光辉岁月，记录了时代变革与社会发展的沧桑巨变。整个作品在手机端长约55屏，覆盖500多个历史事件和场景，包括4000多个人物、500余座建筑、200余件物品，创造了同类新媒体作品的最大尺寸和最全内容。

手机端展示

扫描二维码，
观看本作品新媒体展示。

创意互动

72 个红手印，究竟为了留住谁？

作品信息

作品类型：二等奖·创意互动
刊播单位：长江日报微信公众号
报送单位：中国记协新媒体专业委员会
主创人员：汪伟颋　胡　欣　胡　胜
发布日期：2019 年 6 月 13 日 6 时

作品简介

2019 年 4 月初，武汉黄陂区青云村 3 位村民代表冒着倾盆大雨给市扶贫办送去一封 72 位村民的联名信，请求挽留青云村两名驻村干部杜凡、付旭东。报社迅速调集力量，组成全媒体报道团队，连续 13 天进村走访调查，最终将文字、视频产品、音频产品制作成创意互动 H5 作品。作品使用融媒体手段将重大主题巧妙转化为让读者和用户可听可感可看的沉浸式体验作品，感染力强。

手机端展示

扫描二维码，
观看本作品新媒体展示。

二等奖

融合创新

大国工匠朱恒银：向地球深部进军

作品信息

作品类型：二等奖·融合创新
刊播单位：中安新闻客户端
报送单位：中国记协新媒体专业委员会
主创人员：章理中　顾继月　王子麟　郑强强
发布日期：2019 年 12 月 27 日 20 时 4 分

作品简介

朱恒银教授是 2019 年度全国道德模范、大国工匠 2018 年度人物、全国劳动模范、李四光地质科学奖获得者、全国优秀科技工作者。作品深入采访朱恒银教授及其老师、学生、家人、同事和安徽省地矿局、安徽工业经济职业技术学院等单位人员。经过素材比较、选题策划、手绘制作、程序包装等环节，历时 1 个多月，重磅推出融合创新手绘 H5 作品，并迅速在全国推广传播。

手机端展示

扫描二维码，
观看本作品新媒体展示。

二等奖

融合创新

好在有你

作品信息

作品类型：二等奖·融合创新
刊播单位：新华网
报送单位：中国记协新媒体专业委员会
主创人员：郭奔胜　高晓虹　秦瑜明　马轶群
曹　滢　郑志亮　周　欢　宋君仪
发布日期：2019 年 12 月 31 日 11 时 11 分

作品简介

这是新华网与中国传媒大学合作编创的我国首个无障碍媒体融合报道。报道将视障孩子妈妈讲述的女儿随着社会进步艰辛而茁壮成长的故事，与我国残疾人事业发展历程紧密勾连，图文声像影综合运用，生动展示我国 70 年残疾人事业发展历程，使用户真切感受到“尊重和保障残疾人的人权和人格尊严，使他们能以平等的地位和均等的机会充分参与社会生活，共享物质文明和精神文明成果，是国家义不容辞的责任，也是中国特色社会主义制度的必然要求”。

手机端展示

扫描二维码，
观看本作品新媒体展示。

二等奖

融合创新

大阅兵后再看这组外媒数据，忍不住又红了眼眶！

作品信息

作品类型：二等奖·融合创新
刊播单位：中国日报官方微信公众号
报送单位：中国记协新媒体专业委员会
主创人员：王　瑜　高启辉　胡雨濛　付慧敏
何　娜　梁　晨
发布日期：2019 年 10 月 3 日

作品简介

在庆祝新中国成立 70 周年之际，中国日报首先在微博账号上推出了《最燃 C 大调，大阅兵后再看这组外媒数据，忍不住又红了眼眶！》的数据短视频，后又在微信公众号上推出《大阅兵后再看这组外媒数据，忍不住又红了眼眶！》的长文，记录了外媒对华报道数量和中国 GDP 世界排名的变化，从“他证”和“自证”两个维度，呈现了中国是如何由弱到强的发展过程。作品起名为“C 大调”，C 既是音乐术语，又代表着 China，一语双关。

手机端展示

扫描二维码，
观看本作品新媒体展示。

二等奖

融合创新

主播说联播

作品信息

作品类型：二等奖·融合创新
刊播单位：央视新闻客户端
报送单位：中国记协新媒体专业委员会
主创人员：集体
发布日期：2019 年 7 月 29 日至 12 月 31 日

作品简介

为贯彻落实习近平总书记关于《新闻联播》要进一步深化媒体融合以吸引年轻受众的重要指示精神，中央广播电视总台新闻新媒体平台推出《主播说联播》日播短视频栏目，从《新闻联播》中播发的新闻切入，结合当天重大事件和热点新闻，由一位值班主播用年轻人喜爱的网络语言讲新闻、评热点、观天下，解读大政方针，传递主流声音。视频在当天《新闻联播》播放结束之后进行录制，然后迅速进行剪辑制作并配以音乐，以竖屏方式播发。

手机端展示

扫描二维码，观看本作品新媒体展示。

二等奖

融合创新

功夫学徒

作品信息

作品类型：二等奖·融合创新（国际传播）
刊播单位：芒果 TV 客户端
报送单位：中国记协新媒体专业委员会
主创人员：蔡怀军　郑华平　任　旭　刘燕谕　文春子　盘　剑
发布日期：2019 年 9 月 16 日 12 时至 11 月 18 日 12 时

作品简介

《功夫学徒》以“‘互联网 +’背景下，科技发展对人民生活的改变”为核心命题，以异国学徒在中国导师的帮助下体验学习中国职业和技术发展成果的独特视角，涵盖了太空科学、AI 科技等多个领域，讲述新时代的中国故事。作品生动展现了可为“一带一路”国家、地区借鉴的中国经验，在讲好当下中国故事的国际传播中实现了创新突破，为主流媒体讲好中国故事、传播中国声音提供了参考案例。

手机端展示

扫描二维码，观看本作品新媒体展示。

二等奖

融合创新

新动力人群说

作品信息

作品类型：二等奖·融合创新（国际传播）
刊播单位：光明日报客户端
报送单位：中国记协新媒体专业委员会
主创人员：集体
发布日期：2019 年 10 月 4 日至 30 日

作品简介

《新动力人群说》系列作品结合通讯、评论、视频、新媒体图文等多种形式，聚焦当前各科技前沿领域的知识分子，如核聚变工程师、智慧城市程序员、教育扶贫参与者等，展现了新动力人群为新一轮改革开放赋能聚力的奋斗历程。主创团队查阅大量中英文资料，一方面能够更好地与这些从事科技创新的年轻知识分子对话，另一方面也能够增强国际传播效果。

手机端展示

扫描二维码，
观看本作品新媒体展示。

三等奖

短视频现场新闻

创纪录！82 岁女飞行员再次冲上云霄

作品信息

作品类型：三等奖·短视频现场新闻
刊播单位：中国妇女报微信公众号
报送单位：中国记协新媒体专业委员会
主创人员：集体
发布日期：2019 年 5 月 28 日 14 时

作品简介

2019 年 5 月 28 日，新中国第二批女飞行员、82 岁的苗晓红，时隔 30 年后再次挑战自我，飞上蓝天，为新中国成立 70 周年、人民空军成立 70 周年献礼。中国妇女报微博进行了第一时间的报道，采访结束后又剪辑制作出原创短视频现场新闻《创纪录！ 82 岁女飞行员再次冲上云霄》，就采访内容进行微信推送的编辑和深度报道的撰写，并随后进行了全网推送和传播。

手机端展示

扫描二维码，
观看本作品新媒体展示。

三等奖

短视频现场新闻

《铲车车主勇救村民》续集

作品信息

作品类型：三等奖·短视频现场新闻
刊播单位：龙视新闻抖音号
报送单位：中国记协新媒体专业委员会
主创人员：集体
发布日期：2019年8月4日11时30分

作品简介

2019年7月底8月初，哈尔滨市阿城区玉泉镇遭遇了50年一遇大雨，一名普通的铲车司机王强，先后把200多名村民转移到安全地带。黑龙江广播电视台新媒体和电视端融合互助，第一时间派记者前往现场采访，先以短视频的形式在新媒端播发，电视端持续跟进。在龙视新闻抖音号发表后，播放量猛涨，王强被全国500多万网友点赞。

手机端展示

扫描抖音二维码，
观看本作品新媒体展示。

三等奖

短视频现场新闻

漫长的2秒：伊宁男童从5楼坠落后

作品信息

作品类型：三等奖·短视频现场新闻
刊播单位：天山网新闻客户端
报送单位：中国记协新媒体专业委员会
主创人员：董长洪　刘一鸣　孙芳婷　蔡犁晨
郭　倩
发布日期：2019年5月24日21时30分

作品简介

2019年5月23日21时30分左右，28岁小伙托尼可·吐尔干别克为接住一个从5楼坠下的两岁男童被砸晕过去。5月24日上午，记者从朋友圈获取这一线索后，迅速推进采访，成功获取现场监控画面，又补充拍摄了采访视频，最终形成了完整新闻素材链。后期剪辑、编辑、审核、发布环节快剪、快审、快发，赶在当日上网高峰时段在天山网客户端、天山网微博等端口发布视频，有力抓住了报道时机。

手机端展示

扫描二维码，
观看本作品新媒体展示。

三等奖

短视频现场新闻

超燃！新型主力战机亮相庆祝人民空军成立 70 周年航空开放活动

作品信息

作品类型：三等奖·短视频现场新闻
刊播单位：吉视通客户端
报送单位：中国记协新媒体专业委员会
主创人员：庄谦宇　崔　雨　张思博　徐　伟
发布日期：2019 年 10 月 17 日 15 时 41 分

作品简介

2019 年 10 月 17 日，庆祝人民空军成立 70 周年航空开放活动在长春举行。这次航空开放活动集中展示人民空军成立 70 年来特别是党的十八大以来人民空军转型建设取得的辉煌成就。吉林网络广播电视台聚焦新型主力战机，精心策划推出短视频，以壮观的现场全景画面、主力战机特写画面，配以极具节奏感的背景音乐，给人以震撼、振奋之感，生动展现了航空事业发展的辉煌成绩。

手机端展示

扫描二维码，
观看本作品新媒体展示。

三等奖

短视频现场新闻

惊险！陕西警方现场抓捕制毒嫌犯查获冰毒 107.52 公斤原料 88 公斤

作品信息

作品类型：三等奖·短视频现场新闻
刊播单位：腾讯企鹅号
报送单位：中国记协新媒体专业委员会
主创人员：黄利健　苗巧颖
发布日期：2019 年 1 月 28 日 16 时 47 分

作品简介

2019 年 1 月 28 日，陕西警方破获陕西史上最大毒品案后，在西乡县公安局召开新闻发布会。作品通过采访民警讲述缉毒经过和视频素材，第一视角还原缉毒现场鸣枪追捕嫌犯的惊险画面，民警雪地持枪追捕毒贩的镜头首次曝光。全网首发后，被腾讯新闻全国页卡选为首页热点推送。网友们为不畏艰险、英勇果敢的陕西警察点赞。

手机端展示

扫描二维码，
观看本作品新媒体展示。

短视频专题报道

揭秘！周总理亲自定名的长安街华灯，为何能长亮 60 年？

作品信息

作品类型：三等奖·短视频专题报道
刊播单位：人民政协报微信公众号
报送单位：中国记协新媒体专业委员会
主创人员：集体
发布日期：2019 年 4 月 30 日 15 时 17 分

作品简介

在中华人民共和国成立 70 周年，尤其是五一国际劳动节到来之际，与天安门有关的最美劳动者成为宏大选题的小切口。适逢华灯班设立 60 周年，在特殊的时间节点，人民政协报融媒体报道组将镜头聚焦到周总理亲自命名的长安街华灯，全程跟踪采访报道了一群普通而神秘的最美劳动者——长安街上掌灯人。作品传递感动，传播正能量，具有很强的时代感和吸引力。

手机端展示

扫描二维码，
观看本作品新媒体展示。

三等奖

短视频专题报道

独家视频！开国将军 10 封家书被意外发现，里面写着……

作品信息

作品类型：三等奖·短视频专题报道
刊播单位：湖北日报客户端
报送单位：中国记协新媒体专业委员会
主创人员：刘　申　陈亦帆　赵　恒　周志兵　彭小萍　刘　依
发布日期：2019 年 12 月 30 日 18 时 8 分

作品简介

在新中国成立 70 周年之际，湖北日报全媒记者走进党史、档案部门，踏访开国将军故乡，采访将军后人，找寻开国将军家书等信函。从一封封书信的字里行间，感悟老一辈共产党人的忠诚本色、家国情怀、赤子之心。

手机端展示

扫描二维码，
观看本作品新媒体展示。

三等奖

短视频专题报道

五本驾证情　中国铁路梦——一名火车司机的“中国速度”

作品信息

作品类型：三等奖·短视频专题报道
刊播单位：大河网
报送单位：中国记协新媒体专业委员会
主创人员：赵　红　贾　溯　王　铙
发布日期：2019 年 12 月 13 日 13 点 25 分

作品简介

2019 年是新中国成立 70 周年，讲好 70 年故事是媒体责任所在。火车司机林琦是河南省唯一考取了从蒸汽机车到高铁 5 种驾驶证的人。创作团队从这“罕见”的 5 本证照入手，持续跟拍 10 余次，拍摄行程近 1 万公里，获得丰富的视觉素材。经过数次修改，精雕细琢，最终创作出这部既有深度又温情的作品。

手机端展示

扫描二维码，
观看本作品新媒体展示。

三等奖

短视频专题报道

Vlog：小姐姐的两会初体验

作品信息

作品类型：三等奖·短视频专题报道
刊播单位：中国日报双语微信
报送单位：中国记协新媒体专业委员会
主创人员：张　霄　彭译萱　何　娜　张若琼
发布日期：2019 年 3 月 5 日至 16 日

作品简介

《Vlog：小姐姐的两会初体验》系列视频是中国日报新媒体在 2019 年两会期间推出的专题系列报道。该系列作品通过记者小彭日常化和个性化的视角，创新表达语态，以突破圈层、极具网感化的语言和表现形态作为基础。作品选定了众多“明星委员”与“接地气委员”，着力解答观众关注的两会热点议题。在寻找采访对象的过程中自然地勾勒出会场以及驻地氛围，展现出记者眼中的两会日常，生动传达给用户。

手机端展示

扫描二维码，观看本作品新媒体展示。

三等奖

短视频专题报道

中国有故事

作品信息

作品类型：三等奖・短视频专题报道
刊播单位：中国青年报客户端
报送单位：中国记协新媒体专业委员会
主创人员：集体
发布日期：2019 年 9 月 25 日 19 时 20 分

作品简介

《中国有故事》系列微纪录片定位“历史资料、青春讲述、时空穿越”，广泛挖掘各行业、各地区的历史影像资源，并发动相关团组织共同参与，以青春风格向互联网特别是移动互联网受众讲述中国奋斗故事，重点展示重大历史事件、标志性建设成就背后的人文故事。节目旨在号召当代青年“敢于有梦、甘于筑梦、勤于追梦、乐于圆梦”，引领新时代下的新青年为实现中国梦而奋斗。

手机端展示

扫描二维码，
观看本作品新媒体展示。

三等奖

短视频专题报道

全国两会・刷新 2019——“点击、刷新”的隐藏功能

作品信息

作品类型：三等奖・短视频专题报道
刊播单位：央广网
报送单位：中国记协新媒体专业委员会
主创人员：集体
发布日期：2019 年 3 月 1 日

作品简介

这是 2019 年全国两会央广网的预热短视频产品。短视频从新时代百姓生活中实实在在的获得感出发，聚焦“一带一路”“全面二孩”“居家养老”“环保节能”“一窗办理”等热点民生话题。该视频采用竖版拍摄剪辑手法，画面语言更贴合移动端受众偏好。整体画面生动流畅，配合视觉设计与后期效果，主题鲜明风格突出。

手机端展示

扫描二维码，
观看本作品新媒体展示。

三等奖

短视频专题报道

上“旧”了，云冈！

作品信息

作品类型：三等奖·短视频专题报道
刊播单位：黄河 plus 客户端
报送单位：中国记协新媒体专业委员会
主创人员：陈　霞　吕胜春　孙梦醒　王颂豪
发布日期：2019 年 12 月 31 日

作品简介

在全球上千处世界遗产地中，山西大同云冈石窟景区是唯一一个大规模使用建筑和工业固废材料美化环境、变废为宝的景区，创造了世界文化遗产领域生态环保的中国范例。作品通过云冈石窟“掌门人”张焯亲口讲述一个个鲜为人知的历史事件，通过 5.1 万个石窟佛像如何“重绽笑脸”，生动展示了历史上受制于生态、受益于生态的世界文化遗产如何反哺生态、笑对未来的好故事。

手机端展示

扫描二维码，
观看本作品新媒体展示。

三等奖

短视频专题报道

《我的家　我的国》（*The Untold Story*）系列纪录片

作品信息

作品类型：三等奖·短视频专题报道（国际传播）
刊播单位：腾讯视频
报送单位：中国记协新媒体专业委员会
主创人员：黄玉龙　王新玲　程　瑶　Jack Le Sueur　薛玉坤　王宇飞　郭乐天
发布日期：2019 年 7 月 2 日至 12 月 16 日

作品简介

《我的家　我的国》（*The Untold Story*）系列微纪录片是由中国外文局北京煦方国际公司推出的“新中国 70 年”专题产品，专为海外互联网传播而制。聚焦新中国 70 年来取得的为世界瞩目的重大成就，采访拍摄其灵魂人物，探寻其“家国情怀”，揭秘大事件背后鲜为人知的细节。共推出北京奥运会、中国高铁、港珠澳大桥、青蒿素、中国天眼等 7 个主题产品。该专题由中外籍视频团队共同策划摄制，历时 10 个月。

手机端展示

扫描二维码，观看本作品新媒体展示。

三等奖

移动直播

严查“百吨王”

作品信息

作品类型：三等奖·移动直播
刊播单位：江苏新闻微信公众号
报送单位：中国记协新媒体专业委员会
主创人员：集体
发布日期：2019 年 11 月 6 日 22 时

作品简介

2019 年 11 月 6 日，江苏省广播电视总台融媒体新闻中心对全省交警、交通运输执法部门查处超限超载车辆的行动进行网络直播，对如何整治超限超载进行深度讨论。整场网络直播运用了现场直播、短片、图示、讨论等报道手段，全方位、多角度、立体化地呈现了严查严管超限超载行为的必要性和最新进展，有效引导了社会舆论。

手机端展示

扫描二维码，
观看本作品新媒体展示。

三等奖

移动直播

中新网独家直播香港警队代表团登长城做好汉

作品信息

作品类型：三等奖·移动直播
刊播单位：中国新闻网
报送单位：中国记协新媒体专业委员会
主创人员：单冰洁　王　潮　郭梦媛　李雨昕
单　璐　刘　超　张燕玲
发布日期：2019 年 9 月 30 日 9 时 30 分

作品简介

2019 年，香港“修例”风波持续数月，肩负止暴制乱重任的香港警队备受关注。香港警察刘泽基（“光头刘 sir”）在接受中新社记者采访时坦言，作为中国人，想去长城看看。9 月 30 日，香港警队代表参加新中国成立 70 周年系列庆祝活动前夕，他得偿所愿，登临八达岭长城，对爱国精神作出最生动的诠释。中新社独家网络直播其“登长城做好汉”全过程。

手机端展示

扫描二维码，
观看本作品新媒体展示。

三等奖

创意互动

致敬！闪亮的名字 |“庆祝上海解放 70 周年群英展”邀你一起点亮星星！

作品信息

作品类型：三等奖・创意互动
刊播单位：文汇客户端
报送单位：中国记协新媒体专业委员会
主创人员：王　蔚　陈云峰　徐晓斌　张　夏
蒋竹云　钱家跃　王秋童
发布日期：2019 年 5 月 28 日 12 时 44 分

作品简介

这是 H5 新媒体展览“闪亮的名字——庆祝新中国成立暨上海解放 70 周年群英展”的首发作品。作品以充满创意、炫酷体验和交互性极强的 H5 方式，集中报道上海解放以来各条战线涌现出来的英雄模范和先进典型：70 个“闪亮的名字”、2 万余字生平和故事、300 多幅珍档图片影像，生动讲述感人事迹和辉煌成就，弘扬了民族精神、时代精神和上海城市精神。

手机端展示

扫描二维码，观看本作品新媒体展示。

三等奖

创意互动

下党开启“一键美颜”！你来帮她变变看

作品信息

作品类型：三等奖・创意互动
刊播单位：福建日报微信公众号
报送单位：中国记协新媒体专业委员会
主创人员：陈煜晃　汪炜娜　柳依昕　林　熙
阙木琴　陈　静　王诗维　陈羽晶
发布日期：2019 年 8 月 8 日

作品简介

30 年前，时任福建宁德地委书记的习近平同志冒着酷暑第一次来到寿宁县下党乡访贫问苦，留下“异常艰苦、异常难忘”的印象。30 年后，下党天堑变通途、旧貌换新颜。作品通过下党乡 30 年的巨变，反映了全面建成小康社会的成就，折射出全国农村脱贫致富奔小康、建设美丽乡村的进程。这件作品实现了重大题材的小切口报道，描绘出脱贫攻坚、乡村振兴的光明前景。

手机端展示

扫描二维码，
观看本作品新媒体展示。

三等奖

融合创新

请记住这个年轻人，他叫“云贵川”

作品信息

作品类型：三等奖·融合创新
刊播单位：川报观察客户端
报送单位：中国记协新媒体专业委员会
主创人员：集体
发布日期：2019 年 7 月 28 日 8 时

作品简介

2019 年 7 月 28 日，由中宣部主办的“壮丽 70 年·奋斗新时代——记者再走长征路”采访活动抵达四川省泸定县。四川日报全媒体集群提前数月着手策划一个讲述“飞夺泸定桥”红色故事的短视频产品。主创团队从一个特殊的故事主角——飞夺泸定桥 22 勇士中的一名年轻红军战士“云贵川”的故事小切口进入，以“长征中的年轻人”为主题，娓娓讲述中国共产党人对信仰的坚定和执着。

手机端展示

扫描二维码，
观看本作品新媒体展示。

三等奖

融合创新

“万里边疆教育行”大型融媒体报道

作品信息

作品类型：三等奖·融合创新
刊播单位：中国教育报微信
报送单位：中国记协新媒体专业委员会
主创人员：集体
发布日期：2019 年 8 月 22 日至 10 月 9 日

作品简介

为庆祝新中国成立 70 周年，2019 年中国教育报刊社由社领导带队、43 名记者分 9 路出发，走遍全国 9 个陆地边疆省份的 23 个县市、近 60 所国门学校，行程 5 万余公里。刊发报道 25 篇，拍摄制作“走进国门学校”“我在边疆当老师”“看，国门学校国旗高扬”“听，边疆孩子献歌祖国”“边疆孩子共读课文”5 个系列的短视频 50 多条，用笔端和镜头记录中国教育 70 年翻天覆地的变化。

手机端展示

扫描二维码，
观看本作品新媒体展示。

三等奖

融合创新

手绘 H5 · 绿沙 | "人民楷模"王有德

作品信息

作品类型：三等奖 · 融合创新
刊播单位：宁夏日报客户端
报送单位：中国记协新媒体专业委员会
主创人员：集体
发布日期：2019 年 10 月 6 日 17 时 25 分

作品简介

2019 年 9 月 18 日，人民日报公示"共和国勋章"和国家荣誉称号建议人选，带领干部群众防沙治沙 40 余年的王有德获得"人民楷模"荣誉称号。宁夏日报报业集团创作团队确定了手绘 H5 融媒体产品制作方案，并邀请知名画家李东星和袁昭加盟创作。作品以设问形式开篇，用文、图、音视频立体化叙事，在极富渲染力的背景音乐衬托下，细腻而深入地阐释"人民楷模"4 个字的精髓所在，以及生态文明建设对中华民族伟大复兴中国梦的意义所在。

手机端展示

扫描二维码，
观看本作品新媒体展示。

三等奖

融合创新

视频 | 火遍中国的这张 A4 纸，背后有更多的感动

作品信息

作品类型：三等奖 · 融合创新
刊播单位：时刻新闻客户端
报送单位：中国记协新媒体专业委员会
主创人员：贺弘联　周　珞　陈海波　张广蓉
黎　娜　丁　晴　王　波　罗紫嫣
发布日期：2019 年 7 月 16 日 20 时 52 分

作品简介

2019 年 7 月 6 日至 14 日，两次强降雨造成湖南 14 个市州 90 个县市区 393 万余人受灾。在此期间，衡阳市衡山县抗洪武警官兵临时驻扎在当地一所小学，和老师们发生了一个感人的小故事：一张 A4 纸上写满了军民之间的鱼水情深。红网成立特别报道小组，深入老师、群众、学生之中，挖掘出更多深层次的故事素材，制作完成了这部集手绘元素、新闻照片、当事人音视频于一体的新媒体产品。

手机端展示

扫描二维码，
观看本作品新媒体展示。

三等奖

融合创新

毒气，余生

作品信息

作品类型：三等奖·融合创新
刊播单位：澎湃新闻网
报送单位：中国记协新媒体专业委员会
主创人员：集体
发布日期：2019 年 12 月 26 日 6 时 58 分

作品简介

1945 年，日军撤退侵华战场前夕，将大量未使用的化学武器丢弃，埋藏于江河、田野、洞穴……这些化学武器在和平年代被人们无意中捡拾、触碰，造成至少千人死伤。《毒气，余生》制作团队辗转黑龙江省哈尔滨、齐齐哈尔、牡丹江，日本东京、广岛大久野岛等多地，用两个多月时间跟访、跟拍在世的受害者和已故受害者的家属，记录他们半个多世纪以来的生存境遇和身心困境，打捞一段被湮没的历史。

手机端展示

扫描二维码，
观看本作品新媒体展示。

三等奖

融合创新

《致敬，北极！》第三集：穿越迷雾 中国科技探秘北极

作品信息

作品类型：三等奖·融合创新
刊播单位：芒果 TV
报送单位：中国记协新媒体专业委员会
主创人员：戴　飞　陈　青　胡　当　范玲玉
罗　辉　王莅墀
发布日期：2019 年 10 月 3 日 18 时

作品简介

记者深入中国各极地研究院所采访，到达中国北极黄河站，挺进北冰洋，实地拍摄北极的气候变化。节目专访了包括中科院院士陈大可在内的极地科学家们，全景式展现 70 年来中国极地科研和保护北极的成果。该片弥补了中国电视人对北极宏观题材观照的不足，展现了我国跻身极地考察大国行列的新时代风采，以及新时代科学工作者不忘初心、牢记使命的决心。

手机端展示

扫描二维码，
观看本作品新媒体展示。

融合创新

我的前辈们

作品信息

作品类型：三等奖・融合创新
刊播单位：光明日报客户端
报送单位：中国记协新媒体专业委员会
主创人员：集体
发布日期：2019 年 9 月 27 日至 29 日

作品简介

《我的前辈们》系列视频邀请茅盾文学奖获得者徐则臣、文化学者蒙曼、嫦娥四号着陆器总体主任设计师李飞等向他们各自领域的前辈提问，既有小切口专业问题，也有宏大的主题叙事。系列视频让老一辈知识分子与新一代知识分子在新媒体平台上进行对话，展现了新老知识分子薪火相传的家国情怀，体现了融合创新特征。

手机端展示

扫描二维码，
观看本作品新媒体展示。

第三十届中国新闻奖媒体融合奖项精品回顾

融合创新《新中国密码：15665，611612！》

重大主题报道的内容融合创新

新华社全媒编辑中心编辑　姚竣译

一、一曲老歌的“新生”

《没有共产党就没有新中国》是一首耳熟能详的老歌，如何在口味愈发多元化的今天，让这首老歌焕发新生？我们尝试从主人公故事、视觉展示以及音乐效果等多个层面让这首歌更加丰满、立体，进一步突出《新中国密码：15665，611612！》主题。

“读懂父亲，要从这首歌开始。”这是视频的开篇，也是我们第一次去拜访曹红雯女士时，她有感而发的至情箴言。

77年前，19岁的曹火星在一盏小油灯下，用一晚上的时间，在一架只有7根弦的大筝琴上，借用当地民间流行的《霸王鞭》民歌形式，创作出这首传唱至今的歌。这首歌，新中国成立前就开始传唱，原来叫作《没有共产党就没有中国》，后来毛主席说应该在“中国”前面加一个“新”字，一个“新”字贯穿了我们全片的核心意向。在采访过程中，我们挖掘出歌曲创作背后的故事，还将曲谱设计成为全片的视觉线索。

把这首歌的曲谱、旋律、歌词都服务于我们的融媒体报道内容，才能在受众心中产生共鸣。通过对这首歌的剖析，我们主创人员都更加深刻地领会到这首歌所表达的，正是中国共产党人的初心、使命；通过多种乐器和人声的演绎，令整首歌不再是一个“标签”，而是成为穿越时代的，大家心中的“不老的歌”。

二、一串神秘数字 call 出的答案

融合时代，缺少适合的包装和有力的推广，再好的产品也很难成为爆款，更别说造就经典、树立标杆了。所以，在《新中国密码：15665，611612！》制作期间，宣发的创意策划也紧锣密鼓地同步进行着。

这次的产品主题是庆祝新中国成立70周年，包装上自然不能太标新立异。但在新媒体端口发布，又得符合新媒体传播规律，所以角度必须巧妙，手法必须新颖。

在确定使用《没有共产党就没有新中国》这首歌时，我们无数次哼唱，“哆嗦啦

啦嗦啦哆哆啦哆唻……”哼旋律渐渐变成了唱简谱。这简谱写下来，不正好是一串数字吗？

而这个数字正好是 11 位，什么数字组合是 11 位？当然是手机号码，再一查，所属地是安徽淮北的联通号码。

9 月 26 日，一篇标题为《15665611612》的推送在新华社微信公号发布。刚刚发送完毕，阅读量就突破百万次，这个手机号那几天能打通听到彩铃的，我们称为“新中国锦鲤”。无数人给手机机主发短信，尝试加微信，现在 B 站上还能找到打电话的视频。

9 月 27 日，《新中国密码：15665，611612！》正式上线。乍看之下，还是那串数字，但多出来的逗号和感叹号其实对应并强调了“没有共产党，就没有新中国”这句承载核心主题的歌词，也就是对预告进行了完全解密。

就这样，一波接一波的网友在微博和朋友圈转起了这串新中国密码，视频 13 分 14 秒，寓意“一生一世”，它成为国庆节前网络最大热门话题之一，亿万网友在被感动的同时，也获得了新鲜的互动体验。这是一串让中华民族获得“新生”的密码，也是打开“新中国”的密码！

融合创新《“数说 70 年”数据新闻可视化系列短视频》

成就数据化　数据可视化

经济日报主任编辑　王　琳

“数说 70 年”数据可视化系列产品包括 6 个视频，从消费、饮食、大国工程、数字经济、生态、外贸 6 个方面，展现新中国成立 70 年来的辉煌成就。

这套产品不仅在经济日报社新媒体平台取得良好的传播效果。还获得中央网信办全网转发推荐，形成了全网传播力、影响力，传播覆盖面达上亿人次。

一、作品特点

一个好故事不是花哨的图片堆砌，要结合数据、视觉表达和叙述元素。下面从 3 个方面具体阐述。

*1. 用数据讲故事，从故事读数据。*怎么用数据讲故事？这就需要我们通过寻找数据、分析数据，将数据可视化，并串成一个生动、有趣的故事。“数说 70 年”系列产品在制作过程中发掘了大量数据，有效使用数据近 100 套约 1000 组。然后，以数据为主线，以变化和对比为依据，动态反映消费、饮食等领域的发展变化。如，在展现老百姓饮食变化时，通过主食占比、主要农作物自给率、肉蛋菜果鱼人均占有量等不同维度数据的链接，让数字“动”起来、“串”起来、“活”起来，形成可知可感的故事性。

*2. 技术和设计结合，提升视觉冲击力。*让数字“活”起来、“动起来”，还要技术和设计。制作这套产品时，我们使用曲线图、树图、气泡图等数据图形，并运用数据建模、数图结合等融媒体制作技术，让静态数字变成了动态视频，给用户最直观的视觉冲击力。

3. 小切口呈现大主题，发展变化可感可知。这套产品在每一个选题角度上，我们都以“小切口”“小视角”引入，与用户找共情、共感。比如，在反映70年饮食变化时，视频从当下流行的“轻食”切入，渐次引入饮食习惯的改变和背后农业生产力的提高。这种以小见大、接地气的小切口，增加了产品的亲和力。

当然，除了切入点巧妙外，表达也力求生动形象，让枯燥的数字变得可感可知。比如，“一分钟，电商平台卖出28万只小龙虾；一小时，快递公司处理600万个快递；一天，老百姓花1000亿元用于购物和餐饮”。

二、创作体会

创作“数说70年”系列视频时，我们反复讨论、反复论证，力求把重大主题做得既有意思又有意义。回顾整个创作过程，大致有两点体会。

1. 以数据立意，找到重大题材的“微视角”，体现内容的差异化。在成就报道中，数据展现是不可或缺的一方面。我们从经济视角出发进行选题规划，把重大主题与数据新闻巧妙融合，用数据说话，让视觉发声。为了凝练主题，创作团队深入挖掘大量数据，并通过纵向、横向的对比，让用户感受到不同时间节点的“强对比”，生动展现数字的变化过程，让人们耳熟能详的故事有了新的表达，数据共鸣与数据共情效应大大增加了产品的吸引力。

2. 寻求技术合作，弥补传统纸媒在技术方面的“短板”。为打造“数说70年”系列产品，经济日报新媒体成立创作团队，与视频技术支持公司合作，全程主导选题确定、脚本设计、动效制作等，经过反复讨论打磨，最终呈现出既有经济日报特色、又有互联网气质的“爆款”融合产品。另外，合作的过程也是互相学习的过程，对我们来说，既发挥了自身优势，又涉足了新的领域，提高了媒体融合发展的实操能力。

融合创新《2019对话1949：时代变了　初心未变》

形式创新路上，不忘内容初心

重庆华龙网集团副总编辑　张一叶

我们的作品是《2019对话1949：时代变了　初心未变》。同样，在媒体深度融合发展的过程中，在形式创新路上，不能忘记内容初心。

一、创作过程

2019年是新中国成立70周年，作为一个地方媒体，我们从年初就开始思考：华龙网如何在70周年的宏大叙事中找到独特切口。

大家如果来过重庆，就知道重庆夜景很漂亮。暮色降临，俯瞰山城，灯火璀璨，车水马龙，城市的繁华喧嚣会让人有一种莫名的感动。在我看来，这就是山河无恙，这就是岁月静好。

网上流行这样一句话：哪有什么岁月静好，只是有人替你负重前行。山城重庆正是一座流淌着红色基因血液的英雄之城。为了新中国的成立，这里有无数的革命志士身陷囹圄、至死不屈。他们用滚烫的热血换来了现世安宁。如果他们还活着，能亲眼看看他们守护的山河，该多好！如果我们能遇到他们，又想说些什么？

英雄不能复活。但假如有平行时空，假如可以在平行世界里相遇呢——就这样，我们萌生了平行世界对话的创意，将这盛世繁华用我们手中的笔和画面告诉他们：作为后辈，我们会继续守护这片山河；时代变了，但是你们曾坚守的初心至今未变。这，便成为我们作品的主题。

经过多次讨论，我们最终选择了大家熟知的“小萝卜头”、革命女青年杨汉秀、毅然投身革命的富家子弟王朴，分别与现代的小学生、职场女性、大学毕业生在平行世界隔空对话来展示。

创意可以天马行空，采编执行却要克服重重困难。把脑海中的思路变成作品的过程，并不容易。

首先是文案，要揣摩烈士的口吻。怎么说才像烈士的话？才能引起大家共鸣？编导每天对着电脑自言自语，几乎“人格分裂”。短短几句对话，大家反复预演了无数次。

拍摄时，为避开渣滓洞白公馆人流高峰，只能在闭馆后进行，每场拍摄结束都已是深夜，空荡荡的歌乐山空无一人，让人毛骨悚然。山上的蚊子特别毒，每场拍下来，大家身上都被咬出一身红疙瘩。

手绘、后期等环节同样让人“爆肝”。“手部太生硬，重新做！”“面部表情不到位，重新画！”“服装不对头，重新设计！”……反复修改令人崩溃。还有发布前严格的审核也让人脱了几层皮。

当然，最后的结果证明，所有的努力都是值得的，一等奖的荣誉，是对团队最大的鼓励。

二、心得分享

随着媒体融合发展，这几年，各家都在致力于新媒体作品的生产，H5、AR、VR、3D、全息……各种形式眼花缭乱。但形式千变万化，最终还得回归到内容本身，回归到情感和人。

在我们这个作品里，就用到双屏互动、穿屏等多种新媒体形式。不过形式只是皮囊，内容才是灵魂所在。这个作品从一开始，就紧扣初心，抓住了当下时代最核心的内核，奠定了作品的灵魂。

媒体融合发展任重道远，今天看来是创新，明天可能就变得稀松平常，但我们相信，不管形式如何变化，新闻人对内容的追求，对灵魂的追求不能变，也不会变。

形式如浪花，内容如脚步，唯有不断前行方可在媒体融合大潮中领略一片风光。

短视频现场新闻《病死猪田间乱丢知道吗……〈问政山东〉现场局长被8连问后语无伦次》

践行“四力” 让作品更有担当

山东广播电视台记者　林绍荣

《病死猪田间乱丢知道吗……〈问政山

东〉现场局长被 8 连问后语无伦次》（以下简称“八问”短视频）在第三十届中国新闻奖评选中，获得了短视频现场新闻一等奖。虽然片长只有 2 分 16 秒，但其中包含着创作小伙伴和《问政山东》整个栏目团队的心血和付出。

一、《问政山东》：舆论监督的“山东现象”

2019 年春节假期结束后的第一天，山东省政府召开“担当作为、狠抓落实”工作动员大会，省委书记在讲话中提出，要创新“公开监督”机制，推行“电视问政”“网络问政”，把评判权交给服务对象和群众。

《问政山东》应运而生。《问政山东》紧紧围绕省委、省政府重点工作落实情况，直面问题，强化监督，推动有关省直部门和地市出台长效性制度文件 510 多件，在全省上下形成了担当作为、狠抓落实的舆论氛围，被赞誉为舆论监督的“山东现象”。

不论是舆论监督“山东现象”的形成，还是这次短视频获奖，其实都是编辑记者践行“四力”的体现。

二、践行“四力”让报道接地气、有大局

1. 脚力：三天三夜蹲守让报道接地气。病死猪乱丢、无害化处理不规范等严重问题，不仅是环境问题，更存在公共卫生安全隐患，所以在策划山东省农业农村厅问政选题的时候，这一选题就被列入问政内容。村里的病死猪丢弃现场容易找到，但是无害化处理厂的不规范操作都隐藏在高高的围墙里，四周不仅有监控，而且是禁飞区不能用无人机。荒山野岭中汽车太招摇，记者只能步行靠近处理厂，而为了拍到真实的现场，记者能做的只有蹲守。经过三天三夜的蹲守，终于在有车出来开门的时候，记者拍摄到了处理厂里面的场景，也就是这段画面成了整个调查的关键证据，也成了“八问”短视频的核心现场之一。

2. 眼力：抓到“问得准，答得偏”这一细节，让报道有视野。作为一条短视频现场新闻，这条短视频有两个核心现场。第一个是记者拍摄到的核心新闻现场，第二个是辣味十足的问政现场。

在问政现场，督办员与主管官员之间出现了“问得准，答得偏”的戏剧化场面，督办员通过“连环问”层层推进，揭露出了环保问题背后官员不严不实的工作作风问题。我们在演播室敏锐捕捉到了这个细节，希望通过对这部分内容的碎片化创作，放大问政的效果。

3. 脑力：承载脑力思考，让报道有“网感”、有内涵。碎片化的创作，不是编辑简单切条剪短，而是前期记者、督办员、编导和后期编辑联动的主动挖掘。每一期节目播出前，编辑都会与记者、督办员、编导深度对接，对最有可能产生亮点的环节提前预判，制订多种短视频预案。

“八问”短视频的主体以督办员和当地主管官员的现场问答来展现矛盾冲突。怎么把这种冲突展现得更符合互联网特点呢？当时我们有两种方案，一种是双视窗，一种是提炼数字。最终我们选择了提炼关键数字，因为数字的加入既是对事件提纲挈领的梳理，又能增加受众的期待感。当有了“第一次追问”的时候，大家还会期待“第二次追问”“第三次追问”……在观众的期待中，也增加了视频平均播放时长。

4. 笔力：追求全面而不片面，追求流量而不唯流量，让报道传得开。碎片化不代表片面化，所以我们不单单报道现象，还增加了当地直面问题认真整改的内容，这样既有对基层不作为的舆论监督，又有对当地整改的正面宣传。我们既要通过“辣味现场”清“政风”；又要通过“立说立改”鼓励“敢担当”，真正让问政实现闭环、收获实效。

短视频专题报道《“中国 24 小时”系列微视频》

用极致精神做好新媒体产品

人民日报社新媒体中心编辑　王靖远

对短视频而言，“感官感受”是基础，“情感共鸣”是关键，“价值共识”是内核。

一、基于 IP 打造陪伴感，情感力助推传播力

一位网友这样留言：2018 年地理课全班一起看《中国一分钟》，2019 年的《中国 24 小时》只有自己看了，属于我的高三真正结束了。

类似的网友留言还有很多，大家看得到，记得住，有期待，有感悟。这就说明我们的产品无形中成为用户生活经历、内心情感的陪伴者和见证者。这就是我想和大家探讨的第一个感悟。

其实这种基于 IP 打造而形成的品牌效应，在人民日报社新媒体中心还有不少成功的实践经历，比如说 2018 年的“中国很赞”，2019 年的“中国有我”，2020 年的“这很中国”等。

从结果来看，传播效果确实令我们满意。

二、融通“有意义”和“有意思”，营造“超级共鸣感”

一个好的新闻短视频产品，与用户产生共鸣大致需要经历 3 个步骤：从事实传播，到情感传播，最后形成价值共识。

我们可能会觉得产品要让用户产生价值共识，就需要寻找契合用户的共鸣情感点。但其实很多时候，我们更需要的是引导用户发现自己内心的燃点，从而产生新的情感共鸣。

能够把有意义的事情做得有意思，也能把有意思的内容变得有意义。

举个简单例子，2020 年 8 月 8 日是北京奥运会开幕式 12 周年的纪念日，如果我们的产品只将情感放在回顾 12 年前的那个精彩的夏天，的确是寻找到了用户已有的共鸣情感点，但是仅仅突出“回忆”很容

易陷入产品同质化的问题。2020年人民日报新媒体中心微博做的短视频产品《这是给2008年的答卷》，主题除了有回顾，还有这12年中国每一年的成就，每一年的进步，从而阐述出视频的主旨：这12年，中国每一天都在努力奔跑，这就是给2008年的答卷。

说回到《中国24小时》，每个人都有自己的24小时，将主题聚焦在"24小时"上，这本身是件很有意思的事情。我们要做的，就是引导用户认识到，自己的24小时看似平凡但其中孕育着伟大，因为正是千千万万个普通人的辛勤劳作，才铸就了中国发展的奇迹。

为此，在制作中，无论是文案，还是画面、音乐，我们都努力寻找触动用户心灵的那根弦，引导受众发现自己内心的"燃点"，激发情感共振，凝聚价值共识。

很多网友看完视频后都会主动留言分享自己的24小时里每个时间点在做什么，还有不少网友留言，"原来我也是祖国24小时里的一帧"。

我想这就是通过把有意思的内容做得有意义，从而引导用户产生共鸣的一个很好的例证。

三、好产品需要精耕细作，文案、剪辑都应是创意者

《中国24小时》系列短视频关注宏大叙事，也关注具体而微；关注大江大河，也关注个体脉搏。除此之外还有不少具体的要求，比如，前后相邻的文案中不能出现相似的动词、名词。这对于文案工作是一个不小的挑战。

但是我更想提一下的，是剪辑对于短视频的作用。《中国24小时》的整体架构分为24小时叙事部分、文案转场部分、情绪升华部分。剪辑有两个地方需要格外注意：24小时叙事部分不能做成流水账，要通过镜头和节奏的变化，塑造出清晨的安静，早高峰的繁闹，黄昏的悠闲，深夜的坚守等情绪区别；升华部分是主旨的阐释，需要在画面情绪上压得住24小时叙事部分。所以，剪辑师要从视觉角度重构文本叙事逻辑与信息，要从整体思路上进行谋划布局，要从创作者的角度与文案一起参与前期创作。

总之，用极致精神打造产品，"和自己过不去"，流量才不会辜负你的用心。

短视频专题报道《十八洞村龙金彪的Vlog | 脱贫之后》

深挖"洞" 挖新"洞"

湖南日报社副总编辑、湖南日报社
新媒体中心总编辑　颜　斌

作为新时代移动端的主流党媒，只有把握时代发展的大方向、主旋律、新趋势，坚持践行"四力"，融合创新，才能未来可期。2019年11月3日，是习近平总书记在湖南十八洞村首倡"精准扶贫"方略6周年，新湖南客户端在当日推出短视频专题报道《十八洞村龙金彪的Vlog| 脱贫之后》，从一个小小的切口，生动活泼地反映共和国脱贫攻坚的宏大叙事，刚一亮相即成爆款。

一、把握社会脉搏，持续深挖，以点带面，反映脱贫奔小康的时代大主题

我们之前已连续 4 年，派出多批记者蹲点十八洞，将其作为脱贫攻坚工作的一个观测点，创作出了《十八洞的 19 张笑脸》（2017 年第二十八届中国新闻奖二等奖）、《苗寨“十八”变》（2018 年第二十九届中国新闻奖二等奖）等新媒体作品，通过生动、具象的讲述，讴歌这一千年德政工程。

2019 年 4 月，习近平总书记在重庆主持召开的解决“两不愁三保障”突出问题座谈会上的讲话中强调，“要把防止返贫摆在重要位置”。我们的采访团队蹲守十八洞村半个多月，从一个年轻村民龙金彪的个人视角，更深层次地记录十八洞村实现脱贫后如何不返贫的探索和实践，讲述党和政府如何作出最大努力，激发脱贫后的农民自觉迸发勤劳致富的内生动力。

《十八洞的 19 张笑脸》表现的是 19 位村民脱贫摘帽之后的幸福感受，《苗寨“十八”变》讲述的是 5 位村民 5 年不一样的“拔穷根”故事，《脱贫之后》表现的则是一个人脱贫之后如何不返贫。3 篇作品由表及里、由群像到个体的深度挖掘，从解决“两不愁三保障”到脱贫致富奔小康，有一个步步深入的过程。

二、运用现代技术，创新形式，融合传播，讲好十八洞村和龙金彪的小故事

2019 年，中国移动互联网风起云涌，短视频方兴未艾，视频博客 Vlog 深受用户喜爱。为了增强报道感染力、传播力、影响力，我们经过充分讨论，决定以新闻短视频为传播载体，以视频博客 Vlog 的形式，选择更有记录感的专业小机器 Gopro，并在后期制作中融合手绘、动画等新媒体设计元素。最后，我们推出的这个 6 分钟的短视频，迸发出强烈的故事气场和视觉效果，是一个在脚本设计、视频实拍、画面设计上充分创新、更具网感的新媒体产品。

随着传播技术手段的不断创新和发展，从《十八洞的 19 张笑脸》的融合报道，到《苗寨“十八”变》的创意互动，再到《脱贫之后》的短视频创意设计表达，我们的报道形式也发生了深刻变化，经历了传播形态从简单到复杂的衍变和创新。

《脱贫之后》通过新湖南客户端、华声在线网站和湖南日报旗下两微、抖音等新媒体矩阵进行融合传播，引起众多分享，“报、网、端、微”当日总点击量即突破 200 万次。我们深深懂得，龙金彪是十八洞村的缩影，十八洞村是中国农村的缩影，只有深挖时代主题，锐意创新传播，我们才能阔步前行。

移动直播《直播丨百色大暴雨引发山洪，公路塌方车辆被冲走！通讯员黄文秀发回现场视频后却不幸遇难……》

移动优先 创造性引导舆论

广西日报社新媒体部副主任 晏 彦

2019 年 6 月 16 日晚，广西百色凌云县

遭受特大暴雨袭击。

6月16日23时35分，黄文秀用手机拍下现场视频发给广西云客户端百色记者站记者徐顺东并配文字："好危险，有一辆车已经被水冲走了。"视频中洪水滔滔、电闪雷鸣，隐约可听到她微弱而焦急的声音："……现在已经过不去了……"

6月17日上午8：00，百色记者站记者徐顺东将黄文秀的视频和百色暴雨情况传回给广西云客户端值班人员，直播开启。

6月17日中午，记者徐顺东开车抵达事发地采访。

6月17日14：00，黄文秀被列入失联人员名单。

6月18日18：30，经过指纹比对，乐业县百坭村第一书记黄文秀遗体已找到。黄文秀同志确认遇难。

回顾这次直播报道的经历，作为全程经历的值班人员，我觉得这次的获奖有偶然性，也有必然性。

偶然性，指的是最初我们只是把它当成一般的突发事件来直播报道。但是，我们的通讯员黄文秀亲身参与了这场直播，使得整个事件有了不一样的意味。具体有两点感触。

一、启动突发事件应急机制，移动优先全媒体报道

从2018年《柳州融水突围记》获得第二十八届中国新闻奖媒体融合奖项一等奖，到2020年的移动直播获奖，广西日报社是三年两获中国新闻奖一等奖。这两次获奖应归功于报社建立的突发事件应急机制和移动先行的理念。

在这种机制下，新媒体部的编辑和前方记者站记者直接对接，这种单线而直接的对接，大大缩短了新闻稿件的编发时间。新媒体部值班领导可以第一时间直通社委领导，报告重大事件的报道，从而确保了新闻导向的正确性。

另外，启动突发事件应急机制后，新媒体部的文字、视频编辑和美编实行24小时轮班，确保能随时处理前方记者传回的文图视频，进行全媒体报道。55个小时54分钟里，一线记者与后方客户端编辑联动，通讯员投稿与权威部门发布、网友素材综合，共推出12张现场新闻图片、2个动态图、3段短视频、1张悼念海报，全方位、多信源、正能量地对灾情进行直播报道。

二、迅速抢占舆论制高点

黄文秀是第一书记，第一书记群体工作十分辛苦，压力大，任务重。如果爆出第一书记在连夜返乡的路上不幸遇难的消息，舆论压力会大幅提升。彼时，也有新闻同行提醒过我们，不能在直播中报道黄文秀失联的事情。但我们考虑到，黄文秀是为了村里的灾情才连夜赶路的，这正反映了她作为第一书记牵挂百姓的优秀品质。汇报给社委领导后，我们决定真实还原事件的全过程。同时，为了抢占舆论的制高点，引领主流声音，报社迅速成立全媒体

报道小组，报网端联动，全力挖掘黄文秀身上的闪光点。比如，继6月18日我们第一时间报道黄文秀遇难后，6月19日推出了H5产品《我为第一书记黄文秀接力送行，扶贫精神长存！》，6月20日推出长篇通讯《心中的长征　青春的赞歌》，奠定了宣传黄文秀先进典型的基调。广西新闻网也在第一时间推出了专题报道。全集团累计刊发黄文秀先进事迹报道1000多篇，总阅读量达6000多万次。

正是这一组全媒体报道，打通了网上网下舆论场，创造性地引导了舆论，是一次成功的“四全”报道呈现。而我们的直播正是这组报道中的先行军，充分体现了习近平总书记“移动优先，让主流媒体牢牢占据传播制高点”的指示精神。我想，这也是这次直播荣获中国新闻奖一等奖的必然性。

创意互动《6397公里的守护》

“社群开发＋创意互动”的一次成功探索

新华日报社交汇点首页编辑部主任　任松筠

《6397公里的守护》荣获第三十届中国新闻奖创意互动一等奖，是新华报业传媒集团集体智慧的结晶，更有社会各界的参与和贡献，成为探索“社群开发＋创意互动”的一次成功实践。

这件作品从创意生成到作品呈现，历时一年。从2019年1月国家印发《长江保护修复攻坚战行动计划》开始，我们立即策划并开展一系列线下活动，在此基础上再策划制作创意互动产品，到几经打磨最终推出作品时已是12月30日。作品经交汇点新闻客户端首发，再通过全媒体矩阵传播，有效提升了传播力、引导力、影响力，并体现出3个“紧扣”。

一、紧扣重大主题，独特视角细节引人

作品紧扣习近平总书记关于推动长江经济带发展必须“共抓大保护，不搞大开发”的重要指示，凸显了重大主题。但以长江大保护为主题的作品已经很多了，如何创新？我们最终选择了让沿江小朋友参与长江大保护、引导他们从小养成保护生态意识的独特创意，并及时启动了一项至少持续12年的“长江大保护、绿色共成长”新闻行动。我们的作品也从孩子们的视角出发，展示长江大保护的最新成果。事实证明，这一崭新视角不同于以往保护长江的作品，令人眼前一亮。

关注细节，是新闻人的基本功。长江到底有多长？我们经过多方查询比对，引用了长江水利委员会水文局曾经公布的数字——6397公里，并以此作为标题关键词，激发受众的好奇心。作品用什么意象来导引？我们颇费踌躇，最终决定选取新闻行动中孩子们用来采集各段江水的容器——“江豚瓶”，串起作品里的一个又一个音符，这一小小的安排拉近了作品与广大受众的心理距离，受众不由自主顺着作品的安排开启“守护长江之旅”。

二、紧扣社群需要，线上线下全域互动

“长江大保护、绿色共成长”新闻行动启动后，我们特别注意建立覆盖长江沿岸的“长江大保护小使者社群”，及时发现并满足相关社群需要，从省内到省外，举行了多场线上线下活动，近千名小朋友手绘长江图景、诵读长江诗词、共唱长江之歌，引起社会广泛关注，并积累了大量的文字、图片、视频等报道素材，为作品的创新表达以及实现 PGC（媒体和专业人士生产内容）和 UGC（用户生产内容）的融合生产，提供了重要的有利条件。

进入 H5 后，你首先置身于一场“长江大保护主题班会”。实际上，这也是我们在学校举办线下活动的再现。随后，一幅长江全流域的手绘长卷图徐徐展开。长江沿线的各个代表画面，比如三江源纪念碑、黄鹤楼、长江大桥、东方明珠等，都是由长江沿岸各地小朋友共同绘就的。作品创新性采用模拟定位滑动方式，从第一站“长江源头”开始，到最后一站的“东方明珠”，浏览界面更加简便流畅。顺流而下，11 处“守护地”覆盖长江干流沿线的 11 个省区市，每“途经一地”都可以点击对应的热点，触发守护互动。一段段现场视频，则记录了孩子们参与长江大保护的实际行动。可以看出，从线下活动的全面开展到生产作品的元素积累，创意互动贯穿全程。

三、紧扣人文生态，多维形式创新表达

创新表达，是每一位新媒体人在每一次创作时都必须面对和解决的。本件作品中，在每幅儿童画对应的热点里，都可以闻诗词古韵、听生态新声，每一地的听觉效果既相映成趣，又有所不同，使得守护之旅始终带着新鲜感。点击“闻古韵”，我们能欣赏孩子们朗诵的 11 首古诗词名篇，如《卜算子·我住长江头》《念奴娇·赤壁怀古》以及李白的《望天门山》等；而点击“听新声”，或能听到流水、江风等自然原声，或能听到麋鹿、江豚等动物叫声，或能欣赏川江号子、洞庭渔歌等非物质文化遗产。通过这种方式，传承长江文化中特有的人文精神。

随着 11 个地点陆续“守护”完成，受众还可以点击解锁一首由各地参与活动的孩子们所演唱的定制版的《长江之歌》。共唱《长江之歌》、共绘长江之美，《6397 公里的守护》的内涵在此刻得到升华。

这件作品，主体是手绘的方式，同时辅以文字、图片、视频、音频、绘画……作品元素丰富、形式多样，逻辑完整、叙事清晰、紧扣标题，又不会令受众眼花缭乱。

新闻名专栏《光明追思》

让名家大家的风采长留心间

光明日报突出贡献知识分子
联络办公室主任　吴　娜

《光明追思》是光明日报从 2018 年 10

月底起开设的新媒体新闻专栏。通过这个栏目，我们希望在报纸版面之外，再经由微博、微信、客户端、网站等各个端口，及时报道我国突出贡献知识分子的逝世消息，追忆他们的精神品质和爱国情怀，回顾他们的卓越成绩和奋斗历程，由此传递党中央对广大知识分子的关心关怀，推动营造见贤思齐、追忆名家的社会舆论氛围，汇聚和传播社会正能量。

自推出以来，《光明追思》因定位准确、特色鲜明以及体现出的人文关怀，得到广泛关注，包括人民日报、新华社等在内的多家媒体的微博、微信公众号，均大量转载、引用《光明追思》的内容，形成声浪式传播效果。

同时，《光明追思》注重报、网、端、微各平台联动，消息、通讯、新媒体产品等多体裁呈现，凸显出了极强的媒体融合属性，目前已形成报纸、网站、“两微一端”的全媒体报道格局，多平台联动迅捷，成为有光明日报特色的品牌栏目，影响力持续上升。

据统计，2019 年 1 月至 12 月，《光明追思》相关内容在微博、微信、头条号、抖音等各平台累计近 5 亿次阅读量。光明日报全媒体报道逝世突出贡献知识分子 90 余位，其中包括院士 33 位。

2019 年 1 月 16 日，中国科学院院士、中国核武器事业重要奠基人、中国工程物理研究院研究员于敏逝世后，《光明追思》第一时间通过各个端口首发了逝世消息，并配发了光明日报在 2015 年报道于敏院士的人物特稿，让整个报道既迅速及时，又丰富可读，引发了全网关注。其中光明日报官微阅读量不到 4 小时就迅速突破千万次，微信阅读量迅速达到 10 万 +。栏目创办以来，相关内容在微博、微信、抖音等各平台累积近 10 亿次阅读量。

在 2019 年逝世的 33 位院士中，包括我国气象卫星专家、中国工程院院士、上海航天技术研究院首席高级技术顾问孟执中；中国科学院院士、著名物理化学家、中国科学院物理研究所研究员梁敬魁等的逝世消息，均由光明日报率先发布，并形成网络追思氛围。栏目内容多次登上微博热搜前十名，多篇稿件微博阅读量超 1 亿次、微信阅读量超 10 万次。

《光明追思》是光明日报 70 多年来深耕知识界，不断沉淀后的结果。正因如此，它才能得到广大知识分子的认可，被认为是“一眼望去，只有光明日报才能办的栏目”。此外，进入《光明追思》视野的知识分子皆为当代贡献突出、声望卓著的专家，将这些已故名家大家的故事和风采长留纸间、心间，本身即具有厚重感。

自创办以来，《光明追思》不断收到来自社会各界的积极反馈，特别是那些在各自领域贡献卓著却默默耕耘少有人知的院士、科学家逝世后，光明日报第一时间报道其生平事迹、刊发追思文章，他们的亲友以及所在单位、所在领域的同事和后辈等，很多都对我们表达了谢意。

比如，有高校党委负责人表示：《光明追思》致敬突出贡献知识分子、传承科学家精神，留下了宝贵的精神财富，标注了新时代价值高度，凝聚起广大知识分子的人心和力量。

《光明追思》的新媒体平台评论区里很多令人动容的留言："愿每一位默默奉献、刻苦钻研的科学家都能受到社会的最高尊敬""这才是我们应该追捧的明星""大师远去，我辈当自强"……

总之，在媒体融合的大背景下，光明日报作为以知识界读者为主要服务对象的中央主流媒体，把脉知识分子的新期待，回应知识分子的新诉求，优化知识分子服务工作，不仅需要了解、把握、研判读者的心理动态，还要以好的形式、好的包装将好的内容呈现出来，二者缺一不可。

新闻名专栏《长安街知事》

党报新媒体如何守正创新

北京日报社长安街知事主编　郭　涛

在第二十一个中国记者节来临之际，《长安街知事》荣获中国新闻奖"新闻名专栏"（新媒体）一等奖。作为北京日报新媒体荣获的第一个中国新闻奖，它体现了北京日报社近些年矢志不移坚持融合发展的成果亮点。

一出生，便风华正茂。自6年前创办至今，《长安街知事》以党报新媒体、时政网红的身份杀出重围，在报纸之外延伸党报的新使命。其中，主要把握了4组关系。

一、速度与深度

天下武功，唯快不破，这是不争的事实。但想传得开、传得远，要如何在速度与深度之间抉择？2019年7月22日上午9时53分，《长安街知事》推送《卸任外交部发言人后，陆慷新职务公开，华春莹接棒》一稿。此前3分钟，外交部官网"组织机构"栏目刚刚完成更新。报道发出后引发全网转载。类似案例屡次出现后，有人质疑，《长安街知事》是不是有大量内幕消息？其实并没有。《长安街知事》现有4位采编人员，多数时间，记者也需要耐着性子，在铺天盖地的信息流中寻找蛛丝马迹，作出预判，提前预制深度内容，然后等待合适的时机，第一时间提供有效供给。

二、犀利与克制

犀利与克制，往往就在一念之间。新冠肺炎疫情暴发以来，中国人民为抗击疫情付出巨大努力，作出重大牺牲，为全球抗疫争取了宝贵的时间。然而，以美国为首的一些西方国家的政客和媒体为了推卸抗疫不力的责任，无视中国的贡献，屡屡发起舆论攻势。

在斗争最激烈的4月，《长安街知事》推送文章《美国悍然发动6大舆论战，直指中国！》，梳理总结美国抛出的"中国隐瞒论""中国误导论""中国责任论""中国赔偿论""劣品出口论""口罩外交论"6大论调，词锋犀利地回击美国。几天后又推出姊妹篇《你看到的，其实是一个假美国》，文章抛出设问：在美国，为什么检测新冠病毒举步维艰？为什么应对疫情混乱无序？为什么面对质疑只知到处甩锅？之后抽丝剥茧地阐明：原来，疫情打碎了这块棱镜——这么多年，你看到的其实是一个假美国。

面对美国的歇斯底里，《长安街知事》并未试图在舆论场上与其对骂。我们深知，国内舆论场，我们面对的不是白宫，而是国内读者。即便是外宣，在疫情防控最关键时刻，媒体的责任也不是挑拨对立情绪。保持克制，是为了让读者看清真相，更好地团结民心，服务大局，做好我们自己的事。

三、心态与底线

长期以来，《长安街知事》的报道的主要出发点简单来说就是“四个全面”，其中又以全面依法治国、全面从严治党为纲。但是，如何让负面新闻不衍生出负面报道？心态显得尤为重要。在落笔痛斥落马官员“忘记初心”时，文章作者何尝不该扪心自问：我们的初心何在？一味猎奇、渲染丑恶，虽然会攫取大把流量，但绝不是社会主流。只有警示教育、刮骨疗毒，才是党报新媒体在报道负面新闻时应守住的底线。

四、戾气与正气

今日之中国，的确需要更多正气。《长安街知事》涉及的敏感题材很多，但我们破题的思路是引导公众消除戾气、弘扬社会正能量，相比 10 万 +、100 万 + 的阅读量，显然前者更能体现媒体的存在价值。

北京日报社有 16 字报训，最后 4 个字是“创新制胜”。我理解，一是内容的创新，二是形式的创新。内容方面，我们根据用户需求不断调整，从最初专注于时政报道，到现在热点、时事全覆盖，开展一次面向读者的供给侧结构性改革。形式方面，我们从“一支笔”，全员转型为能采、能写还能拍的“多面手”。2019 年我们拍了《外交密档》，2020 年拍了《京心助梦》。这些创新作品，让《长安街知事》这一路走来成绩斐然。仅 2020 年 1 月至 10 月，微信平台 10 万 + 文章超过 2000 条。目前，《长安街知事》全网订阅用户已超过 2500 万。

关于第三十届中国新闻奖媒体融合奖项报送工作的通知

一、参评作品

参评范围为经国家正式批准的报社（报业集团）、通讯社、广播电台、电视台，新闻宣传主管部门和新闻单位主办的具有登载新闻业务资质的新闻网站、新媒体中心（传媒中心）等新闻机构。

参评媒体融合奖项作品要求由以上新闻单位应用数字技术制作，在移动端首次发布传播，鼓励媒体融合发展，鼓励在自有平台发布的作品。曾获新闻名专栏以及新媒体品牌栏目奖项的，应间隔 5 年以上且有重大创新方可参评。

二、评选项目

媒体融合奖项设 5 个评选项目：短视频现场新闻、短视频专题报道、移动直播、创意互动、融合创新。以上项目和新媒体新闻专栏具体要求及评选标准见《中国新闻奖评选办法》。

三、报送数额

各单位按照《中国新闻奖媒体融合奖项和新媒体新闻专栏报送数额表》推荐、报送符合评选标准的作品。如超额报送，初评办公室将按该单位申报的《中国新闻奖媒体融合奖项和新媒体新闻专栏报送作品目录》，撤下排序靠后的作品。

各社会单位和个人可自荐、他荐符合本办法规定的新闻作品参加评选，名额不超过 1 个。参评作品须获得省部级或中央主要新闻单位社（台）级二等奖及以上新闻奖，并有 2 名新闻专业副高以上职称的人士实名推荐。初评办公室收到自荐、他荐作品后，须严格审核把关，并同组织报送作品一起提交初评。

为突出体现并鼓励新闻战线加快构建全媒体传播体系，部分报送单位可在现有名额基础上新增 1—2 个名额，专门报送全媒体传播效果突出的作品。如有符合评选条件和标准的县级融媒体中心作品，各省（区、市）和新疆生产建设兵团记协可增报 1 件。

每个报送单位可在媒体融合奖项和新媒体新闻专栏 6 个评选项目中，报送 1 件参评国际传播奖项作品，如确有较多符合评选标准的国际传播好作品，可按新增不超过 1 件报送。

初评委员会从参评作品中评选出 110 件媒体融合奖项和新媒体新闻专栏作品报送定评，另报送参评国际传播奖项作品 10 件。为调动更多新闻单位积极性，报送定评的全部作品中（不含国际传播奖项作品），每个报送单位的作品不超过 5 件。

四、初评委员会组成

1. 初评委员会负责媒体融合奖项和新媒体新闻专栏，以及上述类别中国际传播奖项的初评。初评评委由中国记协新媒体专业委员会聘任。

2. 评委聘任条件：坚持党性原则；组织纪律性强；品行端正，作风务实，办事公道；熟悉新闻业务。

评委实行回避制。本人或直系亲属如有作品参评的，不得担任评委。

评委与初评办公室签订保密协议。在评选结果揭晓前，评委不得擅自发布、告知他人有关评选信息。

3. 评委由三部分人员组成：

（1）中宣部、中央网信办、国家广播电视总局相关部门负责人各 1 位；人民日报社、新华社、中央广播电视总台新媒体相关工作负责人各 1 位；中国记协书记处书记和新媒体专业委员会委员。

（2）新闻单位（不含人民日报社、新华社、中央广播电视总台）从事新媒体工作的负责人和一线编辑、记者代表。

（3）新媒体专家学者。

评委候选人由中国记协评奖办公室、新媒体专业委员会确定。

五、如有未尽事项，由本届初评委员会主任会议研究决定。

六、中国记协新媒体专业委员会享有中国新闻奖媒体融合奖项和新媒体新闻专栏，以及上述类别中国际传播奖项参评作品的使用权。

七、本通知解释权归中国记协新媒体专业委员会。

中国记协新媒体专业委员会

2020 年 7 月 27 日

第三十届中国新闻奖媒体融合奖项和新媒体新闻专栏初评评选细则

第三十届中国新闻奖媒体融合奖项和新媒体新闻专栏初评委员会
2020 年 6 月 19 日审议通过

根据《中国新闻奖评选办法》（以下简称《评选办法》）和《关于第三十届中国新闻奖媒体融合奖项和新媒体新闻专栏报送工作的通知》，结合本届评选会实际，制定本评选细则，经过本届初评委员会通过后施行。

一、评选原则

1. 坚持公平、公正、公开原则。

2. 坚持评选标准。

3. 坚持评选程序，在认真全面审看（听）所有参评材料、充分讨论评议的基础上，以无记名投票方式评选。

4. 在同等条件下，统筹兼顾中央媒体与地方媒体、发达地区与欠发达地区的参评作品，关注践行“四力”的优秀作品。

二、总体要求

1. 实到评委超过全体评委人数 4/5，方可召开评选会。

2. 评选会由评委会主任或主任委托的副主任主持。

3. 评委中途离会不能参加投票的，按实到评委投票，离会评委不能委托其他评委代为投票。

4. 按设定数额投票，可少投，不能多投。如有多投的，多投选票计为废票。每轮投票结束，在规定得票范围内，按得票数从高到低依次取齐规定数额的参评作品。

5. 评委在评选会讨论时，除评选会主持人要求解释清楚的问题外，不得宣传、介绍、点评本推荐（报送）单位推荐（报送）的参评作品。如有违反，主持人要制止并给予批评。

6. 从所在单位（地区）没有参评作品的评委中产生 4 名监票人，负责监督评委投票和工作人员计票。

三、报送数额

本届中国新闻奖媒体融合奖项和新媒体

新闻专栏共设50个奖。其中一等奖10个，二等奖15个左右，三等奖25个左右。初评评委会按设奖数额的200%比例，即100件左右报送定评，另报送国际传播奖项作品10件。

各项目报送作品数量，在小组完成对全部作品的审看、评议后，由本届评委会主任会议根据各项目参评作品质量等情况统筹研究确定。

为调动更多新闻单位的积极性，推荐参加定评的全部作品中，每个报送单位的作品不超过5件（不含国际传播）。

四、评选程序

（一）审议参评作品资格

1. 根据《评选办法》规定，初评办公室要承担对初评参评作品的审核责任，按照“评选范围”“评选标准”“报送要求”等认真审核参评作品，并将符合条件的参评作品提交初评委员会进行评选。

2. 初评委员会听取并审议初评办公室关于参评作品和相关申报材料的审核处理情况等，确认参评作品资格。

（二）小组推荐程序

评委分3个小组审看（听）、评议各项目参评作品，向全体评委会推荐各项目候选建议作品。

第1组负责推荐短视频现场新闻、短视频专题报道的候选建议作品；第2组负责推荐移动直播、融合创新的候选建议作品；第3组负责推荐创意互动、新媒体新闻专栏和国际传播的候选建议作品。

各小组指定2位所在单位没有参评作品的评委担任监票人，负责监督小组评委投票和工作人员计票。

各小组在充分讨论、评议的基础上，以无记名投票方式按规定数额推荐出候选建议作品。

1. 推荐候选建议作品

各小组根据作品质量，推荐候选建议作品。

如某项参评作品数额达不到候选建议作品数，按照评选标准评出不超过候选建议作品数额的作品。评不出的，可以空缺。

候选建议作品须达到小组实到评委1/2赞成票。

如达到规定票数的作品多于该项目候选建议作品数，按得票顺序从高向低依次取齐。如最后1个名额出现并列作品（达到规定票数且票数相同，下同），则对这些并列作品再进行票决，得票多者入选。如票决后达到规定票数的作品仍出现并列，则全部入选。

如达到规定票数的作品少于该项目候选建议作品数，则按缺额数加“1”的数量（“1”是指补齐缺额数后，排在其后的首位落选作品，下同），从该项目尚未入选作品中按得票顺序从高向低依次取齐后（如“缺额数加1”出现并列作品，则全部进入票决，下同），对选取的作品再票决，达到规定票数者入选。如此轮票决后，达到规定票数的作品数仍少于该项目设定的候选建议作品数额，空缺数额不补。

各项目候选建议作品名单按投票轮次和得票数从高到低排序，出现并列的，按照作品质量讨论确定排序。

2. 确定候选作品

召开评委会主任会议，确定候选作品或处理原则。

（三）评委会全体会议评选程序

1. 全体评委听取各小组报告本小组推荐候选作品情况，并进行充分讨论、评议。

2. 以无记名投票方式按规定数额推荐报送定评的作品。

报送定评的作品须达到全体实到评委1/2赞成票。

如达到规定票数的作品多于该项目报送名额，按得票顺序从高向低依次取齐。如最后1个名额出现并列作品（达到规定票数且票数相同，下同），则对这些并列作品再进行票决，得票多者入选。如票决后达到规定票数的作品仍出现并列，则全部入选。

如达到规定票数的作品少于该项目报送作品数，则按缺额数加“1”的数量（“1”是指补齐缺额数后，排在其后的首位落选作品，下同），从该项目尚未入选作品中按得票顺序从高向低依次取齐后（如“缺额数加1”出现并列作品，则全部进入票决，下同），对选取的作品再票决，达到规定票数者入选。如此轮票决后，达到规定票数的作品数仍少于该项目设定的候选建议作品数额，空缺数额不补。

3. 各项目报送作品名单按投票轮次和得票数从高到低排序，出现并列的，按照作品质量讨论确定排序。

五、评选后续工作和处罚办法

1. 初评办公室在中国记协网完整公示报送定评的作品名单及相关作品的申报材料，接受网上评议，公示时间不少于5个工作日。不参加公示或作品相关材料无法公示的作品，取消报送。

2. 初评办公室对公示期间收到的举报进行认真核查，按照《评选办法》关于对违规问题的处罚相关规定执行。

六、评选纪律

初评评委及初评办公室工作人员要严格执行《评选办法》和本《评选细则》，对评选会上的讨论、投票情况要注意保密，如发现评委或工作人员违反《评选办法》相关规定的，将严肃处理，并给予相应处罚。

七、本《评选细则》经第三十届中国新闻奖媒体融合奖项和新媒体新闻专栏初评委员会通过后施行。未尽事宜委托初评委员会主任、副主任讨论决定，重大事项由全体评委讨论决定。

中国记协新媒体专业委员会委员单位工作综述

人民日报社

新媒体工作综述

2020年，人民日报社深入学习贯彻习近平总书记关于推动媒体融合发展、做大做强主流舆论的重要论述，报社新媒体矩阵实施移动优先战略，打通内宣外宣平台，加快全媒体传播工程建设，推动媒体融合向纵深发展。在媒体融合的大背景下，人民日报社新媒体矩阵坚持正确政治方向、舆论导向、价值取向，宣传阐释好习近平新时代中国特色社会主义思想，为统筹推进新冠肺炎疫情防控和经济社会发展营造良好舆论氛围，充分发挥主流舆论强信心、暖人心、聚民心的重要作用。

一、提高政治站位，强化融合传播，推动习近平新时代中国特色社会主义思想深入人心

宣传阐释好习近平新时代中国特色社会主义思想，是人民日报的首要政治任务和最重要的政治责任。在全媒体时代，履行好这一职责使命，就必须提高媒体融合意识，用好媒体融合成果。人民日报社新媒体矩阵制作生产了丰富多彩的融媒体产品，以微视频、海报、图文、直播等形式，报道重要活动，解读重要讲话，传播金句要义，展示领袖风范，在海内外引发巨大反响。

1. 增强融合意识，抢抓第一落点，深入宣传阐释习近平总书记重要讲话精神。2020年，人民日报社继续主动增强媒体融合意识，新媒体平台共刊发习近平总书记相关主题报道4000余篇。“和音”评论《同解时代命题　共促和平发展》，及时跟进重大外交活动，宣传阐释习近平总书记的重要讲话精神，在网上产生良好反响。策划制作的《人民至上、生命至上》《习近平：初心易得，始终难守》《习近平：人民才是真正的英雄》《习近平：大国更应该有大的样子》《习近平：光荣属于劳动者，幸福属于劳动者》等报道，兼具传统报道和新媒体报道语言风格，第一时间在全网推送。编写的稿件《习近平关心的那些“小事”》《习近平春节团拜会讲话里的四重“心”意》《十个细节，感受习近平的初心》《决胜战“疫”，习近平这样排兵布阵》

《习近平推荐的书，你读过几本？》《习近平的全民健康“指南”》等，形式新颖，时效性强，让习近平总书记的重要讲话精神更深入人心。

2. 丰富融合形式，优化传播手段，吸引广大网友深刻感受习近平总书记爱民情怀。人民日报社新媒体中心积极开展探索，推出的一系列融媒体产品吸引大量受众。H5 产品《快接收！习近平给你送来新年祝福》，将习近平主席的新年贺词金句转化为可分享的新年海报，受到网友喜爱和热捧，互动点击量近 500 万人次。“五四”青年节期间，推出“奋斗：青春的逆行”系列融媒体产品，其中海报《奋斗：青春的逆行》、青春公开课《我们的青春》、音乐短片（MV）《献给 2020 的毕业歌》和“燃动未来”云招聘活动，阐释习近平总书记关于奋斗精神的重要论述，在广大网民特别是青年人中引发强烈反响。主题宣传片《青春的逆行》吸引受众 5 亿人，播放量超过 9.9 亿人次。党的十九届五中全会召开期间，策划制作的微视频《一个都不能少》《系好人生的第一颗纽扣》《领航新征程》和海报《这五年，中国更美丽》，均产生良好传播效果。

3. 适应融合趋势，激发国际反响，展示习近平总书记大国领袖风范。为适应国际传播移动化、社交化、可视化趋势，人民日报英文客户端和习近平脸谱网专页（Xi's Moments），推出一系列主题鲜明、内容丰富、角度多元、形式新颖的新媒体产品。全国两会期间推出的英语微视频《人大代表习近平》，阅读量超过 130 万次。《@ 志愿者，总书记宁夏考察提到了你》《总书记与经济特区的不解之缘》《总书记提到的民营企业家张謇是谁》等报道紧紧围绕习近平总书记的国内考察，阅读量都突破 10 万次。运用可视化形式推出的视频《Fight as One》（中文译为《同呼吸　共命运》），充分报道全球 10 多个国家普通民众要求团结抗疫的心声，反映习近平主席构建人类命运共同体的思想，在海外引发巨大流量，总浏览量超过 1000 万次，被巴基斯坦《每日邮报》、比利时《欧盟记者》（英文为“EU Reporter”）、哈萨克斯坦《实业报》等海外媒体转载，被蒙古国 NTV 电视台译制成蒙语版本在全国播放。

二、加强主题宣传，壮大主流舆论，在主阵地上发挥主力军作用

2020 年，人民日报社新媒体围绕抗疫、脱贫攻坚、全国两会等多个主题展开报道，生产制作了《热血出征》《生死金银潭》《大道康庄》等一系列“网红”产品，在舆论场上发挥了新型主流媒体的引领作用。

1. 制作融媒爆款，展示中国抗疫的“成绩单”。2020 年上半年，人民日报社围绕新冠肺炎疫情防控充分展开融媒报道。派出新媒体采编小组驻守武汉 3 个月，推出的互动海报《点亮武汉》在微信平台上的阅读量迅速突破 100 万次。抗疫主题音乐短片（MV）《热血出征》，覆盖人群 4.9 亿，播放量近 10 亿次。疫情防控期间在武汉金银潭医院

拍摄的纪录片《生死金银潭》在网上播放量超过1亿次，被制作成英语、中文繁体等版本向海外传播，在推特、脸谱、优兔上的播放量超过200万次。人民日报社统一部署开发的“征集新型冠状病毒肺炎求助者信息”平台上线后，总点击量超过10亿次，收到有效信息超过4.2万条，近万名患者因此得到及时救治。创作的条漫和微视频《中国抗疫图鉴》，生动展现可歌可泣的抗疫故事，受到网友广泛关注。推出直播150多场，让网友可以近距离探访武汉金银潭医院、火神山医院、方舱医院等，直播专访钟南山、张文宏、曾光、吴尊友等专家，为疫情防控释疑解惑。推出的短视频《刻度上的中国战“疫”》《等春来，我们好好拥抱》《武汉，等你重启》《平凡英雄》《英雄回家》等，在网上反响较好，有力传播了正能量。

2. *设置网络议题，展现决战决胜脱贫攻坚、全面建成小康社会的伟大成就。*人民日报社新媒体主动出击，积极开展脱贫攻坚和“走向我们的小康生活”主题宣传报道。据不完全统计，人民日报社各新媒体平台共刊发相关稿件3000余篇，人民日报微博主持的话题“走向我们的小康生活”，阅读量超过6.2亿次。《一代人的答卷》《14亿人的小康》《新时代的红利》等主题公开课成为热点话题，全网播放量超过1.9亿次。主持的“我的小康生活”短视频大赛共收稿5万件。人民网推出“大道康庄”调研报道，组织300多名记者走访31个省（区、市）和新疆生产建设兵团的151个县、218个乡镇，采访脱贫攻坚事迹，推出原创作品683个，点击量超过1.8亿次。

3. *参与社会热点，借助融媒产品报道民生、服务民生。*2020年，人民日报社新媒体采用多种融媒形式报道民法典、攀登珠峰、“六稳”“六保”等热点话题。比如，推出纯3D人物动画《当哪吒遇上民法典》，积极宣传民法典，在微博上的话题阅读量超过7000万次。推出的“两会屏评看”系列评论，通过趣味十足的短视频宣传两会，微博话题阅读量达9485万次。推出“2020珠峰高程测量”直播，阅读量达4.9亿次。人民日报社融媒体工作室推出的《2020珠峰测高：三次冲顶　他们经历了什么》《外媒关注“双11”，网友感叹：“只有中国才做得到”》《直播带货后，下一个零售风口在哪儿？》等，引发网友关注。人民日报社新媒体还积极展开民生服务和舆论监督，在服务社会的同时，对社会上的一些不良风气进行批评和纠正。推出“暖春行动”全国求职招工云对接平台，帮助提供就业岗位超过60万个，超过200万人在线求职。组织“为鄂下单”公益直播带货活动，累计销售300万单，总价值超过2.5亿元。“画里有话”海报评论以创意和金句启发读者，深受欢迎，产品《“饭圈”不能圈一切》微博阅读量达1.46亿次。“人民锐评”栏目推出的《“八路军”住别墅抹发胶，“偶像剧”套路用错了地方》《马保国闹剧，该立刻收场了》等，在国内舆论场上产生了较大影响，有力纠正了相关不良风气。

三、敢于舆论斗争，打通内宣外宣，有效增强国际话语权

2020 年，人民日报社新媒体矩阵旗帜鲜明地开展舆论斗争，并以翔实数据和真实案例，揭露谎言、传播真相、阐述立场，从而以正视听。特别在抗疫涉港等方面的舆论斗争上，人民日报社新媒体在打通内宣外宣平台的基础上，发挥了融媒产品的积极作用，产生了良好效果。

1. 用融媒品牌引导社会舆论，构建内外共通传播格局。人民日报有很多知名栏目，将这些栏目转化为融媒体品牌，可以取得不俗的传播成绩，"和音"就是其中的代表。"和音"是人民日报社国际部近年来开设的国际评论专栏，既有"和谐之音""和平之音"的含义，也暗含回击"不和之声"的深意，蕴含着深刻的内涵。出生于全媒体时代的"和音"栏目，本身就有着强大的"融媒基因"。比如从 2020 年 2 月 4 日开始的关于抗疫的系列评论，联系当时社交平台上的热点新闻——德国中学生齐唱《让世界充满爱》、日本友好人士写下"山川异域，风月同天"、非洲最大银行上万名员工"穿红衣，挺中国"、阿联酋迪拜塔等建筑点亮"中国红"等，产生巨大流量。仅在 2 月 4 日至 18 日，以《正是共担风雨时》为代表的 7 篇"和音"评论被全网置顶推送。据不完全统计，平均每篇评论在国内门户网站、新闻客户端、微信公众号上被转载超过 100 次，各媒体平台阅读总量超过 1000 万次。由于话题相通，评论还被翻译成英语、法语、阿拉伯语、日语、波兰语，被美国、俄罗斯、瑞士、日本等近 20 个国家的 20 多家主流媒体转载超过 50 次，其中包括俄罗斯的《俄罗斯报》、埃及的《金字塔报》、南非的《比勒陀利亚新闻报》等。以"和音"为代表的融媒品牌打通内外传播渠道，助力形成内宣外宣共通的传播新格局。

2. 用融媒报道揭示事实真相，有力反击美西方反华势力攻讦。针对美西方反华势力在疫情防控期间的攻讦、栽赃，人民日报社新媒体借助融媒体积极报道事件真相，揭露其丑恶行径。2020 年，针对美西方一些国家扭曲真相、嫁祸中国的虚假报道，人民日报社新媒体平台发布反击报道 1900 余篇，新媒体产品 100 多个，平均阅读量超过 100 万人次，部分短视频播放量超过 1 亿次，形成有力驳斥。策划推出的中英文报道《这 10 个追问，美国必须回答》，在人民日报"两微两端"总阅读量超过 2400 万次，在海外平台阅读量超过 110 万次。剪辑制作的《中国战"疫"时，美国在做什么？》，通过对比，揭露美国一些政客"甩锅"本质，总阅读量超过 1000 万次。

3. 用融媒评论批驳谣言谬论，涉港舆论斗争占据主动。人民日报社新媒体结合"香港国安法""立法会选举推迟""全国人大有关涉港决定"等事件积极报道，形成声势。创办"人民日报香港"脸谱账号，完善传播矩阵。制作海报等新媒体图片 3000 余张、短视频 300 多条。其中，《我爱的香港　我

想你回来》《港警小虎》《祸乱香港　时代悲剧》《打港独　救香港》《香港除四害》等产品，在香港舆论场上产生巨大影响。“人民锐评”连续推出涉港评论近200篇，其中《在香港不能理直气壮爱国，岂非咄咄怪事》《烈显伦之问振聋发聩，香港司法界是时候回答了》等评论在反击境外一些势力抹黑、污蔑的过程中发挥了重要作用。

四、拓展平台渠道，加快技术革新，完善全媒体传播体制机制

1. 完善媒体融合体制机制。人民日报社加快建立全媒体指挥调度中心，推动媒体融合制作和传播机制深入发展。全媒体指挥调度中心以全媒体报道为龙头，带动全媒体采访、编辑、分发和传播，更好地发挥全媒体报道的“大脑”和“神经中枢”作用。目前，人民日报社全媒体调度中心与报社日常采编紧密结合，由专职人员负责日常指挥调度，统筹管理来自报社39个部门和单位的300多名编辑记者和45个融媒体工作室。调度中心主要承担八方面职能：研究策划并牵头组织重点专题新闻、重大主场外交和领导人出访活动的全媒体报道；研究策划并牵头组织重要时政新闻、重大主题、重大成就、重大典型和重大突发事件的全媒体报道；围绕重点报道任务牵头组建全媒体报道团队并负责现场指挥调度；做好热点引导和舆论斗争工作；统筹全媒体新闻生产平台建设；统筹报社重点可视化产品生产制作和全媒体传播；统筹报社全媒体对外传播；统筹抓好报社媒体融合发展重点项目。

2. 扩大媒体融合传播优势。人民日报社新媒体拓宽渠道、做大平台、深挖潜力，继续巩固影响力。2020年，人民日报社拥有“报、刊、网、端、微、屏”等10多种载体，网络媒体420多家，覆盖人群9.7亿。人民日报社新媒体用户保持稳定增长。2020年年末，人民日报在微博、微信、客户端、抖音、快手等新媒体上的用户数量超过5.8亿，较2019年同期增长20%。其中，人民日报法人微博粉丝数量达1.22亿，微信公众号用户数超过3500万，人民日报客户端下载量2.66亿次，英文客户端海外用户占比达71.2%，抖音账号粉丝数量约为1.2亿，快手账号粉丝数量超过4500万。习近平脸谱网专页（Xi’s Moments）有粉丝520万，帖文总浏览量超过1.5亿人次，有效互动超过3000万次。“人民号”影响力日益增大，申请入驻账号超过30万个，已入驻的账号有2.7万个，2020年全年生产内容超过1200万篇，总阅读量达350亿次。人民网创新内容分发模式，覆盖用户超过5亿。拳头产品“人民日报评论”融媒体发展势头良好，微信公众号有粉丝495万，微博有粉丝481万，头条号有粉丝234万，覆盖人群达1210万。“人民日报评论”微信公众号的“睡前聊一会儿”音频产品从线上走向线下、从新兴媒体走向传统媒体，出版成书，销量超过10万册，让党报评论的声音传得更广、更远。

3. 加强媒体融合技术创新。人民日报社重视融合技术发展，在创新产品设计和前沿技术应用上取得重大突破。2020 年，人民日报社加强智慧媒体研究院建设，聚焦短视频和传播算法，提升个性化推荐精准度。依托智慧媒体研究院，成功举办“有间国潮馆”“百对战‘疫’新人云集体婚礼”“开学季”等活动，取得良好社会效益。智慧媒体研究院紧盯前沿技术，推进人工智能技术应用，推出人工智能视频制作平台“AI 智能编辑部”“智能云剪辑”和智能编辑工具人民日报“创作大脑”，进一步优化改造采编生产流程。

新媒体工作案例

《生死金银潭》

2020 年新冠肺炎疫情防控期间，人民日报社新媒体中心策划推出纪录片《生死金银潭》，真实记录武汉市金银潭医院的生死时刻和抗疫故事。这部 28 分钟的作品，是全国唯一全景式记录武汉定点医院隔离“红区”抗疫情况的纪录片。拍摄团队深入“红区”连续跟拍 36 个日夜，制作团队前后准备 49 天。3 月 31 日推出后，引发强烈社会反响。

一、金银潭医院备受关注，故事化讲述引发强烈情感共鸣

网络上流传一句话：“世界看中国，中国看湖北，湖北看武汉，武汉看金银潭。”金银潭医院收治了大批危重症患者，无疑具有很高的报道价值和传播价值。《生死金银潭》拍摄的正是这家医院普通医护人员的故事。通过现场镜头，观众身临其境地感受到抗疫第一线的艰辛，感受到大灾大疫面前医护人员与患者之间传递的爱和温暖，生者和逝者都不再是冰冷的概念和数字，而是一个个付出巨大努力与病毒斗争的情感故事。通过挖掘和讲述这些打动人、感染人、直抵人心的故事，引发广大网友的强烈情感共鸣。

二、来自现场的事实更有力量，不加修饰的真实让人信服

《生死金银潭》在医院的“红区”不分昼夜连拍长达 36 天，记录了大量抗疫一线的画面。整部纪录片没有主观性的旁白，通篇为医护人员和患者的画面和同期声，用白描的手法和平静的镜头语言，呈现了金银潭医院疫情防控期间最真实的状况，不刻意煽情，却处处是泪点。客观镜头的运用，国际化的叙事方式，让许多国外网友在观看视频后感慨，在中国武汉，真实生活就是与病毒战斗。在以海外社交媒体为主的国际舆论场，《生死金银潭》的真实记录对西方一些政客将疫情政治化、污名化进行有效回应和反击，改变了部分国外网友对中国的偏见，取得了良好的对外传播效果。

三、刷爆朋友圈，引发强烈社会反响

2020 年 3 月 31 日，《生死金银潭》在人民日报“两微一端”推出后，立即被各新闻网站、客户端、商业网站以及微博、微信、抖音、快手、腾讯视频、搜狐视频、B 站等

平台转载，并保持持续点播热度，全网播放总量超过1亿次。其中，人民日报主持的微博话题“连续36天跟拍武汉金银潭医院”和“生死金银潭英文版”占据热搜榜单，话题阅读总数超2.1亿次；人民日报微信阅读量237.6万次；人民日报客户端播放量192.9万次。多家电视台主动联系，请求授权转载播出。4月4日在东方卫视播出，收视率在全国省级卫视同时段排名第二。有的基层党组织和社区将观看《生死金银潭》作为党建活动。纪录片还被制作成中文繁体、英语等多个版本向海外传播，在推特、脸谱、优兔等社交媒体平台浏览总量超200万次。

作品二维码

“大道康庄——人民网全媒体调研行”大型主题报道

2020年是决胜全面建成小康社会、决战脱贫攻坚的关键之年。为全面展示这一伟大历史功绩，人民网于2020年7月3日启动“大道康庄——人民网全媒体调研行”大型主题报道活动。通过全媒体报道形式，生动讲述基层脱贫攻坚故事，全面真实展现中国共产党领导中国人民创造的人类减贫史上的奇迹和全面建成小康社会的伟大历史性成就。截至2020年12月31日，报道共推出各类原创作品683篇（个），自有平台总访问量超过1.8亿次。这组报道充分实现全媒体平台传播，1篇消息、2篇图片新闻、4篇侧记登上人民日报，39篇综述报道登上人民网头条，原创作品被多家中央重点新闻网站、省级新闻网站和商业门户网站转发。

一、深入践行“四力”，呈现沾泥土带露珠的好作品

围绕“大道康庄”这一主题，人民网300多名采编人员组成31支调研采访队伍，克服疫情影响，历时4个月，走访了31个省（区、市）和新疆生产建设兵团的151个县、218个乡镇，采访了江西、四川、云南、西藏等省区党委主要负责同志、百余位领导干部以及数百位基层群众。通过深入调查研究，获得大量鲜活素材，把脱贫攻坚这一重大主题宣传落实、做细、做深，获得了直抵人心的感人力量。

二、强化互动体验，注重新形式表达和矩阵式传播

此次调研专题采用Three.js技术进行3D场景搭建，并利用镜头追踪技术（Chase Camera）展示全新的交互形式。用户在场景中点击互动，体现了对脱贫攻坚全方位立体化的报道。动效红色绸带作为背景，以类似于流体色块的形式飘动，让主题与飘带的走势营造出专题可视化特色。调研结合网络应用日趋社交化、垂直化、个性化的特点，积极探索内容呈现的新载体、新形式，注重创新表达，以鲜活灵动的文笔和丰富多彩的视觉语言呈现鲜明深刻的主题。消息、特写、手记、组图、评论、专访和综述等传统体裁继续发挥优势，短视频、Vlog、互动剧、现

场直播、纪录片等新媒体视频传播优势充分发挥，在风格形式上更贴近网民，在要素呈现上更贴近人文。报道在微博、微信、抖音、视频平台等前沿传播阵地均获得大量网民自发转载，实现有效二次传播。还面向中国移动用户，推出8首“大道康庄”视频彩铃，截至2020年12月，有2022万用户下载，各团队为各省（区、市）和新疆生产建设兵团制作的脱贫攻坚成果短视频累计播放5241万次。

三、加强对外传播，向世界讲述中国脱贫故事

此次调研，注重推出优质外宣内容，将脱贫攻坚的成果对外进行精彩展示，让海外网民感受中国全面小康成就。人民网充分发挥多语种多平台传播优势，外文全媒体记者参与调研，以适应海外读者的信息需求、接受方式和欣赏习惯进行内容制作，向世界传播脱贫致富奔小康的中国故事。广西团队外国专家拍摄的视频海外浏览量超600万次。日文外国专家玄番参加山东采访，推出日文手绘系列漫画，展现脱贫攻坚成果，以新颖的形式、轻松接地气的内容，得到众多日本网民点赞。

作品二维码

（人民日报社供稿）

新华社

新媒体工作综述

党的十八大以来，以习近平同志为核心的党中央就加强和创新新闻舆论工作、推进媒体深度融合，作出一系列重要部署。按照习近平总书记有关重要讲话和重要指示精神，根据中办、国办《关于加快推进媒体深度融合发展的意见》等文件要求，2020年，新华社坚持以习近平新时代中国特色社会主义思想为指导，增强“四个意识”、坚定“四个自信”、做到“两个维护”，顺应全程媒体、全息媒体、全员媒体、全效媒体发展趋势，牢牢把握“建设什么样的新型主流媒体、怎么样建设新型主流媒体”主题，聚焦主业、守正创新、稳中求进，以“铸魂工程”为统领，以“创新驱动”战略、“人才强社”战略、“高质量发展”战略为引擎，以做大做强主流舆论、推动媒体深度融合发展、加强国际传播能力建设为重点，推动内容生产、平台终端、体制机制、流程管理、队伍建设、技术引领等多方面深度融合，推动主力军全面挺进主战场、占领主阵地、掌握主动权，加快建设具有强大影响力和竞争力的新型主流媒体。

一、以习近平总书记宣传报道为头等大事，在践行“两个维护”中唱响时代最强音

新华社党组始终坚持把核心的事当核心的事办，集中精干力量、整合最优资源，建立系统高效顺畅的机制流程。社党组坚持定期研究、部署习近平总书记报道，社领导亲自策划、指导重点新媒体产品，围绕习近平总书记重要讲话重要活动和党的创新理论宣传，全年共播发各类稿件4万余篇（件），文字稿件最高采用超2.57万家，图片稿件最高采用1970家，浏览量过亿的融媒体产品230多组。充分发挥专责习近平总书记报道的第一工作室作用，打破部门分割，整合优质资源，集聚精兵强将，全年牵头组建近50次工作专班，全面充分做好习近平总书记重要活动报道。加强核心报道栏目建设，做强“第一观察”“学习快评”“学习进行时”等新媒体专题专栏，放大“习近平的

治国理政故事”品牌影响，策划推出“总书记推动的改革身边事”“习近平的小康故事”等集束式报道，全网浏览量累计超过10亿次。将宣介习近平新时代中国特色社会主义思想作为构建融通中外的话语体系的重点，打造“习近平的故事”外宣微视频高端精品栏目，组织推出《习近平领导中国战“疫”》《习近平点赞伟大抗疫精神与中国抗疫群英》《照亮前行方向的希望之光》等外宣精品，积极用好新华社海外社交媒体账号集群，加大习近平总书记报道传播和推广力度，覆盖面和影响力稳居世界主流媒体第一方阵最前列。

二、以内容创新为根本，在统一思想、凝聚力量中弘扬奋进主旋律

按照“正能量是总要求、管得住是硬道理、用得好是真本事”的要求，新华社以内容创新为本，推进新闻信息生产供给侧结构性改革，持续推出更多高质量原创内容，切实增强主流思想舆论的引领力、凝聚力、感召力。面对突如其来的新冠肺炎疫情，新华社迅速形成全面动员、团结一心、尽锐出战、奋勇争先的抗疫局面，相关部门、分社共同组成近百人的报道团队，不怕危险、冲锋在前，把抓好新闻报道、为打赢疫情防控阻击战营造良好舆论氛围作为重大政治使命，播发各语种各类型稿件近20万条，精心采写《风雨无阻向前进》《钟华论：在民族复兴的历史丰碑上》《书写共建人类命运共同体的战“疫”篇章》等重磅稿件，《我们的答卷》《春到武汉城》《英雄之城》《壮哉，大武汉》等40多组新媒体报道浏览量过亿；加强权威信息发布，组织钟南山院士权威访谈等独家全媒体报道，浏览量达23.7亿次，起到有效引导、稳定人心的作用；抓住湖北、武汉解除离鄂离汉通道管控节点，播发《从磨难中奋起——武汉战“疫”凝聚中华民族磅礴力量》《向着春天，进发！》等报道，书写战“疫”英雄史诗，铭刻永恒历史记忆。精心组织重大主题报道，围绕“决胜全面小康　决战脱贫攻坚”等主题主线，推出《第一书记》等多个现象级产品，2020—2021年跨年之际，特别策划持续24小时的全媒体直播态报道“决战脱贫这一天”，全方位全景式记录和呈现中国决战脱贫的历史性时刻，全网总浏览量1.1亿次，海外社交媒体平台总浏览量超过1100万次。圆满完成党的十九届五中全会、全国两会、经济特区建设40周年、中国人民抗日战争暨世界反法西斯战争胜利75周年、中国人民志愿军抗美援朝出国作战70周年、珠峰高程测量等重要节点重要活动报道任务，不断创新报道策划，在新媒体舆论场有序掀起报道高潮。构建种类齐全、形态多样的创新产品体系，将优质创意与先进技术有机结合，研发更多报道呈现手段，全媒直播态的现场新闻、卫星新闻等产品引领新闻业态变革，“新华全媒头条”“国家相册”“新青年”“声在中国”及卫星新闻实验室等一批新媒体重点栏目和产品项目形

成了品牌效应。卫星新闻实验室推出中国首部卫星新闻纪录片《太空的见证》等100多组“刷屏”之作，总传播量超40亿次，开创新闻报道新样态。

三、以体制机制改革为突破，在加快改革创新中积极挺进互联网主战场

立足加快建设以内容创新为根本、先进技术为支撑、创新管理为保障的全媒体传播体系，新华社党组加强顶层设计和总体规划，制定《新华社加快推进媒体深度融合发展方案》等一系列改革方案，推动实现“你就是我、我就是你”的深度融合。构建全媒报道新型组织指挥体系，依托全媒编辑中心，打造对内报道全媒平台，以“新华全媒头条”等重点品牌栏目为抓手，统筹调度相关采编部门总编室资源、力量，加强各线路、平台、终端协作协同，统筹创意策划、内容采集、编辑加工、运营推广等全链条、全流程业务，充分发挥对内全媒报道总调度、总枢纽、总平台、总出口的作用。升格、赋权、扩容海外社交媒体运行指挥中心，以国传+、平台思维聚力打造统一高效的国际传播融合平台，发挥组织指挥、统筹协调职能，整合全社涉外报道资源力量，加强外宣业务扁平化、一体化管理，优化从创意策划、采集编发到推送落地、评估反馈的完整外宣流程，全力打造全媒体对外传播旗舰。进一步理顺总社与分社全媒报道采编发流程，编辑部在按照原有分工、巩固提升传统线路报道的基础上，加快全媒化转型，整合签发全媒体报道，优化融合报道生产机制，大幅提升融合产品生产能力。加强业务创新，探索“自下而上”创意孵化机制，发布“创意征集榜”，就2020年年终报道、十大新闻、2021年开年报道等，面向全社征集创意，鼓励采编人员特别是青年才俊“揭榜挂帅”，推出一批立意新、接地气、受欢迎的融合报道产品，有效提升了新华社在互联网和青年群体中的品牌认知度。

四、以先进技术为支撑，在激烈媒体竞争中抢占发展先机

新华社坚持把技术建设作为核心竞争力来打造，将人工智能和网络信息前沿技术运用于新闻传播实践，为深度融合提供强大技术动能。以人工智能技术重塑生产方式，首倡“智能化编辑部”理念，在业界率先初步建成以智能技术为基础、以人机协作为特征、以大幅度提高生产传播效率为重点的智能化编辑部，建成全媒体采编发系统、全媒体供稿系统、全媒体业务管理监控系统、信息化办公协同系统等四大技术系统，扩容“媒体创意工场”，稳步推进大数据中心建设，为融合发展提供强大技术动能。保持技术领跑优势，“媒体大脑”不断迭代升级，推出“两会”机器人、数据金融机器人等30多个新闻服务机器人；人工智能合成主播实现从坐姿到站姿、从中文到英文再到俄文，随着3D版AI合成主播“新小微”在2020年全国两会报道成功亮相，主播超市进一步拓展。加强国家重点实验室建设，理

顺运行机制，做强领军团队，设立首席科学家，2020年度实验室实施自主研究课题12个，新增开展国际合作项目2项，承接省部级课题、重大横向课题6项，在国内外学术期刊发表论文7篇，发表会议论文9篇，申报和获得国家发明专利授权13项，登记软件著作权36项。探索打造“前店后厂”模式，运用科研技术成果服务新闻报道，依托5G、AI、MR等技术，率先推出5G全息异地同屏系列访谈、沉浸式多地跨屏访谈等创新报道，上线媒体融合区块链版权平台等技术产品，为新华社和业界媒体深度融合提供有力技术支撑。

五、以扩大覆盖面影响力为重点，在万物互联中努力满足用户多元需求

在推进融合发展过程中，新华社始终把用户需求摆在突出位置，把巩固和发展用户作为重点，不断满足网站、客户端、社交媒体等新媒体用户和报纸、广播、电视等传统用户需求，不断扩大新闻信息产品覆盖面和影响力。持续深化供稿线路改革，在全球主要通讯社中率先实现主要发稿线路的全媒化改造，建立基于互联网的全媒体供稿库，开设新媒体专线、短视频专线、县级融媒体专线等新媒体线路，用户数和发稿量持续增长，努力满足新媒体用户需求。瞄准移动化、视频化、智能化趋势，依托重点融发项目建设，推动自有平台终端不断提升影响力，新华网综合排名稳居中央重点新闻网站首位，全球排名上升到前70位，日均发稿量超过5000条；新华社客户端坚持常改常新，积极探索“新闻+政务服务商务”运营模式，下载量3.5亿次，影响力处在新闻媒体前列。紧跟移动化、视频化趋势，做强中国主流媒体最大的新闻直播平台“现场云”，实现云采集、云编辑、云导播、云推送等全链路在线化生产，入驻用户超过4000家，日均直播超过800场。用好社交媒体平台，做强新华社品牌，“新华社”微信公众号粉丝量3000万，“新华社”法人微博（曾用名“新华视点”）粉丝量突破1亿，抖音、快手、微视、B站等短视频平台法人账号总粉丝总量近8000万。海外“网上通讯社”建设取得突破性进展，全社15条对外发稿线路实现融媒体转型，“New China”账号集群粉丝总量突破2.2亿。鼓励和推动知名编辑记者在海内外新媒体平台发挥作用，探索网红工作室机制，打造新华社“张扬工作室”“徐泽宇工作室”“王子辰工作室”，提升传播合力。抢占“万物皆媒”高地，积极探索新的新闻业态，充分利用各类传感器采集新闻，开展生物传感车媒体系统研发，将新华社音频产品植入多个新型应用场景，把新闻信息以交互沉浸式体验呈现，为用户提供丰富的新闻资讯产品，加快拓展以个人和家庭为中心的新型新闻信息服务模式。

六、以队伍建设为关键，在全媒体转型中努力培养政治过硬、本领高强、求实创新的一流人才

新华社贯彻增强“四力”总要求，加强

队伍建设，推动编辑记者深入调查研究，提升突破能力，全面增强政治素质、提高业务本领、转变工作作风、改进报道文风，更好履行职责使命。加大全媒体人才培训力度，强化“国社微讲堂”等常态化全媒体业务培训，坚持以战代训、训战结合，全社新媒体报道队伍持续壮大，全媒人才占比持续增长。以国内分社为例，现有记者近千人，均从事或参与新媒体报道，其中“熟练掌握”融媒采集能力的约占44%，“一般掌握”融媒采集能力的约占47%，初步实现全员全媒转型。优化融合发展人才队伍结构，拓宽“双向进入”通道，将传统编辑部采编人员充实到新媒体机构，新媒体机构视觉设计、编程等人员嵌入传统编辑部。树立“以奋斗者为本、以贡献者为本”理念，完善激励约束机制，修订考核奖励办法，规范全社绩效工资体系，使收入分配向新媒体一线业务骨干倾斜、向关键岗位倾斜。建立全社功勋荣誉表彰制度，对作出突出贡献的团队和个人授予社长总编辑奖、“新华社创新奖”、“十佳编辑”、“十佳记者”、“十佳员工”等荣誉奖项。

媒体深度融合是大势所趋，是时代出给主流媒体的一道必答题。新华社将以习近平新时代中国特色社会主义思想为指导，把握“四全”媒体之“势”，谋划深度融合之“局”，探索创新突围之“路”，将更多人财物投向互联网、聚焦移动端，不断解放新闻生产力、提升信息聚合力、壮大平台传播力，持续扩大主流价值影响力版图，书写党的新闻事业更加壮丽的篇章。

新媒体工作案例

“送你一张船票”融媒体互动报道

“送你一张船票”融媒体互动产品是新华社建党百年重点报道。该产品历时近5个月时间精心策划制作，集思想性、新闻性、艺术性、观赏性、互动性和体验性为一体。产品一经上线，即获全网置顶转发、“学习强国”学习平台首页突出展示，网民纷纷“领票”“登船”，形成传播热潮，引发“刷屏效应”，互动H5参与量超5000万人次，全网浏览量超4.5亿次。受众留言：“新华社这个绝佳创意，既大气磅礴又精致有趣。”“这张船票不仅有新鲜的体验，更承载着满满的感动。”

一、立意深远，新闻性强

建党百年报道是媒体竞争的“主战场”。要想在同题作文中高人一筹、同场竞技中先发制人，创意十分关键。红船作为中国共产党一大南湖会议召开地，必然会成为媒体焦点。如何让“老选题”体现“新立意”，十分考验功夫。

“船票”报道巧妙延伸红船意义，以习近平主席新年贺词提到的“一艘小小红船承载着人民的重托、民族的希望，越过急流险滩，穿过惊涛骇浪，成为领航中国行稳致远的巍巍巨轮”为主线，以嘉兴红船为意象，以新年贺词讲话同期声收尾，将中国共产党百年征程的重要历史时刻浓缩在一张“船票”中，引导网民进入时空隧道，回顾铭载党史的重大事件、重要文件、重大决策，重温我们党在内忧外患中诞生、在磨难挫折中成长、在攻坚克难中壮大、从胜利走向胜利的丰功伟绩和品格气质，实现重大时政主题和新媒体形式的巧妙结合。在体验过程中，受众不知不觉上了一堂精彩的“微党课”，意识到这张“船票”的真正意义——并不仅仅是历史的“游览之船”，更是所有人齐心划桨的“奋斗之船”。有网友说：“这个产品是全家人一起看的，学到了很多知识，也深受感动。”

二、设计精巧，观赏性强

产品“颜值”高低是能否吸引受众的关键因素，干净凝练的语言、精致考究的画面、张弛有度的节奏缺一不可。

“船票”报道选取建党百年历史重要瞬间，如红军长征、新中国成立、登顶珠峰、打通“天路”、举办奥运、世博开幕、抗击疫情等，用丰富的画面语言和充实的情节内容搭建起民族记忆的三维空间，让受众仿佛身临其境，置身历史浪潮之中。通过“红船”这一“流动”载体，受众能够切实回顾在中国共产党领导下，中华民族走出黑暗、走向复兴的奋斗历程，感受百年来翻天覆地的巨大变化。在视觉表现上，产品结合历史大事件进行构思设计，以现下流行的勾线手绘漫画为表现手法，配色从灰色调逐渐过渡到暖色调，画面流畅精致、风格大气磅礴，营造出既有厚度又有新意的体验氛围。此外，产品在策划设计过程中，加强技术赋能，反复优化设计，不断完善适配度，前后进行上百次修改、千余次测试，让受众在 PC 端和移动端都获得电影大片级的收看体验。

三、互动自然，趣味性强

“酒香也怕巷子深。”成功的融媒产品要接天线、接地气、聚人气，要可互动、可分享、可体验。

通过人机交互，“船票”报道主打 H5 切实增强了受众的获得感和参与感。受众可以置身广阔的罗布泊，为我国第一颗原子弹爆炸试验“发令”，见证蘑菇云腾起、震惊世界的一刻；可以置身星辰大海之间，“发射”火箭，将我国航天员送入太空；可以将本人出生日期与历史大事件相关联，实现党史学习教育和个人命运讲述的交融。“30 年后你将出生”“这特别的一年，你 5 岁了”“13 岁的你，喜欢体育运动吗”……“行船”过程中，画面提示不断发起“感情攻势”，不仅充满参与感、仪式感，更能引发个人故事与国家叙事的充分联想，实现微观与宏观的统一。这些环节既突出重点，又紧扣泪点，积极引导互动，引发情感共鸣，在拓展社交空间的同时，促进融媒体产品的二次传播。根据各平台特点，产品进行了多元精准适配，次第推出海报、手绘长图、专版文章、“百年红色之旅”等产品，并通过发动投票、联动“大V”等方式，持续传播热度、吸引网友参与，微博话题“国社送你一张船票”在热搜榜持续置顶，实现了精品力作影响力、传播力的最大化。

作品二维码

新华社卫星新闻实验室

新华社卫星新闻实验室依托媒体融合生产技术与系统国家重点实验室，探索将卫星遥感及时空大数据技术应用于新闻场景，实现了新闻采集端的革新，通过大数据挖掘分析，为核心报道、疫情防控、复工复产、脱贫攻坚等各类重大报道提供天地一体化视角下的全新洞察，2020年共推出100多组“刷屏”之作，打造新媒体品牌“太空报道局”，总传播量超40亿次，开创了卫星新闻报道新样态，形成了独树一帜的品牌形象，取得了遥遥领先的业界地位。

一、融媒应用，开创重大主题传播新样态

卫星新闻实验室将新技术应用于重大主题报道，创新传播样态，刷新传播效果。围绕核心报道、新中国成立70周年、疫情防控、复工复产、脱贫攻坚、武汉解封、浦东开发开放30周年、中国航天日、北斗发射组网、“两山理论”提出15周年等重大主题、重要活动和重要节点，策划推出众多“刷屏”之作，包括“60万米高空看中国”系列、“中国·起来”系列、“许愿中国星”系列和《武汉“归来”》《卫星还真发现了“金山银山”》《穿云透雨！卫星直击长江洪水红色预警》《卫星直击美国生物实验室》《卫星发现，这里用十年逆转了千年！》等。其中，8个产品浏览量过亿，涵盖图文、短视频、微纪录片、手绘长图、动漫、H5等多种形态，覆盖中央及地方主流媒体、商业互联网平台、头部视频网站、微博、微信、“学习强国”学习平台、电视台、海外社交媒体、手机报等十多类渠道，数次被全网置顶，“太空报道局”“卫星发现一个重要信号”等微博话题多次登上微博热搜榜。

聚焦脱贫攻坚决战，卫星新闻实验室制作了中国首部卫星新闻纪录片《太空的见证》，系列产品全网总传播量超过11亿次，互动量逾千万次，8600多家媒体转载转发。

二、技术“破圈”，创新研发推动融合升级

卫星遥感技术多年来在垂直领域运行，卫星新闻实验室紧紧抓住卫星作为全新维度信息采集端的技术特点，充分结合新闻需求，打通领域壁垒，加强自主研发，实现了空间信息技术对新闻行业的“破圈”。卫星新闻实验室积极整合卫星导航、航海自动识别系统数据、地理信息数据、数字高程、生活消费类大数据等时空大数据，持续拓展卫星新闻形态。每有新产品推出，都会引发业内效仿。

“中国·起来”和《武汉“归来”》系列卫星新闻报道，运用多种遥感分析技术，并结合多类型数据，将地表热力、土壤含水量、耕地叶绿素水平、夜间灯光等要素进行量化计算和可视化呈现，以客观、科学、权威、新鲜的视角，展现武汉解封、中国复工复产、经济复苏等实际状况，涉及工业、农业、运输、商业、消费等多个方面，数据丰富翔实，实现了新闻信息采集端的突破与创新。《穿云透雨！卫星直击长江洪水红色预警》运用公众日常很难接触到的合成孔径雷达技术，突破洪灾期间长江中下游区域阴雨天气的限制，以“透视”方式展现了洪水淹没区域的即时景况。《卫星直击美国生物实验室》抓住核心问题，利用美国卫星影像，揭示美国在全球多地建设生化实验室、给当地带来极高安全风险的事实。《卫星发现，这里用十年逆转了千年！》充分结合遥感数据与地理信息，通过气象数据、地质灾害数据、POI 数据可视化等手段，深刻展现了“三区三州”的贫困成因以及生态扶贫新思路对于全人类消减顽固贫困的重大贡献。《太空的见证》则依托国家重点实验室科研成果，融合运用卫星遥感、航空测绘、三维建模、科学数据可视化、电影交响乐等多种手段，生动讲述“三区三州”脱贫故事，深刻反映党领导人民开展反贫困斗争的伟大实践和历史性成就。产品播出后，公众反馈热烈，卫星遥感行业反响热烈，中科院空天院、航天科技集团等龙头机构主动与卫星新闻实验室建立联系，希望在拓展遥感技术应用场景方面加强合作。

三、赋能采编，形成新型内容生产力

作为多部门参与的创新机制，卫星新闻实验室充分发挥媒体融合技术赋能带动作用，与新华社内各采编业务部门密切协作，在生产内容产品的同时，通过创新实践，带动采编业务部门提升卫星遥感及大数据技术的应用能力。

针对新闻报道实际需求，卫星新闻实验室研发了从数据采集、分析方法到呈现方式、传播模式的全流程规范，并通过自有技术力量，为采编业务部门提供多种支持，特别是帮助地方分社利用本地资源搭建整套生产流程。一些部门、分社通过多次协作，逐步在日常报道中熟练应用卫星遥感技术，充分体现了国家重点实验室以研发应用促进技术扩散、加强深度融合的引领作用。

作品二维码

（新华社供稿）

中央广播电视总台

新媒体工作综述

2020年，中央广播电视总台（以下简称“总台”）紧紧围绕习近平总书记对总台提出的“打造具有强大引领力、传播力、影响力的国际一流新型主流媒体”的奋斗目标，提出了加快推动总台从传统广播电视媒体向国际一流原创音视频制作发布的全媒体机构转变、从传统节目制播模式向深化内容生产供给侧结构性改革转变、从传统技术布局向“5G+4K/8K+AI”战略格局转变的工作思路，坚持“台网并重、先网后台、移动优先”原则，狠抓改版提质，强化技术引领，加快产业应用，加强客户端建设，推动总台传统品牌栏目传播优势向新媒体延伸，新媒体平台各项工作稳中有进，发展态势持续向好，综合实力显著提升。截至2020年12月底，央视频累计下载2.35亿次，累计激活设备5520万台，注册用户2244万；“云直播”“云招聘”“云端艺术季”成为全网“刷屏”“爆款”产品。央视新闻注册用户1.25亿，全年日均新增用户3万。“云听”客户端正式上线，用户规模达3000万。引领超高清视频产业发展潮流，实现全球首次5G网络下的8K电视播出，推出8K纪录片《美丽中国说》，成功实现国内首次“5G+8K”实时传输和快速编辑集成制作。

一、聚力打造“头条工程”，创新提升领袖宣传报道效果

精心解读习近平总书记重要指示精神，精品力作不断呈现。2020年，总台聚力打造头条工程，以最高标准、最优质量、最佳效果做好习近平总书记重大时政活动报道和习近平新时代中国特色社会主义思想宣传阐释。总台新媒体精心打造了央视网《热解读》《天天学习》、国际在线《国际讲习所》等一批全新时政报道品牌，领袖宣传报道品牌矩阵不断扩大。围绕习近平总书记考察调研、重要讲话，时效与深度并举，推出了一批精品力作。

围绕习近平总书记重要活动，制作播发独家视频报道记录感人瞬间，展现领袖风采。央视新闻新媒体围绕习近平总书记考

察、讲话等，制作时政类微视频作品 100 余部，多部作品编译为多语种版本用于海外传播，部分通过大屏播出，实现大小屏联动。

多维度创新对外话语表达，海外传播效果显著提升。2020 年，总台多语种新媒体围绕习近平总书记发表的重要讲话，第一时间作出全方位、系统性的阐释解读，有效提升传播力、影响力。

二、全面做好疫情防控报道，积极有效引导舆论

自新冠肺炎疫情暴发以来，总台各新媒体平台准确把握报道“时度效”，精心打造以《共同战“疫”》《“疫情 24 小时”慢直播》《战“疫”最前线》《抗击疫情，我们在行动！》《不屈的人类》为核心的多平台抗击疫情特别专栏，融合时政报道、微视频、创新直播、VR、H5、高清图集等多样态报道的新媒体产品矩阵，及时报道疫情防控最新进展、阐释中央抗疫部署、科普防控疫情知识、展现全球抗疫感人瞬间。据不完全统计，截至 2020 年 8 月 30 日，总台共发布新媒体端相关报道超过 74 万篇（次）。

及时阐释中央精神，主动引导舆论。总台新媒体平台在疫情防控报道中，及时深入阐释习近平总书记重要指示精神及总体部署。《人民领袖习近平》《联播 +》《热解读》《央视快评》《国际锐评》《玉渊谭天》等推出相关时政报道及评论 700 余篇，全网总阅读量逾 14.5 亿次。《战“疫”每日观察》专栏发稿 100 篇，其中 52 篇被全网媒体转发置顶，主要媒体转发阅读量超过 3 亿次。央视新闻 2020 年 2 月 10 日发布《习近平与武汉一线医护工作者视频连线，并送去问候》，在抖音平台播放量超过 1.4 亿次，获赞 539.9 万个。

多部纪录片及系列微视频成为爆款，刷新传播纪录。总台 10 集时政微视频《总书记指挥这场人民战争》是国内第一部系统展现习近平总书记指挥战“疫”历程的作品，在全国战“疫”的最关键时刻有效地鼓舞了士气。此微视频和时政纪录片《人民至上——习近平指挥战“疫”进行时》，在央视新闻客户端、微博、微信和合作平台（抖音、快手等）阅读量超 1.5 亿次，在全国主要新闻、商业及视频网站播放量 4.15 亿次。总台俄语、法语、阿拉伯语、日语、马来语、波斯语等各语言部在新媒体平台编译发布系列微视频《总书记指挥这场人民战争》，在海外受众中引发强烈反响。

时政微纪录片《武汉保卫战》和动画微纪录片《守护生命》两部作品获全网推送，5 天时间触达全球 227 个国家和地区超 6.54 亿人。《武汉保卫战》获得美联社、路透社、雅虎、金融时报等 239 家主流网络媒体转载，全面刷新总台视频产品的海外传播纪录。国际在线联合“一带一路”记者组织合作平台共同发起的《不屈的人类》主题微视频全球网友互动征集活动，共收到来自塞尔维亚、俄罗斯、英国等国家和地区网友发来的近千件作品。在微博、脸谱等国内外社交平台上阅读量超 1.7 亿次，评论留言超 15 万条。

创新直播方式，融媒体产品全方位展现全民抗疫。央视新闻客户端从2020年1月27日8点开始，连续73天推出24小时不间断直播节目《共同战“疫”》，并在央视频以及微博、头条、快手、抖音等新媒体平台同步播出，成为全网最高时长、最多角度融合、最高关注度的疫情防控大直播。《共同战“疫”》单挂直播905场，新媒体直播在自有平台及合作平台累计观看量74.75亿次，微博话题“共同战‘疫’”阅读量108.1亿次。这一项目被选为2020年国家广电总局全国广播电视媒体融合典型案例。央视频5G新媒体平台开通“疫情24小时”专栏，云直播《全景直击武汉火神山、雷神山医院建设》，截至2020年年底，累计观看量超1.6亿次，被BBC、福克斯等众多国际主流媒体和社交媒体平台大量转播转载。

创新开展媒体公益行动，稳疫情期间就业大局。总台于2020年3月2日启动“春暖花开　国聘行动”大型线上“云招聘”活动，积极服务疫情防控期间就业大局。央视频每天不间断进行线上宣讲。至6月中旬，云宣讲直播总计171场，近1.7万家企业参与，累计提供招聘岗位约160多万个，收到求职者简历505万份，吸引400余所高校参与，社会反响热烈。截至6月8日，央视频自有渠道招聘信息总阅读量近2亿次。

全力做好常态化疫情防控工作及复工复产报道。2020年5月以来，针对湖北武汉、吉林舒兰、辽宁大连、北京等重点城市疫情防控进展、疫情反弹态势，总台新媒体平台及时发布权威信息，体现疫情防控持续向好、生产生活秩序逐步恢复正常轨道的积极态势。9月8日，全国抗击新冠肺炎疫情表彰大会召开，央视新闻设置相关话题，阅读量超过7亿次。《钟南山哽咽说“什么都压不倒中国人”》登上微博热搜第一名，阅读量超过4亿次。

三、聚焦脱贫攻坚主题报道，生动讲述中国脱贫故事

以丰富的新媒体形式，生动展现扶贫攻坚成果。精心制作时政微视频《全面小康：一个都不能少》，全网播放量超过8100万次。通过湖南湘西十八洞村、菖蒲塘村等鲜活的扶贫样本，全面展示中国乡村脱贫致富实现小康的新图景。《联播+》专栏推出《习近平和老乡们说的“贴心话”》，累计阅读量超5000万次。

央视网初步建成国内最大的智能化领袖报道素材数据库“I学习”，创新领袖宣传报道新语态。首次尝试领导人VR报道集，策划推出“总书记扶贫足迹”慢直播产品和系列VR报道《重访总书记扶贫足迹》。国际在线推出的《脱贫攻坚·小康路》系列图片故事，阅读量超1000万次；《外国网红解码幸福中国》系列短视频，被中央网信办评为“2020年度优秀网评议题设置”。央视新闻推出融媒体产品《向总书记报告》，选取习近平总书记深切关怀的6个村庄深入采访，以“微视频+图文特稿+海报”的方式，生动展现脱贫成果，表达人民对领袖的

爱戴之情。央视新闻在2020年下半年还策划推出大型系列融媒体互动直播《我和我的村庄》，聚焦云南、四川、江西、安徽、黑龙江5省5座村庄的脱贫攻坚收官之战，讲述中国朴实、震撼、感人的脱贫故事。节目表达年轻化、互动性强，成立专门团队与快手、微博等平台联合，发起互动征集，做好碎片化传播，多条微视频或话题登上热搜。

多场主题带货活动，助力经济恢复和脱贫攻坚。4月到9月，央视新闻新媒体相继推出"谢谢你为湖北拼单"大型公益活动、"全国消费促进月"特别节目、"搭把手 为爱买买买"大型融媒体公益活动等多场带货直播。其中，微博"谢谢你为湖北拼单"话题阅读量4.1亿次，话题"小朱配琦"阅读量3.8亿次。"人人都爱中国造"系列专场直播累计观看量超2.24亿次，累计销售额近10亿元。"买遍中国"系列带货直播仅山东站销售额就达14.57亿元。央视新闻全年共进行25场直播带货活动，总销售额超60亿元。

四、浓墨重彩做好纪念中国人民志愿军抗美援朝出国作战70周年宣传报道

中国人民志愿军抗美援朝出国作战70周年纪念大会直播在总台自有平台跨媒体传播总触达6.5亿人次，习近平总书记重要讲话微视频全网"刷屏"，总阅读量超20亿次。总台连续推出《抗美援朝，保家卫国》《为了和平》《英雄儿女》3部纪录片，有效引领主流舆论场；央视新闻新媒体在海外社交平台推出23期全语种微视频系列产品《胜利日——老兵重温战地记忆》，总浏览量超过340万次；央视网推出的时政微视频《民族的脊梁》全网播放量1000万次，混剪微视频《东方》全网播放量1200万次；11集系列微纪录片《我参加了那场伟大战争》阅读量6.5亿次，讨论量达到157.4万次，小切口大叙事，老英雄成为新偶像。

9月底，央视新闻推出《归来——第七批在韩志愿军烈士遗骸归国纪实直播》，首次对在韩志愿军烈士遗骸归国仪式进行全程纪实性直播，实现重磅硬核内容从小屏返大屏，全国多家融媒体转发转载，并引发外媒广泛关注。

五、精心做好主题主线网上宣传报道

2020年，总台新媒体平台围绕全国两会、党的十九届五中全会、深圳经济特区建立40周年、第三届中国国际进口博览会、浦东开发开放30周年、"两山理念"提出15周年等重大主题，通过网络专题、系列短视频、网络直播等方式进行了全面报道，并全面应用人工智能、大数据等新技术，开展融媒体报道的创新实践，切实提升了总台新媒体报道引领力、传播力、影响力。

重大报道创新出彩，彰显总台特色。2020年5月两会期间，央视新闻客户端推出的相关新媒体产品获全网约6亿次点击量，并携手百度推出全国首个时事AI产品《对答如流·两会"智"通车》以及《AI带你读政府工作报告：2020年怎么干？这些数据

大有深意》，实现主题主线报道的创新突破，受到广泛关注。央视网发布两会报道6400多篇（条），总浏览量超11亿次；顺利完成重要议程直播18场，总收视7.07亿次。

重点关注和解读习近平总书记党的十九届五中全会重要讲话精神。央视新闻及时播发《习近平总书记指挥谋划“十四五”——人民至上　一以贯之》《向总书记报告 | 富兮潭头村》等报道，在国内主要新闻网站置顶总量中占比50.72%。24小时内，相关报道在央视新闻客户端、抖音、快手及总台两微账号中的阅读浏览量2231万次。央视网《联播+》《热解读》、央广网《每日一习话》多篇特稿获中央网信办推荐全网通发。

新技术不断拓展，影响力实现新突破。总台2020年春节联欢晚会网民24小时点击量261.4亿次，新媒体端直播用户规模6.06亿人，刷新跨媒体传播纪录。央视频首次采用“5G+VNIS+VR”创新技术重磅推出“鼠你不一样 -VR young”春晚直播，实现总台春晚历史上首次VR全景直播，引领观众体验科技感十足的空间跨越互动。制作并推出多种语言版本《2020春晚》4K大电影，成为国家重大活动电影化的又一次探索实践。此外，持续升级“总台算法”，优化符合央视频平台特色的内容标签体系，逐步实现“千人千面”的个性化推荐，切实践行社会主流价值传播引领责任。

央视网持续深入建设“人工智能编辑部”，致力打造主流媒体最大的人工智能视听支撑平台，开发智闻、智晓、智营、智客等“智媒数据链”系列产品，“融媒智控”建成五大技术支撑层、40余个产品功能模块组成的矩阵化产品体系，在视频内容风控领域保持领先优势。开设创办国内第一家主流媒体建设的“智慧媒体学院”，面向媒体行业输出人工智能技术产品和服务。

2020年3月4日，中央广播电视总台音频客户端“云听”正式上线。“云听”立足总台全力构建“5G+4K/8K+AI”战略格局，着力打造自主可控、具有强大影响力的新媒体平台的目标要求，全面建设国家级5G声音集成播控平台。截至2020年年底，“云听”累计入库超过250万小时节目，自制100余档优质IP节目，集纳1000余个总台精品栏目、上线5000部高品质有声书，形成“听精品、听资讯、听广播、听电视、云听中国和云听乐龄”六大业务板块，用户规模超3000万，日活跃用户超150万。

六、加大海外传播力度，积极影响国际舆论

全面呈现中国抗疫成果，有力有效开展国际舆论斗争。总台依托遍布全球各地的44种语言采编力量和对外传播集群平台，创新方法手段，通过新媒体、多语种网红工作室、国际合作传播等途径，以多样态的融合传播，全面生动地呈现中国抗疫的积极行动和有效成果，有力反击谣言，揭露美西方“甩锅”行径，展开有效的舆论斗争和引导，逐步提升在国际舆论场的话语权。

疫情防控期间，CGTN官网首创“疫

情直播客（Liveblog）”多媒体资讯融合直播页，多条内容被英国卫报、美国CNN、CNET、半岛电视台网站等主流外媒及相关机构作为可靠信源引用发布。CGTN推特账号与世界卫生组织总干事谭德塞完成了5次互动。CGTN新媒体还成立“七剑下天山”工作室，推出87期系列微视频《真相放大镜FactsTell》，获得全球阅读量1.91亿次，互动233万次。

欧拉中心意大利语提拉米苏网红工作室多次就疫情相关话题与意大利最大的TGCOM24电视台、意大利第二大通讯社克罗诺斯新闻社等多家主流媒体进行直播连线或联合报道，其中《直播连线：介绍“解封”后武汉当地生活》《直播连线：介绍中国防疫成效与复工复产情况》总阅读量超200万次。

华语环球节目中心新媒体在各平台发布全球新冠肺炎疫情的相关报道近4万条，阅读量超过20亿次，直播累计200余场。《今日关注》推出“抗击疫情特别报道”，连续65天在央视频账号“央视今日关注”以及腾讯、抖音等新媒体平台同步直播。

2020年2月14日，总台对外发布适配海外社交媒体传播的视频帖文《竟然开始“斗舞”了，说方舱医院是“集中营”的外国黑媒傻了》，以文字、视频、动图、海报等组合形式，生动体现了医患双方积极乐观的心态和战胜疫情的信心，获得海外阅览量127万次。相关新闻素材被英国Channel4、法国TV5 MONDE电视台、日本朝日电视台等31个国家和地区的102家电视台采用，累计播出283次。

疫情防控期间，为反映中国抗击疫情和各地复工复产的情况，亚非中心希伯来语主播小溪共制作95个Vlog，以第一视角展现大量细节，《疫情期间超市购物》等多个节目在网上掀起热议后，又被以色列电视台播出，最高收视率达20.9%。许多以色列人将小溪称为雪中送炭的“真朋友”“中以民间使者”，成为借助新媒体开展民间外交的成功范例。

针对一些国家有关中国疫情的不实报道和谣言，总台发布1000多个视频直播、连线报道、短视频评论等多语种多形式的融媒体报道，覆盖G7和G20主要国家，发挥了澄清真相、解疑释惑、驳斥美政客荒谬言论的作用。

面向海外受众讲好中国故事。2020年，央视网通过脸谱、优兔平台CCTV系列账号，以“美好生活”为主题开设专栏，多语种、多形式宣推中国脱贫攻坚成果。发布帖文超1800条，浏览量超过4.2亿次，互动人次超过2110万，视频观看量超过4774万次。原创系列微视频《美好生活》总浏览量超1.2亿次；英语帖文《青海牧民讲述脱贫故事》单帖浏览量超662万次；《天山深处的三文鱼基地》单帖浏览量超695万次。

国际在线创新海外传播方式，与中国国际新闻交流中心联合推出“云上解码幸福中国——外媒记者云参访”系列活动，邀请来自各国的媒体记者，以“云上参访”“云上对话”为主要形式，通过“外眼”呈现在变革创新中不断发展的真实中国。

亚洲非洲地区语言节目中心6月到9月深入多个省区贫困地区采访，向海外讲述中国各族人民脱贫致富奔小康的故事。其中赴四川、甘肃、青海涉藏重点地区的报道覆盖海外受众3300多万人次，视频播放量1500万次，互动总数150万次；新疆采访采风活动阅览量超1100万次。《丰收的日子》主题系列报道通过微纪录片和Vlog，在24个语种的社交平台、网站同步播出，当天在海外社交媒体平台的浏览量就超过1500万次。大型融媒体系列报道项目《一个都不能少》，由阿拉伯语等8个语种的16位外语主播，在脸谱、优兔等海外主流社交媒体平台发布新媒体产品150余个，总阅览量超过3000万次，同时制作完成8部微纪录片。

以攻为守，发挥评论旗帜作用，有力有效传递中国声音。2020年，《国际锐评》坚持“以攻为守”斗争策略，正面引导与驳斥谬论相结合，开展对美西方舆论斗争。截至12月9日，共播发370篇评论，被外媒广泛转载，有力提升了总台国际传播力。英语环球节目中心的《CGTN时评》《CGTN快评》《T-HOUSE茶馆论道》、欧洲拉美地区语言节目中心的《热点观察》《老外有话说》、华语环球节目中心的《华语环球评论》《南海漫评》、国际在线的《国际3分钟》《国际漫评》等新媒体评论栏目，紧跟时事热点，在国际舆论场中表达中国立场，发出中国声音，打造出一系列具有锐度、深度、鲜活度，海外传播效果突出的新媒体评论产品。

七、加强新媒体宣传管理，构建全链条管理体制机制

2020年，总台坚持新媒体平台与频道、频率管理“同一标准、同一尺度”，如遇重大时政选题或活动则将审稿权上收一级，初步形成了较为完备的管理制度体系和清晰明确的管理责任体系。

进一步完善新媒体管理规章制度及网络安全应急体系。为全面规范新媒体内容管理，总台出台了《中央广播电视总台新媒体宣传管理办法（试行）》《中央广播电视总台个人新媒体内容发布管理办法（试行）》，新媒体宣传管理分别从机构和个人两个层面实现了全面覆盖和无缝衔接，业务流程标准进一步规范。此外，总台各部门也分别建立了适用于本中心新媒体业务的系列管理制度和细则。据不完全统计，台属各部门制定的各类新媒体管理制度和流程标准总数超过110个，内容涵盖选题报题、采访制作、审核校对、播发推送、互动留言、应急处置、危机管理预案等全流程各个环节。

2020年，总台印发了《中央广播电视总台网络安全管理暂行办法》和《中央广播电视总台网络安全事件应急预案（试行）》，建立完善了总台网络安全事件应急体系。同时，积极推进构建以可信计算、人工智能、大数据分析等技术为核心的防护体系，寻求网络安全防护从被动变为主动，从单点防护

变为整体防控。总台“央视频”5G新媒体平台一期项目完成网络安全等级保护测评，达到国家技术标准。

全面整合新媒体平台和第三方平台账号。按照“突出重点、控制总量、合理布局”原则，总台对所属机构客户端和第三方平台账号进行全面整合，到11月底，整合工作基本完成。整合后的总台自有客户端矩阵和第三方平台账号集群定位更清晰，资源更集中，有特色有影响的总台客户端矩阵和第三方平台新媒体账号集群初步形成。

新媒体工作案例

73天不间断融媒体直播《共同战“疫”》

一、《共同战“疫”》融媒体直播概况

2020年1月23日，疫情汹涌的武汉“封城”，全网舆论关注度极高。央视新闻新媒体随机开启相关直播，并紧急策划不间断直播方案。1月27日8时开始，充分利用移动直播、连屏互动等融媒体手段，在央视新闻客户端及社交媒体平台官方账号推出长达73天的全天候不间断直播节目《共同战“疫”》，及时全面准确报道疫情防控进展，全程直播国务院联防联控、国家卫生健康委以及湖北等地新闻发布会；实地探访火神山医院、雷神山医院及方舱医院等救援火线，在相关现场架设23路慢镜头直播信号；独家直播了“运20”飞抵武汉，运送军队医护人员驰援武汉的全过程，也独家直播了诞生在“红区”里的小石榴的满月过程；还力邀钟南山、张文宏以及有“重症八仙”美誉的北京朝阳医院副院长童朝晖等其他权威医疗专家开设50余期战“疫”公开课，为广大网友及时答疑解惑；充分调动前方记者以及医护人员、志愿者、市民、留学生等UGC资源，深入新闻现场，直击防疫最前线，传递坚定信心、同舟共济、科学防治的疫情防控主题；还邀请中国驻美国、英国、意大利等13国大使与留学生、华侨华人代表同框视频连线交流，体现我国外交为民理念；此外，数十座城联动，致敬“我的同乡英雄”“谢谢你为湖北拼过命”等线上线下主题活动，也在全社会传递温暖人心的正能量，助力打赢疫情防控阻击战。

《共同战“疫”》不间断直播作为央媒报道疫情防控的重要传播基座，及时、准确、全面报道防控疫情阻击战。截至2020年4月9日6时，微博话题“共同战‘疫’”阅读108.1亿次，讨论量为601.5万次。不间断直播和单挂直播在自有平台及合作平台累计观看量74.75亿次，成为全网最高时长、最多角度融合、最高关注度的疫情防控大直播。这一项目也入选2020国家广电总局全国广播电视媒体融合典型案例。

二、《共同战“疫”》融媒体直播的创新之处

《共同战“疫”》融媒体直播长达73天，整个直播团队在这73天中，既是在制作新

闻节目，也在守正创新，尝试各种融媒体直播的可能性。

慢直播传播最新现场，提供情感链接。《共同战“疫”》的慢直播见证了火神山、雷神山医院的“基建狂魔”式的建设进展，见证了武汉从空城到重启。在《共同战“疫”》融媒体直播中，慢镜头直播的新闻性得到了提升，特别是央视新闻新媒体用慢镜头独家直播了“运20”飞抵武汉，运送军队医护人员驰援武汉的全过程，成为当日现象级传播，单场直播仅在微博一个平台观看量就突破1000万次。慢直播也陪伴着父母都确诊感染的武汉新生儿小石榴的成长。云监工、云守护、云看娃……不仅成为全方位呈现防控进展的平台，更成为网友情感释放的窗口。

UGC直播：从“我说你听”到“大家说大家听”。以往的新闻直播连线中，多用记者连线对事件进行报道。在疫情防控期间，由于记者力量紧张，防疫物资有限等情况，央视新闻新媒体启用了UGC自述的方式，从不同角度扩充信息量，从“我们告诉你们”变成“他们自己告诉你们”，用软性视角让网友看到武汉真实的样子。

不停机、伴随式直播，满足用户的多任务在线需求。直播制作团队在节目中进行了各种多任务并存的尝试，在一场节目中，力求让用户能得到“资讯＋社交＋情感共鸣”等多种需求的满足。

“一屏多人，一屏多能”的连屏模式探索。在节目中后期，我们尝试了多场“多屏谈话类”节目，运用网络会议连线软件，让全世界各地的嘉宾在一个节目中讨论话题，也探索了新媒体谈话类节目在技术和形式上的可能性。

助农带货，从“新闻报道者”变为“公益引领者”。在疫情得到控制后，央视新闻新媒体开始在节目中策划助农带货类直播，希望能通过倡议网友购买湖北的生鲜农副产品，助力湖北经济。由于直播火爆，很多网友说根本抢不到。线上抢不到没关系，为湖北拼单公益行动同步走向线下，潜江小龙虾、秭归脐橙等在物美、永辉等超市门店上市，相关公益倡议海报也在北京、上海、广州等400个城市播放，覆盖全国3820家大型商超、地标建筑、地铁公交、楼宇电梯等处的近90万块屏幕。

线上线下融合，延伸直播影响力。在疫情刚成为热点之时，央视新闻新媒体就相继策划制作多部疫情防范宣传片和海报，第一时间整合社会资源，陆续在全国80座城市52万张数字屏上播出疫情防范宣传片，每日曝光量超1亿次，及时引导公众正确认识疫情，提高防范意识，减少恐慌。三八妇女节前后，《共同战“疫”》策划推出“我的同乡英雄”线下活动，敏锐地抓住第一批医疗队回撤的时间节点，联动北京、上海、广州、深圳等33座城市的8万张户外大屏投放同乡英雄的海报照片并进行新媒体直播，让每一位逆行者成为城市夜空中最亮的那颗星，致敬逆行精神。33座城市8万张屏分地域投放内容，屏网相连。

作品二维码

《慢直播｜与疫情赛跑——全景直击武汉火神山、雷神山医院建设最前沿》

新冠肺炎疫情发生后，央视频迅速响应党中央有关坚决打赢疫情防控阻击战的决策部署，积极回应人民关切，精心策划打造《慢直播｜与疫情赛跑——全景直击武汉火神山、雷神山医院建设最前沿》新媒体爆款产品，以正向舆论凝聚民心、鼓舞斗志。该直播累计观看量超1.6亿次，实现央视频客户端在苹果应用市场总榜和娱乐榜中双双位列榜首的优异成绩，总台新媒体旗舰平台引领带动作用持续提升。

自2020年1月25日开始，中央决定在武汉雷神山、火神山紧急建设两所专门医院，集中收治新冠肺炎患者。在总台党组的决策部署下，央视频5G新媒体平台充分发挥平台聚合能力，在火神山和雷神山分别架设全景和近景等多个机位，仅用不到15个小时就开通了5G慢直播信号，正式开启4K高清慢直播“疫情24小时”。央视频直观呈现工地真实现场，第一时间将火神山、雷神山两家抗疫医院争分夺秒抓紧建设的情况高清晰展现在网友面前，使信息传递由“及时”提高到“实时”。“疫情24小时”H5还特别设置评论区、疫情数据、最新动态、战“疫”一线、同程查询、各界驰援、预防知识、疫情寻人8个板块，在无旁白无解说的实时直播窗口下，网友们隔屏同场为武汉加油、为工人助威、为祖国的强大凝聚力点赞。相关直播迅速成为网络话题，网友自称“云监工”，“挖掘机天团”等关键词持续冲上微博热搜，“武汉加油、中国加油”“基建狂魔战病魔”“争分夺秒战病疫”等观点迅速汇聚。在凝聚人心、传递正能量的同时，生动阐释了中国形象、中国速度，彰显了中国自信，形成强大的网络舆论场，成为全网现象级传播案例。

在对外传播中，总台多语种多媒体平台通过推送央视频的慢直播链接以及播发综述、评论等方式，全方位报道央视频“慢直播”武汉两座医院的建设进展。《慢直播｜与疫情赛跑——全景直击武汉火神山、雷神山医院建设最前沿》不仅展现了中国负责任的大国形象以及令人惊叹的中国速度，也获得了对中国疫情防控的透明度以及中国媒体承担起责任的高度赞誉，让国际社会对中国打赢疫情防控阻击战充满信心。

作品二维码

（中央广播电视总台供稿）

求是杂志社

新媒体工作综述

2020年，求是杂志社深入学习贯彻习近平总书记关于推动媒体融合发展、做大做强主流舆论的重要论述，全面推动刊网深度融合发展，努力构建“你就是我、我就是你”的网上理论宣传特色布局：立足党中央机关刊的政治定位和政治站位，紧紧围绕《求是》每期刊发的习近平总书记重要文章，紧跟习近平总书记重要讲话和指示批示精神，紧贴《求是》刊发的其他重要文章，全力打造“求是网评论员”“学而时习”“是说新语”等融媒体品牌，做好习近平新时代中国特色社会主义思想的全媒化传播和全息化呈现，针对不同受众群体做好党的理论创新成果的对象化、分众化传播，全力打造全党学习宣传阐释习近平新时代中国特色社会主义思想的权威理论传播平台，切实发挥好思想理论武装和网上理论传播的引领作用。

2020年，求是网共编制发布各类理论专题、网文网评、导读、综述、图解以及音视频等新媒体产品1704篇（件），逐渐形成了以宣传阐释习近平新时代中国特色社会主义思想为核心内容，以网站、微博、微信公众号、手机报、短视频账号、客户端入驻号等为主要渠道，凸显思想性、理论性、权威性的全方位、立体化的理论传播新媒体矩阵。主要包括1个网站（求是网）、4个微博（求是微博、红旗文稿微博、理论旗帜微博、是点观察）、7个微信公众号（求是网、学而时习、求是漫评、求是手机报、红旗文稿、五当山、是点观察）、1份手机报（求是手机报）、4个短视频账号（抖音、快手、微视、咪咕）和7个客户端入驻号（学习强国、人民日报、今日头条、搜狐、百度、凤凰、腾讯等移动客户端媒体号）。相较2019年，求是杂志社融媒体作品的阅读数、传播量实现了新的跃升，求是网日均访问量增长了150%，微博、微信日均阅读量增长了160%，融媒体作品平均转载量增长了180%，移动端粉丝数已达1500万，党中央机关刊的网络传播力、影响力、引导力的聚合效应与日俱增。

回顾一年工作，求是杂志社在网上思想理论宣传工作中紧紧围绕中心任务，在重大主题宣传报道中主要有以下亮点。

一、全力做好习近平新时代中国特色社会主义思想网上宣传阐释传播

编委会将宣传好、阐释好、传播好习近平新时代中国特色社会主义思想作为首要任务，将习近平新时代中国特色社会主义思想作为融媒体产品生产的内容灵魂，制定了《关于进一步做好习近平总书记重要文章和习近平新时代中国特色社会主义思想网上传播工作的方案》《关于精心打造〈求是〉融媒体特色品牌的方案》等规章制度，聚合《求是》杂志权威内容优势和中央媒体平台的渠道优势，切实做好习近平总书记重要思想的网上传播工作。

1. 全力宣传好阐释好、传播好《求是》杂志每期刊发的习近平总书记重要文章。一是精心做好每期刊发的习近平总书记重要文章的网上传播。总书记重要文章一经在网上推出，受到广大党员干部的热烈欢迎，引发广大读者的强烈反响。仅“学习强国”学习平台、求是网平台的不完全数据统计，2020年每期刊发的习近平总书记重要文章的阅读量基本都在5000万次以上，有许多篇阅读量超过1亿次。二是精心策划制作阐释总书记重要文章的融媒体产品，以总书记重要文章为内容灵魂，吃透主要观点、理解核心要义、突出理论特色，以网文、短视频、音频、图表、图片、H5等形式策划推出一大批原创融媒体解读产品，更好地满足干部群众学习需求。其中《总书记点赞过的那些中华民族伟大精神》《关键时刻，更见中国制度优势》《84次提到“人民”，总书记这篇文章意义重大！》均获全网首页首屏推荐，在“学习强国”学习平台阅读量分别超过5000万次、4000万次、2200万次。三是积极把握“时度效”，及时推送《求是》杂志刊发的学习阐释总书记重要文章的解读文章，本刊编辑部文章《让合作的阳光驱散疫情的阴霾》《坚持和加强党的全面领导》《牢牢把握我国经济发展的科学指南》，以及国务院副总理孙春兰学习阐释总书记视察湖北疫情防控重要讲话精神的文章等，网上阅读量均超过2000万次。

2. 紧跟习近平总书记重要讲话、指示批示、重大活动等时政热点，策划推出一大批思想深刻、形式多样的融媒体产品。一是进一步突出理论性、深刻性，精心打造“求是网评论员”融媒体品牌，由编委会成员直接部署指导，《求是》杂志各编辑部积极策划撰稿，及时对总书记重要思想进行深度解读，2020年推出145篇“求是网评论员”系列文章，近50篇被百余家媒体网站转载。其中《从历史文化遗产中感悟和增强文化自信》《指挥战“疫”，全国人民有了主心骨》等被“学习强国”学习平台首屏首页转载，阅读量分别超过2000万次、1800万次。二是进一步突出大众性、可看性，积极策划推出网文、微视频、图解等形式多样、喜闻乐见的融媒体产品，把深刻的思想、抽象的理论转化为鲜活的故事、生动的事例，2020年有百余篇融媒体产品被“学习强国”学习平台或主要商业网站首页首屏转载，“学习强国”学习平台单篇阅读量总体保持在1000万

次以上。其中解读网文《八个视角，读懂总书记陕西之行》获全网首页首屏推荐，“学习强国”学习平台阅读量超过4500万次；图解《初心易得，始终难守，习近平总书记这些话要牢记》“学习强国”学习平台阅读量超过2400万次；微视频《保护传承敦煌文化增强中华文化自信》被118家媒体转载，“学习强国”学习平台阅读量超过365万次。三是进一步突出系统性、专题性，“学而时习”工作室连续推出《学好〈习近平谈治国理政〉第三卷开篇之作》等20篇学习笔记，结合《习近平谈治国理政》第一卷、第二卷，分专题、系统化阐释解读《习近平谈治国理政》第三卷，引导读者联系起来学习、贯通起来理解，该系列20篇产品均被中央网信办全网推荐，受到网民广泛关注和好评。

3. 按照中宣部、中央网信办要求，及时推送习近平总书记重要活动、重要讲话、重要文章。求是网开设“理上网来·理论新境界”专题，成立专人专岗工作小组，及时集纳、宣传习近平总书记重要文章、重要活动、重要讲话，《求是》编辑部阐释文章、《求是》相关重点理论文章，以及人民日报等中央主流媒体围绕总书记重要思想制作的融媒体产品。专题推出以来，在全网PC端要闻区二条位置长期置顶，在主要商业媒体移动客户端突出显示，产生了良好的传播效果。

二、精心组织网上重大主题宣传和舆论引导工作

求是杂志社紧紧围绕宣传阐释习近平新时代中国特色社会主义思想，聚焦党和国家中心工作，紧紧围绕统筹疫情防控和经济社会发展，决胜全面小康、决战脱贫攻坚，党的十九届五中全会等重大主题宣传，不断增强网上重大主题宣传的集中度、厚重感和时效性、有效性，为实现党和国家目标任务凝心聚力、团结鼓劲。

1. 围绕统筹疫情防控和经济社会发展重大主题宣传。紧跟习近平总书记相关重要讲话和指示批示精神，紧跟疫情防控发展态势，编委会成员直接部署指导各编辑部，从是什么到为什么，从怎么看到怎么办，持续推出《习近平总书记向世界传递信心与责任》《制度优势是我们必定战胜疫情的法宝》《在艰难战“疫”中看到必胜希望》《“每临大事有静气”》《战“疫”：为了人民　依靠人民》《决胜之地　关键时刻　关键部署》《决不能让来之不易的疫情防控持续向好形势发生逆转》《中国经济一定行》《脱贫任务没有退路和弹性》《让合作的阳光驱散疫情的阴霾》《从数字看抗疫国际合作的中国担当》《美国政客“甩锅”中国，既伤理又害己》《蓬佩奥，你唬不住人的》等一大批主题鲜明、导向积极、短小精悍、时效性强的网评网文，营造了坚定信心、团结鼓劲、同舟共济、昂扬向上的网上舆论氛围。

2. 围绕决胜全面小康、决战脱贫攻坚重大主题宣传。一是在中央网信办指导下，继续推出“中国稳健前行”理论引导专栏，聚焦阐释中国特色社会主义制度优势与全面建成小康社会重大主题，推出刘伟、陈理、李

君如、张维为、韩毓海等知名专家学者的网上理论文章42篇，以“大家写小文”、网言网语的方式引导人们深刻认识全面建成小康社会背后的理论逻辑、历史逻辑、实践逻辑，文章均在主要传播平台首页首屏显著位置推荐，PC端转载量平均每篇350余家，移动客户端阅读量平均每篇突破2000万次。二是深度参与“走向我们的小康生活”主题采访，紧紧围绕习近平总书记关于全面小康、脱贫攻坚的重要论述，紧紧追随习近平总书记脱贫攻坚的足迹，采写推出452篇原创融媒体产品，既讲故事、又讲道理，以一个个普通人物、平凡故事，讲述全面小康的奋进历程、伟大成就，揭示成就背后的理论指引、制度优势，总阅读量超过5.5亿次。其中《产业兴旺，老乡的日子也越过越旺！》《奔小康的劲头儿更足了》《让贫困地区的孩子们吃得好、成长得更好》《支部引领电商潮　脱贫致富家家好》“学习强国”单篇阅读量均超2000万次。

3. 围绕党的十九届五中全会精神宣传。一是在求是网首页首屏推出“学习贯彻党的十九届五中全会精神”融媒体专题，及时集纳全会重要内容以及全网各类评论、解读和图解等优质理论融媒体产品。二是及时推出系列《求是》杂志评论员文章《迈向全面建设社会主义现代化国家新征程》《深刻认识和科学把握新发展阶段》《在新发展阶段豪迈前行》和系列求是网评论员文章《奋斗“十四五”　奋进新征程》《向第二个百年奋斗目标进军》《努力改善人民生活品质》《把科技自立自强作为国家发展的战略支撑》《文化强国：绘就“十四五”的绚丽底色》，以及思力网评《加快构建完整内需体系》《谋篇布局　把舵定向》等，深度解读全会精神；推出系列解读网文《五年规划编制和实施的宝贵经验》《国家发展改革委：形成推动“十四五”规划实施的强大合力》《展望“十四五”：我们的目标有哪些？》《“十四五”怎么干？从这12个方面发力》《从公报看基本实现社会主义现代化的远景目标》，深入宣传“十三五”时期决胜全面建成小康社会的重大成就，深度解读党中央关于当前形势的重大判断和推动高质量发展、构建新发展格局等重大部署，推动形成网上正面舆论强势。

4. 旗帜鲜明开展网上舆论斗争。面对美国罔顾事实、毫无底线的攻击污蔑、抹黑甩锅，积极开展坚决有力的舆论斗争、给予针锋相对的舆论回击，策划推出《中国人民“正在为全人类作贡献”——抗击疫情海外观点综述》《借新冠病毒污名化中国，违背公理不得人心》《中国依靠科学战“疫”赢得海外舆论高度评价》等重磅理论综述，系统梳理国际社会对中国在抗击疫情中展现出的“中国力量”“中国精神”“中国效率”“大国形象”给予的广泛赞誉，揭露美国一些政客处心积虑将新冠病毒同中国相联系、不断对中国搞污名化的险恶用心，其中《中国人民“正在为全人类作贡献”——抗击疫情海外观点综述》被全网推送。

三、深化一体化融合理念，筑牢网上阵地建设

1. 加快推进主力军全面挺进主战场。强化一体化发展理念，扎实推进《求是》杂志各编辑部与求是网编辑部在机构、人员、职能、内容生产等方面的全方位深度融合，加快推进主力军全面挺进主战场。一是推进管理一体化，编委会全员管理新媒体，在体制机制、内容生产、流程管理、人才培养等方面，全方位、全过程指导刊网深度融合。二是推进岗位职能一体化，将求是网全体编辑融合到《求是》杂志各编辑部，《求是》杂志各编辑部同时也是求是网编辑部，不单设独立的新媒体编辑部门，使网上宣传成为各编辑部的基本职责。目前，求是网的原创融媒体产品基本上都是由《求是》杂志各编辑部生产，成为"主力军全面挺进主战场"的一次生动实践。三是推进人才队伍建设一体化，深刻认识互联网作为主阵地主战场的地位作用，在抗击疫情、全国两会、全面小康、党的十九届五中全会等重大主题宣传中，引导和激励全社各编辑部室和子刊子网采编力量，充分发挥策划创作融媒体产品的积极性、主动性、创造性，积极撰写网文网评，努力向全媒记者、全媒编辑、全媒人才转型，努力打造一支与刊网深度融合相适应的新型采编队伍。

2. 着力构建全媒体传播矩阵。坚持移动优先策略，着力打造以网站、微博、微信、手机报、短视频账号、客户端入驻号为主要渠道的理论传播新媒体矩阵，努力构建全方位立体化传播格局。围绕强化习近平总书记重要文章以及其他重要文章和融媒体产品的网上传播，加强与相关部门、中央主流媒体的沟通联络、战略合作，努力形成同频共振；加强与地方重点新闻网站、地方党报党刊、县级融媒体中心的沟通联系，着力打通网上理论传播的"最后一公里"；加强与重点商业媒体平台的合作，不断提升党中央机关刊网上品牌知名度、覆盖面和影响力；积极推进《红旗文稿》、《求是》英文版、求是影视中心全面参与刊网融合的改革力度，增强子刊子网等与《求是》杂志刊发内容的融通性，整合全社资源，形成宣传合力。

3. 逐步探索建立全国性网评员队伍。现已初步形成以权威学者为龙头，以中青年专家为主体的网评员队伍。下一步，将按照中央关于加快推进媒体深度融合有关要求，逐步建立以县级以上党委宣传部理论干部，高校、党校、社科院、知名智库、国企等理论工作者为骨干的全国性理论评论员、理论宣传员、理论通讯员队伍，创作提供更多观点鲜明的理论言论评论，荟萃全国理论研究的最新成果。

新媒体工作案例

立足言论评论，突出内容优势

2020 年，面对新冠肺炎疫情，作为党中央机关刊，求是杂志社以高度的政治站位

和政治敏锐性，及时调整版面、转变办刊方式，充分利用《求是》杂志和求是网以及《红旗文稿》、《求是》英文版、《小康》杂志等宣传矩阵，在抗击新冠肺炎疫情宣传报道中积极作为、敢于发声，有效发挥了主流媒体在多元中立主导，在多样中谋共识，在融合发展中确立正确的舆论导向和价值标准的重要作用。

2020年，求是网新媒体宣传矩阵共计发布各类抗疫主题稿件1万余篇，包括网文、网评、图解、漫画、微视频、微访谈、音频、专题等多种新媒体表现方式和全媒体产品形式，主要聚焦在从理论层面解读和阐释习近平总书记重要讲话精神，可视化、全媒化展示抗击疫情的相关情况，注重言论评论，主动设置议题，取得积极的传播效果。

一、紧跟党中央重大部署，连续推出习近平总书记重要文章，及时准确传递出习近平总书记重要讲话精神和党中央决策部署，给战“疫”中的全党全国人民以指导和遵循、信心和力量

在抗疫的不同阶段及时推出并做好习近平总书记系列重要文章的网上宣传工作，准确完整地传递习近平总书记和党中央的声音，是求是杂志社在疫情期间做好宣传教育和舆论引导工作的重中之重。为此，求是网在第一时间做好习近平总书记系列重要文章的网上宣传工作，包括《在中央政治局常委会会议研究应对新型冠状病毒肺炎疫情工作时的讲话》（第4期）、《全面提高依法防控依法治理能力　健全国家公共卫生应急管理体系》（第5期）、《为打赢疫情防控阻击战提供强大科技支撑》（第6期）、《在湖北省考察新冠肺炎疫情防控工作时的讲话》（第7期）、《团结合作是国际社会战胜疫情最有力武器》（第8期）、《构建起强大的公共卫生体系　为维护人民健康提供有力保障》（第18期）、《在全国抗击新冠肺炎疫情表彰大会上的讲话》（第20期）等。这些重要文章一经全网推送，引发广大党员干部热烈反响，对指导全党全国人民战“疫”发挥了强大的主心骨、定盘星作用。

二、紧贴习近平总书记重要文章推出本刊编辑部文章和解读网文，梳理核心要义、深挖思想精髓，为干部群众进一步学习领会习近平总书记关于疫情防控的重要论述提供帮助

不断强化导向意识、问题意识、大众化意识，发布了《全面战胜疫情的科学指引》《在经受大考中提升应对重大突发公共卫生事件能力水平》《坚持向科学要答案要方法》《武汉胜则湖北胜　湖北胜则全国胜》《让合作的阳光驱散疫情的阴霾》等本刊编辑部文章。为做好大众化、通俗化宣传，求是网原创制作了习近平总书记重要文章融媒体解读产品共计200余件，包括图解《战“疫”关键时期，总书记这些话掷地有声》《法治同行、改革发力，总书记的战“疫”部署》《关于疫情防控形势，总书记作出最新判断》，网文《大国领袖的责任担当——总书记的战“疫”日志》《总书记科技战“疫”文章提到了哪些硬核科技成果？》《抗击疫

情，总书记多次提到的爱国卫生运动是咋回事》等，其中图解《总书记对战“疫”作出超强部署》、网文《15个要点，读懂总书记政治局常委会重要讲话》等被“学习强国”学习平台转载或全网主要商业网站首页首屏转载推荐。

三、聚焦习近平总书记关于疫情防控的重要讲话和指示批示精神，撰写推出“求是网评论员”系列网评文章，用总书记思想引导舆情，统一思想

“求是网评论员”系列网评文章是在《求是》杂志编委会的直接部署指导下，在推进刊网深度融合过程中创立的网上言论评论类融媒体品牌，由杂志社各编辑部紧跟抗击疫情的态势发展，积极策划，持续推出主题突出、导向积极、时效性强的网评文章，旨在讲清战“疫”过程的实践逻辑和理论逻辑，讲明战“疫”背后的制度优势，澄清战“疫”中的舆论谬误。从战“疫”之初推出《我不知道你是谁，我却知道你为了谁》《在艰难战“疫”中看到必胜希望》《英雄的中国人民一定行》等文章，热情讴歌广大干部群众在抗击疫情过程中所展现出的奉献精神，为战“疫”增强信心，加油打气；到疫情最吃劲的阶段推出《认清疫情防控规律 坚定战“疫”必胜信心》《“每临大事有静气”》《制度优势是我们必定战胜疫情的法宝》《最吃劲的关键阶段要经受住“快活三里”的考验》《加强疫情防控必须慎终如始》等文章，为有效打好疫情防控阻击战提供正确认识事物和分析问题的方法论；再到聚焦“双胜利”推出《中国经济一定行》《增强“四心”夺“双胜”》《疫情防控不松懈 脱贫攻坚要加劲》《辩证处理好疫情防控与复工复产的关系》等文章，引导广大党员干部为夺取疫情防控和经济社会发展的“双胜利”打下思想基础。围绕统筹疫情防控和经济社会发展，撰写推出系列“求是网评论员”文章近90篇，收到了较好的效果，仅在“学习强国”学习平台的阅读量就超5000万次，被300余家媒体网站转载，产生积极的传播影响力。不少网民留言称，求是网推出的系列网评产品，切中要害，直抵人心，起到了强信心、暖人心、聚民心的重要引导作用。

此外，针对国际舆论走势，求是网第一时间推出了重磅理论综述《中国人民“正在为全人类作贡献”》《中国依靠科学战“疫”赢得海外舆论高度评价》《借新冠病毒污名化中国，违背公理不得人心》，引起较大反响，其中《中国人民“正在为全人类作贡献”》推出后在“学习强国”学习平台阅读量达到2100万次，点赞数超50万个。系列综述充分集纳梳理了目前世界各国积极正面的言论，有力、有理、有据地驳斥了对我国抗疫的政治化、污名化负面言论，全面深入阐释了人类命运共同体理念。

（求是杂志社供稿）

光明日报社

新媒体工作综述

媒体融合发展是主流媒体的时代命题和重大政治任务。作为中共中央主办，党和国家联系广大知识分子的桥梁和纽带，光明日报紧紧围绕团结、联系、引导、服务知识分子的职能定位，遵循中央赋予光明日报的职责使命，通过内容建设、平台建设，多角度、全方位地落实习近平总书记致光明日报70周年贺信精神。

2020年，光明日报新媒体在重大宣传战役中践行初心使命，在重大舆论斗争中展现责任担当，守正创新，开拓进取，展示了光明日报全媒体主力军队伍的忠诚、笃定、清醒、勇毅和战力，交出了一份合格的答卷。

2020年，光明日报新媒体在平台建设、内容生产、技术支撑、渠道拓展方面取得明显进展，推出一批新媒体爆款产品，形成了较有影响的光明新媒体矩阵。

一、移动端平台建设迈上新台阶，新版App上线，“光明号”蓄势待发

2020年，光明日报平台影响力持续提升，矩阵传播效应彰显。一年内，光明日报微博粉丝净增100万，原创话题登上全国热搜榜48次，多个栏目阅读量过亿；光明日报微信阅读量持续攀升，平均阅读量超过5万次，日均浏览量超过100万次；2020年1月，光明日报开通了微信视频号，全年产出479个10万+，145个100万+，和光明日报抖音号一样，进入了全国前三名；新版客户端在武汉“解封”当日正式上线，客户端累计下载量已近8000万次；光明日报开设B站账号，做出一系列深受青年网友们喜爱的栏目，日均播放量20万次。

2020年，全媒体总编室启动了“光明日报客户端4.0版升级及光明号开发”项目，项目按照数据统一、平台融合的原则，以提升客户端用户体验，打造面向知识界优质内容数据聚合分发平台“光明号”，构建大数据支撑的全媒体策、采、编、审、发流程为目标，结合报社实际，设计规划了具有光明

特色的全媒体技术平台方案。

打造4.0版本客户端。开发运营“光明号”内容管理平台、媒体开放平台，不断汇聚知识领域优质内容，提升光明日报全媒体矩阵内容丰富度。同时结合报社光明特色栏目内容，将知识界数据库、AR电子报、4K直播等功能，融入具有光明日报特色的新版界面中。4.0版本客户端拥有更丰富的内容展现形式，更多样的互动功能，大幅优化用户体验，提升用户活跃度，扩大光明日报的影响力。

建设全媒体技术平台。通过“大数据+人工智能”双引擎驱动，为全媒体生产、发布、管理的各个环节提供全面的技术支持，研发自有产权的全媒体内容生产管理系统、新闻大数据智采系统、全网传播力监测系统、舆情监测分析系统，并统一融合为光明全媒体技术平台。平台在大数据方面支持全网内容采集、智能选题、事件追踪、舆情分析、传播效果分析等功能；在采编流程方面支持统一稿件管理、新闻编审、一键多端发布；在绩效考核方面支持全面覆盖融媒体人员的考核管理，自动汇聚报纸和新媒体渠道的多维度绩效指标，支持多样的考核模型。平台上线后能够实现跨部门高效协作，为优质内容输出和用户运营提供体系化技术支撑。

二、积极推进媒体深度融合，推出一系列有影响力的全媒体产品，打造鲜明的光明品牌

光明日报全媒体总编室与评论部共同制作的《中国文化与全球抗疫》系列短视频，重点阐释“为什么中国抗疫率先在全球范围内取得重大战略成果”，挖掘背后的传统文化因素，展现中华文化的强大精神动力。该系列共计推出5集:《自强不息》《天下一家》《民为邦本》《匹夫有责》《锲而不舍》，其中2集在微信平台阅读量均突破10万+，各单集在快手、B站等平台播放量都在5000万次左右。产品同步配中英文双语字幕，在脸谱、推特等海外平台发布，受到海外华人的好评。

连续开展4年的“高校招生服务光明大直播”成为中央主流媒体具有代表性的全媒体产品，2020年直播的近40天时间里，走进144所高校，直播时长近300小时，观看量近1.6亿人次。首次举办的“2020企业校招光明大直播”系列活动，总观看量累计突破2140万人次，获评第32届中国经济新闻大赛融合报道类一等奖。

2020年年末，光明日报连续推出原创系列视频《文明的足迹》，包含《文明的震撼，看敦煌》《杭州，惊艳千年》《深圳，奇迹之城》3篇，旨在沿着习近平总书记近一两年考察文化传承工作时的足迹，深入探寻中华文明的历史足迹，发掘当代文化自信的源泉。每部视频作品创新性地采用了文化科普微纪录片的形式，为读者提供了既严谨又不失轻快的可视化新媒体作品。视频在微信平台发布，每期阅读量均超过10万次。

2020年两会期间，《光明的故事》（第三季）推出视频《等你回家！》，作品聚焦

抗“疫”期间的一个真实的小故事，联结起整个抗击疫情过程的始末。视频被全网转发，其中微信点击量10万+，微博阅读量112万次，抖音播放量300万次，“学习强国”学习平台首页推荐。

2020年是深圳经济特区建立40周年，也是粤港澳大湾区建设全面铺开、纵深推进的关键之年。同时香港还面临新冠肺炎疫情重大考验。在此背景下，香港同胞主动发声的愿望格外强烈，社会各界也迫切想了解香港同胞的真实想法与感受。光明日报全媒体总编室、深圳记者站、广东记者站等多部门联动策划、协同创作了主题短视频《同心——与来自香港的他们谈谈心》，作品立足于光明日报的思想文化特色，采访了常年来往内地和香港的老中青三代香港知识分子，从他们各自的角度，讲述自己在内地获得的发展机遇，两地之间的同胞情谊，以及在中央帮助香港抗击疫情时所感受到的温暖。该视频在光明日报微信平台阅读量突破10万次，在微博、客户端、B站等平台阅读量突破100万次。

2020年，微信平台“刷屏”级原创爆款作品不断出现。在年初疫情期间，因为形势严峻，各地“硬核”封堵措施纷纷出台，对湖北人的歧视随之而来。光明日报微信公众号积极把握移动端特点，在多样化的大众反馈中给出带有建设性的讨论面向。其中，“光明夜读”《湖北人，是同胞也是同袍》一文引发了全网转发“刷屏”。此外，光明时评文章《疫情当前，怎么火了一句唐诗》将情绪带回依法文明防控的基本面上，梳理出的共识共情同理，得到全方位的点赞，东方卫视、北京卫视等还以文章主题制作了电视节目，这篇评论也创造了光明日报微信公众号单篇文章的最高阅读量。此外，针对当时因为归国同胞和留学生成了“外防输入”的情绪投射对象，留学生歧视、华侨歧视的现象出现，“光明夜读”推出《回国的他们，也曾包机送口罩》一文，带来传播热潮，尤其在华人华侨和留学生群体里引发接力转发。

微博专栏“光明生物圈”以习近平生态文明思想为指导，秉承“尊重自然、顺应自然、保护自然”的核心理念，积极设置议题，在保护政策制定、保护地体系建设、野生动物执法救助、科学研究进展等领域第一时间发声，强化公众对生物多样性保护工作的关注，传播科学的生态保护理念。通过短视频、Vlog、图解等丰富的传播形态，带领公众身临其境领略我国森林、湿地、高原等不同生态系统中的珍稀物种，切身感受我国生物多样性之美。多条原创内容斩获1000万+、1亿+阅读量。“光明生物圈”主栏目+原创话题阅读量超过8亿次，2020年发送微博282条，日均阅读量超过70万次。

为了将媒体融合新技术应用于公众科普，客户端“光明生态观察”栏目编辑团队策划推出了“慢赏自然”系列慢直播项目，该项目采用5G超高清视频传输技术，将镜头对准珍稀野生动植物及其栖息地、生态文化社区、地理景观地，以时下网友喜爱的慢直播形式记录自然状态下的美好，展现美丽中国。一年来，已先后开展了“青海湖湟鱼洄游光明大直播”“探访新疆乌伦古河蒙新河狸的家”“珠峰十二时辰”等一系列自然生态类慢直播活动。“慢赏自然”系列慢直播项目累计参与互动网友人数已近千万，与光明日报纸媒生态文明版、摄影版等联动，已真正成为品牌化的全媒体项目。

三、做好疫情防控报道，积极主动开展舆论斗争，彰显中央党报的责任担当

光明日报全媒体队伍在疫情防控报道中展现出无私无畏的风采。武汉“封城”后，很多同志踊跃报名前往抗疫一线参加报道，光明日报先后派出 19 名记者奔赴武汉。他们在病毒弥散的环境中携笔奔跑，采访医护人员，撰写了大量感人至深、有光明特色的报道，使我们的前方报道始终处于第一方阵。

2020 年 3 月 9 日至 13 日，依托以社办为枢纽的大调度机制，光明日报连续策划推出 5 期“1+4”篇版联动系列报道，20 个摄影专版，是一次媒体融合的成功实践。7 月，在北京抗击疫情迎来重要拐点之际，推出“《抗击疫情北京行动》1+4”重大报道，再次取得良好宣传效果。

全媒体总编室作为打造新媒体产品的重要平台，主动作为，打造《中国文化与全球抗疫》《90 后，到！》《光明的故事·战“疫”篇》等播放量过亿的爆款视频，同时将光明日报的特色内容进行新媒体转化。据统计，各平台端口推送 1.4 万余篇战“疫”原创文章，总阅读量超 100 亿次，全面呈现一线抗疫的伟大壮举和感人场面。

在北京新发地疫情期间，推出《感谢有你，守护北京》《北京为什么能》等产品，其中《北京为什么能》全网阅读量达 1.5 亿次，重点展示北京作为国际大都市在疫情防控方面的系列措施和突出成果，传递北京打赢疫情防控人民阻击战的“北京精神”。

2020 年对美舆论斗争艰巨复杂，光明日报全媒体发挥思想文化优势，在对美、涉港等重大舆论斗争中贡献了光明力量，将报纸版面中的“光明国际论坛笔会 / 对话”专版、“聚焦人类命运共同体·疫情将如何改变世界”专题及时在互联网各大平台更新，网上浏览量超 2.9 亿次，同时产生良好的外宣效应。针对境外媒体对武汉疫情的歪曲报道和不实指责，光明日报新媒体立场鲜明、主动出击。根据报纸、推特、脸谱、光明网英语频道等不同平台的受众特点，以图文、海报、短视频等多样化报道形式和差异化报道风格，以事实之力、观点之力、道义之力来澄清谬误、明辨是非。《世界感受到武汉的氤氲烟火》得到全网转发，《一位援鄂医务工作者讲述参与救治病患的亲身体会》《在全世界，看见中国青年》《雷神山清洁工讲述志愿故事》等短视频产品受到国内外网友的广泛关注。

四、拓展渠道，用“两微一端”延伸思想文化大报优势，贯彻新发展理念，打造全媒体传播格局

光明日报全媒体总编室积极与报社采编部门合作开设专栏，保持持续更新。在微信平台上，国内部开设的《法治课》栏目，关注社会问题背后的法律解读。栏目聚焦当前的热点事件、影视剧等，由相关法律人士进行普法宣传。文章在更新频率上基本能全面覆盖当前的社会热点，有很强的辨识度。微信平台阅读量接近200万次，在今日头条、企鹅号等平台的总阅读量已经过亿。文艺部开设的《文艺・观》栏目，聚焦文学领域的热门话题。该栏目的特色主打通过赠书的方式进行网民互动，每篇文章的留言都在200条左右，形成了一个微信平台的文学青年互动社区。科技部开设的《权威发布》栏目，第一时间将发布会现场消息传回，发出权威声音。栏目化的运营，将光明日报的特色领域在新媒体平台上进一步彰显。

在微博平台上，与评论部合作的“光明时评”专栏，对网上热点及时发声，传递光明观点，阅读量突破10亿次。《光明追思》名专栏及时报道为我国作出突出贡献知识分子的逝世消息，追忆他们的精神品质和爱国情怀，传递党中央对广大知识分子的关心关怀，推动营造见贤思齐、追忆名家的社会舆论氛围。该栏目已成为头部产品，多次登上微博热搜前十名，“光明追思”微博话题阅读量已接近3亿次，做到光明首发，全网转发。同时，光明日报微博创新话语，“转译”报纸头部内容，强化光明新媒体的知识分子特色、视角和观点。

部分内容先端后报，新媒体与报纸通过二维码链接，延伸并拓展了报纸的版面空间。让报纸增加新媒体的“入口”，激活各专业部门创造力，盘活报道资源。从“来料加工”到“自主生产”，光明日报全媒体的生产格局正在发生着变化。在《2020全国党报融合传播指数报告》中，光明日报融合传播力在377家党报中排名第二。

此外，光明日报全媒体加强与腾讯视频、B站、今日头条等商业平台的合作，就重大主题进行面向年轻人的新媒体产品生产，借船出海，扩大产品传播力和影响力。

例如，在两会报道中，微信联合视频制作团队，推出《90秒，看中国脱贫有多震撼》等短视频，获得腾讯视频重点位置推荐；进博会期间，与B站合作发布视频《上海，全程高能！》，以航拍视角展现上海的风采与活力。重阳节到来之际，与今日头条合作推出话题“被互联网遗忘的人”，呼吁大家关注数字化时代的中老年群体，在微信端推出图文内容《为了他们，请慢下来！》，话题阅读量超过1.4亿次。

新媒体工作案例

“中国文化与全球抗疫”系列微视频

2020年年底，光明日报推出“中国文

化与全球抗疫”系列微视频，该系列微视频回顾一年来全球抗疫的经验与教训，结合光明日报评论版专栏内容，重点阐释“为什么中国抗疫率先在全球范围内取得重大战略成果”，挖掘背后的中华优秀传统文化因素，从思想文化的角度展现重大主题，通过国内国外双向传播，向海内外网友阐释中国取得抗疫成就的重要因素在于中华优秀传统文化，展现中华文化的强大精神力量。

该系列邀请专家学者对中华优秀传统文化进行高度提炼与阐释，并同时联系海外网友，收集国外对中国抗疫的评价。在此基础上共计制作了5集微视频，对“自强不息”“天下一家”“民为邦本”“匹夫有责”“锲而不舍”等中华优秀传统文化精神与全球抗疫的关系进行了视频化解读与呈现。

该系列作品发布后，在海内外新媒体平台上网友们积极互动留言、点赞、转发、分享。作品有力地宣传了中华优秀传统文化与中国精神，展现出中国在全球抗疫进程中的大国担当，是一次与国内外网民的深入交流。

该系列产品共计推出5集，其中2集在光明日报微信公众平台阅读量均突破10万次，各单集在快手、B站等平台播放量都在5000万次左右。系列视频总计播放量2.9亿次，总点赞2079.2万次。产品同步配中英文双语字幕，在脸谱、推特等海外平台发布，受到海内外网友的好评。

作品二维码

这就是中国人写下的“自强不息”！

“天下一家”，这是我们的信念！

“民为邦本”，我们的答案！

《H5丨一本来自武汉的采访手记》

2020年1月29日，光明日报社组建武汉前方报道组，奔赴武汉开展抗击疫情一线报道。在疫情一线，报道形势严峻、情况复杂，前方记者克服种种困难，联动后方报社全媒体团队，策划推出手绘《H5丨一本来自武汉的采访手记》。

作品通过一个奔赴新冠肺炎疫情前线的记者视角，根据记者在武汉深入挖掘到的新闻事件，加上后方团队的融合创新共同完成。内容方面，选取武汉金银潭医院院长张定宇、“最美口罩勒痕护士”汪俊、留在社区做运输志愿者的汶川地震幸存者王利、试剂盒研发生产团队成员吴昊、雷神山医院医护区项目建设者贾瑞华5位代表人物，以记者的手记为框架，通过受访者的语录和故事页呈现他们的感想和事迹；形式方面，以H5互动为载体，手绘漫画为展现方式，从一个掉落的口罩开端，上滑手机屏幕互动进入新的画幅。点击人物语录，还可以进一步了解每一位平凡英雄背后的故事。同时，作品的每一幅画面，都由真实的场景手绘而成，注入了江汉关、武汉站、黄鹤楼等武汉市标志性建筑和元素，动态展现共抗疫情的奋斗场景和感人场面。

作品以H5互动形式为基础，通过前后方记者选题策划、一线采访、页面设计、后期制作等一系列全媒体制作流程完成，2020年3月2日在光明日报“两微一端”、学习强国、人民号、新华号、腾讯新闻、头条新闻等平台推出。作品以极强的代入感和表现力，引导广大网民身临其境地“来到武汉”，了解武汉抗疫背后的感人故事，凝聚全国人民同心抗疫的精神力量。作品一经发出，迅速在网络平台和武汉疫情前线的各家媒体中引起热议，微信、微博等平台上也带动了广大网友的参与和互动，留言总量迅速破万。

作品二维码

（光明日报社供稿）

经济日报社

新媒体工作综述

当前，媒体融合发展进入“下半场”，任务更加艰巨。2020 年，经济日报认真落实中央关于媒体融合的指示精神，深刻把握新闻舆论工作面临的机遇和挑战，始终保持清醒头脑和坚定决心，切实担负起中央媒体的责任，发挥主流媒体压舱石、黏合剂、风向标的作用，在媒体融合发展上锐意进取，坚持守正创新，从发展新媒体到迈向媒体全面融合，从内容、推广、外宣到组织构架和流程再造，进入深度融合发展的新阶段。

一、聚焦主业，补短板，锻长板

2020 年，经济日报新媒体在内容建设上更加聚焦主业。经济政策和经济形势的宣传报道本就是主业和优势，要在新媒体平台上继续锻造长板，把经济形势宣传和经济数据解读做得更“专”、更“精”、更“透”，并且以更符合潮流、更符合新媒体传播规律的形式来进行内容生产。

聚焦经济，专业解读。加强经济形势和政策的分析解读，引导受众以全面、辩证、长远的眼光看待我国经济社会发展。通过各种形式的产品，宣传激发国内需求、扩大有效投资、帮扶中小企业、抓好重点行业重点人群就业、完善社会保障等一系列经济民生政策和措施；结合中央政策精神、经济数据，从全球疫情防控大背景分析中国经济面临的复杂形势，通过权威访谈、数据分析等引导大家正确看待、保持定力、坚定信心、继续前进。如“坚定必胜的中国信心”专题，解读经济数据背后的新闻，鼓舞发展信心，推送了《充分挖掘超大规模市场优势》等内容，受到网友关注；“不寻常的中国经济一季报”专题，用数据说话，引导大家从数据中看中国经济强大的韧劲和广阔的空间；“后疫情时代”，中国的经济发展情况全球关注，原创短视频《中国经济复苏时间线》，用数据可视化的形式呈现中国经济走势，形式新颖，冲击力强。在做好宏观阐释和中观分析的同时，还注重从微观层面分析市场主体在统筹疫情防控和经济社会发展中的责任态度和担当作为。如“连线企业看政策落实”专题，从微观层面看党中央出台的“一揽子”经济政策的落地情况，推送了《企业应享尽享税费减免红利》等内容。

全媒体唱响主旋律。将脱贫攻坚作为重点内容，贯穿日常报道始终。经济日报新闻客户端常设“乡村振兴”“一线调查”“打赢脱贫攻坚战”等专题专栏，确保相关报道持续有序推送，长流水不断线。践行“四力”要求，记者深入贫困地区深度调研，以讲故事的手法，挖掘各地区各部门按照党中央、国务院决策部署，聚焦短板弱项，集中兵力打好深度贫困歼灭战的创新实践。通过图文直播，宣传各地区各部门落实产业扶贫、易地扶贫搬迁、就业扶贫、消费扶贫等措施。如重点打造的原创 H5《这个世界难题，为何中国能破解？》，通过直观的数据回答大家关切的问题：“消除贫困是世界性难题，中国为何能做到？”该产品构思精巧，形式新颖，互动性强。同时，加大资源配置，提高报道的声势力度，通过视觉大赛活动等做好配合宣传，中国经济网、经济日报“两微一端”及头条号、抖音号、网易号等新媒体平台开展差异化传播。仅 2020 年前 4 个月就刊播脱贫攻坚相关融媒体产品 2260 余条，总阅读量、播放量、点赞量达到 3.6 亿人次。

全球维度讲好小康故事。近年来，经济日报借助新媒体平台逐步拓展对外传播渠道，积极推动新闻产品的境外落地，向全球传递中国好声音。如与俄罗斯《消息报》合作推出《新对话》特刊，与柬埔寨《高棉时报》联合出版“盛装亚洲·中国经济特刊”，与巴基斯坦 VSH 电视台、韩国经济电视台合作推出《一带一路面对面》《When in China》《每周中国经济》等栏目，这些内容都在当地受到广泛关注。如 2020 年 4 月推出原创新媒体产品《中国孩子的一封信，感动意大利一座城！》，“从新闻中，我们知道意大利也遭受了‘大坏蛋’新型冠状肺炎病毒的侵袭，给你们的生活也带来很多困扰。这种情况我们刚经历过，感同身受，想把我们的感受和我们是怎样渡过疫情的点点滴滴与你们分享……”一封来自中国小朋友的信，引发了意大利佩斯拉卡市人民的热烈回应。2020 年 4 月 12 日，意大利的《24 小时太阳报》和中国的《经济日报》合作推出抗疫特刊，刊登了两国孩子在疫情期间交朋友的故事，配上了 7 幅中国孩子送给意大利孩子的画：天坛、故宫、长城、罗马竞技场、比萨斜塔、披萨……这条内容感动了很多网友，同时获得了杨澜、徐峥等“大 V”的转发和关注。

二、抢占风口，寻找突破点，找准发力点

在媒体融合发展的大背景下，短视频成为信息传播的重要方向，为传统媒体转型升级提供了新的驱动力。作为中央党报、经济大报，经济日报一直很重视短视频的发展，不仅组建了专门的短视频运营团队，还在设备技术上给予大力支持，建设了新的演播室。2020 年，一批精品力作和爆款产品“刷屏”，为更好地抢占短视频风口积累了经验。

不断探索短视频发展规律。如何让好的短视频产品“出圈”，成为新媒体工作面对的“急难险重”。传统媒体发力短视频，首先碰到的“三座大山”就是缺人才、缺经验、缺素材。面对这些困难，根据各平台的特点，初步摸索出“热点新闻转化为主，原创内容为辅，一次制作，多平台分发”的生产传播架构。从实际效果看，这一思路使我们能够在力量有限、积累匮乏的情况下精准发力，让平台实现“高性价比”的增长。截至2020年年底，经济日报抖音主号粉丝从63.8万增至1310万，快手主号粉丝从4.9万增至320万；抖音单条短视频播放量最高超过2.7亿次，点赞量最高超过1200万。2020年，原创爆款短视频大量涌现，比如，疫情期间策划制作的《武汉女孩的火神山日记》系列短视频，在抖音、快手等短视频平台累计播放量超过8000万次；在微信端单篇阅读量突破10万次；微博总阅读量超千万次，累计点赞量超过450万次，全网相关话题传播量累计破亿次。比如，三八妇女节制作的短视频《一线医护的节日愿望：战胜病毒，迎接春天，一起回家！》，在微博阅读量超过1.1亿次，转发量100多万次，创下报社微博平台阅读量最高纪录。在短视频平台，内容依然是核心竞争力，优质的内容不仅易传播，而且更能吸引和沉淀粉丝。在2020年全国两会中，经济日报整合自身平台资源联手打造“代表委员云访谈”视频栏目，邀请10余位两会企业家回应经济热点，同时在微博、今日头条、百度、腾讯等平台发布，累计阅读量超过5000万次，既有传播量，又彰显了自身特色，扩大了品牌影响力。

同时，内部挖潜与外延增长相结合，提升短视频生产能力。在报社内部，加强与一线记者沟通交流，挖掘他们的原创潜力。部分记者逐步从最初不愿拍到现在主动拍；从不会拍到现在越拍越好，还有不少记者能做到“自导 + 自拍 + 自剪”，出现很多播放量超千万次的爆款产品。比如，为西藏记者站设置了《带你看西藏》栏目，多条短视频播放量超千万次，在当地有着很好的反响。同时，积极探索合作方式，与专业机构、院校等建立联系，丰富素材来源，提升专业度，相互取长补短，为制作更高水准的视频储备各方面资源。比如，和南宁职业技术学院传媒学院合作制作了原创动画《2020，抗疫》，与深圳晚报联合出品深圳经济特区建立40周年系列短视频《深圳答卷》等。

规范运营打好基础。随着内容的拓展，新媒体平台对基本素材（图片、音乐、短视频等）的需求越来越大。新媒体在前几年的初级发展阶段，由于基础薄弱，在版权方面埋下了一些隐患，但从长远来看，注重版权规范发展是必由之路。2020年，自有品牌——“中经视觉”平台全新升级。借此契机，我们全面清理新媒体各平台的版权隐患，降低侵权风险。“中经视觉”平台建设基于经济日报新闻图片和视频库的定位，以解决经济日报日常新闻用图和视频的需求为导向。该平台升级后，提高了我们在新闻生产过程中获取图片、视频素材的便利性和高效性。目前，“中经视觉”平台包含了PC平台、手机端，已形成采、编、审、管、发、统的雏形框架与功能。截至目前，投稿活跃用户已近4000人，图片和视频总数超过10万张（件）。

三、频道制改革，让融合发展再上新台阶

2020年第四季度，经济日报社编委会围绕“减量化改革、高质量发展”的融合理念和工作要求，推进管理机制和部门机构改革，调整组织架构，优化采编流程，并在此基础上，将此前基于报纸生产流程的“部门制”，改为更加适应融媒体运行的“频道 + 平台制”。频道制改革实施之后，全面、深度融合发展的基本格局初步形成，流程机制更加顺畅，一体化发展成效更加明显。

整合和优化职能。频道制改革立足现有内设机构数量、编制、职数，对现有部门进行职能优化和调整。其中，重点将原由新媒体部负责运营的微博、微信、客户端等主要新媒体平台账号调整至总编室。报纸与新媒体等平台由总编室统一负责，平台的专业内容或频道由相关业务部门负责，这样在信息采写和发布环节实现报纸与新媒体的更深度融合。同时，为强化经济特色，提升内容质量，我们进一步突出频道和平台作用，赋予频道和平台更大权责。频道负责原创产品的策划、采访、编辑、制作，报、网、端3个平台负责原创产品的发布、推广和平台运营维护，为一体化发展创造条件。在具体分工上，经济日报新闻客户端作为新媒体自主首发平台，首要重点频道由总编室负责运营管理，包括客户端头条、热点、视觉等频道以及总体协调工作。总编室运用自身优势，每日晨会、夜班统稿会做到了报纸版面与新媒体产品一体策划、同步落实，真正把“报纸的质量”和“新媒体的流量”有效结合起来。

深度融合路径更加清晰。各采编部门结合新的职能定位，以频道制度改革为核心，对任务分工和日常业务进行重新谋划，逐步做到“平台专人负责、业务统筹考虑”。同时，加强主报与直属单位特别是中经网的业务统筹，促进全集团融合发展一体推进。

策划推广意识贯穿始终。频道制改革，要求策划从内容生产之初就介入，并在报纸和新媒体实现一体策划、同步落实，多形态加工、全媒体呈现，努力让报道既“好看”又“有用”。同时，坚持平台建设与内容分发并重，借助第三方平台壮大内容的影响力、提高产品的到达率，实现传播渠道的拓展和延伸。

时效性贴近性不断增强。频道制改革，要求新媒体不能只是对报纸内容进行搬运，而是要立足自身特色，与报纸形成合力。时效性强的新闻和地方新闻，经审核程序后直发新媒体平台，新闻产品的时效性显著提升，平台也更加注重与受众的关系，更加强调新闻的贴近性。

爆款“刷屏”产品不断涌现。频道制改革为融媒体发展带来了契机。2020年年底策划、2021年年初推出的“喜迎百年华诞送你红色货币”H5互动融媒体产品，传播量近5000万人次。

新媒体工作案例

《中国经济复苏时间线》短视频

2020年伊始，突如其来的新冠肺炎疫情让生活按下了暂停键，给我国经济社会发展带来前所未有的冲击。“后疫情时代”，中国经济发展怎么办？会有怎么样的走势？全球关注。基于这样的大背景，为了让更多的人了解中国经济发展的真实情况，策划了《中国经济复苏时间线》这个短视频产品。

该产品从酝酿、讨论到编辑、制作，主创团队前后用了1个多月的时间。从海量信息中选择了20项（组）最重要、最能体现中国经济发展的内容，用数据可视化的形式呈现出来，直观明了，冲击力强。该作品选题精准，创意新颖，融媒体技术应用丰富，将经济政策、经济数据巧妙地通过数据可视化的形式呈现，让数据在呈现上不再单调乏味，同时提升了信息传达的精准度。

在传播效果上，该作品传播节点、节奏、渠道布局准确，配合全链条、多波次传播方式，达到了很好的传播效果，在网上引起强烈反响，在海外平台发布后，也受到境外网友的关注，为提振全社会经济发展信心营造了良好的舆论氛围。微信公众号阅读量10万+，客户端、微博播放量近百万次。

作品二维码

正能量“抗疫”短视频

新冠肺炎疫情暴发以来，短视频团队第一时间成立了“应对疫情短视频机动群”，全员上岗，以战时状态做好疫情报道。在这个过程中，制作团队敏锐地捕捉到了广西驰援湖北女护士梁小霞的感人事迹，围绕她晕倒、救治、转运等关键节点，先后在抖音平台推出独家短视频5个，累计播放量3.1亿次，累计点赞量1700万次，成为医务人员舍生忘死、抗击病魔宣传报道中的“现象级”产品。

2020年2月20日，梁小霞作为第二批广西援鄂医疗队成员奔赴武汉防疫一线。由于劳累过度，8天后，梁小霞护士因心脏骤停，晕倒在了抗疫一线。制作团队了解这一信息后，即刻向在抗疫一线采访的同事了解情况，确认信息真实性，并在最短时间内制作发布了短视频产品《揪心！广西驰援湖北护士脱防护服时，心脏骤停，经抢救仍昏迷。祈祷白衣天使早日康复，为她点亮红心，好吗》。该视频播放量8000万+，点赞量500万+，还有20多万网友通过留言，点亮红心或蜡烛，一起为小霞护士祈祷，希望出现生命奇迹。

3月24日，关于梁小霞护士的传言四起，说有信源披露梁小霞护士已经去世。制作团队第一时间联系了广西卫生健康委，得知梁小霞没有去世，所有人还在尽全力抢救她。同时，制作团队还了解到她的家庭情况，得知她的家庭属于建档贫困户，而且这次去抗疫一线她是主动请缨。第一时间推出的短视频《广西驰援湖北女护士没有去世，仍在救治！姑娘，我们看到了胜利曙光，好想好想跟你一起庆祝》，由于是独家信源、刊播及时，累计播放量达1.3亿次，累计点赞量近684万。

此后，团队持续关注小霞护士有关情况，适时发布相关信息，让广大网友了解医务人员的奉献与牺牲，了解抗疫工作的风险与不易，了解一线工作者的坚守与艰辛，凝聚起网上网下、众人一心的强大正能量。

作品二维码

（经济日报社供稿）

中国日报社

新媒体工作综述

2020年，中国日报深入学习贯彻习近平总书记关于媒体融合发展的重要论述，特别是在十九届中央政治局第十二次集体学习时的重要讲话精神，把深度融合发展作为"一把手"工程，坚持正能量是总要求、管得住是硬道理、用得好是真本事，当好主力军，全面挺进主战场，大力推动深度融合往深里走、往实处做。截至12月底，中国日报全媒体用户总数已超过3亿，品牌影响力进一步提升。

一、深入阐释习近平新时代中国特色社会主义思想，"核心报道"再上新台阶

着力打造对外传播习近平新时代中国特色社会主义思想的重要平台，把"核心报道"成效作为增强"四个意识"、坚定"四个自信"、做到"两个维护"的首要检验指标。2020年全平台刊发"核心报道"2.2万余篇，总传播量10.4亿人次，传播量比2019年增长约89%。一是做强品牌，以"学习时代"融媒专栏为龙头，打造"习近平名言金句"等海媒子品牌，确立"直播+视频+海报+双语"的立体传播格局。其中，品牌栏目"习近平名言金句"围绕抗击疫情、粮食安全、以人民为中心等主题先后推出海报31组，海外传播量超过4000万次，互动量超80万次，向国际社会生动展现了总书记大国领袖大党领袖的思想风范与人格魅力。二是加强叙事，将核心报道栏目化、系统化为《权威发布》《重大活动现场》《学习有方》《外媒说》《外国专家第一现场》等5个栏目，形成声势。微博原创九宫格报道《防控正处在最吃劲的关键阶段，习近平提到这些人》赞扬抗疫战线的奋斗者，引发网友强烈共鸣，阅读量超过2700万次。

二、生动自觉"讲好中国故事"，重大主题报道成效显著

围绕抗击新冠肺炎疫情、决战脱贫攻坚全面建成小康社会、"六稳""六保"等，加强组织策划，积极向海内外讲好中国抗疫故事、中国扶贫故事、中国经济发展故

事。一是围绕讲好中国抗疫故事，先后选派4批共15名记者赴武汉一线采访报道，推出《全民战“疫”》《90后战“疫”日记》系列视频。精心策划《词解中国：中国抗疫热词》6集系列外籍人士出镜短视频，介绍中国抗疫好做法好经验，总传播量超9569万次。推出3集《起底外媒》系列纪录片，揭批美西方媒体的伪善与双标，总传播量超2亿次。二是围绕讲好中国扶贫故事，在脸谱、推特账号开设“小康”专栏，报道各地典型扶贫事例，海外传播量6400万次，其中《浙江仙居：光伏+养殖 废矿变成聚宝盆》等帖文传播量均超200万次。推出纪录片《老外看小康中国》，创新融合动画、采访、纪录等表现形式，累计传播量超1亿次，相关话题4次登上微博热搜榜单。三是围绕讲好中国经济发展故事，“点对点”栏目推出系列视频《点对点：大批制造业将在疫情后撤离中国？》等，用事实和数字说话，海外传播量达400万次。脸谱、推特账号开设“复产复工”专栏，海外传播量达4680余万次。

三、海外社交媒体平台平稳发展，在全球媒体账号中的头部地位不断巩固

中国日报海外社交媒体账号进一步扩大粉丝规模，遵循视觉化的发展趋势，创新精品内容形式，打造账号矩阵，构建立体传播格局。截至2020年年底，中国日报海外社交媒体账号矩阵总粉丝数达1.18亿，全年总阅读量59.1亿次，同比增长9.3%。其中，脸谱主账号粉丝数达1.02亿，同比增长22%，保持全球媒体账号第二位；推特主账号粉丝数增长2%，达到435万；图享主账号粉丝数达118万，粉丝增速位居中国媒体前列。同时，账号矩阵建设初见成效，新增国别/区域号、频道号、个人号；脸谱科技号呈现出粉丝的高黏性、高活跃度、高认同感；脸谱文旅号互动量同比增长2倍，“旅游”成为海外网友来中国的最主要目的。

四、微博“打造微造热机”，持续推出有热度、有态度、有厚度、有黏度、有温度的流量产品

2020年年底，中国日报微博账号粉丝数接近6000万，同比增长25%，总阅读量150亿次，总互动量4500万次。全年共有112个话题登上微博热搜榜，平均3天制造1个微博热搜，多个单条话题阅读量过亿，微博话题“造热机”的效果初步显现。比如，围绕抗击疫情、反污名化斗争，打造数条爆款“观点性视频”，开设“疫情动态播报”“抗疫在一线”“加油小蓝块”等栏目，“海外抗疫日记”话题阅读量超过250亿次。疫情期间，与新世相联合发起“晚安短信湖北计划”，为湖北人民和全国其他地方人们搭建沟通桥梁，征集数万条信息，在微博和微信端总传播量超过1600万次。同时，突出“外”字，以外交、外面的事、外语3个切口打造特色优势产品，持续推出热搜级别的爆款稿件。

五、视频化发展实现新突破，推出一批传播效果好、业内知名度高的作品

2020年，中国日报进一步加强视频化发展，全平台视频传播量达443亿次，同比增长146%。创新移动直播，完成重大活动、突发事件等直播超过200场，覆盖外交部125场发布会以及全国两会记者会、国新办发布会、上海进博会、北京服贸会、抗击洪水现场等重要新闻事件。多个重磅作品获业内认可：2019年作品《最燃C大调》《独家航拍：香港理工大学之殇，看看暴徒对它做了什么？》《Vlog：小姐姐的两会初体验》分别获得2020年第三十届中国新闻奖两个二等奖、一个三等奖。

六、双语微信发力短视频，重点打造时政热点、英语学习、主旋律精品故事等栏目

全年双语微信账号推出的10万+稿件达814篇，同比增加347篇，位居教育类榜单第一名。加快视频化转型，先后开通抖音账号和视频号，抖音号开通半年粉丝数已近百万，视频号出现多个爆款；视频栏目《跟外交部学翻译》发布16期，平均阅读量10万+。加强原创策划，深入江西、云南等地农村走转改，挖掘主题鲜活的基层故事，讲好主旋律故事。以“文化+英语学习”的思路打造系列音频内容，新推出音频栏目《早安双语》《双语说节气》，每篇阅读量都达10万+。

七、中文微信强化生产正能量高质量内容，有效提升传播力影响力

2020年，中国日报中文微信账号影响力进一步扩大，成为微信时政类头部账号的重要转载源，多篇稿件被人民日报、新华社、央视新闻等中央主要媒体微信号“刷屏”转载。在抗疫报道中，特别推出《别叫我老外·全球战“疫”》原创访谈栏目，总传播量近1亿次。探索动态数据可视化表达，围绕我国832个贫困县全部脱贫，制作动态数据可视化视频《清零的故事！》总播放量超过400万次。开拓“学习强国”学习平台阵地，扩大中国日报影响力，全年发稿400篇，多篇稿件被“学习强国”学习平台推荐到频道首页。

八、英文微信立足权威时政新闻报道，实现量质齐涨、逆势生长

2020年年底，中国日报英文微信账号粉丝数达330万，是国内英文微信第一大号。持之以恒加强内容建设，推出社评专栏，强化观点引导；推出财经专栏，讲好中国经济发展故事；推出漫画专栏，以生动犀利漫评形式传播中国声音；推出原创音频栏目CD Voice，与外籍记者编辑合作，注重借嘴发声；推出英语新闻短视频栏目What's Up，持续满足受众日益高涨的英语资讯需求。

九、“图图是道”加快发展，抖音快手账号持续壮大

“图图是道”坚持创意优先、内容为王，

试水商业化，打造出色的视觉传播产品，粉丝数由2019年的19万增长到2020年的47万，同比增长147%。开设融合视觉传播新栏目《海报工坊》和《小象漫评》。积极抢占主流短视频平台阵地，抓住抖音、快手平台发展红利期，实现粉丝高速增长，形成特色内容，2020年年底，中国日报抖音主账号粉丝数达到2815万，排名中央主要媒体官方账号第三位，全年视频播放总量超过270亿次；中国日报快手主账号粉丝数455万次，全年视频播放总量25亿次，排名中央主要媒体官方账号第四位。

新媒体工作案例

系列纪录片《老外看小康中国》

2020年是决胜全面建成小康社会之年，如何向全球受众讲好中国全面小康建设之路，让海外受众深入领悟全面小康的深刻内涵和世界意义，是创作团队着力思考解决的问题。

一是类比叙事显著降低理解门槛。创作团队精选报道对象，通过3个典型故事类比阐明“全面小康是什么”“为什么要兼顾不同领域及地区的协调发展”“从总体小康到全面小康发展有什么差别”等问题，运用“寓言故事”讲述方式，从微观视角的小故事切入，展示宏观视角的系统全局，丰富了视频传递的历史背景信息，尤其是有利于、便于外国受众清晰理解中国概念理念以及中国特色语汇的独特内涵，显著降低海外受众理解全面小康理念的难度。

二是全球视野揭示全面小康的世界意义。《老外看小康中国》摆脱“在中国说中国”的局限，通过知名外国政要和专家学者观察视角和观点表达，立足宏大的全球视野，展现中国全面小康的世界意义，揭示中国发展之路对全人类发展模式的重要启示。

三是全新叙事开拓主旋律外宣新范式。创作团队查阅大量文献资料，通过多次实地走访调研，挖掘故事背后的典型意义，慢工细活打磨叙事逻辑，探索出一种主旋律外宣的新语态。该片灵活运用多种手段，现场实拍、动画、人物采访3种形式巧妙穿插，特别是大量运用动画视频辅助叙事，把抽象的理念具象化，生动展示全面小康的宏观理解，创新主旋律纪录片创作手法。

《老外看小康中国》系列纪录片历经3个月两轮播发，形成了传播热潮，人民日报官方微博、检察日报官方微博等一批社交媒体账号，腾讯新闻等客户端转载转发，累计传播量超1亿次，其中海外社交媒体平台超1000万次，并在网络上引发大量讨论，4次登上微博热搜榜、3次登上知乎视频热榜，并被评价为“依靠精心策划和精良制作吸引受众观看，启发受众思考，再配合灵活的传播方式通过多平台触达受众，不失为主旋律外宣的一个样本”。

作品二维码

系列外籍人士出镜短视频
《词解中国：中国抗疫热词》

中国全面防控新冠肺炎疫情的成绩世界瞩目，可如何向国际社会讲述中国抗击疫情的做法和经验并不容易，尤其是如“举国之力”这样的“中国式”词汇。为此，2020年5月9日至6月底，持续推出6期《词解中国：中国抗疫热词》系列外籍人士出镜短视频，立足对外传播，生动介绍中国抗疫好做法、好经验，多维阐释中国在抗击疫情中所展现出的强大制度优势，总传播量超9569万次，其中海外社交媒体平台传播量达6142万次，成为中国日报新媒体对外爆款产品，并获得大量驻外机构官方及个人账号的强烈推介和积极转发。海外用户互动较为积极正向，有海外网友表示：“感谢中国的努力，你们在帮助世界人民避免感染新冠肺炎”“所有国家都应该向中国学习”。

该系列视频以逐格视频的形式、嵌入极具中华文化特色的田字格元素，把政策和概念具象化，生动解读中国开展新中国成立以来规模最大的医疗支援行动、实施患者医疗费用“零自付”等举措，并由点及面，有力彰显中国始终坚持“人民至上、生命至上”理念，凸显了中国特色社会主义制度的显著优势。

作品二维码

（中国日报社供稿）

科技日报社

新媒体工作综述

2020年，科技日报社不断探索融媒体时代各平台的传播特点，深入挖掘受众需求，积极采用图文资讯、长图海报、短视频、H5、直播等丰富多元的信息传播手段创作更多受欢迎的优质新闻内容，使读者全方位真实感受我国的硬核科技成就和科技力量。

我们的努力也获得业界认可和肯定。“追问新冠肺炎”系列报道被推荐为“2020中国新媒体战‘疫’十大精品案例（中央媒体）”；科技日报微信公众号在2020第八届中国企业新媒体年会上被评为2020年度最受中国企业关注新媒体平台。

一、丰富传播载体，提高正面宣传报道水平，扩大主流舆论影响

1. 提升核心报道质量，深入阐释习近平新时代中国特色社会主义思想。科技日报始终把宣传阐释习近平新时代中国特色社会主义思想作为重要政治任务，习近平总书记系列重要活动、重要会议以及重要讲话等在新媒体平台实现了重点呈现，多元传播。2020年，我们更加注重利用海报、短视频等形式提升总书记相关报道质量，力求让总书记相关报道更加深入人心，如金句海报《掷地有声，总书记今天的这些“金句”值得深刻思考》《中国人民是惹不得的！》，短视频《习近平：大国更应该有大的样子，展现大国担当》《习近平：一旦发生这样的严重情况，中国人民必将予以迎头痛击》《扶贫产品应该买点啥？别发愁，跟着“最强带货员”gogogo！》，长图《习近平总书记的两会科技时间》《总书记足迹里的科技印记》等都取得了很好的传播效果，阅读量和点赞量居于本报年度传播数据前列。

2. 把握主题主线，开启传播新思路，将主题报道做实做细、出新出彩。2020年，科技日报强化报道策划，深入挖掘新创意新形式，充分利用微博、微信、抖音等第三方平台，策划制作了一批饱含科技特色的融媒体产品，圆满完成全国两会、走向我们的小康生活、未摘帽贫困县脱贫攻坚、党的十九届五中全会、弘扬科学家精神、落实“六

稳”“六保”工作任务等一系列主题报道任务。

2020年全国两会期间，策划运营的话题“科眼看两会”阅读量达到4600万人次，“小科跑两会”阅读量突破千万。习近平总书记下团组金句海报、系列专栏“他们从战场归来”、两会号外海报视频、“聚焦2020两会”网站专题、政府工作报告“揭榜挂帅”长图解读、每日科技热词卡片、H5《中国科研实力我有数》等新媒体产品的推出，实现了让两会报道更好看、更易懂、更有趣的目标。为契合“疫情下的两会”的大背景，科技日报新媒体特别策划推出了系列专栏“他们从战场归来”，用“图文+海报”的形式倾情讲述来自抗疫一线的代表委员们的感人故事，开栏首篇即获得了6.5万人次的高阅读量。其中，《习近平：“我在电视上看到你了”》一文标题妙用总书记的一句原话“我在电视上看到你了”，既点到报道对象的特别之处，也很好地凸显出习近平总书记亲民爱民的领导人形象，阅读量斩获10万+，并获得2020年度科技日报社最佳主题报道奖。

2020年是决胜全面小康、决战脱贫攻坚之年。相关主题采访报道活动正式启动后，科技日报便推出了“走向我们的小康生活”专题报道，同时在报道要求的主话题之外，在微博主持运维了话题“天南地北话小康”以及“打赢脱贫攻坚战”，发稿量400余篇，“天南地北话小康”话题阅读量超千万，其中《仫佬娃与外国专家对飚英文》单条微博阅读量突破百万，引发网友热议。同时，科技日报特别策划制作了长图《小康生活72变》、声音海报《带您360度体验小康生活》、H5互动小游戏《进击！解锁你深藏不露改天换地的DNA！》等新媒体产品，突破了小康生活报道固有套路，增强了公众参与感，用创新有趣的方式展示出各地在脱贫奔小康事业中的积极作为。H5互动小游戏在微信公众号上阅读量突破3.1万次，观看量突破127万人次。

此外，科技日报—中国科技网开始着力将视频直播打造为特色长板，全年共直播222场次，总播放次数超2.2亿次。发起的面向农村学校的“青少年科技素养提升计划”大师情景科普课，通过视频直播、网络问答等方式，整合专家资源和社会力量，2020全年共计策划8场次大师课，直播全网累计观看人次超5000万，活动微博话题曝光量超2.5亿次。该项计划也已入选2020中国新媒体扶贫联合公益行动十大案例。

二、坚持“内容为王”，聚焦热点话题，发挥专业资源优势，提升品牌影响力

1. *深层挖掘内容潜力，从受众需求出发激发传播效力。*2020年，在抗击新冠肺炎疫情报道中，科技日报充分发挥主流媒体的舆论导向作用，及时发布真实信息，发挥专业性强、科技特色鲜明的优势，积极策划了一系列有深度、有特色的优质新闻内容，提振了公众的抗疫信心。如《武汉挺住，解放

军来了！》《请别把离开武汉的500万人全都“游街示众”》等多篇文章成为阅读量突破10万次的微信爆款。疫情防控初期策划的“追问新冠肺炎”系列报道，直面公众关切和疑问，阅读量过亿，并入选中国记协“2020中国新媒体战‘疫’十大精品案例”。根据疫情防控形势制作了一系列宣传海报图，“如何处理用过的口罩”“这个春节不聚，是为了来日更好地相聚”“给一线医护人员拜年”等，广泛传播于微博和微信朋友圈，被环球网、参考消息等多家媒体转发。为迎接疫情防控期间特殊的三八妇女节，策划制作了短视频《她们，治愈世界的女神》，用深入人心的短镜头，向一大批优秀的女医护人员以及所有为疫情作出贡献的女性致敬，引发网友情感共鸣。

2. 科技大事件巧妙跨界，打造破圈传播话题。“长五B”火箭首飞成功、“天问一号”探测器发射升空，“北斗三号”全球组网，“奋斗者”号成功下潜10909米海底……我们密切关注每一件科技界的大事，在体现专业特色和优势的同时，能够让向来“高大上”的科技报道更加接地气、聚人气。

中国首台火星探测器“天问一号”发射恰好遇上文旅部官宣跨省游将逐步恢复，科技日报巧妙借助这一契机将火星探测与旅游，这两个看似不相关的新闻消息进行有机结合，与各大科研机构、微博“大V”等联动，发起微博话题“晒一晒我去过的最远地方”，其中既有专业的科普“硬菜”，又有表达个人情感、抒发时代正能量的“小菜”，成功实现“破圈传播”，不仅为“天问一号”发射进行了一波预热，也有效纾解了一部分疫情带来的社会紧张情绪，弘扬了爱国情怀，激发了正能量。在“天问一号”发射当天，话题热度不断冲高，并荣登微博要闻榜。两天内，该话题共计发布1.7万条微博，总阅读量超过5500万次。

三、探索“新闻+政务商务服务”模式，打造媒体融合新样本，增强自我造血能力

1. 牵头2020世界5G大会宣传统筹工作，初步形成品牌效应。2020年，科技日报社承担了2020世界5G大会宣传统筹工作，大会主题从党和国家发展的全局着眼，设定为“5G赋能　共享共赢”，通过本报多部门积极协调内外部资源，主动与科技部、广东省委宣传部、广东省科技厅等部门沟通，奠定了良好的外部合作基础，也使本报的传播力、影响力获得较大提升，并初步形成品牌效应。作为宣传统筹方，本报协调和号召其他媒体共发布大会相关报道3.2万余篇，其中，中央及地方主流媒体共发布2.5万余篇，潜在受众达9.26亿；主持的微博话题“2020世界5G大会”阅读量达2.6亿人次，在大会期间稳居微博要闻榜前五；由科报小编出镜的看展Vlog《科报小姐姐来“踢馆”了》微信阅读量突破10万人次。

2. 开启全国科技活动周“云上科技周”，让全民参与共享科普盛宴。按照科技周组委会的部署，2020全国科技活动周以网络云

展示（网络科技周）为主，科普时报、中国科普网以“云上科技周”为主题，利用网络直播、短视频传播、社交媒体推广等创新手段，为公众奉献了一场别样的科普大秀，有效地扩大了科技周的网络影响力和传播力。2020年科技周宣传推广实现了报纸、网站、新媒体等全媒体渠道的全面覆盖，并实现了各种报道形式之间的融合传播。报道团队在8月23—28日策划组织了“云上科技周”主题7场直播活动，累计观看人数超过60万。此外，报道团队还积极拓展各方资源，利用第三方平台的流量优势，联合抖音短视频App发起“云上科技周”抖音话题，播放量超过4.8亿次；联合新浪微博发起“2020全国科技周”微博话题，阅读量超过230万人次；联合今日头条建立“云上科技周”微头条、微专题等，阅读量超过570万人次。

新媒体工作案例

“追问新冠肺炎”系列报道

2020年年初暴发的新冠肺炎疫情，牵动着全国人民的心。在举国上下万众一心抗击疫情的同时，也不免出现了各种流言、谣言在网络上热传。回应热点、答疑解惑是媒体的重要职责使命。鉴于此，科技日报自2020年1月28日起，在新媒体平台（微信公众号和微博）推出了“追问新冠肺炎”系列报道，针对疫情防控热点、焦点问题进行选题策划，话题选择不以大小为依据，而是从公众最急切想知道，但又得不到答案或者容易被误导的话题入手，例如发烧咳嗽了到底要不要去医院、男性更易感是否有科学依据、治愈后是否会二次感染、病毒潜伏期为什么有长有短、A型血是否真的更容易被感染、粪便中分离出新冠病毒意味着什么，等等。

“追问新冠肺炎”系列报道直面疫情相关的各种传言和谣言，对话多个领域的权威专家，从科学角度分析解读，为公众解疑释惑，理性引导公众。同时，及时报道解析疫情防控和科研攻关新进展，提振公众抗疫信心，注重传播科学防控知识，消除公众恐慌，正确引导了社会舆论。该系列报道全面发挥了科学报道“谣言粉碎机”的作用，也充分展现出本报在科学报道方面的专业优势和权威公信力。该系列报道共刊发47篇作品，阅读量过亿，入选中国记协“2020中国新媒体战‘疫’十大精品案例”。

作品二维码

（科技日报社供稿）

人民政协报社

新媒体工作综述

2020年是极不平凡的一年，新冠肺炎疫情突如其来。在党中央的坚强领导下，全国上下共同努力，坚持全国一盘棋，调动各方面积极性，党政军民齐参与，形成了强大的向心力和凝聚力，实现了疫情防控和经济发展“双胜利”。人民政协报、人民政协网围绕中心、服务大局，坚持正确的政治方向、舆论导向、价值取向，加强意识形态阵地建设，坚持“立足政协、面向社会”和“移动优先”策略，创新新闻宣传的理念、形式和方法，运用图解、动漫、H5、直播、短视频等多种形式，进一步拓展融合报道的传播力度、广度和深度，不断提升传播力、引导力、影响力、公信力，在打造新型主流媒体上取得了显著成效。

一、加强领导、健全制度，切实落实意识形态工作责任制

一是加强意识形态阵地建设。报社坚持每季度向全国政协机关领导汇报网络运行整体情况，确保网络意识形态工作始终在全国政协机关党组的领导下有序推进。报社党委为进一步加强对网络新媒体建设的领导，成立了网络安全领导小组，明确报社党委书记为网络意识形态工作第一责任人，明确各成员和各部门的网络安全责任，定期召开会议部署工作；建立健全相关制度，先后出台了《系统建设安全管理规定》《系统运维安全管理规定》《应急预案管理制度》等多项安全管理制度，明确运维人员岗位职责，确保24小时专人值班、及时响应；加强队伍建设、加大资金投入，确保网络安全，通过招聘、整合等方式壮大技术人才队伍，加强技能培训，定期组织培训和应急演练；先后投入自有资金200多万元购买安全运维服务，在重大时间节点由第三方专业团队配合技术保障部门共同做好全天候网络安全运营维护。目前，人民政协网已经通过第三方网络安全等级保护三级测评，两个网站运行至今未发生安全事故。

二是加强重大主题宣传报道。2020年8月，人民政协网成为中央重点新闻网站不久即全新改版，目前设有要闻、要论、协商、

统战等30余个频道、100多个子栏目与专题。在首页开设“习近平报道专集”“讲习所”栏目，深入学习解读习近平总书记重要讲话精神；开设要论频道，约请政协委员根据习近平总书记重要讲话精神撰写评论；与报纸同步在各个新媒体平台上开设“政协人语”“望海楼札记”“连起来看”“放眼世界”等评论专栏。

及时落实中央有关部署要求，持续深入开展决胜全面建成小康社会、决战脱贫攻坚系列报道，开设“走进我们的小康生活”专栏；推出“万众一心 战‘疫’必胜”网络专题，做好抗击新冠肺炎疫情报道；深入开展对党的十九届五中全会的预热和解读报道，在网站首页开设专题并置顶飘红。坚持“不建机构建机制”的原则，自我革命，开拓创新，积极做好习近平总书记在全国抗击新冠肺炎疫情表彰大会、深圳经济特区建立40周年庆祝大会、纪念中国人民志愿军抗美援朝出国作战70周年大会上的重要讲话精神的宣传报道，设置专题专栏，并提炼金句，制作长图和短视频，提高报道影响力。

重点做好全国两会报道。因为疫情，2020年全国两会上会记者数量大幅缩减，人民政协报社主动求新求变，邀请了150余位全国政协委员作为报社和网站的特约记者，对两会进行及时、权威、深入报道。还开设了一系列具有政协特色的融媒体专栏，如《和总书记座谈后，委员们拨通了他们的电话……》《大国之治》《委员出镜》《特邀委员记者》等，融入了H5、直播、短视频等，进行多平台、多元化传播，助推媒体深度融合，提升影响力。

三是加强采编流程管理，保障内容安全。为规范人民政协网新闻采编流程，提高网络新闻报道质量，杜绝重大差错，特别是政治性差错，我们先后制定了《关于加强人民政协网采编质量管理的若干规定》《人民政协网网络时政部大夜班应急值班规定》等制度，从制度上堵塞漏洞。进一步规范发稿流程，严格执行“三审三校”制度，做到全覆盖、无死角，并且采取“人工＋智能”双重审核，确保内容安全。通过购买服务的方式对历年来网上内容进行彻底清查，及时发现并更正重要差错。

二、抓住关键节点，打造精品，彰显社会责任担当

融媒体时代，重大时政报道必须突破创新，才能真正提高新闻舆论的传播力、引导力、影响力和公信力。回首2020年，无论是新冠肺炎疫情、防汛救灾、脱贫攻坚，还是纪念抗日战争胜利75周年、纪念中国人民志愿军抗美援朝出国作战70周年等主题宣传，人民政协报社积极拥抱新媒体，积极建设移动新媒体，不断发力人民政协网、客户端、微信公众号、短视频平台等传播平台，形成渠道多样、覆盖广泛的新闻宣传矩阵，从而适配自身发展。还从实际出发，实现新媒体制作链上下游的通力合作，在采编发等流程上积极探索，在合作共赢、互通共融中获得新空间、赢得新机遇、推出新产品。

一是抗疫报道特色鲜明，彰显社会责任担当。2020年伊始，突如其来的新冠肺炎疫情使人们陷入恐慌和焦虑中。人民政协报社、人民政协网迅速落实报社重大疫情应急处置工作机制，认真履行中央媒体责任，果断调整值班机制，利用“网、微、端”功能性平台等多个渠道，全方位、立体化报道各级统战政协组织及政协委员、民主党派和工商联积极参与抗击疫情的情况，积极为打赢疫情防控阻击战提供舆论支持。

在报道中，人民政协报网以实时数据、短视频、Vlog等方式普及防疫科普知识，增强群众自我防范意识和防护能力；高密度对话权威疫情防控专家委员，介绍战“疫”一线最真实的场景和防控工作进展，传播更具价值的科学防控信息；约访一线党派人士，推出系列报道《战“疫”日记》，将武汉一线新冠肺炎重症隔离病房的真实场景，通过第一人称口述，进行现场还原；加大一线“暖新闻”报道力度，凝聚抗击疫情的强大正能量。

陆续推出的《习近平在武汉部署战“疫”，句句提气！》《全部休舱！》《巾帼图鉴，飒！》《最高礼遇，欢迎回家！》《新冠重症隔离病房长啥样？这位女护士竟画了出来……》《雷火志愿者：明年樱花烂漫时，武汉见！》《寻人启事：47床帮我找大蒜的护士！》等报道，见证了一线医务工作者的英勇无畏和艰辛付出，记录了全国人民同舟共济、共克时艰的感人场景。我们还发起了“中国医生，我想对您说……”活动，联动社会各界和一线医护人员，隔空对话，感人至深。

主体互补、多态融合，集原创性、实时化、矩阵化于一体的报道特色，成为此次疫情报道中的一大亮点。而以抖音、快手为代表的短视频平台，全力推送疫情防控宣传短视频，为疫情防控期间用户宅家提供了新鲜资讯和丰富精神食粮。经统计，以战“疫”为主题的新媒体产品，在各平台上的累计阅读量超7亿人次。

二是爆款产品频出，品牌影响力日益增强。巩固人民政协网改版成果，完善新闻配置，用体制机制保障新闻原创力，更多打造独家内容和爆款产品。2020年以来新媒体平台推出了数十篇10万+爆款产品，融媒体作品《揭秘！周总理亲自定名的长安街华灯，为何能长亮60年？》获中国新闻奖三等奖。

特色新媒体专栏《第二时间》影响力进一步扩大。该栏目充分依托政协委员在各个领域的专业影响力，重点关注当下发生、关注度高、具有突出典型意义的热点新闻，对纷繁复杂的新闻事实抽丝剥茧，个性讲述、深度评论和独家解读。栏目自创办以来，紧盯热搜和民生关切，融入了图文、视频等形式，既增加了节目的可看性，又更好地承担起主流媒体的舆论和价值导向功能，2020年在各新媒体平台累计阅读量破4000万人次。《男女能否同龄退休？政协委员这样判断》《秦岭以一己之力挡住南下冷空气？真相是……》《考古专业没前途？真相是这样滴！》等多篇稿件登上热搜，积极传递正能量和主流价值观，让更多的观众听到主流媒体的权威声音。

主打产品“有事漫商量”围绕全国政协“网络环境下知识产权保护”双周协商座谈会、“推进‘四好农村路’建设”远程协商会、“加强幼教师资培养”双周协商座谈会、“著作权法修订”、“创新驱动发展”、“推进大运河文化带建设”、“构建居家社会机构‘三位一体’的养老服务体系”、“推动制造业高质量发展”及“五险一金改革”等议题，社会热点，节日，大型策划等，共推出了127期新媒体产品，总点击量近180万次。

全国首款网络议政性新媒体平台——“假如我是委员”小程序用户注册达20万，入驻委员150余位，提交提案4000多件，举办一周年庆典论坛，实现经济效益和社会效益双丰收。

三是深入推进媒体融合，突出政协特色优势，打造品牌。转换视角、关注细节和深度融合，人民政协报社的新媒体建设不断在主题立意、表现形式、作品质量、技术支撑、用户体验等方面寻求重大突破，成效明显。

人民政协报社在“委员学习民法典”系列报道中，精准把握委员热议的主题和议题，将政协委员“群聊”《中华人民共和国民法典》的相关内容用趣味化、年轻态的表达方式呈现出来，融入网言网语、短视频等，形式独特、内容有趣、通俗易懂。

发挥品牌产品“委员会客厅”“有事漫商量”“掌千秋”“假如我是委员”小程序等平台、栏目优势，深化主题报道。推出《政协主席面对面》栏目，邀请地方政协主席做客网站演播室，通过融合报道，为各级政协横向交流工作、展示成果、协同发展搭建平台。

持续深入开展决胜全面建成小康社会、决战脱贫攻坚系列报道，加强报网融合，开设“走进我们的小康生活”专栏，赴广西贺州平桂土瑶等地拍摄采访脱贫成果。打造标杆团队，让采编队伍真正深入一线，脚下沾上泥土，持续开展与第一书记同吃、同住、同劳动“三同”活动，切实践行“四力”，为广大受众提供更为优质的新闻产品。

三、创意交互和可视化呈现丰富内容

近年来，短视频发展突飞猛进，视频化表达、可视化呈现、新媒体网言网语成为内容表达的主流方式。人民政协报社在重要主题报道和政协特色报道中，推出了一系列创意足、内涵深、交互强、用户体验深入的新媒体作品，用H5、短视频、动画、Vlog等形式丰富新媒体报道。

人民政协报社将短视频作为新媒体报道中必不可少的“主菜”，提高站位、深挖内容，传递丰富内容，讲好政协故事、中国故事。《委员会客厅》《委员来了》《微光》《尚医》《欣视角》《主播一分钟》等视频栏目中，一系列如《微光丨百年京张养路人》《致敬最可爱的人①丨泪目！86岁志愿军老战士含泪向四位老首长敬礼》《哥们儿，辛苦了！》等作品，内容丰富、侧重多样、覆盖广泛，用精心的构思、精彩的画面、精准的表现把主题报道融入视频化表达中，表现亮眼。

在短视频报道中，还跳出传统的报道视角，发力Vlog，以第一人称视角直观报道新闻，让用户在活泼、趣味、贴近的内容表达中获取丰富信息，强化报道的现场感和真实感。如在2020年全国两会特别策划“委员出镜”栏目，邀请各界政协委员出镜采访，分享作为两会亲历者直观真实的想法，实现了新闻内容的多重演绎。

新媒体发展，融合与创新是主流。总的来看，人民政协报社的新媒体建设在媒体融合发展的大局下，不断激发出新动能，加强个性化新闻生产，创新传播形式，再造新闻生产流程，两会期间所呈现的云端相连的图景也在后续的报道中持续发力。同时，更注重内容与技术的适配，注重传播内容的深度和价值，全面提升报道的传播力、影响力，推进媒体融合行稳致远。

新媒体工作案例

“假如我是委员”微信小程序

习近平总书记指出，人民政协要“探索网络议政、远程协商等新形式，提高协商实效”。为了贯彻落实习近平总书记的要求，十三届全国政协创新性开展网络议政、远程协商会，打破时空界限，将协商民主向基层延伸，让互联网优势同政协协商特色充分结合。按照这一思路，人民政协报、人民政协网倾力推出的“假如我是委员”微信小程序，引导广大网民走进政协、了解政协，通过新媒体平台提交虚拟提案、建言献策，打造网络议政闭环，从而实现有序政治参与。

“假如我是委员”是全国首款网络议政新媒体平台，2019年9月1日上线。这款小程序的定位是：公众有序政治参与的网络议政平台；青少年思想政治教育的网上实践基地；新时代践行网上群众路线的有效载体；政协组织、政府部门、人民团体等践行网上群众路线的有效载体。

小程序用户通过注册成为虚拟政协委员，在应用内通过提交虚拟提案、委员知识问答以及线上线下活动等，获取积分，实现虚拟委员升级，提高新媒体吸引力。在这一过程中，传播政协优质内容，做好舆论宣传和引导，切实提升人民政协网的传播力、引导力、影响力和公信力，积极打造线上协商平台和广泛凝聚共识的网络社区。

在建设初期，小程序把核心用户锁定为青少年群体，逐步扩展到整个网民群体。为了增加吸引力和趣味性，小程序引入委员小助手，引导虚拟委员了解产品功能；并专门设计了一套积分系统，用户注册之后自动成为所在地的虚拟县级政协委员。通过签到、提交虚拟提案、浏览、评论或参与活动等行为获得积分，当积分达到一定标准，且符合提案数量、粉丝数量、关注数量等条件后，就可升级为虚拟市级政协委员，虚拟省级政协委员乃至虚拟全国政协委员。2019年12月，一名来自山东滨州的虚拟委员达到全部条件，从虚拟县级政协委员升级成为虚拟市级政协委员，最后升级到了虚拟省级政协委员。人民政协网及时对此作了报道推送，以此激发其他虚拟委员的参与热情。

依托“假如我是委员”小程序，人民政协报、人民政协网还组织了多场线下活动，如相继走进北京市八一中学、北京市一零一中学、清华大学，也走进了2020年全国两会、北京市政协十三届三次会议及北京市海淀区政协十届三次会议。小程序不仅被写进北京市海淀区政协十届三次会议常委会工作报告，也得到了全国政协机关领导、各级政协委员和社会各界的好评。

小程序上线至今已经有60万+用户，共计提交100多万件虚拟提案。160余名真实的各级政协委员、8家地方政协入驻并与虚拟委员积极互动。有的省级政协还专门下发通知鼓励委员入驻。随着真实委员和政协组织的入驻，虚拟委员们的热情被进一步调动起来，初步感受到了网络议政的乐趣和意义。

“假如我是委员”小程序做出一定规模后，具有积极的反哺作用——其产生的内容也成为优秀的新闻报道素材。围绕策划选题，人民政协报部分周刊从虚拟提案中遴选优质虚拟提案进行深入报道，邀请全国政协委员进行点评，溢出效应显著，为融合报道探索出一条有效的途径。

自上线以来，“假如我是委员”小程序运行平稳，用户稳步增长，不仅成为网民参政议政的新媒体平台，还成为全民思政教育的网上实践基地。平台用户通过化身虚拟政协委员，围绕身边问题或社会热点、难点问题撰写虚拟提案，有利于促进网民关心国家社会，培养社会公民的责任担当。该平台也成为政协委员撰写提案的素材库、数据库，有助于促进政协委员履职尽责和各级政协机构开展工作的有效载体。由于平台的强互动性，有利于打造真正意义上的网络议政闭环，既可以起到社会“解压阀”的作用，还有助于广泛凝聚共识。

“假如我是委员”这款小程序，让我们发现了融合发展的大舞台，也坚定了我们的信心。除此之外，我们还将全力打造一些其他能够承载和凸显政协优势的服务型平台，继而在融合发展过程中把报社打造为“服务型媒体”，找到一条属于自己的融合发展之路。

作品二维码

（人民政协报社供稿）

中国新闻社

新媒体工作综述

2020年，中国新闻社（以下简称“中新社”）紧紧围绕深入学习贯彻习近平新时代中国特色社会主义思想这个首要政治任务，聚焦党领导人民在抗击新冠肺炎疫情、打赢脱贫攻坚战、全面建成小康社会中创造的伟大成就，牢牢把握正确政治方向、舆论导向、价值取向，精心策划组织重大主题宣传，加强国内外热点话题舆论引导；中新社积极探索具有通讯社特色的媒体融合发展创新之路，以新技术、新应用为先导，统筹自主掌控的媒体终端与有影响力的他建平台，科学规划、积极布局，形成了以中央重点新闻网站中国新闻网及中国侨网、中国新闻图片网、中新经纬、国是直通车、华舆等覆盖网、端、微及各类新兴平台账号的新媒体传播集群，综合覆盖用户数近4亿，一体策划、多端协作、集约高效的融媒体内容生产体系和全媒体传播链条不断完善，新闻产品形态不断创新，媒体传播力、影响力不断提升。

一、精心组织重大主题报道，积极有力开展舆论引导

中新社始终把深入宣传阐释好习近平新时代中国特色社会主义思想作为全社工作的首要政治任务，充分调动全社采编力量、全平台参与，持续加强、不断创新总书记形象和思想的宣传工作，努力打造富有“中新风格”、差异化、辨识度强的中新社核心报道。在日常报道层面，如重大活动及高访、主场外交等，建立全社协调机制，加强统一策划、部署和多平台呈现，中新网PC、中新网App设置长期性专栏，集纳展示总书记报道。在加强日常报道基础上，中新社全力打造对外宣介总书记形象和思想的品牌栏目“近观中国”，并形成3个专项产品组：“近观中国”文字评论组、“近观中国”新媒体组、时政微视频组。各自以打造新闻精品为目标，形成分工清晰的重点产品线。

2020年以来，中新社以中新网作为主要新媒体平台，全年在网站及客户端、微博、微信、脸谱、推特以及海外合作华媒各平台端口刊发、推送、展示习近平总书记重

要活动、重要讲话主题中英文报道约1.5万篇，全平台总阅读量近3亿人次。“近观中国”专栏刊发评论文章70余篇，推出各类新媒体产品240余件，制作微视频专题片5件。其中，创意图解《阻击疫情，习近平作出最新部署》对外诠释中国抗疫信心，在微信平台阅读量达10万+，微视频专题片《“带货达人”习近平》精心策划、角度独特，《两会习语｜十二张海报，读懂这些话背后的深意……》运用文字+海报图解的表现形式形象直观宣传解读习近平总书记重要讲话意义，广受好评。

2020年，围绕新冠肺炎疫情这一重大主题，中新社各新媒体平台积极发挥自身特色讲好中国抗疫故事，持续对内鼓舞士气信心，对外展示诠释中国抗疫成效。一年以来，中新网刊发相关主题图文、图片、视频及创意产品等中英文报道12万余条（张），中新网微博主持的话题标签“关注新型肺炎”累计阅读量244亿人次，中国新闻周刊主持的微博话题“周刊君与你共同战‘疫’”阅读量145亿人次。各新媒体平台积极推出特色内容产品，视频中心推出人物纪录片《武汉志工》，讲述武汉快递员汪勇无偿志愿服务医护人员的故事，向外界展示武汉志愿者群体在疫情期间发挥的重要作用，以及中国人众志成城的抗疫决心，累计播放量超4000万次。央视及美国有线电视新闻网（CNN）主动联系中新社寻求素材跟进报道，作品在境内外获得突出反响。此外，视频中心还制作推出五集视频纪录片《中国战“疫”录》，系统勾勒从疫情之初到取得阶段性成果的中国战“疫”全貌，播出后在海内外引发强烈反响。

2020年中秋节期间，中新社运用新媒体技术，推出“云聚中秋”微信互动小程序，实现全球华侨华人以及海外留学生与亲人、家人和朋友的“云端相聚”，使得疫情之下亲情友情不被阻隔。微信互动小程序上线后两周吸引全球超1200万名用户参与“合影”，生成照片超过6600万张，其中来自全球129个国家和地区的海外用户参与占比高达43.02%，境内外反响强烈。

中国侨网从自身特色出发，中国侨网PC端、“侨宝”客户端、微博、微信、海外社交媒体同时发力，从“侨”的角度切入，策划深层次融媒体报道，推出“侨胞抗疫录”国别版，“海外留守记”“华侨华人反歧视”“海外华商抗疫录”等多个系列策划，全方位服务广大华侨华人抗疫。中新经纬组织策划侨商抗疫系列报道《一线》，涵盖英国、意大利、法国、德国、韩国、南非、肯尼亚和菲律宾华商，取得了较好反响。

2020年是决战脱贫攻坚、决胜全面小康之年，中新社各新媒体平台围绕这一重大主题积极加强内容策划，推出一系列新媒体特色报道。其中，中新网策划推出《吾乡》系列移动直播，充分利用融媒体报道手段，以脱贫攻坚为主线，聚焦美丽乡村、产业脱贫、生态环境治理、侨乡发展，以“慢直播”的方式，以小见大，讲述当地民众的脱贫致富故事，展示中国脱贫攻坚战图景，力求在重大主题报道中做出“新意”与“诗意”。直播将中国扶贫工作这一宏大叙事具象化、故事化，兼具内宣和外宣功能，在境内外推出后反响很好。一年以来，系列直播推出20余期，多期直播播放量超过百万次，总观看量突破千万次。2020年，中新社还以中新网为主要新媒体平台，精心组织党的十九届五中全会、全国两会、浦东开发开放30周年、深圳经济特区建立40周年、第三届进博会等重大主题报道，积极唱响主旋律。

2020年，围绕新冠肺炎疫情，中国与美西方国家开展了持续的舆论攻防战。对此，中新社各新媒体平台积极发声，推出中新时评、中新网评、微评、漫评系列内容产品，持续回击批驳美西方打压、歪曲、抹黑中国的言行，积极引导影响国际舆论。中新网主动加强议题设置，针对境外炒作“病毒溯源、疫情时间线、中国瞒报疫情、向中国索赔”以及围绕涉港、涉疆、涉藏等热点话题，加强网络评论引导，在微博、微信等社交平台放大权威声音，在推特、脸谱等境外社交平台加强驳斥，澄清谬误、积极引导。针对美西方持续唱衰中国经济，各平台加强复工复产主题报道，利用月度、季度经济数据出炉等重要时间节点和重大经济类主题活动加强对中国经济的正面解读，让民众切实体会到中国经济“疫后”复苏的活力。中新经纬客户端加强原创报道，全年刊发财经专家署名文章700余篇，围绕经济热点话题全方面做好阐释解读；国是直通车微信公众号加强策划和议题设置，关注国计民生，加强经济形势报道，国是直通车创建并主持的微博话题“复工复产”阅读数2.3亿人次，全方位唱响中国经济光明论，引导国内外形成中国经济平稳向好的预期，提信心稳人心。

在开展舆论监督方面，中国新闻周刊新媒体平台始终坚持理性监督，注重正面引导。中新网持续做好“民生调查局”“社会37度”等原创栏目，重点针对民众普遍关注的民生问题，进行深入调查，回应关切。

二、持续提促融合发展，全媒传播力不断提升

2020年，中新社继续贯彻“移动优先”战略，着力发展网络新媒体业务，持续提促融合发展，全媒传播力不断提升。截至2020年年底，中新社形成了以中国新闻网及中国侨网、中国新闻图片网、中新经纬、国是直通车、华舆等覆盖网、端、微及各类新兴平台账号的新媒体传播集群，综合覆盖用户数近4亿。4个法人微博账号粉丝超千万，其中中新网账号粉丝6850万，中国新闻周刊账号粉丝5700万，中国新闻社账号粉丝1697万，中新经纬账号粉丝1030万。2020年8月，作为中新社网络新媒体龙头的中新网正式获批入列中央重点新闻网站，对全社深入推进媒体融合，提升全社新媒体影响力、传播力具有重要意义。2020年，中新社移动直播作品《中新网独家直播香港警队代表团登长城做好汉》获得第三十届中国新闻奖三等奖；创意手绘短视频《拉勾！

我与明年两会的十个约定》获得第三十届中国人大新闻奖二等奖；网络访谈《两会云访谈：连线全国人大代表、浙江省人民医院院长葛明华》获得第三十届中国人大新闻奖三等奖。

2020年，中新社继续发挥中新网在全社新媒体业务中的龙头作用，持续完善跨部门、跨媒介、跨平台的融合采编机制，重大突发事件、主题报道、战役性报道实行统筹协调、综合指挥、一体策划。同时，继续优化考核制度，引导采编人员不断提升融合报道自觉和意识。此外，全社还持续做好全媒体人才培养，充分利用社内外资源加强理论和技能培训，积极借助重大主题、重大报道进行实践"练兵"，全面提升融媒体采编能力。一年以来，中新网积极构建全媒传播体系，全面加强移动端建设，以客户端为主体、微博微信为两翼、第三方聚合阅读及新兴平台账号为补充的移动传播矩阵不断壮大。2020年，中新网客户端下载量增长14.3%，中新网全年发稿近40万条，原创率达55%，视频、融媒体产品生产能力不断提升，全年制作视频1.8万余条，创意产品670余件，开展直播930余场，新开设《图个明白》《绘见》《壹图漫评》《字画像》等多个新媒体栏目，影响力不断提升。2020年，国是直通车持续发力新媒体传播，入驻抖音、快手、知乎、微视、微信视频号等平台，并深耕微信、微博等社交平台，综合传播力持续提升。

2020年，为增强国际传播能力，中新社进一步加强境外社交媒体平台建设，瞄准港澳台侨目标人群，强化自身优势，着力发展以中文账号为主、英文账号为辅的社交媒体账号矩阵，包括中新网、中新社的中英文账号，以及由海外中心、港澳台部、特稿中心等维护的特色账号，形成较为完整的账号矩阵体系。境外社交媒体平台持续加强内容建设，强化新媒体产品制作，打造特色栏目。如在脸谱、推特平台开设的中新网、中新社中英文账号推出的"新漫评"栏目持续输出辛辣讽刺漫画类网评，栏目下推送的系列"波兰球"四格漫画，以轻松幽默易懂的形式，持续推出20余期中英文作品，反响强烈。海外社交媒体平台积极发挥文化外宣主阵地作用，2020年，中新社在脸谱、推特平台开设的各账号利用图文、短视频、直播等新媒体形式推送中国传统习俗、传统工艺、中华武术、中国美食等中英文内容，持续对外展示中国文化魅力，增强国民的文化自信。2020年，视频中心继续打造视频专栏"中国风"，全年推出15期，对外传递中华文化独有的人文精神与东方智慧。

三、持续加强对外合作，不断扩大华媒朋友圈

2020年，中新社积极发挥自身特色优势，聚焦以海外华侨华人、港澳台同胞为主的"海外中国"群体，积极创新与海外华文媒体的合作方式，不断扩大华文媒体朋友圈。

面对全球新冠肺炎疫情防控，中新社从涉侨报道特色和定位出发，立足服务好海外华侨华人、在外中国同胞和留学生群体抗疫防疫，中新网、中国侨网联合来自五大洲40余个国家和地区的111家海外华文新媒体、5家中国专业平台医疗在线咨询机构共同打造“全球华文新媒体同心战疫信息服务平台”。该平台是中新社在新媒体平台开展抗击疫情报道的一次重大探索，平台集新闻报道、信息服务、直播答疑、答问咨询等多项功能，并包含国内和全球疫情实时动态两个查询类H5页面，全面迎合海内外华侨华人普遍需求，打造更为个性化的移动端产品。平台通过打通融合渠道、构建全球华文新媒体合作传播平台矩阵，积极采用图文、视频、H5、直播、互动等多样化的新媒体展示方式，向海内外华侨华人精准投放涉疫情新闻、信息、资讯，并与合作华文新媒体建立内容双向共享机制，实现全球疫情华媒联动播报。平台注重优化交互体验，邀请中国疾控中心流行病学首席专家吴尊友、中国疾控中心流行病学首席科学家曾光等重量级嘉宾，与日本、法国等地华媒记者进行视频连线访谈直播，就海外疫情防控、防疫国际合作等方面进行解读和答问。平台还提供线上政策问答服务，通过合作华文新媒体收集华侨华人等群体关心的问题，由专业对口部门实现答问释惑。一年以来，同心战疫信息服务平台累计发布信息1.5万余条，互动问答460余次，连线直播19场，向合作媒体推送重点稿件1100余篇次。中新社不断创新与海外华文媒体的合作形式，得到合作媒体的高度认可，受到海外华侨华人的关注，也为全媒体融合对外传播工作积累了经验。

新媒体工作案例

系列微纪录片《中国战“疫”录》

2020年3月底，中新社推出一部5集纪录片《中国战“疫”录》，系统勾勒了从疫情防控之初到取得阶段性成果的中国战“疫”全貌，播出后在海内外引发强烈反响。该片5集内容分别为《疫病突袭》《全民战“疫”》《中国速度》《医者大爱》与《四海同心》，其中既有中国重点疫区疫情发展脉络梳理，也有全球背景下的勠力同心；既有对中国战“疫”的全景式展现，也有面对疫情舍生忘死的个人故事。

纪录片从策划启动到制作上线，前后大约一个月时间，殊为不易。中新社自身拥有较为完整的视频采集网络，特别是武汉前线记者拍摄了大量珍贵素材画面，为纪录片的制作奠定了基础。然而，面临的一系列问题，让这部纪录片的诞生充满了不确定性。如主题宏大如何架构？前后方协作，如何做好共情和代入？面对海量素材，如何取舍整合？工作内容繁复，何时才能播出？策划方案数易其稿，后方编导在时间紧迫情况下依然细拉时间线熟悉事件，制作团队多次开会讨论，对海量素材精挑细选，文稿内容字斟句酌，随后的解说、翻译、包装等环节精益求精，参与者无不以“战‘疫’有我”的真情实感投入工作，疫情内外皆是与时间赛跑，全片最终在2020年3月30日如期上线。

纪录片在境内网络及社交媒体平台播出后引发强烈反响。据不完全统计，纪录片在全网播放量超过4亿次，不少网友留言表示，纪录片生动真实，催人泪下。《中国新闻出版广电报》刊文，肯定《中国战“疫”录》简明有力讲故事，准确深刻抓重点。文章表示，在这部纪录片中，大量疫情防控中珍贵的新闻影像被汇集整合，每集时长在7—10分钟，节奏明快，信息量大，符合大众希望高效获得信息的要求。同时，片中配中英文双语字幕，便于国际传播。

在海外传播方面，依托中新社视频供稿系统，欧洲时报、美国星岛电视、加拿大600新闻台、日本文华电视台、西班牙欧华网、菲律宾商报、新西兰天维网等近百家海外华文媒体在其网站或社交媒体账号推送，在包含港澳台地区的世界华语媒体圈传播广泛。在哈萨克斯坦，《中国战“疫”录》俄语版在《共青团真理报》及哈萨克斯坦通讯社网站及社交媒体播出，获得高度认可，《共青团真理报》刊文称赞该片是“一部人类抗击病毒的‘教学大纲’”。在格鲁吉亚，《中国战“疫”录》格语版在当地“伊梅季”与TV24两家电视台播出。TV24电视台副总裁齐赫巴亚表示，《中国战“疫”录》介绍了中国政府和人民为抗击新冠肺炎疫情所付出的努力，是一部制作精良的优秀纪录片。在吉尔吉斯斯坦，《中国战“疫”录》俄语版在卡巴尔国家通讯社所属电视台及社交媒体平台播放，也在比什凯克晚报网实现落地，许多观众看罢深受触动，留言感叹“这是一个伟大的国家和民族”。《比什凯克晚报》副总编辑妮娜·尼奇波罗娃表示，片中表现的中国抗疫经验值得世界各国学习，中国一直在为实现人类命运共同体而努力。

作品二维码

（中国新闻社供稿）

中共中央党校报刊社

新媒体工作综述

在中央党校报刊社的正确领导下，2020年网络和新媒体中心认真贯彻落实党的宣传工作路线，深入开展以宣传习近平新时代中国特色社会主义思想为主线的网络宣传工作。2020年网络和新媒体建设取得了长足进步。

一、坚持质量至上的工作原则，网络和新媒体建设稳中求进

我们注重发挥新媒体宣传的时效性，围绕不同主题和阶段任务协同开展宣传工作。先后围绕抗疫救灾、全国两会、党的十九届五中全会、全面依法治国工作会议、二十国集团领导人峰会等重大主题时政新闻，采取两网、两号联动的形式开展网上主题宣传活动。理论网围绕习近平新时代中国特色社会主义思想组织开展网评引导工作，依托中央党校（国家行政学院）的学员优势及《学习时报》传统媒体的资源优势，精心策划并持续更新《习近平在福州》《习近平在福建》《总书记走过的贫困县》等网络专题，及时展现习近平总书记重要活动、重要讲话、重要文章等和主流媒体刊发的重要理论文章，使得网站内容兼具理论性和新闻性，围绕学习全会精神和理论热点约稿组稿，转载发布《学习时报》系列理论作品，将宣传阐释党的十九届五中全会精神不断做深做细做实。建立总编抓网评制度，在“大网评”格局构建、网评队伍建设、重大议题设置方面进一步加强，取得良好社会反响。通过多次改版调整，更新迭代，在网站首页设置原创理论网评栏目，围绕理论热点已发布了60余篇网络评论作品，形成了亮点突出的理论网特色网评品牌，进一步增强了网站的舆论引导力和影响力。学习时报微信公众号累计发文1200篇，公众号原创文章近30篇，粉丝数超过32万人，净增长将近9万人，创下学习时报微信公众号2014年注册以来自然年粉丝净增长最高值。官网全年发布信息7095篇，制作专栏、专题15个，年度浏览量约为340万次；官微发布信息827篇，官微粉丝增长量达10万，比年初粉丝人数

翻了一番多。

二、助力新冠肺炎疫情防控宣传，主动作为发出党校声音

在疫情防控宣传报道期间，学习时报公众号、中央党校官网、官微和理论网等新媒体平台发挥实时报道优势，开设疫情防控专栏，精准选取切入点，全方位更新内容。官网、官微账号专门开设“疫情动态”“媒体评论”“党校在行动”栏目，分时段从不同角度全景展示党中央在抗击疫情中的领导决策能力，多方位聚合各权威媒体网评观点，集中推送中央党校专家的理论解析，深入细致宣传各地党校人投身抗疫一线的生动事迹；开展“防范疫情，从我做起”党员疫情防控承诺宣传助力活动，配合抗疫工作大局开展网络宣传活动，传播正能量，在网上展示了党校形象，传递了党的声音；学习时报微信公众号策划推出原创疫情防控系列评论文章，学习时报社社长许宝健撰写的《时刻准备：打响国境保卫战》《时刻警惕：“外防输入”之“外”》《习近平2003年论构筑“防疫大堤”》《动物福利，你知多少？》《欢迎从湖北回北京》等数十篇原创评论文章，在通俗化宣传阐释习近平总书记关于疫情防控重要讲话精神，引导广大公众积极重视、理解和参与疫情防控方面发挥重要的正面舆论引导作用，引发强烈社会反响。

三、充分发挥网络和新媒体宣传优势，聚焦理论热点打造“党校公开课”等网络产品

中央党校是习近平新时代中国特色社会主义思想研究成果的富源地，如何将严肃的理论科研成果在网络传播，让党的创新理论“飞入寻常百姓家”，是中央党校宣传工作追求的工作目标，也是网络宣传工作近期的工作重点。我们以“与祖国在一起”为主题，由科研部推选科研专家、审核宣讲内容，报刊社负责组织拍摄制作，创作出第一季《党校公开课》系列视频产品。《党校公开课》经过从创意到成品，从文字到置景，从拍摄到剪辑的精雕细琢，上线发布后便引发浏览、评论和转载热潮。“学习强国”学习平台、人民网、光明网等中央级新闻媒体，澎湃新闻、搜狐网、新浪网、快手短视频等新媒体平台以及地方党校（行政学院）系统纷纷转载，据不完全统计，《党校公开课》系列短视频全年在主流媒体平台播放和转发量已达上亿次。

新媒体工作案例

《党校公开课》第一季

2020年12月17日，中央网信办召开的中央新闻网站、理论网站网络评论工作专题会议上，2020年6月推出的《党校公开课》第一季相关视频在网络评论局制作的年

度汇报片中进行了展示，被评为“2020年度优秀网评作品”。

中央党校是习近平新时代中国特色社会主义思想研究成果的富源地，马列主义专家众多，社科研究成果丰富。如何将严肃的理论科研成果移植上网，创作出广大群众喜闻乐见的网络产品，是中央党校宣传工作孜孜不倦追求的工作目标，也是网络宣传工作近一个时期不断加强的重点。《党校公开课》第一季系列短视频是在校（院）委会和各级领导的指导下，由科研部和报刊社合作完成的理论性轻量化短视频产品，共分为6讲，分别围绕党的文化使命、国家治理、经济建设、大国外交等多个角度，紧密结合国家发展的生动实践，采取网络喜闻乐见的TED演讲形式进行创作展示。报刊社网络和新媒体中心作为系列短视频创作生产的业务部门，专门集官网官微、学习时报公众号、理论网骨干力量成立“大有庄100号”工作室落实创作任务。《党校公开课》第一季在官网官微、理论网、百家号等多个新媒体平台同步推送，人民网、学习强国、共产党员网、快手等10余个中央媒体和主流商业媒体、移动互联网App同步转载，在网络上引发了理论普及类短视频的点播热潮，许多网民留言“催更”，希望能看到更多类似的高质量视频节目和产品，《党校公开课》第一季系列短视频全网点击浏览量超亿次。

作品二维码

（中共中央党校报刊社供稿）

工人日报社

新媒体工作综述

一、坚守“内容为王”，积极“破壁出圈”

2020年，工人日报在融媒报道与建设方面，牢牢把握正确的政治方向、舆论导向和价值取向，紧密围绕各项重大主题报道，紧抓社会热点，坚持“内容为王”，不断创新融媒体报道产品。同时，按照中央的部署和要求，积极推进媒体融合建设的进程，探索体制机制改革，通过打造融媒精品的“小杠杆”，推动报社全员不断挺进“主战场”。

二、以“融媒思维”完成重大主题报道

2020年全国两会期间，工人日报客户端、强国号、微博、微信、抖音、今日头条等新媒体平台发稿数超过9000篇，其中视频稿件200多篇，图表稿件600多篇，累计阅读量超6000万人次。

为了适应用户新的阅读习惯，工人日报融媒体在2020年两会期间推出了一档具有“工”字特色的媒体融合新闻栏目《工小妹看两会》，实现了一次制作、多次分发、多渠道传播。节目从5月20日至28日，在工人日报客户端、微博、微信、抖音等平台发布。内容贯穿两会会期，共10期节目，每日推出1—2期，视频时长在2分钟左右，旨在打造贴近年轻受众、通俗易懂又兼具本报特色的两会系列解读视频。视频内容紧扣两会议程，同时体现“三工”特色，采用当前脱口秀的流行范式，并融合视频、手绘、剪纸、Vlog等多种形式来丰富节目内容，取得了较好的传播效果。

有了好内容，如何让好内容“破壁出圈”也是我们努力的另一个方向。在2020年的全国两会报道中，工人日报融媒体推出了多个在全网具有一定影响力的爆款产品。5月21日，工人日报客户端独家发布《快讯！全国政协十三届三次会议将举行默哀仪式》，各平台浏览量超620万人次，被国资小新、澎湃新闻、今日头条、腾讯新闻、新浪新闻等多个平台转载。在当日的新闻中，

全国政协十三届三次会议举行默哀仪式成为全网热点，同时成为微博热搜。5月26日，工人日报客户端、微博、抖音推出代表委员一线心声融媒体作品《全国人大代表王艳：将因职业因素导致的颈椎病认定为职业病》被人民日报、中国青年报、澎湃新闻、三联生活周刊等多家媒体转载，同样也成为当日的微博热搜。在工人日报抖音平台，该视频的点击量达34.6万次。

2020年11月24日，全国劳动模范和先进工作者表彰大会在京召开。工人日报针对此次盛会，从会前、会中、会后3个阶段进行了多形式、多维度的报道。作为报道的主阵地，工人日报客户端将“劳模”频道提至页面前端，同时开设“全国劳动模范和先进工作者表彰大会”报道专题，及时在显要位置发布推送大会程序性报道，并策划推出图文、图集、视频等多种形式的原创融媒体产品。“报、网、微、端、外部平台”，多渠道发力，截至2020年11月30日，关于此次劳模大会，共发稿226篇，全网总点击量704万人次。此次全国劳动模范和先进工作者表彰大会会前，由工人日报社融媒体中心策划制作的15期“影响几代人的劳模”专题短视频，全部被学习强国客户端推送至首页，单日点击量超10万人次。各平台阅读量超200万人次。

会中，工人日报融媒体中心策划制作了6期新闻短视频“一线劳模说”，采访新当选劳模的现场感受和背后故事。其中，《张继先：我只是做了一名医生该做的事》首发单日播放量达26万次。根据会议日程，融媒体中心还策划制作了3期“工小妹话劳模”的短视频融媒产品，分别从劳模大会的历史、劳模的特质、2020年全国劳模表彰大会的重点等3个方面向读者和网友介绍此次盛会。

会后及时制作发布短视频《5位新当选全国劳动模范和先进工作者代表中外记者见面会纪实》。同时还发布了《点赞最美笑容　全国劳模来啦》《点赞！快递小哥当上了全国劳模！》等短视频，在全网都有较高的点击量和点赞量。

此外，按照中央要求和部署，工人日报客户端还在2020年推出了“走向我们的小康生活”“脱贫攻坚一线见闻”等专题栏目，推出了一系列有影响的融媒体产品。其中，工人日报各融媒体平台共发布“走向我们的小康生活”相关稿件435条，累计阅读量达1092万人次。

三、突发新闻“我在场”，在报道中践行“四力”

2020年春节假期期间，工人日报融媒体中心全员上岗，以每天工作超过18个小时的力量投入“战斗”，保证记者原创稿件、融媒体中心的策划创意稿件以及海量的外稿在工人日报“两微一端”、抖音、强国号、今日头条等平台实时更新。截至2020年4月10日，工人日报融媒体在各个平台的疫情报道总计15132篇，累计阅读量达3.08亿人次。

工人日报客户端策划推出了《众志成城，抗击新冠肺炎！》和《工会抗疫进行时》两个专题——前者及时全面报道疫情防控，进行防疫知识科普；后者对全国各地各级工会组织和职工在防控疫情阻击战中的积极作为进行报道，彰显本报“三工”特色。

此外，工人日报客户端还推出了“医护一线日记”“一个记者的‘封城’日记”等栏目，连续刊载奋战在湖北抗“疫”一线的医护工作者前线日记及本报记者的采访日记等内容。其中，多条记者在现场采访拍摄的短视频获得了较高关注。《火神山第一间样板病房“出炉”》点击量超 1300 万次，《受习近平委托，李克强来到武汉》点击量超 2500 万次。报道期间，抖音平台涨粉 20 万。

广大职工群众关心的劳动权益问题也是融媒体中心在此次疫情报道中的重点。在客户端、微博、微信平台，我们陆续推出了如《必看！防疫期间，这 10 个劳动权益问题与你有关》《@所有劳动者：疫情防控期间的工资这没发》《春节延长假期可以抵扣年假？延迟复工期间工资怎么算？有答案了！》等多篇关注疫情防控期间劳动权益问题的干货文章，及时解答了因假期延迟等带来的新问题。

2020 年 6 月，南方汛情严重，工人日报及时派记者前往受灾较为严重的安徽、江西、湖北等地进行报道。同时在工人日报客户端首页位置开设《直击暴雨洪灾》专题，及时更新来自抗洪救灾现场的报道。抗洪 Vlog《记者坐拖拉机赶往安徽庐江圩堤抢险现场：数千人会战守堤坝！》以记者第一视角的形式，再现了赶赴抢险现场一路上的所见所闻，其中记者乘拖拉机“逆行”前往抢险现场、与遇到的撤离群众交谈等场面真实具体，细节丰富，现场感强。

《航拍江西省鄱阳县圩堤漫溃现场：村庄受淹一片泽国》《记者实地探访武汉汛情：汉口江滩江水淹没步行道》《记者直击“孤岛”救援：橡皮艇穿行在变成“河道”的街道上救人》等短视频现场新闻使用航拍等拍摄手法，核心画面丰富，发稿迅速，客观真实地反映了灾区现状和救灾工作进展。

此外，工人日报从“三工”特色定位出发，聚焦奋战在抗洪抢险一线的逆行英雄，策划制作了多幅海报新闻作品。《泥水拍打在他们脸上！抗洪战士的这些画面，每一个都震撼人心！》《辛苦了！抗洪战士“挑战”高难度睡姿》等海报新闻在社交媒体平台被广泛传播。

四、“活动 + 内容”，打造自有平台影响力

主力军全面挺进主战场，这要求我们必须全力打造自主、可控、有特色的自有平台。2020 年，依托工人日报新闻客户端建设，我们积极整合“三工”资源，以“活动 + 内容”为抓手，不断打造自有平台的影响力。

为进一步扩大工人日报融媒体平台的覆盖面和影响力，做好工人日报客户端的推广工作，2020 年，工人日报融媒体中心与各级工会组织、企业加强合作，以工人日报客

户端为依托，策划组织了多场线上活动，大幅度增加了工人日报客户端的下载量。截至目前，工人日报客户端下载量超 290 万，较年初增长了约 240 万。

2020 年是脱贫攻坚决战决胜之年。由全国总工会扶贫工作领导小组主办，全总劳动和经济工作部、全总宣传教育部、工人日报社共同承办的“讲扶贫故事　展工会风采”全国工会扶贫短视频故事征集活动从 2020 年 5 月正式启动，并于 9 月 17 日至 25 日在工人日报客户端上线。征集活动共收到来自 27 个省（区、市）和 5 个全国产业工会推荐上报的 140 部扶贫短视频作品。最终，有 89 部作品入围。这些入围作品有的讲述了工会干部驻村入户的感人故事，有的记录了劳动模范发挥自身优势扶贫的故事，有的呈现了扶贫路上的工会力量。一帧帧画面，展示出了中国工会决战决胜脱贫攻坚的生动图景。本次活动参与量达到 9948350 人次。9 天时间，工人日报从报纸到“两微一端”、头条号、抖音号、强国号各端口全力宣传，共发布相关内容 26 条。活动得到各级工会组织的积极参与和广泛好评。

此外，工人日报融媒体中心还通过本次征集活动深入挖掘新闻线索，奔赴山西、云南、贵州、甘肃、宁夏等地，历时 4 个多月制作了 15 分钟《工会扶贫》宣传片和 5 集《工会扶贫故事》专题片。从扶贫车间、易地搬迁、定点扶贫、劳动竞赛、劳模扶贫等角度，记录了工会扶贫过程中的动人瞬间，展现了工会组织在打赢脱贫攻坚这场重大战役中的积极作为。

2020 年 4 月，工人日报融媒体中心联合河南省总等单位举办“河南最美职工网络推荐活动”，活动在工人日报客户端落地，此次活动带动客户端下载量增长了 10.7 万。

此外，工人日报先后联合多地工会组织，举办了全国首届“盾构工匠”评选活动、“最班组”全国短视频大赛第二季入围作品展播活动、青岛市“寻找最美工会主席”等一系列活动，这些活动累计超过 4000 万人次参与。

五、借船出海——充分用好外部平台

建好自有平台的同时，也要充分用好第三方平台在当下舆论场中的优势。截至目前，工人日报融媒体建设除了“两微一端”外，同时还在学习强国、抖音、快手、今日头条、百度、腾讯、微信视频号等多个外部平台运营工人日报的第三方公众号。2020 年，我们在第三方平台的运营上，取得长足进步，有效地“借船出海”，扩大了工人日报的影响力。

在抖音平台，短视频《列车经过武汉站　几乎没人上下车》阅读量达 3779.3 万次；短视频《上海医疗救治专家组组长：一线岗位党员必须要上去，没有讨价还价》阅读量达 3913.1 万次；短视频《云南省红河州出现冰雹、雷雨天气》阅读量达 1.1 亿次。在快手平台，短视频《再现“重车压梁”！8 月 17 日 13 时许，两列重达 8100 吨的列车被机车推上宝成铁路涪江大桥以应对洪峰》阅读量达 1354.4 万人次。

在微信端，多篇稿件获 10 万 +，并被多家主流媒体微信公众号转载。其中 2 月 12 日发布的《深夜，武汉市中心医院主任发文悼念医院小卖部老板林军》，微信阅读量为 229.4 万次。

在微博平台，“业绩不佳被罚吃死神辣条”“女员工吃到胃痛进医院”，阅读量达 1471 万人次；“‘钟南山院士屡次被造谣’背后：天下苦营销号久矣”，阅读量达 385 万人次；“随手拍违章应该鼓励吗”，阅读量达 667 万人次。

六、以精品融媒产品撬动体制机制改革

主力军全面挺进主战场，形势紧迫。2020 年，工人日报继续以重大事件、重要栏目为抓手，以工作室、项目制的融媒产品生产方式，突破报社部门之间的限制，积极探索体制机制改革，集中优势资源，打造精品栏目，撬动媒体融合的变革。

工人日报 e 网评从 2019 年 5 月 9 日上线，坚持每周推送，已推出超过 213 篇稿件。e 网评在工人日报客户端首发，然后全网推送，是报社融媒改革的重点项目，意在探索融媒改革下的内容创新及工作流程再造。

众声喧哗的时代，我们坚持“内容为王”，以优质内容和深度解析赢取用户。2020 年，e 网评继续聚焦在社交媒体上热议的、与公众关系密切的新闻事件及现象，热点新闻及时发声，重大新闻不失声。e 网评推出了《为明星应援，小学生成了谁的“木偶”？》《人脸识别，请等等信息保护的脚步》《“凡尔赛文学”，不过是“口嗨式”造梦的变体》《我们的敌人是病毒，不是被确诊的“成都女孩”》《绝大多数孩子最终会成为普通人，这是我们不得不面对的真相》等多篇具有“网感”的评论。从社会热点出发，寻找小切口和独特视角，注重信息的梳理，快速回应舆论关切，e 网评获得了与网友情绪上的共鸣，取得良好的传播效果。

在流程上，参与 e 网评的记者编辑往往与时间赛跑，确保从选题到写、编、审、检校、制作、推送等各环节都做到争分夺秒，在网络上获得时间优势，先声夺人。

2020 年工人日报继续打造的另一个品牌栏目是“三工视频 · 新 360 行”系列视频。栏目继承了工人日报多年以来密切“关注 360 行和边缘、边远地带的劳动者”的成功做法，讲述新时代、新职业、新发现，用短视频讲好中国工人故事，《超两亿人都有的脱发焦虑，或许他能帮你守住发际线 | 三工视频 · 新 360 行之植发师》《清华雕塑系女生转行 3D 打印：我做出了杨洋手中的宝剑 | 三工视频 · 新 360 行之 3D 打印设计师》等视频产品图文兼备、画风清新、制作精美，兼具新闻性与故事性，取得了良好的传播效果。

上述两个栏目，均是以工作室、项目制为核心的工作机制，有效吸纳了各个部门致

力于融媒体报道的人才，实现跨部门的分工与合作，让最适合的人，在最合适的位置，发挥最大的功效。

新媒体工作案例

“影响几代人的劳模”系列短视频

在2020年全国劳动模范和先进工作者表彰大会召开之前，工人日报融媒体中心策划、制作了“影响几代人的劳模”系列短视频，在工人日报客户端、学习强国、网站、微博、微信、抖音等平台发布，引起社会关注，受到职工群众的点赞，取得较好的传播效果。

一、策划缘由

新中国成立以来至2015年，我国已经举办了15届全国劳模大会。从20世纪90年代开始，全国劳模表彰大会每5年召开一次，上一次召开的时间是2015年。2020年召开的是第十六次全国劳模表彰大会。

2020年5月，工人日报融媒体中心针对2020年全国劳模大会的新媒体宣传报道提前进行了策划讨论。孟泰、马恒昌、王进喜、时传祥……重视对劳动模范等先进人物的报道始终是工人日报的优良报道传统。立足于这一出发点，工人日报融媒体中心策划制作宣传历届劳模的新媒体作品，让年轻一代受众了解以劳模为代表的工人阶级光辉事迹，弘扬劳模精神。根据报社领导指示的报道方向，融媒体中心确定了“影响时代的劳模”的报道主题，同时开始查阅权威资料，阅读《中国劳模史》，开始前期准备工作。9月底，融媒体中心邀请《中国劳模史》一书作者姚荣启担任顾问，并成立了撰稿、编辑、记者、剪辑、配音、动画设计等人员组成的项目小组，正式开始系列短视频的策划制作工作，明确了劳模人选、素材收集、视频剪辑3项重点任务。

二、创作过程

10月中旬，在全总劳动和经济工作部、全总宣传教育部的指导下，项目小组明确了具有较高社会影响力、每个年代选择一到两位、兼顾行业领域的劳模人选标准，拟定了30位左右的初选名单。由于年代久远，很多劳模缺少照片、视频等影像资料，视频素材的收集面临诸多困难。为此，我们积极行动，发动驻站记者联系劳模所在单位、地方，寻找劳模们的视频影像。同时，联系中国劳动关系学院、中国职工电化教育中心等兄弟单位，从历史档案中挖掘相关素材。在工人日报内部，融媒体中心联合摄影部整理出了相关劳模的摄影照片、报道版面等极为珍贵的档案。根据视频素材的摸底情况，在全总劳动和经济工作部、全总宣传教育部的指导下，融媒体中心按照年代顺序及时确定了最终的15位劳模人选，并将主题确定为“影响几代人的劳模”，主要介绍劳模们的感人故事和先进事迹。

在人选确定后，融媒体中心抓紧时间联络收集劳模们的视频素材，10月中旬陆续收到一些劳模的视频素材。同时，在查阅权威资料、熟悉劳模生平事迹的基础上，融媒体中心开始撰稿工作。同时，融媒体中心视频组编辑根据内容主题和视频传播规律，及时完成了系列视频的风格设计、动画效果、后期包装等视频创作人物。

经过项目小组所有成员的努力，10月28日，第一位劳模孟泰的样片完成。样片征求了上级单位、报社领导、报社老同志、年轻采编人员、受众代表的意见，在字幕显示、播音风格、片头动画等方面进行了修改完善。样片确定后，11月初，项目小组按照每天完成一部作品的进度要求，开足马力、加班加点，撰稿、编辑、记者、剪辑、配音等人员各司其职，按时完成了系列短视频的制作、修改工作。11月11日，“影响几代人的劳模”系列短视频开始在工人日报各平台发布，至11月22日，15期短视频全部发布完毕。

三、传播效果

在发布中，我们根据不同平台的特点，实行差异化的传播，在工人日报客户端热点频道重要位置设立“影响几代人的劳模”专题，视频一经发布即全网推送。在新浪微博平台，我们开设了“影响几代人的劳模”，阅读量达128.6万人次，网友积极讨论留言，网友留言称：“我尤其敬佩老一辈劳模，在他们身上，我看到一生悬命的工匠精神，还有一生只做一件事的坚持。”视频发布后，学习强国平台在首页“新时代劳模风采”专题中设置了“影响几代人的劳模”专栏，进行全平台推荐，受到用户们的欢迎点赞。11月25日，该专题短视频在“学习强国”学习平台单日点击量为10.1万次。同时，视频还在微信、抖音、快手、腾讯新闻、今日头条、知乎等平台发布，引发社会关注，中国青年网、环球网、腾讯网、搜狐网、新浪网等网站及时进行了转载。

融媒体时代，做好劳模宣传报道工作，除了坚守“内容为王”外，在传播手段、传播方式、作品形式、互动方式上也要适应互联网时代的传播环境。主动研究网上用户的特点，按照新闻传播规律办事，坚持专业化、团队化，通过集体的努力创作精品，在网上宣传中国工人故事、中国工会故事。

作品二维码

（工人日报社供稿）

中国青年报社

新媒体工作综述

2020年是决胜全面小康、决战脱贫攻坚之年，也是不平凡的一年，突如其来的新冠肺炎疫情席卷全球。

在团中央书记处的领导下，在中宣部、中央网信办的指导下，中国青年报社以党的政治建设为统领，贯彻落实党的十九大和十九届二中、三中、四中、五中全会精神，坚持不懈用习近平新时代中国特色社会主义思想武装采编人员头脑，牢固树立“四个意识”、坚定“四个自信”、做到“两个维护”，全面落实意识形态责任制，重塑新定位，努力推进网报深度一体化融合，打造上传下达的治国理政新平台，打造内引外联的国际传播新格局，打造惠国利民的美好实用新服务，着力提高办报办网质量，不断向“强政治，奔一流”的目标奋进，基本实现了一流新型青年主流媒体的目标，为下一步全面实现习近平总书记提出的“做强新型主流媒体”目标打下了坚实的基础。

据不完全统计，截至2020年12月31日，中国青年报社下属全媒体平台用户达1.3亿，移动端平均日活量达1231.51万。中国青年报社被中国报协评为“中国报业媒体融合示范单位”。《活在表格里的牛》、短视频专题报道《中国有故事》等4件作品获得第三十届中国新闻奖。报社个人或集体先后获得抗疫先进个人、抗疫三八红旗手、抗疫图片编辑先进集体等荣誉表彰。

一、创新内容形式，增强习近平总书记系列重要讲话精神青年化阐释解读能力，让其入青年脑青年心

学习贯彻和宣传解读习近平总书记系列重要讲话精神，始终是中国青年报社所有工作的重中之重。本报尤其注重用电子海报、短视频、H5产品等新媒体手段进行生动宣传，效果显著。如对2020年2月23日习近平总书记在统筹推进新冠肺炎疫情防控和经济社会发展工作部署会议的重要讲话进行解读，在制作了电子海报《指挥战“疫”，总书记提到这几类人》发布的同时，制作了3个短视频和1个H5作品，H5“青年大学习”防疫特辑第四期以“统

筹推进疫情防控和经济社会发展”为主题，为青年更好领会和掌握总书记讲话精神“划重点”，直接参与学习互动人数达4311万多，总点击量为1.4亿多人次。截至4月26日，“青年大学习”防控新冠肺炎疫情特辑已推出10期，总点击量突破15亿人次，参与人数突破5亿。

2020年中国青年报全媒体刊发《习近平与大学生朋友们》系列专题报道，体现了习近平总书记长期以来对大学生的关心、关爱和关怀。报道一经推出即引发社会各界巨大反响，中国青年报全媒体又连续推出相关讨论、反响稿件。

二、全媒体融合改革促发展，明确提出并按照媒体“三个新定位”推进各项改革，以全媒体人才战略规划制定和实施，作为深化体制机制改革的重要抓手

2020年中国青年报社进一步推动报网、网端深度融合一体化，全面落实中国青年网作为中国青年报的新闻主网和“专业主导、三端融合、移动优先”战略。同时中国青年报特色“融媒小厨”升级“融媒云厨”，从“互联网+”到“互联网×”，构建年轻态主流融媒。中国青年网改版升级，中国青年网和客户端一体化发展，集约化运维。重新定位中青在线网站，中青在线与中国青年网差异化发展，作为以“青春正能量”文化产品为主的新闻网站，突出音视频特色，继承其内容创制优势，更好服务共青团视频类文化产品的创制需要，用青年喜爱的方式引领青年。

从2019年年底开始，在报社党委常委会的领导下，子报刊采编中心与中国青年网深度融合改革，实现人员融合、管理融合、工作融合、流程融合、考评融合。融合之后的团队力量显著增强，效果明显，融媒产品从数量多向质量高转变，融媒产品的形式越来越丰富。

2020年1月6日，报社召开党委扩大会、党委常委会，就新一年加强党建及中央巡视整改中提出的深度融合工作进一步作出具体部署。在报社党委领导下的“两会五板块”组织体系框架下，按照“一支队伍”“分工不分家，分岗不分编”“专业主导，三端融合”的原则，中国青年网新闻采编中心（除财经组、地方新闻组外）、中青在线新闻采编部采编组合并组建端网运营室，直属报社总编辑领导。按照报社全媒体协调机制，在值班社领导、值班编委领导下，在协调中心编辑发布协调组值班主任直接统筹下，负责中国青年网、中青在线和中国青年报客户端首页首屏等重要板块的维护更新工作及网络专题制作。

全国两会期间，“团团微就业”共青团服务青年就业平台上线试运行，由共青团中央青年发展部、人社部就业促进司指导，中国青年报主办的“千校万岗·百城大中专毕业生就业服务专项行动”同时启动，这个服务平台就落在以中国青年报客户端为互动窗口的融合平台上，也是中国青年报媒体融合纵深发展重要助推器之一。平台入驻企业已

超过万家，共提供工作岗位90多万个，提交求职简历的用户累计约60万人。中国青年网主动承担的平台深度升级改造工作正在进行。

2020年6月30日，习近平总书记主持召开的中央全面深化改革委员会第十四次会议审议通过了《关于加快推进媒体深度融合发展的指导意见》。报社党委常委会深刻认识到，媒体融合向纵深发展需要提高政治站位，重塑明确新定位，加速媒体融合纵深发展定位，打造上传下达的治国理政新平台，打造内引外联的国际传播新格局，打造惠国利民的美好实用新服务。

报社党委常委会深入贯彻落实中央关于“推动媒体融合向纵深发展，加大全媒体人才培养力度”的指示精神，优化内设机构，在强化干部日常监督管理的基础上，以全媒体人才培养为切入点，有效推行绩效考核，创新完善薪酬动态管理、中长期人力资源规划、五类融媒人才培养与人才库建设等工作机制，修订完善《中国青年报社薪酬管理办法（试行）》，进一步优化薪酬分配方式与结构，探索和完善适配新媒体融合发展的薪酬管理机制和人才激励机制；制订《中国青年报社全媒体人才战略规划方案（十四五）（试行）》，着力打造政治坚定、熟悉新媒体技术、懂用户、懂运营、懂管理的全媒体人才聚集高地，为实现打造更有传播力、引导力、影响力和公信力的一流新型青年主流媒体目标提供了有力人才保障。

三、客户端改版升级，从“融媒小厨”到“融媒云厨”

2020年8月8日，中国青年报客户端4.0版正式上线——全新的UI设计、沉浸式的视频表达、有料的慕课学习、有益的成长服务，这些都能在“指端”畅享，“24小时中青报”全新启幕。中国青年报各部门、中国青年网、中青在线均入驻客户端负责频道运维。

“有品质，最青年！”中国青年报客户端作为中国青年报新媒体旗舰，承载着转型改革的使命，着力打造五大功能模块，力争成为青年在“速读时代”的必备终端。

以客户端升级为契机，加速全报社“专业主导、三端融合”改革进程，加速“融媒云厨”一体化融合和再创业。目前，中青智慧云内容管理平台建设完成、中国青年报客户端升级到4.0，标志着中国青年报从“融媒小厨”迈进“融媒云厨”阶段。“融媒云厨”以“融媒小厨”为基础，坚定贯彻一体化的管理思路，推进内容资源协同创新，更精准使用云技术、人工智能、视频等新技术，支撑报社媒体融合向纵深发展。

文化产品制作水平稳步提升，“中国有故事”“青年大学习”“中国人的故事”“中国青年说”“榜样阅读”等成为知名IP。“青蜂侠”是中国青年报、中国青年网重点打造的新闻短视频品牌，目前位居新闻短视频业界前三名，中央新闻媒体短视频品牌首位。“青蜂侠”成为报社传播力、引导力、影响力、公信力重要承载，成为上级开展舆论引导和舆论斗争的重要抓手，在业界打造出“青蜂侠”现象。人民网、光明网、正义网、法治日报、大河报等媒体陆续前来学习交流。2020年以来，“青蜂侠”在原创性上取得长足进步，围绕重大主题报道、正能量暖视频、重大热点事件引导、境内外重大舆论斗争生产2万多条产品，日均播放超过5000万次。

据人民网2020年年底发布的数据，中国青年报“两微”继续保持全国党报“两微”影响力第三名，中国青年报抖音账号的用户已发展到1600多万，排名从第九名上升到第七名。

四、展现主流媒体责任担当，出色完成重大报道或主题宣传任务

2020年，大事多，中国青年报社勠力同心先后完成了新春走基层、战“疫”、全国两会、抗洪抢险、脱贫攻坚与全面建成小康社会、抗战胜利75周年、北京服贸会、深圳经济特区建立40周年、中国人民志愿军抗美援朝出国作战70周年、“十三五”成就、党的十九届五中全会精神、进博会等重大报道任务，新媒体报道作品成为主要流量担当。

按照中宣部和共青团中央书记处的部署，中国青年报社高度重视抗疫报道工作，主要领导靠前指挥，全社动员，所有采编部门参与，集中优势资源和精兵强将，切实加强抗疫新闻舆论引导。

报社先后派出3批次14名记者奔赴湖北、武汉地区采访，加上湖北记者站3人共16名记者和1名辅助人员参与报道，他们冒着生命危险，深入ICU等“红区”一线采写拍摄，推出一批直抵人心的融媒体作品，起到了聚民心、暖人心、强信心的社会效果。其中，多名记者在抗疫一线坚守100余天，其他记者也坚守了40至70余天。在湖北以外地区，据不完全统计本报进行疫情防控采访报道165人，其中34人自疫情防控开始一直在各地参与一线抗疫报道，其他参与疫情防控的后方编辑199人，辅助人员85人等。据不完全统计，截至6月14日，中国青年报社全媒体平台发布战“疫”原创报道19110篇（条），传播总量超170亿人次。

全国抗击新冠肺炎疫情形势好转以后，中国青年报积极做好疫情防控常态化下抗疫宣传报道，出色完成了绥芬河、北京、大连、青岛、乌鲁木齐、瑞丽、喀什等地的抗疫报道工作。

全国两会期间，中国青年报紧扣全面建成小康社会目标任务和两会议程，以“决战决胜，历史跨越，青年担当”为主题，围绕中心，聚焦大局，彰显青年特色，开设了《两会新观察》《两会青年说》《两会·青年请回答》《我们云上见》系列Vlog以及《两会聚焦》微视频等全媒体专栏，推出了两会特刊《决胜2020》。截至2020年6月2日，中国青年报两会报道自有平台包括中国青年报法人微博在内累计传播量20多亿次。

南方发生洪涝灾害以来，中国青年报

社坚决贯彻落实习近平总书记关于防汛救灾的重要指示精神，按照中宣部的部署，高度重视抗洪救灾报道工作，始终坚持“人民至上，生命至上”的舆论导向，主要领导靠前指挥，集中优势资源和精兵强将，成立有10多个采编部门或单位参与的报道组，先后派出20多名记者到抗洪抢险一线采访，切实加强抗洪救灾新闻舆论引导，彰显青年特色。在坚持发挥深度报道等传统优势的基础上，注重提升网上传播能力，创新运用电子海报、小视频、短视频、视频专题片等融媒体手段，用新时代青年喜闻乐见的形式和内容，及时深入生动宣传报道党中央决策部署；生动立体讲述解放军指战员、武警官兵、消防救援等应急队伍、团组织和一线青年的抗洪抢险故事，努力提高抗洪新闻舆论引导青年的有效性，起到了增信心、暖人心、聚民心的社会效果。

据不完全统计，截至2020年8月1日，中国青年报社全媒体平台发布抗洪抢险原创报道980多篇（条、幅），传播总量超11亿人次，其中中国青年报抖音账号发布相关稿件65条，总点击量6.7亿人次。

脱贫攻坚与全面建成小康社会是中国青年报2020年宣传报道工作的重中之重，派出大批年轻骨干记者深入一线蹲点采访，甚至直接参与地方扶贫工作，高质量完成了脱贫攻坚报道和舆论引导工作。全年脱贫攻坚报道自有平台传播总量超过4亿次。其中H5作品《青年大学习：凝心聚力打赢脱贫攻坚战》第八季第六期直接参与学习互动的人数4697万人，总点击量超1.26亿次。

2020年6月至8月，中宣部组织“走向我们的小康生活”主题采访报道活动，本报认真组织策划，3轮共派出记者93人次奔赴31个省（区、市）深入基层、深入一线，积极探索媒体融合的新形式、新表达，生产了一批优质的具有青年范儿的全媒体报道。据不完全统计，中国青年报全媒体平台发布“走向我们的小康生活”主题网稿、组图、短视频、微博、Vlog、H5等原创报道近800篇，累计阅读量近3亿人次。主持微博话题“我心目中的小康生活”阅读量超1.4亿人次。10余篇报道单条稿件阅读量破千万。

为纪念中国人民志愿军抗美援朝出国作战70周年，团中央面向全团共青团员、少先队员推出“致敬抗美援朝”主题云团课、队课直播，中青在线融媒工作室作为牵头部门确保了直播工作顺利圆满完成，收看人数达2000余万人次。《中国有故事》推出抗美援朝特辑《战地家书》，节目上线后点击量近300万人次。

党的十九届五中全会审议通过的《中共中央关于制定国民经济和社会发展第十四个五年规划和二〇三五年远景目标的建议》，为中国未来经济社会发展擘画了宏伟蓝图。广大青年是强国一代，是全面建设社会主义现代化国家新征程的见证者、参与者、建设者、受益者，面临成长发展、建功立业的重大机遇。他们是伴随互联网成长的一代，大部分时间是数字化生存。作为面向青年的新型主流媒体，中国青年报社坚决贯彻落实习近平总书记的重要批示指示精神，高度重视面向青少年群体的新闻宣传和外宣工作，举全社之力，以“青春聚力十四五，强国一代有我在”为主题，报网端共同发力，切实加强党的十九届五中全会精神面向青少年新闻宣传的针对性和实效性，全媒体立体多样态解读相关青年政策，揭示蕴含的青年机遇，阐释青年责任，反映青年奋斗，以激励广大团员青年在全面建设社会主义现代化国家新征程中不懈奋斗，奋发有为，建功立业。

中国青年报社重点运用短视频及MV、研讨会、云团队课、动漫动画、H5、Vlog短片、长图海报等形式推出一批产品，进行全媒体立体传播。据不完全统计，发布各类面向青少年群体的宣传党的十九届五中全会精神的作品100条以上，自有平台总传播量3.2亿人次以上。其中，青年大学习云团课阅读量达1.4亿多人次，研讨会稿件《新起点新格局新青年》在“学习强国”学习平台阅读量过千万，MV《2035是这young》在各种新歌榜中名列前茅。

五、增强文化内涵提升文化品质，用新媒体向青少年讲好文化传承的故事

运用新媒体向青少年讲好文化传承的故事，是中国青年报加快媒体融合向纵深发展的一项重要政治任务和传播重点。

青年文化自信是最深厚的自信。中国青年网结合重大时间节点和重大主题，推出80多期“非遗系列”原创内容产品，用优秀传统文化浸润心灵。“非遗传承人”系列讲述京味儿月饼传承人邢景翠等近10位非遗传承人坚守初心的非遗故事。

此外，通过一系列“传承的力量”“文化中国论坛”“榜样阅读”等全媒体活动，借助网红明星打造青年喜爱的正能量影视剧、纪录片、MV、五四晚会、时尚文化节等，努力把“文化传承”的基因与“思想引领”的创新，更有机有效地结合起来。

六、加强国际传播，进军海外社交媒体平台新阵地

抗疫期间，中国青年报与团中央国际部承制了12场“全球青年抗疫行动经验分享会”，生产相关融媒产品并推广传播，和各国青年组织分享中国在统筹疫情防控和经济社会发展方面的经验，有力地传出中国声音，呼应人类命运共同体的主题。

中国青年报还深度参与团中央国际部重点项目“此时此刻”全球青年抗疫故事国际征集展示活动及其内外宣工作，做好“全球战‘疫’中的中国青年”全媒体系列双语报道。“此时此刻”全球青年抗疫故事系列短视频及混剪视频在Youth China外宣账号上的传播量超过100万次。

由中青校媒推荐的武大95后女生王琇琨联合国研讨会发言冲上微博热搜榜第二，阅读量达1.3亿人次，在全网引发讨论。作为中国青年志愿者代表，她在联合国“共同应对新冠病毒”网络研讨会上，全英文介绍中国的战“疫”经验，分享疫情防控期间组织志愿活动、为医务人员子女提供线上辅导

的经历。中国矿业大学（北京）的大二学生谢小玉，与来自俄罗斯、印度、日本等10个国家的青年展开“云分享”，线上讲述了她在武汉社区做志愿者的故事。

中国青年报下属的青年参考团队和媒体矩阵从专注于国际资讯向国内传播（内宣）发展为“双向国际传播（内宣外宣）并重”，致力于青年外事、民间外交、跨文化传播和交流的载体和使者。例如2020年3月上旬青年参考推出的中英双语融媒产品《暖歌唱哭中外网友 21国青年给中国加油》融入了多媒体元素，形式新颖，其中的歌曲由团中央国际部提供，通过21个国家108名青年领袖及代表为中国唱响“暖歌”，表现各国民众对中国战“疫”的支持。

2020年，青年参考团队全面进军海外社交媒体平台这一全新的阵地，7月开始正式投入人力运营青年参考推特账号，9月开设了青年参考脸谱和青年参考优兔账号，10月开始，青年参考全员“组团出海”，为打造报社外宣媒体矩阵加速前进。这些账号基于个人兴趣和特长，在衣食住行等各国网民特别是Z世代青年共同关注的垂直领域进行深度发掘，整合国内外资源，捕捉国内外社交媒体热门内容、账号并与之积极互动，在海外社交媒体平台打造个性化IP，通过新奇、有趣、有内涵的内容推送吸引流量，服务外宣工作。

中国青年网还推出英文版评论文章在脸谱、推特发布，围绕“纳瓦罗之流新一轮‘中国制造病毒’等谬论”“特朗普诬称武汉病毒”等进行批驳，为对美舆论斗争作出积极贡献。

七、推出一批新媒体爆款产品

2020年1月20日晚，微博曝出钟南山院士担任国家卫生健康委高级别专家组组长并赴武汉一线进行调研。编辑结合2003年钟南山院士抗击非典的照片和20日钟南山院士在武汉医院的现场照片制作相关视频，21日早在中国共青团网抖音账号发布，仅1个小时，播放量便超过100万次。截至21日晚9点，视频播放量1.69亿+，点赞量1206万+，登上抖音热搜榜单并被热门推荐。

中国青年报微信公众号刊发的《互喊加油，四大“天团”会师武汉！网友：王炸来了，中国必胜！》阅读量达1559万、转发量82万、点赞量6.6万人次，创本报单篇微信作品阅读量新纪录。据不完全统计，微信平台上的913个账号原题原文转载了此文，成为真正有感召力、现象级传播作品。中国青年网短视频栏目“青蜂侠”制作的《齐鲁！华西！两大精锐“军团”武汉相遇，双方隔空喊话相互致意》在腾讯、今日头条等各平台“青蜂侠”账号的总播放量达5180万人次，阅读量4.2亿人次。

5月4日，中国青年网推出手绘长图《中国人的故事｜不怕难，我是中国青年》，讲述跨越时空的青年之间。当天，作品带动“中国人的故事”子话题“哪一刻你感到中国在变强”登上热搜第二名，话题2天内阅读量从1亿暴增到6亿人次，成为现象级传播作品。

八、携手合作单位开展新媒体公益活动，体现中国青年报人的社会责任与担当

2020年年初新冠肺炎疫情的暴发，中断了正常的学校教学。在网课已成为疫情防控期间解决“停课不停学”主要途径的状况下，全国一定数量的学子因家庭贫困、地处偏远山区等因素，无法实现在线学习。

为了让贫困地区的学子尽早实现通过在线学习来获取知识的诉求，由共青团中央青年发展部指导，中国青年报社和中国青少年发展基金会发起主办的“一起学习，希望同行”希望工程特别行动，自3月12日正式启动以来，按照团中央“同舟共济，青春偕进”行动统一部署，结合希望工程品牌定位，通过向教育企业和社会公开募集善款及物资等方式，第一时间向贫困学子提供在线教育“设备+流量+课程”等公益服务。累计募集善款840多万元，帮助近8000名贫困青年学子实现了在线学习。

在2020年这个极不平凡之年，中国青年报上下齐心，努力较好地完成了各项任务，基本实现了打造更有传播力、引导力、影响力和公信力的一流新型青年主流媒体的目标，但我们清醒认识到离“做强新型主流媒体”这一新目标和要求还有不小差距。中国青年报社将继续在共青团中央书记处的坚强领导下，以党的政治建设为统领，紧紧围绕共青团主责主业，努力以高标准推进党建业务的一体化深度融合，努力以高效能推进内外治理的一体化深度融合，努力以高质量推进精品导向的一体化深度融合，向“做强新型主流媒体”目标迈出坚实步伐。

新媒体工作案例

“致敬战‘疫’青年”系列公益活动及新媒体报道

在2020年战“疫”报道中，中国青年报社联合湖南卫视、城市之窗、共青团武汉市委等相关单位发起了“致敬战‘疫’青年”系列公益活动及组织策划相关新媒体报道，涉及的主要微博话题阅读量达30多亿人次。其中，5月2日发布的微博报道《“五四致敬战‘疫’青年”“青春万岁”各地应急响应级别陆续下调，我们正在走向痊愈》，单条阅读量超3.3亿人次，制作的海报产品“刷屏”社交媒体。

在长沙、北京、深圳、上海四座城市天台上，中国青年报与湖南卫视共同邀请明星歌手、战“疫”英雄和各行业优秀青年代表声浪出击，高歌青春。《青春万岁——五四接力大直播》节目收视方面，年轻观众大幅提升，全国网00后占比达到1/3，收视率破1，同时段第一；超过200万网友通过Vlog参与活动，触发年轻观众不懈奋斗勇敢追梦。

2020年5月3日晚8时48分，中国青年报与共青团武汉市委等共同主办的致敬战“疫”青年的专场灯光秀在武汉上演。同一天晚上，当青岛大学附属医院麻醉科主治医师张孝田的肖像，出现在济南市中国人寿大厦楼体大屏时，不少市民纷纷驻足注目致意。

除济南外，经与城市之窗联系，中国青年报在北京、上海、西安、合肥、哈尔滨等5个城市成功举办“五四致敬战‘疫’青年展示活动”，经当地媒体和本报全媒体平台报道，提升了中国青年报的公益形象，扩大了中国青年报的品牌影响力。

各地记者约访钟南山、李兰娟、张伯礼、欧阳自远、陈国强、薛其坤、黄维、倪光南等8位院士，航天英雄杨利伟，扫雷英雄杜富国，奥运冠军、全国青联副主席杨扬，上海“网红医生”张文宏，以及最会写文章的医生蔡毅、教育部前新闻发言人王旭明等知名人士，请他们为战“疫”一代写下寄语，推出《五四致敬战“疫”青年》系列短视频及综述文章，在微博、抖音等平台都产生了一定影响力。

此案例的经验和启示在于活动、渠道、产品融合传播，多部门协作，可以切实提高新闻报道的传播力、引导力、影响力、公信力。

作品二维码

《夜空中最亮的光　武汉致敬战“疫”青年灯光秀点亮英雄城市》

《传承五四精神　战“疫”一代堪当大任》

（中国青年报社供稿）

中国妇女报社

新媒体工作综述

2020年，中国妇女报全面贯彻落实习近平新时代中国特色社会主义思想，贯彻落实习近平总书记关于媒体融合发展的一系列重要指示精神，认真贯彻党的十九届五中全会精神，贯彻落实中办、国办《关于加快推进媒体深度融合发展的意见》，制定《中国妇女报加快媒体深度融合发展工作规划》，初步建立起矩阵布局、互相赋能、特色鲜明的全媒体传播体系，“报、网、微、端、屏、刊、号”协同传播产生的综合影响力日益提升，全力迈向新型主流媒体。

2020年，中国妇女报获评“十三五”中国报业媒体融合优秀单位，《网上妇女之家——全国女性数字生活服务平台》项目获评中国报业深度融合发展创新案例，短视频现场新闻《创纪录！82岁女飞行员再次冲上云霄》获得第三十届中国新闻奖三等奖，网络评论《炮制“代孕合法化”的谣言，当治！》获得第三十届中国人大新闻奖三等奖。

一、全媒发力，习近平新时代中国特色社会主义思想宣传阐释有力度有深度

中国妇女报新媒体平台持续深化习近平新时代中国特色社会主义思想宣传阐释，创新开展习近平总书记关于妇女和妇女工作、关于注重家庭家教家风建设重要论述的全媒体传播，切实承担起引领广大妇女听党话、跟党走的政治责任。

中国妇女网首页首屏最显要位置推出《习近平关于妇女儿童和妇女工作的重要论述》专题；围绕习近平主席在联合国大会纪念北京世妇会25周年高级别会议上的重要讲话，连续进行阐释解读，引起广泛关注，多篇文章被“学习强国”学习平台首页推荐；策划推出大型融媒体行进式报道《喜讯捎给总书记——回访习近平看望慰问过的家庭·续篇》，组建多支融媒采访组沿着总书记考察调研的足迹，聚焦一个个摘掉贫困帽、走上小康路的家庭，通过文字、图片、视频等多种形式，多维记录个人奋进、家庭成长、家乡变化、国家奋进的时代细节。

二、融合呈现，重大主题全媒体报道出新出彩

2020年，中国妇女报在统筹疫情防控和经济社会发展、决战脱贫攻坚、决胜全面小康等重大主题宣传报道中，主动从性别视角出发寻找议题交集点、情感交融点、价值交汇点，各平台优势互补、一体发展、创新表达，推出了一大批有思想、有温度、有品质的全媒体作品。

面对突如其来的新冠肺炎疫情，中国妇女报第一时间派出武汉战“疫”报道组，第一时间启动全媒体抗疫报道。6名记者穿“红区”、进社区，在极端困难条件下发回650余篇稿件，为伟大的抗疫精神和巾帼逆行者留下了生动的历史底稿。中国妇女网、中国妇女报客户端开设“战‘疫’——抗击新冠肺炎专题报道”，日均发稿300余篇。微博开设“逆行中的她们”话题，致敬一个个了不起的巾帼“战士”，该话题总阅读量近10亿人次，在特殊时期发挥了特殊作用。2020年三八国际妇女节，中国妇女报精心制作了时长8分多钟的中英文双语专题片《为了共同的家园》，全景展现中国女性在抗疫一线和后方的勇敢担当、无私奉献。专题片通过全网播出和推送，产生广泛反响。

在“走向我们的小康生活”主题采访活动中，集纳图片、视频、文字、直播等多种形式，全方位、多角度、立体化，创新推出一系列有爆点、接地气、引共鸣的报道产品。官方微博注重挖掘现场小故事，总阅读量近2500万人次，微博话题贡献度名列央媒前茅。

为纪念北京世妇会25周年暨全球妇女峰会5周年，中国妇女网和客户端同步推出专题《飞鸿响远音——纪念第四次世界妇女大会召开25周年》，记录25年来全球妇女事业取得的积极进展，以及我国各行各业涌现出的优秀女性代表。中国妇女网围绕新一期妇女、儿童两个发展纲要的制定，推出投票留言专区——“我为妇女儿童发展纲要建一言”，收到有效留言近3万条。《学习贯彻党的十九届五中全会精神》《网上家风馆》等专题，也获得较高的点击量。

中国妇女报坚持内容为王，发力融媒体产品体系建设。打造短视频品牌“盐视频”，自制精品视频超500个，各平台播放量近1亿次。制作特色海报，推出数说两会、战“疫”特辑、新时代女性风采等，年制作海报280余张。

三、引领有力，积极主动做好涉妇儿领域舆情监测研判和发声工作

在重大、突发、热点问题上，中国妇女报新媒体把握“时度效”，突出针对性，有力有效发出女报声音。抗击新冠肺炎疫情期间，以致敬英雄、群防群治、依法抗疫、复工复产等为主题刊发系列短评，指导基层工作，鼓舞士气人心；针对热点事件和人物，推出《张桂梅为什么感动中国》等优质评论，强调共情力，弘扬正能量；针对侵害妇女儿童权益事件，第一时间亮明态度，刊发《杜绝高考舞弊不能止于偶发事件》《对

侵害女童行为必须“零容忍”》等犀利评论，体现了主流媒体的责任担当。

中国妇女报微博在全国两会期间，策划开设话题“两会第一线”，阅读量1.4亿人次，讨论4.3万次，多条微博冲上热搜。《全国人大代表张宝艳：建议将产后抑郁治疗费纳入生育险》登上当日微博热搜第二名，话题阅读量4.1亿人次。2020年，官方微博对热点舆情发声的总阅读量超1亿次，有效引领了网络舆论场涉妇女儿童舆情的走向。微博话题“对家暴行为说不”阅读量2.5亿人次，出现了单条阅读量4200万人次的现象级产品。官方微博原创评论类栏目“英妹点评”，敢于、善于介入批评性议题，全年点评达30余次，把维权大旗牢牢扛在肩上。

中国妇女网注重通过融合创新强化对青年女性的思想政治引领，开设《女大学生频道》。与抖音联合持续推出“我不止一面”视频话题，打破性别刻板印象，播放累计150多亿人次，把主流媒体的影响力延伸到商业平台用户，在网络空间塑造积极向上的新时代女性形象。微信公众号推出原创性调查报道《男不娶女不嫁，孩子随父姓也随母姓，这里近年兴起两头婚》，敏锐揭示家庭在社会转型过程中对婚姻模式作出的一系列权变，阅读量5.2万+，登上微博热搜总榜第二，引发全网转载和热烈讨论。

在2020年全国两会澎湃媒体号报道盘点中，由中国妇女报澎湃号发布的《这份提案提出：未成年人不能从事“超龄”商业活动》登上两会十大热文榜单，中国妇女报澎湃号也成为两会最受关注的媒体号之一。

四、技术赋能，构建覆盖广泛、受众细分、分发精准的“妇字号”传播体系

为落实中办、国办《关于加快推进媒体深度融合发展的意见》，制定了《中国妇女报加快媒体深度融合发展工作规划》，以习近平总书记提出的妇联组织引领、服务、联系基本职能为逻辑起点布局全媒体平台建设，着力聚合妇联系统资源力量，建设“网上妇女之家”全国总平台、妇女儿童家庭大数据中心、妇联系统新媒体内容分发聚合平台，形成覆盖广泛、受众细分、分发精准的“妇字号”传播体系，打造服务链、用户链、价值链、情感链融为一体的“数字妇联”网络生态，走出一条具有女报特点的媒体深度融合发展之路。

中国妇女报对已经初步成型的融媒体矩阵进行升级优化，提升协同传播效应。目前，报社负责运营中国妇女网、中华全国妇女联合会网、国务院妇女儿童工作委员会网，以及中国妇女报“两微一端”，抖音、快手等短视频号、强国号、头条号、百家号等48个传播平台，用户覆盖超3000万，日均阅读量保持在千万以上。

其中，中国妇女报微博处在媒体微博的头部位置，粉丝近1200万，已具有较强的舆论动员力，2020年单条阅读量超千万的微博达50余条；中国妇女网为妇联系统旗舰门户，集新闻、政务、服务于一体，开设20多个频道、7个工作专区、8个服务板块、1个大数据中心；中国妇女报客户端迭代升

级，推出女报号交互平台，报社所属3个主要微信公众号，形成各自细分市场。

2020年，中国妇女报完成全媒体采编系统、媒体资源库、全媒体指挥系统、客户端发布系统、网站发布系统、视频播控系统等基础建设；建立以中国妇女报官方客户端为核心的中央稿库，对新闻线索、新闻稿件、新闻产品进行集中策划、采集、编辑、分发、推送；进一步优化了“采集端—分发端—平台端”互动反馈的流程架构，实现了各平台数据、内容互融互通。

五、业态创新，持续扩大主流媒体影响力和综合实力

2020年，中国妇女报积极探索媒体融合发展新业态、新模式，顺应新时代发展潮流，拥抱新技术，充分利用直播技术和各类第三方平台，走向新受众，以更新鲜的方式传递主流价值观，从而实现传播价值、用户价值、社会价值的多赢。

疫情防控期间，中国妇女网联合人民网推出700余期的《特殊时期　特别家教》网络公益课程，让学生们可以在家通过网络直播的形式学习知识，为家长们解决后顾之忧。联合新浪微博公益、抖音等多家互联网平台发起了8场直播带货活动；联合拼多多、央视新闻等机构先后两次为安徽省砀山县政府进行直播助农带货活动，两场直播共销售29万斤酥梨；联合抖音开展“女报战‘疫’报道组：讲抗疫故事　带湖北尖儿货”直播带货活动，作为2020中国新媒体扶贫联合公益行动，此次活动是中国妇女报·中国妇女网为助力决胜脱贫攻坚进行的新尝试；推出15期推介贫困县特色产品的“县在就来”专题，在助力巾帼脱贫行动、搭建公益平台的同时，探索互联网销售渠道。作为媒体经营转型的一种尝试，直播带货也为媒体带来了流量和人气。

新媒体工作案例

微博视频《女校长张桂梅让1600多名女孩走出大山》

中国妇女报微博视频“女校长张桂梅让1600多名女孩走出大山”，阅读量1890万人次，评论2886次，点赞量7.8万。张桂梅坚守滇西贫困地区40多年，放弃优越的工作条件，毅然投身深度贫困山区教育扶贫主战场，攻坚克难，执着奋斗，为当地教育发展和脱贫攻坚作出重要贡献。她矢志不渝，克服种种困难，努力阻断贫困代际传递，建成针对贫困山区家庭困难女孩的全国第一所全免费女子高中，使1600多名贫困家庭学生圆梦大学，托举起贫困家庭脱贫发展的希望与信心。她的事迹感动了无数网友，网友赞誉她是“毫不利己，专门利人，高尚又善良的人”，感叹“这才是真正的蜡烛精神”。

作品二维码

（中国妇女报社供稿）

农民日报社

新媒体工作综述

2020年，农民日报社坚决贯彻落实习近平总书记关于推进媒体融合发展、加快建设新型主流媒体的重要指示精神和中办、国办《关于加快推进媒体深度融合发展的意见》要求，将更多人财物投向互联网主阵地，不断提升“四力”，在体制机制、项目平台建设、原创策划等方面加速融合转型，不断完善“报网端＋第三方平台”的传播体系，优化基于中央厨房的策采编发工作流程，革新“文图＋视频＋设计”的产品结构，为建设新型“三农”主流媒体、营造乡村振兴良好舆论氛围提供了有力支撑。

一、融之有“效”，以深化改革推进深度融合

近年来，农民日报社全力推动加快媒体融合转型进程，建成新闻调度指挥系统、全媒体采编平台系统、纸媒组版系统、舆情监测系统等采编发内容管理系统，为适应新媒体业务流程提供了基础支撑，成为农业农村系统领会“三农”政策的重要渠道、亿万农民获取“三农”信息的重要平台、社会各界了解“三农”发展的重要窗口。农民日报社在媒体融合取得的阶段性成果基础上，不断自我革命，通过改革创新破解矛盾问题，使全员融媒体改革更深入、更有效。

一是加强顶层设计，报社党委持续发力。农民日报社党委以改革为抓手，强调媒体深度融合发展是一场不容回避的自我革命，要强化问题意识，梳理改革思维，研究出台了《关于大力推进媒体深度融合发展的决定》，对推进媒体深度融合进行总体布局，组建以党委书记、社长为组长的媒体深度融合工作领导小组和体制机制创新、技术保障与培训、内容创新、用户推广4个工作组，建立了相对完善的融合转型领导机制，指挥调度快速高效。

二是体制机制全面创新，传播体系赓续优化。农民日报社在结束实施近40年的采编一体制度基础上，全面改为采编分开，各部门依据职能调整为全媒体采访部门，完成适应新媒体工作的机构改革和职能调

整；推进技术融通应用，前期初步建成了新闻调度指挥中心和全媒体编辑中心，制定了《推动媒体融合发展技术保障方案》，完成报社机房升级改造项目，更新移动采编设备；建立并逐步完善新媒体作品考核制度，制定新媒体好作品、爆款、客户端考核等整套办法，并根据发展变化，不断迭代完善。目前，报社初步构建起网上网下一体的传播格局，形成了以内容建设为根本、技术应用为支撑、创新管理为保障的全媒体传播体系。

三是强政策搭平台，全媒人才队伍不断壮大。近年来，农民日报社建立并不断完善全媒体人才培养机制，通过全媒体技能培训、轮岗锻炼、跨部门协作等方式，培养了一批能写作、会拍摄、懂剪辑的全媒体青年编辑记者，成为报社全媒体采编一线的主力军，报社新媒体中心 35 周岁以下青年占比达到了 79%。同时，报社绩效考核向新媒体产品倾斜，并研究设计新媒体人才发展通道，切实提高新媒体人才待遇，激发各类融媒人才创新创造积极性。

二、融之有“道”，以平台建设筑牢融合基石

农民日报社已形成“报网端 + 第三方平台”的传播平台格局，2020 年，报社持续升级采编平台，更新技术装备——中国农网改版工作进入新阶段，“三农号”客户端持续迭代，第三方平台影响力日益扩大，主流舆论的主阵地不断壮大，服务“三农”事业的渠道不断拓展。2020 年 11 月，农民日报社获中国报业协会颁发的“十三五”中国报业媒体融合创新单位奖。

一是坚定不移，持续完善自主平台。为守牢农民日报社在互联网空间的“三农”舆论阵地，报社始终坚持将做强自主平台作为第一要务，坚持推进“自主可控的新型传播平台”建设，正确处理与商业平台的关系，从内容、功能、技术上持续完善中国农网和“三农号”客户端，着力提升自主平台的服务能力；建成“大国三农”视听资源库，为新媒体内容生产提供了素材储备空间，大大降低了新闻配图、音视频素材使用的侵权风险。

二是着眼未来，布局智媒平台建设。农民日报社正在整合全社及子媒资源、采编渠道，以中央厨房的生产模式，搭建集采集、编辑、审核、发布等多项功能于一体的全媒体智能采编中心；同步推进“三农”号客户端功能由资讯向“资讯 + 政务 + 服务 + 商务”调整，打通“三农”行业媒体、涉农机构媒体、地方媒体和“自媒体”提供新闻资讯内容的技术通道，提升报社新媒体生产能力、服务能力、盈利能力，增强自我造血机能，打造“三农”网络舆论新生态。

三是生态建设，调优用好第三方平台。农民日报社在坚持“以我为主”的同时，也积极借商业平台的话筒发声，开设并运营微信公众号、头条号、抖音号等第三方平台账号 25 个，平台位势和影响力快速提升。农民日报头条号粉丝量由 2019 年年初

的30万增长至2021年年初的300万；抖音号粉丝量由2019年10月初的不足1万增长至2021年年初的245.5万；腾讯微视号自2019年10月底注册至今，粉丝量已突破100万。下一步，报社将通过技术手段实现客户端与微信、微博、今日头条等商业平台的数据对接，扩大“三农”舆论生态建设，进一步提高传播效能。

三、融之有“方”，以产品创新打造农报气质品格

农民日报社立足“三农”特色，创新重大主题、热门话题宣传报道形式，充分利用新传播技术丰富产品形态，崇农、爱农、为农的报社气质和品格愈发深入人心，推出了一大批站位有高度、思想有深度、论述有力度、叙事有温度的融媒体新闻作品，农民日报社成为农业农村系统领会“三农”政策的重要渠道、亿万农民获取“三农”信息的重要平台、社会各界了解“三农”发展的重要窗口。

一是精心创制，重大选题全媒报道。2020年，报社瞄准新冠肺炎疫情防控、打赢脱贫攻坚战、全国两会、农民丰收节、稳粮保供等重大节日、重大活动、重大主题、热点事件，加大融媒创新力度，为农业农村发展营造良好舆论氛围。疫情暴发初期，新媒体中心迅速组建“核心报道组”，记者第一时间奔赴湖北一线，后方编辑组7×24小时在岗，推出“战‘疫’保供一线见闻”“回乡农民工防疫歌”等系列融媒体产品；策划采拍《见证摆脱贫困》专题片，历时近半年赴10省区深度贫困的30余县乡村采访，通过全平台传播；全国两会期间推出虚拟主播“小禾”，制作《小禾两会话三农》系列栏目；丰收节策划《丰收·十二时辰》，开设“同庆丰收共迎小康”“老乡的美好生活”等互动话题，总浏览量超过8亿次。

二是推陈出新，产品形态更加丰富。农民日报社在已搭建的文图、视频和设计三大类产品结构基础上，进一步探索应用AI虚拟主播、专题纪录片、漫画长图等创新元素，不断推出形式新、内容活、易传播的融媒体产品。目前，报社可综合运用文图、条漫长图、视频、短视频、动画、H5、小游戏、话题、文字视频直播等10多种形态的产品，对重大主题报道形成报道声势，提高报道声量。2020年，报社融媒体产品获各类奖项8项，其中，“寻”短视频栏目入围国家新闻出版署评选的“2020中国报业深度融合发展创新案例”并获中宣部资助，全媒体作品《段落》获第32届中国经济新闻奖融合报道类二等奖，自采原创内容《雪原英雄传》被人民日报、人民网等数十家主流媒体公众号转发。

新媒体工作案例

《见证摆脱贫困》专题纪录片

2020年是决战脱贫攻坚、决胜全面小康之年，为切实讲好中国减贫故事、以多

媒体手段展现各族人民携手奔小康的生动实践，农民日报社精心策划，历时半年，深入10省区30余县100多个农村点进行拍摄，制作了《见证摆脱贫困》系列专题纪录片，在取得良好传播效果、树立行业口碑的同时，也迈出了传统媒体融合发展的一大步。

一、优势之融

农民日报社曾长期躬耕纸媒，从事文字报道所积累的采编力量、品牌影响和社会资源，成为推动媒体融合的长板强项，这一优势在全媒体时代被传承发展。报社在策划《见证摆脱贫困》之初，就明确了思想见长、善于思辨的工作基调，整合新媒体中心和多个采编部门力量进行联合策划，不仅讲微观个体的脱贫故事，还要剖析深度贫困之因；不仅反映我国波澜壮阔的减贫史，更深入探索我国摆脱贫困的制度优势。

第一集《造梦》从中华民族期盼了千年的小康梦入手，通过记录几户贫困农民奋力战贫的感人故事，刻画农民不等不靠、主动摘帽的群像。第二集《安家》从易地扶贫搬迁工作切入，还原、记录驻村干部、村民磕磕绊绊磨合的场景和情真意切的感人瞬间，点明中国共产党的为民初心。第三集《选择》重点着墨于医疗、教育扶贫等对口帮扶工作，展现了医生、教师等群体选择向攻坚主战场“逆向流动”，凝聚起全社会帮扶的强大合力。第四集《力量》透过日常的扶贫工作看其背后的运行逻辑，总结打赢脱贫攻坚战必不可少的整套制度、政策、投入、监督、考核体系，彰显中国特色社会主义的制度优势。第五集《看见》以农村产业发展、转型升级为线索，反映了农民放眼绿水青山，转变发展方式，去迎接更美好的新生活。

5集主题各有侧重又相互支撑，系统总结了打赢脱贫攻坚战的中国经验和中国智慧，进一步展望了乡村振兴的美好图景。报社融媒人才的思想深度、论说水平，在这部纪录片中得到充分显现。

二、方法之融

“脱贫攻坚”是一个宏大的主题，围绕这一主题的专题纪录片要想出色、出彩，需要找准共情切口，引发受众共鸣。专题片制作团队始终以“让社会公众看得懂、喜欢看，同时又能将脱贫攻坚战的深层逻辑讲清楚、讲明白”为要求，编导在精雕细琢画面的同时，记者也在撰写解说词中学到了许多未曾接触过的叙事结构、语言特点，并通过见微知著的叙事设计，引导观众在观看画面、品味解说时，自然而然地体会、领悟脱贫攻坚战背后的政治优势和制度优势。影像解说词流畅的逻辑、通俗的语言、灵动的语气、丰富的情感，必然会被吸纳到日后的宣传报道中。这种“破圈”的学习、借鉴和实践，对于启迪思想、进一步做好媒体融合大有益处。

三、传播之融

报社摄制这部纪录片的过程，也是学习新闻产品推介、营销的过程。摄制工作一启动，团队就开始相关的传播，通过微博微头条、报纸通讯报道、微信公众号文字动图推送等，进行长周期、跨圈层、多媒体的立体分发。到纪录片的播出环节，中国农网和“三农号”客户端分别推出专题视频集，农民日报微信公众号连续5天推出容纳纪录片、解说词、宣发海报的推文，在报纸上连续5次整版刊发纪录片解说词并附二维码。可以说，报社这部专题纪录片，已不仅仅是一部影视作品，更成为一次多品种的大型融媒报道。

《见证摆脱贫困》专题纪录片见证了报社深度推进媒体融合发展的努力，农民日报不仅获得了一部纪录片，更提升了新理念、新技能、新本领。

作品二维码

（农民日报社供稿）

中国网

新媒体工作综述

2020年是决胜全面建成小康社会、决战脱贫攻坚之年，也是“十三五”规划收官之年，是具有特殊意义的一年。尤其是新冠肺炎疫情暴发后，国际局势加速演变、国际舆论形势日趋复杂，更加需要提升国际传播能力，系统深入地讲好中国故事、介绍中国道路、阐释中国理论、展示中国文化，为实现全面建设社会主义现代化国家目标，营造良好国际舆论环境。

中国网以习近平新时代中国特色社会主义思想、党的十九大和历次全会精神作为工作的指导思想和基本遵循，牢记外宣使命、坚持守正创新，不断壮大主流舆论阵地，积极抢占国际话语权，取得了丰硕成果，多项作品获省部级奖项。其中，新媒体产品《“守护人民”民法典普法定格动画》、访谈《首部民法典草案解读：中国之问和时代之问的答卷》分获全国人大新闻奖一、二等奖；《中国3分钟》节目《为什么中国选择了一党领导、多党合作的制度？》获全国政协好新闻二等奖；多语种短视频《4428公里回家路》等获评中宣部“新春走基层”优秀作品。

一、全面增强核心意识，突出做好习近平新时代中国特色社会主义思想对外传播

中国网始终把习近平新时代中国特色社会主义思想对外传播工作作为首要任务，重点打造全方位、多层次、多声部的宣传报道矩阵。围绕习近平总书记重要著述，中国网《中国习观》专栏制作《学习词典》《学习绘本》《学习卡片》《习声习语》等各类可视化产品448期，全渠道总阅读量超过2.84亿人次。围绕疫情防控工作，中国网推出稿件《坚决打赢疫情防控阻击战　习近平强调这些要求》等20期，集中展示习近平总书记有力的指挥领导和深厚的人民情怀，总阅读量超过600万人次；围绕理论传播工作，中国网与黑龙江卫视联合出品理论分享类节目《新青年　新思想》，分别围绕“最可爱的人”“绿水青山就是金山银山”等主题推出8期，总观看量超过375万次。

二、品牌栏目亮点频出，对外传播成效显著

1. 开拓文化传播新思路，《似是故人来》广受好评。2020年，中国网推出全新的大型实景文化类纪录访谈节目《似是故人来》。节目邀请共和国勋章获得者袁隆平、文物保护杰出贡献者樊锦诗、中国文字学会会长黄德宽、中央芭蕾舞团团长冯英等10位知名专家，通过实地走访、现场对话、主持人述评等形式，带领观众走入不同的文化领域，体会中华文化的博大精深。

节目在中国网、江苏卫视、爱奇艺同步播出，全网播放量突破1亿次，卫视节目同时段收视率平均排名第二、文化综艺类排名第一，获得人民日报、央视等多家媒体平台转发评论，多个话题登上微博热搜榜。节目入选国家广电总局2020年第三季度广播电视创新创优节目。

2. 不惧挑战、奋力拼搏，《中国3分钟》再创佳绩。中国网品牌节目《中国3分钟》全年推出节目49期。在海外社交媒体平台采取多项不利措施的背景下，节目的境外帖文总阅读量仍高达6.4亿人次，较2019年小幅提升，充分反映出栏目定位精准、基础扎实、内容精良，已具备了较强的影响力和相对稳定的受众群体。

2020年，《中国3分钟》栏目一方面围绕“国际合作抗‘疫’”“民法典出台”“香港国安法”等海内外热点话题，阐释中国道路、驳斥抹黑言论；另一方面主动设置议题，通过“小康社会”“北斗导航”讲述中国发展的生动故事，展现当代中国开放、多元、自信、务实的友好形象。节目每期均被200余家海外媒体转载，31期节目被美联社全文转发，对外传播效果突出。

3. 以点带面，可视化产品取得长足发展。以《中国3分钟》为引领，中国网推出了一系列定位明确、特色鲜明的多语种可视化栏目，逐步形成以《中国3分钟》阐述中国观点，以《Hi中国人》讲述人物故事，以《中国范儿》展示中国文化形象，以《中国关键词》推介中国特色话语体系，以《中国有数》介绍中国发展，以多国评论员出镜的《第三只眼看中国》系列栏目促进中外文明互鉴的产品矩阵。其中，《中国范儿》《第三只眼看中国》《Hi中国人》全年总浏览量分别突破4000万次、3500万次、2400万次，栏目影响力实现重要飞跃。

4. 多终端直播工作扎实稳健。近年来，中国网直播发力新媒体平台，逐步形成独具特色的直播产品矩阵。截至2020年年底，中国网直播已经进驻抖音、快手、今日头条、百度百家等平台，粉丝数量超过3100万。2020年，中国网完成各类活动直播超过1300场，并在抖音、微博等平台发布衍生产品，完成国务院新闻办新闻发布会重点场次的英文实录翻译工作65场，翻译规模超过76万字，全渠道浏览量超过80亿次，直播场次、翻译场次及字数、直播总浏览量等多项指标创下历史最高纪录。

三、声援国际抗疫合作，彰显中国制度优势

新冠肺炎疫情的全球暴发，促使国际舆论局势复杂严峻。中国网以传播效果为导向，快速布局、积极应对，声援国际抗疫合作，阐释中国遏制疫情展示制度优势，驳斥恶意抹黑言论。陆续策划推出了23个系列超过730期产品，累计总阅读量达6.9亿人次，不仅取得出色的成绩，也通过实战锻炼了队伍。

《中国3分钟》栏目连续制作发布《共克时艰　中国打响疫情阻击战》《抗击新冠病毒：岂曰无衣　与子同袍》《面对疫病　人类应有相通的悲喜》《疫情下的中国经济：逆水行舟　迎难而上》等14期节目，由中国网总编辑王晓辉出镜评论，介绍中国为控制疫情做出的巨大努力，讲述抗疫中发生的感人故事，批驳西方媒体针对中国的歧视性言论，用事实和数据反驳外媒唱衰中国经济。在海外社交媒体平台发布后，帖文总阅读量达2.27亿人次，总视频播放量1596万次，总互动量170万人次，效果突出。其中，《共克时艰　中国打响疫情阻击战》单期帖文阅读量4225万次，视频播放量356万次，创下《中国3分钟》开播以来的最好成绩。

中国网还与中唱集团联合策划出品《在路上 Together》MV。作品由流行音乐《在路上》改编，联合了19个国家的50位知名音乐人共同创作，为中国抗击疫情加油。该作品由中国网首发，全网浏览量超过1亿次，海外社交媒体平台阅读量近1000万人次，仅评论就超过5万条。

海外社交媒体平台是开展国际传播的重要阵地。在湖北疫情最严峻的时期，中国网为海外社交媒体平台量身打造了《“空城”中的奔跑者》《疫情下的湖北人日记》和《抗击疫情人物故事系列漫画——用爱筑起的防线》3个可视化系列产品，分别聚焦在湖北前线的医务人员、社区工作者、普通群众，讲述湖北人民团结、勇敢、自信的日常点滴，帮助海外受众直观感受中国防控举措。13期作品帖文总阅读量超过1200万人次，互动量更是高达75万人次，传播效果显著。

此外，中国网发挥多语种优势，专访中国驻奥地利、埃及等国大使，新西兰、新加坡、阿塞拜疆等国驻华大使，共38位，形成《大使谈抗疫》系列，巧妙借嘴发声，力求形成对多边主义国际合作和人类命运共同体理念的广泛认同。海外社交平台帖文阅读量达到790万人次，互动量超过77万人次。

四、多措并举、多管齐下，全面推进媒体深度融合

1. 迅速调整工作思路，巩固海外社交媒体平台阵地。2020年，海外社交媒体平台传播工作环境恶劣、形势复杂、任务艰巨。面对“打标签”“限流量”等多重不利因素，中国网立即调整工作思路，稳定中国网官方

账号、打磨“热点中国”“探索中国”等专题账号，着力加强策划能力、创新产品形式，注重视觉化呈现，实现精准传播，能力持续增强。

截至2020年年末，中国网在脸谱、推特、优兔、Instagram、领英、VK等六大海外社交媒体平台开设10个账号，涵盖英、法、俄、阿、日、西、德、韩等8个语种，账号总粉丝数超过8880万。微视频《体验中国》、解释类视频节目《中国一点通》、科技成果栏目《创变中国》、体验类视频栏目《中国零距离》等均在海外社交媒体平台上打造出规模与品牌，基本实现每周更新，全年总阅读量突破3亿人次。

2. 利用人工智能技术，支撑日常报道工作。中国网自主研发的“AI数据”可视化内容辅助生产平台，已经投入应用，可以完成图片智能处理、文字语音转写、视频字幕排版等多种任务，辅助编辑自动生成竖版短视频等快速产品，有效提升了编辑的制作效率。

2020年全国两会期间，中国网制作推出AI产品《政府工作报告就在你身边》，融合AI语音、图像识别、语义分析等多种技术，用户通过手机扫描实物即可匹配政府工作报告中的相关要点，可聆听报告内容并生成海报，大大增强了受众的互动性，浏览量达1614万次。

3. 持续创建“大网评”工作格局。近年来，中国网高度重视网评工作，初步构建起专业部门主责、全网共同参与、内外部评论员队伍协同的“大网评”工作格局。2020年，中国网推出了全新品牌评论产品《中国网评》，定位于“与世界对话”，旨在积极回应国际涉华热点，增强舆论引导能力。其中，《恶意做局构陷华为的汇丰已经信誉扫地》一文，行文逻辑严谨、论述有力，被英国路透社网站转引报道，并被10余家境外网站转载，在海内外引起强烈反响。

五、主动设置议题，舆论斗争卓有成效

2020年，围绕“决胜全面小康、决战脱贫攻坚”、中国人民抗日战争胜利75周年、中国人民志愿军抗美援朝出国作战70周年等重要议题及时间节点，中国网精心组织策划。其中，AI数据短视频系列《数动中国》《数动扶贫》总阅读量超过6000万人次。同时，中国网坚持以我为主，主动开展国际舆论斗争，向国际社会释放善意，对诬蔑抹黑坚决批驳，适时抓住关键节点予以果断反击。

《中国3分钟》栏目策划发布多期节目。《相向而行　方可使中美关系回归正常》呼吁美方与中国共同走向合作共赢的道路，节目帖文阅读量达1444万人次、视频观看量407万次、互动量达46万人次。《美国的双重标准可以休矣》则从美国“弗洛伊德案件”入手，直击美国社会深层问题，节目帖文阅读量达1579万人次、视频观看量67万次、互动量112万人次。

《中国网评》栏目在国际舆论场中持续

增加中国话语供给，共发布原创稿件 94 篇，阅读量超过 1.1 亿人次。《无法复制的中国经验　可以读懂的中国国情》等揭露美西方国家将疫情防控政治化的企图，展示中国倡导国际抗疫合作的积极姿态。《修复中美关系，中方有善意但也看美方诚意》等深入剖析中美关系的症结所在，呼吁美方采取务实举措，促进中美关系健康发展。《佑护香港是中央决心，更是民心所向》等强调中央维护香港繁荣稳定的坚定决心。《“平视世界”的中国发生了哪些“质变”》集中反映了当代中国的开放、包容、自信的时代精神和大国气度。

中国网还在海外社交媒体平台策划《致命差异》系列漫画，陆续发布《中国：生命高于一切　美国：自由高于生命》等 24 期，驳斥境外噪声杂音，突出中国模式的务实与高效，帖文总阅读量超过 512 万人次，互动量 79 万人次。

此外，中国网香港脸谱账号积极作为，全年发布原创帖文 845 条，总触及人数 5089 万，互动次数 187 万人次，视频观看量共计 632 万次。《谎言与真相》《国安法 Q&A》等多语种产品，在境外阅读量均达到百万量级。

2020 年是极为特殊的。作为外宣网站，中国网在错综复杂的环境中，增强了能力、积累了经验、锻炼了队伍。中国网将以“外宣第一网”为奋斗目标，牢记职责使命、勇于担当作为、持续开拓创新，用记录伟大时代、展示伟大成就，为党和国家工作大局贡献力量。

新媒体工作案例

《中国 3 分钟》栏目特别策划
《共克时艰　中国打响疫情阻击战》

中国网《中国 3 分钟》栏目自 2015 年 7 月创办以来，始终坚持以“娓娓道来讲故事、端庄大气做外宣”为己任，不断开拓创新、积极进取，主动适应移动化、社交化传播变革。经过 5 年的深耕，已成长为具有较强国际影响力的品牌栏目，传播效果有目共睹，成为对外讲好中国故事，传播好中国声音的重要外宣平台，屡次在重大对外宣传工作中担当“澄清谬误、明辨是非，联接中外、沟通世界”的重任。

新冠肺炎疫情暴发后，湖北的疫情防控情况和中国采取的抗疫措施成为世界的焦点。《中国 3 分钟》于 2020 年 2 月 4 日发布专题节目《共克时艰　中国打响疫情阻击战》，详细介绍中国政府的具体举措，举国上下为防控疫情付出的巨大努力，以及中国人民在特殊时期的高度团结和无私奉献，用最朴素的画面引发人类共通的情感共鸣。节目评论说，中国所付出的行动既体现出中国体制所赋予的统一、高效的指挥、保障和资源整合能力，更有无数人的团结和奉献，都彰显出中国政府以及全社会对生命至上、人民利益至上的共识。

节目播出后，境外社交媒体平台帖文阅读量超过 4225 万人次，视频播放量 356 万次，创下《中国3分钟》开播以来的最好成绩。超过14万名网友参与互动，讨论热烈。网友MunMun Chakraborty留言："为中国正在经历的（疫情）感到遗憾，但我们相信你们非常强大，会克服眼前的困难。"网友Imansing Faben Fago Limbu留言："感谢中国政府的高效努力，防止疫情在国内外传播。"

该期节目在Sky-185频道英国普罗派乐卫视落地播出，收视范围覆盖欧洲45个国家。节目还被美国哥伦比亚广播公司（CBS）、美国全国广播公司（NBC）、道琼斯旗下著名商业新闻网站MarketWatch（《市场观察》）、纽约西部第一大新闻报《布法罗新闻报》（*Buffalo News*）等125家外国媒体转载，阅读用户达4967.8万人，受到国际社会广泛关注。

作品二维码

大型实景文化类纪录访谈节目《似是故人来》

中华优秀传统文化蕴含的思想观念、人文精神、道德规范，不仅是我们中国人思想和精神的内核，对解决全人类普遍存在的问题也有重要价值。提升文化软实力，必须立足中华优秀传统文化，这样有利于我国在国际交往中树立良好的大国形象。

为弘扬中华传统文化，向世界讲好中国的文化故事，中国网精心策划推出大型实景文化访谈真人秀节目《似是故人来》。节目从中国网总编辑王晓辉的第一视角出发，邀请共和国勋章获得者袁隆平、文物保护杰出贡献者樊锦诗、中国文字学会会长黄德宽、中央芭蕾舞团团长冯英等10位知名专家，通过实地走访、现场对话、主持人述评等形式，带领观众走入不同的文化领域，体会中华文化的博大精深。

在对外传播中华优秀传统文化的过程中，中国网深刻认识到，推动中华优秀传统文化走出去，不能停留在"舞个狮子""包个饺子""耍套拳脚"上，不能满足于向国外提供一些表层的文化符号上，而是要把优秀传统文化的精神标识提炼出来、展示出来，把优秀传统文化中具有当代价值、世界意义的文化精髓提炼出来、展示出来。为此，节目采取了许多有益尝试。

形式上，《似是故人来》突破传统文化类节目的课堂形式，集合了真人秀综艺和访谈节目的双重优势，嘉宾们在实景中坐立行走，亲切自然地侃侃而谈，最大限度地拉近与观众的距离。全新的节目形态和新奇的视觉体验，通过对传统文化的展示和解读，实现了与观众的沟通，满足了大众对传统文化知识的渴求。

内容上，节目以普通大众为目标，语言风格平实活泼、简洁幽默，全力去除文化知识的冰冷和神秘，努力让文化活在百姓心中，鼓励更加积极、进取的生活方式和精神追求，为传统文化赋予全新的时代意义，也为普通观众开启全新的精神世界。

节目将公众视线聚焦在这场文化探索之旅，受到广泛欢迎。节目在中国网、江苏卫视、爱奇艺同步播出，全网播放量突破1亿次，卫视节目同时段收视率平均排名第二、文化综艺类排名第一，获得人民日报、央视等多家媒体平台转发评论，多个话题登上微博热搜榜。

节目入选国家广电总局2020年第三季度广播电视创新创优节目，被评述为“紧扣时代脉搏，围绕脱贫攻坚、中华优秀传统文化等主题，思想精深、艺术精湛、制作精良”。

作品二维码

（中国网供稿）

中国日报网

新媒体工作综述

2020年以来，中国日报网认真贯彻落实习近平新时代中国特色社会主义思想以及党的十九届五中全会精神，紧紧围绕全面建成小康社会这条主线，倾力加强内容建设，做好报道策划，在元首外交、全国两会、主场外交、重大主题宣传等报道中抢占全球英文发布第一落点，及时发出中国声音、阐明中国立场，取得了积极成效。

一、立足核心，服务大局，做好新思想高质量报道解读

网站立足“核心报道”机制，把讲好核心故事、阐释好新思想作为报道工作的重中之重。2020年，以“学习时代”双语专栏为主阵地，在网站、客户端和社交媒体平台等全平台共刊发图文音频报道解读产品1.5万多篇（件），全球传播总量达5亿次。全年核心报道被美联社等境外主流媒体转载、转引超1500频次。“习近平的两会嘱托”英文融媒专题获第三十届全国人大新闻奖网络作品一等奖。

一是聚焦习近平总书记国内考察调研、出席重大活动等，彰显执政为民情怀。2020年，围绕习近平总书记国内重要活动和重要讲话，重点制作《习近平的战“疫”日历》等图解、海报、短视频产品，展示总书记针对疫情防控、防汛救灾、决战脱贫攻坚等作出的重大研判和战略决断，展现总书记胸怀祖国、心系百姓、心忧国家的人民领袖形象。其中，《习近平在全国抗击新冠肺炎疫情表彰大会上的讲话金句》被境外主流媒体转引近300频次。

二是“云外交”展现习近平总书记积极推动构建人类命运共同体的大国领袖担当。推出《大数据看习近平上半年的“云外交”》《金句来习》等海报、图表系列，展现非常时期总书记繁忙的“线上”国际交往活动，以及以领袖担当推动国际合作的大国风范，全球传播总量超过1000万次。其中，《习近平在联合国大会上的讲话金句速览》被美联社等境外主流媒体转引111频次。稿件《习近平在进博会视频致辞中的讲话要点》被117家海外媒体转引。

三是创新报道形式，提升新思想报道可读性和可视化水平。利用“每日一词”“头条英文播报”“学习时间”等融媒专栏、品牌，以双语关键词、音频播报、短视频等形式对习近平新时代中国特色社会主义思想开展碎片化传播，全球传播总量近 1.5 亿次。

二、紧扣主线，创新策划，全年重大主题报道叫好又叫座

始终坚持以内容建设为根本，以全面建成小康社会为全年主线，聚焦全国两会、服贸会、进博会等重大主题，以及深圳经济特区建立 40 周年、中国人民志愿军抗美援朝出国作战 70 周年、浦东开发开放 30 周年等重大时间节点，创新内容形态，善用网言网语，推出了一批深受海内外用户欢迎的精品力作。

一是围绕全面建成小康社会，刊发各类报道超过 5 万篇，重点打造“脱贫之路”“火红的幸福”系列纪录片，从不同视角全面展现决战脱贫攻坚、决胜全面小康伟大历程，全球观看量超过 5000 万次。开展“扶贫故事绘”互动活动，全国征集扶贫故事数百个，并精选出 10 个典型案例创作长漫作品，被全国网站转载报道近 500 次。

二是做好党的十九届五中全会精神报道，推出“数说‘十三五’”系列英文图表新闻，分领域、立体化展现在习近平总书记引领下我国经济社会发展取得的成就，海外阅读量超过 20 万人次。“展望‘十四五’”系列高端访谈，专访世界银行中国局局长芮泽、国际农业发展基金驻华代表马泰奥等顶级经济学家，推出《未来五年中国如何发展？来听听他们的建议》等 5 期视频，观看量 260 万次，境外主流媒体转引近 150 次。

三是做好全国两会、服贸会、进博会、东盟博览会等重大主题报道，在全国两会报道中，推出英文 H5 产品《熊猫康康带你看 2019 年政府工作报告成绩单》《指尖上的 2020 年政府工作报告金句》等融媒产品，生动解读政府工作报告，海外传播量超 300 万次。双语系列动画《带你看懂政协提案如何影响中国》，以案例形式生动展现中国民主协商制度的优势，全球传播量超过 250 万次，被 132 家境外主流媒体转引转载。在服贸会、进博会、东盟博览会等活动期间，策划推出“中国日报中外记者带你逛”系列特色英文直播活动，全球传播量超过 350 万次。

四是创新做好中华文化走出去报道。以中国功夫为主题，拍摄《寻找功夫》电影纪录片，传递“止戈为武”的中国哲学和价值观，获得加拿大金枫叶国际电影节“纪录片类最佳制片”等多项国际大奖。与中国歌剧舞剧院联合打造该院团脸谱、优兔、图享海外社交媒体平台建设账号矩阵，探索中华文化国际传播新路径。

三、传递信心，针锋相对，提升舆论斗争能力与实效

发扬斗争精神，增强斗争本领，不断提高对热点舆情的发现力、研判力和引导力。针对以美国为首的少数西方政客以及境外媒

体对我国新冠肺炎疫情、涉疆涉港等的不实和污蔑言论开展针对性的回应和驳斥，坚持主动反制与借嘴说话相结合，有理有据有节地开展舆论斗争，广泛凝聚海内外共识，有效抢占国际舆论主阵地。

一是讲好全民“战‘疫’”故事。制作“英雄新传”人物纪录片，全球传播量 6000 万次。推出“国际社会高度评价”“共克时艰”系列视频和海报，展现国际社会对我国的积极评价，全球传播量超 8000 万次。

二是用事实说话，做好权威信息服务。推出“抗击新冠病毒的中国方案”英文网站，权威介绍有效抗击新冠肺炎疫情的中国方案、中国做法，网站访问量达到 5500 万次，并被评为“2020 中国新媒体战‘疫’十大精品案例”。开设“照谣镜”英文辟谣专栏，对 500 多个谣言进行科学解释，为海外网民还原事实真相，专栏海外访问量超过 500 万次。

三是坚决开展疫情反污名化斗争。充分发挥“外嘴”优势，刊发了 300 位海外知名学者专家高质量评论作品近 2000 件，视频《中国抗疫努力被诋毁　美国作家：厌倦了西方媒体抹黑中国》传播量超过 5000 万次，海外主流媒体转引 142 次。

四是做好对美舆论斗争。刊发《警察枪击黑人引骚乱　美国威州宣布进入紧急状态》等上千篇图文视频报道，揭批美国抗疫和经济“双输”，社会矛盾激化升级。“中美关系大家谈”系列高端访谈，专访海内外权威经济专家对脱钩言论进行回击。推出《从班农之流“乱舞”看超级大国的任性》等融媒产品，驳斥蓬佩奥等“政治毒瘤”极力甩锅、抹黑中国的行径。

五是做好香港国安立法等热点舆论引导。以“中国日报网评”为主要阵地，推出“美国小哥小妹带你读懂香港国安法”等外籍人士出镜的评论产品，围绕海外关注热点进行“中国立场，外籍视角”评析，传播量超过 1000 万次。

四、移动优先，融合传播，以客户端为龙头加快移动化、视频化、社交化发展

坚持移动优先策略，持续加强自有核心移动平台建设，加快视频化、社交化发展步伐，牢牢占据国际舆论引导、文化传承、服务人民的传播制高点。

一是以内容建设为根本，着力提升可视化内容比重，优化视频和直播体验，客户端海外关注度持续攀升。2020 年年底，中国日报客户端全球下载用户突破 3500 万，苹果商店中国区最高排名第六，始终保持同类产品国内领先地位。

二是加快全网移动化转型，“中国那些事儿”“每月财经档案”等栏目和品牌突出特色内容，以传递海外涉华正能量、正面解读经济形势为出发点，凝聚发展共识，广受网友关注和喜爱。其中“中国那些事儿”专栏更是获得第三十届中国新闻奖新闻名专栏一等奖。

三是视频化能力大幅提升，《天际线》

《在现场》等视频和直播栏目逐步树立品牌影响力，全平台月均发布视频近千条，组织各类直播活动200多场，全年视频和直播传播量超过100亿次。

四是加快社交化发展，开辟海外“新赛道”。截至2020年年底，网站微博、微信、抖音、快手等国内社交媒体和短视频平台粉丝超过1300万。“中国文化”“投资中国”等海外社交媒体垂直号粉丝超过1600万。加快布局海外新兴传播平台，开辟新赛道，海外版抖音Tiktok账号虽然受到美国打压影响，但仍然保持了每日更新，其中疫情防控正能量单条短视频《她们的笑　最美的脸》观看量达1600万人次。在非洲资讯聚合平台Scooper上开设账号，与非洲分社合作，联合当地“网红”在非洲10国开展推广，2个月时间客户端和平台账号新增非洲用户34万。

五、攻坚克难，转战云端，拓展合作传播的广度与深度

一是国际论坛活动搬上“云端”。在上级单位的指导和支持下，网站克服疫情困难，分别于9月28日、12月18日成功举办“决胜全面小康社会　共享中国脱贫方案——东盟媒体看中国脱贫攻坚云论坛”和“2020中俄网络媒体云论坛”活动，取得了较好的传播效果，对增进国际社会关于中国脱贫攻坚事业的了解、推动中俄网络媒体进一步深化合作起到了积极作用。

二是合作传播实现新进展。2020年，网站也遭遇部分欧美媒体中止合作的不利因素，但我们始终坚持做好合作传播，陆续与印度尼西亚雅加达邮报、泰国民族报、俄罗斯卫星通讯社、埃塞俄比亚先驱报、菲律宾通讯社等200多家境外主流媒体合作，其中新增了美国洛杉矶时报、美联社、塞内加尔太阳报等媒体，落地英、阿、波斯、法、俄等多语种报道近5000篇（次），覆盖受众超过6亿。特别在疫情报道的合作传播中，执行“一国一策”合作策略，得到各家外媒认可，稿件选用和落地率有所提高，其中阿塞拜疆国家通讯社、哈萨克斯坦实业报官方网站整体嵌套我网英文“战‘疫’”专题。

新媒体工作案例

Xi's Moments during the two sessions in 2020（习近平的两会嘱托）英文专题

2020年全国两会是疫情防控期间的一次特殊两会。作为全球第一个走出疫情阴霾的国家，中国一举一动都受到全球媒体的高度关注。作为党和国家的领导核心，习近平总书记在全国两会期间的言行举止，尤其引人关注。中国日报网特别推出英文融媒体专题“Xi's Moments during the two sessions in 2020”（习近平的两会嘱托），聚焦习近平总书记在全国两会期间的重要活动和重要讲话，突出时间横向对比和话题深度挖掘，深

入阐述习近平新时代中国特色社会主义思想在全国两会上的体现，从顶层设计的高度告诉海外读者：中国做成了什么，为什么可以做成，将来要往哪里去。专题共取得超过800万次的海外访问量，其中，系列视频“美国小哥的两会观察”海外传播量近500万次，并得到海外媒体广泛关注，被128家海外媒体转载转引，国际传播效果突出。

一是抢抓国际传播第一落点。及时刊发习近平总书记行程并在英文客户端推送，多次做到英文全网第一推。随后，进行二次加工。针对讲话要点，及时采访反馈，烘托全球点赞气氛；针对不同话题，进行纵深联系，挖掘嘱托背后的故事，以细节感染人，内容扎实、接地气，不但让海外读者能听到，而且能听进去。

二是突出融媒特色。重点围绕习近平总书记四下团组重要活动，推出《人民至上，习近平再次强调这一执政理念》《习近平为未来经济发展开出“中国策”》《习近平：织牢织密公共卫生防护网》《一图了解！习近平对国防和军队建设提出新要求》等金句图解产品，清晰展现习近平总书记关于“人民至上”“卫生系统改革”等方面的重要论述，海外传播效果显著。英文图表《习近平去过的贫困村现在怎么样了？》通过图片、数据的前后对比介绍习近平总书记曾经考察调研过的贫困村发生的变化，展现以习近平同志为核心的党中央坚强领导下脱贫攻坚的显著成效。英文H5产品《习近平的两会地图：下团组“热力图”》利用大数据地图，直观呈现习近平总书记历年两会足迹，清晰全面，一目了然，受到海外网友好评。

三是巧妙借用外嘴。专题重点推出系列双语视频《美国小哥的两会观察》，围绕“中国脱贫攻坚”“中国经济如何兼顾疫情防控与经济发展”等国际社会高度关注的话题推出上下两期视频。网站美籍记者解码中国在以习近平同志为核心的党中央领导下，如何在防控疫情的同时确保经济平稳发展，决战决胜脱贫攻坚。视频播出后得到海外网友和媒体广泛关注。

作品二维码

“抗击新冠病毒的中国方案”英文网站

2020年3月，在中国疫情防控形势持续向好之时，新冠肺炎疫情开始在全球范围蔓延，世卫组织将其定性为全球“大流行”，国际社会迫切希望了解中国的防控经验。为助力全球抗击新冠肺炎疫情，维护全球卫生安全，在国务院新闻办公室、国家卫生健康委、科技部、国家药监局和国家中医药管理局等单位的指导支持下，中国日报网2020年3月18日上线推出“抗击新冠病毒的中国方案”专题（以下简称“中国方案”专题），围绕国际关切，权威、系统、及时、准确地向国际社会介绍中国有效抗击新冠肺炎疫情的做法，分享中国方案、中国经验，讲好中国抗击疫情故事，反击西方谣言和抹黑，得到国际社会广泛关注。

一是准确把握报道时机，回应国际社会关切。3月16日，全球抗疫战迎来重要变化，全球其他地区新冠肺炎累计确诊病例首次超过中国，中国以外国家和地区逐步成为抗疫的主战场。在这样的形势下，国际社会对疫情科学防控的新闻报道和权威信息需求日益增长，世界目光聚焦中国，为我们讲好中国故事、传递构建“人类卫生健康共同体”的理念提供了契机。专题于3月18日及时推出，有效填补了国际舆论场中关于疫情防控知识科学系统介绍领域的空白，彰显了负责任大国的责任与担当。

二是立足权威，提供全面及时的新闻和信息服务。在国家权威部门的指导支持下，“中国方案”专题以新闻报道为基础，突出知识性、科普性和公益性，是权威、系统和科学展现疫情防控举措和方案的英文百科综合网络新闻专题。面向国际社会和在华外籍人士，围绕国际社会最关心的疫情防控话题和信息需求，专题设置了“最新进展”“权威问答”“科普知识”“最新视频”“AI智能查询”“健康指南”和“中医药诊疗”等7个栏目，通过图文、视频、直播、动画等多媒体手段，持续发布权威信息2000多篇（件），有效回应了国际关切、凝聚了社会共识，为其他国家提供了参考和借鉴。随着国际疫情发展及诊疗方案等交流材料的增多，专题增设“权威资料”栏目，整合集纳研究机构、医院等的权威、专业研究和医疗服务信息，进一步夯实了内容和服务基础。

三是创新服务手段，加强在线互动。为更好地回应海外网民关于疫情防控各方面的信息需求，专题突出和强化服务功能建设，优化文章页跟帖评论功能，得到全球网民的热烈反响，跟帖留言超过5万条，点赞转发超过40万次。开设热线邮箱，与海外用户进行积极互动，主动答疑释惑。热线邮箱共收到普通民众、医护人员等各界海外用户和在华外国人电子邮件1000多封，内容涉及居家防疫、知识科普、中医用药、检测试剂厂商、诊疗方案等方面，对于已有权威解答和有效做法的问题及时回复，对于专业性咨询，与各指导单位积极沟通，给出专业解答。很多海外用户对高效沟通和专业的回复表示感谢，直到目前，还有海外民众持续发邮件来咨询疫苗等相关信息。在充分调研的基础上，专题4月初上线多语种自动翻译功能，覆盖了法语、西班牙语、德语、阿拉伯语、意大利语等5个语种，让海外不同国家和语言地区的网民通过鼠标或指尖点击就能获取快速、准确的多语种网页信息和服务。

作品二维码

（中国日报网供稿）

中国青年网

新媒体工作综述

2020年，在团中央书记处的正确领导下，在中国青年报社党委的有力部署下，中国青年网深入学习宣传贯彻习近平新时代中国特色社会主义思想，特别是习近平总书记对网络强国、意识形态、青年工作、网信工作等方面的重要指示和讲话精神，树立“灵魂姓党、基因属团、宗旨为青”定位，坚持“思想立网、互动活网、服务强网、产业兴网”宗旨，秉承“青年温度、青网态度、青春靓度”理念，把握“强政治、奔一流”目标，积极落实报社党委提出的“努力打造思想的视觉锤、品牌的产业锤”战略部署，自觉履行贯彻网络意识形态责任制主体责任，全力建设一流新型青年主流媒体，网站各项工作成效显著，为实现“两个一百年”奋斗目标，实现中华民族伟大复兴的中国梦持续凝聚青年力量。

网站荣获中宣部授予的“2019年度先进单位”称号和国家新闻出版署2020年报业深度融合发展创新案例奖，荣获中央网信办授予的党的十九届五中全会精神网上宣传“2020年网上重大主题宣传和重大议题设置突出贡献单位”称号，荣获中国互联网协会颁发的“2018—2020年度中国互联网行业自律贡献和公益奖”。“青蜂侠”战“疫”作品获中国记协新媒体专业委员会推荐2020中国新媒体战“疫”十大精品案例。

一、胸怀大局大势，创新传播党的理论主张

中国青年网始终把旗帜鲜明讲政治作为办网生命线，牢牢坚持团结稳定鼓劲、正面宣传为主，弘扬正气、凝聚人心，一切为了党的新闻事业，一切为了为党育人。

1. 全力传播习近平新时代中国特色社会主义思想。抓住重大节点、用好各种场景，以青年喜闻乐见的新媒体产品引领青少年听党话、跟党走。全国两会期间，聚焦习近平总书记重要活动，策划制作“青年大学习·两会时刻”系列融媒体产品，总阅读量过亿。五四青年节首发的《习近平与大学生朋友们》系列报道，在中国青年网上千个校园通讯社反响热烈，青年纷纷来信表达心声。

持续推进党的十九届五中全会精神走进青年群体，策划推出“青蜂侠”系列街采《2035问青年》，全网霸屏，多家电视台播出；制作上线MG动画视频《@青年！快打开盲盒，看看15年后的你！》，解答青年疑惑。围绕上级部门重要宣讲，制作《网信系统首场党的十九届五中全会精神宣讲走进中国青年网》等融媒体产品，掀起学习热潮。

2. 持续推进主题主线宣传深入青年群体。坚持为党发声、为青年服务，精准把握社会热点、焦点和难点，旗帜鲜明地维护党团主张、传播青春正能量。围绕决胜脱贫攻坚、全面建成小康社会，推出《秘境湘西：做足茶文章　倾力打造脱贫恒业》等一系列优质图文报道。聚焦疫情防控，推出《武汉协和医院发热门诊：以青春之躯驻守战疫堡垒前哨》等原创报道千余篇，《齐鲁！华西！两大精锐“军团”武汉相遇，双方隔空喊话相互致意》等短视频作品5000余条，总点击量、播放量超100亿次。中青网评策划推出《用扎实举措为疫情防控保驾护航》等200余篇解读文章，其中90余篇被全网转载。同时，运用长图、动漫、沙画、短视频等新媒体方式，推出系列战“疫”主题产品《沙画丨并肩战斗，拥抱春暖花开》等，发挥了强信心、暖人心、聚民心的评论引导作用。

二、团结凝聚网民，积极引导青年奋发向上

青年在哪里，引导就要做到哪里。中国青年网紧跟社会热点，始终敢于亮剑发声、理直气壮传播党的主张，以切实的触达和凝聚能力，发挥主流媒体独特的青年工作者作用。

1. 为青年立言，勇担青年代言人。加强青年思想引领，做好青年价值引领，服务青少年成长成才，是中国青年网首要本职。聚焦习近平总书记重要讲话精神，推出《坚定理想信念站稳人民立场　练就过硬本领投身强国伟业——习近平五四青年节寄语引发广大高校青年师生热议点赞》等10余篇报道，记录了大学生学习习近平总书记讲话精神的精彩瞬间。致敬榜样力量，高质量打造“中国人的故事”“青春励志人物”等品牌栏目，弘扬社会正能量。维护青年权益，推出系列起底部分网络直播平台涉嫌聚赌问题的报道，倒逼相关平台解决问题；推出呼吁年轻人远离“杀猪盘”的视频报道，突出推送《没有“壳”的年轻人》融合深度报道。关注青春热点，推出《两个“战场”上的对话：你冲锋抗疫，我奋战高考》等300余篇原创报道，展现青年学子奋斗不息的精神风貌。

2. 为国发声，引领青年舆论战。聚合内外宣力量，冲锋舆论斗争一线。针对美西方涉疫情等各种造谣抹黑，推出各语种新媒体产品，对内引导青年自信自强，对外展示负责任的真实中国。与中国青年报青年参考联动，策划推出《【青春流行色】划破黑夜的那道白》作品，生动立体地展现了抗疫一线青年医务工作者群体的感人事迹，通过海报

图、PC端图文、朋友圈H5、海外社交媒体平台等4种方式广泛传播。涉港报道，批黑暴、驳谣言、揭阴谋、聚民心，争夺第一定义权，在香港“修例风波”及港区国安法施行等重要舆论斗争节点发挥作用。外宣方面，揭发暴徒丑陋嘴脸以及对香港社会带来的伤害，推出《公民党乱港三丑之郭荣铿、郭家麒、杨岳桥》《郭家麒再借12逃犯案煽动仇警 多名建制派议员现场回击》等原创内容，揭露少数暴乱分子极端行为，引导网民认清香港形势。

三、紧扣发展脉搏，努力维护网络文化生态

紧扣发展脉搏，中国青年网积极构筑向上向善的网络文化生态，坚持做好网络文化生态的建设者，为亿万网民特别是青少年营造清朗的网上精神家园。

1.现场直击，记录发展新征程。积极培育网络文明，全力谱写青年奋进新时代的靓丽画卷。聚焦疫情防控，着力突出90后、00后青年一代在战“疫”斗争中所作的突出贡献，“770万医护凭天使码免费游景区”等相关话题阅读总量7.22亿人次。围绕决胜脱贫攻坚、全面建成小康社会，统筹“青蜂侠”“青小小”“担当视频”等短视频品牌，善用镜头语言讲好扶贫故事和“全面小康”路上的精彩点滴，制作发布“决胜小康·奋斗有我”系列原创视频12期，均被全网转载，总播放量过千万。深入湖北、江西、湖南、安徽等地，走进广袤的乡村田间，了解当地脱贫攻坚的具体成效，多角度反映群众的小康新生活，推出《奋斗在幸福路上——网络主题行侧记》等一系列优质图文报道。

2.讲好故事，描绘时代新画卷。持续提高原创优质内容、特色品牌项目的质量和数量，让正能量更强劲、主旋律更高昂。中国青年网积极推进内容生产供给侧结构性改革，持续提高“中国梦践行者”“文脉颂中华”“中国人的故事”“决胜小康·奋斗有我”等原创优质内容精品力作、特色品牌项目的质量和数量，让正能量更强劲、主旋律更高昂。“中国梦践行者”共推出励志人物124位，视频单篇最高播放量达1.2亿次；“中国人的故事”共推出作品104个，“中国人的故事”微博话题阅读量达16.3亿人次；“文脉颂中华”打造“升级版”非遗网络传播阵地，专题访问量近2000万次，微博、抖音、快手等互动社交媒体平台累计播放量1200万次。

四、激发创新力量，探索优化融媒传播体系

投身媒体融合，中国青年网持续强化融媒传播体系探索，打造上传下达的新时代治国理政新平台、内引外联的国际传播新格局、利国惠民的实用新服务。

1.融媒聚力，强化精品内容交互性。聚焦重要节点，与中国青年报社一体指挥、分兵作战，持续打造现象级融媒精品。两会期间，推出9期“故事+海报+分屏视

频＋‘青年大学习·两会时刻’互动留言”融媒体产品，总阅读量331.2万人次。推出《人民至上　生命至上　习近平在参加内蒙古代表团审议时的重要讲话引起青年学生热议》等5组动、静态图表以及H5产品《〈2020政府工作报告〉知识竞赛来了！》，取得了良好效果。五四青年节期间，推出手绘长图《中国人的故事｜不怕难，我是中国青年》，作品带动话题“哪一刻你感到中国在变强”登上热搜第二名，话题两天内阅读量从1亿次暴增到6亿次。“青蜂侠”“青小小”“三甲医生说”等垂类短视频快速发展，共生产《护士妈妈坚守抗疫一线　6岁哥哥“霸气”开导4岁弟弟》等优质产品2万多条，全年播放量近300亿次，日均播放量近8000万次，日均留言超10万条，日均获赞超20万次。

2.服务为本，强化对青年的吸引与凝聚。持续探索“新闻＋政务、服务、商务”运营新模式，建立“团团微就业”共青团服务青年就业平台、“青春有约”青年婚恋交友平台，通过“全程化”跟踪、“专业化”指导、“精准化”对接，服务大学生及往届毕业生、职场新人，打造技术先进、功能完善、可靠安全、开放共享，可精准把握青年就业发展动态的“互联网＋”产品；锻造聚焦共青团主责主业，服务青年学习、实践、就业、择业等多个阶段的一站式服务载体；建设聚合政府、共青团、高校、企业等各方优质资源，形成良好就业生态且具有运营前景的综合性平台，真正贴近青年，服务青年。

新媒体工作案例

“青蜂侠”短视频栏目

“青蜂侠”是中国青年报·中国青年网旗下的短视频栏目。几年来，中国青年报·中国青年网不断适应互联网传播移动化、视频化趋势和青少年接受特点，高举思想视觉锤，强化“青蜂侠”的传播力、引导力、影响力、公信力，在传播党的创新理论中实现破圈，在传播核心价值中赢得信任，在凝聚青年力量中扩大影响，在清朗网络空间中敢于承担，在媒体深度融合中勇作先锋，目前已经成长为国内最知名的新闻短视频品牌之一，稳居行业头部。2020年，“青蜂侠”实现日均播放近亿次，日均留言10万条，日均获赞超20万次，成为全网重要的正能量策源地和暖视频转载源。一是聚焦重点，规定动作做到位。新冠肺炎疫情暴发后，“青蜂侠”全天候保持冲锋状态，创作的《四大军团齐聚武汉》《120秒回顾解封瞬间》等爆款，成为2020年中国战“疫”的共同记忆。雷神山医院赠予“致敬逆行者”奖杯。二是形成特点，青年特色谋“破圈”。聚焦北京朝阳医院眼科医生陶勇被袭，“青蜂侠”第一时间赶赴现场，并独家拍摄到同事赶来接替陶勇看病的珍贵视频，微博话题“同事接替陶勇医生看病”居当日微博热搜第一位，总阅读量达到8.1亿人次。三是打造亮点，再造转化出精品。“青蜂侠”在中国青年报“融媒云厨”和全媒体协调机制统一指挥下，与报社记者部等部门一体策划，实现一次采集、多种生成、多元传播，尤其注重报网图文产品的精品化视频再造转化。其中，与中国青年报官微共同打造的《互喊加油，四大“天团”会师武汉！网友：王炸来了，中国必胜！》入选2020中国新媒体战“疫”精品案例。

作品二维码

（中国青年网供稿）

中国经济网

新媒体工作综述

2020年，中国经济网聚焦经济宣传和经济舆论引导，实行减量化改革，努力迈向高质量发展。中国经济网手机站总阅读量全年超30亿人次；微信阅读量连续4个月列“新榜微信500强”榜首；微博粉丝量增长46.14%，获评新浪微博最具影响力财经媒体；抖音、快手新增粉丝量近1000万。中国经济移动云平台——中经云端全年直播近400场。一批有影响力的经济新闻作品荣获中国新闻奖一等奖等奖项，中国经济网专业化、国际化、移动化、多元化“四化”探索与实践成果荣获中国管理科学学会颁发的“管理科学奖”实践类奖项。

一、深耕经济宣传及经济舆论引导主业

中国经济网充分利用PC端首页、手机端首页，以及官方微博、微信等各平台积极宣传、阐释、解读习近平总书记重要活动、重要讲话、重要指示精神，深入阐释习近平新时代中国特色社会主义经济思想。网站各平台头条位置全年推送总书记相关稿件1000余篇，同时推出“学习贯彻十九届五中全会精神”“纪念中国人民志愿军抗美援朝出国作战70周年”“纪念中国人民抗日战争胜利75周年”“庆祝中国共产党成立99周年”“‘中国力量——战疫情　稳经济　保民生　奔小康’2020全国两会经济日报·中国经济网融合报道”等20余个网络专题，从不同角度对习近平新时代中国特色社会主义思想和社会主义核心价值观进行解读，其中原创评论文章《“全国两会或推迟召开”意味着什么？》获得第三十二届中国经济新闻奖新闻评论类一等奖。借助《评新而论·大国经彩》网评栏目，综合运用图解、图文述评、文字评论等融媒体报道形式，对高质量发展、深化经济体制改革等主题进行解读。栏目共制作推出作品979篇，253篇获全网推送，被中央网信办评为2020年度优秀网评栏目。

在聚焦经济民生热点开展主题宣传报道上，中国经济网组织承办了“幸福东北”“西部开发新脉动”“经济特区40年

@治理现代化”“行走自贸区”“潮涌长三角”等网络主题采访活动及一个重点调研项目“香港澳门互联网发展路径研究”。通过实地采访、云座谈、全景展厅、微视频、图解等线上线下联动的采访模式，创新经济宣传方式，用心打造精品力作。《疫情之下，为什么对打赢脱贫攻坚战有信心？》入选第五届“百篇网络正能量文字作品”。依托“脱贫攻坚”频道，中国经济网将脱贫攻坚收官宣传贯穿全年，全年发稿1.2万篇以上，推出“脱贫攻坚　中国智慧”“全景式扶贫　我和你同行”“贫困村创业致富带头人风采录”“决胜2020”等特色专题。网站还推出“金融消费者素养提升计划”系列视频公开课，着力提高消费者的金融风险意识和防范能力，场均浏览人数超100万。制作推出的“防范非法集资”系列主题动漫作品，通过人物情景动漫演绎非法集资案例，被中国银行业协会、保险业协会在各自新媒体平台推送。

二、积极推进报网融合发展

作为媒体融合发展的重要抓手之一，中国经济网中经云端项目团队在疫情期间重点加强云业务能力建设，辐射报网端新闻生产、活动运营、政务办公等方面，支持抗疫复工、主题报道和网站其他业务。利用中经云端·AI云会议系统、中经云端App，全年共开展直播近400场。与报社联合推出《代表委员云访谈》融合直播栏目，创新开展两会融合报道。在激烈的竞争中，中经云端全景团队助力网站获得北京2022年冬奥会竞赛场馆VMC全景设计制作项目供应商资格。中经云端全景新闻产品“全景体验‘永不落幕’的线上世园会”荣获第三十届中国新闻奖页（界）面设计一等奖。

三、大力开展抗疫和复工复产宣传

新冠肺炎疫情发生后，国家市场监督管理总局紧急启动了“保价格、保质量、保安全”行动。作为“三保行动”秘书处，中国经济网参与动员了1.6万多家企业、30多万家门店作出“三保”承诺。发布相关稿件9000余篇，累计阅读量2亿人次以上，为维护社会稳定、实现疫情防控阶段性胜利作出了贡献，获评“全国市场监管系统疫情防控新闻宣传好集体”称号。

中国经济网派出3名记者第一时间奔赴武汉抗疫前线进行采访报道，前后方通力合作，推出了“武汉一线见闻之天使在行动”“武汉一线见闻之企业担当”“金融战‘疫’护航实体经济”等多个抗疫专题，推出“战‘疫’说理”系列理论解读等系列评论报道，打造AI主持人科普短视频《你需要了解的防疫小知识》《疾控妈妈梅芳华的战“疫”日记》《社区“敲门行动”不漏一人》等多个融媒体视频产品，荣获中国经济传媒协会举办的“共同战疫·健康吉利”短视频大赛二等奖和优秀奖。全景新闻《“云市场”助力汉口北“复苏”》获第三十二届中国经济新闻奖融合报道一等奖。

为助力湖北经济复苏，中国经济网联合苏宁易购举行“暖民、暖企、暖湖北，我来拼一单”公益直播活动，吸引了80余万人次观看，累计销售湖北农副产品30余万元。

四、创新开展国际合作

中国经济网和巴基斯坦媒体有较好的合作关系，合作重点突出经济特色。通过深挖中国医疗组赴巴抗击疫情、中国企业援助大量医疗物资、“巴铁”坚定不从中国撤侨等大量动人的小故事，有力揭批了“中国病毒”荒谬论调，以及通过举办“中巴经贸热线云沙龙·联手治蝗”线上座谈会、“中巴农业合作与展望”云沙龙活动等举措，抓牢经济牌、民心牌，中国经济网和巴基斯坦媒体进行了较好的互动，部分新闻报道产生了相当大的影响力。

2020年12月28日，由中国驻巴基斯坦使馆主办，中国经济网、巴中学会承办的第六届中巴经济走廊媒体论坛，以“线上+线下”的形式举行。参会代表围绕“后疫情时代的中巴媒体合作”的主题，就中巴两国媒体共同讲好中巴友好交往与合作故事，传递中巴经济走廊合作互利共赢的真实声音等话题，进行了深入的交流与讨论。中巴经济走廊媒体论坛创办6年来，已经成为两国媒体间影响力最大的交流活动。

（中国经济网供稿）

中国新闻网

新媒体工作综述

2020年，中国新闻网（以下简称“中新网”）始终将学习宣传贯彻习近平新时代中国特色社会主义思想作为首要政治任务，牢牢把握正确政治方向、舆论导向、价值取向，聚焦国家中心任务，精心策划组织重大主题宣传，加强热点舆论引导和舆论斗争，创新移动传播内容形态，发力境内外社交平台建设，唱响网络主旋律，壮大正能量，积极营造清朗网络空间。一年来，中新网深入推进媒体融合，新闻产品形态更加丰富，网站的传播力、引导力、影响力、公信力持续提升。2020年8月，中新网正式入列中央重点新闻网站。

一、重大主题报道亮点纷呈，跨境舆论斗争积极有为

2020年，中新网坚持以习近平新时代中国特色社会主义思想为指导，组织开展各项宣传报道工作，积极做大做强正面宣传。

中新网持续深入宣传阐释习近平新时代中国特色社会主义思想，在网站PC端、客户端设置长期性专栏，集纳展示习近平总书记报道。一年以来，中新网在网站及客户端、微博、微信、脸谱、推特以及海外合作华媒各平台端口刊发、推送、展示习近平总书记重要活动、重要讲话等主题中英文报道约1.5万篇，全平台总阅读量近3亿人次。网站重点做好关于习近平总书记报道融媒体专栏“近观中国”，全年刊发评论文章70余篇，推出各类新媒体产品240余件，制作微视频专题片5件。其中，创意图解《阻击疫情，习近平作出最新部署》对外诠释中国抗疫信心，《两会习语丨十二张海报，读懂这些话背后的深意……》运用“文字+海报图解”的表现形式形象直观宣传解读习近平总书记重要讲话意义，微视频专题片《“带货达人”习近平》，角度独特，以小切口反映大主题，广受好评。

围绕新冠肺炎疫情防控，中新网及时报道展示中国迅速有效遏制国内疫情并主动参与国际合作的主要举措及成效，讲好中国抗疫故事，鼓舞士气信心。一年以来，网站

刊发图文、图片、视频及创意产品等中英文报道12万余条（张）；中新网微博主持的话题标签“关注新冠肺炎”“关注新冠肺炎”累计阅读量244亿人次；海外社交平台推送中英文内容1.44万余篇（条）次；相关稿件全平台累计阅读量约300亿人次。中新网积极生产特色新媒体产品，在武汉抗疫的艰难时刻，当地几位音乐人创作的歌曲《武汉伢》唱出了武汉人民的肺腑之言，中新网及时把握时机，第一时间综合相关素材，用精练的文字搭配歌曲MV，推出融媒体特别报道《“我的城市生病了”，一首〈武汉伢〉听哭无数人》，并通过中新网网站、客户端，微信、微博账号，脸谱、推特、优兔等海外社交媒体平台账号全面推送，在境内外网络空间形成“刷屏”之势。为全景展现疫病突袭状况下的中国作为，中新网精心制作推出5集视频纪录片《中国战“疫”录》，系统勾勒从疫情暴发之初到取得阶段性成果的中国战“疫”全貌。纪录片配发中英文双语字幕，播出后在海内外引发强烈反响，不少网友留言表示纪录片生动真实，催人泪下。

2020年是决战脱贫攻坚、决胜全面小康之年，中新网开设了融媒体专题，持续展示中国扶贫工作的显著成绩和伟大壮举。策划推出《吾乡》系列网络直播，充分利用融媒体报道手段，以脱贫攻坚为报道主线，聚焦美丽乡村、产业脱贫、生态环境治理、侨乡发展等，描绘中国脱贫攻坚战图景。一年以来，中新网精心组织党的十九届五中全会、全国两会、浦东开发开放30周年、深圳经济特区建立40周年、第三届进博会等重大主题报道，积极唱响主旋律。

2020年，中新网组织承办“2020指尖城市”“共舞长江经济带·看高质量发展”等主题采访活动，通过精心策划安排，活动组织报道工作稳妥顺畅、高质高效；中新网还认真组织好第五届“五个一百”网络正能量图片评选活动，以“网聚正能量，奋进新时代”为主题，大力培育和弘扬社会主义核心价值观，不断画大网络同心圆，在网络空间形成传播点赞正能量的热潮。

2020年，围绕新冠肺炎疫情，中国与美西方国家展开了持续的舆论攻防战。中新网主动加强议题设置，针对境外炒作“病毒溯源、疫情时间线、中国瞒报疫情、向中国索赔”等话题，加强网络评论引导，在微博、微信等社交媒体平台放大权威声音，在推特、脸谱等境外社交媒体平台加强驳斥，澄清谬误、积极引导；围绕中美经贸摩擦、加强复工复产主题报道，借助月度、季度经济数据的出炉、“双11”等重要时间节点和重大经济类主题活动加强对中国经济的正面报道诠释，让民众切实体会到中国经济“疫后”复苏的活力；围绕涉港、涉疆、涉藏等热点话题，持续传递权威声音，积极宣介政策法规，积极澄清谣言谬论。在舆论监督方面，中新网持续做好《民生调查局》《社会37度》等原创栏目，重点针对民众普遍关注的民生问题，进行深入调查，开展理性监督。

二、平台产品建设双向发力，全媒传播矩阵影响力提升

2020年，中新网持续加强全媒体平台及产品建设，深入推进媒体融合，新闻产品形态更加丰富，全媒体矩阵用户数、影响力稳步提升。移动直播作品《中新网独家直播香港警队代表团登长城做好汉》获得第三十届中国新闻奖三等奖，创意产品《这是一趟开往幸福团圆的列车，看到你的影子了吗？》获评2020年“新春走基层活动”优秀作品。

中新网加快推进媒体融合，积极构建全媒传播体系，已形成客户端为主体、微博微信为两翼、第三方账号为补充的移动传播矩阵；不断深化内容生产供给侧结构性改革，推进跨部门跨平台协作，提升融合报道水平，积极抢占移动传播高地。2020年中新网客户端下载量增长14.3%，官方微博粉丝增长22%，微信增长10%，新媒体用户总量超2亿。中新网全年发稿近40万条，原创率达55%，视频、融媒体产品生产能力不断提升，全年制作视频1.8万余条，创意产品670余件，开展直播930余场，新开设《图个明白》《绘见》《壹图漫评》《字画像》等多个新媒体栏目，原创内容辐射能力保持较高水平。其中，《壹图漫评》栏目主打新闻漫画配犀利评论的风格，一张生动传神的漫画海报+简练的文字短评，对于正能量加以褒扬，对于“假丑恶”予以批判，让网民阅读之后更能明辨是非。该栏目2020年累计推出50余篇作品，在网络各平台端口展示推送后，引发很好的网络反响。

2020年，中新网进一步加强境外社交媒体平台建设，强化特色内容的制作，推出《新漫评》《他们说》《为什么》等海外社交媒体平台特色栏目。重点打造的栏目《新漫评》，持续输出辛辣讽刺漫画类网评，推送的系列“波兰球”四格漫画，以轻松幽默易懂的形式，持续推出《甩锅中国？休想！》、《玩弄政治凌驾于抗疫之上？！天道好轮回》、《Lies & Facts（Part 1）》（谎言与事实（上））、《Lies & Facts（Part 2）》（谎言与事实（下））、《Who should we trust？》（我们该信谁？）、《Blame game doesn’t save lives》（指责他人并不能拯救生命）等中英文作品20余期，让更多的受众认清美西方政客的丑恶做法、真实面目。

海外社交媒体平台作为开展文化外宣的主阵地，持续推进文化走出去，脸谱、推特主账号在“文化中国”、“AmazingChina”（魅力中国）、“ChinaBites”（中国味道）等特色文化类标签栏目下利用图文、短视频、直播等新媒体形式推送中国传统习俗、传统工艺、中华武术、中国美食等中英文内容，同时加强对中国新时代年轻人各种亚文化的推送，全面展示中国文化魅力，增强国民的文化自信。2020年，中新网继续打造视频专栏“中国风”，全年推出节目15期，对外传递中华文化独有的人文精神与东方智慧。

三、发挥自身特色，持续拓宽对外合作的广度和深度

2020 年，中新网积极发挥自身特色优势，聚焦以海外华侨华人、港澳台同胞为主的“海外中国”群体，积极创新与海外华文媒体的合作方式。面对全球新冠肺炎疫情，中新网从涉侨报道特色和定位出发，立足服务好海外华侨华人、在外中国同胞和留学生群体抗疫防疫，联合来自五大洲 40 余个国家和地区的 111 家海外华文新媒体、5 家中国专业平台医疗在线咨询机构共同打造“全球华文新媒体同心战‘疫’信息服务平台”。

同心战“疫”信息服务平台是中新网抗击疫情报道在移动端平台的一次重大探索，平台集新闻报道、信息服务、直播答疑、答问咨询等多项功能；并包含国内和全球疫情实时动态两个查询类 H5 页面。全面迎合海内外华侨华人的普遍需求，打造更为个性化的移动端产品。中新网打通融合渠道，构建全球华文新媒体合作传播平台矩阵，向海内外华侨华人精准投放涉疫情新闻、信息、资讯。积极采用图文、视频、H5、直播、互动等多样化的新媒体展示方式，并与合作华文新媒体建立内容双向共享机制，实现全球疫情华媒联动播报。优化交互体验，平台邀请中国疾控中心流行病学首席专家吴尊友、中国疾控中心流行病学首席科学家曾光等重量级嘉宾，与日本、法国等地华媒记者进行视频连线访谈直播，就海外疫情防控、防疫国际合作等方面进行解读和答问。平台还提供线上政策问答服务，通过合作华文新媒体收集华侨华人等群体关心的问题，由专业对口部门实现答问释惑。

一年以来，同心战“疫”信息服务平台累计发布信息 1.5 万余条，互动问答 460 余次，连线直播 19 场，向合作媒体推送重点稿件 1100 余篇次。中新网与海外华文媒体深度合作、同声呼应、同频共振，得到合作媒体的高度认可，受到海外华侨华人的关注，也为全媒体融合对外传播工作积累了一定的经验。

新媒体工作案例

《吾乡》系列移动直播

2020 年是“十三五”规划收官之年，也是脱贫攻坚决战决胜之年。为有效宣介我国脱贫攻坚的成绩和壮举，中新网策划推出《吾乡》系列移动直播，充分利用融媒体报道手段，以脱贫攻坚为主线，围绕一些极具特色的县乡村镇，聚焦美丽乡村、产业脱贫、生态环境治理、侨乡发展，以“慢直播”的流行方式，以小见大，讲述当地民众的脱贫致富故事，展示中国脱贫攻坚战图景，力求在重大主题报道中做出“新意”与“诗意”。

《吾乡》系列直播从村镇美景入手，通过航拍、宣传资料片等多种方式带网友领略大江南北特色村镇的田园生活，展示中

国式乡土情结和缱绻乡愁，同时聚焦乡村的脱贫致富带头人、返乡创业带领群众脱贫的大学生等典型人物，讲述他们在疫情冲击之下，如何带领民众致富奔小康的历程。直播采用形象直观的表达方式，设置“双主播”模式，从当地人的第一视角出发，将中国扶贫工作这一宏大叙事具象化、故事化，兼具内宣和外宣功能，在境内外推出后反响很好。一年以来，系列直播推出 20 余期，多期直播播放量超过百万，总观看量突破千万。

作品二维码

直播《吾乡｜走出国门数十年，为什么海外侨胞忘不了这个小小的侨乡》

直播《吾乡｜探访湘西苗寨十八洞村　看大学生返乡直播助脱贫》

直播《吾乡｜想要实现“葡萄自由”？来江苏这个村就对了》

直播《吾乡｜乡村变形记：浙江台州“洋垃圾村”建起田园式生态公园》

（中国新闻网供稿）

光明网

新媒体工作综述

2020年是极不平凡的一年。在光明日报社编委会的坚强领导下，光明网从党和国家工作大局中自觉找准定位、履行使命、发挥作用，卡点卡位、守正创新做好特殊形势下的新闻宣传工作，为全面夺取疫情防控和实现经济社会发展目标双胜利提供强有力舆论支撑。

一、自觉做到“两个维护”，全力做好习近平新时代中国特色社会主义思想网上传播

光明网始终把习近平新时代中国特色社会主义思想的宣传作为首要政治任务。“头条工程”及时跟进传递习近平总书记重要讲话精神，安全及时准确做好双首页、时政频道涉习近平总书记稿件的转载推送工作，发布相关稿件1万余篇；发挥思想理论网站特色，推出《习近平谈治国理政（1—3卷）》语音陪伴套装，创新传播习近平新时代中国特色社会主义思想；品牌栏目《学习时刻》推出系列沙画作品，以小切口讲述大道理，生动阐释习近平总书记关于脱贫攻坚工作的重要论述；组织“实践新论”网上理论传播专栏，以文章、微视频、动图、漫画等形式鲜活、内容准确、传播有效的融媒体产品，创新展现习近平新时代中国特色社会主义思想的精髓要义、实践指导意义：以习近平总书记金句为核心推出近20部漫评、动画短视频，生动阐释习近平总书记关于疫情防控工作的重要讲话和重要指示精神；推出评论短视频节目《光明视评》，获得强烈社会反响；全年结合习近平总书记重要讲话和重大活动，不间断推出原创理论作品、图解等新媒体作品，全力推动习近平新时代中国特色社会主义思想深入人心。

二、把握导向，守正创新开展网上正面宣传

新冠肺炎疫情防控报道战役打响后，光明网深入贯彻习近平总书记对疫情防控工作的重要指示批示精神，调派骨干精英奔赴武汉，逆行而上练脚力，深入一线练眼力，胸怀大局练脑力，融合创新练笔力，在全媒体

全天候全方位的战“疫”报道实践中，奋力书写媒体使命答卷，为打赢疫情防控阻击战凝聚起磅礴力量。开设专题专栏，运用短视频、图解、图文、海报、动画、漫画、一镜长图、Vlog、MV、表情包、数据新闻等新媒体形式推出《战“疫”故事“绘”》《文物话防疫》《疫期“绘”战》《防疫长卷》《25秒看全球疫情变化》《数据看中国》《战“疫”战贫·奔小康》等原创作品6000余篇，通过头条号、百家号、大鱼号等渠道推送疫情相关报道37万篇次，精准有效回应社会关切；凝聚科技卫生资源，推出“防疫主题情景剧”“防疫科普”系列图解、“科技战‘疫’”系列科普动画、“防疫路上 健康有我”防疫科普主题直播等多形式健康科普作品800余篇，发起在线义诊等健康公益活动，持续做好科普、公益服务；发挥密切联系文艺界优势，开展“诗援武汉 共抗疫情”“用音乐的力量支援武汉”等诗词、短视频、公益歌曲等各类征集活动，全面凝聚同心战“疫”强大力量。其中沙画MV《大国大爱》播放量超2.5亿次，《30位明星赋能光明网原创MV：加油武汉 加油中国》传播量超6500万人次，《战“疫”故事“绘”》系列节目点击量超过5500万次，“阳光跟帖·阳光主播”优秀视频作品征集展示活动征集作品12.2万部、全网累计播放量超79.9亿次。

围绕决战决胜脱贫攻坚工作主线，光明网浓墨重彩开展宣传报道，充分展示脱贫攻坚工作取得的显著成效，为打赢脱贫攻坚战营造浓厚氛围、凝聚强大合力。光明网记者深入脱贫攻坚一线，运用Vlog、短视频、图解、H5、MV等新媒体形式生动讲述脱贫故事，推出《我们的“脱贫style”》系列有声漫画、《决胜！小康全面“绘”》系列手绘短视频、《改革光明论——理论面对面》系列访谈短视频、《战“疫”战贫·奔小康》系列节目等光明特色全媒体作品，全视角展现奋进中国；开展“我家的故事——脱贫攻坚奔小康”短视频征集展示、“美丽乡村 诗画中国”脱贫攻坚主题诗词作品征集、“走向我们的小康生活”摄影作品征集等活动。其中，《我们的“脱贫style”》阅读量超600万人次，被200余家网站、新媒体平台转载；“我家的故事——脱贫攻坚奔小康”共征集作品超5.8万条，全网播放量超22亿次。

全国两会期间，光明网推出云访谈、有声漫画、音视频、直播、图解、动画、VR全景、图片、原创评论解读文章等多形式融媒体报道精品660余篇；通过微博、微信、抖音、今日头条、百度、UC等渠道推送两会稿件8400余篇次；各平台两会相关报道总浏览量6.6亿次，有力唱响两会舆论强音。其中，围绕政府工作报告、两高报告等重点热点，第一时间推出《600字读懂政府工作报告》《60秒Get 2020年最高检工作报告：看20年刑事案件数据变化》等图解、短视频、解读文章等作品，及时回应社会关切；策划《光明云说法·民法典专家谈》视频访谈专栏，邀请相关参与编纂专家详谈民法典的重要意义、基本原则等，系列访谈观看量超1300万次；推出《数据看中国——两会专刊》，深度挖掘两会热点话题中蕴含的数据，借助叙述性语言与可读性案例，从多角度阐述两会重大意义和内容，6期短视频浏览量近千万次。

深入学习宣传贯彻党的十九届五中全会精神，加强议题设置，推出“学习贯彻五中全会精神”系列主题视频访谈等精品内容，通过图文、音视频、图解等多形式全面呈现党的十九届五中全会重要内容，全方位传递全会精神；开展“十九届五中全会精神网上理论宣传项目”，推出理论文章、互动AI、创意视频、动漫、漫画等，并研发智能学习平台，全力推动习近平总书记重要讲话精神和全会精神落实落地；调动合作外媒资源，通过直播、图解等新媒体形式，开展捷克语、土耳其语、泰语等多语种传播，向海外网友着重介绍党的十九届五中全会习近平总书记重要讲话、重要决议内容、“十四五”规划重要性等，全力推进全会精神对外广泛传播。

三、加速融合创新，全面提升光明品牌影响力

疫情防控倒逼媒体加速融合创新。光明网积极将光明日报的知识分子特色、思想文化优长延伸到新媒体领域，同时多维创新不断拓展宣传主阵地，提升光明品牌影响力。

为在疫情防控常态化背景下继续做好社会主义核心价值观的宣传教育，由中宣部宣教局、光明日报社主办，光明网承办的“核心价值观百场讲坛”工程，2020年首次采用“云宣讲”方式，先后举办了《中医药抗疫与核心价值观的优势》《民法典的中国特色、实践特色、时代特色》《弘扬“红船精神” 牢记初心使命》等6场活动，持续推进核心价值观的培育践行。宣讲内容在“学习强国”学习平台、人民日报客户端、央视新闻客户端、新浪微博、西瓜视频、哔哩哔哩等平台同步播发，推动社会主义核心价值观的广泛传播。

2020年5月至7月，光明网配合光明日报组织开展“2020企业校招光明大直播”，携手多家大型企业联合进行校园招聘大型线上直播活动。活动面向874万名应届高校毕业生，联动央企、国企和民企的优质就业资源，利用一直播、咪咕视讯、KK直播等多家直播平台进行招聘信息宣讲、在线答疑解惑，搭建人才与企业间供需双方更为可视化、交互式的交流平台，共推出15场直播，总观看量突破2140万次。活动创新性地将“移动端直播+云连线直播+短视频+图文报道+网络专题”的全媒体传播方式引入线上校招活动中，生动有趣地向毕业生提供就业指导建议，有效帮助毕业生准确认知用人单位人才需求，从而将个人职业规划与人力资源市场需求进行合理匹配，足不出户解决毕业生“求职无门”、企业“求贤若渴”的供需对接矛盾。

7月至8月，由光明日报社主办，教育部、光明日报社、光明网等多部门联合开展的“2020高校招生服务光明大直播”活

动，陆续走进北京大学等144所高校，直播总时长约1.8万分钟，观看总量近1.6亿人次。此活动已连续开展4年，2020年受疫情防控影响，使用“移动云直播”新技术，结合无人机航拍、招生宣传短片插播等新形式丰富直播内容，并联合一直播、斗鱼、抖音、快手等14家平台进行推送。同时强化全媒体属性，创新直播内容一次采集、多次加工，立体整合传播。疫情防控之下，光明大直播再次成为考生、家长获取权威招生信息，高校展示特色形象、优势专业的最佳选择。

2020年，光明网继续在中央网信办网络社会工作局指导下开展“网络中国节”系列文化活动，围绕防疫抗疫、节日文化及各地生活新变化等节日话题，携手中央重点新闻网站、各地网信办及抖音、快手、小红书、B站等商业网站，通过专题、App封面海报推送、短视频、联动直播、歌单、科普图解、图文稿件等多种产品形式唱响主旋律，让传统节日文化宣传有声、有色、有料、有趣，进一步提高网络中国节品牌影响力。活动首次走进数字音乐领域，光明网携手酷狗音乐先后推出主题歌单分享、原创歌曲征集等活动，让传统节日文化在数字音乐的流量加持下实现广泛传播。截至2020年年底，春节、元宵节、清明节、端午节、七夕节、中秋节、重阳节七大传统节日歌单播放量超过1亿次，中秋节推广曲总播放量超7.9亿次。

此外，持续推进2020“中国非遗年度人物”推选宣传活动，讲好非遗的“中国故事”，探索中国非遗保护发展的“中国方案”；承办“36小时极限短视频创作大赛”，推出一批有温度、有情怀、有共鸣的阳光短视频内容，以阳光话题引导商业平台和广大网友阳光互动；开展“成长之路·融荣与共”港澳台青年传播项目大型系列融媒体报道，以Vlog、短视频、数据新闻、新闻懒人包等产品形式讲述25名港澳台青年在内地生活工作的故事，生动展示真实、奋斗的中国，凝聚情感共识。

新媒体工作案例

《习近平谈治国理政（1—3卷）》语音陪伴套装

2020年，光明网发挥思想理论网站特色，创新推出《习近平谈治国理政（1—3卷）》语音陪伴套装，通过领读、诵读、解读、伴读等方式，将理论编印材料转变为形式多样的音频节目，为基层单位深入学习习近平新时代中国特色社会主义思想提供优质载体和材料。

语音陪伴套装以光明日报各平台原创内容为主体，聚合中央权威媒体优质报道案例，形成长达3600分钟的独家音频内容；内置400集权威学习资料，每集音频10分钟左右，短小精悍、通俗易懂；邀请72位理论专家结合原著、讲话的具体篇目，从小切口深入阐述理论体系的核心要义和实践要求。

该套装产品连通线上线下互动，将虚拟

节目与实体产品相结合。实体套装学习资料通过多接口优盘存储，可实现手机、电脑、车载音响、Pad等多类终端设备读取，方便用户利用通勤、休息等时间收听音频节目，为广大党员干部提供了一种以新媒体方式学习习近平新时代中国特色社会主义思想的便捷途径。

实体套装中的学习资料在光明网以专题网页形式同步推出，在线内容紧跟时政热点不断更新，套装用户可随时下载最新学习材料，实现线下温故、线上知新。学习笔记等实体套装配套工具，更为广大党员干部随学随记提供了便利，促进深入思考学、联系实际学，将学习贯彻习近平新时代中国特色社会主义思想引向深入。

该套装上线后，“学习强国”学习平台在首页推荐，各中央新闻网站、省级新闻网站及商业平台分发推送，累计阅读量、下载量超1.15亿次。

中央纪委国家监委引入该套装内容，供广大纪检监察干部学习使用。中国兵器装备集团、中国航空工业集团等全国70余家央企、国企、民企，以及北京师范大学、中国传媒大学、中国政法大学等40多所高校将其作为学习习近平新时代中国特色社会主义思想配套教材使用，学习成效显著。

作品二维码

36小时极限短视频创作大赛

2020年11月12日至14日，在中央网信办网评局指导下，光明网独家承办“36小时极限短视频创作大赛”，组织腾讯、抖音、快手、百度、B站等30家互联网平台以及中央戏剧学院、北京电影学院、中国传媒大学等6所高校，共同组成36支短视频队伍，围绕与群众文化生活紧密相关的36个关键词，进行紧张、激烈的36小时极限创作，用浓缩的生动故事和精练的镜头语言以及更新颖、更符合网络生态的呈现形式，全方位展示“互联网+中华文化”深刻内涵，引发广大网友更主动、由衷、积极地转发和评论，为互联网传递主流价值、主流声音提供了鲜活解读和精彩诠释。

36支团队，分布在北京36个文化地标处，在36小时内拍摄并剪辑完成一部兼具主流价值和市场传播优势的短视频作品。大赛用镜头发现阳光、记录阳光、传递阳光，为深化社会主义核心价值观宣传教育，做出一次颇具创造性的生动实践。

“36小时极限短视频创作大赛”一大传播亮点是，由光明网和参与活动的全部网络平台共同启动“百亿流量扶持计划”。其中，抖音、快手、B站、腾讯等通过开屏推荐、弹窗广告、首页顶通、专题导流等方式，大力宣传和推介活动专题内这批主流价值短视频作品。

各家平台运用全媒体形式展开多元化表达，刊发报道510余篇，累计阅读量2.17

亿人次。“学习强国”学习平台专门开设大赛直播专栏，10 余家网络平台同步直播，直播观看量共计 3117.27 万次，互动留言 11.12 万条。全部团队创作过程被剪辑成专门的纪录片，在各家网络平台上进行二次传播。后续推出的《回眸 36 小时极创赛》全程纪实片和 6 部《36 小时极创赛·微记录》系列微纪录片在全网发布，累计转播发量 2781 万次。主流价值内容的传播形成持久影响力，引发广大网友特别是青年群体积极参与互动。

作品二维码

（光明网供稿）

中青在线

新媒体工作综述

2020年，中青在线按照中国青年报社融合改革要求，服从发展大局，深耕融媒产品及文化IP领域，加速从综合门户向“新闻文化视频平台”转型。面对突如其来的新冠肺炎疫情，中青在线打破常规，运用全媒体技术，创制了沉浸式、点评式等融媒视频节目。中青在线围绕习近平总书记系列重要讲话、脱贫攻坚、“十三五”成就巡礼和“十四五”规划、党的十九届五中全会、纪念中国人民志愿军抗美援朝出国作战70周年等重点主题，创制了一系列关注度高和转载量大的融媒产品，在青年思想政治引领的道路上发挥青年报道优势，着力打造“接地气、入人心”的青春正能量融媒精品。

一、积极完成中央重大主题宣传报道，彰显新型青年主流媒体作用与价值

2020年，中青在线积极落实中央重大主题宣传报道要求，在中国青年报客户端及中青在线网站分别开设相关专题专栏，并在首屏和首页以横划区、轮播图、视频大图等多种方式呈现。

1. 全面建成小康社会、脱贫攻坚主题报道。自2020年6月以来，中国青年报社组织数十位全媒体记者参与“走向我们的小康生活”主题报道，拍摄了大量鲜活感人的素材。中青在线制作了6期《中国青年说·小康夜话》系列视频节目，聚焦“山村脱贫”“金山银山”“返乡创业”“全民健康”“人民城市”“少数民族”六大主题。节目邀请参加报道的年轻记者到节目现场，与资深编辑围坐一圈，借鉴综艺形式，一边观看一线采访拍摄的视频、照片，一边讨论分享全面建成小康社会中不同地域的好做法。系列节目均获得“学习强国”学习平台首屏推荐，全网浏览量累计4300万次。

2. 深圳经济特区建立40周年特别节目报道。2020年10月14日，习近平总书记出席深圳经济特区建立40周年庆祝大会，并发表重要讲话。中青在线快速出击，当天连夜奔赴深圳。10月17日，《深圳永远年

“青”》节目如期上线，从拍摄到节目上线，不过短短3天时间。节目上线后，得到了许多深圳网友的好评。

3.与青年紧密相关的两会内容报道。“两会青年说”是中青在线重点打造的青年看两会的谈话融媒体节目，创新性地采用“微访谈+云连线”的形式，邀请战“疫”青年、创业伙伴、“带货”主播、高校学子等30余位嘉宾，与全国人大代表、全国政协委员“云端”同框，畅谈青年关切的成长、就业、创业、权益等话题。代表委员、专家学者“隔空”支招，化解焦虑，把青年的心声、期待、痛点，带到两会现场。2020年全国两会期间，中青在线推出了7期《两会青年说》。在制作手法上，使用视频连线、“青小豹解说”、“大数据”等多种融媒形态，场内场外形成互动，用青年喜闻乐见的融媒体方式，引导青年关注两会、倾听两会，提升了两会新闻舆论引导青年的有效性。其中，4期获得“学习强国”学习平台首屏推荐。作品累计点击量超过1419万次。

4.党的十九届五中全会精神报道。一是承制贺岁微电影《再出发》，从小切口呈现未来5年中国的新变化以及青年的发展空间。该电影由共青团中央出品，中青在线融媒工作室具体策划制作。围绕党的十九届五中全会开启的新阶段、新理念、新格局，从扶贫干部、快递小哥、上班族、民营企业负责人4个普通青年入手，讲述他们关于“奋斗”的故事。在中青报客户端、微博等平台播放量突破130万次。

二是创制动画及可视化图表。用动画形式生动解读党的十九届五中全会与青年密切相关的内容，就青年一代的机会、责任与网友充分互动交流。代表作品：《@青年！快打开盲盒，看看15年后的你！》《嘿！年轻人，国家帮你写了份人生规划！一起来看看》。动画《五中全会寻宝记之专业篇》用问答、有趣生动的方式贴合青年生活，在团中央微信公众号推出后阅读量达25万人次。

5.青年战“疫”主题宣传报道。《中国有故事》制作2期防疫特别节目，《致敬志愿者》点击量超650万次；《青年突击队》点击量超755万次，获得“学习强国”学习平台首屏重点推荐。

《中国好青年》精心制作《ICU里的守护天使》《我叫志愿者》《青春的样子》《战“疫”微光》《虾田复工记》5期战“疫”特别节目，展示了中国青年在抗疫中无私奉献、勇于担当的精神面貌。作品全部获得“学习强国”学习平台首屏推荐，全网点击量约2000万次，提升了关注度以及品牌影响力。

《中国吸引力》第三季特别推出“中国抗疫故事”专题，前往湖北武汉、北京丰台等地进行拍摄、报道，讲述抗疫一线的医护人员、社区工作者、志愿者、外卖配送员和中医医生在抗疫中的故事。5期视频均获得“学习强国”学习平台首屏专栏推荐，网民反响较好。《162天的重生路》还被中央网信办评为“2020年度优秀网评作品”。

二、充分发挥青年报道优势，全方位做好青年思政引领工作

1. 推出“青年大学习”系列H5产品，打造青年和团干部的“学习宝典”。2020年，“青年大学习”网上主题团课系列H5作品第八、第九、第十季上线，共计38期，内容聚焦习近平总书记系列重要讲话精神。截至2020年年底，参加在线学习的团员青年超过35亿人次，成为广大青年和团干部的“学习宝典”。

2. 参与出品《强国青年》融媒体文化节目，引导青年争做时代新人。《强国青年》榜样公开课节目由“学习强国”学习平台、团中央网络影视中心、中国青年报社等联合出品，中青在线参与制作。通过讲述投身强国伟业的各领域青年奋斗者的故事，展现一批可亲、可敬、可信、可学的青春榜样，汇聚成一幅新时代中国青年的奋进群像，引导广大青年争做“爱国、励志、求真、力行”的时代新人。节目共上线8期，微博话题阅读量超过7000万人次。

三、着力打造文化IP，推出新融媒产品，提升运营能力

1. 推出“青年讲师谈”系列慕课。2020年，为进一步扩大“青年讲师团”影响力，面向各领域青年常态化开展理论宣讲，中青在线受团中央委托，策划推出“青年讲师谈”系列慕课视频节目。

节目结合党的科学理论、党史国史团史、国情形势政策、青春榜样故事等主题，邀请团中央青年讲师团成员进行分享。2020年制作上线11期。其中《中国方法到底可以复制吗？》在B站播放量超过50万次；《张维为：中国的自信一代》《2035年的中国，会是什么样子》在B站播放量都超过22万次。

2. 推出《我和我的家乡》音频节目。在决胜全面建成小康社会之际，中青在线联合相关机构共同推出《我和我的家乡》音频节目以及《我和我的家乡》歌曲联唱活动，旨在展示祖国美丽景象，热情表达青年态度，汇聚同心追梦的青春力量。

节目每期推出一个主题城市，邀请一名青春正能量文艺工作者进行录制。通过作者独有的乡愁情感，配以讲述者也为此乡人的身份，着力刻画该城市的魅力形象。该节目上线20期，阅读量达2.7亿人次。

3. 创制《古城新韵》融媒视听节目。中青在线联合网易云音乐出品了国风融媒视听节目《古城新韵》，该作品是中青在线探索音乐项目领域的创新之作。通过创新文化传承的形式，进一步激发青年人的文化自信，凝聚奋进力量。节目选择6座具有文化底蕴的城市，邀请6名青年歌手用歌声将老城里的故事娓娓道来，听众可以一边放松地欣赏音乐，一边感受不同城市的文化风貌。节目上线以来，深受大众喜爱，总讨论量达到86万次。

4. 制作《无畏的模样》《追光的人》音乐MV，传递青春正能量。《无畏的模样》MV由共青团上海市委员会、中国青年报

社、上海青年志愿者协会联合出品、中青在线承制，旨在用歌声唱响赤诚青春的宣言，凝聚为爱前行的青春力量。节目上线后，累计播放量超1300万次。《追光的人》MV是中青在线制作的毕业生主题MV，旨在倡导青年人追逐梦想，尽快适应走向社会的角色转变。

5. 推出《中国吸引力·蓝焰力量》专题视频。为增强青少年安全生产意识，展现森林消防战线青年风采，中青在线与应急管理部森林消防局达成合作，共同创制了《中国吸引力·蓝焰力量》节目。自2020年9月至12月，共拍摄6期微纪录片。

中青在线制作团队用镜头记录了我国东南西北中五地森林消防队伍的日常工作。节目具有一定的知识性和趣味性，不仅刻画青年的奉献精神及担当意识，也为青少年普及防火和自救常识，增强了他们的安全意识。

四、网评样态丰富，多角度传递境内外理性声音

1.《青声视语》网评视频节目。为创新网评样态，中青在线打造全新短视频泛网评栏目《青声视语》，回应青年关切，引领青年思想导向。

该栏目赋予短视频一定的思想性，也注重积极引导国内国际舆论，传递境内外理性声音。其中一种创新形式，是将动画和数据相结合，力争让观众能在短时间内掌握该热点的舆情动态。文字评论以冷静的笔触言简意赅地表明主旨，一动一静相结合，让作品更为立体且有说服力。

2. 舆情数据报告。2020年来，中青舆情监测室和多家商业平台与学术研究机构联合创作了多种数据报告，充分挖掘大数据价值，洞悉社会变迁，撬动行业发展，积极回应青年舆论关切。

例如，和拼多多合作的《00后网购画像报告》，和十点读书合作的《2020儿童观察报告》，和探探合作的《疫情后时代90后价值观念变迁洞察报告》《当代青年“社恐”图鉴》等系列作品被人民网、央视网、新华网、中新网、环球网、凤凰网、财经网等多家媒体转载。其中《疫情后时代90后价值观念变迁洞察报告》登上新浪微博热搜前十，引起广大青年的共鸣与共情。

此外，舆情监测室还持续向有关部门提供舆情动态，为领导干部及时有效判断境内外疫情舆情态势，确定斗争方向提供了依据。

3. 网评文章。为着重做好重大主题网评引导工作，2020年围绕阐释习近平新时代中国特色社会主义思想、统筹推进经济社会发展和疫情防控、决战决胜脱贫攻坚、全面建成小康社会、国际舆论斗争、党的十九届五中全会、“十四五”规划等重大议题持续刊发评论文章，共刊发网评文章150余篇。

五、完善平台建设，优化产品架构，提升用户体验

1. 中国青年报客户端研发及升级。2020年7月，中国青年报客户端V4.0上线运行，

此版本除新闻资讯板块外，增加服务青年功能模块，扩展用户互动形式。该产品全部由中青在线技术团队牵头研发，目前版本已升级到4.4.0。截至2020年12月，中国青年报客户端下载量增长到754万，单日最高日活达165万人次。

2. *共青团就业信息服务平台系统研发*。共青团就业信息服务平台系统由中青在线自主研发，具备信息推送、简历投递等服务功能，实现就业政策与信息发布、岗位发布、求职应聘等功能线上“一触即达”。累计入驻企业9476家，提供招聘岗位93.5万个；累积提交简历56.9万人；累计发布就业指导、政策资讯900余篇。

3. *在线学习平台升级*。目前正在升级中的学习模块，旨在打造青年特色的学习资源汇聚平台。学习模块采用云服务部署系统，一方面提供课程内容的创制、征集、发布、分享、积分、电子证书等服务，另一方面打造各级基层组织实用的课程资源自主管理分发平台。依托此平台的题库基础功能，通过自主研发，支持“青年大学习题库竞答”，使得“青年大学习竞答”总参与学生数达82.1万人次，日活量最高达48.7万人次。

4. *青创头条App2.0全新改版*。2020年，中青在线完成青创头条客户端的全新改版，产品能力较之前有明显提升。青创头条App全年生产文字及视频内容4800余条，用户超过12.7万。监测75个赛道近3000家创业头部公司，157家创投机构，173家地方政府园区的网络信息数据。全年数据抓取分析量超过5000万条，记录、分析创业公司新闻事件50万条。App累计入驻200多家社团、50名创业专家、万余名青年创业者。

六、进军直播、短视频领域，推出更多优质内容

1. *“致敬抗美援朝”主题云团课、队课直播*。为纪念中国人民志愿军抗美援朝出国作战70周年，团中央面向全团共青团员、少先队员推出“致敬抗美援朝”主题云团课、队课直播。90分钟的时间，呈现了15个节目。两位主持人带网友走进抗美援朝出国作战70周年主题展览，以“探馆”为主线，辅之以嘉宾访谈、珍贵史料展品讲解、战争史实介绍等内容，回答抗美援朝战争“为什么打”“为什么赢”“为什么伟大”等问题，让共青团员、少先队员牢记中国共产党是中国人民的主心骨，中国人民志愿军是最可爱的人，中华民族伟大复兴不可阻挡。

中青在线融媒工作室作为牵头部门，负责策划、设计、拍摄、制作、传播等工作，此次直播，在中国青年报客户端、微博、B站、抖音、虎牙等20余个平台播出，播放量达2000万余次。

2. *线上创业讲堂*。中青在线运营团队联合产品技术团队逐步提升产品价值感，持续完善产品，增加直播、短视频功能。尝试突破原有的直播模式，新增预约直播模块，让用户更加方便快捷地使用产品。通过直播视

频模块的上线，打造了线上创业讲堂，直播授课，实现创业教育资源的传播分享和精准化服务。

2020年完成的《2020年云栖大会》《没有什么可以阻挡——人工智能产业化发展之路》《挑战杯·名师大讲堂丨仰望星空 北斗璀璨 脚踏实地 行稳致远》《亚太青年扶贫故事等你来听丨亚太青年扶贫故事会》《创青春云讲堂》系列等百余场直播都受到了用户的好评。

新媒体工作案例

贺岁微电影《再出发》

《再出发》由共青团中央出品，中青在线融媒工作室策划制作。该片围绕党的十九届五中全会开启的新阶段、新理念、新格局，从扶贫干部、快递小哥、上班族、民营企业负责人中选取4位青年，讲述他们在各自工作和生活中关于“奋斗”的故事。

本片运用专业电影级的拍摄与制作模式。在筹备和制作过程中，团队多次对拍摄对象进行筛选、跟踪采访、打磨脚本，对片子的细节也是精益求精，力求讲好每个人的故事。为了在几分钟内把4个青年的奋斗故事最大程度还原，执行导演高天昱介绍说：“在计划好对象身份领域后，我们选定了人物原型，进行了跟踪采访。在脚本打磨过程中，我们力图让大家感受到，片中的他/她就是生活在我们周围的某个人。”

“这部微电影是致敬时代，也是致敬青年。”本片制片人、团中央宣传部传播处负责人介绍说：“党的十九届五中全会描绘了‘十四五’乃至2035年我国发展的美好图景。未来5年中国什么样、有哪些激动人心的新变化、青年的成长发展有哪些新空间、建功立业有哪些新舞台，我们希望广大青年朋友能够认识到时代的前进与变革，主动将‘小我’与‘大我’同频共振，在全面建设社会主义现代化国家的新征程中，不断书写自己的青春奋斗故事。”

作品上线后，在中国青年报客户端、微博等平台播放量突破130万次。

作品二维码

（中青在线供稿）

中国军网

新媒体工作综述

2020年是中华民族史册上不平凡的一年，这一年我国抗击新冠肺炎疫情斗争取得重大战略成果，这一年是决胜全面建成小康社会、决战脱贫攻坚之年，是实现国防和军队建设2020年目标任务之年，也是军队建设发展“十三五”规划收官之年、“十四五”规划制定之年。这一年，中国军网以习近平新时代中国特色社会主义思想为指导，深入宣传习近平强军思想，坚持马克思主义在意识形态领域的指导地位，围绕举旗帜、聚民心、育新人、兴文化、展形象的使命任务，聚焦备战打仗主责主业，主动作为，开拓进取，网上军事新闻宣传亮点纷呈。中国军网1件作品获中国新闻奖二等奖；10篇（个）作品、榜样获评第五届“五个一百”网络正能量精品。

一、大力宣传习近平新时代中国特色社会主义思想和习近平强军思想，彰显姓党为军本色

2020年，中国军网及所属各新媒体平台围绕习主席重要活动、重要讲话、重要指示批示、重要文章，深入搞好习近平新时代中国特色社会主义思想和习近平强军思想宣传阐释，先后推出重大网络专题40余个，刊发各类稿件5700余篇，其中包括时政报道4000余篇、习近平强军思想理论解读文章700余篇、中英双语时政评论210余篇、视频图解等新媒体作品660余个。

在全国两会期间，中国军网推出的融媒体产品《勇往直前的“蒙古马精神”是中国军人的品质》，发布24小时，阅读量就达100万+。原创短视频《近年来两会上，习主席这样强调练兵备战》，播放量达2000万+，新浪网头条置顶推送，央视网、凤凰网、中青网、中新网、今日头条、腾讯视频等网站纷纷转发推荐。网友评论：“看得我热泪盈眶，祖国越来越强大了”“如果能上映估计票房100亿”。

为进一步宣传阐释好习近平强军思想，7月初，中国军网各平台统一开设“奋斗强军”“时刻准备战斗”专题专栏和微博话题，话题“奋斗强军”和“时刻准备战斗”总阅读量超过5.5亿人次。

7 月中旬开始，在解放军新闻传播中心的统筹安排下，中国军网推出“在习近平强军思想指引下·我们在战位报告”系列专题报道，先后派出 30 余名记者奔赴祖国大江南北座座营盘采访，生动讲述一线官兵牢记习主席嘱托、自觉投身强军兴军的奋斗故事，充分展示人民军队践行强军目标的崭新面貌，共发布产品 221 个，其中原创产品 100 个，总阅读量 7 亿 +。网友纷纷点赞留言：“不赞网红不赞星！只赞人民子弟兵！”“人民子弟兵永远都是国家和人民的脊梁。”“长大我要当兵为祖国争光。”

二、聚力大抓练兵备战主责主业，主动出击，开展对美西方舆论斗争

一是突出抓好练兵备战网上宣传引导。2020 年，中国军网聚焦一线官兵和实战化训练，大力反映基层部队备战打仗的高涨热情和火热场面，共发布 17000 余篇练兵备战类产品，含原创产品 7000 余篇。其中，阅读量 1 亿 + 产品 5 个，包括微博话题 4 个，即“时刻准备战斗”“奋斗强军”“东部战区在台湾海峡组织演练”“西部战区发言人就中印边防人员位加勒万河谷地区冲突发表声明”；抖音话题 1 个，即“时刻准备战斗”。阅读量 1000 万 + 产品 27 个，包括《战位有我，请安心过节！》《你用伤痕累累的肩膀，为我们扛起了太多太多》《从戈壁到雪山，一路遇四季》等。

二是积极开展对美西方舆论反制斗争。中国军网针对新冠肺炎疫情防控期间美西方的污蔑抹黑和军事挑衅，先后发布原创舆论反制产品 180 余个，总阅读量 9000 万 +。产品精准打击美西方软肋要害，深入揭批美国疫情背后的社会痼疾与制度弊端，形成规模声势，网友纷纷留言：“疫情是一面照妖镜，不仅照出了社会冷暖，也照出了‘美式民主’的种种虚伪卑劣。”6 月 22 日至 27 日，中国军网主动策划并与解放军报联动发布“美国疫情的背后”系列锐评共 6 篇，分别以“救人与救市”“合作与胡作”“人权与霸权”“抗疫与抗议”“疫情与选情”“做事与做秀”6 组关键词为主题，配以新闻漫画、海报、图解等产品，紧紧抓住对美舆论斗争的有利时机，悉数列举美国抗疫不力、倒行逆施的种种丑态，打响了反击美国“双标”的舆论战。该系列锐评推出后引发强烈反响，网友称赞文章写得大快人心。

三、紧紧围绕年度重大宣传主题，聚焦热点话题，筑牢主流媒体阵地

2020 年，中国军网聚焦党、国家和军队中心工作，围绕重大网宣任务进行网上正面引导，力求做深、做透、做实。

新冠肺炎疫情暴发之后，中国军网各媒体平台紧贴使命职责，以讲好军队抗疫故事为牵引，及时有力发声，为抗击新冠肺炎疫情凝聚人心、增强信心营造了良好的舆论氛围。共发布抗击新冠肺炎相关主题稿件 1.6 万余篇，各类形式的原创稿件 2000 余篇，其中点击量破亿的产品 1 部，

1000万+产品25部，100万+产品百余部。解放军报微博开设的4个话题总阅读量为15亿+。微视频《一定会胜利》播放量1000万+，在B站、抖音等90后、00后喜爱的平台引发二次创作，成功跻身新媒体现象级产品行列。解放军报微博、微信和中国军网微信联合全民K歌、腾讯新闻等推出“军地齐心‘声’援武汉”活动，在微博、微信平台共发布200余个网友投稿视频，全民K歌平台累计页面访问量近20万次，参与人数、点击量、人气热度等都位于前列。网友感慨说：“解放军来了，我们大家都有希望了！”“有解放军的地方，就有胜利的信心！”

2020年是脱贫攻坚决战决胜之年，中国军网累计发稿1800余条，开设了《决战脱贫攻坚》《脱贫攻坚　中国军人在行动》《走向我们的小康生活》《革命诗词书写地·军队扶贫谱新篇》《脱贫攻坚决胜宣言》等专题专栏。微博话题“脱贫攻坚　中国军人在行动”总阅读量2031万人次。中国军网联合腾讯新闻、多彩贵州网共同开展“革命诗词书写地·军队扶贫谱新篇”主题采访活动，推出30余个新媒体产品，引发网友点赞。

为做好2020年全国两会宣传报道，中国军网所属各平台累计发布近2500篇中英文双语全媒体稿件，其中原创稿件395篇，点击量1000万+产品4个。微博话题“军微观两会”“军营两会直通车”和“精神抖擞看两会”阅读量近6亿人次。同时，配合《解放军报》完成5期“两会特刊·融媒专版”和1期全息报纸制作任务，访谈军队人大代表23人次，推出新媒体产品28个，提供二维码链接45个，并提供了AR、VR技术支持，为实现两会全息采访、融合报道提供技术支撑，为擦亮解放军报这块“金字招牌”贡献了新媒体力量。

为做好防汛抗洪抢险救灾相关报道，中国军网共发布关于防汛抗洪抢险救灾产品1600余件，其中原创产品230余件。上线PC端专题《子弟兵抗洪》和移动端专题《防汛救灾，子弟兵向险而行》，4个微博话题“子弟兵抗洪”“今天再唱一次为了谁”“抗洪一线的90后和00后”“冲在抗洪一线的青年战士”总阅读量超4亿人次。一线记者推出5场“慢直播”，呈现救灾一线紧张场面，总观看量达694万次。图文报道《抗洪官兵发新衣了！》由中国军网首发，阅读量100万+，网友热评：“请把最好的物资给前线官兵，他们值得。”“为抗洪官兵办好事实事，我们举双手支持！”

在纪念中国人民志愿军抗美援朝出国作战70周年宣传中，中国军网共发布相关原创产品189件，产生2件1000万+产品，27件100万+产品。推出专题《为了和平，为了胜利》，3个微博话题“纪念志愿军抗美援朝出国作战七十周年”“抗美援朝英模部队巡礼”“抗美援朝文物背后的故事”总阅读量达1.03亿人次。精心策划推出《强军路上气更多》系列微视频和网评产品，从5个角度阐释中国人民志愿军的战斗精神，激发官兵在新时代制胜强敌的打赢信心，总阅读量超1200万人次。

聚焦党的十九届五中全会，中国军网上线专题《奋斗“十四五” 奋进新征程》、专栏《学习党的十九届五中全会精神》和微博话题“五中全会精神在军营”。推出系列微视频、图文、漫评等，网友留言：“居安思危，我们才能应对一切挑战，中国的宏伟蓝图才能实现！”

2020年，中国军网结合重要纪念日和节庆日、涉军重要热点话题、重大典型宣传等深入挖掘新闻“硬核”，制作推出一批有观点、有深度、有影响力的作品。在2020年度“新春走军营”采访活动中，中国军网共派出10多路记者分赴新疆、西藏、海南等7省（区、市）军营，采编发优质原创作品近70篇（件），视频产品播放量逾4909万次，微博话题“新春走军营”和“家国边关”总阅读量超5000万人次。在首届军营网络安全周宣传中，中国军网于9月14—20日期间，共发布22个原创产品，总阅读量1500万+。图文产品《@战友：不要被“军人贷”套路了哦！》，通过模拟对话的形式生动还原“诈骗现场”，阅读量153万+。短视频《小心！海军兵哥揭秘网络骗术》中，海军兵哥真人出镜实力破解多种网络骗术，阅读量1228万人次，网友直呼“有创意！”2020年9月底，中国军网结合“开学季”策划推出“山川大海尽少年”国防教育直播课，12位军人用自己的亲身经历向全国中小学生讲述关于勇气的故事，培育青少年爱国精神，提升全民国防意识，累计观看人数近400万，微博话题“中国军人的一堂勇气课”阅读量达到1.5亿人次。同时，中国军网还围绕“最美新时代革命军人”“时代楷模”宣传，八一建军节、纪念中国人民抗日战争暨世界反法西斯战争胜利75周年、第七个烈士纪念日、十一中秋“双节”，《中国军队参加联合国维和行动30年》白皮书、“嫦娥五号”探月工程、北京香山论坛视频研讨会议等热点话题，制作推出一批有观点、有深度、有影响力的作品。

此外，中国军网不断加大军事新闻外宣网络产品内容生产，主动回应国外关切，有的放矢地开展跨境网络舆论斗争。同时，大力宣传我军在备战打仗、武器装备发展、军事外交、与外军联演联训，以及在护航维和等方面所取得的重大成就，英文中国军网和英文国防部网点击量、影响力不断提升。

新媒体工作案例

微视频《一定会胜利》

新冠肺炎疫情暴发以来，我三军将士闻令而动、向险逆行，共派出3批次4000多名医护人员支援武汉，军队相关单位迅即行动，抗击疫情运力支援队昼夜不停执行运输任务，运-20大型运输机首次参加非战争军事行动……经过一个多月的辛苦攻坚，疫情防控形势出现积极向好态势。

八一电视短视频制作团队敏锐地抓住这一重要时间节点，把握当下民众渴望战胜疫情的社会心态，推出微视频《一定会胜利》，基调高昂、风格“硬核”、鼓舞人心。许多网友在看完视频后激动留言：“中国人民解放军必胜！武汉必胜！中国必胜！”

该视频采用庆祝新中国成立70周年阅兵式的《钢铁洪流进行曲》作为背景音乐，寓意深刻。一方面，彰显“军味”，人民军队闻令而动、敢打硬仗，使命崇高、职责更重，以“战歌”相配更能凸显军队医疗队一往无前的豪迈气质。另一方面，特殊隐喻唤起“阅兵记忆”，《钢铁洪流进行曲》是阅兵式中战旗方队出场时的背景音乐，“战旗”作为“隐喻”符号伏脉全片，唤起受众“阅兵记忆”，产生叠加传播效果。

视频多选用部队紧急集合、军人星夜驰援、前后方紧密配合的画面，同期声誓言铿锵。“每一个军人，都做好了冲锋陷阵的准备”“在疫情面前，中国人民解放军誓死不退”“只要有军人在，我们就一定能够战胜”……这些同期声还原了“战场感”，凸显了人民军队的专业素养，营造出“越是艰险越向前”的燃情氛围。

新闻的镜头也是历史的镜头。微视频受限于篇幅，每一帧画面都十分宝贵，选择把谁作为主角，彰显着媒体的价值取向。微视频《一定会胜利》刻画了一组战“疫”中的平凡英雄群像，镜头语言细腻真切，让人看到一个个具体、鲜活、生动的中国军人。

疫情防控期间，解放军新闻传播中心派出记者团队战斗在一线，第一时间向各平台投放了大量新闻产品。微视频《一定会胜利》画面主要选自前方记者采制的新闻报道，以互联网产品思维重新梳理逻辑线，对素材进行二次创作，节奏更快、信息量更大、冲击力更强，完成从传统视窗到“网感”作品的“蝶变”。

微视频推出后，传播效果良好。微视频《一定会胜利》第一时间得到了人民日报客户端、中国新闻网等中央重点媒体在重点位置的推荐转发，腾讯、百度、今日头条等流量平台首屏置顶推荐，全网播放量突破1.3亿次，同时该视频也在B站、抖音等年轻人喜爱的平台引发二次创作。

作品二维码

（中国军网供稿）

中国行业报协会

新媒体工作综述

2020年，中国行业报协会深入贯彻习近平总书记在中共中央政治局第十二次集体学习时发表的重要讲话精神，认真学习中办、国办印发的《关于加快推进媒体深度融合发展的意见》，以及积极落实中国记协关于加强对行业媒体创新引领的工作要求，引导督促各行业报社积极建设发展全媒体传播体系，打造新时代的新型主流媒体。

中国行业报协会已有35年的办会历史，目前有直接会员单位119家，协调服务单位覆盖内政外交、军事法制、经济文化、社会民生等行业，读者达4亿人，在政治引领、业务引领和管理、协调、服务方面做出了突出成绩，行业媒体成为全国新闻战线一支不可或缺的重要方面军。200多家全国性行业类报社实现了传统媒体和新媒体共同发力，"报、网、端、微、视、号"全覆盖，初步形成了全程媒体、全息媒体、全员媒体、全效媒体新闻舆论工作新业态，呈现了立体化、全方位、即时性传播新模式，Vlog、条漫、H5、直播等新传播方式层出不穷，10万+、千万级甚至上亿级浏览量成为常态，使行业媒体的传播力、影响力、引导力、公信力得到了进一步加强。

中国行业报协会始终按照"政治强会、服务兴会、依法治会"的办会原则，以"服务至上"的理念，为广大会员单位和行业类媒体提供服务，同时在各会员、理事的支持与帮助下，共同推动了中国行业类媒体的发展。尤其在推动行业报新媒体发展方面，从新时代、新体系、新传播等多方面研究入手，通过调研、推广、扶持和交流等形式，积极推动了行业媒体步入新媒体统筹健康发展阶段。

一、及时了解及研究行业媒体的新媒体发展情况

为推进媒体融合向纵深发展，切实提高全媒体新闻宣传质量和水平，推动主流媒体账号健康有序发展，中国行业报协会一直跟会员单位保持密切沟通交流。2020年9月，专门进行了一次行业报媒体发展状况的调查

研究，随机抽调了23家行业报社，对其新媒体的运营管理情况进行深入摸底调研。经统计分析，得出以下总结：

一是行业媒体传播渠道、传播方式进一步扩大。除了一家行业报只开通了微信公众号外，其他受调查单位还覆盖了微博、学习强国、抖音、快手、知乎等平台，传播渠道进一步拓宽。各平台账号定位聚焦其所在行业，根据自身特点规划发展路径，在内容上精耕细作，利用平台共融，积极提高优质内容到达率。受调查的23家行业报社的全网平均粉丝量超过50万人，单个最高全网粉丝量已接近1000万人。

二是新媒体定位布局富有特色。受调查单位不仅积极布局全渠道账户，内容上还不只局限于单位的官方动态，而是能够从人民的立场出发，根据不同的细分定位开通不同的媒体账号或板块，积极向基层拓展、向楼宇延伸、向群众靠近，坚持品牌建设，为人民群众提供权威丰富的文化和信息服务。其中，中国石油报非常有特点，该账号主要有8个板块：公司动态（生产经营、疫情防控）、国际合作、生态保护、科技创新、重点项目、石油人物、扶贫帮困、节日庆典。从不同内容的占比来看，位居前三的分别为公司动态（生产经营、疫情防控等）、国际合作和生态保护，分别为31%、25%、12%，3项合计为68%，其余占比较大的分别为科技创新10%、扶贫帮困和节日庆典各7%，石油人物6%和重点项目2%。从发布的频次和产品类型来看，每周发布5期，3月以后达到每周发布6—9期；图文类占比为88%、短视频类占比为11%、纯文字类占1%。

三是融入社交媒体平台，积极打造新传播。如今社交媒体平台的形式和内容越来越丰富，读者也都会有各自的认知和偏好，过于严肃冰冷的表达方式有时候反而会形成传播的“阻力”，要想获得较好的传播效果，一是需要大众主动参与进行传播，二是需要新闻报道从一个平视的角度着手，与大众产生情感共鸣。中国海洋石油报依靠创新推出了Vlog、H5、动图、短视频、移动直播、长图漫画等视觉化呈现方式，抓住用户的眼球，迈出站稳“指尖上”的舆论阵地重要一步。中国高新技术产业导报注重利用新媒体平台优势进行差异化、定制化传播，积极探索“一次采集、多次生成和传播”的融媒体发展路径。中国绿色时报在大数据应用于媒体传播方面不断探索，成为行业首家利用大数据系统提供新闻服务的媒体，运行林草行业热点新闻精准获取、筛选和数据化内容生成服务，在订阅号推出监测日报。中国民航报针对不同平台的受众及网友习惯特点，在同一事件上，策划打造不同的多媒体产品。中国石油报是此次收集材料中唯一拥有海外社交媒体账号的行业媒体，自2020年2月5日至7月14日，中国石油报海外社交媒体账号发布抗击疫情推文107期，共871条。其中图文类推文99期，视频类推文8期。总浏览量超1482万次，总互动量超20万次，总点赞量超过3.2万次，总转发量近1700次，总留言量459条。

二、成立融媒体中心，全力搭建融媒体服务平台

2020年下半年，在协会领导的指示下，要求协会全员在做好中宣部、中国记协交办的各项工作，以及继续组织完成好马克思主义新闻观培训工作、“增强四力”走基层活动、中国新闻奖评选、“好记者讲好故事”等工作外，集中力量建立和发展协会的融媒体服务平台，以便加强行业媒体间融合发展的交流与协作，形成行业报融媒体建设合力，推动媒体融合建设创新发展。

为此，协会成立了融媒体中心，组建了一支专业的采编队伍，负责融媒体建设工作，包括官方微信公众号“行业之声”的日常运营、逐步完成官方网站升级改版、逐步开通协会的强国号、抖音号等平台账号，以及组织发展协会融媒体服务平台，建立平台联络员供稿机制，力求及时将各报社在重大主题宣传中如何发挥新媒体优势，扩大线上传播力方面的好做法好经验及时推广，充分发挥了创新引领的作用。同时，经报中国记协批准，专门成立了中国行业报协会媒体融合建设协调小组。协调小组将积极反馈行业媒体创新融合发展过程中的问题和需求，协助协会加大服务力度，不断走访调研行业发展动态，认真探索可行性的融合发展路径，为协会下一步发展打下良好的组织基础、领导基础、服务基础，充分发挥协会在行业媒体中的服务能力和引领作用。

三、以新媒体为中心，聚焦重点报道，讲好行业媒体人故事

2020年，突如其来的新冠肺炎疫情是一次大战，也是一场大考。如何客观真实、理性科学地做好宣传报道和舆论引导，对新闻战线来说是一次挑战。协会重点引导各报社围绕疫情防控大局，深入宣传党中央决策部署，充分报道联防联控措施成效，生动讲述一线感人故事，围绕热点焦点解疑释惑，为打赢疫情防控阻击战提供了有力的舆论支持。行业报新闻工作者不负众望，冲锋一线，践行“四力”，发挥新媒体优势，多元融合创新，在疫情防控报道中，生动讲述抗疫故事，全面展现抗疫精神，打造了一系列融合式、沉浸式、社交化、场景化的新媒体精品，营造了强信心、暖人心、聚民心的强大舆论氛围。

协会官网刊发了《中国行业报协会协调有力　全国行业媒体营造良好舆论氛围》等原创文章，得到行业媒体记者们的好评和点赞。同时，协会官网还刊发了经济参考报、国际商报、中国石化报、国家电网报等32家行业媒体关于做好疫情防控宣传报道和舆论引导工作的40余篇文章。

四、发挥行业媒体核心期刊《报林》杂志优势，探讨交流新媒体发展经验和规律

由人民铁道报社和中国行业报协会共同

主办的杂志《报林》，宗旨是为促进媒体融合发展，创新媒体发展方式，搭建新闻理论研讨平台，加强新闻业务交流和创新，提供引导和舆论支撑。

《报林》杂志在2020年第1、第2期，特别策划了“打赢疫情防控阻击战”专栏，精选了《人民铁道》报业有限公司、人民公安报社、英大传媒集团、健康报社、中国教育报刊社、中国航天报社、人民邮电报社、中国自然资源报社、中国气象报社等9家行业媒体的15篇文章，集中讲述行业类媒体在中国记协、中国行业报协会引导下，发挥讲好抗“疫”故事、传递正能量的生动实践。

在2020年第3期特别策划了“两会聚焦”专栏，汇聚了《人民铁道》报业有限公司、经济参考报社、国际商报社等13家行业媒体通过消费经济、新基建、医疗医药、脱贫攻坚等主题报道回应社会关切、推出大量“爆款”产品的做法，有效扩大了行业媒体全国两会报道的传播力和影响力。

在第5、第6期特别策划了“2020中国记者节”专栏，讲述人民公安报社、中国水利报社、《人民铁道》报业有限公司和中国产经新闻报社等4家行业媒体践行“四力”，用坚守记录坚守、用初心记录初心，讲好中国好故事，传播中国好声音。

五、未来发展展望

首先，重视新型主流媒体需要战略部署和顶层设计。2020年9月，中办、国办印发了《关于加快推进媒体深度融合发展的意见》，是中央在媒体融合处在攻坚冲刺阶段所作的战略部署和顶层设计。传统媒体想要实现转型，需要从全局出发，重新部署战略谋划，确定战略地位，通过深化体制机制改革，构建新型采编流程，建立适应全媒体生产传播的一体化组织架构。要着力破除束缚新闻生产力的体制机制障碍，不仅治标更要治本，在全面深化改革上动大手术，包括组织、流程、薪酬等结构的再造。

其次，加快构建全媒体传播体系。5G时代，物联网上的任何一个终端都可以是传播的媒介，在收集信息的同时还能输出信息，都可以媒体化，信息传播也会变得无处不在。在万物皆媒的时代，各行业间的边界变得模糊，媒体技术应用领域更加广泛，越来越多的媒体充分利用自己的资源优势不断向文旅、文创、游戏、教育等多个领域拓展，实现媒体 + 政务、媒体 + 服务、媒体 + 商务等功能的深度融合。媒体深度融合，归根结底是人的融合，也服务于人。互联网时代，媒体融合必须牢固树立互联网思维，人才培养必须指向懂数字开发、产品设计、用户体验、互动交互技术的有互联网基因的人才。培养熟练运用内容创意、产品创意、视觉创意、技术创意的复合型创意人才。抓住了人才队伍建设的关键，就抓住了媒体融合战略成功的关键点。

再次，以“内容为王”，培养新媒体理念，深挖行业特色。新闻内容是媒体的“生命线”，不管媒体形态怎么变、舆论格局怎样变，内容和思想始终是其生存和发展的关键。想摆脱“关注度焦虑”“流量焦虑”，从千万数量级新媒体中脱颖而出，没有雕琢内容的“金刚钻”，没有专业性、深度化的“护城河”，是万万不行的。在中国组织人事报谈行业新媒体发展经验分享中提到：以用户关注为着力点，突出行业特色，服务行业需求，巩固行业宣传地位。简言之，行业特色不可丢。

行业报新媒体用户与传统纸媒读者在一定程度上是有交集的，一般来说分为3类：从事本行业的工作者、本行业的服务对象、关心本行业的其他人。行业的方针、政策、部署，行业的发展、创新、成绩，行业的故事、人物、经验，始终是他们关心关注的核心内容。行业报新媒体要出新出彩，就必须处理好与纸媒的关系，既要借鉴纸媒经验，始终秉持“内容为王”的原则；又要突出新媒体特色，防止与纸媒同质化。创新内容表达方式、运用新媒体技术对内容进行“美颜化妆”，是对行业报新媒体的硬核要求。新媒体与纸媒相比，互动性强是一个重要的特色。抓住这一点，新媒体可以大做文章，不仅能增强用户黏性，还能了解行业内情，提高新媒体工作人员的业务素质。

新媒体工作案例

健康报社新媒体部的行业融合探索实践

《健康报》于1931年在革命老区江西瑞金创刊，但是健康报社新媒体部是一个“新人”。2013年健康报社官方微信正式上线，2020年成立新媒体部，定位与战略目标逐步清晰明确。一方面，新媒体部是“侦察队”，为报社融合转型和内容创新蹚水探路，寻找可以发力的突破口；另一方面，新媒体部也是“参谋部”，参与报社融合媒体发展的整体思路和框架设计，为领导决策提供参考；同时，新媒体部还是“后勤部”，与技术部密切合作，为业务部门的融合发展提供必要支撑。

一、打造行业原创产品

从2020年6月开始，健康报社新媒体部开始有意识地打造具有健康报特点的原创内容产品。通过建立“春秀路指北”和“梦非寻医”两个新媒体栏目，推出了包括直播、短视频、微信图文、微博话题等在内的系列新媒体产品。截至2020年12月，原创新媒体作品系列总播放量超过2000万次，互动话题系列总参与人数超过1亿。

在此基础上，经过不断的产品迭代，新媒体部开发了目标更加精准，受众更为明确的品牌产品——“妇幼健康看中国”和“走进百年医院”，受到行业的广泛关注，在试运行期间，平均单期播放量都达到百万次，为进一步扩大新媒体产品规模打下了良好基础。

二、拓展行业媒体服务形式

进入媒体融合时代，健康报社从传统的新闻报道向立体传播转型，健康报社新媒体在对接政府部门和行业协会需求时，也由单纯的文字报道转向以视频、直播为主的综合服务。针对这一新的形势，新媒体部结合相关司局和行业协会的具体要求，为儿童营养周、爱眼日、献血日、疫情防控常态化、精神卫生日等主题宣传活动设计了一系列新的政策宣传及科普教育服务产品，获得了普遍认可，拓宽了健康报社的服务项目范围。健康报社持续推动内容及表现形式创新，探索内容牵引服务、内容支撑发展的可能性，先后推出系列科普栏目，积极探索向服务、发展转化的路径。

中国石油报社的新媒体传播体系

2020年，中国石油报坚持“主流、融合、国际化”的发展思路，新媒体紧跟中国石油集团中心工作，牢牢把握正确的政治方向和舆论导向，围绕集团中心工作，守正创新，不断探索，及时准确传递党组声音，聚焦疫情防控、提质增效、抗洪救灾、脱贫攻坚等重点报道主题，加大全媒体策划力度，建立新媒体传播体系，向社会讲好石油故事，唱响主旋律，弘扬正能量。

一、内部打通，做强党建信息化平台，发出更多“石油声音”

2020年，党建平台进行2.0升级改版，全面覆盖百万石油员工，实现了党组声音一键直达、百万员工一网联结，党建平台的影响力、传播力、引导力大幅度增强。党建网讯栏目数由10个增至31个，发布内容大幅度增加，更加精准服务各板块、各岗位、各年龄段石油员工。参照学习强国模式，推动铁人先锋内部公众号升级，打造全新的“铁人号”新媒体平台，培养更多的石油博主、石油网红、石油拍客。报社运营的中国石油纪律教育主阵地、反腐倡廉官方媒体——石油清风客户端粉丝量从年初的60万增长到年底的70多万，增长率超过15%。

二、里外贯通，坚持移动优先，做优石油手机报

“石油手机报”在疫情防控期间改版为疫情防控专刊，从大年初三开始推出，连续刊发67期，实现疫情信息及行业企业资讯的快速送达，为集团公司领导干部提供疫情报道和企业新闻的第一手信息，成为很多领导每日必读刊物。针对疫情期间面对复杂的国内外形势，增设手机报专报，重点推送包括海外行业报道、同行兄弟企业抗疫报道、新媒体平台收到的舆情反馈以及企业内部意见建议等内容，全年发布240期，提供了约40万字的重要参考资料。

根据集团公司党组领导和宣传部要求，“石油手机报”进行了多次改版调整。新增设“中央精神”和“党组声音”两个栏目，成为系统内领导干部了解党组部署和行业企业要闻的重要渠道，也成为各企事业单位开展宣传工作的重要平台。

三、跨界传播，做优不同平台的源头策划，全渠道讲好中国石油故事

中国石油报新媒体狠抓渠道建设，对内建立起“两微一端”、短视频账号及今日头条、百度百家等系列平台号的渠道体系，对外承办集团公司海外社交媒体账号，建立起

国内外展现石油良好形象的平台。

首先，强化“内容为王”，强化源头策划，建好党组机关报在移动端的重要延伸，推出受众喜闻乐见的新媒体产品，用正能量来引流量。围绕石油战“疫”，新媒体第一时间响应报道。《口罩、消毒液，中石油拼了！》等重点报道聚焦受众关注热点，阅读量均达10万+。专题策划《H5|看看你的战“疫”style，领取专属勋章！》与读者互动，展现不同抗疫群像，受到广泛转发。长图《疫情之下 他们“罩”你|石油逆行者图鉴》《今天，我终于看清了你》等作品受到广泛转发。

其次，充分发挥短视频传播优势。中国石油报新媒体2020年重点打造直击现场的短视频和专题宣传的短视频，围绕集团公司宣传重点工作，2020年相继推出《石油映像2019》《石油战“疫”》等系列专题片，全平台阅读量超400万次，反响良好，被不少单位直接用作集体学习研讨和支部学习的素材，其中展示武汉战“疫”的小视频，点击量超2000万次，点赞量24.6万次。

最后，主动适应国际舆论场，精准把握国际舆论规律，积极对外发声，展示中国石油良好形象。2020年，根据国资委、中宣部的外宣部署，结合企业生产经营实际，集团海外社交媒体账号从疫情防控动态、脱贫攻坚成效、生态环境保护、科技创新创效、国际合作共赢、石油人物故事、节日庆典活动、重要生产活动等八大主题全方位展示中国石油形象。

作品二维码

（中国行业报协会供稿）

国际新闻界杂志社

新媒体工作综述

在技术作为主要驱动力的社会中，新媒体发展出诸多新形态，通过与社会交织也呈现许多新现象，这两者均成为学术界研究的主要对象。整体来看，《国际新闻界》2020年新媒体研究文章的主题，一方面，深化既有议题，比如新闻学传播学经典理论的研究；另一方面，进行了更具创新性的理论探索，如中国语境下的媒介技术研究、平台社会的研究；同时注重在现代性延长线上的中国社会中具体个案的技术接受研究，呈现具体主题交织而包容、整体方向重视理论与现实基础又聚焦时代前沿的特色。

一、研究主题：技术逻辑导向下的社会现实

新媒体技术的迅速迭代，引起的是整个社会范围内个体生活、社会组织合作以及国家间互动行为的调适，因此，对新媒体的研究其实更要有“平常心”，即在宏观社会背景下对不同层次的与技术有关的现象进行深入观察，注重在整个生态系统的联系中理解媒介技术。

因此，《国际新闻界》有关新媒体的研究并没有盲目求新，甚至还对既有研究进行了反思，比如王天娇通过对既有的学术文章进行分析之后发现，“新媒体”这一概念在量化研究中内涵外延已经日渐模糊，同时学者们放在“新媒体”概念之下的研究对象比如门户网站、社交媒体，彼此之间的异质性极高。肖鳕桐、方洁将技术、记者等作为行动者网络中的节点，而不是刻意突出技术的影响，从而根据现实材料详尽地讨论了技术与内容如何协作实现当前语境下的新闻生产创新。

宏观层面来看，随着互联网越来越成为人们日常生活中的一种基础设施，新媒体越来越普及，如何理解新媒体催生的种种现象和负面效果，也是无法回避的问题。比如隋岩和李燕从情绪的社会化传播视角分析了网络语言的大规模流行，认为网络语言具有表层和深层双重情绪基因，通过模因复制进行群体传播，在此过程

中，网络语言起到了三重效应，即促进情绪整合形成舆论的凝合效应、以表层娱乐性疏导社会舆论的转移效应和沉淀社会情绪建构相关文化的沉淀效应。李春雷和雷少杰则从社会底层视角入手，实地调研和访谈了一起因环境问题引发的公共事件，思考此类事件如何在底层受众中被传播和表达。杨银娟和柳士顺运用三元空间模型研究发现，在珠三角某地，当危废中心建设引起了邻避运动时，人们自觉地将这一发端于社会空间的运动转至网络空间，引发群体情绪极化。

当然，关于新闻业如何与这些技术共处，依然是一个重要的话题。从具体影响机制来说，新闻从业者是最直接的感知个体，也因此，不少研究从个体入手分析新闻业如何与平台产生互动。比如李唯嘉对25位媒体从业者进行了访谈，探讨面对社交媒体的发展，新闻真实性在一定程度上可以被理解为“信任性真实”。研究发现，在具体操作中“可视化”与“交朋友”策略是形塑传受之间“人际信任”的重要路径，但从业者仍将事实真实作为衡量新闻真实性的终极标准。而技术对新闻业的渗透，还表现为产生了新的内容生产群体，比如内容分发平台，毛湛文和孙曌闻通过参与式观察，对算法工程师、平台编辑的深度访问，了解到其实平台的组织架构和物理空间带来了天然的挑战，人和算法构成的“人—技混合体”的复杂性构成实际的黑箱，使用者也会在算法的影响下被数据化。由此如何在算法设计层面进行干预，调整人和算法的关系形成良好的对话，成为需要围绕算法的各个群体共同完成的任务。

二、研究对象：深化既有话题、探索前沿性问题

关于新闻业经典理论及相关生产常规在新技术语境下的重访，依然是学界与业界共同的聚焦点。比如王茜在批判算法研究视角下对微博热搜的把关标准进行考察，提出“时新性”“流行性”“互动性”和“导向正确”是内嵌于代码之中的微博的价值观。在更抽象的层面，王敏从新闻从业者的实践入手，梳理了作为真实性策略的“目击”在不同背景下的发展历程，从实践层面补充长期以来对新闻真实性的理论争辩和思考；张超则分析了在当前语境下，新闻透明性在新闻业具体操作过程中引起的争议，并提出了“适度”标准希望加以规范。

从新闻业到具体的内容生产，刘鹏分析了新冠肺炎疫情防控期间用户新闻生产的机制、内容，提出在突发事件下，一个特定的“全世界都在说”的状态。但这并不意味着多元内容生产主体与新闻业之间的水乳交融、和谐共处，按照蔡雯的观察，媒体融合过程中，新闻自建平台尽管处于开放状态，却并没有连接到足够多的内容生产个体，这仍然是媒体融合需要突破的难点和重点。并且，朱鸿军认为媒体融合

过程还会引发诸如版权等其他问题，新闻业如何处理这种不同主体间复杂的关系仍需要进一步的摸索。

需要注意的是，尽管新媒体能为我们提供反思旧理论以及更新观念的机会，但这并不意味着我们要执着于最新最快的现象甚至落入表层现象的陷阱，更重要的是针对媒介现象提出有价值的问题。比如李艳红等人以快手平台上的视频为素材，分析主播如何呈现非洲并生产相关叙事；袁光锋从网络上愤怒性的表达现象入手，讨论在“众怒的年代”，新媒体上用户情绪的表达有怎样的规则，这样用不同的理论透镜来反思新现象，有助于真正的理论思考和积累。

毕竟，当我们的日常生活世界越来越多地被媒介技术渗透、改变时，如何对这些看似琐碎但又有趣的生活细节或活动进行理论化的抽象与追问，是我们真正要积累有关新媒体研究的成果所不得不重视的问题。这要求我们既要保持对生活现象的敏锐，也不断积累理论资源。

三、成果传播：推进数字化建设

《国际新闻界》除了在文章刊登方面紧密关注关系社会现实与理论研究的社会现象外，编辑部还努力进行自身的数字化建设。同时为了便于学界检索和参考最新的研究成果，促进学界研究者之间的交流，编辑部将文章在《国际新闻界》官方微信公众号、《国际新闻界》官方网站上再次编辑和发布。目前，《国际新闻界》官方微信公众号粉丝数已过10万。

另外，自2020年起，《国际新闻界》与山东大学新闻与传播学院合作，推出了“可以听的论文”系列在线讲座，这一系列活动让论文写作者走到台前，与听众交流自己的研究心得与经历，实实在在地促进学术知识的同行交流、学术研究的广泛传播。2020年的系列线上讲座已经顺利完成，吸引了诸多学界同仁与学生。

（国际新闻界杂志社供稿）

新闻大学杂志社

新媒体工作综述

一、期刊概况

《新闻大学》期刊于1981年5月在上海创刊。由教育部主管，复旦大学主办，复旦大学新闻学院主编的新闻学术刊物。自1999年起，对投稿稿件实行专家匿名评审制度。创办初期为季刊，2012年起改版为双月刊。改版后，期刊版式、引文注释等都作了更新和规范。2019年正式改为月刊，年底启用网上投稿系统。

《新闻大学》期刊是全国新闻核心期刊，人大复印报刊资料的核心来源期刊；中国人文社会科学论文与引文数据库首批来源期刊；中文社会科学引文索引（CSSCI）来源期刊；北大中文核心期刊；RCCSE中国核心学术期刊（A类）。

二、期刊新媒体研究论文发表概况

近年来，《新闻大学》一直强调前沿意识、理论积淀，力求所刊论文既能反映学术界、实务界的最新脉动，又能使其具有较强的学理色彩和理论创新性。"新媒体研究"栏目刊发的论文，也不例外。自创设以来，"新媒体研究"栏目已历经11个寒暑。其间，栏目编辑始终紧密追踪新媒体行业变动趋势和新媒体研究最新进展，筹划组织了大量质量高、影响广的优质稿件。2020年该栏目刊发的论文，亦承续了此前的做法，发掘了不少佳作。

2020年，《新闻大学》共刊发新媒体研究方面的论文19篇。其中，"新媒体研究"栏目共刊发13篇，其余6篇分布在"传播学""光华论坛""本刊特稿"等栏目。若将其他与新媒体有交叉的论文计入，全年有关新媒体研究的论文总量接近40篇。这些论文呈现出如下特点：

第一，选题聚焦新闻业中"算法"的多元议题和传播学领域的社会话题，具有较强的社会现实感和学术前沿性。例如，《"信息茧房"在西方：似是而非的概念与算法的"破茧"求解》《算法驯化：个性化推荐平台的"自媒体"内容生产网络及其运作》《智能新闻信息分发中的算法偏见与伦理规制》《新闻算法推荐的信息可见性、用户主动性与“信息茧房”效应：算法与用户互动的视角》等论文，从算法的社会效应、算法在新闻生产和传播中的具体运作机制、算法在新闻分发过程中凸显的伦理问题等方面，阐述了“算法”对于新闻业日常新闻生产、传播所带来的多维度社会效应。《永久在线、永久连接：移动互联网时代的生活方式及其影响因素》则运用一个全国性的随机抽样调查数据，首次实证描述中国受众“永久在线、永久连接”的行为与心理现状，并分析其影响因素，从理论上阐释“永久在线、永久连接”概念。《手机新闻使用、导向需求与信息环境对政治知识的影响》《二元性互构：选择性接触影响下的青年网络政治意见表达》则探讨了包括手机在内的新媒体使用方式，对公众接收政治知识和进行政治意见表达的作用机制。此外，还有研究致力于“垃圾分类政策的政务微信传播策略”“音频知识付费情境”中的“知识传播”等“接地气”的研究课题。总体而言，这些论文均系立足现实、有感而发、研究扎实的学术研究项目，对于公众的日常生活和社会的健康发展，均有一定的参考价值。

第二，以论文质量为核心，凝聚各年龄层次、深具学术功力的作者。2020 年度《新闻大学》“新媒体研究”栏目的作者呈现出跨国跨区域的特征，有多篇论文的作者在境外研究机构任职，他们和国内的合作者一道贡献了富有新见的论文，如魏然、罗文辉、Edson Tandoc、陈忆宁、钟布等；也有一批学术新锐贡献了富有新见的研究成果，如季诚浩、戴佳、曾繁旭、晏齐宏、杨洸、佘佳玲、黄淼、管成云、王晗啸等，还有的研究者原本较少在新闻传播类期刊发表论文，但本次的研究成果具有跨学科性质且质量较高，如李武、胡泊等；当然，本年度，“新媒体研究”栏目依然凝聚了一批在此领域早已蜚声学界的名家，如张国良、李良荣、隋岩、陈昌凤、胡泳、周葆华等。概言之，期刊通过努力，维系了老作者、发掘了新作者，形成了新老结合、层次多样的作者队伍，同时，大部分作者也成为期刊的论文评阅人，为栏目和期刊的后续发展奠定了基础。

第三，研究方法规范，以经验研究、量化研究方法为主。2020 年刊登的新媒体研究论文除一篇分析其他国家的新媒体与政治之关系外，其余论文全部立足中国本土语境，具有鲜明的“在地化”色彩。有 60% 的论文采用了以量化研究为主的研究方法，做到了方法规范、框架合理、结构清晰、研究发现有创新性；其余论文虽未采用量化研究，但也都严格遵守学术规范，言必有信、言必有证。

2020 年《新闻大学》刊登的新媒体研究论文在学术界、同行和社会上产生较大影响，多篇论文被重要学术期刊转载。例如，《从 2G 到 5G：技术驱动下的中国传媒业变革》先后被《新华文摘》《中国社会科学文摘》、人大复印报刊资料《新闻与传播》转载；《乡村社会的另一种“凸显”——基于抖音短视频的思考》被《社会科学文摘》转载；《抖音观看情境下的用户自我认识研究》被人大复印报刊资料《新闻与传播》转载。有些论文的下载量和引用量较为突出，说明在学术界已经产生了较大影响。例如，陈昌凤、仇筠茜的《“信息茧房”在西方：似是而非的概念与算法的“破茧”求解》被下载3029次，被引用9次；李良荣、辛艳艳的《从2G到5G：技术驱动下的中国传媒业变革》被下载2791次，被引用3次；杨洸、佘佳玲的《新闻算法推荐的信息可见性、用户主动性与“信息茧房”效应：算法与用户互动的视角》被下载2573次，被引用12次；周葆华的《永久在线、永久连接：移动互联网时代的生活方式及其影响因素》被下载2223次，被引用5次等。

日后的编辑工作中，《新闻大学》“新媒体研究”栏目将继续努力追踪学术前沿，凝聚有学术追求的严谨作者，力求发掘出更多名家力作，也希冀为有学术后劲的青年成才提供助力，进而为中国的新媒体研究和新闻传播学研究作出应有的贡献。

（新闻大学杂志社供稿）

新闻与写作杂志社

新媒体工作综述

《新闻与写作》是北京日报报业集团主办的新闻传播类专业期刊，是全国新闻核心期刊、全国中文核心期刊、CSSCI（扩展版）来源期刊。近年来，《新闻与写作》遵循学术规范，理论性进一步加强，转引率和影响力均有提升，在中国知网2020年9月发布的《中国学术期刊影响因子年报（人文社会科学）》中影响力指数位列Q1区。

《新闻与写作》一直以来紧扣新媒体发展脉搏，高度重视与新媒体相关的学术研究，着眼于学界、业界共同关注的热点、难点和焦点问题，重点关注媒体在推进深度融合发展的实践中，传播手段的创新、改革的探索及思考，以期做到理论与实践相结合，推动学界、业界在新媒体领域的学术交流与学科发展。

2020年，《新闻与写作》封面专题栏目紧盯传媒业界的发展动态及学界的最新研究成果，关注新媒体发展中的热点话题与现象，通过分析、研讨，对新媒体未来的发展提出相应建议。如第一期封面专题《区块链＋传媒：机遇与挑战》关注蓬勃发展的区块链技术，探讨了区块链对传媒业的商业模式、内容产业生态、版权保护等方面带来的颠覆性变革，以期对业界、学界的讨论形成助力，开拓思路，启发实践。第五期封面专题《计算传播学：可能与可为》聚焦传播学领域正在兴起的新的研究取向——计算传播学，探讨了“计算传播学”产生的背景、发展路径以及对传播学研究带来的影响。第十二期封面专题《2020，数字化生存的加速与升级》对2020年传媒业的动态与发展作了年终盘点：2020年突如其来的新冠肺炎疫情让中国社会的数字化生存现状实现了加速与升级，专题探讨了中国数字化生存加速与升级的主要原因，媒体面临的挑战、未来的发展趋势，以及数字化生存加速与升级背后潜伏的伦理隐忧。

“理论前沿”“专栏”栏目从理论视角分析新媒体发展中的新现象，并探索背后的发展规律，刊载具有理论深度、前沿意识和现实价值的学术成果。2020年重点关注了人工智能、5G技术、慢直播、MCN机构、融合新闻、虚拟偶像、互联网平台等新媒体选题，如《虚拟偶像：一种自带关系属性的新型传播媒介》一文根据虚拟偶像发展背后的驱动力将虚拟偶像分为内容驱动型、技术驱动型和产业驱动型三大类，并根据其类型和偶像化运营程度的不同，探讨不同动力驱动下的虚拟偶像运营策略与变现方式的差异。《“5G+”：中国新媒体发展的新起点——2019—2020 年中国新媒体发展现状及展望》一文总结了当前我国网络和新媒体发展的总体态势，并提出了未来互联网发展的十大展望和八大政策建议。《MCN 机构发展动因、现状、趋势与变现关键研究》一文梳理了中国 MCN 机构的发展历程、发展动因和发展现状，并指出了中国 MCN 机构的发展趋势：专业化、精细化、技术化、垂直化、综合化趋势明显；优质资源越来越稀缺；热门垂直门类将成为新热点。这些理论成果既在学术领域产生了一定的影响，也为业界同仁提供了可参考的理论指导。

除纸质刊物关注新媒体选题外，《新闻与写作》编辑部自身的新媒体建设主要依托于微信公众号。编辑部自 2014 年 6 月开始运营微信公众号，以打造传媒人的学习平台为目标，影响力不断提升。截至 2020 年 12 月 31 日，“新闻与写作”微信公众号用户规模突破 40 万人，年度净增 11.2 万人，粉丝数量持续稳定增长，在同类垂直类公众号中影响力名列前茅。

2020 年，“新闻与写作”微信公众号本着创造价值、服务粉丝的理念，持续加大知识干货及垂直领域的内容推送，对每天刊发的内容认真筛选、精心制作，共计发布文章 425 篇，其中原创内容 147 篇，阅读量过万的文章 153 篇。其中《标题怎样才是好？品品人民日报评出的 2019 年好标题》阅读量达 4.4 万次，《2020 年全国两会报道的十点重要提示！》阅读量达 8.2 万次，《写好文案的 4 个实用方法》阅读量达 8.6 万次，阅读量屡创新高，粉丝互动频繁。与此同时，编辑部充分利用微信粉丝基数大、黏性高的优势，全面开启微信订阅服务，将微信粉丝转化为刊物读者，实现用户导流，为刊物发行提供了新的机遇。

新媒体工作案例

《传播学视角下的直播带货》

电商直播在 2019 年迎来爆发式增长，2020 年因新冠肺炎疫情催生的“宅经济”让直播带货彻底火了。为了保经济、促内需、稳民生，很多地方的政府官员纷纷参与公益性的直播带货；而以社会名人、影视明星、网红主播为主的直播带货则在疫情防控期间屡屡攀上销售额的新高度；直播带货的火爆，也引发不少直播带货中诸如流量注水、以次充好、销量造假等乱象。一个原本属于电商领域的新销售模式，在现实中却深刻地反映了这个时代的传播特点。

这个时代已带有“万物互联”“人工智能”“移动互联”“视频直播”等鲜明的特

征。传播学上经典的“人与人”之间的传播关系，因为技术的突飞猛进而被深刻地改变着。在直播带货中，“人与人”和“人与货”的关系已然超脱出传统的传播关系而变得更加多元、更加难以描述。直播带货中所反映出来的传播情绪、传播场景以及参与直播的粉丝兴趣爱好等复杂因素深深地影响了网络电商的销售成绩。直播带货的效果，缘于商业却囿于“人设”。当下，懂传播、善传播对所有行业而言都极为重要。

本期专题，邀请学界专家从学术上探讨传播学视角下的直播带货：从直播带货中的情绪传播领域来深入分析“算法情感”在传播中的作用及影响；从场景传播视角下的直播带货中，剖析营销模式迁移的特征及规律；从直播带货引发的信任危机来谈智能时代网络信任的模型、风险与重构；从“粉与被粉”的四重关系中对直播带货的粉丝经济进行探究。

虽然直播带货是一种新的电商模式，但从事直播带货的主体要在遵循传播学规律并熟练掌握传播技巧的基础上，才能更好地实现其经济效益和社会价值。随着直播带货行业新的规范与标准的出台，未来直播带货行业或将给我们更多的期待。

（新闻与写作杂志社供稿）

青年记者杂志社

新媒体工作综述

一、关注新媒体领域的学界研究与业界探索

《青年记者》是大众报业集团主办的新闻传播类专业期刊，是全国中文核心期刊、全国新闻传播类核心期刊、中国人文社会科学期刊 AMI 综合评价扩展期刊、全球中文电子期刊协会会员。长期以来，《青年记者》关注新媒体领域的学界研究与业界探索，坚持每年对年度的新媒体发展进行回顾盘点。作为学术期刊，《青年记者》重视新媒体领域的前沿研究成果；作为专业期刊，《青年记者》关注业内媒体融合的实践成果。

传统媒体融合转型处于深度探索阶段，新的传播形态和产品不断涌现。2020 年，《青年记者》对智媒时代的舆论引导、后疫情时代的媒介与传播、传播的圈层与融合、媒体云时代、直播现象、内容科技与未来传播、短视频如何长发展等当下新媒体发展中出现的热点问题进行了专题策划，约请国内知名专家学者撰写文章进行解读与分析，既回应了学界的困惑，又对业界的具体实践起到了启发和指导作用，达到学界业界良性互动的目的。如，8 月前沿报告“内容科技与未来传播”，结合传媒业的发展与技术的更迭，通过对内容科技与信息传播的发展梳理总结传播规律，剖析了技术在媒体融合进程中发挥的重要推动作用，尤其是对内容建设的提升，对全媒体传播体系建设的基础性支持。

同时，《青年记者》设立新栏目“技术与传媒”，定期刊登与科技应用及技术迭代有关的新问题、新现象的研究文章，涉及人工智能、算法推荐、网络直播、县级融媒体建设、平台治理等多个领域，为媒体技术研究者提供了一个交流的平台。

二、办好青年记者网站，提升微信公众号“青年记者”的影响力

《青年记者》杂志自办有青年记者网站和微信公众号“青年记者”。青年记者网站（www.qnjz.com）定期更新上架杂志内容，并开办有网站专属栏目，设有主编信箱，是

读者全面了解《青年记者》杂志、与编辑部沟通的窗口。

微信公众号"青年记者"自开办以来，及时传递编辑部的重要策划和重点文章，已经初步实现部分文章公众号首发、与杂志差异化发展的目标。2020年，"青年记者"全面更新栏目设置，打造"青记观察""青记独家""青椒论坛""清音远播"等栏目，在公众号平台进行"青记调查"，并组织了多项策划活动。公众号周一至周六每天推出2—3篇高品质文章，更新频率快，稿件突出问题性和针对性，文章的阅读量和评论量稳步提升，微信公众号的粉丝数量实现跨越式增长，带动杂志的影响力不断扩大。

1. 疫情防控期间化危为机，以新媒体传播之"快"补足杂志出版周期长、不能及时回应业界问题的短板。2020年2月3日，中共中央政治局常务委员会召开会议，研究加强新型冠状病毒感染的肺炎疫情防控工作，强调要"做好宣传教育和舆论引导工作""加强网络媒体管控，推动落实主体责任、主管责任、监管责任"。做好疫情防控期间的舆论引导工作，新闻媒体责无旁贷；作为新闻专业期刊，则应该为新闻媒体的抗疫实践、一线"逆行者"的报道鼓与呼，做好专业上的支撑。1月29日晚，《青年记者》杂志决定在微信公众号"青年记者"上推出新栏目"青记观察"。在众多新老作者的支持和鼓励下，2月1日，"青记观察"即推出首篇文章，并坚持不间断每天推出，截至2020年4月20日，共推出80篇文章。

同时，"青年记者"微信公众号推出征文活动"邀您讲述疫情采访故事"，还重点转发了中国记协和社会各界对疫情一线记者慰问和鼓励的声音：如《中国记协致信慰问新闻工作者》《中国记协和泰康保险集团共同发起疫情防控报道一线记者专项团体保险计划》《温馨提示：一线采访防护指南》等，传递关怀，鼓舞士气。

4月20日，"青记观察"刊登满80期。此时，疫情渐渐平稳，关于疫情报道传播的研究也多了起来。"青年记者"微信公众号借由"青记观察"引起的热度进行了改版，将其由研讨抗击疫情信息传播的专属栏目改为观察分析新闻传播热点现象的特别栏目进行了保留，并在此基础上对微信公众号"青年记者"进行了全面改版，增加了"清音远播""青椒论坛"等栏目，公开征稿，推出公众号独发文章。

2. 将微信公众号的"热度"与期刊的"深度"结合起来，把杂志的重要选题、重点稿件传播得更快更远。当前，媒体格局正在经历颠覆式的调整，传播秩序发生重大变化，新闻传播研究领域需要关注的新问题、新现象越来越多。为将微信公众号的"热度"与期刊的"深度"结合起来，"青记独家"栏目及时推出杂志每期策划的独家栏目"前沿报告"的稿件以及其他重点约稿。2020年，《青年记者》杂志"前沿报告"栏目推出的"智媒时代的舆论引导""建设性新闻的省思""主流媒体与国家治理”“后疫情时代的媒介与传播”“新闻文体流变”“深度报道的价值回归”“传播的圈层与融合”“内容科技与未来传播”“媒融万物”“短视频如何长发展”“媒体人的‘全’与‘专’”“信息疫情防治”等选题的稿件，通过“青记独家”进行快速传播，扩大了影响力。

3. **打通稿件在杂志和微信公众号间的双向输送，搭建青年学术人才的成长阶梯。**为给青年学术人才提供更多的学术交流空间，《青年记者》推出独立于期刊内容的微信公众号专属栏目“青椒论坛”和“清音远播”，面向高校青年教师和新闻学子公开征稿，为传播学术思想、进行学术争鸣提供平台。入选的稿件在微信公众号刊发，并积极推进公众号中的优秀稿件反向输送至杂志。这两个栏目的推出，得到了青年教师与新闻学子的热烈欢迎与积极参与，扩大了微信公众号与杂志在青年受众群体中的影响力与感召力。

4. **组织线上线下活动，增强杂志品牌影响力和读者黏性。**《青年记者》杂志历来有通过组织活动推动先进传媒文化传播和加强学术交流的传统。自20世纪90年代开始，《青年记者》杂志就连续组织过8届全国性的媒体业务研讨交流活动“记者论坛”。进入21世纪以来，又联合人民网传媒频道等连续13年举办了13届“全国优秀新闻学子论文大赛”，前几届的获奖者现在已经有不少成为活跃在业界和学界的知名人士。新媒体便捷的传播方式也让微信公众号“青年记者”继承了这一传统。2020年11月，“青年记者”微信公众号组织推出了《从热爱出发——范敬宜“新闻学子奖”获奖者感言》，在新闻学子中反响强烈，后台留言众多，纷纷表示向榜样学习、向榜样看齐，营造了良好的学习氛围。在第二十一个记者节来临之际，“青年记者”微信公众号策划推出《HI，青记老友祝您节日快乐》，邀请了历年来长江韬奋新闻奖获得者徐江善、贾永、万学忠、刘万永以及王文志、田巧萍等著名新闻人为《青年记者》的读者朋友亲笔撰写记者节的祝福，这些发自肺腑的声音，激励着媒体人不断前行。

《青年记者》还在微信公众号上推出“青记调查”栏目，发起的“新闻学术期刊的现状和发展建议”等调查项目，引发了学界和业界的关注和思考。

新媒体工作案例

“青记观察”：新闻传播研究的新媒体路径探索

新冠肺炎疫情暴发后，《青年记者》编辑部迅速作出决定：在微信公众号“青年记者”上开设“青记观察”栏目作为战“疫”传播研究专栏，密切关注疫情发展中一线记者及各类媒体的传播动态，为新闻人鼓与呼，对疫情报道进行观察、总结，及时提出问题及建议。

2020年1月29日晚，“青记观察”栏目开始策划，2月1日推出首篇文章，至2020

年4月20日不间断推出的80篇稿件，在新闻学界和业界引起广泛关注和影响，并被多家网站和微信公众号转载转发，引起了较大反响。

“青记观察”栏目的文章主要包括3方面内容：一是战“疫”一线记者的记者手记和优秀报道分析；二是总结各类媒体在疫情防控期间新闻报道的成功做法和经验，反思其中出现的问题，为下一步的疫情报道提供参考；三是沟通学界的深入研究和业界的实践，为疫情结束后对整个疫情期间新闻传播情况进行深入的学术研究做好准备。

稿件中，有来自一线记者的采访手记，如《抗疫报道中主流媒体面临的三重挑战》《这场战役我会坚持到云开雾散》《新冠肺炎疫情一线报道的28天》等；有在战“疫”报道中表现突出的媒体的经验做法，如《监督就是防疫，致敬七大监督报道》《大众日报：疫情面前，牢牢扛起主流媒体的责任与担当》《财新：突发公共卫生事件的报道策略》《大众网·海报新闻：战“疫”报道应急机制的探索创新》等；有对疫情报道的反思与提醒，如《“双黄连”们火了，媒体切莫乱加柴》《保障全员媒体的信息流动提升公众的信息安全感》《社交媒体时代的“信息疫情”》《目睹无数悲剧之后，尬暖新闻是野蛮的》等；有对疫情报道的实务性建议和报道策略研究，如《突发疫情新闻对外传播模态、特点与建议》《打赢“抗疫”战呼唤主流媒体流量担当》《战“疫”，党媒该如何作为》《微媒体平台的疫情信息传播特点及注意事项》《战“疫”报道要注重服务性》《政务传播与公众关切之间的错位及舆论引导策略》等；有对疫情传播格局变化的发展和预测，如《疫情“遭遇战”：媒体公号分水岭？》《多方协同构建舆论新图景》《新冠肺炎疫情“重塑”新闻生产机制及启示》《“抗疫”传播的电视力量》等。随着推送稿件的增多，接受读者的要求，系列文章末尾采用超链接的形式，将“青记观察”所有推送过的文章展示出来，使之系列化、完整化，便于读者查阅。

“青记观察”很快在新闻学界和业界引起广泛关注和反响，推出的文章被人民网、新华网、中国记协网、中国社会科学网、新浪网以及众多新闻研究传播类公众号等大量转载。《中国新闻出版广电报》刊文《“青记观察”：探索传播研究新媒体路径》。

“青记观察”推出的80篇疫情观察系列文章，对于疫情报道中出现的问题主动发声、正面引导，强化融合传播和交流互动，受到了学界和业界的一致好评。

作品二维码

（青年记者杂志社供稿）

传媒杂志社

新媒体工作综述

《传媒》杂志是由国家新闻出版署主管、中国新闻出版研究院主办的国家级权威行业期刊，北大中文核心期刊、CSSCI（扩展版）来源期刊，创刊于1999年，原名《报刊管理》，2001年更名为《传媒》。经原国家新闻出版广电总局批准，2014年1月，由月刊改为半月刊，每年24期。多年来,《传媒》杂志紧跟上级部署，紧跟国内传媒形势，以“服务传媒、引领传媒”为办刊宗旨，发布权威政策信息，指导行业走向，反映业内动态，促进经验交流。目前,《传媒》杂志覆盖面包括报刊、广播电视、网络新媒体、传媒院校及各新闻研究机构等各个领域，品牌影响力日益增强。

一、杂志社工作内容

《传媒》杂志主要栏目有特别策划、媒体融合、报刊观察、广电聚焦、新兴传媒、海外传媒、媒体实战、传媒广角、传媒教育、党媒史研究、理论探索等。2020年，《传媒》开始重视新媒体平台的内容发布与传播推广，注重对主流媒体融合发展最新成果的呈现，并取得了一定的成效。

2020年,《传媒》杂志策划了11期关于新媒体方面的专题，其中既有关于主流媒体融合发展的专题，如《展望“十四五” 开启新征程》《5G时代融媒体发展趋势》《“云录制”引领下的电视节目创新》《网络视听赋能美好生活》，也有关于媒体融合发展会议方面的专题，如《有容乃大 深融致远——2019中国新媒体大会专题》《科技赋能 云端助力——2020全国两会报道专题》《5G时代融媒体发展趋势》，还有关注商业新媒体平台的专题报道，如《短视频与媒体融合》《媒体+直播带货》。这些专题使受众了解了新媒体行业的发展，对主流媒体的融合发展具有一定的指导和借鉴意义。

《传媒》杂志设有“媒体融合”“新兴媒体”等栏目，每期刊登媒体融合、新媒体方面的稿件6篇左右，全年共刊登稿件140多篇，其中既有关注主流媒体融合发展的稿件，也有关注微信、抖音、快手等商业新媒体平台的稿件，还有关注传媒行业发展的调研报告。稿件在纸质版刊发后，全部重新制作标题在微信公众号上进行“二次推送”。

2020年，“传媒”微信公众号重新改版，设置“投稿”“订刊”“往期杂志”等栏目，提高了推送文章的频率，增加了与读者之间的互动，提升了传播范围和影响力，截至2020年12月底，“传媒”微信公众号粉丝量达到4万，文章篇均阅读量在1000—2000次。《传媒》杂志与超星、万方数据等单位合作推出电子版杂志，与中国知网合作实现网络首发，还与人民网、学习强国平台实现专题内容实时推送，专题内容也受到同行业新媒体平台大量转载，提升了《传媒》杂志的影响力。

二、杂志社主要活动

为了总结和盘点2019—2020年度我国传媒行业的融合发展成就，推动媒体融合向纵深发展，传媒杂志社与各报业集团、广播电视台、新媒体公司以及传媒院校合作举办多场关于媒体融合发展的重大会议，其中在2020年举办了第十五届中国传媒年会、第三届中国新媒体发展年会、2020中国融媒体发展论坛。

第十五届中国传媒年会：2020年9月8日至9日，由中国新闻出版研究院传媒杂志社联合新华报业传媒集团、南京报业传媒集团主办，扬子晚报紫牛新闻承办的第十五届中国传媒年会在南京举行。年会以“建立全媒体传播体系　牢牢占据传播制高点”为主题，200多名来自全国各主流媒体和新兴媒体的代表、高校及媒体研究机构的知名专家学者共聚一堂，共同探讨媒体融合发展、传媒新科技、媒体社会责任、县级融媒体中心建设、媒体助力乡村振兴等政策、技术、热点问题。开幕式后，分别是主题报告、主题论坛、分论坛和媒体强“四力”走基层采访活动。

第三届中国新媒体发展年会：2020年10月19日至20日，由中国新闻出版研究院传媒杂志社联合首届中国国际文化旅游博览会执委会、中共济南市委宣传部主办，济南日报报业集团、济南广播电视台、贝壳视频承办的第三届中国新媒体发展年会在济南举行。年会以“5G·AI风口上时代短视频与直播的发展趋势”为主题，200多名来自全国各主流媒体和新兴媒体的代表、高校及媒体研究机构的知名专家学者共聚一堂，共同学习和贯彻2020年9月中办、国办印发的《关于加快推进媒体深度融合发展的意见》精神，交流与探讨短视频与直播发展的最新经验与发展趋势。

2020中国融媒体发展论坛：2020年12月10日至11日，作为中国传媒年会系列活动的2020中国融媒体发展论坛在昆明举行，来自全国各地传媒行业、学术界、企业界的专家学者和相关负责人共聚一堂，分享媒体融合发展经验，探讨以媒体融合之势助力生态文明建设。论坛期间，同步举办“春城之约——全国媒体看昆明直播活动”，集中展示昆明生态文明建设新成果。

新媒体工作案例

科技赋能　云端助力

——2020 全国两会报道专题

2020 全国两会于 5 月 21 日召开。在新冠肺炎疫情防控常态化的特殊背景下，2020 全国两会出现了前所未有的新情况和新特点：压缩现场采访记者数量，严控面对面采访，各省代表团也实行全方位闭环管理，随团记者人数大量缩减。

每年全国两会都是检验媒体报道实力的重大战役，2020 年特殊的报道形式更成为一大挑战。2020 年全国两会报道有两大特点：一是传媒新科技大展身手，展现了媒体融合的最新成果。在报道中，既有全球首位 3D 版 AI 合成主播、“两会机器人”、智能云剪辑师上岗，也有区块链新闻编辑部开张，还有 5G+ 全息、5G+8K 技术的充分应用。二是访谈、直播形式的创新，“云采访”“云访谈”“云直播”等“云”形式，被各媒体广泛用于报道之中。“云”上开会、“云端”看会成为 2020 全国两会的一道独特风景线。

《传媒》自 2015 年获得选派记者参加全国两会报道的资格以来，已经连续 6 年派记者报道两会、制作专题，本专题约到了人民日报社、新华社、中央广播电视总台、国家广播电视总局信息中心、湖北长江云新媒体集团、河北长城新媒体集团、河南广播电视台、重庆日报报业集团、封面新闻、媒体大脑等媒体的稿件，全面记录和展现了亮点纷呈的全国两会报道的新变化、新特点。

（传媒杂志社供稿）

中国新闻出版传媒集团

新媒体工作综述

2020年，中国新闻出版传媒集团坚持守正创新，不断推进媒体深度融合发展。集团新媒体部门加快移动化、可视化发展，汇力量、展担当、凝共识、传真知，在宣传党的主张，报道新闻出版广电行业在全力抗击新冠肺炎疫情、助力全面建成小康社会和全面打赢脱贫攻坚战等重大事件中的优异表现取得较好的传播效果；集团新媒体积极调整思路，策划开展各类直播活动，赋能集团因疫情而停滞的线下活动，直播带“活”效能显著。一年来，集团新媒体顺应大势，自我加压，加速推动媒体深度融合力度，制度更加完善，技术更加成熟，媒体融合工作开辟了新局面。

一、凝心聚力，务实笃行，众志成城，服务抗疫

2020年年初，一场突如其来的新冠肺炎疫情迅速蔓延，面对疫情，中国新闻出版传媒集团新媒体坚守岗位，众志成城，用新闻作品传递信息、抚慰人心、鼓舞斗志、凝聚行业力量。疫情期间，中国新闻出版传媒集团新媒体以“中国新闻出版广电报”微信公众号为引领，矩阵各公众号“因领域制宜”，联动网站、微博、学习强国号、今日头条号等为抓手，从1月22日开始，多平台及时发布有关行业和全国抗击疫情的新闻和信息，取得了较好的传播效果，集团新媒体舆论阵地得到巩固，传播渠道不断扩展，及时为读者提供了权威、及时、有效的信息，充分反映了新闻出版广电业在抗击疫情过程中的奋战情况。经统计，各个平台总计发布疫情相关稿件3366篇，总阅读量为348万次。其中集团微信矩阵共计发布456期、819条报道，总阅读量为173万次。

1. 精心策划，及时报道，开辟特别专栏。“中国新闻出版广电报”微信公众号编辑部联合中国新闻出版广电报周刊中心和记者部策划整理制作“我们在岗（位）上”专栏，收到来自全国150余家单位的近千份图文、视频资料，连续发布8期报道，获得较好的传播效果，部分内容被新华社客户端全文转载。此外，“中国新闻出版广电报”微

信公众号还策划了“春节宅在家和孩子看什么书”“居家舞林大会”“知识服务单位接龙”等原创内容。

疫情防控初期，集团新媒体矩阵开设特别专栏，第一时间发布中国音像与数字出版协会等6家行业协会有关抗击疫情的倡议，为全行业抗击疫情凝聚力量鼓与呼。同时自2020年2月3日起至3月，“中国新闻出版广电报”微信公众号坚持每天一早发布《中国新闻出版广电报》电子版，克服疫情给报纸发行带来的不利影响，满足了疫情期间读者对于报纸深度信息的阅读需求。

2. 整合资源，迅速传播，彰显知识力量。疫情防控期间，中国新闻出版传媒集团新媒体及时发布抗疫图书信息和电子版内容。在疫情最严重的2月和3月，中国新闻出版传媒集团微信矩阵收集整理并发布新冠肺炎疫情防护书籍的相关主题文章近40篇，其中25篇提供了书籍的全文阅读或下载链接，有5种图书为全网首发，阅读量超过百万次。同时，为了让更多读者方便读到疫情防控电子书，中国新闻出版广电网迅速在首页推出“新型冠状病毒防控电子书（免费获取）”专题，将优秀的疫情防控电子书集结成辑，向读者提供线上免费获取服务。专题一经推出，便得到了各出版单位的大力支持，迅速汇集了一批疫情防控电子读物，于2月发布了42本疫情防控电子书。2月14日，央视《新闻联播》在报道中播出此专题后，许多出版单位主动联系提供电子书，网上专题点击量和下载量骤增。中国新闻出版广电网坚持多方展示、优中选优，共上线来自28家出版单位的免费电子书57本，有力地支持了大众抗疫的需要。

3. 多措并举，因地制宜，形成强大声势。面对疫情，微信矩阵各个公众号也都在各自的细分领域里，挖线索、找角度、开专栏，全方位、多形式报道新闻出版广电战线的抗疫成绩。如微信公众号“版话儿”策划的“出版发行界在行动”；微信公众号“传媒瞭望”的“战‘疫’”；微信公众号“广电家”的“战‘疫’，广电人在行动”；微信公众号“广电视界”的“首发”系列；微信公众号“妈妈导读师”的“募捐故事”系列；微信公众号“印业独家”推出的“地方战‘疫’”“印企复工复产”“印企防疫”系列；微信公众号“中国农家书屋”推出的“致敬书屋管理员”系列；微信公众号“中国出版”设立的“共同战‘疫’”“宅家学术”等。

二、创新思路，释放活力，线上赋能线下谱新篇

受疫情影响，中国新闻出版传媒集团2020年原计划的所有线下活动均无法正常进行。面对这一困境，集团新媒体千方百计求应对，想方设法谋出路，积极利用新媒体矩阵平台服务好行业发展和读者需求，先后策划了“新闻出版高质量发展大讲堂”“红沙发”线上分享会和“书香之国万里行”线上巡回报道等线上活动，线上赋能线下，实

现同频共振，有力地提升了集团新媒体的服务能力。

1. 推出“新闻出版高质量发展大讲堂”系列直播课。从2020年8月26日至10月13日，集团新媒体策划推出了“新闻出版高质量发展大讲堂”系列直播课。首期直播课通过知网在线教育服务平台免费提供给读者观看。7位重量级嘉宾做客大讲堂进行了公益直播，直播主题围绕新闻出版业为何要进行高质量发展、如何高质量发展、如何打造优质内容、如何打造智媒体等问题进行分析阐述，嘉宾们的论述高屋建瓴，理论联系实际，观看直播的观众总人数达4万，截至2021年4月9日，总观看人数（直播＋回看）达10余万。

2. 连续举办7场“红沙发”线上分享会。2020年，中国新闻出版传媒集团和中国全民阅读媒体联盟策划举办了7场“红沙发”线上分享会，围绕业内同仁关注的热点和痛点，邀请业内外专家做主题分享，并根据出版发行单位需求请专家做专场解答。7场分享会的主题分别是：“人才战略与出版社发展”“出版社如何在融媒时代创新营销”“从国家出版基金资助看精品出版物的策划”“编辑怎样写好学术论文”“如何做好图书的新媒体营销”“图书直播带货如何避免侵权”等。活动上线后受到业界广泛关注，获得好评。同时，在线上延续了“红沙发”系列访谈活动的品牌影响力。

3. 开展“书香中国万里行”线上巡回报道。为继续深入贯彻落实党中央关于积极推动全民阅读，在全社会形成“多读书、读好书”的良好舆论氛围和文明风尚的要求，中国新闻出版传媒集团和中国全民阅读媒体联盟2020年还在中宣部、中央文明办、国家新闻出版署指导下开展了“书香中国万里行”大型线上巡回报道活动，充分发挥了新媒体的作用，有力地促进了线上线下联动阅读，对各地全民阅读活动的进一步开展起到了助推作用。活动组织记者先后采访报道了重庆、湖北、江苏、上海、安徽、四川、广东共7个省（直辖市）的全民阅读相关活动，对重庆“百本好书送你读”活动，“书香荆楚·文化湖北”2020全民读书月活动，江苏书展、上海书展、黄山书会、天府书展、“深圳读书月”等各具当地特色的阅读活动及行业展会进行了全方位、多形式的新媒体报道，组织发表了一系列反映各地文化社会发展及书香社会建设的新媒体作品，推广了当地有关部门、出版发行单位、国营及民营书店促进全民阅读活动的先进经验。

三、完善制度，强化效能，着力提升媒体深度融合水平

2020年新冠肺炎疫情给集团的发展带来了严峻的考验，也让大家意识到加快媒体融合相关工作的极端重要性。一年来，集团不断完善制度设计、优化奖惩措施、提升记者效能，积极寻求政策和资金的支持，媒体深度融合工作步伐加快，呈现出较好的新局面。

1. 制度更加完善，优秀作品推陈出新。新冠肺炎疫情使针对疫情防控读物的传播

效果大增，也让我们看到行业媒体与社会热点相结合后的巨大影响力。为鼓励采编人员生产出更多爆款产品，集团及时修订了原有的微博、微信奖励办法，进一步提高和完善了10万+的传播效果作品的奖励力度。2020年，我们推出了首个访谈类融媒体产品《总编辑会客厅》，每次邀请新闻出版界2—4位领军人物、专家学者，围绕业内外关心的话题进行圆桌对谈。

除了抗击疫情的“我们在岗（位）上”“春节宅在家和孩子看什么书”“居家舞林大会”“知识服务单位接龙”等新媒体原创栏目外，针对2020年全面小康重大主题，新媒体专门策划开设了“我讲小康故事”视频专栏，与地方驻站记者密切配合，先后推出了4期视频原创报道。2020年全国两会期间，针对只能线上采访的情况，新媒体与上会记者策划并合作推出了7期“代表委员对你说”音频原创报道，端午假期新媒体策划推出了4期“端午闻书香”荐书专题，为居家抗疫的人们推荐好书。

2. 积极寻求扶持，激发转型升级动力。2020年11月，微信公众号“中国新闻出版广电报”获得了每日多次推送的权限，大幅提高了推送内容时效性和容量，传播效果显著提升。2020年年底，集团获得了中宣部对建设“新闻出版广电融媒体平台”的资金支持，该项目的建设将为集团融媒体建设在移动端搭建出功能多样、竞争力强、自主可控的传播平台。

新媒体工作案例

融媒体产品《总编辑会客厅》

中国新闻出版传媒集团2020年推出首个访谈类融媒体产品《总编辑会客厅》，每次邀请新闻出版界2—4位领军人物、专家学者，围绕业内外关心的话题进行圆桌对谈。从2020年10月26日至12月14日，《总编辑会客厅》共推出6期，集中于一个主题——“聚焦高质量出版”。该系列每期由《中国新闻出版广电报》登载一个整版报道，同时在微信公众号“中国新闻出版广电报”推出一段长达10多分钟的视频。

一、服务中心工作，切中行业需求

《总编辑会客厅》的“聚焦高质量出版”系列第一季从“严把选题入口关”“严格执行‘三审三校’制度”“提高编辑含量水平”“加强出版阅评”4个方面破题，为推进出版高质量发展建言献策。在此基础上，《总编辑会客厅》的对谈向纵深拓展，“聚焦高质量出版”系列第二季围绕“主题出版的高质量发展”，分为业界和学界两期。业界篇着眼于主题出版的内容题材、表达方式、出版形式、营销手法的创新；学界篇则分析批评了主题出版的低水平、重复化等问题，探讨如何提高主题出版的准确性、深刻性与生动性。“会客厅”在行业发展问题上及时发声，服务出版管理的中心工作，体现了行业媒体的大局观和专业性。

二、汇聚领军人物，引领舆论风向

为了让节目更接地气，《总编辑会客厅》第一季把录制现场"搬"到了一些出版社。出版业领军人物或专家学者的对谈内容，具有4个特点：一是观点鲜明，引领导向。二是总结经验，介绍心得。三是建言献策，切实可行。四是知行合一，落在实处。《总编辑会客厅》引发出版界热烈讨论，助力业界推动高质量出版的实际行动。受对谈内容启发，有嘉宾组织11家在京出版社召开编校业务创新发展座谈会。

三、推进深度融合，形式生动活泼

《总编辑会客厅》作为融媒体产品，在报纸、微信公众号和多家主流媒体客户端一并传播。其中，该系列报道在新华社客户端的总阅读量达300万次，其中首期文章阅读量过百万大关。在报纸版面置入链接视频的二维码，将文字和画面有机融合、同频共振。由于采取现场录制方式，"会客厅"给新闻出版人提供了一个充分交流的空间，互动性强，口语化也令语言表达更为鲜活。此外，"会客厅"现场使用了图书作为道具，有助于观众理解当期主题内涵。

作品二维码

（中国新闻出版传媒集团供稿）

北京日报报业集团

新媒体工作综述

2020年，北京日报报业集团认真贯彻落实中央、北京市委关于媒体改革融合的战略部署，坚持守正创新、主动作为，持续推进供给侧结构性改革，在实践中不断优化融合发展各项机制，全力加强传播平台建设，在疫情背景下赢得了宝贵的发展机遇，各项数据均实现历史性突破，凸显了改革融合发展的成效。同时新媒体收益翻倍增长，取得了良好的社会效益和经济效益，党报集团传播力、影响力、竞争力显著提升。

一、主要做法

一是完善融媒体供稿机制。继续打通采编部门，不断完善生产端向日报、晚报和新媒体三端同时供稿的机制，强化工作策划和协调，使生产端和发布端前后方协同更加顺畅，全面释放融媒体生产活力。真正形成“横向集约、纵向扁平、前端统合、后端分立、融合生产、分态传播”的新型组织架构体系。

二是建成融媒体平台。依托大数据、云计算、人工智能等新兴技术，实现全媒体智能生产、多形态广告制作与发布、传播力分析和反馈、全媒体绩效考核，基本构建起覆盖“报、网、端、微”的立体化内容传播体系。

三是打造政务集合平台。以北京日报客户端“北京号”为抓手，向区域协同发力，打造“新闻+政务”新媒体聚合平台旗舰品牌。在机构拓展、内容发布、传播推广及增值服务等方面多线并进，提升京报品牌影响力。

四是探索具有党报特色的音视频产品发展路径。筹划改造升级融媒体演播室和相关视频系统，着力打造“都视频”“京直播”等视听产品，不断加大音视频内容供给，增强用户的参与、互动和黏性。

五是研发京报AR融媒体智能眼镜。配备给一线编辑记者，以工具变革和装备升级带动融媒体内容生产。

六是全力推进融媒体绩效薪酬改革。用传播力指数和成长性评价两个维度重构薪酬考评体系，在深入调研、反复测算、多次研讨的基础上，于 2020 年 1 月起实施《京报集团融媒体绩效考评方案（试行）》，覆盖采编人员 80% 以上，对于采编人员转型全媒人才、提升融媒生产力起到了积极的引导促进作用。

七是构建全员全时全程全域的新媒体把关体系。结合近年来新媒体报道出现的问题，逐一排查新媒体在标准、规则、流程、追责等方面存在的漏洞，出台《北京日报社关于加强融媒体把关的方案》，强化落实把关责任，消除事故差错隐患。

二、工作成绩

一是融合传播实力大幅提升。集团移动传播矩阵在疫情大考中迎难而上、顺势而为，在重大主题报道中创新破难、精准发力，赢得了宝贵的发展机遇，同时融合发展机制释放了全新活力，编辑记者策划主动性、发稿热情、稿件数量和质量明显提升，各项数据均实现历史性突破，凸显了改革融合发展的成效。2020 年集团融媒报道实力大幅增强，新媒体端日产量超过 1500 条，是 2019 年的 2 倍，实现工作重心从纸端向新媒体端的转移。移动传播矩阵用户数达到 1.3 亿，全网阅读量超过 370 亿次，平均每天阅读量上亿次，涌现大批阅读量过千万、过亿次的爆款产品，传播力稳居头部媒体阵营前列，入选国家新闻出版署“中国报业融合发展优秀创新案例”，集团荣获“‘十三五’中国报业媒体融合创新单位”称号。

二是移动传播矩阵数据创新高。北京日报客户端作为集团融合发展的龙头产品和核心载体，下载量达 1744.33 万次，同比增长 36.9%，日均阅读量达 24 万次，是 2019 年的 4 倍；日报、晚报微信微博粉丝数突破 2500 万，出现 40 余个亿级传播案例，部分账号日均阅读量超过粉丝数，展现出较高活跃度，日报微信微博荣获“年度全国省级党报十佳微信”称号。陆续关停 14 个新媒体平台账号，集中资源扶持重点新媒体产品，扩大品牌效应，“长安街知事”全网用户超过 2462 万，传播力、影响力位居全国时政类新媒体前列，荣获第三十届中国新闻奖“新闻名专栏”一等奖；“长安观察”各平台粉丝总量近百万，阅读量突破 9 亿次；“学习强国”北京学习平台全年浏览量为 47.45 亿次，持续位居全国前列；各品牌的百度、头条、企鹅号、抖音、快手等平台号的粉丝和阅读量迅速增长，党报党端“朋友圈”不断扩大，已形成 20 个百万级粉丝平台，6 个千万级粉丝平台，党报集团的传播力、影响力进一步提升。

三是音视频领域发展势头良好。集团移动传播矩阵全年音视频播放量达 120.3 亿次，占总阅读量的 32.5%。京直播实现快速发展，全年进行直播 1200 余场，总播放量超过 2 亿次，荣获“年度全国报业十佳影响力直播平台”称号；都视频创新尝试动漫、数据视频，全年发布视频 8192 条，原创率达 35%；日报、晚报微信试水视频号，单条最高播放量达120万次；借助天猫精灵推出《音频早餐》节目，吸引1000多万用户关注，荣获2019年度“实力霸榜奖”，继续探索移动收听领域，日报客户端全新上线“纸上听”音频频道，抢占信息传播的新阵地；大型系列微纪录片《光影记忆》第二季在日报客户端及其百家号推出40期，全网播放量超过3000万次，取得口碑和流量双丰收。

四是内容创新走上快车道。日报客户端向区域协同发力，以“北京号”为抓手，打造“新闻+政务”新媒体聚合平台旗舰品牌，吸引冬奥组委、北京人大、市政协等140余家单位和机构入驻，形成区域、政务、机构、教育四大矩阵，平均每天发布新闻180篇，发稿总量达5万篇，多元互动式的传播体系基本形成。疫情防控期间，联合16+1区及部分委办局制作的“战‘疫’有我 北京在行动”系列短视频，全网总播放量破亿，成为爆款新媒体产品。向贴近用户需求发力，日报客户端与市教委合作推出“空中课堂”，上线8000余堂课获300万人次观看；与新华社联合推出《北京战“疫”地图》，让读者第一时间获知北京疫情动态数据；联合13所高校推出40场“带你看高招”直播，开展线上招生宣讲；先后在抖音、拼多多、淘宝等平台推出各类直播带货活动，获得平台、合作单位、品牌方的充分肯定。

五是新的经营支柱正在形成。2018年以来，新媒体收入占媒体业务收入的比重持续上升，分别为4.83%、18.43%、25.63%，集团逐步实现媒体主业经营的新旧动能转换。2020年，在疫情背景下，新媒体全口径收入逆势增长，新媒体广告实刊同比增长47%，实收同比增长67%。同时积极围绕报社主业布局投资业务，不断优化“三大基金、三大工程、四大项目”的战略布局，实现了较好收益。用多元经营成果反哺新闻主业，推动集团持续健康发展。

新媒体工作案例

《说疏》

一、栏目简介

按照中共北京市委十一届十二次全会部署，2017年至2020年期间，“疏解整治促提升”专项行动在全市范围内火热开展，交出了一份令人欣喜的绿色“答卷”。为更好地宣传“疏整促”专项行动实施以来所取得的成绩，讲好北京故事，2020年北京日报社策划推出全新短视频栏目《说疏》。

二、栏目特点

栏目名称“说疏”取自“说书”的谐音，以手机端竖版短视频方式呈现，便于移动端阅读。内容形式上，创新采用“评书说新闻”的方式，增强内容的趣味性、可读性；拍摄手法上，以主客观视角相结合的方式走进隆福寺、三里屯西街等“疏整促”点位进行实景采访，带领受众身临其境地感受

“疏整促”的成果。在栏目推出过程中，逐步改进镜头语言和节目形式，增加与群众互动的设计，更新“说疏人”的“行头”和“道具”，使得呈现方式更加丰富和时尚，更加受到年轻群体的喜爱。独特的形式、精良的制作、细致的讲解使得《说疏》系列短视频已经初具品牌效应，成为北京日报社具有特色的品牌栏目之一。

三、未来构想

2021年，《说疏》系列短视频预计制作40期，分为4批陆续进行发布，每期视频时长约为4分钟，涵盖春夏秋冬4个季节，旨在更全面地体现首都“疏解整治促提升”专项行动所取得的成绩。《说疏》栏目将继续保持精美的制作品质，有情怀有温度地讲好北京“疏整促”的故事。

作品二维码

《新闻我来说》

一、栏目背景

在媒体深度融合大背景下，党报评论的融合化生存愈发成为传播力构建的重要一环。着眼短视频传播的发展潮流，北京日报社决定试水评论视频化，将评论的传播力和影响力向短视频领域进一步延伸。评论视频化是融合创新的重要探索，但涉猎于此的主流媒体并不多，而且在呈现形式上，多为播报类和说话类，几乎没有专注评论的产品。基于此，北京日报社求快求新求变，2020年3月18日推出《新闻我来说》评论短视频栏目，全力将其打造为媒体融合改革的重要产品。该栏目由日报、晚报联合供稿，3名主播也分别来自不同部门，以各自不同的风格实现对多元选题的全方位对接。其中“新闻评书”形式更是独树一帜，令人耳目一新。

二、栏目介绍

“盖当此任者，无论内政外交，一切重要事件，必观察之、批判之，以导动社会之耳目，而如暮鼓晨钟也。”作为北京日报社融合改革的重要产品，《新闻我来说》通过短小精悍的短视频呈现，及时灵活地发挥舆论引导作用，实现了新闻产品从可读到可视、从静态到动态、从一维到多维的升级融合。更重要的是，“短视频＋新闻评论”的新型评论形态，使内容与平台形成优势互补，进一步增强了传播力和影响力。《新闻我来说》坚持新发展理念，持续推进内容建设高质量发展，涌现出一系列叫得响、传得广的优秀作品。栏目充分发挥北京日报社在国际评论方面的传统优势，聚焦西方攻击抹黑举旗亮剑，积极开展舆论斗争。特别是疫情防控期间，面对西方发起的舆论攻势，《新闻我来说》积极作出回应，《特朗普威胁永久断供并退群世卫，抗疫不行无赖第一》《美联社记者新发地出没，原本想找黑料结果却“蹭”上了它！》等视频，言简意赅、犀利辛辣，在短视频平台上均获得了数百万次的阅读量，迅速积累起了大量粉丝关注。随着栏目推进进入常态化，选题方向也持续拓展。《70年，铭记气壮山河的牺牲与奉献》《家长愤怒退群引热议，最应该退群的是扭曲的教育观》等视频，有力配合重大主题宣传、回应社会热点焦点，拓展了党报评论在短视频领域的影响力，已经成为党报评论短视频化的重要品牌。

三、传播效果

《新闻我来说》选题涉猎面广，导向鲜明，观点犀利。凭借严谨尖锐的点评风格、快速反应的敏锐姿态，《新闻我来说》积极做到把握时政新闻动态、剖析焦点背后问题，立意新颖、就事论理、针砭时弊，得到广大受众的高度认可。

作品二维码

（北京日报报业集团供稿）

北京新媒体（集团）有限公司

新媒体工作综述

一、概述

北京新媒体（集团）有限公司是由北京市委宣传部、中央文改领导小组、北京市文改领导小组批准，剥离北京广播电视台新媒体业务板块，与北京市文化投资发展集团有限责任公司共同出资组建而成。集团是北京广播电视台直属单位，组建集团是北京市委宣传部积极探索和推动媒体融合发展的重要举措。集团于2016年4月12日挂牌成立，在北京网络广播电视台基础上全面升级为“北京时间”网站。以传播正能量、传播主流声音为己任，打造“大美担当，创新图强”的首都新型主流新媒体形象。

集团旗下拥有北京时间网站、北京时间App和北京IPTV等新媒体平台。遵循新媒体传播规律，坚持移动优先，创新体制机制，激发内生动力，举全台之力，整合社会之力，借助政府之力，深入推进北京广播电视台媒体融合发展。以迭代升级北京时间App、延续时间视频影响力、探索发力互联网细分垂直领域为抓手，以争创首都媒体融合标杆为目标，立足全台，深耕本地，放眼全国，全力培育和打造符合首都功能定位、符合互联网规律、符合市场要求的泛新闻资讯新媒体，真正实现主力军进入主阵地，着力提高企业发展质量和效益，不断增强北京广播电视台的融合传播力，更好助力北京广播电视台的转型升级。

二、媒体融合情况

为深入贯彻落实习近平总书记关于推进媒体融合发展的重要指示精神，北京新媒体集团遵循新媒体传播规律，坚持移动优先，创新体制机制，深入推进媒体融合发展，通过改革调整，实现了人力、业务、产业重组和一体化高效运营。

1. 北京IPTV合作开源多样运营，积极建设大数据智能分析平台。北京IPTV合作开源，与全国20多个省份卫视频道开展业务合作，取得卫视频道授权，推动技术部门接收包括央视频道、省级卫视频道共计60

路标清、34路高清频道信源，并向中央集成播控总平台进行信源传输，为全国IPTV直播业务提供信源服务支撑；北京IPTV积极建设大数据智能分析平台，实现了对多源异构的海量业务数据的汇聚、整合、分析、挖掘，方便我方及时掌握更全面、准确的业务运营情况，更精细化的用户画像，提高了运营效率和服务质量。北京IPTV数据分析平台包含100多项数据分析指标，400多个分析页面，用户可以针对自身需要进行多维度、精细化的行为分析。提供实时数据与报表数据两种形式，实时数据包含实时用户数据、实时直播分析、实时点播数据、实时EPG数据等，采用8秒刷新页面的机制，真正做到了秒级处理、实时更新。报表数据包含用户分析/频道分析/点播分析/EPG分析/节目分析等，通过强大的采集、计算机群，运营人员能在第一时间获取所有的离线数据。

2. 北京时间坚持移动优先，深耕特色融媒品牌。北京时间在北京市委网信办的指导下，“新时代直播矩阵”和“北京时间直播矩阵”不断发展壮大，有效发挥了北京时间的原创带动作用。截至2020年年底，参与“北京时间直播矩阵”直播的单位已近30家。“时间直播”品牌，结合台内频道、频率资源优势，拓展直播选题，创新直播样态，在各平台的粉丝数量已突破600万；在短视频方面，“时间视频”矩阵在微博、头条、腾讯等平台累计粉丝数量超2000万，全网累计播放量达到38亿次，各平台与上年度同比均保持增长势头，品牌影响力已经稳居全国泛资讯短视频第一阵营。

3. 北京时间多维突破，深化网台融合。在内容方面，北京时间深化网台融合转化，对全台120余档栏目整期及碎片化内容拆条呈现，对各栏目宣传推广活动及时响应；积极拓展全台各频道、频率、主持人、编辑记者入驻时间号；打造北京时间头部网生原创内容，与全台相关频道策划首批18档节目，力争立足全台资源形成相应垂类品牌。

在用户方面，与全台各频道、频率合作，通过栏目展示北京时间二维码、主持人口播等方式引导用户关注并下载北京时间。

在互动方面，与部分栏目开展互动话题征集、网络直播及用户福利等合作。疫情防控期间，北京时间与科教频道《健康北京》节目深度互动，开通“我要提问”征集模块，收集用户提问近2000条，由节目邀请的各界专业人士回答网民关于疫情的相关问题，既增强节目互动性，也使节目更接地气，更能有效引导舆论，真正起到稳定人心的作用。金融理财方面，北京时间与财经频道共同打造的“决战两点半”股市直播，关注度、影响力不断攀升。

在合作方面，北京时间与全市多家委办局开展了多个政务项目合作，承办京杭对话之“京杭雅集”活动、与市文旅局合作推出“首届北京网红打卡地评选活动”、与市关工委等单位共同举办“相约北京·迷你冬奥会”，北京时间通过与政府委办局合作大大提升了App下载量；参与北京广播电视台各类展览展会，在北京国际电影节、中国国际服务贸易交易会、北京国际车展、首届中国（北京）国际视听大会、世界电视日等各类展览展会中，充分展示北京广播电视台改革融合发展新成果，同时通过赠送小礼品、参与线上互动等方式拉新促活。

新媒体工作案例

聚焦新冠肺炎疫情报道

北京新媒体集团（北京时间）发挥新媒体优势，用原创图文视频报道、转载、视频直播及与电视端融合报道的方式，聚焦新冠肺炎疫情，搭建“众志成城　防控疫情”特别专题。截至 2020 年 6 月，北京时间共发布相关稿件 65242 篇，全网总点击量 20.2 亿次。

针对“科普类介绍如何防控疫情”“疫情的最新进展及各地应对措施”“支援救灾的温暖感动故事”“疫情期间民众积极乐观的生活百态”4 类报道类型发布短视频报道 5103 篇，在北京时间、微博、今日头条、腾讯等平台累计视频播放量超过 14.9 亿次，其中微博单平台播放量达 12.2 亿次，北京时间端内数据为 1.8 亿次。

与各频道进行融合报道，持续对《北京新闻》《养生堂》《生命缘》《我是大医生》《健康北京》等栏目关于疫情防控内容进行新媒体端的内容转化和传播，截至 2020 年 6 月，共计发布稿件 19061 篇，北京时间网站和客户端访问量累计达 3515.1 万次。其中，与 BTV 科教频道《健康北京》进行了深度互动，搭建“众志成城　防控疫情”网络专题，开通“我要提问”问题征集模块，《健康北京》节目开辟固定环节，由节目邀请的各界专业人士回答网民关于疫情的相关问题，既增强了节目互动性，也使节目更接地气，更能有效引导舆论，真正起到主力军占领主阵地的传播效果；北京时间客户端和网站还推出电视课堂节目《老师请回答特别节目“空中课堂”》的网站频道，作为提供节目回看功能的 3 家平台之一，方便学生在客户端和网站最醒目的位置找到《空中课堂》的内容入口，并且配备了充足的内容加工团队确保节目播出后第一时间实现点播节目的上线，为备考学子和家长提供更加贴心的网络学习体验。

对新冠肺炎疫情的有关情况进行直播，包括对国务院联防联控发布会、北京疫情防控发布会、国家专家组解读疫情、湖北当地疫情防控情况进行现场直播。截至 2020 年 6 月，共计直播 417 场，多平台累计直播播放量为 1.1 亿次。北京时间每日在对北京市新冠肺炎疫情防控工作新闻发布会网络视频直播的基础上，还对发布会的重点内容以图文形式进行深度、快速报道，充分解读北京市关于疫情防控的政策、举措和成效，报道普通人的抗疫感人故事等。截至 2020 年 6 月，共发布相关稿件 562 篇。

针对新冠肺炎疫情，北京时间以“众

志成城　防控疫情”为主题搭建特别专题，2020年1月23日至6月16日，共集纳相关稿件16418篇，点击量8629.5万次。

为做好应对新冠肺炎疫情宣传引导工作，2020年1月23日至6月16日，北京时间发布疫情防控公益宣传稿件538篇，在北京时间网站和客户端访问量1494万次，通过客户端向全网用户推送最新疫情、防控知识信息2260次。

作品二维码

北京IPTV携手聚鲨环球精选升级媒体零售模式

2020年9月，北京新媒体集团与聚鲨环球精选整合自身优势，联手打造媒体电商新平台——北京IPTV“聚鲨环球精选”媒体电商平台，启动“千县千品助力乡村振兴计划”和“2020年度北京IPTV用户电视购物3亿消费券大放送计划”，为乡间地头的优质农副产品搭起直通京城的绿色通道，为后疫情时期脱贫攻坚、提振消费、推动经济复苏贡献力量。合作双方在谋求协作共赢、探索开创媒体零售新渠道的同时，主动承担媒体及流通企业的社会责任，以媒体电商新平台的资源优势助力乡村经济发展。

聚鲨环球精选与北京IPTV联手推出“2020年度北京IPTV用户电视购物3亿消费券大放送计划”。一方面使让利模式加入刺激消费提振后疫情时期经济复苏的行列，另一方面为北京IPTV“聚鲨环球精选”频道的精彩亮相添彩造势。北京IPTV用户只需打开电视，锁定“聚鲨环球精选”，扫描节目中的二维码；联通手机用户还可以通过短信或微博进行注册，就可以轻松分享总价值共计3亿元的消费礼金券。这项惠及首都消费者的新计划，为北京百万IPTV用户带来超值购物实惠。

［北京新媒体（集团）有限公司供稿］

天津津云新媒体集团

新媒体工作综述

2020年，津云新媒体集团在天津市委、市委宣传部的指导下，在海河传媒中心的直接领导下，完成重大主题宣传报道任务，推进以技术赋能生产传播，建立健全全媒体综合传播效果评价体系，深化融媒体工作室改革，丰富新闻产品，提高原创稿件数量，开展新媒体技术研发应用。

一、围绕中心，重大主题宣传亮点纷呈

2020年，津云新媒体集团不断改进创新，精心谋划，先后围绕抗击新冠肺炎疫情、全国两会、决战决胜脱贫攻坚、学习贯彻党的十九届五中全会精神等一系列重大主题展开宣传报道。

自新冠肺炎疫情暴发以来，津云新媒体第一时间以专班形式进驻天津市新冠肺炎疫情防控工作指挥部宣传组，协助撰写发布每日疫情报告、新闻发布会、重要信息通报等，并通过津云矩阵全国首发，及时向公众传达疫情相关信息，同时每日反馈网络舆情信息，助力宣传组统筹决策。此外，津云采编团队也进入“战时状态”，不惧危险，进入疫区、医院、隔离点、机场等地，积极做好全市疫情防控各条战线的采访报道，并利用评论文章以及短视频、漫画等新媒体产品，丰富报道样态。如独家分析《宝坻百货大楼疫情、东丽一家三口疫情警示了我们什么？》，及时回应了百姓对“聚集性疫情”发生的极度关切，更因其颇具张力和环环相扣的写法，引发阅读和转载狂潮。全国知名媒体微信公众号、网站和商业平台均第一时间进行推荐，此稿次日就登上微博热搜榜榜首，阅读量超过5亿次，成为全国疫情防控稿件中罕有的现象级新闻作品，显著提升了津云品牌效应。11月初，滨城出现本土疫情后，津云新媒体与各传统媒体联动合作，顺利完成了“两全 & 两封”和“滨城大筛”的两次融合报道，多次成为人民日报、人民网、新华视点、中新社等权威媒体新媒体平台报道的信源。

2020全国两会期间，津云新媒体推出《奋斗新时代　决胜攻坚战——2020全国两

会报道》大型融媒体报道专题，综合运用图文、短视频、视频访谈、数据新闻、海报新闻、漫画新闻、H5新闻等多种形式，策划推出《2020全国两会日历来了》《这些两会声音，你不容错过~》《这本“百科全书”，我们值得拥有》《漫唠民法典》等一批创意新媒体产品，做好2020全国两会宣传报道。同时，津云新媒体与湖北广电等全国14家省级主流媒体联合组建全国首个区块链新闻编辑部，通过云连线的方式召开云端策划会，紧扣两会重要议程，利用各家媒体的资源优势，开展媒体间“跨越山河大海、击破时空障碍”的云端大型联合报道，充分利用新媒体技术，全方位、多角度、新手段报道全国两会。

2020年是脱贫攻坚决战决胜之年，津云记者坚持走出去、沉下去、蹲得住，先后深入河北、甘肃、西藏、青海、新疆等扶贫一线，刊发《漫水不断路！三合村村民：桥通了，比啥都好》《老杨家的喜事：路通了，粮卖了，种兔产仔了，女儿要毕业了……》等深度报道，拍摄制作了《奔跑的蜗牛》《回乡人》等反映脱贫攻坚战成果的微视频作品。

二、技术驱动，打造融媒体传播新模式

受疫情影响，记者难以到其他地区进行实地采访。为能正常地进行宣传报道工作，津云新媒体攻克技术难题，创新采用云端技术打通地域壁垒，开创了“云访谈”新模式。如在2020年全国两会召开期间，津云新媒体充分发挥中央厨房的作用，调动各区融媒体中心的力量，联合河北、甘肃、西藏、青海、新疆等地的传统媒体和新媒体共同策划录制了2020全国两会特别节目《脱贫云中云》系列访谈节目，该节目采用的正是“云访谈”模式。节目中，津云记者通过云端采访天津和帮扶地区的全国人大代表、扶贫干部、受益群众等，并邀请市合作交流办的负责同志与扶贫领域的专家学者走进津云中央厨房，与云端嘉宾远程连线、隔空畅聊，展现扶贫成果、体现变化、放眼未来。

云端技术已经广泛应用于津云新媒体的多个主题系列作品（节目）中，成为一种常态化的报道方式。如在2020年，津云新媒体策划推出“老乡别急，我们帮你”直播带货系列公益活动，创新打造“云上”连麦直播带货新模式，通过“云上”连麦，连接“津云”中央厨房直播现场以及甘肃陇南、新疆于田、河北承德、湖北恩施等对口帮扶地区，用创新的表现形式打破了直播带货的固定模式。

同时，津云新媒体以中央厨房为龙头，对新闻生产进行流程再造，在保持自身原创能力的基础上，有效整合天津日报、今晚报、天津广播电视台等媒体采编资源，通过技术手段打通媒体间系统平台，实现新闻素材共享。天津电视台已率先将系统与“津云”中央厨房业务管理平台打通，通过技术同步将电视相关素材或成片上传，在日常报道和重大主题报道中，弥补了津云没有视频

记者在前方采访的不足。在疫情防控期间，电视新闻中心为津云新媒体提供大量无包装版视频新闻成片，武汉、恩施的前方记者也向津云提供了很多视频新闻，弥补了津云微视专班拍摄力量不足的劣势，为津云新媒体制作视频作品提供了强有力的保障。

三、优化布局，做大做强网络传播阵地

2020年，津云新媒体持续开展媒体融合技术平台迭代。相继推进津云客户端3.0新版升级及相关智能功能研发，增加朗读功能、语音口令功能，满足用户听新闻的需求，打造津云自己的虚拟主播，逐步将资讯、新闻、商务活动通过虚拟主播进行有效整合；发挥资源优势，打造重点栏目，如疫情防控期间，按照市教育两委发布的中小学“停课不停学、学习不延期”工作方案，津云开设“广电云课堂”专栏，从2月到4月，相关学习课程访问量超过2000万次，吸引入驻津云用户23万；与市委教育工委、市教委、市商务局、市政法委、市妇联、团市委等政府部门保持紧密沟通，策划推出了多项主题活动，如“张伯礼思政第一课”直播课、2020年天津市高校大学生思想政治理论课公开课大赛、“向国旗敬礼　为英雄喝彩”寄语征集、“光盘行动”短视频征集、三八红旗手先进事迹报告会等活动，着力提升津云品牌的传播力、影响力。

津云新媒体动员各方力量着力打造“津抖云”短视频平台：推动“耕云计划”运行，发展短视频优质创作者入驻津抖云平台，引进短视频创作者1500余人，遍布美食、旅游、健康、教育等十大垂类；推进媒体号、工作室等账号入驻津抖云，截至目前邀请传统媒体栏目、主持人入驻账号42个，工作室入驻账号11个；策划了一系列主题活动，如“德云社相声春晚”“千人网红计划”“2020我的别样春节”“天津战‘疫’中的感动”“‘你好津抖云’大型线下分享活动”等，提高了津抖云短视频平台的影响力。

津云新媒体持续做好双微、头条号、抖音号等第三方平台账号的运营工作，一年来各项数据获得极大提升，多篇稿件阅读量突破10万次，成为全网爆款传播稿件。根据国内主流第三方监测平台评估，2020年，“津云”微信公众号9次进入新榜“中国微信500强”榜单，最高排名第68位，并成功跻身年度榜单。在这场新媒体平台正面交锋中，津云第三方平台账号吸引了大量的粉丝关注，其中“津云”微信公众号新增订阅用户量超过25万，已成为天津头部媒体号；津云微博新增粉丝数超20万，津云头条号新增订阅用户量超20万，各账号阅读量呈几何级上升，形成了良好的影响力和公信力。

同时，津云新媒体重点运营央媒朋友圈、商业平台朋友圈、地方党媒朋友圈以及“自媒体”朋友圈4个圈层关系，对重点新闻进行全网式、人盯人式推送传播。央媒方面，与央视新闻客户端、人民日报客户端、新华社客户端以及央视频、人民视频、新华网客户端等央媒平台建立日常联

系，在形成初步的内容推广合作关系基础上，还相继与人民日报、央视等媒体合作，尝试了共享直播流、线上招聘、慢直播等新技术，提升了在央媒平台的推广手段。商业平台方面，与今日头条、抖音以及腾讯、新浪、百度等商业平台都建立了战略合作和内容合作关系，并已形成传媒、政务等多渠道并举的推广模式。值得一提的是，“津云”“津云锋声”在头条平台已经初步形成了品牌效应。

四、积极探索，媒体融合发展成效显著

作为天津移动新媒体的总平台、总集成，津云新媒体以中央厨房为龙头，整合天津日报社、今晚报社、天津广播电视台等媒体采编资源，通过约稿、融媒体工作室等机制，使宣传主力军通过各种形式投入主战场：一方面，在日常报道工作中，通过完善约稿机制，天津日报、今晚报、天津广播电视台向津云供稿，坚持移动优先原则，做强津云新媒体平台；另一方面，重构业务流程，建成集报纸、广播、电视、杂志、网站、客户端于一体的全媒体融合平台。

根据媒体融合向纵深发展的方向，津云新媒体主动与传统媒体沟通，集合海河传媒中心和津云新媒体资源，利用好津云客户端、北方网、日报、晚报、津云双微头条号等新媒体矩阵，并通过 AR、VR、航拍、动漫、UI 交互设计等手段创新表现形式，策划推出更多形式新颖、内容丰富的新媒体宣传产品。如在第十五届“东方畅想”广播创新大赛中，津云与广播新闻中心联合推出的 H5 产品《天津 1949》获得铜奖及最佳人气奖；在“滨城大筛”报道中，津云与传统媒体组成“特战小组”，合理分配采访力量，实时向新媒体输送素材，推出行进式、碎片化报道。

2020 年，海河传媒中心各部门以及津云新媒体联合开展了抗击疫情武汉 / 恩施融合报道和全国两会融合报道：疫情防控期间，海河传媒中心组成联合报道组赴武汉抗击疫情一线展开报道；全国两会期间，日报、晚报记者第一时间向津云供稿，电视前方记者每天向津云提供采访视频，合力形成两会报道网络声浪，津云联合天津日报推出《2020 全国两会 · 津云访谈——打开“津门”话发展》节目，均取得了良好效果，媒体融合的生产力进一步加强，彰显了中心内容生产的总体影响力。

津云新媒体依托《政民零距离》栏目，实现了“报、台、网”一体化联动报道模式。一方面，共享《政民零距离》栏目后台数据库，天津海河传媒中心旗下日报、晚报、电视台等均可获取网民留言线索，方便采访报道；另一方面，天津日报的“海河之声”专版、今晚报的“读者来信”专版，以及天津广播电视台《都市报道 60 分》《百姓问政》《公仆走进直播间》《天津早晨》节目，均为与栏目深度合作的新闻产品。津云还与广播新闻中心融合推出《说政事》《问民生》两档融媒栏目，依托津云《党群心连

心》《政民零距离》栏目和广播新闻中心热线电话等渠道，梳理民生线索，调查热点事件，回应社会关切。

2020 年，津云新媒体不断完善融媒体工作室制度，使融媒体工作室能够生产出符合移动互联网传播规律的优秀作品，推动主力军进入主战场。融媒体工作室全年共生产稿件 9000 余条，作品频现中央级媒体，在今日头条、抖音等商业平台，工作室也不乏阅读量千万级的作品。

做好媒体融合这篇大文章，需要不断求新求变。融媒体工作室制度是传统媒体顺应趋势、转型升级的顺势而为，是创新融合、锐意改革的创新之举。融媒体工作室围绕内容生产、技术支撑、平台运营、用户推广等各个方面，迈出了“深度融合、整体转型”的坚实一步，为推动媒体融合发展提供了有益探索。实践证明，津云融媒体工作室已经成为传统媒体和新媒体之间“资源通融、内容兼融、宣传互融、利益共融”的催化剂。在媒体融合的路上，津云融媒体工作室将继续策马扬鞭、日益精进，发挥“主力军”的作用，担负“主战场”的使命。

新媒体工作案例

直播带货，开创“宣传＋帮扶”新模式

在脱贫攻坚收官之年，为深入贯彻落实习近平总书记关于决战脱贫攻坚的重要指示精神，更好地创新宣传报道模式，发动广大群众参与到脱贫攻坚的行动中来，让脱贫攻坚取得实实在在的社会效益和经济效益，在中国记协、天津市委宣传部、天津市委网信办、天津市合作交流办、天津市商务局、天津海河传媒中心的指导下，津云新媒体策划推出“老乡别急，我们帮你”直播带货系列公益活动。9 场直播带货活动累计成交额达 5180 余万元，活动入选中国记协“中国新媒体扶贫十大创新案例”。

一、克服疫情影响，创新扶贫方式

该系列活动贯穿 2020 年全年，全市 16 个区的主要负责同志化身“代言人”和“推销员”，与海河传媒中心主持人共同为天津对口帮扶地区的扶贫产品直播带货，助力打赢脱贫攻坚战。活动将直播带货扶贫与脱贫攻坚宣传融为一体，创造了具有天津特色的“宣传＋帮扶”的独有模式。

在前期策划中，津云新媒体深入挖掘各区对口帮扶地区扶贫产品背后的故事，充分了解帮扶地区群众“扶贫与扶志、扶智相结合”，努力改变生活面貌的奋斗精神，在直播脚本里融入风土人情、产品文化，并找到与天津民俗文化的最优结合点，碰撞出一期期主题鲜明、特色突出的直播，比如相声味儿、脱口秀、田园风、家宴范儿、云连麦……一场场用心的直播，给网友带来很好的观看体验。创新的表现形式和现场编排都打破了现有直播带货的固定模式，更加贴合网友喜好，也在互动中增强了天津脱贫攻坚工作成效的宣传效果。

二、精心统筹谋划，取得良好成效

讲好扶贫故事、中国故事、天津故事，让励志的声音、奋斗的精神穿透手机屏幕感动网友，是该系列公益活动成功举办的又一关键。

为尽善尽美地做好每一场直播带货活动，津云新媒体策划团队在每场直播之前便早早开始着手准备，有时甚至要提前整整一个月投入紧张的工作中。内容策划、深入采访、技术沟通、现场管理、互动引导，都必不可少。

每场活动的直播脚本往往要经历数十次的修改，从直播预热的定场小诗，到扶贫故事的细节描述；从直播现场的试吃引导，到宣传报道的推广传播……每一个细节都努力做到极致和完美，这才有了一场场凝聚起脱贫攻坚真情的“艺术作品”。

三、发挥融合优势，扩大活动影响

该系列公益活动真正实现了媒体的内容属性、服务属性及金融属性的融合，更体现了“融合”更深层次的含义和更典型性的示范。

津云新媒体联合广电传统媒体的主持人结合本地资源，对节目进行整体包装、运营和推广运维，充分发挥了媒体融合优势，找到了融合的最佳结合点。而对于脱贫攻坚工作的媒体赋能、融合加持，也建立了一种全新的模式。

在直播现场，海河传媒中心的每名主持人，都能够将自己的业务专长巧妙融入直播氛围中，轻松拉近与网民之间的距离，增强感染力，提高观看率，也刺激了购买力。同时，对扶贫产品和当地乡土民情了如指掌的各区主要负责同志的加入，也让党委、政府的形象树立得更加鲜明，让干部的情怀体现得淋漓尽致。

在宣传推广方面，活动的前期预热、行进播报、后期推广，都能通过津云中央厨房进行全流程实时指挥调度，所有成稿不仅发布于海河传媒中心的全媒体平台，并可送达全国70多家兄弟网站和海外40多家华文媒体，形成铺天盖地的宣传声势。该系列公益活动为海河传媒中心“海河有爱，津媒助力——扶贫行动计划”增添了一抹亮丽的色彩，更为通过消费扶贫助力打赢脱贫攻坚战提振了信心、鼓舞了士气。

作品二维码

（天津津云新媒体集团供稿）

长城新媒体集团

新媒体工作综述

2020年以来，长城新媒体集团深入学习宣传贯彻习近平新时代中国特色社会主义思想和习近平总书记关于党的新闻舆论工作的重要论述，全面落实党中央战略部署和河北省委、省政府及省委宣传部关于媒体融合发展的工作要求，守正创新，开拓进取，努力建设新型主流媒体，探索出在全国产生广泛影响的媒体融合发展的“长城之路”。

集团2020年共发布原创新闻报道4.8万余篇，被中央主要新闻网站（客户端）转发及中央网信办推送2000余篇，收获千万级爆款作品19个，新媒体矩阵总点击量达30亿次。冀云·融媒体平台获评“全国广播电视媒体融合成长项目”。截至2020年年底，集团资产总额和净资产总额分别是成立之初的近5倍和9倍，实现了国有资产的保值增值。集团取得社会效益和经济效益的双丰收，促进河北新媒体事业产业的跨越式发展。

一、毫不动摇坚守内容根本，坚定不移做强主流舆论，主力军全面挺进主阵地

*1. 以“强化策划”为先导推动采编流程再造。*集团按照新媒体传播特点和移动优先的策略进行重新构架，采访团队及新闻资源均共享共通，协同互动。分管采编工作的班子成员轮流担任中央厨房指挥中心的值班长，每天调度宣传报道工作。强化五级谋划机制，即集团编委会带领各部门谋划重大主题报道、项目牵头副总编带领相关部门负责谋划阶段重点报道、分管领导带领分管部门谋划本领域重要报道、各部门负责人带领本部门谋划日常重头报道、部门业务骨干带领普通采编人员谋划具体报道。集约高效的新型采编流程，为重大宣传主题做足做好宣传策划、内容编审和统筹协调等工作提供了机制保障。

*2. 以“传播效果”为导向打造融媒体精品。*坚持效果导向，以正面宣传的到达量、阅读量、点击量倒逼采编人员研究新媒体时代的传播规律，用心用情制作有品质、有

格调的内容。目前，“长城视频”“冀云海报”“长城直播”“政策面对面”等具有鲜明长城特色的新媒体品牌，在社会上产生了广泛影响力。《河北脱贫攻坚图景志》在河北省脱贫攻坚成果展上展出，被河北档案馆永久收藏。《沿着总书记的足迹看河北》《脱贫“冀”忆》等一批融媒报道成为爆款，其中融媒专题《我们的“全村福”》总阅读量超1000万次、点赞量近40万次。

3. 以“先进技术”为驱动赋能融合创新。集团组建了高水平的技术研发及运维团队，紧跟前沿技术，引领内容生产、传播。2020年全国两会期间，搭建中央厨房云稿库，实现了媒体间策采编发全程共享，探索了全国两会报道省域范围内各单位由物理割据走向化学融合的新模式。创新“云采编”，研发“冀云采”，实现编辑记者与代表委员的“屏对屏”“键对键”，开创了常态化疫情防控下采编发新范式。推出AI虚拟主播“冀小蓝”，开创了直播新样态“云直播”，打出一套云端采编发创新组合拳。依托大数据开展舆情监测和大数据分析，为河北省委、省政府领导决策提供有力参考。

4. 以“线下活动”为增长点丰富传播形态。集团把围绕中心、服务大局、做好活动作为全媒体传播语境下的创新表现形式，以系列活动丰富传播形态、彰显主流媒体影响力。2020年接续承办河北省第二届冰雪运动会开（闭）幕式，开幕式上策划实施在全球首次点亮“雪如意”仪式，为河北推进北京冬奥会筹办工作营造了浓厚热烈的氛围。全年承接“邯郸市第五届旅游产业发展大会”等系列活动20余项。独家开通“雪如意”建设慢直播，全天候、全过程展现国家工程建设实况，央视频直播首页转载。全年录制及直播近400场，有效树立了长城直播品牌，实现了常态化“直播生态”。

二、积极探索建设平台型媒体，丰富“新闻＋政务服务商务”传播生态，打造自主可控的新型网络传播平台和治国理政新平台

1. 走好全媒体时代群众路线，打造“开放的平台”吸引广大用户参与新闻信息生产传播。集团依托“学习强国”河北学习平台和冀云·融媒体平台，全面建立起与外界的联系，吸附更多的用户在平台上交流信息、生产内容。“学习强国”河北学习平台打通省、市、县三级供稿系统，目前已建立供稿链路近30条，有来自省内各级各类媒体和各地各行各业通讯员400多人，每天发稿200多篇，有力保障了全年发稿2.5万多篇、累计浏览量超20亿次的运营成效。冀云·融媒体平台具备支撑200家以上单位接入能力，实现全省全覆盖；开通冀云号，入驻单位和个人达到200多个，总端和分端每天发稿近千篇。

2. 助力构建“全省一张网”，努力融到底、管到边。冀云·融媒体平台作为省级云平台，已完成178家宣传单位的入驻对接和147家县级融媒体中心冀云客户端上线运

行，实现了对全省新闻宣传、舆论引导进行统一安排部署，重要稿件一键发布、统一置顶。冀云·融媒体平台汇聚全省市县融媒体中心开设战“疫”频道，同步推出《冀云时间·全省融媒体中心一起战“疫”》网络直播节目，在全省首开融媒联动战“疫”宣传网络直播新模式。

3. 深度整合社会资源拓展政务服务，用服务凝聚人心。持续对冀云客户端进行迭代开发，为整合全省各类资源提供支撑。目前平台已上线72类服务，超过200项具体服务功能。自主开发上线河北扫黄打非举报平台、社区综合治理“红色管家”、新时代文明实践中心线上平台等政务功能，实现话费、电费、交通罚款、有线电视费等在线缴纳。集团倾力打造的“问政河北”平台，现已入驻各级理政单位3000多家，每月处理群众诉求1000多条，答复率超过90%，已成为河北省委部署的全省党政领导干部走好网上群众路线的总平台。

三、大刀阔斧深化改革，以干部人事和薪酬绩效分配制度改革为突破口，激发创新创造内驱动力

1. 重实绩选用干部，推动干部“能上能下”。坚持党管干部原则，以忠诚、干净、干事、担当为标准，不唯学历、资历，只重工作业绩。2020年以来，通过人才引进、民主推荐、公开竞聘等方式共选任中层干部72名。先后对3名履职不力的中层干部予以免职，对10多名考核排名靠后的干部予以调岗。同时实行动态考核，一些经过认真反思、充实提高后又干出新业绩的“下岗”干部重新获得重用。

2. 优环境引人育才，做到人员“能进能出”。在引才方面，打破身份、地域、职级限制，2020年7月面向全国公开招聘中层干部，在全省乃至全国的媒体行业中产生影响，吸引了北京、天津、广东、江苏等16个省（市）各行各业近千人参与。2020年年底，集团面向全国招聘科组长，吸引了全国各地1000多人报名。集团还面向全国和行业先进企业定向引进人才，开辟“绿色通道”，引进一批全媒体编辑记者、主持人、技术等专业人才。在育才方面，以推进“四名工程”建设为抓手，培养一批年轻有为、充满激情与活力的新媒体采编人才。与河北工业大学、河北经贸大学等高校建立战略合作协议，共建后备人才储备基地，切实为集团培养全媒体后备人才提供坚实保障。

3. 严考核激励约束，实现薪酬“能高能低”。构建“全员考核、精准考核、科学考核”机制，围绕集团发展战略，结合岗位设置和工作职责，制定目标任务，从领导班子成员、中层干部到普通员工层层分解，人人有任务、有考核，实现责权利相统一。实行“基础工作量+亮点工作+单项奖”的绩效考核模式，专门成立绩效考核小组，每月对各部门绩效考核等级及单项奖励进行审核与评议。对中层干部实行统一标准的岗位弹性年薪制，共分为11档，基本年薪按月发放，绩效年薪的60%按照月度任务完成

比例发放；剩余部分根据集团年度双效考核结果及部门年度任务完成情况，经考核后发放；对于超额完成任务的中层干部，按照集团相关规定还兑现超额奖励。根据社会效益和经济效益完成情况确定领导班子年薪总体水平，进行差异化发放。在绩效考核制度的激励下，集团呈现“能者上、庸者下，优者奖、劣者汰”的良好政治生态，干部职工激情干事，长城新媒体集团真正成为创新创业的平台。

新媒体工作案例

策划执行河北省第二届冰雪运动会开幕式

2020 年 12 月 21 日，以“激情冰雪如意之约”为主题的河北省第二届冰雪运动会在位于张家口市崇礼区的国家跳台滑雪中心“雪如意”正式拉开帷幕。

河北省第二届冰雪运动会由河北省政府主办，河北省体育局、张家口市政府、河北省冰雪运动协会承办，开幕式由长城新媒体集团策划执行。根据《河北省第二届冰雪运动会总体方案》要求，长城新媒体集团高度重视，主要领导亲自挂帅，分管领导靠前指挥，举全集团之力，坚持高起点、高质量、高标准办好开幕式，为 2022 年北京冬奥会预热升温，为实现“带动三亿人参与冰雪运动”目标作出河北贡献。

精心策划合理规划，特殊环境别样精彩。首次尝试在 1771 米高海拔、零下 25 摄氏度极寒天气条件下举办室外大型活动。为应对极寒天气，简化开幕式流程，一方面保留必不可少的环节，另一方面大幅压缩各代表队入场运动员数量。集团精心设计入场方式，科学合理规划行进路线，保证了特殊环境下开幕式的庄严隆重。

“雪如意”首次点亮，打造河北冬奥地标建筑。经过反复研发，“雪如意”云顶灯光投影系统、滑道两侧灯光系统、演出舞美灯光系统、场灯照明系统实现了统一设计、统一编程、统一控制。点亮“雪如意”环节使用的“飞火流星”，单根钢丝跨度超过 400 米，垂直高度将近 120 米，创国内先河。开幕式上，“雪如意”通过高科技光影技术首次被点亮，吸引着全世界的关注，成为河北最具辨识度的冬奥地标式建筑。

艺术呈现手段创新，多元融合体现国际视野、彰显河北特色。开幕式在舞美方面实现冰舞台与雪舞台的完美融合，与“雪如意”上下呼应，浑然一体，极具审美效果。音乐方面以张家口民歌《对花》《挂红灯》为基本元素进行创编，彰显河北特色。演员方面既有专业冰滑运动员，也有群众冰雪爱好者；既有张家口籍知名歌手，也有拥有百万粉丝的 3 岁冰雪小达人“乖乖”。多元融合的现代艺术呈现手段，令本届开幕式熠熠生辉。

协同联动融媒传播，开创活动宣传推广新纪元。长城新媒体集团依托自有冀云·融媒体平台，强化与京津冀媒体协同报道，近 40 家中央级、省级、地方媒体共同参与，以可视化产品为主，“多声部”奏响同一首“雪如意”主题曲。“长城新媒体”抖音号强化河北冰雪IP印象和河北冰雪IP打造，发力“冬奥之城”张家口地域文化渗透，引领区域运动旅游人群UGC创作。集团运用3D模型渲染、动作感应等技术开发的3D体感模拟滑雪手机游戏“滑向雪如意”，上线仅12小时参与者超110万人。冀云客户端独家上线开通“雪如意”建设实况慢直播，在抖音平台“长城新媒体”账号同步直播、央视频直播首页转载，抖音平台直播累计观看数据达1000万+，开创活动宣传推广新纪元。

建设冀云·融媒体平台

建设冀云·融媒体平台是河北省委、省政府推动媒体融合向纵深发展的重要举措。该平台是为各级宣传管理部门、省市主流媒体和县级融媒体中心提供技术支撑、运营维护的重要平台，是助力提升河北省治理体系和治理能力现代化水平的重要项目，2019年10月正式上线，标志着河北媒体融合发展迈上了一个新台阶。

长城新媒体集团切实履行平台建设运营主体责任，全力推进平台建设运营各项工作，取得显著成效。冀云·融媒体平台荣获“中国报业媒体融合、信息化和网络安全项目特别奖”“全国广播电视媒体融合成长项目”。2020年12月，国家广播电视总局规划院完成对冀云·融媒体平台的检测，确认平台全面符合规范要求。

全省覆盖，打通宣传引导“最后一公里”。冀云·融媒体平台自上线以来，全部功能已建设完成，整体运行稳定。目前，平台已有178家单位入驻，搭建了14个市级分平台，开发上线市县级客户端151个，冀云系列客户端总下载量突破660万次，累计访问量超过40亿次，实现了省、市、县三级内容的统一整合汇聚，完成冀云·融媒体平台全省覆盖。

全面赋能，为县级融媒中心提供强有力支撑。长城新媒体集团全程参与了全省151个分端的栏目规划设计和开发，为全省各县级融媒体中心近万人次提供了技术和运营方面的培训，保障了所有县级融媒体中心的安全稳定运行，助力县级融媒成为面向基层的舆论引导主阵地、综合服务平台和社区信息枢纽。

全力聚合，实现舆论宣传“一盘棋”效应。在疫情防控宣传报道、全国两会和全省两会的宣传报道以及全省“奋力夺取‘双胜利’记者走基层”“百县百校万人上冰雪”等主题活动中，冀云·融媒体平台充分发挥全省统一平台的内容、技术和服务优势，聚合全省各级融媒中心优势资源，统一指挥调度，为河北省新闻宣传工作聚合力、添动力、增活力，实现了舆论宣传“传到底、融到底、管到底”。平台自上线运行以来，已先后接待10余家中央媒体和其他省市同行的参观考察，均给予高度评价。

（长城新媒体集团供稿）

山西日报社

新媒体工作综述

2020年，山西日报以深化改革推动媒体深度融合，持续在体制机制、政策措施、流程管理、人才技术等方面守正创新、向纵深发展，构建起网上网下一体、内宣外宣联动的主流舆论格局，内容建设为根本、先进技术为支撑、创新管理为保障的全媒体传播体系初步形成，党报影响力、竞争力不断提升。

一、做好重大主题宣传，提升影响力

2020年，山西省政治、经济、社会大事不断，山西日报在战“疫”、山西省两会、全国两会、“十三五”成就巡礼、走向我们的小康生活、飞行大会、坐着火车看山西、游山西读历史、郑太高铁开通等重大报道中“注重策划、联动报道、技术支撑、优化内容”，媒体影响力得到有效提升。

1. 统一指挥，细致策划。2020年，山西日报升级采编系统，打通了融媒体平台和报纸采编系统，实现了山西日报报网端的统一指挥。在“走向我们的小康生活”“坐着火车看山西”“游山西读历史”、抗战胜利75周年系列节目《见·证》等大型主题报道中，山西日报整合优势力量，“报、网、端”统一策划指挥。在统一调度中，“报、网、端”分工明确、配合精密，各自发挥特点优势，在总体策划的基础上细化部署安排，突出亮点。

2. 联动报道，展现担当。战“疫”报道中，传统采访报道和传播都受到很大限制，云采访、云访谈、云直播成为常态，基于多媒体技术的短视频、Vlog、图示、H5等全媒体报道模式成为日常。山西日报反应迅速、发声及时，生产制作了一大批优秀融媒体产品。同时，积极与国内优秀平台进行合作，“一盘棋”联动报道，扩大疫情信息的报道量、覆盖面和实用性、传播度。权威、真实、快速、丰富的战“疫”报道，助力山西日报占领了这场舆论战的主流，而且网端各平台的累计新增下载量和用户活跃量普遍大幅提升。

3. 一专多能，全员转型。2020年，山西日报大力推行栏目制，重点建设了“晋行

时”“观察者”“山西一分钟”“第一书记”等栏目，“兴趣相近、业务相通”的组合模式，比中学、学中干，越来越多的采编记者发挥策划能力创新短视频剧本，拿起手机拍摄 Vlog。2020 年 12 月，山西日报新媒体人民号被人民日报社新媒体中心评为 2020 年度优秀媒体号主。

二、改革创新，做精融媒产品

借鉴人民日报组建融媒体工作室的先进经验，2020 年，山西日报新媒体与省级技术平台、子报子刊、社会文化机构等，跨部门、跨媒体、跨地域、跨专业组建了“图新鲜”“漫动作”“山西话”等一批融媒体工作室，整合精锐力量，制作海报、H5、动漫和音频等多种形式融媒体产品共 300 多件，多平台发布、多渠道传播；围绕春运、复工复产、春耕夏收、全省技能大赛、岚县直播带货、晋城马拉松等，举行了 30 多场直播活动，锻炼了直播队伍。其中，动画作品《看，这就是我们的超能“大白”》入选中国记协新媒体专业委员战“疫”精品案例。

为了在短视频平台吸引流量、转变叙事风格，2020 年，山西日报新媒体面向社会招募了两期 50 名短视频拍客，组建起一支质量高、能力强、设备精的短视频生产制作团队，强化抖音、快手等平台，壮大主流舆论影响力。此外，还面向社会招募了 20 名特约撰稿人，扩充评论创作力量，提升舆论引导能力。

三、技术加持，推动媒体深度融合

山西日报媒体融合始终紧盯前沿技术，2020 年，山西日报成立了数据中心，打通报纸采编系统，实现山西日报报网端的统一指挥，对现有网络和业务系统进行 IPv6 改造，全力打造区域性传播平台。

推动报业融合发展，建设智慧型媒体，数据是最基础的资源。山西日报自创刊以来，比较全面地记录了山西社会发展，是山西最全面、最重要的历史数据之一，独一无二，十分珍贵。2020 年，山西日报新媒体打造历史报纸数字化的产品“山西日报数字资源公共服务平台”，主要是依托山西日报报纸内容，整合信息、综合资料建设山西省党政时政数据平台。该平台信息采集渠道权威、具有较高的科学性和实用性，是各级用户及时、准确掌握党和国家方针路线、山西政策形势的重要工具；也可用于科研机构的历史研究，以及政府调阅、商业资料挖掘等领域，有效解决山西省各级党政机关、企事业单位及个人缺乏完整的历史资料的问题；同时也是广大人民群众学习、研究党史、社科、经济、政法、文化、民生等领域知识的主要素材。目前，已服务于省委、省政府、省委党史研究院等机构。

山西日报还建设了图片库系统，整理整合图片资源，变单纯的线下存储、物理存储、人工管理、人工查找为线上协作、线上展示、智能定位、智能查找，提高图片流通能力和定位能力，满足现代化、信息化、数字化办公需要。同时也为外界摄影爱好者提供了一个交流展示的平台。

四、强化优势，践行社会责任

山西日报融媒体发展之路，始终坚持“新闻＋政务服务商务”发展模式，践行社会责任，增强自我造血机能，有效推动社会效益、经济效益双丰收。依托省级党报党政资源，山西日报建设了客户端政务平台，打造权威政务发布平台，为山西各市县提供综合信息发布渠道。2020 年，吕梁市、平定县、盐湖区等 3 市 18 县 5 区成功入驻山西日报客户端；代维、新媒体制作服务的服务范围逐步扩大，为“山西组工”“山西文旅集团”微信公众号提供代维服务，承接山西省退役军人事务厅、山西省环境规划院、中共山西省委老干部局新媒体制作服务，取得良好社会效果。

静乐县是山西日报定点扶贫对象，为践行“文化扶贫”的长远战略，山西日报新媒体开展信息扶贫活动，为静乐县免费开通了“静乐”频道，宣传静乐新时代、新气象、新作为，特别是名优特产和电商，让“文化扶贫”激发内生动力，让贫困地区早日实现物质与精神“双脱贫”。截至 2020 年年底，山西日报客户端“静乐”频道共发布相关公益稿件 1284 条。

山西日报还邀请省内著名专家、工匠传人以及电商达人等录制 10 期专题讲座，围绕山西文化、非遗传承以及新电商平台等主题，专题通俗易懂，贴近民生，便于学习及操作；对接本地脱贫地区，精准对口提供专题视频学习，并根据学习反馈调整专题制作内容；选取具有代表性的地区及脱贫人物，做跟踪采访报道，如技能掌握对于就业及素质提升的效果，助力精准扶持脱贫人口。

新媒体工作案例

山西日报新媒体战“疫”报道

2020 年 1 月 22 日，国家卫生健康委确认山西首例新冠肺炎确诊病例，山西战“疫”正式打响。疫情发生以来，山西日报新媒体坚持全局站位、立足全国视野、切入全民角度，强策划、重联动、精制作，多平台发布、多渠道传播，壮大主流舆论。

第一，加强内容策划。山西日报客户端开设“战‘疫’”频道，下设 13 个专题《抗疫，全国在行动》《山西迎战疫情》《山西战“疫”·省委部署》《山西医疗队驰援湖北》《新冠肺炎疫情实时动态》《晋楚回响》《战“疫”一线党旗红》《抗击疫情　紧急寻人》《抗击疫情　不传谣　不信谣》《科学防疫知识》《山西抗疫文艺作品集》《聚焦安全返程复工》《疫情新热点·专家来解读》，从不同层面来报道抗击疫情进展。

山西日报新媒体和山西云媒体共同组建的“图新鲜融媒工作室”，从宣传和服务省委部署全省疫情防控和经济社会发展的全局出发，提炼专题会要点、充分发挥平面设计优势，集中精力重点打造推出一批风格相对固定、主题十分鲜明、信息非常有用的移动端海报产品，被不少“自媒体”转发引用，起到了良好的传播效果。

第二，重视多平台联动。积极与国内优秀平台进行合作，扩大疫情信息的报道量、覆盖面和实用性。与人民视频进行关于疫情焦点新闻的24小时直播；与丁香医生App合作，链接全国疫情地图；与省自然资源厅合作，链接山西省疫情动态地图；与健康山西App合作，开通专家免费义诊咨询服务；与成都无糖信息技术有限公司合作，开通确诊患者相同行程查询工具。与湖北日报等国内多家党报合作，微博设置共同话题“元宵节亮灯为武汉加油”。

第三，精心制作融媒体产品。山西日报新媒体共制作海报、短视频、音频、H5等各类融媒体产品422个。其中，系列海报125组、启动页海报22张、疫情地图50张、图解5条、长图4条、新闻视频110条、抖音短视频45条、科普视频20集、MV音乐视频5期、音频产品23期、动漫产品6期、互动H5产品7个。

“山西话融媒工作室”就一线医护救治故事、民众心理期待、校园新学期网课等精心制作推出融媒体音频产品，每周2期，疫情防控期间共制作17期音频产品。

动漫战“疫”作品《看，这就是我们的超能“大白”》由山西日报新媒体、山西云媒体共同打造的“漫动作工作室”制作。

经典动画片《超能陆战队》中，男主角“小宏”的私人健康顾问“大白”虽然是一个智能机器人，但他无微不至地关心着小宏的身心健康，细心照顾着小宏的生活起居，这样的“大白”，让人联想到抗击疫情的白衣天使们。主创人员将“大白”和抗疫医护人员共同的特点联系在一起，在表达方式上，选择了怀旧风“水浒卡”，用“战队名称”“功能”“宣言”“特点”等归类总结的方式介绍人物，将医护人员“动漫化”。该作品一经推出，就受到众多网友的喜爱。

作品二维码

（山西日报社供稿）

山西广播电视台

新媒体工作综述

为深入贯彻落实习近平总书记关于媒体融合发展的一系列重要讲话和指示批示精神，深入贯彻落实《关于加快推进媒体深度融合发展的意见》，深入贯彻落实党的十九届五中全会精神，加快构建以内容建设为根本、先进技术为支撑、创新管理为保障的全媒体传播体系，做大做强主流舆论，全力将山西广播电视台建设成为具有鲜明特色的区域性新型主流媒体。2020年，我们结合自身在媒体融合发展中的探索和实践，对媒体融合发展的认识进一步深化，进一步明确下阶段融合发展的任务，在摸索中不断推进媒体融合发展，不断取得新成效。

一、新媒体发展总体情况

开办音视频网站2个，其中山西网络广播电视台日均页面浏览总量41万次，日均用户访问总量100万次；天启视听网日均页面浏览总量15万次。

开办移动客户端2个，其中黄河plus客户端日均活跃用户近万；智慧传媒客户端已开通VIP账号381个，安装终端509台。

截至2020年12月底，山西广播电视台全台微信公众号（含部分个人账号）48个，粉丝近千万，其中官方微信（认证或明确身份）账号31个，订阅数量最多的账号是山西新闻联播公众号，订阅数334万。2020年，全台微信公众号共发布5.3万篇微信图文，其中原创篇数1500余篇，全年阅读总量约2.5亿次，点赞量约62万次。

全台微博账号57个，粉丝量约430万人；今日头条账号17个，粉丝量近千万，其中新闻类5个账号全年阅读量超2亿次；抖音账号77个，粉丝量1205万人；快手账号26个，覆盖用户近600万人；其他平台（人民号、百家号、企鹅号、一点号、喜马拉雅、蜻蜓等）账号30个，订阅粉丝量近50万人。目前基本覆盖主流互联网应用市场，订阅总用户数超过4000万人。

1. 自有平台＋主流渠道，新媒体影响力逐步显现。黄河plus客户端整合民生新闻和文旅节目资源，强化资讯服务功能，将民生服务和文化精髓从电视拓展至移动互联网，打造以文化和政务、民生综合服务为主的移动端产品，培育山西广播电视台深度融合、整体转型的新引擎。上线一年多来，总阅读量 1234 万次，日均活跃用户数量有望突破 10 万。

山西网络广播电视台 2020 年共发布各类内容达 12 万余条，日均发布达 320 余条，在微信、微博等移动端发布各类正面内容 5000 余条。据统计，网络台最高日独立 IP 达 42 万，日均 PV 达 100 万，在山西新闻媒体网站中名列前茅。

2. 两微平台 + 短视频应用，矩阵传播力日渐壮大。整合媒体资源，在二次深度加工的基础上，分别在央视新闻移动网、人民号、今日头条、抖音、快手、百度百家、网易、一点资讯、凤凰新闻、新浪看点、天天快报、腾讯视频、腾讯新闻、蜻蜓广播、荔枝广播、喜马拉雅等第三方平台开通了官方内容通道，在国内主流新闻集成平台有了自己的传播空间，有效覆盖用户达千万以上。

3. 工作室 + 一体化，融合生产迈出实质性步伐。2019 年 11 月 23 日，山西广播电视台择优选出 42 个首批入围重点扶持融媒体工作室，正式授牌运营，一年多来，在全省两会、疫情防控、全国两会、习近平总书记视察山西等重大宣传报道中，山西广播电视台的融媒体工作室都发挥了至关重要的作用。内容发布形式也更为丰富，图文、短视频、海报、H5、移动直播共同呈现。“两微一端一短”作为工作室的主阵地，同时扩展到央视新闻客户端、西瓜、火山等短视频 App、喜马拉雅音频 App 等，借助全台新媒体矩阵，全网触达用户过亿。涵盖内容包括时政、经济、文化、民生、健康、艺术、交通、综艺等多领域，真正做到了大事件权威发声，小事情温暖共鸣，无死角，全方位，共同关注。

截至 2020 年年底，首批授牌融媒体工作室均有发稿记录，过半的工作室发稿频率稳定，所有工作室一年原创发稿总量过万，总阅读量（播放量、直播观看人数）超过 10 亿次。在各重大宣传事件中开设专栏，生产系列作品，保持定位，突出风格，提升原创。

4. 云端部署 + 高清制播，技术支撑体系日趋完善。省级媒体智慧云平台以省级技术平台为支撑，连通全省 119 个县级融媒体中心，服务全省 145 家媒体机构，全力打造“全省一朵云”。投入 2 亿元加快媒资系统建设和融媒体技术体系搭建，初步构建起“一次采集、多元生成、多渠道分发”的全媒体传播体系。

稳步推进技术系统高清化升级改造工作，完成 200 平方米新闻高清演播室改造、800 平方米演播室灯光音频系统改造、融媒体演播室系统搭建等一批技术工程，初步搭建起全台媒资系统，将有效满足山西广播电视台媒资存储和高清化网络制播、融合生产、外延办公等业务发展等需求。

二、新媒体发展的主要做法

1. 打通共享通道，实现云化生产。协同推进省级中央厨房、台二级平台和县级融媒体中心省级技术平台建设和应用，着力解决互联互通、业务协同、集约发展问题，避免重复“造轮子”，充分实现云平台能力复用、资源共享，做好全省和全台业务“枢纽”，实现“全省一盘棋，共享一朵云”，并以应用场景需求为技术研发和平台建设导向，不断迭代优化。

2. **优化体制机制，深耕垂类内容。**组建新闻融媒体中心，建立新闻协作联动、融通共享机制，统一指挥、统一采编、统一产品、统一考核、统一运营。加强选题策划、传播创新，一支队伍服务多个平台，实现“一次采集、多种生成、全媒体传播”；成立卫视节目中心、黄河节目中心等电视垂直业务群和新闻广播节目中心、交通广播节目中心等广播垂直业务群，并逐步推动形成视频板块、音频板块的统筹运营。不同业务群强化互联网思维，按照产品线组建内部业务部门，垂直拓展综合服务领域。发挥媒体公信力和制度优势，优化综合信息服务产品，精准满足用户在不同场景的视听消费需求和综合信息服务需求，整体架构技术研发、产品设计、数据分析、品牌推广，建立全新业务模式。

3. **提升专业水平，构建品牌集群。**紧密结合山西广播电视台媒体深度融合整体布局，成立跨部门、跨体制、专业化、垂直化融媒体工作室，以用户为中心、内容为核心、运营为路径，生产、技术、运营团队柔性组合，拓展场景化综合服务，既为传统广播电视渠道生产“长视频”，也为移动平台网端微提供“微产品”，打造自有优质网生内容、网红队伍和社交圈，形成个性化品牌集群。

4. **重构考核体系，布局完整产业链。**综合考虑传统媒体发稿、新媒体转载、首发、评论量、话题度等指标，逐步建立和完善全新的内容和绩效评价体系，激发全员内容生产创造力。严格落实内容安全审查责任，完善“台、网、端、微”的协调审查机制与统一管理机制，实现宣传管理“一把尺子量到底”。制定颁布了一系列新媒体管理制度。目前已制定《山西广播电视台“十四五”发展规划》《山西广播电视台媒体深度融合发展实施方案》两个指导性文件，出台《山西广播电视台融媒体工作室管理办法》《山西广播电视台媒体融合考核办法》等多项制度。同时加大对制度执行落实的督促跟进，有力保证了制度的有效执行落实。

三、新媒体工作主要创新点

1. **以重大主题宣传为突破口重塑生产流程。**在山西省委宣传部直接指导下，创新工作机制，成立重点题材节目中心，推出融媒体新闻评论节目《转型进行时》，在基础素材采集及电视版节目制作完成后，第一时间将素材分发给山西综合广播、山西日报、山西云媒体进行二度加工，形成电视、广播、报纸、新媒体协同创作机制，综合运用多种技术手段，打通各种传播渠道与终端。电视版节目由山西广播电视台卫星频道与全省 11 个市的广播电视台新闻综合频道联合播出；广播版节目由山西广播电视台新闻综合广播与全省11个市的广播电视台新闻广播频率联合播出；山西日报在次日推出“转型进行时”专版；新媒体产品打通全省105个县级融媒体平台，新华网、学习强国等国家级平台同步抓取转载；各厅局官网、市政官网也纷纷转发。

2. 以媒资整合应用为发力点推进深度融合。整合台内媒体渠道资源，打造广电媒体、官方网站、IPTV、“两微一端”等多种传播形态组成的全媒体矩阵。组建广电MCN机构，积极尝试建设网红基地、助农直播带货、网络直播省市县大型活动等项目。

提前谋划布局，转变宣传理念、手段和组织方式，调动社会化生产力量，扩大主流价值影响力版图。建好全媒体时代的“通联部”“群工部”，发展壮大通讯员、评论员队伍，开放客户端、网络台等互动平台，吸引用户参与内容生产传播，形成新的增长点和竞争力。

3. 以精品建设为导向打造新媒体内容品牌。依托省级平台技术支撑和融媒体中心，优化采编播流程，深入布局和建设传媒品牌集群，做精做大“黄河+”客户端，形成示范效应，同步放大频道频率两微矩阵影响力，打造“黄河”特色新媒体品牌。2020年山西广播电视台新媒体产品“量”“质”同步得到提升，其中《上“旧”了，云冈！》获第三十届中国新闻奖短视频专题报道三等奖；短视频《“中国之治”新境界　你也是主角》《太钢“手撕钢”——0.02毫米的厚度》和网络音频《我们村的年轻人》获评2020年国家广电总局优秀网络视听作品。

新媒体工作案例

融媒体新闻评论节目《转型进行时》

“在转型发展上率先蹚出一条新路来”是习近平总书记对山西寄予的殷切期望，是对山西转型发展和现代化道路的宏伟擘画。为生动展现全省上下深入贯彻落实习近平总书记重要讲话重要指示，推动高质量转型发展的积极探索和生动实践，山西广播电视台策划推出融媒体新闻评论节目《转型进行时》。

2020年，《转型进行时》节目共推出电视版节目50期、广播版节目34期、日报专版49期、微信原创图文46期、创意短视频69条、海报（动图）124张。《转型进行时》节目的创办，是山西新闻战线推进媒体融合的一次成功实践。

一、融策划、融生产、融发布，融出立体传播效应

为发挥媒体融合传播优势，省委宣传部精心组织山西广播电视台、山西日报、山西云媒体等单位建立协同创作机制，实现《转型进行时》节目电视、广播、报纸、新媒体产品一体化生产和传播。

《转型进行时》围绕“八个转型”、聚焦“六新”突破，在立意高度、思想深度、

视野广度、评论力度上下功夫，生动深入系统地讲述转型故事、探索转型路径、分享转型经验、跟进转型实践。同时，以科技领域突破和全球动向为切入点，打造推动山西乃至全国更大范围转型发展的新闻资讯、头脑风暴地。节目以立体多元的传播方式为展示山西转型蹚新路的奋进姿态、最新成果、崭新面貌，借力借智探讨转型发展有效路径和方法提供了一个新的平台。

二、融视角、融数据、融技术，融出浓厚宣传氛围

节目创作坚持实践视角，从在转型之路上的决策者、实践者视角对海量信息进行梳理，针对现实中的问题，打开思想的大门，提供多维度的启发；坚持专业视角，集纳国内外前沿、权威研究和实践成果，从“八个转型”多角度切入，总结经验、汇聚观点、提供借鉴，突出前瞻性、科学性、思辨性；坚持全球视角，把山西转型发展实践置于全球这个大坐标体系中考量，站在全球视野全方位、多角度分析转型发展问题，借助新华社 130 个海外记者站组建海外观察员队伍，借鉴各国转型经验，问道全球经济领域、国家智库权威专家知名学者。

三、融加工、融推广、融拓展，融出长尾应用价值

按照一次采集、多元分发的理念，由山西广播电视台“转型进行时”项目组负责基础素材的采集及电视版的节目制作，并在第一时间将素材分发给山西综合广播、山西日报、山西云媒体进行二次加工，形成电视、广播、报纸、新媒体协同创作机制，综合运用多种技术手段，打通各种传播渠道终端。电视版节目由山西广播电视台卫星频道与全省 11 个市的广播电视台新闻综合频道联合播出；广播版节目由山西广播电视台新闻综合广播与全省 11 个市的广播电视台新闻广播频率联合播出；山西日报在次日推出“转型进行时”专版；新媒体产品打通全省 105 个县级融媒体平台，新华网、学习强国等国家级平台同步抓取转载；各厅局官网、市政官网也纷纷转发。

作品二维码

（山西广播电视台供稿）

辽宁日报社

新媒体工作综述

2020年，辽宁日报客户端迭代升级，焕新上线，并同步启动全媒体指挥中心二期工程建设，进一步牵动集团优质资源深度融合，建成区域第一新闻信息源和具有国内领先水平的媒体采编发平台，实现多平台、多终端一体化管理。与此同时，辽宁日报充分发挥传统媒体内容优势，以内容策划驱动融合转型，打造出一批具有原创性、独家性、原发性的融媒体新闻精品，获中国记协新媒体专业委员会推荐“2020中国新媒体扶贫优秀案例提名案例”，探索出一条党报融合转型的“辽报路径”。

辽宁日报立足实际，从内容优势入手深挖潜力，通过做优做强“辽报策划”品牌驱动全媒体生产，以生产赋能融合转型，加快改革步伐。

一、以用户思维丰富产品样态

辽宁日报积极转变思路，站在终端视角度量选题，围绕用户需求设计产品。

1.“硬任务”出个性。2020年全国两会，辽宁日报提早谋划，把握重点，突出亮点，创意策划7项主打产品，包括互动H5《向总书记报告》，展现辽宁脱贫攻坚经验和成就；长图解《政府工作报告@咱辽宁》，展示一年来辽宁在经济社会各方面取得的成就；实时动态小程序《北国看两会》，打造“24小时不落幕的两会新闻厅”；创意视频《白话两会》，用轻松的新媒体语言搭配权威的时政经济解析，深入浅出说两会；系列直播《北国·一个》，走近普通人的日常生活，第一视角呈现后疫情时代复苏中的辽沈大地。产品内容丰富、手段多样、亮点纷呈，会内会外、网上网下形成浓厚的舆论氛围。

2.“老面孔”展新意。2020年是决战脱贫攻坚、决胜全面小康的关键之年，辽宁日报制作推出两项融媒体主题策划《决胜》《界献·看老乡》。其中，《决胜》以用户为中心设计内容，集传统图文报道和大数据可视化表达于一体，同时融入形式多样的线下活动，形成矩阵式产品集群。《界献·看老乡》则以视觉作品为主体，用大型直播、微纪录片、短视频、新闻摄影等多种手段展开报道，报道团队深入采访辽宁省界线上的19个村落，以老乡为主角拍摄微纪录片19条，进行9场大型直播，拍摄照片逾万张。

3.“单音符”变交响乐。随着媒体融合实践步入深水区，辽宁日报不断增强生产互动式、服务式、体验式新闻信息服务的能力。2020年新冠肺炎疫情防控期间，辽宁日报上线“抗击疫情 辽宁进行时”平台，紧紧抓住“提高新闻舆论工作有效性”这个关键创新方法手段。一是搭建实时动态应用程序，设置疫情分布、重要公告、实时播报、各地快讯等板块，集中发布最新消息和融媒体产品，打造“24小时不落幕的新闻发布会”。平台上线后，累计发布各类信息逾4万条，全网阅读量达10亿次。二是丰富报道的可视化形态，如制作推出《战疫组曲》《战武汉》《千里襄守》等短视频作品，内容涵盖医疗、科研、教育、公安、消防、新闻、社区、志愿者等抗疫一线各类群体，全媒体平台总播放量逾30亿次。三是出版新闻专刊，以第一视角直击战“疫”最前线……多样态产品交互变奏，为全方位宣传中央及省委决策部署，全天候满足公众对疫情信息的需求，不断增强全省上下战胜疫情的决心与信心，发挥了强有力的舆论支撑作用。

二、以原创矩阵增强内容传播

辽宁日报在推进媒体融合向纵深发展的进程中，始终以追求原创性、独家性、原发性为原则，不断巩固主流媒体内容优势，让内容价值获得充分挖掘和传播。

1.精准选题。“辽报策划”的每个选题都具有鲜明的独特性。例如，2020年，为纪念中国人民志愿军抗美援朝出国作战70周年，辽宁日报活用珍贵报史资源，创造性地以东北日报战地记者的视角，全面梳理4000余篇鲜活的战地报道，精心策划制作7集微纪录片《独家记忆》。该片在沈阳、丹东实景拍摄，从抗美援朝烈士陵园、抗美援朝纪念馆、铁路抗美援朝博物馆、上河口火车站旧址等纪念场馆、遗址遗迹挖掘线索，第一次生动呈现抗美援朝战场上中国战地记者的重要贡献，更从全新视角展现了中国人民志愿军抗美援朝出国作战的历史画卷。再如，公益直播项目《北国助农》利用党媒平台优势，选择用直播带货这种精准扶贫工作中具有创新性的扶贫方式，拓宽农产品销售渠道，观看人次超过150万，成交量超过5万笔，互动留言超过10万条，获评中国记协“2020中国新媒体扶贫优秀案例提名奖”。

2.精心设计。2020年全国两会期间，辽宁日报策划推出政府工作报告辽宁落点大型图解，内容上细致梳理，找准辽宁落点，呈现辽宁行动；形式上一图读懂，以可视化手段解锁重大主题，“颜值”高、“气质”佳；传播上“报端”互动，手机版抢速度、报纸版重解读，打通互联、互推互享、协同发力，传达了党中央、国务院对辽宁的关爱与支持，也展现了辽宁贯彻落实总书记重要指示批示精神的实践与成果。

3.精制视听。辽宁日报蓄力将主题宣传

视听化，推动“辽报策划”向多元视听产品生产平台转型。新冠肺炎疫情防控期间，特派湖北报道组与后方紧密联动，根据不同节点，第一时间编排、制作5集系列短视频：《去吧，战士！》《正月，征月！》《武汉，无憾！》《襄阳，向阳！》《英雄，归来！》。作品制作精良、时效性强、情感浓郁，全网累计播放量逾千万次，是集中反映辽宁援鄂医疗队战“疫”历程的独家制作，具有很强的新闻性、独家性、原创性和史料性。

三、以平台建设为重心再造流程

2020年5月，辽宁日报与国内先进技术团队合作，对客户端进行迭代升级，以全新面貌重新上线，聚合集团8报15刊2网优质新闻信息资源，迅速成长为区域“第一党端”。

1. 建立联动机制。辽宁日报以客户端为策划中枢重组采编机构，重新调配资源，大大提升了策采编发各环节的联动效率。例如《抗击疫情　辽宁进行时》实时动态应用程序连续8个月安全顺畅运行，正是由于联动机制的保障：以客户端、网站为核心，各部门抽调精兵强将约30人，组成项目团队，细分为策划、选稿、制作、发布、技术5个业务小组，实现了疫情防控信息准确、及时、垂直抵达。

2. 打造“四全”团队。全媒体不断发展，出现了全程媒体、全息媒体、全员媒体、全效媒体。这“四全”是媒体形态的新定义，也是对媒体人能力的新诠释。2020年，辽宁日报正式组建客户端编辑部（包括新媒体平台运营部、可视化内容生产部、外部平台运营部、品牌推广部），并面向社会招聘了16名新媒体专门人才。这支队伍展现出强大战斗力，特别是在新冠肺炎疫情防控期间，制作融媒体产品近2000个，包括直播、短视频、H5、海报、照片、文字等多种形态，其中视频产品700余条，累计推送稿件万余篇。

3. 推动立体传播。以客户端为主平台，辽宁日报同时着力培育外部新媒体平台。一年来，辽宁日报微信公众号、微博、头条号、抖音、快手等平台用户增长超过100万，使辽宁日报在互联网舆论场更好地发挥了舆论引导作用，使主题宣传实现了全方位、多角度、多层次的传播态势。

4. 孵化新闻+项目。以客户端为依托，辽宁日报充分利用“辽报策划”品牌开展用户拓展工程，孵化新闻+政务服务项目，强化聚合功能。2020年，辽宁日报先后与辽宁省委组织部、省国资委、省市场监督管理局、省体育局、省台办、团省委等重要机构合作建设平台和举办大型活动。目前，辽宁日报客户端已吸引逾300家省直机关、事业单位、高校、企业以及优质“自媒体”入驻。

新媒体工作案例

“北国助农”大型融媒体直播活动

“北国助农”是由辽宁日报北国客户端

策划并执行的大型融媒体直播活动。党媒利用平台优势，选择用直播带货这种精准扶贫工作中具有创新性的扶贫方式，拓宽农产品销售渠道，助力精准扶贫，决胜脱贫攻坚奔小康。活动收获了良好的传播效果。

首季“北国助农‘益’起奔小康”由辽宁日报社和辽宁省商务厅共同主办，于2020年7月18日正式上线，引发强烈反响。“直播带货，为消费扶贫打开了‘新通道’。”辽宁日报等主流媒体的深度参与，不仅带来了短期的流量效应，更形成了长期的消费动力，凝聚了全社会共同参与消费扶贫的合力。

第一季直播，多地积极报名参加。朝阳喀喇沁左翼蒙古族自治县、本溪桓仁满族自治县、丹东宽甸满族自治县、抚顺市抚顺县、辽阳灯塔市、锦州北镇市、铁岭开原市等地的副县（市）长纷纷走进辽宁日报官方直播间，化身“带货达人”，推广“辽宁品牌”，助力贫困地区农民脱贫增收。他们表示，辽宁日报的系列直播活动，使得当地农产品的订单数量越来越多，加速了经济回暖复苏，提振了贫困群众脱贫信心，为决战决胜脱贫攻坚注入了“云端”力量。

第二季“北国助农‘益’起庆丰收”由辽宁日报社和辽宁省扶贫办共同主办，于10月25日在阜新彰武县拉开帷幕，以“实景直播带货”再次获得网友青睐。直播分会场设在广袤的田野、硕果累累的果园，网友们通过现场直播看北国美景，助乡村振兴。

尤其是“双11”购物节中，“北国助农 ‘益’起庆丰收”以特别节目的形式再次闪亮登场，助农订单、网友点赞数再创新高。来自辽宁各地的副市长、第一书记纷纷做客直播间，广大网友对辽宁农产品的信任度和好感度飙升，直播当天多种产品数次补货。

据统计，“北国助农”直播行动期间，直播间观看人次超过150万，成交量超过5万笔，展示各地特色产品170余样。直播期间，网友互动留言超过10万条。

作品二维码

（辽宁日报社供稿）

吉林日报社

新媒体工作综述

2020年吉林日报新媒体以做强吉林日报自有新媒体平台、畅通头部分发平台、强化彩练品牌为主要原则，进一步理顺了融媒体内容生产、传播机制，规范了全平台内容分发模式，形成了融媒体传播矩阵，为吉林日报媒体深度融合发展作出探索，提升了党报新闻舆论传播力、引导力、影响力。

一、集中力量，突出做好重大主题报道

2020年，吉林日报新媒体围绕重大主题、重要会议、重要时间节点精心组织策划融媒体产品，积极转发央媒重点稿件，做好主题宣传，营造浓厚舆论氛围。

1. 全省两会、全国两会等会议报道。全省两会、全国两会期间，“两微一端”及各平台及时跟进两会最新动态，开设专题话题，于彩练新闻客户端最显著位置实时更新相关信息，形成“刷屏”效果。《政府工作报告中出现19次，吉林“冰雪”有多硬核？》《刚刚，政府工作报告中提到了一个又一个“精彩吉林”！快来打call》等新媒体产品获得好评。策划了《两会直播间》系列视频访谈，推出“全省两会记者Vlog”系列短视频。推出《奋进吉林这一年》《一图读懂2020政府工作报告》《政府工作报告民生图景》等长图、组图作品。

吉林省委十一届八次全会期间，推出长图《一图读懂省委十一届八次全会决议》《2035，立“吉”出发》等。在抖音、快手等短视频平台开设话题，采取小切口、故事化的方式，集中发布相关内容，重点推介。开设“2020全国两会”抖音专题，围绕代表委员履职尽责建言献策内容，发布短视频报道10余条，总播放量53.3万次。

2. 习近平总书记视察吉林报道。2020年7月22日，习近平总书记来到吉林视察。彩练新闻客户端通过图文视频等多种形式，推出了一系列来自一线、来自现场的报道，于首页开设《习近平在吉林考察调研》《牢记嘱托再出发　吉林奋进新时代》专题，发布稿件80余条。吉林日报“双微”平台发布21篇稿件，其中微信公众号文章

《习近平赴吉林考察调研》当日点击量 15.8 万次，网友评论达 106 条。

3. *省委主要领导活动报道*。吉林日报抖音号独家发布短视频《吉林省委书记巴音朝鲁到公主岭查看农作物受灾情况指导防灾减灾工作》，网友纷纷留言、点赞。作品发布 24 小时内，抖音阅读量达 375 万次，快手播放量达 169 万次，点赞量累计超过 7 万次。省内多家媒体跟进转发，形成广泛传播。该视频对此类新闻报道开拓了一种新的范式，后期在短视频平台陆续发布省委书记视察灾情、省领导出席烈士纪念日活动等内容的短视频，形成了良好的传播效果。

4. *多角度多形式报道新冠肺炎疫情*。2020 年 1 月末起，新冠肺炎疫情的防控内容成为报道主流。面对新中国成立以来发生的传播速度最快、感染范围最广、防控难度最大的一次重大突发公共卫生事件，吉林日报新媒体迅速作出响应，以多种角度、不同形式全面讲述战"疫"故事，展示战"疫"英雄形象，为公众提供全面、权威而及时的实用信息，被人民日报、新华社等平台转发。

第一，充分发挥新媒体报道优势，连续推出短视频产品。吉林日报新媒体及时关注吉林省内医疗队驰援武汉情况、吉林省援助物资送达等情况。策划推出"出征支援"系列短视频 15 条、"防控疫情　吉林在行动"系列短视频 46 条，全面报道疫情防控一线社区、火车站等地的有效做法和典型事例，再现基层一线疫情防控的真实图景。其中，《"防控疫情"二人转　村里日播 12 遍》《长春站："红外智能体温监测系统"投入使用》等，在微博账号的播放量单条均超过 100 万次。《不漏一人！社区全面排查织"防护网"》被民政部主办的中国社会报微博转发，并配发短评，播发量达 36.70 万次。

第二，拓展思路，调动多种手段创意推出原创新媒体产品。疫情防控期间，吉林日报新媒体通过短视频、MG 动画、长图、沙画、音频、直播等多种形式对疫情进行报道。截至 2020 年 11 月末，共推出疫情防控原创产品近 2000 件。包括短视频专题报道《感谢您！每一个吉林人 | 吉林战疫一月记》，数据新闻短视频《吉林省新冠肺炎疫情数据回顾》，"千万要当心"系列沙画，"沙画里的战疫故事"，"你得知道"科普系列手绘长图，"东北话"说防控系列音频，MG 动画《上班族战"疫"指南》，《无名英雄》《你就是传奇》原创 MV 等有影响力的产品。其中，《感谢您！每一个吉林人 | 吉林战疫一月记》是在短视频专题报道上的首次尝试。短视频用镜头与画面记录吉林战"疫"一个月历程，以时间为脉络，主题围绕疫情防控，兼顾情感的表达，形成一份吉林省全民抗疫记录，在彩练新闻客户端播放量超过 130 万次，全网播放量近 200 万次。《战地日记》《乡亲们，防控疫情大喇叭开始广播啦》《万众一心　共同战疫》《白云黑土疫情说》《最美的你》《战"疫"中的 TA》《依法战疫》《彩练微提醒》《防控疫情，吉林在行动》《"最美逆行者"，吉林的夜晚，因你们而闪耀》等作品获得较大反

响，被众多媒体平台转载。H5 产品《乡亲们，防控疫情大喇叭开始广播啦》以接地气的语言形式，被全省 40 多个村镇选用作为当地疫情宣传广播。“勇士凯旋！欢迎吉林支援湖北医疗队返吉”直播过程中，新媒体记者与吉林日报报道组一同前往长白山进行一线采访拍摄。第五批返吉人员以及吉林省坚守武汉到最后的重症救治医疗队光荣凯旋时，也进行了及时快速的移动直播报道。推出“盖世英雄　踏彩云归”抖音专题，20 余天时间里陆续发布 100 条短视频，总播放量 5560 万次。发挥了短视频新闻信息丰富、直达现场、内容生动以及易于传播的特点。

第三，发挥双微优势，发布疫情报道。微信公众号平台制作原创稿件近 200 篇，关注社会热点，多角度整合权威资讯，精心编排，稿件传播效果较好，粉丝量增长率 91.49%，日均阅读量超 10 万次。“支援湖北医疗队凯旋”系列稿件受到广泛关注。5 月 10 日的疫情通报《刚刚！吉林省发布最新疫情通报！》一文阅读量超 50 万次。官方微博 5 月 25 日发布的《武汉全员核酸检测》，阅读量超过 681 万次。

5. 对复工复产情况进行报道。通过移动直播，展示吉林省复工复产复学的氛围与积极举措。完成了《开学啦　吉林省多地初三年级有序复课　三地同步直播》《吉林省高三年级今天开学了》《疫去春来　在复苏的长春看花开》《直播五一　彩练新闻带您“掌上”游大美吉林》等。

在烈士纪念日、汽博会、农博会、农民丰收节等时间节点完成《烈士纪念日　吉林省暨长春市向人民英雄敬献花篮仪式》《长春汽博　畅想新生活　第十七届长春汽博会精彩亮相》《第十九届长春农博会今天开幕》《同庆丰收迎小康　喜看中国农民丰收节》等直播。

二、紧跟热点，用心讲好百姓故事

在做好重大主题宣传报道的同时，吉林日报新媒体时刻紧盯社会热点、百姓关注焦点以及突发事件等，以自采内容为主结合网络素材推出了一系列兼具时效性、服务性的报道。移动直播发挥第一现场优势，短视频、创意类产品主动跟进、滚动发布，增强用户黏性。

1. 发挥媒体平台优势，彰显党媒责任担当。面对疫情防控期间网上谣言泛滥给公众带来的困惑，彩练新闻及时开设“捉谣记”专题。

受疫情影响，吉林省多地农产品滞销，吉林日报在了解这一情况后，派出多路报道小组，开展采访报道，在彩练新闻开设助农专栏“兴农帮 · 帮老乡”，帮助农产品找销路、解难题。2 月 26 日，彩练新闻报道了双阳大棚婆婆丁滞销的消息，迅速得到了社会各界的支持，短短 3 天帮助农民卖出 7000 斤。

2. 重要节点、重要节日推出实用性、服务性产品。2020 年夏天台风频繁侵袭吉林省，彩练新闻推出专题《注意！台风“巴威”来袭！》《迎战台风，我们在行动》，对台风过境情况进行跟踪报道。面对台风，新媒体连续完成3场移动直播，其中《看台风“海神”过境吉林》实现4路记者在现场完成4个线路多点位的直播。雨雪冰极端天气发生前后，推出《战冰雪　保出行安全　多部门全力应对极端恶劣天气》移动直播。在抖音开设“暴雪来袭”专题，从预警信息发布到轨道交通、供水、供电服务信息动态报道，及园林绿化、市容环卫、电力、轻轨等部门除冰作业等各个方面进行报道。“暴雪来袭”在抖音平台播放量1096万次，快手平台播放量3080.3万次。

3. 贴近民生报道，创新科技手段。吉林日报新媒体与其他部门合作完成《2020牵手长白山·浪漫天地间大型集体婚礼》《2020重阳登高健身大会》等直播。并首次成功尝试VR直播，《聚焦长白山天池开冰绝美奇观》让用户如身临其境，全方位感受长白山破冰瞬间。“幸福吉林”抖音专题根据采访部门提供的素材，制作发布5条短视频，总播放量13.3万次。

三、加强策划，精心打造特色产品

2020年，吉林日报新媒体在兼顾重大主题宣传和动态新闻的同时，探索创意制作多样态的新闻产品，丰富吉林日报新媒体的新闻生态，推出了诸多以可视化、轻量化、趣味化为特点，兼具信息传播与交互体验功能的新媒体产品。在短视频新闻方面强化了视频专题类的生产；在彩练新闻客户端加强了特色栏目和特色产品的制作；充分利用MG动画这一形式，围绕时间节点、重大主题制作推出MG动画短视频以及利用H5等其他多种形式的新媒体产品丰富读者视角，激发读者兴趣。

1. 策划视频专题类报道。着重寻找典型人物、事件、活动等，自主策划选题，突出故事性、服务性等，以情感引导等切入，小切口见大主题，生产精品内容，讲好吉林故事。推出《为爱战“疫”》《防控疫情　巾帼卫士》《“星星”依然闪烁》《幸福吉林｜七旬农人看丰收　科技助农迎小康》《我所见的这五年》等系列专题短片，讲出故事性。

2. 制作特色栏目、特色产品。疫情期间，吉林日报社与省文联联合推出《“艺”起战“疫”》栏目，用原创歌曲、公益广告、漫画等群众喜闻乐见的形式广泛宣传相关政策法规、疫情防控理念、防护知识等，传播正能量，收到了较好的宣传效果。

推出《在这里，读懂吉林》系列新媒体作品，通过长图形式，集合文字图片，对吉林省各市州的历史文化、自然风光、经济社会建设等各个方面亮点进行了集中呈现。推出《什么是××市？这，就是××市》介绍吉林省各城市的系列产品，不仅帮助外界更加深入地了解吉林省各市州，也进一步增强了彩练新闻客户端在地方的影响力。其中，《什么是吉林市？这，就是吉林市》被人民日报转载，点击量达146万次。

先后制作了《动画解读｜吉林省人才政策“长白山人才工程”和“五个专项”引才计划》《动画解读｜“解放思想再深入、全面振兴新突破”教育实践活动指南》《MG

动画 | 耗时数万小时的盛宴，你还会选择浪费吗？》《动画解读 | 当年祭祀屈原的粽子是甜的还是咸的》等。

在民法典实施前，制作“剧说《民法典》”音频专题，以音频短剧的形式生动直接地进行普法。

在重要节点、重要节日期间，突出互动性、实用性和传播性，制作了一批广受好评的作品。如：弘扬中华传统文化的作品《小彩带你游端午》《中秋，打开记忆的盒子》《互动 H5 | 从奔月到探月，我们终于登上这迷人的星球》《今年中秋，谁与你共赏花好月圆》《一轮明月下　共祝祖国好》；倡导厉行节约杜绝浪费的作品《一粒米的传奇》《勤俭节约小妙招》；在烈士纪念日推出的《盛世更思英烈，铭记亦为传承》；向教师致敬的《再叫一声老师好》；在世界爱虎日发布提倡保护野生动物的《带小虎回家》；提示公众防范台风灾害的《“美莎克”风雨显著，台风预防指南》；向抗击雨雪冰冻灾害的一线工作者致敬的作品《辛苦啦！谢谢！》等。

新媒体工作案例

《@ 吉林省企业　这些政策利用好复工复产事半功倍哦！》

2020 年 1 月，突如其来的新冠肺炎疫情导致各地相继按下“暂停键”，吉林省各行业相继停产。2020 年 3 月，疫情得到有效控制，在严格防控疫情的情况下，企业复工复产也成为一件迫在眉睫的事情。

为了能够使企业顺利复工复产，吉林日报新媒体针对企业复工复产过程中可能遇到的一些问题，综合相关指示、政策等文件，制作推出新媒体作品《@吉林省企业　这些政策利用好复工复产事半功倍哦！》。该产品第一部分是“吉林省复工复产进程”，主要梳理了吉林省委、省政府对企业复工复产作出的相关指示；第二部分则是梳理了吉林省各厅局针对企业复工复产印发的政策信息，以便于企业能够更加方便快捷地获取政策信息。

作品具有高度的服务性，一经发出便受到各个企业的欢迎，企业能够在该作品中快速发现利于自身复工复产的优惠政策，指导企业进行复工复产，为企业节省了时间成本，解决了复工复产中遇到的问题。

该作品内容策划站位高，主题意义重大，新闻性强。内容呈现创新视觉形式，以时间轴形式生动直观展示吉林省复工复产进程，兼具艺术性和观赏性，视觉效果鲜明。尤其是服务政策这一部分，针对性强，增加了互动交互，使其表现方式更加灵活。网络传播热度高，各大媒体平台转发率高。

作品二维码

（吉林日报社供稿）

中国吉林网

新媒体工作综述

2020年中国吉林网传媒（以下简称“吉网传媒”）高举习近平新时代中国特色社会主义思想伟大旗帜，紧扣主题主线，主动担当作为，始终保持同党和国家工作大局的同频共振，同新时代吉林振兴发展同向同行，展现了新时代新气象新担当新作为，圆满完成各项工作任务。

一、直面考验，勇于担责，传播力影响力建设取得新突破

*1. 面对疫情大考，不辱使命职责。*2020年，新冠肺炎疫情席卷全国、肆虐全球。在这场战“疫”新闻宣传大考中，吉网传媒全面贯彻落实习近平总书记的重要指示和吉林省委的决策部署，强化政治站位和责任担当，积极发挥党网的主流媒体先锋作用，“以疫为令”，策划创意制作各类相关新媒体产品300余篇，总阅读播放量超7000万次，推出了一大批原创融媒体产品，全网累计总点击量超过3.7亿次。中国吉林网官方抖音账号共发布战“疫”相关短视频2000余条，累计播放量超60亿次，点赞量超1.1亿次，其中7条作品成为单条播放量亿级的爆款。由中国吉林网与吉林省委网信办、省互联网业联合会共同发起的抖音话题“同心战疫吉林在行动”，成为吉林省各界在抗击疫情过程中的“网上家园”，话题视频播放量达到33.9亿次，位居全国各省份同类话题前六名。2020年2月20日，《网络传播》杂志以《抗疫阻击战，中国吉林网有哪些“撒手锏”？》为题对吉网传媒战“疫”宣传工作进行了专题报道。

*2. 聚焦重大主题，彰显主流媒体担当。*吉网传媒全面对标省委宣传部“2020年主题报道传播力提升工程”，继续发挥互联网新媒体的技术和传播优势，推出了一系列有特色有个性有创意的新媒体栏目和产品，在重大时政类主题报道上持续发力，彰显特色。对全国两会、全省两会、习近平总书记视察吉林、营造决胜全面小康　决战脱贫攻坚、扫黑除恶　吉林亮剑、坚定信心　抢抓机遇、学习贯彻省委十一届七次全会精神、第五届全球吉商大会、“幸福东北”媒体行活动、“幸福吉林”微视频大赛、抗击台风等

主题内容进行了积极宣传报道，收到了较好的宣传效果；对党的十九届五中全会、纪念中国人民抗日战争暨世界反法西斯战争胜利75周年、纪念中国人民志愿军抗美援朝出国作战70周年、聚焦第三届中国国际进口博览会、坐着高铁看中国等全国性重大事件进行报道。譬如，精心策划推出“总书记视察吉林回访”“贫困县市摘帽记”“县（市）区委书记谈解放思想”“重磅关注！吉林新基建‘761’工程”“2020全国两会京吉交互云直播”“一声嘱托，2700万个回应！”等一系列特色鲜明的全媒体新闻作品，收获了良好的传播效果，一大批重大时政类新闻作品获得吉林省委宣传部主题报道传播力提升工程项目的表彰。由吉林省委宣传部主办，中国吉林网、中国广播网承办的“幸福吉林”第二届微视频大赛活动，在全省广大短视频创作者中引发热烈反响，短短一个月时间，共收到集体和个人参赛作品812部。

3. 坚持移动端优先，移动转型取得新进展。依托全面落地的中央厨房指挥中心和吉林云媒的强大技术支撑，对内容生产体系全面实施“移动优先”战略，实现了“四全媒体”建设的“引领拉动”目标。一是吉网系多端移动直播实现常态化、品牌化。吉刻客户端完成各类直播235场，抖音、快手、微博等端完成直播96场，其中出动5G+4K直播车进行大型多讯道直播25次，累计收看直播人数突破1000万，“吉网直播”数量、质量均创历史新高，在业界的品牌效应日益彰显。其中“中国网红吉林行”“工会促消费·劳模在行动”4场系列直播以及台风冻雨系列慢直播均受到各方关注和好评。二是积极开展记者“全员拍客”工程，全媒体采访能力得到很大提升。三是全面推进融媒体产品的规范化和标准化建设。制定修订《记者直播规范流程》《拾光映像工作室视觉影像产品标准及规范》等一系列制度规定，进一步增强了原创内容能力、快速反应能力、深度整合能力、新媒体产品创意制作能力、多端全网广域传播能力。四是移动优先得以落实。所有编辑工作重心向移动端转移，在稿件发布上优先多签吉刻，并对吉刻以及吉网同平台进行维护，确保更新的及时性、专业性。

4. 实现重点突破，传播力影响力稳步提升。一是继续大力推进顶级社交媒体平台“百万粉丝倍增工程”，中国吉林网官方微信粉丝持续增长，全年实现多篇推文阅读量10万+；官方微博粉丝数突破186万，微博全年开展线上互动活动20余场，重点打造的微博话题“幸福吉林，有你有我”阅读量突破500万次；官方抖音账号粉丝数成功突破500万，官方快手账号粉丝数成功突破100万，抖音、快手账号双双稳居吉林省媒体粉丝量首位，完成年度既定目标，抖音账号继续保持东北媒体第一号。二是发起跨区域媒体深度协作，进一步提升区域影响力。以抗战胜利75周年，抗联英雄杨靖宇殉国80周年纪念节点为契机，中国吉林网发起白山黑水寻“红”记——东北三省网络媒体大型主题联合采访行动。三省联合采访团

20余天实地走访东北三省15处抗战遗址遗迹，云采访10处遗址遗迹，行程3000余公里，推出了一大批佳品力作，全网阅读点击和直播观看整体传播超过5000万人次，新华社、央广、国际在线、学习强国等重要媒体纷纷给予关注转载，使得东北抗联精神深深植根于新时代每个中国人的心中。三是品牌建设取得历史性突破。《3800公里的特别记录丨国境线上的坚守》荣获了第三十届中国新闻奖网络专题类三等奖，实现了吉林省网络媒体在中国新闻奖上零的突破。多件优秀作品荣获吉林新闻奖一、二、三等奖和其他省级重要奖项。“长白时评”栏目获得中央网信办“全国优秀网评栏目”奖项，这也是吉林网络媒体首次获得该国家级奖项。

5. **超前布局，抢占媒体技术创新制高点**。积极谋划“吉网传媒5G智媒实验室”建设，深入开展了项目的市场化调研，制定了《立项可行性研究报告》，并决定将其作为公司“十四五”期间重大投资建设项目，启动了项目建设的招标工作和施工准备工作。力争用最低的成本开发建设5G+4K+VR空地一体化VR能力、打造5G+4K智媒视频制播平台系统、AI虚拟主播上线、建设5G+AI智能编辑部。

二、重视技术引领，不断增强行业竞争力

1. **不断升级舆情系统，注重提升服务质量**。2020年全面完成了舆情平台升级，系统入库数据量由每日200万增长至300万。补充了“星光快搜”系统云服务，作为备用数据，提升了监测的全面性和准确性。为配合《每日参阅》的制作，还对信息检索和筛选条件进行了调整，实现对各省政务类信息和党报信息的第一时间抓取。全年累计制作舆情报告7065篇，日均报告近30篇，较2019年有大幅度增加。

2. **充分运用网站建设成功经验，做好网站代建代维业务**。基于吉网CMS内容管理系统，为政府和企业提供网站一站式建设服务。2020年新增了吉林省记协、北方作家网等网站的开发建设，同时也完成了吉林省文明网、长春文明网等加盟网站建设。

3. **结合政务需求，积极开发和完善两大平台产品**。精神文明建设管理云平台、创城指挥平台两个技术服务产品日益完善，吉林市创城指挥平台在吉林市创建全国文明城市过程中发挥了重要作用。

4. **落实新的三级等保要求，全面升级机房安全防护措施**。全面完成了中心机房云平台升级和扩展项目的验收工作，实施了三级等保第三方测评工作，完成了机房数据异地备份和合作单位数据向吉视传媒数据中心的整体迁移，夯实了公司和客户的网络安全基础。

三、迎接挑战，负重前行，经营创收取得新进展

1. **主营产品销售同比增长**。2020年公司舆情产品签约全省各级网信部门37个，实现了市州网信部门全覆盖；政务新媒体运

维产品收入较2019年同期增长43.6%；视频、直播服务收入达到历史新高。

2. 地方站自身造血能力稳步提升。经过逐年市场培育挖掘，2020年度地方站超额完成任务38.7%，创下历史新高。延边站、吉林站继续保持了良好的发展势头，创收实现了逐年提升。松原站实现了重大突破，年收入突破百万元，超过了当年任务指标的2倍。四平站、梅河站业务收入水平大幅提高。

3. 省、市、县（区）级政府客户基本实现全覆盖。经过与省政数局和省政府网站办的密切沟通和协调，吉网传媒成为吉林唯一获得全省各级各类政府网站后台数据资源的媒体，为进行深度的政务数据开发，推进“媒体＋政务＋服务＋商务”融合发展新模式奠定了坚实的基础。全年共服务客户237个，占总收入的69%。目前，吉网传媒已基本实现了吉林省各市州、扩权县、长春市下辖各地区政府一级客户的全覆盖。

4. 垂直领域客户开发取得成效。在法院系统，吉网传媒已与白城、四平、松原、延边、白山、梅河等19个法院确立了合作关系，其中白城、四平已实现了区域法院全覆盖。在税务系统，与吉林省及松原、白山、吉林、辽源、通化、梅河口、公主岭等21个税务局签订业务合同，其中仅松原一地就签下8个税务客户。在消防系统，2020年省消防新媒体运维及专栏宣传业务继续保持稳固合作，四平站历时两个月签下辖区内8个消防大队的宣传业务。

新媒体工作案例

疫情防控宣传

2020年，新冠肺炎疫情席卷全国、肆虐全球。疫情防控期间，中国吉林网推出一大批航拍、微视、MG动画、移动直播、交互H5、长图、九宫格、动态朋友圈海报、讯急送海报、沙画MV、Vlog、短视频等原创融媒体产品，全网累计总点击量超过3.7亿次。还充分利用头条、抖音、快手以及微博、微信等重要头部内容分发平台和社交媒体平台，以“海陆空”立体报道形式全方位进行战“疫”宣传。其中，中国吉林网官方抖音账号共发布战“疫”相关短视频2000多条，累计播放量超60亿次，点赞量超1.1亿次，其中7条作品成为单条播放量亿级的爆款。

中国吉林网创意策划推出的《最美勒痕》《武汉 · 无憾》《吉林省委书记：武汉最美丽的不是樱花，而是战斗的你们！》《战“疫”天天一张TU“给你想要de”》《一图更新，吉林省疫情分布图》等一系列重磅新媒体产品，在网民中产生强烈反响和一致好评。还通过及时捕捉网上舆情热点，主动设置议题，将吉林省对湖北武汉的支援帮助，升华成“吉林老铁”善良质朴、仗义实在的真挚情感表达，连续打造出《湖北兄弟别怕！2700万吉林老铁就一句话——关键时刻，咱事儿上见！》《这份重1000吨的“情人节礼物”，满载吉林的“情谊”与“仗义”直奔湖北！》《吉林1000吨援助物资飞奔而来　湖北、武汉隔空喊话：“谢了，吉林老铁！”》等一系列爆款热点新媒体产品，实现了与湖北、武汉主流媒体的深度互动，在全国树立了吉林人民良好的口碑和形象，全网总阅读量超过300万次，引发网民的广泛讨论和强烈共鸣。

由中国吉林网与省委网信办、省互联网业联合会共同发起的抖音话题“同心战疫　吉林在行动”，成为吉林省各界在抗击疫情过程中的“网上家园”，话题视频播放量达到33.9亿次，位居全国各省同类话题前六名，大大鼓舞了吉林人民抗击疫情的必胜信心，对打赢抗击疫情阻击战提供了强大精神保障。此外，中国吉林网还依托吉林省新媒体协会，组织调动70余名省内网络“大V”和百余名新媒体人士，积极投身吉林战“疫”宣传，共同构建了网络战“疫”同心圆。

（中国吉林网供稿）

黑龙江广播电视台

新媒体工作综述

2020年，按照习近平总书记提出的推动媒体融合向纵深发展，做大做强主流舆论，以及“四全媒体”建设的要求，黑龙江广播电视台拿出敢啃硬骨头、勇蹚深水区的担当，持续强力推进融媒改革，将主流舆论做大做强。2020年，黑龙江广播电视台融媒矩阵全网粉丝量近亿，其中微信粉丝、微博粉丝数量都达1192万；共有1134个账号入驻龙广电MCN后台，粉丝量突破5928万；在CTR媒体融合研究院发布的全国广电机构网络传播力排名中居第六位。

一、全面推进黑龙江省全媒体中心建设

2020年4月30日，黑龙江省全媒体中心建设筹备组（临时党委）正式运营，先后召开3次临时党委会、10余次专题会，三十易其稿完成了《黑龙江省全媒体中心建设实施方案》。按照黑龙江省委要求，黑龙江广播电视台完成了对东北网的全面接管工作，并实现了其与台属极光新闻团队业务的对接和共享。贯彻落实中办、国办《关于加快推进媒体深度融合发展的意见》，结合黑龙江省全媒体中心建设需求，出台了贯彻方案及任务分解表。

二、以重大报道为统领，提升融媒引导力和影响力

2020年，黑龙江广播电视台聚焦黑龙江省中心工作，各融媒平台集合发力，围绕疫情防控、全国两会、党的十九届五中全会、脱贫攻坚等重大报道持续联动发力。

在黑龙江省疫情防控宣传报道中，黑龙江广播电视台各平台累计发布文稿1.6万余篇，发布中共黑龙江省委网络安全和信息化委员会办公室指令7000余条，制作海报超千张，总阅读量1.4亿次；制作发布短视频超2000条，过千万点击量的爆款产品15个，总播放量超6亿次。其中，搭建“我向书记省长说句话”网友建言征集平台，开通政府与百姓对话新通道，累计留言超过43万条。平台向省督办组上报了167份网友留言分析报告，提交网友集中关注和

反映的热点问题、诉求和建言1.46万多条。对这些留言分析报告，黑龙江省委书记、省长非常重视，先后对减免出租车份子钱、农民卖粮难、网课流量贵等网友关注度高的问题和诉求作出批示，指定相关部门督办并及时解决。

开办大型融媒直播节目《防控疫情在线帮》，24小时与全网受众就疫情防控话题进行互动问答，搭建起党委政府和广大群众的“连心桥”，汇聚起全民同心战“疫”的正能量。自制抗疫宣传短视频《红衣服那小女孩听到硬核大喇叭后，反应亮了……》总播放量4.24亿次。创新全国两会报道，以全息“云对话”“5G+高新科技”开创省级广电远程同屏访谈先河，走出了特殊时期的两会报道新模式。

三、极光新闻从无到有，成为黑龙江广播电视台打通传统端和新媒体端的主干道

2020年5月22日，黑龙江广播电视台自有客户端极光新闻正式上线，截至2020年12月31日24时，注册用户达210.4万，平均日活9.3万，黑龙江省各县（市）融媒体中心已全部入驻。依托极光新闻平台，联动黑龙江省内各县（市），策划开展“我为家乡点个赞，跟着极光向北方”“直播龙江·云端午”网络直播活动，观看量分别达到26.5万次和28.6万次。10月15日，极光新闻学习频道“党员诵读”专区正式上线，一个半月活动期间，板块访问量1.09亿次。11月9日，极光新闻“应急频道”正式上线，23家单位共同成立应急信息共享联盟，及时发布黑龙江省融媒最新应急新闻。在“TV地标”（2020）中国电视媒体综合实力大型调研成果发布会上，极光新闻客户端被评为“年度优秀广电新媒体客户端”。

四、放大龙江声音，打造全新“学习强国”黑龙江学习平台

2020年6月，按照黑龙江省委宣传部指示，黑龙江广播电视台抽调精干人员组成编辑部专班，对“学习强国”黑龙江学习平台进行改版，全面接手平台的运维管理，包括平台的栏目优化、选题策划、稿件（视频、音频、图文）编辑、三级审核、分栏、对上推送、评先创优等内容建设。9月16日，“学习强国”黑龙江学习平台全新改版的13个栏目正式上线。栏目更优、内容更精、速度更快，与全国平台联系更紧密，推送力更强劲。同时，“学习强国”黑龙江学习平台PC端交由黑龙江广播电视台负责运维管理，更好地向全网讲述龙江故事、放大龙江声音。

五、运用新媒体，开创理论学习新模式

为贯彻落实中央和黑龙江省委部署，更好地学习宣传《习近平谈治国理政》第三卷，推动习近平新时代中国特色社会主义思想在龙江深入人心、落地生根，由黑龙江省委宣传部、中共黑龙江省直属机关工作委员

会、黑龙江省委教育工委、黑龙江省广播电视局、黑龙江广播电视台共同组织的“龙江百万党员读《习近平谈治国理政》第三卷学习活动”成功举办。经过各主办单位积极组织，黑龙江省211家单位、部门参加活动。截至11月30日24时，全省注册学习人数为119.38万。

六、搭建龙广电MCN新媒矩阵，提升网端传播力

黑龙江广播电视台多元探索新媒发展路径，系统性多领域地开展MCN业务。台内发挥自身IP势能，聚合广电独家KOL，以抖音、快手等平台为主阵地，覆盖腾讯、百度等其他新媒体平台，开设多个相关账号组成多媒体传播矩阵。截至2020年年底，入驻抖音、快手龙广电MCN的台内主播账号共计粉丝数1585.5万，台内栏目账号共计粉丝数1745.1万。龙广电MCN在台内主播和栏目账号的基础上，拓展签约社会达人、省内各地市县广电主播、栏目账号，搭建多垂类生态的新媒体账号矩阵，龙广电MCN后台全网粉丝数累计达到5869.3万。2020年，龙广电MCN荣获第三届中国新媒体发展年会“年度全国广电十佳MCN机构”；2020年，龙广电MCN连续6个月入选“抖音MCN领跑计划榜单”；在涨粉量、播放量、阅读量、直播量等多维度综合评比中获第二名；连续3个月入选“优秀机构榜”和“黑马机构榜”双榜单；获得抖音广电类MCN年度TOP机构榜单第三名。CTR-快手MCN机构榜排名第三名；2020年度获得快手区域媒体号最佳直播年度奖、短视频年度奖项——最佳MCN奖。

七、打造精品新媒账号，扩张品牌影响力和龙头带动效应

2020年，黑龙江广播电视台重点孵化打造抖音账号“汉水路333”和快手账号“龙视频”两个官方短视频账号以及新闻夜航、交通广播等新媒体账号，将它们打造成兼具传播能力和变现能力的新媒产品，融合孵化增效。

其中，抖音账号“汉水路333”主要展现龙广电台前幕后的故事，现为全国媒体中唯一一个以泛娱乐化风格打造的媒体官方账号。截至12月底，“汉水路333”账号粉丝已达113.2万。快手账号“龙视频”内容覆盖生活服务、新闻资讯、活动宣发等，截至2020年年底粉丝数量为227.3万。CTR-快手媒体账号位列直播榜省级媒体第一位，全国媒体第五位。

新闻夜航微信公众号截至2020年年底粉丝数为221万，以新闻夜航微信公众号为主的新媒体矩阵全网粉丝数超1800万。其中，《新闻夜航》短视频平台主要包括抖音、快手、微视、微信视频号等，各平台累计发布各类型短视频4600多条，创造播放量约14亿次。累计发布图文内容超过8000条，全网累计阅读播放量7.7亿次。

“黑龙江交通广播”微信公众号以黑龙江交通广播为主要输出载体，策划创办了首

个全媒记者采编播及出镜主持的新闻类栏目——“998大眼睛”和开创广播评论类节目先河的“请听我蒋”系列原创融媒节目产品。另外，还有多个爆款产品展现巨大传播声量。如，黑龙江广播电视台“龙视新闻”官方抖音号短视频作品《铲车车主勇救村民》续集，以原生态视频强烈的冲击力和当事人朴实的表达，让这部“非典型”短视频（1分40秒）在网上迅速发酵。

八、开展融媒宣传、营销项目，拓展合作互利共赢

*一是广泛拓展合作，借船出海。*与快手平台联合开展“快UP向北方”融媒创新大会，促成快手与黑龙江省委网信办、农业农村厅、哈尔滨新区等单位的深度合作。在微信视频号开通“极光新闻”、发布“好看黑龙江”IP活动，全程通过极光新闻、腾讯新闻等十大平台同步直播，45家媒体对活动进行全方位传播，超过200名视频号创作者来到现场参与，活动宣传达到300万朋友圈信息流传播人群覆盖。与字节跳动联合开展首届“赋能·创未来——全国媒体MCN伙伴大会”，双方基于融媒体内容、文创IP进行联合打造，助力全省旅游、“三农”等公益活动开展共建。全国20多家广电媒体参加伙伴大会交流，共同探讨传统广电的融媒转型之路。

*二是开通平台话题，拓展传播范围。*2019—2020年哈尔滨冰雪节期间，与抖音、今日头条、西瓜视频等新媒体平台合作设立“我在黑龙江等你”话题推广龙江冰雪旅游。其中，抖音的话题播放量达2.5亿次，全网点击量约5亿次。

*三是多平台联动，开启融媒直播新常态。*在第三届黑龙江旅发大会上，顺利完成48小时快手、抖音、极光新闻App同步直播，开启畅游世界黑河，点亮黑龙江，线上“云直播”大型活动。“中国农民丰收节”黑龙江分会场活动在快手官方账号“龙视频”及极光新闻App上同步进行了30个小时的直播，全网获得了3000万曝光量；在第八届黑龙江绿色食品产业博览会活动中，按照同样的模式进行了连续36个小时的融媒直播，获得点赞22万+，观看人数达271万+。

*四是全力探寻融媒创新商业路径。*2020年，龙广电MCN红人矩阵累计开展直播6237场，流水额达1.48亿元，其中与团省委联合举办了“‘青’GO一夏·小康龙江”首届网购节活动。与黑龙江省商务厅共同承办的“约惠初夏　龙江购物节”系列活动，一个月时间实现全省网络零售额45.9亿元，线下实体促销活动累计实现销售额26.16亿元，汽车销售额45.8亿元。依托黑龙江交通广播影响力和网红主持人带货能力创新策划的“998原产地计划”，把黑龙江的特色产品推广到全国各地，实现了“广播+电商+爆品小视频+新媒体直播+公众号营销”的跨界融媒营销，一周时间，创造国家“地理标志产品”克山土豆销售10万斤、龙江五常金奖大米销售额过百万元、龙江某

肉品企业回款200万元的业绩。疫情期间，“998原产地计划”关注滞销农产品，销售额达100万元。

九、全面加强融媒技术建设

黑龙江广播电视台技术团队通过项目建设、融媒技术支持等方式全面助力融媒发展，完成了融媒融创拍摄设备采购、智能化媒资项目建设、县域融媒省级技术平台回迁等建设项目，助力融媒生产。同时，将视频会议系统融入传统视频直播领域，实现传统端和新媒端的无缝连接，启动多项融媒直播活动。领衔成立“北方4K制作联盟”，使用4K转播车录制《与冰共舞》等节目、运用4K设备录制专题片、启动4K后期制作。探索智能语音处理系统，完成初版技术方案的制定及方案论证工作，并与中国联通、科大讯飞股份有限公司开展了技术对接。

新媒体工作案例

“极光新闻”客户端上线推出

2020年5月22日，作为黑龙江省融媒重点项目、集“新闻+政务+服务”于一体的“极光新闻”客户端正式上线。截至12月31日24时，注册用户达210.4万，平均日活跃人数9.3万。

一、内容驱动

“极光新闻”客户端围绕新闻、政务、商务、服务等相关内容，创建20多个垂直细分频道；围绕两会、党的十九届五中全会、脱贫攻坚等创建100多个专题专栏，并重点打造学习频道、民法典频道、新区频道、应急频道。

为深入推进“龙江百万党员读《习近平谈治国理政》第三卷学习活动”，在黑龙江省掀起线上线下学习热潮，“极光新闻”学习频道集纳了黑龙江广播电视台核心资源，整合卫视传媒中心、全媒体新闻中心、音频中心等部门制作的优质内容推出六大主题专栏。从广度、深度上，为每一位黑龙江党员和群众提供可自主选择、门类清晰的学习课程，从而打造黑龙江省一站式全景学习平台。10月15日，“极光新闻”学习频道党员诵读专区正式上线，一个半月活动期间，板块访问量达1.09亿次。

6月，“极光新闻”民法典频道正式上线，“极光新闻”客户端与黑龙江广播电视台卫视传媒中心《以案说法》节目联合推出《好好学习民法典》专栏，邀请专家解读民法案例。另外，还与帮办工作室联合推出《老郭“漫”说民法典》系列手绘作品，对《中华人民共和国民法典》进行了生动解读。

为宣传好哈尔滨新区，7月15日，“极光新闻”客户端哈尔滨新区频道上线。哈尔滨新区频道设置“新区头条”“打卡新区”“新区好看”“小翟看新区”“来自新区的报告”“新区面孔”等专栏。发起的第一期“新区随手拍大赛”收到了网友随手拍照片近千张。

11月9日，“极光新闻”应急频道正式上线，开通应急求助平台，设置“紧急发布”“应急新闻”“应急求助”“应急科普”“应急号联盟”等服务板块。黑龙江省23家单位采取联动模式，成立应急信息共享联盟，发布黑龙江省融媒最新应急新闻。应急频道上线仅仅一周，就发稿319条，内容包括天气预报、天气预警、疫情发布等紧急发布类新闻，疫情速报、国内重大事故等应急新闻，疫情相关提醒、健康科普、应急知识等应急科普新闻，以及寻人等应急求助新闻。

在活动驱动方面，作为黑龙江省全新的新闻资讯发布平台、政务服务智慧平台和行业成果展示平台，“极光新闻”客户端嵌入黑龙江省县级融媒，吸引黑龙江省各厅局、市地、区县、知名高校、社会团体、主流媒体等400多家入驻，与黑龙江省众多厅局单位共建“掌上政务大厅”。

二、活动驱动

1.开展“向北方·好看黑龙江”数字传播生态大会活动。“极光新闻”客户端积极探索“传统媒体＋社交媒体”大融合，与深圳市腾讯计算机系统有限公司建立合作关系，借力打造极光新闻微信视频号。同时，与腾讯公司合作开展“好看黑龙江”主题活动，内容涵盖旅游、文创、美食、非遗等，助力黑龙江文化旅游产业发展的同时，借力微信视频号在全网推广极光新闻品牌。

2.推出“跟着极光向北方”融媒联动直播活动。6月，“极光新闻”客户端与黑龙江省县级融媒体合作推出“跟着极光向北方”14小时融媒联动直播活动。活动前期，举办为期6天的“为家乡点赞”网络互动活动。这种“省＋县”融媒联动模式，整体扩大了用户拓展面，推动了各地产业发展。

3.推出“用爱点亮城市·极光音乐嘉年华”活动。9月30日，“极光新闻”客户端联手富力哈尔滨房地产开发有限公司合作推出“用爱点亮城市·极光音乐嘉年华”活动，近2000人现场观看。整场活动以“赋能龙江发展，焕新城市活力”为主旨，通过现场互动、明月升空、无人机矩阵表演、“极光号”渡轮巡展、点亮冰城最高楼、慢直播等方式，歌颂人间真情、致敬大爱无疆，展现疫情后城市精神风貌和浓厚节日氛围，同时，正式对外发布了“极光新闻”新标识。通过线上线下融媒联动，当晚快手平台话题播放量突破1.5亿次，全网观看量突破3000万次，媒体传播矩阵达270多家，大大彰显了黑龙江省全方位振兴、全速发展的精气神。

此外，“极光新闻”客户端还整合龙广电资源以及黑龙江省1000名新闻观察员资源，集中打造短视频、直播等产品，制作“三江平原湿地生态文化节”“最美消防员”等450多场活动和直播，助力黑龙江省100多家企业、45家政府机构、县级融媒体发展。

（黑龙江广播电视台供稿）

上海广播电视台

新媒体工作综述

2020年，上海广播电视台、上海文化广播影视集团有限公司（以下简称“SMG”）在上海市委、市委宣传部的领导下，大力宣传习近平新时代中国特色社会主义思想，统筹推进疫情防控和经济社会发展工作，着力打造“上海文化”品牌，深入推进媒体融合转型，出台《聚焦全媒体战略　打造BesTV+平台　加快推进媒体深度融合发展方案》，打造BesTV+视频流媒体平台型产品，不断提升主流广电媒体的舆论引导力、节目创新力、内容生产力。

媒体融合传播初显成效。“十三五”期间，SMG面向移动互联网，媒体融合不断深化，从生产流程、物理空间、技术改造、团队文化等多个方面，加快媒体资源整合，进一步构建起立体式新媒体产品体系。随着媒体融合走向深入，SMG下属各类新媒体产品蓬勃发展，截至2020年11月，共有企业认证微博账号117个，官方微信公众号242个，其他第三方平台账号共计370个，移动客户端13个，官方网站49个，境外账号16个。SMG电视在中国内地触达观众共10.8亿，广播在上海地区触达听众近千万，新媒体还稳定覆盖用户约4.9亿（第三方平台账号粉丝数和App下载量）。

在此基础上，作为省级广电改革发展的排头兵，SMG多年来在媒体融合方面加快布局了“1+3”媒体融合体系，即1个新媒体平台BesTV，3个重点新媒体产品看看新闻Knews、阿基米德App和第一财经新媒体矩阵。同时组建了专门以互联网综艺娱乐内容为主业的互联网节目中心。2020年，SMG正式启动全媒体战略，进一步全力升级打造BesTV+视频流媒体平台。

2016年6月，SMG正式成立融媒体中心、推出看看新闻Knews新闻融媒产品，如今看看新闻Knews已成长为全国省级广电媒体中影响力最大的新媒体品牌之一，也是国内最权威的新闻资讯视频内容来源之一。截至2020年12月底，看看新闻Knews自有移动客户端累计用户数突破1350万，抖音账号粉丝数1117.9万、快手账号粉丝数140.3万，微博账号粉丝数1340万，今日头条账号粉丝数1034.8万。

东方广播中心“阿基米德”与“话匣子”进一步融合发展。5年来，阿基米德传媒已经成长为中国广播重要的互联网入口与平台，产品独家占领华为收音机、微信搜索等大平台，先后荣获国家广电总局“广电媒体融合发展创新榜”创新项目、“媒体融合年度创新案例”等荣誉。阿基米德App被用户誉为“超级智能收音机”，现为国内互联网用户收听广播的第三大应用，致力于为全国广播提供媒体融合系统化解决方案，与全国逾千家广播频率达成合作，聚合1.3万多档广播节目，目前是上海960万广播听众的官方移动端收听交互平台。阿基米德传媒致力于持续推进客户端、微信端、H5端、小程序端、车机端等多端触达，专注深入推进智能音频研发，不断深化智能音频生产、新闻播报语音合成等多种智能音频技术的开发和利用。东方广播还全新推出长三角之声广播，聚力打造长三角一体化发展权威政策和新闻发布平台。

第一财经继股权调整后，加快推进内部改革，新媒体旗舰中心全面发力，加快布局数据财经业务。“十三五”末，第一财经App在中国财经资讯类App中的排名从“十二五”末的第六位攀升至第二位，在原创财经资讯App中位列第一，人均使用时长常年稳居第一，日均单机使用时长110.28分钟。DT财经作为第一财经旗下首个试水数据新媒体的创新内容品牌，自2016年推出以来，锚定年轻人关注的消费、城市、商业等领域，基于数据挖掘、呈现和表达，推动图文、视频和交互等内容的创新，目前覆盖近300万年轻用户。

SMG布局的IPTV、数字电视、互联网电视等业务在“十三五”末用户数增长迅速，截至2020年6月底，BesTV融合渠道平台服务5823万IPTV业务用户、4566万OTT业务用户。有线电视渠道方面，高清、标清频道付费电视用户覆盖全国31个省（区、市）2亿数字电视用户；其中，高清频道已落地全国30个省（区、市）；付费电视有效用户达5600万；互动点播合作平台达到40个，用户达1800万。拥有自有及集成的高清付费频道共计18套，成为全国最大的有线数字高清付费频道集成运营平台。移动端方面，月活数量达到8100万。东方购物会员总数突破1325万。

同时，SMG国际传播能力进一步增强，着力打造新媒体外宣平台ShanghaiEye、Yicai Global的传播力和影响力，使之成为立足海外讲好中国故事的重要“利器”。技术方面，SMG自主开发并投入使用iStudio、Xnews、@Radio等多个技术系统，加快推进5G、人工智能、物联网应用，编制并正式发布《广播电视人工智能应用白皮书（2018）》，获得“智慧媒体制播应用国家广播电视总局重点实验室”牌照，“SMG媒体内容智能生产平台”入选上海第二批人工智能试点应用场景；完善广播电视技术升级建设，启动4K超高清频道系统建设，抢先发力8K内容生产。更为重要的是，基于前瞻市场与技术布局，为进一步推动媒体深度融合发展，2020年8月，SMG正式启动全媒体战略，全力打造BesTV+平台产品，加快构建全媒体传播体系和生态系统，向努力做强新型主流媒体进一步迈进。2020年9月，BesTV+平台还获准成为中国广播电视网络有限公司“广电5G应用平台（上海试点）”。

新媒体工作案例

二次元虚拟主播“申苏雅”首秀进博会

“大家好，我是实习主播申苏雅，今天将由我带领大家穿梭于各个展馆，抢先体验本届展会一些新奇特、高精尖的展品！”2020年11月5日上午，伴随着甜美的嗓音，一位造型活泼、身材娇小、动感十足的元气少女“申苏雅”，亮相在第三届进博会消费品展区的新闻直播现场。

从消费品展区的巨幕显示屏到汽车馆的超酷跑车，5分多钟的时间里，虚拟新闻主播“申苏雅”通过光学动态捕捉技术、增强现实技术（AR）和游戏引擎技术相结合，一口气连续“穿越”了四叶草的4个展区，并与现场的展商人员进行实时采访和流畅互动，成为国内首位在大型新闻直播中亮相的二次元虚拟新闻主播。

第三届进博会的新闻直播报道是“申苏雅”的首秀，也是SMG的又一次“破圈”尝试。此后，作为一名虚拟新闻主播，“申苏雅”连续在SMG电视大屏、移动端小屏以及线下活动、对外合作中不断亮相、互动，并通过看看新闻Knews以及B站、抖音等社交平台，和大家分享自己的日常工作和生活，向年轻用户展现不一样的新闻气质，在与粉丝互动交流中，逐渐“成长”。截至2021年3月底，“申苏雅”在B站粉丝数已达5.9万。

近两年，随着二次元文化“破圈”以及5G、VR等技术的发展，虚拟偶像正在被越来越多人喜爱。面对越来越年轻、个性化的观众、用户，主流媒体如何与年轻人建立更为紧密的联系？对此，“申苏雅”所“供职”的SMG融媒体中心主任吴茜表示，申苏雅作为中心的又一创新IP，拥有饱满立体的性格形象，“在人设方面，我们希望她绝不是冷冰冰的数据处理，而是更真实、更贴近现在年轻人的生活习惯和文化需求。我们希望以技术创新为引领，结合内容生产的创新，不断丰富传播形态，拓展传播渠道，提升传播效果。”吴茜介绍，作为国内主流媒体推出的第一个具有新闻属性的二次元偶像，未来，融媒体中心将围绕“申苏雅”实习主播的职场新人身份，为她度身设计、开发、呈现更多元化的传播方式，并在未来“跨次元”发展中探索更多可能。

阿基米德疫情系列报道

一场突如其来的新冠肺炎疫情大考，让传统媒体重新成为公众注意力的焦点。在这场疫情新闻战中，上海广播同步开始验证自己转型的“支点模式”：打造一个互联网承载平台，秉承“新闻立台、内容为王”的理念，汇天下之精华，扬独家之优势，重塑上海人民广播电台的媒体价值。

上海新闻广播全天关注抗疫最新进展，广播早新闻等重点时段以大版面聚焦疫情，开设《武汉日记》等专栏，密集报道全国和上海抗击疫情最新报道；配发晨间快评，展现城市精神、城市温度。全天各档直播节目及整点新闻第一时间插播最新消息或接入记者连线，打造24小时信息流。从1月17日至4月5日，阿基米德平台发布各类疫情防控消息总计40017篇，其中图文报道9891篇，实时消息14273条，音频报道13545篇，图文直播283个，专题219个，视频报道1245个，浏览总量过亿次。

阿基米德作为上海广播的新媒体转型产品，除了承载传统媒体的新媒体呈现形式外，还走出了一条以App为基础，以小程序、API等对接互联网平台和各种物联设备的多终端立体产品体系。正是这样的产品模式与技术储备，能够在这场疫情发生时，把优质的内容第一时间带到战“疫”第一线，为用户提供抗疫精神食粮。

第一，完善平台，寻求和传统广播的更深联动。新冠肺炎疫情暴发以来，阿基米德传媒与全国各级广播深度联动，多家电台通过阿基米德平台进行生产、整合、呈现、传播，如中央广播电视总台中国之声出品的《天使日记》、湖北楚天交通广播出品的《万众一心，共抗疫情》专题、兰州广播电视台出品的《全家战疫》系列广播剧、南宁应急广播出品的《防疫声音手册》专题等。同时，也有多家广播电视台使用了阿基米德图文音直播功能进行疫情报道。

第二，打造爆款，寻求网络传播样态的突破。这场疫情同时还是媒体发挥本地影响力的时机。从2020年1月29日开始，阿基米德联合上海市文明办、12345上海市民服务热线共同发起系列报道《一线战“疫”日记，来自上海社区的报告》，联合了16个区的80个街镇，以日记形式记录各个社区的一件件基层防疫故事，突出宣传了上海各街镇坚守社区、服务市民、保卫上海、编织城市网格地图的成效，同时每日配合宣传海报在社交媒体传播。另外，阿基米德还将新媒体内容反哺广播，在疫情蔓延时，《一线战“疫”日记》每天汇总提供将近20个连线报道进入上海人民广播电台《990早新闻》节目，以贴地信源做到了从百姓身边、细节处获取新闻，有效地和记者采访形成互补，成为基层获取、网络先发、回补传统广播的鲜活例证。而这70天来，阿基米德每天设计的《街镇日记》海报也被上海档案馆收藏，成为记录上海这个城市抗疫点滴的珍贵回忆。

第三，新闻唱主角，产品成为信息“大胃王”。从1月17日防疫宣传报道正式开始以来，阿基米德持续发布、生产疫情防控相关新闻，包括图文报道、音频报道、图文直播和各类专题，平均每天发布600多篇内容。将广播新闻节目通过音频拆条技术自动生产适合移动互联网收听的音频报道，每天产出200多条新闻短音频，对于用户来说，相较于传统广播节目，可听、可看、可用性都大大增强。这是广播新媒体平台自我完善、同时寻求和传统广播更深联动的努力。除了疫情防控期间广播生产力量的自我加压，也包括了阿基米德自动化图文音视的内容重构能力，可以完成对音频的自动拆条、标签、摘要，自动聚合；同时域外数据抓取和整合能力则可以帮助补充平台外的互联网数据，丰富内容。这次疫情也印证了互联网平台的打造并非是为了取代，而是为了突破移动收听的局限性，让受众接受的途径更加多元便利，主流媒体依然是舆论引导的主力，是受众的重要选择之一。

第四，图文音视，寻找多媒体的有效路径。广播到底能不能做视频？到底应该怎样做视频？这个课题是一个值得研究的广播转型焦点。2020 年抗击新冠肺炎疫情期间，阿基米德与普陀区人民医院共同推出《护士张玲日记》。该系列短视频通过上海市第二批支援武汉医疗队普陀区人民医院急诊室副护士长张玲的视角，以“我很好，妈妈放心”为主题，记录上海医护人员支援湖北抗击疫情的第一现场。第一条视频是张玲演示如何穿防护服，成为全网热点。

第五，切准脉搏，拓展合作对象和独家内容。面对疫情、病情给医患双方带来的焦虑，阿基米德精心编辑了上海广播资料库的精品内容，并迅速联系上海市精神卫生中心、上海市疾病预防控制精神卫生分中心、上海市心理卫生服务行业协会，邀请 10 多位精神科专家专门录制了心理治疗课程，上线《守护天使电台》医护版和大众版。此外，各方也特别考虑到了前线医护人员的心理状态，及时在电台中加入了守护“医”心的内容。《守护天使电台》大众版的心理课程专题还登上上海卫生健康委 App“健康云”和上海市人民政府新闻办公室政务微信“上海发布”。紧接着，阿基米德又与上海市卫生热线 12320 合作，联袂推出《抗击新型肺炎疫情——市民健康防护问答》专题。

第六，主动出击，成为政府力量的重要补充。随着上海各批援鄂医疗队不断入驻武汉，医护人员发现千余病患在治疗之余急需精神上的能量补充。阿基米德在得知这个信息后，迅速推出针对武汉方舱医院的“方舱电台”。“方舱电台”虽然名为“电台”，但内容包含图、文、音、视多种形式，有相当部分来自阿基米德前期与上海开放大学合作的开放课程。患者通过扫描床头二维码可以直接收听收看。

新冠肺炎疫情有效验证了阿基米德产品及技术的储备能力。目前阿基米德已经构筑了以人工智能和大数据为核心的专业智媒技术体系，保证灵活快速对接各个互联网平台和物联网终端设备；对用户画像的洞察能力则帮助了解内容、了解用户，保证实时对接海量用户对内容的个性化需求。

作品二维码

（上海广播电视台供稿）

澎湃新闻

新媒体工作综述

2020年，澎湃新闻克服了新冠肺炎疫情所带来的巨大挑战，全力做好重大主题报道和抗击新冠肺炎疫情系列报道，坚定不移地推动媒体融合向纵深发展，持续提升全媒体内容的供给力、舆论场上的引领力、产业链上的赋能力，加快建设具有全球影响力的全媒体内容供应商、新型交互传播平台和全链条内容生态服务商。

一、挖深原创内容护城河，不断创新报道形式，构建全媒体化的主流媒体传播格局

澎湃新闻坚持"内容为王"，强调影响力至上，在内容生产和议题设置上，不断创新表达方式和传播形式，构筑了独特的"原创内容护城河"。

1. 坚持原创是第一影响力，全媒体内容的供给力持续提升。优质原创内容是澎湃新闻的核心竞争力。澎湃新闻目前设有常规图文类、视频类、平台类如澎湃号、互动类如澎友圈等八大板块内容、80余个栏目，每日生产原创全媒体内容近400条，包括图文、视频、H5、海报、动画、数据新闻等多种形式。

注重全渠道平台分发，进一步扩大融媒体影响力。截至2020年12月底，澎湃新闻客户端用户数已达1.83亿，在全网60余个渠道进行分发，官方微博粉丝数达2625万，微信公众号258万粉丝，头条号1780万粉丝，抖音号2232万粉丝，形成以澎湃新闻客户端为核心的多平台联结的矩阵式传播体系。

根据新媒体发展趋势，澎湃新闻从部门调整、人员配备、栏目设置上投入力量，进一步强化原创能力。如2020年，澎湃新闻将原有的视频视觉中心，拆分为视频中心、视觉中心，更强调专业性，从而大幅提升原创产能与质量。

2. 以优质内容为根本，进一步创新主题报道，不断推出爆款"刷屏"产品。澎湃新闻坚持在重大主题报道上积极探索、大力创新，精心策划推出一批"刷屏"热传的爆款产品，强化主流价值引领，壮大主流舆论

阵地。

如2020年全国两会期间，澎湃新闻开设“奋进正当时”专题，打出全媒体报道组合拳，加强两会报道严肃性、专业性和可读性的融合探索。其中九宫格海报《2020年政府工作报告，看这九句话》全网点击量超千万次；全媒体专题“为民立法典”采取可视化、H5产品、互动问答、实践模拟等新媒体传播方式，作品既见高度也接地气，如《H5 | 50个问答，看如何守护你一生》，点击量超2000万次。

2020年国庆长假期间，澎湃新闻推出“坐高铁看中国”系列报道，主题鲜明，表达新颖，打破壁垒，推动实现传播效果的倍增效应。其中，连续推出的6篇“坐着高铁看中国”评论报道，精准把握共情点，发挥评论在组合式、立体式报道中画龙点睛的作用，获得中央媒体及学习强国平台转载，全网阅读量超过1亿次，《焦点访谈》对此予以报道。

澎湃新闻深入践行“走转改”，在战“疫”报道中彰显媒体担当，坚持移动优先、融合传播，为打赢疫情防控这场硬仗营造了良好的舆论氛围。2020年1月到5月，澎湃新闻先后派出21名记者奔赴湖北抗疫前线，刊发抗疫主题的原创报道1.5万多篇，进行470多场直播，发布5200余条短视频，推出370多张海报，协同输出多个“刷屏式”的战“疫”新媒体产品。

疫情防控期间，澎湃新闻精心收集4万名援鄂医护人员的名单，制作互动H5产品，向公众征集到数万封致一线医护人员的平安信。“纪录湃”栏目策划推出“抗疫微纪录”系列视频，以素材混剪的方式推出《凡人英雄》《火线》《与共》《愈》《相守》《尘埃》《重启》等9条微纪录视频，讲述医护、病人、志愿者、家庭、复工等多个主题的故事，提升与受众的情感共鸣。

澎湃新闻还尝试通过调查问卷、数据产品、科普栏目，为疫情下的公众提供一系列专业性较强的服务，如《回溯45个重点疫区的数据，我们该如何看待当前疫情？》《763例确诊患者的故事，还原新冠病毒向全国扩散的路径》《如何运作一座容纳1461张病床的方舱医院》等新媒体产品，在凸显可视化效果的同时，兼具专业性和可读性。

3. 发力音视频领域，大幅增加产量，增强深度、速度和创新度。2020年，澎湃新闻开设16个视频子栏目，资讯类视频生产能力稳步提升，视频日产量达200条，原创率达90%以上。在全网重要的短视频平台和社交媒体平台上均设立了账号。

注重拓展原创短视频的深度，在中视频、长视频、纪录片等方面发力。如2020年11月，澎湃新闻视频栏目“温度计”改版中视频，关注时代浪潮中的普通人被裹挟与被漠视的境遇，多篇报道有热度、有深度亦有温度。其中，“看不见的世界”“60岁，成为母亲”等中视频报道，引发广泛关注，收获了良好口碑。

澎湃新闻在音频领域亦进行了大力探

索，2020 年 4 月正式上线“听新闻”功能，澎湃新闻客户端内的新闻内容均可实现“一键语音播报”。

4. 适应碎片化传播特点，着力提升全方位的传播力。澎湃新闻借鉴传统媒体封面报道模式，以核心新闻为竞争力，充分挖掘新闻海报在不同场景中的应用。2020 年 3 月初，专门成立海报工作室，通过精准提炼轻量化的信息核心，在社交媒体传播中形成裂变式的圈层传播效应，迅速发展成互联网新闻报道方式大闭环中的前沿一环，对提升主流内容的传播效率大有裨益。

在此基础上，澎湃新闻开设栏目“海平面”，定期推出“一周海报精选”，通过理念、信息、版式、构成、色彩、图片的交融，集纳呈现视觉精品报道，助力优质内容二次分发。

二、拓宽内容蓄水池，积极探索外延式的矩阵化平台扩展，打造专业、丰富、可信的内容开放平台

打造全媒体传播生态平台是坚持一体化发展方向、放大一体效能、构建现代化传播体系的重要一环。在推进媒体融合进程中，澎湃新闻一直将“平台化”作为自己的目标之一，加快打造自主可控、传播力强的新型网络传播平台。

澎湃新闻内容聚合开放平台“澎湃号”，汇聚政务号、媒体号和湃客号三大领域的优秀创作者，力争使优质内容生态池为我所用。截至 2020 年年底，澎湃号入驻的包括中央部委、省级、副省级的地方党政机关和群团组织在内的各类政务号近 1.5 万家，入驻的各级各类媒体号近 800 余家，入驻湃客号的机构或个人创作者超 3000 个，初步形成了金字塔结构的内容创作者生态。

其中，政务平台逐渐向“扩大政务信息传播力和影响力”“为政府部门赋能”两个功能扩展。湃客平台则在原有的四大专业创作核心板块的基础上，设立 10 个内容垂直品类，向泛资讯内容领域中的创作者进行拓展。目前，垂类内容创作者已占整体入驻数的 80% 以上，并通过湃客指数、信用分搭建“自媒体”账号等级和身份标识制度，不断优化账号管理方法，更多地集聚高等级的优质账号。

在内容运营方面，湃客平台通过挖掘、整合垂直品类内容资源，对平台内容进行专题或话题式细分，使优质内容更精准地到达受众。例如，湃客平台紧贴疫情防控期间公众关注的议题，与优质创作者联动，先后推出“我在武汉 · 抗疫日记”“战疫 · 解忧杂货铺”“疫情下的异乡人”等 10 个集纳式专题，并联合知名纪录片导演范俭，出品反映新冠肺炎疫情的纪录片《被遗忘的春天》，全网首播后获得超千万观看量，实现深度优质内容破圈。

政务平台扩大优质内容的传播，并利用策划、技术等优势和政务号共同创作。例如，政务平台先后推出“疫情防控工作问题建言征集”“全国复工复产指南”“抗疫第一线快报”等适合平台化特色的新媒体产品，

集结澎湃政务号优质抗疫内容，相关政务号所隶属的政府管理机构主动对接公众建言，推动进一步完善防疫抗疫措施。

三、打造全链条的内容生态服务商，在技术、素材、加工、审核、版权等领域全面布局

基于在政策、内容、技术和管理方面的优势，2020年澎湃新闻围绕内容生态产业链，在技术、素材、加工、审核、版权等领域进一步布局，打造全链条内容生态服务商，从而为用户提供内容平台、为行业提供基础服务、为监管提供解决方案。

1. 提供智能、专业、实用的内容生产工具。澎湃新闻致力于传播技术提升和革新，将各种最新传播技术进行转化和运用。此前澎湃新闻推出的新媒体整体解决方案“澎π系统”，能够满足新媒体管理全流程需求。在此基础上，澎湃新闻于2020年7月启用“澎湃算法”2.0版本，加速将大数据技术应用到媒体融合相关的赛道，进一步提升智能化和安全管理能力，对各种类型的内容创作者都有很好的适应性。

2. 搭建版权素材交易平台。2020年，澎湃新闻上线澎湃视听素材交易平台，全面介入文字、图片、视频、音频、动画等版权素材领域，该平台可实现内容素材聚合、加工、审核、分发及版权交易一体化，为线上线下各类内容创作者提供正版、可信、专业的基础服务。澎湃新闻将通过加大运营和资本运作等方式，进一步提升平台的资源集聚和服务能力。

3. 做精做专内容风控业务。澎湃新闻在技术平台、进入方式、业务模式、内容管控等各方面均形成了比较成熟的体系，推出具有自主知识产权，基于“人工+智能+制度”的内容风控平台，实现了对内容风控的机制建设、人员培训、监测评测、内容审核等方面的全方位介入，可以为监管部门和行业提供全方位解决方案。

2020年，澎湃新闻与“趣头条”“大智慧”“华尔街见闻”以及其他部分垂类内容生产机构达成了投资或内容管理服务合作，并专门成立“生态内容管理工作委员会”，统筹推进相关内容管理与内容风控项目。同时，设立澎湃在线内容风控子公司推进第三方内容审核服务，推动形成更大的内容生态矩阵。

四、“第六声”主动设置议题，讲述小而美的中国故事，海外传播影响力持续增强

澎湃新闻所属英文新媒体“第六声”，持续讲述小而美的中国故事，积极探索有效的国际传播模式，相关报道在海外获得良好的传播效果。海外新媒体号多篇推送被英语、法语、西语等各国媒体转载报道，推特账号被多个认证账号推荐为值得关注的疫情相关新闻账号。

在疫情防控报道中，“第六声”主动设置议题，为中国打赢抗击疫情阻击战争取良好的国际舆论氛围。其原创报道内容不仅获得英语世界主流媒体诸如美国《纽约时报》

《华盛顿邮报》等的转载和援引，还不断获得非英语世界如法国《回声报》、西班牙第三大全国性日报《ABC 报》网站等多语种主流媒体的引用和转载，成为它们报道中国的稳定可靠信源。

以爆款视频《隔离日记：我的护士妻子确诊了》为例，一对武汉年轻夫妻在疫情面前相互扶持、患难与共的短视频故事，经过编译后在“第六声”海外社交媒体平台传播，引发外国读者强烈共鸣。在脸谱平台一周内获得 609 万覆盖人数，147 万互动次数，“以小见大”引导海外受众了解中国防控疫情的形势。

为进一步讲述小而美的中国故事，2020 年年末，“第六声”开辟“中国好故事”译文专栏，编译国内媒体或优秀公众号的长文。多篇文章成为阅读量 10 万 + 的爆款，获得海外知名长文网站 longreads 的推荐，美国知名畅销作家 Kevin Kelly，包括《时代》杂志、NPR、BBC 资深记者等一批西方主流媒体机构记者编辑和精英读者的喜爱和转推。

此外，“第六声”还获得国际奖项的认可，在全球最大图片服务商之一的美国盖蒂图片社公布的 2020 年图片报道奖中，“第六声”摄影师史阳琨因拍摄图片报道《武汉面孔》系列，成为全球八位获奖摄影师中唯一的中国代表。

面对传播技术和格局的深刻变化，澎湃新闻将继续坚持“内容为王”，坚持技术赋能，坚持传播创新，全面提升内容供给力、舆论引领力、行业赋能力、市场竞争力。同时，全力推进澎湃 B 轮融资，通过资本化、市场化手段，在生产工具、版权素材、内容风控、聚合分发等赛道加速全面布局，进一步强化既有优势。澎湃新闻还将进一步“破界出圈”，不断进行运营创新，更加全面拥抱新营销，打造“内容 + 政务 + 服务 + 商务”平台，成为内容 4A 公司和新型政务服务商。

新媒体工作案例

“虹镇老街”系列报道

2020 年 10 月 14 日，澎湃新闻推出新媒体交互产品《虹镇老街——上海市区最大的棚户区华丽转身》，以人物口述为主线，借助极具年代感的怀旧风和互动插画形式，全景式地展现了曾经市中心的最大棚户区“虹镇老街”的过去和变迁，生动还原了数年前老街区的生活场景，勾起了人们的怀旧情怀，引发众多网友共鸣。

旧改历时 23 年零 4 个月，涉及居民 15288 户，占地面积约 90 公顷……虹镇老街旧改项目作为上海城市更新中的典型样本，在推进旧城改造这个重大民生工程中，其意义与价值是毋庸置疑的。澎湃新闻开设“虹镇老街”专题，并下设“前世今生”“生活记忆”“影像故事”等多个栏目，运用短视频、图片、插画、文字、H5、新闻海报等多样形式，以记录客观与还原真实为主要目的，以民生福祉改善及生活变迁为落脚点，以全媒体形式鲜活记录与还原了虹镇老街生活图景。

以新媒体交互产品《虹镇老街——上海市区最大的棚户区华丽转身》为例，澎湃新闻以虹镇老街老居民董毓明的成长和生活的经历为引，采用插画形式大量地复原了虹镇老街早期建筑形态发展演变的过程，其中不乏生动的历史、生活细节以及充满人情味的街区故事。在参考了大量摄影师的图片后，更以邻里的概念用插画重现了虹镇老街的街区生活，纳入了对该地区文化、戏剧的口述记忆。同时，通过航拍当时虹镇老街仅存的张桥片区，辅以邮递员在这个片区十几年的工作经历口述，让读者对这个片区的整体形态和内部结构有更清晰的观感和认知。

此外，系列短视频报道《虹镇老街|草莽之地》《虹镇老街|淮剧在上海：难留的乡愁与最后的坚持》等，亦借助视觉语言直观呈现生活、治安、文化生活、旧改之难、新街区的变革，让旧场景和故事变得鲜活起来。

作为项目中的重要一环，澎湃新闻牵头执行的线下《城市记忆——虹镇老街影像展》，通过近50幅摄影作品、多组影像作品、数张绘画，以及部分从旧改房屋中收集到的实物，全景式地展现了20世纪90年代至今“虹镇老街”的过去和变迁。

作品二维码

民法典专题报道——“为民立法典”

2020年全国两会期间，围绕备受关注的民法典草案，澎湃新闻精心策划并推出了有关民法典专题报道“为民立法典”，围绕“为民”这一核心，从新中国对民法典孜孜追求、数次尝试的历史脉络，到民法典的立法过程，里程碑式的时代价值和现实意义，以及与百姓生活的息息相关，都进行了全面报道和呈现。在形式上，采取了可视化、H5产品、互动问答、实践模拟等新媒体传播方式，作品既见高度也接地气，在宣传新中国第一部民法典的同时，也趁热打铁进行了一次全民普法。

当民法典草案表决通过时，澎湃新闻第一时间推出了“为民立法典——新中国首部民法典问世全记录”新媒体产品，集结民法典诞生记、专家论典、九问九答、深读民法典草案等栏目，兼顾权威解读与百姓视角，通过交互式的阅读体验增强读者的“在场感”，激发其深入理解民法典的兴趣。

围绕“民法典草案”这一热点话题，澎湃新闻为公众解疑释惑，引入新闻问答的形式，并借助产品化思维，通过新媒体制图予以深入浅出的解读，共刊发3篇“民法典草案九问九答”，包括《民法典草案九问九答|AI换脸小心侵权，多份遗嘱哪一份为准》《民法典草案九问九答|学校有义务防性骚扰，知名的网名受保护》等，每篇都以九宫格制图的形式，提炼9个与民众生活息息相关的问答内容，以案释法深度解析，

形式简洁、清晰易读，构成了一组形式多样、由浅入深的专业性解答范本。

新媒体产品《H5|50个问答，看〈民法典〉如何守护你一生》，则将具体的法条，融入人从出生到离世的4个人生阶段，即人生之初、成年之后、成家置业、养老继承，针对人在不同人生阶段可能遇到的具体民事问题，引用民法典规定来解答。这些问题均来源于人们熟悉的真实生活场景和人们关心的热点话题，做到通俗易懂、简洁清晰，又不失专业准确，是一次创新的普法尝试。

此外，澎湃新闻互动社区“问吧”还开设“对话顶级民法学家|迈入‘民法典时代’，民法典如何影响每个人”话题，邀请中国法学会民法典编纂项目领导小组成员王利明、杨立新、王轶、张新宝、夏吟兰以及全国政协委员、全国律师协会副会长吕红兵等6位顶级法学专家入驻平台，借助澎湃新闻的平台优势和在线问答的简洁模式，与受众形成良好互动，有效增进公众对民法典的深层次了解。

作品二维码

《H5｜为民立法典——新中国首部民法典问世全记录》

《民法典草案九问九答｜AI换脸小心侵权，多份遗嘱哪一份为准》

《H5｜50个问答，看〈民法典〉如何守护你一生》

（澎湃新闻供稿）

新民晚报社

新媒体工作综述

2020年，新民晚报在上海市委、市委宣传部的正确领导下，牢牢把握正确舆论导向，紧紧围绕中心、服务大局，营造良好舆论氛围，认真学习、贯彻、落实习近平总书记一系列重要讲话精神，特别是习近平总书记在中央政治局第十二次集体学习时，对推动媒体融合向纵深发展、做大做强主流舆论提出的新要求，结合上海主流媒体特点，推动媒体融合进一步向纵深发展，不断增强"新民姓民"的民生定位特色优势，严格落实意识形态工作责任制，提升新民品牌影响力，努力成为主流价值观入耳、入心、入脑的主阵地。

在积极做好2020年各项主题和重大报道的同时，新民晚报深耕"全媒体工作室"、精做"上海时刻"视频平台，精心打造"一人一窗"标杆性产品，积极拓展新民拍客队伍，推出多个全媒体爆款产品。以"全媒体工作室"和"上海时刻"视频平台为重要抓手，双轮驱动，标志着新民晚报的新闻生产力向互联网化转移和迭代。

一、基本情况

全年着力做好和落实习近平总书记系列重要讲话精神的宣传报道工作，认真做好抗击新冠肺炎疫情、第三届进博会、浦东开发开放30周年、决胜全面建成小康社会、打赢脱贫攻坚战、第三届世界顶尖科学家论坛等重点报道。近年来，新民晚报稳步推动媒体融合进一步向纵深发展，"新民"品牌新闻产品覆盖纸、网、端、圈、群等传播渠道，综合运用音视频、手绘、海报、长图、动漫、H5、手游等传播形式，不断拓展"从8岁到80岁"都能阅读的传统纸质媒体读者定位。在采访、编辑、发行、经营等各领域、全流程注重全媒体思维，力争在舆论场中唱响主旋律、弘扬正能量。

新民晚报在新媒体方面的传播力、引导力、影响力、公信力持续增强。全年原创稿件数超过4.3万篇，涵盖时政、经济、社会、文化、体育、副刊等领域，以及文字、视频、H5、游戏、海报等各种新媒体传播形式。截至2020年年底，新民客户端下载量近千万次，日均发稿超过300篇，新民网+新民客户端日均浏览量130万次；新民晚报官方微博粉丝数已超过440万；以官方微信为主的15个微信矩阵粉丝数近137万，月均发稿量超过1576篇，月总阅读数1081万次。除了自有平台之外，新民晚报还在今日头条、腾讯、百度、抖音、快手等10个平台中，吸引用户总数超过1561万，月均发稿量5万余篇，月均浏览量超1.7亿次。

2020年新增“鹦鹉螺”“运动汇”“新民手绘”3个全媒体工作室，总量达12个，形成覆盖主要报道领域的条线矩阵。报社以“无爆款、不新民”理念统率全媒体工作室深耕上海、深耕内容；以“无视频、不新闻”串联“上海时刻”视频平台各栏目，带动全媒各端全面突破。“上海时刻”视频平台2020年原创视频生产量每月约500条，每月全渠道播放量2亿次上下，坚持渠道导向，抖音、快手增粉90万，微信视频号每月20万+播放量内容近30条。

二、创新举措

1. 成立新民手绘等第三批全媒体工作室，专注于专业化、垂直化内容生产。 2020年10月底，新民晚报新成立3个全媒体工作室：注重手绘视觉表达的新民手绘工作室、注重科普宣传的鹦鹉螺工作室、注重体育报道的运动汇工作室。工作室的总数已达12个，形成了新民系列全媒体工作室矩阵，涵盖政法、经济、国际、文体等领域，兼顾文字、手绘和视频。工作室机制是新民晚报媒体融合迭代发展的积极尝试，专注于专业化、垂直化内容生产，对推动媒体融合进一步向纵深发展起到了重要作用。全媒体工作室投入运营以来，成效显著。2020年上半年的疫情报道期间，在官方微信22条10万+作品中，一半来自工作室，在所有百万+作品中，1/3来自工作室。

新推的新民手绘工作室，把精致手绘与新闻和科普相结合，辨识度高，迅速打响品牌，成为新民晚报融媒报道的亮点。比如创新推出“二十四节气特别手绘版”，每逢节气在融媒各端集中呈现，既大力弘扬中华传统文化，又兼顾新闻性和知识性，画面清新，趣味盎然；“一张拍不全的照片”先后登上市抗疫展和抗疫物证捐赠展的主展板；“走通苏州河长卷”气势磅礴，颇具收藏价值；“新民专属拜年表情包”春节期间刷爆朋友圈；“167天团”手绘及动画产品将分类垃圾桶做拟人化处理，生动活泼接地气。

2. 重点推进“新民拍客平台”建设，力争形成300人规模的核心拍客队伍。 2020年，新民晚报重点推进“新民拍客平台”建设，加快与上海市16个区的融媒体中心对接，力争以“机构拍客”形式开展深度合作，拓展短视频素材来源。同时，与市城管执法管理局、多所高校、市消防局等机构合作，持续扩容“新民拍客队伍”，拓展内容产业生态圈。在UGC（用户原创内容）和PGC（专业生产内容）的基础上，打造PUGC（PGC+UGC）视频战略生态，以更专业的内容吸引用户。

目前正开展以上海市城管执法管理局5950个社区工作站为依托，建立“新民晚报社区联络点”，逐步覆盖全市1.3万多个小区。通过“政媒融合”，让“自媒体”聚合平台的形式更丰富多样。此外，还将以更灵活的方式与抖音、快手等平台合作，使他们的内容为我所用。争取到2021年中，形成300人规模的核心新民拍客队伍。

3.综合运用动画、全景VR、图文音视融合等新技术，AI三毛在进博会上独树一帜。第三届进博会期间，新民晚报与米粒影业“破圈”合作，精心筹备近半年，推出《三毛进博记》。借助三维动画和动画直播技术，让AI三毛和记者同逛进博会。《三毛进博记》5次登上本地微博热搜，各端口视频播放量和微博话题阅读量超850万次。

2020年上海旅游节开幕前，创新结合全景VR技术，带读者360度“云”逛街。创作团队用专业设备实拍南京东路步行街东拓段亮点，将平面图变为360度景观，修改优化300余次，给读者提供全景操纵图像的交互体验。新民晚报官微通过图文问答互动，并选取最亮眼画面制作海报，多渠道引导受众，播放量突破10万次。

推出全媒体栏目《申动》，由音乐家创作主题曲，不但将音频转化为二维码登上版面，还推出主题海报和以主题曲为背景的视频短片，探索图文音视融合报道形式。2020年最大国际赛事——英雄联盟全球总决赛S10首次来沪，新民晚报推出3期视频《S10攻略地图》，从电竞氛围、防疫、预热等角度深入报道，总流量超1100万次。

4.尝试“经营、活动和节目制播”三结合，“歆克勒”直播带货初获成功。由新民晚报首席记者刘歆领衔的“上海歆克勒”工作室，在做好“歆克勒”栏目的同时，尝试“经营、活动和节目制播”三结合，先后为中国银联、南京银行、广汽丰田等拍摄宣传推广短视频，还和宝山文旅局深度合作，拍摄宝山非遗云游、“四史”学习研学游等专题片，充分发挥节目创意和新民品牌特色，创造了内容和效益的双赢。

2020年6月、11月，“上海歆克勒”工作室尝试淘宝带货直播。节目组赴浙江台州黄岩拍摄农产品推广系列短视频，为直播预热。6月24日，为黄岩杨梅等农产品淘宝直播带货，6万余人观看、105万点赞，销售总量近万份。11月，第二次带货直播也获得成功。

“上海歆克勒”是新民晚报媒体融合转型的缩影，内容紧扣本地热点和新鲜资讯，全力打造和蔼可亲、轻松诙谐的人设，用网友喜闻乐见的短视频，展现丰富多彩的社会生活，节目类型和表现手法独树一帜，已形成一定的品牌效应。在抗击新冠肺炎疫情、浦东开发开放30周年、第三届进博会、制止餐饮浪费等新闻报道中多次崭露头角，冲上热搜前列。

5.结合人工智能、大数据、5G等新技术，为各类新闻报道加速提效。2020年，新民晚报集纳了自然语言处理、计算机视觉、音频语义理解等多项人工智能技术，贯穿图文及视频新闻的采集、制作、分发、审核、渠道运营、用户体验全过程。

上海时刻5G智能视频平台2020年建成，具备智能视频、编解码、自动语音配音等功能。平台建成后，陆续推出全新的5G+AI模式，并在疫情中尝试智能视频报道，加速智能技术融合，智能辅助、人机协作、智能化生产并行，解放采编人员双手，将更多人力投入独家、深度调查等核心生产领域，生产更有价值的创新内容。

2020年，新民晚报的网站和移动客户端还新增“纠错机器人”，自动纠错，防微杜渐，保障内容安全，为编辑提供可疑文本纠错，并提供正确规范，避免稿件用词错误造成差错，特别是政治导向差错。疫情防控期间，新民晚报还广泛运用平台数据新闻机器人、智能配音机器人等新技术，明显提升了视频生产的效率。新技术可以完成文稿的智能配音，包括多款机器声和多种语速等，合成控制在秒级。同时，新民快讯模板上线使用，已迭代两个版本。

三、亮点报道

1. 抗击新冠肺炎疫情报道，全媒体报道的生产数量和质量“双丰收”。1月17日至12月底，据不完全统计，新民晚报共刊发疫情相关稿件近4.9万篇，其中原创近2万篇，总浏览量超40亿次。十万到百万+905篇，百万+179篇，千万+10篇，新民晚报抖音号增粉70万，阅读量最高的一篇达9200多万次。涌现大批正能量爆款，比如《看哭了！上海医生剃“卤蛋头”，带尿片去武汉！请一定平安归来》《模子！上海一对夫妻心头一动，一个通宵干了件令急诊科医生又惊又喜的事》《快递小哥搞定金银潭医护难题：我送的不是快递，是救命的人啊！》《从上海自驾回湖北老家，路过武汉时，我泪如雨下》等。

多次融媒报道大放异彩——“十分上海”栏目深度讲述，推出“一心战‘疫’”和“复工ING”两个系列，全渠道总播放量破千万次；记者萧君玮进入市公卫临床中心ICU负压病房蹲点采访四天三晚，推出融媒报道《舱门之内》，包括视频、图文、海报及抖音产品，总流量达50万；记者陈梦泽连续5天到儿科医院病房，拍摄最后出院的一对武汉小兄妹，推出视频《29天，我和我的大白妈妈们》等全媒体产品，全渠道播放量突破500万次。

2. 进博会报道融媒优先，动画新闻领衔短视频创新，微博热搜表现亮眼。11月4日至10日第三届进博会期间，新民晚报全渠道刊发1828篇报道，原创视频近200条，总点击量3940万次。从图文并茂的《探营记》《开馆记》，到生动犀利的评论专栏《峰面语》，从“带货进博新品”的“歆克勒”，到客串主持“三分·天下”的AI主播“小新”，精彩纷呈。新民晚报还联合米粒影业，独家策划推出6集《三毛进博记》，在业内首次试水AI动画新闻。

进博会期间，新民晚报共制作发布72

条官方微博、45个话题，其中19个上了同城热搜，话题总阅读量2305万次；发布原创短视频100多条、小视频50多条，覆盖抖音、快手、今日头条、西瓜视频、B站、微信视频号等渠道，开设抖音话题“进博第三年”，累计播放量近500万次，各类视频产品在全网阅读量、播放量超过2300万次。

3. **决战脱贫攻坚报道，蹲点呈现“幸福的味道”，街访关注“每代人的小康之路”**。2020年是我国打赢脱贫攻坚战的决胜之年，也是全面建成小康社会的关键之年。新民晚报强势推出大型策划栏目《走向我们的小康生活》，聚焦身边脱贫故事和上海对口支援地区脱贫奔小康的感人事迹。采编人员多次赴新疆、云南、贵州、青海等地，报道脱贫攻坚主战场的可喜变化。还借助“新民亲选”直播带货平台，开设了“喀什风情”专场活动，以实际行动助力上海援疆对口援建喀什4县的脱贫攻坚。

在上海对口支援的7个县脱贫倒计时之际，记者远赴上海对口地区“挂牌督战”贫困县蹲点采访。《幸福的味道》全媒体作品呈现了来自一线“沾泥土、带露珠、冒热气”的鲜活报道。《美好生活博物志》通过走访一批上海行业博物馆，从展品中看上海数十年来的生活巨变，精心拍摄的视频和海报引人关注。《每代人的小康之路》采用视频街访的形式，分别采访60后、70后、80后，以生动、幽默的问答，折射小康生活的变化。

4. **全国和上海两会报道，探索实时互动访谈和动画短视频等新形式**。2020年全国两会期间，创新推出“对话长安街·Reaction”实时互动访谈产品，记者边看直播边聊代表委员部长通道，传播效果良好；新推“对话长安街·三分天下”栏目，时政记者对话专家，提升了报道的专业水准。

上海两会期间，推出150秒原创动画短视频《2020民生“步道”》，以“步道”为逻辑主线，精选20个民生亮点作两侧风景，生动易读，全网视频播放量超过10万次。“今日刷屏”“代表委员两会说”“会内会外”等特色栏目，累计播放量超过300万次。

5. **浦东开发开放30周年报道，聚焦温馨家庭故事，总话题阅读量2377万次**。4月中旬，以浦东标志性“三件套”航拍照片为基础，经巧妙加工，推出《迎风而立》动态开机屏。新民客户端开机屏首次实现视频化效果，画面精美大气，掀起首波预热高潮。11月9日起推出系列短视频《我家在浦东》。每天用镜头讲述一个与浦东共成长的家庭故事，小切口反映大变化。在客户端、微信、微博、微信视频号、今日头条、B站等平台推广，微博播放量突破700万次，总话题阅读量2377万次。

6. **推出“人民建议征集专刊”，每月一期4个版，倾听“上海民声”**。从2020年8月17日起，新民晚报社与上海市人民建议征集办公室合作推出“上海民声——人民建议征集专刊”。每月一期4个版，整合版面、海报、视频等融媒体资源，充分展现群众建言、政府纳谏，践行“人民城市人民建，人民城市为人民”重要理念。

7.“上海时刻”视频平台快速成长，短视频爆款频出，充满烟火气。“上海时刻”视频平台2020年快速成长，原创视频每月近500条，据不完全统计，每月全渠道视频播放量约2亿次。系列短视频爆款频出，充满烟火气——《摩登新职业》关注球鞋定制师、盲盒设计师等新职业，前9期微博话题阅读量超1600万次；《零拷生活》结合环保主题，感受零拷快乐，3期视频全网播放量超500万次，话题“上海小囡零拷咖啡年省千元”阅读量1481万次；《上海爷叔》聚焦充满烟火气的“爷叔”群体，凸显海派匠人精神，立体讲述小人物的励志故事，前3条视频的微博话题阅读量超过1000万次，被学习强国等平台转发。

新媒体工作案例

新民手绘工作室

在2020年年初的上海两会上，新民手绘工作室“初试牛刀”，精心制作了第一件手绘作品《2020民生“步道”》，一年间共原创30余件手绘作品。依托新民晚报的民生定位，把精致的手绘形式与重大新闻和科普知识相结合，辨识度高，具有独特的美感和魅力，迅速打响品牌，成为新民晚报推动媒体融合进一步向纵深发展的亮点。

一、紧贴新闻，可读可感

2020年上海两会开幕前，新民手绘团队受到政府工作报告中修健身步道的内容启发，萌生了“画一条步道”的创意……反复打磨文案和画风，通宵达旦地设计制作。1月15日，新民手绘有了首件作品。

一年来，新民手绘的不少作品都配合重大新闻策划推出，时效性强。如“冲呀　元气小夫妻　五五购一天”，在“五五购物节”首日，集纳多种促销手段；“非常两会　非同凡响”，重现特殊全国两会上的典型镜头；“浦东，从来弄潮儿”，则将浦东开发开放30周年的多个典型事件化作一幅幅原创手绘。此外，世界顶尖科学家论坛、北斗组网、临港新片区成立一周年等重要节点，都有手绘专题。

二、融合发展，形式多样

所有手绘作品都在多个端口呈现，长图等融媒体产品屡获全网推送。多样式、多端口的放送，提高了手绘的性价比，在朋友圈被热情传播。

长图有静有动。比如9月起推出的二十四节气手绘系列，多次尝试技术创新——惊蛰日，小熊结束冬眠，睁开眼睛，灵蛇在一旁吐信；春分日，互动性更强，点击长图就能准确辨别梅花、桃花、樱花等。

2020年年底特别推出“走通苏州河长卷”，创新制作6连版样式的长图，还搭配特殊尺寸的纸质版长卷，颇受读者欢迎，当天就被抢购一空。

三、“破圈”开拓，提升影响

在制作全媒体产品的同时，新民手绘团队积极“破圈”，尝试开拓周边产品。比如二十四节气手绘系列，每期都会出现可爱的兔子和松鼠，春节期间就依托这些形象，设计了新民专属拜年表情包，颇受欢迎。报社也正在用“走通苏州河长卷”的元素，制作一些文创产品。类似周边产品的开拓，仍在持续进行。

新民手绘工作室将与少儿出版社合作，推出两本绘本《宝贝去哪儿了》《小北奋斗史》，分别在垃圾分类一周年和北斗组网手绘作品的基础上改编更新。同时积极与相关出版社沟通，“新民城市文明绘本”和“新民科普绘本”两个系列绘本也在谋划中，打造更完整的“新民”品牌。

作品二维码

AI 动画《三毛进博记》

2020 年第三届进博会期间，新民晚报联合米粒影业，独家策划推出 6 集 AI 动画《三毛进博记》，将三维动画及直播技术、短视频、动图、文字等有机结合，请 AI 三毛与记者一起逛进博会，生动有趣地介绍优秀展品，也是业内首次试水 AI 动画新闻。5 次登上微博本地热搜，视频播放量和微博话题阅读量累计超过 850 万次。

扎实而优质的内容是创新的基础。《三毛进博记》巧妙地将 AI 动画和短视频结合，是对传统视频新闻的创新，而不是纯粹为创新而走形式。产品实质是报道进博会新展品，记者经过前期大量采访，从海量展品中甄选出最具新闻性和代表性的产品，信息量大、特色鲜明。

《三毛进博记》的亮点在于动画和新闻完美结合，在于真人、虚拟人物和新闻实景完美结合。动作捕捉和人工智能双管齐下——前方记者提前拍摄画面，动作演员在棚中看素材配动作，动作捕捉技术大大提升制作效率；通过 AI 画面解析技术和智能算法，还能学习演员习惯动作，估算出下一个动作，并修改肢体幅度。项目不断攻坚克难，终于完成挑战。体验前沿电影拍摄技术与新闻视频动态融合的过程，融合创新无极限。

作品二维码

（新民晚报社供稿）

东方网

新媒体工作综述

2020年，东方网始终坚持以习近平新时代中国特色社会主义思想为指导，深入贯彻党的十九大和十九届二中、三中、四中、五中全会精神以及习近平总书记考察上海重要讲话精神，以党建为引领，以发展为主线，努力克服新冠肺炎疫情带来的不利影响，各项工作平稳有序推进。

截至2020年12月，东方网ALEXA全球综合排名第181位，中文网站排名第三十九位。在中国互联网协会发布的中国互联网企业综合实力百强榜单中，东方网位列第四十九位，自2013年发布百强榜单以来连续8年入榜。

一、加强内容建设，推进融合发展

1. 坚决打赢抗击新冠肺炎疫情阻击战。新冠肺炎疫情暴发以来，东方网坚决贯彻党中央和上海市委市政府部署要求，强化主流媒体担当，凸显地方媒体特色，发挥新媒体传播优势，全力做好抗击疫情宣传报道工作。据不完全统计，新冠肺炎疫情发生以来，东方网刊发相关稿件206744篇，其中原创报道8372篇，稿件全网浏览量7.4亿次。发布疫情相关微信4156条，开展各类网上直播428场，累计全网访问人次近3亿。联合B站开展《中国加油！众志成城　共同战“疫”》群星助力活动，全网访问量超过80亿次。开设的“抗疫行动”微博话题，总访问量71.3亿次，讨论次数达到1949.8万次。同时，对内做好疫情防控，有序复工复产，成立了东方网新型冠状病毒疫情防控工作领导小组，统筹东方网疫情防控工作，制定每日专报和员工返沪情况报告机制，研究推出大楼管理和有序复工复产等实施办法，在保障人员安全的前提下，有序推进日常工作。

2. 圆满完成重大宣传报道任务。2020年以来，东方网紧紧围绕学习宣传贯彻习近平新时代中国特色社会主义思想这个首要任务，围绕“决胜全面小康·决战脱贫攻坚”、抗击新冠肺炎疫情、浦东开发开放30周年、第三届进博会等重大主题，围绕全市中心工作，主动设置议题，创新报道形式，拓展传播渠道。

在决胜全面小康报道中，推出《走向我们的小康生活》专题，全程直播“高质量发展、高品质生活”全面建成小康社会市政府新闻发布会，制作《摩登静安“拍了拍”你》等H5产品。还策划推出《了不起的小镇》系列报道，通过图文、视频、直播带货等全媒体传播形式，呈现中国改革开放和经济腾飞过程中小城镇的独特贡献。在进博会报道中，东方网搭设长三角联合演播室，采用主持人与嘉宾“海外连线”“演播室现场”相结合的方式进行视频访谈。东方网还联合人民日报新媒体，开展“云逛进博”大直播，25家媒体参与直播，累计播放量8680万次。

在浦东开发开放30周年报道中，东方网充分发挥新媒体平台的聚合优势以及主流媒体的报道优势，运用全媒体报道手段，打通线上线下传播渠道，推出移动化、音视频化、社交化的内容产品，展现浦东波澜壮阔的30年。东方网开设专题“风好正扬帆”，集纳媒体报道、历史文献，图文视频，被中央党史网推荐展示。系列独家专访《浦东离“世界”有多近？俄罗斯姑娘“家门口”圆创业梦》《跳出“农门”后，为何她选择回浦东“乡创”？》《与浦东互相成就！“科创先锋”与张江的故事》，配以精心制作的视频、图片，生动展示了浦东发展的魅力所在。相关稿件还制作成H5专辑《创在浦东的理由——3个年轻人与浦东的故事》。

二、强化政务合作，营收和利润创新高

2020年以来，东方网继续服务好市人大、市政协、市委政法委、市委网信办等单位，在系统运维、舆情服务、技术支持、新媒体平台运营等方面均提供了良好服务，得到了充分认可与肯定。

疫情防控期间，东方网开通口罩预约平台，推出楼宇专属防疫登记二维码系统，并联合上海16区融媒体中心同步推出“上海在行动”专题。东方网仅用一天时间，就为11个区融媒App开通了疫情防控工作问题建议征集平台。

东方网承建的上海区级融媒体中心统一技术平台项目2020年顺利通过验收，并获得验收专家的高度评价。在此基础上，完成了版本的升级。同时，完成了松江融媒体中心建设，有序推进杨浦融媒体中心等建设工作。

三、发力社区建设，提升服务能级

新冠肺炎疫情对社区工作造成重大影响。面对疫情冲击，东方网不断提升服务板块的创新能力和社区综合服务能力，以东方社区信息苑、东方网点等线下渠道为依托，对接街镇需求，推进深度合作，面向社区居民，做实社区服务。

在市、区两级融媒体平台的基础上，东方网形成了区级融媒体分中心（街镇融媒体）整体解决方案，并在静安区石门二路街

道、青浦区盈浦街道进行试点，取得了阶段性进展。

四、对标前沿，加强技术创新引领

2020年以来，东方网移动平台东方新闻App进行了5次较大版本更新，App向基于知识图谱的内容线索信息流“内容—场景—服务”的模式发展。东方网逐步采用自主研发的推荐算法，推出快讯型产品，通过AI机器人写作生产重要新闻快讯，目前日产快讯3000篇。

东方网依托与交大联合设立的人工智能实验室，研发并上线了妙手智能写作软件，初步实现内容改写、摘要提取等功能，后续持续优化写作模型；5月，妙手AI写诗项目正式发布。

区块链版权系统方面，东方网完成了区块链版权平台项目一链一平台的建设。目前，二期“东方链”项目已进入实质开发阶段，图像数字水印监测关键技术已完成、第三方信息发布模块开发接近尾声、链上积分和维权监控模块已动工推进。

五、聚焦融合发展，稳步推进联合重组工作

2020年5月，上海市委宣传部、市国资委宣布，对上海报业集团、上海东方网股份有限公司实施联合重组。为加快推进联合重组工作，东方网组建内部管理和资产业务两个对接专班，各项工作有序推进。

内部管理方面，已在新闻宣传、干部管理、党建工作、公文管理和报告制度、对外事务等方面进行了对接，相关工作按照集团一盘棋的总体要求有序落实，做到融合、融入、融通。

资产业务对接方面，积极对接集团各相关部门，完成重组所需材料梳理，配合完成对公司各业务板块开展的业务、财务协调工作，研究后续资本运作路径，制定“一揽子”方案。

在技术合作、政务社区业务合作方面，双方频繁交流，深度对接，努力做到取长补短，协作协同。

六、加强内部管理，提高治理水平

东方网持续做好目标管理、考核、绩效奖励工作。2020年年初与12家单位签署了2020年度目标责任书，进一步优化绩效考核管理机制，激发创新活力和内生动力，凝聚企业改革发展动能。鼓励各部门各子公司围绕主业，不断培育新的增长点，提升企业竞争力。

（东方网供稿）

新华报业传媒集团

新媒体工作综述

2020年，新华报业传媒集团顶住新冠肺炎疫情带来的巨大压力，一手抓新闻宣传，一手抓事业发展，深入推进媒体融合发展，壮大主流思想舆论，进一步彰显主流媒体责任担当。

2020年，新华报业集团全媒体内容生产再创佳绩，在中国新闻奖评选中连续第三年大丰收，共有7件作品获奖，其中一等奖2件、二等奖4件、三等奖1件。“紫牛新闻”“听·见小康”入选2020年中国报业深度融合发展创新案例。“紫金e评”蝉联“全国优秀网评栏目”。精神文明建设取得历史性突破，首获“全国文明单位”殊荣，成为全国唯一以整体单位获评的省级媒体。扬子晚报云教育中心荣获第五届“全国未成年人思想道德建设工作先进单位”。集团连续第六年入选“世界媒体500强”，排名次序上升22位。融合经营工作继续保持向上向好、可持续发展的良好态势。

一、创新内容生产，党媒显政功能更加突出

1. 聚力新闻战“疫”，坚定履职尽责。面对抗疫宣传新闻“遭遇战”，第一时间组建全媒体报道团队，形成“战时”指挥体系，网站、客户端、“学习强国”江苏学习平台等同步联动，全媒体全时段覆盖用户。各媒体共推出“江苏最美防疫先锋”“战‘疫’封面人物”“声临疫境”等200多个专题、专栏、特刊、系列，发布各类抗疫报道9万余件，其中原创报道近5万件。各新媒体平台发挥各自优势，以直播、短视频、互动游戏等多种手段创新表达，“疫图读懂”“战‘疫’日记”“有滋有味宅生活”“记yi2020”等可读、可看、可听、可传，“交互式疫情数据图”“健康接龙”等探索PGC+UGC模式，“交汇点疫情地图”是省级客户端中唯一一家自主开发的疫情地图产品，《为英雄建档　让英雄留名》大型专题档案被江苏省档案馆收藏。战“疫”宣传投入人力之多前所未有，报道规模之巨前所未有，创新力度之大前所未有，传播效果之

显前所未有。立体多样的新闻宣传，为打赢新冠肺炎疫情防控阻击战作出了积极贡献，有力彰显了全国一盘棋中的“江苏担当”，生动诠释了“中国之治”下的“江苏样本”。

2. 围绕重大主题，强化议题设置。习近平总书记视察江苏的宣传，从预热铺垫、反响回访到贯彻落实，高站位、高质量、高密度地推出一系列全媒体传播力作，包括《践行嘱托勇探路》《大江作证》《践行嘱托开新局》等多篇重磅通讯，多个特刊、整版、专栏、系列和大批新媒体内容产品，引发热烈反响，赢得广泛赞誉。决战脱贫攻坚、决胜全面小康的宣传，在“规定动作”之外策划了10多个方面的“自选动作”，推出“市委书记纵论高水平全面小康建设”“听·见小康”等大型全媒体新闻行动和多个全媒体重点专栏。全国两会报道，在疫情防控背景下做足“云”上文章，推出《两会云访谈》、“紫金e评·云观两会”、《懂两会》系列Vlog等大批富于特色的融媒体产品。围绕党的十九届五中全会和省委全会、“六稳”“六保”、长三角一体化发展、长江大保护等一系列主题，展开全方位、多层次宣传。这些报道，彰显了“重、深、新、活”的鲜明特色，形成了宣传声势、舆论强势。

3. 彰显“思想立媒”，突出价值引领。新华日报全年推出系列评论20组、“新华时论”130多篇。《宁可“备而不用” 不能“用而无备”》获得省委主要领导高度肯定。完善评论理论全媒体矩阵，“思想周刊”迭代升级，“江东论坛”全新推出。创新宣传方式，理论抖音号“理所当然”主打专家学者原创短视频，播放量超过600万次；扬子晚报“视评”系列采用“视评+文本”方式，实现网络评论新突破；中国江苏网推出“习语常听”“习语问答”“学习海报”等多个系列，“紫金e评”100多篇评论获中央网信办全网推送。拓展深度报道，广泛开展深度报道竞赛，“新华调查”“新华观察”“紫牛新闻”等专栏推出大批精品力作；江苏经济报、江苏法治报分别围绕“六稳”“六保”、民法典等主题刊发大量专访文章。

二、贯彻移动优先，媒体深度融合加快步伐

1. 加速升级迭代，壮大移动矩阵。在制定和实施新华日报新一轮改版方案的同时，大力推进移动化战略。“交汇点新闻”完成6.0版本迭代，下载量突破2800万次，影响力位列省级党端第一梯队。“紫牛新闻”推出3.0版本，重点打造“新闻+服务”智能化生产平台，用户突破1500万，2020年过百篇稿件被人民日报、新华社等重要党媒转载，出现了《“不能冤枉了娃”，一桩小事，民警追查3天还10岁男孩清白》等一批登上新闻热搜或者阅读量百万级、千万级的稿件。“学习强国”江苏学习平台创新线上线下策划，下载量近1000万次，日活量居全国第二位，继续位居全国前列。“新江苏”客户端正式上线，实现党务政务网群移动化，下载量超过600万次。“少年志”移

动客户端上线试运营，成为江苏首个“新闻＋学习＋实践”融媒平台。“北京西路瞭望”“江苏1号”等微信公众号用户数快速增长。“扬子晚报”抖音号用户数超过135万，单条短视频播放量最高超过1亿次。

2. 紧盯发展前沿，深化技术应用。5G超高清融媒体演播和开放服务平台、智能媒资库项目稳步推进。语音播报、AI播报、人工智能技术快速落地，智能语音平台全年合成语音信息26万条，智能检校月均检校稿件超5万篇，媒体表达形态更加丰富，内容生产效率大幅提升。成立集团大数据应用工作室，全年编制传播力分析、数据趋势报告300余篇。启动核心算法自主研发，打造新华特色推荐系统。版权保护新增近3万个监测媒体，发布侵权风险提示超26万条。新华传媒智库大数据平台在疫情防控背景下有序运转，新华烽火顺利入库省2020年高新技术企业。

3. 完善运行机制，催生融合质变。把坚持“政治家办媒体”、坚持正确舆论导向作为全部工作的重中之重，采取各种措施，切实抓紧抓好。出台防范采编风险、规范新媒体账号管理等多个文件，完善采编差错数据库建设，切实加强全媒体环境下的舆情风险防范。全媒体考核办法全面实施、不断完善，“移动优先”得到充分体现。扬子晚报加强“服务中台”建设，中江网强化PC端与移动端一体运作，交汇点成立10多个融媒体工作室，各单位内部融合机制更加健全。地方分社加强资源整合，内容、渠道和平台优势不断释放，扎根一线、服务基层的能力明显增强。

三、放大品牌效应，传媒产业转型成效显著

1. 营收超出预期，结构明显优化。在各地报纸继续“关停并转”、疫情对经济形势造成严重冲击的背景下，集团全年利润超出预期，再度实现大幅增长。传媒主业保持高位稳定，新华日报、扬子晚报、中江网、乡村干部报、南京晨报、党的生活等均实现较大幅度增长，所有纸媒均实现盈利，印务板块一举扭亏为盈。新媒体收入在2019年同比增长40%的基础上，2020年又增长30%左右。传统版面广告在集团总收入中的占比降至1/4，传媒产业抗风险韧性显著增强。2021年度报纸发行中，新华日报发行量接近50万份，乡村干部报超过70万份。新华日报、扬子晚报再次双双入选“中国500最具价值品牌”，成为江苏仅有的两家上榜平面媒体。在“2019—2020年中国传媒经营价值百强榜”中，新华日报列“全国省级日报十强”第二名，扬子晚报列“全国晚报二十强”第一名。《传媒观察》《培训》等刊物品牌影响力不断提升。中江网营收首次突破1亿元大关，成为集团首家营收过亿的新媒体。

2. 统筹线上线下，创新活动运营。克服疫情影响，加强创意策划，全年举办线上线下活动近120场。“新华红思享会”“马克思主义·青年说”等活动不断深化拓展、做好党建服务，“新华高峰会”“新年走大运、城

门挂春联”“交汇点公开课”“跨年诗会”等广受社会欢迎，各类品牌活动影响力与日俱增。与此同时，第十五届中国传媒年会盛况空前，“长三角健康峰会暨中医药博览会”成功举办，“新华之友会”在成立71年后恢复活动，江苏金融赋能乡村振兴发展峰会、“助力小康·奋斗有我”微视频大赛等新尝试不断涌现。活动运营强化老品牌、拓展新空间，生态构建初具规模，发展态势持续向好。

3. 发力资本运作，推进多元布局。新业务不断开拓，成功发行20多亿元超短期融债券、中期票据，大幅度降低资金使用成本。投资板块大幅增长，全年实现各类投资收益增长44%。集团所属新华资管公司积极拓展保理业务、资产支持证券、供应链管理等多个新领域，拉长产业链，提升回报率。为推进新媒体深融，探索外部资源融合，集团稳步推进一批重大项目，谷里数字出版云平台建设工程、新华美溧智媒产业园建设工程抓紧布局，新华日报社报史陈列馆改陈工程稳扎稳打，新华大厦升级改造暨文化创意产业园建设进展顺利。疫情背景下与合作伙伴广泛开展“不见面洽谈”“隔空签约”，电商、健康、教育等“云上产业”取得积极进展。

新媒体工作案例

融媒体项目“听·见小康”

“听·见小康”项目是新华报业传媒集团横跨2019年、2020年和2021年的一次大型新闻行动。项目通过视觉、听觉等全要素融合呈现，以全新视角讲述一个个具体鲜活的百姓小康故事，系统记录江苏及全国全面建成小康社会的风雨历程。

融媒体栏目“听·见小康”于2019年12月23日起正式推出。该栏目以“音视频＋图文报道”的形式呈现。专栏系列报道被新华社、央视新闻等多家媒体广泛转载，“学习强国”学习平台在首页及“听文化”板块进行专辑整合呈现。

“听·见小康”项目已入选国家新闻出版署2020年中国报业深度融合发展创新案例，并获得中宣部专项经费资助。该项目注重线上线下结合，深入城乡社区的13场线下活动，吸引了大量群众踊跃参与。至2020年12月30日，“听·见小康”融媒体行动已采集百姓“小康心愿”5644条，拍摄百姓“小康笑脸”6350余张，收集百姓签名超过1.05万个。“说出你我的故事，听见小康的声音。”

在融合传播方面，除传统纸媒产品外，还打造专题、专栏、视频、长图、GIF、图解、图文、平面海报、海报视频等适于网络传播的新媒体产品，对相关内容进行全媒体包装，强调“新闻性＋传播力”的统一。

“听·见小康”项目紧扣“听”“见”“融”3个关键字，走进江苏全省13个设区市以及江苏对口支援五省区，采访记录城乡居民建设小康历程的点点滴滴，倾听小康心声，触摸小康温度，感受小康成就。作品入耳入心，充分体现了线上线下的融合创新、互动传播。

作品二维码

H5作品《新江苏“牵线”，抗美援朝老英雄离别68年后——云端“重逢”》

该H5作品是在“寻访抗美援朝老兵”大型主题报道基础上制作而成，报道前后历时近4个月，共寻访到在江苏的77位抗美援朝老兵。作品以点带面，通过两位老英雄离散68年后再“重逢”的新闻，带出整个志愿军群体形象。

H5作品首发于新江苏客户端，点击量达773452次，转发量达232216次。主题报道除在新江苏客户端、中国江苏网发布外，还被“学习强国”学习平台、人民网、央广网、光明网、新浪、网易、搜狐、抖音等各类平台推送，总阅读量超1.21亿次。作品荣获2020年度江苏好新闻（媒体融合）一等奖。两位老兵实现一生夙愿，向新江苏客户端表示感谢，还委托继续帮助寻找其他离散战友。江苏省军区领导特别致电，代表受访老兵群体表达谢意，认为作品内容感人至深，设计呈现新颖。许多网友留言认为，这是给老英雄们最好的纪念，给年轻一代最好的财富。

该作品具有以下亮点：

1. 主题厚重，典型性强。在2020年“纪念中国人民志愿军抗美援朝出国作战70周年”这一重大节点上，抗美援朝老兵一等功臣杨从芳和胡恒隆历经出生入死、战场离散、相互寻找、68年后再相逢的感人故事，再现了朝鲜战场上中国人民志愿军祖国和人民利益高于一切的伟大精神，富有典型意义、教育意义、时代意义。

2. 独家报道，新闻性强。通过新江苏客户端的独家报道，使南京、大连两地远隔千里的两位老英雄有机缘云端对话，久别重逢，并由此制作新媒体H5产品，具有独特性。作品又深挖一层，通过精剪11位抗美援朝老兵群体口述的战斗故事，立体展现志愿军以“钢少气多”力克“钢多气少”的英雄气概，并以习近平总书记重要讲话为全篇点睛，生动表述伟大抗美援朝精神跨越时空、历久弥新。

3. 多元呈现，交互性强。作品通过宏观历史与微观故事相结合的讲述方式，采用手绘、可视化动图特效，结合图片、视频、音频、历史影像资料等多元方式架构内容，相互穿插，创新融合，精心制作，可读性、可视性突出；作品通过交互推动故事流线发展，层层递进，最后以致敬人民英雄群体为情绪触发点，强化了互动行为，扩大了传播效果。

作品二维码

（新华报业传媒集团供稿）

荔枝新闻

新媒体工作综述

荔枝新闻客户端于2013年8月上线，是国内首个省级广电媒体新闻客户端。上线至今，共经历140余次产品版本迭代更新，始终紧跟时代传播潮流和技术发展趋势，截至2020年12月31日，荔枝新闻客户端下载用户突破3103万。近年来，江苏广电总台大力实施"双头部"传播战略，打造互联网领域的头部影响力。作为总台"双头部"传播战略的践行者，荔枝新闻深入推进全国化战略，突破行业和地域界限，成为省级新媒体向全国"出圈"的探路先锋。

一、技术加持，让内容创新更有底气

对新媒体产品，江苏广电提出"创新创意放得开开的"，要求在把好导向的前提下，充分发挥80后、90后互联网"原住民"的力量，打破条条框框，按照新媒体传播规律积极探索新样式、新玩法。荔枝新闻在业务、技术、模式等角度奋勇"试水"，作了不少创新尝试。8月18日，依托江苏广电荔枝云平台，自主开发的"荔枝直播"服务平台正式上线。它是荔枝新闻的直播模块，开放灵活，可搭载多种载体，支持直播带货、微播综艺等多样态直播业务。这也是推进媒体融合的又一个新突破。

荔枝新闻客户端始终坚持：核心技术自主开发，紧跟前沿趋势进行产品升级。荔枝新闻与腾讯、百度两家头部互联网公司开展技术合作，优化新媒体采编流程，在内容生产与内容分发环节提升编辑效率。上线的"荔枝智能写稿系统"，实现文本智能纠错与文章摘要自动拟取功能。其中特别推出的智能写稿机器人Litchibot，具备事件脉络梳理、结构化写作、分众化推荐等技术能力，生产、分发用户关心的新闻内容。例如，基于中国天气网和国家预警信息发布中心的数据信息，自动生成覆盖全国354个城市天气预报与极端预警的结构化稿件。

二、正道致远，让主旋律更高昂

作为主流媒体的新媒体平台，荔枝新闻始终坚持同以习近平同志为核心的党中

央保持高度一致，自觉把习近平新时代中国特色社会主义思想贯穿到新闻报道和内容生产之中，旗帜鲜明弘扬主旋律，不遗余力传播正能量，并始终围绕中心、服务大局。2020 年 9 月，荔枝新闻作为 4 家新媒体之一，参与中宣部“全面建成小康社会‘百城千县万村调研行’”主题采访活动。系列报道深入全国小康社会建设中颇具特色的城、县、村，充分展现全国建成小康社会的美好图景，共覆盖全国 31 个省（区、市），涉足 9 城、25 县、26 村，共推出 60 篇融媒体报道产品，形成了强大的传播效应，全网总点击量过亿次。

围绕庆祝中国共产党成立 100 周年，江苏广电启动了百集微纪录片《百炼成钢：中国共产党的 100 年》，荔枝新闻全程负责项目的新媒体策划、宣推和分发工作。该项目将在形式、语态、细节和传播上进行创新，多视角、多维度反映波澜壮阔的百年党史，采用网民喜闻乐见的表现形式和互动方式，让宏阔厚重的百年党史亲切可感。

此外，荔枝新闻也十分注重舆论的引导和阵地建设。评论品牌“荔枝锐评”关注舆情，服务大局，以高品质、专业性的评论，第一时间回应热点事件，引导舆论。如在全网质疑南京支援武汉的护士未获得应有待遇时，独家澄清辟谣，扭转了一边倒的舆论。一大批稿件产生了广泛而良好的社会影响，2020 年共计 40 余篇文章被人民日报、新华社等主流媒体转载。2020 年全年，荔枝新闻的稿件共产生 203 个微博热搜，287 条被央媒转载，并创作出 131 个千万级作品。

三、融合生产，开放心态，跨界合作

作为广电视听新媒体，荔枝新闻一方面依托江苏广电实现融合生产：搭载 5G 时代移动视频风口，用活传统广电视频的存量与增量。江苏广电总台作为领先的专业视频生产机构和强 IP 内容生产平台，是荔枝新闻得以突破地域标签的助推器。荔枝新闻参与到很多江苏广电大型项目的前期策划和全程宣推分发中，比如获第二十六届星光奖纪录片大奖的纪录片《淮海战役启示录》，荔枝新闻协同创作推出的短视频，也获得了国家广播电视总局 2020 年第一季度优秀网络视听作品。

荔枝新闻也开放心态，进行跨界合作，立足江苏，跨区域、跨行业连接，创新探索多样化的媒体融合路径，努力在日常新闻生产中实现整合策划：一是与央媒联动。与央视新闻、新华社等央媒形成常态化视频直播对接，在全国两会、防汛救灾等报道中推出多个联动策划。二是与互联网平台联动。与百度、东方 IC、知乎等互联网平台取得合作，建立行业线索和数据库联系，在高考、开学季、抗洪救灾等多个重大节点及事件中，推出行业观察、数据新闻、短视频等多种形态原创内容。三是与高校智库联动。增加对专业资源的拓展与挖掘，与南京大学新闻传播学院、东吴智库、苏州大学数据新闻实验班等协作生产专业性强的轻科普内容。

四、布局全国，影响力突破省域

荔枝新闻全面发力，突破属地标签，深入实施全国化战略，推出“荔枝特报”品牌，直击全国乃至全球热点，大事在现场、热点不缺席。荔枝新闻参与进博会、服贸会、长征五号发射等全国重要活动；在抗疫、抗洪、森林大火、台风等突发事件中第一时间抵达现场；在张桂梅、张玉环等热点新闻人物报道中探索出荔枝独特的角度和深度。目前，荔枝特报已触达美国、法国、日本等世界各地，第一时间派出特约记者报道日本钻石号邮轮事件、法国巴黎圣母院大火等。

2020 年，荔枝新闻还参与报道了国新办、教育部、商务部、国防部、中联部、文旅部、民政部、国家卫健委等 14 个部委办局新闻发布会。2020 年 6 月和 8 月荔枝新闻北京工作部、上海工作部成立。北京工作部积极拓展，在部委发布会、服贸会等报道中发挥了重要作用。上海工作部牵头组织了进博会报道。成都、西安、广州工作部也在筹备中。

自 2019 年 7 月至今，在索福瑞统计的全国省级台融合传播指数中，“荔枝新闻”与“荔枝视频”微博账号多次位居全国省级台账号前三。在新浪微博、腾讯、今日头条等平台中，荔枝新闻多点爆发，多次斩获全国媒体话题榜、视频榜等榜单三甲。可以说，荔枝新闻客户端并不是“一个团队的战斗”，而是江苏广电媒体融合进程的缩影。自 2012 年起，从全媒体新闻联动平台上线，120 名广播电视记者转型成为首批全媒体记者；到荔枝新闻客户端上线，到基础性云平台荔枝云启用，再到融媒体新闻中心成立、融媒体调度指挥制度建立，江苏广电总台一直在平台、技术、机制、流程等各个方面全面推动媒体融合。

新媒体工作案例

全国与全省的两会报道

2020 年是决胜全面建成小康社会、决战脱贫攻坚战之年，也是“十三五”规划收官之年。与此同时全民战“疫”令人深刻感受到“中国力量”。为全景呈现特殊年份的“非常”两会，荔枝新闻上线“奋进时间”全国两会特别专题。该专题充分集纳整合总台各频道、频率、新媒体部门等全国两会重点策划和程序性报道；同时，及时转载集纳中央媒体权威资讯和评论，发挥舆论主阵地作用。自 5 月 21 日至 28 日集纳稿件 855 篇，含融媒体新闻中心各部门稿件 401 篇，原创报道 178 条，“十三届全国人大三次会议开幕会”等子专题 21 个，总点击量超 5000 万次。直播方面，自政协开幕至两会闭幕，陆续开设 17 场移动直播，累计点击量逾 300 万次。

在理念创新上，荔枝新闻联合全国 12 家媒体，组建全国首个云上新闻编辑部，运用区块链理念开启“新闻众筹”模式，各媒体资源整合共享，跨区域联合报道，实现多平台实时联动、多终端即时推送。

在内容产品的创新上，推出特稿系列《两会特刊》，深度对话中国社科院、中国人民大学、中国宏观经济研究院“马克思主义理论研究和建设工程”权威专家和知名学者，通过感性观察、深度评论与扎实数据，解读时代命题与两会热点。该系列跳出专家访谈传统模式，以故事讲述娓娓道来，用新媒体可视化的方式呈现数据与专家观点，将数据新闻融入访谈中，让特稿在有深度的同时易读易懂，形式新颖生动、贴近受众。系列报道获得相关领域专家高度好评，多篇报道点击量破50万次，大大增强了荔枝新闻品牌美誉度和辨识度。

在思想创新上，荔枝新闻充分发挥新媒体思维。一方面注重打开视野，从全国视角入手，充分汇聚前后方力量，融合报道，云端连线，聚焦总书记下团、政府工作报告审议等重要议程、代表委员履职情况、提案议案情况等热点话题，展开多维度、多系列策划报道，如：总书记下团“金句”精美海报、“荔枝特报·两会特刊”聚焦政府工作报告、“荔枝学习小组”3D走心读报告、代表委员花式“云上线”等；另一方面注重深耕江苏，充分发挥省级媒体上下联动作用，推出一系列有爆点、有亮点的创意产品，进一步提升时政报道的影响力和传播力。其中，《融评两会》全方位解析重点议题，在习近平总书记参加内蒙古团审议提到“蒙古马精神”后，立即撰写《弘扬“蒙古马精神”，奋力“闯”出新天地》一文，当晚即被中央网信办全网推广。

作品二维码

“奋进时间”全国两会特别专题

高水平全面建成小康和脱贫攻坚主题活动

为生动呈现我国全面建成小康社会伟大壮举，2020年9月起，荔枝新闻参与中宣部“全面建成小康社会‘百城千县万村调研行’”主题采访活动。截至2020年12月29日，系列报道深入全国小康社会建设中颇具特色的城、县、村，目前共覆盖全国31个省（区、市），涉足9城、25县、26村。共推出60篇图文报道、60条短视频、60张原创海报、一个WAP专题和一个富于互动沉浸体验的PC专题、一个集纳式H5产品、多个总结视频。守主题之正、创内容之新、集全台之力，运用故事化表达、可视化呈现、沉浸式体验、数据化概述等方式打造多样态精品产品，形成了强大的传播效应，全网总点击量过亿次。

2020年4月15日，由江苏省委网信办主办，荔枝新闻承办的“决胜全面小康遇见美好生活”官网正式上线，紧扣江苏全面小康重点任务和特色，全领域构筑小康图景，多视频呈现小康全景，多互动打造小康体验。“两网两端”围绕全面小康这一重大主题，上线“聚力强富美高决胜全面小康”“决胜全面小康遇见美好生活”“走向我们的小康生活”“我们的小康”等相关专题20个，原创稿件378篇，累计点击量1.4亿次，从百姓脱贫致富、江苏小康成绩单、百姓小康获得感等多个维度展开报道。

2020年6月，在江苏省委宣传部、省委网信办、扶贫办、团省委等主管部门的指导下，启动“苏货直播 e起小康”活动，通过地方政府负责人、正能量网红明星、网络社会知名人士等直播带货方式，开展网络公益营销，传递网络公益爱心，促进复工达产，助力乡村振兴。该项目荣获省委网信办“十佳网络公益项目”，《“苏货直播 e起小康”大型网络公益直播》网络扶贫案例入选2020年江苏省网络扶贫优秀案例。

2020年9月，由江苏省委宣传部主办，荔枝网、我苏网承办的“走向我们的小康生活”主题征集活动联动省市主流媒体，以及各县级融媒体中心，从百姓视角出发，充分利用基层力量，把触角延伸到各个区县社区和田间地头。本次主题征集活动围绕决胜全面建成小康社会、决战脱贫攻坚主题主线，通过最真实、最生动、最富时代感的视频、摄影、征文等形式，全方位、多角度展现江苏省高水平全面建成小康社会，开启现代化建设新征程，把“强富美高”新江苏建设不断推向前进的现实模样。活动共收到（审核通过）作品2580部，其中视频作品747部，摄影作品1179部，征文作品654部。

作品二维码

“全面建成小康社会‘百城千县万村调研行’”
主题采访报道活动

（荔枝新闻供稿）

浙江日报报业集团

新媒体工作综述

2020年以来，浙报集团深入学习习近平总书记关于推动媒体深度融合发展的重要论述精神，按照中办、国办印发的《关于加快推进媒体深度融合发展的意见》和浙江省委办、省府办印发的《关于加快推进媒体深度融合发展的实施意见》要求，推动主力军全面挺进主战场，提升现代传播能力、立体呈现“重要窗口”的能力，加快打造具有全国影响力和竞争力的一流新型主流媒体，努力构建现代化全媒体传播体系。

一、精心谋划习近平总书记重要讲话精神尤其是考察浙江报道的网上宣传，突出浙江特色、融媒特征

浙报集团始终把宣传习近平总书记系列重要讲话精神作为宣传报道的重中之重，尤其是2020年3月29日至4月1日，习近平总书记考察浙江，集团媒体在纸媒浓墨重彩推出系列报道的同时，用好用足新媒体手段做好融合呈现。3月28日前，集团新媒体推出报道，充分反映总书记在浙江工作期间去过的地点、关心过的地方近年来的喜人变化，生动反映全省上下坚持以“八八战略”为统领，干在实处、走在前列、勇立潮头的实践成果。考察过程中，集团新媒体第一时间转载央媒报道，报道好动态消息。4月2日，浙江新闻客户端、浙江在线新闻网站、天目新闻客户端等新媒体平台在首页首屏重要位置同步刊发并推送《习近平在浙江考察时强调　统筹推进疫情防控和经济社会发展工作　奋力实现今年经济社会发展目标任务》。同时，根据各新媒体平台特点，移动端相继推出原创融媒体产品。其中，浙江新闻客户端推出的原创可视化长图《习近平浙江行　为啥去了这些地方？》，图文并茂地对总书记考察浙江之行进行及时且通俗易懂的解读，引发广泛传播。4月3日，集团各新媒体平台重磅刊发《春风又绿江南岸——习近平总书记在浙江考察纪实》，全网转发后阅读量超2000万次，超过10万人次点赞、评论。按照总书记赋予浙江“努力成为新时代全面展示中国特色社会主义制度优越性

的重要窗口”的新目标、新定位，浙江新闻客户端等新媒体持续打造“牢记重要嘱托　建设‘重要窗口’”等品牌专栏专题，并长期运营。

11 月 9 日至 18 日，浙江新闻客户端还策划推出《总书记浙江考察地回访》系列报道，循着习近平总书记今年考察浙江的足迹，以“视频 + 图片 + 文字”的融媒体报道形式，展现半年多来浙江省深入学习贯彻习近平总书记考察浙江重要讲话精神，忠实践行“八八战略”、奋力打造“重要窗口”的丰硕成果，在网上再掀高潮。

二、重点抓好重大主题报道的融合呈现，提高传播到达率、点赞率、黏合率

能否让重大主题报道的传播入脑入心，是对主流媒体融合实力的检验。2020 年以来，浙报集团围绕高水平全面小康、建党百年、长三角一体化发展、奋力打造“重要窗口”等重大主题，以爆款思维、产品思路做好精细谋划，加强报道的组织化程度，努力提高报道的到达率、点赞率、黏合率，最终实现报道价值的提升。

1. **在疫情防控报道中突出新媒体时效性、服务性、互动性。**疫情防控期间，浙江新闻客户端、天目新闻客户端系列时效性强、信息量大的“新闻海报”“新闻卡片”成为“刷屏”之作。浙江新闻客户端《5G医用测温巡逻机器人助力疫情防控战役》等鲜活短视频播放总量达 4547 万次，天目新闻客户端推出 16 秒独家短视频《危重病人拔管后紧紧拉住医生的手，艰难地说出了这四个字：“打倒病魔”》被人民日报等 50 多家主流媒体转发，微博话题阅读量高达 2 亿次。小时新闻客户端推出“疫线面孔”新媒体产品聚焦抗疫一线的普通人，专题点击量超过 450 万次。集团新媒体平台还策划推出 12 场“情系游子心　防疫共此时”浙江关爱海外侨胞和留学生科学防疫专场网上直播活动，为海外游子第一时间提供服务。

2. **在重大主题报道融合传播中突出可视化、故事化、场景化。**浙江日报 5 月 9 日起策划推出“接力——高水平全面建成小康社会大型融媒体报道”，以“接力”为关键词，立足“全国一盘棋”视野，派出 10 组记者分赴在省内外具有典型意义的地点、部门、行业等，通过 10 组具有传承性的“接力”人物故事，以视频、图片和文字报道充分展示浙江作为“三个地”的使命担当，致敬历史、观照现实、启迪未来。10 组报道共发稿 80 余篇，全网曝光量超 3000 万次。7 月 1 日，浙江日报“从起航地出发——迎接建党百年大型融媒体报道”寻访从嘉兴南湖启程，记者们组成 10 支小分队，从红船起航地嘉兴出发，走进井冈山、大庆、深圳等革命圣地改革高地，系列融媒体报道仅在浙江新闻客户端的点击量就超过 250 万次。系列报道收官时，还推出短视频《可视化速览丨浙江日报十路融媒记者从起航地出发　追寻百年大党的红色足迹》等产品，二次挖掘报道价值，在网上再掀传播高潮。

根据 2020 年全国两会会期短、前方记

者少、采访难度高等特点，集团着重在新媒体平台发力，浙江新闻客户端推出 H5《两会象棋 | 请您来落子　今年我们这样奋斗》，以其新闻性与趣味性受到用户一致好评。在长三角地区主要领导座谈会报道中，中央、省市媒体同台竞技，浙江新闻客户端首发《独家揭秘：当着沪苏浙皖党政主要领导的面，周其仁为何点赞这家台州民企》迅速“刷屏”。在世界互联网大会·互联网发展论坛报道中，浙江新闻客户端创新运用 VR、条漫、移轴技术推出《特别策划 | 行在乌镇　穿梭历史与未来》《移轴视频 | 小乌镇　大智慧》等让人眼前一亮的作品，天目新闻 5 场原创直播总观看人数超 2130.8 万。

*3. 在传播浙江建设“重要窗口”实践中突出全国视野、视频呈现、立体传播。*浙江日报全方位聚焦建设新时代“重要窗口”的精彩实践、浙江探索，用好短视频这个主形态，以全国视野来做好立体传播，先后策划推出“高端访谈”“十大新课题大型融媒体访谈”等栏目和专题，强化在新媒体端的融合传播。尤其是“高端访谈”子栏目，围绕浙江忠实践行“八八战略”、奋力打造“重要窗口”这个主题，走出浙江，请国内知名专家分析阐释，既有理论高度，也有传播效果。

三、积极推动主力军全面挺进主战场，建强主流媒体平台、构建省域传播体系、打造全国影响力

*1. 做强优质内容，以新媒体栏目为抓手提升移动端内容吸引力。*浙江新闻客户端发挥党端的内容权威优势，以更优质的内容和更好的用户体验来吸引用户、激活用户，尤其是以新媒体栏目制为抓手，在浙江新闻客户端推出首批 8 个新媒体栏目，牵引主力军往主阵地转移，并丰富客户端的内容生产。一是在优质内容生产上下功夫。浙江日报专门出台办法鼓励采编人员在浙江新闻客户端开设新媒体栏目，推动优质内容创新。经过竞争性选拔，先后推出《90TALK》《数一数二》《逸晨看 5G》等 8 个新媒体栏目，截至 2020 年年底，8 个栏目共计推出原创报道 338 篇，累计点击量 6540 万次，较好地丰富了浙江新闻客户端的内容。二是在提升编辑含金量上下功夫。浙江新闻客户端努力提高编辑的主观能动性和创造性，打造“有意思实验室”栏目，努力扩大数字技术在内容生产中的应用。比如，推出 VR 新闻，对画面漂亮、新闻性较强的报道进行 720 度的视频展示，提高读者的浸入式、互动式体验。浙江新闻客户端还与相关政府部门和科技企业合作推出“卫星新闻”栏目，运用卫星影像图提升新闻报道内容品质。三是在提高用户体验上下功夫。6 月 16 日，浙江新闻客户端正式上线 7.0 版本，侧重用户端需求优化用户体验，如在头条频道增加滚动快讯功能，适用于突发新闻的滚动更新场景；提升音视频直播板块体验，增加 VR 视频功能、集成第三方文字转语音服务，实现新闻自动语音播报；升级视频播放体验，打造竖屏短视频观看沉浸感，得到用户好评。

2. *立足视频生产，打响长三角品牌、加快全国化布局、全球化传播*。天目新闻正式上线以来，围绕全国化、视频化、市场化的发展目标精准发力。一是深耕长三角。陆续推出《活力长三角》《航拍长三角》等栏目，累计派出记者百余批次，足迹遍及长三角41个地级以上城市、超百个县级城市，全部以竖屏短视频的拍摄方式定格精彩瞬间，全面展示长三角各地独特的城市风貌、生态环境、产业特色、人文历史等。二是发力全国化。天目新闻客户端特别设置城市页卡，除浙江省内的11个市和北京、上海等重点城市外，还增设了长三角重点城市页卡，每天更新各地新闻。广西洪灾等国内热点突发事件，天目新闻均第一时间派记者前往现场，挖掘热点新闻背后的美好故事，提升全国影响力。三是传播全球化。12月29日，天目新闻客户端英文频道正式上线。英文频道主要面向在浙外国人，设置新闻与资讯两大类栏目，聚焦浙江的经济社会最新的建设发展成就，讲述之江大地上的暖心故事，激发情感共鸣，促进互联互通；介绍浙江美景美食、非遗文化，吸引国外用户认识浙江、读懂中国；提供新鲜及时、丰富实用的信息资讯服务，为在浙外国人提供生活便利。

3. *发挥调度作用，全员转型移动端初见成效*。小时新闻充分发挥调度中心的牵引作用，提升新媒体平台的生产力，让采编人员的报道在移动端得到更好的呈现和传播。一是健全多部门协同机制。1月29日钱江晚报官方微信推出《刚刚！ 2吨医疗物资从俄罗斯“闪送”回杭！全部人肉背回，这就是浙江人！》，获得200多万阅读量。这一爆款的产生，就得益于钱江晚报整体转型移动端以来的全新运行机制——根据内容立即组织相关部门成立项目小组，在调度中心协调下实现多部门协同完成策采编发一体化。二是强化产品创新。创意策划部和视觉设计部结合热点，通过与移动优先相匹配的产品形式，对优质内容进行二次开发和包装，打造了一批新媒体产品。在各部门生产内容的基础上设计的“疫”线面孔系列，在客户端上专题总点击量逾500万次。三是增强用户互动。一方面通过推出系列活动，比如“到帮帮团晒春天照，上开机页”等，提高用户的参与度；另一方面强化社群运营，主要是以“好摄”群体为支撑，对6000多个摄友开展分层级服务，引导他们进行用户生产，增强用户黏性。

4. *建立融媒共享联盟，打造建立省市县一体化传播体系*。根据中央和省委关于加强县级融媒体中心建设的部署，集团从4月份开始建设县级融媒体中心共享联盟，当年7月就实现了县级融媒体中心的全覆盖，并扩大到企业、院校、乡镇等，截至2020年年底共有95家单位加入共享联盟。共享联盟成立后，在内容生产、主题策划、传播分发、技术运用等方面开展多项合作。一是打造原创内容的“整装厂”。7月，集团发起“大潮起之江 ‘窗口’看小康”大型新闻行动，联盟成员单位踊跃参加，共同策划推出65期，阅读量超过7000万次。二是打造传播分发的“集散地”。在共享联盟内部，以各分社为枢纽平台，浙报集团的各大媒体平台为各县级融媒体中心所用。同时，借助浙报集团在外部渠道方面的优势，将更多地方的优质内容对外分发，使传播效果实现指数级的增长，为各地进一步扩大外宣成果。三是打造新型技术的“试验场”。联合国家新闻出版署出版融合发展（浙报集团）重点实验室，推出“浙报·县级融媒体合作传播力榜”，及时反馈传播效果。浙报集团自行研发的天目云和天枢系统以及通过与各大平台合作引进的新技术，在共享联盟内部率先使用，并通过技术的力量推动双方的融合水平提升。四是打造人才培养的“大学校”。发布“共同成长”人才培训方案，先后邀请共享联盟单位的60余名采编人员到集团来跟班学习，共享联盟还与天目融媒体学院发起3场全省性的县级融媒体中心新媒体业务培训，各分社也通过开展业务交流学习等方式助力联盟融媒体人才质量的提升。据不完全统计，2020年，通过各种方式培训业务和技术人才约500人次。

四、以全媒体绩效考核为牵引，突出科学化、精细化、智能化，激发采编人员创新活力

围绕主力军全面挺进主阵地打好主动仗的目标，浙江日报进一步研究设计科学合理的绩效考核体系，建立完善符合传媒行业特点的薪酬分配制度，真正实现“移动优先、优劳优品优得”。一方面，把考核重点转向优质内容在重点央媒、头部平台的传播效果，并根据各平台特性科学设定考核指标；另一方面，削减纸媒考核指标，激励采编人员把生产力投向移动端。在此基础上，与技术部门共同制定方案，完善“媒立方”平台，以大数据为支撑，内部数据和全网数据双循环，并引入人工智能技术，让数据“会说话”，大大提高考核分配效率和精准度，形成对整个采编体系和员工个人“成长轨迹”保存、收集、整理、分析、反馈、矫正的“管理闭环”，覆盖采编全流程和员工职业成长全生命周期。这一体系可以随时调取单篇或整体，差异性或专业性的考核分配数据，实时生成不同的图表、报告，为编委会运用考核分配结果进行科学决策提供依据。

在强化移动传播、全网传播的考核导向下，集团采编人员的融媒体生产活力得到激发。据不完全统计，2020年度，在浙江新闻客户端传播量超30万次的融媒体产品比2019年度增加1倍；浙江日报各部门、分社的月均视频产量比2019年月均提高30%以上。

新媒体工作案例

天目新闻客户端

2019年10月19日上线以来，天目新闻秉持“全国化、视频化、市场化”理念，以“开天目，见美好”为价值追求，致力于讲好浙江故事、长三角故事、中国故事，平

台的传播力、影响力、美誉度不断提升，发展速度和发展质量均名列党媒新办客户端前茅，成为主流媒体新办客户端中成长最快、发展态势最好、传播最广的平台，入选“中国媒体融合先锋榜”并位居前列。截至2020年年底，天目新闻客户端全国用户突破1000万，跻身全国同类新闻客户端的头部阵容。

2020年是天目新闻内容建设的关键之年，天目新闻以“看见美好”为价值追求，通过百姓视角的视频报道来弘扬正能量、传播暖新闻，以正能量带来大流量，以暖新闻带来大影响。

1. 聚焦精彩瞬间，奋战战“疫”一线。2020年1月25日，浙江省首批抗疫医疗队紧急出发驰援武汉，天目新闻派出全省最早、当时唯一随队记者。66天里通过网络直播、Vlog、视频报道等形式，发回原创报道70多篇，直播、文字等其他报道20多篇（次），其中《探访浙江医疗队武汉病区》单篇全网阅读量达2000多万次，点赞评论过万次。独家短视频报道《危重病人拔管后紧紧拉住医生的手，艰难地说出了这四个字：“打倒病魔”》被人民日报、环球时报、中央人民广播电台、央视网、中国日报等50多家主流媒体转发，微博话题阅读量高达2亿次。

2. 创新报道理念，提升重大主题报道水平。天目新闻打破常规套路，对党政领导人的核心观点进行聚焦式视频呈现，探索出了一条“党政新闻可视化、重大报道小切口”的路径。2020年浙江省两会期间天目新闻独家策划推出“2020@市委书记”栏目，用党政领导的原声原话，传播两会上最具亮点的观点，在朋友圈“刷屏”。7月，推出大型新闻行动《走向我们的小康生活》系列报道“幸福光景”和“扶贫印记”，天目新闻记者奔赴全国各地，用具体可感的事例和生动的画面来体现幸福感和获得感。

3. 服务国家战略，聚焦长三角一体化发展。面对浙江建设“重要窗口”的新目标新定位，天目新闻坚持全国站位，积极服务国家战略。2020年6月，天目新闻在全力做好第二届长三角地区主要领导座谈会主题报道基础上，与长三角区域合作办公室联合编写了《长三角一体化发展实践创新案例集》，获得三省一市各界领导高度肯定，这也成为天目新闻以媒体力量深度服务一体化的鲜活案例；并成功举办了“看见美好　长三角一体化的媒体力量”天目论坛，获得与会领导嘉宾的肯定。

4. 强化平台建设，构建内容生态圈。天目新闻上线以来，着力以开放平台吸引广大用户生产，努力使“潮客”频道成为群众展现新时代美好生活、自己开心瞬间的互动式分享平台。如2020年推出“身边的美好——全面小康看浙江”年度短视频网络传播活动，网友发布“身边的美好”作品超过1.3万件，阅读量突破2.2亿次。截至2020年年底，天目新闻“天目号”平台已吸引700余家媒体、机关单位及专业短视频创作团队入驻，构建起了天目新闻优质内容生产圈。

5. 构建传播矩阵，提升内容影响力。天目新闻已与今日头条、阿里巴巴、快手等头部互联网公司达成战略合作，以市场化方式积极推动媒体融合，不断拓展天目平台传播力、品牌力、影响力。值得一提的是，天目新闻抖音号经过一年多发展，目前已累计收获点赞3.2亿次，播放量超180亿次，粉丝数达678.7万。

"使命·从起航地出发——迎接建党百年"大型融媒体报道

为迎接建党百年，2020年7月1日起，浙江日报正式启动"使命·从起航地出发——迎接建党百年"大型融媒体报道。10支小分队分赴省内外寻访，以共产党人的初心和使命为脉络，展现在党的领导下，特别是党的十八大以来，习近平总书记治国理政的辉煌成就带给人民群众的获得感、幸福感、安全感，展现浙江"三个地"和"重要窗口"的政治担当，以丰富多彩的融媒体报道，深入挖掘寻访地经济、社会发展、变迁中蕴含的精神内涵，展现精神的动力与伟力，是浙江日报探索重大主题报道融合创新的又一生动实践。

报道选题经过精心策划，从红船起航地嘉兴出发，走进井冈山、遵义、延安、西柏坡等闪耀着红色光辉的革命圣地，走进大庆、小岗、深圳等见证新中国从弱小走向强大、从富起来到强起来的改革高地，寻找红色足迹，感悟精神伟力；报道充分展现融合创新理念，报纸端版面根据每期主题变换设计，主稿同步配发记者手记、史海沉钩，同时活用高清照片、二维码内嵌视频等，新媒体端与报纸端形成联动发稿，广泛传播；系列融媒体报道在近4个月的时间里刊发10期，仅浙江新闻客户端上点击量就超过300万次。系列报道收官时，还精心制作可视化长图《一图全览，看浙江日报融媒记者从起航地出发寻访建党百年奋斗路》、短视频《可视化速览|浙江日报十路融媒记者从起航地出发 追寻百年大党的红色足迹》，二次挖掘报道价值，在网上再次掀起传播高潮。

此外，作为创新重大主题报道的新实践、新探索，浙江日报不仅强调报道本身的内容品质，还强化线上线下的联动和精准运营传播。2020年7月1日，"使命·从起航地出发！浙江日报迎接建党百年大型融媒体报道"启动仪式在杭州和嘉兴南湖同时举行，两地双会场同步授旗。在位于嘉兴南湖湖心岛的启动仪式分会场，还举行了由浙报集团与南湖革命纪念馆合作举办的"从起航地出发·百年红船伴我行"活动。记者在寻访的同时，向各地纪念馆赠送印刻浙报集团与南湖革命纪念馆LOGO的红船模型，形成报道与运营之间的有机联动，为整组融媒体报道的宣传效果进一步赋能。

作品二维码

（浙江日报报业集团供稿）

浙江广播电视集团

新媒体工作综述

2020年，浙江广电集团融媒体新闻中心（以下简称“融媒体新闻中心”）正式重组挂牌。按照集团打造“六位一体”新型媒体集团的整体战略，融媒体新闻中心围绕“主力军全面挺进主战场”核心要求，推动渠道平台、运作流程、传播手段创新，优化大屏、拓展小屏、强化跨屏，构建全媒体生产播出体系，媒体融合发展取得新成效。

一、牢记职责使命，凸显主流实力，主题主线宣传声势浩大、爆款迭出

2020年，融媒体新闻中心以习近平总书记关于新闻舆论工作重要讲话精神为指引，聚焦主战场、唱响主旋律、抓好主业务、打造主力军，围绕全年主题主线、紧扣重大节点，构建大小屏融合传播新格局。

1. 扛使命、现担当，描绘抗击疫情浙江画卷。面对突如其来的新冠肺炎疫情，融媒体新闻中心率全国省级广电之先启动疫情防控宣传一级响应，从2020年1月26日（农历正月初二）开始，每天开通六大时段220分钟《众志成城　防控疫情》特别节目，“中国蓝新闻”客户端同步直播。在做好大屏报道融合传播的同时，抗疫期间客户端共推出短视频、H5产品、手绘新闻、图说新闻、海报新闻等各种形式的融媒体产品近200个。兼顾宏观的“主流叙事”和生动的“民间表达”，H5《浙江记“疫”》、首款AR战“疫”互动产品《谢谢你，每一位平凡的“超人”》、原创手绘动画产品《浙鄂两地书》等新媒体产品以小切口折射大时代，充分发挥强信心、暖人心、聚民心的舆论引导作用，均获得点击与口碑的双丰收。在做好自身抗疫宣传的同时，客户端还充分发挥集团融合传播主平台作用，集纳抗击新冠肺炎疫情相关报道6000余条，整合信息，统一包装，共同发力，最大程度放大传播效果。在新媒体网络专题《浙江抗疫在行动》等板块中，对浙江卫视纪实性电视专题片《逆行无悔》《大考——浙江战“疫”纪实》《中国共产党为什么能第八季·浙江战“疫”》等栏目进行了重点呈现；对浙江省人民政府新闻办60余场疫情

防控工作新闻发布会网络直播。

2. 小切口、大主题，传播精准扶贫浙江经验。2020年，是我国决胜全面小康、决战脱贫攻坚之年，融媒体新闻中心发起大型融媒体新闻行动《大山深处的浙江人》，聚焦浙江对口支援省份以及对口帮扶地区，以人物为切入点，以"大山"为报道载体，沿着山脊线，蹲点寻访脱贫攻坚第一线的浙江面孔，展现扶贫路上的浙江担当。融媒体新闻中心打破以往传统媒体主题主线宣传大屏单向、单一的采编播出流程，在采访团队出发伊始，"中国蓝新闻"客户端便已开设同名新媒体专题，设置"挺进大山""小康村里的热板凳""小康路上的慢直播"等板块，记者即时记录沿途见闻、沿途对话，并以直播、慢直播、Vlog、H5、短视频等形式多样、品类丰富的融媒报道形式在新媒体端发布。平实的语态、原生态记录，生动还原了扎根大山、奉献大山的人物故事：浙江非遗传承人15次上高原，助力藏区"牧女"变"织女"；天山脚下的援疆教师，用3年时间让乌什·衢州小学的全区排名从垫底变成亚军；扎根国家级贫困县尼勒克县的浙商，巧借资源推行数字化养鱼，带领当地牧民奔小康……这些鲜为人知的扶贫故事，一经新媒体发布就成为传播正能量的网络"爆款"，观看量累计超过1000万次，有效实现"大屏未播、小屏先热"传播效果，也深刻展现了国家战略大局中浙江助力小康的信念与决心。

3. 勇创新、重融合，展现"重要窗口"浙江探索。2020年，习近平总书记在浙江考察时，赋予了浙江新目标、新定位，要"努力成为新时代全面展示中国特色社会主义制度优越性的重要窗口"。围绕这一重大主题，融媒体新闻中心策划推出大型融媒体新闻行动《忠实践行"八八战略" 奋力打造"重要窗口"》，以"系列蹲点报道＋系列直播互动访谈＋系列融媒体新闻产品"的方式开展。其中新媒体成为《互动直播：县（区市）委书记访谈》唯一的发布平台，其中的精华内容经编辑后在大屏以报道的形式播出，这也开启了融媒体新闻中心在重大主题报道中由小屏反哺大屏的先河。在本次新闻行动中，融媒体新闻中心针对不同类型的受众需求，创制推出短视频、Vlog、慢直播等融媒产品，多样化、个性化、碎片化做好主题宣传。如从新闻现场、直播素材中拆分提炼妙语金句、鲜明观点，以短视频的形式二次传播；再比如原汁原味的慢直播，把各地奋力打造"重要窗口"分秒变化真实直观地展现在观众眼前。新媒体报道收到了很好的传播效果，互动直播平均实时在线互动评论量超过万次，网友评价"没有套话、干货满满"。

二、探索媒体融合路径，发力新媒体产品创新，推动融合建设迈上新的台阶

为了更好地把自身在专业采编、信息资源、节目品牌等方面的优势转化为优质内容生产能力在互联网上的传播力，2020年，融媒体新闻中心全力打造自有新媒体平台

“中国蓝新闻”客户端，在媒体融合路径、新媒体产品开发等方面进行了不懈的探索。

1. 探索时政新闻互联网表达，夯实“大小屏”融合传播优势。 2020年全国两会期间，根据疫情防控特殊要求，融媒体新闻中心打造“云”看“两会”新概念，充分运用“云采访、云连线、云传播”等新型传播技术，轻松实现“云端互动”，并重磅推出一批有温度、有力度、有创意的“拳头”产品。H5产品《浙“疫”战》采用三维建模等技术，梳理回顾浙江战“疫”中的优秀经验，从不同维度体现浙江速度、浙江力度、浙江温度和浙江韧度；“一镜到底”创意短视频《“520”一份来自浙江的美好表白》运用跨空间、传递转场的概念，表现了浙江在后疫情时期，社会各界全面复工复学的蓬勃景象，表达了浙江各界对全国两会的热切期盼；手绘长图H5《浙江之窗》以复工复产中化危为机为主脉络，从打造“千万工程”升级版、智慧城市、全域旅游、疫情防控、枫桥经验、最多跑一次等浙江经验着手，讲述浙江这扇“重要窗口”中的特色“风景”。融媒体新闻中心在全国两会报道中对融合传播路径的新探索，多次受到表扬，而融媒体产品《外围看“两会”》《大舒小兰说两会丨从“特公机”到“ABCDS”》先后两次入选人民日报·人民号“两会热闻排行榜”的前十名，《大舒小兰说两会丨〈民法典〉来了是部这样的“百科全书”》等多件融媒产品上榜“央视新闻+”的两会专栏首屏推荐位。

2. 紧随新媒体技术前沿，不断推出广受网民喜爱的新媒体产品，扩大主流新闻传播力。 2020年，融媒体新闻中心围绕新闻、视频、直播、评论等要素，深刻剖析网民的阅读习惯，细分各类群体偏好，精心研发“主题硬度高、表达语态软”的新媒体产品，助力主力军占领主阵地。

第一，发挥短视频全网较高传播度的优势，策划推出一系列短视频产品。“时代楷模”陈立群在贵州支教4年，63岁的他在一次次延长支教时间后，终于要在2020年卸任。8月23日他带领新校长走进苗寨，进行离开台江前的最后一次家访，短视频《最后一次家访：陈爸爸　不要走》记录的就是这一最真实、最鲜活、最感人的现场。无论是苗族老乡在暴雨中和陈立群深情相拥，还是苗族孩子发自肺腑高呼“陈爸爸，你不要走”，抑或是陈立群许诺“我是终身名誉校长，将来即使我拄着拐杖，也要来关心台江的教育”，都深刻揭示陈立群作为“时代楷模”的精神内核。短视频在“中国蓝新闻”客户端推出24小时内，阅读量即突破500万次，数十家媒体进行转载，全网总阅读量48小时内超过2000万次。以“小人物”见“大时代”，以“小故事”见“大情怀”，2020年，融媒体新闻中心推出了一系列类似的短视频产品。无论是用沙画表现援疆教师夫妻故事的系列短视频《会魔法的“浙江爸妈”》，还是在田野乡间也能跳出自己步伐的《小英夫妻的“土味”曳步舞》，一经推出就成为朋友圈中的爆款。

第二，聚焦视频直播优势，精心打造一

批高热度、强互动、年轻态的优质网络直播项目。2020年，融媒体新闻中心充分发挥广电新媒体在视频直播上的专业优势，精心推出一批口碑好、热度高的网络直播项目。如网络直播《“生命禁区”的“浙江奇迹”》，记者背着制氧机走进海拔最高的智能温室大棚，报道扶贫干部克服困难种植出希望，累计观看量超1000万次；再比如移动直播《千岛湖水下约会胖头鱼》以水下陌生的视角、新鲜的画面，吸引网友好奇的期待，客户端自身点击量130.2万次，全网500多万人次收看直播，新浪微博点击量近亿次，两次登上热搜榜。值得一提的是移动直播《互动直播：县（区市）委书记访谈》，不仅开创了主题报道小屏直播、反哺大屏的融合生产新样态，还通过移动直播聚集用户，无论是客户端的下载、新增用户数还是用户日活都大幅度上升，为融媒体新闻中心探索“生产＋运营”路径带来启发。

第三，发挥主流媒体核心竞争力，强化网络评论产品打造。融媒体新闻中心聚焦重大主题、热点话题，权威解读，及时发声，提升舆论引导能力。在做好客户端特色栏目《众言堂》的同时，积极探索网评新模式，创新打造“热评·琳距离”“正午观点”等视频评论，做到大事发生不漏评，热点事件主动评。充分发挥主播效应，发扬可视化网评这一大特色，增强新闻评论艺术感和观赏性，使受众能以喜闻乐见的方式接受新闻观点和其他有价值的信息。2020年，共推出网评近400篇，总点击量超2000万次。

3. 创新呈现电视理论节目《中国共产党为什么能》。《中国共产党为什么能》是浙江广电集团品牌节目之一，曾多次获得中宣部、国家广电总局表扬。如何把品牌栏目通过新媒体的传播发挥更好效果？融媒体新闻中心创新手段，走进高校，采取理论节目和大学思政课相结合的方式，在节目录制阶段就开放网络直播，以第十一季“重要窗口”为例，仅4场录制就有10万多大学生收看。节目播出后，有的高校将节目纳入“第二课堂”的选修，有的高校党支部、团支部将其纳入学习教育的特色活动。大屏报道、小屏产品、理论图书等多形态传播，把新思想送到群众心坎上。

三、发挥“蓝媒联盟”协作优势，打造共建共享融媒大平台

2020年6月29日融媒体新闻中心重组挂牌后，迅速牵头成立了以“1+101+X”为架构的“蓝媒联盟”。其中的“1”就是浙江广播电视集团，“101”为覆盖全省11市90县的融媒体中心，“X”则为央媒的新媒体以及头部商业平台。依托“蓝媒联盟”省市县三级媒体力量，打通用户“最后一公里”；联通融媒“朋友圈”扩大全国影响。

1. “蓝媒联盟”省市县三级联动，媒体合作激发新势能。大小屏融合、省市县联动、传播平台共用、内容共建共享，融媒体新闻中心以“蓝媒联盟”为主平台，协同浙江省11个市广电融媒体、90个县级融媒体中心，做好“下沉”文章，共同唱响浙江“三个地”好声音。2020年，相继推出《小

康村24小时》《坐着高铁看浙江》《“乘风破浪 蓝媒出海”直击开渔“第一网”》《中国蓝新闻为你造了个滑雪场》等一系列融媒活动，推动浙江实践、浙江经验传播更加广远。融媒特别策划《小康村24小时》走进全省11个市21个村，联动百家融媒体中心，以小屏慢直播、大屏连线、联播深度报道等方式，讲述各地乡村“忠实践行‘八八战略’ 奋力打造‘重要窗口’”的生动实践。节目总点击量破亿，总销售量达20万单，还入选由中国记协新媒体专业委员会发布的“2020中国新媒体扶贫优秀案例”。

2. 创新成立“蓝媒学院”，赋能全省县级融媒体中心。“蓝媒学院”是融媒体新闻中心服务县级融媒体中心建设的务实举措，依托浙江广电集团节目资源和人才储备，借助“外脑”，丰富业务培训和交流形式，着力构建集融媒采编播、技术保障、市场运维等多功能于一体的综合培训体系，努力培养更多具有互联网思维、新媒体技能、本土化经验的全媒体人才，更好地赋能全省县级融媒体中心建设，深入推进全省广电融合传播协作体系建设。在2020年举行的首期培训班，全省各级融媒体中心70位学员参加。其间，还集中授牌温岭、永嘉、松阳、安吉、兰溪等地为“蓝媒学院”实践基地。

3. 创新技术应用，为“主力军”挺进“主战场”做好平台支撑。融媒体新闻中心重组挂牌后，“中国蓝”新闻客户端紧紧围绕“原创性、视频化、交互感”3个关键词加快升级再造，打造能用、有用、好用的新闻视频旗舰客户端，共完成16次版本迭代，平均每2周就有一次升级完善，为“主力军”挺进“主战场”做好平台支撑。2020年的一项重点工作就是基于算法理论建立“中国蓝新闻”数据中心，实现了多维度的数据采集埋点，包括内容大数据、访问大数据和用户大数据，目前围绕客户端的运行和访问情况的各项数据指标可进行实时反馈，相继推出关键热词搜索榜、中国蓝新闻热榜、蓝媒视频个性化订制等多款基于算法的新媒体产品，为用户提供具有主流价值引领的优质内容重点推荐和分发服务，让网络传播主旋律更高昂、好声音更响亮、正能量更强大。

新媒体工作案例

融媒体新闻行动《忠实践行“八八战略” 奋力打造“重要窗口”》

2020年，浙江广电集团融媒体新闻中心策划推出新闻行动《忠实践行“八八战略” 奋力打造“重要窗口”》，通过“大屏蹲点报道+小屏直播互动+融媒产品分发”的方式，跟踪记录各地建设“重要窗口”新谋划、新举措、新实践，联动浙江省全省“蓝媒联盟”以及外部大号，共同扩大传播影响，为全省各地完美收官“十三五”，奋力交出10张高分报表，营造了浓厚氛围。

一、大小屏联动，直播态互动，展现“重要窗口”新变化

此次新闻行动以“中国蓝”新闻客户

端、浙江卫视《浙江新闻联播》为主阵地，在大屏端开设重点栏目，推出系列述评、开展蹲点调研的同时，在小屏端创新推出“县委书记直播间”，通过现场直播、在线互动的形式生动展现各地忠实践行“八八战略”、奋力打造“重要窗口”的担当作为。一是开设“地方日”专区。在客户端设立专题页面，每到一地就设置开屏海报，开启“地方日”宣传，汇总展现各地“重要窗口”建设的新作为、新进展、新气象。二是开展“场景化”直播。将直播间搬到实景中，直观体现各地实践特色。如安吉的直播选在“绿水青山就是金山银山”巨石前，从不同切面讲述安吉坚定不移践行“绿水青山就是金山银山”理念。三是开通“交互式”访谈。不预设脚本，采用“记者提问＋网友互动”的方式，邀请各地书记就网友关心的问题，实时在线解答，实现“零距离对话”。互动真实、干货满满，平均每场实时在线互动评论量超过万次。

二、碎片化制作，多样化传播，呈现“重要窗口”新成果

为将各地打造“重要窗口”的最新谋划、典型现场充分展现在网友观众面前，此次新闻行动创制推出短视频、Vlog、慢直播等融媒产品，针对不同类型的受众需求，多样化、个性化、碎片化做好主题宣传，让全国观众更加想看、爱看浙江变化。一是创作妙语金句短视频。开设“县（市、区）委书记说”专栏，从新闻现场、直播素材中拆分提炼妙语金句、鲜明观点，以短视频的形式二次传播，引发全网热搜热议。二是采制主观视角Vlog。“记者带你游”专栏通过主观视角展现“重要窗口”建设的精彩现场。如“椒江日”专区围绕未来社区体验、老街接轨长三角、智能制造等题材，推出1至2分钟的自采Vlog，做到既好玩又好看。三是推出原汁原味慢直播。选取各地具有代表性的地点安装直播探头，让全国网友足不出户，就能在手机上直击浙江各地奋力打造“重要窗口”的分秒变化、创新发展的火热景象。

三、全媒体联动，多渠道分发，扩大“重要窗口”影响力

此次新闻行动充分发挥“蓝媒联盟”融媒传播优势，联动浙江省全省县市区融媒体中心，共同开发、分发推广系列大屏报道、小屏直播和短视频产品，力争形成话题、搅动舆论，扩大覆盖面。每到一地，都与当地融媒体中心一道，共同策划选题、选取慢直播点，广泛征集当地网友意见建议，打通触达用户的“最后一公里”。集团融媒体新闻中心主播还与当地主播一起，大屏播报新闻栏目，小屏体验当地风情，通过议题设置，形成基层影响力。与此同时，新闻行动还通过央视频、新华社、抖音、快手等头部平台分发，进一步扩大了浙江省重大主题宣传的影响力版图，让浙江实践、浙江经验、浙江范例得到全网关注，影响遍及全国，持续输出浙江省各地忠实践行“八八战略”、奋力打造“重要窗口”的新经验、新成果、新标杆。

作品二维码

《忠实践行“八八战略” 奋力打造“重要窗口”》

新媒体直播《千岛湖水下约会胖头鱼》

2020年是千岛湖“保水渔业”理念实施20周年，11月16日至20日每天中午12点，融媒体新闻中心推出新媒体移动直播《千岛湖水下约会胖头鱼》，在带着网友探索神秘的千岛湖水下世界，成功“约会”千岛湖胖头鱼的同时，展现浙江忠实践行“八八战略”，奋力打造“重要窗口”，坚定不移走“两山”发展之路，给当地带来的环境之变、发展之变、人文之变。

一、分段式直播，全景呈现直播主题

直播共5天。前3天直播通过客户端向全国征集潜水高手，和主持人一起接受潜泳适应性培训，为接下来两天直播打好基础，留足悬念；后两天直播——千岛湖本土潜水教练带领潜水高手们，进入鱼群水域，利用当前最为先进的水下潜鲛P100机器人，水下约会千岛湖胖头鱼群。考虑到网友收看的随机性，节目设计每场直播内容时，既独立成篇，也考虑到相互关联，真正通过现场、悬念、故事、细节打动观众，吸引网友，传播讯息，引导舆论。

二、创新表达方式，屡出奇招吸引网友

一是注重网友体验，实现点单直播。每场直播都提前一天向网友征集问题，如有网友希望了解在水中潜水员能否喝水，节目就在次日的节目中安排潜水员在水下20米喝可乐；同时，潜水员还在水下打鸡蛋，并将蛋黄当成乒乓球进行击打，好看、好玩的同时还科普了水下物理知识。二是注重直播互动，近距离感受水下世界。搭建系统时，特意强化主持人和潜水员实时通话环节，潜水员可以在水下实时回答网友关于“能否追赶到胖头鱼”等问题，观众体验感、参与感、获得感更强。

三、矩阵配套传播，实现效果多重叠加

一是内容碎片化，短视频为直播引流。节目中的一些精彩片段，及时进行碎片化传播，其中《千岛湖偶遇胖头鱼风暴》《潜水员视角看千岛湖》两条短视频上了当天的微博热搜，在扩大传播影响的同时，也吸引网友关注，为直播引流。二是利用慢直播代入感，“陪伴”网友5天直播。在客户端特别开设了慢直播专栏，推出3路全天候、多角度慢直播，邀请网友观看千岛湖的美丽风光和浩瀚星空，见证千岛湖水上水下魅力。同时，也对《千岛湖水下约会胖头鱼》直播节目做了外延和补充，留住了网友，并陪伴他们一同参与直播节目。

作品二维码

（浙江广电集团融媒体新闻中心供稿）

新蓝网

新媒体工作综述

2020年是纵深推进媒体深度融合的关键之年，也是集团“大抓落实年”。新蓝网认真落实中共中央办公厅、国务院办公厅《关于加快推进媒体深度融合发展的意见》，持续贯彻“六位一体”新型媒体集团建设战略部署，积极参与集团推进深度融媒相关工作。宣传工作上，充分运用新媒体制作和宣推手法，配合集团各广播电视频道推出优质IP级融媒产品，提升广电系融媒产品内容的影响力；技术创新上，研发落地具有核心竞争力的“新蓝算法”，全力提升融媒平台支撑力，提高县融建设在省域社会治理的能力；产业拓展上，牵头集团与省建设厅签订战略合作协议，开拓文创、电竞、短视频、电商直播等细分新媒体业务，完善网站产业布局结构。

截至2020年11月18日，新蓝网在“艾瑞”网站排名稳居电视直播、聚合视频领域排名前三，“中国蓝TV”和“喜欢听”分别完成用户下载量6800万次和206万次，“喜欢听”月活用户超过5万。

一、担当宣传职能，升级融媒协作

*一是以新媒体优势赋能公益传播。*在集团“886助跑行动”中，新蓝网精心制作专题页面，充分运用H5、短视频等多种形式做好八大对口地区的主题宣传，并参与《小康村24小时》相关工作，借助快手、抖音等平台短视频矩阵联动资源优势，突破空间壁垒，为公益传播赋能。

二是以平台优势强化融媒协作。“中国蓝TV”加强对集团头部内容的全网推广，助推浙江卫视大型综艺《奔跑吧第四季》等节目宣传，与浙江卫视合作打造延伸综艺《营业吧王牌》等栏目，并为各频道节目定制多种传播形式的新媒体内容，用小屏导流大屏，扩大集团各类节目在全网的内容延伸和宣传渠道。“喜欢听”上线“喜胖家”商城，打造“浙村的宝贝”带货品牌，并挖掘市县、高校、企业、政府资源，联合开拓广播融合新局面，同时整合主播原创资源，布局“主播饭圈”短视频矩阵，助力传统主播向“KOL”转型。

*三是以内容优势打响品牌活动。*2020

年，中国梦（浙江）网络视频大赛全新推出定制板块“V眼看家乡·浙里有点潮”短视频（Vlog）单元，并加入短视频板块，延伸品牌影响力，启动“V+创造营”计划，打造短视频创造营。“蜂之眼”举办“寻找身边的感动”和“幸福路上——光影·小康”网络摄影大赛线上活动，均收到较好社会反响。

二、落地专利技术，完善融媒保障

一是创新人工智能技术研发和引领。研发“新蓝算法”。运用人工智能和大数据技术，研发完善体现主流价值的党媒算法——“新蓝算法”，已投入县融项目实践中，通过构建省域县融广电大数据，挖掘用户行为数据，做到千人千面又正能量充沛。“新蓝算法”已申请国家专利。

二是强化提升融媒技术平台支撑能力。打造全新融媒技术中台，提升技术服务能力。自研移动端组件化发布技术服务平台，满足内容的个性化展示；强调互动模块，优化网络直播功能，提升用户黏性；整合全省服务和政务资源，推出新时代文明实践中心以及矛调中心等特色功能板块，打通“最后一公里”，提升省域基层治理能力。

三是支撑保障平台安全运营。提升安全播出和网络安全保障能力，实施安全播出基础设施改造，落地网站灾备系统，升级制播系统，优化直播编码，实施多地实时互动系统布置；加强网络运行安全，完成网信专网、电信移动IPV6专线接入使用；研发点播、直播CDN智能调度系统等。截至11月15日，顺利保障约1200场直播，超过2019年同期的2倍。与集团护网行动小组紧密配合，圆满完成全省“护网2020”网络安全攻防演练。

三、深耕融媒业务，布局产业赛道

一是持续发力县融项目。网站在建县级融媒体中心新媒体平台达26家，并推出空中课堂、口罩预约、云直播、云超市等多种应时应势的创新应用服务。县融技术平台“基于智能算法的县融内容发布及运营服务平台”项目已通过国家广电总局科技司评定。

二是拓展新媒体产业项目。集团孵化创新项目“明星势力榜”小程序自主研发众筹、商城、预售、团购、红包、广告等变现功能，与联通合作联名推出“星粉卡PLUS”挖掘产品矩阵商业价值，通过“盲盒星球”佣金分成进一步拓展营收。继2019年住建频道达千万级营收，网站牵头集团与省建设厅签订战略合作协议，深化住建领域合作。推出的各类直播带货活动、定制化短视频业务及网站创新孵化的“新蓝Live”“V+创造营”等新项目为网站产业发展贡献新增长点。成功打入腾讯供应商体系，与其签署互动娱乐事业群市场营销服务采购年框合作，联合打造首部新文创微纪录片《数字化破局》，并登上浙江卫视荧屏，实现精品内容小屏反哺大屏，还承办了王者荣耀10余场大型赛事活动，均获好评。

三是着力打造文创品牌。推出“新文创”精品文化工程，从推动传统文化复兴、宣传智慧文旅、打造电竞新文创3个方向展

开，推出《90后请出列》《一日一宿》等多款IP，打造文化内容矩阵。推出“中国蓝文创”品牌，与浙江卫视就王牌综艺IP衍生产品进行合作，定制开发“王牌破洞伞”，线下推出“奔奔事务所”展示文创产品，通过节目植入、带货直播、小程序商城等多种形式变现，为更多“中国蓝文创”产品策划开发积累经验。

此外，“中国蓝TV”造节运营，推出第一届“中国蓝告白节”与第四届“中国蓝爱豆节”两大线上活动。子公司布噜文化与集团融媒体新闻中心、电视经济生活频道等开展融媒直播和MCN流量投放合作，着力将广电网络现有资源助推成为“网红流量”，并加入快手平台“快UP融媒计划合作伙伴”行列，在第三届中国新媒体发展年会上入选“年度全国十佳MCN机构”。

新媒体工作案例

县级融媒体项目

新蓝网作为集团媒体融合和县级融媒体产业拓展的先行者、生力军，按照《关于加快推进媒体深度融合发展的意见》的政策指引，因势而谋、顺势而为、应势而动，充分发挥近年来经验积累、技术先导优势，抢抓时代发展机遇，深入研究符合县级融媒体的技术运营解决方案，积极探索“全程、全息、全员、全效”融媒路径，加大县级融媒体工作的广度、宽度、深度和力度，夯实党媒宣传思想主阵地。

2020年，新蓝网县级融媒体工作从加速县级融媒体的新媒体覆盖向加深运营和积极推进“新闻＋政务服务商务”方向开拓，整体实现跨越式发展。新蓝网县级融媒体技术团队不足30人，2020年服务26家县级融媒体机构，新增嘉兴平湖、杭州西湖区等新成员，并积极拓展县级融媒体运营，助力县级融媒体平台融合转型。

第一，技术赋能再上新台阶。2020年共研发定制移动端、网站、小程序等近50款新媒体产品，为缙云《掌上缙云》、兰溪《兰精灵》等客户端上线《新时代文明实践中心》《矛盾调解中心》等服务模块。加大县级融媒体产品化进程，研发组件化技术中台，提升产品颜值的同时，缩短产品迭代周期，提升技术实力。

第二，“新蓝算法”推广应用。运用人工智能和大数据技术，加快推进智能算法的应用落地。研发体现主流价值的“新蓝算法”，目前在嘉兴平湖、衢州开化、衢江等县级融媒体App端开展试运行。

第三，省平台一体化运营。利用多维度、多平台上下融通。通过中国蓝新闻“蓝媒号”等集团三大融媒阵营体系，进行一体化运营及资源内容的共建共享。

第四，结合抗疫创新运营。疫情期间，针对学生停学不停课，整合相关资源推出“空中课堂”；配合政府工作，推出“口罩预约”；针对浙江各地农产品滞销、乡村旅游受挫，联合中国蓝新闻推出了“浙村宝贝”直播带货等，有效提升县级融媒体平台用户活跃度，助推县域农文旅业复苏。

第五，试水内容运营，提升县级融媒体活跃度。注入新蓝网独有的中国梦短视频大赛作品等内容资源及合作方资源，丰富县级融媒体内容平台。

2020 中国梦（浙江）网络视频大赛

由浙江省委网信办、省广播电视局和集团联合主办，集团所属新蓝网承办的2020中国梦（浙江）网络视频大赛圆满落幕。此次大赛以“决胜全面小康，礼赞幸福生活”为主题，征集反映新时代新发展新面貌的网络视听佳作，是展示浙江忠实践行“八八战略”、奋力打造“重要窗口”的生动实践。本次大赛共收到微电影、微纪录片公益短视频等各类参赛作品1600余部，决出获奖作品36部和最佳编剧等单项奖3个。人民日报、今日头条、快手等40多家媒体平台对活动进行多样态报道、网络直播，专题页点击量累计超过1200万次。

一、突出“高品质”着力展现高水平全面小康风貌

中国梦（浙江）网络视频大赛已经连续举办8届，以其专业性、规模化、关注度在互联网视听领域产生较大影响。本届大赛评选出了一系列反映伟大时代，展现美好生活的高“颜值”、高品质优秀网络视听作品。浙江卫视作品《“绿富美”的梦之路》，从既是“回乡创业青年”又是“村支书”的姜丽娟视角入手，揭示淳安县下姜村从“穷山沟”到“绿富美”的蝶变，展现了当地脱贫攻坚的良好风貌和喜人成果。余杭区融媒体中心的短视频《你要跳舞吗》，采用全民舞蹈的形式，表现浙江百姓质朴勤劳、乐观豁达的精神面貌。二更公司作品《吾乡》关注直播带货主题，讲述山村快手“网红”利用直播和短视频带领老乡致富的故事，反映山乡百姓融入互联网、善用科技手段提升生产生活水平的时代风采。

二、注重“全媒化”着力构建矩阵式活动传播格局

创新启用“云连线＋慢直播＋融媒体”形式，进一步强化活动的互动性和可看性，有效放大了大赛传播效应。一是开展云连线，分别在杭州余杭区和嘉兴平湖、丽水龙泉、金华东阳、衢州衢江设立颁奖仪式主分会场，邀请当地能人、“网红”借助快手平台开展直播PK，充分展现各地独特民俗，传递浙江文化之美和山水之美。二是启动慢直播，在“中国蓝TV”客户端开设“匠人匠心”慢直播专区，邀请全国优秀手工艺人用慢直播方式，展示龙泉宝剑锻制、东阳木雕等手工技艺，讲述匠人与家乡的故事。三是联合全媒体，协同全省县市区融媒体中心，以及快手、杭州地铁、杭州公交等单位，采用线上线下联动的形式，共同分发推广系列小屏直播与短视频产品，形成矩阵联动、生态制胜的融合传播新格局，进一步扩大了中国梦（浙江）网络视频大赛的社会影响。

（新蓝网供稿）

大江网

新媒体工作综述

2020年，大江网坚持导向为魂、内容为王、创新为要、移动为先，按照“报网端微视”五位一体、互为协同的融媒体报道策略，加强策划，创新传播手段，全年紧跟重大热点和重要节点，把精品意识贯穿内容生产的各个环节，推出了一系列有影响的融媒佳作。继续深化实施移动优先和视频优化战略，加大全媒体矩阵建设力度，网站融媒体矩阵平台日益壮大，在建设全国一流新型主流媒体、打造走向全国的头部媒体上迈出坚定步伐。

一、创新制胜，重大报道精品频出

“凡重大，必创新”，2020年，大江网以“创新”为引领，站在全国的视野，坚持在全媒体传播上强势发力，联动借力，融合聚力，在一系列重大主题报道中推出了一批影响大、新意足、质量高的策划报道和融媒体佳作，发出了铿锵有力的江西声音。

1.脱贫攻坚报道。作为脱贫攻坚的主战场，江西的奋斗故事不胜枚举，大江网在全国率先开通“奔小康”频道，以移动端创新作为报道的突破口，充分运用直播、VR、H5、动漫、动画等融媒新技术手段，推出了一系列有温度的融媒体作品。如精选江西省99位驻村第一书记笑脸照，推出建党99周年特别策划《久久初心奔小康》，向党的生日献礼；策划推出《走向我们的小康生活》系列沙画作品，被中央网信办全网推送。2020年，由大江网结合江西红土特色，创新报道形式，以答好“时代之问”为导向而精心策划的原创专栏《初心连环画》建设取得重要突破，荣获第三十届中国新闻奖三等奖。

2.战“疫”报道。2020年年初，大江网主动打响新冠肺炎疫情防控阻击战，率先在全省推出“防疫战”频道、“抓谣记——江西疫情实时辟谣”专栏等。大江网、湖北“长江云”联动全国130多家媒体共同策划启动“见屏如面　我在这里报平安”活动，邀请支援湖北的人员给家人打一个视频电话报平安。通过手机屏幕，全国网友向那些为了更多人的团圆而“舍小家”的一线英雄们致敬。融媒体系列作品《疫情之下，这就是江西！》、网络专题《英雄城·平凡人："战'疫'"24小时》聚焦普通人的凡人善举，在各新媒体显著位置推出后，阅读量超2400万次。充分发挥大江网与信息日报融合发展的优势，报网联合推出互动抗疫特刊。如策划并发起"您为战'疫'献爱心我们给您送版面"——全民战"疫"爱心企业形象展示大型公益活动，设计制作爱心企业形象展示版面30余个，并制作活动网络专题，全景记录了疫情防控战役中的"江西力量"。系列新闻报道《战"疫"连线》，通过连线的方式深入采访基层一线干部群众，聚焦疫情防控前沿的最新"战报"，细节突出、感人肺腑，综合阅读量近1亿次。

3. 两会报道。2020年的江西省两会报道中，大江网继续与江西省政府办公厅合作，在省政府报告上印上大江网融媒体作品二维码，用5种形式全面解读政府工作报告，得到省委、省政府主要领导表扬和认可。2020年的全国两会比较"特殊"，在"5G+4K+云端"等技术的支持下，大江网通过视频连线，围绕"全面建成小康社会""打造内陆开放新高地""推动经济高质量发展""提升社会治理效能"等主题，与远在北京的代表委员进行"屏对屏"采访。同时，通过"云直播"第一时间直播两会重要内容。推陈出新，策划制作了多款精彩的融媒产品。如设置多重情境，以互动形式解读政府工作报告。其中，《踏上新征程！看中国2020》从长征出发地于都出发，寻找政府工作报告中的2020年工作重点；《全国两会"直播带货"来啦！多重好礼等你查收》则采用当下流行的直播带货形式，通过主播来推介报告中的民生福利；《赣鄱寻宝》通过融入江西元素，设置游戏情境，以寻宝的方式，寻找与报告契合相通的江西实践。这些作品形式活泼，重点和亮点突出，互动性强，设计细腻，交互简洁自然，非常富有场景感，累计参与互动人次达800万，获代表委员和广大网友广泛好评。值得一提的是，5月27日，《赣鄱寻宝》产品被中央网信办《网络传播》杂志微信公众号推荐。

4. 抗洪报道。2020年7月，长江流域大范围强降雨，江西境内暴雨连连，多条河流超警戒水位，个别地区甚至超过了1998年的极值，洪水灾情严重，防汛形势严峻。大江网闻"汛"而动，先后组织90多名编采人员投入采访报道中，报道规模前所未有。大江网按照媒体融合中央厨房的操作流程，前方后方互动，融媒发力，以先端后网、移动即时传播和纸媒深度解读协作配合，共同完成全景呈现江西抗洪救灾一线的鲜活报道——在大江新闻客户端上开辟滚动播报专题，24小时不间断进行视频、图片播报，适时进行了多场前方直播；在微信、微博、抖音、微视各平台上同步开设"江西防汛抗洪"话题，不间断推送播报第一手信息，并进行后续跟进报道；在网站和报纸上，不惜篇幅版面开辟专题专版，对鲜活的人物、故事进行集中宣传报道。融媒体长图封面"致敬乘风破浪的他们"，被江西省委宣传部、网信办在全省范围进行推送，且在全省各大 LED 屏上滚动播放，打响了防汛报道“第一枪”；H5 作品《人民至上！江西战水图！》，通过选取子弟兵、公安、消防以及党员干部群众在抗洪抢险一线的动人画面，生动展现了赣鄱儿女扛起“守土有责，守土尽责”的担当，只为“人民至上，生命至上”的精气神，仅一天时间点击量就超过百万次，并被江西省委网信办推送，“江西宣传”“江西发布”等各大政务微信公众号纷纷予以转发。

二、“问政”有方，提升舆论引导力

2020 年，大江网完善“新闻 + 政务服务”运营模式，以“问政江西”栏目为承载的“江西省五型政府建设扩大社会参与加强社会监督平台”持续发力，广泛收集民意，畅通互动渠道，一大批企业和群众诉求通过平台得到有效解决，大量政策措施在基层落地落实，成为反映民声、表达民意、汇聚民智的“不打烊”网上问政平台。平台得到了国务院办公厅的高度认可，并在全国政府系统督查干部能力建设培训班上作为江西经验向全国推介。

同时，大江网另一走向全国的“江西经验”——“法媒银”平台为适应发展新趋势进行了转型升级，上线江西法媒银 App，延伸平台触角。新打造出来的 App 涵盖并升级了平台 PC 端的各项功能，还新增了“失信人地图”小程序等特色功能。

大江网还承建了“江西发布”“省政府发布”“江西党建微平台”“赣鄱统战”“江西宣传”“江西放心消防 315”等一批省直部门政务微信公众号，粉丝总数达 600 余万，整体指标稳居全省政务新媒体前列，获得相关部门的认可。

2020 年，大江网顺应媒体融合一体化发展大势，提高主动设置议题能力，升级理论评论话语体系，确保理论评论传播引领舆论。大江网以打造“大江时评”栏目为抓手，坚持做“有深度、有温度、有尺度、有态度”的评论文章。全年发布评论稿件 1.2 万余篇，原创稿件 1000 余篇，总浏览量达 600 余万次。借助媒体融合和新媒体技术优势，“大江时评”栏目陆续在“大江新闻”客户端、“信息日报学习强国号”等新媒体平台开通专栏，通过网络专题、微信、H5、长视频等形式传播，在网络评论舆论引导方面发挥了积极作用。2020 年，“大江时评”被中央网信办评选为“2020 年全国优秀网评栏目”。

三、移动优先，“大江新闻”勇立潮头

大江网贯彻习近平总书记对宣传思想工作的重要指示精神，顺应互联网移动化发展大势，全力打造“大江新闻”客户端，理念、内容、手段等全方位创新搭建围绕“大江新闻”客户端内容生产与运营的体制机制。大江新闻客户端坚持“内容运营”和“产品供应”并重，在“内容运营”中人工编辑和个性化推荐页面并存，丰富了平台内

容；依托大江网“视觉江西”“大江时评”等栏目形成了原创特色平台，依托“问政江西”“百姓之声”等栏目搭建了特色互动平台。在“产品供应”中不断探索运用新媒体舆论场上符合互联网思维的报道形态和表达方式，推出了H5、海报、短视频、Vlog等形式的新媒体作品，以提升平台的传播力、影响力和引导力。同时，大江新闻客户端根据卫星定位对新闻资讯实现分众传播，下载客户端，用户可以选择江西省南昌、赣州、九江等11个设区市，订阅自己感兴趣的城市新闻。

大江新闻客户端在传播党和政府的路线、方针、政策时，善于以小故事、小事件为切口，通过微观叙事反映宏大主题，让用户在浸入式体验中接受新媒体作品所传达的正能量。如在辉煌“十三五”收官、壮阔“十四五”即将启航之际，大江新闻客户端推出《收获与梦想——我眼中的“十三五”和“十四五”》系列街采视频，用群众口中的小事反映“十三五”以来江西省经济社会发展的“大成果”和对“十四五”发展的美好愿景。为响应中央作出的“坚决制止餐饮浪费行为，切实培养节约习惯”的号召，大江新闻客户端及时推出H5小游戏《一起玩！厉行节约，定制“盒饭”》，作品创意十足、互动性强，吸引了大量用户，积极引导节约粮食的社会风气，树立起节约光荣、浪费可耻的舆论导向。H5《擦亮你的“八一”记忆》和《未品浓秋已立冬 随古诗词回味江西最美秋色》、海报《消费扶贫江西在行动》、Vlog《全国消防日，挑战消防员？小江，你好大的胆子……》和《小江Vlog：你真的会跑步吗？》等一批读者喜闻乐见的优秀融媒体产品，记录时代进步，传播了江西好声音。

四、公益助力，活动增强用户黏性

新闻媒体是时代的记录者、报道者，也同样需要承担起社会责任并积极参与其中。新媒体如何充分利用自身的传播力、引导力、影响力、公信力，以更好地承担起社会责任？大江网以公益助力，取得了服务社会与平台自身发展的“双赢”。

2020年新冠肺炎疫情暴发时，大江网在“江西头条”客户端（现更名为“大江新闻”客户端）和网站首页开设“江西抗疫防疫公益服务平台”，向广大网友提供至少16项可在移动端和PC端便捷使用的公益功能。平台整合了之前分散的防控资讯服务，充分利用大江网的主流媒体地位，对公众免费开放，打通了疫情造成的信息隔阂，方便网友第一时间了解疫情防控动态、复工信息、交通资讯等，为网友预约购买口罩等急需的医疗防护用品提供绿色通道，同时开展“口罩免费邮到家”等活动。2月10日起，江西统一开展中小学线上教育教学，确保“停课不停学”，倡导学生在“赣教云”平台上收看学习课程。大江网将“赣教云”课程同步接入“江西抗疫防疫公益服务平台”，帮助网友流畅学习相关课程。

在线下，2月，大江网启动“爱心大

篷车”为抗疫一线捐赠蔬菜等生活物资。7月，大江网“爱心大篷车”再次启动，汛情发生的第二天就向全社会发出征集令。征集令随同大江网的全媒体汛情报道在全国范围内引起了极大关注，包括江西省药监局在内的单位、企业、个人纷纷响应，还不断接到省外的捐赠电话。不到一天的时间，编织袋、食品、水、防暑药品、防晒用品等超百万元的物资，就堆满了江西日报社传媒大楼的大厅。7月16日，14辆装满“爱心”的车辆，正式开赴防汛一线，送到最需要的地方去。之后，越来越多的物资持续汇集，自7月10日至7月底，“爱心大篷车”接收外界捐助物资近千万元。

特殊时期一系列服务举措、公益活动的推出，体现了媒体的人文关怀与社会责任，使得大江网的新媒体用户剧增、黏性更强。

大江网新媒体平台还主动对接资源、自主搭建和推广了“江西十大新媒体评选”“江西随州姐妹互送祝福”“寻找警营战疫先锋”“南昌网红打卡地”“民办中学网络口碑三十强”“最美基层民警”“最美警嫂”等10余个系列投票活动，累计为公众号和客户端增粉120余万。

五、纸媒反哺，融合经验国内关注

融为创新，合则图强。2017年8月，江西日报社顺势而为，决定用新兴媒体来主导传统媒体融合发展——即大江网融合信息日报，以新闻网站整合市场化报纸，在采编融合的深度、发展定位的精度、发行覆盖的力度、经营服务的宽度、新闻传播的长度上共融互通。2020年，大江网、信息日报进一步从人才融合、理念融合、经营融合等多方面进行深度融合。2020年，信息日报优化出版流程，将实行了几十年的夜班付印改为白班付印；再次优化发行策略，发行由一周5期改成一周6期，进一步扩大市场覆盖面，发行量比上年增加15%，成为江西报刊发行市场上都市报“龙头”；信息日报广告部尝试由过去的部门负责制改为项目负责人制，经营方式由过去代理制调整为“代理+直营”模式。2020年10月23日，信息日报强国号上线，成为江西第一家入驻“学习强国”学习平台的纸媒。

2020年，信息日报反哺网站利润200多万元，网报深度融合发展的经验，引来河北、海南、甘肃、贵州等兄弟媒体学习交流，得到国内学界、业界的广泛关注。

新媒体工作案例

《初心连环画》专栏

江西这片红土圣地，承载着中国共产党人的初心和使命。2019年5月，习近平总书记亲临江西，吹响了走好新时代长征路的“进军令”，发出了开展“不忘初心、牢记使命”主题教育的“动员令”。

连环画讲初心故事，红土地绘使命长卷。为深入学习贯彻习近平新时代中国特色社会主义思想，紧扣江西红土特色，聚焦答好“时代之问”，大江网创新报道形式，推出全新策划专栏《初心连环画》，用连环画的形式聚焦赣鄱儿女的初心故事。该专栏已推出毛秉华、龚全珍、李泉新、袁隆平、梅汝璈、邱娥国等典型人物的77期作品，分为时代楷模、最美奋斗者、抗疫英雄、脱贫攻坚群英谱、实干典型、道德模范、老兵本色、新时代赣鄱先锋等主题。每期推出的连环画，利用文字消息、通讯、专题、H5、图片、抖音、音视频等多形式在大江网、信息日报、江西手机报、大江新闻客户端、“大江网”微信公众号、民生江西微博等全媒体平台发布。

《初心连环画》以红土地上涌现的优秀人物为主线，在重要节点第一时间推出典型人物，如在教师节来临之际，推出《三十九载坚守大山的乡村教师支月英》；新中国成立70周年时，推出《为了可爱的中国》，讲述方志敏为了期盼“可爱的中国”奋斗的感人故事；2020年，专栏又聚焦抗疫、脱贫攻坚等领域，推出系列作品，累计推出《清贫助学的“老校长”李维正》《乡村教育的“燃灯者”蒋国珍》《“铁面法官”胡国运》等40余期人物。该专题栏目立意高远，视野宏阔，推出后被全网推送，“学习强国”江西学习平台悉数刊登，累计阅读人次在7000万以上，弘扬了主旋律，讲好了江西故事。

《初心连环画》用新语态、新表达、新展现，让典型人物立体、饱满，也让“老典型”展新形象，创新了重大主题宣传报道的形式，体现了地方新媒体的融合创新能力，也诠释了典型报道呼唤精耕细作的传播要求。2020年，该专栏系列作品制作的网页专题荣获第三十届中国新闻奖三等奖。目前正着手结集出版事宜。

作品二维码

融媒体系列产品
《疫情之下　这就是江西》

2020年是不平凡的一年，面对突如其来的新冠肺炎疫情，如何成为特殊时期网络正能量的践行者和传播者？大江网从“心”出发，紧扣江西全民战“疫”主题，主动加强策划，骨干成员春节期间连续月余加班至深夜，通过连环画、H5、视频、图片等形式讲述江西全民战“疫”故事，推出了融媒体产品《疫情之下　这就是江西》，全景式展现赣鄱大地抗疫一线英勇“逆行”的医务工作者及普通人的凡人善举，筑牢打赢新冠肺炎疫情防控阻击战的必胜信心。作品主要由《这就是江西》《赣鄱战“疫”志》《孩子，我们欠你一个拥抱》《“义”起战“疫”！红土地上马甲红》《“罩”之即来　江西全民战“疫”》《全省干群战“疫”连线》《江西各地防疫奇招》和13期《初心连环画》等20余件融媒体产品组成。

在疫情暴发之初，大江网第一时间推出H5互动作品《防控疫情从我做起！我在江西我承诺》，倡议大家不串门、不聚会、不外出、不抢购、不囤货、不“恐鄂”、不传谣、不信谣、不恐慌，疫情防控从我做起，参与承诺的人次超过1330万，大范围有效宣传了疫情防控期间个人防护的基本要点。从1月底开始，大江网以“疫情之下，这就是江西”为主线，第一时间通过初心连环画、H5、视频、图片等形式讲述江西全民战“疫”故事，策划制作了一系列网友喜闻乐见的融媒体产品，筑牢打赢新冠肺炎疫情防控阻击战的必胜信心。

这些作品以小切口、大情怀、正能量，讲述江西抗“疫”战线上的凡人善举、志愿者故事和感动瞬间。如《孩子，我们欠你一个拥抱》，通过集中关注“疫”线战士与孩子的感人互动瞬间，讲述江西抗疫一线工作者为疫情防控，毅然舍小家为大家的深情暖心故事；《赣鄱战“疫”志》则以时间轴的形式，在江西住院病例清零当天推出，从高层关注、疫情播报、江西行动、支援湖北4个方面全景式、档案式回顾江西全民战“疫”大事记，极具史料价值；《战“疫”连线 江西11市干部群众战报》通过连线的方式深入采访基层一线干部群众，通过大量细节和感人瞬间，聚焦疫情防控前沿阵地上的最新“战报”；除了群像式的内容策划制作，系列作品还注重典型人物的挖掘和独立展示，连续推出《战“疫”急先锋祝新根》《“疫”线卫士邓金海》《抗疫老兵许飞》《战地玫瑰余腊梅》《祛疫郎中刘良徛》等一批抗疫典型人物故事。

系列作品发布后被江西三级融媒体平台和各大新媒体在显著位置推送，总阅读人次超过5000万。作品收获许多网友认可，有力提振了江西众志成城抗击疫情的士气，为抗击疫情贡献了媒体力量。

作品二维码

（大江网供稿）

江西网络广播电视台

新媒体工作综述

江西网络广播电视台（以下简称“江西网络台”）是江西广播电视台的新媒体平台，以搭建平台、整合资源、融合产业、共赢发展为思路，集合了江西广播电视台旗下10个电视频道、9个广播频率等相关资源和江西网络台原创新闻及短视频内容，不断深化推动广播电视媒体的融合发展，形成了一个聚合互联网、IPTV、云平台、移动客户端、微博、微信及头部媒体矩阵的融媒体平台，覆盖广播电视、电脑、手机等多种媒体形态，同时，建设“赣云学院”为理论研究及融媒体人才培育基地。作为江西的省直重点新闻网站，江西网络台是江西省互联网第一视听门户，是具备强大传播力、引导力、影响力、公信力的新型主流媒体。

通过顶层设计、高位推动以及行政、市场、经济手段等多管齐下，江西网络台在“融合发展　移动优先”理念之下，以“手机江西台”App为核心，建设全国一流、全省领先的现代传播体系。同时，借助“赣云”融媒体平台，推进传统媒体与新媒体深度融合，大力推动江西县级融媒体中心建设，打造了立体多样化融合发展的现代传播体系，实现了县区落地、内容拓展、渠道覆盖三方面的全面齐头并进。

2020年，江西网络台努力做好各项重大主题活动的网上宣传，在内容升级、平台建设等方面都取得了显著成绩。江西网络台145件作品获中央网信办全国全网推送。在江西新闻奖评选中，江西网络台获网络新闻类一等奖1项、三等奖4项，媒体融合类一等奖2项，新闻专栏奖1项。此外，还分别获得江西省第二十八届人大新闻奖和江西省“政协好新闻”一等奖。

一、内容建设

1. 江西网络台致力创新创优，打造新型主流媒体的影响力。

（1）2020年年初，新冠肺炎疫情席卷全国，自江西启动重大突发公共卫生事件一级响应以来，江西网络台根据江西省疫情防控总指挥部部署，一方面加大对疫情防控各方面工作的网上宣传力度，推出了以专题、短视频、H5、抖音、海报、微信专版、长图为主要形式的融媒体产品集群；另一方面积极拓宽融媒体产品应用场景和传播链条，重点推出了以云课堂、大数据为主要应用、以四级联动为传播特点的融媒体产品新模式，“双管齐下”为疫情防控各项工作作出了积极的贡献。

2月6日，由江西网络台自主研发的“新型冠状病毒肺炎江西实时疫情地图”在手机江西台App正式上线，每日实时更新江西全省各地实时疫情数据，让用户可以通过平台实时掌握全省最新疫情走势图，成为全国首个下沉到县区的实时疫情大数据平台，为江西群众做好疫情防控提供最新的动态数据保障。同时，江西网络台联合百度、腾讯等互联网平台，相继上线全国疫情数据、患者同乘查询、发热门诊导航、附近小区查询、疫情防护宝典、实时辟谣等实用功能模块，为全网用户提供了全方位的疫情查询服务。

“江西实时疫情地图”上线以来，在互联网平台总点击量超过1.5亿次，二维码海报分享超过6000万人次，“刷屏”江西民众的微信群和朋友圈，也得到了江西省政府、省卫生健康委的高度赞扬。

借助江西广播电视台“赣云”融媒体中心，“新型冠状病毒肺炎江西实时疫情地图”迅速下沉至县区，通过手机江西台客户端及全省近50家市县级融媒体平台助力江西民众众志成城、抗击疫情。同时，平台及时更新江西疫情防控举措、复工复产进程，回应网民关切，引导大家筑牢群防群控、自我防疫的意识，在一站满足民众疫情防控全部需求的同时，让更多的人通过这个实时地图连接起来，达成有效疫情防控的统一战线，为打响“全民战疫”的胜利奠定坚实的群众基础。

（2）2020年夏季，江西多次遭受大暴雨袭击，区域性大暴雨持续时间和覆盖范围均为1961年以来历史之最。江西网络台运用新技术手段，创新融媒体报道形式，全方位报道好抗洪抢险各项工作。

因抗洪抢险工作出色，江西省九江市消防救援支队被中宣部授予“时代楷模”称号。为向英雄致敬，江西网络台特别策划制作了短视频《青春·火焰蓝》。该视频展现了九江市消防救援支队在抗洪抢险救援中的先进事迹，弘扬了消防指战员临危不惧、勇往直前的斗争精神。在国家广电总局2020年第三季度优秀网络视听作品推选活动中，该视频入选。

此外，借助新华智云MAGIC“洪涝报道机器人”和“赣云”大数据系统，手机江西台App推出一系列防汛抗洪数据新闻产品获得“刷屏”传播，并被新华社“新华智云”官微作为优秀媒体案例向全国推荐；依托“赣云”平台联合长江云、芒果云、荔枝新闻、看看新闻、中国蓝新闻等全国省级主流新媒体平台，手机江西台App通过“5G+区块链+云直播”方式加大对防汛救灾现场的报道力度，策划推出了《长江战洪图》等系列融媒体直播；通过手绘漫画与H5技术结合构建虚拟场景，手机江西台App推出了《一起巡堤　保卫家园》互动H5产品，邀请网友在线"巡堤"，再现抗洪一线值守人员无私奉献的感人故事；通过"动漫+短视频"形式，手机江西台App策划推出《手绘百科：180秒掌握防汛抗洪小知识》《城市内涝如何避险自救？》等科普内容，在社交媒体形成"刷屏"效果。

（3）为做好"决战脱贫攻坚　决胜全面小康"主题宣传，江西网络台依托著名互联网短视频品牌"今视频"，开设全景Vlog专栏"我的江西我的村"，开创了借助"VR+航拍"等视频手段，以记者Vlog形式，探访昔日贫困村在脱贫攻坚过程中的感人故事。

此外，"今视频"还推出了《"土味网红"秋叔脱贫记》《奋斗的青春　脱贫路上杜鹃红》《"海陆空"全域旅游　看小谭书记的"东山"崛起》《从"三尺讲台"到"脱贫一线"》《岭下有位"摘"书记》等系列脱贫攻坚原创精品短视频，聚焦脱贫攻坚典型人物，通过他们的奋斗故事和个性视角，展示了江西全省上下在习近平总书记重要讲话精神指引下奋力摘穷帽、同步奔小康的喜人局面。

在专题方面，手机江西台App先后推出了《脱贫攻坚进行时》《走向我们的小康生活》《你笑起来真好看——我们村的脱贫故事》《扶贫印记》等网络专题，全方位、多角度展示江西脱贫攻坚工作成效。

在H5产品方面，江西网络台策划推出了《决战之路》等系列H5。其中，《决战之路》聚焦革命老区脱贫攻坚工作，分别从江西新月畲族自治村、神山村、潭头村选取了3个与习近平总书记有过面对面交流的脱贫攻坚典型人物，通过他们的奋斗故事和个性视角反映出3个村庄日新月异的变化，由点及面展示了江西全省上下在习近平总书记重要讲话精神指引下"挖穷根、摘穷帽"绿色发展、同步小康的生动场景。

在抖音短视频方面，江西网络台依托"赣云"融媒体平台与省市县三级融媒体中心开展互动，推出"奋斗接力　青春力量"抖音短视频专栏。专栏联动省内蓉江新区融媒体中心、分宜融媒体中心、彭泽融媒体中心等多家县级融媒体中心，先后推出《宁都"励志哥"的励志青春》《用我全部的力量守护上元村》《我为洋船头江水蟹代言》《融入西茶村，融入到群众中去》等多期抖音短视频，讲述红土地上的新时代青年代表在老区脱贫进程中的感人故事。

2. **江西网络台注重线上线下结合，品牌活动屡获突破。**2020年，江西网络台举办或承办了"向'网'的美好生活——'江西好网民'正能量故事分享活动""礼赞新中国　奋进新时代"全省广播电视台优秀节目展播等重要活动（项目）。其中，在6月启动了"你笑起来真好看——我们村的脱贫故事"微视频有奖征集活动，该活动成为决战脱贫攻坚宣传的亮点，获得了社会各界的高度肯定；由江西网络台重点打造的双创节目

《江西少年诗词大会（第四季）》，克服疫情影响，全省报名人数突破 60 万人次；《“江西风景独好”网红之夜推介晚会》聚焦“江西风景独好”品牌，通过明星网红推介、短视频创意秀、草莓音乐等相结合的新打法，整合全媒体资源，活动当天直播频道累计超过 1600 万次点击播放，抖音平台的“江西风景独好”主题播放量达 21 亿次。

二、平台建设

1.“赣云”获评“2020 年度全国广播电视媒体融合成长项目”。2020 年 12 月，由江西网络广播电视台运营的“赣云”平台获评国家广播电视总局“2020 年度全国广播电视媒体融合成长项目”。目前，“赣云”平台已完成江西全省 43 家市县区融媒体中心的承建工作。

“赣云”平台接入政务服务、居民生活服务、视频购物等 100 多项便民服务项目。凭借平台强大的视音频生产发布优势、可扩展可共享的平台架构优势、丰富的可运营的功能优势，“赣云”新媒体生产发布平台已成为江西最有优势的融媒体中心平台。

据今日头条第三方平台统计，“赣云”全平台音视频播放量超 134 亿次，短视频全网点播总量位列全国省媒前三，覆盖稳居江西主流新媒体平台第一。

2. 手机江西台 App 打造江西视听新媒体第一端。手机江西台 App 吸引了四大领域共 60 多个机构账号入驻、引入“赣服通”政务服务 42 项，用户下载量超 500 万次，是江西视听新媒体第一端。

2020 年，手机江西台 App 推出了江西全省首个全景 VR 频道，利用“VR+5G+8K”等技术，设置了“VR 游江西”等 VR 专栏。此外，还开设了入驻号体系，首创“互动”视频开机屏，接入阿里智能推荐引擎。

手机江西台 App 推出“新型冠状病毒肺炎江西实时疫情地图”，成为全国首个下沉至县区的“疫情大数据平台”，全网访问量超 1.5 亿次。手机江西台“云课堂”线上教学频道成为江西首个汇集直播、点播的在线教育云平台，在手机端和 IPTV 的点击量分别达到 12 亿次和 3.5 亿次，为江西全省 100 个县区近百万名中小学生停课不停学提供了有力保障。

3. 江西 IPTV 大数据系统荣获 2020 年度最具影响力广电融媒技术平台。江西 IPTV“赣 TV”是江西网络广播电视台与三大通信运营商联合打造的交互式网络电视平台，已成为江西广电在智能电视终端上的主阵地。

江西 IPTV 大数据系统分为资源层、算法层、应用层 3 个层次，基于统一的数据接入规范，实现对各个数据源数据的广泛采集，通过数据处理和数据建模对数据进行基础的分析和处理，利用应用层提供应用层服务。IPTV 运营通过对大数据的挖掘分析，能够细分用户，实现千人千面的智能推荐，满足日益个性化的用户需求。

2020 年 12 月 31 日，在北京举办的“趋势 2021　融合共赢”第五届指尖传播影响力高峰论坛暨指尖榜调研成果发布会上，江西 IPTV 大数据系统荣获 2020 年度最具影响力广电融媒技术平台。

4. 头部媒体号矩阵群总粉丝数超 5000 万。江西网络台头部媒体矩阵号（今日头条、企鹅号、百家号、大鱼号、快手等平台）总粉丝数超 5000 万，百万粉丝以上账号 14 个，稳居江西主流新媒体平台粉丝数第一。

新媒体工作案例

“赣云”融媒体中心

2020 年重大宣传主题接踵而至，在特殊的传播环境下，主流媒体的价值得到进一步彰显，而“四级联动”通过“统筹策划、分类指导、多屏联动、全网推送”的联动流程，激发的内容活力相较于往年呈现出几何级倍增的态势。

作为江西广播电视台融合建设的“头号工程”，“赣云”融媒体中心创新机制、技术先行、协同生产，在聚合江西广播电视台 10 个电视频道、9 个广播频率及江西网络广播电视台生产的优质内容基础上，提升内容生产和分发的效率，推出了一系列叫好又叫座的优质作品，逐步推进央媒和省、市、县媒体的“四级联动”优质内容生态的打造，实现了传播力和影响力的最大化。

在“赣云”融媒体中心的技术赋能下，“四级联动”内容生态的打造，不仅打破了技术壁垒，加强了各级媒体之间的相互沟通和交流，还令各县级融媒体中心提升了能力水平，锻炼了专业队伍，密切联系群众的同时，也提升了媒体宣传的“到达率”。

一、“四级联动 + 智媒赋能”，重构内容生态

从媒体到融媒再到智媒，先进技术在媒体融合及智能化的过程中，起着锦上添花的重要作用。习近平总书记指出，主流媒体要大胆运用新技术、新机制、新模式，加快融合发展脚步。纵观 2020 年，技术已经成为内容生产环节创新的重要突破口。

2020 年年初，新冠肺炎疫情来势汹汹，疫情信息的通达成为民生要事。2 月 6 日，由“赣云”技术团队自主研发的“新型冠状病毒肺炎江西实时疫情地图”在手机江西台 App 上线，在“四级联动”的优势下，“疫情地图”在江西省近 50 家市县级融媒体平台上线，成为全国首个下沉到县区的“实时疫情大数据平台”。同时，“赣云”融媒体中心联合百度 App、百度地图、腾讯新闻、QQ 浏览器等平台推出了患者同乘查询、发热门诊导航、小区疫情查询、新冠肺炎疫情实时辟谣平台等实用功能板块，为用户提供全方位的查询服务，一站满足用户疫情防控的需求。

在 2020 年抗洪抢险的报道过程中，“四级联动”再次展示了强大的影响力和宣传能力。“5G+ 云直播”让抗洪现场真实地呈现在人们眼前。由手机江西台、今视频全网首发的《鄱阳问桂道圩成功合龙》《“沉默”的村干部》等融媒体报道，受到广泛关注，全网视频播放量合计突破 2 亿次。

10 月份，脱贫攻坚的宣传掀起新高潮。

H5 产品《盘点“十三五”、江西有牌面》，通过卡牌游戏的方式展示江西在“十三五”期间取得的巨大成就。“全景 Vlog | 我的江西我的村”系列短视频首创“VR+Vlog”的形式，既有活力又接地气，获得了人民日报全国党媒信息公共平台、央视频等央媒的青睐，通过“四级联动”让江西故事传入万千百姓家。

5G、VR、云直播、AI 虚拟主播、云端大数据……新技术新手段的出现让记者编辑们的想象力插上了可以高飞的“翅膀”，喜闻乐见的传播方式让内容变得更生动、更形象、更有趣。“四级联动”也成为信息传播的“高速公路”，实现了宣传“最后一公里”在信息接收上的“零时差”。

二、“四级联动 + 品牌赋值”，扩展内容赛道

2020 年各大数据分析机构给出的报告显示，短视频市场继续呈现爆发式的增长，并且由于年初疫情的影响，短视频呈现一种微妙的变化——媒体化趋势越来越强。基于这样的趋势，江西网络广播电视台加强了对原创视频品牌“今视频”的运营，并且借力“四级联动”得以迅速成长。

疫情期间，“今视频”推出的《英雄·城》《谢谢你 战“疫”路上的“追光人”》《“疫”线日记 | 我是一个陀螺般旋转的“大白”》《当“爱情”遇上“疫情”：不负使命不负卿》等短视频，通过“四级联动”的传播，激发全民致敬抗疫英雄、致敬伟大人民的热潮，为打赢抗击疫情的人民战争加油鼓劲，引得千万网友泪目。

在决战脱贫攻坚报道中，“今视频”联合江西财经大学数据新闻工作室推出手绘动漫短视频《产业扶贫在江西：小龙虾 大作为》，利用动漫、数据新闻等表现手段讲好江西大力推进产业扶贫，共绘小康新画卷的生动故事。“今视频”团队推出的《种小香薯走小康路 西龙岗村村民“甜”上心头》《从“三尺讲台”到“脱贫一线”》《岭下有位“摘”书记》等一批鲜活生动的报道也借助“四级联动”的优势，带着“今视频”这个品牌一起走进了大家的视野。

由江西网络广播电视台联动快手 App 共同推出的“你笑起来真好看——我们村的脱贫故事”短视频征集活动通过“四级联动”，不仅在小屏上发光发热，还有不少作品通过江西卫视《江西新闻联播》大篇幅播发，实现了江西广播电视台小屏内容“反哺”大屏的突破。其中，“今视频”团队创作的《云上井冈竹飘香》《畲乡有株“兰花草”》等作品也入选其中并且得到诸多好评。

时至今日，“赣云”融媒体中心在“四级联动”的机制下做出了很多跨越和尝试。同时也在努力按照资源集约、结构合理、差异发展、协同高效的原则，完善中央媒体、省级媒体、市级媒体和县级融媒体中心四级融合发展布局。在可见的未来，“四级联动”还将继续释放出强大的潜力，为媒体融合纵深发展提供原动力与创新力。

（江西网络广播电视台供稿）

安徽日报报业集团

新媒体工作综述

2020年是全面建成小康社会决胜之年、"十三五"规划收官之年、脱贫攻坚决战之年，也是报业集团融合发展、转型升级关键之年。2020年，安徽日报报业集团坚持以习近平新时代中国特色社会主义思想为指导，深入学习贯彻习近平总书记考察安徽重要讲话精神和党的十九届二中、三中、四中、五中全会精神，在新闻宣传上主动谋划，精心策划，以媒体融合项目和融媒体工作室为抓手，突出全媒体报道，推出了一系列有质量、有影响、有创新的重点报道、典型宣传、理论评论、融媒体作品等，弘扬了主旋律、传播了正能量。在融合发展上，坚持守正创新，坚持一体发展，不断推进媒体深度融合。

一、提高政治站位，把握主题主线全媒体做强做大主题宣传

2020年，安徽日报及集团各媒体提高政治站位，牢牢把握主题主线，聚焦党中央和省委、省政府中心工作，加强策划，积极创新，推进融合，推动主题宣传进一步做强做大。

1. 全力做好习近平总书记考察安徽重要讲话精神宣传报道，深入宣传习近平新时代中国特色社会主义思想。2020年8月18日至21日，习近平总书记在安徽考察。安徽日报及集团各媒体高标准策划组织，全媒体开设"牢记殷殷嘱托　奋力谱写美好安徽建设新篇章""在总书记重要讲话精神指引下，安徽这么干"等专栏，密集推出系列反响报道、回访报道、调研报道、评论员文章以及理论专题等。组织"飞入寻常百姓家"理论宣讲进基层活动，全媒体、多视角宣传习近平总书记考察安徽重要讲话精神和全省各地学习贯彻落实的举措成效。各媒体还开设了"习习春风润江淮"等栏目，集中推出习近平总书记视察安徽4周年报道，推出习近平总书记首次提出"三严三实"重要论述6周年等报道。

2. 深入做好党的十九届五中全会精神宣传报道，迅速掀起学习宣传贯彻党的十九届五中全会精神热潮。安徽日报及集

团各媒体提前谋划组织全媒体报道，多方位宣传阐释党的十九届五中全会精神，及时刊发推送全会公报、《中共中央关于制定国民经济和社会发展第十四个五年规划和二〇三五年远景目标的建议》等。加强策划，分主题、成系列推出反响报道，如《擘画宏伟蓝图　激发奋进力量》等，反映安徽省广大干部群众、社会各界对全会的热烈反响。安徽日报先后策划推出两组系列评论和理论专版，深入宣传阐释全会精神。

3. 大力做好统筹疫情防控和经济社会发展、防汛救灾等重大主题报道，汇聚敢于担当团结奋斗的强大力量。新冠肺炎疫情发生后，安徽日报及集团各媒体迅速行动，成立领导小组，制定应急预案，加强报道统筹。集团各媒体开设“坚决打赢疫情防控阻击战”“复工复产进行时”等专栏，先后推出《汇聚共克时艰的安徽力量》等多篇特稿和深度报道，有力营造众志成城战疫情、积极做好“六稳”“六保”的强大声势。面对2020年严峻的汛情灾情，集团各媒体开设“全力以赴　防汛救灾”等专栏，运用消息、通信、现场报道、海报、动图、短视频等形式，及时发布服务信息，深入报道各地防汛救灾一线的真实场景，《风雨中，人民至上》等稿件在社会上产生了很大反响。

4. 及时做好决胜全面小康、决战脱贫攻坚的宣传报道，全景展现各地脱贫攻坚取得的巨大成就。安徽日报及集团各媒体全平台开设“全面小康看江淮”“决战决胜脱贫攻坚”“扶贫印记”等专题专栏，推出《坚定信心顽强奋斗，坚决夺取脱贫攻坚战全面胜利》等一批重点报道，策划《聚焦攻坚克难，确保如期完成脱贫攻坚任务》等系列评论，组织“出列之后”“脱贫摘帽促振兴”等系列调研报道，这些报道题材丰富、形式多样、内容鲜活，全媒体、多平台连续推出，在社会上产生了极大反响。围绕全省最后9个贫困县区脱贫摘帽等重大节点，还策划推出特稿、特刊、评论及融媒体产品。

5. 精心做好长三角一体化、安徽自贸试验区全面启动建设、辉煌“十三五”等重点宣传，生动展示安徽推动经济高质量发展的显著成效。推动长三角一体化高质量发展、安徽自贸试验区全面启动建设，对安徽意义重大。长三角地区主要领导座谈会前后，密集推出全媒体融合报道。与解放日报、新华日报、浙江日报联手，开展党报联动，同步推出“长三角扎实推进一体化发展”系列报道。围绕安徽自贸试验区全面启动建设，全媒体开设“安徽自贸试验区扬帆远航”特别报道，并组织记者深入合肥、芜湖、蚌埠等地采访，以“方案解读”“延伸阅读”等组合方式，深入报道试验区建设进展情况，反映安徽开放发展成就。集团各媒体开设“全面小康看江淮”“百城千县万村调研行”等专栏，多平台发稿、多形式呈现、全媒体传播安徽省“十三五”改革发展成就。

二、坚持守正创新，在“四守四创”中提升新闻舆论“四力”

习近平总书记指出，坚持正确舆论导向，高度重视传播手段建设和创新，提高新闻舆论传播力、引导力、影响力、公信力。党报集团只有切实做到守正不渝、创新不止，才能让党的声音始终占据舆论高地，确保在多元中立主导、在众声中聚主流。

*1. 守政治责任之正，创履职尽责之新。*党报集团，必须坚持政治责任第一，坚决避免“犯无可挽回的历史性错误”。要在履职尽责中积极探索创新，努力抓紧抓实抓细抓活。落实政治责任上，实现意识形态工作全过程纳入；创新工作机制上，实现汇报、检查、追责问责“一条龙”；阵地管理上，实现制度全覆盖落实全到位。

*2. 守媒体融合之正，创遵循规律之新。*习近平总书记提出，坚持正能量是总要求、管得住是硬道理、用得好是真本事。要坚持正确方向，坚持一体发展，坚持移动优先，坚持科学布局，坚持改革创新，推动传统媒体和新兴媒体在体制机制、政策措施、流程管理、人才技术等方面加快融合步伐，尽快建成一批具有强大影响力和竞争力的新型主流媒体。对此，党报集团必须结合实情、遵循规律、探索创新。要坚持媒体融合的迭代关系，使报纸与新平台相得益彰；坚持公信力引领，既重流量更重内容；坚持一媒一策、全媒一体，实现具有自身特色的融合发展。

*3. 守优良传统之正，创内容生产之新。*秉承顾全大局优良传统，坚持党性原则，树立全局观念，确保导向正确。秉承实事求是优良传统，在深入实际、深入群众、深入生活中，求真求准。同时遵循传播规律，运用互联网思维、大数据、新手段实现全媒生产和传播；创新内容生产，让创新理论飞入寻常百姓家，让鲜活经验呈现于版面和平台。

*4. 守双效并重之正，创良性发展之新。*习近平总书记指出，一部好的作品，应该是把社会效益放在首位，同时也应该是社会效益和经济效益相统一的作品。新闻媒体要坚持在保证社会效益前提下，努力实现两个效益互相促进。在媒体融合大背景下，努力探索服务下沉、服务增值的模式创新。针对社区、乡镇、学校和广大基层单位融合传播的强烈需求，通过平台升级和传播服务下沉，实现双效并重和良性发展。

三、坚持一体发展，改革体制机制，进一步推动媒体深度融合

2020年，集团认真学习贯彻中办、国办印发的《关于加快推进媒体深度融合发展的意见》，坚持一体发展，科学布局，推进采编流程再造，推动体制机制改革。

*1. 加强路径设计，以项目为抓手，持续推进媒体融合向纵深发展。*在深入调查研究基础上，重新梳理集团融合发展思路，研究制定了实施全媒体传播体系建设工程的发

展路径、阶段性目标和实施方案。加快推进集团融合发展重点项目，集团融媒发展中心建设基本完成，安徽日报客户端迭代升级顺利推进，“社区融”“乡镇融”“校校通”“法治融”以及安徽舆情大数据中心建设初见成效。研究制定安徽日报打造精品党报实施方案，加快推进由“一张报”到“一平台”的转型升级。坚持“开门办报办媒体”要求，走好全媒体时代的群众路线，充分调动、利用集团及各媒体资源，加大持续推进“安徽党媒云”全媒体开放外拓平台建设。按照打造特色新媒体品牌的要求，通过特色专业平台建设，打造专业性强、特色性足的全媒体矩阵。

2. 加强统筹调配，强化流程再造，协同推进融合发展落地生效。集团各媒体积极推进融合报道，一同策划、一同部署、一体化推进，制作推送了一大批高质量融合传播作品。

安徽日报优化采编流程，推进采编流程再造，重点报道、权威信息、重要新闻全部首发新媒体，如《刚刚，大众汽车（安徽）有限公司揭牌，首款车型2023年投产》等报道第一时间权威发布，综合阅读量迅速突破10万次。创新快速发布形式，推出《安徽实行分区分级精准防控》等“图文速报”“新闻海报”等产品，手机用户可“看图读题知新闻”，广受网友点赞。推动融合报道“短视频+”全覆盖，“徽视频”11月底正式上线，明确“动起来”是融媒体核心特征。积极探索内容呈现形式创新，“新时代”融媒体工作室策划推出《跟着习近平化危为机》系列动漫政论微视频，把抽象的概念、高深的理论转化为生动有趣的动漫故事，在学习强国、今日头条等平台广泛传播。创新话语表达方式，如东篱工作室策划制作《报告，我要替理工男安徽说两句》，将安徽萌化为“理工男”，可读性强，收获良好反响。出台《安徽日报新媒体绩效考核办法》，推动人才、技术、资源向移动端转移。

集团子媒，新安晚报、安徽商报、安徽日报农村版等加强改革，在机构设置、绩效考核管理上，加强采编流程再造和体制机制变革，建立完善适应媒体融合深度发展的机制。新安晚报早布局直播、短视频，成立了视频生产部，专注于短视频的生产。2020年以来，新安晚报每天可以生产短视频（包括抖音）15条，月产量500条左右，视频作品的质量和影响力初步形成。还分别在今日头条、百度、抖音、快手等平台开设了“大皖视频”等账号，扩大影响，如“安徽网”抖音号发布《解气！安徽凤阳警方围追偷狗贼，人民群众拍手叫好！》阅读量高达2934.1万次。2020年，安徽商报全新打造了以短视频为主打的橙视新闻客户端，合肥网全新改版，已经形成了“报网微端抖”全媒体矩阵，影响力越来越大，如抖音平台刊发的《合肥首次用“重车压桥”守护长江路桥》播放量达7462万次，点赞量超过87万次。集团各媒体“移动优先”理念已全面确立，全媒传播格局已基本形成，媒体融合发展正纵深推进，融合成效正初步显现。

新媒体工作案例

《跟着习近平化危为机》动漫微视频

在中华民族伟大复兴的征程上，面临着诸多风险挑战。2020年新冠肺炎疫情发生以来，习近平总书记多次强调，要“在危机中育新机、于变局中开新局”。2020年3月，习近平总书记在浙江考察时指出：“危和机总是同生并存的，克服了危即是机。”2020年4月8日，习近平总书记在中共中央政治局常务委员会会议上强调：“要坚持底线思维，做好较长时间应对外部环境变化的思想准备和工作准备。”

为深入学习宣传贯彻习近平总书记关于化危为机的重要论述，推动习近平新时代中国特色社会主义思想深入人心，从而更好地“应对重大挑战、抵御重大风险、克服重大阻力、解决重大矛盾”，确保中国特色社会主义事业不断取得新胜利，安徽日报新时代融媒体工作室自2020年4月开始，精心策划《跟着习近平化危为机》5集动漫微视频。

作品分《危机如虎》《“危”见卓识》《危便是“机”》《化危有道》《生“机”磅礴》5集，每集时长在2分钟内，文字在260字左右。每集均以习近平总书记重要讲话引出主题，而后运用历史典故、革命事迹、理论观点与改革发展实践相结合的手法艺术地展开，把科学的论断、精深的道理转化为生动有趣的动漫故事和极富感染力的场景，多维度展现习近平总书记的远见卓识和我们伟大事业的光明前景。本作品在舆论导向上旗帜鲜明，在内容编排上层层递进，在文字表达上言简意丰，在画面呈现上新颖生动。

2020年7月31日，作品在安徽新闻网、安徽日报客户端上线。8月初，投放“学习强国”学习平台和安徽省平台，迅速获得10万+的点击量。今日头条、中安新闻、哔哩哔哩等新媒体先后转播。特别是9月8日，全国抗击新冠肺炎疫情表彰大会召开的当天，“学习强国”学习平台在“短视频”栏目头条位置，全天推送本作品。

作品二维码

安徽党媒云“乡镇融”项目

安徽党媒云“乡镇融”项目是安徽日报报业集团媒体融合的子项目，依托安徽新闻网、安徽日报客户端、安徽日报和安徽日报农村版报纸版面、微信公众号等，通过“报网微端”互动，打通乡村“最后一公里”，与全省广大乡镇合作共建新闻资讯融媒体发布平台，为乡镇提供新闻宣传、形象推介、活动直播、舆情分析、技术辅导等综合性服务。与技术公司合作开发设计了具有自主知识产权的“乡镇融”系列采编软件，实现了一键发布、多端呈现，技术上达到国内行业先进水平。

“乡镇融”最大的特点是让省级党媒直达乡镇村，打造一个全省乡镇村沟通、交流、发声、展示的传播平台，体现乡镇特点、党媒特色。这是全国省级党媒中唯一一例。“乡镇融”承建单位安徽日报农村版，抓住乡镇在省级党媒平台的发声诉求，开展项目推广。

“乡镇融”项目为乡镇提供“报、网、微、端”立体化宣传，上线以来已播发乡镇稿件5万多篇（条），广泛宣传了安徽乡镇经济社会发展成就，为打赢脱贫攻坚战、如期实现全面小康、实施乡村振兴战略营造了良好的舆论氛围。截至2020年年底，有506个乡镇入驻平台，占全省乡镇数约40%，辐射全省农村人口50%以上。8家农村商业银行、1家农业保险公司也先后入驻。

在项目实施过程中，坚持走好全媒体时代的群众路线，多次为合作县市区、乡镇举办通讯员业务培训班，发展基层通讯员1000多名，联系“三农”方面的政策和科技专家40多人，使之成为党媒与地方政府、受众联系互动的纽带。“乡镇融”项目经济效益良好。“乡镇融”项目2019年上线，当年盈利，总收入超千万元。其中2020年合同收入830多万元，占安徽日报农村版全年广告营收74%，因项目实施，安徽日报农村版2020年经济收入创多年来新高。

（安徽日报报业集团供稿）

安徽新媒体集团

新媒体工作综述

2020年，安徽新媒体集团紧紧围绕统筹推进疫情防控和经济社会发展大局，精心组织新媒体宣传工作，扎实推进媒体融合发展，推出了一大批高质量的融媒体作品，为加快新阶段美好安徽现代化建设提供了强大的网上正能量。全年1件作品获中国新闻奖二等奖，2件作品获中国新闻奖三等奖，3件作品获全国“五个一百”网络正能量精品奖。

一、做强正面宣传，奏响时代发展强音

集团各媒体始终坚定政治方向、坚持正确导向、坚守价值取向，聚焦宣传主题主线、践行媒体职责使命，唱响新时代主旋律。

一是扎实做好习近平新时代中国特色社会主义思想宣传阐释。增强“四个意识”、坚定“四个自信”、做到“两个维护”，把做好习近平新时代中国特色社会主义思想宣传阐释作为首要政治任务。精心做好“头条区”，及时、准确、突出转载好习近平总书记重要活动、重要讲话的报道；精心做好学习贯彻党的十九届五中全会尤其是做好习近平总书记全会讲话精神宣传阐释，开设《学习贯彻党的十九届五中全会精神》专题，总阅读量超6000万次；精心做好习近平总书记考察安徽重要讲话精神宣传，围绕“大学习、大宣传、大贯彻”，推出《牢记殷殷嘱托　奋力谱写美好安徽建设新篇章——认真学习贯彻习近平总书记考察安徽重要讲话精神》专题，集纳发布稿件7100余篇，总阅读量超3.4亿次；中安在线双微开设“习近平赴安徽考察调研”“中部崛起势正劲安徽篇”“牢记嘱托　谱写新篇章”等话题专栏，累计阅读量277万次。《金句来了！习近平这样关心安徽！》等多篇图说、短视频产品全网阅读量超50万次，迅速掀起学习宣传贯彻热潮。

二是积极做好新冠肺炎疫情防控宣传报道。认真贯彻落实中央和省委各项防控工作部署，迅速吹响战“疫”集结号，当好战“疫”排头兵，通过全媒平台传播、融

媒产品表达，全力打好新媒体人“网上战‘疫’”。全年各端口发布相关报道7.2万条，总阅读量逾5亿次。全体采编人员深入一线，采访挖掘各单位的工作举措、先进经验、感人故事，撰写大量战“疫”新闻报道，推出《江淮战“疫”党旗飘扬》《战“疫”一线》《图说战“疫”》等百余个专题专栏；圆满完成48场疫情防控工作新闻发布会直播。策划制作短视频、H5、手绘、漫画、图说、海报新闻、虚拟主播等融媒体产品150余件，136篇网络评论作品被中央网信办全国推转。集团抗击疫情宣传报道工作经验，得到中国记协网、中央网信办《网络传播》杂志公众号等的重点推介。与安徽籍漫画家、歌曲创作者合作推出系列漫评、《2020武汉加油》MV等，凝聚起文艺战线的战“疫”力量，让疫情宣传报道更生动、更接地气。“众志成城安徽抗击肺炎”微博话题阅读量超1.4亿次，跟帖讨论2万条。“安徽发布”平台“疫情挡不住温情”话题征集作品6500余部，在抖音平台播放量达10.7亿次。《虚拟主播来盘点安徽各地“大喇叭”喊话大PK》等易于朋友圈转发的“轻巧”作品，全景展现安徽人民战“疫”的精神风貌，有力提升了防疫信息的覆盖面和到达率，第一时间将安徽省疫情防控工作情况传播到千家万户，奏响了全省上下众志成城、共抗疫情的最强音。

三是深入做好决战脱贫攻坚、决胜全面小康宣传报道。紧扣脱贫攻坚和全面小康宣传主题，开设《决战决胜脱贫攻坚》大型融媒专题，推出“全面小康365”“决战决胜脱贫攻坚”“决胜小康看江淮”“我家的小康生活”“走向我们的小康生活”等10余个专栏，集中反映脱贫攻坚的安徽成就。发挥融媒体工作室优势，以短视频、手绘动漫、H5等表现形式，有“声”有“色”地讲好安徽脱贫故事。重点推出《循足迹，看变化，一路春风一路情》《老乡们的小康梦——安徽泾县马鞍村脱贫影像记》《真情！三年五赴一乡村送温暖，脱贫户笑了》等一系列融媒体产品，深入挖掘江淮大地的暖心故事，生动展示脱贫攻坚的重大成就。全年共发布脱贫攻坚稿件5000余篇，其中原创稿件300余篇，融媒体作品45件，总阅读量逾2亿次，全面展示了安徽脱贫攻坚新举措、新成效、新亮点。

四是全力做好“六稳”“六保”、抗洪抢险等重大主题宣传。充分利用新技术、新手段和平台优势资源，强化重大网络主题宣传议题设置能力。积极开展“抓‘六保’促‘六稳’，育新机开新局”“2020世界制造业大会江淮线上经济论坛”“中部崛起势正劲（安徽站）”等重大网络主题宣传活动，制作相关专题50多个，及时集纳主流新闻媒体的文字、视频、图片稿件。2020年汛期，安徽省大别山区、沿江江南、皖南山区持续遭受暴雨袭击，江河湖库水位暴涨，防汛形势严峻。7月20日8点32分，接国家防指命令，王家坝闸开闸，蒙洼蓄洪区启用蓄洪。集团所属媒体PC端和移动端同步发力，在首页首屏显著位置开设“众志成城　坚决打赢防汛救灾硬仗”“防汛救灾第一线”专栏，集中发布和转载防汛抗洪稿件，宣传报道安徽省各级党委政府及各部门压紧压实责任，盯紧重点环节，科学统筹防范，多措并举确保重要工程设施和人民群众生命财产安全的责任与担当。截至2020年7月27日，各媒体刊发防汛相关稿件3300余篇，总阅读量8000余万次。其中，原创稿件420余篇，融媒体产品50余件。中安在线第一时间组织核心网评专家，推出《“王家坝精神”：是坚定，是奉献，更是担当》《新时代干部当有“王家坝精神”》等40篇原创评论。其中，《宛新平：用无私奉献筑就防汛救灾的“精神堤坝”》讴歌舍小家、为大家，不畏艰险、不怕困难，军民团结、干群同心，尊重规律、综合防治的“王家坝精神”，被“学习强国”学习平台推荐。

二、坚持守正创新，加快推进融合发展

集团始终坚持各媒体、各端口一体化发展方向，强化组织领导，加大对媒体融合发展的支持力度，全力推进集团媒体融合向纵深发展。

*一是抓好机制建设，推进“一体化”。*2020年，集团大力探索中央厨房常态化运行机制，充分发挥中央厨房媒体融合核心平台作用，以“一体化发展”理念建新媒体、管新媒体、用新媒体，实现各媒体各端口内容建设一体化考虑、一体化建设、一体化推进。内容生产上，实行总编辑负责制，统筹每日新闻重点选题策划、新闻采写和信息采集、融媒体产品制作、内容审核把关、集团自有媒体平台及第三方平台的矩阵发布、新闻传播力分析及评估考核，有效地落实了省委宣传部、省委网信办的部署要求，提高了新闻策采编发的时效性、针对性、精准度，提升了融媒体产品原创力、传播力、影响力。

*二是抓好原创队伍，做优“工作室”。*按照“打造现象级产品”的目标，加大对融媒体工作室的扶持力度，申报徽喜鹊、徽视频、宛新平3个省级重点融媒体工作室。加快对各类创新资源配置进行高效整合，对3个长期未实质性运转的工作室予以合并、关停，根据业务发展需要增设“中安视频”“海外传播”工作室。

*三是抓好顶层设计，谋划“十四五”。*2020年9月，中办、国办《关于加快推进媒体深度融合发展的意见》下发后，集团党委高度重视，第一时间学习贯彻，制定集团《关于“十四五”期间加快推进媒体深度融合发展总体考虑》，排出打造集团全媒体传播体系工程的时间表、路线图、计划书。

三、夯实发展基础，全力提升宣传水平

面对当前媒体格局、舆论生态、传播技术发生的深刻变化，为更好地承担举旗帜、聚民心、育新人、兴文化、展形象的使命任务，集团党委强化政治自觉，着力打造全媒体采编队伍，不断激发发展活力，努力提高

新闻宣传工作水平。

一是创新开展增强“四力”教育实践。2020年，集团党委启动“采编一线党旗红”创新实践活动，号召各部门各支部党员在新闻宣传第一线亮身份、作表率，充分发挥先锋模范作用。7月上旬，集团派出4路记者近20人深入安庆、铜陵、池州、阜阳等地防汛抗洪一线，采访报道防汛救灾工作，发回大量图文和视频报道。徽喜鹊、宛新平、徽视频融媒体工作室全员上岗，连续推出融媒体作品40余件，讴歌舍小家、为大家，不畏艰险、不怕困难，军民团结、干群同心，尊重规律、综合防治的“王家坝精神”，为壮大主流“舆论场”作出积极贡献。

二是大力开展媒体品牌培育。在安徽省委网信办、安徽省扶贫办、安徽省农业农村厅的指导下，集团谋划推出网络公益助农项目“皖里有货·第一书记夸家底”大型公益策划，通过“短视频故事＋直播带货”，为优质农货找市场、促销售，也展现了优秀驻村扶贫书记践行初心使命，为群众办实事、解难事的群体风貌。5个月时间里，“皖里有货·第一书记夸家底”直播公益助农活动走过百场，系列活动在学习强国“直播中国”平台、中安在线网站以及抖音等第三方平台实现多屏同步直播，40余位第一书记走进直播间，直接销售额超2000万元，为扶贫村带来良好的社会效益和经济效益，取得了良好的社会效果。

三是突出做好网络直播。2020年，集团圆满完成省政府新闻办公室133场系列发布会，完成其他主题视频直播60余场。其中“皖里有货·第一书记夸家底”系列带货直播、“援鄂抗疫　皖美留芳”云火锅之约、“云游江淮　五一专场直播”“安徽省总工会新时代职工文明实践基地揭牌仪式暨首场全省职工文明实践活动”“中冶集团2020年度安全环保培训会”等直播，在线点击量均超过850万次，“援鄂抗疫　皖美留芳”云火锅之约观看人数开播不久即突破千万。

四是持续做优网评。2020年，中安时评有效统筹网络评论工作的组织、策划、编审、发布等各环节，进一步加大评论作品的原创力度，圆满完成了抗击新冠肺炎疫情、全国两会、安徽省两会、脱贫攻坚等重大主题的评论引导任务。评论文章《宛新平：为有牺牲多壮志》等多篇作品获安徽新闻奖。在第五届全国“五个一百”网络正能量精品评选中，该栏目推出的漫评《【地评线】徽喜鹊漫评：读懂残疾人旅客专用票饱含的拥军情怀》入选“百篇网络正能量文字作品”。全年栏目总发稿量突破6000篇，其中转载中央和省主要新闻媒体评论稿件900余篇，发布本网原创评论稿件5000余篇。

新媒体工作案例

“皖里有货·第一书记夸家底”网络助农公益直播

2020年，受新冠肺炎疫情影响，江淮

大地很多优质农副产品面临销售困境，直接影响社会经济秩序和人民群众的就业生计。安徽新媒体集团准确把握抗击疫情和复工复产的工作形势，及时谋划推出以短视频直播为载体的公益助农服务活动。集团于2020年3月中旬在多个知名网络平台注册开通了旨在为安徽优质产品代言的“皖里有货”短视频直播账号。随后，在安徽省委网信办、安徽省扶贫办、安徽省农业农村厅的指导下，推出“第一书记夸家底”网络直播公益助农活动，通过“短视频故事＋直播带货”的方式，一方面为优质乡村农货找市场、促销售；另一方面集中展示优秀驻村扶贫书记践行初心使命，一心一意为群众办实事、解难事的群体风貌。

2020年，“皖里有货·第一书记夸家底”直播团队开展了上百场带货直播，邀请43名来自扶贫一线的第一书记走进直播间，通过网络直播带货销售当地特色产品，累计销售金额超2000万元，以新业态为脱贫攻坚赋能，将直播流量化为扶贫力量，展现了主流媒体的社会责任和担当。项目成功入选中央网信办2020年网络公益助力脱贫攻坚和疫情防控优秀案例与2020年度全省宣传思想文化工作创新范例。

作品二维码

（安徽新媒体集团供稿）

东南网

新媒体工作综述

2020年，东南网（海峡网、闽南网）全平台浏览量突破50亿次，是2019年的5倍，媒体矩阵粉丝数约1338万，是2019年的2.5倍。13件作品获2019年度福建新闻奖，数量为历年来最多。3件作品获2019年度福建政法新闻奖，3件作品获2020年福建省政协好新闻。《西岸时评》被中央网信办评为优秀网评栏目，《直通屏山》入选2020年福建省报刊十大名栏目。东南网、闽南网成为福建省首批网上联合推送机制新媒体工作室。1人被评为2019福建省十佳新闻工作者，1人被评为2019优秀网评工作者。

一、坚持宣传舆论导向，做好各项重大主题报道

1.全方位宣传党和国家方针政策，推动习近平新时代中国特色社会主义思想入脑入心。东南网将学习宣传党和国家的方针政策、习近平新时代中国特色社会主义思想作为首要政治任务，全方位解读传播，做好习近平总书记关心福建发展、福建民生的宣传报道。先后推出《习近平总书记参加十三届全国人大二次会议福建代表团审议一年来》《只争朝夕　决胜小康》《在危机中育新机　于变局中开新局》《全方位推动高质量发展超越》等专题，源源不断向社会输送新发展理念。

围绕决胜全面小康、决战脱贫攻坚主题宣传，东南网开设《走向我们的小康生活》《摆脱贫困的“幸福密码”》《“摆脱贫困与政党的责任”国际理论研讨会》等专题，组织记者队伍赴宁夏开展《援建之光　闽宁24年》专题采风活动，策划举办了“决战脱贫攻坚、决胜全面小康·福建足迹”暨“福建影响力”系列活动，通过案例征集、融媒产品、视频访谈、直播带货、公益广告等，展现福建开展脱贫攻坚、推动改革创新的典型经验和先进事迹，案例超120个，原创稿件200余篇，直播12场平均每场观看量超130万次。

党的十九届五中全会召开后，东南网认真组织学习宣传会议精神，通过多种形式向大众传递发展新理念，以创新的宣讲方式推

动党的声音进基层，开设了“新福建 新征程 新篇章”专题，展现福建省各地干部群众学习贯彻党的十九届五中全会精神；先后开展“学习宣传党的十九届五中全会精神八闽行”主题采访、“‘乘风破浪 奋斗有我’来啦，我的‘十四五’短视频大赛”“党报记者基层共学五中全会精神”等专题报道和活动，以创新的宣讲方式推动党的声音进基层。

2. 抗疫报道爆款频现，正面宣传引导舆论，体现主流媒体的及时性、权威性。东南网在网站首页首屏开设专题集纳疫情信息，微信一天 11 推，联合湖北宜昌新闻网开设共同抗疫专题、“援宜日记”专栏；新闻发布会直播场场不落，高效整合发布，“福建春季开学时间推迟”抖音上线 24 小时播放量达 648 万次；陆续制作推出了一系列 H5 互动产品、图解、海报，战“疫”系列短视频 800 多条，抖音、快手累计播放量超 2.5 亿次。网络辟谣举报平台发布的多篇原创文章被中国互联网联合辟谣平台等转载引用。《西岸时评》抗疫相关网评文章、漫画评论中，有 11 件作品被中央网信办推送。

统筹联动，融通内外，体现网络媒体的创新性、服务性。东南网推出“福建新型冠状病毒肺炎疫情实时地图”，滚动更新，实时速查；推出 AI 虚拟主播“小晴”，首播当日观看量近 50 万次；联合多家科技企业打造了福建首个综合性公益服务平台——福建疫情防控公益服务平台，随后又推出“海外版”（“闽侨同胞携手防疫公益服务平台”）、“台港澳版”（“闽台港澳同胞携手防疫公益服务平台”），涵盖 18 项功能，为全球抗疫物资对接、福建复工复产等提供了助力，得到了省内 107 个政务及媒体微信公众号和 30 多家海外华文媒体的推广；联动全国主流媒体直播 400 多场、1290 个小时，其中参与 70 家全国主流新闻媒体联动直播节目《人民战“疫”！“武汉时间”特别直播节目 | 东南网联动直播》阅读量达 1000 万 +；对 20 多个国家的海外侨社侨胞及香港同胞支援祖国和当地社会抗击疫情作贡献的事迹宣传报道，全年与“侨”相关的文章 500 多篇、抖音 60 多条。

精心策划，紧密配合，体现精品报道的针对性、实效性。东南网围绕“钻石公主号”热点事件打造的“走，咱们回家”报道，通过三波联动，东南网先后发布原创系列稿件 16 篇、短视频 16 条，福建日报刊发特别报道 4 篇，被国内超 500 家媒体、网站转载引用，全国转载超 1 亿次；包括日本、美国、加拿大、阿根廷、巴西、菲律宾、马来西亚等在内的国家和地区的数百家媒体转载或引用了东南网的报道。针对泉州欣佳酒店突发垮塌事件，东南网、闽南网 24 小时联动播报也创下了 20 家媒体同步推送、累计观看人数 1274 多万、102 条短视频累计播放量超 6300 万次的纪录。

3. 主题报道、民生报道并重，强化主力军责任担当。重大主题报道方面，东南网以融媒体专题、直播云、高端访谈、短视频、H5、图事汇、网评等多种形式做好全国两会、福建省两会、第三届数字中国建设峰会、福建省委十届十次全会、福建省委十届十一次全会等宣传。在抖音开设的福建两会话题“两会福建 dou 出彩”第一、第二位置均为东南网作品。全年共有 22 篇原创评论被中央网信办全网推送。

东南网关注社会民生，激扬时代主题，绘制福建跨越发展新画卷。围绕脱贫攻坚主题宣传，策划举办了“决战脱贫攻坚、决胜全面小康·福建足迹”暨“福建影响力”系列活动，通过案例征集、融媒产品、视频访谈、直播带货、公益广告等，展现福建开展脱贫攻坚、推动改革创新的典型经验和先进事迹，案例超 120 个，原创稿件 200 余篇，直播 12 场平均每场观看量超 130 万次。

东南网先后推出《数自狂欢》《春风十里，福建等你》《古诗里读懂粮食》《厉行节约　杜绝“舌尖上的浪费”》《全力防御台风“黑格比”》《2020 福建中招服务指南》等新媒体产品；与《福建日报》联动，“继艺”专栏每周推出一期。

东南网用好品牌栏目传递民声民情，做好《直通屏山》栏目线索的核实反馈，2020 年发布新闻 2500 余条，审核留言近 2100 条，核实投诉线索 200 多条，撰写调查报道 88 篇。其中，福州一安置房拖延 10 年的办证问题得到了解决，“停课不停学”系列报道促成了教育部门、快递企业合作，解决了学生用书难题。

4. 深化媒体融合，新媒体矩阵效应显现。东南网不断加强采编联动和媒体融合，进一步提升传播力、影响力。2020 年，东南网重点推动新媒体第三方平台账号建设，在微博、微信、今日头条、百家号、抖音、强国等第三方平台开设自营、代运维账号 150 余个；6 月、12 月，先后上线东南网强国号、闽南网强国号；10 月，开通新福建客户端“@东南”“海外 +”2 个栏目。由东南网承建并负责运维的“学习强国”福建学习平台相关数据指标排名全国前列。东南网官方微博“福建东南网”内百万以上阅读量的话题超 30 个，官方微信“东南网”内 10 万 + 微信文章超 30 篇，各平台 10 万 + 文章超 120 篇。短视频类账号传播效果凸显，千万级甚至过亿流量的短视频有 33 条，是 2019 年的 6.6 倍。东南网、海峡网、闽南网自营的抖音号，总浏览量超 28.8 亿次，超千万浏览量作品共 26 条，出现了 3 篇浏览量均超 1 亿次的现象级抖音作品；微信视频号总浏览量超 3 亿次，超千万次浏览量作品 4 条；快手平台超千万次浏览量作品 3 条。

5. 做好外宣和“侨”文章，助推高质量国际传播。东南网加快海外宣传阵地布局，2020 年先后设立东南网日本站、东南网新西兰联络站。日本站凭借较强的外宣作战能力，成为抗疫报道中的一匹“黑马”，在“钻石公主号”事件报道中，日本站与总部不分昼夜、紧密配合，在日记者发回第一手独家信息，总部编辑及时整理制作成图文视频等新闻产品，迅速在各平台推广分发。日本站站长刘丹蕻经东南网推荐，入围抗击疫情“平凡英雄”。

东南网做好新时代的“侨”文章，与海（境）外各站紧密联动，与华文媒体加强互动，策划了如“海外侨胞为家乡‘十四五’建言献策”“京港连线话两会”“‘福新社’北角东南风”“海外战‘疫’我的Vlog”等视频专栏，“八闽乡音话两会”“涉港国安立法”等系列报道。

东南网推进外宣交流项目，如中宣部春节文化走出去项目之一“2020马尼拉市政府与菲华团体庆春节”活动、“首届海丝国际茶文化论坛系列活动”等。其中福建首次以省主要媒体机构（福建日报社）、省直多家职能机构指导的，以茶文化为主题的国际性论坛“首届海丝国际茶文化论坛系列活动”，在海内外各平台浏览量超5000万次，做到传播速度快、受众覆盖面广、社会反响良好，为加速中华文化“出海”速度、扩大海外“朋友圈”提供了助力。

二、拓展网群创作新精品，加强传播文化产品供给和服务能力建设

1. 深耕党群共建，促进产品服务转型升级。2020年，东南网承建网群新增福建博物院、福建省市场监督管理局网站、福建省地震局网站，福建省退役军人事务厅专题，福建体育职业技术学院、福建省政协微信等服务，承接了福建省生态环境厅、福州市贸促会（海丝博览会）的新媒体类服务；加快新时代文明实践中心管理系统研发和落地应用，已部署了宁德3个县级平台。

按照防疫工作要求，东南网审慎开展线下活动，进一步拓宽线上传播渠道，将部分难以在线下推进的活动顺利转化成线上展示，先后推出应急管理厅主题日、博物馆日等线下活动，“自然之恋摄影作品征集赛”“土地日H5答题活动”“福建省第七次全国人口普查网络作品征集”“全民携手抗疫网络作品征集”等线上活动。同时配套的微视频、长图、H5、实用小程序、动漫等融媒体产品，推动政务新媒体合作往“政务+媒体+服务+互动”方向发展。

东南网主动适应新形势下的市场需求，用产品创新带动多元经营转型升级，尝试开拓新的业务领域。与科大讯飞合作推出智能语音产品“AI虚拟主播”，已在东南网及所属频道首页投放展示，服务覆盖全省各设区市，部分地市已成功对接使用，如与莆田市委网信办合作开设“莆田AI要闻播报”栏目；与天津海量公司合作的新闻内容监测服务产品，已成功向3家单位推广试用。

2. 丰富直播互动类产品，推动新媒体服务新经济。东南网将视频类产品服务跨入垂直细分领域，2020年直播场次超180场，制作短视频近1100条。2020年5月，东南网在福州上下杭举办了首次带货直播活动，观看量超187万人次，在线观看最高峰值近21万人，累计评论1.6万条。随后“媒体+直播带货”新模式得到众多单位认可，通过东南网带货直播来助推当地经济复苏和产业发展。2020年，东南网共开展22场带货直播，其中莆田市荔城区区长带货直播的单场

观看量超 300 万次，成交额超 1438 万元。

东南网发挥闽台地缘优势，由驻台记者牵线、两岸直播团队配合，推出了闽台两岸系列视频连线活动，涉及两岸宗亲、青年、文体、信俗等多方面交流，实现闽台交流从见字如面到视“屏”如面的转变，让福建声音和福建故事跨越海峡，飞入两岸寻常百姓家。2020 年连线 11 场，累计两岸参与受众约 700 万人次。

3. 发挥精品项目优势，全面扩大品牌效应。东南网将品牌项目作为网站多元发展的重要一环，通过项目的持续运作，扩大业务辐射范围，形成具有东南网特色的品牌效应，在全省、全国产生较高的影响力和号召力，加速网站品牌增值，带动了业绩增长。2020 年，东南网成功举办了第七届（2020）福建文创奖·世遗文创大赛，以及配套的厦门和龙岩推介活动、福建文创奖作品展示活动等，面向全国（包括港澳台地区）征集 913 件作品，拓宽了赛事影响面，推动了世遗文创产品主题创意设计和孵化落地；举办了第九届“全国重点网络媒体福建行”大型采访活动、“清新福建　气候福地”品牌活动，连江旅游标识、旅游广告语评选活动，闽清橄榄节等活动，有效推动福建“全域生态旅游省”建设；2019 海峡两岸新媒体创业大赛继续挖掘两岸优秀的新媒体创业项目、团队，在 2020 年年初的总决赛暨颁奖典礼上，组委会与马尾基金小镇等投资机构、创业基地签署项目对接、孵化战略合作协议，发布了《海峡两岸新媒体观察 2019》，助推新媒体经济探寻可持续发展商业模式。

三、融合传播网站品牌受公众认可，传播力影响力知名度不断扩大

1. 推动媒体融合纵深发展，新媒体矩阵效应显现。东南网不断加强采编联动和媒体融合，进一步提升传播力、影响力。2020 年，东南网重点推动新媒体第三方平台账号建设，在微博、微信、学习强国、今日头条、百家号、抖音等第三方平台开设自营、代运维账号 150 余个；6 月、12 月，先后上线东南网强国号、闽南网强国号；10 月，开通新福建客户端“@ 东南”“海外 +”2 个栏目。短视频类账号传播效果凸显，千万级甚至过亿流量的短视频有 33 条，是 2019 年的 6.6 倍。东南网、海峡网、闽南网自营的抖音号，总浏览量超 28.8 亿次，超千万浏览量作品共 26 条，出现了 3 篇浏览量均超 1 亿次的现象级抖音作品；微信视频号总浏览量超 3 亿次，超千万浏览量作品 4 条；快手平台超千万次浏览量作品 3 条。

2. 持续提升创作优质作品，获得多类奖项、表彰。《你好，世界！这里是福建！》《沿着总书记指引的方向奋进——习近平总书记考察福建 5 周年特别报道》等 13 件东南网作品获 2019 年度福建新闻奖网络作品类、媒体融合类奖项。网络专题《“走，咱们回家”——“钻石公主号”中国乘客的回家之路》获 2020 年福建省“新春走基层”活动增强“四力”优秀新闻作品，东南网视

频部获2020年福建省“新春走基层”活动先进集体。《西岸时评》被中央网信办评为优秀网评栏目,《直通屏山》入选2020年省报刊十大名栏目。东南网、闽南网成为福建省首批网上联合推送机制新媒体工作室。1人被评为2019省十佳新闻工作者，1人被评为2019优秀网评工作者。

3. 分站发挥落地优势，做强做大党网地方影响力。东南网省内分站、海峡网、闽南网实施差异化经营策略，因地制宜拓展业务。厦门站承办第九届厦门网络文化节系列活动项目、思明区赴临夏对口帮扶采访活动，促成中国石材城党群（人才）服务中心之水头镇智慧党建体验馆建设的合作；漳州站大量承接当地直播活动，还与漳州市团委密切配合策划了海峡两岸（漳州）青年交流周系列活动；泉州站持续深化文明系统合作，承担泉州道德模范馆图文、宣传片制作工作；莆田站成立的莆田市网络传播与舆情研究实训基地在莆田站挂牌，成为全省首个党委（莆田市委网信办）、媒体（东南网）、高校（莆田学院）“三位一体”的市级舆情人才培养实训平台；南平站在“一县一网”项目上重点发力、积极介入，截至2020年年底与南平全市10个县市区达成合作，做到了该项目全域覆盖；三明站与三明市委网信办联合开展三明市首届网络文化节，在全省率先启动“县长当导游直播带货”活动；新设的东南网福州站（筹）积极对接第三届数字峰会、第八届海青节等宣传合作，与海峡网形成优势互补；福清站对乡镇单位的宣传服务工作在当地形成了比较优势。

新媒体工作案例

“泉州欣佳酒店坍塌事故救援”融媒体报道

一、案例过程

2020年3月7日晚上7时5分，泉州鲤城欣佳酒店发生垮塌事故，造成71人被困，其中29人不幸遇难。事故发生后，东南网第一时间调动编辑部、视频部、泉州站、闽南网对事件进行跟踪报道，充分运用融媒体力量，通过视频、图文、航拍、直播等技术，用全面、客观的角度，关注新闻本身，创新报道形式，及时传递救援实时动态，展现救援中的大爱温情。

3月7日晚事故发生后，闽南网微信公众号在全国首发消息《突发！泉州南环路一酒店，整幢倒塌！有人被背出……》。当晚9时许，东南网率先开始进行图文、短视频直播，制作推出《泉州欣佳酒店坍塌事故救援现场直播》滚动专题，以“图文+视频”的方式，集纳报道前方救援动态和官方信息，并在PC端、手机WAP端及新媒体平台推送，截至救援结束总阅读量近80万次，留言数百条。

3月10日，东南网开启线上视频直播，采用“主持人+专业救援人员解说”形式，从专业角度讲解现场救援情况，是现场唯一采用这种方式的媒体。直播时长达27个小时，并同步在东南网、闽南网、海峡网、微博、今日头条、抖音进行，得到包括人民日报客户端、中国工业报、中国网等20多家国内主流媒体重要位置同步推送。

东南网制作短视频80余条，分发至抖音、快手、今日头条、央视新闻平台，抖音平台阅读量达4502.2万人次。闽南网发布22条抖音，4天时间的播放量达1882.9万次。

二、案例分析

在整个事故救援报道中，东南网充分发挥融媒体传播优势，通过多种形式及时播报救援最新进展。事件发生当晚，东南网、闽南网作为驻地媒体率先准确地报道事件消息，起到了有效预防不实消息蔓延的引导作用，体现了党媒党网在关键时刻的有效作为和责任担当。

这是省级党媒党网整合总网、驻地记者、驻地网站的采编和技术力量，上下有效调动、联手作战、现场报道重大事件的成功运作，发挥了党媒党网在突发事件报道中讲政治、讲导向、讲效果的优势作用。整个救援报道，无论从投入的人力、精力、持续的时间、传播的覆盖面，还是内容的曝光量、流量，都取得了良好的社会效果，体现了平台、技术、形式等融媒体手段综合运用在现场报道中的强大优势。

作品二维码

"走，咱们回家"系列报道

一、案例过程

2020年2月，乘客逾3000人停靠在日本横滨港的"钻石公主"号邮轮有人感染新冠肺炎的新闻震惊世界。2月中下旬，东南网从福建省有关部门获悉：邮轮上的中国乘客（主要为港澳同胞）将在中国使领馆的统筹下，由香港特区政府派出包机撤离返港。协助撤离中国乘客的旅游巴士公司是日本闽籍侨胞刘丹蕻（日本名原田优美）的东京久富旅游巴士公司，而公司社长刘丹蕻、公司志愿者黄汇杰正是东南网在日本的特约记者。从新闻事件报道者角度来说，这是人无我有的独家优势。东南网决定利用前方发回来的第一手独家信息做好报道，同时充分利用好东南网和福建日报的报网端微平台，发挥境外分站的作用，探索融媒体传播，形成境内外媒体联动的声势。

东南网以"走，咱们回家"为报道主题，以"钻石公主"号上的中国乘客三批次包机撤离为新闻背景，把特约记者在现场发来的珍贵图片和视频素材快速整理，及时出稿，陆续推出16篇图文报道、系列短视频13条、访谈视频3期。采用专题、文字、图片、视频、海报及抖音产品等融媒体方式对该事件进行了全方面、多角度、分梯次的跟踪宣传报道。

整个系列报道采用融媒体传播方式，及时在《福建日报》、东南网（含6个境外频道）、新福建App、闽南网、海峡网、"学习强国”学习平台、今日头条、日报集团下属媒体各微信公众号、微博号，以及快手、抖音、推特等境内外报网端微等多平台上进行分发。《香港文汇报》、《美国侨报》、菲律宾菲信网、加拿大大华网、阿根廷华人网、《巴西侨报》、日本龙之升中文台、日本新华侨报网、《美国亚省时报》、美国侨报网等20余家海（境）外媒体也纷纷转载或引用，取得了很好的推广效果。

二、案例分析

此系列报道深入实地采访，是东南网认真贯彻落实习近平总书记关于疫情防控宣传舆论工作重要指示精神，跨国开展对外宣传、讲好中国抗疫故事的一次成功实践；创新传播形式，运用文字、图片、视频、海报、抖音产品、AI主播等融媒体方式，进行了立体化宣传，生动展现了危难时刻闽籍侨胞爱国爱乡的拳拳赤子之心；丰富传播载体，福建省内媒体、国内媒体、海外媒体三方联动宣传，在海内外引起强烈反响，正面塑造了福建形象、中国形象，为中国疫情防控营造了良好的国际舆论氛围，彰显了中国政府抗击疫情的能力和对同胞国人的爱护。

作品二维码

《钻石公主号的同胞：“福建土楼”接你回家了！》

（东南网供稿）

山东省互联网传媒集团

新媒体工作综述

2020年，山东省互联网传媒集团深入贯彻落实习近平总书记对大众日报创刊80周年重要批示精神，严格落实意识形态工作责任制，始终把坚持党性原则、坚持正确政治方向放在第一位，围绕中心、服务大局，创新做好新闻宣传报道工作；不断强化舆论引导和舆情研判处置能力，助力营造清朗网络空间；积极践行媒体责任，助力打赢疫情防控阻击战；围绕打造新时代“四全媒体”，建强“海报新闻”为引领的融媒矩阵，加快推进媒体深度融合发展。

2020年，集团大众网作品《行走黄河滩·我的迁建故事》获得中国新闻奖一等奖，至此大众网已14次获得中国新闻奖，其中10年5次获得一等奖。

新冠肺炎疫情发生后，大众网·海报新闻两名记者第一时间随山东医疗队赴湖北黄冈、武汉战“疫”一线采访报道，其中一人获“山东省抗击新冠肺炎疫情先进个人”称号。《致敬逆行英雄　后盾行动——山东支援湖北医疗队》《面孔——你的样子，就是中国的样子》等3件作品和1个团体在第五届“五个一百”网络正能量精品评选活动中获奖。

截至2020年年底，海报新闻客户端累计下载次数达5911万次，装机用户数突破3600万，日活用户数达105万；山东手机报订阅用户数3750万；受托运维“学习强国”山东学习平台，注册用户数突破1600万；集团官方微博微信矩阵粉丝数双双突破1000万。集团全平台粉丝（用户）规模达1.5亿以上。大众网·海报新闻编辑部被中共山东省委组织部授予“干事创业好团队（班子）”荣誉称号。

2020年，山东省互联网传媒集团获评“省级文明单位”，社会效益和经济效益“双效”考核成绩省内位居第一，各项工作继续保持中高速健康发展态势。

一、重大主题宣传形成报道强势，10年5获中国新闻奖一等奖

围绕决战决胜脱贫攻坚、打赢疫情防

控阻击战、党的十九届五中全会精神宣传等重大主题，集团各平台充分运用先进融媒手段，策划推出了一系列内容精品，生动展现、深情歌颂工作成效和发展成就，形成宣传报道强势。

2020 年，围绕脱贫攻坚主题，集团各平台累计刊发稿件 1.2 万篇，制作新媒体作品 560 余个，总点击阅读量超过 11.8 亿次。大众网作品《行走黄河滩 · 我的迁建故事》专题全景式展现山东黄河滩区脱贫迁建宏大工程，获得中国新闻奖一等奖。2020 年，集团 3 件作品和 1 个团体获评第五届“五个一百”网络正能量精品。

新冠肺炎疫情发生后，大众网 · 海报新闻派出两名记者随医疗队奔赴武汉、黄冈一线采访报道。集团各内容平台积极宣传防疫知识、抗疫举措，弘扬战“疫”正能量，累计发布原创和转载相关稿件 7.62 万篇，各平台累计点击量达 28.3 亿次。大众网日照挖掘的环卫老人向湖北捐款视频，“抖音”点击量达 1.6 亿次。

党的十九届五中全会召开以来，大众网 · 海报新闻把全会精神宣传放在各项工作的首位，制作推出《聚焦十九届五中全会》《深入学习贯彻十九届五中全会精神》大型融媒体专题。各平台累计刊发稿件 4200 余篇，累计点击量超过 1.7 亿次。《生态环境部：“十三五”生态环境领域 9 项约束性指标　8 项已提前完成》《山东 2020 年接纳省外电量将首次突破千亿　“陇电入鲁”已纳入“十四五”规划》等稿件登上热搜。创意动图《畅想中国》、微海报《“十四五”这些发展愿景值得期待》等原创融媒体产品推出后获广泛好评，点击量均超 50 万次。大众网 · 海报新闻还将全会精神宣传同“十三五”成就和“十四五”规划宣传相结合，推出《辉煌“十三五”》《展望“十四五”》专题报道，打出宣传“组合拳”。

二、落实落细意识形态工作责任制，完善内容安全和质量管理体系

集团始终坚持把党管媒体原则、坚持正确政治方向和舆论导向贯彻到每一篇稿件、每一档栏目、每一个平台。严格按照《进一步明确意识形态主体责任工作方案》有关要求，切实把意识形态工作责任制落实落细落小，做到导向把关零失误。充分发挥制度“管根本”和考核“指挥棒”作用，不断健全完善内容安全和质量管理制度体系。

进一步发挥好大众网 · 海报新闻采编例会作用，编委会对每周重点工作直接把关、统筹指挥，集约资源提升内容生产质效，关口前置消除内容安全风险，并紧跟业内最新动态，每周组织编委会成员、内容部门负责人和业务骨干，对理论创新、实践范例等进行集体学习，为内容生产提供有力支撑。

扎实推进“三项制度”改革，坚持高起点引进人才、高标准培养人才，不断强化采编队伍建设和科学化管理。充分适应“四全媒体”建设和发展要求，结合媒体深度融合

背景下内容产品创意策划和生产特点，研究制定了《大众网·海报新闻采编人员绩效考核办法》和《大众网·海报新闻日常采编工作流程》，打破固有的晋升机制和薪酬制度，逐步实施以数据为基础的 KPI 一体化考核，激发员工干事创业的活力，提升内容建设的质量水平。

三、推进媒体深度融合发展，建强“海报新闻”为引领的融媒矩阵

集团全力推进“海报新闻”客户端平台型新媒体建设，专注时政财经、深度原创新闻，以“有所为有所不为”思维，打造全国一流大端。在上线两周年之际，“海报新闻”推出 7.0 版本，突出特色、强化互动，目前客户端下载注册用户数达 3600 万，日均活跃用户数达 105 万，日均发稿量达 5000 篇，年原创稿件量达 2 万篇，综合传播力位居全国前列。

集团受托运维“学习强国”山东平台，注册用户数突破 1600 万，多项指标位列全国第一，并实现与“海报新闻”平台打通，在承担任务、践行责任的同时，实现了影响力的外延升华。

以“党报党刊性质的新型主流媒体”为定位，创新升级山东手机报新媒体，充分发挥其快速灵活、触达性强、对网络和设备要求低等优势，订阅用户数达 3750 万，实现全省党员干部全覆盖。疫情期间，山东手机报以号外、特刊等形式，推送政策须知、防疫知识、辟谣信息、正能量新闻等，显示了强大的社会动员能力。

集团官方微博微信矩阵粉丝数双双突破 1000 万，抖音、头条、快手等第三方平台上，集团开设和运营的各类账号精准定位、差异推发，粉丝数持续增长。以“海报新闻”为引领，集团构建起“网端微报”和 16 市地方频道、省外新闻中心、第三方平台等的立体化传播矩阵，覆盖亿万级用户，并通过“齐鲁智慧媒体云”指挥中枢，同频共振、差异化编发推送，有效提升传播力、影响力和竞争力。集团全平台粉丝（用户）规模达 1.5 亿以上。

四、打响“海报原创”品牌，加快布局全国战略，拓展全国影响力

“海报新闻”位于北京、上海、广州、新疆的 4 个省外新闻中心运行态势良好，已在重庆、武汉、西安等区域中心城市派驻专职记者，初步建成覆盖全国的采编网络体系，目前正在加快构建海外传播体系。

大众网·海报新闻全年原创报道超 3 万篇，官方微博、抖音等账号平均每两天出现一个 1000 万 + 的爆款。内容产品更加凸显互动化、可视化，图文视频、H5、动漫、短视频、AR、VR 等融媒手段熟练运用到新闻报道，年生产融媒产品 2000 余件、原创短视频约 3 万条，海报视频点击量超 30 亿次。

“海报新闻”记者全国出击追踪热点，足迹遍及江苏、浙江、江西、山西、安徽、贵州等全国大部分省市，在杭州女子离奇失

踪案、安徽跳河女孩在警察注视下溺亡、贵州溶洞探险驴友失联等全国关注的热点事件中，第一时间响应，直击现场，采写了大量独家报道，打响了“海报原创”品牌，有效拓展全国影响力。截至2020年11月底，以全国热点新闻为主要内容的“海报直击”栏目已发布稿件及视频300余篇（条）。

充分适应5G时代传播特点，大力提升传播实效，做到“天天有直播、周周有策划”，其中温岭槽罐车爆炸事故、西安“滑梯立交桥”等6场直播单场在线人数超100万；黎巴嫩首都爆炸报道，跨越亚洲大陆，首次实现海外直播；“九省市联动直播全国复工复产首日”单场点击量过千万次。

五、做活做优理论评论工作，78件作品被中央网信办推送

增强理论评论专业力量，建设好“理论之光”网，推出的九宫格作品《不获全胜决不轻言成功》、H5《人民至上，全力以赴——战“疫”·总书记的牵挂》等融媒体产品内容鲜活、形式灵活，传播效果显著增强。

发挥“学习强国”学习平台优势，策划实施“奋进新时代　学习正当时”《习近平谈治国理政》第三卷基层理论宣讲活动，邀请理论专家和宣讲员走进基层社区、企业开展宣讲，目前已先后在潍坊、枣庄举办，基层单位300余人到现场听讲。

原创品牌理论活动《寻找青年政治“佳”》第五季成功举办，收到参评作品2000件，参与高校近100家。全国首个移动端思政课频道——海报新闻“思享”频道持续更新，思政在线、百字微党课、学习日历等栏目鲜活丰富、优势互补，形成了独具特色的掌上理论学习宣传体系。

借鉴央视“主播说联播”经验，推出“海报视评”栏目，实现评论的可视化，在国内同类媒体中独树一帜，78件海报时评、海报视评、大众锐评等被中央网信办全网推送。

六、提升舆情工作水平，强化用户内容生产和互动，构建更强同心圆

集团建设了山东省唯一有自主知识产权、日采集数据达3000万条的舆情大数据平台，正在推进建设全省统一的舆情监测预警和处置平台，进一步提升舆情工作科学化水平。

策划打造“海报志愿云平台”，已在济南市市中区舜华社区、银座旅游集团等单位建立海报志愿者联络站，将线上影响力向线下服务延伸，形成线上线下闭环。

“海报新闻”客户端以“海码头”和“海报号”为重心，充分发挥UGC、PGC优势，促进优质内容产出。“海报号”平台已开通账号2000余个，日均发稿量3000余篇，聚集了一批有影响力的“大V”“自媒体”账号入驻。“海码头”立足“集散地、舆论场、休闲区”定位，上线一年来，开设话题900余个，日均发帖量4000余条，成

为网友分享生活、表达观点、提供线索的热门移动端互动社区。

“海报新闻”客户端上线两周年之际，推出“海贝计划”，加大对创作者的支持和奖励力度，促进 UGC、PGC 质效再升级，构建网上网下更强同心圆。

成功承办 2020“返故乡·看发展”网络名人山东行和“新动能·新山东——第十六届中国网络媒体山东行”，30 余位网络“大 V”、知名博主和来自全国 30 余家媒体的 50 余名记者，从不同视角，在不同平台，以不同体裁形式，合力宣传山东发展，讲述山东故事。

集团运维的“山东辟谣”微博微信和 PC 端平台粉丝数达 7.11 万，全年发布辟谣信息、文章 1.3 万条（篇），累计阅读量达 7121.3 万次。疫情防控期间，“山东辟谣”微博主持“山东抗击新冠肺炎”“山东新冠肺炎疫情谣言”等 2 个微博话题，话题总阅读量达 10465 万次；通过受理网民举报私信并求证、联动省内公安和网警部门等方式，针对涉山东疫情谣言、涉官方疫情谣言、涉外省疫情谣言、科普类谣言等 4 类谣言，发布权威辟谣信息近 300 条。

新媒体工作案例

“海报新闻”客户端

2020 年，“海报新闻”客户端以打造“四全媒体”为目标，坚持“全媒为本、导向为先、内容为王、技术为要、改革为重、人才为宝”，坚持多形态生产、可视化呈现、全网络分发，对内突出内容“高质量发展”新要求，对外坚持“全国政经大端”定位和“速度 深度 温度”理念，全面提升传播力、引导力、影响力、公信力。截至 2020 年年底，累计下载次数达 5911 万次，日活用户数达 105 万人，日平均发稿量 5000 余篇。

一、对标“全程媒体”，推进流程再造，提高传播时效

“海报新闻”始终坚持正确舆论导向，不断提高政治站位，全面落实党管媒体原则，在日常工作中夯实责任、强化阵地建设，制定印发《大众网·海报新闻终审发稿人值班管理办法》《大众网·海报新闻关于防范内容发布差错的规定》，将“三级审核”要求明确化、具体化，确保内容发布真实准确，防范不实信息和重大差错，切实做到守土有责、守土尽责、守土负责。

适应“四全媒体”快—全—深生产格局需要，制定印发《大众网·海报新闻日常采编工作流程》《大众网·海报新闻采编绩效考核办法》等，重构新闻采编发流程，保证搜、策、采、编、审、发、评各环节一体高效运行，切实做到“一体策划、一次采集、多种生成、多元传播、全天滚动、全域覆盖”。

二、对标“全息媒体”，建设全国大端，构建全国采编体系

构建全国采编体系。“海报新闻”集中大众报业集团优质的采编、技术和发展资

源，不断壮大原创力量，配齐配强北京、上海等4个省外新闻中心和重庆、武汉、西安、沈阳、成都、深圳等区域中心城市原创队伍，覆盖全国的采编网络体系已初步建成。

总部记者和省外新闻中心高效联动。2020年，“海报新闻”记者足迹遍及全国大部分省（区、市），在浙江温岭爆炸事故、江西鄱阳湖抗洪、山西临汾酒店坍塌事故、贵州溶洞探险驴友失联等全国热点中直击现场、率先报道。

加大“海报视频”出击力度。2020年，多篇短视频报道入选抖音等视频平台全国热榜，每周平均8次被抖音弹窗，每两天1条浏览量千万+短视频，《山西临汾一饭店坍塌》等短视频在抖音单条点击量过亿次，《武汉高空玻璃坠落》点击量超2亿次，创年度新高，“海报视频”与封面、红星并列入选抖音、腾讯平台优质媒体账号，直播业务保持“天天有直播、周周有策划”。

三、对标“全员媒体”，推进专家型全能型人才梯队建设

加大人才引进力度。组织全国招聘，制定出台《采编人员绩效考核办法》，以考核指挥棒鼓励采编人员掌握多种技能，建强专业化团队，下大力气弥补专家型、全能型融媒人才短板，涌现出一批能拍会写懂编辑、有“多把刷子”的复合型人才，全员全领域产出精品的实力有效提升。

加强全媒体人才队伍建设。进一步优化人才培养和考核机制，实现“能上能下、能进能出、能增能减”。不断加大优质内容在采编成果评比中的权重，全面激发采编人员创新创造的积极性，提升全媒体记者队伍、融媒体编辑队伍、复合型网评员队伍，以及互动性社群编辑队伍能力水平。鼓励采编人员成立创意编辑兴趣小组，实现优质内容的精彩呈现。

四、对标“全效媒体”，推进同频共振传播矩阵建设

加强PUGC生产和线索报料。策划打造“海报志愿云平台”，建立海报志愿者联络站，将线上影响力向线下服务延伸。“海报号”平台开通账号2000余个，日均发稿量3000余篇，聚集了一批有影响力的“大V”、“自媒体”入驻。“海码头”开设话题900余个，日均发帖量4000余条，成为网友分享生活、表达观点、提供线索的热门互动社区。“海报新闻”客户端上线两周年之际正式发布“海贝计划”，加大对海报号创作者、拍客、报料人的支持和奖励力度，促进UGC、PGC质效再升级。

加大优质内容的全网全域分发。“海报新闻”积极入驻强国号、人民号、新华号、央视频、人民视频等媒体平台，在今日头条、百度百家、腾讯、知乎等平台运营官方账号，对接海量用户群体。抖音、快手、B站、微信视频等账号粉丝总量超过1000万，立体化传播矩阵不断拓展、巩固。

（山东省互联网传媒集团供稿）

齐鲁网·闪电新闻

新媒体工作综述

2020年，齐鲁网·闪电新闻客户端深入贯彻落实习近平总书记关于推进媒体深度融合的重要讲话精神，继续按照中央和省委省政府关于推进媒体深度融合发展的战略部署，积极实施移动优先发展战略，通过高效运转融媒体工作平台、再造采编发流程等一系列举措，全力打造渠道丰富、覆盖广泛、传播有效、可管可控的全媒体传播矩阵，加快“主力军”向“主阵地”挺进步伐。

一、深入宣传习近平新时代中国特色社会主义思想，确保党的理论飞入寻常百姓家

1. 打造“头条工程”，将“两个维护”贯穿新闻编排始终。安排专职骨干编辑，在齐鲁网、闪电新闻客户端双首页，围绕习近平总书记重要活动、重要讲话精神、重要指示批示、重要理论阐述进行精心编排、深度解读、显著呈现，严格执行24小时值班制度，做好评论、留言的管理和引导工作，确保不出现噪音、杂音。

2. 创新理论宣传，围绕党的十九届四中全会，推出一系列动漫产品。5月至7月，从“互联网＋理论”入手，推出《100秒漫谈四中全会》5集系列理论动漫微视频，利用动漫这一创新表达形式，对党的十九届四中全会精神进行深入浅出地讲解，光明网等央媒配发专家评论，取得良好传播效果。

3. 做好习近平总书记视察山东两周年、习近平总书记参加山东代表团审议两周年系列重头报道。策划推出“沿着总书记的足迹”“总书记的牵挂”系列融媒体专栏，刊发《孔子故里“曲阜”：创新传承，让传统文化更有“精气神”》《刘公岛讲解员刘翠翠：牢记初心使命，当好历史敲钟人》《烟台中集来福士：向海图强，创新求变迈出“油转渔”坚实步伐》等稿件；策划推出“蹲点乡村看振兴”“我们村的年轻人”专栏报道，原创制作《打造农村安居乐业美丽家园！一图速览山东“生态乡村振兴”那些事儿》《一图解码山东“三生三美”乡村振兴之路》等可视化图解，累计刊发相关报道200余篇。

4. 多角度、多侧面宣传好党的十九届五中全会精神及“十四五”规划。开设“十九届五中全会精神解读”“展望十四五　开启新生活”等融媒体新闻专栏。在齐鲁网·闪电新闻客户端推出“建言‘十四五’　共谋强省策”意见征集平台。推出 H5《进发，向着新征程！山东干部群众这样说》《开卷“十四五”！这张事关你我未来五年的试卷，你答对了吗？》等互动产品。组织智库专家解读五中全会系列报道。稿件《@所有人，山东“十四五”规划不能少了你》被人民日报党媒平台首页及新华社客户端重点推荐。

二、推进媒体深度融合，创新方法手段，主题主线宣传报道亮点不断

1. 围绕中心服务大局，创新方式方法，主题主线报道在主战场实现突围。2020 年全国两会报道中，在前方仅有 5 名记者的情况下，前后方高效联动，运用 5G、VR、H5、3D 等手段，圆满完成报道任务。2020 年以来，先后推出“改革攻坚看山东”“山东六保在行动”“双招双引看实效”“山东与世界 500 强连线”“高端智库调研山东行”“中国梦·黄河情——黄河流域生态保护和高质量发展”等系列融媒体专题专栏，制作 H5、“一图读懂”“闪电头评”等新媒体产品 500 余件。2020 年，共有 93 件作品被中央网信办全网推送，占全省被推荐网评作品的 60% 左右，推送数量、质量在国家重点新闻网站名列前茅。闪电新闻制作的新媒体作品《传家宝里的新中国》获中国新闻奖二等奖。围绕习近平总书记关于黄河流域生态保护和高质量发展讲话一周年，策划“黄河落天走东海网络主题活动”，组织中央重点新闻网站、省内重点新闻网站开展沿黄采访活动。

2. 做好“山东发布”、典型发布和“学习强国”山东平台供稿工作，积极传播山东好声音、正能量。强化省政府新闻发布会策划引领，全年累计直播省政府新闻办发布会超 150 场，各平台发稿累计超过 2000 篇。其中，联合省政府新闻办制作的官方宣推海报，成为山东新闻发布工作的一项亮点举措。疫情期间，山东省委常委、副省长在新闻发布会的现场短视频《发国难财的人，要罚得他倾家荡产！》，有效传达了山东省攻坚克难、保障维稳工作的决心，放大了主流声音，树立了山东正面形象，全网累计阅读量突破 2 亿次，点赞超过 680 万。围绕山东战“疫”最美人物发布，播发各类稿件 300 余篇，策划推出的系列图解产品《警徽闪耀，守护安宁！ 30 人入选山东战“疫”最美警察》《微光点点聚成明炬！致敬山东战“疫”最美志愿者》等，被多家中央媒体转载推荐。2020 年，“学习强国”学习平台累计发稿 8000 余篇，比 2019 年多出近 3000 篇。

3. 大批年轻编辑记者主动奔赴抗疫一线，以生命担当讲好战“疫”故事。新冠肺炎疫情出现后，山东广播电视台多名记者在除夕夜主动请缨前往疫区参与报道。闪电新闻孔冠军成为山东电视台第一批跟随支援湖北医疗队奔赴黄冈的记者，记者吴汉阳跟随

山东第六批支援湖北医疗队赶赴武汉，多名记者驻守省内定点医院参加报道。前方记者采制“武汉‘疫’线记录”系列报道发布稿件580余篇，作品《一线战“疫”群英谱　马承恩：坚守到最后一名患者出院》在央视《新闻联播》《焦点访谈》栏目重点播出。《山东医疗队吃上家乡馒头》《黄冈密卷带回来了》《东齐鲁西华西再相遇》等报道登上微博话题热搜榜前十；《庚子群英战“疫”记》H5产品被网信办全网推送。全程直播24场山东医疗队出征、返程等重要现场，单场最大收看量达1200万人次。

4. 探索新闻垂直化改革，努力打造名编辑、名记者、名专栏，IP孵化初见成效。在主题宣传领域，重点打造的“政能量”“闪电指数”“闪电深1度”“山东政坛”“电解质”“闪电辟谣”等垂直化、专业化产品，已成为山东省重要的主题宣传阵地。在消费领域，打造的垂直账号“房探来了”，已建立起生产图文、微头条、电视新闻、短视频等全产品体系，成为山东本地“居者有其屋、安家找房探”独有IP。在政法领域，专栏“派出所的故事”制作推出第四季，受到全省公安干警和广大网友一致好评。

5. 移动优先，提高议题设置能力、全网内容运营能力，放大山东正面声音。2020年，围绕春运、五一、十一、夜经济、重大基础设施建设、复工复产等重要节点和主题，策划发起新闻直播节目500多场。配合央视《直播黄河》，安排15名前期记者、60名后期编辑参与，动用海陆空信号11路，直播总点击量1100万次，运营的微博话题“黄河入海”阅读量突破6000万次。五一期间，策划“体验泰山挑山工”直播节目，在今日头条全网推送，收看量突破850万次。国庆期间，联合央视新闻推出“坐着高铁看中国”“坐着高铁看山东”系列报道。围绕防溺水宣传，制作推出的《山东学生溺水事故高发地图》成为省教育厅暑期安全教育教材。强化重点策划、重点选题的全网分发，在新浪微博平台推出10余个破亿阅读量话题，在抖音平台制作实现过亿播放量短视频作品14条，在人民日报客户端、央视频、央视新闻+、新华网等央媒全年发稿4万余篇，在今日头条、腾讯、百度、新浪、搜狐、网易、凤凰、一点资讯、B站等平台全年发稿共计45万余篇，全网全年弹窗推送闪电新闻内容达7000余条。

6. 立足山东辐射全国，在国内热点要闻事件中表现亮眼，大幅提升全国影响力。受新冠肺炎疫情影响，针对全国热点，采用线上线下采访相结合，确保重大事件不缺席、不失声。2020年以来，闪电新闻记者的脚步遍布全国近20个省（区、市），先后报道全国两会、进博会、文博会，浙江温岭槽罐车爆燃、无锡小区业主阻拦水泥罐车偷排被撞身亡、江苏灌南千人替考等全国热点事件。为提升融合传播效果，推出直播、图文、图解、短视频、长文、中视频等各种形态产品，通过“自有平台+拓展平台”全网推送，增强了闪电新闻的全国影响力。

7. 联动区县融媒体中心初步形成“一云多平台”模式，壮大基层宣传主阵地。突出视频特色，依托山东广播电视台县级融媒体中心省级技术平台优势，不断提升视频内容的生产与分发能力，形成了层次丰富、生动活泼、多元一体的全媒体传播新格局。将闪电新闻客户端作为统筹运营全省县级融媒体中心的总抓手，加强对区县融媒体中心的调度和考评。围绕疫情防控、复工复产、乡村振兴等策划调度了10余场大规模的全省联动行动。推出《山东区县融媒新闻联播》品牌栏目，每日择优对区县融媒优质内容进行推荐，成功孵化了10余名业务水平高、屏幕形象好的区县主持人、出镜记者。

8. 组织开展丰富多彩的网络主题活动、网络征集活动。2020年，先后承办了由省委网信办主办的“亮一亮山东新动能”短视频大赛，由山东省委宣传部、团省委主办的“我爱山东，我为家乡代言”短视频大赛，参与山东省委宣传部主办的“这就是山东”短视频征集活动。推出《爱上山东的100个理由》微文在青少年群体中引起强烈反响。自发策划发起“战‘疫’一线”“众志成城抗击疫情”“全球战‘疫’”“复工复学Vlog”“拥抱春天 云端赏景”“我的黄河印象Vlog”等系列短视频征集活动，凝聚了一大批优质短视频创作者，提高了闪电新闻用户黏性。

9. 打造闪电公益媒体正能量品牌，鼓励广大编辑记者投身公益行动。先后帮助重庆忠橙果农、济阳柿农、临沂菜农、济南桃农等开展公益助农活动，解决了群众燃眉之急，受到社会各界的广泛参与。疫情防控期间，组织开展闪电公益援助山东医疗队公益活动，制作推出《山东医疗队小姐姐馒头吃播火了》等爆款产品；联合沿黄、沿海11市蓝天救援队开展“一个都不能少”夏季防溺水公益活动；联合山东省检察院开展“保护少年的你”防范未成年人犯罪公益活动；联合团省委、山东大学、中国石油大学等开展“战‘疫’团课”系列活动，进一步擦亮了闪电公益品牌。

三、布局互联网新业态，以主流传播价值打造 Lightning TV，创办一年跻身国内头部 MCN 机构

1. 打造富有主流媒体特色的MCN体系，构建主流舆论引导新模式。一年来，闪电MCN从上线之初的1420万粉丝、7000万点赞量发展到成为拥有7300万粉丝、点赞30亿次的头部MCN机构，影响力位居全国媒体MCN第二。闪电MCN通过对正能量账号体系孵化、正能量话题设置、专业化创作培训，在疫情防控、脱贫攻坚、全面小康等重大主题报道中取得了广泛的影响，积极构建独具特色的主流舆论引导的新模式，迅速成为舆论引导战线中一支不可或缺的中坚力量。

2. 激发矩阵化传播力量，在社交媒体平台树立山东正面形象。Lightning TV作为辐射全省的MCN机构，通过聚合媒体类官方账号及记者个人账号，紧跟社会热

点、聚焦成就成果、引导社会舆论。疫情防控期间，整合账号体系资源重点推荐的《这就是山东，搬家式援助湖北》《山东医疗队小姐姐馒头吃播火了》等短视频播放量突破10亿次，放大了主流媒体声音，树立了山东省正面形象。

3.加强与优质平台合作，与区县融媒抱团发展，提高议价能力，抢占传播主阵地。一年来，Lightning TV已先后与抖音、今日头条、腾讯、微博等头部流量平台开展合作，目前旗下账号已在抖音、今日头条、快手等平台批量入驻。通过联动今日头条、抖音共同发布"这就是山东""山东战'疫'""亮一亮山东新动能""我爱山东等本地性"话题活动，发动旗下各类账号发布作品数万条。其中主持的"这就是山东""亮一亮山东新动能"两个抖音话题累计阅读量超50亿次。"这就是山东"更是成为山东省内第一大政务话题。未来Lightning TV将积极拓展与中央媒体的合作渠道，探索多平台多领域的传播路径，加快主力军向主阵地挺进的步伐，实现系统化、矩阵化、机构化的媒体传播运营，全面提升主流媒体的传播力、引导力、影响力、公信力。

新媒体工作案例

闪电MCN-Lightning TV战"疫"宣传

近两年，短视频行业依然是互联网领域最大风口之一，MCN也随之在内容产业中占有举足轻重的地位。新冠肺炎疫情发生后，闪电新闻积极发挥主流媒体优势，运用社会化MCN运营机制发动优质内容创作者，以社交短视频为切入点，深入融合主阵地，在传播渠道的全时段延伸、全领域拓展、全方位覆盖方面及互动式、社交式、体验式创新报道方面均开展了诸多尝试，取得良好效果。

一、创新主流内容整合机制，借力MCN撬动百亿创作体量

2019年12月18日，闪电MCN-Lightning TV成立，以强大的聚合能力，吸收全省主要广电媒体机构及主持人、记者、专业领域达人等152个内容创作账号入驻。疫情防控期间，Lightning TV以MCN机构化运营模式撬动省市县三级主流媒体创作能力，聚集全省优质内容创作者，将镜头对准一线医务人员、基层党员干部、公安民警和社区志愿者，创作了2万余条战"疫"相关正能量短视频，总阅读量达260亿+，实现主流媒体在社交短视频传播新领域全面贴近用户，形成主流价值的下沉传播。

二、打造亿级爆款，构建省内主流价值的超级传播体

闪电MCN-Lightning TV旗下各类账号拥有粉丝8100余万，影响力覆盖山东半数网民，成为省内主流价值内容的超级传播体。战"疫"宣传中，凭借其专业的内容制作能力和平台传播优势，制造了数十个亿级爆款短视频，发挥了强大的舆论引导作用。

新冠肺炎疫情发生后，山东广电分5批派出11名记者奔赴湖北一线，挖掘大量感

人故事。1月26日凌晨，山东第一批援助湖北医疗队抵达黄冈，记者第一时间深入采访，后方编辑对接剪辑制作，发布《给我剪个男孩发型！山东援鄂医疗队女医护人员集体剪掉长发》，战“疫”英雄巾帼不让须眉的风采吸引20多万抖音网友点赞，这一段视频成为《张静静：愿以吾辈青春　守护盛世中华》的珍贵影像资料。

2月18日，“山东医疗队馒头吃播”短视频经闪电新闻抖音号发布后仅24小时，播放量达125.9万次，点赞量达7万+。“学习强国”学习平台、人民日报客户端、央视频等重点推荐。次日，“山东医疗队馒头吃播”以1.2亿的阅读量、7230次的讨论量登上微博热搜，在业界形成了“战‘疫’+公益+破亿”的闪电视频爆款传播现象。4月底，齐鲁网·闪电新闻策划发起“这就是山东　齐鲁粮油宠你”云直播，战“疫”吃播护士与爱心“馒头哥”在直播间同框，再次刷爆全网。

此外，闪电新闻抖音号制作的短视频《抗击疫情对自己负责，也对别人负责，更是社会价值的基本要求。“武汉挺住”“武汉加油”》收获9627.9万次浏览量和440.8万次点赞；《您在一线，我也在一线！医生父子兵上阵防控疫情！一个在日照一个在北京》被今日头条等平台推荐3.7亿次。

三、集团化作战，提振全民战“疫”信心

利用MCN机制调动多个创作者优势，开展矩阵化宣传。3月21日，山东医疗队完成支援黄冈任务抵达济南。闪电新闻记者挖掘热点，制作推出《记得给我带黄冈土特产，好嘞！黄冈密卷安排全套》，并在MCN旗下多账号联动发布，相关话题即刻登上全网头条，总播放量破3亿次；此外，Lightning TV联动抖音开展“这就是山东”话题活动，发动旗下108个账号发布战“疫”作品近万条，同时发动全省UGC用户上传身边正能量战“疫”故事，聚合稿件3万余篇，总阅读量达35亿次。

3月25日，Lightning TV成立直播公会，发动广电优质主持人、新闻热点人物、专家、社会达人入驻，借力个人IP效应在抖音、快手等直播平台助力企业复工复产。为促进山东文旅产业复苏，Lightning TV联合省文旅厅、快手发起“山东人游山东——主播带你游山东”融媒联动直播。联动山东16地市文旅局和50余家县级融媒体中心，在各地重点景区展开接力直播，通过挖掘主流媒体公众人物的品牌价值转化为社会价值，实现主流宣传的新突破。

四、发挥“媒体+服务”功能，电商助农玩出新花样

2020年是全面打赢脱贫攻坚战收官之年。受新冠肺炎疫情影响，山东多地面临物流困难、人工短缺等问题，大量农产品线下交易几近“停摆”。为打开农产品销路，Lightning TV联合腾讯微视、贝壳视频等平台发起“微爱助农　县长优选”县域电商品牌活动，携手山东各县市区基层干部，通过“直播+短视频”形式，选取特色农产品，

协调山东广电一线主持人助阵推介带货。同时，大小屏联动，通过电视、网络、客户端等渠道对活动进行全方位矩阵式报道，以电商模式赋能乡村振兴，助力农产品销售。

通过Lightning TV机构化运营助力战“疫”宣传，是山东广电发挥主流价值影响力、在社交短视频传播领域进行的一场积极突围。不唯流量、不博眼球，牢牢把握意识形态责任、政治责任与文化导向责任，让省级媒体优质内容在社交新媒体平台全面发力。这是一次商业化运营机制与主流新闻采编机制的深度融合，提升了山东广电在重大宣传议题上的内容运营效率，让主流媒体的价值输出和影响力向着更加IP化、纵深化、社交化、产业化、机构化的方向迈进。同时，Lightning TV助力战“疫”宣传，也是一次舆论引导和价值传播的创新尝试。运用MCN开展价值传播，彰显新型主流媒体的先锋作用，既是主流媒体落实中央关于媒体融合政策精神的生动案例，也是主流媒体深入融合传播主阵地、占领传播制高点的有效实践。

（齐鲁网·闪电新闻供稿）

河南日报报业集团

新媒体工作综述

2020年，河南日报报业集团奋力在识变应变求变中育先机、开新局，建设国内领先的现代传播体系、现代文化领军企业，在“大疫”之年完成很多大事，完成很多体制性、机制性突破。

一、担当党媒使命，凝聚中原强大正能量

1. 深入宣传习近平新时代中国特色社会主义思想特别是关于河南工作重要讲话和指示批示精神。围绕“两个更好”重要要求，推出深度报道《一切，为了“两个更好”》、报告文学《东岳梦华》等重磅报道，开设“新时代老区新风景——走老区看老乡”专栏，展现河南省谋划推动老区建设的切实举措和显著成效。围绕“牢牢抓住粮食这个核心竞争力”重要要求，运用消息、通信、现场新闻、评论、视频等多种形式，充分展现全省各地牢记总书记嘱托，夯实农业基础的火热实践。围绕“推动黄河流域生态保护和高质量发展”重要要求，推出《黄河大合唱的河南交响》《金山变“金山”——小秦岭生态治理的观察与思考》等深度报道，催人奋进、发人深思。推出8个跨版特刊“走黄河两岸　看潮涌中原”，集中展示河南省沿黄城市的发展蝶变。围绕“推进产业转型升级，推动经济高质量发展”重要要求，策划推出“制造业高质量发展观察”系列报道，按照专业、深度、前沿的要求，剖析河南制造业高质量发展的挑战与困难，解读河南省制造业进阶的方法和路径。围绕“加快打造内陆开放高地”重要要求，连续推出《君且请看新郑州》等“郑州城记”系列报道，充分展现郑州推进国家中心城市建设及大都市区建设的主动作为。

2. 浓墨重彩宣传贯彻党的十九届五中全会精神。响应及时。全会闭幕当天，围绕全会精神和“十四五”规划核心内容，推出3篇综合反响报道，既充分热烈，又深入扎实，迅速掀起宣传热潮。开设“我看这五年”“我眼中的‘十四五’”“以创新推动高质量发展”等专栏，选取社会关注度高、群

众普遍有感的内容，采访行业知名代表人物，深入挖掘宣传河南省“十三五”期间的经济社会发展成就，展望“十四五”美好蓝图。“两论”发力。连续推出《宏伟蓝图指引新的征程》《风起长三角 潮涌大中原》等评论员文章，邀请国内知名专家撰写理论文章，推出多个主题理论版，对全会的意义和内涵进行阐释。与河南省社科院等联合举办研讨会，对河南省融入“双循环”新发展格局进行深入思考交流。

3. **全力以赴为打赢疫情防控阻击战营造舆论氛围**。作为最早关注疫情的省级党报之一，春节期间，河南日报报业集团坚持不停报，各媒体全天候制作推送全媒体产品，刊发各类原创稿件1.05万余篇（件），全力打好舆论引导战。疫情防控期间，编委会先后调动400多名编辑记者参与疫情报道，每天都有多篇10万+，并涌现一批100万+、1000万+的优质稿件。连续打出“组合拳”。既有长篇述评《必胜，中原战“疫”！》、报告文学《战“疫”长歌》《青春战歌》等重磅文章，也有《你是我的眼》《凯旋之日再娶你》等一大批有温度、有深度、有力度的现场特写，还有特色网评栏目“豫论场”，以及16个版的《中原战“疫”风云录》特刊，集中展现河南省全力以赴防疫战“疫”的壮阔历程。报道合集《战“疫”长歌》被国家图书馆、武汉大学图书馆等14家机构收藏。武汉前方报道组临时党支部书记杨晓东荣获“全国抗击新冠肺炎疫情先进个人”称号。

4. **紧扣决胜全面小康、决战脱贫攻坚主线持续发力**。践行“四力”，深入基层，为“两场硬仗一起打”造氛围。历时一年，编委会领导同志分别带队，开展“百名记者进百村”全媒体报道，突出每个村落独具特色的精准脱贫之路，展现基层决战现实场景，激发奋进奋斗的强大力量。与河南省扶贫办联合推出“脱贫攻坚大决战”专栏，刊发先进典型、先进经验等稿件百余篇。围绕重点，集中呈现，为“不获全胜不收兵”鼓与呼。组织采写“产业扶贫系列观察”等专题报道，全面展示河南省克服疫情冲击、帮助群众增收的显著成效。河南日报精心组织20期报告文学，全面记录河南省决胜全面建成小康社会、决战脱贫攻坚感人故事。20篇长篇报告文学结集成书，入选全省精神文明建设“五个一工程”重点创作项目。举办“走百村·看脱贫”摄影展，通过4000多幅照片生动记录240个贫困村庄的沧桑巨变，集中展示了河南脱贫攻坚的壮阔历程。

二、全力推进媒体深度融合，主力军全面挺进主战场

1. **打造新时代党报**。充分发挥河南日报“压舱石”“定盘星”“主阵地”“旗舰”的作用，加快推进河南日报综合改革，按照新的组织架构、采编流程、版面设置、考评办法运行，打造编委管总、媒体主建、融合主战新格局。河南日报发行量再创历史新高。

2. 建设“顶端新闻”。成立集团班子成员全部参加的“顶端新闻”客户端建设领导小组，举集团之力推进“顶端新闻”客户端建设。成立产品、技术、内容、运营、后勤保障等12个工作专班，按照工程化、项目制统筹推进客户端建设。以“大河云”为指挥中枢，对内容、渠道、平台、经营、管理等深度整合，重塑采编流程、组织架构、薪酬机制，构建党报党端、网上网下一体化运作模式。2020年12月31日，“顶端新闻”客户端正式上线。

3. 完善现代传播体系。《集团推进媒体深度融合建设现代传播体系改革方案》在河南省委常委会和河南省委宣传思想工作领导小组会议上通过。初步构建起以“学习强国”河南平台为引领，以河南日报和“顶端新闻”客户端为主体，以5G手机报和系列报刊为补充，以户外媒体为延伸的全媒体生态链。

“大河云”与顶端一体发力的双层架构体系，思路已经明确，“四全媒体”雏形已现，现代传播体系建设正走向纵深，媒体融合再次走在全国省级党报集团前列。“学习强国”河南学习平台日均发稿约350篇，用户1100多万，覆盖用户4亿人；大河全媒体成为全省传播量最大的户外公益媒体；今日消费首次进军大银幕电影，《谢谢你给我的温暖》拿到电影公映许可证；河南手机报发出中原首条5G消息；豫视频入围国家新闻出版署“2020年中国报业深度融合发展创新案例”。由于成绩优异，集团荣获“‘十三五’中国报业媒体融合创新”奖。媒体智库建设加快推进，与河南大学共建黄河文化智库。

新媒体工作案例

打造“顶端”新平台，决胜舆论主战场

2020年以来，河南日报报业集团积极作为，高位谋划，倾全集团之力筹建了“顶端新闻”平台型客户端，并于12月31日正式上线。

“顶端新闻”将开发移动客户端和PC端网站两种呈现方式，河南日报报业集团记者在“顶端新闻”上发稿统一署名“顶端新闻记者”。使用效果上突出视频化，以2/3的视频内容和1/3的图文标题作导读；突出个性化，根据用户偏好推荐不同的定制信息；突出互动性，为用户提供全天候互动渠道；突出平台性，配置多种功能插件，突破较为单一的信息传播功能。将公共告知与个性化沟通融为一体，使媒体单向传播力和受众相互感染力相互赋能，为河南省社会治理体系和治理能力现代化提供全效服务。

“顶端新闻”将在提供权威新闻资讯服务的基础上，力求解决用户问政、新闻追问、城市生活问答3个核心需求，以“所有问题、即时答案”为追求目标，建设“河南最优质的新闻传播平台”，实现以大数据和人工智能等最新技术为支撑的权威性、社

交型智慧信息服务平台功能。“顶端新闻”的目标用户是15—45岁的河南城镇互联网用户，其中核心用户群体是25—35岁的青年人。

平台型。“顶端新闻”的内容生产模式将从单纯的PGC模式向PGC与UGC、OGC（机构和职业信息商生产内容）融合发展，是既能发布原创新闻，又能聚合用户生成内容和其他权威媒体资讯的聚合平台，是为生产者、个人用户、机构用户等多方提供服务的平台型客户端。

问答型。“顶端新闻”注重与内容生产者和内容消费者的交流互动，突出问答特色，通过用户提问，将选题策划、内容生产、内容传播、用户反馈、效果评估有机结合起来，打破传统业态中传播者和受众身份的界限，极力提升媒体的工具性、有用性，探索传媒业重建链接的有效路径。

智能型。“顶端新闻”搭载了数据中台、AI中台两大智能系统，在全国党报集团的媒体融合中属革命性创举。数据中台将通过对内容、用户和服务的标签化处理，让“顶端新闻”的内容、用户、服务形成精准匹配和有效对接。AI中台作为一个持续更新生长的智能工具系统，通过自我赋能，将为“顶端新闻”提供各种便捷、丰富、先进的处理工具。

实施“智慧中台”策略重塑流程，为各单元的生产、经营、管理提供业务支撑，所有信息采集进入同一个内容池，聚合后再根据平台特性去分发，各制作单位再从这一内容池中根据各自特色进行编辑加工，在各终端平台发布。

（河南日报报业集团供稿）

河南广播电视台

新媒体工作综述

一、成立河南广播电视台全媒体营销策划中心

为加快媒体深度融合的步伐，实现主力军挺进主战场。河南广播电视台创新体制机制，提出了“融合传播　转型发展　有用有效”的发展理念和发展方向，构建了“一端一中心　一云一平台”的现代传播格局。河南广播电视台全媒体营销策划中心就是在这种情况下成立的。

1. 转变思维观念。全媒体营销策划中心自2020年年初已与市场接轨，广泛与政企合作，激发产业活动。河南广播电视台将原电视文艺部、纪录片工作室、8号演播厅和河南大象融媒体技术有限公司等机构进行整合，以快节奏、高站位形成了演艺场所、导演团队、灯光舞美、4K高清转播车、后期制作、品牌宣推等众多资源烘托的、具有适配新时代传播能力的节目生产阵营。

全媒体营销策划中心最大的改变是从成本中心向利润中心的转变，资源变现成为工作重点。一是互联网思维。我们服务的客户也就是政府、企业、百姓都已经或即将转战到互联网上，我们的市场也必然转向互联网。二是乙方思维。团队也必须具备销售的心态和能力。了解客户需求、发现痛点，并应用市场营销的各种手段主动将我们的服务推荐给客户，在这种模式下员工才能更主动走出办公室，去了解部门的业务和业务伙伴的工作，并提高服务质量。三是服务思维。我们是永远的服务者。服务理念和服务意识的培养，使整个团队的精神面貌发生了可喜变化。

2. 结构决定形式。河南广电以改革强传播，以改革提士气，不断探索传统媒体生态向移动互联生态转变，面向市场深化供给侧改革，倡导“有为有位”的用人导向。要实现创新的行动、得到创新的成果，就必须有创新的组织形式来支撑和保障。全媒体营销策划中心的组建，打破了部门之间的界限，采用扁平化的管理，更加有力地推动项目之间的协同合作。

3. 精雕细琢内容创新。2020年全媒体营销策划中心突出内容为王，对节目、活动内容展开创新突破。没有拘泥于单一传统的电视晚会表现形式，而是紧扣黄河文化进行不断创新。作品根植文化，传承弘扬河南独特的、民族的优秀传统文化与践行核心社会主义核心价值观进行很好的结合。接地气，以人民为中心，深入生活、扎根人民；聚焦共情、用共情引起共鸣；抓住受众是作品赢得认可的重中之重。团队坚持原创精神，针对节目的性质、明星演员和表现内容基本都有本土化定制内容。

4. 充分发挥技术优势。充分运用好数字化能力，打造充满技术力的传媒机构、重塑传统媒体业态。技术涵盖视频制作、网络研发、宣传推广。河南春晚的破圈和“刷屏”是河南广播电视台厚积薄发、求实创新的结果。其中技术方面也要强调思维观念的转变，要从传统广电技术的固有思维“满足导演组的需求”和把自身定位从“业务支撑部门”中跳出来。现在要求主动地思考如何把目前先进的技术理念、技术设备运用到节目创新中。技术已经不是仅仅起到支撑的作用，而是要“引领”、要“赋能”，技术也不是仅仅面向传统广播电视，而是面向互联网。

5. 留住优秀人才。人才是最大的IP，全媒体营销策划中心吸纳各界优秀人才，在留人的理念、方法、制度上与时俱进，不断地变革、调整。力争把中心和公司做成展现的平台。在中心从成本中心向利润中心的转变过程中，在理念、制度的变革中，薪酬体制改革尤为重要。薪酬体制改革采用现代企业化制度，根据经营实际情况，体现按劳分配、效率优先的原则。充分发挥薪酬分配对员工激励的主导作用，增强凝聚力和竞争力。

6. 转变传播方式。相比新媒体，传统媒体在信息传播中的时效性、互动性等方面都存在短板，传统媒体与网络融合、向网络方向转型是大势所趋。

二、河南省县级融媒体中心建设

随着河南省104个县级融媒体中心的全部挂牌以及App的全部上线运行，2020年下半年省级技术平台对县级融媒体中心的工作重心由建设转为服务（运营、运维）。

1. 打通两中心，实现资源共享。全省统筹推进县级融媒体中心和新时代文明实践中心建设。“两中心”是推动基层宣传思想工作守正创新的重要抓手，统筹推进、融合实施是落实党中央决策部署的要求，是推动县域治理现代化的需要，是实现相互协同促进的需要。

河南省县级融媒体中心省级技术平台在云上App上开发新时代文明实践中心专区。通过志愿者任务管理、活动管理、志愿者管理、线上志愿者服务大厅、考核管理、报表管理等功能模块，将用户需求第一时间呈现在志愿者服务大厅，每位志愿者根据自身服务情况进行抢单，线下联系用户提供一对一服务，服务结束用户针对志愿者此次任务情况进行打分。志愿者服务以任务为主线，从需求的发布、任务的抢单、服务的评价反馈、考核的评分，操作简单、互动性强、进度可视化，实现从过去的单向服务向双向服务的转变，提升文明实践志愿服务的精准度。

同时，云上 App 与志愿河南打通，实现资源共享，互相借力，充分发挥宣传与服务两大功能，不断传播新思想，引领新风尚，将新时代文明实践中心建成群众愿意来、听得懂、信得过、真点赞的基层阵地。

河南大象融媒体技术有限公司进一步做好“两中心”融合发展的服务工作，让融媒体客户端成为“云上”新时代文明实践阵地，不断巩固壮大主流思想舆论，完成好举旗帜、聚民心、育新人、兴文化、展形象的使命任务。

2.“百家融媒话融媒”融媒体发展高峰论坛活动。2020 年 8 月 18 日至 19 日，“百家融媒话融媒”启动仪式暨融媒体发展高峰论坛在郑州举行，是河南县级融媒体中心建设具有里程碑意义的盛会，总结交流全省各地组织开展县级融媒体中心建设的经验做法，加快推进县级融媒体中心建设，加快构建贯通省、市、县一体化传播体系。

三、电视业务带动全案营销，演艺板块拉动新增长点

1. 党员教育电视栏目《党课开讲啦》。《党课开讲啦》是由河南省委组织部发起、河南广播电视台全媒体营销策划中心联合制作推出的党课特别节目，于 2020 年 6 月开始录制并于同月正式播出第一期，节目共 10 期，每周三在河南卫视、新闻频道播出。栏目立足河南党性教育和典型教育资源优势，邀请先进模范人物、优秀基层党组织书记和共产党员走进演播厅讲述精彩党课，使电视党课呈现思想的高度、理论的深度、生活的热度和感情的温度。栏目注重画面和内容的融合，以思想为主轴、以故事为主体、以人物为主角，生动阐释习近平新时代中国特色社会主义思想在中原大地的伟大实践。节目引起了新一波的党课学习热潮，通过树立模范党员典型，进一步增强了党员对于榜样的学习精神，有力地提升了党员意识，获得了良好的社会反响。

2. 纪录片。《记住乡愁》。2015 年以来，河南广播电视台积极参与中央广播电视总台大型纪录片《记住乡愁》的拍摄制作。《记住乡愁》第七、第八季进入“古城篇”的摄制阶段。这两季节目以古城作为表现载体，“一城一风采，一城一传奇”，讲述一座座古城的由来和发展，展现其在新时代文化的传承。

《黄河人家》。纪录片《黄河人家》于 2019 年 11 月在国家广电总局正式规划立项，是一部黄河流域 9 个省（区）广播电视台联合制作、河南广播电视台统筹、国家广电总局协调指导的大型纪录片。该片一共拍摄沿黄 9 个省（区）、10 个家庭故事。该项目自 2019 年 11 月启动以来，分别于 2019 年 12 月赴青海、甘肃、宁夏、内蒙古等地进行前期调研采访。之后由于受新冠肺炎疫情影响，调研工作停滞。2020 年 5 月 10 日重

启前期调研拍摄，赴四川、山西、陕西、山东，和当地广播电视台协同合作，形成拍摄大纲、持续推进。

3. 中国太极拳传承发展大会开幕式晚会。2020 年 12 月 19 日，为庆祝中国太极拳成功申请成为世界人类非物质文化遗产，为更好传承及发展中国太极拳文化，扩大太极拳文化影响力，弘扬太极文化，传播太极拳运动，河南广电承接举办中国太极拳传承发展大会开幕式晚会。晚会以“天下太极”为主题，突出太极拳作为世界人类非物质文化遗产，是人类文明的瑰宝，是世界的太极，人类共享的宝贵财富。

4.“大象助农团”县长直播带货活动。2020 年 3 月 27 日，联合河南省农业厅、省商务厅、省扶贫办共同成立河南第一家“县长直播带货项目”项目。

新媒体工作案例

牛年河南春晚

由河南广播电视台全媒体营销策划中心策划执行的牛年河南春晚，赢得全国观众热议、网友点赞。人民日报、新华网、环球时报等媒体发文称赞，外交部新闻发言人华春莹也在微博上力推。河南春晚以文化内核产生了“破圈效应”。

一、融合添活力，改革出生机

为了实现节目的美丽绽放，团队认真学习国家广电总局关于节目生产的“小、正、大”要求，努力用新机制迸发出新活力。导演团队历经近百次的头脑风暴，形成了具有青春语态的创作方案。他们可爱而调皮地为自己加油鼓劲说：“我们要悄悄演完春晚，然后惊艳所有人。”节目把“华夏文明、黄河文化、出彩河南”作为硬核内容，将艺术与技术、形式与内容、生产与传播作为攻坚目标，对传统文化进行创造性转化、创新性发展。于是，穿越古今，彰显文化自信的“唐宫小姐姐”在大家面前翩翩起舞；文武兼备，展现黄河文化的太极武术在天地之中威武演绎；声情并茂，表现抗疫精神的豫剧联唱与民众共情共鸣。

二、创新来表达，技术赋新能

河南作为中华文明的重要发源地，华夏文化传承创新示范区，可供一台晚会选用的内容浩如烟海。问题的关键是如何表现与呈现，如何让技术为内容赋能。河南春晚决定以移动优先、互联互通和“5G+AR”技术的运用，丰富节目的内涵和外延，拓展春晚舞台剧场舞美布局的层次和空间变化，实现虚拟场景与现实舞美的完美融合。

河南春晚的演出地——河南广播电视台 8 号演播厅是一个功能相对完备的综合性演艺场所，为了提高场地的利用率，导演组和舞美人员根据演播厅的空间优势、设备性能等特点，采用中国传统文化的代表样态——红灯笼作为主打元素，通过机械装置、吊装技术手段，进行空间分割，满足多空间变化，并配合灯光、高清屏幕等元素，让整个舞台呈现出立体化、多维度的新奇视觉。同时，通过威亚手段，以空间区隔的场景化呈现，为观众、网友带来丰富的欣赏体验。在整体包装上，结合AR技术，利用前后期技术结合的连贯性对节目进行虚拟化全新包装。另外，4K高清转播车、飞行器、天眼、斯坦尼康等新技术手段的助力也为这场视觉盛宴增色不少。

三、拥抱新媒体，文化更自信

河南春晚根植于中国传统文化，用创新的形式赋能传统文化，使其焕发新的生机。节目均没有拘泥于单一的、传统的电视晚会表现形式，而是紧扣黄河文化进行创新表达。通过用心打磨创作文案、因地制宜植根本土文化，节目不走明星流量带动文化流量的老路，而是让文化成为主角，在创意和细节上下足功夫，把精力用在创新节目表达上，这可能也是其能够得到观众热捧的原因所在。

节目立足广袤的中原大地，深度挖掘河南文化瑰宝。以“古器＋今曲”为基，以“厚重＋时尚”为形，为观众架起古今对话的桥梁。把具有悠久历史的骨笛和缶等乐器搬上了舞台，让古乐器与年轻人耳熟能详的乐曲擦出别样的火花。

河南春晚“刷屏”全网还得益于传播方式的改变。在首播的时候，新媒体平台早于河南卫视30分钟内播出，通过大屏端高密度、高频率播出，小屏端与快手平台达成深度合作，将晚会剪辑提炼，在微博、快手、抖音、B站、今日头条、大象新闻客户端等多平台分发。新媒体平台让所有人都能够看到节目，实现了传播的立体化、最大化。

作品二维码

（河南广播电视台供稿）

湖北长江云新媒体集团

新媒体工作综述

2020年，长江云迎难而上，坚定不移打好疫情防控阻击战，始终坚持“共建、共享、共赢”的发展理念，按照平台化运营模式，把全省媒体“抱成团，连成片，结成网”，构建湖北省全媒体传播体系，高质量推动湖北省媒体融合发展。

一、创新突破，在抗疫实践中参与社会治理

1. 组建战“疫”集结号，发布战“疫”报道265739条。疫情防控期间建立了全国性、战略性的战“疫”集结号，通过长江云平台在全国范围内进行召集，30个省（区、市）、67家媒体、254个端口迅速响应，首创性地完成了抗疫媒体矩阵的集结。与湖北对口支援省市开展对接，以一省对一市的做法组建14对战“疫”CP，以协同互助形式精准保障疫情驰援工作的开展。据统计，长江云平台发布战“疫”报道265739条，央媒采用4930条，商业平台转载3万余条，重大策划15个，重大主题报道22个，包括《最后一张送餐单》《“搭把手　拉一把”公益行动》《今夜，为你点亮希望之灯！》《沙画｜每一种声音　都听见力量》《湖北，最硬的鳞都给你！战必胜》《100秒延时拍摄，火神山医院建设第三天全记录》《十天十夜！雷神山医院逐步移交——建设超清延时摄影全记录》等传播量过亿次的优质内容。特别是在主题报道《共同“面”对，为湖北加油！》中，用武汉热干面和其他省市的特色面食一一对应拼接的形式，体现了全国各地对湖北人民的倾力支持。该报道引起了很大的反响，也入选了中国记协抗疫案例。

此外，长江云平台结合互联网新技术，策划了545场直播，直播总时长达到58540分钟。在此期间，平台用户日增15万，日均浏览量增长5倍。

2. 开创广电5G无接触式新闻发布会，创新引领战“疫”发布机制。7小时完成网络直播主备双输出系统建设；12小时全国首创新闻发布会视频远程提问系统，被国务院新闻办公室采用；配合广电网络72小时

架设5G基站，在抗击疫情最前线实现中国广电5G的全球首次实战应用。长江云承办湖北省防控指挥部和国新办在鄂新闻发布会，累计151场。长江云在上百场发布会的实践中，形成了成熟的、具有实效的工作路径，汇聚并传递了重要战“疫”力量，发布会形成了规模效应和创新形态，对社会公共领域的很多方面都产生了示范效应。国新办发布的《抗击新冠肺炎疫情的中国行动》白皮书，专门提及长江云创新之举引领的中国战“疫”信息发布机制：“在发布权威信息方面，速度、密度、力度前所未有，这是中国建立新闻发布机制以来，处理重大突发事件中规模最大的一次发布机制。”

3. 做好平台服务，首次运用大数据分析参与公共危机处理。长江云积极做好平台服务，长江云TV推出“众志成城抗疫情”专区汇聚抗疫报道，为各市州提供定制化抗疫宣传渠道；多方筹措5000多部精品影视内容响应总局“湖北人民免费看”活动；配合湖北省教育厅开设“中小学在线教育平台”，为全省中小学生提供电视教学服务，提供1.4万节线上课程，上线120多天，日均点击都在百万级别。联合微医开通战“疫”义诊平台，实现5.5万名医师提供24小时在线接诊服务，累计为用户提供在线咨询义诊260.5万人次。

长江云自主构建的大数据中心通过科学的、规范化的信息调取，不仅为群众提供求助服务，同时重点为湖北省委领导提供疫情、舆情专报，为疫情防控指挥部提供指南，为省领导研判决策提供科学依据，提供舆情信息专报撰写680份。

二、建强平台，为全省媒体融合注入新动能

1. 助力全省县级融媒体中心完成建设验收。落实中央和湖北省委关于加快县级融媒体中心建设要求，一是高质量完成省级技术平台建设，为全省县级融媒体中心在内容汇聚、数据分析、门户服务、宣传管理和媒体协作等工作上提供强有力的平台支撑，满足信息汇聚、融媒体生产、多端口发布的融合业务发展需求。二是充分利用省级财政资金加强省级技术平台建设迭代，免费为全省县级融媒体中心部署省级平台、免费打通本地媒资及第三方平台的内容、免收省级平台首年运维服务费，2020年让利金额近3000万元，平台运营成本全部由长江云承担。三是加强县级融媒体中心移动传播主阵地建设，加快云上系列客户端升级，全面提升用户体验、增强用户黏性。疫情期间，云上系列移动端以其信息传播的实时性、精准性，成为各地党委政府主要的信息发布渠道，抗疫发稿量近30万篇，云上系列客户端日均浏览量是疫情前的6倍，全平台的总用户数以平均每天19.6万的速度递增。云上系列在凝聚人心、为民服务方面发挥重要作用。四是强化联动，带动全省融媒运营发展。成立第一届长江云平台编委会，按照宣传主题集中策划、宣传活动统一调度，实现全省媒体融合联动效应。3月份开展“云上赏花

诗词大汇”活动，全网累计点击量超5000万次。4月份推出“搭把手　拉一把”湖北农副产品公益大直播，累计点击量过亿次，助农销售成交额过亿元。该活动入选中国记协“2020年中国新媒体扶贫十大优秀案例”，省委宣传部、省委网信办、省广播电视局、省扶贫办联合评选的“决战决胜脱贫攻坚　小康路上一个不少”2020年网络视听作品征集活动优秀作品。7月份联合省广电局、省记协、省广播电视学会举办了长江云战“疫”好新闻奖评选活动，充分发掘基层媒体的创作力。

2. 打造全省首家市级融媒体中心样板。市级融媒体中心建设作为省市县三级融媒联动的关键一环，长江云省级技术平台再次升级创新，以鄂州市融媒体中心为试点，充分调研广电和报社合并后的业务形态，推出长江云市级融媒体平台，重点凸显市级管控功能，具备区域统一调度、媒资管理、传播数据管理、内容管理及舆情管理等功能。鄂州市融媒体中心建设项目也被省广电局指定为全省市级融媒体中心建设的样板工程。

3. 探索全国首个县级融媒体中心标准化培训模式。为破解媒体融合发展中的人才培养问题，高质量推进全省县级融媒体中心建设，在省委宣传部的指导下，长江云负责承建全省县级融媒体中心标准化培训项目，作为湖北县级融媒体建设的唯一支撑平台，积极赋能全省各级100多家融媒体中心。长江云先后完成省级平台的线索汇聚、策划调度、内容生产等34项主体模块，借助云计算、大数据等技术，将全省各市县融媒体中心“抱成团、连成片、结成网”。通过建立常态化媒体融合专题培训机制，完成省级平台在60个试点县市、4个市辖区、4个市州的部署，培训3万多人次。促进内容生产人员向全员媒体转型，融媒体中心向全效媒体升级。

4. 加强平台建设，进一步提升技术运营能力。湖北IPTV完成双屏互动平台、双AAA平台、SMP播控平台、智能营销平台、行业平台等项目建设。加快与长江云平台的数据对接工作，打通与云上、县融、新时代等平台数据，初步完成播控平台、大数据分析平台的产品规划。重点加强与地市广电在本地活动和生活服务上的合作，将本地广电特色栏目、大型活动、云上、县级融媒体中心、新时代文明实践中心等内容引入IPTV，探索与地市合作的新商业模式。以“长江少年说”活动为抓手，形成IPTV自有的双屏活动模式。

自主研发的长江云·新时代文明实践平台根据地方特色打造了黄冈市级样板、夷陵区（县）级样板和北京门头沟、平谷区（县）级样板，在疫情防控期间为省内31个县（区）提供免费服务，已成为省内覆盖范围最广、用户数最多的新时代文明实践平台。

三、融合传播精品创优，讲好湖北故事

融合创新引领战“疫”报道。策划推出《共同“面”对，为武汉加油！》《上新了，武汉热干面！》等海报及H5作品，推

出一系列点击量过亿的原创视听作品，如《沙画丨每一种声音 都听见力量》《最后一张送餐单》《100秒延时拍摄，火神山医院建设第三天全记录》等。

联动直播打造融媒传播新样态。联合7家长江沿线主流融媒体平台，策划推出“全流域联动丨长江战洪图”移动专题，推出110多分钟“洪峰过境，渝鄂赣联动看长江”大直播，登上微博直播实时热榜第二名，直播时段总播放量达4985万次。制作推出《长江战洪图丨渝鄂赣苏联动 720度全景直击长江汛情》融媒体VR作品，全景直击2020长江汛情。国庆中秋长假期间，联动推出特别慢直播“国庆云打卡 长江慢时光”，聚合20路“慢直播”信号，8×24小时无间断直播，全网1685万人“云打卡”最美长江岸线。

聚焦脱贫攻坚，深耕原创精品。参加“奔小康 看老乡”“大山的回答”等大型全媒体直播行动，深入脱贫攻坚最前线，策划推出“移民新村新年味”直播，推出《峡江绣女“绣”幸福》《航拍许家冲》《下一站，鹤峰》《大路坪村拍了拍你》等作品。

围绕主题宣传，打造系列视频IP。与湖北省社科联联合推出系列伦理故事节目《是这个理》，推出《中国医者》《社区守护者》《城市“摆渡人”》《山沟沟里的中国道路》等4期作品，综合观看量破亿。制作上线“聚焦湖北，助力发展”短视频专题栏目《这里是湖北》，实现大小屏实时互动传播。

新媒体工作案例

依托长江云平台推进湖北县级融媒体中心建设

在推进湖北省县级融媒体中心建设中，我们通过加快长江云省级平台建设，为全省县级融媒体中心做好全面支撑。

一、建好省级技术平台，支撑“两个中心”建设

1. 强化县融支撑能力。参照中宣部和国家广播电视总局下发的《县级融媒体中心建设规范》《县级融媒体中心省级技术平台规范要求》《县级融媒体中心网络安全规范》《县级融媒体中心运行维护规范》《县级融媒体中心监测监管规范》，以建成主流舆论阵地、综合服务平台、社区信息枢纽、精神文化家园为目标，完成了省级平台的线索汇聚、策划指挥、内容生产、云智能媒资库、综合服务、融合发布、大数据分析、用户管理、运营管理等9大主体模块34项功能的建设，为县级融媒体中心的内容生产提供强有力的平台支撑。

2. 助力两个中心融合。为助力县级融媒体中心和新时代文明实践中心的深度融合，2019年6月，长江云自主研发，推出集新时代文明实践活动发布、宣传、管理、参与于一体的新时代文明实践中心支撑平台，致力于打通宣传群众、教育群众、服务群众的“最后一公里”。2020年4月，黄冈市本

着全市统一建设、分县运营、融合推进的原则，在全省推广应用率先实现市域1市1区9县（市）新时代文明实践中心的线上全覆盖，黄州区推进“八心”志愿服务项目成效明显。黄冈麻城市首创在文明实践平台开通“党员下沉”模块，实现“互联网＋党员下沉服务”智慧模式。

3.实施移动优先战略。不断强化县融移动主阵地建设，依托省级技术平台，不断推进全省云上系列移动政务客户端的迭代，不断提升用户体验、增强用户黏性，包括界面、排版、互动、细节四大方面视觉设计的优化。同时，对云上系列发布平台进行迭代升级，包含系统架构、内容管理、互动、数据统计、用户管理等模块，确保长江云移动政务融合发布平台在融媒体领域的领先性。

二、强化省级支撑工作，推进县融建设落实到位

1.以试点带动全省。组建县融专设专班，分赴8个试点地区开展调研并指导建设，安排专业人员进行一对一驻点服务，历时半年完成了8个试点地区的全部建设融合工作，为全面推进全省建设提供了可操作、可复制的标准化流程和方案。2020年疫情防控期间，开创远程“培训＋实施”的工作方式，上线融媒体学习培训云平台，完成39个县市、4个市辖区的远程部署、实施和培训，培训人数累计千余人。为保障省级平台在疫情防控期间发挥最大效益，加速完成平台的阶段性产品版本迭代合计30余次。

2.强化县融建设指引。一是推出《湖北省县级融媒体中心建设指引手册》，包含省级平台架构、县市本地建设方案及标书模板等10多万字的模板化、指导性方案，为各地建设提供参考。二是举办县级融媒体中心专题培训班，全省74个媒体单位的负责人和一线技术编辑骨干共计256人参加培训，以“集中授课、现场答疑、分类考核”的方式进行，对县级融媒体中心主任、融媒体编辑记者、技术运营人员等进行实操性培训。三是担任湖北省县级广播电视媒体融合发展研学班主讲，在全省县级融媒体中心负责人4天3晚的集中学习中，长江云团队全程跟踪辅导。通过培训，进一步增强了各地县级融媒体中心建设的信心和决心。

三、提升融合效应，助力县级融媒体中心建设向纵深发展

1.提前部署市融建设。为助力市级融媒体中心建设，实现省市县三级联通，依托省级平台完成市级平台的研发上线，充分给予市州二级管控权限，市州拥有统一调度、媒资管理、传播数据管理、稿件管理及舆情管理等功能。计划以恩施为试点，逐步向全省推进。

2.构建省市县三级通联系统。上线县级融媒体中心智能投稿功能，县级融媒体中心可以直接在长江云后台进行一键投稿，投稿状态和反馈情况及时可查，快速提升通联规范和效率。另外，长江云平台正在与湖北广播电视台融媒体中心对接，计划将长江云通联系统与全省广播电视台通联系统进行打

通，实现省市县三级全媒体传播评价体系。

3. 深度融合政务。长江云省级平台积极与湖北省政务服务平台“鄂汇办”双向打通，将652项政务民生服务接入全省120个云上系列移动政务客户端，集约化建设湖北省一站式综合便民服务的移动端“一门”入口，助力各地县级融媒体中心建成“综合服务平台”，打造湖北特色“县融中心＋政务服务”。

4. 运营助力融媒发展。疫情防控期间，联合“学习强国”学习平台、策划“云上赏花诗词大汇”活动，携手全省各地融媒体中心开展了13场云赏花直播活动，各地融媒体中心开展了20余场云上赏花联动直播，通过“学习强国”学习平台、长江云及120个云上系列客户端展现了各地美景，打造沉浸式赏花体验，全网累计点击量超5000万次。为助力湖北农副产品销售，联合“学习强国”学习平台策划“搭把手　拉一把”湖北农副产品公益大直播，通过联动县级融媒体中心开展助农融媒体直播，免费为贫困地区的农副土特产品作宣传，将自有平台用户转化为消费者，为受疫情影响的滞销农产品寻找买家。“主题宣传＋湖北特产＋互动直播＋在线销售”的新模式，大大促进了湖北省农副产品的销售额，这一项目也入选了“2020中国新媒体扶贫十大优秀案例”。

（湖北长江云新媒体集团供稿）

湖南日报社

新媒体工作综述

2020年湖南日报社（集团公司）旗下的各媒体在媒体融合上落地见效，新闻宣传因融合而出彩，报社作为新型主流媒体集团综合实力得到进一步增强，新湖南客户端（以下简称“新湖南”）和华声在线新闻网站（以下简称“华声在线”）更有了长足发展。

一、新闻宣传融合出彩

2020年，湖南日报社坚决贯彻党中央推进媒体融合发展的重大战略部署，全面落实省委“走在前列”指示要求，以移动优先为基石、以中央厨房建设为龙头、以全媒人才培养为支点、以采编发流程再造为突破，全面推进传统媒体和新兴媒体在内容、渠道、平台、经营、管理等方面的深度融合，初步构建了以移动传播为主体的新型主流媒体传播体系，紧紧围绕中央和省委中心工作，主动设置议题，引导舆论，朝着真正意义上的党报全媒体集团迈进。

1. 主题宣传声势浩大。2020年，新湖南客户端搭建“领航新征程”“领航新征程　学习贯彻党的十九大精神”“深入学习贯彻习近平总书记对湖南工作的重要指示精神”“在习近平总书记重要讲话指引下”等专题专栏，专题在核心要闻区域焦点轮播图位置显著编排呈现，牢牢做好习近平总书记网上新闻宣传和舆论引导工作。围绕宣传阐释党的十九届五中全会精神以及全省各级各部门贯彻落实的举措行动，连续推出《创新驱动，加快建设科技强省》《构建高质量发展现代产业体系》《形成强大国内市场，构建新发展格局》等12篇牵引稿，并刊发10篇宁心文章和系列评论员文章，有力引领舆论。围绕湖南省委第十一届委员会第十二次全体会议，湖南日报发挥党报评论举旗定向的作用，做好会议报道、文件解读和成就宣传，突出宣传大力实施“三高四新”战略、奋力建设现代化新湖南，并将这条主线贯穿全部报道中，推出9篇“浏阳河”系列评论员文章，以有深度有分量接地气的融媒报道和新媒体产品呈现。

湖南省两会期间，新湖南客户端推出“新湖南Disco”“蕞会策”“小苏带你看两会”“两会聊天室”“厅‘说’两会”等新媒体专栏，创新两会表达形式，多组报道精彩生动。全国两会期间，湖南日报社组织融媒体报道团队，一体指挥、协同作战，线上线下、前后联动，推出新媒体产品130多个，总点击量达5.88亿次。2020年5月19日至26日期间，新湖南客户端利用5G、数据新闻机器人、虚拟演播室等技术，推出《“00后”问吧》《两会字新闻》《蕞现场》《湘军勇｜湖南代表委员“抗疫”故事长卷》《“云”上两会我建议》《新湖南talk两会》等视频、H5、图解、手绘、创意海报专栏和产品100多个，两会报道总点击量近5亿次。华声在线新闻网站在全国两会期间强化内容创新，共计刊发全国两会报道2500余篇，其中原创稿件近1010篇，集纳原创新媒体栏目、作品50余个，总点击量破1.5亿次，充分利用了5G连线、AI机器人、虚拟演播室等“黑科技”，系列原创图解、H5、动漫、视频、小游戏在呈现上运用5G连线、虚拟抠像、SVG动画等技术手段，符合年轻人视角，“网感”十足。

2020年是决胜全面建成小康社会、决战脱贫攻坚之年，湖南日报社在新湖南客户端推出《决战决胜脱贫攻坚》《脱贫攻坚群英谱》《湖南高质量打赢脱贫攻坚战》等17个专题，发布稿件3200余篇，用移动直播、短视频、微动漫、H5、大图海报、Vlog等新媒体形式，聚焦湖南省脱贫攻坚特色产业、劳务输出、易地搬迁、生态保护、保障兜底等经验做法，讲述他们给贫困乡村带来的变化，为脱贫攻坚营造了浓厚氛围。其中，融媒体产品《十八洞村龙金彪的Vlog｜脱贫之后》荣获第三十届中国新闻奖一等奖。融媒体专栏“村里最远那一户”，用视频和图文展现贫困村里最偏僻人家脱贫历程和脱贫故事。特别是报社精心策划组织、历时3个多月的“走向胜利”大型主题报道活动，报社党组、编委会成员带队，200多名记者编辑参与，全媒体大兵团作战，走遍14个市州、深入110多个贫困村，用文字、图片、视频等，发表各类新闻作品近500篇（幅），总点击量达5亿余次，各市州党报纷纷转载相关报道。2020年疫情防控期间，湖南日报社发挥主流作用，“新湖南”抖音号在抖音平台联合今日头条助力湖北经济复苏，助推销售小龙虾、周黑鸭、土特产等10多种湖北特产，据统计，2020年，新湖南参与直播“带货”助农行动，总点击量、观看量超1亿次，累计发布稿件1000余篇，助销农特产品2000万元。华声在线新闻网站搭建“决胜2020——全面小康湖南行”等专题专栏30多个，策划《【手绘连环画】十八洞姊妹村的脱贫密码》等新媒体产品23个，多个作品被“学习强国”学习平台首页首屏推荐，24小时阅读量达1229万次，获点赞32万次，并被20余家中央、省级媒体平台转载，全网总点击量达2167万次。

2020年防汛抗灾期间，新湖南客户端

与湖南省气象局、省自然资源厅、省水利厅联动，构建线口记者到市州分社、区（县）融媒体中心的防汛报道体系，全天候围绕全省汛情滚动播报，精准向区县推送信息。为引导群众科学防范城市内涝，牵头制作新媒体产品《一图读懂丨汛期来临，这些防汛知识我们帮你划重点了》等45个，所属平台微博、微信、抖音、头条等端口全启动，从部署、播报、一线、声音等，全方位、立体式反映全省上下一心、众志成城的防汛救灾战况，发挥了矩阵传播优势。

2. 舆论引导坚强有力。2020年疫情防控期间，报社各媒体共刊发相关报道和资讯19万多篇（条），制作各类新媒体产品1600多个，总点击量超200亿次。如湖南日报组织撰写《让党旗在防控疫情斗争第一线高高飘扬》《“五级”书记打头阵　自有猛士守三湘》等54篇牵引稿、主题稿，被省内其他媒体全部采用，充分发挥了主流舆论的“牵引者”作用；1月27日，新湖南客户端原创视频产品《满满的求生欲》登上抖音热搜榜单前三，总点击量1.5亿次，获得了350万次的点赞量；短视频《向省委书记汇报时，湘雅医院首席专家为何潸然泪下？》抖音平台播放量达2304万次，68万次点赞，全网流量数达5000万次；《@湖南乡亲们，书记省长喊你戴口罩》在各平台累计播放量达1.3亿次，成为当时“刷屏”热传、广受好评的爆款；大图海报《这些痕迹，刻在你脸上，痛在我心里》被人民日报客户端和新华社微信公众号、客户端等主流媒体转发，全网播放量超5000万次，该产品在策划、制作到传播效果上，都堪称以小见大的“短平快”现象级佳作，被2020年全国新媒体大会评选为地方媒体战“疫”十大精品案例。

华声在线新闻网站创新内容呈现方式，在省内媒体中首推“疫情地图”融媒体专题，手绘长图《湖南战“疫”实录》《抗疫日记》《你守护世界，我守护你》《在黄冈，有一份长长的感动》等新媒体产品“刷屏”朋友圈，10余条抗疫稿件被中央网信办全网推送。2020年受新冠肺炎疫情、三大攻坚战等事件叠加影响，湖南省舆论场复杂多变，华声在线采取“建班子、组团队、搭专题、写专报”方式，为湖南省委宣传部、省委网信办提供舆情线索，供决策参考。其中，编写涉教师招考、邵阳禁摩、“非全”研究生、长沙“职业拍客”、湘潭“宰客”等舆情信息的《湖南舆情专报》24篇。深入践行网上群众工作路线，创新运维“湘问·投诉直通车”专栏，加强“报网端”三位一体联合问政，让民声有回音，诉求有结果。栏目与各级网信部门构建矩阵，多方联动，邵阳、岳阳、常德、株洲、张家界、娄底等市投诉回复率超过80%。全年栏目共审发投诉45478件，其中省内问政投诉18165件，回复（或解决）10385件，处置率达57%。

3. 习近平总书记考察报道浓墨重彩。习近平总书记来湘考察期间，组建包括文字、摄影、摄像记者在内的8个全媒体采访小分队，分赴汝城、长沙等地蹲守采访。所有报道全面落实移动优先，湖南日报社“湘伴”微信公众号、新湖南、华声在线、三湘都市报及时转载推送中央主要媒体的产品，在朋友圈引发“刷屏”效应。关于习近平总书记赴湖南考察的快讯，央媒报道刚发出，新湖南立即转发推送，矩阵点击量达1100万次。新湖南首页首屏编排“湘伴”微信公众号重头稿件25条，推出《牢记总书记嘱托，三湘大地汇聚奋勇前行的力量》《牢记总书记嘱托，下一步怎么干？湖南召开领导干部会议全面部署！》等相关解读文章，社会反响良好。

湖南日报社紧扣习近平总书记对湖南工作的系列重要指示精神，9月15日至18日，新湖南客户端在首页首屏推出《在习近平新时代中国特色社会主义思想指引下｜一江碧水汇湖海》等4篇主题稿，并第一时间矩阵分发、精准推送，稿件被新华网、人民网、凤凰网、中国日报网、中国新闻网和“学习强国”等42家媒体平台转载，总点击量5386万次。当日，新湖南客户端及时做好主题稿新媒体化呈现，连夜制作《一图解读｜精细农业扎根沃土，三湘广袤田野演绎精彩蝶变》等6篇长图，传播效果良好。

习近平总书记考察湖南结束后，新湖南客户端、华声在线持续推出系列报道，全方位、立体式、多角度、长时段宣传总书记重要讲话精神的贯彻落实行动举措。新湖南在首页首屏位置连续推出《展现新作为　彰显新担当　谱写新篇章》等28篇系列反响报道；2020年国庆期间，每天以1—2屏稿件突出呈现，为宣传贯彻习近平总书记考察湖南的重要讲话精神营造良好氛围。湖南日报社所属新媒体推出一系列融媒报道和产品，充分体现全媒体报道图、声、文交互并茂的传播特点，设计巧妙、制作精美、代入感强，达到了较好的传播效果。新湖南制作《海报｜回访：我们和总书记面对面》，还原现场，深挖细节，总点击量1386万次；《长图｜在湘考察三天，习总书记这些金句寄望殷殷》，矩阵传播和精准分发后，总点击量875万次；习近平总书记在湖南考察调研“回访”系列专栏发布8篇融媒稿件，总点击量2217.5万次；《向习总书记说心里话》9个系列原创新媒体产品，总点击量2736.8万次；9月21日，制作推出H5《人民情怀深似海——习近平总书记与三湘儿女的暖心瞬间》，选取习近平总书记到湖南考察调研的高清大图，以新媒体方式呈现一幕幕暖人瞬间，总点击量675万次。华声在线集中刊发“回访”“向习总书记说心里话”系列报道，推出“习近平总书记来湘考察·回访”系列视频，制作推出H5《牢记殷殷嘱托，这份湖南“答卷”请总书记查阅》，点击量达255万次。截至12月31日，新湖南、华声在线网站共开设专题9个，累计发稿1400多篇（次）、制作新媒体产品52个，矩阵总点击量达5.13亿次。

二、媒体融合落地见效

湖南日报社把推进媒体融合改革作为

2020年头等大事，截至2020年年底，新湖南客户端与湖南日报已完成“融为一体、合而为一”，媒体融合改革落地见效。

1. *创新体制机制融合*。重点优化调整机构设置，建立适应全媒体生产传播的一体化组织架构。撤销湖南日报编委会、新湖南编委会，报社编委会既管湖南日报，也管新湖南；湖南日报内容生产板块由中心制改频道制，组建了时政、经济、教科卫、文体、湘视、湘评、湘问、都市8个一级频道；在严格控制前提下，按照事企一体化体制机制适当增加中层班子成员，起用了一批相对年轻的总监、副总监；探索试行职务与职级分离管理模式，新选用人员只明确岗位不明确职级。

2. *采编流程再造完成*。编委会先后出台实施《湖南日报全媒体内容生产流程管理大纲》《湖南日报社全媒体考核考评办法》《湖南日报社全媒体创新提质方案》，以新湖南客户端为主导组织内容生产，构建全媒体采编流程，采用以新媒体为主导的考核考评办法，健全全媒体工作机制。各频道按时完成了内容结构设计，页面呈现效果有较大改进。

3. *形态转变活力迸发*。内容由新湖南首发，产能向新湖南转移，形态向新媒体转变，融合带来生产方式大改变，激发了采编人员的创造力。采编人员全面转向新湖南，采、拍、编、发一个不少；各频道之间你追我赶，稿件更新量倍增，频道焕然一新。点击量100万+的作品不断涌现，新湖南客户端日活量持续提升。

4. *省县融合生态成形*。2020年，69家县级融媒体中心入驻“新湖南云”，102个县（市、区）继续在新湖南客户端开设频道。新湖南客户端开设“县级融媒”专栏，支持县域精品原创内容二次传播。“新湖南云”完成短视频、新时代文明实践中心等多项功能模块开发，保持每两周一次更新迭代。立足移动端的县级融媒体生产传播体系初步建成，省县两级媒体之间的相互赋能初步成形。“湘伴”迈进全国省级党媒时政微信公众号第一方阵，“头部IP”价值更加凸显；湖南日报社政务中心运维的湖南省人民政府门户网站连续两年在国务院组织的政府网站评估中位居第三。

5. *网站拓展传播阵地*。华声在线新闻网站努力打造纵横交错、内外互通的传播体系。在纵向上，利用央媒及市县基层媒体，上连天线下接地气，尤其注重在高端平台的发声。全国两会期间，华声在线联动人民网、新华网、学习强国、央广网等主流平台，对接今日头条、抖音、腾讯、网易等商业平台，做到行动快、覆盖广、效果好，在央媒平台上稿成果丰硕，借台唱戏，相关信息形成强有力二次传播。在横向上，加强自身平台传播力建设，拓展“两微一抖”、人民号、百度百家、搜狐、企鹅等平台账号。在境外端，重视海外传播力建设，开设“印象湖南”专栏，围绕岳麓峰会、网红长沙夜经济、湖南交通等主题，整合海外反响，发布深度综述文章28篇（次），华声论坛相关引导帖文境外网友点击量约8000万次，境外网友回帖数量超过5万条。华声在线海外社交平台账号发挥小切口、轻内容、快节奏的特色，累计发布推文约4900条，其中脸书单条内容阅读量最高达372万次。

三、新媒体产品建设情况

2020年，技术研发中心提前对报社旗下新媒体平台进行深度谋划，小步快走，敏捷迭代，圆满完成了新湖南客户端和华声在线网站年度建设工作。

新湖南客户端以上线5周年为契机，成功推出了全新的新湖南客户端8.5版本，上线了首页头条模块化、推荐智能化、服务模块化等重要功能，整合了UGC统一发布和“UGC+PGC”场景，实现了新湖南客户端与县级融媒体中心内容共享；重构首页头条板块，实现模块化分区组合，将核心要闻区、热闻联播区、省内时政要闻、国际要闻、主编推荐、市州精选、县级融媒体专栏在首页分区块呈现，后台实现灵活配置；开发新湖南智能推荐系统，采用“主编推荐＋智能推荐”党报算法双引擎，实现了内容的千人千面。在新湖南客户端首页头条推出“智能推荐”功能，优化调整新湖南客户端层次结构，尽可能在少操作的情况下阅读当天更多新闻，以提升用户获取资讯的便捷性，增强用户的持续阅读体验。服务模块化，打造“新闻资讯＋政务服务＋生活服务”的综合平台。新湖南8.5版本新增商户活动、公共缴费等便民支付模块，以及政务和生活服务模块。从生活和政务两个维度，全新建构服务模块，从服务平台的使用场景出发，为用户提供相关的资讯内容，增加原有频道的曝光度，推进新湖南客户端从一个新闻资讯客户端升级为集“新闻资讯＋本地生活服务＋政务服务”的区域性综合服务平台。统一UGC发布入口，新湖南客户端将“我要投诉”“我要发目击者视频”“摄影大赛投稿”“用户投诉建议”以及“VR扫报纸”等功能集成进来，将互动提交类功能通过一个入口来展示，方便用户以最短路径发布内容；全面视频化，涵盖长短视频，“UGC+PGC”场景。新增视频频道，聚合湖南日报社长视频内容，对已入驻新湖南客户端的集团子报子刊的视频内容进行再分类、整合、规范化程序。“目击者”短视频社区，以事件现场为主打的UGC产品。新湖南客户端与县级融媒体中心内容共享互通，协同发展。新湖南客户端作为省级平台，与新湖南云各县市区融媒体中心数据共享互通，实现新湖南云省级技术平台与县级融媒体中心内容的上传下达。“新湖南云”旗下69家县级融媒体中心均可免费调用新湖南客户端200+频道数据，同时，各县市区融媒体中心所产生的海量原创政务、媒体数据同样可为我所用。

华声在线2020年度进行了改版，升级了华声在线、湖南在线双首页，实现华声在线首页头条与“新湖南云”旗下县级融媒体中心网站首页头条复用，增强党媒头条曝光率和传播力。根据业务发展要求，新开发了国企频道、金融频道和湘视频频道，对投诉直通车、华声红培、教育频道、长沙频道、湘播频道、华声影视中心、湖南图片库进行改版升级，同时根据全年时政报道和商务活动开展情况，设计了2020湖南两会、2020全国两会、湖南战“疫”实录、疫情地图、2020湖南日报朗读者大赛、许达哲报道集、毛伟明报道集等大型专题专栏30多个。

四、技术平台建设情况

按照中宣部和国家广电总局制定的《县级融媒体中心省级技术平台技术规范》，结合湖南区县级媒体的特点，2020年湖南日报社打造了“新湖南云”县级融媒体中心省级技术平台。为县内媒体深度融合发展要求进行量身定制，融合人工智能、大数据、云计算等技术，为全省上百个县级融媒提供指挥调度、内容生产、数据中心、智能化分析、版权保护、舆情分析、建站服务、行业数据分析等服务，同时也是向政府、高校、企业等其他机构提供技术和数据服务的云服务平台。

11月，在2020年中国报协电子技术年会上，湖南日报社获得“十三五媒体融合创新单位”奖；12月，湖南日报社与国防科大计算机学院联合申报的“媒体融合内容感知与安全湖南省重点实验室”正式获批。报社还获取了湖南省高新技术产业科技创新引领计划（科技成果转化类）《新湖南云融媒体技术平台研发与集成》项目。

新媒体工作案例

新湖南客户端

新湖南客户端2020年坚决贯彻落实习近平总书记重要讲话精神，坚决贯彻落实党中央、湖南省委省政府推进媒体融合发展的重大战略部署，坚持守正创新、移动优先、深度融合，全力加强平台建设，基本形成了以新湖南客户端为主体、社交媒体账号为侧翼、“新湖南云”入驻媒体为补充的移动传播矩阵。

一、守好主阵地

新湖南与时俱进、迭代升级了客户端，基础发布平稳有序，重要信息发布准确，全年无重大差错。湖南省委省政府重要文件、人事任免、重大政经及民生类稿件均做到了省内首发。累计用户下载量突破3500万次，日活量180万以上，日均点击量800万次以上。

二、建设大矩阵

以新湖南客户端为主体，逐步建立起庞大的湖南日报社新媒体移动传播矩阵。湖南日报微博、“新湖南”百家号总阅读量均超过1亿次，湖南日报微信总发布推文数超过2400余条，日平均阅读量达3万次，10万+爆款产品频现。截至2020年12月30日，新湖南抖音粉丝450万，总点赞量1.9亿次，点击量40亿次，其中原创视频产品《满满的求生欲》登上了抖音热搜榜单前三，总点击量 1.5 亿次，获得了 350 万次的点赞量。

三、拓展新阵地

新湖南团队运维的多个政务微信公众号获广泛认可，传播影响向好。“湖南微政务”有 35 篇推文阅读量破万，多篇原创稿件被湖南省政府门户网站、省内政务微信公众号转载。5 条视频阅读量破千万，其中最高的达到了 4700 多万次阅读，点赞量达 180 多万次；9 条视频点赞破 10 万次。微政务微博影响力上升至全省政务微博第 9 位。新湖南学习强国号于 6 月 24 日上线，成为湖南省内主流媒体中首家上线的强国号，报社原创内容分发新增一权威端口。截至 12 月 1 日，新湖南学习强国号已推送稿件 2100 条，多篇新闻产品得到总平台推荐，其中，《湖南龙山：云端之上尽是“掌柜的”》总点击量 1353 万次，点赞近 40 万次。新湖南向“学习强国”湖南平台推送稿件近 1.1 万条。

四、做好云服务

新湖南通过特有的“新湖南云”稿库功能模块，制作的新媒体产品均可云上共享，区县可以对相关内容“一键调用”，不但可以节约采编成本、规避导向风险，更能覆盖更多村镇居民人群，大大提高了信息的到达率、覆盖面。据统计，有长沙、湘潭、株洲、衡阳、娄底、邵阳、常德等 12 个市州的 34 个区县融媒体中心的传播平台（客户端、网站、微信公众号）累计推送了新湖南、华声在线推介的 8100 余篇稿件，有效提高了信息的到达率和有效性，“新湖南云”社会效益得到进一步彰显。

作品二维码

（湖南日报社供稿）

湖南广播电视台

新媒体工作综述

2020年，按中央《关于加快推进媒体深度融合发展的意见》要求，湖南广电主动投身全媒竞争时代，在新内容、新赛道、新技术、新市场、新机制上坚持创新，坚定向“建设主流新媒体集团”目标出发。

一、芒果TV，媒体深度融合的先行者

2020年，湖南广播影视集团有限公司（台）党委书记、董事长张华立提出“建设主流新媒体集团”的新战略构想，谋划从“一云多屏　两翼齐飞”到“一云多屏　多元一体”的布局升级。而芒果TV始终坚持守正创新的党媒属性，做媒体深度融合的先行者、长视频领域的革新者，担当青年文化引领者和国民精神塑造者，为湖南广电实现建设主流新媒体集团的共同目标贡献力量。

主流宣传方面：全屏覆盖、全端共振，置顶飘红，打造融媒体专题专区，优质完成全国两会、湖南两会等重大主题宣传。疫情防控期间，第一时间启动互联网一级应急响应机制，推出“春节7天芒果TV全站免费看”“主动投放10亿元广告资源”等创新举措，成为全国范围内网络视听行业唯一一家向全民免费提供全平台视频资源的视听媒体，并上线全国首创抗疫短剧专题系列之《总有一天会胜利》，为疫情防控提供强大精神动能；联动快乐购打造公益助农平台“芒果扶贫云超市”，探索“直播+消费扶贫”新模式；创新推出《中国》《闪耀的平凡》《战旗美如画》《功夫学徒2》等系列大片，其中《功夫学徒》获第三十届中国新闻奖，《中国出了个毛泽东》获第三十届金鹰节最佳纪录片奖、第二十六届“星光奖”特别奖。

内容方面：芒果TV全年上线超过40档自制综艺，且在全行业TOP优质综艺作品中芒果TV贡献份额超50%。其中年度现象级综艺《乘风破浪的姐姐》播放量超51亿次，全端热搜2303个，引发全民关注，获中央政法委、国家广电总局、人民日报等刊文认可，“乘风破浪”一词入选年度词

汇，引领时代精神。《朋友请听好》《说唱听我的》《名侦探学院》《NZND 顶牛演唱会》等节目也取得较好的效益。剧集方面，暑期爆款大剧《以家人之名》连续 31 天登上微博热搜；《下一站是幸福》为年初剧王，累计播放量 46 亿次；《韫色过浓》《从结婚开始恋爱》《离人心上》《三千鸦杀》等自制剧流量口碑双丰收。

国际传播方面：芒果 TV 国际 App（MangoTV）成为中华文化交流的重要出口，用 18 种语言推荐了 100 多部优质华语文化类纪录片，海外业务服务覆盖全球超过 195 个国家和地区，海外用户数超过 2800 万。

产业方面：芒果 TV 构建多元、稳健、可持续的业绩管理模式，在市场下行情况下，2020 年广告收入持续上涨。《乘风破浪的姐姐》招商数据刷新多项纪录，单个广告客户数超 40 家，创综艺项目品牌数量之最；影视剧项目广告总签约量同比增长 300%，《下一站是幸福》创剧类广告招商新高。芒果 TV 获中国国际广告节广告主奖、金投赏商业创意奖、媒介 360 营销传播奖等多项营销大奖。芒果 TV 24 岁以下用户占比达到 65%，女性用户占比达 69%。为会员们打造的"青春芒果节"，升级为湖南省第九届网络文化节核心活动，第三届整体线下参与人数突破 95 万。

据 QM 数据显示，芒果 TV 位列在线视频行业典型 App 日活跃用户规模 TOP5、"全景生态流量 TOP 玩家"榜单 TOP1。公司连续两年排名中国互联网企业前 20、国有控股企业第一、湖南省互联网企业第一，是 2020 年度软件和信息技术服务竞争力百强企业，蝉联湖南省互联网企业 50 强榜单第一；并获"第六届湖南省省长质量奖"，成为省内首家获此殊荣的互联网企业。芒果超媒最高市值达 1655.6 亿元（2021 年 1 月 22 日市值），芒果 TV 日活超 1 亿，有效会员达 3613 万，成为行业内连续 4 年唯一盈利的长视频企业。

二、双平台驱动，媒体融合全面破题

2020 年，湖南卫视、芒果 TV 双平台实现内容、渠道、平台、经营和管理充分融合。年内，双方还联合推出改变行业生态的"芒果季风计划"，利用双平台优势，实行电视剧双平台定制，打造共有品牌，重构芒果影视剧生产体系，创新电影、电视剧生产和商业运营模式；布局"小芒"新赛道，基于湖南广电长视频内容竞争优势，面向全产业链拓展延伸，打造"视频 + 内容 + 电商"全新视频内容电商模式，实现芒果生态完善和升级。

双平台由点及面，激活、带动湖南广电融合发展全面破题。娱乐频道 MCN 模式、金鹰卡通麦咭 TV、广播传媒中心 5G 智慧电台等均取得不错成效。

湖南娱乐以 MCN 为转型新媒体的组织变革路径，基本搭建了以短为主、长短结合的内容生产体系，形成以新为主、新旧融合的媒体发展模式，实现 2B 为主、2C 配合的多元盈利方式。平台长视频月度生产量40小时以上，短视频月度生产量70小时，产出5000多条短视频，每月直播超过300小时。截至2020年年底，在全网各互联网平台开设账号600多个，全网粉丝超过4亿，视频总播放量达1120.84亿次。在全网MCN中，"湖南娱乐"排名前20。

湖南经视组建全新的互联网公司——湖南经视马栏花开传媒有限公司，成为经视融合转型的市场主体。公司配备了文旅、活动、电商、融合广告共4支创意营销团队，打造垂直领域短视频矩阵。截至2020年年底，经视MCN账号全网总粉丝数量达1.4亿，全网总播放量突破50亿次。

金鹰卡通打造"金鹰卡通卫视+麦咭TV"融媒体发展。麦咭TV覆盖手机、Pad、PC和电视智能有线端、IPTV端、OTT端，是金鹰卡通所有亲子节目的官方放送平台。2020年，麦咭TV用户数月平均增长率30.82%，沿海发达城市用户占比47.9%，其中家长用户占50%以上；截至11月，用户数超600万，下载量超1600万次。

5G智慧电台是湖南广电贯彻落实习近平总书记关于推动媒体融合发展重要论述的又一具体实践。它与县级融媒体中心深度合作，形成了"省台—县级融媒体中心"合作的"湖南模式"，对帮助区县融媒体中心将党和政府声音送到田间地头、促进中央及省委省政府决策部署在基层落地起到积极作用。湖南广电已将广播传媒中心八大频率的优质版权节目及湖南卫视、芒果TV可音频化的优质视频节目FM端版权全部授权于5G智慧电台，从内容、资金、资源等方面为项目提供支撑。5G智慧电台已在全国27个省市、310家广播电台和融媒体中心上线。

同时，发挥新闻新媒体团队整合优势，布局新闻新媒体平台。在现有主平台湖南卫视和芒果TV深度融合的基础上，重点发力新闻类平台"芒果云"，打造短视频为主要产品形式的龙头传播品牌，真正做到既可以利用系列自主平台阵地稳固发声，又能利用全网渠道强势分发扩大声量，使湖南广电具有主流媒体的强大传播力、引导力、影响力、公信力。年内，"芒果云"策划各类专题160多个，推出《"数读"政府工作报告》《学习金句》等新媒体产品，爆款不断涌现，最高点击量超千万。融媒体新闻品牌"芒果新闻"则利用5G、全息投影等硬核科技，创新推出《土话情深·我向总书记捎句话》《康康大湖南》等主流宣传爆款。此外，广播传媒中心"芒果动听"、经视频道"芒果V直播"、都市频道"芒果都市"、公共频道"芒果帮女郎"等新媒体平台用户规模也不断攀升，国际频道入驻国内外40多家新媒体，全媒矩阵宣传效应凸显。

三、技术赋能，打造"互联网+生态"高地

2020年，湖南广电依托马栏山视频文创产业园政策支持，以湖南广电参与园区建设的重点项目芒果马栏山广场为支点，汇聚产业资源、行业力量，构建芒果智慧视听产

业总部基地，打造“互联网＋生态”高地。面向互联网生态的超级接口已经打开，一个集人才、技术、平台、资本于一体的芒果开放型生态正在形成。

随着5G高新视频多场景应用国家广电总局重点实验室落户马栏山、全国先进的4K超高清新闻演播室正式投入使用，湖南广电进一步抢占新技术风口，已迈出探索5G背景下内容生态与平台应用的坚实步伐。湖南广电与中国移动、华为等公司相继达成了合作协议，围绕智能影像视觉、光场技术、AR/VR、5G全息等重大核心技术展开合作，探索应用场景，转化研究成果，坚持把技术创新作为夯实数字经济、打造主流新媒体集团的新基石。马栏山广电5G试验网基本成型；探索“5G+车联网”应用，进行广电5G时空基准系统测试和场景开发。同时，探索5G内容生态与平台应用，《歌手·当打之年》完成“广电5G+真4K”高清直播；《舞蹈风暴2》携手华为升级“风暴时刻”，借助自由视角/VR全景视角超高清技术能力，创造全新视听语言；《中国》采用4K、全景声等先进技术标准；芒果TV自主研发互动剧制作平台，实现5G时代的互动内容创新；自研国内首款3D广告自动植入产品VAVA，实现降本增效。

2020年，马栏山视频文创产业园建设进入实质阶段，招商引资成效明显，湖南广电集团、中南传媒、中广天择等本地头部公司已落户，并成功引进爱奇艺华中总部、创梦天地、快手华中总部、字节跳动全国内容生产基地、易华录等一批头部企业；作为湖南广电建设主流新媒体集团、推进产业融合发展的智慧视听产业基地——芒果马栏山广场也在建设阶段。特别是2020年9月习近平总书记视察马栏山视频文创产业园，给园区发展带来了历史性的发展机遇。

同年11月13日，国家广电总局同意湖南省创建中国（湖南）广播电视媒体融合发展创新中心。该中心以湖南广播影视集团有限公司（湖南广播电视台）为依托单位，包括国家广电总局广播电视科学研究院、马栏山视频文创产业园等10家共建单位，致力于推动媒体融合向纵深发展、做大做强主流舆论、构建全媒体传播格局。

11月30日，湖南广电节目生产基地项目顺利通过Uptime Tier III设计认证。这是中国媒体传播行业第一个获得Uptime Institute Tier III设计认证的数据中心，也是全球媒体行业首个通过Uptime认证的企业自用数据中心。中心共有1028个机柜，其中服务器机柜932个、网络列头柜96个，集大数据存储、处理、应用、计算、分发于一体，服务于节目生产基地各项功能，可实现超高清（4K）视音频节目生产、播出和海量数据之间的互联互通。

守正创新的党媒属性、矩阵传播的融合面貌、中台赋能的组织形态、全媒体时代的人才结构、链路完善的产品集群、前沿领先的应用技术、开放合作的运营生态，这七大特征是主流新媒体集团的基本面貌，湖南广电已有了坚固的基础，并将以此为起点，为全媒体时代的媒体融合发展继续探索深具芒果特色的答卷。

新媒体工作案例

湖南娱乐频道媒体融合

2020 年，湖南广播电视台娱乐频道继续探索 MCN 道路：一是提升内容服务的专业度；二是实现运行机制的数字化。主体业务、组织体系、运行机制全方位迭代升级，基本实现从传统地面频道向新型视频媒体机构的转变，被国家广电总局评为 2020 年度媒体融合发展典型案例。

2020 年，在原有长视频业务板块外，湖南娱乐完整构建了短视频新媒体业务体系，形成媒体、达人、品牌、商业四大产品账号矩阵。媒体矩阵：布局抖音、快手、小红书、头条号、百家号、淘宝直播等全网流量平台，在明星娱乐、母婴生活、萌宠等多个垂类领域布局发力，通过自孵化、外签等多种方式建立账号体系，形成超 3.8 亿粉丝的媒体矩阵。达人矩阵：基于传播人格化的视频流时代特性，搭建达人孵化全产业链条，成功打造达人 IP 矩阵。品牌矩阵：广告营销团队以服务品牌客户为方向，推出针对企业的品牌号营销产品，逐步建立品牌方的内容矩阵。商业矩阵：以抖音和淘宝直播为主要阵地，搭建以直播电商为核心定位的商业矩阵，并沉淀店铺资产。“张丹丹的育儿经”“主持人马可”“主持人王燕”等传统电视主持人在湖南娱乐电商业务的孵化下完成在新媒体赛道上的破圈。截至 2020 年年底，湖南娱乐共开设 600 多个账号，全网粉丝已超过 4 亿，视频总播放量达 1120.84 亿次。在 2020 年疫情防控期间，其新媒体矩阵原创抗疫防疫短视频 194 条，全网总播量 3.95 亿次，其中《善意的谎言，感谢善良的你》单条视频全网播量高达 1.13 亿次。

为契合新媒体内容生产多场景、多样化需求，湖南娱乐在频道旧址打造了近 1 万平方米开放式视频内容创作基地，包含 60 多个视频制作场景和 20 个新媒体直播间，可满足多类垂直内容场景拍摄。同时，基本完成短视频内容的生产体系开发和搭建，包含一个内容三审在内的内容生产管理系统，以及素材库、演员库、道具库和场景库构成的制作资源管理系统，可以在移动端实现全线上的内容流程管理、生产调度和内容审核等功能。

立足于内容生产和流量运营两个核心能力，湖南娱乐建立了达人、平台、客户、供应链等资源开发的商务体系，以及用户、电商、数据运营和公关宣传等维度的商业运营体系，其短视频媒体运营、直播电商、品牌服务、活动 IP 等业务板块已形成“内容生产—流量运营—商业变现”的独立闭环。

《乘风破浪的姐姐》

《乘风破浪的姐姐》是由芒果 TV 自制的一档关注 30+ 女性追求美好生活、实现舞台梦想的女性励志追梦成长节目，于 2020

年6月12日至9月4日在芒果TV、湖南娱乐频道播出，平均时长150分钟，共13期。节目聚焦当代女性不断成长与蜕变的奋斗故事，鼓励女性以自信、向上、拼搏的姿态追求梦想，实现自我价值。全季节目播放量一举冲破54亿次，微博阅读量飙升至463亿次，收割全网2303次热搜。“成团之夜”当周，全端热搜170次，13次TOP1。关注女性成长，展现女性拼搏精神，《乘风破浪的姐姐》播出后，“乘风破浪”不再是节目的一个关键词，更成为一种被唤醒的全民精神。人民日报、新华社、光明日报、中国青年报、中国妇女报等多家主流媒体、机构评论报道节目，肯定节目传递出的“乘风破浪”的时代精神及一往无前的奋斗姿态，从女性关注自我、敢于绽放、消解年龄焦虑等角度，肯定节目价值观及立意；并从节目嘉宾“互相成就”的相处模式、放大女性个性光彩、传播女性精神独立价值观等角度，肯定节目展现的多元女性形象。人民日报海外版、央视国际频道、*China Daily*、*Global Times*等多家国际主流媒体面向全球报道节目，从“国产原创综艺出海，建立文化自信”角度，认可节目的优秀品质以及海外影响力。

（湖南广播电视台供稿）

红　网

新媒体工作综述

2020年，红网党委紧紧围绕中心、服务大局，一手抓融合发展、一手抓战略转型，全面推进“移动化、数据化、视频化、轻量化”四化战略，持续讲好“深红、新红、泛红”故事，特别是在统筹疫情防控和经济社会发展等方面，用好“观潮的螃蟹”创新引导社会舆论，打造“湘农荟”深入助推脱贫攻坚，进一步彰显了红网的引领力、影响力和担当力。疫情防控期间，牵头打造的“辟谣侠盟”总平台，刊发专栏稿件2000余篇，总点击量超4亿次。截至12月底，红网、时刻新闻共刊发稿件49万余篇，全网总点击量超过105亿次，1件作品获评中国新闻奖三等奖，4件作品获评第五届“五个一百”网络正能量优秀作品奖，12件作品获评湖南新闻奖。

一、主动担当作为，重大主题宣传浓墨重彩

在抗击新冠肺炎疫情、全国两会、防汛救灾、习近平总书记来湖南考察、党的十九届五中全会等重大事件宣传中，出版集团和红网党委高度重视，主题宣传亮点频现。

一是加大原创报道力度，围绕习近平总书记的宣传报道亮点不断。2020年以来，围绕习近平总书记重要活动、重要会议、重要讲话，及时推出反响报道、新媒体作品、解读评论，多维呈现热烈反响和湖南贯彻落实的生动实践，“在习近平总书记重要讲话指引下”等成为名专栏，金句海报、螃蟹解读、红辣椒网评、反响报道等成为常态。全国两会期间，在前方只有1名记者的情况下，以云直播、云连线、云采访为主打，前后方密切配合，圆满完成了两会报道任务，打好打响了一场新媒体传播两会好声音的宣传主动仗，推出的“习语夜读”“习声回响”等专题专栏，带动县级融媒体实现北京、长沙、市州、县市区四级联动大直播；“观潮的螃蟹”连续刊发《观潮快评丨把“人民至上”大写在“啃下硬骨头”的对决里》等5篇深度解读文章，凝聚民心，鼓舞信心。特别是习近平总书记考察湖南后，红网主动推出了一系列解读报道，彰显了担当精神，其中，“观潮的螃蟹”推出的《总书记来后，

他们的“朋友圈”沸腾了》引发广泛关注。

二是紧扣湖南发展大局，创新做好重大主题宣传报道。抗疫以来，联动各市州站、县级融媒体中心等共推出“抗击疫情在湖南”等专题专栏1000余个。“观潮的螃蟹”先后推出《深刻认识并牢牢把握党中央的战略思维》《探春》《绝不能让“疫情防控打赢了，工厂也没有了”成为现实》《由“1”到“2”的48天，读懂湖南防控换挡的战场符号》等深度解读文章，广受社会好评。其中《战“疫”新阶段仗怎么打？学学彭德怀梁兴初》一文精准解读省委战略意图，有力地引导了舆论。短视频作品《泪目！如果我不幸倒在武汉　请把我骨灰无菌处理撒在长江》全网点击量2.5亿次。新媒体作品《组图｜复工了，来看长沙花式吃“范”！》紧扣一手抓防控一手抓复工这一主题，精巧生动，全网点击量7000万次。策划推出“疫外之春”系列报道，受到行业内资深人士和经济领域专家学者好评。在湖南省委网信办指导下开设的“辟谣侠盟”总平台，由红网发起的微博话题“辟谣侠盟”总阅读量超1.7亿次，刊发“辟谣侠盟”专栏稿件2000余篇，总点击量超4亿次，有力地引导了舆论。记者田盟赴黄冈报道，被授予“黄冈荣誉市民”“武汉市金银潭医院荣誉职工”等荣誉。围绕脱贫攻坚主题，推出的重磅融媒体策划作品《咱这一家子》《书记的乡间午餐》《湖南脱贫攻坚纪实长卷》《扶贫印记》《走出绝壁》，全景展现了湖南脱贫攻坚举措和伟大成效，“学习强国”学习平台首页、人民日报客户端首页等重点推荐，引发热烈反响和各界好评。此外，围绕“湖南两会”“全省重大项目集中开工”“中国新媒体大会”“‘湘’当自信自觉自强”“决胜2020全面小康湖南行”“‘湖湘杯’网络安全技能大赛”“网络安全智能制造大会”“互联网岳麓峰会”等一系列重要活动、重大主题创新开展了一系列报道，实现了重大主题宣传的大影响，承办的“高质量湖南粮食产业媒体行”微博话题阅读量1.1亿次；“湘当自觉自信自强”微博话题阅读量3.3亿次。在第二届中国新媒体大会上，红网微博话题贡献力居全省媒体第一。

二、聚焦精品工程，创新内容供给侧改革卓有成效

按照省委“办出特色、红出特色”的指示精神，红网全面推动全员视频化转型，紧紧围绕深度讲好“深红、新红、泛红”故事，聚焦精品工程建设。精心制作的融媒体作品《视频｜火遍中国的这张A4纸，背后有更多的感动》获第三十届中国新闻奖三等奖。为庆祝建党99周年，历时18个月、行程6000公里的国内首部全4K级6集红色纪录片《红色印记》，被100余家主流媒体、商业网站转载，全网总点击量已超过23亿次。《手绘长图｜湖南“不溃一堤一垸”是怎样炼成的——2020湖南防汛救灾图鉴》再现了湖南波澜壮阔的防汛救灾历程和感人事迹，点击量突破100万次。特别是11月开始推出的“湖南十四市州脱贫攻坚纪实长卷”系列融媒体报道，全网总点击量

超8500万次，形成了一波又一波宣传热潮。推出的《汉字寻根》《萌说新语》《经典时刻》《周末观影》等短视频精品专栏，彰显了红网视频化转型持续深入推进。“哲学里的湖南”“拾究之路”等用接地气、故事化的语言创新传播理论，令人耳目一新。

三、力推重大项目，“两中心一平台”扎实有力

深入推进县级融媒体中心、新时代文明实践中心和“学习强国”湖南平台建设，截至2021年年初，县级融媒体中心已确定合作的共54家。红网探索出新时代文明实践中心与融媒体中心融合共建的创新模式，“两个中心”结合建设的县市区有30余家，实现平台互通、资源共享、队伍共建。在抗击疫情、全国两会、防汛救灾等重大报道中深度融合，红网发挥了“技术保姆”“内容导师”“服务推手”的重要作用，积极指导县级融媒体中心精心策划推出的《县融宝藏·小编带菜》《我的风口》《丰收小调》等一系列点击量超100万次的精品力作，大大提升了县级融媒体中心原创生产能力。“学习强国”湖南平台运维建设取得显著成效，湖南地区用户激活总数超400万，全国平台采用湖南学习平台稿件数量、日活跃度、湖南人均积分等均进入全国第一方阵。

四、做强头部IP，平台阵地不断引领出圈

进一步发力打造头部IP矩阵，以“观潮的螃蟹”为主核，时刻新闻、红网时刻LED联播网为两翼，成立专门的媒资部，建立专门的新闻短视频运营团队，构建了以“红网”抖音号为主打，各分站、各部门抖音号紧密协作的红网抖音矩阵，形成强大的传播合力，截至2020年12月底，点击量过亿的作品12件，千万级作品104件，百万级作品766件；积极举办“抖音短视频大赛‘中国红有我·大好河山一起打卡’”活动，征集到作品4.2万多件，播放量达20.5亿次；2020年以来，“观潮的螃蟹”共推出稿件750篇左右，其中共有130余篇稿件被人民日报客户端转载，78篇稿件被“学习强国”学习平台推荐，全网总点击量超过了3.7亿次，产生巨大的宣传引导效果。红网官方微信公众号成为全省媒体第一微，现已构建起“高端到达有天线，本地覆盖有地线，对外传播有翅膀”的现代传播能力。“红辣椒评论”“百姓呼声”等品牌栏目影响力进一步形成压倒性优势。

五、探索跨界融合，打造超越媒体生态新平台

按照省委宣传部、省委网信办的指导部署，由省农业农村厅主办、红网负责研发运维的“湘农荟”联动各大主流媒体、电商平台先后开展了34场助农带货直播，联动各大商超、卖场和红星大市场近千家一级批发商线下售卖，实现了关注流量和带货销量双丰收，各平台总点击量超13.46亿次，线上线下综合销量超5734.1万

元，关联带动销售超20.3亿元，为解决疫情防控期间农副产品“难卖”问题和脱贫攻坚收官战，发挥了生力军的重要作用，获中国新媒体扶贫优秀案例提名奖，“湘农荟”已成为全省带动消费的“湘字头”公共服务平台之一。由红网负责策划承办的“米粉大擂台”掀起消费大热潮。着力打造“网上群众工作云”“智慧党建云”“服务与监督微信群”“网络安全态势感知”等系列技术管理平台，成为助力推动基层社会治理创新的时代刚需，特别是与长沙县共同打造的全国第一个“县级网上群众工作部”，现已成为中央网信办、中央政法委确定的“大国小鲜@基层之治”示范点。

新媒体工作案例

“湘农荟”平台

在湖南省委宣传部、省委网信办指导下，由红网承建的“湘农荟”平台上线，陆续在全省17个县区开展助农直播、电商培训，累计实现观看总点击量超13.1亿次，提供农业供需信息2.27万余条，线上线下综合销量达5382.3万元，间接带动全省关联销售超20.2亿元，为推动脱贫攻坚、助力乡村振兴，构建经济发展新蓝图打造了生动样本。

一、“媒体湘军”全面聚力，形成矩阵传播

红网网站、时刻新闻、“观潮的螃蟹”微信公众号、红网千屏联播对“湘农荟”平台进行系列推荐、对平台功能进行细化解读；湖南日报、湖南卫视、新湖南、华声在线、湖南经视、湖南公共、潇湘晨报、三湘都市报、长沙晚报等省内数十家主流媒体及各市州融媒体中心，都用生动的宣传形式、多元的传播内容，对“湘农荟”助农直播进行多场次、全流程的报道；“学习强国”学习平台、人民网、百度、今日头条、新浪微博、搜狐新闻、腾讯新闻、网易新闻、和讯网、南方网等上百家全国各类媒体平台，对“湘农荟”活动内容、助农成果等内容进行大量转载，吸引了社会各界关注。

二、联动企业集中采购，实现复合增长

动员社会各界力量参与助农采购，让农民在家门口就实现创收致富。“湘农荟”“直播带货+企业集采”模式，形成线上线下“双驱动”助力销售，帮助各地农民、合作社实现了销量的复合增长。“湘农荟”共计邀约了数十家企业、单位深入县区乡村，线上以平台之力推动农产品上网出村，线下以整合之力带动企业赴产地直采。

三、头部电商同步直播，汇聚亿万流量

“湘农荟”发挥整合优势，打造多平台“一站式直播”，汇聚各大头部电商用户流量形成购买合力，让县区乡村通过一次直播就能实现关注度和销售量的几何级增长。每一站专场大直播，“湘农荟”都通过各大平台，共同引入流量、多形式进行互动。红网深入乡村讲述产品故事、微信端口全面链接海量用户、抖音网红在原产地进行现场互动、快手主播邀约“老铁”用户下单购买、百度推广进行全网搜索优化。

四、精细孵化专业平台，助推产业发展

“湘农荟”紧跟5G、大数据发展趋势，顺应各地提升农业品牌、促进返乡就业的实际需求，按照从品牌活动出发，打造可持续活动的长远思路，不断完善以活动推动项目、由项目带动产业的整体规划，形成了以营造助农氛围为目标的“湘农荟大直播”，以提升地方品牌为使命的“湘农荟大擂台”，以发现乡土优品为核心的“湘农荟原乡味”，以培育乡村产业人才为方向的“湘农荟大课堂”等子品牌和子平台，进一步培育了乡村人才队伍、孵化了优质农业品牌、拓展了乡村就业创业空间。

“观潮的螃蟹”微信公众号

“观潮的螃蟹”是红网新媒体集团创办的微信公众号，于2018年4月正式运行，立足以观察者的视角解读湖南省委、省政府的政策，打造党委政府中心工作的第三方诠释平台。牢固树立“四个意识”，自觉维护以习近平同志为核心的党中央的权威，就省内重大时政及时准确发声，进行理论创新，发挥舆论引导作用，第一时间向读者提供鼓舞人心的正能量、暖新闻，为湖南构建理性、多元、有序的网络宣传格局和生态环境提供重要动能。

1. 工作思路。立足以观察者的视角解读省委省政府的政策，打造党委政府中心工作的第三方诠释平台。

2. 内容深耕。对读者关注的重大突发新闻事件，为加强新闻阐释力，推出了“哲学里的湖南”“观潮快评”“观察”“热眼螃观”等精品栏目，除了国家、省内重大时政报道外，“观潮的螃蟹”还深耕基层，对所有市县、厅局进行全面扫描，对其重点工作和创新之举进行深度挖掘报道。

3. 队伍打造。一是整合专家资源。把“论道湖南”及“红辣椒评论”中有较高理论素养的专家级评论作者都吸纳到“观潮的螃蟹”创作队伍中，充分利用好这批作者资源。二是激活内部队伍。对红网采访线口记者进行了分工，一遇到省委、省政府相关的重要工作，及时进行供稿，确保重大事件及时解读。同时给各市州记者站和省级厅局跑线记者下达任务，并发动当地或部门力量进行转发推广。

4. 组织保障。一是加强组织保障，核心稿件资源要第一时间通过“观潮的螃蟹”进行首发、确保独家。二是不定期召开主题策划会，对重大宣传项目进行策划。三是对优秀稿件给予适当物质和精神奖励。

5. 编排创新。一是制作了螃蟹的表情包，共制作有500多个不同的表情，编辑根据不同的内容展示不同的螃蟹表情。二是尝试运用语音、视频、动图等各种编辑手段。

6. 推广运维。稿件通过红网全平台矩阵以及外网新媒体平台同步推广。

（红网供稿）

南方 + 客户端

新媒体工作综述

2020 年，历经 5 年发展的南方 + 客户端再上新台阶，累计下载量突破 7000 万次，累计收入超 6 亿元，利润超 2 亿元，跑出了特有的南方“+ 速度”，朝着打造新型主流媒体迈出坚实的步伐。2020 年，南方 + 客户端总流量超 16 亿次，全网点击量超过 60 亿次。其中，《在 + 上课》频道粤课堂系列线上课程自 3 月 1 日至 5 月 22 日上线课程 8000 多节，总点击量超 1.2 亿次。《华南农业大学最新研究表明，穿山甲为新型冠状病毒潜在中间宿主》《回忆获颁共和国勋章的时刻，84 岁的钟南山说：走上红毯去领奖时，我就走得快一点，显示我还没老》《广东 00 后战疫护士被总书记点赞》3 个现象级融媒产品，全网流量均过亿。

新媒体内容生产发力创新，唱响新时代主旋律。2020 年，南方 + 共推出直播 3258 场、短视频 2872 条、微海报超 1100 张等可视化产品。南方日报官方微博总阅读量达 25.7 亿次，连续 6 个月高居全国省级党报微博排行榜之首。这充分证明，不论环境如何变化、技术如何变革，只要我们坚持以人民为中心的工作导向，坚持深度融合发展、坚持提升能力水平，优质的内容和服务一定能赢得用户、赢得未来。

一、融合创新：唱响全媒体时代的主流声音

重大主题报道传播力是新闻媒体自身综合实力的直接体现，同时也是对新型主流媒体建设成效的实战检验。

2020 年 10 月 12 日至 14 日，习近平总书记赴广东考察调研，并出席深圳经济特区建立 40 周年庆祝大会发表重要讲话。南方 + 与南方日报紧密联动、精心策划，通过 3D 视频、H5、微海报、互动手绘等新媒体手段和形式讲好广东故事、特区故事，多渠道、多形式做好大型时政主题报道，首页专题、地市频道、南方号平台等共发布报道超 1100 篇，总点击量破千万。其中，重磅推出 3D 微纪录片《当闯将谈特区时，他们在谈论什么？》，专访深圳、珠海、汕头的代表性人物，倾听闯将声音，采用先进的 3D、

MR 等技术展现广东经济特区乘风破浪、砥砺奋进的决心，是内容和技术深度融合的代表作品。

这是融媒视野下重大主题报道创新传播的成功实践。作为“广东省委省政府第一权威移动发布平台”，作为南方报业传媒集团奋力打造的新型主流媒体，南方 + 始终高举习近平新时代中国特色社会主义思想伟大旗帜，围绕党和国家中心工作，聚焦国家、全省社会发展重大主题，主动借助新媒体传播优势，积极推动融合发展，从“时度效”着力，形成主流思想舆论的强大声势。

发挥党端引领作用，南方 + 积极做好疫情防控宣传舆论引导，积蓄起战胜疫情的磅礴精神力量。南方 + 在全国党媒客户端中率先上线战“疫”频道，并不断上新《战“疫”集结号》《艺心战“疫”》《童心战“疫”》等栏目，日更 3000 条优质稿件提供大量实时资讯、优质内容、高频服务，让大家在南方 + 看到了更多动人的中国故事与广东担当。其中，对 70 余场广东省政府疫情防控发布会进行直播，一场不落，总点击量超千万。3 条流量超千万稿件诞生，《直播 | 年初一凌晨他们抵达疫区！广东医疗队驰援湖北武汉疫情救治》成为点击量过 2000 万次的爆款，广东白衣铁军的风采引起广泛共鸣。2020 年 2 月 7 日，面对疫情考验，关于开学时间的小道消息满天飞。南方日报、南方 + 客户端记者迅速与广东省教育厅沟通，首发《广东省教育厅：各级各类学校 2 月底前不开学》消息，208 字获得 1447 万阅读关注。

面对在疫情防控常态化背景下举办的 2020 年全国两会，南方 + 联动云报道团队，主打精品硬核内容，依托科技神器助力，让用户第一时间全面了解两会重要资讯，感受代表委员履职风采。其间，共发布原创全媒体稿件 450 余篇，全网阅读量超 2300 万次，通过 10 余个分发平台送达超 2.3 亿人次，共 142 万人次通过南方 + “云见证”这件全国政治生活的大事。脱贫攻坚进入决战决胜、全面收官的关键阶段，南方 + 融合集团媒体的精品内容，展现广东人民的奋斗故事，推出 40 余场助农带货直播，全网点击量超千万，为农民脱贫致富提供新平台。

传播广东声音，讲好大湾区故事，南方 + 在 2020 年积极推动国际传播能力提质升级，实现对外传播新突破。粤港澳大湾区建设正如火如荼推进，各项便利措施政策不断出台，为粤港澳三地青年创造了前所未有的发展机遇，南方 + 客户端推出《港青喺湾区》栏目，讲述香港年轻人扎根大湾区内地城市创新创业的奋斗故事，引起了广泛反响。结合国安法出台，制作《睇下香港人嘅 facebook》系列长图，模拟学生、老师、茶餐厅打工仔等人的“朋友圈对话”，以新颖活泼的方式对国安法释疑解惑，表达港人支持立法的正向声音。

二、创新赋能：不断强化融合传播优势

在中办、国办印发的《关于加快推进

媒体深度融合发展的意见》中，“加快”和“纵深”是两大关键词。融合步入深水区，内容与技术双轮驱动的聚合能量需进一步释放。2020年，南方+始终把强化技术引领作为驱动高质量发展的重要抓手，通过搭平台、建桥梁、优服务，打造创新聚合平台，努力推动技术内容融合，以全新姿态迎接全媒体时代的新一轮挑战。

1. *表达方式创新，讲好广东故事*。2020年，我们运用多种新技术、新表达，包括短视频、MV、视频动漫、多屏多线直播、互动H5做好脱贫攻坚、特区40年、乡村振兴、小康生活等主题报道，致力打造兼具“技术+美学+灵感”的创意互动产品，讲好新时代广东故事。“新地标看特区慢直播”用高清视频展现深圳经济特区新风貌，率先探索将慢直播用于主题宣传、城市发展报道中，创新表达形式，获中宣部阅评表扬。《两会学习日记》《民法典“上新”，让我唱你听！》等内容产品以巧思制胜，收获点赞；H5《史上最全！广东驰援湖北医疗队名单公布，为他们加油》《白衣执甲战荆楚，广东英雄今日回家》，全方位展现广东支援湖北医疗队风采，流量超50万次，颇具影响力。南方+客户端推出全新栏目“南方读+”，以提升互联网优质内容为契机，打造深阅读和沉浸式阅读体验为目标的新栏目。围绕“成都确诊女孩照片”疯传、丁真走红、诺如病毒等，南方读+团队“提前策划+第二落点追踪”等方式生产原创稿件，打造质量、流量双丰收的优质内容，其中《全国都在邀请丁真，丁真到底哪里吸引中国人？》微博阅读量超2800万次。

2. *产品创新，提高服务能力*。在“+”上课、在“+”看展、在“+”咨询、在“+”招聘等在“+”系列服务功能，让南方+的服务能力上了新台阶。2020年2月7日起上线的在+上课频道，在疫情防控期间向广大学生和家长提供线上课程，截至5月20日共上线课程8000多节，总点击量超1.2亿次，成为大家在疫情防控期间上课的主渠道之一。2020年10月，提供版权运维解决方案的南方版专+、提供自动校对服务的南方啄木鸟以及助力打造农产品线上广交会的南方云展会、可实现稿件精准分发的CMS功能等全面上线，南方智媒云平台为转型融合提供更有力的支撑。

3. *技术创新，打造传播爆款*。在战“疫”的关键时期，南方日报采访部门、南方+内容运营中心与产品研发中心通力合作，相继推出全国疫情地图、广东疫情地图、同行速查、全球疫情数据等实时疫情信息查询工具，火爆全网。其中确诊病例小区数据查询产品累计获得过2亿次点击量，技术加持内容，释放传播能量。南方+直播广东平台及时关注新需求，丰富产品功能，技术升级迭代引领融合传播潮流。多屏实时连线直播大派用场，云论坛、云对话功能大显身手，在五大洲七国侨领跨国连线讲述防疫科普、全国两会云采访、虎门大桥再通车等重大采访活动中发挥重要作用，接连打造全网百万级流量直播产品。2020 年 11 月 24 日，中国探月工程嫦娥五号探测器发射，南方 + 直播团队联合机动部、音视频部、要闻部远赴海南完成了一次有影响力、传播力的全媒体报道，通过“慢直播 + 航天科普 + 外围信息”相结合的方式，外加关键节点消息推送，展现实力，做出风范。该直播成为央媒以外的“独家直播”信号源，澎湃新闻、新京报、看度新闻都使用了南方 + 慢直播公共信号，此外还有约 20 家国内媒体使用了南方 + 带标视频信号，全网曝光量超过 800 万次。

三、平台升级：持续发力提升传播能级

在举全集团之力建设“南方 +”的大背景下，南方报业传媒集团成立了报网端融合运营委员会，以推动“内容一体化生产、技术一体化支撑、经营一体化统筹”，促进集团整体融合转型。南方 + 的平台能量也在 2020 年进一步释放，“+”业越做越大，传播能级快速提升，实现高质量发展。

南方日报、南方杂志、南方网、南方周末、南方都市报、南方农村报的优质内容源源不断注入南方 +，形成具有南方特色的平台型客户端良性发展生态。2020 年，南方 + 在与南方日报各个采编部门深度实现内容一体化生产的基础上，使用集团各媒体单位稿件超过 9.7 万条，首页选用近 2 万条，大大丰富了内容，多个媒体在南方 + 开设自营频道、南方号，让客户端更强。优化南方智媒云功能，为集团媒体、业务单元提供直播支撑、内容联动等一站式服务。例如，重点用好 N 视频内容，针对南方农村报网红带货直播基地建设提出合理化建议并协助施工项目采购。2020 年 2 月起，联合南方日报、南方优品推出“战‘疫’助农”系列带货直播，首创南方 + 直播带货新模式，实现了用户一边看直播、一边在移动端页面即时下单购买，全年共上线 32 场助农带货直播，端内总流量超过 200 万次，全网流量超千万。

传统媒体集团，即使有几千人的专业内容生产队伍，但相对于互联网商业平台动辄上百万、千万、过亿的内容创作者，力量还是微乎其微。南方 + 客户端强化平台的聚合能力，激发内容生产活力。7000 个南方号入驻，300 多个共建频道覆盖 21 地市，拍客作品、小南爆料为南方 + 的内容不断加料，进一步夯实南方 + 作为广东第一权威移动政务资讯发布平台的定位，擦亮广东政务新媒体内容开放生产平台和政媒互动信源平台的品牌。7000 个入驻南方号汇聚了超过 1.5 万名新媒体运营者，打造了广东规模最大的政务新媒体聚合平台，也探索出“采编策划发动、矩阵联合供稿、南方 + 统筹传播”的内容开放生产模式。2020 年举办的“走向我们的小康生活”新媒体爆款大赛，叫好叫座——警察叔叔拍起段子视频、驻村扶贫干部玩起 Vlog……展示广东人民为小康生活勤劳奋斗的精神风貌，记录走向小康生活的闪光点滴。

南方＋客户端还通过全网渠道的整合，打开传播的新空间。南方日报微博、微信，“学习强国”学习平台等重要渠道以及今日头条、腾讯、抖音等14个第三方分发平台的传播矩阵能量持续释放，南方＋在互联网版图的影响力不断攀升。南方＋强国号正式上线，南方日报官微传播能级提升，南方日报最高单篇阅读量突破50万次；南方日报微博日均阅读数从2019年的60万次增长到2020年的704万次，增长1073%，并实现向客户端的有效转化导流；抖音迎来数个千万量级甚至破亿点击量产品，包括华南农业大学关于穿山甲为新型冠状病毒潜在中间宿主的研究报道（超2.2亿）、《寻子15年父子团聚》视频（7215万次播放量）等，传播力、影响力充分释放。

新媒体工作案例

用慢直播讲述特区新故事

2020年是深圳经济特区建立40周年，习近平总书记出席深圳经济特区建立40周年庆祝大会并在广东视察，释放出改革开放再出发的时代强音。围绕深圳经济特区建立40周年这一重大主题，2020年10月1日，南方＋客户端推出慢直播报道《新地标新视野，云上看特区，见证40年建设硕果》，精准锁定具有代表性的深圳地标，依托5G技术、云直播平台，通过慢镜头创新表达方式，高清展现特区风貌。10月23日，南方＋客户端萃取直播中的精彩镜头，推出融合报道《慢慢看　深圳有多高》，增加“看图猜地标”微互动，吸引更多用户感受特区发展的加速度。系列报道在南方＋首发后，多个头部新闻与资讯平台共振。

“万物皆媒”时代，新闻媒体既要有“俯身笔耕”的老本领，又要掌握“云端漫步”的新本事。南方日报、南方＋报道团队锐意创新，推出的“新地标看特区”融合报道符合对新媒体融合创新发展的要求，契合了移动端传播规律，吸引了用户定期打卡，展现了媒体人对创新的追求。

一、巧选点，用地标讲故事

此次慢直播锁定在中国改革开放的先锋探索城市深圳特区。兴办特区40年来，一座座地标见证了深圳日新月异的建设成就，信息传输网络技术突飞猛进，使高清的深圳画卷得以全方位展现在用户眼前。南方＋直播团队巧妙选择新地标切入，以新技术新形势展现特区建设的“新日常”。

慢直播使用24小时不间断拍摄的高清视频，借助稳定的网络传输技术，在南方＋客户端首页全天候播放。实时展示场景包括两部分：一为深圳梧桐山风景区自然景观，以及从梧桐山顶拍摄的周边城区；二为深圳人才公园园景，以及附近的地标建筑和周边现代化建筑群。两大选点颇具特色：梧桐山风景区位于深圳东部近郊，是以山体和自然植被为主的国家森林公园，也是深圳与香港界河——深圳河的发源地，在山顶可远眺香港。设在此处的拍摄机位兼顾了拍摄自然景观和城区景观。深圳人才公园是全国首个以“人才”命名的主题公园。公园主入口人才广场中心，建有习近平总书记人才语录石：“创新驱动实质上是人才驱动”，是人才公园的精神基石。人才公园毗邻深圳湾超级总部基地，所在的南山区是中国经济第一强区，设在此处的拍摄机位展示了深圳最新的建设成果、人才理念。

二、慢直播，新技术唱响主旋律

随着5G技术以及高清视频的广泛应用，南方+在主流媒体中率先创新，将慢直播作为主题宣传报道中表达方式创新的手段，用新技术唱响主旋律、唱响“春天的故事”。

在将近1个月的时间周期内，镜头前的深圳多姿多彩。设在梧桐山的机位晴天俯拍远景，附近城区一览无余，群鸟偶尔掠过；雨天直拍近景，山顶云雾环绕，时聚时散。设在人才公园的机位，白天实时展示附近地标建筑的雄伟和周边新建筑建造过程，夜晚直击璀璨灯光，繁华尽显。

直播页面在两处主要场景间每5分钟定时轮换，画面丰富多变，观赏性强，以没有经过任何加工的高清画面，打造了一种身临其境般的真实感与沉浸感，观众可随时看到深圳最优美的自然景观和最繁华的城区，感受特区绿色发展理念和建设成果。2020年10月1日国庆节晚上，深圳众多地标建筑亮灯为祖国庆生，当晚的直播画面集中展示了人才公园机位拍摄的地标建筑灯光夜景，让用户可以直观感受到深圳改革创新发展的勃勃生机。

三、强传播，多平台展现新面貌

在南方+首发后，“新地标看特区慢直播”先后被头部社交媒体、通信运营商的5G主题客户端、央媒客户端在头部短视频平台关注，实现全网多平台的共振传播，收获超过百万次的点击量。

同时，南方+也加强对相对静态的慢直播的内容运营，增加了动感。一方面，不断在慢直播画面中挖掘动态内容，增加直播页面吸引力。对直播页面中有报道价值的精彩画面，或者延长连续播放时间，或者剪辑成短视频，在直播图文更新区单独发布。例如，2020年10月3日，设在梧桐山的机位拍摄到唯美落日，一个多小时的落日场景被延长了播放时间，随后被剪辑为延时短视频单独发布，方便错过这一时刻美景的观众回看，增加了直播页面的观赏性。另一方面，报道团队及时关注和回应粉丝动态，增强互动体验。2020年10月9日，有粉丝留言希望慢直播页面更换背景音乐，可选用经典粤语歌曲和流行歌曲增强时代感，南方+直播团队及时联系头部音乐客户端，对方提供了“深圳歌单”作为慢直播的背景音乐，并于10月11日上线。2020年10月23日，南方+客户端发布推广稿件《慢慢看　深圳有多高》，在文章中加入了直播链接，还设计了看文猜地标的微互动图片，吸引用户参与互动。

（南方+客户端供稿）

广西日报社

新媒体工作综述

2020年，国内媒体竞争加剧，同时受新冠肺炎疫情影响，各行业遭遇巨大挑战。面对复杂情况，广西日报新媒体始终高举习近平新时代中国特色社会主义思想伟大旗帜，全面贯彻党的十九大和十九届二中、三中、四中、五中全会精神，深入贯彻落实习近平总书记关于媒体融合发展重要论述、讲话精神以及对广西工作的重要指示精神，坚定落实自治区党委十一届九次全会精神以及"建好、管好、用好广西云，打造辐射东盟、具有区域性国际影响力的融媒体品牌"要求，按照自治区党委宣传部对加快推进全区媒体深度融合发展工作的具体部署，扎实开展"四全"媒体大格局下的新媒体传播工作，锤炼精品锻造佳作，加快推进广西"一朵云"建设，打造四圈深融融媒新生态，推动主力军全面挺进主战场。据不完全统计，2020年广西日报新媒体用户总量达5011万，比2019年增长1333万，增幅为36.24%；各新媒体平台阅读总量达194亿次，比2019年增长110亿，增幅为130.95%。创作点击量超亿次的融媒体精品达14款（2019年4款），超千万次的有220款，均创历史新高。广西日报新媒体有一件作品获中国新闻奖一等奖殊荣，创下三年两获中国新闻奖一等奖的纪录。

一、凝魂聚力，筑牢"压舱石"，壮大主流思想舆论

广西日报新媒体自觉将宣传贯彻习近平新时代中国特色社会主义思想和习近平总书记对广西工作的重要讲话和重要指示精神作为最重大的政治责任、最重要的工作任务，在思想上政治上行动上始终同以习近平同志为核心的党中央保持高度一致。

广西日报新媒体重点开设"在习近平新时代中国特色社会主义思想指引下""牢记总书记嘱托""治国理政进行时"等专题，持续做好习近平新时代中国特色社会主义思想宣传报道，采用专题、专栏、长图、图解、直播、H5等多重创新表达，推动新思想"飞入寻常百姓家"。

2020年是决战决胜脱贫攻坚之年，广

西日报新媒体统筹新媒体平台，策划了以“牢记习近平总书记嘱托——继续奋斗，让日子越过越红火”为主题的环江毛南族自治县多点同步直播报道，联合环江毛南族自治县等12家县级融媒体中心推出两会特别节目《总书记，我们的日子一定会越过越红火！》，充分展现壮乡儿女凝心聚力谋发展的图景。

为贯彻落实习近平总书记关于红军长征湘江战役革命遗址遗存保护利用的重要批示精神，加强红色教育，传承红色基因，广西日报新媒体持续做好红色原创动画电影《湘江1934·向死而生》全国电影院线公映及进校园展映活动，并全程参与宣传报道，除了图文、视频直播之外，还推出了燃视频、精美H5、长图、九宫图、动漫、720°全景VR等作品，助力党史学习教育深入开展，掀起青少年爱党爱国爱社会主义热潮。

二、守正创新，引领“风向标”，主题报道出新出彩

作为广西日报社重要的线上内容生产部门，广西日报新媒体秉承推新品、出精品的指导思想，狠抓融媒体产品策划、用好用活云直播，发挥牵引作用，联动区内外主流媒体开展多频次联动报道。在2020年全国两会、抗击新冠肺炎疫情、脱贫攻坚大会战、黄文秀同志先进事迹精神专题报道、第十七届中国—东盟博览会重大重要传播节点，进一步发挥融媒矩阵传播力量，锻造“立得住、叫得响、传得远”的融媒佳作。

在疫情防控期间，广西日报新媒体发挥“网端微视”自有平台+第三方平台的矩阵作用，利用AI动漫、H5、图解、短视频、长图海报等多种形式，全平台发布疫情报道4万余篇，抖音话题“广西抗击疫情”播放量超2.6亿次，累计阅读量达22亿次，广西云客户端、广西新闻网端网融合发力，策划推出多个抗疫暖心产品。其中，广西云客户端生产的融媒作品《“广西云”聚集33家县级融媒暖海报，为武汉加油！》被评为“县级融媒　齐心抗疫”区域性技术平台优秀案例。广西新闻网联合自治区52家政府职能部门发布的共190期《广西战“疫”大数据》成为广西大数据抗疫的权威典型作品。

2020年是我国脱贫攻坚收官之年，广西日报新媒体全情全力全新讲好广西战贫史故事，传播八桂脱贫好声音。除了传统的网端同步开设专题专栏外，广西日报新媒体深耕视频直播领域，创新推出“1+8+N大直播”模式，以广西云直播为主战场，携手市县融媒体中心，联动区内外主流媒体、专业媒体、行业融媒体中心等力量，在一场直播中提升“高度”、辐射“广度”、挖掘“深度”、带来“热度”，网友跟评点赞，社会反响热烈。此外，还打造了《青年记者一线行系列Vlog》《脱贫攻坚瞰广西》系列短视频、《“益”起脱贫》直播秀、“幸福北海”“乐业故事”等一系列立足广西，影响全国，沾泥土、冒露珠、有温度地体现新媒体“四力”的融媒作品。

为做好疫情防控背景下的两会报道，广

西日报新媒体首次开启“云端报道”，充分发挥AI、VR、AR及大数据技术引领作用，跨空间时间完成了2020年广西两会、全国两会报道工作。2020年全国两会期间，策划开展广西北京“云”访谈、“2020老区人民的笑脸”跨五省区联动，发布航拍视频《“城市时刻”看广西》等系列短视频聚焦民生，广西云客户端联合14个设区市主流媒体特别推出5G+VR直播迎两会促生产。推出创意H5《两会“创造营”，你最关注哪个“团”？》等报道，将全国两会精神传达到基层，凝聚奔涌磅礴发展向心力。在广西两会报道中，策划首档英语新闻播报节目《英语音频新闻》等10余款融媒体产品。

在对第十七届东博会、峰会融媒报道中，广西日报新媒体端网微视联动发力，突出“壮风桂韵国际范”，开展多形式、多种类、多语言创新表达，推出专题《共建“一带一路”—共兴数字经济—聚焦第17届东博会峰会和中国—东盟商务与投资峰会》《聚焦习近平东博会主旨演讲》，制作长图《习近平东博会峰会视频致辞金句—建设更为紧密的中国—东盟命运共同体》，制作中英双语特别节目《东盟外交官带你看东博会》《跟着主播看东博Vlog》，对外展现新时代壮美广西新形象，讲好八桂大地全面开放新故事。

三、聚合赋能，激发“新动能”，打造四圈深融新生态

2020年，广西日报新媒体积极贯彻落实中央和自治区党委关于推进媒体深度融合发展的决策部署，落实自治区党委政府指示精神和具体要求，大力推进广西“一朵云”建设，畅通“内循环”，构建“外循环”，努力当好全区媒体深度融合发展排头兵，积极打造广西云赋能型融合生态圈，深化中心圈、紧密圈、协同圈和共建圈“四圈深融”，形成新媒体牵引驱动发展、多层级媒体联动借力发展、跨媒体跨领域整合发展格局。

1.改革机制、优化流程，畅通“内循环”，打造融媒“样板间”。广西日报新媒体按照“主力军全面挺进主战场”要求，以筹建广西云数字媒体集团为重要抓手，打造传媒发展新兴业态模式的试验场、融媒精品内容生产的样板间、助推融合发展的新引擎、媒体转型集约改革的新高地，大力推进广西日报—广西云的部门结构调整、体制机制改革、内容生产流程再改造、物理空间建设等工作。

一是从战略和全局高度加强顶层设计，着力建立适应全媒体生产传播的一体化架构。以广西云数字媒体集团筹建为契机，抓紧制度创新建设，在部门设置、人员定岗、薪酬等方面积极探索，试行采编、技术、研究、产品、设计、经营六大专业序列制度。建立纸媒与新媒体一体化的绩效激励制度，全力解决报纸和新媒体两个平台队伍分离、机制不畅等问题。

二是建立健全全媒体工作机制，推进传统媒体和新兴媒体之间的内容生产互融互通。改革内容生产传播流程，报、网、端、

微、屏等协同联动，形成集约高效的内容生产和传播能力。对广西云客户端与广西新闻网进行端网融合，实现了采编队伍一体化、生产流程集约化、审核发布规范化。

三是加速技术创新驱动升级，激发区市县多级媒体潜能。2020年12月30日，广西云融媒体平台V2.0顺利通过中国新闻技术工作者联合会专家评审组的验收。专家组认为，该平台研发理念和多项创新处于国内先进水平。平台不仅集成了AI生成工具，提供一整套“策、采、编、审、发”的媒体智能生产能力，还实现了数智化生产流程，大大提升了新闻生产的效率和传播的效果。其次，项目实现了“两中心一平台”的打通和融合；还建立了“自治区+设区市+县市区/行业”三级融媒体联动机制，对县级融媒体中心建设和运营起到了很好的示范引领作用。

同时，我们开展了广西云客户端5.0版建设和广西新闻网改版，加强了广西日报新媒体与人民日报客户端等央媒在内容策划生产、内容集纳发布及审核发布等方面的合作，形成一体化合作机制，打通广西日报广西云—广西号和人民日报—人民号的稿件发布和数据通道。推进“云立方·广西云5G+8K全景新闻发布厅”、5G媒体应用创新实验室等融媒体物理空间建设工作，以支撑全区“一朵云”发展需要，满足技术研发、内容运营、业态创新以及“两中心一平台”运转的各项需求。

*2. 互通共融、聚力赋能，构建“外循环”，开拓传播新格局。*2020年，广西日报新媒体抢抓全区加快推进“一朵云”建设发展的黄金机遇期，努力探索广西云赋能型融合生态圈，真正激发广西云融媒生态系统的潜能。

一是拓展立体联动。联动中央媒体和地方媒体、主流媒体和商业平台、大众化媒体和专业性媒体，拓展和国内先进互联网科技企业合作，渐次逐层构建“同心圆”，实现内容和融媒体产品在全区、全国范围高效传播。充分利用广西云内容集约化传播生产平台，内容策划生产向上连通中央媒体，中间链接地市媒体，往下赋能县融中心。从关注全国抗击新冠肺炎疫情到决战脱贫攻坚；从聚焦经济复苏到全面复工复产；从区市县三级媒体联动报道到上连中央辐射海外，广西日报新媒体的朋友圈越扩越大，主流舆论思想从网上到网下，在网民心中走深走实。

二是打造全媒体外宣格局。落实习近平总书记重塑外宣业务、重整外宣流程、重构外宣格局的要求，强化国际传播建设，广西日报新媒体积极对接东盟及RCEP国家媒体，投放适合海外传播的媒体产品，将广西好声音、好形象推广到国外。牢牢把握每年中国—东盟博览会、峰会的外宣时机，既做好本地化产品又创新国际范传播，携手东盟外交官推荐东盟特色产品，传播中国—东盟友谊，在海内外引起良好反响。

三是强化多维服务。为助力全区各级融媒体中心“建得起、用得上、管得住、发挥好”，在广西日报社指导下，广西日报新媒体负责对接各级融媒体中心建设，广西云省级技术平台开设并开放共享新闻发布、政务发布、民生服务等功能。推出融媒体九大产品服务方案，从整体策划、落地执行、运营维护、强化培训等方面提供服务。已助推71个县级融媒体中心建成运营，助力其余40个城区融媒体中心加紧建设，与40个中直区直单位、高校、城区等合作建设融媒体中心。成立广西云培训讲师团，面向全区提供融媒体业务培训。报社和贺州市委宣传部、贺州学院共建的广西云·贺州融媒体学院成为广西第一所融媒体学院，陆续开展多期培训，积极促进教学与实践结合。

新媒体工作案例

广西云融媒体生态系统

广西日报社围绕全区“融入一朵云、共建一矩阵、织就一张网、形成一盘棋”的媒体融合战略布局，从2017年开始，按照全国一流的省（区）级共建共融共享技术平台标准，以实现全区媒体共享融通、融合传播、一体发展为目标，按照“媒体＋政务＋服务”理念，以“5ABC”即“5G、AI、BD（大数据）、CC（云计算）”为技术战略方针，持续投入将近1亿元的资金，重点打造广西云融媒体生态系统。

广西云融媒体生态系统既有新闻宣传、舆情监控等媒体功能，亦有技术建设、运营的平台共享，除为广西日报传媒集团媒体融合提供支撑，也为全区“两中心一平台”、行业类融媒体中心提供服务。此外，还积极融入“数字广西”建设，从新闻信息服务向公共政务服务领域拓展。

纵深发展上，还采用“1+14+111+N”模式，推动县级融媒体中心集约化建设，打造高成长、高增长、高潜力、高质量的全区媒体融合“一张网”的广西云融媒体生态系统。

目前，广西云融媒体生态系统的2.0版本已进入运行阶段，正由融媒生产向智媒生产发展，将不断强化技术中台、业务中台、数据中台等“三中台”的战略支撑，重构智能策划、智能生产、智能分发、智能评价新流程，全面向智能化、移动化、数据化发展。

一是强化顶层设计，做好“定音鼓”，强化融媒矩阵建设。广西云融媒体生态系统通过对内、对外传播两个“双向互通接口”，打造“新闻＋党建/政务＋服务”三大平台，通过聚合全区报群、网群、端群、微群，建成“报纸＋网站＋移动客户端＋商业媒体号＋智慧云屏”五类产品矩阵。

目前，广西云融媒体生态系统作为广西区媒体融合转型的坚实支撑，涵盖了广西日报传媒集团5报3刊4网站5客户端及智慧云屏等新媒体传播平台，更与广西的市级县级客户端构建起“1+14+111”党端矩阵，成为广西地域最强的内容矩阵。2020年广西云总用户量达5011万，比2019年增长1333万，增幅为36.24%；各新媒体平台阅读总量达194亿次，比2019年增长110亿次，增幅为130.95%。

二是强化技术赋能，激发“新动能”，迈向智媒生产。广西云融媒体生态系统融合技术、业务、数据“三中台”战略，重构智能策划、智能生产、智能分发、智能评价新流程，实现移动采编、报道指挥、宣传管控的统一，目前正由融媒生产向智媒生产发展。市级、县级用户可自定义首页，形成“百端百面”，让每个县（市、区）真正拥有自己的客户端。在全国省级融媒平台中，广西云客户端是首家实现各县级分端自定义首页、多栏目输出功能的客户端。

目前，广西云融媒体生态系统全面增强在党建、政务、服务等方面的落地能力。广西云在自治区政府“壮美广西云”矩阵里为“媒体云”，目前已构建了对接各大行业云、政务云的技术通道与服务能力，在智慧党建、智慧社区云平台建设等方面已充分发挥应有服务，将继续扩大覆盖面，并拓展在线教育平台、智慧旅游等系列惠民服务平台建设，更好地引导和服务全区群众。

三是强化融媒培训，共建共训，探索融媒体人才“广西模式”。报社联合相关市区宣传部门、融媒体中心，主动探索实践“云、部、站、心”共建共训共享模式，“云”即广西云，“部”即市县宣传部，“站”即广西日报记者站，“心”即市县融媒体中心，打造中央、自治区、市、县的“四级媒体融合网”的“广西模式”，进一步增进县融中心的实操本领。

2020年8月，广西云团队承接自治区党委宣传部推出的全区县级融媒体中心业务骨干培训班（共3期），推出包含现场视频直播等实战性融媒体课程，培训周期达33天，县级融媒体中心参训学员120名，同时吸引广西消防救援总队、广西大学等单位宣传部门学员参训，人数累计约220人。由广西日报社、贺州市委宣传部和贺州学院三方融合共建的“广西云·贺州融媒体学院”在贺州市正式揭牌成立，开启广西首个部校媒三方融合共建融媒体人才培养基地的先河，按下建设全区一流的高校全媒体实用人才培养基地、县级融媒体中心岗职培训和继续教育学习基地、行业融媒体宣传培训基地的启动键。

（广西日报社供稿）

广西广播电视台

新媒体工作综述

广西广播电视台目前开设7套专业化广播频率、10个电视频道，拥有广西网络广播电视台、“广西视听”移动客户端、北部湾在线、IPTV等新媒体平台。2020年，广西广播电视台继续深度推进媒体融合发展。

一、理顺媒体融合体制机制

为深入贯彻习近平新时代中国特色社会主义思想和党的十九大精神，全面贯彻落实党中央、国务院和自治区关于广播电视工作的重要指示和工作部署，广西广播电视台主动适应“全程媒体、全息媒体、全员媒体、全效媒体”的全媒体时代要求，出台了相关推进媒体融合发展的工作方案，提出了目标任务，强调加强领导，优化调整组织架构，并提出具体措施，加快推动传统媒体和新兴媒体在体制机制、组织架构、生产流程、人才技术等方面的融合步伐，以移动优先为核心，加快全台采编发流程优化，继续加大技术创新和技术支撑，真正实现融为一体、合而为一，打造具有强大影响力、竞争力的新型主流媒体。

二、新媒体平台做好重点报道，提升主流思想舆论网络传播力

2020年，台属各新媒体平台强化联动生产机制，生产了多样化原创网络视听产品，提升了主流思想舆论网络传播力。

其中，广西网络广播电视台、“广西视听”移动客户端切实做好习近平总书记重要活动、重要讲话的网上宣传，策划推出一系列优质融媒体作品。其中，两会期间对各重要活动进行直播报道，总点击量超372万次。

广西网络广播电视台与广西卫视、教育广播、经济广播、综合广播、综艺频道、公共频道等频道频率形成联动生产机制，打造了一批优质内容，极具传播价值。其中，联动教育广播，结合国际博物馆日、2020年文化和自然遗产日、高考志愿填报等报道节点，策划完成《邕州知否！》《传承》《高招出“高招儿”》等系列网络直播，总点击量超400万次。

疫情防控期间，广西教育厅在广西网

络广播电视台、“广西视听”移动客户端、IPTV三平台开设“空中课堂”，相关内容点击量达近10亿次。通过产业扶贫报道和航拍全景式报道展现了广西脱贫攻坚的最新成果，《我们的新家》受到国家广播电视总局肯定。

北部湾在线在外宣上整合东盟语种优势，积极利用脸谱等社交媒体账号，讲好中国故事，讲好广西故事，服务于“一带一路”倡议。在内宣上持续创新，研发多样态新闻产品，运用网站、微博、微信、抖音、今日头条等平台持续全网推送精彩内容，线上线下同时发力，大屏小屏交相呼应，通过特别报道、全媒体访谈、“两微一端”、H5等多样态新闻产品，打出融合创新组合拳，形成强大的宣传合力。

三、全媒体传播格局和新型传播平台建设情况

1. 加快构建全媒体传播体系。广西广播电视台按照主力军挺进主战场的要求，重构全媒体传播体系。搭建“广西视听”移动客户端传播矩阵，将“广西视听”改造升级为以新闻资讯视频内容为主的客户端。建设跨“广西视听”、广西IPTV双平台的内容专区和服务功能，让移动客户端呈现更多优质的音视频内容，丰富政务、民生信息等服务、社交功能，进一步提高“广西视听”移动客户端的传播力和影响力，成为新型主流媒体的“旗舰”品牌。

2. 重构外宣格局，增强新媒体平台的外宣影响力。重塑外宣业务，重整外宣流程，重构外宣格局，继续扩大北部湾之声“走出去”工程项目建设，提升国际频道影响力，加快建设中国—东盟国际化通用融合传播平台，打造面向东盟的国际化广播电视融媒体生产、传播体系。

加强与“一带一路”沿线国家主流媒体合作，做大做强北部湾在线及新媒体平台，输出更多优秀中国电视剧、动画片、纪录片等精品内容。利用多语种播报语音技术，组织在对象国落地的互联网内容生产，推动更多中国节目在东盟国家落地传播，向东盟观众展现真实、立体、全面的中国，讲述好中国故事、广西故事。

3. 建设“中国—东盟云”项目。2017年，“中国—东盟云”被列入中央文化产业专项扶持项目，2018年建成该项目一期工程。“中国—东盟云”对内服务广西媒体，对外辐射东盟国家。目前已建成全媒体广播、多语种全媒体采编系统、融媒体指挥调度中心等核心子系统，研发了多语种移动采访App、全媒体导播系统等媒体融合产品，开发了适用于大型活动、应急事件报道的微视频多路直播系统和融合节目互动的微信矩阵应用系统。2020年，“中国—东盟云”被评为全国广播电视媒体融合成长项目。

4. 建设广西广播电视台融合媒体云平台、广西视听融合发布平台。广西广播电视台融合媒体云平台启动于2017年，是以电视新闻制播为基础，重构电视业务流程和运行机制而建设的推动媒体深度融合项目。该项目可支撑融媒体内容生产，其中有大数据

舆情分析、大数据新闻线索汇聚、新闻生产调度指挥地图、新闻生产流程监控、统一内容库、融媒体内容生产工具等功能模块，为融合新闻生产和其他电视业务提供服务，具备打通新闻中心原有新闻生产系统的能力。目前为广西网络广播电视台和“广西视听”移动客户端的全部日常内容生产提供技术支撑。

广西视听融合发布平台于2018年正式启动，是广西网络广播电视台网站和“广西视听”移动客户端的后台核心系统，可支撑网站和移动端的内容更新发布。该平台为自主研发，能实现新媒体内容一稿多发，解决各新媒体平台相互独立、操作流程重复化和工作效率低下的问题。目前平台运行平稳，入围2020年国家广电总局智慧广电传播分发类示范案例。与广西广播电视台融合媒体云平台实现系统级别打通，初步实现融合媒体工作要求的“一次采集、多种生成、全媒传播”。

四、制定战略目标

广西广播电视台将深入贯彻落实中央《关于加快推进媒体深度融合发展的意见》，落实国家广电总局《关于加快推进广播电视媒体深度融合发展的意见》，全面对照中央要求，加快推进媒体深度融合发展，制定了《广西广播电视台媒体深度融合发展三年行动计划》，以“实施一个提升、重构两个体系、打造四个平台”为目标，即全面实施广西卫视融媒体传播力影响力提升工程，重构全媒体传播体系、视听内容生产体系，打造广西视听融合发布平台、广西全媒体视音频内容通联平台、广西广播电视多屏互动采编播一体化平台、中国—东盟国际化通用融合传播平台。

新媒体工作案例

广西广播电视台“中国—东盟云”项目

近年来，广西广播电视台作为中国—东盟自贸区前沿的区域性国际传播媒体，积极与东盟各国媒体开展全方位合作，逐步构建起涵盖外宣广播频率、影视译制、网络新媒体、外宣期刊、东南亚工作站的对外传播体系。广西广播电视台对东盟国家的外宣工作有独到的区域优势、媒体合作优势、多语种人才优势和文化交流优势，具备良好的国际化传播基础。

“中国—东盟云”项目根据东盟国家媒体发展现状，构建轻量化、可定制的媒体融合生产模式，建立新型国际化的采编发技术体系，通过全面整合东盟国家的信息资源，开展融合传播，输出中国文化，为东盟国家开创中央厨房式的内容生产流程，实现信息内容、技术应用、平台终端、人才队伍的全面共享融通，对加强“一带一路”网络空间的全面合作起到积极推动作用。

2017年，“中国—东盟云”项目获得中央文化产业专项扶持资金，并于当年启动建设，广西广播电视台共投入资金约1600万元建设项目第一期工程。2018年7月，中国—东盟云建设完成，包括多语种全媒体采编审播发一体化系统（支持越南语、泰语和英语）、多语种内容生产中心和私有云支撑平台等核心子系统，研发全媒体可视化平台、全媒体移动采访系统、融媒体指挥调度中心、微信矩阵互动平台等产品。2020年，“中国—东盟云”被评为全国广播电视媒体融合成长项目。

“中国—东盟云”目前主要包括以下应用系统：

1.多语种全媒体采编审播发一体化系统。多语种全媒体采编审播发一体化系统在2018年全国两会前投入试运行。该系统打通线上线下、前方后方，通过广播、“两微一端”、网站、期刊、多语种落地节目等传播平台和渠道，依托北京“全媒体多语种”演播室，采取“多国采集、多元传播、覆盖东盟、全天滚动”的形式，推出新闻专题、视频访谈、H5等多样态新闻产品，及时推送和权威发布两会报道共计4300多篇（次），阅读量700多万次。同时，依托该系统的移动采访App已经在驻东盟国家的工作站投入使用。

2.融媒体指挥中心。“中国—东盟云”融媒体指挥中心大屏展示系统能够实时动态展现全台的稿件采制量、微信关注度、微信互动量和主题关注排行等数据，以及全台播出内容在东盟国家的传播情况、脸谱和推特的实时信息。

3.全媒体移动采访系统。全媒体移动采访系统支持中文、泰语、英语等语种，记者在手机上可以快速采访、编辑，插入图片快速入库，快速推送稿件。手机用户可以最先浏览到新闻，随时把图片文字、语音及视频稿件一键分享至微信好友、微信朋友圈。全媒体移动采访面向东盟，为东盟国家记者提供全媒体融合服务，记者在当地采制一手资讯，实时分发至脸谱、推特等。

4.全媒体可视化平台。全媒体可视化平台将广播电视节目由线性传播拓展为全媒体、全天候传播，通过打造以主持人为核心的应用场景，实现“粉丝经济”，达到传统媒体和新媒体的流量转换，把听众观众转换成用户。通过“PGC+UGC”模式形成新媒体生态圈和忠实的粉丝社交圈，扩大品牌影响力，实现广播电视的产业转型和升级。全媒体可视化平台分别在广播频率970女主播《单身男女》和《宠爱生活》节目上线，上线第一天就引发关注，粉丝增长率暴增8倍。《单身男女》《百变配音秀》等节目的单场直播在线观看超过10万人次，第三方平台推流单场观看超过150万人次。

未来，“中国—东盟云”还将构建国际化全媒体内容采集、聚合、分发传播、运营管理全环节，整合东盟国家媒体视听内容，汇集东盟多通道网络（MCN）资源，形成独特的国际型数字媒体资产运行闭环，打造媒体深度融合的创新模式。

（广西广播电视台供稿）

南国都市报－南海网

新媒体工作综述

2020 年是决胜全面建成小康社会、决战脱贫攻坚之年，是海南自由贸易港建设的开局之年。这一年也是南国都市报、南海网（以下简称“南南”）推进媒体深度融合的开局之年，我们加快报网融合，成效初显，取得标志性成果——新海南客户端用户突破百万，系海南首个用户过百万的新闻客户端，截至 2021 年 5 月，新海南客户端用户下载量已达 171 万次；南海网官方微信成为海南首个粉丝突破百万的媒体微信，实现了移动优先“双百万”新突破。目前，“南南”已经实现采编内容一体化、经营运营一体化、行政管理一体化、技术驱动一体化，优势互补，融为一体，形成发展合力。

主力军转战主战场，“南南”着力打造“亿级”流量精品，内宣外宣联动，传播力、影响力跃上新台阶。内宣方面，“南南”整合后主力军全面进入主战场，移动优先，视频优先，全年播放量超过 1 亿次的视频有 3 条，其中最高的一条视频《今天的中国已不是百年前的中国，这段话必须赞》播放量达 1.8 亿次；“南南”全矩阵粉丝量 1582 万，较去年增长了约 195 万，传播量达到 1000 万 + 的视频 340 多条，粉丝总量实现新突破；在第三十届海南新闻奖颁奖典礼上，南国都市报 8 件作品获奖，南海网 10 件作品获奖，获新闻奖数量创历史新高。外宣方面，海南国际传播中心发展抢占先机，积极策划、主动发声，生产、制作、翻译英文、俄文外宣新闻稿件 8000 多篇，海内外全网总阅读量 6 亿 +，对外宣传生产力、传播力初具规模，成为海南对外传播的主阵地和主力军。

一、“南南”在媒体融合方面取得的成绩

1. 采编力量打通使用，统一调配，全力打造全省核心移动传播平台——新海南客户端。

内容板块打破报、网、端、微壁垒，采编力量进行统一调配，采取融媒体中心方式生产，一次采集、多元加工、多渠道分发。采编力量重新编组，对应到以新海南客

户端为核心的传播平台，全员转化为以视频手段为主，主打原创价值新闻的内容生产团队。两家单位的采编力量还将围绕省级融媒体中心和市县融媒体中心提供相关内容增值服务。

转变思维，树立“移动优先”理念，全力打造全省核心移动传播平台——新海南客户端，提升海南自贸港在移动互联网主阵地上的传播力和影响力。按照省级融媒体中心规划，新海南客户端的定位为“立足海南、站位全国、面向世界”，是省级融媒体中心的重要组成部分，是省级融媒的移动发布平台，是海南自贸港在移动互联网上发声的“主阵地”。上线后，全省所有市县融媒体中心将全部接入新海南客户端。与此同时，新海南客户端还结合海南国际传播中心建设，目标是将新海南客户端打造成为海南自贸港权威信息发布平台、海南自贸港国际传播门户和海南媒体融合协同平台，从而构建海南自贸港“一报一台一网一端”主流媒体新格局。截至 2021 年 5 月，新海南客户端装机量已达 171 万次。

2.“南南”融合后，全平台优势凸显，推出了一批较为出色的新闻作品。

（1）重要节点，全平台联动，发挥党媒党网媒体担当做好报道，推出多款融媒产品。

为做好抗击疫情的报道，“南南”策划邀请了海南支援湖北医护人员开展“一堂特殊的网课”，各端直播吸引超 74 万人在线收看，并被“学习强国”学习平台重点推荐。

在与全国省级媒体合作上，为了留住抗击新冠肺炎疫情的历史瞬间，新海南客户端、南海网、南国都市报联动全国 30 多家省级媒体共同制作《中华战“疫”长城》融媒体产品，采用创意 H5 和新闻专题的方式，记录这场全体国人奋勇参与的战“疫”。《中华战“疫”长城》的 2 个产品（《中华战“疫”长城 · 旗迹》和《中华战“疫”长城 · 凝筑》）可互相内嵌打通，形成闭环，在《中华战“疫”长城 · 旗迹》互动H5 中，通过一图到底的形式，以长城为元素，讲述抗疫期间的难忘时刻，诠释中华民族万众一心战胜困难的精神长城。

与海南省博物馆联合创意推出“琼”尽全力——海南战“疫”特展，南国都市报《海南战疫特刊——铭记》获省博物馆收藏，并得到省疫情防控指挥部的肯定，成为战“疫”期间海南首份被省博物馆收藏的报纸。

从“纯报纸”到“抖报纸”。2020 年 3 月 18 日《南国都市报》头版借鉴新媒体的手法，通过包装手段进行版面创新，音频、视频等手段充分链接到版面上，形成可视听版面。

（2）报网融合助力脱贫攻坚，帮助全省广大贫困群众增产增收，脱贫致富。

充分发挥“互联网 + 消费扶贫”的精准定位，依托互联网、大数据等新技术，调动全社会力量，汇聚全社会爱心，为全省贫困群众架设起消费扶贫供需对接的桥梁，帮助全省广大贫困群众增产增收，脱贫致富。

值得一提的是疫情防控期间，南海网、南国都市报、海南爱心扶贫网策划发起“公益海南2020一号行动”，开展“百团联采 爱心助农”社区团购大行动，帮助促销瓜菜960多万斤，免费送菜进入海口城区840个小区。新华社《半月谈》杂志刊发评论对此给予肯定。另外，《全民战疫“益”起来——公益海南2020一号行动》项目获评“网络公益助力疫情防控优秀案例”。

2020年2月29日，南海网、南国都市报、海南爱心扶贫网联合举办“百团联采 爱心助农”社区团购直播大行动。直播开始后，接连创下“1分46秒南瓜订单突破1万斤”“2分16秒成交6万斤”“备货的12万斤黄金南瓜全部售罄”等亮眼纪录，并开创边直播边下单边配送模式，首单最快1小时便送到了社区门口。

2020年10月，聚焦制作国家扶贫日特别报道，与各市县媒体联动，推出“海南版《我和我的家乡》——村里来了个年轻仔”专题。推出扶贫数据可视化视频策划《国家扶贫日 新中国成立以来，超过7亿人摆脱贫困！》。

（3）“南南”融合后更强化精品内容策划，打造亿级精品，深耕新闻内容品牌，同时强化新媒体平台矩阵建设，全平台矩阵粉丝量再创新高。

“南南”强化精品内容策划，《百评长卷·海南抗疫最强音》获得全国第五届“五个一百”网络正能量文字作品奖。同时注重直播和短视频内容品牌，以分众传播模式，打造快直播和慢直播系列，实现全平台日均1—2场新闻直播的报道频率。截至2021年年初，“南南”新媒体矩阵平台全年总阅读量191.69亿次；“南南”各平台短视频播放量达到100万+的视频超760条，播放量达到1000万+的视频375条。南海网视频号发布的《今天的中国已不是百年前的中国，这段话必须赞》《耿爽今天卸任外交部发言人！欢送“耿少侠”，后会有期》的两条视频播放量分别达到1.8亿次和1亿次。《“老板拿包烟，她付钱！”男子骗了就跑，海口一超市老板中招！》在南国抖音的播放量达1.3亿次。

截至2021年年初，新海南客户端、南海网、南国都市报在两微、头条、抖音、快手、视频号、央视频等平台实现全矩阵粉丝量1582万，较去年增长了195万左右。其中“南海网”微信公众号、南国都市报抖音号为省内媒体粉丝量最高，南国都市报微博粉丝量在省内媒体中排第二位，形成了强大的舆论阵地。

二、高质量建设海南国际传播中心，面向全球传播海南

海南国际传播中心紧紧围绕“联接中外、沟通世界、传播海南”的宗旨，发挥总平台、总抓手、总引擎作用，担负起海南自贸港国际传播队伍、内容、平台、渠道的体系化建设及运营，负责生产制作多语种对外传播全媒体新闻产品，利用多层次海外传播渠道进行分发，负责推进与中央媒体、境外

媒体等交流合作等重点对外传播任务，发布的报道多次被中央媒体、美联社、美通社转载。

1. 强化平台运营，自主可控渠道进一步增强。搭建了以“HICN 海南国际传播网”（英语、俄语）为核心，推特、脸谱、照片墙、优兔、俄文 VK 等海外社交媒体账号集群（hihainan 和 The voice of hainan）为重点，海外多种传播渠道为补充”的多层次国际传播平台矩阵，海外社交平台账号总粉丝量突破 18 万，为构建面向环南海和“一带一路”沿线国家和地区的国际传播网络奠定了基础。

2. 对外宣传生产力、传播力初具规模。海南国际传播中心紧紧围绕“讲好世界最大自贸港故事”这一核心议题，发挥海内外联动的优势，积极策划、主动发声，生产、制作、翻译英文、俄文外宣新闻稿件 8000 多篇，海内外全网总阅读量超 6 亿次。骑楼老街里的“文艺范”、自贸港淘梦的“老外创客”、大山深处的“脱贫梦”、抗疫·老外日记、抗疫·我们与中国在一起、自贸港开局、秘境寻踪、我在自贸港等你、云聊自贸港、“I Want to Visit Hainan”——全球外国友人对海南自贸港的真情告白、琼中三色饭、听见“海南戏”、遇见“姚明”——外籍主持人带你逛琼北古村、老街深处百年琼式月饼等产品在海外获得了较好的传播效果。秘境寻踪和琼中三色饭等特色产品在脸书上的单条阅读量均超过 10 万次。

“海南自由贸易港”成为国外舆论场“热词”之一，截至 2021 年年初，谷歌上关于“Hainan Free Trade Port”（海南自由贸易港）的搜索量达到 762.3 万条，关于“invest hainan”（投资海南）的搜索量达到 1.04 亿条。

3. 大力发展海外传播官队伍，建立自贸港国际传播“海外人脉库”。海南国际传播中心以“海外传播官”“外国专家”“外籍主持人”“海外专栏作者”等外籍传播团队为抓手，推进“自贸港国际传播海外人脉库”建设。截至 2021 年年初，已发展海外传播官 52 名、外国专家 10 名、外籍特邀主持人 4 名，这些外籍团队分布在俄罗斯、美国、白俄罗斯、奥地利、加拿大、丹麦、日本、澳大利亚等 33 个国家。

（南国都市报－南海网供稿）

海南广播电视总台

新媒体工作综述

在媒体深度融合发展的大趋势下，海南广播电视总台紧紧围绕“新型主流媒体、智慧广电、品牌集群、海港传媒”的创新思路，坚持网上网下、国内传播和国际传播同步策划，壮大全媒体集群，打造新媒体矩阵，在5G技术运用、融媒体产品策划生产、直播 + 短视频制作发布、境外宣推等方面，均取得了好成绩。

一、搭建新媒体矩阵，推动台内媒体融合

1. 梳理研判新媒体账号分级定位，搭建海南广电新媒体矩阵。2020年年初，在总台（集团）领导的指挥部署下，经海南省委编办批复，“海南广电国际传播融媒体中心”正式成立。2020年全年，国际传播融媒体中心（以下简称“融媒体中心”）紧紧围绕“海视合美”发展战略，坚持正确导向，守正创新，以自我革新的勇气锐意进取，打好媒体深度融合发展“组合拳”。在打造新媒体传播矩阵方面，融媒体中心整合了海南广电总台（集团）7套电视、5套广播节目资源，统一指挥调度总台及各地面频道频率名下官方认证微博、微信及抖音头条等新媒体，形成了涵盖视听海南客户端、海南网络广播电视台、海南IPTV，以及海南广电微博、微信公众号、头条号、抖音号、快手号、B站等新媒体平台为一体的全媒体传播矩阵。

融媒体中心充分研究梳理当前海南广电旗下新媒体账号类别和数量，对账号属性进行研判，对全台23个微信公众号进行定位，为增强主号影响力，将海南新闻频道、海南网络广播电视台等微信公众号合并到主号，形成新闻中心、新闻频道和融媒体中心携手合作为主号采集制作新闻，提供稿件发布。同时，对其余一级平台号、二级平台号和三级平台号进行研判定位，并根据工作指导原则，陆续调整微博、抖音和头条号等的定位分类综合工作。

截至2020年12月底，新媒体矩阵粉丝量超2100万。其中，微信矩阵总粉丝量超232万，抖音号矩阵总粉丝量超440万，

头条号矩阵总粉丝量超576万，微博矩阵总粉丝量超727万，视听海南注册下载量超70万次。2020年，海南广电新媒体矩阵全网播放总量超7.845亿次，超千万流量内容32条，超100万流量内容达343条，10万+流量内容超1200条。三沙卫视新媒体实现重点宣传报道节点直播常态机制，全年开展新媒体直播35场，全网累计观看量超3.7亿次。

2.《直播海南》新媒体综合影响力继续稳居全省第一。《直播海南》新媒体微信公众号全年发送4352篇微信推文，收获1.4亿次阅读量，月点击量达1100万+，2020年平均排名全国第45名左右。另外，《直播海南》今日头条账号，全年累计总阅读（播放）量5.7亿次，抖音账号年点击量高达10亿+。推送关于“新型冠状病毒感染的肺炎疫情”推文260余篇，总点击量3000万+。值得一提的是，抖音平台单条视频《医生提醒别外出》播放量近6000万次，点赞量突破200万次，均取得了不错的成绩。

3. MCN项目崭露头角，抢占“直播经济”首席之地。经济频道联合原“直播海南融媒体公司”，更名成立“超级水母电子商务有限公司”，联动打造全省最强MCN机构。力争在直播、短视频、培训领域内占据首席之地。

2020年7月，由海南广播电视传媒集团有限公司主办，超级水母MCN机构承办的2020全国媒体MCN发展峰会在海口成功举行。现场来自全国各地的参会媒体和嘉宾汇聚一堂、共商未来、和谋发展。此次论坛，重点探讨全国媒体MCN未来发展的方向、目标，包括各媒体所从事领域遇到的痛点、难点，以及解决方案。

2020年“双11”之前，为进驻电商直播产业，打通供货链与线上直播带货，超级水母公司在喜盈门建材家具广场设立喜盈门电子商务直播基地，基地面积1600平方米，内集12间直播间，4间商品展示区及办公区为一体，专供电商直播带货及各类商品展示。“双11”期间，基地新生上线，8大品牌强势入驻开播，直播销售额超过160万元。

4. 商业平台运营稳步发展。“海南广播电视总台”抖音号于2020年3月16日正式由海南网台号改名运营。通过近九个半月的运营推广，截至12月30日，粉丝数超25.8万，推出视频3357条，共收获428.2万个点赞。“海南广播电视总台”快手号，截至2020年12月31日，粉丝数20.4万，推出视频3170条，点赞量超429.3万次。截至12月30日，短视频平台阅读量超过10万次的视频470条，超过100万次的视频96条，其中7条超1000万次阅读量。

5. 坚持打造优质原创融媒体产品。为契合移动传播的特点，融媒体中心加大对节目内容和融媒体产品创新创优的力度，坚持打造有传播力、影响力的特色产品。截至2020年12月31日，共制作《全民换装！快来体验成为“自贸推荐官”》《起飞！换个角度看海南》等H5产品50余件，《一分钟了解疫情常态化下的个人防护》《清明节，文明祭扫》等MG动画产品31个，长图和组图产品近百个。

其中，根据海南省委原书记刘赐贵专访内容进行的二创短视频成为全爆款产品，全网综合点击量达3600万次，点赞量超73.3万次。《前方高能！省委书记这段rap，自带自贸港bgm！》创意微视频，以年轻人喜闻乐见的说唱形式，一经发布立即被各大媒体转发，单条视频全网点击量2396.1万次、点赞量54.9万次。

其他融媒体产品，如H5《全民换装！快来体验成为“自贸推荐官”》得到海南省委深改办（自贸办）、海南省委统战部（省侨务办公室）、海南省委网信办等联合推送转发。新华社、中新网、凤凰网、新浪、南海网、海口日报、广东海南商会官微等省内外媒体和“自媒体”、新浪微博“大V”积极转发和推荐，链接浏览量近80万次，互动人次超50万。

海南广播电视总台融媒体中心、各频道、频率、栏目等充分运用微博、微信、抖音等新媒体平台宣传海南省脱贫攻坚成效，各新媒体平台向农户推送脱贫攻坚信息、农技科普产品等共计1000多条，抖音平台推送视频150多条，其中，抖音平台推送的农作物种植技术小视频受到用户喜爱，多条短视频的总阅读量超过5万次，取得良好宣传效果。融媒体中心开设的《奋斗在海南　不负青春》新媒体栏目，针对脱贫攻坚宣传推出了驻村“第一书记”系列报道，讲述他们带领村民决战决胜脱贫攻坚的奋斗故事。该系列报道登录“学习强国”学习平台，被百灵视频板块首页推荐，全网综合点击量达10万+。

10月16日，海南新闻广播《政风行风热线》节目在直播过程中，为帮助一位听众了解土地承包经营权证办理情况，节目组连线了万宁市万城镇农业服务中心主任吴某，吴某在直播节目中竟然说出很多错误言论。主持人艾阳反应迅速，当即打断吴某的发言，并对其错误言论进行了有力有理的驳斥，保障了节目安全播出，维护了正确的舆论导向。随后，新闻广播《政风行风热线》节目微信公众号“艾阳在线”推出新媒体报道《万宁一干部节目里称“刁民太多”，艾阳：简直胡说八道！》，以视频+文字+图片的形式客观梳理事件全貌，配发评论对此事件暴露出的个别基层干部作风问题进行批评；中央政法委官方微信、中央纪委国家监委网站、新华社、人民日报等数百家媒体纷纷转载报道。中央纪委国家监委网站、中央政法委“长安剑”微信公众号等相继发声，直指干部作风顽疾，该推送全网观看量超亿次，评论量超百万次，成为具有全国影响力的“现象级爆款”产品。

6. 全年566场直播打造5G直播品牌。2020年融媒体中心共计推出566场5G网络直播，平均每天推出1—2场，其中超10万次点击量的直播共计近百场，平均每场在线观看量超5万人次，打造了融媒体中心5G

直播品牌。

7.联动各市县融媒体中心推出《你好自贸港》云周刊。为积极宣传海南贯彻落实中央关于自贸港建设的决策部署，不断提高宣传报道影响力，融媒体中心特别策划推出《你好自贸港》云周刊，由海南省、市、县16家融媒体中心以新闻众筹的方式生产，以H5、动漫、创意视频等新媒体产品形式呈现，自2020年7月份上线以来，云周刊共推出24期，内容涵盖自贸港政策解读、奋斗人物、建设成就等内容。云周刊不仅将海南各市县最新的经济社会发展新貌全面呈现，还将省级广电与市县融媒体中心联动起来，共同精耕本地内容，强化内容生产创新，逐步推进与县级融媒体中心的协同发展。

二、搭建海外媒体平台，扩大外宣声量

构建海南自贸港特色的国际传播平台，积极践行主流媒体的责任与担当，加大海南宣传力度，讲好海南故事，进一步提升对外传播力和影响力。全年，在海外传播平台发稿811条（次），阅读量超过5640万次，视频播放量超323万次，互动90万人次。发布平台包括中央广播电视总台英语环球节目中心China Plus、CCTV+国际视频发稿平台，以及自有国际传播平台Hainan Touch，主题涵盖自贸港建设成就、农业生产、生态保护、海南旅游文化、社会新闻、国家海洋工程装备建造、国际博览会、儋州盐田与古法制盐、黎族文化、黎锦时装秀等内容。

2020年11月16日至27日，融媒体中心联合英语环球节目中心China Plus策划推出海南首场《相约海南——老外眼中的新农村》全球旅拍大型直播系列活动，赴海口、儋州、三亚、东方、万宁、澄迈、文昌等地，在全岛范围内开展了10场以聚焦海南乡村旅游为主题的大型全球旅拍直播，以移动直播+线下活动+短视频+图文构建立体多元传播模式，打造Live直播品牌。

直播活动在China Plus平台、视听海南客户端、海南网台、Hainan Touch、抖音以及快手六大平台播出后，引起了全球网友的热烈讨论。10场直播活动，六大平台累计覆盖超过1110万人次，视频播放量89万次，互动20万人次，向全世界生动展现了海南乡村振兴战略的发展成果。

海南卫视放眼“一带一路”沿线国家和地区，强化海南自贸建设宣传，推出带货直播微综艺节目《全球国货之光》，通过大使们亲临直播间为本国国货站台，拉近各国国货和中国消费者之间的距离，助推“一带一路”沿线国家和地区疫情后经济复苏，为推动构建人类命运共同体尽一份力量。共计近10个国家的使节走进演播室介绍本国文化、宣传本国国货，累计直播观看近600万人次，话题阅读总量近3000万次。相关稿件还在环球网、人民网、中国经济网等20余个新媒体平台发布。

三沙卫视还与中国国际电视台（CGTN）合作，常态化供稿给CGTN官网和CGTN

在脸谱、推特、优兔的新媒体平台。值得一提的是，在6月初，三沙卫视制作的《海南自由贸易港欢迎您》一分钟宣传片中英双语版在CGTN新媒体平台播出后，全球观看量超过8000万人次。10月初，三沙卫视制作的系列节目《坐着高铁看海南》登陆美国中文网，节目每天一集，在其官方App、脸谱和优兔账号上向全球用户推送；并在葡萄牙、马来西亚主流媒体平台播出；三沙卫视制作《快乐海钓》栏目在澳门广播电视股份有限公司旗下主要媒体播出。

三、5G“智慧广电”战略稳步推进

1. 打造5G智慧广电系列项目。2020年11月，5G海南智慧广电战略合作启动仪式暨视听海南3.0全球发布会举行。全新升级的视听海南客户端将打造以“大旅游”“大健康”“大教育”等内容为核心的聚合型智能移动端。同时，海南广播电视台（集团）与华为、科大讯飞、电信、移动、海南大学等签署战略合作协议，通过此次系列签约活动，融媒体中心着力打造5G“智慧广电”体系：以5G技术赋能广电创新发展，利用高新技术手段，以媒体的内容及资源优势作为突破口，实现新技术、新传播的深度融合和智能化发展，利用IPTV、视听海南客户端及新媒体传播矩阵，实现大中小屏联动，通过嗨购地图、水下直播、智能AI、VR全景、5G+4K/8K超高清等技术，实现以广电为主体的流量引导和转化效果。

2. 视听海南客户端3.0版本升级。融媒体中心坚持导向为魂、移动为先、内容为王、创新为要，致力于打造具有海南自贸港特色的主流新型传播平台。2020年11月18日，融媒体中心推出视听海南3.0，全新升级的客户端以打造“大旅游”“大健康”“大教育”等内容为核心的聚合型智能移动端。用户可通过客户端一“端”享有“新闻+政务+服务+商务”等便利功能。AI、VR等技术的融入更为客户端增添了许多亮点；嗨购地图1.0的推出将电商产业融入移动端，用户可以在好吃好玩的地点打卡，并一键分享自己的旅游路线，多重功能的植入，让视听变得更加有趣。新版客户端坚持以用户体验为核心，规划和设计同步推进，着眼未来需求超前推动相关内容及平台建设。未来视听海南客户端还将不断拓展平台功能，利用自身在渠道方面的资源优势，通过4K/VR慢直播等手段，为用户及客户提供多元化的产品和定制性服务，打造多功能复合型的媒体平台。

3. 创新传播平台，打造5G+8K/VR智慧广电产业平台。中心响应省发改委关于中央强调加快5G网络、数据中心等新型基础设施建设的号召文件，推进媒体融合发展，结合海南广电在视频生产、制作以及产品应用的优势，通过新技术新业务，积极探索与上下游平台合作共赢的方式，并建设5G+4K/VR智慧广电产业平台项目。

该平台围绕12个重点产业，深入发挥智慧广电的融合力量，实现经济高质量可持续发展。通过重点打造“大旅游、大健康、大教育、大海洋”的宣传报道、产业应用和技术创新的示范案例，突出地方经济特色，立足转型升级，助推产业聚集区整合提升。目前该平台已通过省发改委评审并推荐至国家发改委，录入国家发改委项目库、被省旅文厅列入“十四五”发展规划、被省发改委列入“智慧海南”项目。

4. 与多家知名企业、单位签订战略合作协议。为增强媒体自我造血能力，探索“新闻＋政务服务商务”运营模式，推进资源聚合，打造现象级流量闭环，目前融媒体中心已分别与科大讯飞、华为、中国移动、中国电信、海南大学、海南师范大学签订 5G 战略合作协议，相继开展“5G 智慧家庭融媒体联合实验室”“5G+4K/VR 智慧空间融媒实验室”“5G 融媒创新实践基地”等项目，共同开拓具有自贸港特色的“大旅游”“大健康”“大教育”模式，在 5G“智慧广电”体系内，以新业态新模式引领新型消费，助力海南建设国际旅游消费中心。

新媒体工作案例

打造“四云”战略，“云”上追两会

5 月 21 日，2020 年全国两会拉开帷幕。融媒体中心精心组织策划，积极开设专栏，制作特别报道，深化融媒传播，推出了“云连线”“云编辑”“云互动”“云矩阵”的“四云”战略，使新闻报道“云端”操作成为常态。

一、云连线，跨屏访谈

依托 5G 技术，融媒体中心通过直播云连线、信号云传输，实现全程云记录，高效云传播。及时与电视新闻中心仅有的 4 名随团记者对接，优化配置全网资源，设计《云上连线》《跨屏访谈》《“远”观两会》等板块，由记者连线两会代表委员讲述参会感受，就两会热点、自贸港建设展开讨论，突出海南代表委员风采，挖掘代表委员履职故事。

联动湖北、吉林、天津、贵州、江苏等 7 省媒体，通过 9 路信号，10 位嘉宾进行主题为《疫往 · 情深》的云上直播，海南省第三批支援湖北医疗队队员陈锦王通过直播讲述海南医护人员 2020“我们一起拼”的感人事迹。同时还发挥国际传播优势，与央媒合作，在国外社交媒体平台进行全球连线，推介海南发展成就，讲述中国改革开放的故事，全球上万名网友观看了直播。

二、云编辑，高效生产

引进“微剪”智能编辑系统，通过智能视频生产工具应用，实现智能化云拆条、精帧化云剪编、矩阵式云分发。智能媒资系统，内置人工智能多媒体信息识别能力，可以对视频中的语音、字幕以及图像进行识别，转成可编辑的图文素材。“云编辑”打破空间限制，对直播信号实时收录同时进行拆分，达到边收录边制作的高效采编运作模式，提升两会内容生产效率和质量。

三、云互动，两会留声

创新融媒体产品“2020全国两会留声亭”，在海口美兰国际机场、海口南亚广场、海口明珠广场等地设置留声亭，通过线上和线下两种方式，邀请两会代表委员和老百姓留下声影，面对镜头述说对两会的关注，建言献策，表达心声，助力海南自贸港建设。实现大小屏互动，在海南IPTV、视听海南移动端及专区小程序同步呈现。

四、云矩阵，合力传播

创新两会表达，加入由全国16家省级主流媒体组建的“全国区块链新闻编辑部”，编辑部特别策划《两会流媒体　不一样的两会》杂志已经发表6期，由融媒体中心策划的《海南省省长致信网友：坚持“网民说了算”确保“件件有着落”》《“两会留声亭”带你“上”两会》《你的每一小步都是自贸港坚实的跨步》《起飞！换个角度看海南》两会融媒体产品连续4天入选，向全国推荐，讲述海南故事，传播两会声音。

两会期间，《逐梦新征程——海南广电2020年全国两会全媒体报道》专题共计更新相关稿件、视频1211篇，直播6场，全网点击量超475万人次。

同时还联动全省各地融媒体中心，在央视频、新华社客户端、“学习强国”学习平台、微信、微博、今日头条、抖音、腾讯视频号、快手等平台，通过海南广播电视总台官方媒体号进行全网分发，形成报道合力。

作品二维码

（海南广播电视总台供稿）

重庆广播电视集团

新媒体工作综述

重庆广播电视集团（总台）融媒体新闻中心于2018年11月成立，集合了重庆广电重庆卫视、重庆新闻频道、重庆之声以及移动互联网端的所有新闻资源。新媒体发展以“第1眼”移动客户端及其品牌旗下新媒体矩阵为重要抓手。截至2020年年底，“第1眼”App的下载用户数已经突破800万，新媒体矩阵全网粉丝数突破3000万。2020年“第1眼”App的发展重点放在了进一步融合集团资源和新媒体优质内容的打造上。

一、“第1眼”App完成迭代升级，步入3.0时代

“第1眼”App的这一次迭代升级，总体思路是加强内“融”外“联”，力求“更快”“更全”。随着媒体融合向纵深发展，尤其是面对同城媒体的竞争压力，如何加强电视各频道内部资源的融合，是新媒体发展必须解决的现实问题，只有在加强内部融合发展的基础上，才能最终形成具有叠加效应的媒体传播力、社会影响力和流量变现力。经过技术升级到3.0版本，“第1眼”App具备了多“租户”建立垂类频道的多端口接入技术能力和运营能力，每一个“租户”可完全控制自己所在垂类频道的内容制作及发布、排版。重庆广电广播集群以垂类频道“逗听”为载体入驻“第1眼”App。在App首页右下方的显著位置，可通过“逗听”频道进入广播集群的展示页面。其中，既有重庆广电各频率各栏目的实时直播，也有重点栏目和重要节目的精彩展示。广播集群的重大活动除了在“逗听”页面全面呈现外，还能通过App首页及“第1眼”新媒体矩阵进行全平台推送。同时，重庆卫视也以垂类经营的方式进驻“第1眼”App，以王牌节目《谢谢你来了》为代表的内容资源，也通过深加工在新媒体平台得以呈现。

除了广电原有特色内容的进驻，App还将广电独有的主持人资源引入平台，开设了类似于“朋友圈”的互动交流平台《名堂》，便于主持人和粉丝交流，增加黏性；为了应

对“直播带货”需求，App 还新增了上架好货等功能，与淘宝、京东、拼多多等主力互联网销售平台实现了无缝对接。磨刀不误砍柴工，改版升级让 App 框架结构更合理，内容编排更亮眼，产品形式更新颖，互动交流更便捷。

二、打造互联网精品内容，树立主流媒体品牌价值

与同城媒体相比，广电在媒体公信力、栏目品牌、生产能力、发布速度和内容质量上，都处于领先地位。在自身平台建设上，“第 1 眼”App 以深耕本土、聚焦新闻、原创视频为着力点，90% 以上为原创视频新闻。以“第 1 眼”App 为大本营，我们在各商业平台也开疆拓土，在头条、抖音、微博、快手、B 站等新媒体，都开设了矩阵号，对优质内容进行再加工分发。

面对新冠肺炎疫情和 8 月长江特大洪水，2020 年这个特殊的年份，也更显示出主流媒体打造精品内容，提升主流舆论引导能力的重要性。在抗击新冠肺炎疫情、脱贫攻坚、晒文旅资源特别互动、2020 线上智博会、成渝双城经济圈建设等重大选题、重大活动上，“第 1 眼”App 都以媒体融合的方式进行全流程融合采制和发布，大小屏联动，推出大量具有亮点的新媒体产品。其中抗击疫情报道全网总点击量达 22.5 亿次，全国两会新媒体产品《代表委员说》和《百年芳华　初心传承》受到好评；2020 线上智博会期间，开设“智汇八方”频道，发布原创稿件 437 条，点击量达 5000 万 +；《直击洪水过境重庆》系列原创视频登上头条热点榜单；等等。报道全面、反应迅速、领会深刻、解读到位、精品迭出、创意丰富、出新出彩。

三、全媒体直播，文旅融合打造城市名片

直播是媒体影响力的重要载体，融媒体新闻中心将传统电视直播与新媒体网络直播的两个团队进行了深度整合，实现了既可分屏直播，也可大小屏同步直播的目标。电视大屏端时间线叙事的直播模式，移动互联网小屏端碎片化长时段直播模式，两种模式灵活机动，互为补充、相互引流，形成了全媒体直播的矩阵效应。

“第 1 眼”App 打造了《24 小时看山城》全天候不间断网络直播模式，每天吸引超过百万人次的网民观看重庆城市景观。目前“第 1 眼”App 的景观直播包含有朝天门、洪崖洞、奉节三峡之巅、夔门等共 8 个机位，这些镜头都对准了重庆最为知名的旅游资源，相比同城媒体的网络直播，“第 1 眼”App 不仅做到了规模最大，观看人次最多，而且所有机位均属广电集团所有，做到了自主可控。

“第 1 眼”App 还推出了成渝文旅联合直播、重庆跨年直播等叫好又叫座的网络直播。特别值得一提的是，在重庆全市各区县“晒旅游精品　晒文创产品”大型文旅推介活动中，“第 1 眼”App 制作了 10 余场以各

区县为“主持人”的文旅推介直播，以及10多部《区长县长晒精品》互联网宣传片、《文旅精品90秒》短视频，为提升城市形象、打造城市名片、树立文旅品牌，作出了有益的尝试。

四、坚定开门融合思路，加强与兄弟媒体及区县联动

2020年1月，以习近平同志为核心的党中央作出重大战略部署，大力推动成渝地区双城经济圈建设在西部形成高质量发展的重要增长极。为更好服务国家战略，推动川渝两地广播电视行业高质量创新性发展，重庆广电融媒体新闻中心与四川广播电视台全媒体新闻中心签订战略合作协议，本着资源共享、平台共建、同频共振、协同共赢原则启动了“川渝广电媒体融合战略合作项目”，在新闻宣传、精品创作、媒体融合、技术创新、产业发展、队伍建设等领域开展深入合作。

项目启动以来，双方完善选题协商、联合采访、素材共享、稿件互用等机制，聚焦主题主线，联合开展新闻宣传，在2020年和2021年全国两会、庆祝建党100周年等重要节点，共同推出系列叫好又叫座的融媒体产品。双方旗下“第1眼”和“四川观察”两个客户端共同开设《双城记》频道，共建平台，开展直播，打造融媒体作品。双方还联合两省市各市、区、县融媒体中心组建云编辑部，以“共建、共享、共融、共赢”的理念推出《双城记》流媒体杂志，记录和见证成渝地区双城经济圈建设的每一个重要时刻。双方共同策划推出的一系列“现象级”融合产品，多屏多端互动，影响力覆盖数亿人。该项目切实提升了川渝两地广播电视的文化服务力、品牌影响力和区域辐射力，促进形成了具有时代特征和区域特点的文化圈。

为推进市区县多级媒体的融合，重庆广电融媒体新闻中心还向全市各区县融媒体中心、电视台发出倡议，共同组建了“融媒体新闻云编辑部”，定期发布流媒体杂志《看重庆》。通过全市40家融媒体中心的深度合作，真正实现重大选题的1+40联动，实现应急新闻报道集中统筹。目前已推出流媒体杂志《看重庆》70余期，每期一个主题，题材涉及脱贫攻坚、智博会、抗洪抢险、抗击新冠肺炎疫情等内容。

新媒体工作案例

《专家面对面》

2020年年初，新冠肺炎疫情暴发，广大市民响应市政府和疾控部门号召，实行“居家隔离”，每天通过电视、广播、手机、网络获取全国疫情的相关信息，成为他们的迫切需求。然而，网络传播环境纷繁复杂，微博、微信公众号、微信朋友圈、各种小视频平台一时流言四起，真假消息掺杂在一起通

过网络四处传播，给疫情的防控工作带来了极大困扰。鉴于此，相关机构、部门急需一个权威的消息发布平台，以正视听；而广大市民也急需一个具有公信力的信息获取渠道。2020年2月1日，由重庆广播电视集团（总台）融媒体新闻中心联手重庆市卫生健康委打造了《专家面对面》。

一、“疫情热点问题”解读的权威发布平台

自2020年2月1日起，每天市卫生健康委组织1—2位专家走进演播室，以一对一访谈的形式，完成《专家面对面》节目录制。受访嘉宾既有重庆市新冠肺炎医疗防控咨询专家组成员，又有重庆医疗救治专家组组长；既有奋战在定点医院隔离病房一线的医疗队专家，又有奔走在流行病史调查前线的疾控专家；既有参与制定与疫情相关法律文件的行政法教授，又有帮助病患、医务人员进行心理疏导的心理学专家；既有参与制定新冠肺炎患者中医医疗方案的中医药权威，又有体育科学、营养学方面的专家学者……他们组成了重庆最权威的“专家顾问团”，针对重庆每天疫情数据的变化趋势、疫情防控中的热点问题、临床救治过程中的专业医疗知识、政策执行中的法律问题以及市民在居家隔离和日常生活中普遍关心的疾控、营养、健身、心理、养生等问题，都给予了一一解答和回应。

二、“大众关切问题”释疑的快速反应平台

《专家面对面》节目在选题的选择和策划方面，不仅着眼于大政方针的权威解读，同时更加体现了对市民、网友普遍关切的具体问题的释疑解惑功能。

节目组每天将专家接受采访时回答的诸多问题，进行逐一梳理，然后剪辑成“一问一答”形式的短视频，每个视频从几十秒到2分钟不等，既符合网络传播的特点，又迎合了受众群体“碎片化”的阅览习惯。

当网络上出现大家普遍关注的热点问题之后，《专家面对面》总是以最快的速度进行跟进，对市民做好积极的回应和引导。比如2020年2月初，媒体报道深圳一“快递小哥”成为确诊病例，2月3日，栏目制作短视频《收发包裹　做到这些才够安全》以指导大家科学收取快递等，都是在第一时间向广大受众提供了最权威的回应和参考。节目通过专家的权威分析和发布，对各种谣言进行了强有力的反击，起到了稳定人心、维护公共秩序的积极作用。

三、“全媒体矩阵传播”效果显著

《专家面对面》的播发平台，包含了重庆卫视、重庆新闻频道等电视端、广播频率《重庆之声》以及“第1眼”新媒体矩阵，是真正的融合传播。除了这些重庆广电融媒体新闻中心的自有平台，《专家面对面》的相关内容在重庆各区县电视台及新媒体端、上游新闻移动客户端、新重庆新闻移动客户端、视界网、华龙网等手机端分发；相关节目内容，人民网、新华网、网易新闻、新浪新闻、腾讯新闻、搜狐网等众多门户网站也纷纷转载或编辑播发；甚至在居民小区电梯轿厢公益广告平台都进行了广泛传播。制作的相关小视频、短视频，仅在抖音一个平台的播放量就超过了3000万次，据不完全统计，整个节目的全平台播放量超过1亿次。

作品二维码

（重庆广播电视集团供稿）

华龙网

新媒体工作综述

华龙网成立于2000年，是国务院新闻办公室批准组建的首批省级重点新闻网站，重庆市委、市政府唯一官方新闻门户网站，由重庆市委宣传部、重庆市委网信办主管，是重庆日报报业集团媒体融合发展的战略转型平台，拥有重庆重大新闻首发权。华龙网坚持以新闻发展为龙头，以技术驱动为核心，以大数据应用为基础，以“互联网＋”产业为动力的战略方向，通过“内容＋技术＋运营”的战略实施路径和“一芯、两云＋N平台”的产品路径，探索“新闻＋政务服务商务”的运营模式，抢抓大数据智能化创新发展机遇，深度融合、数据赋能，打造现代传播体系与大数据人工智能综合布局的新型媒体集团，形成立足重庆、走向全国、面向世界的综合媒体传播力，在全国省级新闻网站中常年保持领先地位。

2020年，华龙网努力发挥舆论导向作用，不断开创新闻报道工作新局面，全力推进移动互联现代传播体系建设。

一、聚焦新闻主业，充分发挥舆论宣传主阵地作用

“把政治方向摆在第一位，牢牢坚持党性原则，牢牢坚持马克思主义新闻观，牢牢坚持正确舆论导向，牢牢坚持正面宣传为主”是华龙网做好新闻舆论工作一以贯之的根本原则，同时把握“新”的媒体基因，在“智媒”和“智网”时代，大力推进媒体融合从形式相加到内容相融，从莫测变量到可控增量，从宏观趋势到主动选择，顺应国家方略和时代要求，生产贴近人民的优质内容。尤其是在重大主题宣传时，利用小切口的内容，通过网言网语增强创意互动，从大处着眼，从小处入手，真正使新闻作品举旗帜、聚民心的导向作用落到实处。

1. 中国新闻奖创佳绩，斩获第四个一等奖。2020年，华龙网作品《2019对话1949：时代变了　初心未变》获第三十届中国新闻奖融合创新一等奖，此次获奖，是重庆新闻界首个中国新闻奖媒体融合奖项一等奖作品，也是华龙网第四个中国新闻奖一等奖。至此，华龙网已连续8年共10件作品

获得中国新闻奖；同时，华龙网集团一人获第十六届长江韬奋奖（韬奋系列）、一人获得全国抗击新冠肺炎疫情先进个人、一人获得重庆市抗击新冠肺炎疫情先进个人；承办的《你笑起来真好看——决战脱贫攻坚看西部》网络主题活动被中央网信办评为2020年度“精品项目”；《山河已无恙　英雄魂可归——送烈士回家传承红色基因》获评“五个一百”网络正能量专题；《“不约不聚”　引爆全城接力　从亿级流量看重庆客户端集群同频“战疫”》在“县级融媒　齐心抗疫”创新案例中获区域性平台优秀案例；华龙网融媒体矩阵平台被国家新闻出版署评为2020年中国报业深度融合发展创新案例。

2. **主题宣传爆款频出，精品佳作“刷屏”网络**。在重大主题宣传方面，华龙网牢牢把握正确的政治方向和舆论导向，全力做好各项重大报道和主题宣传，积极引导社会热点，传播力、引导力、影响力、公信力全面提升，圆满完成习近平总书记视察调研重庆一周年、全国两会、重庆两会、抗击疫情、2020线上智博会、“双晒”第二季、《你笑起来真好看——决战脱贫攻坚看西部》等重大报道。

据统计，2020年全年共计426件作品浏览量百万+、23件作品浏览量千万+、3件作品浏览量超过亿次。其中，《春暖花开疫情散去，我在重庆等你来聚》网络接力活动被人民日报发文《不聚，是为更好相聚》点赞，总浏览量达1.88亿次、点赞评论量超过281万次；围绕习近平总书记视察调研重庆一周年主题推出的《微纪录丨心怀感恩　奋力奔跑》被中央网信办全网推送2次，总浏览量达7059万次，《微视频丨太阳出来喜洋洋》除重报集团全平台及时推广转发，同时被人民网、新华社客户端等央媒同步转发，总浏览量5812万次；2020线上智博会期间推出的《当萌娃遇上智博会脑洞有多大？长生不老、飞天遁地、月球旅居……》《华龙VR丨720度打探2020线上智博会主题展馆》被新华社全网推送，总浏览量分别为1150万次和1280万次。

3. **视频栏目持续发力，传播互动表现突出**。华龙网抢抓5G机遇，加快视频+移动方式升级，推进新闻视频化、视频栏目化，陆续推出了《音小见大》《追光》《洋洋侃侃》《小屏论》等多档视频节目，视频化、视觉化内容成为主流，达到内容约55%的份额。其中，栏目《洋洋侃侃》通过“年轻女主播+资深男评论”的组合方式，盯紧热点，表明观点，围绕成都太古里街拍、孩子家长“约架”事件、90后保健热、70岁可申领驾照、自愿降薪表忠心等网友普遍关注的新鲜话题，第一时间发出华龙声音，进行生动有趣的评论，观点既有态度又有温度，给予网友正面引导，节目形式新颖，传播力强；4月8日零点，武汉迎来离汉通道正式解封的重要时刻，视频栏目《音小见大》提前一个月策划，推出《Rap音小见大丨春日照进黄鹤楼！原创MV〈破晓时分〉见证大城重启》实现了从歌词到编曲，从无到有的纯原创，表达对武汉重启的喜悦之情，得到了网友广泛转发，社会传播效果好；即时短视频新闻栏目《追光》，立足于重庆本地，跟踪全国新闻热点，在重点社会事件中不缺位，快速反应、及时出稿。目前栏目已经常态化，共推出超过120期节目，在汉堡王被曝使用过期面包等事件中第一时间推出《追光丨汉堡王被曝使用过期面包 记者走访重庆多家门店 顾客表示“食品安全问题不能容忍”》等报道，用真实的镜头语言，提升传播力和互动性。

4. 主题活动聚焦重庆，品牌影响效应提升。作为主题宣传战线的“主力军”，华龙网相继承办了“你笑起来真好看——决战脱贫攻坚看西部”“网络名人看重庆”“大江大河话脊梁——2020年重庆市决战决胜脱贫攻坚全媒体宣传活动”等全国性宣传活动。其中，围绕“你笑起来真好看——决战脱贫攻坚看西部”主题宣传活动推出《“青”村底色》被中央网信办全网推送，总浏览量1013.8万次；《小康路上，这个ID属于你》，一经推出就被50余家中央新闻网站、地方重点新闻网站和商业网站转载，朋友圈纷纷“刷屏”，总浏览量超过1000万次，同时“你笑起来真好看——决战脱贫攻坚看西部”项目也被中央网信办评为2020年度“精品项目”。此外，2020年9月21日至27日华龙网开展《画好“同心圆” 唱好“双城记”》2020全国重点网络媒体记者重庆行活动，来自中央、省市级的57家主流新闻网站的记者分别对九龙坡、北碚、永川、铜梁、武隆、两江新区、重庆高新区等区县进行了深度采访，通过深度、短视频等融媒体传播方式立体报道重庆，传播重庆好声音。据统计，活动期间华龙网和参与媒体共发布稿件2300余篇，百度搜索“2020全国网络媒体重庆行”相关信息达608万条。

二、技术赋能渠道，矩阵联盟互联互通覆盖全平台

面对新的舆论环境，华龙网以创新为要，不断提高新闻舆论传播力、引导力，在持续创新中抢占媒体融合的制高点，优化传播格局，打造新型主流传播平台，构建集约化全媒体传播体系，巩固主流舆论阵地。

1. 平台扩能渠道传播。华龙网通过自主研发的“华龙芯”智慧数字技术能力中台，构造“一芯、两云（内容云、安全云）+N平台”的阵地结构，逐步打通全市各区县融媒体中心移动端的内容分发平台，通过内容数据、用户数据、产品数据等大数据聚合，进行深度挖掘及智能分析，提供更精准、可智能分发的传播服务，以技术驱动创新“1+41”集群内容、活动和运营联动。截至2021年年初，重庆客户端集群下载量超过2600万次；智慧数字屏集群超过3000块；重庆手机报集群订阅用户最高超过1000万。新冠肺炎疫情暴发初期，通过集群联动开展了“春暖花开疫情散去 我在重庆等你来聚”大型网络主题互动，备受网民好评，为战胜疫情作出了积极贡献。还联动区县融媒体中心共同策划融媒期刊《联盟云刊》，在

2020线上智博会期间推出第一期作品《联盟云刊第1期丨智博会特别版 @重庆有智慧》；围绕党的十九届五中全会推出《联盟云刊丨护好绿水青山 “渝”见金山银山》，被东方网、江西网、长城网、长江网等多家媒体转载。

2. 技术提升作品融合。融媒体时代，媒介形态彻底颠覆了传统媒体形式单一的特点，内容呈现的方式更多元，更能为用户提供舒适阅读体验，让用户沉浸其中，全身心投入。例如，新闻产品中多种技术“跨界”整合，移动直播，AI主播，人工智能中人与媒介的互动、虚拟与现实的融合……场景时代的到来，利用大数据与智能技术创造出一个轻松的阅读场景，结合大数据简化信息，提高了阅读效率。可视化手段使新闻更加直观，深奥、抽象的内容变得浅显易懂，比如，《五个人的乐队 “一个人”的演出——菲利普，你在天堂听到了吗？》，在实施直播时采用AR虚拟成像技术，让已经逝去的澳大利亚青年菲利普以一种特别的方式出现在舞台上，让人耳目一新，并与澳大利亚媒体互动，实现了与菲利普父母的跨国连线，这也是华龙网实时视频直播中首次连线海外，在直播呈现上实现新突破。

除了AR直播形式外，还利用慢直播技术推出作品，《8×24小时慢直播丨不必人山人海 国庆8天带你云游重庆》采取摄像头慢直播+人工慢直播相结合的方式，选取两江交汇朝天门、解放碑CBD、洪崖洞、轨道李子坝站、长江索道、两江游轮、鹅公岩大桥、渝中半岛等知名景点进行直播。直播过程中，获得了网友的关注，客户端、抖音平台用户观看量达到200万人次，网友互动积极，纷纷为重庆点赞；《声纹H5 说出心愿关键词 两会“小确幸”在这里》创新技术手法，推出siri式语音识别类H5，根据政府报告内的关键词设置互动，通过用户读出关键词来识别相应内容，用声音控制整个作品，交互性强，整个作品别具一格，在推出之后获得不少用户好评；《全息Rap丨看重庆“的哥”摆“智”慧龙门阵》融入Rap说唱+全息、朋克的元素，穿插与老百姓生活息息相关的智能科技体验，呈现智博会对重庆百姓生活和城市发展的深远影响。

三、深化队伍建设，构建全媒体人才培养机制

华龙网为了培养一支“政治过硬、本领高强、求实创新、能打胜仗”的人才队伍，全年开展培训超过30余次，常态化开展了《采编特训营》活动，采用包括内部采编特训授课、外部专家课程以及采编实践竞赛等多种形式，围绕采编队伍所需具备的选题策划，文字写作、标题制作，编导思维，融媒体作品制作，记者思维等五大素养能力，全面提升专业素养，加快培养复合型新闻人才。同时举办培训延伸实践“小龙人融媒体作品实践暨集团工会采编岗劳动竞赛”，邀请“采编特训营”培训考试合格员工，结合重点宣传主题，策划、制作融媒体作品，创新培训形式。

新媒体工作案例

《五个人的乐队 “一个人”的演出——菲利普，你在天堂听到了吗？》

习近平总书记指出：“国之交在于民相亲。人民的深厚友谊是国家关系发展的力量源泉。”华龙网推出的作品《五个人的乐队“一个人”的演出——菲利普，你在天堂听到了吗？》，讲述了澳大利亚小伙菲利普跨国捐献器官、5位中国受捐者为菲利普圆乐队梦的故事，体现出中澳人民之间跨越山海的友谊，意义深远，传播广泛。

1. 内容感人。热爱中国文化的菲利普去世后，家人尊重其生前愿望，捐出他的一个肝脏、两个肾脏、一对眼角膜，让5位中国人“重生”。5位受捐者得知菲利普生前的最大愿望是开一场音乐会后，素不相识、毫无音乐基础的他们，从各地相聚在一起，刻苦练习，最终站上舞台实现了菲利普这个愿望，让人动容。

2. 技术创新。作品通过AR虚拟成像技术，让已去世的菲利普全息投影“现身”舞台，同时通过移动直播技术，联动海外媒体，对音乐会全程直播，让大洋彼岸的菲利普父母与儿子实现跨时空的“团圆”，实现了技术创新与内容表达的完美融合。在此过程中，乐队成员、菲利普父母以及参与筹备音乐会的重庆市红十字会、西南大学志愿者等也成为自发主动的传播者。乐队成员茉莉在表演后，第一时间发朋友圈称“一份跨国的大爱，很庆幸我就是其中的一个幸运儿”，获得点赞无数，这也是全程、全息、全员、全效“四全”媒体的一次有力践行。

3. 设计精良。专题页面紧扣音乐会这一元素，开篇视频及后面每一屏都通过音符来串联，包括使用琴弦等呈现，设计极富巧思。专题包含文图、视频、全息AR、留言互动等多个环节，制作精良、磅礴大气。

作品在华龙网、重庆客户端“1+41”联盟集群推出后，在微博、微信等第三方平台推送，被中国日报网、网易、澳洲新快报等国内外媒体转发，央视新闻频道跟进制作近15分钟长的专题报道，中国青年报跟进推出深度报道。媒体“大V”自发在海外社交媒体传播，全网点击量过亿次。

作品意义深远，不仅在中澳之间搭建起一座坚实的友谊桥梁，闪耀着人道主义的光芒；同时也带动了更多人关注器官捐献。据中国人体捐献管理中心数据显示，10月8日至10日，音乐会举行后两天内，重庆地区人体器官捐献志愿者登记比平日多出近50%，真正实现让大爱翻越山海，让生命跨越时空，极具社会价值。

作品二维码

华龙芯数字能力中台

5G时代的到来，真正开启了移动通信

智能化时代。华龙网作为一个传统媒体向互联网转型的企业，为着力提升党网党媒“互联网+”产业市场竞争能力，抢抓大数据智能化创新发展机遇，增强核心技术的研发和应用能力，多措并举努力培育新业态增长点，确立了“华龙芯”数字能力中台战略思想，即以用户为中心，以科技为引领，真正达成统一战略目标，资源共享、敏捷高效的建设蓝图，最终完成统一指挥调度中心以及能力共享交换中心建设，形成5G时代下高效、敏捷的华龙网指挥作战体系。

一、释放生产动能，助推生产流程向高效转型

实现资源的有效整合与共享，打破“烟囱式”的产品壁垒，形成标准的服务体系，构建智能融媒体生产流程，通过终端采集新闻线索，利用智能机器学习分析与建模，打造智能抓取、自动写稿、自主校对、智能预警处理一体化流程，以实现人机协同，融会贯通；从发布渠道上来说，可将PC、客户端及第三方UGC平台微信、微博、抖音等进行统一管理，实现“一端管理，多端输出”的智能一体化采编发模式，解放生产力，释放生产动能。借助“华龙芯”的数字能力中台，新闻内容的传播形式方面会更加多元化，如虚拟主播、人机对话、智能语音播报、虚拟实境内容体验等。内容互动方面将会出现视频评论、物联社交等新形式的交互方式。多样化的新闻内容，将提高用户的参与性，从而提升其传播力和影响力。

二、构建数字内容云，实现可持续运营发展的数字资产

汇聚华龙网数据资源，通过渠道建设和创新、平台建设和创新、端口建设和创新，利用大数据、人工智能技术，建设分类科学、集中规范、共享共用的媒体资源共享平台——数字内容云，一方面为华龙网提供从信息采集汇聚、全媒体融合加工、多形态资源管理、多渠道内容发布、全文检索业务到平台运营、监审管理的媒体内容整体解决方案；另一方面通过渠道建设，与区县融媒中心及其他媒体的信息互换、资源整合和共享，形成统一的媒体资源库，同时引入区块链技术，构建一个中心化、可信、可追溯的数字内容联盟私链，保障数字内容的独立保存且无法篡改，并实现数字内容从生产到发布全生命周期管理，使其可追溯、可查验，杜绝虚假新闻传播，治理版权乱象，为后续版权联盟的引入奠定良好基础。

三、搭建重庆安全云，营造风清气正的媒体环境

从媒体自身的角度来看，没有安全可靠的网络环境，就不能向社会提供优质、安全的新闻服务，业务发展与网络安全之间有极其密切的关系，华龙网通过整合内容安全、网络安全和信息安全管理的建设，构建重庆安全云，为媒体环境保驾护航。

在内容安全方面，集针对色情、暴恐、政治敏感监测、错敏词校对、政要人名校对及顺序错乱、职位排序错乱等审校功能于一体的AI智能审校，向社会提供优质、安全

的新闻内容安全生产服务。

在网络安全方面，构建自动化运维中台，基于虚拟化技术，建立计算、存储、网络资源池及灾备中心，做到基础架构的统一管理、灵活应用、平滑扩展，快速部署新型增值业务，并逐步建立完善自动化运维体系及应急处置机制，保障业务安全虚拟化技术及安全设备，通过在云平台全网虚拟化环境部署虚拟化安全系统，保障虚拟化环境的系统安全、网络安全、数据安全，增强抵御外界恶意文件、威胁流量的能力。

在信息安全管理方面，通过自建、自审、自查的模式，在流程上做到层层把关、层层负责，既保障数据信息的高度安全及稳定性，防止信息的泄露、外传，又通过完善的安全防护体系，实现“预防为主、防控结合”的目标。

拥有了“安全”这张网的核心竞争力，一旦出现故障，既能及时“救火”，也能查明“着火”原因，减少“小火灾”，避免“大火灾”；同时，可从安全维护工作中进行有效分析、评估、总结、提升，为平台持续提供稳定安全的护航能力。

（华龙网供稿）

上游新闻

新媒体工作综述

2020年，上游新闻强化新闻精品，强化技术创新，完善体制机制，注重平台建设等，狠抓内容生产建设，不断提升传播力、引导力、影响力、公信力，壮大网上主流舆论，不仅有效缓解了疫情带来的负面影响，而且积极稳步推进各项工作，在媒体融合方面保持了较好的发展态势，逐渐成为重庆移动端最重要的新闻门户、全国有重要影响的区域媒体平台。

一、发力内容生产改革，提升持续生产优质内容的能力

上游新闻坚守媒体阵地，坚持内容初心，强化精品意识，注重融媒传播，在重大主题宣传、重大活动报道中佳绩频传。在2020年第二十三届重庆新闻奖评选中，共获得一等奖12件、二等奖21件、三等奖24件，获奖层级和数量创历史新高。习近平总书记视察重庆一周年报道，推出短视频、纪录片、H5、动画、数据等新媒体产品，总阅读量达8250万人次，《脱贫攻坚的十八般武艺》融媒报道联动14个区县融媒体中心，记录重庆18个深度贫困乡镇的脱贫历程；全国两会报道，推出全媒体产品564条，访问量超1.5亿次，《西部新征程》策划联动四川等地6家主流媒体，全网传播量突破8000万次；重庆两会报道，H5产品《市长来电》全网传播量达1500万次，6期原创视频《代表委员“开箱记”》阅读量达1000万次；抗疫宣传中，上游新闻有30余名记者到高风险疫区和重点防控区采访，刊发报道1.8万条，用户评论数达40万条，总阅读量超13.1亿次。上游新闻影视中心被评为2020·中国抗疫影像编辑先进集体，荣获《人民战“疫”》优秀直播伙伴称号。《一场没有学生的开学典礼却让校长激动流泪》等11篇报道被中央网信办全网推送，34篇报道被人民日报全国党媒平台采纳。同时，上游新闻还以实际行动助力抗疫，联合京东帮助果农销售滞销农产品10多万斤；决战脱贫攻坚决胜全面小康报道，刊发报道6100余篇，总阅读量达5.3亿次。《两代人的幸福树》被新华社全网推送，访问量超2300万次。《百名记者访老乡》《小康领路

人》《十三五·我们的故事》等一系列优质报道，以小切口大叙事，展现了重庆“十三五”成就；双城经济圈报道，与红星新闻、成都商报、封面新闻、华西都市报等建立内容产品互推机制，组织开展的“双城新发现”主题活动形成热议潮。《成渝“双城记”》《双城新期待》《成渝携手出圈》等重点报道，受到市有关部门、区县及广大用户的肯定，大大提升了上游新闻在成渝地区的影响力。

二、推进重点平台建设，做到产品的丰富度和特色化更加鲜明

2020年，上游新闻将有效提升用户活跃度作为平台建设的重点，以互联网思维优化资源配置，打造自主可控、特色鲜明、传播力强的新型平台。

一是补齐短板，提高活跃度。上游新闻积分商城重装上线，评论工作团队成功组建，扩充编译团队提高国际新闻原创生产能力，上线“作文频道”拓展垂直用户。在全国率先开设“双城频道”，开通以来刊发报道1.2万余篇，访问量近5亿次。目前上游新闻的账号已遍及报、网、官、微、抖音、快手等多个媒体平台，全网络、全品牌架构起上游新闻自己的渠道。覆盖人群约3200万，月度访问量超过2.7亿次。《财经抖好看》栏目借助外宣平台发布产品，每期阅读量都超过了百万次。

二是推进视频化，打造精品。组建了上游影视中心，拥有60余位专业视频记者编辑，另有1000多名特约摄影师，开设视频、炫视频、直播等常设频道，已初步形成包括短视频、视频专题、视频海报、直播、VR、航拍等形态的立体产品体系。目前每周生产原创视频类产品200余件，每年开展各类直播近200场次。《江上明珠》系列产品主题明确、短小精练、表达新颖，走出了新闻“纪录片”的新路子。抗疫视频《感谢每个挺身而出的你》被中央网信办全网推送，视频《去重庆吃火锅指南》被国家广电总局选为全国视听重点并在全网推出。

三是提升互动化，夯实用户服务。帮帮频道目前已联系市级部门和区县1300个，专家、大咖、达人400多名，收录各行业、兴趣、社区群体近1000个，覆盖人群50多万，帮助用户解决数十万个问题，为成为城市综合信息服务集成商打下了基础。疫情期间，上游新闻收到用户数千条疫情提问，回复率达98%；和市委网信办、腾讯、重医等联动策划开展多个关于新冠病毒的互动活动，为用户答疑；与重庆主城9区的社区合作，在社区社群分发上游新闻抗疫新闻和辟谣信息，传播近百万人群。

四是加强智能化，加快融合创新。2020年，上游新闻已完成18次功能迭代，完成平台级项目需求转化26个，专题活动任务转化105个，实现了稿件的智能推荐和长效新闻植入、语音播报、用户画像分析、多媒体语音图像识别、游戏传播等新媒体技术。在疫情期间，完成了疫情实时追踪地图、疫情综合查询工具等系列产品的技术开发和后台智能化支撑。

五是主流价值影响力快速提升。“开放的六月”“吃得文明”等活动，受到各界广泛关注。“发现重庆之美”活动，700余万市民关注，线上点赞总数超过2800万人次。另外，2020年上游新闻被纳入国新办日常发布会邀请媒体名单，这也是重庆唯一一家被纳入发布会名单的新闻单位；被邀请入驻“全国党媒信息公共平台”，上游新闻的产品成为党媒平台每日区域新闻热榜前10的“长驻客”；还荣获“十三五”中国报业媒体融合技术创新优秀企业等9项奖励。

2020年采取的一系列改革举措，增强了发展活力，大大释放了传媒生产力，截至2020年12月，上游新闻客户端下载量已超过3500万次，日均访问量达2400万次，日均发稿量2000余条，每天提供200余条原创新闻资讯，上游矩阵用户数超过8000万。

三、深化经营项目拓展，培育新的发展动能和产业支撑

在巩固传统业务基础上，上游新闻顺应发展趋势，创新经营模式，培育新的经济增长点，研究影响力变现、策划力变现、执行力变现等新方式。

一是新兴项目实现新的增收。全力以赴配合做好双晒第二季、智博会、渝商和年度经济人物评选、重庆英才大会等活动的新闻执行。“2020年发现重庆之美”活动，开辟了媒体运营全新模式，创新推出“市民推荐官”活动，率先设立了“市民口碑奖”并且邀请市民颁奖；重报上游电商直播从5月10日开播以来，共执行湖北带货、荣昌、万盛、涪陵书记区长带货以及淘宝天猫6·18大促带货合计8场；执行合川、大足、丰都、江津等区县双晒合计13场，首推日各平台观看量超过2.2亿次，上游新闻阅读量约1.35亿次，全网阅读量破3亿次。

二是重大活动稳步推进稳定创收。2020年度渝商、重庆经济年度人物评选、“重庆小姐”大赛和其衍生的国际城市小姐大赛及西部主播大赛、首次与国税总局合作的大型税法宣传推广活动、发现城市之美活动、两江新区区域价值大宣传、两江新区科技创新评选等政务类活动、智博会智能汽车挑战赛等活动的全案传播、与苏宁易购合作的解放碑商圈购物节、环保短视频大赛、重庆市网民文化季、英才大会宣传服务、第六届中国网络正能量—江山论坛（重庆）峰会、工业互联网创新发展大会、创客中国五星服务等均获得营收。

三是新媒体广告稳健增长。特别值得一提的是，“地产十三幺视频展播”集合上游新闻专业拍摄，加上专业解读，打造了重庆最好地产视频，除在上游新闻头条等频道“登陆”外，在抖音、快手、西瓜视频等13个主流视频平台入驻。截至2021年年初，共刊发了90条原创视频，有近40条视频的阅读量破万次，3条破10万次，实现预期销售目标。

四、注重能力素质建设，激发人才队伍活力

2020年上游新闻致力于打牢“四力”根基，重视干部队伍培养，完善培训常态化机

制，以提高全体员工适应新形势、迎接新挑战的基本能力和技能。每月开展一期全媒体系列主题培训讲座，并组织了新闻采写、编辑、摄影、财务等技能类、业务交流类等18场培训，总受训人数达780余人次，几乎实现每位员工一年至少参加一次培训。已培养出懂数字开发、懂产品设计、懂用户体验、懂互动交互技术的互联网基因人才，能够熟练运用内容创意、产品创意、视觉创意、技术创意的复合型创意人才。已拥有编导、视频记者、视频编辑、动画师及完整的影视制作架构，可进行各种视频内容的生产，能制作宣传片、专题片、影视广告等产品，还能执行重庆市双晒一、二季等大型活动的直播。

新媒体工作案例

互动专栏“帮帮”

“帮帮”于2018年年底筹办。该专栏整合原重庆晚、晨、商报热线新闻20多人组成团队，依托上游新闻客户端、966966新闻热线等入口，设置“曝光台”“帮你问”“找答人”“玩社群”“城事通”等民生服务板块，通过融媒体手段，搭建政民互动桥梁，创新开拓了党媒与用户之间的新连接，形成传播社会主义主流价值观和正能量的强大社会舆论场。

“曝光台”坚守“民生、互动、连接、开放”的理念，让媒体与用户、媒体与政府职能部门高效地联动起来，对群众普遍关注、反映强烈的操心事、烦心事、揪心事以及其他社会热点问题，实施网民端上反映、媒体梳理跟进、部门解答督办，力促化解矛盾、解决问题；“帮你问”邀请2000多个各级党委、政府和各个机构部门入驻，对用户反映的各类问题要求在3日内给予及时答复；“找答人”则包含由专业律师、优秀教师、医务工作者等近400多名各行各业专家组成的“答人帮帮团”，为用户答疑释惑；“玩社群”则收录1950余个行业、兴趣等社群，按照适合自己的圈子组成兴趣小组，共同解决相关问题；“城事通”则提供衣食出行等生活资讯、办理。

2020年全年，“帮帮”累计发布信息1.1万余次，及时吸纳建设性意见3000余条，帮助解决各类困难500余起，宣介、澄清各类事实信息500余次，廓清疑问6000余条，化解各类矛盾600余起。

“帮帮”专栏是主流媒体充分发挥自身优势，强化链接功能，做好新时期群众工作的有益尝试。经过几年培育发展，该专栏已成为深受重庆市民关注、党委和政府积极支持的政民互动重点平台之一。该专栏也为新时期推进媒体融合，创新走好“网上群众路线”提供了有益借鉴。

作品二维码

融媒体报道“脱贫攻坚十八般武艺”

重庆作为全国脱贫攻坚的主战场之一，2020年的“脱贫攻坚”答卷准备得如何？

上游新闻2020年年初提前策划，为记录重庆18个深度贫困乡镇的脱贫历程，联动14个区县融媒体中心，全面聚焦深度贫困乡镇脱贫大决战大型采访活动。以“脱贫攻坚十八般武艺”为题，推出6期报道，总阅读量超过了1000万次。

一、深入田野的脱贫采访

为了做好重庆市决战脱贫攻坚的宣传，上游新闻的18路记者深入18个乡镇，以“产业”为由头，联手当地融媒体中心记者，走进贫困乡镇、贫困家庭，聚焦贫困之源，报道脱贫之法，讲述脱贫之事，采访扶贫之人，并在上游新闻、重庆晨报和14个区县的融媒体平台同步发声，全媒报道，重磅呈现，协同推出“脱贫攻坚十八般武艺”系列大型报道，共同讲述脱贫攻坚大决战中的“重庆故事”。推出的6期报道，分别为《中益乡的“黄精时代”》《平安乡的“点木成金”》《雷笋节节高　生活日日新》《一组黑色农产品　种出光明脱贫路》《武隆后坪乡　天生聚宝盆》《万州龙驹镇　金鸡起舞》，每一篇让读者隔着屏幕也能感受到“第一书记”们和乡镇干部的攻坚努力和决心。

二、融媒体讲好看得见的脱贫故事

为了更直观地展现重庆脱贫攻坚的故事和成果，让“十八般武艺”更鲜活灵动，“脱贫攻坚十八般武艺”系列大型报道采用了文图+视频Vlog的报道形式，同时制作了风格鲜明的推广海报。

Vlog作为时下最为火爆的短视频风格之一，正在时政类新闻报道中呈现不一样的风采。通过记者的镜头，用户直击现场，体验感更强，观看相关人士讲述脱贫故事，让主题报道变得更加具象化，在充满趣味性的同时，也兼顾了时政新闻的严肃性。

确定了视频体裁后，上游新闻记者兵分多路深入深度贫困乡镇，联动当地区县融媒体主持人一起出镜到乡村“寻宝”，见证乡村振兴和脱贫的产业之路。首期报道《中益乡的“黄精时代”》，文字记者走到田间地头，徒手刨出黄精在镜头前展示，用轻松活泼的方式讲述了“黄精”如何变“黄金”的故事。《武隆后坪乡　天生聚宝盆》，两位文字记者同时出镜，现学现唱苗族山歌，通过这一有趣的形式，讲述了后坪乡农文旅融合发展助力脱贫攻坚的好故事。

作品二维码

《中益乡的“黄精时代”》

《武隆后坪乡　天生聚宝盆》

《雷笋节节高　生活日日新》

（上游新闻供稿）

封面新闻

新媒体工作综述

2020年，面对新冠肺炎疫情的冲击，封面传媒围绕构建“科技 + 传媒 + 文化”生态体的目标，聚焦“智能技术、数字文博、内容科技、数字营销”四大方向，实现传播矩阵覆盖用户上亿、优质内容亮点频出、技术引领取得突破、经营管理危中求进。2件作品获得中国新闻奖，荣获中国报协表彰的“2020年全国报社媒体融合技术创新优秀企业”，连续4年登上亚洲品牌500强，排名第399位。封面新闻智媒体平台荣获国家新闻出版署2020年中国报业深度融合发展创新案例。通过国家文化和科技融合示范基地创建答辩，获批博士后创新实践基地。

一、内容生产创新不断，中国新闻奖取得新突破

2020年，封面新闻、华西都市报2件作品获得中国新闻奖，战“疫”报道重磅巨献，脱贫攻坚、建党百年、成渝地区双城经济圈建设等主题报道持续深化融媒报道手段、不断创新报道方式，取得显著成效。

中国新闻奖取得新突破。2020年，封面传媒两条新闻获得中国新闻奖，其中《全乡村民化身“爬山侠”守护雪山！村民跋涉5000米高山捡垃圾》获得媒体融合奖项中短视频现场新闻二等奖，四川凉山木里火灾《1个人与27个人的生死对话》荣获文字通讯与深度报道三等奖。

深度聚焦脱贫攻坚。推出“凉山，瓦吉瓦！——2020决战脱贫攻坚决胜全面小康”“你笑起来真好看”“新家　新房　新生活——四川最大易地扶贫搬迁安置点迎首批住户”等专题报道以及脱贫攻坚青春力量、三河村的笑脸等优质内容，积极开发微视频、互动H5、创意海报等创新融媒产品，微博、抖音、快手等平台相关话题热度持续飙升。一年来发布相关原创报道千余篇，全网阅读量破5亿次。

超前谋划建党百年。2020年7月1日，建党99周年之际，在中共四川省委网信办指导下，封面新闻联合中共四川省委党史研究室推出了“百年百篇”跨年大型策划。截至2021年年初，“百年百篇”专题已刊发党

史故事相关内容产品87条，全网阅读量破亿次。2020年7月14日，中国网信网在首页首屏重点位置刊发了题为《四川："百年百篇"大型跨年专题报道 回顾建党百年光辉历程》长文，高度点赞此组专题报道。

创新深化双城宣传。围绕成渝地区双城经济圈建设推出"成渝文旅新地标"评选、成渝双城经济圈品牌大会、"成渝双城志"、"成渝双城记 城市发展经"、"直击成渝双城经济圈建设"、"行走三极 成渝问道"、"成渝同频振 康养携手行"、"双城经济圈 成渝新起点"等10余个大型主题活动和专题报道。其中，"成渝文旅新地标"评选在为期一个月的网络投票中，近千地标参与角逐，数量创下川渝地区同类奖项新高，全网点击量达数亿次，总票数接近450万，"成渝文旅新地标"成为网络热词。

冲锋战"疫"铿锵有力。封面新闻于2020年1月21日起外派记者前往武汉采访，成为全国最早进入武汉的媒体之一，14名记者分5批赴武汉采访80天，并于1月26日（农历正月初二）起组织员工有序恢复生产。封面新闻最早关注湖北乡村防疫战，最早关注疫区口罩工厂复产，全国首发"呼吁痊愈者捐献血浆"，全国最早对武汉社区大排查进行直播，最早开通战"疫"频道，发布疫情防控各类稿件3万余条，其中原创稿件近9000条，站内阅读总量破10亿次，全网阅读总量超过百亿次。2月19日起推出《战"疫"史志》大型专题报道，聚焦人类与疾病千年斗争中的人类发展启示、医学进步启示、文艺繁兴启示，以及全球战"疫"和中国战"疫"的历史。42篇连载报道在封面新闻客户端阅读量达3000万+，全网传播量超1.8亿次。全媒体关注武汉火神山医院、雷神山医院、方舱医院建设，挖掘了"武汉120急救站唯一出诊女医生""武汉封城后20万外卖订单""拯救新冠肺炎宝宝""四川独行医侠"等大量正能量故事。武汉报道组发回报道上千篇，全网传播总量超过50亿次。以封面新闻14名记者为主力的川报集团武汉报道组获得四川省五四青年奖章，记者田雪皎获得四川省抗击新冠肺炎疫情和防汛救灾省级表彰。

扎实走好"网上群众路线"。在中共四川省委网信办指导下，封面新闻依托自建云上群众智能服务平台，充分发挥云线索、云投诉、云求助、云辟谣的功能优势，做好经济民生领域热点问题网上宣传引导。2020年5月19日，由四川省互联网不良与违法信息举报中心主办，封面传媒承办的四川省互联网联合辟谣平台上线运行，成为四川省治理网络谣言、遏制网络谣言、第一时间澄清网络谣言的权威渠道、公开窗口、联动平台。

二、经营业绩逆势飘红，技术营销收入成为重要支撑

2020年，全国广告市场受疫情影响面临严峻形势。面对严峻挑战，封面传媒持续攻坚克难，坚持数据驱动、技术引领，推进经营转方式调结构，创新经营产品线，优化营销业务模块，实现经营"云突

围”，化危为机，逆势飘红。全年营收同比上涨 0.37%，利润增幅 249%，技术输出营销增幅 135.45%，新媒体增幅 32.2%。技术营销收入在公司总收入中的占比快速上升，在成为公司重要经营支撑的同时，也促进了公司收入结构的转型和新兴融合产业的发展。

在线下活动受限制的 2020 年，封面新闻的活动营销通过云发布和迭代升级仍然取得了突破和进展。4 月，封面新闻推出全国媒体中第一个规范化云发布标准，采用虚拟演播室、3D 建模、三维设计、虚拟引擎等多种技术手段，打造第四届 AI+ 移动媒体大会，为正在步入云时代的社会提供了一个创新型的云发布范本。“2020 西三角企业社会责任论坛”“川渝国企混改项目推介会”等项目均采用了“云发布”方式。

三、技术研发强劲有力，传媒科技核心竞争力凸显

智媒云迭代至 4.0 版本，客户端迭代至 6.0 版本，封面传媒目前科技研发累计投入已超过营销收入的 18%，在主流算法、机器写作、区块链应用、解决方案等多个领域取得一定的成效。封面传媒目前已获 11 个软件著作权及 52 个商标专用权，9 个专利正在申报中，荣获 2020 年王选新闻科学技术奖优秀论文一等奖、中国报业技术年会论文一等奖等多个奖项。

截至 2020 年年底，封面传媒技术研发合作的公司已达 30 余家，与电子科大、启迪区块链、华为云、移动、百度等均成立了联合实验室进行智媒产品研发。智能技术输出目录将迭代至 4.0 版本，包含融媒技术、云展技术两大类共 80 余个模块，800 余项功能，媒体融合技术的产品类型已覆盖省市县三级融媒体中心和相关行业解决方案，从云端生产、全流程监控、网络安全、性能提升、R+ 视频能力到大数据分析和智能化管理均已实现了功能模块的自主研发，在承压能力、高并发优化以及多云适配方面取得了较大进展。

封面新闻 6.0 版本全新打造了“算法推荐模型 + 人工干预 + 用户自主选择”有机结合的智媒云—主流媒体算法，生成实时推荐流。具体包括内容质量、内容分发、内容传播、内容生产四大类共 12 个算法模型。6.0 版本以核心价值观的主流正能量为算法核心，让主旋律传播与用户需求一体融合，既打破“信息茧房”，坚持正确舆论导向、价值取向，又关注用户兴趣，兼顾用户关怀，以算法向善驱动智媒向善，促进智慧与智能一体发展，进入真正的“价值阅读”，在多个融媒体技术输出项目中都得到了运用。

2020 年 1 月 16 日，由封面传媒研发的区块链数字内容版权存证系统，正式在封面新闻 App 上线。每一篇记者创作的原创稿件，发布即“上链”，并生成独一无二的存证证书，一键上链，一键确权，一键维权。版权管理联盟的伙伴链上内容快速共享，版

权内容平台安全交易。辽宁日报、黑龙江电视台、扬子晚报等媒体都已加入封面数字版权联盟链。

四、技术输出开疆拓土，全国性市场布局初具雏形

100天建好绵阳科博会云展馆，从黑龙江到新海南，从江苏到辽宁，融媒体中心建设多达16个，智媒技术输出，封面全国性市场拓展布局初具雏形。

从技术内向赋能进阶到外向拓展，从驱动单个媒体的报网融合发展到支持媒体融合向纵深发展，封面传媒以智媒云平台为基础，逐步建立了“两横一纵”的技术生态圈、深化合作的传播生态圈和不断拓展的产业生态圈。通过全新的市场化运作模式，公司迅速建立起省、市、县及行业融媒体技术和智慧云展等智能技术输出体系，智能技术品牌和项目迅速挺进全国市场。

融媒一体化建设已输出在米易、洪雅、阆中、通川等四川省内数十个县级融媒体中心，并在黑龙江、海南、辽宁、江苏、四川5家省级融媒体平台成功应用，也拓展到高校、法院等更多领域。同时还开展了融媒培训、融媒代运营、融媒服务等其他服务。

由封面新闻承建的第八届科博会云展馆项目是全国首个完全在云端呈现的国家级高科技展会，也是首次将3D建模与交互技术应用到展品一级，被业界评价为打造了智媒云“数字文博”的解决方案样板，在全国打响了“云展馆、封面造”的智能云展品牌。

围绕学习贯彻《关于加快推进媒体深度融合发展的意见》，封面传媒以媒体融合技术为基础，依托自身主流媒体传播和信息聚合优势，研发创新形成了智慧治理综合信息平台解决方案，快速进军智慧城市、智慧政务等信息化建设领域，探索实践新闻+政务服务商务的市场运营模式，并结合数字天府、泸州智慧治理平台等项目，进行实践落地。下一步，封面传媒还将成立封面科技公司，进一步提升大数据、人工智能、区块链技术产品的研发与产业拓展。

新媒体工作案例

《战“疫”史志》

2020年年初的新冠肺炎疫情震撼了世界，也必定会在人类历史上留下深刻的印记。封面新闻在2月19日推出专题《战“疫”史志》，回顾研读人类与瘟疫之间的千年纠葛。专题在20来天的时间里以42期共10多万字的篇幅，紧密围绕“人类对抗瘟疫”这一核心主题，多角度全方位考察瘟疫对人类的影响和人类应对挑战所留下的经验教训，为现实和未来人类对瘟疫没有尽头的抗争留下思考和启示，在以时政性为主体的新媒体报道中，成为抗击新冠肺炎疫情斗争中新媒体报道的一大亮点。

1. 立意清晰，主旨明确。《战“疫”史志》专题的开栏语《我们的现在　决定未

来》写道："以史为镜，眼前的经历，何曾相似，以史为志，应反思的，已有答案。"而答案是什么呢？怎么去获得？《战"疫"史志》通过42篇文本去梳理和找寻——呈现"千年抗疫中，那些对地理、医学、文化和技术等不同领域的深远影响"，铺陈"那些浸透生命的抗争后，留下的反思、启示，以及对未来的映照"。

2.纵横捭阖，视野宏阔。《战"疫"史志》信息量大，内容丰富，它以战"疫"为核心凝聚点，整合梳理了古、今、中、外、医学、社会、科学、艺术、影视等方方面面的内容，涉及天花、流感、鼠疫、疟疾、霍乱、肺结核、艾滋病、非典、埃博拉这些曾经或仍旧在世间肆虐的瘟疫与战争、科学、文化和文明的关系，还原这些瘟疫对人类历史的影响和对医学科技等发展的促进作用。

3.文献丰富，卷帙浩繁。《战"疫"史志》有着一种媒体文本上少有的"学术气质"。它知识密集，内容专业，旁征博引，来源权威。十多万字的内容，引用了上百份学术专著、论文或专业性文章，这让它在知识密集的同时，也具有艺术的灵气和哲学的深刻。

4.历史叙事，现实关怀。《战"疫"史志》讲了很多真实生动的故事，让我们回到历史重大事件发生的现场，去感受去思考，其用心中蕴含着浓重的现实关怀，这种现实关怀有时甚至外化为对有高度针对性和实用性的知识的推介，例如《如何获得群体免疫力》等。

5.理性思考，智性取胜。关注人类和瘟疫的千年纠葛，《战"疫"史志》以智性取胜。专题的阅读数据，同样说明其受欢迎程度。《战"疫"史志》其智性主要体现在通过对历史和现实的审视，获得有价值有深度的判断，如"公开透明，才有助于遏制疫情与恐慌"等表述。专题在封面新闻客户端阅读量达2200万+，全网传播超1.5亿次。

6.以古鉴今，大家点赞。《战"疫"史志》引起了众多专家学者的关注，作家阿来认为《战"疫"史志》是很有必要的国民素养教育课。在文艺评论家、辞赋家，茅盾文学奖、鲁迅文学奖评委何开四看来，《战"疫"史志》最大的价值是促使人类吸取教训、反思自我，同时传递对光明的信心。

封面新闻在疫情防控关键时刻推出精心策划的《战"疫"史志》专题，有新闻之敏感、学术之系统、研究之严谨、讲述之趣味。将讲述的内容在空间上把视线放置在世界的范畴，在时间上纳入整个人类历史的纵深视野，编织出立体多维全息的文本，从而鼓舞士气，对激励民心起到积极作用。

作品二维码

承建第八届中国（绵阳）科技城国际科技博览会云博览

2020年9月25日，由封面传媒承建的第八届中国（绵阳）科技城国际科技博览会（以下简称“科博会”）云博览活动圆满落幕。该云博览平台建设是目前全国规模最大、参展企业最多的全场景云端适配3D智能云展馆。在5天活动时间里，云博览平台共吸引了海内外581家企业和机构参展，累计线上观展人数达272.81万。绵阳市以云博览平台为依托，通过云展览、云推荐、云洽谈、云签约等方式集中展示签约项目105个、签约金额691.73亿元。

一、云展建设：自主创新，建成全国最大3D智能云展馆

封面传媒于2020年6月下旬与绵阳市政府展开沟通对接，并迅速进行云博览平台的前期调研和设计工作。7月下旬，四川省政府对第八届科博会总体方案正式批复。封面传媒依托自身近5年来在VR+新技术、AI及大数据方面的技术能力，投入由软件技术、建模制作、策展组织、内容策划等方面力量组成的200余人团队，自主研发，奋战两月，于9月21日凌晨零点实现了科博会云展馆顺利上线，并保障了9月21日至25日云博览平台安全平稳顺畅运行。

与全国同类云展项目相比，第八届科博会云博览平台在技术建设上实现了两个首创：在全国首次实现了无线下展情况下虚拟展览独立在云端全场景呈现和多终端适配，在全国首次将3D呈现和交互技术延伸到展品一级。科博会云博览还实现了两个领先：使用多级加载技术策略，让单层场景加载速度提升到毫秒级；云展大数据系统分析指标达37个，在全国同类云展平台中处于领先地位。

建成后的科博会云博览平台由5000余组3D模型组构成，共有581家企业和机构的1800余项展品参展，与上海世界人工智能大会、天津世界智能大会、重庆智博会等同类云展平台对比，已成为目前规模最大、参展企业最多的云博览平台，并形成了云上博览技术建设的系列新标准和新模式。

二、云展成果：数据驱动，探索交互传播＋智能服务新模式

本届科博会首次在无线下展的情况下设立了独立的云上博览。通过云展大数据系统分析发现，全新的展览模式吸引了以年轻人为主体的智能手机用户，观展用户来源遍布全国各地。

截至2020年9月25日24点，科博会云博览平台累计观展次数为2309.24万次，累计观展人数为272.81万，以移动端观展用户为主。其中，25—34岁年龄段人群占比50.95%，18—24岁年龄段人数占比20.19%。观展用户来源除四川各地外，还有北京市、深圳市、重庆市的大量用户。

云博览通过全网融合推广，在全国打响了“云博览、封面造”的四川新型展会服务模式和品牌，形成亿级覆盖传播。科博会云博览平台及活动登上《新闻联播》等国家重要新闻报道栏目，并被人民日报、央视、新华社、人民网、光明网等中央媒体、全国主流媒体和主要网络传播平台报道。截至9月25日24时，科博会云博览相关新闻报道在全网的传播及阅读观看次数已超过1.4亿次。

活动期间，云展大数据分析系统记录

了2451万条用户行为数据，分37个指标进行多层次多维度的大数据分析，并以数据日报、速报和总结报告的形式，连续5日向组委会提交数据专报共10份，帮助组委会和企业及时了解云展数据情况，并向用户智能推送最匹配的云展信息。科博会云博览平台在开通云展馆主体功能外，还开通了云直播、云推荐、云洽谈、云发布等多种云上展会服务功能和模式，助力四川科技创新，助推产业发展。

（封面新闻供稿）

贵州日报社

新媒体工作综述

贵州日报报刊社、贵州日报当代融媒体集团（以下称“报刊社”“集团”）坚持以内容建设为根本、先进技术为支撑、创新管理为保障，全力推动媒体融合向纵深发展，正探索形成一条省级主流媒体融合发展的战略路径。2021 年 1 月 15 日，国家新闻出版署公布了 2020 年中国报业深度融合发展创新案例，报刊社、集团的“天眼新闻”案例入选“2020 年中国报业深度融合发展创新案例（全媒体传播体系建设类）”。当代先锋网荣获由人力资源和社会保障部、国家广播电视总局、国家新闻出版署联合颁发的“全国新闻出版广播影视系统先进集体”称号。

一、指导思想

上连党心、下接民心，充分发挥好报刊社、集团作为党的新闻舆论工作主力军的重要作用，把深度融合发展的理念贯穿到新闻工作、精品生产、融合实践、产业经营等方面，不断提高新闻舆论传播力、引导力、影响力、公信力，更好地深入宣传贯彻习近平新时代中国特色社会主义思想，为贵州经济社会发展提供强大精神力量和舆论支持。

1. 深刻认识全媒体时代推进媒体深度融合发展的重要性和紧迫性。深入学习贯彻落实习近平总书记关于宣传思想工作和媒体融合发展的系列重要讲话精神，牢固树立互联网思维，主动把握移动化趋势，坚持正能量是总要求、管得住是硬道理、用得好是真本事，坚持正确方向、一体发展、移动优先、科学布局、改革创新 5 大工作原则。

2. 深刻认识建立内容建设为根本、先进技术为支撑、创新管理为保障的全媒体传播体系的内涵。将更多人财物投向互联网主阵地，打造新型传播平台，大幅提升主流媒体的内容生产能力、信息聚合能力和技术引领能力。深化报刊社、集团内部体制机制改革，在重点领域和关键环节实现突破，进一步优化全媒体采编网络和工作流程，实现融为一体、合而为一，形成立体多样、融合发展的现代传播体系，切实把“天眼新闻”客户端打造成为贵州党员干部必读必看的客户端，让广大读者用户“开天眼、阅多彩”。

3. *深刻认识把融合发展作为“一把手”工程的要求，加强组织领导*。成立报刊社、集团“贯彻落实《关于加快推进媒体深度融合发展的意见》领导小组”，由集团一把手担任组长，集团总编辑、副总编辑担任副组长，集团班子为成员，全员参与、协同配合，扎实做好有关工作。

二、主力军全面挺进主战场

确立“一云”（天眼媒体云）、“一端”（“天眼新闻”客户端）、“一网”（当代先锋网）的“三个一”总平台为新媒体核心平台圈，贵州日报、天眼新闻、贵州都市报、法制生活报两微及商业平台集群为新媒体拓展平台圈，把更多优质内容、先进技术、专业人才、项目资金向以“天眼新闻”客户端为统领的核心平台圈融媒体矩阵倾斜汇集，把分散在网下的力量尽快进军网上、深入网上，让正能量汇聚成大能量。

1. *以互联网思维优化资源配置，建设两个平台圈*。作为全国首个以“融媒体”命名的新型媒体集团，报刊社、集团着力强化顶层设计，以高质量平台建设为出发点，打造传播“云”集群。

坚持“虚拟软件、架构设计、消化吸收、集成创新”，耦合新闻行业最新应用和其他重要行业关键应用平台，自主研发“天眼媒体云”、天眼算法、数据库，搭建可追溯版权系统，把改革创新贯穿到媒体融合发展全过程。将“天眼媒体云”打造成具有算法能力且集融媒体一“键”采集、编辑、发布、存档等为一体的生态化内容生产链。

整合原“今贵州新闻”客户端与“当代贵州”客户端，全力打造“天眼新闻”客户端，取得了1+1>2的融合效果。当代先锋网整合今贵州网重新改版升级上线，“都市E家”提质升级为“都市新闻”客户端，集团旗下其他微信、微博平台坚持特色定位、各美其美，全部迁入融媒体中央厨房，经过融合、优化、升级，确立了以“贵州日报”“当代贵州”“天眼新闻”“当代先锋网”为核心品牌，形成4报、14刊、2版、4云、7网的全媒体矩阵。

统筹兼顾，做大做强网络平台，报刊社、集团将优质内容、先进技术、专业人才、项目资金等资源全面向新媒体核心平台圈、新媒体拓展平台圈两个平台圈倾斜汇集。大力增强“天眼新闻”聚合能力，推动“天眼新闻”走出去、融进来，为全省9个市州、88个县（市、区）及部分经济开发区开通专属频道，打通“天眼新闻”与县级融媒体中心客户端的信息接口，与县级融媒体中心共同建设好县级新闻客户端，实现融合发展“端上走”；打通“天眼新闻”与省内重要政务、民生服务平台的端口，丰富政务、民生信息和服务、社交功能，链接在“云端”即可办理便民服务，让“天眼新闻”好看、实用，成为数字时代服务社会、服务大众的平台型基础设施。

充分依托“学习强国”学习平台的平

台优势、资源优势、传播优势，运营好“天眼新闻”学习强国号、“当代贵州”学习强国号等，通过新闻快讯、时事评论、深度报道、现场直播、手绘海报、视频动漫等全媒体传播方式，不间断为用户提供政治、经济、文化、社会等领域的优质资讯，拓展贵州主流舆论网上宣传阵地，全方位、立体化呈现贵州人民坚定不移贯彻新发展理念和推动高质量发展的生动实践，传播贵州好声音。

持续优化其他平台号，根据所辖各平台功能特色，在微博、微信、抖音等开设18个新闻资讯类账号，截至2021年年初，共有粉丝数近千万。各平台号运用AR、VR、直播等新技术新应用，定期推出融媒体作品，生动演绎、深刻诠释“贵州缩影”“贵州新路”“贵州样板”。

2. *以传播力考核为指挥棒，完善激励机制*。报刊社、集团深化薪酬制度和分配制度改革，充分发挥考核指挥棒作用，全面贯彻移动优先策略，在全国党媒中率先实行“以网端传播力发稿费、党报党刊无稿费”的绩效考核新办法。

采编人员绩效考核打破以往纸媒为主、网端为辅的惯例，全面推行采编人员任务量化考核，以“天眼新闻”客户端刊发量、点击率、转发率、点赞率4项指标作为绩效考核主要依据，以传播力为导向，网端点击量不达标的稿件，原则上不得在报刊平台发布；记者采写稿件只考核网端传播力，在党报党刊发稿不再发放稿费，报刊质量与编辑绩效考核挂钩。

在融媒体采编人员中推行移动优先的业务导向机制和传播力考核导向机制，设立“融媒体传播力建设特别奖励”，对具有传播力、引导力、影响力、公信力的创新创优作品进行奖励，并据此评选年度首席记者和首席编辑，享受相应经济待遇，引导和激励广大采编人员深入基层采访调研，主动学习和研究融合传播产品，积极创新，从而实现融媒体新闻产品泉涌；鼓励践行“脚力、眼力、脑力、笔力”的名编辑、名记者、名评论员、名主持、名主播、名视觉设计师、名产品设计师脱颖而出。

3. *完善融媒体指挥调度制度，进一步优化采编全流程*。报刊社、集团打破传统媒体和新兴媒体固有机构模式，创新“机构融合”，按照“融媒体指挥中心＋采访中心、编辑中心、技术中心”的“1+3”架构进行机构设置，使人岗相适，为媒体融合转型发展提供坚实组织保障。

融媒体指挥中心负责统筹调度采编资源，主要抓好宣传任务统筹、重大选题策划、采访力量指挥、编辑工作指导等。融媒体编辑中心负责统筹调度编辑工作，负责新闻报道的组织与策划，管控稿件质量与编发秩序，对各部门提供的稿件资源进行深度编辑、设计排版、聚合优化。融媒体采访中心负责统筹调度采访工作，负责省内重大政治经济社会活动宣传报道的采访、策划、调度和执行，并对相应新闻稿件进行具体采写和初步编辑加工，指挥记者做好选题报送工作。融媒体技术中心负责统筹调度技术工作，提供融媒体技术支持和产品研发工作，为采编业务提供技术保障、创意设计、产品研发、信息资源、大数据研发等支持，为采编部门高质量开好选题策划会提供大数据热点分析服务。

在“1+3”架构的指挥下，采编资源全面融合，党报党刊党网党端采编人员100%融合，打破原来采访部室按媒介形态设置的惯例，重新按行业划分，采访部室、天眼战队、记者站、县级融媒体中心协同作战，将原有报、刊、网、端4条“生产线”合而为一，抓好策、采、编、发四大环节，形成了策划先行、一次采集、多种生成、多元传播的新型采编流程。

三、推进内容生产高质量发展

整体而言，部署多项行动计划，推进新媒体内容生产高质量发展。实施“两步突破”行动计划。2019年重点在思想解放、技术更新、人才引进、机制创新等方面取得突破。2020年重点在内容运营、平台拓展、经营提质等方面取得突破；实施“用户井喷”行动计划。每年投入逾千万元用于用户推广活动，推动“天眼新闻”客户端下载量和新媒体总覆盖人数实现新突破；实施“创意泉涌”行动计划。每年投入逾百万元资金设立融媒体传播力建设奖，奖励优秀作品和优秀融媒体产品创作团队，倡导优质作品、创新传播；实施“运营提质”行动计划。整合资源实行一体化运营、专业化服务，深度改革新媒体经营思路，大力引入经营人才，强化经营队伍建设。

1. 坚持策划先行，推进内容生产供给侧结构性改革。报刊社、集团建立6个层面的选题策划会制度，创新形成了季策划、月策划、周策划、日策划和时策划以及紧急策划的机制，依照各类型选题策划会主要任务，有序开展选题策划工作。

季策划主要解决趋势性、方向性选题预判；月策划进一步落实季策划成果，让选题更加精准，推动优质原创内容泉涌；周策划则根据报题，推动季策划和月策划选题落细落小落实，督导重点选题进入实操阶段。

日策划着重解决好“连天线、接地气”问题，做到耳聪目明，坚定不移推动移动优先策略落到实处，围绕端网微号，紧贴用户需求，指挥调度全集团采编资源，聚焦百姓事、身边事，深挖、下沉、扎根，抓好社会民生类、服务类新闻信息生产和碎片化、可视化、短平快传播，解决好新媒体平台优质原创内容泉涌问题，实现即时策划、及时发稿。

时策划进一步解决新媒体平台产品策划，根据选题策划会成果，围绕4个黄金点击窗口，紧扣当前全网热点，推出受众欢迎的海报、长图、H5、短视频等融媒体产品。紧急策划重点围绕解决上级部门临时重要指令、全省重大突发事件组织展开，做好与前期策划的衔接、舆情管控等工作。

几个层面的策划工作，互相促进、互相补充，实现“季季有重点、月月有落点、周周有燃点、日日有看点、时时有亮点、紧急有步点”的“六有”选题策划新局面，逐步形成了“选题竞争是重头、稿件竞争成常态”的良好氛围。

2. 围绕中心工作抓原创，围绕社会民生抓爆款。围绕中心工作抓原创围绕中心、服务大局，大力宣传党中央、贵州省委省政府的重大决策和工作部署；围绕社会民生抓爆款，在老百姓关注的衣食住行游购娱等领域做文章，抓住用户需求和“眼球”，按照“短、新、微、快”的要求紧跟社会热点追踪报道，涌现了一大批 10 万 + 稿件。

加强报刊版面头条、重点栏目，网站首屏、客户端首页与选题策划成果无缝衔接，努力强头条、强栏目、强首屏、强首页，实现“报纸版面头条有质量、杂志期刊期期有分量、网端首屏屏屏有能量”。处理好重头稿件与信息含量高的短小稿件之间的关系，既把“西瓜”摘好又把“芝麻”捡好，推动各信息发布平台“旮旯角角”都有看头。处理好日常选题与重大节日、节点专项选题的关系，做到精彩不断线。

3. 坚定不移贯彻执行“无图片不传播、无视频不新闻”。充分发挥报刊社、集团“天眼战队”采编和信息资源优势，推出适合移动传播、社交传播的新闻产品，真正做到“无图片不传播、无视频不新闻”。

大力运用新技术手段推进融合传播，增强信息呈现的质量和冲击力，突出倡导创新运用 H5、长图、全景 VR、AI、动漫、沙画等传播技术手段，全面提升融媒体产品的传播力。大力发展短视频业务，围绕重大主题，把握短视频“风口”，打造优质原创短视频，许多视频产品成为网络爆款。

大力发展移动直播，坚定不移贯彻移动优先、天眼优先、视频优先，在融媒体中心中央厨房统一指挥下，横向联动全国各主流媒体融媒体平台特别是直播平台，纵向联动全省各市州、各县级融媒体中心直播平台，构建多平台、全覆盖的新闻直播传播新生态。

通过多地记者现场连线、景观镜头呈现、各地重要专访等方式，定期推出大型主题直播，不断加大音视频直播力度，通过 VR 技术、AR 技术、超高清 4K 技术及“3D”技术等，建构无限逼近真实的传播场景，形成沉浸式的媒体应用，使用户在立体化、多感官接收情境中成为新闻事件的“目击者”和“实地观察者”，生动演绎、深刻诠释“贵州缩影”“贵州新路”“贵州样板”。

四、坚决打赢融合发展攻坚战

融合发展永远在路上，要实现“着力打造形态多样、手段先进、具有竞争力的新型主流媒体，建成拥有强大实力和传播力、引导力、影响力、公信力的新型媒体集团，形成立体多样、融合发展的现代传播体系”三大目标，还有很长的路要走。为此，报刊社、集团制定了“大党建”“大融合”“大产业”三大战略行动，确定了数条工作纲要，在制度、人才、机制等方面夯实基础、提供保障。

1. 建章立制，为融合发展提供制度保障。目前，已制定了落实党风廉政工作责任、落实意识形态工作责任制的多项制度、完善党委领导与法人治理结构相结合的各项制度、明确统筹采编流程改革的《采编工作制度》《传播力建设奖励办法》《三审三校制度》等制度，起草深化干部人事改革、深化薪酬及分配改革、规范财务管理及经营管理等方面的多项制度。建章立制的同时，大力推进制度文化建设，推动形成靠制度管人、循制度做事的制度文化生态，引导干部职工时时处处事事崇尚制度、学习制度、遵守制度，为融合发展提供制度支撑。

2. 人员培训，为融合发展提供人才保障。一方面，开展落实意识形态工作责任制“春季行动”，将落实意识形态工作责任制各项制度的教育培训作为重点内容，坚持把党的领导覆盖到融媒体各个平台、新媒体账号各个角落、工作岗位的每名员工；另一方面，通过天眼大学的广阔平台，把专家学者请进来，把业务骨干送出去，抓好全媒体理念和技能的培训。培训产生了良好的效果，进一步统一了广大干部职工思想。

3. 改革创新，为融合发展提供机制保障。惟改革者进，惟创新者强，惟改革创新者胜。集团的组建，是改革创新的成果；集团的发展，更需要改革创新的力量。集团成立了全面深化改革领导机构，按照采编流程改革、干部人事制度改革、薪酬制度及分配制度改革、人员优化配置、文化体制及供给侧结构性改革、资产评估等方面下设小组，同步推进各项改革，实现高质量发展。

4. 技术创新，为融合发展提质增效。天眼媒体云在自主研发的基础上，嫁接了国内较为先进的媒体技术，集团全体员工要把信息化生存、系统化生存、互联网化生存作为矢志不渝的努力方向，不断增强对技术的敏感性。天眼媒体云是主要后端支撑、“天眼新闻”App是主要前端呈现，两个方向的技术应用相互支撑才能相映生辉。把“做强全媒体新闻业务、聚合大数据智慧服务、丰富全领域社会服务、拓展物联网智能商务”作为天眼媒体云、“天眼新闻”App发展理念，助力集团融合发展车轮滚滚向前。

（贵州日报社供稿）

多彩贵州网

新媒体工作综述

多彩贵州网有限责任公司成立于2014年7月1日，公司成立以来，深入贯彻落实贵州省委“坚持宣传事业和传媒产业两手抓，打造具有较强实力和国内影响力的互联网文化传媒集团”指示精神，坚持把“记录贵州、传播贵州，做优宣传、做强产业”作为根本任务，紧紧围绕中心、主动服务大局，大力加强新媒体宣传舆论阵地建设，抢抓大数据发展机遇，加快推进媒体深度融合，现已发展成为贵州省三大主流媒体之一和全省最大门户网站、最大互联网文化传媒集团。

目前，多彩贵州网构建起“新闻＋政务服务商务”发展模式，初步走出了一条有别于东部、不同于西部其他地方重点新闻网站的特色化、差异化发展新路。

一、以深化媒体融合为抓手，推动主力军全面挺进主战场

构建起“1124+N”全媒体传播格局。目前，多彩贵州网已打造“一网、一报、两微、四端、多号”的新型主流媒体传播矩阵：一网（即一张多彩贵州主网及数十家子网群）、一报（即贵州手机报群，含数十家行业地方版）、两微（即多彩贵州网官方微博、官方微信）、四端（即众望新闻客户端、多彩宝客户端、多彩云客户端、学习强国贵州分平台）、多号（即抖音号、头条号、大鱼号、百家号等新媒体账号）共6个系列80余个传播平台。截至2020年年底，多彩贵州网六大系列传播平台受众覆盖超过8000万。传播力持续上升。截至2020年年底，多彩贵州网全平台传播量突破10亿次。其中，PC端逆势上扬，同比提升33%，官方微信同比提升93%，官方微博同比提升43%，抖音等新媒体账号传播量均过亿次。

二、以深化媒体融合为纽带，打造“新闻＋政务服务商务”融合发展模式

多彩贵州网经过6年探索，构建起“新闻＋政务服务商务”融合发展模式，稳步走出一条以做精传播为核心、以做强技术为引擎、以做优服务为落点，以跨媒介跨

业态融合为特色，以强队伍建设为根本，拥有自身闭环生态圈的媒体纵深融合发展新路。

1. 在移动端上发力。2020年以来，多彩贵州网集中力量重点打造以众望新闻客户端为核心的“一网一报两微四端N号”的现象级新型主流媒体传播矩阵。以“引导群众、服务群众”为主旨，按照业态场景化、话语清新化、服务便民化的思路，围绕“视听读聊、功能优化、交互体验”三条主线迭代升级，开设众闻等新栏目、新板块，着力打造智能机器人、兴趣算法推荐、频道进阶等优化“视听读聊”的AI全景体验，建设了多个服务互动板块，构建起智能全媒体传播体系，满足智慧政务、智能交互等信息服务需求，逐步实现“在贵州，看众望、问众望、用众望”新闻+政务+生活的一键满足生态圈。不到一年时间，众望新闻客户端下载量已经超过700万次，日活用户达15万。

2. 在“新闻+服务”上发力。多彩贵州网紧紧抓住多彩宝作为“贵州省政务民生服务唯一移动端平台”的品牌影响力，围绕全省深入推进“放管服”改革，通过发放多彩贵州系列消费券等方式，开展各类政务民生服务。2020年疫情防控期间，多彩宝推出“疫情防控服务专区”为全省广大群众提供“一站式”服务，除了能及时了解疫情防控动态、疫情防护权威知识外，还能查询疫情防控实时数据、在家办事、在家缴费、定点医院查询等。2个月时间，疫情服务专区累计访问6111万人次。到2020年年底，多彩宝App装机量突破5000万，实名注册用户超过1380万。

3. 在“新闻+政务”上发力。多彩贵州网充分发挥网络互动优势，在省委网信办等相关部门指导下开设“书记省长群众直通交流平台”“贵州省人民建议征集平台”“贵州辟谣”平台等多个互动平台，成为了解民情、集中民智、维护民利、凝聚民心的新平台、新途径、新渠道。运维的“文明在行动·满意在贵州——不满意问题征集平台”与全省88个县级文明办及相关单位建立协作、追溯机制，让网友的投诉或咨询的问题得到切实解决，2020年以来，平台共收到公共交通、医疗卫生等投诉1837条，解决回复达100%等。

4. 在“新闻+商务”上发力。多彩贵州网深入贯彻落实省委负责同志关于“一码贵州”平台建设的指示要求。在省委宣传部等部门的指导下，在“消费扶贫”“黔货出山·夏秋攻势”“校农结合”等工作中积极作为。截至2020年年底，“一码贵州”平台累计入驻生产主体2.3万家，上线产品6.4万个，实现产品销售16.44亿元。

三、以深化媒体融合为引擎，优化采编内容生产生态体系

多彩贵州网中央厨房是省内第一个中央厨房。该平台由多彩贵州网自主研发，并拥有完全自主知识产权。截至2021年年初，多彩贵州网中央厨房升级迭代到3.0版

本——“数智融媒”智能化融合采编平台，在“策、采、编、审、发、监”流程再造的基础上，实现全程移动化采编，可移动报题、移动采编、移动审核、移动调度指挥，提升时效性、规范性，提高采编效率；通过技术赋能，多彩贵州网表达形式在原有H5、Vlog等基础上不断创新，拥有SVG、ALOG、互动短视频、动漫、VR全景、MG动画、手机端直播……形成了“多彩贵州网STYLE”报道新模式；充分运用云计算、大数据、人工智能等前沿技术来设计和建设客户端，实现智能语音交互、语音合成、图像识别、情感分析、敏感词过滤等。同时，多彩贵州网提前布局5G时代、物联网时代的传播新业态，着手设立“5G实验室”，研究和开发5G时代新型产品。策划推出《旋转90度，看贵州山乡巨变！》《壮阔大迁徙，向着幸福奔去！》《看！贵州脱贫攻坚背后的数字密码》《贵州人幸福生活图鉴》《震撼！从万米高空看贵州巨变》等融媒体产品，采用最新的SVG、卫星地图等前沿技术创新表达，从易地扶贫搬迁、农村产业革命、交通建设、医疗、教育、就业等方面，展现贵州人生活的巨变。多彩贵州网及众望新闻客户端开通“阳光校园·空中黔课”，总浏览量突破1亿次；策划的《众望开讲了》首场活动“《大国大民》首发龙王贵州对话”，活动线上直播观看人数达332万；“助力振兴青春GO！”贵州省大学生网络“带货主播”评选大赛，首创12个直播间同时直播带货，活动线上直播观看人数达552万多。

四、以深化媒体融合为驱动，凝聚融媒体时代传播体系有生力量

1. 创新运维“学习强国”学习平台。完成“学习强国”贵州分平台改版，打通“多彩云”上融媒体中心与“学习强国”学习平台的供稿渠道，新建起遵义、铜仁多个市级学习平台等。本网原创稿件《整整9年，总书记到过的贵州布依族村寨已发生巨变》阅读量达2216万次，点赞数约1.6万次。

2. 建立融合生态体系。以“多彩贵州宣传文化云”建设为龙头，横向打通11家省直宣传文化单位，纵向接入9个市（州）和88个县级融媒体中心数据，构建内容资源池，运用人工智能技术，实现对各类媒体内容自动化、智能化的多业务识别分析。率先在全国启动“贵州省网络综合治理体系技术平台”建设，自主研发并初步建成传播控制系统、智媒管控系统、网络信息内容生态治理指数系统、互联网违法和不良信息举报中心“四位一体”布局的技术治网体系，推动“多彩云”从“管”的单向模式向“治”的多元主体协同模式跃迁，助力贵州省网络综合治理体系建设。

3. 打造全国传播体系。多彩贵州网与新华社、人民网等央媒，同字节跳动、腾讯、百度等商业平台及南方网、东方网、红网等全国60余家媒体建立合作，通过互推稿件、共享资源、技术交流等形式，借梯登高，扩大网上影响力。在2020年战“疫”报道中，

众望新闻客户端于1月29日参与到由长江云联动全国23个省份的主流融媒体平台发起的“战‘疫’集结号”中，2月8日元宵节共同发起的“元宵节亮灯为武汉加油”网络互动活动，2天时间阅读量突破1.7亿次。

五、以深化媒体融合为总揽，加快媒体融合发展体制机制改革

1. 优化调整媒体结构布局。多彩贵州网对各个端屏实施动态管理，定期优化资源配置、淘汰落后产能，关停并转受众少、影响力弱的版面栏目、频率频道和平台账号。新版众望新闻客户端就对栏目、频道进行了大刀阔斧的改革，推行“主屏制”，以“头条”“推荐”“要闻”“贵圈”“都市”等主频，用户可根据喜好添加定制频道，目前共有36个各类垂直频道供用户选择；PC端最近的一次优化，就是将原来的186个频道改版整合为152个频道，集中人力物力办好优势平台。

2. 改革内部组织构架。通过优化调整结构设置和人员配备，建立适应全媒体生产传播的一体化组织构架。系统设计了公司组织结构，制定出台《多彩贵州网有限责任公司组织架构调整实施方案》，明确公司党委会、董事会领导下的总经理、总编辑分工负责的治理机制，形成公共平台、采编平台、经营平台、派出机构（记者站）和特设机构（多彩云事业发展中心）的组织体系，高效完成了公司总部机构设计、职能明确、人员分配。通过组织机构的调整，推行扁平化管理，以更加符合互联网发展特点的职能部、事业部构建工作体制机制，公司人才核心竞争力和运行效率大幅提升，人才效能发挥进一步增强。

新媒体工作案例

“脱贫故事17+”系列报道

历时近5个月时间，行程超1万公里，深入贵州17个世居少数民族聚居地，寻访17个少数民族脱贫攻坚典型人物，以长卷图作为载体，融合图片、文字、视频等多种报道形式，真实、立体、生动地讲述了贵州脱贫攻坚实现“千年一跃”取得的巨大成就。在设计和技术上，融合习近平总书记关于脱贫攻坚的“金句”、“2020”和“脱贫攻坚”关键词，采用微视差和长卷图的形式实现横向滚屏阅读体验创新，再现贵州脱贫攻坚的时代长卷。

作品二维码

（多彩贵州网供稿）

云南日报报业集团

新媒体工作综述

2020年，云南日报报业集团新媒体认真学习宣传贯彻习近平新时代中国特色社会主义思想、党的十九大精神和习近平总书记考察云南重要讲话精神，在集团党委和编委会的领导下，始终坚持正确的舆论导向，坚持团结稳定鼓劲、正面宣传为主的方针，围绕中心、服务大局，不断推动新媒体内容建设。尤其是在抗击疫情宣传报道中，深入宣传党中央决策部署，充分运用融合发展成果经验，主动创新融合报道方法手段，生动讲述万众一心阻击疫情故事，聚焦一线广大医护人员和援助湖北医疗队员，广泛普及科学防护知识，及时回应社会关切和舆论关注，创作了一批导向正确、主题鲜明、富有创意、突出实效的精品力作，传播效果突出，社会效益显著，为抗击疫情营造了良好的新媒体舆论氛围。

2020年，由云报客户端策划推出的新媒体专题报道《专题丨你好，马吉米溜索！出山，脱贫金果果！》，入选中国记协“2020中国新媒体扶贫十大优秀案例”。此外，云报客户端10余个新媒体产品，分获云南新闻奖、云南报业新闻奖一、二、三等奖。

一、守正创新，推出一批有影响力的主题宣传佳作

1. 2020年1月，在习近平总书记考察云南5周年前夕，云报客户端策划推出大型融媒体专题《不负韶华　奋进跨越丨沿着习近平总书记指引的方向砥砺前行》，采取长卷、可视化设计、快闪短视频等多种呈现方式，阶段性回顾云南5年来方方面面取得的成就，取得了非常好的传播效果。在习近平总书记考察云南期间，云报客户端发挥新媒体人才优势和矩阵优势，推出一系列媒体深度融合的专题、稿件、产品，让习近平总书记考察云南重要讲话精神“飞入寻常百姓家”，奏响了学习宣传贯彻习近平总书记考察云南重要讲话精神的“最强音”。相关报道总阅读量达到2000万次。

2. 新冠肺炎疫情暴发后，第一时间进行报道策划，充分运用新媒体手段在云报客户端、云南日报微博、云南日报微信、抖音、

快手多个平台展开丰富的报道，各平台总发稿1.8万余条，总阅读量达1.1亿次，其中100万+以上稿件11篇，10万+以上产品超过70个。推出抗击疫情系列H5产品阅读量达364.28万次，创造了云南日报新媒体H5类产品的阅读量纪录。积极与省外各级媒体联动策划、联动报道，推出一批覆盖全国范围的重磅策划，扩大传播力和平台影响力。

3. 在全国两会期间，推出《2020全国两会全媒体报道》专题，制作手机专题页面，运用直播、视频、音频、海报、图解、H5多种形式进行报道。微博开设话题“两会来啦”“两会云南声音”，话题总阅读量1113万次。与湖北广播电视台、贵州日报、广西日报等16家主流媒体平台共同成立“全国两会区块链编辑部”，联合推出一系列融媒策划，得到较好传播效果。

4. 在云南省两会期间，推出《2020云南省两会全媒体报道》专题，通过微博、微信、手机客户端等多种新媒体手段，重点采用新媒体呈现形式，配合云南日报做好两会报道，进行了多层次、多角度、有创新、全方位的报道。围绕政府工作报告，第一时间进行拆分、解构，围绕不同主题，推出一组短平快的轻量化阅读产品。

5. 按照有关部门统一部署，云报客户端推出《推进爱国卫生“七个专项行动”进行时》专题，累计阅读量170余万次，重点策划的推进爱国卫生“七个专项行动”系列原创视频，在全省各地菜市场、餐馆等户外大屏滚动播出，取得了较好的传播效果。

6. 云报客户端在8月推出新媒体专题《厉行节约　反对浪费》，“两微一端”各新媒体平台累计阅读量超过60万次。云报客户端牵头在新浪微博发起网络公益倡议“接力光盘行动”，联合多家省级新媒体平台共同发出倡议，形成了较强声势，累计参与者达25万人次。

7. 云报客户端在10月提前策划准备，在杨善洲逝世10周年当天，浓墨重彩推出大型融媒体专题《十年，追忆一个人》，通过H5、MV、深度整合稿件、理评文章等不同形式，深挖杨善洲精神在新时代的重要价值，鼓舞广大党员干部以杨善洲为榜样，大力传承和弘扬杨善洲精神，凝聚奋进新时代的强大精神力量。报道推出后，在全省尤其是脱贫攻坚一线和保山市引发了强烈反响。

二、践行四力，打造融媒体精品，助力脱贫攻坚

2020年是决战脱贫攻坚之年，在我国脱贫攻坚伟大事业进入最后的冲刺阶段，云报全媒体编辑中心精心策划、用心制作，先后推出《专题 | 你好，马吉米溜索！出山，脱贫金果果！》《云南战贫记》等系列融媒体精品，用媒体的力量助力脱贫攻坚事业。从不同角度展示和讴歌了脱贫攻坚伟大斗争取得的伟大胜利，展现出以习近平同志为核心的党中央领导反贫困斗争取得的巨大成就和伟大意义，彰显了新时代融媒体的新闻品格与新闻力量。

2020年6月，云报客户端围绕“全面决战决胜脱贫攻坚”宏大时代主题精心策划，聚焦全国“三区三州”深度贫困地区之一的怒江州，讲述了福贡县马吉米村这个“直过民族”傈僳族村寨建设首条“产业溜索”的故事，推出融媒体专题报道《专题｜你好，马吉米溜索！出山，脱贫金果果！》，此次报道，采编团队用生动鲜活的素材，采取全媒体呈现方式，记录下脱贫攻坚一线最真实的瞬间。为做好此次报道，采访组深入马吉米村十余天，采用蹲点式、体验式、跟踪式采访，克服语言关、虫蛇关、气候关等种种挑战，用视频、文字、图片记录下马吉米村桥马噶小组，新旧两条溜索“一减一加”背后的故事，以小见大，深刻反映了脱贫攻坚伟大事业中一座小村寨的变迁和背后的跨越。

2020年10月17日，是第七个国家扶贫日，云报全媒体编辑中心推出系列特别策划《云南战贫记》。该系列报道为“国家扶贫日”专题策划，报道矩阵通过“点、线、面”的组合，构建出多种各有侧重，共同为主题服务的策划产品，从而实现报道节奏的层次化递进。本系列包括1个H5、1篇理论内容、2组海报和1组数据解读。这组报道题材重大、形式新颖，叙事生动、文风鲜活，报道推出后在网上网下引起热烈反响，在基层扶贫工作者之间引起热议，报道所涉县区积极转载，当地新闻网站及新媒体竞相进行二次传播。媒体同行评价这组报道“一头连着总书记、一头连着最基层，既接天线又接地气”。基层干部群众点赞这组报道“极大激发了我们脱贫奔小康的信心”，报道形成了合力，社会反响良好。

三、策划先行，做强典型宣传深入人心

2020年5月12日至6月10日，由云南省委宣传部、云南省卫生健康委、云南日报报业集团联合指导，云报客户端编辑制作的“云特刊”《天使的心声·云南援鄂“战‘疫’”群英谱》隆重推出。这是云南日报报业集团·云报客户端精心打造的大型新媒体战“疫”产品，以H5作为专题入口，内含1350篇稿件近200万字、5061幅图片、431幅海报、相关新闻稿件和视频147条。主创团队在扎实调研采写的基础上精心策划，大胆创新，精益求精，前后历时3个多月时间完成创作，是全国唯一实现对全省援鄂医疗队员全覆盖的新媒体产品。

这份包含近200万字、5000余幅图片、400余幅海报、相关新闻稿件和视频100余条的“云特刊”取材于云南援助湖北医疗队队员的真实心声，以1篇序言加上1158名队员自述组成，既全景呈现云南援鄂医疗队科学救治、精准施策的情况；又微观反映了医疗队员与病毒搏斗、争分夺秒抢夺生命的感人故事；还从侧面反映出为打赢这场战“疫”而奋斗在社会各行各业的点滴故事。

“云特刊”以“为历史留痕、为英雄立传、为中国立志、为时代立心”为出发点，以1158名优秀云南儿女驰援湖北的感人故事为切口，深度挖掘、全面阐述，集中展现了

在以习近平同志为核心的党中央领导下，举国战“疫”壮阔画卷的“云南身影”，突出反映了为取得疫情攻坚战的胜利而无私付出、勇敢逆行、舍生忘死的云南优秀儿女精神。

“云特刊”一经推出便受到全国34家党报新媒体平台的点赞、关注和转发，将云南援鄂天使的故事进一步讲给全国人民听。一个月的时间里“云特刊”在全网曝光量超10亿次，其中，在云南日报新媒体自有平台上曝光量达2000万次，共有350多万人次触发点赞按钮，来自全省和全国各界的评论不断涌入，各地网友纷纷通过“云特刊”向全国战“疫”英雄表达敬意和感恩，反响热烈，进一步持续推动战“疫”正能量成为激励广大干部群众为实现中华民族伟大复兴的中国梦而努力奋斗的精神动力。

同时“云特刊”的制作推出为历史留下了云南援鄂战“疫”珍贵的一手资料。在任何地方，任何时候，打开“云特刊”，这些浓缩着2020年“云南援鄂战疫”中勇于担当、甘于奉献的精神力量，善作善成的中国底气，都将熔铸成共同的民族记忆，激励全省干部群众将这场斗争中凝聚起来的精神力量弘扬到各项事业中去，阔步向前。

四、整合资源，构建新矩阵，提升传播力

2020年9月，云报客户端在云南省委宣传部指导下，联合开设“理上网来”融媒体理评专栏，充分聚合融媒体特色，彰显“云报”党端底色，让党的创新理论“飞入寻常百姓家”。截至2020年10月底，共推出100余篇理评文章，在全省理论界引发较好反响，并收到来自全省各地理评撰稿人的积极投稿。

与全国30余家省级党报新媒体建立联动机制，在重要报道节点策划推出一批跨区域融媒体策划产品，进一步增强云报新媒体平台的影响力、传播力。主动策划，适时推出多期聚焦重大题材、同时适应新媒体传播特点的鲜活产品。继续打造好云报头条、云报观察、云报图解、云报漫谈等品牌栏目。

充分发挥各新媒体平台优势，云南日报微博、微信、云报客户端3个平台联动推送相关稿件、策划。微博以碎片化呈现手法为主，让网友既能看到宏观的“大数据”，又有鲜活的小故事，微信以整合稿件为主，充分与网友互动。

在保证安全的前提下，云报客户端创新时政报道的新媒体呈现形式，通过提炼、梳理等编辑手段，对云南日报重点报道进行整合、再造和新媒体包装、设计，使其更简洁明快、通俗易懂，易于传播，以云报头条系列专栏的形式呈现。目前，云报客户端对云南日报重点稿件的改编已形成常态。

新媒体工作案例

《专题丨你好，马吉米溜索！出山，脱贫金果果！》

1. 大主题，小切口。2020年6月，云南日报报业集团新媒体部围绕“全面决战决

胜脱贫攻坚”宏大时代主题，精心策划，重点聚焦国家深度贫困地区“三区三州”的怒江州一个直过民族傈僳族村寨——马吉米村，建设首条产业“溜索”的始末。融媒体专题报道《专题|你好，马吉米溜索！出山，脱贫金果果！》通过脱贫攻坚一线最生动鲜活的故事，用全媒体呈现的方式，记录下中国脱贫攻坚大决战的时代画卷。

2. 践行“四力”，蹲点采访，行进式报道。成立专项报道组，深入马吉米村驻扎十余天蹲点采访。记者蹲点式、体验式、跟踪式采访，克服“语言关”“虫蛇关”“气候关”等挑战，用文字、图片、视频记录下历史性告别溜索的马吉米村桥马噶小组，在帮扶单位的支持下，村民投工投劳修建全村第一条“产业溜索”的点点滴滴。用现场发生的细节和傈僳族村民身上一个个生动可感的脱贫故事，讲述和见证怒江州脱贫攻坚的千年跨越。

3. 守正创新，全媒体呈现。前后方联动，采用图文、视频直播，海报、图解、微纪录片等新媒体手段，全方位呈现“马吉米首条产业溜索建成记”。相继推出了文图视频直播《马吉米村桥马嘎村草果“溜索”修建记》、视频纪录片《大峡谷又见新溜索》、新闻特写《马吉米的微笑》、图片故事《等“溜索”修好了　草果想拉几趟都可以！》、文图视频报道《开了！怒江马吉米再现溜索，这次它有了新使命》、云报图解《一图看懂马吉米“溜索”增收账》、新闻侧记《大家好，这是马吉米的扶贫“金果果”！》等，将一根溜索背后党和政府“不让一个困难群众掉队”的决心与马吉米村民增收的信心串联起来；同时也成为云南如何啃下脱贫攻坚“硬骨头”的一个特写。

4. 全网推广，形成传播强势。新媒体稿件在云报客户端首发后，整合云报集团全媒体宣传矩阵的“两微一抖”、微信视频号等平台资源，开设专题、话题进行精彩呈现、刊播，形成传播力的叠加放大效应。

5. 运用媒体力量，助力脱贫攻坚和社会公益。此次报道，是一次以媒体力量带动促进深度贫困地区的脱贫攻坚工作、农特产品销售的积极尝试。马吉米村地处怒江大峡谷以北狭长地段，植被茂密、雨量充沛，平均海拔 1300 米以上，年均降水 1400 毫米。得益于怒江河谷气候温润的优势，马吉米村于 2017 年种植草果 8000 亩，草果鲜果销售总收入 730 多万元，到了 2018 年，全村草果种植面积突破 1.1 万亩……草果产业近年来成为马吉米村主要经济收入来源。然而，全村 1 万多亩草果大都种植在地高坡陡的山谷中，采收后全部需要人工搬运，以一袋平均重量 45kg 的鲜草果为例，其人工运输成本为 70 元左右，约占销售收入的 1/4。运输成为草果产业助力脱贫的最主要“短板”。为彻底解决马吉米村草果运输成本问题，提供更加便利的输送通道，切实为村民增收致富，云南日报报业集团出资，在 2020 年内陆续为马吉米村修建总长约 4.5 万米的产业“溜索”，共计 30 余条，将惠及马吉米全村 10 个村小组 1 万多亩草果林地。

6. 挖掘鲜活案例，参与脱贫攻坚。在融媒体报道中，我们始终紧扣一条主线：马吉米村桥马噶小组通过修建产业“溜索”，打通最主要的富民产业——草果的出山入市“最后一公里”，蹚出的这条为特色产业提质增效的脱贫路子，能不能给其他小组以借鉴和启发？我们在采访报道中没有仅仅囿于一个村民小组，而是把采访的视野扩展到了周边村寨，乃至整个福贡县怒江两岸广泛种植草果地区的精准扶贫工作，助力巩固脱贫攻坚成果与乡村振兴的有效衔接。

该组作品入选中国记协“2020中国新媒体扶贫十大优秀案例”，并获得如下评价：“将定点扶贫、公益助农与新闻宣传三者有机结合，深入了解群众所需所盼，深刻展现村民巨大变化，深情讴歌习近平总书记对贫困群体的牵挂。”

截至2020年年底，专题经云报集团全媒体平台矩阵全网传播，综合点击量超3000多万次。全国网友纷纷留言，点赞驻村工作队员。专题报道全网首发后，迅速引起央视等央媒关注，并以该组报道为新闻线索和基础素材，播发了《怒江溜索见证马吉米村的变迁》《脱贫攻坚记|大峡谷里的“新溜索”：傈僳族小伙开辟“金果果”的出山路》等新闻，相关报道得到了人民日报客户端、新华社客户端等中央媒体平台和今日头条、新浪微博等社交平台的积极转载转发，将怒江大峡谷的脱贫攻坚故事讲给全国观众听。

作品二维码

（云南日报报业集团供稿）

西藏日报社

新媒体工作综述

2020年，西藏日报社新媒体中心深入贯彻习近平总书记关于媒体融合发展的重要讲话精神，在媒体融合发展的新时代，努力擦亮“西藏日报”这块金字招牌，积极探索符合西藏区情、具有西藏日报特点的媒体融合发展路子，初步建成了以西藏日报藏汉文客户端为主体、以“西藏日报”微信公众号和微博为两翼的新型媒体矩阵，综合覆盖受众64万。

一、以重大主题报道提升党报核心竞争力

围绕党和国家重大决策部署、重大活动和重大热点问题，以及西藏自治区党委、政府中心工作，坚持正确舆论导向，西藏日报社新媒体中心积极策划组织实施，不断创新主题宣传报道。在2020年全国两会、党的十九届五中全会、中央第七次西藏工作座谈会、西藏自治区成立55周年、2020年西藏两会、昌都解放70周年、辉煌“十三五”、脱贫攻坚、抗疫、“四讲四爱”、民族团结、创业就业等重大主题宣传上，推出了《聚焦2020全国两会》《牢记殷殷嘱托　建设美丽西藏》《庆祝西藏自治区成立55周年》《聚焦2020西藏两会》《对话代表委员》《庆祝昌都解放70周年》《辉煌“十三五”》《决战决胜脱贫攻坚》《战“疫”中的西藏》《身体力行　四讲四爱》《老西藏口述民族团结》《创业路上》等专题专栏，策划推出了《大幕开启！政协委员贡觉曲珍带你看现场》《首次！西藏五位代表化身“云主播”》《快领取！政府工作报告送给西藏的“红包”》《“两会”Vlog | 一起去看代表委员们的文件包里都装了些啥》《藏历新年呈现新风尚》《新型冠状病毒是怎样在西藏被“揪”出来的？探访世界上海拔最高的BSL-3实验室》《欢迎你来到西藏百万农奴解放纪念馆VR网上展馆》《刚刚！藏东沸腾了！一大波高清图片来袭》等融媒体产品，引发网友高度关注，社会效果显著。

二、做优民生报道，打造移动政务新媒体互动平台

贴近百姓生活，围绕公考、高考、就

业、天气、交通等内容，西藏日报社新媒体中心为民众提供最新、最权威的新闻资讯服务。同时创新融媒体产品，把握移动化、社交化、可视化趋势，全力推动新闻内容产品化、品牌化，以内容优势赢得发展优势，通过一图读懂、漫画、短视频、音频、VR 等传播手段不断提升平台内容的传播力和影响力。

2020 年疫情防控期间，西藏日报社新媒体中心积极主动作为，正面宣传引导，回应群众关切，体现了融媒体时代下主流媒体在突发事件报道中不可或缺的地位，展现了党媒的服务意识、组织能力和传播效力，取得了良好的舆论宣传效果。在人员少、任务重的情况下，西藏日报社新媒体中心实现了“24×7”在岗，微信公众号保持每日 8 次 16 篇稿件的高频推送，西藏日报客户端发布疫情相关稿件 1000 余篇。漫画新闻作品《病毒走开　福气进来　来看西藏古突夜花式虐病毒》获得西藏新闻奖二等奖、《藏面挺你！热干面加油！！》获得西藏新闻奖三等奖。

三、以创新提升传播力引导力，释放“指尖上的正能量”

截至 2020 年 12 月 31 日，西藏日报微信公众号粉丝由 2020 年年初的 20 万增加到 24.4 万，总阅读量 1842 万次，推送稿件 2500 条，其中 10 万 +7 条，5 万 +28 条，1 万 +698 条，西藏日报微信公众号全年排名全区政务微信公众号第 2 名。

2020 年，“西藏找工作”微信公众号粉丝大幅增加，由 6 万增加到 6.8 万，该公众号主要是宣传西藏自治区就业创业政策，提供就业创业资讯，为自治区公共就业创业服务，用户黏性强，每条推送平均阅读量达 4000 次以上，头条平均阅读量都在 6000 次以上。

2020 年，西藏日报藏汉双语客户端实现改版升级，新版客户端更加突出新闻性、政务性，增强了服务性、互动性，频道设置由原来的 17 个精简为 7 个，即“推荐、新闻、论坛、政策、文旅、美图、市地”，页面整体设计更加清爽简洁，开机画面选用西藏风景、人物视频，更具西藏特色。月均发稿量 2500 余条，月阅读量 500 万次。

新媒体工作案例

“西藏日报　丁真我们在西藏等你”

2020 年 11 月中旬起，丁真事件屡上热搜，热度不减。27 日上午 10 点左右，“丁真最想去的地方是拉萨”话题冲上热搜，当即西藏日报社新媒体中心策划组成员对这一话题进行了讨论，反复斟酌认为“丁真”与“西藏”的关联正式建立，于是对发布内容、形式等进行策划，16：40 左右策划案基本完成后向领导汇报，申请做这一系列策划，获得支持后立刻行动，17：21 创建“我们在西藏等你”这一话题，随后继续创建“西藏，让人乐不思蜀的地方”“欢迎全国人民来西藏”等话题，持续跟踪热点。“西藏日报”“丁真”“我们在西藏等你”成为热搜词。

自2020年11月27日17：21至30日21：00，西藏日报官方微博共发布37条，包括原创微博20条，其间共增加粉丝15598人。总话题“西藏日报 丁真我们在西藏等你”阅读次数5.7亿，讨论次数6万，原创人数8081；27日晚19：50到20：23分左右，这一话题从热搜榜第43冲到第1，并久居榜首位置。西藏日报原创话题“我们在西藏等你”阅读次数1.8亿，讨论次数3.4万，原创人数283。主推微博单条转发量2.8万次，评论2.7万次，点赞量123万次。西藏日报借此次热度事件成为2020年新浪微博平台上一个现象级新媒体案例。

一、传播条件“天时地利人和”

1.“天时”。首先，丁真签约国企后，是作为四川甘孜州理塘县的一个旅游符号的官方形象出现在大众视野里。与一般网红不同，他拥有来自政府官方权威背书、拥有强大的公众信服力。其次，丁真的形象和背景等特点契合了2020年决战脱贫攻坚的时代大方向，也符合少数民族团结主题。所以丁真的出现是恰逢其时。

2.“地利”。因为西藏日报微博的“隔空喊话”，四川甘孜州理塘县和西藏在微博上开始有了互动。同为藏族群众的主要聚居地区，在脱贫攻坚的关键之年，丁真一个人完成了一代人的使命。他的背后，是一个县城的厚积薄发，也是整个国家扶贫干部群策群力的时代缩影。四川甘孜州理塘县和西藏两地为决战决胜脱贫攻坚的艰苦付出、丁真在互联网上的意外走红、网友对丁真热度的持续追捧以及西藏日报微博话题“丁真 我们在西藏等你”的一系列即时互动，都是在为后续两地的社会经济发展铺就坚实地基。

3.“人和”。在这次话题中心的“车轮战”中，本来一直是丁真独秀的局面，在11月27日24点之后，被西藏日报社新媒体中心“喧宾夺主”，抢占舆论优先权和宣传主动权。让四川日报“被迫”加入战况，共同掀起一个新的舆论高点——丁真与西藏的联系从此建立起来。西藏日报社新媒体中心微博团队时刻绷紧舆论导向这根弦，对后台评论进行时时监测和把控。运营期间，严格按照“三审三校”的标准对即将发布的内容进行严格筛选及审核，发布前进行校对，确保内容安全。同时，小心谨慎地将创新与实际相结合，不求策划一定是爆款，而是把传播正能量、弘扬真善美作为宣传目的。

二、开创“主流媒体联动模式”先河

主流媒体与受众之间的互动不稀奇，主流媒体与主流媒体之间的互动，也常有。但是互动模式如此新颖，媒体参与数量如此巨大的主流媒体联动，还是新浪微博有史以来的首例。

这个联动模式是：丁真走红（A）——西藏日报微博建立起与丁真事件的联系（B）——四川日报微博建立起与西藏日报的沟通联系（C）——其他主流媒体效仿B的方式与丁真事件建立起联系（D）——众

多主流媒体效仿C的沟通方式，开始了主流媒体与主流媒体之间的调侃互动（E）。

该模式的关键，是西藏日报微博与丁真事件建立起来的必然联系，之后才开始逐渐演化成后来的联动模式。

这一由西藏日报微博发起的新传播模式将为新时代主流媒体的融媒体发展提供一种参考方向，也为今后新闻传播学研究提供一个侧写窗口。

三、互联网赋能主流媒体

社会化传媒时代是一个后浪推前浪的新时代。主流媒体在时代的洪流中应该把握网络赋能机遇，坚持移动优先策略。

通过这次实战经验，现实向我们展示了移动互联网的力量对主流媒体传播力度的加持，以新浪微博为代表的社交媒体，将是主流媒体寻找融媒体发展的重要突破口。可以总结出：主流媒体人要有“通过移动端连接一切”的前瞻意识，主动放下身架，独具慧眼，寻找稀缺资源和打造文化IP的重要性。

在今后的工作中，我们也要充分利用互联网赋能主流媒体的特性，发掘时代亮点和具有西藏特色的藏族文化符号，重视用户价值需求，让西藏特色文化IP“应运而生”。

作品二维码

（西藏日报社新媒体中心供稿）

中国西藏之声网

新媒体工作综述

2020年以来，中国西藏之声网坚决克服新冠肺炎疫情影响，在台党委的正确领导和具体部署下，严格按照自治区党委宣传部相关宣传工作的指示精神，把学习宣传贯彻习近平新时代中国特色社会主义思想始终作为首要政治任务，重点围绕自治区两会、新冠肺炎疫情、脱贫攻坚、全国两会、中央第七次西藏工作座谈会、昌都解放70周年等开展了一系列宣传报道工作，充分发挥新媒体特点和优势，圆满完成各项任务并取得了新成绩。

一、日常新闻宣传工作旗帜鲜明，各项工作有序推进

2020年，中国西藏之声网藏汉英三语网页按照宣传要求，每日及时更新各类图文、音视频新闻稿件，截至2021年年初，藏汉英PC端和藏汉客户端转载刊发稿件112676条，点击量达到37074326人次。

其中，汉语共转载图文、碎片化音视频新闻稿件66218条（落实网信通稿件42636条），累计点击量25891238次。藏语编辑部转载翻译图文、音视频稿件20954条，累计点击量6872912次。英语编辑部共转载翻译图文、碎片化音视频稿件25504篇（条），累计点击量4310176次。

二、重点宣传报道亮点纷呈

在完成好各项日常宣传报道任务的基础上，新媒体中心汉语网页先后开设了《2020年自治区“两会”》《网络中国节·春节》《打赢疫情防控阻击战》《3·28百万农奴解放纪念日》《网络中国节·清明节》《第五个全民国家安全教育日》《五一劳动节》《央吉阿妈的战役》《2020年全国“两会”》《西藏和平解放69周年》《网络中国节·端午节》《第七次西藏工作座谈会》《热烈庆祝昌都解放70周年》等18个网页专题专栏；藏语开设了《2020年自治区两会》《喜迎自治区成立55周年》《学习贯彻中央第七次西藏工作座谈会精神》等专题专栏；英语开设了《自治区两会》《新冠肺炎疫情防控》《2020年春节》《2020年藏历年》等专题专栏。专

题设计新颖，内容丰富，做到了导向正确、重点突出、亮点纷呈，取得了良好的宣传效果。

三、加强原创稿件自采力度，反响较好

2020 年，新媒体中心在全力确保日常工作正常运行的同时，着重加强了原创稿件的自采力度，根据人员情况每周安排 3 至 5 人进行原创稿件的采写。截至 2021 年年初，已采制汉语原创稿件超过 600 篇，其中《【走向我们的小康生活】错高村：古村落焕发新生》《西藏 2 家外贸企业同时获批特定资质备案》《西藏现有 143 个各类应急避难场所　可容纳 37 万人》《“文化和自然遗产日”带你领略西藏非遗魅力》《穷山沟里养出了“金猪”》《驻村工作队撑起“帮扶伞”　高原“脱贫菇”圆了“致富梦”》等多条图文稿件被人民日报、今日头条、腾讯、网易、凤凰、澎湃、搜狐、新浪等平台转载，大多数原创稿件被“学习强国”西藏学习平台采用。值得一提的是，图文稿件《【走向我们的小康生活】错高村：古村落焕发新生》经“学习强国”学习平台首页推送，截至 2021 年年初，点击量 8251082 次，反响较好。英语原创稿件 137 条。藏语原创新闻图文稿件 38 篇，非遗和讲坛类视频稿件 8 条。

另外，我们还积极派出多路记者参与了区内单位开展的“新时代·边疆行—西藏篇”“幸福花开新边疆”“网络媒体山南行”“网络名人看西藏——70 年昌都话巨变”“走向我们的小康生活”“脱贫攻坚看拉萨”等深入基层的系列采访活动，均取得了较好的宣传效果。

四、突出微视频特色，打造网站亮点

策划制作《藏历年·战“疫”连》音乐 MV，以藏汉双语饶舌相结合的方式，反映在这次疫情战斗中西藏自治区党委、政府一系列积极举措，以及普通民众的积极配合中展现出的乐观向上的精神风貌，向外界展示新时期西藏社会稳定和谐发展的大好局面。《藏历年·战“疫”连》一经推出就被“学习强国”学习平台采用，网易云音乐公司主动进行了热曲推荐，且对相关歌手颁发了稀有的疫情防控特殊荣誉（“共克时艰”勋章）。截至 2021 年年初，点击量逾 120 万次。

《我们的故事·每个故事里都盛开着一朵民族团结之花》，该视频展现了西藏各民族对伟大祖国、中华民族、中华文化、中国共产党、中国特色社会主义的集体认同，超越民族边界，凝聚伟大力量。截至 2021 年年初，点击量逾 180 万次。

拍摄纪录片《嗨，青春西藏》，以纪实手法真实、直观地反映了在中国共产党的坚强领导下，西藏短短几十年跨越上千年的巨大变化。还策划制作了微视频《高原守鹤人》《“恰”好幸福》《天边的课堂》《澳门，扎西德勒！》等。

五、提前部署、精心策划，融媒体产品稳中有进

2020年，根据自治区党委网信办和台党委的要求，新媒体中心在特殊重要节点提前部署、精心策划，特别推出了《密码法来了！和你我有关吗？》《2020年来了，今天起这些新规会影响你的生活》《回家过年》《实拍春运｜一起来看“天路”上的回家故事》《播撒希望的种子　奏响春耕交响曲》《2020政府工作报告》《图解｜西藏应对新冠肺炎疫情支持企业复工复产财税政策实施细则》《图解财政厅应对新冠肺炎疫情财税政策实施》《关于西藏工作，习近平在这次最新座谈会上这样部署》《高原儿女如何庆“七一”：今天我想对党说》《中央第七次西藏工作座谈会精神宣传标语》《丰收节里“话”节俭》《双节同庆　国泰民安》《海报｜双节“画”俭》等近20个融媒体产品，形式涉及短视频、H5、图解、海报，和往年相比，产品质量和数量都有了很大程度的提升。

六、“融媒体十条办法”成果丰硕，亮点频现

2019年12月16日，西藏广播电视台印发了关于《西藏广播电视台融媒体十条（试行）》的通知，该条例实施以来，全台各融媒体平台和工作室各展所长、整合发力，围绕自治区党委、政府的中心工作全方位、多层次、广角度开展宣传报道，营造了良好的网上舆论氛围，形成了全媒体传播矩阵，收到良好的传播效果。

实践证明，《西藏广播电视台融媒体十条（试行）》运行以来，有力推动了全台融媒体建设，有效改进了融媒体宣传报道，扩大了全台的传播力、引导力、影响力、公信力。

七、继续举办“西藏拍客网络影像节”

由西藏自治区党委宣传部指导，西藏广播电视台主办，中国西藏之声网承办的“第四届西藏拍客网络影像节——小康路上我们行”活动于2020年5月正式启动，6月17日发布于“西藏拍客”App，受到了区内外各地拍摄爱好者的广泛关注。截至2020年10月，活动组共收到投稿作品240个，其中视频作品68个，摄影作品172个。影像节活动组通过初评、复审、终审，最终评选出了37个获奖作品，其中“视频单元最佳作品奖”4个；“晒小康单元最佳作品奖”5个；“摄影单元最佳作品奖”3个；“入围奖”25个。这些获奖作品从不同角度全方位展示了西藏经济、政治、文化、社会、生态文明等方面取得的发展成就和西藏大美的自然人文风光。

八、加强藏、英原创编译

中国西藏之声网藏文网和英文网围绕区党委、政府中心工作和群众关心的热点问题，加强编译工作。截至2021年年初，

原创编译稿件 3489 篇，其中藏语翻译稿件 638 篇、英语翻译稿件 2851 篇，营造了良好舆论氛围。

九、严格审稿，报道准确，网络安全保障工作细致严密到位

新媒体中心为了确保导向安全、技术安全以及应急需求，实行 365 天 24 小时轮值班制度，重要保障时期双岗值班，确保网站时时有人监守，网页时时有人监测。在稿件安全方面，部门领导轮流靠前指挥，并严格执行新闻三级审稿和音视频重播重审制度，确保全网所有内容导向正确，立场鲜明，报道准确。

新媒体工作案例

纪录片《嗨，青春西藏》

新媒体中心精心策划拍摄纪录片《嗨，青春西藏》，该系列纪录片分为《家在雪山下》《又相信时间了》《是音乐，是快乐啊》3 集，以纪实手法真实、直观地反映了在中国共产党的坚强领导下，西藏短短几十年跨越上千年的巨大变化，展现了习近平总书记治边稳藏战略思想在西藏的成功实践；展现了西藏各族人民坚定不移跟党走、勠力同心奔小康的昂扬斗志；展示了新时代西藏各族儿女知党恩、感党恩，拼搏奋进新时代，建设美好家乡的生动景象。

2020 年 9 月 1 日纪录片在中国西藏之声网、“西藏卫视 +”微信公众号播出，并被国内各大网站转载，点击量逾 350 万次。

作品二维码

（中国西藏之声网供稿）

西部网

新媒体工作综述

2020年是极不平凡的一年，西部网以融媒传播为基础，围绕中心，服务大局，坚持守正创新，弘扬主旋律，传播正能量，全面展示陕西奋力谱写新时代追赶超越的生动实践。在疫情防控、脱贫攻坚、生态治理、高质量发展等重点宣传中，把“全媒体生产”和“多渠道传播”作为手段，坚持“移动优先”，直播、短视频、微视频、航拍、图解、H5、手绘条漫、海报等手段齐发力，实现了网上宣传理念、内容、形式、方法、手段等方面创新，使西部网正能量宣传更加充沛。

2020年，西部网五味什字工作室、蓝直播入选2019年度国家广播电视和网络视听产业发展项目库，《渭梅女用双手“走出”精彩人生》获国家广播电视总局2019年优秀网络视听作品短视频新闻类优秀作品。西部网12件作品荣获陕西新闻奖，其中专题《我们都是亲历者》、网络专栏《图梳馆——西部网图解频道》、融合创新《“点赞祖国”陕西省短视频大赛》等3件作品荣获一等奖。

一、融合平台，“云”上发力，做好重大主题宣传报道

作为省级重点新闻网站，西部网加强习近平新时代中国特色社会主义思想的网上宣传阐释，西部网、陕西头条、“学习强国”陕西平台将习近平总书记重要讲话、重要活动、重要论述首页、首屏、头条置顶推荐，开设《习近平总书记在陕西》专栏。2020年，聚焦习近平总书记来陕考察重要讲话精神、习近平总书记对陕西日报创刊80周年重要指示精神以及深入学习《习近平谈治国理政》第三卷、学习贯彻党的十九届五中全会精神等重大主题，在首页首屏开设专区，第一时间转载发布好中央主要媒体和陕西日报、陕西广播电视台相关稿件，全渠道全平台推荐推送。

1. 坚持移动优先，积极拓展传播阵地。2020年，西部网坚持移动优先，在建立自主可控的平台方面形成融合创新、一体运作的良好格局。依托“学习强国”陕西平

台、西部网、陕西头条等建立宣传策划、内容生产、共享传播、活动实施等统一联动机制，实现多个平台共同策划、联动生产、统一发布、相互融通。面对一系列重大主题报道，突出融媒特色，依据“系统性思维”进行整体策划，不再单为形式而形式，不再单为一稿而孤零采编，形成“单一平台到矩阵”“形式和深度”等梯次传播，初步形成“聚变”效应。

2. 凝聚战“疫”力量，营造共克时艰的舆论氛围。2020年，西部网“战‘疫’情”报道中，组建特别报道组，上线“战‘疫’”专区，开通“战‘疫’”频道，搭建“陕西疫情实时动态查询”大数据平台、防控新冠肺炎陕西实时辟谣平台等，形成了“战‘疫’一线党旗红”“战‘疫’日记”“战疫情 暖色调”“战疫情 陕西文艺在行动”等10多个专题。推出系列海报、系列短视频、系列直播、系列音频等多个策划，开展“战疫情 秦声嘹亮”“战疫情校长说”“我的战‘疫’日记”等网民参与的互动征集。累计推出海报、图解、微视频、漫画、H5等新媒体产品695条，直播311场，发布微博微信、头条号、抖音等2万余条，浏览量15亿人次。辟谣平台发布信息277件，访问量3570万人次。

3. 推出“中华云祭祖”网上平台，打造公祭活动新特色。在疫情防控的特殊时期，为做好庚子（2020）年清明公祭轩辕黄帝典礼的宣传报道，西部网推出“中华云祭祖”网上平台，开设了解公祭、观看视频、网上祭祖、祈福中华、云游黄帝陵等五大部分，用户可通过电脑、手机模拟进行点烛、献花、唱黄帝颂等网上祭拜人文初祖。推出“云游黄帝陵”全景VR漫游服务，填写祈福卡片，让海内外中华儿女通过互联网参与祭祖，感受公祭轩辕黄帝的庄严肃穆。同时，制作公祭典礼的全程英文视频，通过人民日报英文客户端、CGTN平台以及发现陕西英文频道、省政府英文网站等播发。

4. 多手段融合报道2020年重点项目观摩活动。2020年年底，陕西启动全省2020年重点项目观摩活动。西部网策划“陕西省重点项目观摩活动”大型融媒体报道。观摩活动行程近5000公里，走遍全省10个设区市和杨凌示范区、西咸新区，观摩项目56个。西部网多手段立体式报道，形成了4个梯次的系统宣传。第一梯次，以“动海报”和“瀑布流直播”为主，策划50多期“动海报”紧扣新媒体的“快”，图文+视频直播体现“在场”。第二梯次，以体验式报道为主，推出“项目者说”“Plog卓然微观”“Vlog典晴云览”等。第三梯次，《专家谈》栏目邀请专家学者就重点项目进行智库分析和专业解读。第四梯次，制作“永不落幕的陕西省重点项目观摩活动”云观摩展厅，把散的报道按地区按项目聚合成便捷的项目库。

5. 全媒体矩阵传播，奏响脱贫攻坚最强音。2020年，西部网首页开设“走向我们的小康生活”专区，陕西头条客户端开设“小康”频道，推出《牢记谆谆嘱托　奋力谱写陕西新时代追赶超越新篇章》《秦奋有新貌》《决胜小康　奋斗有我》《陕耀·网络扶贫e起来》《决胜2020·陕西担当》等专栏专题10多个，发布脱贫攻坚的相关稿件超过2万余条，原创首发报道2000多条。“秦奋有新貌——陕西29个县（区）脱贫摘帽”H5专题，发布汉中宁强、城固、略阳，铜川印台区等29个脱贫县区的系列报道，制作系列海报、图解和专题报道。“专家谈”栏目通过采访专家、梳理脱贫攻坚工作中的难点热点，发布40多篇解读文章。2020年以来，西部网先后策划推出“战疫情　保供应　促增收”助农销售系列活动、“陕耀·网络扶贫e起来”等一系列线上线下助农销售活动，利用省内互联网企业、网络媒体、网红、直播带货主播等优势资源，助销农产品。同时，西部网与中国石油陕西销售公司、安康扶贫空间合作，通过中石油线上商城及陕西500座加油站销售，助力安康扶贫农产品销售。

二、“民生热线”移动化，热点舆情反应迅速

西部网秉承“现场、在场、立场”新闻理念，热点难点抢抓第一落点，在一系列突发事件中，反应迅速，首发权威报道占领舆论高地，澄清谣言，以正视听，切实起到传播事实、稳定民心、凝聚人心的作用，实现主流媒体的责任与担当。网络问政平台“民生热线”，建立“热线云”，积极搭建政府和用户顺畅互动桥梁，与全省近460家省市县三级党政部门建立问政渠道，收到网友留言20多万条，反馈超过4万条，众多单位的回复率达到100%，把民众呼声传递上来，促进建言献策、释疑解惑、化解矛盾。《民生调查》栏目结合热线线索，开展民生调查报道，发布报道2000多条，实现主流媒体的责任与担当。

三、发挥融合优势，线上线下活动策划成效显著

2020年7月1日，由陕西省委宣传部、省委网信办指导，“学习强国”陕西学习平台、西部网承办的“决胜小康　奋斗有我”陕西省短视频大赛启动，10月31日征集截止，历时113天，90多家各级政府机构、企事业单位、高等院校以及400多位视频爱好者踊跃参与，累计征集各类短视频作品1684件，除陕西外，还收到来自四川、湖南、新疆等地的投稿。参赛短视频作品形式多样，主题创意丰富，其中包含剧情类、纪录类、创意类、公益广告类等各类型、各题材作品，立体化展示了各地干部群众以饱满的精神状态奋力拼搏奔小康的鲜活故事、生动事迹和感人场景。有105件作品在“学习强国”陕西平台、西部网、陕西头条等展播，累计播放量超过5600万次。

2020年11月9日，由省政府新闻办、省政府外事办、省政府信息化服务中心主办，西部网《发现陕西》英文频道、省政府

英文网站承办的《定格·外国人眼中的陕西》活动启动，活动分为主题采风、线下影展、线上故事会3部分。其中，主题采风活动将带领高校留学生代表与在陕外籍人士一起，在西部科技创新港探寻开放式高校的奥秘，在铜川体验耀州窑，在汉中寻访汉文化印迹，在西安了解十四运会带给陕西的新变化。主题影展则精选广泛征集的照片和视频于12月在西安举办。线上故事会邀请参与活动的外籍人士以及在陕外国友人讲述他们和陕西的美好故事。自2017年起，《定格·外国人眼中的陕西》主题影展已经连续成功举办了3届，取得良好效果，形成了陕西外宣品牌。

四、注重技术研发，提升功能服务

西部网强有力的技术服务和研发团队，保证了西部网在平台和功能建设上具有自主研发能力，西部网、“陕西头条”和“民生热线”等应用实现自主研发，集合图文、音频、视频、直播、互动、VR等全媒体功能，实现了PC、移动端等“一次采集、多端发布、数据汇集”全媒体新闻融合传播体系。2020年，我们持续推动“陕西头条”升级，实现“个性化智能推荐”，“民生热线”系统改版升级，优化视听和广播电视直播，“陕西号”功能开发等重点技术项目，自主研发了“中华云祭祖”网上祭祖平台、“陕西疫情实时动态查询”大数据平台、“陕西省重点项目观摩活动”云观摩展厅等新媒体产品技术支撑。

新媒体工作案例

“中华云祭祖”网上平台公祭活动

2020年疫情防控特殊时期，为保持国家级祭祀活动“清明公祭轩辕黄帝典礼”的延续性、传承性，在陕西省委宣传部、省委网信办和省祭陵办的指导下，西部网策划推出“中华云祭祖”网上公祭平台，让海内外中华儿女可以通过网络参与祭祖活动，表达对人文初祖的缅怀之情，在这个不寻常的年份，通过“中华云祭祖”平台，凝聚华夏儿女的向心力和自豪感。

2020年3月上旬，西部网接到任务后，决定采用H5互动技术，构建完整的网络虚拟祭祖平台，平台不仅能够完整呈现祭祀大典流程，更能让网友远程参与祭祀过程。为此，由西部网采编人员和技术人员共同组成开发小组，对黄帝陵进行了3D虚拟全景拍摄，设计了系列互动模式。“中华云祭祖”网上公祭平台实现PC和手机同步，集合了图文、视频、动画、海报、VR等手段，用户浏览流畅、操作简便，互动性更强。作品以“公祭”为核心，分为“了解公祭、观看视频、网上祭祖、祈福中华、云游黄帝陵”等五大部分。不仅可以在线观看现场直播，VR全景漫游黄帝陵近30个核心景点，更可以通过云端参与“点烛、献花、唱黄帝颂”等祭祖仪程，还可“写下”祈福卡片分享到朋友圈。平台在公祭当天推出上线，得到网友的积极响应和参与，该作品荣获2020年度陕西宣传思想文化创新奖二等奖。

作品二维码

“永不落幕的陕西省重点项目观摩活动”大型融媒体报道

为深入学习贯彻党的十九届五中全会精神和习近平总书记来陕考察重要讲话精神，2020年年底，陕西启动全省2020年重点项目观摩活动。西部网策划“永不落幕的陕西省重点项目观摩活动”大型融媒体报道，全方位多角度展现陕西各地重点项目及其特色。

本次观摩活动行程近5000公里，走遍全省10个设区市和杨凌示范区、西咸新区，观摩项目56个。西部网多手段立体式报道，形成了四个梯次的系统宣传。第一梯次，以“动海报”和“瀑布流直播”为主，策划50多期“动海报”，紧扣新媒体的“快”，图文＋视频直播体现“在场”。第二梯次，以体验式报道为主，推出“项目者说”“Plog卓然微观”“Vlog典晴云览”等。第三梯次，《专家谈》栏目邀请专家学者就重点项目进行智库分析和专业解读。第四梯次，制作“永不落幕的陕西省重点项目观摩活动”云观摩展厅，把散的报道按地区按项目聚合成便捷的项目库。

“永不落幕的陕西省重点项目观摩活动”大型融媒体报道通过各地重点项目展示，专家、网友、项目者、记者等多方观点碰撞，为全省观摩活动营造了良好宣传氛围，使各地项目得到全方位展示。同时，该活动主题重、形式新，内容与表现形式契合度高，符合阅读习惯，在社会各界引起强烈反响，取得了良好的传播和互动效果。

作品二维码

2020年“永不落幕的陕西省重点项目观摩活动——看项目　找差距　比质量　促发展”

项目者说｜“工业大米”打造能源经济新增长极

Vlog典晴云览｜医药、技术、轻工业助力安康经济发展

Plog卓然微观｜一只从陕西走向世界的毛绒熊

（西部网供稿）

甘肃日报报业集团

新媒体工作综述

甘肃日报报业集团（甘肃日报社）按照习近平总书记关于媒体融合发展重要指示，进行“涅槃”式改革，使传统媒体的自我革新与推动全省媒体深度融合同步探索，倍速前行，打造了媒体融合的“甘肃经验”。

一、新格局：媒体深度融合取得突破性进展

甘肃日报作为省委机关报，多年来始终坚守主流媒体社会责任，努力推进传播手段创新。

通过媒体融合的探索与创新，甘肃日报社构建起立体多样的全媒体传播格局：集团旗下有甘肃最大的综合性移动新闻党端——新甘肃客户端、甘肃最具影响力的新闻综合网站——每日甘肃网、甘肃最具活力的都市新媒体——掌上兰州客户端。此外，还有60多个微博、微信公众号等各类平台，形成具有强大传播力、影响力的新媒体矩阵。新媒体平台与渠道建设的显著拓展，使甘肃新媒体集团迅速成为甘肃省媒体融合发展的“领跑者”。

二、新平台：以优质平台推进深度融合

新甘肃客户端是甘肃新媒体集团主打的移动端新闻信息传播平台，自上线起就迸发着新媒体的强大活力，两年多的时间，下载量已突破400万次，连续数次登上苹果应用市场新闻类App下载排行榜前百名。

新甘肃客户端吸取全国省级党报客户端所长，以“新闻+党建+政务+服务”为宗旨，构建了集新闻发布、媒体聚合、政务服务多功能于一体的聚合型新闻信息平台，并拥有海量空间，吸纳全省各级党政机关、社会团体、高等院校、主流媒体官方发布等政务新媒体集中入驻，甘肃日报社各采编部门、甘肃日报报业集团各子报领办并维护的频道16个，已有340多家单位和机构入驻“甘肃号”，全省86家县（区）级融媒体中心入驻，“新甘肃”正在打造省级媒体生态系统。

在重大主题宣传报道方面，编辑记者强化用户思维，深入践行“四力”，创新方式方法，在全国两会、甘肃省两会、“守护母亲河　建设幸福河——推进黄河流域生态保护和高质量发展系列报道”全媒体大型采访、“疫情防控　复工复产”、决战决胜脱贫攻坚等重大报道中，推出了大量短视频、H5、图解、VR、AR、手绘、海报等融媒体产品，原创新闻生产能力、聚合能力、传播能力全面提升。

在专注于新闻宣传的同时，甘肃日报社、甘肃日报报业集团还承担起“兴文化”的使命任务，从2019年开始，由甘肃新媒体集团承办的“新甘肃网络春晚”已成功举办3届。特别是“2020新甘肃网络春晚”在疫情防控的特殊时期，对读者来说，既是温暖的陪伴，也是心灵的慰藉。

三、新机制：推动主力军转战主战场

贯彻落实全国和全省宣传思想工作会议精神，甘肃日报社在新媒体集团成立后，同期启动“主力军转主战场”媒体融合机制改革，制定出台了6项改革制度，于2019年1月起全面推行，实现了党报采编资源和采编力量迅速转战新媒体主战场。

目前，甘肃日报社“主力军转主战场”机制改革运行顺畅，各采编部门和集团所属媒体领办新甘肃频道，形成强大合力，党报传统采编队伍正在成长为新媒体强大的采编力量。

与机制改革相呼应，在媒体融合的物理空间打造上，建成甘肃日报社全媒体采编指挥中心，实现了数据共享、集中指挥、各方协调、信息沟通、统一发布等一体化功能。在技术配置上，全媒体指挥中心引入了全媒体采编系统、报道指挥系统、互联网大数据系统、舆情监测分析系统，实现了信息数据全平台共享、服务能力全平台呈现、内容发布全平台管控，实现了目前媒体深度融合的需求。

由于机制的正向引领，采编人员转场的主动性不断增强，多写稿、写好稿、在新媒体平台多发稿的积极性不断增强，在很大程度上充实了移动端的原创内容。

四、新探索：助推全省县级融媒体中心建设

加强县级融媒体中心建设，是党中央作出的重大决策部署，也是巩固拓展基层宣传文化阵地、夯实党的意识形态工作根基的重大举措。甘肃省县级融媒体中心建设由甘肃省委统一安排部署，省委宣传部统一协调指导，甘肃新媒体集团统一执行建设，打造了省级唯一的技术平台，实现了“平台统一、技术统一、数据统一、资源共享”的核心目标，形成了独具特色的县级融媒体中心建设“甘肃经验”以及“省带县”融媒体建设新模式。截至2021年年初，甘肃省86个县区融媒体中心全部入驻“新甘肃云”。

当前，甘肃新媒体集团已经完成全省县级融媒体中心生产平台及客户端2.0改版

升级，持续推动“新甘肃云”省级平台二期工程建设，全面开启市级融媒体中心建设工作，强化5G、大数据、云计算、区块链、人工智能的应用，推动市级融媒体和党政机关、企事业单位全面入驻，全域性打造省市县“一朵云、一盘棋、一体化”的媒体生态。

五、新体系：以市场增强自我造血机能

甘肃新媒体集团在开启之时，就将市场意识根植于发展之基。在市场开拓中，形成了“新闻＋政务＋服务＋商务”多重布局，品牌传播、政务合作、公共关系、市场营销四位一体，先后与70多个厅局、地方政府、大型企业开启战略合作，3万多人前来考察调研……党媒在自我超越中，展现新的形象，拥有更多朋友。

2020年8月28日，由国家卫生健康委、国家中医药管理局、甘肃省人民政府共同主办的“弘扬中医国粹、呵护人类健康”第三届中国（甘肃）中医药产业博览会在定西市陇西县举行。本届药博会首次采取线上线下融合方式举办，进一步扩大参会范围，全方位展示中医药发展成果，推动中医药产业发展迈向新台阶。本次活动由甘肃新媒体集团策划执行。

全新呈现手段，全新运营模式。甘肃新媒体集团相继承办了第26届中国兰州投资贸易洽谈会、第三届中国（甘肃）中医药产业博览会……新媒体运营的宽度和深度不断延伸。甘肃舆情数据研究中心、甘肃媒体版权保护中心已挂牌运行；甘肃省媒体融合实验室、甘肃传媒智库等重大项目全面开启，新媒体品牌IP接续树立。

六、经验启示

1. 坚持党的领导。推动媒体融合发展，必须以习近平新时代中国特色社会主义思想为指引，全面贯彻习近平总书记关于宣传思想、新闻舆论和媒体融合工作重要论述精神，坚持党媒姓党，坚守主流舆论阵地，担好党的新闻机构职责使命。甘肃日报社、甘肃日报报业集团在推动媒体融合发展过程中，始终保持政治本色，各项决策部署都是在牢牢把握正确政治方向的前提下进行，都是在省委坚强领导和省委宣传部正确指导下进行，从而确保了舆论导向不出偏差。

2. 坚持内容创新。无论何种载体，内容永远是新闻的根本，是决定党报党媒生存与发展的关键所在。媒体融合发展中，报社、报业集团坚持推进主力军转战主战场，有效提升传统纸媒的创新能力，持续增强内容供给能力，为新媒体平台提供了权威、特色的推送内容，并以内容的生产整合为基础，不断创新，注重做原创、做精品，推出有思想、有深度、有温度的新闻内容。

3. 坚持技术引领。始终把技术建设作为媒体融合关键性因素和重要推动力，将技术建设与内容建设摆在同等重要的位置，广泛运用成熟技术，探索开发核心技术，以新技

术引领媒体融合发展、驱动媒体转型升级。学会“借力”，与人民日报、北大方正、华为、拓尔思等国内先进技术公司合作，同时在合作中注意提升技术能力，加强关键技术研发，在平台打造、产品创新、用户服务、市场开拓等方面实现了内容与技术的双轮驱动，推动融合效果不断优化。

4. 坚持量力而行。甘肃属西部欠发达地区，社会经济和文化产业发展不充分，省级层面能给予的财政支持非常有限。因此，甘肃日报社、甘肃日报报业集团公司在推进媒体融合发展中，按照“着眼前沿、整体布局、分步实施”的原则，因地制宜、量力而行，经济适用、小步快走，以最节省的成本，产生了最大的融合效益，实现了欠发达地区媒体融合的后发优势。

（甘肃日报报业集团供稿）

新疆报业传媒集团

新媒体工作综述

2020年，新疆日报社（新疆报业传媒集团）坚持以习近平新时代中国特色社会主义思想为指导，深入宣传贯彻党的十九大和十九届二中、三中、四中、五中全会精神，深入宣传贯彻第三次中央新疆工作座谈会精神特别是习近平总书记重要讲话精神，聚焦新时代党的治疆方略，以党的建设为引领，以创新思维推动新媒体能力和本领建设，努力开创融合发展新局面，构筑网上网下同心圆，为谱写中华民族伟大复兴中国梦的新疆篇章营造舆论环境、提供舆论支持。新疆日报社（新疆报业传媒集团）所属“报网端微”平台累计发稿突破50万篇（条），原创新媒体产品近万（篇）条，合计传播量达46亿人次。

一、坚持移动优先，打造新型传播平台，形成多层次、立体化传播体系

按照“打造新型传播平台，建成新型主流媒体”工作目标，积极建设自有平台，用好央媒及商业平台，拢聚优质内容资源，完善全媒体传播体系。2020年共运维各类平台、端口等46个，覆盖用户超过3000万。

一是“石榴云”平台“发动机”效果初显。随着2019年12月23日自治区级融媒体技术平台“石榴云”建成应用，不但有力地支撑了新疆日报社（新疆报业传媒集团）内部媒体融合发展，大大提升全媒内容生产能力，还实现了新疆日报与各地州媒体、各县级融媒体中心的三级党媒互动，2020年年底，全区85个县级融媒体中心全部建成并接入“石榴云”平台，达到了同频共振，跨媒体融合的效应。根据核心移动发布平台定位，新疆日报社（新疆报业传媒集团）倾力做好“石榴云”客户端内容建设和平台推广，形成内容建设方案，系统规划功能定位、频道设置、发稿规范等，上线后日更新稿件250—300条。截至2020年12月底，总用户量近260万，政务、服务功能模块不断导入，为进一步建好“石榴云”客户端奠定了良好基础。

二是自有平台建设协同推进。天山网中文、民文、外文网站同步建设、协调发

展，全年各语种发稿量近 20 万篇，较去年同期增加 21%。围绕脱贫攻坚、统筹疫情防控和社会经济发展、民族团结一家亲等重大主题，新建专题 58 个，开辟专栏 21 个。众多专题与新媒体内容深度融合，最大范围地整合资源，综合采用图文、长图、视频、海报、长文和 H5 等多种形式，配以动效、交互等各类网页制作效果，使重大专题报道普遍呈现设计精美、内容丰富、层次清晰特点，大幅提升传播效果。

三是移动发布体系全面优化。进一步优化微信、微博、抖音等第三方发布体系，新疆日报、天山网、“最后一公里”微信公众号实施差异定位，各账号阅读量明显增长。天山网微博加大原创力度，积极组织互动，增强用户黏性，全年粉丝量持续攀升，仅 10 月就新增 17.17 万人。数十条稿件被热门推荐，上百条稿件上热搜，阅读总量超 8 亿次，话题阅读总量 3 亿次。加强与央媒平台互通互融，实现优质内容在人民号、央视频、新华社现场云等平台快速、精准传播，提高宣传影响力及舆论引导力。深化与今日头条、腾讯视频、抖音等商业平台的合作，扩大优质内容辐射范围。全年抖音视频单条最高传播量近千万次；开展新闻移动直播 70 余场，直播收看人次超 8600 万。

四是新疆学习平台增量提质。“学习强国”新疆学习平台重点打造“习近平总书记与新疆各族人民心连心”等专栏，以多种形式营造学习宣传习近平新时代中国特色社会主义思想的浓厚氛围。着力经营“天山学堂”栏目，及时整理集纳习近平新时代中国特色社会主义思想学习资料，为全疆党员干部提供新时代党的创新理论的学习园地。积极策划制作精品内容，如战“疫”报道中，采用“战‘疫’有我”“凡人金句”等手绘报道新形式，稿件总平台选用率近四成。积极开展线上线下互动活动，提高平台影响力，“强国征文”活动选发各族青少年优秀作品，全国平台选用率达 90% 以上，单篇作品阅读量最高 1000 万 +，总阅读量达 7000 余万次。为推动广大青少年学习贯彻党的十九届五中全会精神、第三次中央新疆工作座谈会精神，策划推出“童绘新疆 · 畅想 2035”绘画作品征集活动，全疆青少年踊跃参与、共同描绘美好未来。积极联动县级融媒体中心，审核县级融媒体稿件近 4000 条，发布 393 条，六成以上被全国平台选用。

二、坚持创新驱动，突出“党媒 + 移动”特色，深化内容供给侧结构性改革

积极主动适应智能化、移动化传播发展趋势，坚持以重大主题报道为载体，倾力打造适应移动传播的新媒体内容生产体系，努力推出一批“刷屏”之势的现象级产品，形成一批颜值、气质俱佳的新媒体品牌，提高正面宣传的到达率、阅读率和点赞率。

一是持续做好习近平新时代中国特色社会主义思想宣传。坚持在各平台各端口首页首屏宣传报道习近平总书记重要活动、重要会议、重要讲话、重要论述等，积极运用

新媒体手段，创新阐释解读习近平新时代中国特色社会主义思想，形成“天天见、天天新、天天深”的生动局面。党的十九届五中全会报道提早谋划，各平台开设专题专栏，通过短视频、H5、海报、慢直播等形式，全方位展现“十三五”期间新疆各领域辉煌成就，为盛会召开营造浓厚舆论氛围。精心做好会议报道，呈现会议盛况，阐释会议精神，形成报道声势。会后做好宣讲报道、加强理论阐释、评论引导，推动形成宣传贯彻热潮。第三次中央新疆工作座谈会报道开设“旗引治疆路　心聚新征程”专题，紧紧围绕习近平总书记重要讲话精神，多语种译制、全平台呈现、多维度传播，深入宣传阐释新时代党的治疆方略丰富内涵，展现新疆干部群众深入贯彻落实的生动实践。

二是围绕党委中心工作全面做好各项主题报道。围绕自治区党委“1+3+3+ 改革开放”工作部署，创意引领创新表达，突出融媒特色，以受众喜闻乐见的方式，实现重大主题“时度效”有机统一。全国两会报道与中国电信、新华智云等合作，运用 5G 传输和智能剪辑等技术，有效提高工作效率，提升表达能力。脱贫攻坚报道连续推出“春问增收计　今年怎么干”“决战决胜脱贫攻坚·一线调研”“脱贫攻坚　村里有个 Ta”“我的日子我来说”“一个都不能少”等一系列主题策划，先后实施“情暖 2020”“滋味新疆·瓜果飘香”等公益助农行动。持续做好生态环保、乡村振兴、高质量发展、旅游发展等主题报道，推出“天山南北好风光”系列微视频，“打卡新疆·最长白昼赏日出日落”千里十地 16 小时慢直播南北、东西跨越两千公里，展现新疆磅礴大气的自然美景风貌，展示新疆生态文明建设成就，推介新疆旅游文化品牌，有力唱响新疆是个好地方。

三是持续做好统筹疫情防控与社会经济发展报道。面对特殊传播环境，利用互联网传播优势，全力打好疫情防控信息战、舆论战。全平台合计发布疫情相关稿件 7 万余篇，累计点击量超 13.4 亿人次。浏览量、点击量井喷式增长，10 万 + 报道层出，微信单条稿件最快 6 分钟阅读量破 10 万次。两个重点微博话题阅读量分别达 1.5 亿和 1.4 亿次。抖音短视频单条播放量近千万次。精心做好自治区疫情防控 37 场新闻发布会，并为人民日报、央视频等央媒平台做好信号分发。重点策划推出《方舱有爱·新疆家书》等系列报道，聚焦防控一线，挖掘先进典型，鼓舞战胜疫情的昂扬斗志和不屈不挠的精神。精心策划制作近 2000 幅（条）海报、短视频，总体画面精、创意足、科普性、服务性强。加大民语译制力度，融媒产品各语种同步译制同步发布，满足少数民族网民信息需求。

四是努力提高少数民族语言内容覆盖面到达率。围绕重大主题优选内容，累计翻译维吾尔文、哈萨克文稿件 1.5 万余篇（条）。丰富民语新媒体内容供给，积极运用图解、H5、微视频、海报等网民喜闻乐见的形式，提高民语内容传播力、影响力。尤其在疫情防控宣传报道期间，维、哈文微信推出“我们在行动”语音栏目，自制音频内容，在做好各平台发布的同时，还协调利用农村大喇叭，向基层少数民族群体提供疫情防控科普知识，扩大受众群众，营造全民战“疫”的良好氛围。精心组织实施民语言精品视频传播工程，截至2021年年初，共译发维吾尔语、哈萨克语短视频约1000分钟。随着新媒体内容供给不断丰富，自发成为全疆维吾尔文、哈萨克文供稿中心，部分厅局、地州市和机构媒体、“自媒体”积极转载转发，逐步形成覆盖广泛的全疆优质民语内容联播网。

五是弘扬中华优秀传统文化，铸牢中华民族共同体意识。以铸牢中华民族共同体意识为主线，各语种各平台通过“民族团结一家亲”“我是一颗石榴籽”“访惠聚”等专栏，深挖鲜活故事，生动展现全区各族群众团结互助，广泛交往、全面交流、深度交融。坚持以节日策划报道为载体，大力弘扬中华优秀传统文化，构建各民族共有精神家园，培育民族团结之根，民族和睦之魂。全年相继策划推出“我的新疆我的年”“端午情　家国志”“九九重阳　久久相伴”等全媒体融合报道，全方位多角度呈现各族群众欢度佳节喜庆氛围，潜移默化中增强文化认同。强化中华优秀传统文化创新传播，如中秋节推出的《我在红山顶上摘个月亮送给你》短视频，在红山顶上变月亮为石榴，形式新颖、创意十足，结合抖音流行元素，凸显新疆特色，升华家国同庆民族团结报道主题，被全国网友广泛转发点赞。

六是积极加强涉疆舆论引导，开展涉疆舆论斗争。外语平台累计发稿2万余篇，其中英文稿件8318篇、俄文稿件12080篇，原创翻译稿件2000余篇，转发视频1000多个，内容重点选取涉及新疆社会经济发展、民族团结、脱贫攻坚、生态保护、边贸发展等领域，努力讲好中国新疆故事，向世界展示真实、立体、全面的中国新疆。积极开展涉疆舆论斗争，揭批美西方敌对势力“以疆制华”图谋。连续安全、高效承担17场专班新闻发布会内容发布工作，有力传递新疆声音。开设《明天更美好》《任何妄想搞乱新疆的图谋都不会得逞》等英文、俄文专题，深入揭批美西方敌对势力图谋，向世界传播全面、真实、立体的新疆。正面反映新疆宗教信仰自由真实状况，制作发布《新疆宗教人士：说句掏心窝子的话——中国的宗教政策是世界上最好的！》等系列短视频18部，向世界展示新疆宗教和睦和顺良好局面。

三、坚持融合导向，进一步优化体制机制，培养全媒人才释放创新活力

在2019年度完成队伍整合、改革用人机制、实施全员绩效考核基础上，2020年新疆日报社（新疆报业传媒集团）进一步加强人才队伍建设，带动采编队伍向全媒记者、全媒编辑转型。

一是优化队伍管理，加强考核激励。有效发挥生产调度功能，每日召开晨会，白班

值班总编每天统筹调度报、网、端、微全平台联合报道，实现了策采编发一体生产、多次生成、多元传播“真融合”。充分发挥考核业务指挥棒作用，实现业务探讨与奖项评议相结合，以部门为单位组建考核小组，确保业务考核专业性、公开性和多元性。考核中更多引入大数据，提高业务考核精准性，提升大数据对采编业务引导作用。扩大申报渠道，将日奖申报渠道扩充为记者、组长、主任、值班编委、考核专员等多个渠道。

二是实现评学结合，强化业务引导。发挥日奖、月奖的业务引导作用，获奖作品配以具有说服力的推荐和评价，通过公共区域大显示屏循环播放，既增强获奖人员荣誉感、成就感，又起到引导业务方向、激励全员学习的作用。通过体制机制的进一步优化，干部职工干事创业积极性、创造性进一步提升，团队活力进一步增强。

三是强化民语考核，推动升级迭代。以适应移动传播时代为主旨，加大对民语原创内容考核力度，激励民语干部职工在工作上精益求精，涌现更多站位高、创新性强、融媒特点突出的民语产品，实现民语内容传播升级迭代，提高民语内容在少数民族受众中的传播力、影响力。

新媒体工作案例

融合创新出彩，唱响全国两会好声音

2020年全国两会报道中，新疆日报社（新疆报业传媒集团）充分发挥“石榴云”平台系统的集成优势，综合运用“5G+4K+高清直播”、“5G+AR/VR”、区块链等新兴技术，全方位、多层次、多媒体深入做好全国两会宣传报道，进一步提升党媒平台传播力、引导力、影响力、公信力。

一、搭建线上线下全国两会新疆新闻中心，为两会融合报道提供强有力支撑

5月20日，新疆日报搭建的全国两会新疆新闻中心正式启用。该中心是在当下疫情防控常态化、面对面传统采访受到一定限制的背景下，对全国两会远程报道模式的一种创新探索。该新闻中心由网络连线区、两会访谈区、融合展示区三大区域组成，具备“两会窗口、信息总汇、媒体平台、融合战场”的综合功能，承担着自治区各媒体与北京驻地记者和代表委员连线采访、记者编辑集中制作、“石榴云”融媒体技术平台现场调度等功能，让记者从“跑两会”转变为“云跑会”。并为自治区及兵团、各县级融媒体中心全力提供信息、技术和产品支持。全国两会新疆新闻中心实现5G网络全覆盖，原来需要半小时以上传输的大容量视频素材，一眨眼就能“搞定”，时间成本大幅减少。4K级别直播视频的采集，沉浸式的VR实时直播，依靠5G网络的高速与低延时，在这里都能实现。新闻中心还设置了“绿幕”制作功能，电视等媒体主播无法亲临现场播报时，可以通过“绿幕”方式将视频数据采集下来进行制作，达到“现场直播”效果。同时，新闻机器人、虚拟主播等一系列

新闻生产新技术、新手段都在新闻中心精彩亮相。自治区广播电视台、兵团日报、兵团电视台、乌鲁木齐晚报、乌鲁木齐广播电视台等媒体记者进驻该中心工作；另外有5家县级融媒体中心记者也入驻该中心工作。与此同时，新疆日报又及时在天山网站建立线上2020年全国两会新疆新闻中心，集纳了人民日报、新华社等全国主要媒体、新疆日报（集团）所属媒体、新疆广播电视台等有关全国两会的重要报道，设有“直播”“访谈”“两会日历”“金声来习”“石榴云观两会”“视听两会”“全国网媒看两会”“新疆风采”“特别推荐”等众多专栏，几乎涵盖了全国主流媒体所有对全国两会的报道，特别是该新闻中心同时以汉、维、哈、英、俄5个语种进行广泛传播，进一步扩大了覆盖面和影响力。

二、融合报道形式新颖，互动传播有突破

微信小程序“石榴云播报”，为网友及时播报两会新闻。“石榴云播报”融合图片识别、语言识别等技术，通过人工智能进行系统梳理和数据挖掘，以“向总书记报告”“两会发布”“聚焦两会”“党媒圆桌”“图说两会”5个栏目呈现，并增加语音播报，方便用户随时随地看新闻、听新闻，更简单、更轻松地了解最快最新的两会信息。“石榴云播报”平台内融合生产的各类报道，能一键分发到微信、微博、手机客户端和抖音、今日头条等平台，构成“网端微屏”全媒体矩阵，将两会声音更快、更广泛地传递给各族群众。累计刊发稿件206条，使用量超100万次。

此次全国两会报道，AI技术的应用深受年轻网民喜爱，通过多个新媒体端口发布推送，累计播放量136万次。“两会记者Vlog”系列短视频，“解码”两会幕后故事，累计播放量近百万次。创意H5《打开这本立体书，看2020年新疆民生建设重点》，累计阅读量40万次。MG动画《吾吉麦麦提“搬”出的幸福新生活》，累计阅读量达50万次。创意H5《新疆中欧班列跑出加速度》，通过矢量设计绘制出列车在雪山、沙漠、草原、湖泊等新疆特有风景中行驶的效果，可直观了解新疆开行的中欧班列能到达的国外主要城市及进出口货物种类等信息，不仅向网民解读了中欧班列缘何快速增长等相关知识，同时还通过互动环节吸引网民参与互动并关注转发，产品总阅读量130万次。

（新疆报业传媒集团供稿）

新疆广播电视台

新媒体工作综述

2020年，新疆广播电视台按照新疆维吾尔自治区党委宣传部、自治区党委网信办的部署要求，扎实做好新闻宣传、媒体融合发展、网络安全保障工作，实现了网络宣传重点突出，亮点频出，传播力、影响力、公信力提升，媒体融合发展向深度推进，全台网络安全平稳运行。

一、完成好重大主题宣传

2020年，新疆新闻在线网、丝路视听网、“丝路视听”App以及微博、微信、抖音、快手等第三方平台发稿数量、质量双提升，全年发稿30万篇以上，阅读量达到10多亿人次；一年来，新疆新闻在线网、丝路视听网共设计制作及维护“学习贯彻十九届五中全会精神”“学习贯彻第三次中央新疆工作座谈会精神”“数说‘十三五’”“决战决胜脱贫攻坚”“战‘疫’”“全国两会”“自治区两会”“民族团结一家亲”“新疆是个好地方”“访惠聚”等重大主题宣传专题近百个。其中，“学习贯彻十九届五中全会精神”专题发稿1000余篇，“学习贯彻第三次中央新疆工作座谈会精神”专题发布稿件1000余篇；“战‘疫’”宣传发布稿件1万多篇。同时积极运用新媒体传播手段制作原创短视频和H5，全年共制作原创短视频5000多个，H5作品100多个。

1.深入扎实做好习近平总书记重要讲话精神及中央重要会议精神的宣传阐释。新疆广播电视台严格落实网信24小时值班制度，认真贯彻落实自治区党委网信办下发的宣传纪律和宣传要求，及时编发各类新闻稿件，深入扎实做好习近平总书记重要讲话精神及中央重要会议精神的宣传阐释。全年累计发布网信指令稿件超过10万篇。同时，充分运用新疆新闻在线网、丝路视听网、“丝路视听”App以及微信、微博、抖音、快手等第三方平台组成的网络矩阵，要求全体记者、编辑不断增强脚力、眼力、脑力、笔力，不断推动话语表达、传播方式、表现形式创新，自觉承担起举旗帜、聚民心、育新人、兴文化、展形象的使命任务。通过音视频、图文、H5等形式，用入眼入脑入心的新媒体作品引导社会舆论，形成全方位、立体化的网上宣传阵地。

2. 做好抗疫宣传，奋力夺取疫情防控和经济社会发展双胜利。2020年以来，新疆广播电视台严格落实自治区党委网信办有关疫情防控的各项宣传要求，在疫情期间组织骨干力量长期住台工作，做好指令稿件发布工作的同时，在丝路视听App推出抗疫频道，发布了大量原创短视频、海报、图文、H5产品。2020年疫情防控期间，新疆新闻在线网、丝路视听网发布相关稿件6万余篇，总阅读量5亿多人次。其中，阅读量破千万作品7件；阅读量100万至1000万次作品200余件；阅读量10万至100万次作品700余件。

3. 做好学习贯彻党的十九届五中全会精神网上宣传。新疆广播电视台积极做好党的十九届五中全会的宣传报道，全面、准确、深入把握“十四五”时期经济社会发展的指导思想、基本原则、目标要求、基本理念、重大举措，把广大干部群众的思想统一到全会精神上来，把力量凝聚到落实全会提出的各项任务上来。各平台同步开设《党的十九届五中全会》专栏，通过重要文章、聚焦全会、评论要论、学习贯彻、视频集锦、热烈反响、图集图解7个板块全方位做好党的十九届五中全会的宣传报道，集纳中央主流媒体有关党的十九届五中全会的宣传报道，同时发挥新媒体优势，加强成就宣传和政策解读，扩大宣传教育的覆盖面和影响力，累计转载和发布相关稿件1000多篇。

4. 做好第三次中央新疆工作座谈会网上宣传。各平台维、汉、哈、柯4种语言同步推出《第三次中央新疆工作座谈会》专题，并在网站显要位置及丝路视听客户端开设“天山南北好风光”“我身边的变化”“学习贯彻第三次中央新疆工作座谈会精神　努力建设新时代中国特色社会主义新疆”“十三五成就巡礼”等专栏。整体宣传突出网站音视频的传播特色，运用视频碎片化及音频等形式，及时将《新疆新闻联播》《新广早新闻》等新闻内容碎片化后进行网上传播，多角度、全方位宣传第三次中央新疆工作座谈会精神。

5. 做好坚决打赢脱贫攻坚战网上宣传。新疆广播电视台全年将“脱贫攻坚”主题宣传报道作为宣传重点，微博开设话题“脱贫攻坚”，均在首页显著位置进行图链或文链。并通过系列微视频、H5专题、网络专题、“两微一端”等全媒体组合式策划，充分发挥网络和新媒体传播优势，做好“脱贫攻坚”网上宣传工作，多形式、立体化开展脱贫攻坚宣传，实现脱贫攻坚工作、新闻宣传工作良性互动，营造了浓厚的脱贫攻坚宣传舆论氛围。

6. 扎实做好全国两会宣传报道。2020年是决胜全面建成小康社会之年和“十三五”规划收官之年，新疆广播电视台严格按照自治区党委网信办以及新疆广播电视台党委的安排部署，全面融合广播、电视及新媒体宣传手段和宣传渠道，勇于探索、积极创新，精心组织2020全国两会网上宣传报道，凭借 5G、AR 等技术优势，前后方密切配合，整合调动广播电视和新媒体资源，在融合传播上做深做细，创新媒体融合传播手段，全方位、多角度、多平台呈现全国两会盛况，传递出强有力的主流舆论声音。

2020 全国两会期间，各平台同步上线“决战决胜　追梦同行”2020 全国两会专题，共计发稿 2740 余篇，总播放量 1237 万 +。在稿件发布上，有意识地将重点稿件和重要作品在两会开幕前后时间节点发布，形成了每天都有爆款的发布局面，各种类型的爆款产品相互引流，促使新媒体作品热度持续走高。推出了《两会纸飞机》《2020 全国两会，开幕！》《两会寄出的明信片》《两会照相馆》《小石榴带你读政府工作报告》《AR 看两会》等多款创意 H5 作品。这些创意 H5 作品兼具趣味性、互动性、知识性和传播力，使网友在参与过程中自觉传播党的声音，传达 2020 全国两会精神。作品推出后，很快引起了网友的高度关注。目前，全部作品的阅读总量超过了 200 万次，其中有 39.8 万网友运用《2020 全国两会，开幕！》《两会纸飞机》《两会寄出的明信片》《两会照相馆》等产品的互动功能制作了祝福海报，表达了对 2020 全国两会的祝福。发布 2020 全国两会内容相关的原创短视频 100 余件次，总播放量 1000 万 +。

7. 做好《自治区去极端化条例》宣传报道。充分利用多语言网站平台，全面推动《自治区去极端化条例》宣传。网站开设专题《守护好我们的美丽家园》《明天更美好》。以消息、图片、评论、新闻访谈、视频等形式，重点学习宣传贯彻落实《自治区去极端化条例》及党中央、自治区党委维护社会稳定、促进民族团结、宗教和谐，严厉打击暴恐活动等提出的一系列新思路、新理念、新任务、新实践和取得的新成效，宣传自治区社会大局稳定向好，经济建设、民生改善、生态文明建设、脱贫攻坚等方面取得巨大成就等。

8. 持续做好新疆旅游宣传报道。开设网络专题《新疆是个好地方》，持续更新相关栏目，重点编发本台原创音视频稿件、通讯员原创图文稿件，并集纳转载自治区其他新闻网站的相关稿件，全年发布稿件 6000 余条。同时加大“两微一端”的宣传力度，在“丝路视听”App 上开设旅游专栏，直播新疆官方微博开设话题，直播新疆、虎鱼网微信公众号开设专栏《新疆是个好地方》《美丽新疆》等，并推送《这有好吃的》《这里最好玩》等视频节目。积极发挥广播电视台活动策划优势，组织了“新疆两万里”“这里是新疆”“好物出新疆”“传承”等主题采访活动，打造了一批深受网友喜爱的网络 IP。

二、推进媒体深度融合势头良好

2020 年，新疆广播电视台管理的新疆新闻在线网、丝路视听网、“丝路视听”App 以及微信、微博、抖音、快手、微视、今日头条等平台、账号用户数和阅读量增长势头良好。截至 2021 年年初，新疆广播电视台已经建立了以新疆新闻在线网、丝路视听网、“丝路视听”App 为基础，微信、微博、抖音、快手、微视、今日头条等第三方平台为补充的融媒体矩阵，用户总数超过 300 万，月平均阅读量超过 1 亿次。“直播新疆”“丝路视听”两大网络 IP 已经成为全疆各类官方信息发布的主力平台。其中，新疆新闻在线网、丝路视听网月平均阅读量 200 万 +；“丝路视听”App 下载量 15 万 +，比去年同期增长 300%；抖音账号“直播新疆”粉丝数量 41 万 +，比上年同期增长 500%；快手账号“丝路视听”粉丝数量 34 万 +，比去年同期增长 500%。

新媒体工作案例

“新疆两万里”旅拍项目

“新疆两万里”旅拍项目着力反映新疆各族人民在习近平新时代中国特色社会主义思想指引下，聚焦新疆工作总目标，不惧风雨、不畏险阻，只争朝夕、砥砺奋进，团结一心，和全国人民一道迈进全面小康社会的坚定信心；细数新疆在社会稳定、民族团结、经济发展、改革开放、民生改善、脱贫攻坚等各方面取得的巨大成就。同时，将对沿途各地的旅游产业、文化产业以及特色林果产业进行推介，有效促进文化润疆工程的推进和旅游兴疆战略的实施。向世界展示真实、立体、全面的新疆，传播中国新疆形象，讲好新疆故事，向建党 100 周年献礼。

新疆广播电视台于 2020 年 9 月推出全媒体旅拍项目“新疆两万里”，以越野摩托车赛车手钟盛真为主视角，深入新疆，欣赏美丽风景、体验人文风情。活动在新媒体端小屏发酵推广，联动传统媒体电视大屏展示，广播音频连线，线上线下互动引流，实现了全媒体联动。共计发布网络视频直播 11 场，短视频 34 个，微信 10 篇，电视消息 5 条，广播连线 16 条，总阅读量超过 1000 万次，天山网、各地“零距离”平台等主要网络媒体对活动进行了转发。“新疆两万里”活动不仅在网络上造成了较大的影响，还吸引了不少自驾游爱好者一路跟随，成为秋季北疆游路上的一道亮丽风景。

“新疆两万里”旅拍项目将为新疆旅游、文化产业打造网络 IP，对新疆旅游、文化产业的持续发展提供强大的助力，为打造新疆旅游、文化产业网络品牌创新发展思路，探索有效发展路径。

作品二维码

（新疆广播电视台供稿）

兵团日报社

新媒体工作综述

兵团日报社党委高度重视新媒体发展，不断推进媒体深度融合发展。2020年，报社完成了一系列重大任务、推进了一系列重要工作，各项工作稳中有进，发展态势持续向好，积极引导主力军挺进主战场，重点打造兵团日报新媒体拳头平台、栏目、产品，引导力、传播力、影响力、公信力显著提升。

一、助力打赢疫情防控攻坚战

2020年，新冠肺炎疫情对我国经济社会发展带来前所未有的冲击。自新冠肺炎疫情发生以来，在兵团日报社党委的坚强领导下，新媒体聚焦全国、自治区及兵团疫情防控情况，鼓舞战“疫”士气、宣传防疫知识、生动讲述抗疫一线的感人故事，聚焦脱贫攻坚、复工复产等热点，为夺取疫情防控和经济社会发展双胜利贡献了“新媒体”力量！

新冠肺炎疫情发生后，兵团日报社第一时间安排全体新媒体编辑居家办公，值守岗位。及时快速转发权威媒体相关报道，第一时间转载国家、自治区、兵团重大报道，及时跟进自治区卫生健康委疫情最新消息，快速制作最新疫情数据海报与小视频，及时更新疫情动态播报等。此外，还在各终端推出“新冠肺炎疫情实时动态”平台，增强了疫情防控报道的时效性和集纳性。

开设《夺取疫情防控和经济社会发展双胜利》网络专题。快速制作推出一批海报、图解、H5、短视频等原创作品。在不同时间点制作推出《疫情当前勿隐瞒》《你“宅”的家，他们却回不去》等100余张海报；制作推出《兵团党委召开视频会议研究部署疫情防控工作，重点说了啥？》《兵团战“疫”时间线》《一图呈现夺取双胜利的兵团效率兵团温度》等H5和图解作品。作品涵盖了疫情权威消息、防护常识等方面，传播效果较好。

图解作品《兵团战“疫”时间线》全面准确梳理了自疫情发生以来兵团党委采取的有力举措，结构清晰、内容权威，一经推出备受关注，“刷屏”“朋友圈”，阅读量突破1万次；3月8日国际妇女节推出的手绘作品《7 个暖心瞬间致敬了不起的“她”》，选取抗疫一线的 7 位极具代表性的女性经历的温暖瞬间，被人民日报客户端转载，在各终端的浏览量突破了 5 万次。H5 作品《致敬平凡的力量》《新型冠状病毒肺炎防控知识小测试》和图文报道《兵地同心携手，定格这些“战‘疫’时刻”》等也颇受好评。H5 作品《兵团奏响复工复产“协奏曲”》，将兵团上下如火如荼的复工复产图景精彩呈现，该作品被人民日报微博转载，阅读量达 40 余万次。

二、凝心聚力推出原创精品

兵团日报社始终坚持把融媒体产品的数量、质量、影响力作为衡量新媒体发展水平的重要标尺，持续推出了一批导向正确、内容生动、贴近受众、形式活泼的融媒体产品。

1. *原创作品数量再创新高*。原创作品数量、质量不断提高，表现形式更加丰富，全年超过 400 件，点击量超百万人次的有 1 件，超 10 万人次的有 8 件。

精心推出“兵团味道·新媒体扶贫联合公益行动”系列作品，累计点击量超 50 万人次。作品带领广大网友走进兵团 14 个师市及所属团场、连队，共享兵团味道。在大力推介兵团农产品的同时，也弘扬了助农扶贫的社会正能量，为果农带来了一定的经济收益。该报道形式还被中国记协新媒体委员会作为优秀案例进行集中展示。

策划推出兵团网年终总结短视频作品《我们的 2020 | 你曾被哪个瞬间打动？》，视频一经推出，正能量传播达到“刷屏”效果，被人民视频、新华网客户端等中央媒体纷纷转发，点击量破百万人次，刷新了兵团单个作品传播的新纪录。

利用新媒体技术制作 MG 动画《那些年老师挂在嘴边的“经典语录”你还记得吗？》《扶贫日里话脱贫，兵团交出亮丽答卷！》等，这些动画作品让视听体验更好看、更有趣、更易懂。此外，兵团网品牌访谈节目《兵团访谈》共推出 20 余期，并结合 MG 动画推出《“119”漫访谈 | 兵团消防安全形势如何？专家带您一同了解》等作品。

2. *栏目建设质量稳步提升*。在读图和短视频时代，报社以抓重点、补短板、强弱项、重实效的指导思想进行新媒体栏目建设。2020 年 5 月全国两会延期召开，兵团日报社新媒体打破以往报道形式单一的局面，首次创新推出了短视频评论栏目《陈兰说两会》，节目紧扣两会议程，深入浅出解读习近平总书记系列重要讲话精神，结合新疆和兵团实际，生动解读两会热点，畅聊代表委员关注点、公众关切点，综合运用视频、图片等形式，让视听体验更为丰富和生动，起到良好宣传效果，得到了一致好评。之后又全力推出《一周视评》评论性视频栏目，梳理兵团一周时政要闻、经济社会领域大事要事，内容有思想、有温度、接地气，让网友进一步感受到兵团发展脉搏。持续加强舆论引导，聚焦网络热点话题，推出“兵团网评”栏目，在不同时间节点发布的《讲卫生也是一种爱国方式》《对“舌尖上的浪费”，坚决说不》《农产品滞销：危机中寻找转机》《怎样才能让直播带货热下去》等原创评论受到网友好评，充分发挥了新媒体的舆论引导作用。

3. *专题专栏富有兵团特色*。紧紧围绕兵团改革发展实际和各族干部职工的火热实践，策划推出《走向我们的小康生活》《机关作风建设大学习大讨论》《誓言无声，初心不改——追记“兵团优秀共产党员丁憬”》等30余个重大主题专题和专栏，充分呈现兵团日报重大融媒体报道。

策划推出了“兵团好人”融媒体报道，以手绘、短视频、图文等形式展现兵团好人的精神世界，共推出《兵团好人｜血浓于水的亲情》、H5作品《李国庆：光明使者 妙手丹心》等融媒体作品15余件；并主动开设制作专题《凡人榜样　皆为力量——兵团好人》，及时收纳相关报道和原创作品，掀起了学习身边好人的良好氛围，通过对兵团好人的宣传展现兵团人的精气神和其中蕴含的兵团精神。

专题《誓言无声，初心不改——追记“兵团优秀共产党员丁憬”》突破以往传统专题的设计模式，采用横向页面切换形式，设置了人物介绍、先进事迹、媒体聚焦、众人眼中的丁憬等专题栏目，并且结合背景音乐呈现，让人耳目一新。

三、媒体融合步伐不断加快

长期以来，兵团日报社新媒体平台基本由新媒体部（信息网络中心）一个部门负责运行，大部分业务部门只负责报纸工作。新媒体部在进行原创报道时力量薄弱，尤其在策划、文案等环节显得力不从心。2019年以来，报社党委一方面组织人员到内地先进省级媒体进行学习调研，为报社媒体融合发展找方案、打基础；另一方面不断改进策采编发流程，持续为重构媒体融合体制机制探索、实践。

1. *有效整合媒体资源*。一直以来，报社在文字内容生产上具有较大优势。如何将这种优势不断扩大，报社进行了许多新的实践。为全方位、多层次做好时政报道，成立了由策划部、新媒体部、记者部、理论评论部人员共同参与的时政报道小分队。小分队运行后，改变了过去时政报道文字记者、编辑单打独斗的局面。在采写环节，文字、摄影摄像、评论员齐上阵；在发布环节，稿件经兵团党委办公厅审核后，按照“三审三校”流程率先在新媒体各平台发布，一些时政报道配发图片，一些时政报道在兵团日报抖音、微博第一时间发布，一些时政报道同步发布评论，有效提升了兵团日报的时政新闻传播力、影响力。

2. *广泛参与媒体融合*。主力军全面挺进主战场，是必须走的路。报社根据自身人员较少的实际，坚持重点发力、逐步推进的原则。按照专业的人做专业的事、全员培养互联网思维的指导思想，改变过去一个部门承担所有新媒体平台发布的做法。比如，“胡杨副刊”微信公众号、“兵团人”微信公众号交由专刊编辑部运行，兵团理论网、兵团理论网微信交由理论评论部运行。这些新的平台交由传统部门编发后，借助专业力量焕发了新的生机和活力。传统媒体编辑接触新媒体平台后，也提高了进行原创的积极性。他们发挥自身优势进行文案创作，后期制作交由新媒体部完成，跨部门完成的原创作品不断增多。

3. 完善优化薪酬体系。报社有针对报纸的一套相对比较完善的绩效考核办法，也有单独针对新媒体部的融媒体岗位绩效考核条例。传统采编部门人员参与新媒体创作很难在绩效考核上得到体现，这在很大程度上影响了他们参与新媒体作品创作的积极性。2020 年，报社采取了新的做法——所有采编部门参与新媒体产品创作都可以使用融媒体岗位绩效考核条例，鼓励采编人员进行原创报道，每月依据采编人员的工作量、作品质量等进行赋分，原创报道的分值高于常规工作，实行上不封顶的绩效考核办法。

四、媒体融合的思考和启示

在推进媒体融合发展过程中，我们不断总结经验和把握规律，主要有以下思考和启示。

1. 始终坚持政治引领。始终把坚持正确政治方向摆在第一位，牢牢坚持党性原则和正确舆论导向，扎实做好党中央重大决策部署和自治区党委、兵团党委部署要求的融媒体宣传报道，坚定坚决担负起意识形态领域反分裂斗争的职责使命，着力增强新闻舆论引导力，为兵团上下落实新疆工作总目标、履行“三大功能”、发挥“四大作用”营造浓厚舆论氛围，这既是对报纸的要求，也是对每一个新媒体平台的要求。

2. 始终加强内容建设。充分发挥兵团日报的内容优势，把内容建设作为媒体深度融合发展的根本，鼓励编辑记者跨部门组成栏目小组，充分调动采编人员采写创作融媒体报道及产品的积极性。目前报社已引导采编人员组织成立了“兵团访谈”“一周视评”“民生你我他”等一批融媒体栏目小组，策划推出了一批融媒体产品，把制作发布优质原创作品作为推进媒体融合的基本载体，提升媒体影响力、传播力的基本手段。

3. 始终尊重传播规律。在推进媒体融合进程中，必须充分研究和尊重互联网传播规律，牢牢把握分众化、可视化传播趋势，充分发挥客户端集聚、发展用户的功能，深入研究新浪微博、抖音等社交媒体传播规律，增强读者意识特别是聚焦青少年群体，贴近其特点，契合其习惯，利用各种平台广泛传播，使碎片化作品快速、精准直达受众。

2020 年，兵团日报社在新媒体发展上取得了一定的成效，积累了一定的发展势能。当前，兵团日报社正在组建报业（出版）传媒集团，从采编流程、组织架构、资源整合、薪酬体系等方面探索新路径，打造具有“新闻 + 政务 + 服务 + 商务”等集聚功能的“团炬”客户端，建设贯穿策、采、编、发、播、评和运营等整个业务闭环的一体化采编平台，我们有信心有能力取得更大的成绩。

新媒体工作案例

《一周视评》

融媒体时代，随着新媒体技术和新闻产品形态的多样化，兵团日报新媒体积极开拓融媒评论新阵地，逐渐摸索出了新闻评论在融媒体时代的操作模式和呈现方式，伴随移动终端的多元化，让新闻评论“融”得巧妙、精彩。

如何在严肃的时政报道中做到柔性表达，让受众能懂愿看又能学？这是兵团网《一周视评》时政评论类短视频节目创作之初就要回答的问题。然而，要破解这个问题并不容易，抱着探索与尝试的心态，2020年9月底《一周视评》“开张”了，这是一档全新的时政评论短视频节目。节目时长在4分钟左右，用简明精准的评论内容、清新自然的主持风格、轻松活泼的剪辑形式，实现了时政新闻的多种表达，在时政报道中找到严肃认真与亲切柔和的平衡点。

一、实现时政评论的软着陆

节目创办以来，内容紧紧围绕兵团党委重大会议，总结提炼观点和主张，画龙点睛地进行点评，不仅让受众能理解时政报道的基本含义，还能听到深层次的解读，很好地做到了对时政新闻的延伸传播而不是简单的新闻播报，实现对时政新闻的再转化与再创造。

做好时政报道很重要的原则是需要讲政治，节目在对时政新闻的点评上做到了简明精准，语言风格上较多地运用网言网语，标题制作也更多地使用网络热词以适应网络化，让时政评论符合新媒体宣传特点，做到了严肃内容的柔性表达，让节目平和亲切，与网民有了贴近性又不娱乐化。

2020年11月15日，《一周视评》推出了题为《只为一件事开了四次会，兵团党委如此重视的大事究竟是什么？》的节目。该期节目系统梳理了兵团党委5个月来在作风建设上的会议要求和取得的成效，内容有温度、深度和厚度，从而让受众对兵团开展的作风建设有了系统而立体的理解，深入浅出的表达，拉近了时政与受众的距离，增强了受众收看的可能性，也增强了传播效果。

二、主题聚焦凸显兵团特色

每期内容重点梳理一周兵团时政新闻，看似不相关的内容，但其实内在都有一根主线做牵引，内在有着较强的逻辑性。选择的主题也都是立足兵团，能凸显兵团特色的重点内容。

2020年年底，《一周视评》推出兵团民兵冬训特刊《探营冬训，看兵团如何锻造一流民兵队伍》，民兵冬训是兵团非常突出的特点和特色。2014年习近平总书记考察兵团时曾检阅了兵团民兵队伍，并对兵团提出“建设一流民兵队伍”的要求。为不断提高兵团民兵队伍素质，每年冬季，兵团都会开展实战性强、高强度的民兵冬季军事训练。在此背景下，记者实地参与民兵冬训，现场感受现场评，用小切口反映大主题，让时政评论接地气有现场感，取得了较好的传播效果。

三、表达方式的场景化、交互性让评论更鲜活

为了让评论内容更加丰富有料，不拘泥于主持人的一人之说，《一周视评》在内容表达上也做了很多尝试和创新，通过主持人与基层干部连线，让基层干部讲述变化，反映心声，这种形式体现了表达的场景化和交互性，让评论接地气从而鲜活真实。

四、剪辑形式活泼富有趣味性

节目在后期剪辑中运用了大量动画、视频、图片、图表、文字等形式，它们成了新闻和评论内容的有益补充，这些形式的融合让节目看起来轻松活泼，视觉呈现多样化，让内容不呆板，不容易有视觉疲劳，更是让严肃的时政评论做到轻松易懂好看，提高了传播率。

五、主持风格活泼亲切有特色

节目中，主持人“我”的存在，让整个节目有了主持人个人的态度和风格。主持人通过清新自然的形象，时而俏皮活泼的肢体语言，端庄大气、温柔而坚定地表达了时政评论的观点，突破了传统电视节目主持人说教的刻板印象，让节目有着鲜明的个人风格，也成为节目的一大亮点。

当然，作为一档传统纸媒打造的视频节目，也存在一些不足，主要体现在节目策划不足、创新能力欠缺、内容缺少厚重感等方面，如何克服这些不足也是未来发展的重点，创作团队在节目制作过程中不断探索创新，已积累了一些经验，今后将继续在节目内容和呈现形式上下功夫，力求语言更加鲜活，解读更加精准，让时政评论更加鲜活生动，真正成为一档有思想温度又接地气的时政评论性视频节目。

作品二维码

（兵团日报社供稿）

兵团广播电视台

新媒体工作综述

2020年，兵团广播电视台秉承“聚焦时政新闻、立足本地原创、服务百姓生活”的宗旨，强化互联网思维，积极探索、大胆创新，新媒体全体工作人员以“在岗尽职，守正创新”的工作态度，齐心协力，充分利用现有的网站、微信公众号、抖音、学习强国等新媒体平台，完成了各项宣传报道工作任务，提升了兵团广播电视台新媒体平台宣传工作水平和舆论引导能力。

一、始终站稳政治立场，把牢导向关

坚决服从和大力宣传党中央、自治区党委、兵团党委重大决策部署，坚定服从和服务好兵团党委、兵团中心工作，担当责任、精作内容、安全管理，较好地完成了各项时政和主题宣传报道任务。

加强人员日常业务学习，打造业务过硬的编辑队伍。兵团广播电视台新媒体编辑人员紧密结合主业，利用每日报题会、每周部门例会及其他时间进行宣传思想和新闻业务学习交流会，不断提高编辑的新闻业务水平和网站编排审美能力，不断提高管理人员对新媒体各平台的管理水平和业务能力，为兵团广播电视台新媒体壮大主流舆论阵地、凝聚网上正能量筑牢了人才根基。

二、规范网络发布安全工作，形成有效安全的工作流程

一是在内容管理上，兵团广播电视台新媒体中心各平台严格执行“三审三校”的审核制度。进一步完善宣传管理体系，严格稿件采编发管理和审查，除完善《新媒体部各岗位职责》《新媒体编辑每日工作流程》《新媒体内容三级审核规章制度》等规章制度外，还建立了“三审三校”台账和信息发布台账，确保采编播发各环节流程可控可查。

二是在系统管理上，延续之前的安全播出的各项管理制度，确保系统配置、人员制度、总编辑制度等各项工作记录齐全，有据可查。并在网络上创建各类工作日志，保证各类操作信息清晰可溯源。

三是在重要保障期，提前制定出重要保障期应急预案，做好动员部署、安全防范、技术准备；加强技术值班和设备检测，强化应急响应机制并定期组织演练；针对非法破坏类事件、自然灾害类事件拟定了相关应急预案，并定期组织演练。

三、坚持原创，提升内容吸引力

近年来，媒体形态的推陈出新带来了诸多变化和挑战。对于媒体，其核心竞争力是生产优质产品的能力。传统媒体不能故步自封，要尽可能适应新的传播格局下媒体形态的改变，需要更多的创造力和开拓性。因此，兵团广播电视台新媒体坚持不懈加强原创力建设，把原创作品当作从业之基和立身之本。在新冠肺炎疫情袭来的2020年，兵团广播电视台新媒体集中力量，创作了一大批贴合当前实际，创新力度大，有活力、有影响力的好专题、好稿件。

1. **推出优质网站专题页设计，做好专题推送**。一年来，兵团在线等平台推出“网络中国节”“丰收兵团”“致敬！十省市援疆检验医疗队！”等专题；同时，注重界面设计，推出“夺取疫情防控和经济社会发展双胜利”“走向我们的小康生活”等优质网页设计作品。这些作品均较好地体现了主题，板块设置出彩，内容覆盖面广，专题页呈现方式新颖，表达准确，达到了良好的传播效果。

2. **推出各类主题原创海报、一图读懂等内容**。这类内容更清晰、更易于传播，收获不错反响，其中一些作品还获得了兵团新闻奖。比如，新媒体融合创新作品以兵团第六师奇台农场玉米亩产打破全国纪录这一新闻线索为背景，整合新闻事实、进行文案设计，以手绘卡通长图形式，生动地展示奇台农场200亩玉米示范田创造我国产量纪录的过程。主题明晰，形式新颖，实现了新闻性与艺术性的统一，取得了良好的传播效果。

3. **开设兵团在线微访谈栏目**。微访谈栏目从兵团优秀人物出发，讲述他们背后的故事。比如《张宁：难忘在武汉的42个日夜》介绍了国家紧急医学救援队兵团支援湖北医疗队成员张宁在武汉投入疫情救援的工作经历。访谈推出后，获得很多网友粉丝的关注。

4. **制作H5等融媒体产品，尝试更易于被接受的表达方式**。小镜头大情感，小切口大主题。H5作为这几年易于表达和易产生互动的融媒体产品，很受群众欢迎。兵团广播电视台也不断在H5制作方面尝试创新、不断精化内容。其中，H5《劳动最光荣　劳动创造美好生活》以独特视角、人文情怀、全新创意，全景展现了新疆各族群众依靠劳动摆脱贫困、走上致富路的故事。设计上，画面简单，情节“走心”，简约而不失内涵。传递最浓厚情感，形成量级传播。而H5《朋友圈的别样抗“疫”》则利用漫画的形式，通过“第一时间　疫情资讯”“和家人一起秀厨艺篇”“技能篇”“运动篇”“异地亲人篇”“坚守岗位篇”6个板块，不仅有针对性、有时效性地传播了科学的防控信息，传播战“疫”正能量，同时还展现了人民群众支援战“疫”，对做好疫情防控、提振信心起到了重要作用。H5一经推出，就受到了受众热捧，兵团零距离等多个平台进行了转载。H5也为新疆打赢疫情防控阻击战、统筹经济社会发展改革稳定大局营造了良好舆论氛围。

5.短视频成为新媒体平台吸粉“利器”。随着短视频的发展，不少新闻类短视频也在各个平台上“刷屏”。兵团广播电视台继续推进新闻短视频化，短视频制作部狠抓质量，精心制作推出了一批高质量的短视频，兵团广播电视台新媒体各平台“微视频”专栏已形成特色品牌。短视频《出征！新疆首批援鄂医疗队今日驰援武汉！》等多个视频获得2020年度兵团新闻奖。2020年，兵团广播电视台新媒体各平台推出了超过500条短视频新闻作品，不少作品的点击量超过10万次。

6.抓好主题宣传，打赢新冠肺炎疫情防控阻击战。新冠肺炎疫情发生以来，新媒体迅速调整值班人员安排，保证网站和App等平台的正常运作、安全运作，做好疫情的相关日常报道和应急安排。主推原创图文、原创海报、原创微视频，以宣传口号、防疫知识等内容抓亮点，进行系列报道或组合推送，努力凸显新媒体特点。

尤其是在2020年7月16日至9月2日，新冠肺炎疫情再次突袭乌鲁木齐市，兵团广播电视台新媒体部全体人员始终坚持守正创新，从主题策划、内容设置、编排等方面发力，呈现出鼓舞人心的亮点。全方位展现了在疫情防控关键时刻，新疆各族人民对疫情防控全心投入、万众一心的气魄，以及兵团人“召之即来、来之能战、战之能胜”的行动担当。如《记住这些战“疫”面孔》《谢谢你们！乘风破浪的英雄！》《即将重启！今天，一起点亮我们的城！》《丰收兵团：迷人的秋收红》系列报道等。围绕10个支援乌鲁木齐核酸检测的医疗队，约稿组稿推出了多篇报道，这些报道采用了“文字+图片+视频+援疆医疗队名单+致一封信”的形式，运用新媒体的组合特点进行编排，展示了“携手同心、共同抗疫”这一主题。疫情磨炼人心，也能历练编辑队伍。这50多天，兵团广播电视台新媒体人员在微信等多平台推出了一些“上级认可、用户爱看”的原创作品。这些探索实践，也为继续守正创新做好微信内容积累了经验、奠定了基础。

其中，新媒体文字消息《好兄弟一起上！这就是兵团速度，兵团力量！》，时效性强，内容丰富，方式新颖，生动表现了在危险困难面前，兵团人的大局意识、兵地一盘棋战胜疫情的信心和决心以及“召之即来、来之能战、战之能胜”的担当精神。消息通过“新疆兵团卫视”微信公众号首发，24小时阅读量便达到了8万多次，“学习强国”兵团平台、兵团零距离等多个平台进行了转载，热度持续了多天，阅读量突破10

万次，产生了良好的社会效果，并获得了2020年兵团新闻奖一等奖。

此外，通过和湖北“长江云”合作，兵团在线网、爱新疆App对湖北省第42场新冠肺炎疫情防控工作新闻发布会进行直播。用户通过兵团在线网和爱新疆App实时了解兵团援助湖北医学救援队的相关救援情况，提高了兵团在线用户的活跃度。

（兵团广播电视台供稿）

区域进展

北京市推进媒体融合发展工作综述

2020年，北京市认真贯彻落实中央关于媒体改革融合的战略部署，坚持守正创新、主动作为，持续推进供给侧结构性改革，在实践中不断优化融合发展各项机制，全力加强传播平台建设，在新冠肺炎疫情背景下赢得了宝贵的发展机遇。

一、报刊媒体

2020年，北京日报报业集团积极探索媒体融合发展路径，加大媒体融合发展力度，全力加强传播平台建设，各项数据均实现历史性突破，凸显了融合发展的成效。同时，新媒体收益翻倍增长，取得了良好的社会效益和经济效益，党报集团的传播力、影响力、竞争力显著提升。

1. 主要做法。

第一，建立健全融媒体平台。依托大数据、云计算、人工智能等新兴技术，实现全媒体智能生产、多形态广告制作与发布、传播力分析和反馈、全媒体绩效考核，基本构建起覆盖“报、网、端、微”的立体化内容传播体系。

第二，完善融媒体供稿机制。继续打通采编部门，不断完善生产端向日报、晚报和新媒体三端同时供稿的机制，强化工作策划和协调，使生产端和发布端前后方协同更加顺畅，全面释放融媒体生产活力。真正形成“横向集约、纵向扁平、前端统合、后端分立、融合生产、分态传播”的新型组织架构体系。

第三，打造政务集合平台。以北京日报客户端“北京号”为抓手，向区域协同发力，打造“新闻＋政务”新媒体聚合平台旗舰品牌。在机构拓展、内容发布、传播推广及增值服务等方面多线并进，提升京报品牌影响力。

第四，探索具有党报特色音视频产品发展路径。筹划改造升级融媒体演播室和相关视频系统，着力打造都视频、京直播等视听产品，不断加大音视频内容供给，增强用户的参与、互动和黏性。此外，还研发出京报AR融媒体智能眼镜，配备给一线编辑记者，以工具变革和装备升级带动融媒体内容生产。

第五，构建“全员、全时、全程、全域”的新媒体把关体系。结合近年来新媒体报道出现的问题，逐一排查新媒体在标准、规则、流程、追责等方面存在的漏洞，出台《北京日报社关于加强融媒体把关的方案》，强化落实把关责任，消除事故、差错隐患。

第六，全力推进融媒体绩效薪酬改革。用传播力指数和成长性评价两个维度重构薪酬考评体系，在深入调研、反复测算、多次研讨的基础上，于2020年1月起实施《京报集团融媒体绩效考评方案（试行）》，覆盖采编人员80%以上，对于采编人员转型全媒人才、提升融媒生产力起到了积极的引导促进作用。

2. 工作成绩。

一是融合传播实力大幅提升。集团移动传播矩阵在疫情大考中迎难而上、因势而为，在重大主题报道中创新破难、精准发力，赢得了宝贵的发展机遇。同时，融合发展机制释放了全新活力，编辑记者策划主动性、发稿热情、稿件数量和质量明显提升，各项数据均实现历史性突破，凸显了改革融合发展的成效。2020年北京日报报业集团融媒报道实力大幅增强，新媒体端日产超过1500条，是2019年的2倍，实现工作重心从纸端向新媒体端的转移。移动传播矩阵用户数达到1.3亿，全网阅读量超过370亿次，平均每天阅读量上亿次，涌现出大批阅读量过千万、过亿次的爆款产品，传播力稳居头部媒体阵营前列，入选国家新闻出版署“中国报业深度融合发展优秀创新案例”，集团荣获“‘十三五’中国报业媒体融合创新单位”称号。

二是移动传播矩阵数据创新高。北京日报客户端作为集团融合发展的龙头产品和核心载体，下载量达1744.33万次，同比增长36.9%，日均阅读量达24万次，是2019年的4倍；日报、晚报微信微博粉丝数突破2500万，出现40余个亿级传播案例，部分账号日均阅读量超过粉丝数，展现较高活跃度，日报微信微博荣获“年度全国省级党报十佳”称号。陆续关停14个新媒体平台账号，集中资源扶持重点新媒体产品，扩大品牌效应，“长安街知事”全网用户超过2462万，传播力影响力位居全国时政类新媒体前列，荣获第三十届中国新闻奖新闻名专栏一等奖；“长安观察”各平台粉丝总量近百万，阅读量突破9亿次；“学习强国”北京学习平台全年浏览量为47.45亿次，持续位居全国前列；各品牌的百度号、头条号、企鹅号、抖音号、快手号等平台号的粉丝和阅读量迅速增长，党报党端“朋友圈”不断扩大，截至2020年年底共形成20个百万级粉丝平台，6个千万级粉丝平台，党报集团的传播力、影响力进一步提升。

三是音视频领域发展势头良好。北京日报报业集团移动传播矩阵全年音视频播放量达120.3亿次，占总阅读量的32.5%。“京直播”实现快速发展，全年进行直播1200余场，总播放量超过2亿次，荣获“年度全国报业十佳影响力直播平台”称号；“都视频”创新尝试动漫、数据视频，全年发布视频 8192 条，原创率达 35%；北京日报、北京晚报微信试水视频号，单条最高播放量达 120 万次；借助天猫精灵推出《音频早餐》节目，吸引 1000 多万用户关注，荣获 2019 年度“实力霸榜奖”，继续探索移动收听领域，日报客户端全新上线“纸上听”音频频道，抢占信息传播的新阵地。

四是内容创新走上快车道。北京日报客户端向区域协同发力，以“北京号”为抓手，打造“新闻 + 政务”新媒体聚合平台旗舰品牌，吸引北京冬奥组委、北京市人大、市政协等 140 余家单位和机构入驻，形成区域、政务、机构、教育四大矩阵，平均每天发布新闻 180 篇，发稿总量达 5 万篇，多元互动式的传播体系基本形成。疫情期间，联合 16+1 区及部分委办局制作的“战疫有我 北京在行动”系列短视频，全网总播放量破亿次，成为“爆款”新媒体产品。向贴近用户需求发力，北京日报客户端与市教委合作推出“空中课堂”；与新华社联合推出《北京战“疫”地图》；联合 13 所高校推出 40 场“带你看高招”直播，先后在抖音、拼多多、淘宝等平台推出各类直播带货活动。

五是新的经营支柱正在形成。2018 年以来，新媒体收入占媒体业务收入的比重持续上升，分别为 4.83%、18.43%、25.63%，集团逐步实现媒体主业经营的新旧动能转换。2020 年新冠肺炎疫情背景下，新媒体全口径收入逆势增长，新媒体广告实刊同比增长 47%，实收同比增长 67%。

二、广播电视媒体

北京广播电视台现有“北京云”平台、“北京时间”和“听听 FM”客户端、北京 IPTV 平台以及 400 余个微信、微博等第三方平台账号。“北京云”是构建北京市“1+4+17+N”立体传播格局的市级技术平台，旨在助力市级媒体融合发展，推动区级融媒体中心本地主流舆论阵地、综合服务平台和社区信息枢纽建设。“北京时间”是全市融媒体传播体系中的首个市级融媒体平台，是全台重点打造的移动视听服务平台，目前累计下载量 3837 万次。“听听 FM”突出“音频社交”特征，着力打造全国主流媒体头部音频服务平台，目前累计下载量 618 万次，位居全国广电音频客户端前三名。北京 IPTV 平台是北京广播电视台与爱上电视传媒、三大电信运营商合作运营的交互式网络电视平台，现有注册用户 260 万。

1. *爆款融媒产品持续涌现*。坚持内容为王，构筑持续输出爆款网络内容的文化新高地。国庆期间推出的原创动画短视频《假如 70 年前有 WIFI》全网点击量超过 2000 万次。新冠肺炎疫情集中暴发期，依托品牌节目构建的融媒传播矩阵，将内容和服务覆盖所有主流传播渠道，全网总访问量近 48 亿次，其中《养生堂》《生命缘》两个节目网络播放量分别达 9.09 亿次、4.16 亿次。2020 年，推出了《小康号邀您上车啦！》《海外抗疫日记》《服贸会在身边》等一系列爆款融媒产品，全网播放总量突破 6000 万次。原创儿童推理广播剧《小虎爱推理》上线以来，订阅户超过 9 万，全网播放量突破 3800 万次。

2. 全媒宣推水平显著提升。发挥全台 400 余个新媒体账号作用，坚持“台、网、微、端、屏”一体化联动，形成强大的宣传声势。第十届北京国际电影节，突出云上特色，强化全媒宣推，实现了融媒宣传跨越提升。新闻频道、新闻广播、交通广播和“北京时间”共同推出“走进北京网红打卡地”专栏，播发报道 60 期，同期进行的《北京网红打卡地》“拔草行动”，实现线上线下融合推广，微博相关话题阅读量超过 1.5 亿次，与快手平台联合发起的“拔草行动 Vlog 挑战赛”网络总播放量超 1.6 亿次。春节前夕，“北京时间”为北京台春晚预热宣传，开设多个专题板块，全媒体、全平台、全渠道触达用户近 3000 万人次，春晚播出后，对内容进行碎片化处理，全网多渠道分发，累计拆条 30 余篇。北京台牛年春晚在优兔平台上线，仅 7 天时间播放量达 150 万次，位列省级卫视榜首，春晚视频在脸谱、推特等海外新媒体平台累计点击数超 1.1 亿次。2020 年年底，“听听 FM”策划举办“大声喊　新年好”12 小时广播跨年融媒传播活动，直播聊天室热度值达 150 万，聊天室互动抽奖人次超 1500 万，推动“听听 FM”日活提升 80%，累计拉新用户超过 70 万。

3. 细分业务品牌逐步形成。在短视频和直播两个细分领域形成了“时间视频”和“时间直播”等品牌。“时间视频”凭借着“快、深、广、暖、融”的发展特点，迅速在泛资讯短视频领域脱颖而出。“时间视频”已入驻微博、今日头条、企鹅、百家、快手、抖音等平台，运营内容单周播放量超亿次，全网总粉丝超过 2000 万，稳居泛资讯类短视频行业头部阵营。由“时间视频”发起的“暖视频”征集活动吸引超过百家媒体参与，征集作品总数量逾 1.6 万，阅读观看量近 55 亿次。其中仅微博平台的“暖视频”话题阅读量就达 41.2 亿次，讨论量达 116.6 万次，作品量过万；快手平台的“暖视频”活动播放量约 11.5 亿次，作品量超过 3000 个；北京时间网站上相关阅读量超 9000 万次，作品量近千。“时间直播”以直播本地新闻为重点，全网各平台的粉丝数量已突破 600 万。

三、区县融媒体中心

1. 朝阳融媒体中心。2018 年 6 月 19 日朝阳区实现区融媒体中心挂牌，在加快推动区域媒体融合发展方面迈出坚实一步。成立后的“朝阳融媒”，面对全媒体的不断发展，坚持一体化发展思路，通过机制、技术、渠道、绩效 4 方面的驱动，重构采编发体系，优化采编发流程，实现平台、信源、产品、渠道、技术、人才、数据、媒资的“八融合”，牢牢把握新闻舆论工作主动权，打通新闻宣传“最后一公里”，提升生产能力、聚合能力、传播能力。以新冠肺炎疫情防控新闻宣传工作为契机，进一步推进内容生产的供给侧结构性改革，融合传播实现“全媒联动”，不断提升报道的传播力和影响力。

同时，将做好疫情防控的新闻宣传作为编辑记者不断增强脚力、眼力、脑力、笔力的有效途径，深入挖掘和报道“朝阳群众”在抗疫一线践行初心和使命的故事。

为做好朝阳区疾控中心抗击新冠肺炎疫情的纪实报道，记者“蹲点”多日探访，对疾控中心工作人员的工作状态、精神面貌、科学方法等内容进行深入采访，形成《越是风险高的地方　越是我们的战场》《朝阳疾控“猎毒”三剑客》《面对疫情“大考”　朝阳疾控人努力答卷》等系列报道，充分展现疾控中心医务工作者牢记习近平总书记嘱托，运用专业知识和技能，齐心协力把科学防控、精准施策落到抗疫工作一线的动人故事。

深化与央级媒体合作，与央视新闻策划朝阳疾控90后党员奋战抗疫一线的报道，全网播放量1.6亿次、百度热搜榜第一；与央视新闻共同策划参与直播节目“共同战疫”，呼北社区书记殷金凤连线直播间介绍社区防疫措施，直播点击量近6000万次；在新华社客户端对商务楼宇防疫见闻、北京朝阳集中观察点收到近300封多种形式感谢信等内容进行推送，总阅读量近3000万次。

2. *石景山融媒体中心*。2018年以来，石景山区融媒体中心把扶贫攻坚实地采访报道作为锤炼记者作风、增强“四力”的实践载体，连续3年组织开展“记者走扶贫一线”采访报道活动。先后有12批次、60余人次记者奔赴区对口扶贫青海称多，内蒙古莫旗、宁城，河北顺平4个贫困县旗，深入50余个贫困乡镇200余个贫困村，采访当地干部群众和挂职扶贫干部500余人次。

报道组通过广泛深入的实地采访获得了大量鲜活生动的新闻素材和第一手资料。《石景山新闻》开设“携手奔小康”专栏，播报相关新闻180余条，《石景山报》开设“扶贫点对点，帮扶心连心”专栏，刊发相关新闻70余篇，“北京石景山”微信公众号同步推出视频、图文报道90余条，新闻报道在一线发出，融媒宣传有声、有影、有事、有情，打出了宣传报道的“组合拳”，形成了集中持续深入的宣传报道声势。《顺平的果蔬走进石景山百姓的菜篮子》总结了农超对接扶贫经验；《中节能宁城太阳能光伏大棚投入使用》报道了科技扶贫成果；跟踪报道《4岁的小雨瀚脸上终于绽放出孩子天真烂漫的笑容》记录了石景山卫生健康委协调协和医院专家治愈患有先天性心脏病的小雨瀚，圆一个贫困家庭梦想的感人故事。《携手奔小康——石景山区扶贫攻坚工作纪实》电视专题片聚焦扶贫脱贫主题，通过时空转换，串联起一个个扶贫案例、脱贫故事、感人事迹，全景式展现石景山区扶贫攻坚工作。

（北京市新闻工作者协会供稿）

天津市推进媒体融合发展工作综述

2020年，天津市加快推进媒体深度融合发展，构建全媒体发展体系，着力推动市、区两级媒体融合发展，宣传队伍不断成熟，宣传精品不断涌现，宣传阵地不断巩固。

一、天津推进市级媒体融合的工作举措

2020年，在天津市委的坚强领导和市委宣传部的直接指挥下，海河传媒中心坚持守正创新、强化使命担当，充分发挥好主流媒体"压舱石""风向标"的作用，牢牢掌握全媒体时代舆论场主动权和主导权，坚定不移地加快推进媒体深度融合发展，以更大力度推进改革落地见效。

1. *推动主力军全面挺进主战场*。一是以互联网思维优化资源配置，改革融媒体工作室管理机制，把更多优质内容、先进技术、专业人才、项目资金向时政类工作室倾斜，打造有较大影响的工作室品牌。继续推行瘦身健体，淘汰落后产能，集中力量打造"政民零距离""百姓问政""公仆走进直播间""津门凭阑""大家说理"等品牌栏目。二是打造自主可控、传播力强的网络平台。梳理客户端内容，细分垂直领域，推出客户端产品。加强算法推送，提高客户端智能化，打造智媒体。三是占领新兴传播阵地，依托百度在AI技术方面的优势，赋能媒体内容生产流程，提高媒体工作效率。联合孵化精品项目，繁荣本地内容生态，实现双方号端互联互通，增强传播力。建设区域级媒体生态系统。四是与区县融媒体中心加强内容合作互动。做强海外传播平台，提升对外传播效果。强化产品意识，推广更多可视化作品。

2. *加强技术创新*。一是推动核心技术自主创新，加强创新人才培养，组建技术团队，积极投入新产品研发。对现有5G软硬件设施做进一步完善，增加新的功能，实现轻量化采集及手机App传输等功能，实现更大区域更高码率的高清视频素材的远程传输、远程节目转播制作。继续对5G、4K、VR、AR等先进技术开展技术攻关。二是重塑技术流程，探索利用互联网公有云平台，实现云剪辑、云采访、云导

播、云录制等先进的云制作技术，实施基于公有云平台的融媒体云制作系统。建立全台新闻采编发私有云平台，有效支撑新闻采编业务、多个演播室全天多档新闻的直播业务。整合所有报纸的采编生产系统，实现流程再造保证报纸安全出版。三是融合技术团队，在广播、电视、日报所属技术部门统一参加技术例会，纳入技术管理统一化、系统化的基础上，成立海河传媒技术中心，建立技术中心党委，整合团队，提升技术服务效能。

3. 推进内容生产供给侧结构性改革。一是扩大专业优质内容生产。在已成立广播新闻中心、电视新闻中心、体育新闻中心的基础上，以时政新闻中心改革、加强时政新闻影响力建设为突破口，推动全媒体时政新闻策采编发流程再造。按照全媒体内容生产要求，组织时政类新闻生产，实现一次采集、多种生成，优质保障网络端、移动端内容需求。二是加强新闻对象意识，满足受众需求。在成立时政新闻中心的基础上，重视头部内容建设，推动理念、内容、形式、方法、手段等创新。借鉴新媒体传播方式和特点，向受众精准推送专业性、指向性、延展性的新闻产品，实现精准生产、精准传播。加大音视频内容供给，增强客户端智能音视频分发功能。

二、天津市推进区级融媒体中心建设工作举措

天津市委高度重视区级融媒体中心建设工作，持续推动区级融媒体中心深度融合，不断提高新闻信息生产、传播、服务能力，及时整合基层政务资源、社会资源，增强公共服务及其他方面的功能，更好地满足人民群众的美好生活需要，重视提升技术保障能力，不断提升运营效率。

1. 新闻报道方面。各区融媒体中心以贴近本区生活实际、扎根本土为依托，结合重大主题宣传报道，着力展现本地特色。滨海新区融媒体中心在“津滨海”客户端推出“滨海观澜”评论专区，以“海声”为笔名，撰写了“项目为王”“二次创业”以及“不为不办找理由，只为办好想办法”系列评论等内容，对新区改善营商环境乃至高质量发展营造了良好的氛围，成为阐释区委工作思路的风向标；宝坻区融媒体中心发挥媒体融合优势，以艺战“疫”提士气，创作战“疫”短视频三部曲《我们都要好好的》《宝坻，对你说》《拥抱阳光》，京东大鼓《万众一心抗疫情》，战“疫”歌曲《不能没有你》《为你点赞，我的战友》，诗朗诵《没有一个春天不会来临》等多部原创融媒作品。

2. 政务服务方面。各区融媒体中心提供多种形式政务服务，通过对接党政部门技术平台，提供内容丰富、具有特色的服务，使客户端成为“指尖上的政务服务中心”。红桥区融媒体中心打造“家在红桥”客户端，搭建基层社会治理共建共治共享的网上平台，实现便民服务、收集民意和舆论宣传一体化，通过设置“服务”“反映”“咱

家”“首页”等板块，积极对接群众需求，整合民生服务、政务服务资源，下设“怎么办”“看演出”“查电话”“约律师”“查诚信”“指尖查”“掌上办”等子栏目，集成1320项便民、便企服务，让用户实现“一端在手、办事无忧”。西青区融媒体中心积极探索“云上西青”客户端开发建设，完善板块设置，加快更新频率，不断创新升级，每日不间断、全方位、实时更新西青区经济社会各项事业发展，推出问政板块，增强区委区政府与基层群众的互动，为区委区政府第一时间了解社情民意，及时协调解决百姓关心的热点难点问题拓宽了渠道，进一步增强了用户黏性。

3.提升技术保障能力方面。依托“津云”中央厨房的技术优势和运营经验，遵循统一标准、统一软件、数据共享互通的原则，努力实现平台统一调度和已建设资源的充分利用。同时，各区融媒体中心高度重视自身技术能力建设，注重资金等资源投入，加强人才团队建设，在提升自身技术能力的过程中注重鼓励创新。南开区融媒体中心成立设备改造领导小组，投入270万元改造电视制作系统和媒体资源管理系统，与“津云”新媒体技术人员通力合作，针对“津云”中央厨房存在的不适应性进行改造，完成一期改造并切换升级新系统；静海区融媒体中心组织“津云”新媒体专家围绕“静云后台操作”“统计数据”等内容开展视频培训，组织业务部室开展马克思主义新闻观学习研讨，开设“融”时代强“四力”静海区新闻舆论工作专题培训班，不断促进采编人员转变工作理念、学习新媒体知识。

三、媒体融合的阶段性成效

在天津市委的坚强领导和有力支持下，天津新闻阵线认真贯彻落实党中央和习近平总书记关于媒体融合的重大战略部署，聚焦做大做强和发挥主流媒体作用、扩大主流价值影响力版图，大力推进各项改革，取得了阶段性成效。

海河传媒中心制作的电视专题片《大考》在163个境外主流网站有效播放600余万次，生动展现抗疫实践和抗疫成效。制作的电视纪录片《奋进新时代》作为全市干部群众深入学习新思想、强化“四史”学习教育的重要教材，全市各级党组织集中观看纪录片4000余场次，48万余名干部深受思想教育和精神洗礼。在2019年度中国新闻奖评选中共获一等奖1项、二等奖1项、三等奖2项；技术系统获得2020年广播节目技术质量金鹿奖一等奖7个、二等奖4个、三等奖2个，金鹿综合奖第二名。

各区融媒体中心聚焦本区发展、关注百姓民生，积极发挥主流媒体作用，全力推进媒体深度融合，切实提升新闻舆论的传播力、引导力、影响力、公信力。滨海新区融媒体中心全力打造“津滨海”客户端，推送的《致滨海新区广大市民的一封信》单篇阅读量达1.95亿次，创下“津滨海”客户端自上线以来的历史新高；西青区融媒体中心采用“全员”“全时”的方法推出《西青记者前线手记》83 期，每天以日记体叙述和电话视频连线等形式，大力宣传西青驰援湖北医务工作者的感人事迹，多篇报道被中央媒体转载推送，浏览量突破千万次。

（天津市新闻工作者协会供稿）

河北省推进媒体融合发展工作综述

2020年，河北省深入学习宣传贯彻习近平新时代中国特色社会主义思想和习近平总书记关于党的新闻舆论工作的重要论述，全面落实中央《关于加快推进媒体深度融合发展的意见》和河北省委关于媒体融合发展的工作要求，坚持正确的政治方向、舆论导向、价值取向，守正创新，开拓进取，努力推动媒体深度融合发展。

一、移动优先，融媒平台进一步做大做强

1. 省级主流媒体融合发展取得新突破。河北日报报业集团新媒体用户数超过1.2亿。人民网发布的《2020全国党报融合传播指数报告》显示，在全国377家党报中，河北日报融合传播力排名第十，河北新闻网、河北日报官方微信、微博入驻App、抖音号全部名列省级党报前五位。

河北广播电视台300平方米全媒体演播室以及不断升级完善的云高清制作网具备国内一流水平，可同时满足台本级融媒体节目和社会各方面的视频制作需求。“冀时”移动媒体云平台通过迭代升级，具备服务全省媒体和政务的能力。

长城新媒体集团2020年共发布原创新闻报道4.8万余篇，收获千万级爆款作品19个，新媒体矩阵总点击量达30亿次。“冀云·融媒体”平台获评“全国广播电视媒体融合成长项目”。截至2020年年底，集团资产总额和净资产总额分别是成立之初的近5倍和9倍，实现了国有资产的保值增值。

2. 搭建全媒体立体传播新平台。随着传播格局和舆论生态发生深刻变化，互联网成为新闻宣传主平台、主阵地。围绕扩大主流价值影响力版图，河北省内主要新闻媒体强化顶层设计，加快建设涵盖“报、网、端、微、号”等在内的立体传播平台。

河北日报报业集团的河北日报客户端进行技术升级后，累计下载量超过1300万次，高峰时注册用户超过500万，成为移动端河北第一权威发布平台。借助微信、微博和头条号、抖音号等平台号对党报优质内容进行再加工、再呈现、再传播，把河

北故事讲出全网影响。河北日报微信公众号订阅用户近90万，2020年以来10万+稿件124篇，各项数据长期居全国省级党报第三位。河北日报官方微博粉丝达到330万，2020年以来50多篇稿件登上全国热搜，各项数据居全国省级党报微博前列，获评“2020年度全国省级党报微博十佳”。河北日报抖音号粉丝数量由2019年年底的不足100万增长到近300万，报道总点赞量达到1.1亿次，总播放量突破20亿次，各项数据在省级党报中名列前茅。

河北广播电视台以“冀时”移动平台传播为重点，通过打造“冀时大直播”品牌、“冀时帮”品牌、“冀时活动”品牌，在全台组建具有大小屏直播经验的多个全媒体直播专业团队，在重大突发事件、重要时间节点策划推出移动优先、大小屏互动的全媒体直播活动。

3. 县级融媒体中心建设迈上新台阶。河北省以建设省级总平台“冀云·融媒体”平台为依托，全面推进县级融媒体中心建设，同时坚持统分结合，鼓励省、市主流媒体积极推进自身融合发展，实现信息内容、技术应用、平台终端、管理手段等共融互通。截至2020年10月，全省147个县级融媒体中心全部接入“冀云·融媒体”平台，147个县级“冀云”客户端全部上线运行。2020年7月至10月，河北省对列入省级建设任务的147个县级融媒体中心建设进行了全面评估验收和督导推进。截至10月底，147个县级融媒体中心全部通过验收，全省“一朵云”“一张网”的媒体融合发展新格局初步形成。

二、内容为王，融媒产品进一步提质做优

2020年，河北省各媒体顺应分众化、差异化传播趋势，坚持以内容生产为根本，不断丰富和创新表达方式、呈现形式，强化个性化表达、可视化呈现、智能化推送和互动化传播，为正能量内容导入大流量。

河北日报报业集团改革创新，补齐党报视频产品短板。2020年1月策划推出原创短视频栏目《值班老总读报》，由集团副总编辑轮流担任主播，内容聚焦河北日报优质原创内容推介和热点话题评说，一经推出便引起广泛关注，中国记协将其列入传媒大事记，节目被新华社等660余家媒体转载推荐，单期全网播放量在400万次以上。

河北广播电视台重磅推出的大型全媒体新闻访谈节目《转型之路》，在“冀时”及央视新闻+、今日头条、腾讯视频等新媒体平台立体发布，阅读量达到1亿+。全媒体新闻行动“行走大运河”，秉承“一体策划、一次采集、多元生成、全效传播”的融媒传播理念，全方位、立体化、多层次地展示新时代精彩的运河故事，全网总浏览量超过1000万人次，刷新了该台新闻行动的融媒新纪录。

长城新媒体集团推出的手绘系列长卷《河北脱贫攻坚图景志》在河北省脱贫攻

坚成果展上展出，被河北档案馆永久收藏；《沿着总书记的足迹看河北》《脱贫“冀”忆》等一批融媒报道成为爆款，其中融媒专题《我们的“全村福”》总阅读量超1000万次、点赞量近40万次。

三、服务民生，“新闻＋政务服务商务”模式进一步建立丰富

河北省全力推进新闻信息与政务、服务紧密结合，构建起通民意、惠民生、解民忧的信息服务平台，让党的声音传得更开、传得更广、传得更深入，为更好地引导群众、服务群众，推进治理体系和治理能力现代化提供了重要的平台支撑。

长城新媒体集团平台已上线72类服务，超过200项具体服务功能。自主开发上线河北“扫黄打非”举报平台、社区综合治理“红色管家”、新时代文明实践中心线上平台等政务功能，实现话费、电费、交通罚款、有线电视费等在线缴纳。集团倾力打造的“问政河北”平台，现已入驻各级理政单位3000多家，每月处理群众诉求1000多条，答复率超过90%，已成为河北省委部署的全省党政领导干部走好网上群众路线的总平台。

邢台市内丘县融媒体中心招募380名“百姓代言人”，代表全县32万群众提建议、表心愿，县党政主要领导在线了解盯办，责任部门讲措施、说办法、定期限，纠风办对问题整改情况进行跟踪督导，5000多个问题得到及时答复和解决，筑牢了党委政府与群众之间的“连心桥”。辛集市融媒体中心利用“百万粉丝矩阵”优势，开通“市委书记群众直通车”、网上便民服务大厅等，在融媒体客户端设置异地就医、缴纳水电费、医保社保等模块，让群众办事更加方便高效。邯郸市各县（市、区）将融媒体平台与市县乡村四级“微信矩阵”无缝链接，辐射群众400余万人，应急指挥、政务民生服务等作用得到充分彰显。

四、聚集人才，融媒队伍进一步发展壮大

河北省各媒体努力在组织机制和人才培养方式上，推动采编审刊播发各岗位、各工种人员向全媒型人才转型，构建一支创新型、复合型、应用型、领军型融媒体队伍。

河北广播电视台创新生产方式，先后成立两批共计19家工作室，在人才、资金、平台、合作、流量、项目等方面继续完善配套政策，为工作室高质量发展提供有力保障，有力调动了员工积极性，极大激活了融媒组织形式。首批工作室新媒体平台图文、音频和短视频的总阅读播放量超过8亿次，播放量超千万次的爆款23条，超百万次的200多条。

长城新媒体集团在吸引人才方面，打破身份、地域、职级限制，2020年7月面向全国公开招聘中层干部，在全省乃至全国的媒体行业中产生影响，吸引了北京、天津、广东、江苏等16个省（市）各行各

业近千人参与。2020年年底，集团面向全国招聘科组长，吸引了全国各地1000多人报名。集团还面向全国和行业先进企业定向引进人才，开辟“绿色通道”，引进一批全媒体编辑记者、主持人、技术人员等专业人才。与河北工业大学、河北经贸大学等高校达成战略合作协议，共建后备人才储备基地，切实为集团培养全媒体后备人才提供坚实保障。

（河北省新闻工作者协会供稿）

山西省推进媒体融合发展工作综述

2020年，山西省紧紧围绕中央文件要求，坚持“正能量是总要求、管得住是硬道理、用得好是真本事”，全面推动媒体融合在体制机制、政策措施、流程管理、人才技术等方面向纵深发展，构建网上网下一体、内宣外宣联动的主流舆论格局，打造以内容建设为根本、先进技术为支撑、创新管理为保障的全媒体传播体系，主力军全面挺进主战场。

一、做强山西优势，放大一体效能，以深化改革推进深度融合

在贯彻落实习近平总书记关于媒体融合发展重要论述的实践中，山西省创造性地走出了一条“报业+广电”共同投资、集中建设省级技术平台的融合发展之路。按照省委部署，通过汇聚山西广播电视台、山西日报社等省市县各级各类主流媒体优质内容和技术资源，省级技术平台搭建起了一个集“报、台、网、端、微、屏”内容融合生产、分发、传播于一体的平台。

2020年，山西省着力巩固布局优势，省级技术平台投入1亿元，加快媒资系统建设和融媒体技术体系搭建，初步构建起“一次采集、多元生成、多渠道分发”的全媒体传播体系，并连通了全省105个县级融媒体中心，服务全省135家媒体机构，初步形成了山西媒体融合发展“一朵云”。

顺应5G技术发展趋势，省级技术平台紧盯技术前沿，与山西传媒学院、中国移动通信集团山西有限公司、中兴通讯股份有限公司共建5G融媒体联创实验室，在5G+超高清、5G+XR等应用领域开展合作。全面完成平台二期主要建设项目，可实现中央规范要求90%以上的技术功能，系统支撑能力和技术服务能力得到了进一步巩固和提升。

在充分用好省级技术平台技术能力、服务资源的同时，山西日报社、山西广播电视台着力于差异化、高效率发展。2020年，山西日报客户端完成了IPv6改造，建设了山西日报图片库系统；完成对山西日报客户端、山西日报融媒体平台、山西日报历史报纸资料库3个信息系统的等保备案，并进行

了等级保护测评；打通了山西日报融媒体平台和省级技术平台的数据接口，完成由省级技术平台投资实施的山西日报采编升级部署工作。新版采编系统上线后，可打通融媒体平台和报纸采编系统，实现山西日报“报、网、端”的统一指挥。山西广播电视台稳步推进技术系统高清化升级改造工作，完成了200平方米新闻高清演播室改造、800平方米演播室灯光音频系统改造、融媒体演播室系统搭建等一批技术工程，初步搭建起全台媒资系统，能有效满足山西广播电视台媒资存储和高清化网络制播、融合生产、外延办公等业务发展需求。

支撑县级融媒体建设是省委省政府赋予省级技术平台的重要职责使命。2020年，省级技术平台与全省105个县级融媒体中心全部实现了互联互通。以平台为基础，基本实现了省、县两级主流媒体在信息内容、技术应用、平台终端、管理手段、人才队伍等方面共融互通，催化了融合质变，放大了一体效能。截至2020年12月31日，利用平台功能，各入驻媒体机构共生产融媒体产品1076251个，素材总数达1756045条。

二、坚持移动优先，创新机制协同联动，全力推进内容生产提质增效

山西省委宣传部统筹山西日报、山西广播电视台等主流媒体，积极探索项目制，跨部门、跨专业、跨流程组建了“图新鲜”“漫动作”“山西话”等一批融媒体工作室，整合精锐力量制作各类融媒体产品，最大程度激活内生动力，创新融媒体产品生产，加大优秀内容供给。2020年疫情防控期间，各融媒体工作室充分发挥作用，制作海报、H5、动漫和音频等多种形式融媒体产品共100多件，多平台发布、多渠道传播，壮大主流舆论影响力。其中，动画《看，这就是我们的超能“大白”》入选中国记协新媒体专业委员会战“疫”精品案例。

重点栏目《转型进行时》按照一次采集、多元分发原则，由项目组负责基础素材的采集及电视版的节目制作，并在第一时间将素材分发给山西综合广播、山西日报、山西云媒体进行二度加工，形成电视、广播、报纸、新媒体协同创作机制，综合运用多种技术手段，打通各种传播渠道终端。电视版节目由山西广播电视台卫星频道与全省11市广播电视台新闻综合频道联合播出；广播版节目由山西广播电视台新闻综合广播与全省11市新闻综合广播频率联合播出；山西日报次日在“转型进行时”专版推出；新媒体产品打通全省105个县级融媒体平台，新华网、“学习强国”等国家级平台同步抓取转载；各厅局官网、市政官网也纷纷转发，打出了山西新闻战线推进媒体融合的“组合拳”。在短短2个月的时间里，生产制作38期融媒体产品，推出创意短视频45个、海报（动图）128张，互动H5作品3个。

山西日报坚持开门办报，初步建立了“报、网、端、微”联动运行机制，完善了融媒工作室、拍客、特约撰稿人机制。

围绕“战疫”报道、省两会、全国两会、“十三五”成就巡礼、走向我们的小康生活等重点工作，积极创新内容生产方式、表现形式，提升产品质量。新冠肺炎疫情防控期间，山西日报客户端开设了战“疫”频道，下设13个专题，从不同层面和角度来报道抗击疫情进展。积极与国内优秀平台进行合作，扩大疫情信息的报道量、覆盖面和实用性、传播度。截至2020年12月中旬，共制作海报、短视频、音频、动画H5等各类战“疫”融媒体产品542个；全国两会期间，承制《两会云访谈》《两会田野说》两档微视频特别节目；“走向小康生活”系列报道重访习近平总书记视察山西时去过的地方，制作视频、H5、动漫等融媒体产品；“坐着火车看山西”系列报道在山西日报报纸、“两微一端”等多个平台发布，“两微一端”8条产品吸引了300多万人次的阅读量。在这些重大报道中，山西日报新媒体部聚合山西新闻网采编力量，统筹报道团队，充分利用新型传播技术手段，围绕春运、复工复产、春耕夏收等举行了30多场直播活动，锻炼了直播队伍，扩大了自身影响力。

2019年11月23日，山西广播电视台择优选出42个首批入围重点扶持融媒体工作室，一年多来，在省两会、疫情防控、全国两会、习近平总书记视察山西等重大宣传报道中发挥了至关重要的作用，其生产的融媒体产品借助全台新媒体矩阵，全网触达用户过亿。其中《上旧了，云冈》获中国新闻奖媒体融合奖项；短视频《“中国之治”新境界　你也是主角》《太钢“手撕钢”——0.02毫米的厚度》和网络音频《我们村的年轻人》获评2020年国家广电总局优秀网络视听作品。

省级技术平台坚持移动优先，以先进技术为支撑，围绕习近平总书记视察山西、党的十九届五中全会、新冠肺炎疫情防控等重大主题重要活动，制作推出了H5《汾水素波，晋阳锦绣！这幅全景画卷请收好》《航拍！“九河综治”，太原巨变》微视频等融媒体产品2000余条。

为进一步推动全省县级融媒体中心内容建设，打通基层宣传思想工作“最后一公里”，让党的声音“飞入寻常百姓家”，2020年12月29日，省级技术平台与新华社新闻信息中心签署合作协议，建设“新华社县级融媒体专线”。同时，积极引导各县级融媒体中心入驻“学习强国”山西学习平台。

三、坚持做大平台做强主业，不断增强市场意识和能力，政务服务商务各“战场”全线开花

媒体融合发展，是挑战也是机遇。要打造高效多维、深度融合的融媒体宣传矩阵，关键要抓住重大机遇期、重要“窗口期”，推动媒体深度融合。

2020年，山西日报客户端历经2次大的改版，新版客户端开通了山西号，增加了基于新闻大数据的智能推荐频道、语音朗读、语音交互，呈现方式上增加了AR功

能。打造的“山西日报数字资源公共服务平台”，是山西日报历史报纸数字化的产品，更是各级用户及时、准确掌握党和国家方针路线、山西政策形势的重要工具，还可用于科研机构的历史研究，以及政府调阅、商业资料挖掘等领域。此外，山西日报新媒体还面向社会招募20名特约撰稿人、33名短视频拍客，这支队伍在一定程度上扩充了山西日报新媒体平台的创作力量，丰富了原创作品的数量。截至2020年年底，山西日报客户端下载量突破216万次，山西日报新浪微博粉丝量突破557万，微信订阅数突破18.2万，抖音号突破10万，山西日报新媒体综合覆盖人群超过2000万，党报影响力版图不断扩大。

2020年，山西广播电视台壮大自有平台矩阵，整合台内媒体渠道资源，打造广电媒体、官方网站、IPTV、“两微一端”等多种传播形态组成的全媒体矩阵。组建广电MCN机构，积极尝试建设网红基地、助农直播带货、网络直播省市县大型活动等项目。开办音视频网站2个，其中山西网络广播电视台日均页面浏览总量41万次，日均用户访问总量100万次；天启视听网日均页面浏览总量15万次。开办移动客户端2个，其中黄河Plus客户端日均活跃用户近万；智慧传媒客户端，已开通VIP账号381个，安装终端509台。截至2020年12月底，山西广播电视台官方微信注册账号31个，订阅数量最多的账号是山西新闻联播公众号，订阅数334万。

省级技术平台紧抓县级融媒体建设窗口期这一政策机遇，为各县级融媒体中心建设提供“一站式”服务和接口的技术开发对接服务。同时充分发挥技术服务、内容生产优势，不断培育新能力、提供新服务，创新拓展政务服务商务各业务，不仅增强了自我造血机能，引领提升了整个传播体系的服务能力。

打造中央省市县四级传播体系主流媒体深度融合、同频共振的发展格局，是党和人民赋予的历史职责和重要使命，是新时代向山西新闻战线发出的殷切召唤。下一步，山西记协将继续发扬“三牛精神”，更好团结引领山西广大新闻工作者，努力以内容优势赢得发展优势，以技术进步引领传播创新，为山西推进媒体深度融合发展履职尽责、建功立业。

（山西省新闻工作者协会供稿）

内蒙古自治区推进媒体融合发展工作综述

2020年，内蒙古自治区各级媒体以习近平新时代中国特色社会主义思想和习近平总书记关于新闻舆论工作的重要论述为指导，继续全面贯彻落实中央关于加快推进媒体深度融合的意见要求，坚持“移动优先、融合传播”理念，继续加大媒体融合步伐，积极探索媒体融合发展路径，不断加大媒体融合发展的力度，大力推进新媒体建设，切实提高主流媒体的传播力、引导力、影响力和公信力。

2020年，突如其来的新冠肺炎疫情使社会各项事业受到严重影响。内蒙古地区主流融媒体主动发挥自身优势，建成初步有效的传播矩阵网络，及时传播疫情动态与防控举措，权威解读防控知识及政策法规，既确保了信息公开透明，也有效缓解了民众的焦虑恐慌情绪。

一、内蒙古地区融媒体建设现状

当前内蒙古地区媒体融合发展情况，可以从自治区层级融媒体、盟市级融媒体以及旗县级融媒体3个方面予以分析。

1. 内蒙古自治区一级融媒体发展已经呈现出相对成熟与稳定的趋势。从硬件建设、平台打造、人才引进、制度改进等方面看，内蒙古自治区层级的融媒体建设与全国其他地区的整体发展情况相比并不落后。内蒙古日报社作为全区融媒体建设的领头羊，现已形成拥有纸质报纸、网络媒体、移动媒体3种业态，汉语、蒙古语、斯拉夫蒙古语、俄语4种语言文字，63个媒体（包括第三方平台账号）的宣传矩阵。报刊总发行量247678份，新媒体各平台用户（粉丝）总计3994.35万，日均点击量1399.43万次。内蒙古广播电视台作为全区最大的广播电视播出机构，在台网融合方面抽调专人运营新媒体中心，并通过自身平台腾格里网、新华网、微信、抖音等平台实现了广播、视频、图解、图文、短视频、H5、开机页海报等多种形式的全媒体传播格局。特别是在“腾格里云”建设方面，2020年实现12家盟市级广播电视台和90多家旗县级融媒体中心入驻，并对腾格里新闻客户端进行改版，增加集结号、名人号、主播秀，有效提升了腾格里新闻在区域的影响力。

2. 内蒙古盟市一级融媒体发展在重大主题宣传、平台建设、产品生产流程再造等方面进行了大力创新。如乌海日报社基本建成全媒体项目一期，包括中央厨房等核心硬件投入使用，完成全媒体采编系统升级改造，构建起覆盖全面、功能完善的全媒体传播体系。各平台拥有用户近30万，年累计刊发推送文图、音视频、H5、海报、长图等在内的各类产品3万余条。乌兰察布日报融媒体中心则着力打造爆款网络新闻，其制作的原创图文《哪一瞬间，让你爱上了乌兰察布》，被新华社客户端、人民日报客户端、今日头条等平台转载，阅读量超10万+。

3. 内蒙古旗县级融媒体发展呈现出起步早、亮点多的特点。早在2018年全国宣传思想工作会议召开后的16天，内蒙古鄂尔多斯东胜区融媒体中心就正式投运，并被中宣部列为重点支持推进的全国57家县级融媒体中心之一，打响了内蒙古旗县级融媒体中心建设的第一枪。各地也在机制创新、平台建设、技术加持等方面不断探索进步。如通辽市按照“一体策划、一次采集、分类加工、多种生成、多元传播、集中发声”的要求，8个旗县市区融媒体中心，本着“有啥融啥、能融尽融”的原则，整合优化媒体布局，结合全市重大主题宣传工作，在新媒体产品推送中创新手段，采用“滴灌式”宣传和全媒体产品制作方式，及时向中央、自治区主要媒体进行推送，有效提升了县级融媒体中心主流舆论地位，县级融媒体“新闻+政务+信息服务”平台影响力越来越大。

二、内蒙古地区融媒体建设过程中存在的问题

虽然内蒙古地区媒体融合建设方面取得了阶段性成果，尤其是在“草原云”平台布局、旗县级融媒体建设、重大主题宣传等方面亮点频出，但也应看到在融媒体建设过程中的一些不足。

1. 思维转型依然迟缓。媒体融合建设要求按照“移动优先”“数据优先”“智能优先”的思路，切实实现观念转变和创新，按照新闻传播规律和互联网发展规律来提升自身媒体融合本领和能力，更好地适应融媒体发展创新的新要求。但从全区挂牌的103个旗县（区、市）融媒体中心的发展情况看，仍然存在着传统惯性思维难破局的问题。这集中体现在，互联网思维的缺乏使得“移植模式”仍是现阶段的普遍现象，难以形成内容、用户与平台的深度互动。这种传统思维往往决定了媒体容易以自我为中心进行内容生产，忽视了群众的反馈与心声，也就难以对基层舆论形成有效引导。

2. 体制机制仍不畅通。各级媒体不仅要生存，而且要发展，从长远看，媒体仅仅依靠事业单位属性完成新闻宣传任务已经远远不能满足打造全媒体生态的基本要求。特别是县级融媒体中心建设实施以来，旗县融媒体通过服务企业、发挥专业特长，将信息服务、政务服务、公共服务变为媒体运营资

源，通过市场化运营实现价值变现，实现经济效益最大化是大势所趋。但目前各级媒体融合建设过程中，人才考核与激励机制还未形成，人员“编制”意识仍十分强烈。

3. 传播资源尚不集约。从现阶段融媒体建设情况看，内蒙古现已有多家传统媒体开启了平台型媒体建设，如内蒙古日报社运营的省级平台“草原云”、包头日报社运营的市级平台“黄河云”、鄂尔多斯日报社运营的市级平台“天骄云”。而其他各级融媒体开设的客户端可谓星罗棋布，如内蒙古广播电视台打造的“腾格里”新闻客户端、乌兰察布市委宣传部打造的“乌兰察布发布”客户端、阿拉善左旗融媒体中心打造的“驼乡云”客户端等。但是，囿于理念、人才、技术、资金、体制等方方面面的障碍，在平台运营方面还存在较大欠缺，传播资源并没有在传播矩阵中高效利用，真正的平台功效还未显现。另外，受限于地区经济发展、媒体发展情况的区分度明显，这集中体现在除鄂尔多斯、包头、巴彦淖尔、乌海、兴安等地区表现抢眼外，其他盟市级媒体在融合深度、力度上都明显不足。

4. 传播网络共振不足。要想形成传播网络共振，不仅要搭建符合传媒发展规律的基础设施，更重要的是始终与受众形成有效互动，才能为传播网络共振注入原始动力。例如在内蒙古融媒体建设中，大多数主流媒体尚未形成对于社交媒体资源的有效认识，更没有将社交媒体中的“网红”进行组局的意愿，这就很难获得忠诚度较高的平台用户。

三、内蒙古地区融媒体建设的发展方向

随着网络媒体、移动媒体、智能媒体等新媒体技术的发展，以及由中央到地方媒体融合改革的逐渐深入，一些融媒体建设的新举措、新机制、新进展业已形成阶段性经验。从内蒙古地区融媒体发展的最新情况来看，实现建设资源集约、结构合理、差异发展与协同高效的全媒体传播体系是内蒙古地区融媒体建设的发展趋势。事实上，这也是目前内蒙古地区融媒体建设中需要补上的短板。

在坚持党管媒体、党管意识形态工作方针下，如何利用新媒体宣传党的政策，壮大党的队伍，执行党的任务，特别是在边疆民族地区传播中华民族共同体意识，仍是内蒙古地区媒体融合发展的前提与使命。

（内蒙古自治区新闻工作者协会供稿）

辽宁省推进媒体融合发展工作综述

深入推进媒体融合发展，是以习近平同志为核心的党中央做出的全局性的重大决策。2020年，辽宁省认真贯彻落实习近平总书记关于媒体融合发展的重要论述和中办、国办印发的《关于加快推进媒体深度融合发展的意见》，按照媒体融合发展的方法和路径，努力实现融合质变，党的新闻媒体的主渠道、主阵地、主力军作用得以凸显。

一、在硬件设施上加大投入力度

2020年，辽宁日报客户端迭代升级，焕新上线，并同步启动全媒体指挥中心二期工程建设，进一步推动集团优质资源深度融合，建成区域第一新闻信息源和具有国内领先水平的媒体采编发平台，实现多平台、多终端一体化管理。辽宁广播电视台完成了5G新媒体播控中心建设。该项目于2019年8月正式启动，建设面积近4000平方米，2020年12月底竣工，2021年1月1日正式投入使用。建成后的5G新媒体播控中心不仅是融合媒体审核播控平台，更是全国首创的新媒体影音拍摄制作基地。该项目规划了创新的“5G+4K/8K+AI/VR/AR”技术表现能力，利用先进的潮流科技（VR/AR/AI），可实现直播现场表演结合线上互动产品的全方位融合，打造4K（未来8K）超高清直播、360° VR直播、AI虚拟主播等全新的直播新样态。通过中心技术平台到传输分发体系连接互联网端和用户终端，形成5G时代全产业链新影音体验的媒体融合体系。沈阳日报社自主创新，超低成本建设的5G视频直播间投入使用，直播间设有多功能演播厅、新闻演播厅、虚拟演播厅和录音室，为媒体融合转型开创了新的物理平台和发展空间。大连新闻传媒集团建设自主可控的云平台，将原“无限大连”和“大连云”合二为一，升级为“大连云2.0”，完成全媒体应用系统的开发与使用，实现了集团内部采编流程的全打通。

二、县级融媒体中心建设得到进一步推进

目前，辽宁41个县级单位都建立了县级融媒体中心。由辽宁广播电视集团（台）负责建设的县级融媒体省级技术平台“北斗云”

平台，为全省41个县级融媒体中心提供计算、存储、网络等技术支持，同时提供媒体服务、党建服务、政务服务、公共服务、增值服务等的技术支撑和运营维护，成为综合服务平台和社区信息枢纽。2020年1月起，集团（台）积极推进平台的技术自主化，绝大部分核心功能实现自主研发，可做到自主维护、自主升级、二次开发、灵活管理，节省了大量运行维护的资金和时间。目前，省级平台申请了直播平台等11项软件著作权，同时通过了软件企业和软件产品的双软认证，已获得互联网数据中心资质。2020年年底，全省各县级融媒体下载量已达136万次，进一步从“相加”迈向“相融”，并通过整合全媒体资源，聚合发力，打造现象级系列融媒体产品。

三、推出了一批优质媒体融合产品

辽宁日报充分发挥传统媒体的内容优势，以内容策划驱动融合转型，打造出一批具有原创性、独家性、原发性的融媒体新闻精品，获得中国记协颁发的“2020中国新媒体扶贫优秀案例提名奖”，探索出一条党报融合转型的“辽报路径”。2020年新冠肺炎疫情防控期间，辽宁日报上线“抗击疫情　辽宁进行时”平台，紧紧抓住“提高新闻舆论工作有效性”这个关键点，创新方法手段。搭建实时动态应用程序，设置疫情分布、重要公告、实时播报、各地快讯等板块，集中发布最新消息和融媒体产品，打造“24小时不落幕的新闻发布会”。平台上线后，累计发布各类信息逾4万条，全网阅读量达10亿次。公益直播栏目《北国助农》利用党媒平台优势，用直播带货拓宽农产品销售渠道，观看人次超过150万，成交量超过5万笔，互动留言超过10万条，获中国记协“脱贫攻坚精品案例”提名奖。新冠肺炎疫情暴发初始，辽宁广播电视台“北斗融媒”紧急动员，建立起24小时协调调度和快速反应机制，6名记者随辽宁援鄂医疗队奔赴湖北，跟踪采访了驰援湖北的辽宁医疗队，发回系列报道，制作了融媒系列短片《护士小董的武汉日记》等优秀作品，近百名记者深入省内防控一线采访。到6月底，“北斗融媒”疫情防控的系列产品全网点击量接近4亿次，其中，《襄阳古城安稳　辽医军团凯旋》被国家广电总局选中，在全网13个头部平台上推送。“营口新闻”抖音平台推出的《男子酒后破坏疫情防控》短视频浏览量达3475万次，点赞量达73.9万次。

四、初步产生了经济效益，融媒体造血功能得到提升

大连新闻传媒集团积极拓展新媒体广告市场，全年营收倍增。2020年，新媒体板块广告经营收入有极大突破。在疫情冲击市场低迷的情况下，从4月开始与传媒公司紧密合作，启动新媒体广告市场，撬动地产行业，进行外埠推介，为重点客户提供定制化服务，新媒体经营创收首次突破千万元大关，是2019年收入的10倍。

（辽宁省新闻工作者协会供稿）

吉林省推进媒体融合发展工作综述

为加快推进县域媒体深度融合，吉林省将2020年作为县级融媒体中心建设整体提升年，在坚持“一盘棋、一张网、一键通”运行模式，提前一年全面完成建设任务的基础上，制定出台《吉林省县级融媒体中心整体提升工作方案》，明确6大类16项重点提升任务，有效激发县级融媒体中心活力，初步实现“融到底、传到底、管到底”建设目标。

一、坚持改革创新，切实“融到底”

1. 探索机制创新。充分发挥大宣传格局效用，出台《全省新闻舆论工作联动机制实施方案》《全省党报（党媒）联动机制实施方案》，在一体策划、联动报道、技术合作、资源共享等方面提出明确要求，调动全战线优质资源带动县级融媒体中心共同发力、集中发声。统筹各地各有关部门共同发力，联合省编办、工信、人社、财政、通信等9部门出台《关于加强我省县级融媒体中心建设的意见》，优先支持县级融媒体中心建设发展。各融媒体中心坚持“应收尽收”，在App中累计纳入社保、公积金查询和电费缴纳、住房保障等涉及人社、住建等10多个行业单位300余个政务服务功能接口，切实提升服务基层、服务群众水平。桦甸市各基层单位设立县级融媒体中心记者站，在抗击新冠肺炎疫情、抵御连续台风和罕见冰雪灾害中，及时发布权威信息，联动反映基层动态，有效回应了社会关切。

2. 鼓励体制改革。各地解放思想，积极探索，有效破解体制机制难题。梅河口市融媒体中心成立国有独资企业将原有聘任人员转入公司，淘汰一批、优选一批，实行“定级分档”“底薪+绩效”动态工资，人均工资增长509%以上；将原有广播、电视各平台交由公司统一经营和管理，实施“融媒体+展会+政务+活动+服务”战略，年收入超百万元，同比增长400%以上。财政输血转变为自我“造血”，改革优势初步初显。

3. 推进深度整合。在整合本地广播、电视机构的基础上，桦甸、长岭等地深度拓展机构整合，将本地互联网信息中心、政府办公室等部门有关业务纳入县级融媒体中心统一管理，进一步集约资源、统筹发布。磐石、桦甸等县市将县级融媒体中心建设与新时代文明实践中心建设统筹部署推进，场地共同、人员共享、资源互通、制度相融，共同策划开展群众需要、内容实用的活动，实现了“两个中心”互融互补同步发展，得到了群众的认可与好评。

二、坚持“内容为王”，有效“传到底”

突出问题导向，重点解决县级媒体原创优质新闻产品不够多、传播力不够强等现象，有效提升县域媒体传播力，确保党的声音直抵基层。

1. 提升报道质量。实施全省新闻战线主题报道传播力提升工程，制定出台《实施方案》，通过“系统优化学习、项目量化考评、分类研讨交流、多维运用成果”等多种举措，进一步树立“融媒优先”“打磨精品”的创作导向，注重将新闻作品的阅读、点赞、转载数量和群众评论反馈情况等纳入考评范围，给予制作补贴，并在省、市级传播平台展播展映。各地深入基层、深耕本地，前三季度累计考评出优质县级融媒体中心作品81部，涌现出了《致敬抗战英雄》《集安白桃熟了》《遇见梅城——梅城奇妙夜》《映像伊通河》等一批暖人心、接地气的爆款产品和刷屏之作，单条最高点击量400余万次，有效激发了县级融媒体中心的“先进产能”。

2. 打造活动载体。结合群众喜闻乐见的传播形式，各县级融媒体中心加大活动策划力度，培育、打造一批彰显本地特色的节目、活动。延吉市“广场舞大赛”“百姓春晚”、桦甸市“爱心助农”、梅河口市“消夏在梅河”、靖宇县“消费扶贫暖人心”等一大批精品活动，已成为本地百姓熟知并踊跃参与的品牌融媒活动，在生动展现“幸福吉林”美好的同时，切实增强了群众参与感、认同感和活跃度、满意度。截至2021年年初，全省县级融媒体中心App的总下载量、平均日活量等数据分别同比增长58%、155%，有效发挥了基层宣传主阵地、主战场和主渠道作用。

3. 加强队伍建设。组织各融媒体中心以脱贫攻坚、全面小康、乡村振兴等为主题，持续开展走基层和蹲点调研采访，累计行程达30余万公里，发稿1000余篇，进一步打磨精品力作，站稳群众立场。注重将优质培训资源向县级融媒体中心倾斜，持续开展省市县媒体骨干跟岗学习、交流锻炼，部校共建新闻学院校媒互聘等工作，举办突发事件及热点问题舆论引导等专题培训班，指导各地开展自主培训、系统轮训100余场次，切实提升县级媒体队伍综合素质和能力水平。同时，注重发挥奖励激励作用，在“吉林好新闻奖”等奖项设置中加大基层比重，鼓励各地改进薪酬分配制度，延吉等多地建立“基本任务绩效稿费”相结合的绩效考核制度，有效激发队伍活力。

三、多种手段并用，全面“管到底”

1. 加强技术管理。设计开发吉林融媒—移动指挥系统，吉林省委宣传部统一指挥管理全省 43 个融媒体集群客户端，省级平台各县市按权限分级管理，强化对新闻舆论工作的多级把关实时管理功能。随时掌握全省融媒体集群的运营动态，实现省内新闻即时触达、重要稿件一键全集群置顶，不当信息全集群删除；即时形成舆情分析报告，收集反馈任务完成情况，进行实时化、量化管理，实现融管并重。

2. 加强新闻阅评。以“评舆论导向、评质量效果、评纪律文风、评格调品位、评新闻战线重点工作”为主要内容对基层当期新闻报道进行及时评议和科学研判。坚持“指出问题与推广经验相结合，加大优秀、成功案例阅评比例，2020 年年初以来，图们市以手绘图片还原本地抗疫故事、以航拍短视频反映贫困村屯变化等多个好的报道经验通过阅评报告推广到各地各媒体，也在阅评中有针对性地警示、提醒县级融媒体中心对制作水平较低、原创性不强等问题加以改进，为县级媒体新闻管理提供有效指导依据，也为全省新闻工作决策提供参考。

3. 加强督查整改。全年先后 4 次开展县级融媒体中心建设验收检查、专项督查和县级融媒体中心新闻管理专项督查。通过个别谈话、座谈汇报、实地踏查、实操演示、问卷调查等形式，对全省 43 家县级融媒体中心和省级技术平台建设情况进行再验收、再考核，掌握最新情况、查找突出问题、提出整改建议，实现以验收促整改，以督查促提升。

（吉林省新闻工作者协会供稿）

黑龙江省推进媒体融合发展工作综述

2020年，黑龙江省深入贯彻落实习近平总书记关于推进媒体融合发展的重要讲话精神、中共中央和中央宣传部有关文件要求以及省委、省政府相关决策部署，按照“党管媒体、一体发展、移动优先、统筹推进”的原则，以建立全媒体传播体系为目标，以深化媒体改革为动力，以打造技术平台、构建传播矩阵、提高人员素质等为重点，大力推动传统媒体与新兴媒体在体制机制、政策举措、流程管理、人才技术等方面深度融合、加速融合，不断提升主流媒体的传播力、引导力、影响力、公信力。

一、坚持技术引领，打造统一平台，全省融媒体建设基础不断夯实

以打造全省统一技术平台、构建先进中央厨房为牵引，科学整合省市县各类媒介资源、生产要素，初步形成了上下贯通、一体共享的发展机制，全省媒体融合发展的基础进一步巩固。

1. 黑龙江省全媒体中心初具规模。按照中宣部一省“一朵云”“一平台”的要求，建成全省县级融媒体中心省级技术平台。省级平台集合技术服务、移动政务、公共服务、媒资汇聚和产业支撑等功能，贯通省市县三级融媒体中心，实现了各种媒介生产工具共享、内容信息互通和平台管理一体化。依托黑龙江广播电视台，成立省全媒体中心筹备组，完成了对东北网和县级融媒体中心省级技术平台的整合。打通报纸、广播、电视、网站、移动端等各媒介业态边界，重建组织架构，重塑采编发流程，建设集新闻生产、内容制作、技术支撑、产业运营等功能于一体的全省媒体融合中央厨房，为全省媒体融合的快速、长远发展奠定了坚实基础。

2. 全省融媒传播矩阵基本形成。依托黑龙江省全媒体中心，打造“极光新闻”品牌，13个市（地）媒体、67个县级融媒体中心全部入驻“极光新闻”客户端，实现了省市县三级主流媒体重要报道、政务信息上下联动、集中推送。2020年，“极光新闻”全省注册量达到800万以上，网络传播力在全国省级以上广电机构中位列第六，初步形

成了以“极光新闻”为核心，以黑龙江日报“龙头新闻”、东北网、“学习强国”黑龙江平台等为支撑，具有龙江特色的新型区域性融媒体传播品牌集群。

3. 市（地）媒体融合改革稳步推进。按照《黑龙江省关于推动市（地）新闻媒体深化改革发展的指导意见》，积极推动各市（地）党媒与市场化媒体分离、事业与产业分开，推动市（地）日报社、广播电台综合广播、电视台新闻综合频道等重要宣传阵地回归公益属性，裁撤与新闻宣传主业关联度不高、长期亏损、扭亏无望的企业。截至2020年年底，13个市（地）主流媒体改革瘦身工作基本完成。坚持事企分开与融合发展稳步推进的思路，指导市（地）主流媒体融合改革试点。齐齐哈尔市融媒体中心整合市级媒体资源，重构广播、电视和报纸的“策、采、编、审、发”工作流程，集中力量打造“看齐”网络品牌，聚合粉丝量达到280余万，有效提升了传播力、影响力。鸡西市融媒体中心整合报纸、电视台、电台3家传统媒体，通过岗位、绩效、薪酬等领域改革，重新焕发了发展活力。

4. 县级融媒体中心建设全面完成。各县（市）连续3年争取中央专项资金1.23亿元，累计投入专项资金1.8亿元，全面整合县域媒体资源，建设面向基层群众的主流舆论阵地、综合服务平台、社区信息枢纽和舆情汇集渠道。截至2020年年底，67个县级融媒体中心全部挂牌成立，63个完成验收，实现了县级融媒体中心全面覆盖的目标。

二、创新表达方式，放大一体效能、全省融媒体舆论引导力、传播力、影响力不断增强

全省各级主流媒体依托统一、先进的技术平台，聚焦中心工作、创新表达方式、丰富表达形式，坚持集中发声、联动发力，大力提高优质内容生产能力和信息聚合传播能力。

1. 全国互动，龙江声音更加强劲。2020年全国两会期间，黑龙江广播电视台第一次在“极光新闻”客户端开通两会频道，实现了“信息海纳、一触即达”；第一次进行云上新闻编辑，与北京时间、澎湃新闻、湖北长江云等12家省级主流媒体共同成立了全国第一个区块链云上新闻编辑部；第一次开展云互动，开通“我请代表委员捎句话”网友建言征集平台，一周时间网友留言就达20.7万条，访问用户34万，总点击量122.3万次；第一次进行两会报道智媒化呈现，12期《两会云访谈》与嘉宾隔空对话；第一次打造超级记者报道团队，较好解决了上会记者人数受限的难题，让龙江声音传播得更广更远更响亮。

2. 全息表达，宣传报道更加生动易懂。全国两会宣传报道工作中，黑龙江日报独辟蹊径，推出快板评论、“画”说两会、“剧”说两会、Rap说唱等多种形式，对政府工作报告进行阐释解读。组织漫画家、美术工作者推出“连环画 & 画看政府工作报告”专版。同省龙江剧艺术中心联合推出龙江小调

《振奋消息一箩筐》等作品。通过文字、图画、声音、图像多种元素综合运用，使两会精神宣传解读更加生动形象、通俗易懂。

3. 全省联动，主流媒体引导力极大增强。依托“极光新闻”平台，黑龙江广播电视台联动全省各县（市）融媒体中心，策划开展“我为家乡点个赞，跟着极光向北方”“直播龙江·云端午”等网络直播活动，观看量分别达到26.5万次和28.6万次。极光新闻“学习频道”党员诵读专区一个半月访问量1.09亿次。“应急频道”把全省23家单位组成应急信息共享联盟，及时发布最新应急新闻，使新闻传播的敏锐性、影响力极大增强。截至2020年年底，“极光新闻”客户端注册用户210.4万，平均日活9.3万，在“TV地标”（2020）中国电视媒体综合实力大型调研成果发布会上，被评为年度优秀广电新媒体客户端。

4. 全媒呈现，县级融媒体中心影响力明显提升。各县级融媒体中心综合运用手机客户端、微信、微博、新闻网站、广播电视等不同终端，向群众提供更多更优信息和服务，更好服务党委和政府中心工作。截至2020年年底，县级融媒体中心App总下载量超过900万次，占常住人口比例达25%。充分发挥抖音、快手等第三方平台作用，实现“一次制作，多次传播”，2020年全年各县级融媒体中心原创抗疫新媒体作品2.2万余条，累计传播新冠肺炎疫情防控信息5亿多条（次），媒体融合传播的覆盖面和影响力大大提高。

三、践行“四力”要求，深化拓展“走转改”，新闻工作者队伍融媒体素养不断提高

以增强“四力”为重点，坚持组织专题业务培训、举办融媒体大赛、完善新闻评奖机制等多策并举，努力打造一支政治过硬、本领高强的融媒体记者队伍，确保全省媒体融合工作行稳致远。

1. 深入搞好媒体融合业务培训。依托马克思主义新闻观培训，通过线上线下等多种方式，深入搞好全省新闻工作者媒体融合业务培训。省记协与中国记协、人民日报社、新华社以及黑龙江广播电视台等单位合作，连续举办5次线上培训，邀请中国新闻奖评委、中国新闻奖获奖者、国家及省内领导专家学者，围绕融媒体转型发展、融媒体新闻奖精品创作等内容进行专题授课。多次组织新闻工作者赴北京、南京、长沙等地学习媒体融合先进经验，参加全国新媒体负责人增强“四力”专题培训班、“2020县级融媒体中心东西协作交流”等活动。同时，组织省内专家赴嘉荫、海伦、北安等县级融媒体中心进行媒体融合现场培训，使全省新闻工作者媒体融合素养明显提高。在第三十届中国新闻奖评选中，获得“短视频现场新闻”三等奖，实现了融媒体获奖作品零的突破。此外，黑龙江广播电视台“抗疫海报”等融媒体精品多次被“学习强国”学习平台、中国记协“两微一端”等平台推送；黑龙江广播电视台“大手拉小手小康路上一起

走”公益行动成为“2020中国新媒体扶贫联合公益行动”首批案例。

2. 积极举办媒体融合作品比赛。省记协与省委宣传部联合开展为期2个月的“创新先行看新区·黑龙江省新闻界融媒体技能大赛”，与省委宣传部、省委网信办、省文旅厅共同开展“2020黑龙江‘冰雪之冠童话龙江’冬季旅游融媒体宣传创新大赛”，涌现出一大批融媒体新闻作品精品，受到专家和社会一致好评，广大新闻工作者的融媒体素养在实践锻炼中得到有效提升。

3. 科学设立媒体融合新闻奖项。积极发挥新闻评奖的激励和示范作用，助推融媒体新闻精品创作和媒体融合深度发展。在黑龙江省新闻奖评选中向媒体融合奖项倾斜，加大该奖项的获奖占比，使一大批导向正确、技术应用强、传播效果好，能够充分体现媒体融合发展成果的新闻精品脱颖而出，有效增强了全省新闻工作者学习融媒体知识技能、搞好融媒体新闻作品创作的积极性、主动性。

（黑龙江省新闻工作者协会供稿）

上海市推进媒体融合发展工作综述

2020年，上海市主要媒体在市委、市委宣传部的领导下，大力宣传习近平新时代中国特色社会主义思想，统筹推进疫情防控和经济社会发展工作，加快推进媒体深度融合发展，以先进技术为引领，推进内容生产供给侧结构性改革、大力培养全媒体人才、加快构建全媒体传播体系等重点任务。截至2021年年初，上海报业集团和上海广播电视台旗下的主流新媒体，已形成超过30个移动客户端，超过200个微博账号、400个微信公众号在内的新媒体矩阵，“两微一端”每天可覆盖用户6.2亿。打造出澎湃新闻、东方头条2家亿级平台，以及阿基米德、界面财联社、第一财经、上观新闻、看看新闻等9家千万级平台。

一、彰显主流媒体职责担当，牢牢守住舆论宣传阵地

2020年，上海报业集团加快打造覆盖“报、网、端、微”等的全媒体传播体系，坚持以人民为中心的工作导向，“开门办报”，构建全媒体时代的“通联部”“群工部”，弘扬正能量，唱响主旋律。各媒体全力做好统筹疫情防控和经济社会发展、“长三角一体化”、临港新片区揭牌一周年、科创板一周年、第三届进博会、浦东开发开放30周年等重大主题报道，融媒体报道出新出彩。解放日报共刊发抗疫相关版面近800个，稿件4500余篇；上观新闻上线相关稿件4.3万余篇，刊发时评、言论数百篇。文汇报深耕人文领域，打造特色报道矩阵。“文汇时评”“快评”等聚焦热点，及时发声；理论学术报道联动更多知名专家学者，2020年共推出“文汇智库”“论苑”“大师”等专版184个。新民晚报创新表达方式，推出一系列重民生、接地气的全媒体产品。《三毛进博记》借助三维动画技术和动画直播技术，让AI三毛和记者一起逛进博会。东方网与16个区级融媒体中心加强联动，开设《坚持打赢疫情防控阻击战上海各区在行动》滚动专题，发表基层防控疫情稿件数千篇。澎湃新闻在国内主流媒体中最快上线“抗疫”频道，先后派出21名记者奔赴湖北前线，刊发原创报道1.5万多篇、短

视频5200多条。界面·财联社金融抗疫及时发声，在关键节点扭转资本市场非理性预期。新闻晨报助力复工复产，推出200多场记者专题系列直播。

二、融媒体阵地持续扩大，覆盖用户总数不断扩大

截至2020年年底，上海报业集团拥有网站、客户端、微博、微信公众号、手机报等多种新媒体形态共计269个端口，覆盖用户4.96亿。同时，集团所属东方网拥有网站、客户端、微博、微信公众号等44个端口，覆盖用户2.28亿，入驻第三方平台账号43个。一是主要新闻客户端传播力影响力继续稳步提升。2020年年底，集团主要新闻客户端下载量达到3.19亿次，其中，科创板日报客户端2019年年底上线，2020年全年下载量从10万次增至近百万次。二是各媒体充分运用商业平台+央媒平台，拓宽优质内容在互联网主阵地的传播。三是建立账号“退出”机制，对低效生产的账号及时关停、调整。四是加大音视频内容供给。各媒体在抖音、快手、微信视频号、抖音等第三方平台上开设了更多的视频账号。

2020年，上海广播电视台媒体融合传播初显成效。SMG面向移动互联网，媒体融合不断深化，从生产流程、物理空间、技术改造、团队文化等多个方面，加快媒体资源整合，进一步构建起立体式新媒体产品体系。随着媒体融合走向深入，SMG下属各类新媒体产品蓬勃发展，截至2020年11月，共有企业认证微博账号117个，官方微信公众号242个，其他第三方平台账号共计370个，移动客户端13个，官方网站49个，境外账号16个。在此基础上，作为省级广电改革发展的排头兵，SMG多年来在媒体融合方面加快布局了“1+3”（即1个平台+3个新媒体产品）媒体融合体系，即1个新媒体平台BesTV、3个重点新媒体产品：看看新闻Knews、阿基米德App和第一财经新媒体矩阵。同时组建了专门以互联网综艺娱乐内容为主业的互联网节目中心。2020年SMG正式启动全媒体战略，进一步全力升级打造BesTV+流媒体视频平台。东方广播中心“阿基米德”与“话匣子”进一步融合发展。阿基米德App被用户誉为“超级智能收音机”，现为国内互联网用户收听广播的第三大应用，致力于为全国广播提供媒体融合系统化解决方案，与全国逾千家广播频率达成合作，聚合13000多档广播节目，目前是上海960万广播听众的官方移动端收听交互平台。

三、初步完成智媒体布局，加强国际传播

上海报业集团技术委员会进一步推进以5G、大数据、云计算、物联网、区块链、人工智能等六大技术为经，以新闻的采集、生产、分发、接收、反馈等五大流程为纬，核心聚焦20个应用场景的“智媒体矩阵”建设。一是截至2020年年底，各媒体在20个应用场景布局的50个项目，已有43个完

成并投入使用。其中，解放日报—上观新闻、文汇报—文汇智媒体编发系统、新民晚报—新民云智、新闻晨报—周到上海、上海日报—“一网通办”英文版、澎湃新闻—PAI 视频、界面·财联社—星矿金融数据平台等重点项目基本收尾，初步完成集团“20—50”智媒体布局。二是 2020 年 5 月，上海报业集团与东方网启动联合重组，这是上海市委市政府贯彻中央要求，加快打造新型主流媒体集团的战略部署。经过半年多的努力，已经平稳完成两家单位的业务对接，尤其是完成两家单位技术队伍的会师。上海报业集团专门召开东方网技术资源推介会，形成了一批合作项目，初步实现内容和技术互补的改革目标。

2020 年，SMG 着力打造新媒体外宣平台 ShanghaiEye、Yicai Global 的传播力和影响力，使之成为立足海外讲好中国故事的重要“利器”，国际传播能力进一步增强。

四、重视体制机制改革，加快媒体深度融合发展

解放日报社强化融媒体指挥中心的采编枢纽作用，继续加强对各种媒介资源、生产要素的优化整合，新闻采编枢纽作用更加凸显，内容产品传播力影响力大幅提升。2020 年，解放日报社成立视频内容生产工作室，着力打造视频 IP；“上观号”平台进一步优选扩容，发挥其“政务新闻聚合平台”效能等。文汇报社打破原有组织架构壁垒，实行更加快速灵活的“小部制”，同时在重大报道中推动跨部门策划协作。报社成立“融媒体视频聚合部”，最大限度发挥视频、技术等作用，形成由“一线采编记者提供文案——视频技术保障——进入三审——完成三审——平台发送”的融媒体内容产品生产模式。新民晚报社牢牢抓住“新民”品牌不动摇，全媒体工作室、“上海时刻”视频平台双轮驱动，助推融媒各端突破。截至 2020 年年底，全媒体工作室达到 12 个，形成了覆盖报道主要领域的工作室矩阵。2020 年，报社运用新媒体技术，数据新闻机器人、智能配音机器人等高效生产视频，使采编人员从机械作业中解放出来，更好地投入报道创新。

澎湃新闻不断丰富内容生产方式，加快打造自主可控、传播力强的新型网络传播平台。一是澎湃新闻 2020 年发力音视频领域，视频日产量达 200 条，原创率达 90% 以上；同时，在中视频、长视频、纪录片等方面发力。二是澎湃新闻持续做强内容聚合开放平台“澎湃号”，截至 2020 年年底，入驻的包括中央部委、省级、副省级的地方党政机关等各类各层的政务号、媒体号以及入驻湃客的机构 / 个人创作者 1.8 万多个。三是全力打造全链条的内容生态服务，加快在技术、素材、加工、审核、版权等领域全面布局，提供解决方案。

界面·财联社不断创新报道模式，加强融媒体时代财经报道。一是界面·财联社组建界面新闻海报设计团队，有效拓展朋友圈等新型传播渠道。二是成立界面新闻快讯

组，紧盯实时消息，在速度、质量上获同行与业内诸多好评。三是旗下界面新闻正式上线大湾区频道，打造专门的新闻视窗。四是完成旗下视频业务的重组，目前拥有界面Vnews、箭厂视频、财联社cc新闻、鲸视频等多个视频栏目品牌。

SMG自主开发并投入使用iStudio、Xnews、@Radio等多个技术系统，加快推进5G、人工智能、物联网应用，编制并正式发布《广播电视人工智能应用白皮书（2018）》，获得“智慧媒体制播应用国家广播电视总局重点实验室”牌照，“SMG媒体内容智能生产平台”入选上海第二批人工智能试点应用场景；完善广播电视技术升级建设，启动4K超高清频道系统建设，抢先发力8K内容生产。更为重要的是，基于前瞻市场与技术布局，为进一步推动媒体深度融合发展，2020年8月，SMG正式启动全媒体战略，全力打造BesTV+平台产品，加快构建全媒体传播体系和生态系统，向努力做强新型主流媒体进一步迈进。2020年9月，BesTV+平台还获准成为中国广播电视网络有限公司“广电5G应用平台（上海试点）”。

第一财经继股权调整后，加快推进内部改革，新媒体旗舰中心全面发力，加快布局数据财经业务。“十三五”期末，第一财经App在中国财经资讯类App中的排名从“十二五”期末的第六位攀升至第二位，在原创财经资讯App中位列第一，人均使用时长常年稳居第一，日均单机使用时长110.28分钟，较第二位的新浪财经高出328%。DT财经作为第一财经旗下首个试水数据新媒体的创新内容品牌，自2016年推出以来，锚定年轻人关注的消费、城市、商业等领域，基于数据挖掘、呈现和表达，推动图文、视频和交互等内容的创新，目前覆盖近300万年轻用户。

（上海市新闻工作者协会供稿）

江苏省推进媒体融合发展工作综述

2020年，江苏省记协认真落实习近平总书记关于推动媒体融合发展、建设新型主流媒体的重要指示要求，围绕建立以内容建设为根本、先进技术为支撑、创新管理为保障的全媒体传播体系，着力推动全省各主要媒体努力打造全国一流的新型媒体集团，持续推动媒体融合向纵深发展，不断提升新媒体的传播力和影响力，巩固壮大主流思想舆论阵地。

一、以大无畏的精神，聚力新闻战“疫”

2020年，面对抗疫宣传新闻“遭遇战”，江苏各主要媒体第一时间组建全媒体报道团队，形成“战时”指挥体系，网站、客户端等平台同步联动，全媒体全时段覆盖用户。

新华报业传媒集团各新媒体平台发挥各自优势，以直播、短视频、互动游戏等多种手段创新表达，“疫图读懂”“战‘疫’日记”“有滋有味宅生活”“记yi2020”等可读、可看、可听、可传，“交互式疫情数据图”“健康接龙”等探索PGC+UGC模式，“交汇点疫情地图”是省级客户端中唯一一家自主开发的疫情地图产品，《为英雄建档　让英雄留名》大型专题档案被江苏省档案馆收藏。

面对突如其来的新冠肺炎疫情，现代快报先后派出3批共13名记者，在武汉和黄石两地投入一线战“疫”。从1月29日出征，到4月25日返回，在湖北战斗了88天，成为江苏援鄂队伍中战斗时间最长的一支新闻队伍。在湖北抗疫的88天里，记者采写制作了2000多篇稿件和产品，其中100多部新媒体产品“刷屏”网络，全网阅读量超过30亿次。精心制作推出全景式反映江苏抗疫的新媒体作品《武汉战疫志》《武汉影像志》《江苏战疫志》。其中《武汉战疫志》荣获江苏新媒体创新作品奖。《武汉影像志》出版成英文书籍《武汉71日》，在国外广泛传播。

二、以高度的责任心，推动县级融媒体中心建设

江苏省记协高度重视县级融媒体中心建设，围绕建成主流舆论阵地、综合服务平

台、社区信息枢纽的目标，在机构、内容、渠道、平台、人员、经营、管理等方面加快深度融合，并在“媒体 + 政务 + 服务”方面积极探索，成效初显。目前，全省 64 家县级融媒体中心已基本建成，正式挂牌运行。在 2020 年抗击新冠肺炎疫情宣传报道中，江苏各县级融媒体中心上传特色短视频 1500 余条，生动展示了江苏一手抓防疫、一手抓经济的基层实践。

同时，江苏省记协出台了一系列措施支持县级融媒体中心的发展，如每季度组织一次县级融媒体中心创新案例推荐评选，年底评出十大经典案例，年度全省好新闻评选给县级融媒体中心留出一定的获奖指标，《江苏新闻界》为县级融媒体中心开辟专栏，“好记者讲好故事”活动注重从县级融媒体中心发现培养选拔优秀选手，组织召开县级融媒体中心专题调研座谈并形成报告，在各类培训中增加县级融媒一线采编人员名额等。2020 年，根据中国记协的部署安排，江苏组织了南京江宁、无锡江阴、南通如皋、扬州高邮和徐州邳州 5 家县级融媒体中心参加县级融媒体中心东西协作交流项目，与云南腾冲市、黑龙江海伦市、河北阜平县、山西中阳县、河南息县进行结对交流，取得了丰硕的成果，探索了合作创新的长效机制。

三、以全媒体思维，提升新媒体管理水平

2020 年，江苏省各主要媒体在体制机制、政策措施、流程管理、人才技术等方面加快融合步伐，以全媒体思维重塑组织架构，持续优化机构设置和运行机制，取得了积极成效。

2020 年，江苏广电总台在组建融媒体新闻中心和融媒体调度指挥中心、建立技术运维部和技术研发部的基础上，进一步优化组织架构；每季度举行“三好”交流分享会，部门主要负责人分享融合传播中的好思路、好做法、好成效；同时，健全考核评价机制，在薪酬总额中设置新媒体发稿和移动端首发权重；对传播效果好的稿件给予相应奖励，并在年底的评先评优中增加“融合传播杰出员工”的名额和奖励额度。

新华报业传媒集团出台防范采编风险、规范新媒体账号管理等多个文件，完善采编差错数据库建设，切实加强全媒体环境下的舆情风险防范。全媒体考核办法全面实施、不断完善，“移动优先”得到充分体现。扬子晚报加强“服务中台”建设，中江网强化 PC 端与移动端一体运作，交汇点成立 10 多个融媒体工作室，各单位内部融合机制更加健全。

现代快报制定了《现代快报全媒体发稿管理规定》和“三审三校”工作制度，对来自各个条口的新闻线索集中管理，统一安排采访。对采访好的所有稿件在报、网、端各平台均统一标准进行分发。在日常报道中强化报道安全意识，健全报道管理制度，加强全媒体的全流程监控，增加环节审核。严防各类政治类有害信息、低俗庸俗、侵犯版

权、技术性错误等，确保报道导向正确、效果可期、风险可控、发稿安全。

四、以技术创新为驱动力，推动新媒体加速迭代升级

2020年，江苏各主要媒体以技术创新为驱动力，紧盯发展前沿，深化技术运用，加速升级迭代，壮大新媒体矩阵，大力推进移动化战略。新华报业传媒集团“交汇点新闻”完成6.0版本迭代，下载用户突破2800万，影响力位列省级党端第一梯队；“紫牛新闻”推出3.0版本，重点打造“新闻+服务”智能化生产平台，用户突破1500万。2020年过百篇稿件被人民日报、新华社等重要党媒转载，出现了《“不能冤枉了娃”，一桩小事，民警追查3天还10岁男孩清白》等一批登上新闻热搜或者阅读量百万级、千万级稿件。“学习强国”江苏学习平台创新线上线下策划，下载量突破1000万次，继续位居全国前列。“新江苏”客户端正式上线，实现党务政务网群移动化，下载量超过600万次。“少年志”移动客户端上线试运营，成为江苏首个“新闻+学习+实践”融媒平台。与此同时，新华报业传媒集团5G超高清融媒体演播和开放服务平台、智能媒资库项目稳步推进。语音播报、AI播报、人工智能技术快速落地，智能语音平台全年合成语音信息26万条，智能检校月均检校稿件超5万篇，媒体表达形态更加丰富，内容生产效率大幅提升。成立集团大数据应用工作室，全年编制传播力分析、数据趋势报告300余篇。启动核心算法自主研发，打造新华特色推荐系统。版权保护新增近3万个监测媒体，发布侵权风险提示超26万条。

江苏广播电视总台借鉴国际先进传媒机构的做法，成立了节目研发与用户研究中心，建立由测试室、焦点座谈室、观察室构成的受众测试实验室，规模、设备在国内外均处于领先地位；建立总台专属受众样本库，涵盖全国2万名受众，是国内广电媒体建设的首个专属样本库，并推出基于微信的移动端调查平台；自主研发了达到国际领先水平的“荔枝云”技术平台，具备内容汇聚、智能分析、策划组织、融合生产、多元发布、拓展合作六大基本功能，形成了多来源内容汇聚、多媒体制作生产、多渠道内容发布的全新生产模式。热点分析是“荔枝云”技术平台的核心功能之一。一是跟踪热点，通过技术手段及时掌握热点动态，澄清谬误、明辨是非，发挥引领引导舆论的作用；二是海量数据采集，总计采集数据2400万条，日均更新数据3万条，对全网热点全面掌握；三是新闻溯源，“荔枝云”技术平台从各渠道采集并提取相关信息，先对文章进行相关性分析，然后按照转发层级、发布顺序、原创内容标识等维度进行综合判断，最后利用可视化图表呈现分析结果，完整展示关键传播节点、传播过程及变化趋势。

（江苏省新闻工作者协会供稿）

浙江省推进媒体融合发展工作综述

2020年，浙江省记协认真落实记协工作要面向基层、面向新媒体的新要求，切实增强记协新媒体工作服务基层实效，积极用新思路团结引领新媒体，用新机制联系服务新媒体，用新举措落实党管新媒体，以更高标准、更广视野、更大力度，践行“四力”要求，深化拓展“走转改”活动，推进新闻队伍建设，引领广大浙江新闻工作者投身融合发展。

一、主力军全面挺进主战场

1. 浙江日报报业集团。从加快建成重大新型传播平台、构建现代传播体系、打造对外传播窗口、打造全媒体人才队伍等方面全力推进媒体融合向纵深发展。2019年年底正式上线的“天目新闻”，以短视频为主打产品，以打造重大新型主流传播平台为总目标，围绕全国化、平台化、市场化的发展目标精准发力，推进全国化布局、全球化传播，加快跨越式发展。成立京津冀新闻中心、长三角新闻中心，加快全国布点提高全国影响力的同时，“天目新闻”英文频道正式上线成为浙江国际传播的重要窗口，其发展速度和发展质量均居党媒新办客户端前列，并位列2020年“中国媒体融合先锋榜”。浙江日报和“浙江新闻”客户端一体化发展，“浙江新闻”客户端以栏目制为索引，推出了聚焦核心用户，拓展年轻用户的16个新媒体栏目；钱江晚报推出成长、健康等系列读本，精准纸媒定位。“小时新闻”客户端聚焦“都市圈”新闻，内容生产IP化，运营活动社群化，服务项目品牌化，大大提升了新媒体平台的生产力。2020年以来，集团积极推进“开门融合”，聚力技术引领，合纵连横构建省市县一体化、开放式的现代传播体系。对内以全国首创的融媒共享联盟建设为抓手，联合浙江全省县级融媒体中心和11市党报，建起省市县三级传播新格局；对外不断加强与央媒、商业头部平台合作，探索常态化、个性化合作机制，开展优质内容的精准投放，打响浙报品牌。

2. 浙江广播电视集团。深化推进融合发展全媒体传播体系建设，努力建设集团新闻策采编发的大脑中枢、新闻融合传播的中心

区域进展

平台和面向全媒全域的资源合作平台，全面聚合集团优质内容资源、渠道终端，打造展示浙江建设“重要窗口”生动实践的融合传播大平台。2020 年 6 月，整合集团优势力量，重组挂牌集团融媒体新闻中心，实现浙江卫视、“中国蓝新闻”客户端和新蓝网 PC 端的新闻内容，以及全省融合传播联盟“蓝媒号”的运营等多平台采编团队统一指挥、新闻宣传一体化组织构架。集团深耕频道专业积淀，探索分类化、垂直化运营转型，着力做强移动新媒体矩阵，截至 2020 年年底，集团各宣传单位在各网络平台已开设账号 514 个，总粉丝数达 5 亿多，其中“美丽浙江”抖音号各项数据均位列全国省级发布类抖音号榜首；浙江之声荣获“2019‘指尖融媒榜’最具影响力广播融媒体平台”；形成钱江视频、浙样红 TV 等一大批展现广播电视多屏发力的新媒体矩阵，并在个性价值、用户黏性和品牌认知方面取得新突破。黄金眼 MCN、钱江视频 MCN、布噜文化 MCN 等 MCN 机构发展迅猛，品牌效应日益显现，市场影响扩大。全省广电融合传播协作体系建设成效显著，截至 2020 年年底，“中国蓝新闻—蓝媒号”已吸引省内 90 家市县区传媒机构（融媒体中心）及超 200 家省级和市县级政务新媒体公众号加盟入驻。同时“台、网、微、端”全媒体阵地管理有效加强，通过启动实施集团内容导向管理“五个一”专项行动，形成了“导向第一”的良好氛围。

3. 浙江县级融媒体中心。在实现全国率先全覆盖的基础上，持续探索创新，立足内容生产，整合地方优势和媒体资源，多方试水，拓展融合深度和广度，做好从“相加”到“相融”文章。特别是在移动媒体开发方面先行一步，浙江省县级融媒体中心客户端建设全面覆盖加快推进，涌现出一批优秀县级融媒体中心客户端，如综合表现突出的“龙游通”“慈晓”“瑞安新闻”；资讯服务影响大的“笛扬”；综合服务力强的“掌心长兴”“爱安吉”；积极探索媒体参与基层社会治理“掌上三门”“兰精灵”等。全省各县级融媒体中心在移动端新闻的采集、生产、分发、反馈上，交叉使用多元传播载体，根据网民关注的热点设置网络公共议题，凝聚主流共识，掌握舆论场主动权和主导权。同时，浙江县级融媒体中心建设“新闻 + 政务服务商务”转型路径探索初见实效，据不完全统计，2020 年浙江县级融媒体中心总营收超 5000 万元的有 20 家，超 1 亿元的有 9 家；App 下载用户数在 10 万以上的有 27 家，阅读量 10 万 + 以上的内容产品数量大幅提升，是 2019 年的 8 倍以上，最高达到 260 多条。县级融媒有 43 件作品获 2019 年度浙江新闻奖。

二、娘家人“两个面向”全心服务

为更好凝聚全省广大新闻工作者，切实增强记协工作的政治性、先进性、群众性，省记协进一步加强联系一线从业人员、新媒体从业人员的主动性，在增强工作吸引力、凝聚力、影响力上下功夫，努力建设新时代

“记者之家”。

1. 开展政治业务培训。浙江省记协加强对全省新闻单位特别是新媒体从业人员的政治方向和舆论导向教育，深化拓展马克思主义新闻观教育培训工作的联系和指导；受新冠肺炎疫情影响，省记协积极谋求培训方式方法上的创新、设计、改造，把培训从线下转移到了线上，在全国率先创办“云课堂”线上直播培训，主要面对县级融媒体，累计培训6000多人次，已成为省记协“面向基层、面向新媒体”的工作抓手和服务品牌平台；与兰州大学合作，举办为期6天的“传承红色基因、增强‘四力’能力”专题研讨班，全省各地各级报刊、广电、网络媒体的70多位媒体领导和采编骨干齐聚甘肃天水开展学习；积极参与中国记协举办的线上培训，8月，配合中国记协在杭州举办“新媒体内容建设”负责人培训班。

2. 积极组织采风活动。根据浙江省委宣传部重大主题报道总体工作安排，引领浙江广大新闻工作者紧跟时代步伐、保持人民情怀，在基层一线受锤炼、见世面、长本领，在火热实践中磨砺意志、陶冶情操、转变作风、改进文风。组织省市县三级媒体记者进行“红绿青”主题体验采风活动；开展“走向我们的小康生活·扶贫印记”，奔赴全国8个对口支援省份进行蹲点采访；组织践行“绿水青山就是金山银山”理念专题采风，并组织“打卡‘两山’路——浙江新媒体湖州（衢州、丽水）行”大型采风活动；组织社会治理“‘最多跑一地’·浙江行”主题采访，进一步扩大了在全国的示范效应。主办“喜迎建党百年，统筹城乡发展看嘉兴”全国知名网络媒体总编嘉兴行活动，开启城乡一体化发展采风之旅。

3. 树立抗击疫情好记者好作品样板。浙江省记协从2月底开始，征集疫情阻击战一线记者采访报道故事，充分展示全省新闻战线服务大局、服务人民的政治品格，忠于职守、无私奉献的职业精神，顽强拼搏、忘我工作的优良作风。主要内容包括全省广大新闻工作者深入抗疫一线勇敢逆行、让人泪目的感人瞬间；充分运用融合报道手段方法，采制出优秀新闻作品背后的故事和采访手记；总结探讨疫情防控报道经验和方法的分析性、研究性文章。全省媒体积极响应，共收到征文超过200篇。5月初，从征文中择优编成《“疫”路向前》一书，供全省广大新闻工作者学习参考。

4. 首推新媒体社会责任年度报告制度试点。中国宁波网甬派客户端、杭州交通FM91.8、德清广播电视台3家省级试点媒体社会责任报告在宁波发布，浙江省记协扩大社会责任报告制度撰写范围，首次将新媒体纳入其中。

5. 完成2020县级融媒体中心东西协作交流公益项目。浙江省记协把抓落实当作一项重要政治任务，快速响应精心部署，建立协作机制、上下联动层层推进确保协作到位。省记协为县级融媒体中心东西协作交流人员购买意外险，分3路派出慰问团，为5家对口帮扶县级融媒体各捐赠2台无人机，并实地调研共商协作大计；还通过“5+2”的模式，把长兴、安吉两地县级融媒体中心纳入东西协作交流公益项目，组织西部交流人员到现场培训，了解浙江县级融媒体中心建设中领跑者的实践探索。杭州余杭区、金华兰溪市、宁波鄞州区、台州三门县、绍兴柯桥区等5家县级融媒体中心，在中国记协新媒体专委会、浙江省委宣传部的指导下，与签订结对共建协议的西部5家县级融媒体中心携手圆满完成了此项工作的阶段性任务，在推进媒体深度融合路上共同探索并建立了深厚情谊。

6. 及时为抗疫报道一线记者做好服务。新冠肺炎疫情发生后，浙江省记协利用社会资源及时募集了口罩、益生菌片以及其他一批防疫物资，为全省新闻工作者送上超过50万元的慰问品，其中包括防护用品和保健食品。同时，将提高新闻工作者身体素质作为一项重要工作内容来抓，7月在江山举行浙江新闻工作者漂流赛，受到媒体记者的点赞。12月，在衢州举办全国新闻界第七届围棋比赛。

（浙江省新闻工作者协会供稿）

安徽省推进媒体融合发展工作综述

一、媒体融合发展新举措、新机制、新进展

坚持一体化发展方向，实施移动优先战略。大力推动安徽省级媒体、市级媒体深度融合发展，加快转型升级，建设一批形态多样、手段先进、竞争力强的新型主流媒体。鼓励省直主要新闻单位加强融媒体工作室建设，培育一批具有一定影响力的融媒体工作室。支持“皖云”省级技术平台建设，逐步建成具有服务全省各级各类媒体能力的技术支撑平台。强化县级融媒体中心“媒体 + 政务 + 服务”功能，推动县级融媒体中心可持续健康发展。

1. 科学规划布局。坚持问题导向，先后两轮到安徽日报报业集团、安徽广播电视台、安徽新媒体集团调研座谈，找准深度融合发展存在的痛点，拿出对策建议。组织召开省直主要新闻单位融合发展调度会，总结经验，攻克难点，打通堵点。贯彻落实中办、国办《关于加快推进媒体深度融合发展的意见》和省委主要负责同志批示，加紧研究制订《关于加快推进媒体深度融合发展的实施方案》，科学谋划省市县三级媒体协同发展，着力构建“123 全媒体传播格局”，即 1 个省级技术平台、2 家新型主流媒体集团、省市县 3 级传播矩阵。

2. 紧盯重点项目。采用省直主要新闻单位和运营商共同组建模式，成立皖云科技公司，合力打造“皖云”省级技术平台，不断完善功能、优化服务。加快推动省直主要媒体向新型主流媒体转型，安徽日报报业集团融媒体中心建设和精品党报工程稳步推进，“安徽卫视”移动传播平台建设即将完成，中安在线网站、“中安新闻”客户端成功改版，形成全媒体发布矩阵。制定实施《关于促进省直新闻单位融媒体工作室健康发展的通知》，加大政策资金支持力度，推动省直媒体融媒体工作室由 1.0 向 2.0 升级，催生了一批接地气、扬正气、聚人气的融媒体精品，在抗疫抗洪等宣传中发挥了重要作用。

3. 打造样板标杆。系统总结淮北市、芜湖市、铜陵市媒体融合试点经验，有序推进

安庆市报台机构整合。将县级融媒体中心建设作为推进媒体融合的重中之重，举办全省县级融媒体中心业务培训班，组织代表赴江西分宜、福建尤溪等地学习培训，持续推动提质增效。61个县级融媒体中心全部通过验收，提前完成中宣部规定的考核验收任务。

二、主要新闻单位推进媒体融合发展的创新与经验

1. 安徽日报报业集团推进媒体融合发展的创新与经验。以媒体融合项目和融媒体工作室为抓手，突出全媒体报道，推出了一系列有质量、有影响、有创新的重点报道、典型宣传、理论评论、融媒体作品等，弘扬了主旋律、传播了正能量，党报新型主流媒体的传播力、影响力、引导力和公信力进一步增强。安徽日报及集团各媒体坚持移动优先，守正创新，推动体制机制改革，加快党媒云等传播平台建设，推动媒体深度融合。目前，“校校通”“社区融”“乡镇融”“法治融”稳步推进，安徽日报客户端2.0版全新升级。各媒体重大报道“报网微端”一同策划、一同部署、一体化推进，制作推送了一大批高质量融合传播作品。

安徽日报出台《安徽日报新媒体绩效考核办法》，推动人才、技术、资源向移动端转移。优化采编流程，重点报道、权威信息、重要新闻全部首发新媒体。创新快速发布形式，推出《安徽实行分区分级精准防控》等“图文速报”“新闻海报”等产品，广受网友点赞。推动融合报道“短视频+”全覆盖，“徽视频”11月底正式上线，积极探索内容呈现形式创新，“新时代”融媒体工作室策划推出《跟着习近平化危为机》系列动漫政论微视频，把抽象的概念、高深的理论转化为生动有趣的动漫故事，在“学习强国”、今日头条等平台广泛传播。创新话语表达方式，如东篱工作室策划制作《报告，我要替理工男安徽说两句》，将安徽萌化为“理工男”，可读性强，收获良好反响。

新安晚报、安徽商报、安徽日报农村版等加强改革，在机构设置、绩效考核管理上，加强采编流程再造和体制机制变革，建立完善适应媒体融合深度发展的机制。新安晚报布局直播、短视频，成立了视频生产部，专注于短视频生产。2020年，新安晚报每天可以生产短视频（包括抖音）15条，月产量500条左右，视频产品的质量和影响力初步形成。积极利用商业平台，在今日头条、百度、抖音、快手等平台开设了“大皖视频”等账号。安徽商报全新打造以短视频为主打的橙视新闻客户端，合肥网全新改版，形成“报网端微抖”全媒体矩阵，影响力越来越大。

2. 安徽广播电视台媒体融合发展的创新与经验。以“打造新型主流媒体，重返卫视第一方阵”为发展目标，以改革创新为根本动力，以“大中心、大融合、企业化管理”为转型方向，在融合发展中育新机，于转型升级中开新局，扎实推进媒体融合

发展工作。研究印发《安徽广播电视台融合发展转型升级若干意见》，深入推进体制机制、媒体融合、宣传创新等改革措施，取得阶段性成效。移动传播平台建设加快推进。印发《关于集中力量整合提升移动传播平台若干意见》，加快建设以移动客户端为主、以微信、微博、抖音等多传播途径为辅的聚合性移动传播平台——“安徽卫视”客户端。已形成“2 个网站 +3 个海豚系列客户端 +100 余个微信、微博、其他公众账号（头条号、抖音号、快手号等）”的新媒体矩阵。融媒体工作室建设成效明显。培育 75 家融媒体工作室，并实施“双效”考核，探索出融媒运营新模式，项目入选全省宣传思想文化工作创新范例、全国广播电视媒体融合典型案例。通过抓过程管理、业务培训、作品创优、硬件配套、商业孵化，多措并举，推动融媒体工作室又好又快地发展。工作室用户规模持续扩大，向前冲、奇妙海豚君等工作室运营的账号覆盖用户均达到千万级；内容流量快速增长，10 万 + 以上的 5000 多条；融媒体收入稳步提升，各工作室积极创收，形成特色营收模式，全台融媒体工作室创收总额达 3645 万元；多个工作室新媒体全国排位名列前茅，急先锋工作室微信公众号、奇妙海豚君工作室快手号和抖音号均排名全国媒体前列。重大主题宣传融合发声。不断增强原创融合内容生产能力，积极培养内容制作团队，推出了一批有传播力、引导力、影响力、公信力的正能量产品，全台新媒体账号在各平台年度总发稿数超 40 万条，10 万 + 以上的 5000 多条。各工作室组织化、集中性参加全国两会、疫情防控、复工复产、脱贫攻坚等重大主题宣传，全年达 18 次之多。在 2020 年一季度新冠肺炎疫情防控期间，累计发布融媒体作品 5.7 万多件，10 万 + 以上融媒体作品 1000 多件，《连线安徽医疗队：带领患者跳广场舞的安徽医生小哥》等作品网络播放量在千万次以上。

3. 安徽新媒体集团媒体融合发展的创新与经验。坚持各媒体、各端口一体化发展方向，强化组织领导，统筹既有资源，从政策、资金、人才等方面加大对媒体融合发展的支持力度，全力推进集团媒体融合向纵深发展。抓好机制建设，推进一体化。大力探索中央厨房常态化运行机制，充分发挥中央厨房媒体融合核心平台作用，以“一体化发展”理念建新媒体、管新媒体、用新媒体，实现各媒体各端口内容建设一体化考虑、一体化建设、一体化推进。内容生产上，实行总编辑负责制，统筹每日新闻重点选题策划、新闻采写和信息采集、融媒体产品制作、内容审核把关、集团自有媒体平台及第三方平台的矩阵发布、新闻传播力分析及评估考核，提高了新闻策采编发的时效性、针对性、精准度，提升了融媒体产品原创力、传播力、影响力。抓好原创队伍，做优“工作室”。瞄准“打造现象级产品”的目标，加大对融媒体工作室的扶持力度，向省委宣传部申报“徽喜鹊”“徽视频”“宛新平”3个省级重点融媒体工作室。加快对各类创新资源进行高效整合，对3个长期未实质性运转的工作室予以合并、关停，根据业务发展需要新设“中安视频”“海外传播”工作室，并根据集团《融媒体工作室管理办法》分两批兑现25件优秀融媒体作品奖励。抓好顶层设计，谋划“十四五”。学习贯彻中办、国办《关于加快推进媒体深度融合发展的意见》，结合集团实际，初步明确集团打造全媒体传播体系工程的时间表、路线图、计划书，制定集团《关于“十四五”期间加快推进媒体深度融合发展总体考虑》。

（安徽省新闻工作者协会供稿）

福建省推进媒体融合发展工作综述

2020年，福建省深入贯彻习近平总书记关于推动媒体融合发展的重要指示，贯彻落实党中央和福建省委关于媒体融合发展决策部署、实施意见，坚持守正创新、立破并举，高位推动、积极作为，明确“省级媒体转型升级、市级媒体加快推进、县级融媒体全面覆盖”的工作思路，跑出了全域媒体融合转型的“加速度”，按下了县级融媒体中心建设的“快进键”，有力有序推进媒体深度融合发展。

一、制度更“全”，强化统筹指导

深入贯彻中央《关于推动传统媒体和新兴媒体融合发展的指导意见》和中办、国办《关于加快推进媒体深度融合发展的意见》以及全国宣传思想工作会议精神，着眼全局，前瞻未来，结合福建实际，先后制定印发《福建省关于推动传统媒体和新兴媒体融合发展的实施意见》《关于加快推进媒体深度融合发展的实施意见》等系列制度文件，对全省推进媒体融合作出部署，搭起融合发展的“四梁八柱”。省委宣传部会同省直有关部门，建立联席会议制度，成立媒体融合工作专班，定期研究、推动有关工作落实。

各地各新闻单位在前一阶段融合发展基础上，从“常”“长”入手，进一步建章立制，整合资源、激发活力，突出重点、建强队伍。福建日报社、福建省广播影视集团先后成立媒体融合领导小组，加强资源整合、平台建设、内部体制机制改革，推动新一轮媒体深度融合和转型发展。厦门市委宣传部组建了覆盖市区两级融媒体中心的信息联通网，将6个区级融媒体中心和市级两大媒体一并纳入部宣传阵地的导向管理，建立完善市区融媒体联席会制度和联络员责任制度，进一步明确工作职责和程序，打造宣传系统上下协作联动的一体化管理体系。从财政支持入手，给予厦门日报社3000万元资金支持建设融合指挥中心+全媒体采编平台中央厨房三期工程；设立融媒体建设专项经费，用于补助6区融媒体产品和活动开展。目前，思明、集美、同安、翔安4区融媒体中心指挥平台全面投入运营。三明市创新优化考评激励机制和人才选育模式，制定绩效分配方案和内设机构二级绩效考评方案，试行“制作人”负责制，通过嘉奖、记功、劳模评选等方式，激励员工争先创优；将新闻传播学类相关专业纳入人才引进和招聘紧缺专业，通过免笔试方式招聘录用 11 名专业技术人才，进一步优化队伍结构。

二、理念更“新”，有效拓展阵地

全省各地各新闻单位进一步端正立场、摆正方向，坚定“人民群众在哪里，党和政府的声音就在哪里”，坚决打破利益藩篱，以新观念、新认识、新思路推进各种媒体资源、生产要素的有效集成，实现信息内容、技术应用、平台终端、人才队伍的共享融通，最终形成一体化的组织结构、传播体系和管理体制，构建现代新型传播矩阵。

*1. 加强技术驱动，聚力移动优先。*2020 年，福建省广播影视集团提出以“先网后台、移动优先”为发力点，横向连接省直各部委厅局，纵向连接市县融媒中心，外延连接腾讯、头条等平台，构建以省级为核心、市县为节点、县级为网点、外延为纽带的立体、多元的媒体融合生态网。福建省广播影视集团积极探索运用 5G、4K、大数据、云计算、物联网、人工智能、区块链等技术，加快数字化和智能化进程。世界一流的 4K 超高清转播车到位，技术先进的转播平台建成，标志着福建省迈入 4K 超高清转播时代。国际先进水平的全媒体演播室和融媒体指挥中心，打通 24 小时内部制作网、媒资系统和播控系统，形成全媒体生产技术链条，虚拟前景、演播室机器人、多演播区灵活互动等新技术，使节目更新鲜活泼、更富科技感、更具融媒体特性。此外，一批先进技术手段在重大活动报道中被充分运用，如在省委省政府工作检查时，首次引入手持云台拍摄设备，实现了时政新闻短视频第一时间在新媒体上推出；在第二届数字中国建设峰会上，实现省内首次“5G+4K+VR”直播；在全国两会报道中引入智能机器人“海博士”“AI 虚拟主播小晴”等，大大提升新闻推送速度、丰富报道内容；集团还建成“广电钱包”项目，拥有网上银行所有功能，项目荣获国家广电总局智慧广电全国先进案例。运用 5G 双千兆发展技术，围绕多屏互动体验，办好福建 IPTV 移动融合平台智慧党建云《堡垒先锋》，构建电视端党建平台。

2020 年福建日报社加快构建以“新福建”客户端为龙头的全媒体传播体系，现拥有 4 个新闻客户端和多个新闻网站，运营各类商业平台新媒体账号 300 多个，用户总数超 3500 万。2020 年党报自有 App 排名，“新福建”客户端在全国 33 家省级党报中，传播力位列第 9，下载量位列第 10（下载量达 1565 万次），福建日报微信公众号 2020 年在全国省级党报十佳微信中排名第 8。福建日报社东南网强化差异化和网站资源整合，整合海峡网、闽南网，建成

8个海外分站，共入驻或代运维账号150余个，全矩阵粉丝1338万，2020年全平台流量50.68亿。

2. 网上网下融合，扩大传播实效。福州市将丝绸之路国际电影节、海丝国际旅游节等重要活动和新店古城遗址保护利用重大项目交由市属媒体承接运营，从土地、基建等方面持续有力支持福州电视中心二期融媒体中心项目建设。

2020年厦门日报社在连续成功举办20届读者节外，创办新媒体粉丝节，受到受众、粉丝和参与商家的热捧，综合效益良好。首届新媒体粉丝节获第三届全国副省级城市党报媒体融合新闻大赛最高奖项——最佳案例奖。厦门日报连续3届获评中国百强报刊，是福建省唯一获此殊荣的媒体，报社“潮前智媒”荣获“全国城市报业十佳融合创新客户端”称号，连续4年社会效益评估综合得分达99分以上。厦门日报社保持稳健的发展势头，总资产超12亿元、净资产超9亿元，每年纳税数千万元，连续多年总营收达5亿元。

2020年10月，平潭成立中华优秀传统文化基地，致力打造中华传统文化圈的标杆学术机构和智库，已举办的3届两岸国学论坛得到了两岸专家学者高度认可，成为两岸国学领域具有权威性与影响力的论坛之一。据统计，“两岸国学大讲堂”微博话题阅读量超过1.2亿次，“两岸国学”微博话题阅读量近2亿次，各项活动网络曝光量超过6.5亿次。

3. 创新融合模式，保障内容生产。莆田市广播电视台融媒体平台按照中央厨房模式，打破过去媒体板块分割的运作模式，按照“一体策划、一次采集、多种生成、多平台发布”的模式，实现新闻报道移动优先。一是设立指挥调度中心，通过GIS新闻地图，实时展现采编人员具体位置，发布采访任务；二是建立采编联动平台，通过4G/5G调度前方记者传送素材，线上编辑根据媒介平台特点选择新闻素材，进行深度加工，生产终端新闻产品；三是应用集成文稿系统，各新闻部门、各县区记者站共享新闻资源。通过多平台线上协同办公机制，实现团队报道指挥调度、共享和扩展新闻资源、并行化编辑流程管理、多渠道多平台发布管理等四大功能。

尤溪县融媒体中心开创的“四创四融”尤溪模式被中宣部和国家广电总局列为福建唯一典型案例，先后被国家广电总局评为“融媒体创新单位”“2019年度广播电视公益广告扶持项目优秀传播机构”，获“全国市县媒体融合先导单位”等称号，入选“2020年全国县级融媒体中心舆论引导能力建设十大典型案例”。

三、产品更“优”，迭出爆款精品

福建省广播影视集团媒体资讯中心在2020年抗击新冠肺炎疫情期间，推出的时政短视频《屏山微视》、抗疫Vlog《非常时刻》，福建与宜昌“诗来辞往”联合抗疫，福建湖北“面对面”创意等“爆款”融媒体产品，引发全国网民关注和转发、点赞，微博、短视频推送量同比增长1倍，点击量增加约3亿次，累计近8亿次；微信图文、头条、抖音阅读量增长约7亿人次，累计20亿人次，在“全国广电机构微信平台传播评估分榜单”中位列第三。卫视中心联合视听网站制作的纪录片《早餐中国》线上线下同步推广，传播力、影响力显著提升，豆瓣评分在8分以上，创下腾讯视频单网播放量超8亿次的成绩，位列全网纪录片商业价值榜前三名。TV8体育频道抖音号粉丝数达140万，短视频总播放量10亿次，已成为抖音平台体育垂直类头部大号。

2020年，尤溪县融媒体中心有36批次的优秀作品获得全国省市奖项或资金扶持。其中，公益广告《点滴积累守护“粮”心》入选“全国优秀公益广告作品库”，由国家广电总局在全国推送；公益广告《距离一米因为爱你》被国家广电总局评为二类电视作品公益广告扶持项目（全国二类扶持作品共4件，也是全国县级台唯一入选作品）。

2020年10月至11月，湖南卫视《乘风破浪的姐姐——爱乐之程》在泉州取景拍摄并热播。泉州市联合湖南卫视，迅速策划启动“乘风破浪的泉州”融媒体传播，双向互动、同频共振，有效利用网红流量带动泉州城市形象推广提升，该节目播出前后，微博话题阅读量达9.8亿次，系列爆款推文、短视频阅读量实现千万+，泉州文化、建筑、戏曲、美食等元素得到全面展示。晋江电视台微信公众号粉丝数量增至45万，传播力位列全国县级融媒体第四。

截至2020年年底，莆田市广播电视台抖音号推送6758个短视频，单条最高点击量为14314.9万次，获赞3718万次，收获133万粉丝。原创短视频《同心战疫我们的力量从哪里来？》《我们在春天等您》《一个都不能少的承诺》在中纪委官网播出。短视频《不忘初心与爱同行》被推荐入选国家广电总局公益广告库。

三明市融媒体中心所属新媒体平台累计发布资讯10.5万条，是2019年的5倍，总阅读量12.2亿次，是2019年的20倍，月均生产百万+爆款作品21个。

“中国平潭”抖音号打造了10条1000万+爆款短视频，最高播放量突破3100万次。关于“蓝眼泪”的直播登上抖音热搜榜第一，成功抢占新媒体平台流量高地。

四、两岸更“通”，助力台海交流

“海峡新干线”已成为头条、抖音最主要的台海内容传播大号，粉丝数达1800万，累计阅读量100亿次；“今日海峡”脸谱号粉丝数突破160万，跻身岛内主流媒体一线大号。

2020年，“中国泉州”脸谱账号发布181条推文，总阅读量151万次，互动达7万人次；“中国泉州”推特账号发布138条，总阅读量136万次，互动达15万人次；华人头条泉州专题推送稿件1229条，总点击量6500多万次，点击量10万+文章73篇。

平潭综合实验区加强与台湾东森电视

台、前锋日报等媒体合作，在对方重要节目和时段、版面加强平潭的对台宣传。2020年，平潭时报与前锋日报进行宣传合作，供稿超过50个版；通过海外社交平台发布的推文超过5400条，曝光量合计超过2300万次，各平台粉丝数合计超过10万，粉丝群体覆盖中国台湾、中国香港、美国、德国、波兰、印度等地区和国家。在脸谱平台开通账号“Hi平潭”和“平潭两岸国学中心”粉丝专页，传播内容定位平潭旅游人文、经济社会发展、对台优惠政策、两岸交流往来以及中国优秀传统文化等，从不同视角传播平潭故事，树立中国形象，收获了一大批台湾网友的点赞支持。

（福建省新闻工作者协会供稿）

江西省推进媒体融合发展工作综述

2020年，江西省按照党中央的决策部署，紧跟时代要求，立足江西省情，在县级融媒体中心实现全覆盖的基础上，持续推进媒体融合。以省融媒体推进中心为统一指挥中枢，依托“媒体大脑”技术，构建省市县三级联动融媒体指挥体系，推动内容、技术、机制、培训等共融互通，新闻生产能力得到极大提升，构建了全省一体化媒体融合发展新格局。

一、创新体制机制，推进一体化融通建设

江西不断建立健全管理运行机制，完善以省融媒体推进中心为枢纽的全省三级融媒体联动指挥体系组织架构，在央媒支持下，共同谋划省市县融媒体体系建设与运行。为进一步推动媒体融合，江西设立省融媒体推进中心，作为省委宣传部直属的正处级公益一类事业单位，统一协调推进媒体融合工作。此外，为适应全媒体时代传播需要，江西创造性推进“两中心一平台”一体化融通建设，充分发挥各级融媒体中心内容策划生产功能，“学习强国”学习平台传播优势，新时代文明实践中心志愿服务动员能力，拓展融媒体客户端功能，增强服务群众能力。

二、立足三级联动，提升主题策划影响力

无论媒体形态如何变化，“内容为王”的原则不能变。江西在媒体融合实践中，紧紧抓住内容建设这一根本，以省融媒体中心为内容生产指挥调度枢纽，探索构建了1（江西省融媒体中心）+2（“赣鄱云”和“赣云”）+11（11个设区市）+100（100余个县级融媒体中心）+N（各教育、政务融媒体中心）指挥响应联动体系，建立主题策划联动机制，坚持日日有策划，天天出作品，通过统一选题、统一策划、统一制作、统一分发，实现重大主题报道全省“一盘棋”的全新格局，推出了一批深受受众喜爱的融媒精品力作。疫情防控期间，以省融媒体中心为中枢，组织各级融媒体中心和新媒体累计刊发疫情防控稿件34.4万余篇，阅读量超152.1亿人次，重点打造“江西融媒头条”品牌，推出了35期江西融媒头条原创作品，

融短视频、H5、手绘、图文等为一体，不少作品如《我妈妈是战“疫”超人》等成为爆款融媒体作品，总阅读量超1亿次。全省官方抖音号发布正能量作品超过1万篇，总播放量突破100亿次，充分发挥了正面宣传鼓舞人激励人的作用。2020年12月，省融媒体中心组织省市媒体和105家县级融媒体中心，开展了“遇见美丽江西”主题策划活动。各媒体和融媒体中心相互比拼，竞相推出了一批封面海报、H5、短视频、直播等融媒体作品，宣传江西各地美景、美食、人文风俗，打响了“遇见美丽江西”IP。

三、统一技术赋能，构建全省大数据资源池

江西依托省融媒体中心技术支撑，汇集全省省市县三级广播、电视、报纸的珍贵声像、图片、文字资料，同时吸纳文旅、教育、脱贫攻坚等大数据，建立省中心资源池，实现全省各级融媒体中心间资源共享。截至2020年年底，江西省融媒体中心平台累计汇集全省媒资1900万余条。全省各级融媒体中心平台累计调用人工智能文字识别8200万余次，人脸识别9000万余次，语音识别142万余分钟。平台监测显示，全省各级融媒体中心传播覆盖全网用户约7323万个。依托“媒体大脑”，江西省融媒体中心构建直达各级融媒体中心的人工智能协同体系，通过用户画像、视频包装等25款智能机器人赋能基层，大幅提升基层媒体融合效果，力促江西县级媒体融合工作走在全国前列。

四、立足融合传播，打造全省全媒矩阵

为推动媒体融合向垂直、纵深方向发展，让优质内容更精准地触达用户、服务用户，提升传播力、引导力、影响力、公信力，江西省融媒体中心引导全省各县融媒体中心，建成集微博、微信、客户端、抖音、头条号、快手等于一体的全省融媒矩阵，形成技术、资源共享的矩阵式“生态圈”。根据新华智云MCNDATA平台监测，2020年，全国县级融媒体中心短视频传播力榜单显示，弋阳发布在抖音榜排名第一，南丰融媒体中心在快手榜排名第一。在抖音号矩阵传播数据中，全省融媒体传播量达130亿次。江西还建立了全省融媒体中心生产力分析系统，在数据全面归集的基础上，对全省各媒体和各县级融媒体中心的内容生产情况进行实时统计，对传播效果进行评估、分析，对内容生产进行精准指导。根据各地各单位新媒体运营情况，省融媒体中心每月推出“两微一端”和抖音号、头条号月榜，并不定期推出抗疫融媒体原创作品热榜、全省文旅融媒体作品热榜等，通过考核评估，推动各地融媒体比学赶超，生产出一批有影响力的作品。

五、打造全媒体记者，助推传统媒体转型升级

随着媒体融合的推进，云直播、云访谈等新媒体传播方式也成为传统媒体重要的报道形式。江西省融媒体中心通过技术赋能，

组织培训，全省联动，营造比学赶超的氛围，提升传统媒体人新媒体素养，实现从“一专”到“多能”，推动传统媒体转型升级。在2020年全国两会期间，江西省融媒体中心充分发挥指挥棒作用和三级联动融媒体报道优势，通过联动“赣鄱云”“赣云”进行融合报道，实现了前后方实时互动、上下联动，并利用新华智云“媒体大脑”，依托5G、大数据、VR、AR、AI、云计算、流媒体、区块链等先进技术，首次开启融媒体报道全国两会的“云模式”。同时，在两会报道前方后方树立“一盘棋”意识和融合传播理念，设立两会报道共享云平台，实现报纸、广播、电视、网络新媒体融合报道，所有报道素材共享共用，所有报道稿件互用互推，真正实现“一次采集、多种生成、多元传播”。其中，“江西新闻”客户端使用新华智云两会机器人对多场两会直播视频拆条，分发至江西日报新媒体各平台，播放总量超过2亿人次；江西网络台开设创新栏目《人机对话30秒》，利用江西省融媒体中心与北京开展“云访谈”的视频内容和新华智云虚拟主播机器人技术，由“赣云智媒主播”隔空对话代表委员，围绕他们的提案议案、网友关心的热点话题，开展“跨越时空的访谈”。

六、创新培训模式，提升基层人才培训实效

江西省充分发挥省融媒体中心调度作用，完善省市县三级联动的培训模式。推出线上培训品牌“江西融媒大讲堂”，每月2期，邀请来自中央主要新闻单位和相关领域的实战专家，重点围绕媒体融合、新媒体技术变革、爆款短视频制作等基层一线亟须“充电”的领域，开展常态化全员业务培训，2020年共推出21期，培训人员近3万人次。将江西日报“赣鄱云”，江西广播电视台“赣云”、全省11个设区市级融媒体中心和105个县级融媒体中心的视频会议系统全部接入省级融媒体中心，每期“江西融媒大讲堂”全省三级媒体学员共同学习。同时，为进一步提升基层融媒体中心采编队伍的整体素质，江西省细化分解目标，把培训对象分层分类，并将省级平台人员纳入培训范畴。一是集中培训“种子型”人才。江西省联合新华社江西分社和新华智云，先后举办县级融媒体中心业务骨干培训班、融媒体技术培训班、县级融媒体中心建设专题研修班，对200多名县级融媒体中心“种子型”人才进行集中培训。二是专题培训技术型人才。围绕提升短视频创作水平，江西省级融媒体中心开展系列培训活动，2020年共开设线上课程13场，累计课时565分钟。三是上派下挂结合，推动互学互鉴。在做好组织县级融媒体中心“走出去”，选调基层人员到省级融媒体中心培训的同时，专门选派省级融媒体中心、省报“赣鄱云”、省台“赣云”人员到县级融媒体中心锻炼，畅通双方工作沟通渠道，推动省级技术平台进一步贴近基层融媒体中心需求，优化改进服务质量。

（江西省新闻工作者协会供稿）

山东省推进媒体融合发展工作综述

2020年，山东新闻战线以深入贯彻落实习近平总书记关于推进媒体深度融合的重要讲话精神为指导，按照中央、山东省委省政府关于推进媒体深度融合发展的部署，将核心生产力向互联网转移，把优质内容向主阵地汇集，高度重视技术引领，积极搭建新平台、再造新流程、开拓新渠道、培育新业态，媒体融合发展行稳致远。

一、凝神聚力，技术向更新处发力，融合向“智”“云”深处挺进

技术进步是媒体融合发展的重要推动力。2020年，山东新闻战线倾力打造富有地方特色、国内领先的新型主流媒体，全面提升平台数据化、智能化、互动化、视频化水平，媒体和广大新闻工作者扑下身子进机关、下基层、进高校，加快建立覆盖全省全国的新闻采编网络。

“大众日报”客户端累计下载安装量突破1500万次，2020年新增下载过千万，增长200%；“海报新闻”客户端累计下载安装量突破5900万次，日活过百万；“齐鲁壹点”客户端累计下载安装量突破4000万次。大众报业集团新媒体用户总计达2.78亿，集团传播力、影响力显著增强。大众“齐鲁智慧媒体云”汇集中央厨房、5G短视频智能生产平台、全媒体传播管理平台等平台系统，深度嵌套5G融媒体实验室，媒体云可自动采集抓取视频、图片等生成素材，根据使用者的不同行业、行为习惯等构建用户画像，实现个性化、精准化推荐。在云端，编辑记者可以利用算法将素材重新组合，实现内容自动生产，也可运用智能标签、语音识别等技术实现人机协作，前方通过一部手机即拍即采即传、后方即收即审即发，融媒采编、实时发布、矩阵传播成为常态。

山东广播电视台已形成涵盖移动端（“闪电新闻”客户端）、PC端（齐鲁网）、交互式网络电视（IPTV）、互联网电视、地面数字电视等新媒体平台的“五位一体、三屏融合”的总体格局。以“智云、智品、智传、智网、智库”为突破，山东广电积极参与新一代信息技术与数字创意两大战略性新兴产业的开发，布局智慧广电生态建设，中

央厨房建设坚持“国际水平、国内领先”，邀请国际一流设计团队进行整体设计，总投入近1.3亿元，总面积超过6000平方米，集纳调度指挥、新闻生产、媒资存储等十大系统，各系统互相支持，无缝连接，极大提高了新闻生产效率。山东广电还承担着全省县级融媒体中心建设的重任。截至2021年年初，全省136个县市区的县级融媒体中心已全部建成并与省级技术平台实现数据互通，122家完成客户端部署。山东广电融媒体指挥调度平台将拓展升级，建成“山东媒体云”省级平台，然后连接省市县平台，打造一个“覆盖全省、自主可控、互联互通”的新型媒体技术和数据平台，实现“全省一盘棋，共享一朵云”。

2020年，舜网加强人工智能等先进技术在媒体融合领域的研究应用，开展“人工智能新闻生产机器人系统”“基于AI的智能媒体传播平台系统”项目研发，实现基于人工智能的新闻采编处理，并利用数据分析实时多维度把握新闻传播情况，被省工信厅认定为“首批山东省软件产业高质量发展重点项目”、山东省“现代优势产业集群+人工智能”试点示范项目。

二、以平台融合促报道融合，媒体站位更高、扎根更深、视野更广阔

1. 各级各媒体全面实施流程、组织、机制再造，构建策采编发一体的全媒体传播矩阵。大众日报建设“一体化运行平台”，打通总编室、时事对外部、客户端运营中心、新媒体研究院4个部门，组建编辑中心，赋予其协调、策划、决策、指挥职能，按照“一个指挥系统+一个业务团队+两类产品”的模式，改造业务流程、业务架构和组织运行，“报、端、微”工作一体化策划、推进、落实，一体化分解量化到部门、个人，一体化效果监测，一体化考核奖惩。在大众日报试点的基础上，大众报业集团相继成立大众网·海报新闻、齐鲁晚报·齐鲁壹点等编辑部，去中心化、去层级化、去行政化，实现传统媒体和新媒体在人员、业务、考核、奖惩等各方面的打通，显著提升融媒生产力、传播力。

济宁广播电视台努力构建“新媒体+”生态体系，突出移动优先、先网后台，在传统媒体部门中建立了新媒体内容板块且考核权重占到35%。

威海日报社以客户端为中心，从“报社内部”“威海区域”“全国范围”3个维度全力推进媒体深度融合，2020年，威海报业新媒体和外宣矩阵共发布新闻报道19.32万篇次，总流量达8.18亿人次。威海日报在开展重大宣传报道时，首先由编委会牵头组织各媒体集中策划，形成宣传报道方案，并确定“主攻媒体”和“助攻媒体”，分头负责图片、文字、图表、海报、H5、漫画、视频和音频稿件的拍摄、采写和制作。稿件初步形成后，在确保舆论安全的前提下，突出移动优先，客户端第一时间发布，新闻网、微信、微博等新媒体随后跟进，威海日报、威海晚报等传统媒体次

日进行深度解读，实现传播效果的立体化、最优化。

2. *现象级作品不断涌现，新闻融合道路越走越宽*。抗击新冠肺炎疫情以来，大众报业集团各媒体推出抗击疫情报道和新媒体产品 34.5 万件，全网点击量高达 203 亿次，《发往前线的家书》《点亮齐鲁》《急转武汉》等 7 件作品点击量过亿次，人民网发布的《全国党报融合传播指数报告》显示，大众日报融合传播力位居全国省级党报前三。

观海新闻（青报网）视频团队制作的微纪录片《青岛 72 小时》记录青岛 3 天全员核酸检测现场，在首发 24 小时内，全网播放量突破 1 亿次，微博热搜最高第 5 名，被央视频、人民视频、新华视点等央媒转载。

针对疫情防控期间产品滞销难题，舜网、青岛新闻网、青岛财经日报等媒体联合有关部门搭建云带货平台，为农产品、外贸企业解决实际困难，得到企业、政府部门和消费者的一致好评。济宁东方圣城网开设“第一书记来啦”扶贫公益项目，以“主题宣传 + 新闻故事 + 扶贫代言 + 互动直播 + 大型活动 + 电商销售”的新模式，实现社会效益和经济效益的双丰收。

各市媒体还陆续与本地区、县、镇街、市直部门建立横向联系，在新闻客户端开设新闻发布频道，部分新闻客户端还实现了与行政审批网络端口、智慧城市网络端口的融合互通，为市民办事提供便捷通道。

3. *把握尺度、力度、温度，做好监督报道*。山东广电创新“公开监督”机制，在移动端和电视端同步推出大型舆论监督融媒体栏目《问政山东》，目前已成为省委省政府推动重点工作的一个抓手和着力点。

观海新闻客户端（青报网）自筹建起就把投诉受理作为三大核心功能之一，通过与青岛市政务服务热线 12345 联动，围绕“我爱青岛 · 我有不满 · 我要说话”民声倾听主题活动，发挥党媒舆论监督优势，共同打造全市网端投诉受理第一平台。

济宁广播电视台“济宁市网络问政平台”，目前累计受理问政量超过 20 万件，综合办结回复率达 98%，已经成为济宁本地知名的民生服务品牌。尤其是《问政济宁》电视节目开播之后，平台与节目形成了良性的联动和互补。

4. *融合创新，立体传播，讲好山东故事*。2020 年，中国山东网通过“感知山东”外宣移动客户端，进行多语种传播和发布，其中“感知山东”微信公众号采用中、英、日、韩 4 种语言对外传播山东声音，讲述山东故事，利用文字、图片、视频等打造移动端山东外宣平台，公众号内容进行多语种发布，形成报道合力，提升对外传播影响力。中国山东网通过“感知山东”“感知济南”等 16 城市感知系列微信公众号，在抖音、快手、今日头条、百度、知乎等 22 个资讯视频类平台自媒体账号，英、日、韩 3 种语言版本的脸谱、推特、优兔账号，推送相关稿件。

各级各媒体普遍在人民网、学习强国、今日头条、一点资讯、抖音、腾讯、百度、凤凰网、网易、新浪等建立自己的媒体号，发稿量、传播影响居全国前列，为讲好山东故事、传播山东好声音起到重要作用。

三、多措并举开拓融合经营新局面

山东省互联网传媒集团加快省外事业拓展，建立覆盖全国的采编网络体系；深入探索“互联网 +”跨界融合新模式，原发广告、电子政务、电子商务、手机报业务、信息流经营等新兴业务单元逐步成熟，全力推进上市工作，尽快实现与资本市场彻底打通。

省文化产业投资集团通过发起设立母基金、产业基金、创投基金，整合省级和各市文化产业基金，打造全省国有文化资本投资运营平台，全资子公司及参股公司管理基金规模达 51.9 亿元，为大众报业集团融合转型提供了重要资金支持。

山东广电“轻快”云平台全国合作台突破 200 家，服务网络遍及 26 个省份，覆盖人口 2.3 亿；山东 IPTV 用户突破 1000 万。2020 年，闪电智库与山东 16 个市政府均达成深度合作，为城市、区县发展提供智力支持，实现智库项目超亿元的价值变现，核心产品“高端智库看山东”系列调研行项目，一期调研重点结合国家“十四五”规划战略，组织近 70 名高端智库专家，通过对济南、菏泽、东营、德州 4 市 80 余个调研地点的多维度考察，为 4 市“十四五”规划编制工作提出 100 余条具有针对性、前瞻性、可操作性的政策建议。

济南日报报业集团“大舜云”技术平台集成“政务云”“融媒云”“安全云”“民生云”“智能云”“影像云”六大云功能，涵盖媒体类、政务类、影像类、行业类 40 多项产品和服务，填补了山东数字媒体产业互联网平台空白。舜网打造电商直播基地、济南短视频“双创”基地，探索新媒体电商融合向纵深发展的深水区。

爱临沂组建广电 MCN，打造“主持人 + 电商 + 直播”模式，通过设立台属 MCN 孵化器，将新媒体内容和传统内容打破固有传播模式，进行多平台、多渠道的融合，助力各频率、频道、主持人 IP 的影响力提升和全方位商业变现。

一批地方媒体网端平台功能不断完善，逐步建设社保服务、农担贷款、网课、e 就业等频道。

大众报业集团主动“关退并转”《生活日报》等 8 张报纸，把优质内容向主阵地汇集，进一步加强主要媒体采编力量，目前集团 96.1% 的采编人员已经进入互联网主阵地。

四、筑牢队伍建设根基，用精品力作奏响融合强音

2020 年，山东省新闻工作者协会、山东省新闻学会（以下简称“省新闻‘两会’”）多次组织力量对县级融媒体中心建设情况进行调研座谈，有力推动了全省县级融媒体中心建设的健康发展和提质增效。同时，省新闻“两会”为提升县级融

媒体中心移动短视频的生产能力和制作水平，指导记协下属新媒体工作委员会和县级媒体工作委员会共同举办“我们的小康”优秀短视频竞赛活动。活动采取以干代训的方式开展，极大地激发了县级融媒体中心的积极性和创造力，涌现出了许多主题突出、制作精良的优秀作品，为山东省决战脱贫攻坚、决胜全面小康营造了良好的舆论氛围。2020 年，中国记协两次组织全国新媒体负责人增强“四力”专题培训班，省新闻“两会”派出全省重点新闻单位新媒体负责人参加会议，共同交流和探讨“四力”建设实践经验。

10 月，中国记协新媒体专业委员会推出 2020 县级融媒体中心东西协作交流公益扶贫项目，选取县级融媒体中心建设较好的山东、江苏、浙江 3 个省份，接纳西部 15 个县区市融媒体中心负责人或业务骨干交流学习，同时，东部三省份也派出县级融媒体中心负责同志和业务骨干到对方融媒体中心进行指导交流。

10 月，第三十届中国新闻奖评选结果揭晓，山东省参评 12 件作品获奖，其中一等奖 3 件，二等奖 3 件，三等奖 6 件，新媒体报道类获奖数占 25%。在媒体融合化发展背景下，上述大部分获奖作品以融合传播的形式呈现，彰显了新媒体时代记者的职业精神和职业素养，从不同层面不同侧面体现着山东省新闻战线融合创新的新进展、新水平、新方向。

（山东省新闻工作者协会供稿）

河南省推进媒体融合发展工作综述

2020 年，河南省深入贯彻落实习近平总书记关于媒体融合发展的重要论述，贯彻落实中央推进媒体融合发展的决策部署，结合河南省实际，紧扣总体目标、重点任务、路径措施，重点围绕中央厨房建设、采编发流程改造、技术平台支撑、体制机制改革、政策资金支持、人才队伍建设等，采取一系列积极举措，持续推进媒体融合，成效明显。

一、发展思路更加清晰

1. 顶层设计更科学。河南省把加强县级融媒体中心建设摆在突出位置，列入重要日程，多次研究部署，着力构建省级负总责、市级抓统筹、县级抓落实的工作格局。规划了全省媒体融合发展路线图、任务书，推动主流媒体积极抢占新媒体阵地，加强中央厨房建设，完成了新媒体矩阵的布局。

2. 媒体改革更深入。着眼于建立符合移动互联网传播规律的媒体管理体制和运行机制，积极推进媒体改革。河南日报报业集团、河南广播电视台两家省直媒体的改革方案，已经省委宣传思想工作领导小组会议审议通过，正在推进实施过程中。各市、县的媒体改革也正在有序推进中。

3. 工作重点更突出。以加强县级融媒体中心建设为重点，大力推进移动客户端建设，构建省市县一体化传播格局。在县级融媒体中心建设方面，依托河南广播电视台技术力量打造省级技术平台，整合县域内的报纸、电台、电视台、网站等媒体资源，打造县级融媒体中心。截至 2021 年年初，已完成全省 104 个县级融媒体中心建设任务。在移动客户端建设方面，重点打造了以综合视频传播服务为主要内容的河南广播电视台“大象新闻”客户端、以问答互动为核心的智能社交互动平台河南日报报业集团“顶端新闻”客户端，积极推动各县打造“云上”系列客户端。在构建传播体系方面，依托省级技术平台积极构建一体化传播体系。目前，省市县三级已基本实现重大主题宣传一体联动、重大舆情一体处置的工作格局。

二、融合措施更加到位

1. 深化体制机制改革。推动县级融媒体中心主动适应互联网传播规律，持续深化配套改革，统筹推进传播体系一体化和组织机构一体化，按照新的业务流程调整机构设置、人员配置。项城市融媒体中心实行以岗定人、以岗定薪和零工资薪酬制度，建立长效激励机制，实现多劳多得、不劳不得；长葛市融媒体中心深化人事、薪酬制度改革，打破人员身份限制，在全县选拔优秀人才，形成能者上、庸者下的用人机制。栾川县融媒体中心通过“岗位意向＋竞聘上岗”双向选择，有效激发了团队活力。

2. 强化技术服务支撑。在省级技术平台实现28项省级政务服务项目对接，为县域融媒进一步发展延伸触角、提供机遇。各县级融媒体中心有效对接、整合地方党政部门信息资源，主动参与智慧项目建设，直接面向群众开展及时高效的信息服务，构建通民意、惠民生、解民忧的综合服务平台。郸城县融媒体中心通过政府购买服务模式，将“数字城管”“蓝天卫士”“平安郸城”“智慧党建”等服务平台融入融媒体中心，在县域社会治理中发挥积极作用。滑县融媒体中心利用光纤传输网络及核心大数据平台积极参与智慧城市建设，先后承接平安建设“雪亮工程”“智慧城管”“社会公共服务”等智慧工程。

3. 聚力打造全媒人才。结合增强“四力”教育实践活动，分级分层对县级融媒体中心人员进行培训，引导他们向全媒记者、全媒编辑、全媒管理人才转型。组织郑州大学、河南大学等部校共建新闻学院与县级融媒体中心共建教学实践基地，为县级融媒体中心提供智力支持。新郑市融媒体中心定期组织新媒体人员到省外的二更学院进行视频制作培训；上蔡县融媒体中心与黄淮学院签订了人才双向培养协议，打通业务交流学习渠道，为提升团队业务能力提供学理支撑。

三、改革成效更加明显

1. 有效推动了主流媒体转型发展。通过传统媒体与新型媒体融合，逐步推动主力军挺进主战场，培养了一批全媒体人才，倒逼媒体转型升级，初步建设成了一批新型主流媒体集团。

2. 有效带动了市级媒体改革。随着媒体融合发展的不断推进，一些省辖市也正在推进自身改革。郑州市整合报业、广播、电视优势采编资源，与澎湃新闻联手合作，打造了正观新闻客户端。许昌市依托大数据中心，将媒体资源与政务服务平台“爱许昌”有效对接，打造新型媒体政务平台。济源市将报业和广播电视台全面整合，成立了融媒体集团。这些做法为下一步推进市级媒体改革作出了积极探索，积累了有益经验。

3. 有效推广了“媒体＋服务”的运行方式。许昌、长垣、新野、杞县等市县，通过开设“问政帮你办”、开展直播带货、推动电商扶贫等方式，增强了用户黏性。郸城、汝州、滑县等地积极参与智慧城市建设，在县域社会治理中发挥了积极作用。

4. 有效促进了媒体内部改革。项城、长葛、西华、栾川等地深化人事、薪酬制度改革，打破人员身份限制，有效调动了媒体从业人员的积极性。

四、传播格局更加完善

1. 宣传策划一体呈现。建立统一指挥调度、协同策划传播工作机制，在重大主题宣传报道中，将县级融媒体中心作为省市媒体有益补充，逐步实现重点选题协同策划、重点报道联动传播、重要信息统一发声。特别是疫情防控期间，组织县级融媒体中心根据疫情形势变化，主动设置议题，突出引导实效，共推出相关稿件 40 多万篇（条），其中传播量 10 万 + 稿件 4000 多篇（条），《一场 20 分钟的相见》《村支书“硬核”喊话》等多篇稿件传播量突破 1 亿人次。

2. 内容传播上下贯通。依托大象新闻客户端，有效聚合各级媒体内容资源，搭建覆盖全省、资源汇聚、互联互通的移动传播平台。纵向推动省、市、县各类媒介资源、生产要素有效整合，横向打通省级主要新闻媒体资源，打造区域性有较大影响力的传播阵地，对重点稿件一键推送、全网分发。

3. 技术平台统一架构。建设覆盖所有县（市）、完整统一的县级融媒体中心技术平台，为构建县级传播矩阵打牢技术基础。同时，不断完善平台架构设计，调整优化平台系统模块，推动各类媒介资源、生产要素有效整合，促进信息内容、技术应用、平台终端共享融通。目前，已完成全省 84 个县（市）的软硬件部署、104 个县（市）的 App 开发上线，打造了开放共享的县级融媒体中心技术平台，构建起全新的县级传播阵地。

4. 互动传播得到增强。组织各县级融媒体中心依托省级技术平台，建设采编中心，再造策采编播发流程，通过直播带货、线上问政等方式加强与用户间的互动交流，积极探索从单向传播向互动式、服务式、体验式传播转变。禹州市、长垣市、新野县融媒体中心通过在客户端开设直播带货、电商扶贫等栏目，吸引用户参与互动；杞县融媒体中心开设“问政帮你办”栏目、永城市融媒体中心开设“党风政风行风”全媒体直播热线问政栏目，将县直各职能部门纳入问政栏目，强化互动交流，第一时间回应百姓关切。

下一步，我们将继续坚持守正创新、抢抓发展机遇、回应时代挑战，发扬改革精神、斗争精神，坚持正能量是总要求、管得住是硬道理、用得好是真本事，把深度融合作为媒体转型升级的重要内生动力，坚持顶层设计和分级施策相结合、重点突破和整体推进相结合，深化体制机制改革、加强资金政策扶持，攻坚克难、爬坡过坎，加快主力军向主阵地挺进步伐，加快构建贯通省市县一体化传播体系，真正实现“融为一体、合而为一”。

（河南省新闻工作者协会供稿）

湖北省推进媒体融合发展工作综述

2020年，湖北省新闻单位积极探索，推动媒体融合向纵深发展，努力开创全媒体传播新格局。

一、坚持导向为魂，把握正确政治方向和舆论导向

各媒体始终坚持导向为魂，紧扣主题，守好舆论主战场。湖北日报传媒集团持续推出“在习近平新时代中国特色社会主义思想指引下——新时代新作为新篇章”“牢记殷殷嘱托奋力谱写新时代湖北高质量发展新篇章”等一系列专栏、专版、专题报道，精心策划“专家访谈”“全媒体访谈”“学思践悟”等重点栏目，深入宣传阐释习近平新时代中国特色社会主义思想和习近平总书记视察湖北重要讲话精神，成为湖北省重要的理论传播平台和思想教育阵地。着力打造“楚言”评论品牌，在重要节点推出系列评论、社论，推动党的创新理论“飞入寻常百姓家”。高质量建设“学习强国”湖北平台编辑部。

面对疫情防控、疫后重振、防汛救灾三场硬仗，全省新闻单位以全媒体传播格局，及时发声，传播正能量，疫情时均迅速启动战时机制，打破常规，尽锐出战，爆款产品不断，回应社会关切，凝聚力量。长江日报全媒体平台及时发声，率先发布“张继先医生最早上报疫情”的消息，引发全网关注，超过100家媒体转载，话题登上微博热搜，阅读量达7.5亿次。该报道在很大程度上消解了互联网上的不和谐声音，多次被外交部发言人、驻外大使引用，回击西方攻击我国卫生防疫体制的质疑言论，并写进中国抗疫白皮书。湖北日报传媒集团率先发现并持续报道的张定宇、刘智明等重大典型，在全国产生强烈反响。湖北广播电视台策划“百天千万扶贫行动”，联动贫困地区推出14场“新闻＋扶贫＋电商”的大型新媒体直播活动，总点击量1.2亿次，直接销售农产品2100多万元。“搭把手　拉一把”湖北爱心助农公益行动完成直播185场，累计点击量过亿次。

二、深入推进媒体融合发展，构建具有自身特色的全媒体传播体系

湖北日报传媒集团推出极目新闻全媒

体第三方平台账号，由楚天都市报、区域及行业读本、“两微一端”、各类平台号、各类视频频道、各类垂直公众号等50多个“极目新闻”传播平台组成，总用户量超过3703万，是传播力、引导力、影响力、公信力俱佳的全媒体矩阵。

长江日报报业集团以长江日报为龙头，联动15个区级融媒体中心和全市各部门政务发布端口，打造市区一体、自主可控的“1+15+N”互联网舆论主阵地。目前，15个城区客户端全部上线，长报集团研发的“极目云”融媒体软件平台供各区免费使用，市区融媒体一体化运行取得实质性进展。该集团的“九派新闻”于2020年10月正式上线，全国揽才，组建成熟采编团队高效运转，持续关注、追踪全国热点事件，以独家深度调查和冲击力报道抢占传播制高点。截至2021年年初，自有账号阅读量超3.7亿次，全平台阅读量达9.5亿次，受到社会广泛关注，有力增强了城市舆论话语权。

“长江云”从2016年发展至2021年年初，作为湖北省县融建设唯一支撑平台，已基本构建起省市县三级联通的新闻生产和发布矩阵，成立了“长江云”平台运营合作体和编委会，通过“云稿库”实现传播全覆盖，“云稿库”每天汇聚全省稿件2000多条，单日汇聚最高达3000多条。

三、坚持系统重塑和重点突破，构建多轮驱动的全媒体一体化平台

随着媒体融合纵深发展，各新闻单位突破了单纯媒体的局限，逐步实现媒体与政务、社会资源的融合。

战“疫”时尤显+力量。“长江云”平台迅速建立起一个主流媒体联动平台——战“疫”集结号，集结全国30个省市区、67家媒体、254个端口，汇聚全国力量，形成抗疫媒体矩阵，发挥了强有力的平台传播作用。紧急开通求助平台。平台大数据全面介入公共危机处理，帮助数千名病患得到及时救治，及时为疫情防控提供决策参考，为中央指导组和省委省政府研判决策提供科学依据。创建在线义诊平台。携手腾讯微医搭建起抗疫义诊平台，来自全国5.5万余名专业医师24小时接诊，为170万用户提供在线咨询和心理辅导。搭建居家抗疫服务平台。开通“湖北省中小学线上教学平台”，推出“湖北人民免费看”“音乐抗疫”“家庭健身房”“云赏花”等线上活动，为宅在家里的用户提供丰富多样的精神文化生活。

长江日报社联合50多家农企，推出“长江严选”线上购菜公益电商平台，服务全市千余个社区，获国家商务部派驻湖北督导组肯定。

武汉广播电视台对原“全媒体监督督办平台”进行了大范围升级改造，有效把各种终端、渠道整合成一个有机体，以“群众投诉”“媒体督办”“办理公开”“通告发布”板块，依托现有广播电视节目，进行多种形态共同呈现，打造拥有广电特色的“网络问政平台”，缩短了政务机构与公众的距离，让信息传达更精准、公共服务与办实事更出

彩。建立起有效监督机制，促使市民更加积极地参与到城市治理的过程中来。该平台荣获“2019 年度最强融媒政务品牌”称号。

荆州融媒体中心“魅力荆州”平台中的“新时代文明实践中心信息平台”模块充分发挥新时代文明实践中心线下实践特性和融媒体平台线上互动优势，探索“百姓点单、中心（所、站）派单、志愿者接单、群众评单”的服务模式，依托广电网络，实现手机端和传统电视端的有机结合。终端充分集成市县新闻、权威发布、红色党建、政务公开、本地新闻、群众点单、农业科技、视频会议、我的风采、地方文艺等服务模块，打造集“宣传展示、云储存、在线服务”等多种功能于一体的信息平台。截至 2021 年年初，该模块已完成 36 个乡镇的上线工作。同时开辟专门模块，容纳为群众提供有线电视缴费、就医咨询挂号、求职找工作、文化旅游推介、金融服务、雪亮工程等服务功能，推动了大屏小屏联动发展。

四、创新融合传播，构建全媒体传播新格局

秉承“新闻 + 政务 + 服务”的融合定位，各新媒体平台突破单纯新闻宣传的局面，产出更多融媒产品，形成多媒介资源、全生产要素相统一的全媒体传播新格局。

一是传播方式创新。“长江云”团队生产的 8 个标配频道直接嵌入全省 121 个云上系列客户端。2020 年新冠肺炎疫情防控期间承办湖北省疫情防控新闻发布会，累计 170 余场，实现新闻发布史上 3 个前所未有的突破，即：广电 5G 首次实战应用，首创发布会线上无接触采访，首次实现“直播 +”全媒体现场报道形态。

二是组织策划创新。武汉市两会期间，长江日报尝试与“两会直播间”一起推出“虚拟演播室”，5 天累计进行了 101 场直播，直播次数与代表委员参与人数均创历史新高。全国两会期间，长江日报以说唱、喊麦的形式推出融媒体视频栏目《两会 Rap》，被中国记协网转发推荐。

三是表达方式创新。常态化运用短视频、直播、长图、海报等表达形式，探索新路径。“长江云”在汛情期间，推出了慢直播《武汉：24 小时实时直播，直击长江武汉段汉阳门观测点水情》，传播效果良好。长江日报 2 月 3 日发布的《致敬！火神山医院热血建造者》系列海报冲击力强，获人民日报、央视新闻等多家央媒和主流媒体官微转载。2020 年防汛报道中，长江日报采制的多个短视频等“非文字传播”类报道，被人民日报、新华社、央视新闻等转发。荆州市融媒体中心在全国地市级媒体中首个策划拍摄的纪实电影《Ⅰ级响应》引发广泛关注。

四是海外渠道拓展创新。“长江云”联合海外媒体建设了长江云国际频道，在海外媒体和社交平台上推介湖北台优质节目资源，并尝试与美、英、法、德等国家的受众建立立体化、互动式的对外传播，平台发布的“外交部 2018 湖北全球推介会”，总阅读量达 5.84 亿人次。

五、加强人才队伍建设，努力推动现有存量人才实现全媒体转型

网络空间的竞争，归根结底是人才的竞争。一方面，湖北日报传媒集团大力推进"转人员转观念转作业方式"，通过全媒体技能培训、策划引导、考核倒逼，努力盘活存量人才，一批骨干记者拿起手机可拍视频报道、做主播、开展现场直播，敲动键盘可写报纸深度报道，新闻人才队伍能力素质明显提升；另一方面，通过机制创新，坚持以事业发展留人、以待遇留人。

长江日报社在全国媒体中率先颠覆考评方式——"不首发新媒体不计稿酬"和"按传播量计算效果稿分"。

全省县级融媒体中心全员开展标准化专业培训。2020 年 12 月 14 日，第一期网络培训班开班仪式在长江云平台指挥调度中心举行。通过"网上网下相结合""分层分类""必修选修相结合"的原则，有针对性地提升县级融媒体中心从业人员的理论素养和技术能力，不断夯实基层人才队伍。

湖北省记协做好新媒体队伍建设的服务工作，深化改革，助力各新闻单位媒体融合发展。改革新闻奖评奖办法，增加融媒体好新闻数量；增加新媒体从业者在记协理事会成员中的占比；举办业务骨干培训班，邀请学界、业界知名专家授课，取得良好效果；鼓励引导新媒体从业人员参加"好记者讲好故事""媒体融合精品案例""战疫优秀新闻作品、精品案例"等主题活动。同时搭建意见沟通桥梁，做好中国记协湖北融媒体调研工作；参与县级融媒体中心验收工作并开展调研，摸清县级融媒体中心建设现状和困境；了解地市级融媒体中心建设共性问题；与相关部门协同推进全省县级融媒体中心建设。

（湖北省新闻工作者协会供稿）

湖南省推进媒体融合发展工作综述

2020年，湖南省新闻战线以习近平新时代中国特色社会主义思想为指导，深入贯彻习近平总书记关于推动媒体深度融合发展重要讲话精神和中央有关文件精神，坚持围绕中心、服务大局，不断提升融合发展质量水平，推动新媒体在服务经济社会发展中发挥更加重要的作用。

一、强化融合战略，发展格局更加优化

媒体深度融合发展是新技术条件下，传统媒体向新型媒体的更新迭代，是媒体格局的重塑。全省各新闻媒体紧扣媒体融合发展要求，牢固树立融合发展理念，努力打造理念、机制、平台、路径、特色一体化的媒体融合发展新格局、新路径。

湖南日报社着眼于构建全媒体传播体系，按照新媒体内容生产的垂直细分要求，内容生产板块去中心化、改频道制，以“新湖南”频道为生产主导组织单元，将所有采访力量全部迁移到“新湖南”的对应频道上，推进一体化运行，改变过去湖南日报、“新湖南”客户端“两拨人”“两张皮”现象，实现“融为一体、合而为一”。

湖南广播电视台聚焦“建设主流新媒体集团”的全新战略构想，以高门槛长视频特别是主流长视频作为核心业务战略，以芒果超媒为资本平台，通过进一步整合业务资源，推动湖南卫视与芒果TV深度融合，带动其他卫星频道、地面频道、广播频率协同融合发展，加速推进集团核心竞争力向新媒体全面转移。

湖南红网新媒体集团全面推进“移动化、数据化、视频化、轻量化”战略，强化新技术手段的运用，以中央厨房为统筹，提升分站体系、子公司体系的内容生产质量，奏响融合传播最强音。潇湘晨报社以短视频优先为战略，启动短视频平台及全媒体传播体系项目建设，在版权素材、内容风控、聚合分发、产业运营等赛道加速布局，向构建全媒体传播体系迈进。

同时，县级融媒体中心建设取得阶段性成效，全省125个县级融媒体中心全部完成了验收工作，媒体融合基层基础更加夯实。

各专业媒体积极推进媒体融合工作，今日女报、快乐老人报、湖南科技报、大众卫生报、湘声报等专业报努力将互联网这个“最大变量”当作创新发展的宝贵契机，积极将打造新媒体产品，推动媒体融合发展，构建出相互支撑、各具特色的融合发展新格局。

二、聚焦内容建设，全力打造爆款产品

打造高水平、高层次的新媒体产品，扩大优质内容产能，对于正面宣传和舆论引导具有不可替代的作用，也是推进媒体融合发展至关重要的任务。全省新闻媒体着力加强新闻工作者队伍建设，大力培养全媒体人才，切实提升新媒体产品创作水平，集中力量打造了一批具有时效性、权威性、准确性、思想性的经典爆款产品，在新冠肺炎疫情防控，决战脱贫攻坚、决胜全面小康，习近平总书记考察湖南、党的十九届五中全会召开等重大主题宣传中发挥了重要的作用，为推动全省经济社会发展发挥了重要作用。

湖南日报社创作的短视频专题报道《幸福是什么模样，我来唱给你听》紧扣脱贫攻坚主题，报道了祁东启航学校留守儿童合唱团感人事迹，在湖南日报矩阵媒体点击量达200多万次，被“学习强国”学习平台、凤凰网、腾讯网、新浪网等转载，综合点击量超1000万次，成为网络热点话题。湖南广播电视台创作的短视频现场新闻《20岁的陈琳琳　省长记住了你的名字》呈现了省长为医疗队壮行、期盼他们凯旋的感人氛围，全网总播放量1083万次。湖南红网新媒体集团创作的移动直播作品《书记的乡间午餐》，运用5G技术，完成多场景连线移动直播，报道驻村第一书记日常工作之中的“乡间工作午餐”，在时刻新闻以及抖音、百度、今日头条、腾讯新闻等平台上全网同步直播，总点播量超300万次，相关报道网上阅读量超1000万次。潇湘晨报社创作的短视频作品《心疼！这是一双22岁护士的手》时长仅6秒，但通过潇湘晨报微博、微信、抖音号、快手号、头条号等全渠道推送，瞬间引爆网络，央视新闻、人民日报、中国日报等媒体纷纷转发，央视新闻微博、人民网微博推出单独话题，总阅读量超过8亿次，成为典型的爆款产品。在2020年第三十届中国新闻奖评选中，全省14件作品获奖，其中新媒体作品4件，全省优秀新媒体作品创作正呈现出蓬勃发展的良好态势。

三、拓展全媒体系，开放合作成效显著

全程媒体、全息媒体、全员媒体、全效媒体是新媒体发展的产物，具有极强的系统性。全省各新闻媒体牢固树立系统思维，强化开放意识，有效处理主流媒体与商业平台、技术创新与内容建设、提升质量与扩大影响等各方面关系，推动媒体融合高质量发展。

湖南日报社集中力量打造机构媒体内容聚合平台“新湖南云”，在全省强力推

进县级融媒体中心建设，构建“新闻 + 政务 + 服务 + 商务”新模式，聚合了区县、省直单位、高校等各类机构媒体144个。2020年，“新湖南云”被国家新闻出版署评定为“中国报业深度融合发展创新案例”。同时，湖南日报社还联合国防科技大学计算机学院共建“媒体融合内容感知与安全”湖南省重点实验室，实验室以人工智能和内容安全研究为核心，围绕基于5G技术的云化制作生产和全息通信等方向，持续开展对媒体融合有重大影响技术的研究。湖南广播电视台积极建构主辅分明、层次清晰、开放多元的平台矩阵，重点发力新闻类平台“芒果云”，打造以短视频产品为核心竞争力的融合传播新品牌。芒果TV打造“融播融控智能云平台”，覆盖互联网、移动互联网、IPTV、OTT等新媒体传播渠道，升级融合传播新体系。

湖南红网新媒体集团构建“网、报、端、微、视、屏”六位一体的现代传播旗舰，以红网云技术为抓手，实现了红网内部全平台联动，开启了“内容 + 创意 + 技术 + 渠道”的传播格局，探索出新时代文明实践中心与县级融媒体中心融合共建的新模式，指导30多个县市区开展“两个中心”平台互通、资源共享、队伍共建。与长沙县共同打造的全国第一个“县级网上群众工作部”，已成为中央网信办、中央政法委确定的“@基层之治·大国小鲜”示范点。潇湘晨报社与腾讯、阿里、坚和科技等多家技术公司建立战略合作，与湖南天河国云科技有限公司共建中国（长沙）马栏山数字技术媒体融合实验室，打造AI短视频生产线，搭建起包括纸质版、官网、微博、微信矩阵、抖音号、快手号、百家号、企鹅号等系列产品序列的传媒矩阵，在全网拓展120多个全场景分发渠道。全网日均流量突破1亿，全年总流量近400亿，其中短视频流量超过200亿。

四、筑牢产业基础，增强融合发展底气

推动媒体深度融合发展，关键在于资源整合，尤其是以互联网思维优化资源配置。只有通过构建现代产业体系，实现资源向新媒体领域的高质量聚集，才能有效解决媒体自身“造血”问题，形成可持续的发展格局。一直以来，省委、省政府将推进马栏山视频文创产业园建设，构建媒体融合发展产业生态作为文化强省建设重要内容。2020年，园区企业总数已达2897家，实现企业营收431.98亿元，一大批新媒体企业和重点技术平台的集聚，推动构建了“企业 + 媒体”“技术 + 内容”的融合发展全新生态。

湖南广电聚焦打造芒果超媒新媒体品牌，将其互联网基因和市场化基因注入全集团，推动实现湖南广电的可持续发展。芒果超媒入选全国文化企业30强，芒果TV位列中国互联网企业前二十。双平台优质内容牢牢捍卫了湖南卫视省级第一的地位，推动了芒果TV会员规模持续扩大。湖南卫视联合快乐购推出芒果“扶贫云”超市，构

建“主流媒体＋电商”公益助农平台，培训6000多名直播新农人，跨屏带货近30亿元。湖南红网新媒体集团联动各大主流媒体、联合各大电商平台打造“湘农荟”平台，先后开展了34场助农带货直播，各平台总点击量超13.46亿人次，线上线下综合销量超5734.1万元，关联带动销售超20.3亿元；推出新型传播类、应用类策划产品，积极为党政机关、企业提供“互联网综合服务”，释放业务增长内生动力。2020年，红网营收超3.3亿元，利润超720万元，较上年分别增长8.04%和12.38%。潇湘晨报社深入挖掘新媒体内容价值，将内容流量与版权资源成功变现，实现了连续4年来的首次扭亏为盈。营收数据显示，2020年，潇湘晨报内容直接变现总收入实现较大突破，新媒体有效刊发首次超过纸媒广告刊发，内容影响力对产业发展形成了强大支撑，新媒体活力和竞争力得到进一步激发。

全省县级融媒体中心积极拓展“媒体＋”业务，经营活力不断激发，“造血”功能不断增强，2020年，浏阳市、长沙县、宁乡市、望城区、衡阳县、醴陵市、攸县、鼎城区、南县的融媒体中心经营创收过千万元，呈现出良好发展态势。

（湖南省新闻工作者协会供稿）

广东省推进媒体融合发展工作综述

2020年，广东省积极贯彻习近平总书记关于媒体融合发展重要论述精神，全面贯彻落实中办、国办《关于加快推进媒体深度融合发展的意见》部署要求，大力弘扬新时代改革开放精神，努力争当媒体深度融合发展排头兵，不断推进全省媒体融合发展工作开创新局面。

一、全媒体体系日渐成型

全省初步形成省市县三级全媒体传播矩阵的搭建工作，基本实现传播体系一体化和组织机构一体化。省直主要媒体拥有“报、台、网、端、微”以及抖音、快手等多种传播载体，传播力影响力进一步提升。广州市、深圳市主要媒体结合国家中心城市、中国特色社会主义先行示范区的功能定位，加快建设与城市地位形象相匹配的全媒体平台。汕头融媒集团正式挂牌成立，成为粤东地区规模最大、最具影响力和权威性的主流党媒集团。其他地市主要媒体因地制宜、灵活机动，建设了融媒体中心和传播平台。县级融媒体中心建设稳步推进，全省57家县级融媒体中心全部建成并完成验收，49家区级融媒体中心建成并开始运行。

南方报业传媒集团充分运用新技术、新应用提升党媒宣传、立体传播、数据服务三大平台功能，实现“一个入口、集中存储、融合发布、无缝联通”的运行机制，打通“用户、流程、数据”等媒体融合生产中的核心要素，建设策、采、编、审、发、评、馈的闭环机制，构建融合、融通、融智的媒体生产全业务生态链。羊城晚报报业集团以“全媒体指挥中心”为龙头，构建新型采编发网络，实现“一个内容生产中心、多个渠道终端出口”的立体传播格局，加速推进新闻主阵地从纸媒向云平台转变。广东广播电视台重点打造以“岭南云”系统为支撑的“一中心两平台三客户端”，建立“5+N”融媒传播体系，推进实施大小屏“双轮驱动”策略，壮大新媒体传播平台矩阵。南方财经全媒体集团打通各媒体内容生产与业务管理，实现集团内部的“统一报题库、统一稿件库、统一素材库、统一专家库”，全方位提升媒体融合实践能力。

二、实施差异竞争发展策略

推动省主流新闻客户端错位发展，打造主流移动传播矩阵。“南方 +”“羊城派”“触电”“21 财经”客户端已成为国内较有影响力的新型主流媒体移动平台。“N 视频”“新花城”“读特”“花生 FM”等客户端建成具有地方特色的移动平台。

南方报业传媒集团下属南方日报、南方杂志、南方新闻网、南方周末、南方都市报、南方农村报等立足自身优势，探索各具特色的融合发展路径，同时加速融入集团一体化平台，实现传统采编资源与现代生产要素有效整合、深度融合，形成“资源集约、结构合理、差异发展、协同高效”的全媒体传播体系。“南方 +”下载量突破 7000 万次，南方号入驻超过 7000 家，基本建成自主可控、开放共享、传播力强的新型媒体平台。集团加快推动“N 视频”App 发展，打造视频版的“广东发布”；加快推进南方周末付费阅读计划，探索融合发展条件下优质内容转化为竞争资源的新模式；推动南方农村报全面转型，打造服务“三农”工作的全媒体平台。羊城晚报报业集团“羊城派”集中在文化传播领域发力，经过 4 年多运营，下载量已突破 7000 万次，成为地域特色突出的全省性新闻客户端。广东广播电视台重点建设“触电新闻”和“粤听”App 两个新媒体项目。“触电新闻”入选国家广电总局 2020 年全国广播电视媒体融合先导单位。南方财经全媒体集团“21 财经”App 下载量突破 7600 万次，稳居全国财经媒体客户端首位，入选国家新闻出版署 2020 年中国报业深度融合创新发展案例。

三、优质内容供给大幅提升

全省主要媒体紧紧围绕学习宣传贯彻习近平新时代中国特色社会主义思想和习近平总书记重要讲话、重要指示批示精神，聚焦做好“六稳”工作、落实“六保”任务、决战决胜脱贫攻坚目标任务和全面建成小康社会等全国工作大局，大力推进“双区”建设和“双城联动”、落实省委“1+1+9”工作部署、优化“一核一带一区”区域发展新格局、庆祝深圳经济特区建立 40 周年等中心工作，融合精品生产能力较快增长，成为重大主题宣传、重大政策解读生力军。

南方报业传媒集团推出“走向我们的小康生活”“脱贫攻坚　广东担当”“粤菜师傅美好生活”“大湾区 · 大项目”“牢记嘱托再出发”等系列报道，唱响主旋律，讲好广东故事，为以“双统筹”夺取“双胜利”提供强有力的舆论支撑。南方 + 客户端不断丰富创新服务方式，成为广东发布权威信息、引导热点舆论、普及防疫知识、服务复工复产的主平台。南方都市报“最美逆行者”系列全媒体报道形成现象级传播。

羊城晚报报业集团创新宣传手段方式，精心策划重大主题宣传报道工作。其中，H5 产品《人民至上　广东实践》体现广东践行以人民为中心发展思想的生动实践，《钟南山：中国行！广州行！》《我们不怕》《艺起战疫　广东文艺界在行动》《独家纪录｜疫·家人》等4个爆款产品取得超5亿流量，H5产品《特区40周年再出发》被全国30多家综合网站转发推送。

广东广播电视台打造融媒品牌项目《飞越广东》升级版《飞越广东·特区40年》和《飞越广东·全面小康》；重点推进《乡村振兴大擂台》《脱贫攻坚万里行》等全媒体宣传项目。打造《发现广东》《这就是广东》等大型融媒新闻直播项目。纪录片《钟南山》全网点击量超7.5亿次，成为年度爆款纪录片。

南方财经全媒体集团推出以“南财对话”“全球财经连线”“南财号”为典型代表的融媒体拳头产品，充分利用微视频、短音频、H5、动漫、长图等形式，打造主流财经爆款。

四、技术革新推动融合发展

各媒体坚持以先进技术为引领，强化“技术赋能”，重塑采编流程、建设平台终端、优化管理手段，打造媒体资源数据库，建立适应传播新业态的技术团队，全面服务渠道建设、内容生产、融合营销。

南方报业传媒集团强化技术引领，通过南方智媒云平台建设，同时向内容、经营、运营赋能，推出面向用户的图文推荐、视频推荐、南方号推荐等智能化场景应用和辅助编辑的自动采集、智能分类等功能，大幅提升开放生产能力和效率。集团以中央数据库建设为抓手，打造“南方数据”品牌。建设集团公共数据中心，形成集团内容数据枢纽；升级南方数据门户，提供集数据检索、融合、关联、分析、可视化于一体的数据服务。羊城晚报报业集团进一步强化技术赋能内容生产，不断提升内容产品的生产效率、丰富产品的形式，拓展品牌影响力。集团推动与ZAKER、UC、腾讯、百度等互联网公司技术合作，拓展对外技术合作。以AI技术为支撑，提升传播力的有效分析手段和技术支撑。广东广播电视台重点布局“4K+5G+AI”技术应用，通过技术赋予视听节目内容更多新形态。高清/超高清播控中心正式启用，实现播出全链路IP化、播出整备系统云化。南方财经全媒体集团以“南财云平台”为核心，大力引进国内外领先的金融数据、财经信息领域的龙头企业，推动形成金融数据服务的集群效应。南方财经大湾区财经数据中心入选国家新闻出版署2020年中国报业深度融合发展创新案例。

各地依托主要媒体资源，组建建设团队，负责市级技术平台和客户端搭建研发，帮助各区县设计和搭建技术平台。

五、人才队伍不断释放活力

全省通过外部引进、内部转型、招录储备等多种方式，整合各媒体单位人才资源优势，统筹推动全省媒体矩阵融合发展。注重人才建设经验总结推广复制，依托人才工程遴选、人才国情研修、项目资助、项目合作委派等多种途径，广泛凝聚体制外新媒体优秀人才，优化提升青年人才培养基地培养效果，探索建立融媒体人才培养基地，加强创新人才储备。主流媒体立足资源、平台、品牌优势，积极推动全媒体人才培养，切实加强采编播管、技术开发、产品运营的人才队伍建设。省直主要媒体深入实施“宝贝人才”工程，优化激励机制，完善绩效考核办法，探索事业部制、股权合作制、管理层持股等模式，不断激发人才活力。

南方报业传媒集团优化实施“南方名记者培育工程”，大力开展全媒体技能培训，引领推动提高专业本领和创新创造能力，不断优化干部人才队伍结构，实现党媒影响力向新媒体领域有效延伸。羊城晚报报业集团鼓励人才“引进来”与“走出去”，双管齐下力争独特优势。积极鼓励和推动知名编辑记者、评论员、主持人等年轻骨干到新媒体头部平台交流学习。广东广播电视台积极推动内容创作品质整体升级，开发垂直类内容，由融媒体中心与各频道频率共建新媒体内容生产事业群，培育打造一批融媒工作室，把生产端和播出端紧密结合起来，打破组织内部横向界限，激发员工创新创作活力。深圳报业集团推进“三名（名记者、名编辑、名评论员）机制”建设，在资源配置、工作团队、资金扶持、学习培养等方面，全力支持“三名”多出精品，打造“主流网红”。

（广东省新闻工作者协会供稿）

广西壮族自治区推进媒体融合发展工作综述

2020年，广西坚决贯彻落实习近平总书记关于推动媒体融合发展的重要指示，贯彻落实中央和自治区党委决策部署，因势而谋、应势而动、顺势而为，从内容、渠道、平台、技术、人才、体制机制等方面定向发力、精准施策，加快构建融合传播矩阵，不断提高舆论传播力、引导力、影响力、公信力，取得了阶段性成效。

一、坚持导向，强化内容建设，做大做强主流舆论

广西各级主流媒体坚持“内容为王”，深化内容生产供给侧结构性改革，广泛运用AI、VR、AR等新兴技术，在新冠肺炎疫情防控、决战决胜脱贫攻坚等重大主题宣传报道中积极推出直播、短视频、动漫、H5、720°全景VR等适合移动传播、社交传播的融媒产品，涌现一大批点击率过亿次、过千万次的爆款现象级产品。

2020年，广西日报各新媒体平台阅读总量达194亿次，比2019年增长110亿次，增幅为130.95%。创作点击量超亿次的融媒体精品达14款，超千万次的有220款，创历史新高。重点开设“在习近平新时代中国特色社会主义思想指引下”“牢记总书记嘱托”“治国理政进行时”等专题，持续做好习近平新时代中国特色社会主义思想宣传报道，推动新思想“飞入寻常百姓家”。策划了以“牢记习近平总书记嘱托——继续奋斗　让日子越过越红”为主题的环江毛南族自治县多点同步直播报道，联合环江毛南族自治县等12家县级融媒体中心推出两会特别节目《总书记，我们的日子一定会越过越红火！》，充分展现壮乡儿女凝心聚力谋发展的图景。在疫情防控期间，广西日报新媒体发挥“网、端、微、视”自有平台+第三方平台的矩阵作用，全平台发布疫情报道4万余篇，抖音话题“广西抗击疫情”播放量超2.6亿人次，累计阅读量达22亿次。广西云客户端的《直播丨百色大暴雨引发山洪，公路塌方车辆被冲走！通讯员黄文秀发回现场视频后却不幸遇难……》，获第三十届中国新闻奖一等奖，传播力、引导力大大增强。

当代广西头条号推出《走进毛南族发祥地，从历史到现在》直播，观看人数近1万。记者采用航拍、空中720°全景VR，多角度、多形式全面展示环江毛南族群众的美好新生活、幸福新变化，成为当代广西杂志社实现全媒体融合的一次成功实践。

广西广播电视台各新媒体平台强化联动生产机制，生产了多样化原创网络视听产品，提升了主流思想舆论网络传播力。其中，两会期间对各重要活动进行直播报道，总点击量超过372万次。策划完成《邕州知否！》《传承》《高招出“高招儿”》等系列网络直播，总点击量超过400万次。疫情防控期间，广西教育厅在广西网络广播电视台、“广西视听”移动客户端、IPTV三平台开设“空中课堂”，相关内容点击量达近10亿次。

柳州日报社推出融媒体作品《“侗”力之音》，这是坚持走群众路线与应用新技术相结合、弘扬民族文化与创新报道形式相结合、推动深度融合发展和构建全媒体传播体系相结合的代表作。《“侗”力之音》在“柳州1号”客户端首发，在“学习强国”学习平台、新华网、中国日报、腾讯等众多媒体转载播出，全网播放量迅速过亿次。柳州市广播电视台抖音矩阵发布的抖音作品《霸气书记喊话：白衣战士，只借要回！》播放量4563.4万次，《柳州最强招商男团赴上海》播放量3852.8万次，《救生员出手男孩起死回生》播放量2.3亿次，《你打人的样子，真丑！》播放量达到3.2亿次。这些与柳州有关的大小事、正能量故事被市民和网友大力转发，有力宣传了柳州，扩大了柳州的影响力。

贵港日报社充分发挥党建作用，组建“抗疫党员突击队”深入战“疫”一线采访，发布战“疫”新闻1235条，新媒体矩阵阅读量超2亿次，其中“贵港日报”抖音视频《接英雄回家！》浏览量达1727万次，抖音视频《现在请人吃饭都是“鸿门宴”，害人害己！》浏览量达1177万次，为贵港市坚决打赢疫情防控阻击战提供正能量。

二、渠道融合，加速技术创新，构建媒体传播新格局

1. 自治区级媒体。广西日报新媒体大力推进广西“一朵云”建设，畅通“内循环”，构建“外循环”，努力当好全区媒体深度融合发展排头兵，积极打造广西云赋能型融合生态圈，深化中心圈、紧密圈、协同圈和共建圈“四圈深融”，形成新媒体牵引驱动发展、多层级媒体联动借力发展、跨媒体跨领域整合发展格局。2020年12月30日，广西云融媒体平台v2.0顺利通过中国新闻技术工作者联合会专家评审组的验收。平台不仅集成了AI生成工具，提供一整套“策、采、编、审、发”的媒体智能生产能力，还实现了数智化生产流程，极大提升了新闻生产的效率和传播的效果。其次，项目实现了“两中心一平台”的打通和融合；还建立了“自治区+设区市+县市区/行业”三级融媒体联动机制，对县级融媒体中心建设和运营起到了很好的示范引领作用。

广西广播电视台重构全媒体传播体系，搭建“广西视听”移动客户端传播矩阵，将“广西视听”改造升级为以新闻资讯视频内容为主的客户端。建设跨“广西视听”、广西IPTV双平台的内容专区和服务功能，让移动客户端呈现更多优质的视音频内容，丰富政务、民生信息等服务、社交功能，进一步提高“广西视听”移动客户端的传播力和影响力，成为新型主流媒体的“旗舰”品牌。

2. 市级媒体。各市因地制宜探索媒体融合发展的路子，不断改善传统的新闻运作和采编流程，积极推动市级融媒体中心建设。

南宁日报社以技术应用为先导，以优质内容做基础，以生活服务强黏性，以轻型社区造生态，形成了“报、网、端、微、屏”五位一体、珠联璧合的全媒体传播新格局，组建了全方位覆盖、全天候延伸、多领域拓展的主流媒体矩阵，实现了传统媒体向全员、全程、全息、全效媒体华丽转身。在思维方式、生产流程、场景叙事、盈利模式等方面，全面向融媒体转型。

为加快从“相加”迈向“相融”，柳州日报社一直苦练“内功”。报社从顶层设计和体制机制改革着手，建立完善社长总编辑指挥协调制度、社领导全媒体指挥调度值班制度、全媒体平台联动制度、全媒体记者统筹调度制度，实现了扁平化管理，提高了工作效率。改革构建“四大三全”新格局：成立书报编辑出版中心、数字出版运营中心、全媒体采写中心、全媒体营销中心，实现了“大编辑”“大采写”“大出版”“大经营”；新闻报道实现了全媒体传播、全形态呈现、全时段在位。柳州日报社打造“四大三全”主流媒体的实践引起了业界的广泛关注，入选2020年全国新闻出版深度融合发展创新案例。

为进一步适应互联网传播规律，坚持“快速、高效、共享”的原则，钦州新闻传媒中心继续整合采编资源，加大投资力度，进一步建设完善融媒体指挥中心，优化“策、采、编、发、评”工作流程和采编流程，重构全媒体传播体系，实现采编和技术力量共享融通，达到一次采集、多种生成、多元传播的目的。同时钦州新闻传媒中心继续以推进全媒体传播为重点，打造“3+2+N”的官方媒体矩阵，即报纸、广播、电视3种传统媒体，钦州新闻网，以及“钦州发布”微信公众号、“钦州发布”微博和“钦州此刻”新闻客户端、抖音、头条号、视频号等一批新媒体，基本实现了“报、台、网、端、微、屏”的全媒体融合发展格局。

2020年4月2日，由河池日报社全媒体中心负责统筹开发的河池“网络问政”融媒体平台上线运行实现“指端问政”，获得河池市委宣传部、市委网信办等主管部门和广大用户的肯定。该平台实名入驻平台覆盖市、县（区）、乡镇（街道）三级职能部门，市、县（区）、乡镇（街道）三级党政领导一把手实名入驻办理留言，实现“全程、全息、全员、全效”式问政。平台运行一年来，目前实名认证部门达到1259个，网友提问 1181 条，办结问题 1126 个，问题办结率达 95%。

为了让读者打开手机就能看到来宾新闻、本地抖音抢占移动互联网接口，来宾日报社结合市级融媒体中心工作在全区市级报业系统率先成立“新媒体视觉部”，从短视频寻找突破口，以抖音、快手为平台，推动纸媒向视媒融合转型，把报纸的文字和图片、音视频以及动漫创作功能糅合在一起，以更年轻、更时尚、更创意的方式，宣传来宾城市形象、聚焦来宾热点时事、关注社会民情、展示风土人情。

3. 县级融媒体中心。围绕打通引导群众、服务群众“最后一公里”的问题，自治区调动各方面力量，狠抓县级融媒体中心建设。2019 年 10 月，全区 71 个县（市）融媒体中心全部建成挂牌，提前一年多实现全覆盖，且有 8 家列入中宣部重点联系推动，居全国各省之首。2020 年 7 月，自治区党委宣传部组织对全区各地县级融媒体中心建设情况进行评估验收，全区 71 个县（市）融媒体中心全部通过验收，其中 90% 评估等级为“好”和“较好”。9 月，组织全区 71 个县（市）融媒体中心进行省级技术平台用户评估，完成县级融媒体中心省级技术平台验收工作。根据验收情况，制定印发《广西进一步加强县级融媒体中心建设的工作措施》，优化整合资源，对县级融媒体中心建设发展提出明确要求，进一步推进县级融媒体中心提质增效。大力推进“一朵云”建设，各县级融媒体中心积极拓展“新闻 + 政务服务”功能，巩固了基层宣传阵地，提高了服务基层群众的能力，提升了基层宣传影响力。2020 年中央广播电视总台央视《新闻联播》播出的广西新闻报道超 300 条，其中由县级融媒体中心参与供稿的占比 70%。

三、注重人才培养，推进全媒体人才队伍建设

自治区党委宣传部高度重视媒体队伍建设，近年来多次选派媒体业务骨干到复旦大学、浙江大学等知名高校进行培训。2020 年分三批组织全区县级融媒体中心的 125 名业务骨干到自治区主要新闻媒体和技术平台进行跟班式学习培训。此次培训历时 4 个月，是广西开展县级融媒体中心建设工作以来，培训人数最多、覆盖范围最广、持续时间最长的一次集中培训，有效提升了县级融媒体中心人员的能力素质。在 2020 年 5 月至 7 月举行的全区“决战决胜走基层、总攻之势大采访——千名记者一线行”大型主题采访活动中，区市县媒体派出大批记者投入采访报道，全区各县级融媒体中心积极参与，出动记者 2200 多人（次）深入脱贫攻坚一线采访，采写刊发各类文字、音视频、新媒体稿件达 4600 多篇（条），充分发挥了基层宣传主力军作用。

（广西壮族自治区新闻工作者协会供稿）

海南省推进媒体融合发展工作综述

2020年，海南省深入学习贯彻习近平新时代中国特色社会主义思想和党的十九大、党的十九届五中全会和习近平“4·13”重要讲话精神，深入开展“不忘初心、牢记使命”主题教育工作，稳步推进媒体融合发展，助力海南自贸港建设。

2020年，数字媒体技术的发展、内容消费市场的扩张，以及政策的有力支持，极大地激活了海南媒体行业的生产力，从理念、路径、策略、模式等多个层面丰富了融合创新的内涵，为打造新型主流媒体提供了坚实的基础。

海南日报报业集团加快媒体融合建设，牢牢占据主流媒体地位，初步建成“报网微端屏”全媒体覆盖的新型融媒集团，在全省“一报一台一网一端”主流新媒体格局中，占据重要地位。同时，加快推进海南国际传播中心建设，构建自贸港主流媒体国际传播体系。海南广播电视总台进一步理顺体制机制，重塑生产流程，整合全台资源，加快构建全媒体传播体系，统一指挥调度全台及各频道频率名下官方认证微博、微信及抖音、头条等新媒体，形成了新媒体平台的全媒体传播矩阵，同时，整合资源深化改革，成立融媒体中心。海口日报社新媒体以“突出独家、突出原创、突出创新”为定位，用独特的视角、专业的观点、最快的速度、丰富的形式为用户提供全方位立体化的新闻资讯。三亚传媒影视集团启动一号工程“三亚融媒体中心”建设，在全省范围内率先实现了报纸、广播、电视、新媒体四大平台深度融合，打破了传统报业、广电及新媒体之间的业务壁垒，建成融而为一的中央厨房，进一步打造新型主流媒体，占领舆论高地。

截至2020年5月30日，海南全省15个县（市）级融媒体中心全部完成建设并挂牌运行，夯实了基层宣传舆论主阵地，建立了新闻宣传扁平化调度体系，打造了具有县域特色的融媒矩阵，开创了服务群众的新驿站。

一、加快媒体融合建设，牢牢占据主流媒体地位

海南日报报业集团对南国都市报、南

海网进行资源整合，在优势互补、深度融合基础上，实现采编、经营、管理、技术一体化。在“南南报网”深度融合中，坚持“移动优先”理念，倾力打造全省核心移动传播平台——“新海南”客户端，初步建成“报、网、微、端、屏”全媒体覆盖的新型融媒集团。“南南融合”发展案例获第十届中国互联网品牌“2020全国媒体融合创新——典型案例奖”，海南日报报业集团媒体融合迈开坚实步伐。

截至2021年年初，海南日报报业集团新媒体矩阵用户数近3000万。其中，“新海南”客户端和海南日报客户端下载量相继突破百万次，海南日报新浪官方微博粉丝721万，“南南全矩阵”粉丝量1725万，较上年增长195万，南海网微信公众号粉丝量突破百万，南国都市报抖音号粉丝量突破200万，为省内最高。海南日报报业集团媒体版图不断扩大，影响力、公信力、传播力不断提升，形成强大的舆论主战场。

海南广播电视总台进一步理顺体制机制，重塑生产流程，整合全台资源，加快构建全媒体传播体系，统一指挥调度全台及各频道频率名下官方认证微博、微信及抖音、头条等新媒体，形成了涵盖视听海南客户端、海南网络广播电视台、海南IPTV等新媒体平台的全媒体传播矩阵，实现统一管理、一键发布，形成一次采集、精准导流、多元分发的一体化传播流程。同时加快5G网络、数据中心等新型基础设施建设，通过新技术新业务，积极探索与上下游平台合作共赢的方式，并建设5G+4K/VR智慧广电产业平台项目，助力智慧海南建设。

截至2021年年初，海南广播电视总台微信公众号和微博为主的68个新媒体账号，粉丝量达1736万，IPTV用户超过136万，《直播海南》新媒体综合影响力继续稳居全省第一。2020年以来，新媒体矩阵全网播放总量超7.845亿次。

二、加快推进海南国际传播中心建设，构建自贸港主流媒体国际传播体系

海南日报报业集团搭建国际供稿平台，大力发展“海外传播官”和海外特约专栏作者，加快建设外籍传播队伍，策划生产大量英文、俄文等多语种融媒外宣产品，通过自有第三方平台向外推广。

海南国际传播中心积极策划，主动发声，全年策划生产新闻稿件8000多篇，海内外全网总阅读量6亿+人次，集团对外宣传生产力、传播力初具规模，成为海南对外传播的主阵地和主力军。在第二届中国机构海外传播杰出案例（海帆奖）评选中，海南国际传播中心“hainan.info”国际传播网荣获“全国优秀案例”。海南日报报业集团自贸港融媒体国际传播人才团队荣获海南省首批“双百”人才团队。

海南广播电视总台2020年年初正式组建国际传播融媒体中心，涉外报道亮点频现，国际传播能力显著提升。来自60个国家和地区的162名观察员为《直通自贸港》提供常态化报道。英语访谈节目《FTP

Dialogue》在各大社交平台华人华侨群组广泛传播，反响强烈，被“学习强国”学习平台收录，获得了省委统战部的高度认可。2020年8月，在37国73位外交官访琼期间，海南广播电视总台制作了系列双语Vlog、英语专访、H5以及短视频等新媒体产品，受到了外交官们的好评。2020年在海外传播平台发稿811条次，阅读量超过5640万次，视频播放超323万次，互动90万人次。

海南广播电视总台还与CNN、塔斯社、朝日电视台、加拿大多元文化电视台、澳大利亚天空电视台、东盟电视台等国外媒体开展战略合作，进一步拓宽传播途径。

三、创新融媒工作室机制，打造优质原创融媒体产品

海南日报报业集团充分发挥传统深度报道优势，打破部门局限，集合精干采编力量，整合优质资源，量身打造了一批“术业有专攻”的融媒工作室，包括深读、自贸观察、“海解局”、创意工坊、镜工坊等14个工作室，有效解决协同创新的问题。由融媒工作室制作推出的新媒体产品，形态丰富多样，亮点纷呈。

海南日报新媒体制作的国内首部抗疫微电影《椰子侠》被央媒纷纷转发，在多所学校复课后作为“开学第一课”播放，全网点击量超过2000万人次；世界环境日题材微电影《鸟叔》，获人民日报全平台转发，全网阅读量超2000万次，获得第八届亚洲微电影节“最佳作品”奖。用六国语言演唱的《海南欢迎你！》创意MV在朋友圈刷屏。南海网短视频《今天的中国已不是百年前的中国，这段话必须赞》播放量达1.8亿次。

据统计，2020年海南日报报业集团新媒体产品阅读量10万+的作品超300件。此外，积极探索融媒孵化制，鼓励采编人员组建团队，打造特色公众号，已孵化上线7个特色公众号，包括“深夜爱报社”“兜医圈儿”“南国学堂”等。“兜医圈儿”自2020年8月成立以来，发布原创科普内容39期、原创短视频10个，举办“大医精讲”健康科普直播5期，每期“大医精讲”医疗科普直播点击量以及阅读量均在3万次左右，其中1条抖音阅读量2700余万次，点赞量达到53万次，“兜医圈儿”已成为省内第一个专业医疗科普推广平台。“深夜爱报社”2020年5月上线以来，推文74期，涵盖探店推荐、风味盘点、美食测评等内容，《海南到底有多少种buǎ？恐怕连海南人自己都数不清……》一文阅读量6万+。

海南广播电视总台认真研究梳理当前总台旗下新媒体账号类别和数量，对账号属性进行研判，对全台23个微信公众号进行定位，并根据工作指导原则，陆续调整微博、抖音和头条号等的定位分类综合工作。

截至2021年年初，新媒体矩阵粉丝量超2100万。其中，微信矩阵总粉丝量超232万，抖音号矩阵总粉丝量超440万，头条号矩阵总粉丝量超526万，微博矩阵总粉

丝量超 727 万，视听海南注册下载量超 70 万次。2020 年，新媒体矩阵全网播放总量超 7.845 亿次，超千万流量内容 32 条，超 100 万流量内容达 343 条次，10 万 + 流量内容超 1200 条。

海南广播电视总台契合移动传播特点，加大节目内容和融媒体产品创新创优的力度，坚持打造有传播力、影响力的特色产品。截至 2020 年 12 月 30 日，共制作《全民换装！快来体验成为“自贸推荐官”》《起飞！换个角度看海南》《快上车！“时光列车”带你穿梭海南这 70 年》等 H5 产品 28 个，《一分钟了解疫情常态化下的个人防护》《清明节，文明祭扫》等 MG 动画产品 31 个，长图和组图产品近百个。如《全民换装！快来体验成为“自贸推荐官”》得到海南省委深改办（自贸办）、海南省委统战部（省侨务办公室）、海南省委网信办等联合推送转发。H5《快上车！“时光列车”带你穿梭海南这 70 年》，集影音交互、手绘动漫、人脸识别、融合成像等技术于一体，网友可以在生动的场景中穿越，体验 70 年来海南发生的巨变，还可以拍下“年代照”，生成专属的“年代记忆”海报，引发众多网友参与互动，浏览量超 12 万人次。《无限未来丨当海南夜景遇上赛博朋克风》为海南首部全夜景宣传片，推出后反响强烈，全网播放量突破 100 万次。2020 年，总台共计推出 779 场直播，平均每天推出 2 场直播，打造了融媒体中心直播品牌。疫情防控期间，总台推出的原创 MV《你没说过》荣获华语音乐抗疫歌曲排行榜的“最佳创作奖”和央视频的武汉抗疫作品展播“爱心公益奖”。

（海南省新闻工作者协会供稿）

重庆市推进媒体融合发展工作综述

2020年，重庆市认真学习贯彻习近平总书记关于新闻舆论工作重要论述精神，进一步深化改革，不断适应媒体发展新形势，充分发挥主流舆论的作用，守正创新、强化政治引领、深化沟通交流，在巩固媒体融合发展取得一定成绩的基础上，不断探索新路径，努力构建全媒体传播体系，在推进媒体融合发展工作上取得明显成效。

一、不断深化改革，强化制度保障，深入推进媒体融合发展

2020年，重庆市记协以习近平新时代中国特色社会主义思想武装头脑、指导实践、推动工作，以高度的责任感、使命感，积极作为、开拓进取，积极引导全市新闻媒体大力宣传统筹推进新冠肺炎疫情防控和经济社会发展工作，深入开展“走转改”活动、精心策划“好记者讲好故事”，严格标准评选重庆新闻奖，高度负责推荐参评中国新闻奖作品等。通过强化新闻精品，强化技术创新，完善体制机制，不断提升媒体传播力、引导力、影响力和公信力。

重庆市记协在推动自身向人民团体改制的同时，因势利导，结合全市40个区县都已成立融媒体中心的实际，加强二级协会的改革，成立了重庆市新闻工作者协会区县新媒体专业委员会，助推区县媒体新业态健康发展。并结合马克思主义新闻观学习培训，走进渝中区、荣昌区等区县融媒体中心，与基层采编人员进行广泛交流，共同探索适合各区县自身特点的媒体发展之路。

重庆市记协充分利用各区县新媒体资源，线上与线下有机结合开展了“好记者讲好故事”活动和巡讲，网上直播、现场巡讲进一步扩大了活动的影响力，受众群体范围得以延伸。

二、主要新媒体平台持续创新发力，成果显著

1. 重庆日报。2020年，重庆日报不断通过新举措、新机制，在推动媒体融合发展过程中取得了新进展，创新积累了经验，全力实践创新“三+”战略。

第一，坚守党报职责使命，创新做好“内容+”。一是内容布局“板块化”。内容布局四大板块：时政要闻板块、主题报道板块、理论评论板块、特色周刊板块。二是重大报道“主题化”。围绕重点主题报道配置采编资源，优化采编流程，做到提前预判、集中人力、指挥流畅、确保质量。三是深度报道“周刊化”。开设《经济周刊》《人文巴渝周刊》《乡村振兴周刊》《思想周刊》《视觉重庆周刊》《两江潮周刊》等六大周刊。四是理论评论“通俗化”。通过大幅增加理论评论内容，不断加强选题策划，关注热点问题，回应社会关切，创新话语表达，提高观点生产力和传播力。五是内容呈现“可视化”。更加重视二维码、虚拟现实等新技术与报纸版面的融合，让读者扫描二维码即可看到相关融媒体产品，带给读者新的阅读体验。六是融合传播“一体化”。加强一体化传播，按照“端快、报深、网全”的特点，做好内容分发；坚持移动优先原则，对党报内容进行“二次创作”；充分利用中央厨房的优势，打通集团数据资源；充分利用各种新媒体平台借船出海，办好用好“学习强国”重庆平台。

第二，扩大党报主流声音，创新推动“传播+”。一是加快平台建设，大力拓展第三方平台资源。目前形成了“三微一端一网+头条、抖音、微视、快手、知乎”等全媒体平台矩阵，覆盖用户达到2000万以上，“两江观察”已经有了较为稳固的受众群和影响力。抖音号粉丝量从年前的3000增长到现在的114万。微博粉丝也达到了611万。二是创新机制体制，成立4个虚拟工作室。重点打造海报（海豹工作室）、短视频（海狮工作室）、网络直播（海螺工作室）、漫画（海鳗工作室）。主攻短视频生产，截至2021年年初，共生产5000多条，其中，《前线医护人员吐心声：疫情结束后，我最想……》系列短视频160条，全网阅读量达到5亿次，单条视频最高点阅量1亿+、点赞量800多万次、留言40多万条。

第三，强化用户思维连接，创新塑造“品牌+”。为进一步连接用户，在不断加强内容建设和传播力的基础上，充分发挥党媒的影响力，运用好各类全媒体平台，策划实施了一系列主题宣传活动。如视觉重庆·扶贫记忆、乡村振兴大讲堂、“6·18”百万市民拍重庆、重庆市中国农民丰收节“金镜头”摄影大赛、重庆优化营商环境优秀案例评选、花博会、文博会等活动。在中国新媒体大会上，“扶贫印记——2020重庆视觉扶贫行动”入围“2020中国新媒体扶贫优秀案例”提名。

2. 重庆广电集团。2020年，重庆广电集团以“平台网络化、渠道生态化、内容产业化”为战略，大力推进媒体融合发展。

第一，内部机制改革。组织架构集群化，旨在改变“小散浅弱”的局面，集中优势兵力推进媒体融合。整合成立了融媒体新闻中心、现代广播集群，并将对电视频道、内容生产、产业发展等领域进行集群化改革。

第二，全媒体平台建设。“第1眼”App步入3.0时代，以“逗听”为载体的广播集群全面入驻“第1眼”。“第1眼”App下载量突破800万次，90%以上为原创产品，点击量100万+稿件200余条、1000万+稿件30余条，已成为本土最具影响力的视频新闻手机客户端。视界网群的用户规模达1000万+，日均活跃用户达500万+，日均点击量超过1亿次。电视端、PC端、手机移动端及第三方平台账号用户规模超过1000万。新媒体矩阵用户超3000万。

第三，台网融合。推动广电媒体与重庆有线、IPTV两张网络开展合作。“i12亲子社区”“渝乐耍大牌”等项目高效运营，其中儿童视频点播产品“i12亲子社区+”年销售套餐14.5万套，实现产值600多万元，获评国家广电总局2019年度广播电视媒体融合成长项目。

第四，对外合作。总台与腾讯、百度、抖音、头条、人人视频等平台合作，增强传播力和影响力。另外，通过“第1眼”平台与区县融媒体中心合作，组建了“重庆融媒体新闻云编辑部”，推出流媒体杂志《看重庆》。重视传媒MCN机构获评国家广电总局2020年度媒体融合成长项目。

第五，先进技术的应用。打造“国际先进、国内领先”（国家项目鉴定委员会）的“两江云”重庆广电融合媒体云平台。2020年9月智博会上，首次启用“4K+5G”超高清转播车，建成了“车载4K融合生产中心”。

3. 上游新闻。2020年，上游新闻积极推进重点平台建设，在提升互动化、加强智能化方面不断探索，使平台的主流价值和影响力得到快速提升。都市报把有效提升用户活跃度作为平台建设的重点，以互联网思维优化资源配置，打造自主可控、特色鲜明、传播力强的新型平台。

第一，补齐短板，提高活跃度。上游新闻积分商城重装上线，网评工作团队成功组建，扩充编译团队提高国际新闻原创生产能力，上线“作文频道”拓展垂直用户。在全国率先开设“双城频道”，开通以来刊发报道1.2万余篇，访问量近5亿次。

第二，推进视频化，打造精品。组建了上游影视中心，拥有60余名专业视频记者编辑，另有1000多名特约摄影师，开设视频、炫视频、直播等常设频道，已初步形成包括短视频、视频专题、视频海报、直播、VR、航拍等形态的立体产品体系。截至2021年年初，每周生产原创视频类产品200余件，每年开展各类直播近200场次。

第三，提升互动化，夯实用户服务。帮帮频道截至2021年年初已联系市级部门和区县1300个，专家、大咖、达人400多名，收录各行业、兴趣、社区群体近1000个，覆盖人群50多万，帮助用户解决问题，为成为城市综合信息服务集成商打下了基础。

第四，加强智能化，加快融合创新。截至2021年年初，上游新闻已完成18次功能迭代，完成平台级项目需求转化26个，专题活动任务转化 105 个，实现了稿件的智能推荐和长效新闻植入、语音播报、用户画像分析、多媒体语音图像识别、游戏传播等新媒体技术。在新冠肺炎疫情防控期间，完成了疫情实时追踪地图、疫情综合查询工具等系列产品的技术开发和后台智能化支撑。

第五，主流价值影响力快速提升。“开放的六月”“吃得文明”等活动，受到各界极大关注。“发现重庆之美”活动，得到了 700 余万市民关注，线上点赞总数超过 2800 万人次。另外，2020 年上游新闻被纳入国新办日常发布会邀请媒体名单，这也是重庆唯一一家被纳入发布会名单的新闻单位。

4. 华龙网。2020 年，华龙网坚持以新闻发展为龙头，以技术驱动为核心，以大数据应用为基础，以“互联网 +”产业为动力的战略方向，通过“内容 + 技术 + 运营”的战略实施路径和“一芯、两云 +N 平台”的产品路径，探索“新闻 + 政务服务商务”的运营模式，抢抓大数据智能化创新发展机遇，深度融合、数据赋能，打造现代传播体系与大数据人工智能综合布局的新型媒体集团。

第一，狠抓主题宣传，精品佳作刷屏网络。华龙网在重大主题宣传方面，牢牢把握正确的政治方向和舆论导向，全力做好各项重大报道和主题宣传，积极引导社会热点，传播力引导力影响力公信力全面提升，圆满完成总书记视察调研重庆一周年、全国两会、重庆两会、抗击疫情、2020 线上智博会、“双晒”第二季、“你笑起来真好看”等重大报道。

第二，夯实国际传播阵地，系列策划推陈出新。华龙网利用自身特点、做好对外传播，增强重庆声音、树立重庆国际形象，把“硬核”内容利用“软传播”的理念向外籍网友“轻松讲”。德国重庆同乡会短视频《重庆：待春暖花开，我们再看车水马龙》自发翻译配上德语字幕，让全球更了解重庆、了解中国在进行的这场抗疫之战，中国驻杜塞尔多夫总领馆官微推送。iChongqing 国际传播中心为视频制作英语配音、通过各国社交媒体向全球发布，仅仅在“新重庆”客户端上就有 500 万人次观看。

第三，打造矩阵联盟，互联互通覆盖全平台。华龙网加快推进“1+41 重庆客户端集群联盟”矩阵平台优势，让传播效应和传播量级呈几何级增长。除了在抗击新冠肺炎疫情期间联动“1+41”重庆客户端集群发起《春暖花开疫情散去，我在重庆等你来聚》网络接力活动外，还联动区县融媒体中心共同策划融媒期刊《联盟云刊》，在 2020 线上智博会期间推出第一期作品《联盟云刊第 1 期 | 智博会特别版 @ 重庆有智慧》。

第四，深度时评表现突出，确保舆论有序可控。2020 年，华龙网聚焦热点，权威解读社会信息，及时回应社会关切，正确开展舆论监督，策划推出全新视频短评栏目《洋洋侃侃》，盯紧热点，表明观点，围绕网友普遍关注的新鲜话题，第一时间发出华龙声音，进行生动有趣的评论，观点既有态度又有温度，给予网友正面引导。

三、加强培训交流，为媒体融合发展提供新动力

重庆市记协主办了“重庆新闻大讲坛”。2020 年 11 月 27 日，邀请中国记协领导来渝，就媒体在融合发展的时代背景下媒体人该如何守正创新，如何适应形势需要加强自身内核等内容，为全市新闻采编骨干和高校师生授课，对全面提升重庆市新闻采编人员的综合素养和业务能力，提高优质新闻内容的产能，加快促进区县媒体转型升级起到积极助推作用。

（重庆市新闻工作者协会供稿）

四川省推进媒体融合发展工作综述

2020年，四川省深入贯彻落实中央关于新闻舆论工作的战略部署，充分运用信息革命成果，大力推动媒体融合向纵深发展，进一步提高新闻舆论工作传播力、引导力、影响力、公信力，旗帜鲜明做大做强主流舆论。全省获得互联网新闻信息服务单位共231家（含主要网络媒体6家、县级融媒体中心185家），相关许可共计806个服务项，其中互联网网站121个，应用程序193个，论坛10个，博客1个，公众账号479个，其他2个；互联网信息内容管理从业人员约5000人。

一、充分发挥宣传和服务功能，为抗击疫情提供有力舆论支持和服务支撑

面对突如其来的新冠肺炎疫情，按照“坚定信心、同舟共济、科学防治、精准施策”总要求，充分发挥互联网主战场、主阵地作用，精心组织“战疫正能量”网上宣传，深入宣传习近平总书记关于疫情防控的系列指示批示精神，聚焦党中央和四川省委决策部署，全面反映各地各部门和社会各界贯彻落实疫情防控和有序复工复产部署的举措和成效，省级网络媒体刊发原创报道7.8万余篇，阅读量超120亿次，准确辟谣300余起，先后推出《四川人教湖北人怎么吃儿菜》《广元护士赵英明老公喊话“平安回来包一年家务”》等17个亿级话题。积极借力抖音、快手、新浪微博等主流商业平台，策划“全民战疫四川进行时”“我们心在一起”“战疫chuan行动”等话题和产品，实现裂变式传播效果，累计播放量（阅读量）超40亿次，充分展示四川联防联控、群防群治的感人事迹和动人场景，有力营造了强信心、暖人心、聚民心的网上舆论氛围。组织省级网络媒体先后推出“云战疫”AI智能服务平台和《健康战疫每日练》等强身健体系列、《每日“疫”问》等防疫知识普及系列、“云逛四川全省博物馆”和“云游天府”等在线旅游体验系列，精准提供各类实用防疫信息服务，宣传居家防疫知识、开展在线心理疏导，推出内容丰富、形式活泼的在线文娱活动，为奋力夺取“双胜利”提供有力服务保障。

二、守正创新加强网上宣传，网上主流思想舆论更加强劲

强化统筹指导，紧紧围绕重大主题组织开展宣传引导，通过加强传播手段和话语方式创新，推出更多有思想、有温度、有品质的新媒体精品力作，以更强的传播力、引导力、影响力、公信力，在互联网上做大做强正面宣传，让党的创新理论“飞入寻常百姓家”，让网络空间的主旋律更响亮、正能量更强劲。大力推动学习宣传贯彻习近平新时代中国特色社会主义思想往深里走、往心里走、往实里走。深度聚焦中央和省委重大决策部署、“成渝地区双城经济圈”“决胜全面小康社会、决战脱贫攻坚”等重大主题，持续开设“督战未脱贫摘帽贫困县”“唱好双城记　建好经济圈”等专栏专题，策划“决胜 2020”“成渝 CP”等大型网络主题互动交流活动，开展系列实地采访，守正创新开展网上宣传报道、深度解读和互动引导，持续推出一轮又一轮、一拨接一拨的融媒体报道和创意产品，凝聚起奋力推进治蜀兴川再上新台阶的强大力量。围绕文化旅游融合发展这件大事，开展“四川最受网民喜爱的网红打卡地”评选活动，加快推动文化旅游业复苏。注重对网络传播规律的深度挖掘、精心打造，推出一批现象级网络传播产品，打响“四川观察”“丁真”传播品牌。

三、新媒体建设步伐加快、成效明显

2020 年，四川新媒体积极投身融合发展潮流，“移动优先”成为共识、“用户意识”深入人心、“爆款产品”屡屡“刷屏”，从“相加”到“相融”，向着“融为一体、合而为一”阔步迈进，一个传播力、引导力、影响力、公信力不断提升的新型主流媒体矩阵在全媒体时代浪潮中成长壮大。一是以宏观布局适应时代发展。以自我革命的勇毅担当深入推进新媒体发展，提升个性化生产、可视化呈现、智能化推送、互动化传播水平，为用户和受众提供更多短视频、微动漫、动新闻等微传播、轻量化产品。四川观察以“短视频 + 直播”为核心产品思路，以“客户端 + 渠道”为运营模式，在不同平台呈现不同面貌，成为全国新闻资讯类头部账号。二是以融合手段壮大主流阵地。顺应“千屏万屏归入手机屏、千端万端汇入移动端”发展趋势，推动移动媒体建设，践行“深度融合、移动先行”理念，加大移动传播新平台、新阵地建设，逐步构建了客户端 + 社交媒体 + 第三方平台的移动传播新媒体格局。全面实现新闻信息内容“一次性采集、多媒体呈现、多渠道发布”，实现生产布局合理化与传播渠道全能化“比翼齐飞”。三是以从业人员队伍建设增强内生动力。指导督促新媒体平台建立健全从业人员行为规范、制度建设、监督管理等工作制度，严格从业人员管理，完善总编辑对内容负总责的制度体系。

（四川省新闻工作者协会供稿）

贵州省推进媒体融合发展工作综述

2020年，贵州省坚持以习近平总书记关于媒体融合发展的重要讲话和重要指示精神为引领，把推动媒体融合发展、建设全媒体当作重要课题，加快推动媒体融合发展，进一步提升主流媒体的传播力、引导力、影响力、公信力，抢占新闻舆论制高点，形成网上网下同心圆。

一、发挥传播矩阵作用，提升传播力、引导力、影响力、公信力

作为全国首个以“融媒体”命名的新型媒体集团，贵州日报报刊社、贵州日报当代融媒体集团着力强化顶层设计，以高质量平台建设为出发点，确立“一云”（天眼媒体云）、“一端”（“天眼新闻”客户端）、“一网”（当代先锋网）的“三个一”总平台为新媒体核心平台圈，贵州日报、天眼新闻、贵州都市报、法制生活报两微及商业平台集群为新媒体拓展平台圈，把更多优质内容、先进技术、专业人才、项目资金向以“天眼新闻”客户端为统领的核心平台圈融媒体矩阵倾斜汇集，让分散在网下的力量尽快进军网上、深入网上，让正能量汇聚成大能量。贵州日报报刊社、贵州日报当代融媒体集团的“天眼新闻”案例入选“2020年中国报业深度融合发展创新案例（全媒体传播体系建设类）”；第四届全国党报网站高峰论坛发布的《2019全国党报融合传播指数报告》中，贵州日报荣列“党报各渠道传播力TOP20”第16名，位居西部第一；荣获中国政府出版奖的《当代贵州》杂志出版质量继续稳步提升，当代先锋网荣获由人力资源和社会保障部、国家广播电视总局、国家新闻出版署联合颁发的“全国新闻出版广播影视系统先进集体”称号，综合传播力首次跨入全球中文网站万名以内，位居6000名左右；“天眼新闻”客户端的下载量和日活跃用户数已经远远超过原“今贵州”客户端和“当代贵州”客户端，并为全省9个市州和贵安新区、88个县（市、区）以及部分经济开发区开通专属频道，为10多个省直重点行业开通专题专栏，“融行业、融领域”战役成效初显，月原创稿件突破10余万条。

贵州广播电视台紧跟发展态势，以有

力举措推动媒体深度融合，在媒体融合上大胆探索，自主建成“动静云”融媒体平台，形成以“动静”客户端为核心，聚合“动静贵州”“百姓关注”“微兔 gogo”“找到啦”“非常完美”“詹姆士的厨房”等一批微博、微信、抖音号、客户端的融合传播矩阵。贵州广播电视台融媒体中心入选国家广电总局 2020 年第二批媒体融合先导单位，初步统计全台融媒体矩阵下载量和粉丝数合计超过 1 亿，为打造贵州省内领先、西部一流、国内有影响的新型传媒综合体奠定了坚实基础。

多彩贵州网坚持把“记录贵州、传播贵州，做优宣传、做强产业”作为根本任务，现已发展成为贵州省三大主流媒体之一和全省最大门户网站、最大互联网文化传媒集团。目前多彩贵州网已打造“一网、一报、两微、四端、多号”的新型主流媒体传播矩阵：一网（一张多彩贵州主网及数十家子网群）、一报（贵州手机报群，含数十家行业地方版）、两微（多彩贵州网官方微博、官方微信）、四端（众望新闻客户端、多彩宝客户端、多彩云客户端、“学习强国”贵州学习平台）、多号（抖音号、头条号、大鱼号、百家号等新媒体账号），共 6 个系列 80 余个传播平台。传播力持续上升，截至 2020 年年底，多彩贵州网六大系列传播平台受众覆盖超过 8000 万，全平台传播量突破 10 亿次。其中，PC 端逆势上扬，同比提升 33%，官方微信同比提升 93%，官方微博同比提升 43%，抖音等新媒体账号传播均过亿次。

二、在实践中勇于探索，媒体深度融合效果初显

贵州日报报刊社、贵州日报当代融媒体集团实施“两步突破”行动计划。2019 年重点在思想解放、技术更新、人才引进、机制创新等方面取得突破。2020 年重点在内容运营、平台拓展、经营提质等方面取得突破；实施“用户井喷”行动计划。每年投入逾千万元用于用户推广活动，推动“天眼新闻”客户端下载量和新媒体总覆盖人数实现新突破；实施“创意泉涌”行动计划。每年投入逾百万元资金设立融媒体传播力建设奖，奖励优秀作品和优秀融媒体产品创作团队，倡导优质作品、创新传播；实施“运营提质”行动计划。

报刊社、集团采编部门围绕中心工作抓原创，围绕社会民生抓爆款。围绕中心工作抓原创，大力宣传中央、贵州省委省政府的重大决策和工作部署；围绕社会民生抓爆款，在老百姓关注的衣食住行游购娱等领域做文章，抓住用户需求和“眼球”，按照“短、新、微、快”的要求紧跟社会热点追踪报道，涌现了一大批 10 万 + 稿件。与此同时，报刊社、集团大力运用新技术手段推进融合传播，增强信息呈现的质量和冲击力，突出倡导创新运用 H5、长图、全景 VR、AI、动漫、沙画等传播技术手段，全面提升融媒体产品的传播力。在融媒体中心中央厨房统一指挥下，横向联动全国各主流媒体融媒体平台，特别是直播平台，纵向联

动全省各市州、各县级融媒体中心直播平台，构建多平台、全覆盖的新闻直播传播新生态。通过多地记者现场连线、景观镜头呈现、各地重要专访等方式，定期推出大型主题直播，不断加大音视频直播力度，通过VR技术、AR技术、超高清4K技术及3D技术等，建构无限逼近真实的传播场景，形成“沉浸式”的媒体应用，使用户在立体化、多感官接收情境中成为新闻事件的“目击者”和“实地观察者”，生动演绎、深刻诠释“贵州缩影”“贵州新路”“贵州样板”。

贵州广播电视台融媒体中心努力打造“七位一体”的传播矩阵，首推平台是“动静新闻”客户端，还有以“动静”两字为名的系列微信号、抖音号、快手号、头条号等。此外，面向全台各频道频率和部门开放动静“二级导航”，有力推动了全台优势资源向主平台、向互联网集中，打造了“动静听新闻”“静听”等新品牌栏目。“动静”系列平台在社会上形成了一定品牌效应。截至2020年12月31日，“动静新闻”客户端下载量突破5700万次，比上年同期增加5500万次，成为贵州省内下载量第一的新闻客户端；“动静贵州”等“动静”家族系列平台号注册用户突破1200万人；“动静贵州”微信公众号粉丝量319万人，位居全省媒体微信公众号影响力排行榜第一。多个平台多次跻身全国、全省同类公众号、平台号评比前列，形成广播电视、大屏小屏、网上网下传播格局。

贵州广播电视台一方面坚守媒体阵地，另一方面充分利用广电总局授予贵州建设智慧广电综合试验区的机遇，努力跳出媒体的原生功能，打造成为深度参与社会各类资源流动的平台。疫情期间，广大中小学生不能如期返校上课，贵州广播电视台推出“阳光校园·空中黔课”学习专区，组织全省最优秀的师资力量，课程涵盖小学一年级到高中三年级，全省中、小学生通过省广电网络公司数字电视、IPTV宽带电视、“动静”App观看教学视频。此外，“动静”App还开设了《脱贫看贵州　一步跨千年》专题，推送了海报、长图、短视频、朋友圈短视频、拆条视频、评论文章等，总点击量超过150万次；综合广播推出《向人民汇报》特别直播节目，通过“学习强国”、“动静”App、阿基米德、喜马拉雅等多个平台同步播出后取得较好社会反响。同时，贵州广播电视台各频率频道还利用融媒体全力推出“黔货出山”、网络“带货直播”等活动。贵州省委、省政府延续多年的项目观摩会，自从由“动静”App提供“视频观摩”方式后，就从现场转到了手机上。

多彩贵州网中央厨房是贵州省内第一个中央厨房。该平台由多彩贵州网自主研发，并拥有完全自主知识产权。目前，多彩贵州网中央厨房升级迭代到3.0版本——“数智融媒”智能化融合采编平台，在“策、采、编、审、发、监”流程再造的基础上，实现全程移动化采编，可移动报题、移动采编、移动审核、移动调度指挥，提升时效性、规范性，提高采编效率；通过技术赋能，多彩贵州网表达形式在原有H5、Vlog等基础上不断创新，拥有SVG、ALOG、互动短视频、动漫、VR全景、MG动画、手机端直播……形成了“多彩贵州网STYLE”报道新模式；充分运用云计算、大数据、人工智能等前沿技术来设计和建设客户端，实现智能语音交互、语音合成、图像识别、情感分析等。同时，多彩贵州网提前布局5G时代、物联网时代的传播新业态，着手设立“5G实验室”，研究和开发5G时代新型产品。

三、坚持深度融合，推动媒体融合向纵深发展

为形成立体多样、融合发展的现代传播体系，贵州日报报刊社、贵州日报当代融媒体集团成立融合发展领导小组，组建编辑委员会和融媒体技术委员会，以体制机制确保主力军全部进入主战场。报刊社、集团强化顶层设计，实施“大党建、大融合、大产业”三大战略工程，制定《推动媒体融合发展实施方案》《优质原创内容泉涌计划》等近百项制度，重点围绕全面推动内容生产体系、互动服务政务体系、运营保障体系“三大体系”建设，切实做好“移动优先、全员转型、平台支撑、内容生产、开放开发、技术引领”6篇文章。为进一步推进媒体融合，报刊社、集团深化薪酬制度和分配制度改革，充分发挥考核指挥棒作用，全面贯彻移动优先策略。设立“融媒体传播力建设奖励”，每年投入百万元，对富有传播力、引导力、影响力、公信力的创新创优作品进行奖励。如今“做强全媒体新闻业务、聚合大数据智慧服务、丰富全领域社会服务、拓展物联网智能商务”已成为天眼媒体云、“天眼新闻”App发展理念，助力报刊社、集团的媒体融合发展车轮滚滚向前。

贵州广播电视台融媒体中心面向全社会打开大门，广泛邀请社会各界了解融合发展现状、鼓励各类机构通过“动静”客户端与其相关人群连接。一年多以来，先后邀请全省的机关、高校、企业、旅游机构等约400家单位到融媒体中心参观、交流座谈；与全省近一半的县共建县级融媒体中心共享技术后台；与市州共建融媒体中心，创新了省市县三级“纵向融合”模式；通过“动静学院”开展融合知识技能的分享，帮助各级媒体和机关企事业单位用好媒体、推进融合；先后10余次前往上海、山东、湖南、北京等地学习考察，与字节跳动、快手、知乎、北京时间等达成战略合作。贵州广播电视台“动静”客户端与知乎签署了战略合作协议；还与贵州黔西县融媒体中心签署深度合作协议，积极探索省级带县级的“1+N”模式，实现3个方面的“共享、共建、共融”。

多彩贵州网经过6年探索，构建起“新闻＋政务服务商务”融合发展模式，稳步走出一条以做精传播为核心、以做强技术为引擎、以做优服务为落点，以跨媒介跨业态融合为特色，以加强队伍建设为根本，拥有自身闭环生态圈的媒体纵深融合发展新路。

一是在移动端上发力。2020 年以来，多彩贵州网以“引导群众、服务群众”为主旨，按照业态场景化、话语清新化、服务便民化的思路，围绕“视听读聊、功能优化、交互体验”三条主线迭代升级，开设众闻等新栏目、新板块，着力打造智能机器人、兴趣算法推荐、频道进阶等优化“视听读聊”的 AI 全景体验，建设了多个服务互动板块，构建起智能全媒体传播体系，满足智慧政务、智能交互等信息服务需求，逐步实现“在贵州，看众望、问众望、用众望”新闻 + 政务 + 生活的一键满足生态圈。

二是在“新闻 + 服务”上发力。多彩贵州网紧紧抓住“多彩宝”作为“贵州省政务民生服务唯一移动端平台”的品牌影响力，围绕全省深入推进“放管服”改革，通过发放多彩贵州系列消费券等方式，开展各类政务民生服务。到 2020 年年底，“多彩宝”App 装机量突破 5000 万台，实名注册用户超过 1380 万。

三是在“新闻 + 政务”上发力。多彩贵州网充分发挥网络互动优势，在省委网信办等相关部门指导下开设“书记省长群众直通交流平台”“贵州省人民建议征集平台”“贵州辟谣”平台等多个互动平台，成为了解民情、集中民智、维护民利、凝聚民心的新平台、新途径、新渠道。

四是在“新闻 + 商务”上发力。多彩贵州网全力打造“一码贵州”平台，在“消费扶贫”“黔货出山 · 夏秋攻势”“校农结合”等工作中积极作为。截至 2020 年年底，“一码贵州”平台累计入驻生产主体 2.3 万家，上线产品 6.4 万个，实现产品销售额 16.44 亿元。

（贵州省新闻工作者协会供稿）

云南省推进媒体融合发展工作综述

2020年，云南省紧紧围绕深入学习宣传贯彻习近平新时代中国特色社会主义思想和习近平总书记考察云南重要讲话精神，忠实履行举旗帜、聚民心、育新人、兴文化、展形象的使命任务，围绕中心、服务大局，守正创新、开拓前进，充分发挥新媒体传播速度快、覆盖面广的优势，在大战大考中书写担当答卷，通过开设专题、开展直播、制作短视频等形式，宣传云南在脱贫攻坚、疫情防控、生物多样性、爱国卫生运动、旅游人文等方面取得的成效，为全省高质量发展提供了坚强的思想保证和舆论支持，为乘势而上奋斗“十四五”、奋进新征程凝聚了强大精神力量。

一、导向为魂，围绕重大主题做优做精内容，守正创新抢占网上主阵地

1. 聚焦深入学习宣传贯彻习近平总书记考察云南重要讲话精神。云南日报、云南网在习近平总书记考察云南5周年之际，重磅推出《沿着习近平总书记指引的方向——不负韶华　奋进跨越》大型专题，派出记者沿着习近平总书记在云南考察的足迹蹲点拍摄采访，采取长卷、可视化设计、快闪短视频等多种呈现方式，阶段性回顾云南5年来方方面面取得的成就。2020年1月19日，习近平总书记时隔5年再次来到云南考察，云南网推出《总书记来云南了》融媒体专题，“两微”、抖音等各平台联动，图片、海报、H5、视频及时在多平台分发，短短10天，围绕着习近平总书记考察云南重大主题报道的浏览量便突破1800万次。云报客户端开设《总书记来云南啦》专题，阅读量32万人次；开设微博双话题，“总书记考察云南”阅读量698.4万人次，“总书记来云南啦”阅读量989万人次；微信发布11条，阅读量22.9万人次。云南广播电视台推出“沿着习近平总书记指引的方向奋勇前进”融媒体直播，产生广泛影响。

2. 强力筑牢疫情防控网上防线。为抗击新冠肺炎疫情，各媒体勇毅逆行。云南日报第一时间进行报道策划，充分运用新媒体手段在云报客户端、云南日报微博、云南日报微信、云报抖音客户端、云报快手客户端多

个平台展开丰富的报道，各平台总发稿1.8万余条，总阅读量达1.1亿人次。2020年5月，云报客户端推出“云特刊”《天使的心声·云南援鄂“战疫”群英谱》，内含1350篇稿件近200万字、5061幅图片、430余幅海报、相关新闻稿件和视频147条，既全景呈现云南援鄂医疗队科学救治、精准施策的情况，又微观反映了医疗队员与病毒搏斗、争分夺秒抢夺生命的感人故事，还从侧面反映出为打赢这场战“疫”而奋斗在社会各行各业的点滴故事，是全国唯一实现对全省援鄂医疗队员全覆盖的新媒体产品。云南网作为省内疫情发布的首发网络平台，24小时滚动播报，及时发布云南省对疫情防控的决策部署，并利用云南网今日头条、腾讯企鹅号等平台进行新闻的多层次立体化发布和传播。据统计，云南网网站、“两微”和入驻的抖音等平台累计浏览量8.44亿次。其中，《湖北请查收！云南数百吨“土特产”到货！》单篇微信阅读量达80万+，全平台阅读量超3000万人次。云南广播电视台推出的原创抗疫公益MV《山河无恙在我胸》和《Fight as ONE（共同体的战斗）》在“七彩云端”App和云南广播电视台官方微博首发，点击量达3亿次，转评380万次。《Fight as ONE（共同体的战斗）》微博话题阅读量达2.6亿人次，讨论15.5万条，并登上微博热搜及百度热搜。昆明信息港策划推出的短视频《武汉莫慌，昆明挺你！》在网站、快手、微博等平台进行全媒体传播，累计点击量达3025.9万次。云南省怒江州福贡县委宣传部、县融媒体中心等部门联合创作疫情防控宣传作品《打胜新型冠状病毒战》，利用抖音、快手等新媒体进行传播，点击量达1200万余次。

3. 充分展现脱贫攻坚全面小康成果。2020年，全省媒体守正创新，大力宣传全省脱贫攻坚取得的成效。云南日报精心策划、用心制作，先后推出《专题｜你好，马吉米溜索！出山，脱贫金果果！》《云南战贫记》等系列融媒体精品。采编团队用生动鲜活的素材，采取全媒体呈现方式，记录下脱贫攻坚一线最真实的瞬间，用媒体的力量助力脱贫攻坚事业。云南网持续在首页首屏推送《沿着习近平总书记指引的方向　云南发起脱贫攻坚总攻战》融媒体专题，集纳脱贫攻坚报道稿件3万余条，点击量4000余万次。云视网开设话题“云岭脱贫攻坚总决战”，并组织系列直播，云南网、昆明信息港等网媒共同参与，采取视频直播、图文稿件、漫画海报、话题引导、短视频等多种形式，从网民视角展示云南脱贫攻坚取得的成果，各媒体在微博、抖音、快手等平台发布话题稿件530余条，开展直播9场，累计阅读量达3.6亿人次。春城壹网从迪庆州各族人民群众中选取5个能够引起共鸣的典型人物故事，以第一人称的视角讲述他们的奋斗故事，推出《从月光之城飞向蓝天》《扎根雪山守护生命》等5个视频，展现迪庆州激励当地群众依靠自己的双手开创美好明天，营造勤劳致富的良好社会风尚。

4. 积极打造外宣精品，对外讲好云南故事。2020年，云桥网、吉祥网、昆明信

区域进展

息港结合对外传播规律和特点，围绕脱贫攻坚、疫情防控、云南旅游人文等主线大力开展外宣工作，推出系列精品内容。云桥网承办的“新时代新气象”——迪庆网络主题采访活动累计发布稿件200余篇，各平台综合阅读量500余万人次。由云南广播电视台原创、吉祥网翻译成缅甸语在外宣平台上发布的《疫刻微记录》《山河无恙在我胸》等MV作品点击量达100余万次。昆明信息港推出的“中英双语图文稿+访谈+记录”稿件《美国人林登：将大理喜洲故事讲给世界听》在网站、“两微一端”、推特及脸谱等海外传播平台上发布后，阅读量累计达147万人次。3家外宣网媒通过视频、音频等不同的形式，向世界讲好云南跨越式发展的生动故事，树立良好的云南形象。

此外，云报客户端推出爱国卫生“七个专项行动”系列原创视频，在全省各地菜市场、餐馆等户外大屏滚动播出，取得了较好的传播效果。云南电视台加大生态文明宣传力度，与中科院昆明动物研究所合作推出H5产品《线上鸟巢展》，以短视频、直播、VR、H5、线下活动等方式讲好云南生态文明建设故事。

二、发展为要，延伸服务手臂，开展线上主题活动，凝聚网上正能量

1.“新闻+政务+服务”。2020年，云南网以“新闻+政务+服务+商务”为发展着力点，向政府网站建设、政务新媒体运维、平台托管等领域不断拓展，承担了“学习强国”云南学习平台、云南发布、云南省人民政府门户网站及“两微”、云南人大网站及微信、云南省纪委省监委网站及“清风云南”微信公众号、云南省网上新闻发布厅、云南省新闻出版（版权）局网站及微信等44个党委政府和委办厅局党政信息公开平台的内容建设和运维工作。目前，云南发布微信公众号、微博、今日头条、抖音、快手、腾讯微视频等6个平台聚合用户达1000万，其中微信公众号粉丝数超200万，新浪微博粉丝数520万，各平台累计阅读量超32亿人次。

2020年，保山龙陵、楚雄双柏等地县级融媒体中心“政务+便民+党建+服务”板块顺利运行，提供查询办事指南、实体大厅在线预约、政务服务便捷办理等服务。大理州漾濞县不仅实现与省、州的无缝对接，还能与乡镇和村组互通互联，搭建起“省、州、县、乡（镇）、村（社区）”的五级媒体融合体系，逐步构建起区域“一盘棋”的融合媒体立体化大宣传格局，漾濞县还依托“七彩云端·掌心漾濞”的“同城漾濞”“享购漾濞”民生平台，提供便民服务。楚雄元谋、大理洱源、玉溪元江等地依托“七彩云”，将互动直播常态化，大小屏联动多元化，形成线上线下一体化宣传方式，拉近了主流媒体与群众的距离。迪庆州香格里拉市借助“七彩云”平台构建“县级融媒体中心”“新时代文明实践中心”，实现了资源整合、优势互补。多个县将党务发布及服务、互动融入“七彩云”平台，实现党建引领模式新突破。

2\. *线上主题活动丰富多彩*。为深入学习宣传贯彻习近平总书记考察云南重要讲话精神，反映全省党员干部和各族群众深学笃行的精神风貌、生动实践、心得体会和思考建议，由云南网承办、各州（市）委网信办和省内主要网媒协办的“彩云杯”主题网评大赛，影响超出了云南省范围，吸引了云南及江苏、陕西、重庆等10余省市优秀网评作者参赛，共征集到近2000篇参赛稿件，投票页面总浏览量超3500万人次。2020年9月，云报客户端开设“理上网来”融媒体理评专栏，充分聚合融媒体特色，彰显云南日报党端底色，让党的创新理论“飞入寻常百姓家”。至10月底，共推出100余篇理评文章，在全省理论界引发较好反响。云视网推出网络视频专栏《云视理论》，围绕习近平新时代中国特色社会主义思想、党的十九届五中全会精神，以专家的视角解读，以受众的视角领会，观点鲜明、论点正确、有新意，吸引网友广泛关注，已入驻“学习强国”平台专栏。云南广播电视台推出云南云思政课堂《张桂梅思政大讲堂》第一讲和第二讲，将大小屏联动起来，并秉承小屏优先的原则，多元化展示，覆盖不同年龄段、不同收视群体，达到较好宣传效果，“七彩云端”开设“云思政”专区，节目首发时并发量达到6.3万次/秒。

三、技术为先，搭建智慧云，提升主流媒体传播力

云南网充分发挥技术优势，自主研发建设了智慧云省级技术平台，并依托智慧云完成了全省5个州市32个县的融媒体中心建设，从平台技术输出、运营管理、人才智力、内容策划、制作推送、传播分发等方面主动融合各县级融媒体中心，从而延展了云南网的传播力和影响力。此外，云南网以信息化技术为支撑，不断用技术创新解决内容生产和信息传播中的关键问题，通过科技赋能全媒体传播建设。自主研发的云南网融媒体内容分发系统，每天发稿近3000条，提升了内容生产能力。自主研发的“新时代文明实践中心”系统平台，已运用于多个县区。2020年，云南网不断增加在网络安全方面的投入，IPv6全面落地，使云南网成为全省首家支持IPv6访问的新闻门户网站，建设的智慧云省级技术平台和云南网站群系统也达到了网络安全三级等保要求，全年网络安全防控实现零事故。

云南广播电视台“七彩云”融合媒体云平台集图文、音视频、直播、UGC、政务、服务、党建、新时代文明实践中心等多种功能于一体。目前，全省16个州（市）广播电视台、102个县（市区）融媒体中心、3个企事业单位和高校依托“七彩云”实现资源共享交互与信息发布，50余个县级融媒体中心将“七彩云端”作为本单位主要客户端及主发布平台。2020年，云南广播电视台“七彩云”融合媒体云平台入选全国广播电视媒体融合成长项目。

（云南省新闻工作者协会供稿）

西藏自治区推进媒体融合发展工作综述

按照中央和西藏自治区党委的统一部署要求，结合西藏实际，2020 年区党委宣传部联合西藏记协制定印发了融媒体中心建设实施方案，进一步明确了西藏自治区媒体融合发展的战略布局：集中力量建设西藏日报、西藏广播电视台 2 家自治区级技术平台，打造成自治区具有强大影响力和竞争力的新型主流媒体，以地市级融媒体中心为枢纽、县区级融媒体中心为站点，深化体制机制改革、深度进行全媒体人才培养及资源配置，打通覆盖全区、媒体融合的“最后一公里”，加快构建网上网下一体、内宣外宣联动的主流舆论格局，逐步建立完善的全媒体传播体系。

一、县级融媒体中心建设试点工作取得突出成绩

受技术、人才、资金多方面制约，在央媒驻地方机构和援藏资金的支持下，西藏自治区先行启动县级融媒体中心试点建设。以山南市乃东区融媒体中心为例，自 2019 年起，乃东区广播电视台携手新华社新闻信息中心西藏中心，大胆探索乃东区融媒体中心建设，目前已基本建设完成并投入运行。2020 年乃东融媒体中心入选“全国县级融媒体中心舆论引导能力建设突出案例”和“新华社现场云优秀合作单位”。

乃东区融媒体中心依托“藏源发布”客户端建设运营，打造以资讯聚合阅读、互动社交服务等功能为核心的平台化产品，通过开设新闻模块、文明实践、市民云、直播大厅四大模块，积极开展线上线下活动，致力于满足新闻宣传和便民服务等需求。围绕脱贫攻坚、创建卫生城市等重点工作，突出阶段性重点，乃东区融媒体中心在“藏源发布”客户端上开辟专栏，进行高密度报道。自融媒体中心成立以来，“藏源发布”客户端共刊发稿件 8000 余篇。2020 年，围绕宣传贯彻习近平新时代中国特色社会主义思想，做好重大主题宣传，特别是疫情防控、全面从严治党、决胜全面小康社会、决战决胜脱贫攻坚、“十三五”规划收官、《习近平谈治国理政》第三卷、“三更”教育、党史学习教育以及党中央、

区党委、市委、市政府和区委区政府各项决策部署等方面主题主线的宣传，提升舆论引导实效。做好弘扬社会主义核心价值观、传播正能量，展现全面建成小康社会、决胜脱贫攻坚成果成效、乃东经济社会发展、生态建设等方面的短片拍摄工作。并积极向上级媒体推送先进典型，在人民日报、新华社及自治区内各大媒体平台上刊播乃东区新闻报道。藏源发布和网信乃东平台先后开辟两会直通车、党建、我们共战“疫”、“3·28”、脱贫攻坚、“四讲四爱”等专栏，对各项重点工作进行了宣传报道，如《稳稳的幸福——特色产业助力脱贫攻坚》被新华网、中国青年网、中国网等37家区外媒体转载，点击量达1500万+。《我的祖国快闪》在全区取得了良好的社会反响，并入选为自治区“四讲四爱”优秀作品在各级媒体上进行了展示。

1.创新本地新闻宣传。乃东区融媒体中心是在区广播电视台的基础上扩展整合而成，是区政府直属正科级公益一类事业单位。目前，乃东区融媒体中心整合政务服务平台5个、便民服务平台23个、微信矩阵9个、电商服务平台5个；推出“习近平时间”“早知天下事”“党建”“乃东要闻”“旅游文化”“理论政策”“微视频”“信息公开”“文明实践”“市民云”“直播”和“藏文版新闻中心”“旅游文化”“新农民”等栏目17个，力争打造成整体实力和传播力、公信力、影响力显著增强的新型主流传媒。

2.积极探索政务服务。探索整合党政部门信息资源，主动融入和服务中心工作，对接党政部门技术平台，为群众提供市长信箱、政务服务中心、问政、法律咨询、投诉受理等一站式政务服务，打造“指尖上的政务服务中心”。

3.持续优化生活服务。整合市政服务、交通出行、医疗教育、文化旅游、生活缴费等信息资源，开展线上线下相融合的新闻资讯、学习教育等综合服务，为群众提供全方位的生活信息服务，使其享受衣、食、住、行、玩、乐、购等各种便民服务。

4.“藏源发布”客户端的运营推广。精心准备选题策划会。明确选题内容、宣传报道形式和责任分工，确保各项工作有序推进。针对不同时期的重点工作，及时开辟板块，成立宣传报道组，研究制定宣传报道方案，明确宣传内容、宣传形式和责任分工，为宣传报道提供方向。

统筹各类宣传资源、传播载体。在“藏源发布”客户端、“两微一端”等平台上，积极开设专栏，制作图文并茂的资讯，及时落实党中央、国务院及各级党委、政府下发的指令，严格按照要求转播转发权威媒体相关资讯，及时宣传报道全区疫情防控工作，切实做好正面宣传引导。

5.组织多种形式的学习培训活动。首先，“走出去”参加高层次培训班。乃东区委宣传部同志先后参加了在北京举办的“西藏新闻舆论战线增强‘四力’、融合发展”专题培训班，前往优秀县级融媒体中心示范点宁夏青铜峡，以及北京中科闻歌科技有限公司、新华社新闻信息中心跟班学习。其次，将专家“请进来”进行培训、交流。邀请新华社、中科闻歌、软通动力、中国传媒大学技术骨干对区融媒体中心全体工作人员开展集中培训，培训内容包括系统的运用、现场云的使用、新华智云MAGIC的使用、摄影构图与画面、新闻采编与策划、内容生产思维、硬件使用等内容。再次，大力开展与其他优秀媒体的交流学习活动。融媒体中心全体工作人员赴拉萨电视台学习“融媒体视频报道创新”等内容，赴山东省青岛市、烟台市交流工作，学习融合经验，赴烟台市蓬莱区开展为期1个月的交流学习等。

二、建设运营过程中发现的问题

1. 体制机制障碍是融媒体中心建设的根本性问题。近年来，区直各单位基本都在进行“两微一端一号”建设，目前乃东就拥有十几个单位的官方性质的微信公众号和微博账号，但普遍存在“多而不精，良莠不齐，难以持续运营”的问题。以新闻信息的及时更新为例，大部分微博账号、微信账号超过一个月未更新内容，不能及时地推送新闻信息。这些新媒体平台都隶属于不同的单位和媒体，本身存在机制壁垒，很难实现信息的畅通化运作，造成信息分散与资源浪费。

2. 人才队伍建设是融媒体中心建设的核心问题。融媒体的建设与专业的平台运营人员紧密相关，内容生产、传播等环节需要运营者掌握图片处理、视频剪辑、数据可视化等多类新媒体技术。但当前队伍存在对新媒体的认识和理解停留在表面、缺乏互联网思维、生产出的内容无法适应新媒体环境等问题，严重影响新媒体平台的运营。

3. 内容生产方式缺乏创新，传播效果不佳。目前，融媒体中心比较重视内容管理，但对内容生产环节着力不足，以用户实际内容需求为主导的原创内容偏少，导致传播效果不甚理想。平台作为新闻信息发布和传播渠道，在内容生产环节仍然处于传统模式上的“相加”阶段，缺乏对用户信息需求的针对性考虑，在传统媒体内容基础上简单加工或复制，报道以领导活动、一般性的工作动态、总结性报道为主，缺乏时效性；报道方式和表现手法陈旧，缺乏多元形态和样式的创新，对受众缺乏吸引力。

三、媒体融合发展要重视基层群众的力量

西藏自治区农牧民人口占总人口的80%以上，市、县融媒体中心建设必须满足农牧民群众的生产生活需要，否则“引导群众、服务群众”就只能是停留在纸面上的一句空话。西藏自治区各乡镇都有宣传委员和综合文化站，宣传委员身处基层一线，直接与群众面对面，肩负着承上启下的职责，是建设全媒体中不可忽视而且能够发挥重要作用的力量。媒体融合发展推进工作中，西藏宣传部门把市、县融媒体中心建设与创新乡镇宣

传思想工作有机结合起来，强化乡镇宣传委员和文化站干事在新媒体宣传中的职责，并对其进行相关的政治和业务培训，让他们充分了解新媒体、掌握新媒体，学会运用新媒体手段采集当地素材，用媒体融合的成果讲好身边老百姓的感人故事，群策群力加强全区市、县融媒体中心的内容生产，在广大人民群众的积极参与下，网络空间的主流舆论阵地显著扩展。

（西藏自治区新闻工作者协会供稿）

陕西省推进媒体融合发展工作综述

2020年，陕西省扎实推动全省各新闻媒体加快向主阵地挺进，引导各新闻媒体积极探索媒体融合发展路径，努力构建全媒体传播格局，媒体融合发展取得新进展新成效。

一、对媒体深度融合的思考

按照中央“准确把握进入新发展阶段，深入贯彻新发展理念，加快构建新发展格局”要求，特别是“两办”《关于加快推进媒体深度融合发展的意见》，明确了媒体融合发展的“一个目标，三个方向”。

“一个目标”：就是要不断巩固宣传思想文化阵地、壮大主流思想舆论，更好地承担起举旗帜、聚民心、育新人、兴文化、展形象的使命任务。

“三个方向”：一是要坚持“一盘棋、一朵云、一张网”，以提升“四力”为核心，以“四全”媒体建设为路径，打造新型主流媒体建设的“陕西样本”；二是要服务“十四五”期间数字经济、数字社会、数字政府发展，建设大数据服务体系，打造新时代治国理政的新平台；三是探索“新闻+政务服务商务”新模式，创新媒体投融资政策，增强各新闻媒体自我造血机能。

二、推动媒体深度融合发展的探索和实效

目前，媒体融合发展在“政策、传播、市场、技术”方面面临千载难逢的机遇，能不能抓住这些机遇，实现率先发展、跨越发展，关键在于发展理念和能力建设。山西省各新闻媒体以融媒发展新理念，围绕提升“四大能力”，大刀阔斧，推进媒体深度融合发展。

1.提升全媒体传播能力。2020年，陕西日报社以习近平总书记对陕西日报创刊80周年重要指示精神为引领，把陕西传媒网更名为“群众新闻网”，把掌中陕西客户端更名为“群众新闻”客户端，积极推进报、端、网“三端”深度融合；制定《群众客户端群众新闻网（1+1）系统升级再造方案》，明确报网融合发展思路（即陕西日报与群众新闻网一体化发展）和“1+1+N”

（即群众新闻网＋群众新闻客户端＋媒体服务外包）运行模式，明晰目标定位。陕西广电融媒体集团按照“一体发展、移动优先”的原则，确立“大项目带动、大事件历练”的方针，全面开展“破冰行动”。横向整合全台资源，纵向打通“中省市县”四级融媒和商业平台，全员出动，先后推出“战疫情陕西在行动”“长安十二时辰”“十四运倒计时一周年”“丝路嘉年华 丝路春晚”“三秦楷模发布厅”等融媒大直播、大行动。2020年，全集团移动端粉丝量超过5600万，全年网端传播量突破700亿次，达到2019年的20倍。新闻时政移动端传播量冲进全国广电媒体前十，在资源、团队、内容、机制等方面形成了全媒体传播的核心能力。

2. **提升技术创新能力**。“没有数据驱动的融媒体，都不是真正的融媒体”。2020年，全省各级媒体坚持技术赋能，积极推进网端技术升级建设，优化内容供给，为融合发展提供可靠技术保障。陕西日报社稳步推进陕西日报采编业务平台升级改造，建设历史资料、新闻稿件、新闻图片、人力资源、经营管理等“五大数据库”，嫁接起报纸和新媒体产品共享桥梁，让报纸内容更加丰富化、多元化。陕西广电融媒体集团首期投入6500万元，未来将投入6亿—10亿元，建设自主可控的大数据平台；依托中国（陕西）广播电视媒体融合创新中心，与中国传媒大学、西安交通大学等联手成立“媒体融合与传播国家重点实验室”“融媒体研究院”等合作机构，规划筹建特色鲜明、资源集约、链条完备的陕西媒体融合创新产业园。渭南日报社成立技术服务及大数据中心，进一步开发运用二维码读报，延伸报纸功能，使读者即时获得文图影音立体感受；更新换代采编设备，完成采编系统升级改造。

3. **提升融媒运营能力**。在运营能力提升方面，陕西广电融媒体集团组建了经营中心，整合了全台广告经营，解决了经营资源小而散的问题；出台了全集团新媒体整合营销机制，搭建了集团MCN平台，联合省交警总队等单位建成了行业融媒中心，融媒经营迈上新赛道。宝鸡市各新闻单位进一步完善中央厨房和采编流程再造，整合优势力量，分别成立融媒体新闻中心或新媒体部，倾力打造一次采集、多种生成、多平台传播的全媒体传播格局，实现了“报、台、网、微、端”一体发展、优势互补、辐射带动的矩阵效应，打造了掌上宝鸡、广播宝鸡、宝鸡手机台、宝鸡头条等新媒体品牌。韩城市广播电视台依托陕西广电网络“秦岭云”技术平台，将宣传资源融为一体，建成韩城市融媒体生产调度指挥中心，按照“一次采集、多种生成、多元传播”的工作模式常态化运行。

4. **提升管理和团队建设能力**。陕西日报社以“四力”建设为抓手，以全媒体行动为载体，按照“端快、网全、报深”的融合思路，实现领导干部大调研、编辑记者大练兵、融合传播大效果，构建科学化培训体系，组织系统化跨界培训，采用集中授课、实地学习等方式展开培训，各部门可根据阶段性工作需要，申请定制式、个性化专题培训，全力培养人才队伍。陕西广电融媒体集团在管理创新方面，顺应全媒体生产传播的需求，对内部组织架构进行了重组规划，确立了“以产品为核心、以中心制为基础、以协同高效为目标”的总体思路；在团队建设方面，改革目标责任考核，优化了人事分配制度，引进一批融媒人才和创意人才，出台了新的学习培训机制。渭南市为加快人才队伍融合，建立跨媒体轮岗交流机制，根据媒体融合后的新特点，各县（市、区）融媒体中心先后出台竞聘上岗、人事改革及绩效考核等工作制度，统一运行流程、工作定额、考核标准，逐步建立起以岗定薪、岗变薪变、动态考核的评价体系，有效激发了队伍的积极性、主动性、创造性。

一年以来，全省各级新闻媒体大胆创新，敢于实践，充分认识到：在全媒体传播体系建设中，内容是王道，是舆论场上的“硬通货”；技术是霸道，有技术平台才有阵地；运营是天道，有效益才能持久；管理是人道，人才潜力和活力被激发出来，才会有效能。坚持大道之行，方能为实现陕西新时代追赶超越凝心聚力。

（陕西省新闻工作者协会供稿）

青海省推进媒体融合发展工作综述

2020年，青海省高度重视媒体融合发展，担当作为、努力创新，精心谋划、多措并举，延伸服务手臂，拓展服务范围，有力推进了全省媒体融合发展，取得了新进展新成效。

一、加强组织领导，务求工作实效

*一是有效推动媒体融合工作稳步发展，精心开展评奖工作，取得明显成效。*青海省记协根据第三十届《中国新闻奖评选办法》和《关于第三十届中国新闻奖媒体融合奖项报送工作的通知》要求，结合青海实际，制定印发《关于评选第三十届“青海新闻奖”媒体融合奖的通知》，进一步明确评选标准，广泛遴选评委，调整评委结构，邀请有较高水平的一线媒体从业者担任评委，为评委会注入新鲜血液，强调要把体现“四力”要求的媒体融合作品推荐报送上来。始终把坚持正确导向和公平公正原则贯穿评选全过程，体现时代重大主题和青海特色。在第三十届中国新闻奖评选中，推荐报送的海西蒙古族藏族自治州格尔木市融媒体中心广播消息《世界上首个集风、热、调、荷一体的多能互补科技创新项目建设完成》、果洛藏族自治州班玛县融媒体中心《三江源首次拍摄到黄喉貂生活画面》均获得三等奖；在第三十届中国新闻奖所有获奖单位中，县级媒体只有2家，均出自青海省，分别是格尔木市融媒体中心和班玛县广播电视台。

*二是积极为新媒体工作者搭建学习交流平台。*首先，青海省记协加强组织领导，完善工作体系，2020年首次组织召开青海省记协新媒体专业委员会会议，传达学习2020年中国新媒体大会和中国记协新媒体专业委员会会议精神，调整青海省记协新媒体专业委员会委员，将大部分新闻单位的负责人和相关部门新媒体工作负责人等纳入专委会，扩大了专委会范围，提高了委员会规格，增强了委员会的专业性和代表性，加强了对新媒体工作的统筹协调，在推动新闻单位创作生产优秀媒体融合作品方面迈出了新的步伐。其次，注重开展研究，提升理性思维。2020年，青海省记协向各媒体印发《关于报送媒体融合重大理论和现实问题调研课

题题目的通知》，组织有关专家对9家新闻单位报送的30个调研课题进行严格论证评审，确定对13个调研课题予以立项，着力破解新时代青海省媒体融合工作中遇到的难题，提高新媒体工作者的理论素养和能力水平。

二、普遍高度重视，工作力度加大

2020年，各新闻单位越来越重视媒体融合工作，与时俱进、持续努力，举措有力、纵深推进，不断提升新型主流媒体的传播力、引导力、影响力、公信力。

青海日报社制定《青海日报社全媒体采编发流程再造方案》，抓住“策、采、编、发、评”流程再造这个关键环节，处理好“统”与“分”的关系，分层级构建新型“策、采、编、发、评”网络，着力打通青海日报现有采编、网站、“两微一端”平台系统，建立统一的数据中心，升级传统“策、采、编、发、评”流程，基本形成了“融为一体，合而为一”新格局。青海日报社坚持以“尊重个性、互为补充、统一品牌”为原则，在5年内，将实现青海日报各编采部门一体化、青海日报社所属各发布平台一体化，推进“一中心”（融媒体报道指挥中心）、“两平台”（青海日报移动端平台、中国藏族网通汉藏一体化平台）、“三集群”（新兴媒体集群、大数据服务集群、跨界经营产业集群）建设，做精做活集“报、网、端、微、屏”于一体的传播矩阵，实现采编内容、原创优势、资源共享、绩效考核上的真正融合，打造具有“党报特质、青海特点、原创特色、开放特征”，集新闻传播、政务公开、综合服务、汉藏一体化的媒体集群。针对“报、网、端、微、屏”不同传播平台的特点，立足纸媒走深度、移动端走活跃度、网站走海量，深化传统媒体信息内容供给侧改革，推动平面媒体内容生产向互联网媒体产品升级，扩大优质内容产能，把内容原创、权威报道、深度解读、言论评论等优势向新兴媒体延伸，实现了新闻报道新起来、优起来、快起来、活起来、动起来。目前，青海日报已从传统单一的纸质媒体，演变为拥有“六报、两刊、两网、两端、多微”的全媒体传播矩阵，建立了国内第一个汉藏文一体化新一代全媒体采编平台，基本形成了“一次采集、多种生成、多元传播”的工作格局。

青海广播电视台紧盯行业发展前沿，克服软硬件相对落后的发展梗阻，不断学习借鉴、探索试水。在主力军向主阵地挺进过程中，稳步构建适合省情台情，既强基固本又着眼长远的战略支点，信息内容、技术应用、平台终端、人才队伍、管理手段等方面“聚、融、通”水平持续提升，正由“相加”迈向“相融”。一是深耕内容创新。青海广播电视台年均新上改版节目量占自办节目的20%左右，截至2020年12月31日，共开办节目159个，其中，自办节目106个，自办节目周播总时长230小时。一方面，稳固了传统阵地的基本盘，增强了受众黏性；另一方面，通过独家、优质内容在多平台分发推送，优化了移动端供给，壮大了指尖影响力。青海广播电视台作为涉藏主流媒体，不断加强藏语内容产品高质量供给，促进藏语“声、屏、网、微、端”在安多方言藏区牢牢掌控舆论话语权、传播制高点。二是多端延展平台，建成融媒体指挥调度中心、汉藏双语互联网媒资及内容发布平台，实现新闻节目融合策采编播和多渠道“一键分发”。青海广播电视台创建覆盖省内 31 家市州县媒体和甘川滇等省（区）65 家基层媒体的安多藏语新闻素材通联汇聚系统。青海长云网（汉语）牵头组建全省融媒体联盟，搭建省内地方广电、报社、融媒体中心优质新闻资源网络视听集中发布平台。青海祥云网（藏语）成为全球首家拥有藏语广播电视节目直播信号的网络平台、国内外藏语媒体的主要信息源，受到 168 个国家和地区的网民持续关注，日点击量峰值超过 60 万次。三是强化技术支撑，青海广播电视台连续投入 1 亿多元资金用于基础平台改造完善，同时借青海汉藏双语高清编播中心项目建设之机，集中采购支持 5G、4K 的采编播设备，开展 5G、4K、VR/AR 等融媒技术应用实验。青海广播电视台还加强与广电新技术、新应用研发企业等研讨交流，致力通过率先打造集业务中台、数据中台、AI 中台于一体的智慧中台，为全台融合发展、流程再造提供先进技术支撑，不断增强新型主流媒体平台聚合裂变能力，丰富政务、民生、企业、社会信息服务、社交功能，支持产出更多具有鲜明特色、高质量服务和个性化体验的广电融媒产品，着力提升青海广播电视台进军互联网主阵地的能力水平。

西宁市广播电视台通过重构流程、优化组织、整合资源，以务实举措深入推动媒体融合发展，提升了广播电视传统渠道传播效能；打造台、频率（道）、栏目纵向联动，“掌上西宁”客户端、微博、抖音、快手、微信公众号等横向联通的新媒体传播矩阵；延伸车载电视、城市电视、楼宇电视分众媒体传播渠道，探索出了适合自身实际的“本土化定位、融媒化传播、多元化服务”融合发展道路。总投资 2 亿元的西宁传媒中心项目于 2020 年 8 月 15 日投入使用，在西部城市台中处于领先地位，为深度融合发展奠定了坚实基础。

海东市广播电视台于 2020 年 5 月成立新媒体部，拥有“爱上河湟”客户端、微信公众号、官方抖音、快手、视频号 5 个平台。海东台在人员少、任务重的情况下，克服困难，精心策划，大胆创新，深入全市各县区，采访拍摄了河湟文化、旅游、脱贫攻坚、生态建设、民族团结、现代农业等各类题材的短视频；在发布推送方面，所有短视频当天拍摄当天发布，使短视频很快成为宣传海东市的“新、快、准”的主要形式之一，也改写了海东台之前原创短视频稀缺的历史。

西海都市报社于 2020 年年初要求全员全能型转化，以短视频摄制工作有效激发编辑人员学技术、学本领的积极性，开设西海都市报“全媒体课堂”14 次，让全媒体编辑人员分享全媒体平台编辑、融媒体产品创意制作、短视频摄制技巧等；邀请高热度聚合平台运营人员分享平台运营经验、分享融媒产品生产创意宝典。这些做法不仅在部门内营造了学技术、促融合的氛围，也在全社范围内掀起了转型学习热潮。西海都市报社进一步完善各项管理制度，以制度促融合，完善了《西海都市报全媒体平台稿件编发审核制度》，制定了《全媒体移动优先加分细化补充规定》，修改了《全媒体视频记者任务考核办法》，使各项管理制度更加科学合理，更好地促进了融合发展。2020 年，西海都市报全媒体中心进一步加大短视频生产力度。一方面，以优质原创摄制的短视频提升平台传播力和影响力；另一方面，加大对各类静态新闻的可视化转化工作，丰富短视频内容，强化平台与粉丝间的黏性。2020 年 1 月 1 日至 12 月 8 日，全媒体各平台通过优质内容推送，带动微信公众号粉丝增长近 2 万，日活量得到进一步释放，每日平均阅读量由 2019 年的 10000 人次增加到 13000 人次，2020 年全媒体各平台粉丝增长 16 万人，粉丝总量接近 100 万人。

青海法治报社组建全媒体队伍，推进采编一体化，建成“两报、两网、两微、一端”以及头条号、抖音等多个分发平台，使媒体影响力不断巩固扩大。创建“青眼视觉”演播中心（室），成立视频制作中心，加强视频拍摄、制作等技术，播报“小祁说法”“法治讲坛”“代表委员直播间”“专家访谈”等节目。2020 年，青海法治报拍摄首部微电影《陷落》，实现新闻产品从量变走向质变；其官方微信公众号立足图文优势，制作了《消防，“防”未燃》等一批 H5 产品，点击量屡创新高；微视频作品《快看！青海绝美生态画卷》《生态保护 · 天下黄河第一家》受到读者好评，扩大了宣传效果。

祁连山报社“海北新媒”微信公众平台紧跟时代步伐，为海北各族干部群众和省外订阅户推送权威快捷的新闻资讯，实现了“文字 + 图片 + 音视频”等多种新闻表现形式全覆盖，扩大了党媒的传播力、引导力、影响力和公信力。在全省新媒体平台中，“海北新媒”的影响力和排名一直稳居一市（除西宁市）六州媒体微信公众平台首位，在全省党报微信公众平台中排名第三，成为海北州新媒体的引路者和行业翘楚。2020 年，祁连山报社新媒体中心两次被评为海北州新闻宣传先进集体，祁连山报社被评为全国城市融媒创新发展最具创新影响力地市党报 10 强，“海北新媒”被评为全国城市融媒创新发展最具创新力微信 10 强。“海北新媒”在生态环境保护、扫黑除恶、脱贫攻坚、民族团结创建、民生改善等方面刊发了一系列有影响力的稿件，传播了海北声音，表现出了党报新媒应有的责任和担当。祁连山报社常年派出记者深入基层，深入实际，深入生活，践行“四力”，精心采写“沾泥土”“带露珠”“冒热气”和有思想、有温度的新闻产品，生动讲述海北故事，很多作品被学习强国、人民网、中新社等媒体转载转发。祁连山报社注重利用挖掘新闻资源，把新闻触角伸向社会生活的方方面面，率先发现新闻线索，及时采写新闻稿件，及时报道新闻事实，2020 年习近平总书记在青海考察时，6 月 6 日、7 日、8 日，“海北新媒”共发布稿件 15 篇，总阅读量 18.3 万人次，其中 9 篇为全省首发，产生了良好社会反响。

（青海省新闻工作者协会供稿）

宁夏回族自治区推进媒体融合发展工作综述

2020年，宁夏回族自治区宣传主管部门和各类媒体积极适应网络迅猛发展形势，认真贯彻落实中央及自治区党委的决策部署，加快推进传统媒体和新兴媒体融合发展，在融合理念、体制机制、内容产品、技术创新、经营管理、人才培养等方面不断探索和改革，取得了实实在在的效果。

一、推进媒体融合发展，构建全媒体发展格局

宁夏现有各类主流新闻机构26家，包括自治区两家主要媒体、五市传媒集团（中心）和19个县级融媒体中心。全区有新闻网站11家，其中省级2家、地市级5家、县级4家（原州区、西吉县、中宁县、海原县）。新闻客户端17个，自治区及5个地市级媒体均有客户端，19个县级融媒体中心中，金凤区、贺兰县、永宁县、青铜峡市、同心县、隆德县、西吉县、中宁县、海原县9家建有客户端，其中“银川发布”客户端下载量最高，达50万次，日活率2万人次。微博账号32个、微信账号75个，其中新消息报新浪微博账号粉丝量达582万。抖音、今日头条第三方平台账号115个，其中“直播银川”抖音号粉丝量达122.5万人。

二、以平台建设推动主力军挺进主阵地

自治区媒体注重“云平台”在推动媒体融合发展中的作用，以数据技术赋能已有业务内容，促进媒体平台化、数据化。宁夏日报报业集团发挥党报、党网内容和品牌优势，打通宁夏日报、宁夏新闻网、宁夏日报客户端，建设宁夏日报融媒体智能传播服务平台，打造中央厨房。宁夏广播电视台初步形成了一网（宁夏广播电视台新闻移动网）、两台（宁夏网络广播电视台、宁夏IPTV集成播控分平台）、两微（宁夏广播电视台各频率频道官方微博微信）、一端（“红枸杞”客户端）等多种融媒传播形态。建成宁夏黄河云融媒体平台并对接14个县级融媒中心、5个地市新闻传媒中心和3个自治区媒体单位，形成了“全区一朵云、各地一个端”的

整体架构。

5个地级市将行政区域内的报纸、广播、电视、网站、新媒体等不同媒体形态合为一体，成立融媒体中心或传媒集团，握指成拳，力求“1+1>2”。石嘴山市于2014年组建石嘴山新闻传媒集团，打通报纸、广播、电视、网络、新媒体，实现统一策划、统一采编、统一发布。“今日石嘴山”客户端通过新闻传媒、智慧服务等，使媒体功能从单一的提供信息服务转变为多元服务。银川市建设“银川市金鹊云媒体融合平台”，与三区两县融媒体中心共享新闻采编平台、直播平台和新闻大数据，实现市县两级全媒体策划联动。

各县级融媒体中心开发建设了融媒体指挥平台，将广播、电视、网站、新媒体进一步融合，全面打通“媒体+”资源。中宁县融媒体中心把电视、广播、网站、“两微一端”、广场电子屏等平台融为一体，并将全县48个县直机关、乡镇社区、生活服务微信公众号纳入平台管理，与智慧城市平台融合，各类关注用户达80万人，“掌上中宁”客户端获评2019年度中国“互联网+”特色政务平台。

三、以内容生产为媒体融合发展提供动能

自治区主要媒体把内容品质的核心优势延伸到新媒体平台上，有力推动优质内容和核心生产力向移动端汇集。宁夏日报报业集团综合运用多种技术手段，增加新闻“可视化”效果，实施特色鲜明的主题宣传，增强新闻作品的活力和吸引力。客户端原创产品下载量增加3万次，日均阅读量增长30%，新媒体传播力、影响力不断提升。宁夏广播电视台把无人机采集、虚拟现实、移动直播、VR等智能化技术运用到信息采集、内容加工、用户反馈等各个生产流程，在新媒体平台上持续打造“可移动的电视和看得见的广播”。

五市传媒集团（中心）以中央厨房为枢纽，以用户为中心，开展内容生产供给侧改革，构建新型的产品体系。吴忠市新闻传媒中心做大做强“看吴忠”客户端主品牌，不断提升微博、微信公众号的知名度，以优质内容、精品栏目促进传播力提高，增强中心影响力。固原市新闻传媒中心立足脱贫攻坚主战场实际，抓住年轻受众偏好，努力打造“爆款”新媒体产品。策划摄制的短视频《你的样子》，点击量超过100万次，被中国日报向海外推送。

各县级融媒中心坚持“内容为王”，不断拓展县级媒体新闻信息服务的深度、广度。青铜峡市融媒体中心不断创新服务群众方法和信息传播方式，将“九渠云”融媒体平台打造成县域重要的文化传播和信息惠民项目。彭阳县融媒体中心运用“网言网语”，制作推出富有地方特色的短视频融媒产品，有效激发用户共鸣、努力实现节目“圈粉”。“彭阳融媒”“遇见彭阳”抖音和快手号累计粉丝达124万余人，阅读量累计超3亿人次。

四、以体制机制创新激发媒体融合活力

自治区媒体加快融合发展步伐，重建组织架构、再造策采编发流程、深化内部管理，大胆运用新机制、新模式，实现宣传效果的最大化、最优化。宁夏日报报业集团以贯彻落实《宁夏日报报业集团媒体深度融合发展改革方案》为抓手，实施内部结构改革，重置管理部门 5 个，设立 1 室 2 中心 7 频道，组建全媒体技术部门 1 个。再造策采编发流程，实现了报网端微内容策划和生产发布一体化。实施人员岗位和薪酬制度改革，创新首席和“四档八级”采编岗位专业职务序列模式，创新薪酬分配制度，以岗定薪、优劳优得，一线采编人员成为高收入群体。宁夏广播电视台坚持以改革促融合，立足自身实际，制定《宁夏广播电视台媒体深度融合发展改革方案》，明确提出做强宁夏卫视，做活频率频道，做大宁夏黄河云融媒体云平台，做精“黄河云视”和“红枸杞”客户端，打造富有宁夏特色，具有时代精神的原创融合节目群的改革方向和实现以融媒达到强媒、以输血达到造血、以内力达到动力的融合发展目标，为推动媒体融合向纵深发展，构建全媒体传播体系提供了根本遵循。

地市级媒体强化融合发展理念，创新体制机制，推动构建现代传播体系。银川市新闻传媒集团在创新体制机制方面先改一步、改深一步，取得了良好的效果。在人员管理模式上，实行全员聘用、同工同酬、绩效考核，完善全媒体编采考核办法等制度，用好考核指挥棒。在采编流程再造上，将原有的采编力量进行整合，成立采集中心，形成各平台编辑部主策划，采集中心主采制的全新运行模式，达到一次采集、多元生成、多平台发布、全媒体覆盖的效果。中卫市新闻传媒中心正在立项建设中卫市文化创意产业孵化园项目，打造影院、非遗、动漫影视制作、新媒体产业、文旅等文化产业集群，项目建成后将大力推动和促进区域内文化事业、文化产业的繁荣发展。

县级融媒体中心的体制机制创新改革，以贺兰县融媒体中心尤为突出。贺兰县融媒体中心围绕“经营产品转向经营平台”的思路，建立“融资讯、融政务、融生活、融未来”融合传播矩阵，向上融合中央、区市主要媒体和主要商业网站、向下融合乡村街道基层平台、向内融合县域政务服务、向外融合各类服务交易平台，大大增强了融媒体中心的可持续发展。2020 年，贺兰县融媒体中心入选全国县级融媒体中心舆论引导能力建设十大典型案例。

五、以人才队伍建设推动媒体融合高质量发展

媒体深度融合发展在为主流媒体提供转型升级契机的同时，也对主流媒体的人才资源和队伍建设提出更高要求。近年来，宁夏各级党委宣传部门和主流媒体更加注重培养和吸引全媒体人才，在人才队伍建设方面有

着不同程度的进展。自治区党委宣传部连续举办全区宣传文化系统媒体融合培训班，共计培训 360 人次。按照中宣部、教育部的安排部署，组织开展 8 批高校新闻学院和新闻单位从业人员互聘交流，进一步拓宽人才培养渠道，减少新闻人才学用脱节的实际。

自治区主要媒体以打造全媒型、专家型新媒体人才队伍为目标，更多从提高薪酬待遇、完善晋升通道等方面吸引人才、留住人才，激发采编人员积极性、主动性和创造性。地市级新闻传媒集团（中心）和县级融媒体中心更多是采取“送出去”与“请进来”相结合培训方式，充分挖掘现有人才的潜力，定期对采编人员全员轮训，加快推进传统媒体记者向全媒体记者转型。比如盐池县融媒体中心每周末邀请中央驻宁、自治区和地市级主流媒体骨干编辑记者，为中心采编人员进行培训。还有一些媒体在打造个性化新闻工作室方面做出尝试，如银川市新闻传媒集团、贺兰县融媒体中心推行首席记者（编辑、主持人）或新闻工作室等制度，鼓励采编播人员向专业化、专家型方向发展，激活了编辑记者的内在动力。

（宁夏回族自治区新闻工作者协会供稿）

新疆维吾尔自治区推进媒体融合发展工作综述

2020年，新疆区、地、县三级党媒坚持以习近平新时代中国特色社会主义思想为指导，深入贯彻习近平总书记有关媒体融合重要讲话精神，以自治区级融媒体技术平台“石榴云”为牵引，融合生产传播能力不断提升，在“全疆一张网”格局下推动媒体融合向纵深发展的工作新局面初步形成。

一、自治区媒体：加强引领，打造新型传播平台

目前自治区级媒体有两家：新疆日报社（新疆报业传媒集团有限公司，以下简称“新疆日报社”）和新疆广播电视台。2020年，两家自治区媒体牢牢把握“全媒为本、导向为先、内容为王、技术为要、改革为重、人才为宝”关键环节，将精力放在深入推动自身媒体融合上，不断提升融合生产传播力、影响力，对地州市级、县级媒体形成引领示范效应，特别是作为自治区级融媒体技术平台“石榴云”的建设单位和最大用户单位，新疆日报社持续为地级、县级媒体融合发展提供技术和内容支撑。

1. 新疆日报社。2020年，新疆日报社共运维各类平台、端口46个，覆盖用户超3000万。所属“报、网、端、微”累计发稿突破50万篇（条），原创新媒体产品近万（篇）条，合计传播量达46亿人次。围绕“打造新型传播平台，建成新型主流媒体”工作目标，新疆日报社主要做了3方面工作：

一是依托“石榴云”平台，发挥聚合联动效应。2019年12月23日投用“石榴云”平台，有力支撑了新疆日报社内部融合发展，也实现了自治区、地、县三级党媒互动。2020年年底，全疆85个县级融媒体中心全部接入“石榴云”，实现了同频共振，跨媒体融合，“石榴云”客户端总用户量近260万人，日更新稿件250—300条，政务、服务功能模块不断导入。天山网少数民族文、中文、外文网站协调发展，全年各语种发稿量近20万篇，较上年同期增加21%；全面优化微信、微博、抖音等第三方发布体系，与央媒平台、商业平台互通互融加强合作双管齐下，实现优质内容快速精准传播。

全年抖音视频单条最高传播量近千万次；开展移动直播 70 余场，收看人次超 8600 万。

二是坚持创新驱动，突出“党媒 + 移动”特色。坚持以重大主题报道为载体，倾力打造适应移动传播的新媒体内容生产体系，努力推出一批现象级产品，形成一批气质佳的新媒体品牌，在习近平新时代中国特色社会主义思想传播、脱贫攻坚、生态文明建设、旅游文化推介、疫情防控、弘扬优秀传统文化等重大主题报道中均有不俗表现。

三是进一步优化体制机制，培养全媒人才。2020 年，新疆日报社加快带动采编全员向全媒队伍转型。统筹调度“报、网、端、微”全平台联合报道，实现了策采编发“真融合”；考核业务指挥棒作用凸显，引入大数据，提高考核精准性；以适应移动传播时代为主旨，加大对少数民族语言原创内容考核力度，激励民语采编人员创作更多站位高、创新性强、特点突出的民语产品。

2. 新疆广播电视台。2020 年，新疆广播电视台不断强化互联网思维，加快构筑以内容建设为根本、先进技术为支撑、创新管理为保障的全媒传播体系。一是进一步优化策划先导、编辑主导、采访融合、移动优先的采编播流程，形成“前端采访一体化、后端编辑多样化”的生产模式。二是全面优化考评制度，实行新媒体发稿任务一票否决，激活采编播人员创造性。三是先后推出以“海米提”“海瑞”“一如”等主持人命名的 10 个融媒体工作室。目前，全台拥有维语抖音、汉语抖音、快手等第三方平台账号共 70 个，打造直播新疆、丝路视听、新疆卫视等一批网络知名 IP；新媒体平台总用户数超过 600 万。

一年来，全台上下坚持正确的政治方向、舆论导向和价值取向，精心做好重大主题宣传融合报道：围绕全国两会推出的短视频《全国人大代表崔久秀：拿什么证明扎根新疆 6 年》、防疫科普特别节目《我家的战“疫”生活》、在喀什市推出的 3 场 10 小时“新疆人游新疆”网络直播，均取得较好的传播效果。2020 年全年，推出的新媒体作品浏览量超千万次的有 11 条、超百万次的有 300 多条，为“石榴云”平台推送优质新媒体产品 300 多条。

二、地州市媒体：做好衔接，加快自身融合步伐

受全媒人才短缺、自有资金匮乏等因素制约，无论是和内地省区市的地级媒体相比，还是和疆内的自治区级媒体、县级媒体对照，新疆地州市级媒体的融合发展工作都明显滞后。随着全疆县级融媒体中心全部建成并入住“石榴云”平台，在全疆一张网构架下，如何推动媒体融合向纵深发展、发挥“上接自治区、下联县市区”的三级党媒联动效应，已成为地州市级媒体必须面对的课题。2020 年，新疆地州市级媒体加快融合发展步伐，积极探索地级融媒体中心建设、提升融合生产传播能力成为两大主要工作。

当前，新疆维吾尔自治区各地州市融媒体中心建设主要有两种形态。一是以其中一

家地级媒体为依托，挂地（州、市）级融媒体中心牌子。如以昌吉日报社、博尔塔拉报社为基础分别建设的昌吉州融媒体中心、博州融媒体中心；以塔城地区广播电视台为基础建设的塔城地区融媒体中心。二是整合全部地级媒体（报、台、网）后成立地（州、市）级融媒体中心，如已经整合完成的哈密市融媒体中心，正在整合中的和田地区、阿克苏地区、阿勒泰地区的融媒体中心。

按照新疆维吾尔自治区统一规划，建成后的地（州、市）级融媒体中心将全部入住“石榴云”平台，与自治区媒体、地区（州、市）所辖的县级融媒体中心三级互动，形成全疆一张网效应。当前，大部分地州市的地级融媒体中心建设方案已经出炉，哈密市融媒体中心的新机构方案已获批；和田地区、阿勒泰地区、昌吉州已经启用全新的融媒体中心办公场所，阿克苏地区、伊犁州、吐鲁番市、克拉玛依市正在建设或规划融媒体中心办公新址；哈密市、博州、昌吉州融媒体中心的指挥调度中心开始发挥作用；阿克苏地区广播电视台在援疆省市支持下筹备客户端……大部分地州增添了软硬件设备，基础较好的已经开始与新疆日报对接入驻“石榴云”的技术支撑事宜。

2020年，新疆各地州市媒体加快推动自身融合发展，从传统的报社、电视台、广播电台、网站向融合生产传播转型。乌鲁木齐晚报集团、阿勒泰报、克拉玛依日报、巴州广播电视台，博州、塔城地区、和田地区的融媒体中心等形成了自己的全媒矩阵，昌吉日报、阿克苏日报还将城区大屏、阅报栏纳入矩阵。

随着转型深入，各地州媒体融合生产传播能力不断提升，短视频拍摄剪辑、H5、移动直播已成为日常主要业务，全疆各地州市媒体推出了一大批新闻性强、传播力强、互动效果好的融合作品。和田地区融媒体中心抖音账号开通半年粉丝达到58万人；昌吉州融媒体中心抖音账号全年总播放量超7亿次；乌鲁木齐广电集团将虚拟演播室和VR应用在市两会报道中，“红山眼”App的下载量达到53万次，全年头条号的阅读量超过1.2亿次；博州融媒体中心与州所辖四县市融媒体中心试行跨媒体合作，2020年秋天围绕丰收主题，实现联合采访分队的成功操作。另外，越来越多的地级媒体通过第三方平台，尝试在移动直播上与央媒、商业媒体、疆外媒体合作。

三、县市区媒体：提升本领，不断壮大基层声音

2020年堪称新疆县级融媒体中心元年，全疆85个县级融媒体中心全部建成，依托“石榴云”平台的内容汇聚和技术支撑，新疆的县级融媒体中心轻装上阵，从原来的县级电视台华丽转型。顺应新的传播格局，实施移动优先战略，建设全媒矩阵，各种创新改革让县级融媒体中心插上了腾飞的翅膀，基层党媒影响力实现飞跃，声音不断壮大。2020年的进步和跨越，主要表现在6个方面。

1. *融合生产传播能力明显提高*。2020年，新疆上万名县级新闻工作者活跃在新闻舆论工作主战场，县级媒体工作局面焕然一新。有“石榴云”平台的内容、技术支持，有“石榴云”平台开发的客户端为核心的全媒矩阵，县级融媒体中心坚持移动优先战略，融合生产传播能力明显提高，在疫情防控、脱贫攻坚、民族团结等重大主题报道中，真正发挥出基层党媒的战斗堡垒作用，把党的声音传到了“最后一公里”。2020年，全疆县级融媒体中心聚焦重大主题，关切民生热点，创作出一大批主题鲜明、内容生动、贴近群众的优秀新媒体作品，其中不乏《新疆阿克苏两名小学生向医护人员敬礼》《阿勒泰学生开滑雪课》《库车扭脖子舞》等点击量过亿次的现象级作品。

2. *注重跨媒体跨区域合作互动*。2019年的练兵，让县级融媒体中心普遍认识到单个媒体的力量薄弱，也意识到通过移动互联网可以带来传播效果的几何级放大。2020年以来，新疆各县级融媒体中心在融合生产传播上注重跨媒体、跨区域合作，让自己的作品传得更广，效果更佳。除积极参与地级媒体、自治区媒体发起的联合报道，各县市也注意充分利用第三方平台开展与中央媒体、商业媒体和内地省市媒体的联合报道，移动直播应用尤为频繁。此外，在微博、抖音等渠道发布原创内容时，越来越多的县级融媒体中心主动对接“大V”和各级媒体，作品因为被转发影响力剧增。

3. *内容形式突出各自地方特色*。受精力财力限制，新疆大多数县级融媒体中心意识到在融合生产传播上不能“大而全”，而要做“小而精”，抓热点、重点，突出各自特色来赢得传播力影响力。如伊宁市在“伊宁好地方”客户端上打造“指尖上的综合服务大厅”，实现养老、医保、公积金、交通出行等查询功能；喀什市聚焦古城，库尔勒市紧盯孔雀河，在城市环境上大做文章。布尔津县关于雾凇节的报道全网传播量过亿次。昭苏县紧紧抓住“网红县长”贺娇龙，推介“天马故乡”；焉耆县的回族美食、和田县的维吾尔族美食是内容生产的重点；巴里坤县和奇台县融媒体中心，围绕汉文化传承推出了系列短视频、情景剧。

4. *少数民族语言作品量质齐升*。新疆区域内超过一半的受众是少数民族，为少数民族受众提供新媒体内容是新疆县级融媒体中心的必修课。2020年，各县市的民族语言融合产品质量和数量明显提升，尤其是各地把握疫情防控、脱贫攻坚等重大主题，创作出大批民族语言新媒体作品，如托里县、木垒县融媒体中心创作的哈萨克语短视频，和布克赛尔县融媒体中心的蒙语海报，岳普湖县融媒体中心推出的《温暖的家》维吾尔语系列情景剧，因切口小、接地气，受到基层群众广泛欢迎，传播效果非常好。莎车县融媒体中心借助与县译制中心集中办公优势，在自有客户端、抖音账号上发布了一大批影视剧剪辑和生活小常识作品，深受粉丝喜爱。

5. 强化各种形式全媒业务培训。各县市融媒体中心高度重视培训工作，除了定期参加自治区党委宣传部、“石榴云”平台组织的融媒系列培训（疫情期间采取网课方式）外，阿勒泰地区、昌吉州还组织所辖县市融媒体中心骨干赴兄弟省市的县级融媒体中心考察学习。2020 年，有超过 20 个县市到新疆日报社跟班或直接参与日报发起的重大主题宣传融合报道“边干边学”，一些地方利用援疆资源，赴对口省市交流，如莎车县融媒体中心派主播前往山东邹城进行了为期一个月的学习。

6. 探索持续发展新机制新模式。如阿克苏地区 9 县市融媒体中心注重吸纳社会力量，将乡镇干部、个体工商户、自媒体大咖等吸纳为通讯员，为中心建立信息供稿网络；霍尔果斯市融媒体中心实行财政全额包干，干部编制全部封存，改档案工资为岗位工资，按需设岗、以岗定薪、岗变薪变的管理运行机制；精河县融媒体中心成立专门项目组，以定制广告、专题宣传和电商直播 3 个突破口，为各类企事业单位客户提供内容、广告宣传服务，目前已经实现创收；福海县财政先行投入 20 万元，在县融媒体中心下设立福融文化传媒公司，划入相应资源，探索“融媒体中心 + 国有独资公司”运行模式，解决中心经费不足问题。

（新疆维吾尔自治区新闻工作者协会供稿）

新疆生产建设兵团推进媒体融合发展工作综述

2020年以来，在新疆生产建设兵团各级党委宣传部的领导下，兵团加快推进省级媒体及各师市融媒体中心深度融合。“云上兵团”客户端正式上线，兵团下属14个师市实现融媒体中心全覆盖，举行了融媒体中心挂牌仪式，确定了内设机构、人员编制、领导职数等。各级融媒体中心均设立了统一的新闻信息采编中心，逐步实现了“一次采集、多种生成、全媒传播”。各师市与兵团省级技术平台进行了对接，为师市融媒体中心提供更多内容、技术、渠道等方面的支持，持续探索灵活多样的合作方式。

一、搭建兵团省级融媒体平台，实现全媒体传播格局

兵团省级融媒体中心现由兵团广播电视台负责建设并运营，目前已建立了以“昆仑云”为主阵地，电视、微信、网站等多平台融合发展的全新传播矩阵，多元化实现了“一次采集、多元生成、多平台传播”的全媒体传播格局。具备容纳兵团14个师市融媒体中心入驻的能力，能够为全兵团各媒体提供计算、存储和网络资源等基础资源服务；提供覆盖策、采、编、发、存业务全流程的智能化媒体工具服务；提供党建服务、政务服务、公共服务、增值服务功能模块或与之对应的接口，满足媒体与用户多样化需求。目前兵团融媒体平台已经初步具备健全的全媒体内容管理系统、稿库、数据库，具备集中指挥、采编调度高效协调、信息沟通等基本功能。

在终端方面，兵团融媒体中心打造“云上兵团”手机客户端，汇集了兵团日报、兵团广播电视台及各师市融媒体中心的新闻信息。通过“1+14+N”的媒体矩阵建设，更好地支撑、服务于各师市融媒体中心对相关业务多样化需求的快捷对接与交互。2020年，兵团省级媒体充分融合传播资源，借助一系列融媒体新闻产品，如短视频、图文、动漫、小游戏、小程序等，不断提升新闻的趣味性和吸引力，增强人民群众的参与度，将融媒体中心打造成舆论引导、思想引领、文化传承、服务人民，群众喜闻乐见的媒体平台。

二、整合开发师市新媒体平台，构建师市内部的融媒体矩阵

兵团省级融媒体中心与师市融媒体中心开发整合网站、手机App，注册微信公众号、微博、抖音、今日头条等互联网平台账号，创新使用直播、微视频、一图看懂、H5等深度浸入式的融媒体报道，让产品表现形式更加丰富多元。构建多种传播体系，同频共振效应初步显现。

师市充分学习省级兵团融媒体中心搭建经验，例如二师铁门关市以融媒体中心融媒系统为平台，整合“铁门关在线”微信公众号、抖音号、“丝路雄关云”App、绿原报、FM88.5调频广播等媒体优势，集中发声，形成“一次采集、多元生产、多端发布、立体传播”的传播格局，智慧融媒创建实现新突破；创建师市媒体矩阵群，通过“丝路雄关云”App、“铁门关在线”微信公众号，将师市与各部门和团场的媒体平台聚合在一起，开设“媒体矩阵”“团场之声”两个专栏，形成三级媒体传播矩阵，扩大了宣传的影响力和覆盖面；上线“智能广播系统”打通了服务群众的“最后一公里”，将新闻传播的触角延伸到社区、延伸到连队。三师着力打造传播矩阵。相继建设和开通了“云上图木舒克”客户端、“美丽三师图木舒克”微信公众号、“三师融媒”抖音号、“三师融媒”微博等。四师可克达拉市融媒体中心在原有媒介资源的基础上，新增加了“可克达拉新闻”微信公众号、“云上可克达拉”客户端、“爱上可克达拉”抖音号、第四师融媒体中心官方微博、“第四师可克达拉融媒”头条号、“相约可克达拉”直播带货、“学习强国”四师板块等7个新媒体平台，同时开展融媒体指挥中心新闻数据汇集、监测、分析等工作。七师胡杨河市全力推动传统媒体与新媒体逐步从“相加”向“相融”转变，中心在报、台两个传统媒体与“七师零距离”微信公众号、“胡杨融媒”App、“胡杨融媒”抖音号基础上，新增了“亚克西GO”抖音直播平台，形成了现有六大媒体平台，即报纸、电视、广播、“七师零距离”微信公众号、“胡杨融媒”App、“胡杨融媒”抖音号。

三、引领主流舆论，发挥“新闻+政务”平台作用

兵团各级融媒体中心在发展自身的同时，着眼于政务，积极传递党的声音。通过多种形式和渠道坚持“统一思想”，将思想统一到党的路线、方针、政策上来，坚持引导主流舆论，扫除不良思想的威胁。例如十三师市将“云上十三师”客户端接入第十三师政务网，实现了十三师政务信息公开、服务企业和社会公众，并和群众进行线上互动交流。在“云上十三师”手机客户端引入爆料模块，用户通过十三师新闻线索爆料功能进行信息的反馈，提高用户的参与度，从用户的角度思考问题，所提供的新闻信息服务和用户所关心的内容息息相关。

兵团各级融媒体中心始终坚持“先主

流新闻舆论，后政务服务、生活服务”的“滚雪球”发展模式，紧密扣紧党委大局，传递党的声音。六师五家渠市将“高大上”的时政新闻与“雅俗广”的热点传媒手段相结合，让传播方式更加多样化。十二师按照“更好引导群众、服务群众”的要求，做强做精新闻主业，积极拓展“新闻＋政务”等服务领域，开设了全媒体问政栏目，问政回声114期，收集建议和投诉1086条，问出正气、问出作风、问出干劲，着力打造综合性信息服务平台，实现了一个声音多个平台发布的格局。八师石河子市用现有媒体矩阵，涵盖报纸、广播、电视、内部出版物、新闻网站、微博、微信、抖音和头条等其他传播渠道进行全方位宣传，对接了部分政务、党建、智慧城市、舆情监测等服务。

四、回应社会关切，积极拓展“媒体＋服务”领域

服务是兵团融媒体发展的另一个重要方向，融媒体平台自身积极与关注用户进行互动，解决生活中的难题、疑惑，各平台编辑及时回复，想方设法帮助用户解决问题，回应社会关切、职工关心的问题，努力建成权威又温暖的媒体平台。

兵团各级融媒体中心聚焦于服务，打造具有地方特色的融媒体服务模式。三师图木舒克市积极拓展“媒体＋”服务，利用“云上图木舒克”平台开通党费缴纳、快递服务、违章查询、话费充值、美团、票务服务等，方便职工群众生活。第三师融媒体中心在报纸、电视、广播等平台对微信公众号、抖音公众号等新媒体平台进行推介，印制宣传矩阵海报在师市大型活动现场，会议室政府服务厅、社区宣传栏大力推介新媒体产品。四师可克达拉市中心调配优质资源专门成立直播带货工作组，注册了师市融媒体中心“相约可克达拉”直播带货平台，全力打造“助农助企”服务平台，立足文化旅游资源优势开展多场慢直播活动，极大地对外宣传了可克达拉的人文、旅游、地域特色，受到各界点赞好评，社会反响强烈。七师胡杨河市融媒体中心主动作为、精心策划，实行走出去战略，组织工作人员在公园、广场、夜市开展了14次平台推广活动，其中组织工作人员为夜市、房产公司免费开展了4次大型直播活动，帮助其恢复经济，引起了较好的反响。“七师零距离”、“胡杨河手机台”、抖音等平台，每天推送农户农产品帮助销售，融媒体中心“胡杨融媒”App与本师32个部门单位签订了联办宣传服务协议，实现新媒体经营创收138万元，同样产生了较好的效果。八师石河子市充分借鉴网络直播形式，与人社部门联合策划在抖音平台推出了10场“职等你来”大型网络直播招聘活动，将人社部门领导、企业负责人请进网络直播间，介绍就业政策、招聘岗位，在网上和观众进行现场互动交流，取得了良好的传播效果。十一师建工师利用五团在线栏目和网购平台，助农销售农产品1500多吨，发挥了融媒体中心惠民惠农的功能。

五、改革人事管理制度，推动媒体人才的融合转型

兵团主流媒体在政策的支持下，建立并执行科学合理的绩效考核和薪酬分配办法，在人事管理制度上积极努力改革，以工作绩效为主要考核标准，同工同酬，激发了采编人员活力、吸引了人才，探索新形势下评价激励人才、培养管理人才的有效措施。

各师市也针对地方情况，完善人员机制，采取有效管理措施。以一师阿拉尔市为代表的师市融媒体中心，采用全员竞聘上岗、实行市场化绩效考核制度，对接工作多达 60 多项。六师五家渠市开展“一专多能”培养，促使记者成为能够“采访、编辑、制作”的复合型人才。八师石河子市面对重点工作、重大活动宣传报道选题，采取成立“虚拟团队”模式，整合总编室和记者部、编辑部的骨干力量，集中策划、集中生产、多元发布。九师融媒体中心记者由以前的一报一台记者转型为全媒体记者，与各媒体编辑部在同一楼层集中办公，实现新闻策划、采访调度、编辑审稿等环节“一站式”办公。中心坚持移动优先，“策、采、编、审、发”一体化的原则，在机构、内容、渠道、平台、经营、管理等方面进一步深度融合，实现了“采、编、审、播”移动端办公。

兵团各级融媒体在人员任用与培养的基础上，注重中心管理机制建设。十一师建工师融媒体中心着力推进“七化”管理，即事业单位企业化管理、编制封存档案化管理、全员竞聘岗位化管理、收入高低绩效化管理、员工考核动态化管理、财务核算总额化管理、体制机制行业化管理，坚持深化改革、刀刃向内，真正实现企业化管理，体现多劳多得、按绩分配的原则。

六、促进兵地媒体融合、构建同频共振的大宣传格局

兵团融媒体中心基于兵团地理与人文特征，为民族团结与军民融合服务。例如五师双河市牢固树立“兵地一盘棋、兵地一家亲”思想，做到双方新闻报道共同策划、共同宣传，双方实现广播电视新闻节目互传互播，兵地双方媒体融合、同频共振的大宣传效应得到充分显现。六师五家渠市开设“脱贫攻坚”“乡村振兴”“向南发展”“民族团结一家亲”“环境整治”等专题栏目。积极与文联、商务局、卫生健康委等部门合作开设相关专栏进行报道，在兵地融合共同策划报道等方面取得较好成果。

兵团各级融媒体中心通过移动端口将基层一线的新闻实时进行采编，让职工群众第一时间了解基层动态，形成全媒体无缝衔接、同步发声、同向发力、同频共振。结合本地融媒体受众特性，真正做到受众在哪里，宣传报道的触角就伸向哪里，宣传报道的着力点和落脚点就放在哪里，共同促进民族团结与军民融合发展。

（新疆生产建设兵团新闻工作者协会供稿）

人才
教育

清华大学新媒体人才培养工作概况

清华大学的新媒体人才培养工作主要包括两方面，即学校层面基于党委宣传部的融媒体传播人才建设，以及基于新闻传播学院的新媒体人才培养项目。

一、校园融媒体人才培养工作

清华大学高度重视媒体融合发展工作，近年来一直秉持“媒体融通天下，教育塑造未来”的理念，围绕构建“大宣传”工作格局和提升新闻舆论工作能力，积极推进校园媒体融合相关工作。自2019年9月学校获批成为教育部首批融媒体建设试点单位以来，学校成立由书记、校长任“双组长”的宣传工作领导小组，从健全整体宣传工作格局（宏观）、调整内设机构和岗位（中观）、完善流程制度（微观）3个层面，夯实融媒体建设的制度体系，将融媒体建设列入2020年校级重点工作，深入推动校园媒体融合向纵深发展，努力探索高校融媒改革发展的“清华路径”。2020年年底荣获教育部高校融媒体优秀工作单位。

1. 全校融媒体和新媒体人才培养。清华大学以推进融媒体建设为抓手，倾全力打造具备融媒体意识和能力的采编团队、新闻宣传专岗团队、专家顾问团队、技术支撑协作团队，并为一线记者、编辑“量身订制”专业培训计划。

2019年11月，面向全校新闻宣传专岗职员启动“全球传播能力提升计划”，两期活动共吸引了来自全校院系单位的110名骨干人员参加。

2. 培养复合型、应用型新媒体学生人才队伍。清华大学党委宣传部新媒体中心自2019年年底成立以来，主动适应新形势，不断改革创新，深入了解当前学生思想特点，树立以“学生为本”的发展理念，逐步建立并完善学生记者、学生助理和学生志愿者队伍的成长管理机制，努力打造新闻传播领域的校园实践基地，培养了一支具有扎实的业务能力和平台运营管理能力的复合型、应用型新媒体人才队伍。

二、基于新闻与传播学院的新媒体人才培养项目

新媒体研究一直是清华大学新闻与传播学院卓有特色的教学和研究方向之一。这里重点介绍其2020年正式开始招生的“数据传播”专业硕士项目，以及与学校计算机系、美术学院联合培养的信息艺术设计交叉硕士项目。最后介绍新闻与传播学院近年来重点建设的认知实验室。

1.“数据传播”专业硕士项目。该专业硕士项目全称“清华大学—美国南加州大学数据传播双硕士学位项目”（Tsinghua-USC Communication Data Science Dual Degree Program），是由清华大学新闻与传播学院、南加州大学安纳堡传播学院（the Annenberg School）、南加州大学维特比工程学院（the Viterbi School）共同设立的跨专业联合培养硕士项目。中方项目主任是清华大学新闻与传播学院张铮副教授。

项目有机整合数据科学与新闻传播学科，以培养兼具传播学素养和数据科学知识的专业人才为核心，具有非常明显的社科与理工交融的跨学科特征。“数据传播”双硕士项目是全英文授课项目，修业年限为3年，合作双方学分互认。

本项目学生将分别选修清华大学新闻与传播学院、南加州大学安纳堡传播学院、南加州大学维特比工程学院开设的专业课程，并在攻读本项目期间获得不少于48学分，其中在清华大学学习期间不少于24学分，在南加州大学学习期间不少于24学分。完成本项目培养方案，达到双方学校相关院系培养要求的学生，将获得两校硕士学位，其中清华大学授予新闻与传播专业硕士学位，南加州大学授予理学硕士学位。

该项目于2018年年末获批，2019年正式启动招生，2020年秋季第一批10名该项目专业硕士入学，今后每年大致稳定在每年15名专硕的规模。

该项目的设立旨在服务“构建中国话语体系、让世界读懂中国”的国家战略需求，面向“既懂数据又懂传播”的传媒行业人才市场缺口，培养既能理解人类传播理论与规律，掌握新闻传播学理论与技能，熟悉相关传播技术发展趋势，又对数据科学有系统的认识，具备一定数据挖掘与分析能力，以及较好的数据规划能力和突出的数据表达能力的国际化、高层次、创新性、复合型人才。

该项目具有以下鲜明的特色：

第一，改变以往新闻与传播硕士项目在因应智能媒体实践方面的不足，与清华计算机系和双硕士项目合作方美国南加州大学安纳堡传播学院、维特比工程学院等机构充分合作，开设具有新传专业特色的媒体数据挖掘、信息处理、可视化等课程，深入改革新闻传播学科以传统的文史哲为基础、以采写编评播录摄等技能为主要教学内容的教学模式与课程结构。

第二，改变其他新闻与传播硕士项目聘请的业界导师、学生实习方向、实习岗位和

专业调研主要瞄准传统媒体或传统互联网媒体的内容生产或编辑岗位，缺乏在大传播视野下对新闻与传播显著的数据转向的观照的模式，该项目立足将学生的实习、实践、专业调研聚焦数据导向的计算广告、社交媒体运营、用户分析与研究等领域，并组建由国内互联网企业、计算机专业、高新科技数据类企业的技术专家和企业管理者等作为核心成员的项目业界导师团，为学生搭建面向互联网企业、传统媒体的数据分析岗位以及公关公司用研岗等方向的实习平台。

第三，该项目将重点探索面向“数据传播”这一典型交叉方向的新闻与传播高水平人才培养方向的合理、可行的制度与培养模式，从面向跨学科的人才选拔与考核，到针对学生培养的全过程管理，到学生赴合作高校进行学习，再到学生的论文开题、中期考核、答辩及创新成果的创作与产出，进行全面、深入地思考、论证与实践，期待用 3 年时间将这套模式整理并稳定成型。

清华大学新闻与传播学院为该项目的设立整合了丰富的校内外资源，不但对院内课程进行重新调整，开设符合本项目需求的新的中英文课程，同时也将清华大学计算机系媒体实验室的崔鹏副教授、刘知远副教授，社会学系的郑路、孟天广副教授等吸纳到教师团队，并已经邀请了腾讯、字节跳动、中石化宣传部、久其大数据、利亚德励丰等国内数据传播与文化科技融合领域的顶尖企业的业务高管作为本项目的业界导师，与多个数据企业建立数据共享机制，从师资、硬件、教学、就业等多个方面为本项目提供全方位支持。

2.“信息艺术设计”交叉学科硕士项目。为了适应新时代对人才需求的不断变化，2009 年 9 月，清华大学美术学院、计算机系、新闻与传播学院合作启动了“信息艺术设计”交叉学科硕士研究生培养项目，该项目面向信息社会的创意和文化产业，强调艺术、媒体、信息科技的融合，在数字媒体和信息交互设计领域，重点培养具有国际视野的高层次创意型、复合型人才。

项目采用跨学科交叉培养模式，注重学习者的实践能力和创新能力，强调社会科学、自然科学和艺术科学的交叉融合，广泛联系学界业界力量，以文理交叉、艺术与技术结合为主要教学特色，从艺术、科技、传媒等视角培养具有综合知识背景的人才，打开了创新人才培养的新思路。

项目按照“多个入口、一个平台（过程）、多样出口”（毕业可转学科）的模式授予学位。招生不限专业，培养过程由跨学科导师组按培养计划联合指导，学生毕业时可申请艺术学、计算机科学与技术、新闻传播学 3 个方向的学位出口。

研究和学习的方向主要分为交互艺术与设计、数字媒体艺术与设计两个方面。其中，交互艺术与设计主要解决信息社会中，人与产品、环境以及人际之间的交流问题，以创造新的用户体验和智能化生活方式为目标，研究并设计开发新的界面技术和交互方式，创造新的交互产品、环境与服务。课题方向包括人机界面创新设计、文化内容的交互展示、虚拟现实应用、社会交互与服务设计等；数字媒体艺术与设计侧重交互叙事和娱乐方式的创新与整合研究，借助多种交互媒介的整合应用，以社会化网络娱乐、移动娱乐方式为主要研究对象，反映信息社会中，艺术与设计对社会、经济、政治、人文等方面的表现与思考，将文化观念与新的媒体形式进行充分的融合。课题包括交互娱乐技术创新、数字游戏设计、公共空间中的交互艺术模式研究等。

截至2020年，该项目共招收204人，毕业156人。

学习过程中，项目着重培养研究生多方面的素质和全方位的知识结构。以社会、人文、美学、心理、教育、传播学科作为文化基础；交互多媒体、网络、虚拟现实等信息技术和编程方法作为技术支撑；人因工程、认知和行为研究作为理论指导；综合新媒体的创作与应用，强调设计项目的规划能力、艺术与科学交叉的创造能力、交流信息的组织能力、动态媒体的综合能力、多感觉的表现能力的培养与锻炼。

3. 清华大学新闻学院认知传播实验平台建设。随着智媒体时代的来临，认知科学、神经科学，人工智能等交叉领域为新闻传播学带来全新的研究问题、研究路径和理论思考，促使新闻传播学科升级换代。为此，清华大学新闻与传播学院早在2018年即确立了智能媒体、数据传播等研究方向。2020年清华大学新闻与传播学院依托财政部“改善办学条件”和北京市“双一流建设”项目经费的支持，在其“未来媒体实验室”着手进行认知传播实验平台的筹建工作。2020年12月平台一期工程建设完成并进入测试阶段。平台拥有脑电仪、眼动仪、VR开发系统、面部表情分析系统、多模态数据分析软件等一系列认知传播方向教学研究所需的软、硬件；投入建设经费约400万元。

清华大学未来媒体实验室还配套提供了认知传播研究的周边配套设备、文本分析工具、多种学习文献供师生使用学习，帮助同学们拓展学术视野，提高跨学科技术手段使用能力，进一步助力师生在这一新兴领域中的钻研与实践。

认知传播作为应用心理学、行为科学、神经科学的交叉学科，注重的是跳出经验范畴，开发利用人脑资源和心理资源，凸显出人的心智在信息生产、媒介传播、互动交往中的认知加工作用。在万物皆媒时代，媒介作为人和世界沟通的渠道，使个体的身体图示、意向图示构成意义理解的基础，具身传播使“交流的无奈”有了被突破的可能。平台将积极推动智能媒体、数据传播等现代信息技术与文科专业深入融合。在新闻传播学科自身的创新驱动下，新技术的加入使跨学科的新闻传播开拓新的研究范式，培养文科学生的跨领域知识融通能力和实践能力，引领带动学科专业建设整体水平提升。

（清华大学供稿）

中国传媒大学新媒体人才培养工作概况

在习近平总书记关于教育重要论述的指引下，按照教育部“双一流”与新文科建设布局的具体要求，中国传媒大学秉持“弘道崇德、经世致用”的办学理念，将学生的互联网业务学习与党和国家的发展战略紧密结合，坚定践行马克思主义新闻观，全方位进行新媒体人才培养创新。面向新时代着力培养政治立场坚定、业务素质过硬的新闻人才。

一、新闻学院新媒体人才培养情况

近年来，随着信息技术的快速发展，业界生态发生巨变。新闻学院积极探索新的培养模式，主动推进教育转型升级，更好适应时代变化。

1. *融媒体教学实践*。2020年，新闻学院推出多项融媒体教学实践改革，“新闻采访”课程打破传统课程授课模式，进行媒体融合教学。在研究生教学改革中，学院开设毕业作品创作课程，让学生走进融媒体新闻实验室创作多种形式的新闻作品。

学院不断加强对已有实践教学课程的升级改造，继续完善《实践：社会调查》与“子牛杯”社会调查活动的联动，引入音视频、新媒体作品竞赛单元。同时，学院积极引入外部资源，在“数据实践项目”中引入烽火数讯科技有限公司业界资源，以工作坊形式开展授课。此外，新闻学院还带领学生先后前往浙江省长兴县，北京市朝阳区和丰台区融媒体中心参访，零距离感受区县级媒体融合的创新模式。

2. *实验室建设*。2020年，新闻学院在筹建“5G智能媒体新闻传播实验室”和“数字新闻实验室”的基础上，进一步调整和完善建设申请。预期在“十四五”时期建成后会对各层次教学科研起到重要的支撑作用，并将推动新闻传播教育向智能化、融合化、一体化方向发展。其主要功能包括智能新闻采集、智能新闻编辑、AI编辑室、大数据新闻制作等。建成后可用于数字新闻摄影、数字新闻图片编辑、数字多媒体新闻编辑等方面的教学、实践、科研应用。学院同时筹建“音视频融合创新实验室”，建成后可满足包括广播新闻、广播节目等专业课程及相关教学实验环节的教学实践应用。

3. 国际交流。2020 年，受新冠肺炎疫情影响，国际交流活动主要以线上形式展开，学院师生多次线上参与国际讲座、国际研讨与国际会议。2020 年 7 月 15 日，新闻学院与国际合作院系西班牙布朗卡纳·拉蒙优伊大学传播与国际关系学院在国际媒介与传播研究学会（IAMCR）2020 年会上联合主办“数字化新闻”专题论文组，新闻学院部分师生线上参会、参与讨论。

4. 新媒体人才培养成果。2020 年第六届中国国际“互联网 +”大学生创新创业大赛北京赛区复赛中，新闻学院学生参与创作的 5 部作品获得三等奖。2020 年第五届中国数据新闻大赛中，新闻学院学生作品共获得二等奖 2 项，单项奖 2 项。2020 年高校数据新闻可视化创意大赛中，新闻学院学生作品共获得一等奖 1 项，三等奖 1 项。2020 年“人民网优秀融媒体作品奖”评选中，本院 60 名同学的 16 部作品获奖，其中二等奖 7 部，三等奖 9 部。

二、电视学院新媒体人才培养情况

2020 年，中国传媒大学电视学院对新媒体人才培养模式进行了多项创新。结合国家重要事件和社会实际诉求，学院将红色经典、社会公益、传统文化进行新媒体转化，为课堂内的教学找到课堂外的支点。

1. 创新公益形式，优化人才素养。2017 年以来，中国传媒大学、北京歌华有线、东方嘉影共同发起了“光明影院”项目，在电影对白和音响的间隙，插入对画面的声音讲述，制成可复制、可传播的无障碍电影。目前，项目团队一共制作了 312 部无障碍电影，主题向上向善、题材丰富多元。其中，2020 年制作了 20 部精准扶贫题材无障碍电影，助力脱贫攻坚；在中国人民志愿军抗美援朝出国作战 70 周年之际，推出了 6 集无障碍动画片《最可爱的人》，在北京盲校放映，开展爱国主义教育。

2020 年 5 月，首个实体“光明影院”在北京市“朝阳剧场”挂牌并辐射全国，在北京市、内蒙古自治区等地，已经建成 20 多个“光明影院”固定放映厅。师生志愿者发起成立了“光明影院”全国高校公益联盟，得到了百所高校的积极响应。同时，该项目入选了 2020 年全国学雷锋志愿服务“四个 100”先进典型“最佳志愿服务项目”、第五届教育部直属高校精准扶贫典型项目，荣获了第五届中国“互联网 +”大学生创新创业大赛金奖等多项荣誉，受到社会各界的好评。

2. 结合学科优势，献礼建党百年。中国传媒大学发起“四个一百”庆祝建党百年系列融媒体宣发活动，将党史文献和红色文化资源进行创造性转化和创新性发展。“四个一百”主要包括红色云展厅、“百年先锋”移动听项目、中国新闻传播大讲堂——“红色文物青年说”以及“我的入党故事”百集移动听项目。

在内容生产上，项目拟通过融媒体、云技术与数字化手段，挖掘和活化全国各地党史研究机构和红色纪念馆的历史资料、文化资源。在传播推广上，项目联合各地主流媒体与新媒体平台进行同步分发推广，扩大红色精品的达到率和覆盖面，共建“红色媒体资源库”，打造公益性党史党建传播矩阵。其中，“百年先锋”移动听项目首期50位革命先烈的移动听音频作品已制作完成，通过教育部基础教育司、高等教育司发文形式进入了全国高校和中小学课堂，并已在“学习强国”平台、教育部国家中小学网络云平台和党建网上线。

3. 鼓励学生专业创新，成果丰富影响面广。电视学院与西安广播电视台携手，共同探索高校与城市主流媒体合作新模式。项目包含西安文化旅游系列融视频、西安文化风韵时尚手机壳设计、西安文化旅游系列文创产品、数字文化西安 VI 视觉系统 4 个板块。西安广播电视台借西安市“一带一路”内陆港的亚欧专列，于 2020 年 11 月 10 日将数字文化手机壳发售到了“一带一路”沿线国家，真正实现中国传统文化的对外传播，助力提高我国文化软实力。

三、新媒体研究院新媒体人才培养情况

1. 学院概况。新媒体研究院是专注于数字化、信息化和全球化背景下新媒体综合发展研究的专业教学、科研机构，致力于新媒体产业、新媒体内容、新媒体技术科研与创新应用，依托国内外专家和高级研究人才团队，主要开展媒体融合、人工智能与媒体、5G 融媒体等方向的新媒体理论、行业应用研究、产品创新研发以及新媒体人才培养工作。

目前，新媒体研究院学科设置分为 3 个层面：博士、硕士（文学）及艺术硕士 MFA；其中，新媒体专业属于新闻传播和信息与通信工程的交叉学科，培养既懂新媒体产业又具备较好技术的复合型人才；此外还开设广播电视专业，培养新媒体视觉创意与制作方向艺术硕士。

新媒体研究院设有多个重要实验室暨教学实训和科研实践基地，主要包括北京市媒体融合发展重点实验室、中国传媒大学新媒体研究院北京联通 5G 联合创新实验室、中国传媒大学 5G 新媒体平台等。新媒体研究院切实面向行业实践与产业运营，长期开展与国内外研究机构、企业紧密合作，合作伙伴有中央电视台、新华社、人民日报等。

近年来，新媒体研究院承担了中央文化产业发展专项资金项目媒体融合传播效果评估项目；承担了中宣部关于推动深度融合发展打造新型主流媒体调研、媒体融合发展中技术运用于导向管理调研、媒体融合评估专项研究等多项工作。

2. 人才培养。新媒体研究院已经建立了常态化学生管理工作体系，2020 年，学生管理工作的效率和效能得以进一步提升。

第一，导师队伍多元化，与国内外知名学者广泛交流，为学生营造良好学术氛围。研究院根据学生特点实行导师小组制，采用

校内导师与校外专业导师协同培养方式指导学生，同时聘请业界有影响力的专家来校参与研究生教学培养工作。

第二，打通校园与社会信息高墙，邀请业界专家和一线从业人员打造创新示范课程体系。2020年秋季学期推出新浪共建硕士研究生特色课程“新浪微博传媒理论与应用”。

3. 科研工作亮点。

首先，媒体融合方向。受新华社委托编写的《中国新兴媒体融合发展报告（2019—2020）》立足于新兴技术和新兴媒体业态两大视角，盘点了媒体融合的优秀案例。新媒体研究院围绕北京市媒体融合发展重点实验室开展了一系列研究工作，参与了中宣部委托项目“新媒体投资机制与政策课题研究”；央视网委托项目“智能媒体发展趋势及后疫情时期主流媒体应对策略研究”等。

其次，智能媒体方向。《中国智能媒体发展报告（2019—2020）》于2020年4月正式发布，该报告全面展现了国内外知名媒体与互联网公司扎根于“算据＋算法＋算力＋网络”基础底座，不断加速人工智能技术在媒体全链路全环节融合应用的探索。

最后，5G新媒体平台创新。新媒体研究院通过与5G产业生态联合共建5G实验室的模式，开展面向5G新媒体的政策与管理、传统媒体的5G应用、5G新媒体业务创新以及5G商业模式等领域的理论研究与实践研究，进行智力输出与人才培养。2020年中国传媒大学新媒体研究院与中国电信、光明网共同组建“5G融媒实验室”。

四、传播研究院新媒体人才培养情况

1. 增设交叉学科“信息传播学”。传播研究院2020年率先在国内开设“信息传播学”交叉学科。针对信息传播领域的新问题与新挑战，在马克思主义哲学的指导下，开展信息传播领域的交叉融合研究，综合运用新闻传播学、哲学、历史学等相关学科理论与方法，培养“信息＋传播”的复合型硕士、博士高层次人才。

2. “智能传播”全日制学术型硕士专业开始招生。传播研究院2020年在国内率先招收智能传播学术型硕士，12名学生9月份正式入学。智能传播方向的培养目标是既熟悉传播学发展史论，又具有前沿视野及眼光；既有深厚理论积淀，又熟悉智能传播发展前沿；既有人文基础，又具有一定逻辑思维及应用能力的综合性人才。重点培养学生的交叉学科思维、创新应用能力，鼓励学生积极参与智能传播实践，并围绕智能传播发展热点问题开展学术研究及创新应用，具有良好的思想品德和社会责任感等。

3. 新媒体学术研究水平不断提升。2020年，传播研究院发表了18篇新媒体相关的学术论文，为新媒体领域研究贡献学术力量。

承担了多项新媒体领域相关的课题研究，如怀柔区融媒体中心节目策划、朝阳区

“十四五”时期新媒体平台体系建设研究；社会治理视角下视听新闻评论的舆论引导力提升研究；社会主义核心价值观广播宣传策略研究和融媒体新闻评论的发展与舆论引导力提升研究等。

同时，传播研究院依托强大的新媒体研究能力为社会机构、媒体单位和政府部门提供新媒体相关的调研咨询等服务，如与字节跳动签订“头条号大地传媒坊‘树木计划’”；与北京市委网信办合作的“北京文化系列网络活动调查”；与广西广播电视台进行的“区域性媒体国际传播转型研究——以北部湾之声为例”项目合作；与中国传媒大学附属中学展开的“初中各科跨媒介阅读与交流任务群研发与实施项目”；与黑皮河马文化传媒有限公司展开的“老龄人口的媒介使用”等合作。

4. 举办多个新媒体相关会议。2020 年邀请了多个新媒体研究领域的专家和学者进行座谈和交流。因疫情原因，多数学术讲座（15 场）通过钉钉线上平台进行直播，超过 4000 人次在线观看直播，另外 4 场在线下举行。7 月，传播研究院开设了“怀柔融媒体中心媒体融合发展培训班”，在学界和业界形成了较大影响。10 月，传播研究院成功举办线上国际会议——“智能 · 传播 · 社会：跨学科融合与挑战”。来自美国俄亥俄州立大学、荷兰格罗宁根大学、中国人民大学和南京大学等 20 多位海内外高校学者以及央视市场研究、明略科技、快手研究院等领军企业代表参会。

（中国传媒大学供稿）

北京大学新媒体研究院新媒体人才培养工作概况

北京大学新媒体研究院成立于2014年2月，是专注于新媒体创新发展的科研教学机构，致力于打造特色学科和优势专业，关注互联网和新媒体带来的传媒行业变革和社会挑战，以服务国家战略和社会需求为己任。始终秉承北京大学“勤奋严谨、求实创新”的优良传统，专注于新媒体传播、新媒体产业政策、新媒体经营管理、网络用户行为分析、新媒体教育、新媒体技术、网络安全、数据挖掘等领域的教学与科研。全国新闻与传播专业学位研究生教育指导委员会秘书处、教育部“国家网络语言研究基地”挂靠在新媒体研究院。

一、学科建设

1. *学科队伍*。新媒体研究院根据自身教学科研的工作需求，以引进高水平教师为突破口，以培养中青年教师为重点，以整合师资力量为重要手段，稳定教职工队伍，发挥教职工潜力，建立了一支工作有激情、有动力、合理稳定、良性发展的教职工队伍。新媒体研究院现有教学科研人员23人，其中教授5人，副教授4人，助理教授1人，副研究员1人，助理研究员1人。此外，还有国内外兼职导师32人。为适应科研教学工作量大，研究课题学科交叉性强的问题，新媒体研究院形成了以研究中心为依托，学科带头人或项目负责人主导，聘用合同制全职科研人员、博士后和高水平研究生为主力的研究团队，现本院共有全职科研人员11人。

2. *学科定位与研究方向*。新媒体研究院自主设立二级学科“新媒体学”，于2019年秋季起招收该学科专业博士研究生。目前，新媒体研究院下设1个硕士专业：新闻与传播专业；2个博士专业：传播学、新媒体学。

新媒体研究院立足国家使命与学术创新确立了新媒体研究、新媒体传播研究、新媒体社会研究、新媒体文化研究以及新媒体研究方法创新研究等五大方向。在学科建设方面，突出基础理论、前沿应用与战略政策研究。基础理论主要是指重点突破和建构学科基础理论体系，包括概念体系、理论体系和范式体系；前沿应用是指应用型研究要突出引领性和前瞻性，重点解决实践领域可能会出现但尚未引起足够重视，或者实践领域亟待解决却悬而未解的问题；战略政策研究，是指充分发挥智库作用，围绕国家需求和重大工程提升研究的水平层次。

二、人才培养与教学实践

新媒体研究院成立以来高度重视人才培养，通过培养方案改革、课程体系调整以及教材建设等方面推动人才培养与学科发展。2020 年，积极完善课程建设体系，本院教师总计开设 27 门课程，其中有 2 门为新开课程，总课时 1028 课时。

1. **培养目标**。在专业人才培养方面，本院关注互联网和新媒体带来的传媒行业巨变和社会挑战，以服务国家战略和社会需求为己任，致力于培养具有爱国意识和科学精神，引领行业未来的复合型、国际化、应用型人才。

筑牢意识形态阵地，培养新时代新闻传播事业的建设者。以马克思主义新闻观为统领，以习近平新时代中国特色社会主义思想为引领，培养理想信念坚定、职业道德高尚、业务能力精湛的社会主义建设者和接班人。

整合多个学科资源，培养全面发展的复合型人才。依托北京大学丰富的学科资源，搭建新媒体、公共卫生、医学、金融等领域的交叉知识平台，联动行业与产业，培养新闻传播领域的复合型创新人才。

关注全球行业趋势，培养爱中国、知世界的国际化人才。本着“立足中国，对话世界，引领趋势，贡献人类”的理念，开展国际合作办学，建立国际化培养体系，提供全球化实习实践机会，提高本专业学生的国际化水平。

对标国家发展需求，培养服务社会的应用型人才。紧跟党和国家发展战略和规划，回应社会需求，本院致力于培养既具备深厚人文社科底蕴和专业素养、更熟悉网络传播规律、能胜任新时代新闻舆论和传播事业、引领行业未来的应用型人才。

2. **培养方案**。结合专业培养目标和教学资源，制定了思想品德、专业素养、应用能力、创新能力“四位一体”的系统培养方案。

以立德树人为主旨，注重学生的德育培养。本院以系列思政课和完善的学生工作体系保障政治思想学习的开展，在专业学习和实践中提升学生的理想信念与职业道德水准。

以科学的课程体系为依托，构建复合型人才培养体系。从理论、方法和应用 3 个维度构建课程体系，夯实学生专业基础；结合新媒体等专业方向，构建复合型人才培养体系；开展国际合作办学，培养国际化人才。

以双导师模式为基础，提升学生社会适应性。同时配有学术导师和业界导师，学术导师指导理论学习，业界导师通过课堂教学和实践指导相结合的方式培养学生的应用能力。

以多元知识教学为根本，激发学生创新能力。打造交叉学科学习平台，提供多元知识碰撞，激发学生创新能力；开设《新媒体创新创业案例》课程，带领学生进行创新创业设计；通过业界导师的创新项目、北大“挑战杯”大赛等活动，促进学生创新发展。

3. **课程体系**。课程体系建设紧紧围绕培养目标，兼顾理论与实践，突出新媒体人才培养特点，课程开发积极响应社会行业发展需求。

开设专业思政课，以马克思主义新闻观为统领。开设《中国特色社会主义理论与实践研究》等基础思政课程，引领学生用马克思主义理论方法分析问题，让学生在历史及国情教育中坚定理想信念。结合专业特点，开设了多门特色思政课程，如《新闻传播政策、法规与伦理》《商业道德与研究方法论》等，加强社会主义核心价值观教育。

模块化课程设置，突出课程体系的系统性与规范性。课程设置按照 4 个模块由基础到深入、从理论到实践，分层次、体系化推进。基础必修模块旨在提升学生的思想政治水平，掌握学科基本理论与方法；专业必修模块以新媒体等方向的核心专业课为抓手，提升学生的专业知识；专业选修模块为相关领域的高阶课程，旨在拓展学生的视野；实习模块要求学生参加对应方向的实践，提升专业能力。

多元化教学模式，提高课程的实用性与适用性。采用课堂讲授、案例教学、专题讲座、学术沙龙、翻转课堂、公开课、工作坊、研讨会等多种教学方式，将研究的基础性、前沿性与实践性有机结合，加强理论性与应用性的联系，提高课程的实用性和适用性。课程考核形式灵活，重点考查学生运用所学知识发现、分析和解决问题的能力。

校内外资源联动，引导课程设计响应社会行业发展需求。集中学校和本专业研究中心、公众号平台、校外专家以及相关企事业平台资源等作为学生学习和实践平台，开发设计课程，培养学生面向产业发展、运用所学理论及相关专业知识综合解决问题的意识和能力。

4. **实习实践**。新媒体研究院专业实践形式和内容多样，包括课堂教学实践，如视频制作、新闻采写、广告设计、案例分析、传播策划方案撰写与执行等；校内实践，如参与学校、学院官微、公众号、电视台、媒体实验室的内容生产与管理运营等；校外企事业单位实践，如在人民日报、腾讯、新浪、爱奇艺等媒体和互联网企业等对口单位实习。通过与媒体和互联网企业建立专业实践基地，并发挥业界导师在专业实践中的指导作用，帮助学生更好地开展专业实践，将所学理论应用于实践。

5. **奖助制度**。学院采取多种奖助措施，引导鼓励学生勤奋学习，全面发展。积极贯彻执行学校的奖助制度，设立奖学金评选专家组，以“公平、公正、公开”为原则进行奖学金评定。2020 年度奖学金总额逾 200 万元，获奖及资助学生人数总计 119 人。

三、科研成果

秉承争取高层次项目、提升精品科研成果的指导思想，新媒体研究院成立以来在学术论文、重大理论以及科研奖励方面取得一系列成绩。2020 年度，共发表论文 36 篇，其中 CSSCI 论文 16 篇、人民日报文章 3 篇。出版专著 2 本（《见微知著——地县媒体融合创新实践》“Winning American Hearts and Minds: China’s Image Building Efforts in the 21st Century”）、研究报告 1 本（《中国网络语言发展报告（蓝皮书）》）。

四、合作交流

新媒体研究院拥有广泛的国际合作与交流，与哈佛大学、牛津大学等多所国际知名大学的新媒体研究机构建立了良好的合作关系，邀请国际知名学者来学院讲座和授课，积极学习国外大学的优秀教学研究成果、资源和经验，在课程体系、教学方法与教学管理上加强国际对接，并在部分课程中采用双语教学，适应科研教学国际化的需要，提升国际影响力。

新媒体研究院与美国印第安纳大学深度合作，联合推出两个三年制的双硕士学位项目，学生通过在北京大学新媒体研究院 2 年和美国印第安纳大学媒体学院 1 年的学习，完成项目规定的学分和论文考核要求后，即可获得北京大学新闻与传播专业硕士（新媒体方向）学位和印第安纳大学传媒艺术与科学硕士学位。此外，新媒体研究院还与美国、加拿大、荷兰等多所大学开展了科研、会议等实质性合作。

在学术交流方面，为贯彻落实中央全面深化改革委员会第十四次会议上强调的“推动媒体融合向纵深发展”，打通媒体融合“最后一公里”，新媒体研究院于 2020 年 11 月 19 日主办了第三届全国地县媒体融合发展高峰论坛，搭建政产学研一站式平台，目前媒体融合高峰论坛已形成一定的品牌影响力。

（北京大学新媒体研究院供稿）

复旦大学新闻学院
新媒体人才培养工作概况

一、教学概述

复旦大学新闻学院推出形式多样、内容丰富的新媒体课程、前沿讲座和专精化的新媒体人才培养方案。据统计，2020年度本科生阶段共计推出6门新媒体相关课程，研究生阶段共计推出18门新媒体相关课程。在专业硕士培养方面，学院作为全国首批获国务院学位委员会及教育部授权招收“新闻与传播”专业硕士的高校，开设四大专业方向，其中专门开设新媒体传播方向，实现跨学科交叉融合，培养适应社会需要、高质量、国际化的复合型新闻传播人才。在传道授业解惑之余，业界领军人物的新媒体讲座成为学生的“第二课堂”，业已形成包括“技术与人类未来系列”“上海新媒体实验中心学术讲座”“媒体人说”“走进新闻传播”四大品牌讲座，为学生提供面对面对话大咖、了解行业趋势的宝贵机会。

1. 新媒体特色课程。复旦大学新闻学院所开设的新媒体相关课程体现出关注新技术和数据以及跨学科交叉融合的特点。重点介绍“媒介技术导论”“数据分析与可视化”“媒介融合”等本科课程，以及“新媒体技术导论”“计算新闻传播学”和“网络数据挖掘”等研究生课程。

2. 全国首个新媒体专业硕士培养点。作为国内第一个新媒体传播专业硕士项目，复旦大学新媒体传播专业硕士项目通过创新培养体系、革新课程设置、推动产学结合、服务业界学界，在国内探索出了一条新媒体传播高端人才培养的新路。

第一，“3+3”本硕贯通，跨学科选拔优秀人才。复旦大学新媒体传播专业采用“3+3”本硕贯通模式，全部采用推免直研的方式，面向全国，在本科四年级的学生中选拔对新媒体传播有兴趣、有基础、有创意的优秀学生。项目在招生上跨越文理，打破学科界限，形成各专业背景的学生相互交流、激荡思想、促进创新的氛围。

第二，文理科交叉融合，创新设计课程体系。新媒体专硕面向迅猛发展的新媒体前沿设计课程体系，注重文理融合，致力于培养复合型人才。项目的课程体系分为基础、新闻、商业和数据四大模块，其中近一半的课程与信息学院、计算机学院、管理学院等其他院系合作开设。以数据挖掘、分析和可视化为主要特色的“网络数据挖掘”“数据新闻与可视化”“计算新闻传播学”“新媒体用户行为分析”等系列课程是全国乃至全球首批开设的实验性课程。新媒体专业让文科生能够懂技术，让理科生可以谈情怀，创新的课程体系与世界前沿同步跃动。

第三，产学研联合培养，无缝对接业界前沿。复旦新媒体专硕通过系统的制度建设与链条打造，通过与国内外优秀新媒体机构的深度合作，采取新媒体传播前沿讲座、业界参访、学术沙龙与工作坊、海外参访等多种方式，使本专业学生在学习的整个过程中与新媒体业界保持“链条式”的无缝互动。先后参访澎湃新闻、阿里巴巴、腾讯集团、网易传媒、浙报集团等，与多家新媒体机构建立了学术沙龙与前沿工作坊机制，并带领学生走出国门，赴美国纽约城市大学进行为期两周的暑期课程学习。既面向国内学界业界前沿，更放眼全球学界业界前端。

第四，实践性特色凸显，积极探索“产品化”模式。复旦新媒体专硕项目鼓励学生好学力行，积极实践，创造产品，实现价值。集体创办“复旦新媒体”微信公众号；参与发起成立复旦大学可视化实验室，并举办首届全球青年可视化高峰论坛；所完成的数据新闻作品多次刊载于澎湃、腾讯、新浪等知名媒体平台，并荣获首届全球华文网络互动新闻大赛两项金奖、两项银奖，以及第二届中国数据新闻大赛二等奖等。

第五，举办前沿工作坊，积极服务业界学界。依托新媒体专业硕士的人才培养模式，复旦大学新闻学院积极开展公益性社会服务，通过举办多期前沿工作坊为新媒体学界业界培养大数据背景下的紧缺人才。

二、平台及科研概述

1. 复旦大学上海新媒体实验中心。复旦大学上海新媒体实验中心作为中共上海市委宣传部与复旦大学共建新闻学院的重点项目，是新闻学院高峰学科建设中“一体五翼”格局的主体平台。主要承载学院在新媒体方面的教学、科研、创新实践与公共服务的功能。

中心总面积2043平方米，一楼包含全媒体内容实践区、数据采集分析场、创新展示体验室、可视化传播实验坊、广播数据直播间共同构成媒体融合实践平台，二楼为新媒体教学空间和研究项目孵化空间，包含彭博教室、无界教学空间、公共讨论区、创新工作室，用于开展各类教学科研与创新服务活动，支撑新媒体产品研发与成果推广。

在教学方面，复旦大学上海新媒体实验中心依托特色功能区域，定制打造“数据与财经新闻”“微电影微视频”“信息可视化”“视听技术与应用”等新媒体课程。一楼演播厅与央视CGTN、凤凰网联合制作多部采访短片，广获好评；在科研方面，中心致力于打造新媒体数据高地，与上海市委网信办、字节跳动等共建“数据墙”，对新闻终端产品实现数据式回放、过程式解剖、全景式分析，内部各类定制化软件分析系统面向全院教师24小时开放使用。依托中心平台资源，每年平均产出15个新媒体课题项目，领跑国内新媒体领域科研成果，为新技术新趋势的发展贡献智力产出。新闻学院利用彭博社在财经新闻、数据新闻方面的资源和优势，与新闻学院本科生、研究生的教学相结合，以暑期课程或工作坊的形式开展基础课程合作，邀请彭博社的优秀员工参与新闻学院授课。

在科研方面，截至2020年6月，新媒体系列项目（第二批）总共13个课题完成结项，涵盖《新技术背景下新闻传播学关键概念再阐释研究》《大数据与舆情监测研究——以上海市为例》《大数据与公共传播研究》《数据传播与计算传播研究》《人工智能与大数据分析——智媒生产实践中仿真的三个维度》《习近平总书记关于媒体融合发展重要论述研究》《上海媒体融合转型研究——平台创新与城市全媒体传播格局构建》《5G对中国传播生态影响研究》《县级融媒体中心建设研究》等多个维度。2020年7月，新闻学院已完成对新媒体系列项目（第三批）共计12个课题的立项工作。

在业界合作方面，中心与澎湃新闻网、腾讯、网易等新媒体新平台建立战略合作联盟，共同成立工作室，邀请新媒体机构的从业者担当导师，传授学生新媒体的前沿趋势课题，共建实习基地，引导大学生就业。

2. **复旦大学全球传播全媒体研究院**。应智能传播时代的需要，筹建全球传播全媒体研究院，打造中国新闻传播教育、科研创新“特区”。研究院集知识创新、人才培养、产品孵化、交叉学科培育多种功能于一体，以人本化、智能化、国际化、交叉融合为定位，为复旦大学新闻学院学科发展打造新引擎。研究院致力于“新媒体理论与技术社会化方向”“计算传播与智能舆论方向”“国际传播方向”“全媒体传播体系与新型主流媒体研究”4个方向的前沿性研究。

2020年，集中开展全球传播全媒体研究院申报、论证、挂牌、团队招聘以及项目申报等工作。聚焦中国传播技术发展前沿，围绕技术社会化进程中重大前沿课题展开探索，开展知识创新、理论创新领域尝试。推出标志性的理论成果，实现前沿性重大理论突破，在新媒体理论和技术研究方面，形成系统学术成果，建构中国新媒体话语体系。按照中央“国际传播”战略部署，布局复旦国际传播研究框架，筹建期内产生一批重量级研究成果和高质量的智库成果，形成复旦特色的国际传播研究框架；与国际一流大学展开合作研究。

3. **年度主要科研成果**。2020年，新闻学院教师在新媒体研究方面获得重要纵向科研项目立项9项，其中由周葆华教授作为首席专家承担国家社科基金重大项目1项“智能时代重大舆情和突发事件舆论规律及治理研究”，以及其他省部级项目8项，包括“智能城市的社区公共传播研究：系统元治理、空间治理、时间治理”“巧夺人工：自动化新闻生产中的人机关系研究”等。另有各类横向项目立项12项。

在新媒体研究方面，新闻学院教师以第一作者或通讯作者身份发表SSCI期刊论文7篇，CSSCI期刊论文40篇，其他期刊学术论文55篇，会议论文19篇。以第一作者出版专著4部，教材1部。

在教育部第八届高等学校科学研究优秀成果奖（人文社会科学）评选中，新闻学院教师新媒体研究方面的成果获得5项奖项（二等奖）。

三、社会服务

复旦大学新闻学院致力于打造连接国家、业界、社会的高端智库和社会服务平台，形成了多功能智库矩阵，其中包括马克思主义新闻观教学与研究平台、传播与国家治理研究中心、信息与传播研究中心、复旦大学上海新媒体实验中心、中宣部智库平台、复旦大学传媒与舆情调查中心、国家文化创新研究中心等多个智库平台。2020年，新闻学院教师撰写各类新媒体相关的研究或咨询报告200余篇，其中得到国家级单位采纳159篇，得到省部级单位采纳34篇。

（复旦大学新闻学院供稿）

武汉大学新闻与传播学院新媒体人才培养工作概况

人工智能、大数据、云计算、区块链、AR/VR/MR、5G、智能物联网等新信息技术在广告产业和传媒产业的广泛应用，正在深刻改变广告产业和传媒产业生态与竞争格局。智能营销传播作为一种全新的营销传播形态，对于产业实践和学术研究都提出了全新的要求。当前，智能营销传播研究已经成为国内外新闻传播学的重要新兴学术领域，受到新闻传播学界和业界的高度重视。武汉大学新闻与传播学院“智能营销传播研究团队”，在国内率先开展智能营销传播学术研究，聚焦智能营销传播理论、方法与实践，出版和发表了一系列有影响的学术成果，形成了鲜明的研究特色。

一、组建学术团队，联合科研攻关

智能营销传播研究是一个交叉学科研究领域，涉及新闻传播学、市场营销学、信息管理学、计算机科学与应用等。武汉大学新闻与传播学院“智能营销传播”研究团队，以新闻与传播学院广告学系师资为主体，整合院内和校内跨学科资源，组建包括新闻传播学、市场营销学、信息管理学、计算机科学与应用等学科领域学者组成的智能营销传播跨学科研究团队，开展联合科研攻关，并建立了制度化的科研合作机制。“智能营销传播”研究团队师资队伍雄厚，团队现有研究人员 18 人，其中教授 6 人、副教授 7 人、讲师 5 人，包括武汉大学珞珈学者特聘教授 2 人、武汉大学珞珈青年学者 1 人，绝大多数中青年教师拥有 1 年以上海外著名高校访学研修经历。学校和学院高度重视青年学术团队建设，由新闻与传播学院广告学系廖秉宜教授负责的“智能营销传播研究青年学术团队”，入选“武汉大学人文社科青年学者学术发展计划”。

武汉大学新闻与传播学院“智能营销传播”研究团队围绕智能营销传播的重大理论与实践问题，从智能营销传播理论、智能营销传播产业、智能营销传播运作、智能营销传播效果、智能营销传播伦理、智能营销传播法规等层面展开深入研究。近年来，团队教师承担了国家社科基金项目、教育部人文社科重点研究基地重大项目等相关领域的多项国家级课题，出版和发表了大量学术成果，产生了较大的学术影响。姚曦教授主持国家社科基金项目“人工智能时代新媒体广告发展趋势研究”，发表系列学术论文；吕尚彬教授主持教育部人文社科重点研究基地重大项目“传媒智能化背景下中国传媒和广告产业竞争力研究”，主编“智能媒体与智能营销探索丛书”；周茂君教授主持国家社科基金项目“中国新媒体广告规制研究”，主编“新媒体系列丛书”“数字营销系列丛书”；洪杰文教授主持武汉大学“人工智能问题”融通研究专项“新闻传播的人工智能时代：算法新闻中的人机关系研究”，出版《大数据营销》；程明教授主持国家社科基金项目“网络经济时代广告业生态的变革与新广告业态研究”，发表系列学术论文；廖秉宜教授主持国家社科基金项目“中国互联网广告监管制度研究”，出版《智能营销传播理论与实践研究》《智能营销传播新论》《中国智能传媒和广告产业规制政策与伦理规范研究》等系列学术专著。

二、举办学术论坛，开展学术交流

武汉大学新闻与传播学院通过定期举办“智能营销传播研究”学术会议，形成了良好的学术交流氛围。

1. 举办学术工作坊，开展专题研讨交流。武汉大学新闻与传播学院高度重视“智能营销传播”学术工作坊，每年由学院专项资助举办“智能营销传播”全国学术工作坊，2019 年和 2020 年，武汉大学新闻与传播学院连续两年成功举办“智能营销传播”全国学术工作坊。来自北京大学、中国人民大学、中国传媒大学、北京师范大学、南京大学、厦门大学、武汉大学、华中科技大学等国内重点高校的专家学者围绕智能营销传播议题展开深入研讨，取得丰硕成果，已出版工作坊论文集 2 部，部分工作坊论文在《国际新闻界》《新闻大学》《新闻与传播评论》等新闻传播学领域重要学术期刊发表，《中国媒体发展研究报告》学术集刊组织策划“智能营销传播”专题，刊发“智能营销传播”学术工作坊优秀论文。新华网、人民网、中国网、中国社会科学网、腾讯大楚网、中国广告网等国内主流网络媒体对武汉大学新闻与传播学院举办的“智能营销传播”全国学术工作坊作了大量报道，在新闻传播学界和业界产生了较大的学术影响。

2. 组织跨学科论坛，推进学科交叉研究。“智能营销传播研究”是一个新兴的交叉性学术研究领域，需要多学科联合科研攻关。武汉大学新闻与传播学院“智能营销传播”研究团队充分利用武汉大学学科门类齐全、综合性强的优势，整合校内跨学科学术资源，通过举办跨学科学术论坛，积极推进学科交叉研究。武汉大学新闻与传播学院“智能营销传播”研究团队与武汉大学信息管理学院“信息计量与科学评价”研究团队合作举办珞珈青年学者论坛“数据智能时代的信息传播”，来自武汉大学新闻与传播学院、信息管理学院、国家网络安全学院、测绘遥感信息工程国家重点实验室的专家学者作了主题报告和交流，跨学科学者间的思想碰撞，开阔了学术视野。

*3. 举办高端学术论坛，提升团队社会影响。*武汉大学新闻与传播学院在智能营销传播研究领域已经形成了稳定的学术团队，并成为学院具有鲜明特色的学术方向之一。一方面，学院支持和鼓励“智能营销传播”研究团队加强内部交流与合作；另一方面，学院支持团队开展与国内新闻传播学和跨学科专家学者的交流。2020 年 10 月，武汉大学新闻与传播学院举办“2020 年智能媒体发展高端论坛”，北京师范大学喻国明教授、中国传媒大学胡正荣教授、清华大学陈昌凤教授、中国人民大学彭兰教授，以及武汉大学强月新教授、单波教授、姚曦教授、程明教授、周茂君教授、廖秉宜教授等参与研讨交流，各位专家学者分享的主题前沿，思想深邃，受到国内新闻传播学界高度关注和好评。

三、科研教学互促，服务人才培养

人工智能技术在广告和传媒产业的广泛应用，正在深刻改变广告和传媒运作方式与竞争格局，对于新闻传播学科专业人才培养提出了新的要求。武汉大学新闻与传播学院高度重视科研和教学的相互促进，通过教学促进科研，用科研反哺教学。

*一是举办数据智能时代的广告教育研讨会。*武汉大学新闻与传播学院先后举办“数字时代的广告学专业建设研讨会”“‘教与学革命’珞珈论坛新闻与传播学院分论坛广告教育创新论坛”，围绕数据智能时代的广告专业人才培养方案改革、课程体系与课程内容建设、教学方法与实践教学创新等方面开展深入研讨。

*二是开展“智能营销传播”系列学术讲座。*该前沿系列讲座主要邀请国内外新闻传播学界和业界相关领域专家，面向武汉大学新闻与传播学院博士生、硕士生和本科生，通过组织系列学术讲座，让学生及时了解智能营销传播领域最前沿的知识，增强新闻传播学科专业学生应对智能时代新闻传播变革的能力。

*三是组织“智能营销传播”研究生学术沙龙。*该学术沙龙主要面向武汉大学新闻与传播学院博士生和硕士生，同时也向全国新闻传播学和相关学科的博士生与硕士生开放，通过围绕智能营销传播专题展开深入研讨，提升博士生和硕士生面向学科前沿的学术研究能力。

*四是在研究生培养方案中新增“智能营销传播研究”课程。*武汉大学新闻与传播学院在智能营销传播研究领域具有丰富的师资和深厚的研究基础，为了培养和提升学生的智能营销传播研究能力，学院在新修订的研究生培养方案中，首次开设“智能营销传播研究”课程。

（武汉大学新闻与传播学院供稿）

四川大学新闻学院
新媒体人才培养工作概况

2020年是我国推动媒体融合向纵深发展、深化体制机制改革、加大全媒体人才培养力度的关键一年，面对新形势下舆论生态、媒体格局、传播方式所发生的深刻变化，四川大学新闻学院以“四全媒体”复合型人才为培养导向，在新媒体人才培养方面不断开拓创新、积累经验，逐渐探索形成了在西部建设一流新闻传播专业、培养新媒体人才的模式。

一、创新课程体系建设，探索人才培养新模式

紧随媒体融合趋势及新文科建设背景下的人才培养需求，学院积极创新新闻传播课程体系建设，拓展学生的实践空间，全方位探索人才培养新模式。

学院紧跟形势，围绕国家媒体融合发展战略重点，精心打磨课程，提升教学效果，目前已形成了立足本院、覆盖全校、体系完善、与时俱进的新媒体教学课程体系。2020年，由蒋晓丽教授担任课程负责人的《网络新闻与文化传播》课程获评教育部首批国家级一流本科课程及四川省一流本科课程。该课程于2009年首开，10多年来从与传统媒体合作探索网络传播到与互联网企业共建人才培养，始终根据传播趋势和媒介发展调整教学方案、丰富教学方法，立足学界与业界的结合点，着力构筑新型人才培养模式。该课程人才培养理念先进，主流价值塑造有效，从新闻业务和思想政治双管齐下为新闻事业培养优秀的后备人才。2020年秋季课程的学生作业里，有小组为四川大学江姐纪念馆做了VR沉浸式导览；有小组围绕脱贫攻坚主题制作了融媒体报道作品，学生的作业从选题到实施集中体现了本院新闻学子的媒介视野、传播技能及社会担当。

为检验教学成果，鼓励学生积极参与新闻实践，学院多年来坚持通过设立新闻奖项奖励实践成绩优异的学生。其中具有代表性的奖项为“许川新闻奖”。该奖项设立于2008年，以为四川大学新闻教育事业发展倾注心血的许川同志命名，由其子许晓舟先生出资。许川同志曾任中国记协副主席、《四川日报》总编辑、四川省委宣传部部

长。奖项意在以奖促学，鼓励有志从事新闻工作并有丰富新闻实践经历的学生，每年评选出一、二、三等奖学金获得者30人左右。伴随媒体的融合趋势，“许川新闻奖”的参评作品已不局限于传统形式的新闻作品，适用于新媒体平台的融媒体作品数量逐年递增，且质量较高，展示了本院在适应媒体融合发展趋势、提升学生全媒体素养培养方面所取得的成果。2020年4月，学院编著的《春华秋实新闻行：“许川新闻奖”纪念文集（第一届至第十届）》正式出版。文集收纳编录了部分获奖者作品及其创作手记和学界业界专家学者的主题访谈。文集的出版代表了学院新闻传播专业教育与社会企业合作所取得的成果，为高校新闻人才的新型培养模式提供了经验参照。

二、连通课堂内外，拓展专业实践

学院立足自身学科优势，积极连通政府机构、传媒业界，在政策研究、行业咨询、社会服务等方面，为政府决策和行业发展提供多层次的专业支持，与业务领域互学互鉴的同时也丰富了教学场景，拓展了人才培养空间，实现高校资源与政府机构、业界单位的合作共赢。

受新冠肺炎疫情影响，本年度的线下学术交流受到影响，作为常规课堂的教学延伸，学院在自办线上讲座的基础上，善用业界资源，组织学生参与重要讲座。2020年4月17日，学院组织学生收看了由中国记协新媒体专委会和新闻培训中心主办的“践行‘四力’凝心聚力‘暴风眼’中的信息枢纽”线上讲座，学习新媒体报道经验方法。2020年年底，学院又响应高校新闻传播学类教学指导委员会号召，组织新闻传播专业本科学生在课堂上及课下利用多种形式学习“中国新闻传播大讲堂——来自武汉抗疫一线的报道”，强化马克思主义新闻观教育和专业能力培养。学院通过一系列举措，使常规课堂、学术讲座与业界讲座形成综合教学矩阵，帮助提升学生在新媒体传播时代的专业竞争力。

四川大学新闻学院作为中国新闻奖试点报送单位，积极认真参与评奖工作，2020年度学院选送的3件新闻报道有2件分获本届中国新闻奖二等奖和三等奖。学院继续与“川报观察”共同主办“市县新媒体2020优秀传播案例征集推选活动”，面向四川省内各市（州）、县（市、区）征集优秀传播案例，生动记录了2020年四川新发展、新面貌、新成就。副院长操慧教授担任专家组长，共评出了十佳优秀传播案例及“抗疫宣传奖”等9个单项奖，充分展示四川市县新媒体融合发展的创新探索与成功经验。在四川省网络文化协会第三次会员代表大会上，学院当选为副会长单位。

三、践行新闻理想，参与社会服务

学院在人才培养方面，注重“学以致用、知行合一”，鼓励学生既积累学养又跳出书本，既理论充实又敢于实践；鼓励学生关注重要报道主题，投身一线新闻现场，培养具备系统理论知识与丰富实践经验的新型新闻传播领域人才。学院与新华社四川分社、四川日报报业集团、四川广播电视台等主流媒体及头部互联网企业合作，共建实习基地，邀请来自媒体的专家担任业界导师，指导学生学科实践。

疫情期间，学院响应教育部和学校“停课不停学”的教学号召及要求，发挥所长及时报道线上教学实况，讲述学院师生智慧助学故事，让此次特别的求知旅程成为共同学习成长的动力。作为学生业务实践的第一平台，学院新闻中心立足本院防疫抗疫实践，以多种形式记录、呈现全民抗疫中的温馨身影。充分挖掘校友资源，激发报道潜能，报道了担任社区防疫志愿者的校友抗疫故事，以新闻小故事致敬榜样，用暖心真情鼓舞斗志。

在脱贫攻坚的收官之年，本院学子以青年担当和青年活力践行新闻理想，参与扶贫项目，报道扶贫实践，以家国情怀和专业素养与时代共同进步，让新闻初心流淌笔尖，以优秀作品鼓舞人心，将人文关怀铭记心头。2020 年 10 月，四川脱贫攻坚“奋进号”主题列车启动仪式上，本院学生以实地采访、纪实摄影等方式开展报道实践；特别报道《“四川大学—甘洛县”决战决胜脱贫攻坚工作座谈会暨〈迈向凉山新篇章〉四川大学脱贫攻坚纪实文学报告会召开》被新华社客户端、四川观察客户端和锦观新闻客户端全文转载，总阅读量破 100 万人次。

2020 年，本院学生在各类新闻传播领域的专业竞赛中取得不俗成绩。本院报送了 27 项作品参加人民网奖学金优秀融媒体作品奖评选，其中《话说江豚》《追寻》《最美逆行者》占据了 12 项一等奖中的三席，另获 4 项二等奖、13 项三等奖，共 20 项参赛作品分获一、二、三等奖。在第五届中国数据新闻大赛中，本院学生创作的数据新闻作品荣获一等奖、最佳数据驱动奖和最佳数据新闻可视化奖。在第五届全国大学生网络编辑创新大赛中，本院学生斩获 4 项一等奖，4 项三等奖。本院多名学子参加成都传媒集团举办的第二季“红星新闻高校评论新秀挑战赛”，与全国高校学生同台竞技获佳绩。

（四川大学新闻学院供稿）

暨南大学新闻与传播学院新媒体人才培养工作概况

2020年，暨南大学新闻与传播学院在课程建设、实践教学和实验室建设等方面持续加大投入，以高起点、高效率、高视野为要求，全力推动学院各专业向新媒体人才培养转型，在重要指标上取得重要成果或进展，以更快更好地适应全媒体时代对新闻传播人才的需求。

一、课程建设：加强新媒体一流课程建设

以教育部推进现代信息技术与教育教学深度融合，推动实施一流课程建设“双万计划”为契机，以“金课两性一度”为建设标准，围绕新媒体相关的核心课程体系，逐步建立起一批国内领先的、具有开创性的、能够带动和辐射全国的新媒体在线开放课程群，积极探索线上线下混合式教学创新模式。

截至2020年，已建成并上线在线开放课程5门，其中“数字营销：走进智慧的品牌”为国家级精品在线开放课程、省级精品在线开放课程、省级精品资源共享课；“数字营销传播”为国家级一流线上线下混合式课程；“融合新闻：通往未来的新闻之路”为省级精品在线开放课程；“新媒体文化十二讲”“新媒体产品设计与项目管理”为省级精品在线开放课程；“跨文化传播”为国际双语在线开放课程；除此之外，还推出中国第一门高校“计算广告学”慕课。

二、实践教学：多形式加强与业界协同培养

为了更好地实现人才培养与业界资源的对接，学院实施了以“多方共建、多维实践、多元成果”为特征的深化产教融合、校企合作的实践教学创新模式。以校内实践工作坊为基础，辅以开放实验课、暑期主题实践、专项特训营、毕业实习、毕业设计等多种创新形式，对接国内主流权威新媒体平台、互联网公司、一流企业和各级政府部门，逐步探索出“校企互培”的项目制实践教学创新模式。

创办口语传播教学的新媒体平台“声海工作室”，致力于用声音创作优质有声读物，将优质传统文化传播到五洲四海。2020年

2月26日，声海工作室官方认证账号在“荔枝”客户端上线，目前已制作上传“声援疫线”“两会代表委员说”“两会记者日记”“远方有多远”“疫情下的家书”等17个播单共318个作品。截至2021年2月9日，总播放量达231.6万次，获得“荔枝2020年度正能量主播”荣誉称号。“荔枝”平台上线声海工作室专属话题圈“一人一个照亮心房的故事”，累计收获4.7万小耳朵的关注，4.5万期节目投稿，日活跃度排在同类话题圈前列。话题圈内朗读素材共上线84个，总收听量超过36.5万次，跟读人数近90万。工作室目前在录与已录书籍共18本，书籍所属单位来自暨南大学出版社、喜马拉雅FM、广东省委网信办。

2020年年初新冠肺炎疫情期间，“功能性游戏训练营”与网易游戏“易次元”平台合作，指导学生组成团队，利用专业知识制作了5款防疫题材的原创新闻游戏，为防疫科普贡献自己的力量。将游戏与新闻融合，可以让用户在游戏互动中参与到新闻情景之中，从而加深对新闻的理解，同时加强对社会议题的关注与思考。5款新闻游戏获得包括南方日报、广州日报、网易游戏等国内主流媒体和主流游戏平台的广泛报道与推荐。

三、实验室建设：积极服务校内外新媒体教学科研

2020年度，计算新闻传播研究中心自建的传播大数据实验室的技术水平和硬件配置得到进一步提升，目前已完成传播大数据平台1.0版本的迭代更新。

在数据方面，截至2020年12月，该平台存储了近240亿条数据，融合了多种数据来源，主要有国内外主流社交媒体，包括微信、微博、知乎、脸书、推特等平台的用户信息及用户产生的内容，拥有的境外媒体数据平台覆盖国际200多个国家和地区、超过20种语言的媒体，另外可提供针对特定网站的数据挖掘与分析服务。

在硬件方面，实验室已建成由51台高性能服务器组成的大数据处理分析集群，拥有顶级CPU物理核心数1200个，内存12T，存储超过2PB，内部万兆光纤互联的大数据传输、存储和运算能力，已可实现目前积累并预处理的百亿条多元异构数据的实时在线可视化分析。

基于上述软硬件系统，传播大数据实验室在2020年持续完善舆情监测系统，同时开发了便于缺乏技术基础的广大师生使用的“Computation X Communication”在线数据分析系统以及香港政治主体知识库。鼓励本、硕、博学生参与大数据分析，培养学生数据分析能力，学生发表核心期刊论文4篇，1篇获评为2020中国新媒体传播学年会最佳论文。

2020年度，实验室持续服务学院、学校科研和政府报告任务，累计提供在线数据服务超过5000余次。在舆情大数据教学实训方面，也将为全国高校交流生提供面向大数据、信息技术、人工智能应用等方面的指导，为广东省内外高素质舆情大数据人才培养和培训提供支持。

（暨南大学新闻与传播学院供稿）

南京大学新闻传播学院新媒体人才培养工作概况

2020 年，教育部公布一批国家级一流课程，其中，南京大学新闻传播学院的“未来编辑部”被认定为国家级一流实践课程。与传统的课堂授课方式不同的是，这门课程从排课、选课、上课、成绩评定到人才培养效果，全部采取了颠覆传统模式的创新模式。

一、适应全媒体时代的一门新课

2015 年开始，随着互联网的发展，学生的表达空间日益多元化，学生们凭借热情开始自发组织创办自媒体，但在没有教师指导、没有机制保障的前提下，这些自媒体内容质量参差不齐，把关意识弱，新老交替难，难以持续运行。2016 年，为了规范引导学生创办校园媒体，并将之纳入学院新闻传播实践教学改革的范畴，通过教师指导学生，打通课堂教学与课外实践的藩篱，鼓励并不断孵化有潜力的学生实践项目，并在此基础上组建成“未来编辑部”。

2016 年春季学期，“未来编辑部”成为一门有学分的实践课程。这门课以系列实践选修课的方式，为学生搭建起正式有序、学生主导、教师指导的全媒体平台，学院鼓励专业课教师为学生们提供持续、专业的指导。这门课程的最高决策机构是“未来编辑部指导委员会”，由学院党委、分管教学副院长、“未来编辑部”有关指导教师组成。具体课程内容和实践项目，由 8 位指导教师团队设计和执行。

“未来编辑部”最初推出时，学生们没有固定场所，通常两周召开一次选题会，教师通过线下结合线上的灵活方式指导学生。2020 年，学院建成全媒体中心，“未来编辑部”有了一间 180 平方米的多功能空间，学生们可以在这里开会、讨论、上课、培训，有了属于自己的活动空间。

2020 年，学院根据教育部、国家互联网信息办公室《关于进一步加强高等学校网络建设和管理工作的意见》以及学校相关要求，对学生媒体项目开展认证工作，一方面是希望将学生媒体项目纳入规范化管理范畴，同时对表现出色的给予资金支持，让学生媒体项目健康发展。其中，资助家书工

人才教育

作室1.5万元、核真录1.5万元、新记者1.5万元、新潮1.5万元、新天地1万元。未通过认证准入的学生媒体项目将不再纳入学院指导和支持范围，不得再冠以南京大学新闻传播学院的名义运行。经费资助实行动态调整，根据表现每年评定一次。

二、一种全新的授课方式

“未来编辑部”刚开始是一门2学分的选修课，学生加入校园媒体，在教师指导下进行媒体实践。“未来编辑部”下设多个校园媒体，最初有新天地、新记者、新潮、南大新传、南播玩、南大网台、家书项目、百度青媒联盟等品牌。其中既有采写实践，也有音视频、直播，以及社群运营实践。学生根据自己的兴趣选择参与，可以选择一个，也可以选择多个，但实践学分只能拿一次。

从2017年开始，“未来编辑部”成为一门必修实践课。“未来编辑部”建立了一套独特的选课制度：先实践后选课，没参与实践，不能选课，拿不到“未来编辑部”的两个学分，就毕不了业。但光靠强制没有用，要让实践课真正受到学生欢迎，还是要想办法让学生在实践中真正有所收获，学生能力真正得到锻炼和提升。

“未来编辑部”由多个校园媒体板块组成，每个板块像一个小型编辑部，设有指导教师、学生主编、学生编委以及成员，主体责任由指导教师负责，这样确保了校园媒体的政治方向和专业水准。学生媒体项目之间也存在竞争关系，办得好，就会吸引更多的学生加入，每年秋天的招新，就是各家校媒比拼实力的赛场。校园媒体板块也在不时进行动态调整，这样可以保证实践教学质量。从2017年到2020年，陆续有3个项目被淘汰，分别是南播玩、南大网台和百度青媒联盟，新增了两个项目，分别是大学英雄（以人物视频为主）和NJU核真录（以事实核查为主）。

以“未来编辑部”的新潮板块为例，设编委会6人，1名主编，5名编委，学生团队共有60人，本科生为主力，也包括研究生。学生遍布各个年级，除了新闻传播学院的学生，还有文学院、外语学院、商学院、地球科学等专业的学生加入。“新潮”学生分为AB两组，两周开一次线下选题会，讨论选题，选题确定后，大家自愿报名组队完成选题，每个编委跟进一个选题，负责催稿，并进行初步改稿，然后交给教师改稿，经过美编排版，最后通过多平台发布。发布后要进行评论互动运营，组建粉丝群，并拉热心粉丝一同参与内容生产。大部分学生会参与一年实践，这其中会有一些骨干留下来，成为主编和编委。每年，都会从大批学生中涌现出一批有热情、有专业能力、有奉献精神、有组织和领导能力的学生，并一代代传承下去。

入选“未来编辑部”的板块，指导教师必须确保至少一年的指导工作。开始时每年只能在秋季学期选课，从2020年起，每学期都可以选课，但选课前提是学生已经在相应的板块进行了实践锻炼，并积累了足以达到获取学分的成果。是否允许学生选课，由指导老师和板块编委们决定，各板块的标准不一样，因为实践的性质和类型不一样。先实践，积累作品；再选课，拿学分。这种模式颠覆了传统的选课模式，即选课没有门槛，选课学生期末都会有成绩，但学生是否得到了实际锻炼却难以评估。在“未来编辑部”，指导教师不是像传统课堂那样统一讲授，而是结合具体选题有针对性地指导学生，从选题的可行性到采访如何突破，再到稿件写作中的问题，以及如何进行内容运营、粉丝运营、对外合作、推荐评奖等，这样，就将实践教学真正落到了实处。

因为有这样一种机制存在，2020 年新冠肺炎疫情暴发后，“未来编辑部”的 6 名指导教师（现为 8 名指导教师），组织 180 多名学生，开展了“校园媒体防疫观察”系列采写实践活动。由于疫情期间学生们在家上网课，而学生遍布全国各地，因此可以通过学生的眼睛，观察到全国各地的抗疫防疫的真实情况。师生每天晚上 8 点开线上选题会，当学生完成稿件，老师分头给学生一遍遍改稿。疫情初期每天更新 1—2 篇，后期放缓，3 个月共发表 84 篇图文视频报道，累计 20 余万字，阅读量超过 10 万 + 人次，内容涉及疫情来袭、全民抗疫、复工复学、全球疫情、疫情生活等 5 个方面，学生从实践中表现出强烈的社会责任感和专业使命感。该项目 2020 年在中国高等教育学会新闻学与传播学专业委员会每两年评选一次的“教学改革创新项目”中荣获“中国新闻学与传播学教学改革创新项目”。

三、人才培养成果

首先是学生能力培养。学生能力培养，不仅仅是让学生参与媒体实践，提升专业能力，还包括给学生提供一种集体生活，让学生有归属感。传统课堂，学生上课下课，社交有限，但在校园媒体中，每个项目都会遇到不同的同学，学生们无形中扩大了社交圈子，可以接触到更多的同学。同时，在报选题的过程中，学生开始培养问题意识，问题意识不仅体现在做一条稿件，同时也是今后开展学术研究需要培养的一种意识。学生在完成项目的过程中，采访能力、沟通能力、写作能力、合作能力得到全方位锻炼。同时因为学院的校媒有 7 个，彼此之间还存在竞争关系，学生也培养了竞争意识，特别是在同题竞争时，谁的时效性更强、谁的表述更权威，谁就会更胜一筹。另外，所有内容不是一发了事，还需要运营意识，包括做什么选题，读者对象是谁，标题应该怎样拟，在哪些平台发表，评论应该怎样互动，如何看待传播数据，如何建立和维系读者群，如何建立激励机制等。

其次是学生收获作品，树立对专业的信心。学生们平日里创作的作品，除了在自己的平台上发表，还有机会在新华社、澎湃新闻、腾讯新闻、荔枝新闻等专业平台上发布，发挥更大的影响力。例如 2020 年，我们与新华社合作，推出屈原和端午节的数据可视化选题策划，在新华社、“学习强国”等平台上发布，浏览量过百万次。2020年，我们与腾讯新闻开展了“反家暴日”的选题合作，学生创作了长条图、短视频、数据新闻等新颖内容，得到广泛传播。我们还在南京大屠杀死难者国家公祭日，用地图记忆的形式，提醒人民不忘历史，作品在澎湃新闻和腾讯新闻上都得到很好的传播效果，并获得澎湃湃客当月好稿第一名的好成绩。2020年，学生作品在中国日报大学新闻奖、中国数据内容大赛、中国数据新闻大赛、大学生校园媒体大赛等活动中荣获20多个奖项。

最后是育人模式对外推广和辐射。2018年和2020年，我们举办两届大学生校园媒体大赛，第二届大赛我们联合全国15家国家级传媒实验教学示范中心共同协办，吸引88所高校的124家校媒参赛，较首届大赛规模扩大一倍。在颁奖典礼期间，我们举办了第二届新闻传播实务教学研讨会，探讨全媒体时代的新闻传播实践教学的路径和方法。

（南京大学新闻传播学院供稿）

山东大学新闻传播学院新媒体人才培养工作概况

山东大学于 1996 年开启全日制新闻学本科教育，目前新闻传播学已逐步建立了“学士（本科）—硕士（研究生）—博士（研究生）—博士后”完整的人才培养体系，并于 2013 年被中宣部、教育部确定为首批 10 所部校共建新闻学院。2020 年，本科生专业基础课“数字传播技术与应用”获评首批国家级一流本科课程线下课程。

一、基于新媒介技术驱动的实验中心建设改革

山东大学新闻传播学教育历来重视新媒介技术驱动下新闻传播学教学与研究的变革，早在 1997 年便建立多媒体实验室，并陆续开设了相关课程及启动了相关研究。2016 年新闻传播学院独立建院后，将新媒体时代实验中心的建设作为学院和学科发展的重中之重。

2018 年学院便提出了“文理工艺”交叉的实验室建设发展思路，与中宣部、教育部发布的“卓越新闻人才 2.0”，以及“新文科”建设的精神高度契合，培养复合型新闻传播人才，以此为指引解决教学过程中相对稳定的理论基础与快速发展的实验实践要求相衔接的问题。通过新媒体时代的实验室建设改革，建设新型实验室，开发数字化、数据化、智能化为中心的实验课程及实验项目，强化学生在专业领域的数字技术应用、艺术传达能力及科学素养的提升，提高学生应对媒介技术高速迭代的基本业务水平。

2019 年学院规划搬迁新址，以此为契机重新规划实验室的组织结构，将传统的报纸编辑、非线性编辑、新闻摄影等实验室全部取消，并根据新媒体时代媒体发展的主要方向，对接国家媒体融合发展战略的重大需求，将 5G、大数据、云计算、人工智能等新技术融入新闻传播学的实验中心建设中来，定名为“山东大学新闻传播学院—媒介科学与工程创新实验中心”（以下简称“实验中心”），并于 2020 年 9 月初步建成投入使用。

实验中心建设以融合化、数据化、国际化、共享化为目标，以“文理工艺”交叉协同为导向，以教学辅助、科研支撑、社会

服务三大功能的结合为定位，不仅能够满足自身所设专业的教学要求，同时有着科研支撑的功能，并能够将科研成果迅速转化，提供有效的社会服务。目前，取得的成绩主要有：一是在教学方面，2019 年获批 2018 年度国家虚拟仿真实验教学项目“基于多角色扮演的新闻发布交互式演练”（2019 年认定为山东省一流课程，2020 年认定国家级一流课程），2020 年本科生专业基础课“数字传播技术与应用”获评首批国家级一流本科课程线下课程；在科研方面承担国家级项目 6 项，并实现 SSCI/SCI 一区期刊发表的突破，已发表 4 篇；在平台建设方面，连续获批山东省网络视听（短视频）研究基地和山东省文化科技重点实验室。

目前，2020 年已规划建设的实验室基本结构为“6+1”组合，即 6 个实验室群组 +1 个开放共享平台。

二、实验中心六大实验室群组

1. 大数据与智能媒体实验室群组。重点进行大数据挖掘与分析、精确传播、传播认知、媒介调查、舆情分析、新闻核查技术以及自然语言处理等智能媒体相关的科学研究。主要包含以下 4 个子实验室：

一是大数据与精确传播科研实验室。主要用于大数据挖掘、采集和分析等一流数据资源建设，建造传播数据仓库，为学科建设、科学研究和社会提供服务。

二是传播认知科研实验室。主要配置眼动仪、脑电系统等认知科研设备，进行基于眼动仪或脑电系统的认知传播研究，具体可进行文化、可视化、品牌策略等传播效果的研究。

三是媒介调查与舆情分析实验室。主要研究领域为媒介发展战略研究、媒介产业研究、媒介消费研究、媒介融合研究、媒介素养研究、媒介数据分析研究、舆情监测与分析研究等。

四是智能媒体实验室（新闻核查、自然语言处理）。主要使用人工智能、知识图谱和大数据挖掘等技术进行新闻核查、自然语言处理等领域的研究。服务于媒体内容风险管控、国家网络安全和社会安全。

2. 无人机与移动媒体实验室群组。主要包含无人机航拍实训、无人机虚拟仿真、移动媒体、智能网联仿真等领域，下设 3 个子实验室：

一是无人机航拍实训室。用于无人机航拍实训教学。

二是移动媒体实验室。用于基于 5G 环境下的移动节目制作等移动媒体相关领域。

三是智能网联仿真实验室。拟规划放置具备智能网联的无人驾驶汽车，用于无人驾驶媒体环境仿真研究。

3. 融媒体与全息传播实验室群组。主要是数字媒体与出版、MR 虚拟仿真和融媒体领域相关的实验室群组，为 2013 年获批的“教育部部属院校大学生校外实践基地”的实训平台，为学生校外实践活动夯实媒体技术基础。下设 3 个子实验室：

一是数字媒体与出版研究院（实验室）。

主要承担数字媒体技术和出版技术研究，促进新闻出版产业融合与转型升级。

二是MR虚拟仿真实验室。主要承担MR混合虚拟演播、基于多角色扮演的新闻发布交互式演练等虚拟仿真实验教学部分，并研究开发新型实验项目，拓展虚拟仿真实验类型。

三是融媒体实验室。主要承担数据新闻及信息可视化教学、融媒体云平台实践平台教学以及新闻制作原理与设计等实验课教学。

4. 媒介政策与公共传播实验室群组。该实验室群组主要包含以下4个子实验室或研讨室：

一是公共传播综合实训基地。集合新闻发布、视频会议、媒体访谈等多功能的实训基地。

二是影像传播实验室。主要承担影视节目审片、影视传播教学和其他审片任务。

三是智慧探究式研讨室。主要承担组织实验室培训交流会、实验教学和科研研讨会、实验沙龙以及实验实践工坊等。

四是国际传播实验室。主要进行国际媒体分析、进行国际新闻研究和转型国家传播媒介与社会发展研究。

5. 媒介技术与文化传播实验室群组。该实验室依托2018年获批山东省科技文化重点实验室建设，其重要组成部分“VR与传统文化国际传播”实验室于2018年启动，已建设两年，与国内外多所高校共同进行了多个项目研发、多场技术展示及VR工坊。

6. 媒体创意与视觉传播实验室群组。该实验室依托山东省品牌与传播社科重点研究基地和山东大学广告研究中心建设，主要包含以下2个子实验室：

一是视觉艺术实验室。主要用于视觉艺术设计教学等教学和实训基地。

二是STUDIO工作室。主要装备苹果机及周边设备，承担媒体创意、品牌传播设计等实验教学。

三、智慧融媒体开放共享大平台建设

智慧融媒体开放共享实验大平台是在山东大学宣传部、信息化工作办公室的支持下，由新闻传播学院承担建设的涵盖数据管理、内容生产、教学实践、业务管理和舆情监测的面向校内外共享的综合性实验大平台，该平台整合现有产学研各方优势资源，打通内容生产和分发的全流程、全要素，改变实验室固定教学模式，利用云服务、虚拟化实验室等实现山东大学“一校三地”跨校区学科交叉、共享开放的实验教学，培育文理工艺交叉协同下，具有“十八般武艺”的卓越新闻传播人才，并推进实验教学的信息化、智能化、开放化、共享化建设。

（山东大学新闻传播学院供稿）

浙江大学传媒与国际文化学院新媒体人才培养工作概况

浙江大学传媒与国际文化学院进一步瞄准国际标杆和国家区域重大需求，适应全球化时代和新媒体技术发展趋势，依托“数字全球沟通”优势特色学科和浙江大学多学科优势，进一步凝练优势特色学科方向，推进学科融合，参与学科汇聚，制定优势特色学科 2.0 计划。在“全球传播”的基础上，突出“数字全球沟通”，进一步突出本优势特色学科的跨学科特色，打造世界一流、中国特色、浙大风格的新闻传播学派。

一、凝练一流方向

1. 数字新闻（digital journalism）。关注全球媒体融合时代，人工智能、大数据、区块链、云计算、VR/AR/MR 等新技术对新闻业的挑战和机遇，通过与计算机科学、控制科学、脑科学等相关学科合作，打造文工交叉的跨学科研究平台和教研团队，在媒体融合、新闻史论、新闻生产、媒介伦理、媒介管理、网络舆论、网络治理等方向形成特色研究成果，培养智媒时代会使善用“十八般兵器”的全媒化复合型新闻传播人才。

2. 数字沟通（digital communication）。聚焦全球化时代不同主体、不同层次、不同范围、不同语境的人类沟通问题，通过与计算机科学、中国语言文学、外国语言文学、政治学、管理学、医学、公共卫生等学科的交叉，建设立足中国、面向世界的跨学科研究平台和教研团队，在跨文化传播、全球传播、城市传播、策略传播、健康传播等方向形成特色优势，培养新时代精通数字沟通理论和实践的全球传播人才。

3. 数字文化（digital culture）。紧抓数字经济时代文化产业发展的重大机遇，以新技术赋能文化研究与产业发展，通过与计算机科学、艺术学、哲学、经济学等学科交叉，形成产学研一体化的跨学科研究平台和教研团队，在视听传播、戏剧影视、美学、文化研究、数字内容产业等方向确立优势地位，培养移动互联网时代掌握音视频生产和传播技能、艺术和伦理的内容产业人才。

二、完善教学体系

打造卓越新闻传播人才培养体系。2020年，浙江大学与浙江日报报业集团共建卓越新闻传播人才教育实践基地。优化调整、改造升级原有专业，2020级起，新闻学、传播学两个专业开始招生，新闻学专业下设数据新闻、国际新闻两个方向，传播学专业下设视听传播、策略传播、跨文化传播3个方向。学院新闻学、传播学专业分别于2019年、2020年入选国家级一流本科专业建设点。浙江大学传媒与国际文化学院已实现国家级一流本科专业建设点全覆盖。2020年，学院"马克思主义新闻观"课程入选国家级线下一流课程，"重大时政新闻智能生产虚拟仿真实验"入选国家级虚拟仿真实验教学一流课程。

学院努力提升学生创新创业能力。通过与计算机等学科合作，第十二届"挑战杯"中国大学生创业计划竞赛中，学生的"I-Dub——国内首创AI影视后期声解决方案提供者"团队荣获"文化创意和区域合作"组金奖，"麻辣数据——以科技创新赋能数据标注"荣获"科技创新和未来产业"组金奖，两项金奖占全校金奖总数的1/4；两支学生团队分获浙江省第十二届"挑战杯"大学生创业计划竞赛特等奖和一等奖，均获"建行杯"第六届浙江省国际"互联网+"大学生创新创业大赛金奖。

三、建设重大平台

2020年度，浙江大学数字沟通研究中心成立，浙江大学文科资深教授黄旦担任中心主任。浙江大学数字沟通研究中心将立足于数字技术与新闻传播学科的交叉点，着眼于数字媒介的变化革新，以数字沟通为问题域，聚各方力量，创建具有中国特色浙大特点的新闻传播学科，为学科的发展乃至新文科建设提供浙大经验和示范，也为形成数字沟通的中国经验、中国理论和中国范式作出贡献。

四、打造一流团队

学院瞄准国家重大战略需求和基础理论重大突破，整合各相关学科资源，重点打造"全球传播研究""新轴心时代的价值传播""影视与文化产业大数据研究""当代马克思主义美学研究""大数据+网络舆情"等5个"一流创新团队"。力争孵化若干国家级和省部级重要研究项目，形成若干重大研究成果，为国家和地方经济社会发展作出实质性贡献。目前已有两个团队孵化出国家社科重大项目。韦路教授课题获2019年度国家社科基金重大项目立项，范志忠教授课题获2020年度国家社科基金艺术学重大项目立项。

学院不断加强实践人才队伍建设。2020年引进2位传媒创作实践类"百人计划"研究员，对提升学院实践教学质量起到重要作用。继续推动学院与浙江广电集团、浙江日报集团间的人员互聘交流工作制度化、常态化。2020年聘任浙江日报报业集团社长唐中祥等为兼职教授，聘任3位业界专家为学院兼任老师，进行相关业务类课程的教学，并组织和指导学生实习实践活动。开展第七期卓越记者驻校计划，5 位海内外优秀新闻工作者入选。

五、提供社会服务

2020 年，学院受中宣部宣传舆情研究中心委托，对“学习强国”学习平台的媒体融合做法和成效进行第三方调查，构建一套涵括 40 多个指标的主流媒体受众分析的评价指标体系。学院受国家广电总局媒体融合司委托，对全国地市级主流媒体融合的相关情况展开调研，相关评价指标正在研制之中。

2020 年，浙江大学融媒体研究中心发布《2020 中国智能媒体使用研究报告》，该报告由浙江大学党委宣传部、浙江大学传媒与国际文化学院、浙江大学计算机学院和浙江大学融媒体研究中心协作完成。通过全国性网络问卷调查，报告对智能媒体在中国的使用现状进行了描述，分析了用户有关智能媒体的认知、体验、态度和行为。此外，浙江大学融媒体中心配合浙江省委宣传部，持续推动构建县级融媒体中心评价体系的建设和完善工作。中心与中央网信办、国家广电总局、省委宣传部保持工作互动，构建了浙江省县级融媒体传播力指数体系，对 2020 年浙江省 90 个县（区、市）的县级融媒体中心工作进行了量化考评，为省内工作推进提供了有效支持。中心配合浙江省委对“十三五”期间浙江省文化传播活动进行了全方位的调研和评估，并在此基础上为浙江省“十四五”时期文化传播工作提出具有针对性的远景展望和政策建议。

浙江大学国际影视发展研究院在依靠学校学科建设的基础之上，创办影视产业学科智库。2020 年，在已有智库专家团的基础上，研究院新聘请国家一级编剧刘和平担任客座教授。同时深化与浙江省委宣传部的合作力度，共建浙江省之江剧本创作研究中心（之江编剧村），结合学科与地方特色，探索适合研究院发展的创新机制，促进政产学研创新平台的融合发展。

2020 年，学院与数可视教育公益基金联合主办“行业与前瞻—2020 中国数据内容大会”。大会现场发布了《2020 中国数据内容发展报告》白皮书，这份由本院师生撰写的白皮书首次定义了数据内容，学理地界定了数据内容的涵义和范畴，在此基础上综述了数据内容实践动态、困境与趋势，为中国数据内容产业发展提供方向。

（浙江大学传媒与国际文化学院供稿）

黑龙江大学新闻传播学院新媒体人才培养工作概况

2020年是不同寻常的一年，新冠肺炎疫情暴发，给社会生活的各个方面都带来巨大的冲击。在此背景下，黑龙江大学新闻传播学院迎难而上，紧紧围绕做好疫情防控期间线上线下教学工作、全面推进新文科建设、提升学术科研能力服务社会治理等主要工作，持续全面推进学院的建设与发展。

一、做好疫情防控期间线上线下教学工作

新冠肺炎疫情的暴发，打乱了社会原有的节奏，也改变了人们习以为常的生活和工作方式。为贯彻落实教育部、省教育厅“停课不停教、停课不停学”的精神，学院将推进线上教学作为工作的重中之重。学院师生同心协力，在存在诸多不确定性的情况下，全面细化工作方案，结合实际情况，上网能战、守土有责，开启线下教育向线上教育泅渡的征程。

闻“疫”而行，提早行动。2月15日，学院决定在全院学生中开展“抗击疫情”主题新媒体作品创作活动。要求学生遵守各地区疫情防控工作要求，在确保自身安全的情况下，通过网络渠道采集素材，开展新媒体作品创作。全院1400多名学生申报了208个选题，专业教师全员参与指导毕业生完成新媒体作品，经指导教师评定合格，可作为学生完成《毕业实习》课程的途径之一，创造性地解决了学生毕业实习的学分替代问题。

理论教学全上线，课程思政不缺席。上半年，在应对新冠肺炎疫情的同时，学院顺利地完成了线上教学工作，开展了毕业论文线上评议和答辩，学生没有中断学业，学生毕业没有受到影响。《新闻传播学院线上教学纪实》被学校官方公众号推送，作为线上教学典型案例上报教育部本科教学指导委员会。8位教师获得线上教学优秀奖。下半年，在常态化疫情防控形势下，全面恢复正常教学秩序，实现了线上线下教学的平稳过渡。

二、坚持传承与创新，全面推进新文科建设

疫情虽然令人猝不及防，但人才培养持

续推进，学院坚持“疫情不返校，育人不停歇”的原则，创造性地开展了各类教育教学活动，全面加强教学建设，深化人才培养和育人实践。

学院坚持特色和品牌活动的传承与创新，实施“课赛一体化”工程，学生在全国计算机设计大赛、全国大学生广告艺术大赛等各类专业竞赛中获奖百余项。组织“抗疫”主题新媒体作品展播，将优秀作品在学院微信公众平台展出，收获了校内外的赞誉和好评。

在开展“以赛代练”等特色教学实践活动的同时，持续加强教学建设，全面推进新文科建设，推动教学转型。

开展培养方案修订工作。新文科建设是以新科技革命、新经济发展为背景，通过技术融入、多学科交叉，突破传统文科思维模式，实现文科教育的更新升级。移动互联网和新技术催生了媒体融合，传媒领域开启了前所未有且不可逆转的深刻变革，培养适合传媒新经济兼具跨学科知识和大数据素养的全媒体卓越新闻人才，成为时代必然且急迫的任务。在此背景下，学院组织多次多轮多重范围的培养方案修订工作研讨，凝聚共识，积极审慎地推进新闻传播学科内部以及与文科、理工科等多学科交叉融合，更新课程体系，打造人才培养“融合模式”，建设一流专业课程，有效应对数智人文（数据化、智能化与多学科交融）给新闻传播学科知识体系带来的结构性变革，及早完成新闻传播教育在媒体融合时代的转型。

开办卓越国际新闻与传播实验班。媒体融合和跨界传播颠覆式地改变了媒体格局和媒介生态，媒体与政治、经济、文化和社会之间形成深度交融关系，媒体生态急遽变迁促使媒体融合从自发自为转变为国家战略，以“融合模式”培养全媒体时代新闻传播人才成为必然。学院与应用外语学院启动联合培养外宣人才项目。经学校批准，从本院2020级、2019级新闻学、传播学专业中选拔37名优秀学生，开办了“卓越国际新闻与传播”实验班，比照辅修专业模式进行外宣人才培养，为“一带一路”倡议服务。

专业建设与一流专业申报并行。学院积极布点，传播学专业已成功获批为国家级一流本科专业。新闻学专业认证准备工作正在进行之中。各专业按时提交了《专业定位论证报告及专业发展规划》及专业评估相关材料。

全面推进课程建设。“马克思主义新闻观”课程获评为省级思政示范课程。“传播学”“马克思主义新闻观”MOOC成功上线。建设了一批教学理念新、师资队伍强、教学内容与教学资源丰富、教学方式多样、教学质量高的高水平在线开放课程，实现了学院本科课程的整体提高。

在研究生培养上，持续深化研究培养改革。2020年，基于卓越人才计划，为强化外宣人才培养，学院硕士一级学科增加一个交叉方向：国际新闻与传播。学院持续充实研究生导师队伍力量，聘请黑龙江日报社社长、黑龙江广播电视台原副台长、哈尔滨广播电视台副台长等 3 人为专业学位研究生校外导师。重视提升教学质量。要求全体导师严肃对待疫情期间研究生教学工作，成立了研究生教学工作小组，建立研究生线上授课台账和教学检查台账，切实提高研究生线上教学质量；组织研究生导师参加研究生线上教学观摩，参加研究生任课教师线上教学经验交流会；组织研究生导师全面梳理和综合分析硕士学位论文情况，采取有效措施，加强论文质量监控。

三、提升学术科研能力，服务社会治理

针对国家和黑龙江省疫情防控的紧迫需要，黑龙江大学新闻传播学院教师团队主动作为，为应对疫情提供理论支持。

为公共危机事件治理建言献策。学科团队通过省重点培育智库“数字文化产业研究中心”平台，提交了《关于在联防联控中加大守法观念传播的建议》《以防疫为契机，完善省级网上教育》《从黑龙江新冠疫情的辟谣报道看谣言的治理路径》《加强社会综合治理能力：我省 10 场新闻发布会数据分析及建议》等多篇智库专报。这些建议在黑龙江省抗疫期间被采纳。

进行抗疫专题研究。学科团队完成黑龙江省抗疫专项课题《新冠疫情网络谣言的传播路径及其治理研究》，发表《积极应对突发公共事件中的非理性传播》研究论文。院长徐江善的论文《三次公共危机舆论引导推动国家治理路径选择》刊发于《青年记者》，对“后疫情时代”推进国家治理现代化提出建议。

引导社会舆论。学院团队在奋斗理论圈刊发《岁月静好，只因他们负重前行》《抗“疫”战场，成长意味着坚强》《愿山河无恙，青年勇担当》《请善待患者，不能让他们伤身又伤心》《大数据助力龙江胜“疫”》《联防联控是一堂生动的全民法治公开课》《去复工，在抗“疫”中建功》《赞美白衣战士别止于微信群》等文章 16 篇。

为政府决策服务。学科团队助力黑龙江省县域融媒体中心建设；学院组建研究专班，研究制定了《黑龙江省新闻发布工作实施办法》及《黑龙江省新闻发布评估指导体系及评估细则》，为黑龙江省委宣传部开展新闻发布评估提供了整体方案。专班还向省委宣传部提交了《中国（黑龙江）自由贸易实验区建设一周年新闻发布会传播效果分析》报告。

此外，本年度教师申获国家社科基金项目 1 项、省哲学社科项目 3 项、省社会科学学术著作出版资助项目 1 项、省教育科学规划“新冠病毒肺炎疫情防控”专项课题 1 项、省高校基本科研业务费专项基金项目 4 项。产出一些标志性成果：《东北抗联新闻媒介与宣传机制研究》获省第十九届社会科学优秀成果奖三等奖；在 2020 年学校优秀科研成果奖评选中，一等奖 1 人，二等奖 2

人，三等奖1人。

2020年，作为历史长河中特殊的一年，带给我们太多的冲击，也激发了我们紧密团结在党中央周围、万众一心战胜困难与挑战的勇气。在这场伟大的抗疫之战中，作为新闻人才的培养基地，黑龙江大学新闻传播学院“与媒体同行，与问题同在，与祖国相连，与时代共振”，谱写了在艰难中负重前行、开拓创新的时代之歌。

（黑龙江大学新闻传播学院供稿）

兰州大学新闻与传播学院新媒体人才培养工作概况

兰州大学新闻传播教育肇始于1959年兰州大学中文系新闻专业，2004年成立学院，2014年甘肃省委宣传部与兰州大学共建新闻与传播学院（以下简称“学院”）。学院拥有省级重点一级学科新闻与传播学，是国内首批新闻传播一级学科硕士点，为国内新闻与传播业界培养了大量优秀人才，成为全国新闻传播教育重镇。

一、学科建设

学院目前有新闻学、广播电视学、广告学、网络与新媒体、数字媒体技术5个本科专业。其中，新闻学入选首批国家级“双万”专业建设点。数字媒体技术专业是学校首批新工科专业之一，2018年首次招生。

二、教学实践及活动

1. 加强实践教学体系建设。与新闻单位共建“新闻实践教学中心”，实行“双导师”制；通过与业界专家共同培养的模式，使学生紧跟业界前沿；增强课程设置的科学性、时代性、针对性，实现课堂教学与实践经验的有效对接；邀请新闻媒体负责人和优秀编辑记者单独授课、合作授课、开设讲座，打造一批内容鲜活、贴近实践、学生喜爱的精品课程和品牌课程。

2. 创新实践实验课程教学。筹备建设西北一流的融媒体实验教学平台；牵头建设新工科校级实验实践教学中心；更新完善实验教学模式与内容，开设新的实践实验教学课程。

3. 开展重走西北角实践教学活动。为探索新时期新闻学教育的新路，落实马克思主义新闻观教育，强化实践教学环节并对新闻学子进行高质量的专业训练及思政教育，让广大新闻学子更好地认识西部、认识中国，培养他们的家国情怀和使命担当，自2010年开始学院每年暑期开展“重走中国西北角”实践教学活动。截至目前，“重走中国西北角”实践教学活动已成功举办10届，活动8条线路覆盖陕甘宁青川和内蒙古6个省区，近10所高校参加。

本实践教学按照“增底气、接地气、振

人才教育

士气、聚人气”活动定位，新闻学子们利用暑假，深入基层，深入群众，深入生活，去采访记录，去体察感悟，像真正的新闻工作者一样进行采访，用真心、用真情做新闻，以此拓展新闻学子的视野，提高他们的实战能力和竞争力，这是新闻学教育和马克思主义新闻观教育的“延伸课堂”，也是我国新闻教育的大胆尝试与创新。

本实践教学活动在新闻学界与业界取得了广泛的影响，香港大公报、新华网、人民网、中国甘肃网等媒体报道本院的实践教学活动并连续、全程发表了本院学子采写的实践作品。截至 2019 年 9 月，香港大公报发表本院“重走中国西北角”实践教学作品 54 篇，新华网、人民网及中国甘肃网发表本院“重走中国西北角”实践教学作品 1000 多篇。出版“重走中国西北角”作品集《学子的根底》（2010—2011）、《学子的眼光》（2013）、《学子的担当》（2014—2015）、《学子的思考》（2017—2018）4 部。

三、教学成果

学院始终重视教学研究和教材建设，教学实践活动《小实习（新春采风万里行、重走中国西北角或其他）》被认定为甘肃省 2020 年省级社会实践一流课程；多门课程被立项为校级精品在线开放课程重点培育项目、教学改革示范课程、双语课程；多项教学成果获得校级教学成果奖等级奖；2020 年完成教育部产学合作协同育人项目结项。

四、硬件建设

近年来，学院在融媒体新媒体领域已经形成了较为成熟的科研和教学团队。其中，兰州大学社会舆论调查与舆情研判中心、新媒体研究所等学术机构，在新媒体理论与实务、融媒体传播等领域已出版并发表多部相关学术著作和论文，完成 10 余项科研项目，具有较为扎实的研究基础。

学院拥有“兰州大学融媒体实验平台”，该平台同时承载内容创意生产和网络信息发布的双重需求，兼具教学实验研究和校园新闻产制的综合功能。融媒体实验平台基于 BS 架构建成 40 台计算机同时在线的云编辑平台。存储与发布系统能同时满足内容生产数字化、稿件存储及发布功能。为参与建设媒体融合发展创新中心提供了坚实的硬件基础保障。

此外，学院还承接了兰州大学文科实验教学示范中心（省级），对于该平台建设投入了大量的人力物力，把文科实验教学示范中心建成学校文科实验教学平台，服务于新闻、文学、教育、艺术等学科，为学校“双一流”建设提供坚实的教学实验支撑。

五、对外合作

实习实践基地及创新创业科研基地。截至目前，学院在全国各级各类媒体和企事业单位建成 100 余个教学实习实践基地，用于本科生教学、毕业实习和创新创业实践。与甘肃电视台、人民日报社甘肃分社、大公报等校外媒体合作建立教学科研基地29个。

现建有省级重点学科——传播学人才培养基地、中央人民广播电台创新创业基地、中央电视台创新创业基地、大公传媒集团创新创业基地和人民日报社甘肃分社创新创业基地。

（兰州大学新闻与传播学院供稿）

发展
综述

2020年度学术观点摘编

一、《县级融媒体中心建设关键问题剖析》

谢新洲，《新闻战线》2020年第1期

在县级融媒体建设如火如荼展开的背景之下，本文通过对江西赣州、山西运城、河北衡水、黑龙江绥化、内蒙古包头、西藏拉萨等地的实证研究，总结了县级融媒体建设中存在的困难和经验。

县级融媒体的建设是一个长期系统性的工程，这个过程中的关键问题是管理体制的选择、内容建设的方式、如何实现可持续发展、怎样处理媒体关系、技术建设的布局和人才队伍的建设。

1. 管理体制的选择。现阶段县级融媒体中心管理体制分为临时团队、事业编制和公司机制3种，本文认为管理体制的选择需充分考虑地方的人口数量和经济状况，可行的方式是先通过事业编制聚拢人才、建设队伍，条件成熟时可以转化为公司化运营。

2. 内容建设的方式。内容建设是县级融媒体建设的重要工作。“互联网+”助力县级融媒体建设，县级融媒体应当把握建设“数字乡村”的机遇，加强县域信息基础设施建设，加快互联网应用本地化进程，充分发挥县级融媒体在乡村数字经济发展中的作用。

3. 可持续发展问题。县级融媒体中心能否实现可持续发展，关键在于如何解决长期的资金来源问题。如果单纯依靠地方财政“输血”，而不能实现创收“造血”，各地县级融媒体中心肯定不能持续发挥作用，但是如何平衡好社会效益和经济效益，仍然需要实践探索检验。

4. 媒体关系处理。县域互联网潜藏着巨大市场潜力，如今拼多多等技术公司，人民日报等央媒，省级广电、报社纷纷进入下沉市场，参与到县级融媒体中心建设的浪潮中来，地市级媒体处于尴尬的“真空地带”。对此，本文提出的解决方案是：努力拓宽市场，让更多主体参与到建设中来，实现从“分蛋糕”到“做蛋糕”的转变。

5. 技术建设的布局。当前技术平台普遍采用的是“省建县用”模式。这一模式在实践中存在的问题包括：技术建设依赖商业公司；《县级融媒体中心省级技术平台规范要求》偏重由广电媒体承担平台建设任务，但实践中广电媒体经验不如报纸媒体充足；县级融媒体话语权小，参与度不高。

6. 人才队伍建设。县级融媒体中心在岗人员存在年轻人才短缺的问题。在加强队伍建设同时，也可以采用签订劳务、合作协议等形式解决具体问题，建立起“人才候鸟”的灵活机制。

二、《智能媒体伦理建构的基点与行动路线图——技术现实、伦理框架与价值调适》

耿晓梦、喻国明，《现代传播》2020 年第 1 期

智能媒体时代，人工智能技术在媒体应用中产生的伦理问题值得关注。本文从当下智能媒体的技术现实出发，分析智能媒体伦理适用的架构，从目的—手段的基本逻辑出发给出智能媒体伦理调适的价值目标和现实路径。具体如下：

1. 有限自主的弱人工智能。人工智能的研究通常分为通用人工智能（强人工智能）和狭义人工智能（弱人工智能）两个技术层次。智能媒体在合成智能和人造劳动者两个人工智能的应用实践方向上均有所体现，是以算法为功能内核的、由数据驱动的有限自主的弱智能体。一方面，智能媒体的智能程度有限，尚不具备人类智能的通用性，高度依赖于已有经验和人对数据的标注。另一方面，智能媒体具有一定的自主性，人们也在一定程度上将智能媒体想象为类人主体，对其投射一定的情感，甚至产生心理依赖。

2. 以人为中心的一般工程伦理。一般工程伦理，同时适用于弱人工智能和强人工智能，在机器人技术的特定视角中对应机器人伦理研究，指向人工智能体的外在伦理规范问题；而作为特殊性技术伦理问题的人工智能伦理，更适用于强人工智能，在机器人技术的特定视角中对应机器伦理研究，是一种内在于机器本身的伦理。立足智能媒体仍为有限自主智能体的技术现实，智能媒体适用的伦理架构并没有超出以人为中心的一般工程伦理，其伦理风险的实质是人与人之间的控制与反控制危机，指向如何避免少数人掌控技术后以更便捷、更隐蔽的手段损害他人权益的问题。其具体表现为偏见问题、隐私问题、算法设定认知问题等。

3. 以更符合人类福祉和公众利益为价值目标。现阶段探讨智能媒体的伦理调适，旨在保证优先发展造福人类的智能体，避免设计开发出不符合人类价值和利益的智能媒体。基于对智能媒体伦理困境实质与具象表现的分析研判，智能媒体进行伦理调适的主要价值诉求有公正性、透明度、可理解和可追责等，同时可以借鉴讨论已相对成熟的人工智能价值原则，如《阿西洛马人工智能原则》。

4. 对与智能媒体相关的人类主体进行规范性约束。智能媒体作为有限自主智能体，更多的是伦理影响者，其价值与伦理影响力

仍无法独立地主动施加，而是在人机交互的关系与实践中体现。因此，把握伦理调适的现实路径，需要把智能媒体置于与人类主体构成的行动者网络中。智能媒体的伦理调适实质上是对与智能媒体相关的人类主体进行规范性约束。通过对智能媒体与相关主体伦理关系网络的透视，智能媒体伦理调适呈现出两条现实路径——负责任的创新与主体权利保护，即“问责”和“维权”。

三、《新媒体时代的重大主题宣传探析》

田丽，《青年记者》2020 年第 4 期

互联网催生了媒介环境和传播生态的大变革，也为宣传工作带来了新的机遇与挑战。在 2019 年“新中国成立 70 周年”重大主题宣传任务中媒体、互联网平台和网民等各类主体，利用文字、图片、视频、流行音乐和小游戏等宣传产品，充分调动受众的听觉、视觉、感觉和触觉，取得了良好的宣传效果。因此，本文以新中国成立 70 周年重大主题宣传为案例，探索新媒体时代重大主题宣传工作的宣传规律。

1. 新媒体对宣传工作的影响：作为载体、作为平台、作为产品、作为文化。新媒体对于宣传工作的影响，绝不仅仅改变了宣传工作的传播方式与渠道，而是全方位改变了宣传工作的传播生态。首先，新媒体作为载体存在。移动化和便携化的信息接收方式加剧了媒介产品消费的场景化。此外，小屏化的载体还对信息的浓度提出了更高的要求。其次，新媒体作为平台存在，新媒体对信息扩散的作用机制具有平台化、社会化和智能化的鲜明特点。再次，新媒体作为产品存在，长图、H5、短视频、动图等产品具有更高的媒介丰富度和更鲜明的个性。最后，新媒体作为文化存在。新媒体催生了“消费—生产”一体化的参与式文化，削弱了传统媒介的权力，形成了新型的内容生产模式。

2. 新媒体时代宣传工作的新需求。随着新媒体时代宣传生态的变化，新媒体时代宣传工作也应因时而变、因势而变，体现在以下 3 个方面：一是从“无声中宣传”到“在噪声中宣传”。传统媒体“一家独大”的局面彻底瓦解，门户网站、社会化媒体和个体用户都成为宣传主题，宣传工作面临着占据多样化阵地，提升吸引力的新需求。二是从“管媒体”到“管全局”。传统媒体时代，只需要对传统媒体引导得当。新媒体时代，用户、平台、“自媒体”等各个主体形成了相互依存的生态系统，不能仅靠管理媒体达到理想效果。三是从“向受众灌输”到“与用户互动”。新媒体时代的到来，用户不再是单纯的受众，成为能够影响信息生态的重要组成部分，因此应当充分尊重并激发用户的能动性。

3. 新媒体时代开展重大主题宣传工作的启示：充分激发民众参与、调动平台积极性、利用各类产品传播优势、鼓励技术创新和制度创新。一是激发民众的参与感，着眼于议程设置而非内容生产，做到老百姓自己

讲中国故事，传播中国声音。二是调动各类媒体或平台的积极性。由宣传主管部门奠定基调、统筹协调，主流媒体加强策划和舆论引导，地方媒体配合中央媒体，新媒体平台利用流量和资源优势，推出新产品与新应用，吸引用户参与。三是充分利用各类产品传播优势，通过线下活动、微博话题、短视频、游戏等多样化产品形式，丰富宣传层次，适用多样场景，满足个性化的用户需求。四是最大限度地鼓励技术创新，借助5G高清视频、VR和AR等新技术手段丰富叙事方式，传达更加饱满的情感。五是最大限度鼓励制度和理念的创新，努力打造新型主流媒体，扩大主流价值影响力，统筹协调不同类型媒体间的关系，形成资源集约、结构合理、差异发展、协同高效的全媒体传播体系。

四、《尼克·库尔德利：数据殖民主义是殖民主义的最新阶段——马克思主义与数字文化批判》

常江、田浩，《新闻界》2020年第2期

本文通过对尼克·库尔德利的深度访谈，从殖民主义和马克思主义两条思想路线探究了作为资本的数据对人的日常生活进行挪用和深度商品化的基本机制。

首先，本文系统梳理了数据殖民主义的内涵与特征。数据这个概念正在经历重大的转变，将当前的数据生产实践与历史殖民主义类比可以看到，资本主义正在重新规范资源分配行为，重新定义社会关系以让剥削显得“自然而然”。在这个过程中，务必明确数据殖民主义的内涵：数据殖民主义是一个理解整体社会变化的普遍性框架，是一个持续塑造着全球文化和经济的形式，是一种新的分配世界资源的方式，是一种促进经济增长的新的资源获取方式。

尼克·库尔德利认为，数据殖民主义是将历史殖民主义的掠夺行径与抽象的计算方式结合的产物。长期的历史殖民主义为工业资本主义的兴起提供了必要条件，而数据殖民主义将带来一种新型的、通过数据控制人类的资本主义新形态。

其次，本文探究了数据殖民主义的作用机制，从数据本身的属性出发，阐发了当前数据生产实践与数据殖民主义的主要概念之间的逻辑关系。

第一，尼克·库尔德利将新的资本主义组织的抽象形式与社会关系称为“数据关系”，描述了一种组织社会生活和社会关系，以优化数据提取和创造经济价值的方法。这种关系为重新组织资本主义奠定了新的基础。通过这种新型关系，数据可以被提取出来并商品化。

第二，个人数据挪用行为不仅是一个操作性问题，更是一个政治经济问题。为了让个人数据能够被随意占有，就必须将其作为一种静止不动的自然资源，这需要自然化和规范化的逻辑，需要建立法律和哲学上的“自然资源天然存在，自然资源十分廉价”的共识框架。

第三，数据殖民主义需要新的意识形态

工作。当前，这种意识形态工作呈现出以下逻辑。数据是“新的石油”；对数据获取作出贡献是一种无价值的“分享行为”；企业是唯一有能力获取并因此占用数据的组织；社会是企业数据获取活动的天然受益者。这些逻辑和历史殖民主义中的“文明化”本质无异。

第四，在社会机构层面，尼克·库尔德利把这些具体的主要参与者统称为社会量化部门，和历史殖民主义中的“声明”相似，过度收集数据的“服务条款”同样是一种强势的垄断。

第五，数据殖民主义将日常生活纳入资本有 3 种表现形式：社交媒体平台获取数据并进行商品化和价值提取；在人类生产的所有领域，以数据为导向的物流都获得了巨大增长；个体为了数据获取而主动收集自己的行为，有些出于自愿，有些出于保险和社会保障的要求。

最后，尼克·库尔德利指出当代马克思主义者应当在数字时代实现理论和方法的更新，立足所处的时代创造性运用马克思主义思想，推动马克思主义与当代社会深度结合。

第一，马克思主义对全球历史解释具有局限性，即对殖民主义和奴隶制的相对忽视，对历史殖民主义的论证相对缺乏。这种局限性应刺激对后殖民主义的充分思考。

第二，马克思主义社会理论帮助我们思考商品化在围绕数据生产和消费所产生的关系中所发挥的新作用。

第三，认识到资本试图将所有人的日常生活纳入一个泛化的过程以产生剩余价值，从肉体、事物和系统中提取数据为管理所有事物提供了新的可能性。

第四，尽管社会生活全面转向资本主义的取向已被察觉，但个中机制依然难被阐明，需要发掘一个新的点来抵抗 21 世纪资本主义独特的资源占有方式：与资本主义长期发展相关的新阶段的殖民主义。因为没有历史殖民主义对广袤领土、自然资源和肉体的占有，工业资本主义就不会发生，而通过数字平台在内的各种机制对日常生活实现殖民性占领，数据价值被占有和剥削，新的社会形式将会产生。

第五，建构“数据后殖民主义”的文化政治体系是必要的。无论是历史形式还是新形式的殖民主义，只有核心思想被攻击时才会开始反抗。殖民主义的核心思想就是：使连续的占有自然化、必要化以及在某种程度上使其显得有助于人类的发展。

五、《重思“舆情”：平台化时代的舆论》

姬德强、应志慧，《现代传播》2020 年第 2 期

在垄断性互联网公司主导的平台化的传播环境下，本文通过对舆情的文献研究及对部分从业者的深度访谈，重思了平台化舆情的特征和作用。

舆论向舆情的转型涵盖了概念转型、理论上的研究现状、实践中所产生的复杂多元

阐释及中国社会语境下的舆情应用。具体如下：

1. 舆论向舆情的概念转型。本文认为，舆情理念的热议与平台化时代的崛起是基于工业化信息供给关系的舆论观向多边化、网络化和需求侧主导的舆情观转型的信号。平台化时代个体、圈层和网络的多频共振给国家单一的监控和管制方式带来了挑战，在技术和制度难题下，舆情机制的衍生从民意的层面加速转向信息化和数字化转型的国家治理体系。

2. 理论上的研究现状。本文通过对文献的量化分析，发现舆情研究发展以来所内含的传播与社会平台化的特征：第一，舆情研究的出现和快速发展与政治议程的设定有着紧密的互动关系；第二，发展契合互联网平台对于社会表达的转型式影响，故而成为主要研究对象；第三，舆情研究的对象与互联网的信息碎片化特性相符，具有偶然性和不稳定性，与社会热点现象和事件保持着密切关联；第四，研究方法契合了社会平台化对于计算技术的工具理性需求，导致舆情被看作实施社会干预或控制的资源或手段之一；第五，理论化不足。

3. 实践中所产生的复杂多元阐释。从互联网平台转向舆情主体，从规范讨论到经验分析，本文的访谈从舆情是什么、怎么做和舆情在社会中的作用等方面勾勒出平台生态下部分实践者的舆情观随着立场不同而有所差异。舆情主体、舆情的不同议题影响着舆情工作者对舆情指标的建立及对舆情概念的界定。舆情实践中，单一的管控不足以弥合舆情干预和舆情应对中的矛盾，如何挖掘和处理好复杂的舆论背后的社会基本矛盾才是舆情制度存在的伦理合理性。

4. 中国社会语境下的舆情应用。舆情政治不应成为平台化时代的治理术，而是要透过舆情的有用性和有限性，深刻分析社会层面的问题。政府、企业和相关利益群体对舆情的理解和把握需要摆脱干预和管控的威权视角，需要改变结构化的舆情建构和评估方式，应从舆情背后所反映的转型期内多元的社会诉求及其平台化表达方式上，找寻解决的方法。这包括两个层面的创新：第一，转换认识理念，将网络表达视为观点的聚集，发掘观点背后的问题加以应对；第二，治理方式的创新，用分权的治理模式应对网络化的舆论表达。

六、《“区块链 +”：重构传媒生态与未来格局》

郭全中，《现代传播》2020 年第 2 期

从时间维度看，传媒业的发展史是一部技术进步史，每一次重大的技术变革都会对传媒业的核心环节产生重大变革。2010 年移动互联网和大数据快速发展以来，传媒业发生了根本性变革，但随之而来产生诸多难以突破的新难题，亟需“区块链 +”进行重构。目前已进入区块链 3.0 阶段，“区块链 +”已开始向各行各业渗透。

本文首先高度概括并阐明了区块链技

术高度去中心化、更好地传递价值、保护隐私、改变权利的核心优势，梳理了当前区块链技术在传媒业的主要应用。然后指出当前传媒业出现的隐私泄露、信任机制相对薄弱、激励约束机制不足等问题形成了难以突破的困境，并从内容生产者、内容确权、传播机制、受众权利、商业模式和其他参与者的角度分析了“区块链 +”将如何重构传播业，摆脱困境。

第一，在内容生产者方面。区块链可以建立更好的激励约束机制，时间戳功能可以记录每条内容迭代的全过程并据此给予贡献者奖励。

第二，在内容确权方面。时间戳功能能够短时间、低成本地确认每一条新闻的发布时间，有利于法院审理版权问题采信。

第三，在传播机制方面。分布式网络下每个节点保存了整个网络内容，彻底实现点对点快速传播，且只有在取得共识内容后才能得到区块链的认可并保存，大量减少同质化内容，有效降低虚假新闻、低俗新闻的传播范围。

第四，在用户权利方面。区块链分布式网络下每个节点将数据存储在个人电脑中而非平台上，用户掌握了自身数据完全的数字资产和主动权，并在授权给互联网企业时能够获得物质补偿。

第五，在商业模式方面。“C2B”（消费者到企业）模式确立，在有效保护隐私的同时提供更专业优质的产品和服务。

第六，在其他参与者方面。Token 机制可以实现全覆盖的激励约束制度，根据贡献给予奖励，根据不良行为给予处罚。值得一提的是，平台在发行 Token 时会大幅度降低自身所持份额，这有助于良性新型传媒生态系统的形成。

最后，本文在一定程度上展现了从理念、生态系统到商业模式等方面基于区块链的传媒新生态。

第一，“科技向善”理念更好落地。区块链技术有利于更好地实现公开、公正、透明，建立一整套正向规范和反馈机制，平衡隐私保护和数据公开，真正实现按贡献分配的理念，所以有利于科技向善的深度落地。

第二，更大范围的自组织传媒生态系统逐步形成。区块链技术下万物互联更好地落地将极大拓展传媒业范围。分布式网络算力巨大、机制稳定、范围更广、参与者更多，自组织能力更强。

第三，新型商业模式确立。一方面，“C2B”模式确立；另一方面，盈利模式多元化，“区块链 + 传媒”场景下新闻应用运作成本更低，用户更容易建立信任和共识，付费意愿增强，盈利模式更加多元。

第四，短期内政府上链将是“区块链 + 传媒业”最好机会。当前“区块链 + 传媒”还难以大规模商用，处于初级发展阶段，区块链技术有利于地方党委和政府建立新时代治国理政新平台，这是体制内媒体转型的重要契机。

七、《科学传播中的科学共识与平衡叙事问题》

金兼斌,《中国编辑》2020 年第 3 期

在科技传播的"风险社会"背景之下，本文通过争议性科技的传播案例的探讨，总结科学传播中的挑战，提出科学传播中科学记者和编辑在科学报道中应采用证据权重报道的平衡叙事的方式。

科学传播关乎记者与编辑素养及其叙事方式，本文认为其中的关键是对新闻真实与科学共识的认识与把握、采用证据权重报道的平衡叙事方式。具体如下：

1. 对新闻真实与科学共识的认识与把握。媒体对科学争议的报道会直接影响民众对相关科研和产品的感知和态度。媒体自有一套新闻报道平衡准则，然而平衡报道并不总是准确、适切，生硬地贯彻或应用这一原则会落入虚假平衡中。这对科学记者的科学素养和道德提出了很高的要求。

本文通过对转基因作物和转基因食品安全性问题上的科学共识和争议的文献研究，认为在面对科学共识或争议时，可以首先明确绝大多数科学家及权威专业团体和学会的意见。而科学记者或编辑的重要性在于进行相应科学报道时，需要对新闻真实与科学共识有合乎道德及伦理框架的认识和把握，而不是一味机械地遵循"平衡呈现"这一传统新闻报道中的客观性原则。

2. 采用证据权重报道的平衡叙事方式。本文认为记者和编辑在面对一些具有争议性的科学议题时，需要去分辨这种"争议性"或不确定性的性质和实质，尤其需要注意意见持有者在有关议题上的资质，以及意见是否基于事实或证据。

面对不同的结论或声音，科学记者和编辑需要通过自己的深入调查和分析，借助相关领域中权威专业组织的共识性表态或权威科学家的指导。在对科学问题进行转译时，科学记者和编辑需要承担自己的社会责任，既不死抱表达的"科学严谨性"，也勇于跳出机械的"平衡叙事"框框，不是通过机械地给予观点各异的双方或多方相同篇幅或同等播出时长的虚假平衡，从而误导民众和读者，遮蔽真正的事实和真相。负责任的平衡叙事或证据权重报道，关键是对不同证据的权重进行仔细考量和合理分配。

八、《社交机器人在新闻扩散中的角色和行为模式研究——基于〈纽约时报〉"修例"风波报道在 Twitter 上扩散的分析》

师文、陈昌凤,《新闻与传播研究》2020 年第 5 期

社交机器人大行其道，其在新闻扩散中的角色和行为模式值得探究。本文聚焦《纽约时报》关于香港"修例风波"的系列报道在社交媒体推特上的一级传播和二级传播，基于对机器人用户名、用户简介、发帖频率、影响力和转发关系的分析，探讨社交机器人在扩散相关报道中扮演的角色和呈现出的行为模式。

研究发现，在一、二级传播中均有大量的社交机器人对《纽约时报》的相关报道进行扩散，但是机器人在一、二级传播中扮演的角色有所不同。在一级传播中，机器人生产了高达 28.69% 的内容。在二级传播中，机器人贡献了 17.04% 的内容，最活跃的机器人群体对中国议题有特殊的关注，反复转发《纽约时报》所发布的对中国负面的报道，机器人用户名中最高频出现的字符串多与香港问题有关，机器人的用户简介也集中指向香港“修例风波”，表达出对抗议者的肯定态度。由于推特的用户名在账号创立之后不可更改，本文判断这批机器人成立的初衷就是操纵公众对于香港问题的看法。

通过对转发关系来分析用户影响力，发现虽然社交机器人可以在某些情况下引发人类用户进行转发，但人类用户仍更倾向于从人类用户处转发新闻。对机器人影响力的观察发现，一级传播中的机器人高频发帖，相比普通用户更加活跃，但是收获的转赞评数量远远落后于人类用户，最有影响力的用户极少来自机器人群体。在二级传播中，通过统计转发关系双方的身份，本文发现最密集的转发仍然发生在人类用户之间，其次是机器人对人类的转发。机器人确实有能力引发人类用户对其进行转发，但是这部分转发的数量与人类用户之间的转发相比频率较低。这说明虽然社交机器人的活跃度非常高，并成功地促成了一部分信息的二级传播，但是总体看，其尚不能成为促进专业媒体信息扩散的重要节点。

文章认为，尽管在多数情况下，以新闻专业性作为信用背书的专业媒体具有内容生产的正当性，但仍需审视传播渠道的正当性。在人工智能技术迅速发展的当下，能够模拟人类行为的社交机器人在社交网络上广泛存在，使社交分发成为看似透明但机制莫测的“社交黑箱”。专业媒体机构在报道争议问题时尚存在内容正当性难以保持的情况，社交机器人作为传播渠道的失当则会促成新闻专业性与算法的合谋，引发新闻的正当性危机。应进一步从伦理学、新闻学的角度对机器人角色与行为模式进一步探讨与批判性审视。

九、《5G 时代中国传媒产业的解构与重构》

刘珊、黄升民，《现代传播》2020 年第 5 期

在 5G 商用规模不断扩大的背景下，传媒产业面临着新一轮的解构与重构。本文通过大量实例从以下三个方面具体阐述了 5G 技术对传媒行业带来的影响：第一，5G 技术的应用将重构媒体产品的呈现方式和传播模式；第二，加速产业融合的进程，进而重塑传媒产业市场格局与产业生态；第三，会在具体的商用落地过程中推动传媒产业进入国际化竞争与发展的新阶段。具体如下：

*1. 产品呈现方式与传播模式的变革。*从呈现方式来看，5G 技术让媒体产品形态的呈现朝着超高清与沉浸态发展。5G 的普及为 4K、8K 甚至 14K 高清视频变成主流提供

了可能性。它使AR、VR技术摆脱“短暂体验性产品”的发展困境。并且手机主导的媒体形态也极有可能被彻底颠覆，多模多频多形态的泛智能终端逐渐走进我们的生活。

从传播模式来看，5G将改变原有的互动传播深度，颠覆现有用户互动体验框架，多角度多感官地增强用户参与感。5G还将改变互动传播的广度，人与人的传播、人与物的传播、物与物的传播将成为5G时代的现实图景。人、机、自然将完全交互一体。

2. 市场格局与产业竞合的颠覆。随着5G时代而来的各种机会和挑战使产业内的机构和业务相应地发生调整，原产业上下游的关系会随之打破，产业间的生态关系也将被重构。5G还改变了“媒介”的形态，使产业融合消弭既有生态边界。促进媒体融合进入更深更广的阶段。不同层级与体量的媒体机构在融合趋势中将走向不同的方向与路径，并且超大型国家媒体与垂直化的县域媒体将并存，“融合”的主动权之争将让位于机构间广泛和频繁的合作共赢。

3. 国际化竞争进入新阶段。5G正在成为大国间的竞争焦点，5G产业的发展体现的是国家竞争力。中国传媒产业机构深度卷入世界全球化的进程中，成为重要组成部分，并且随着5G时代的到来，这种全球化运作与经营的需求将会更加显著。

除此之外，本文还从“数算力”、“场景”与“商业模式”构建、“去中心化”与“再中心化”3个方面对5G时代传媒产业重构的核心问题进行了思考与探究，具体如下：

“数算力”是提升产业发展的基础，“数据”的争夺是产业发展的核心。在5G万物互联的时代，如何创造不同来源、不同类别、不同属性数据之间的链接，并构建数据保护与数据安全的壁垒值得思考。

“场景”与“生态”是产业发展的重要推动力。对“场景”的设计是维系用户的利器。近年来所讨论的场景化营销其本质就是对各个细分领域的应用进行智能化适配，5G技术为该方法提供了机会与可能。对商业模式的构建是企业经营发展的关键。目前4G时代的商业模式对传媒产业的影响力并未达到巅峰，适合5G时代的商业模式仍有待探索。

“主流媒体”“核心价值观”如何重夺话语权是全社会关注的焦点。5G时代“去中心化”愈演愈烈，重塑主流价值观的呼声越来越高。4G时代造就的大量碎片化传播在5G时代会导致“再中心化”的反弹。因此，应强化主流意识形态的传播力与控制力。

十、《重复性、创造力与数字时代的情感结构——对短视频展演的“神经影像学”分析》

曾国华，《新闻与传播研究》2020年第5期

在大规模生产的“重复性”短视频展演成为新媒体时代奇特“文化景观”的背景之下，本文立足数字神经影像学视野，以快手、抖音两大短视频平台为例，通过参与式

观察、深度访谈等研究方法，分析重复性短视频生产的主要叙事学特征，讨论重复性、创造力和公共参与之间的紧密关联。

“重复性”短视频实际上不仅蕴涵着社会创造性，还萌发着社会基础理解的塑造与再塑造能力，并成就了短视频平台作为社会文化公共性生成的基础设施——日常生活的“非常规数据库”。“重复性”短视频实践正成为一种具有公众文化培育意涵的“文化技艺”，一种包孕社会“情感结构”的具化与生成方式，具体如下：

1.“重复与差异”的理论溯源。“重复与差异”具有广泛社会文化关涉性，并和社会创造力和公共价值问题紧密相连。帕奇西亚·皮斯特斯在吉尔·德勒兹的电影研究思想和后现代哲学思想的基础上，提出“神经影像学”理论，相较于米姆和混编等研究视野，更好地揭示了重复性短视频涉及社会呈现、文化创造性和社会文化情感结构的更深层次、更广泛的“深度混编性”。

2. 数字时代的“非常规数据库”。除了“转发”外，短视频平台的重复性创作主要有同主题演绎和同主题叙事，以及二者的混合，在很大程度上符合皮斯特斯关于数字时代神经影像生产的主要逻辑。重复性短视频以重复性差异和差异性重复基本特征，聚合了数以亿计的创作者对日常生活的个体化叙事或者对流行主题的个体化演绎，形成了对物体、个体生活和社会生活的层面极丰富、规模极大的“非常规数据库”。

3. 构建社会共同基础理解。基于“过去”“现在”“未来”的时间性系列关系，短视频创作与生产的重复性将个体化实践和更为广泛的社会文化实践连结起来，并且生成新的社会理解和社会文化实践。基于日常重复性带来的对于社会差异性的理解，在很大程度上可以补足当下多元数字文化如何在一定程度上连接成为一种公共文化的解释能力。

4. 塑造社会文化情感结构。情感是大多数重复性主题视频中的主要构成要素之一。多种多样的情感连接了丰富、多元的用户群体聚合，形成了多元情感公众，从而使得日常生活主题的重复视频生产和观看得以调适，也成为连接数量巨大、多层次公众的重要因素，进入了从时间性角度的重复与差异交织所形成的共同理解基础以及所生成的未来可能行为和观点之中。短视频的巨量重复机制成为一种庞大的公共参与机制。通过这种参与，数量庞大的视频创作者共同塑造了一种数字时代的短视频“情感结构”。

十一、《消失的头条：新闻 App 的视觉影响因素与记忆效果》

张晗，《国际新闻界》2020 年第 5 期

阅读是经由眼睛接收文字、图片等符号，通过语境、上下文等知识进行理解的过程，并在大脑中产生短时记忆。随着移动互联网的发展，新闻阅读方式开始转型，手机新闻 App 已逐渐代替纸质传媒成为人们阅读新闻的重要途径。而新闻 App 的页面设计会直接影响用户的阅读体验。在此背景

下，作者从新闻 App 传播方式中的页面设计角度出发，探究阅读新闻 App 的影响因素及其与记忆效果之间的关系。

本文使用质化和量化相结合的方法，通过对 80 名使用新闻 App 一个月以上的用户进行深度访谈，发现信息密度、图版率、导读以及色彩是影响用户阅读新闻 App 的主要因素。文章开展眼动实验，研究这些因素如何作用于阅读行为和理解记忆，得出以下结论：

1. 新闻 App 页面的设计与阅读行为。本文通过实验探究了各个要素与阅读时长、关注度间的关系。总结发现：信息密度与导读关注度和时长成正比，与正文关注度和时长成反比；图版率与导读关注度和阅读时长成反比，与正文关注度和阅读时长成正比；色彩饱和度与导读和正文的关注度和阅读时长均成正比。也就是说，在信息密度较高、图版率较低、色彩饱和度较高的条件下，用户对于导读栏目的信息关注度高，阅读时长较长，但阅读负荷较重；在信息密度较低、图版率较高、色彩饱和度较高的条件下，用户对于新闻正文的信息关注度高，阅读时长较长，阅读投入大。实验还使视觉理论提出的“自下而上”和“自上而下”的两种阅读方式得到了验证。

2. 新闻 App 阅读页面的设计与理解记忆。本文最重要的发现在于，探究新闻 App 对人们理解记忆层面的影响，并尝试建立从注视到阅读理解再到形成记忆的认知机制。在新闻视觉层面，该实验发现新闻排序使注视率呈现递减效应。新闻 App“头条效应”在行为层面得到证实，但是在新闻记忆层面却不是这样，处于视觉中央区域的新闻二条的内容更容易通过阅读被记忆，简单称之为新闻记忆的“二条效应”。

除此之外，作者通过对实验数据的分析发现，新闻的关注度和阅读时长与新闻记忆之间并无太大关系，其中注视时间（阅读时长）和新闻记忆之间甚至会产生微弱的负相关，出现“熟视无睹”的传播效果。这说明设法增加用户对于新闻信息的关注度，延长阅读时长似乎也难以提高人们的记忆程度。

十二、《我们需要建构什么样的公共信息传播？——对新冠疫情期间新媒体传播的反思》

彭兰，《新闻界》2020 年第 5 期

新冠肺炎疫情的非常时期带来了反思新媒体传播和传媒业的机会。新冠肺炎疫情在信息空间内引发的震荡，凸显出一些以往散落的问题。社交媒体是一种理想的公共传播渠道吗？如何增强公共性内容和个体的连通性？如何对信息深加工？新闻内容提供生产的专业性和新技术应用是否冲突？去中心化传播和中心化传播的冲突如何理解？本文对以上问题进行反思，从中探寻一些解决问题的新思路。

1. 社交媒体是一种理想的公共传播渠道吗？从技术提供的可能看，人与人达到了前所未有的连接高度，但这不意味着社会阶层、价值观、立场、文化等的既有区隔被打破。疫情期间，尽管人们有诸多可以选择的平台，拥有自主选择信息源的权利，但仍旧乐于看到世界的某个侧面，这是选择性心理的必然结果。因此，在以人为媒的社交化传播下难以做到信息的充分、全面、均衡传递，平等、理性的公共交流实则更为困难。解决这一问题，不能依赖于公众媒介素养的提高，应当重新审视社交平台的责任和能够提供的解决方案。

2. *平台如何增强公共性内容与个体连通性？*大多数社交平台达到一定规模时，势必成为公共信息传播平台，人与内容的连通性，连接的广度和质量很大程度上取决于平台机制。如果这种连接的线路开关掌握在用户手中，那么最终内容一定是相似的，公共信息和高质量内容与用户的连接线路不可能畅通。因此，社交平台必须重新思考在公共信息传播和公共交流中的角色，承担相应责任。以微信的朋友圈广告为例，内容与人的强制性连接、信息的广而告之绝非无法实现，算法推荐的重要内容倾斜也非天方夜谭。但平台是否愿意为具有重要公共价值的信息提供渠道和资源，如何判断哪些信息需要启用这种资源，是平台面临的严峻考验。

3. *如何信息深加工？*疫情期间，与疫情相关的内容爆炸式增长，这对用户来说是一个挑战。必须反思，媒体和专业内容生产者在内容的加工上是否足够充分。比如，深度报道对用户而言具有较高门槛，为了让深度报道的价值得到更大发挥，必须针对某些用户进行信息再加工，采取可视化手段。借鉴知识生产领域中广泛运用的知识图谱进行新闻信息整合，是一种值得尝试的探索路径。

4. *媒体专业性与新技术应用是否冲突？*近年来，研究者对于一些媒体追逐技术却忽视新闻专业水平提出批评：不能报道真正的新闻，就都是假媒体；不能为公众提供切近的服务，就都是伪创新。传统媒体为了生存谋求转型，技术应用固然重要，但内容是新闻的立足之本。对媒体而言，理解和应用新技术是必须的，但不可舍本逐末地追求新技术。新媒体时代发端于技术，但早已延伸至市场环境与格局、用户习惯、文化等诸多层面，媒体仅在技术上发力，无法解决根本问题。媒体的专业性和新技术的跟进务必并重。

5. *去中心化与中心化是否矛盾？*社交平台的普及迎来了去中心化传播，以往处于传播中心和高地的媒体的权威性被削弱。但疫情时期，传统媒体及其新媒体平台再次令人瞩目。在需要全民动员的时刻，其中心化的传播效果立竿见影，无差别、全覆盖的传播机制可以实现信息的广泛、高效传达，信息的权威性容易被强调，信息容易被接收。但权力集中的传播模式并非完美，社交媒体兴起后用户的迁移说明了去中心化传播能弥补中心化传播无法满足的需求。但由于信息病毒将与人类长久共存，如若想改善公共信息环境和公共交流环境，绝非单一传播模式能够满足。因此去中心化和中心化的并存或是必然。

十三、《“信息茧房”学术场域偏倚的合理性考察》

丁汉青、武沛颍，《新闻与传播研究》2020年第7期

“信息茧房”概念虽源自美国，但研究的“主场”却在中国。本文通过分析由584篇文献所构成的具有中国特色的学术场域，发现目前“信息茧房”学术场域表现出“算法偏倚”与“理论偏倚”两种倾向。前者指将“信息茧房”与算法推荐紧密关联，后者指将其视为理论而非假设。

基于对“信息茧房”学术史的考察和学术场域内文献的分析，本文检验了上述两大偏倚的合理性，并对“理论偏倚”的形成原因、负面影响及矫正方法进行总结和讨论。具体如下：

1.“算法偏倚”具有合理性。“信息茧房”强调的是个体信息选择造成的社会层面的消极后果，缘于自我选择个性化与预先选择个性化。两种选择叠加所造成的个性化信息环境有可能伤及协商民主的两个核心要件。在“网络技术—民主协商”视域下，桑斯坦提出“信息茧房”时采用的是技术批判视角而非经验视角，支持预先选择个性化的算法推荐被视为“信息茧房”效应的必要条件，并将算法作为批判的重点。因此，“信息茧房”学术场域的“算法偏倚”是合理的。

2.“理论偏倚”值得商榷。“信息茧房”效应是桑斯坦以假说形式提出的，源自知识分子对思想自由的推崇，需要进一步验证。而以验证“信息茧房”存在性为第一落点的后继实证研究却多有缺陷：一是概念混淆，将“回音室”“过滤气泡”“信息茧房”三者混用；二是操作化定义不合理；三是推导逻辑有误，分别由选择性接触为“真”、议程设置为“真”、算法推荐为客观事实推导“信息茧房”为“真”；四是数据采集仅来源于单一平台。因此，“信息茧房”迄今未获强有力论证，“理论偏倚”不合理。

3.“理论偏倚”形成与新媒体环境有关。人民网三评“算法推荐”普及了“信息茧房”的概念，却忽视了“信息茧房”的假说属性，有可能助推后继研究者陷入同样的思维误区。此外，论证“信息茧房”成立，必须具备算法只推荐用户喜欢的内容和用户观念发生窄化两个要件，证明难度大。

4.“理论偏倚”矫正需回归本意。“理论偏倚”可能会降低学术场域质量、浪费学术资源、设障中外学术对话、误导政策规制。因此，应尊重“信息茧房”效应假说本意，推动信息过滤技术批判研究学术场域重心适度向“回音室”“过滤气泡”倾斜，并关注中国语境下信息过滤技术运行机制的特殊性。

十四、《所到之处皆媒介——5G对媒体产业的影响分析》

胡泳，《新闻记者》2020年第7期

在可预见的未来，5G将以其更快的速度、更低的延时和更广阔的覆盖范围带来爆

炸式变革。本文认为，媒体产业将是最先受益于5G技术的产业。5G有可能根本改变媒体的内容生产、分发，商业模式，互动体验，乃至受众的信息和娱乐需求。这些变革将在以下方面有所体现：

1. 有效提高媒体生产能力，改变媒体内容生产方式。5G具有高容量、低延时的特点，将极大提升媒体生产的效率和能力，并最终改变媒体内容生产方式。VR新闻也将借助5G真正成为现实。本文指出，VR新闻的特点在于为读者提供亲历故事的可能，专注于情感而非信息的传达，吸引受众参与和带入到新闻中来，为新闻提供更丰富的视角和更为沉浸的体验。

2. 5G将继续强化内容分发优势。5G时代，内容分发的优势将得到强化。5G瞬时分发带来的技术变革将巩固5G服务提供商的地位，内容生产方将围绕着新的技术形态来推出内容服务以吸引受众，“连接＋内容”有望成为内容行业未来形态。

3. 移动视频行业即将释放巨大能量。随着5G带来的传输速度大幅增加，延时大大降低，未来的消费者将习惯于随时随地获得高质量的视听体验，移动视频行业将释放出巨大能量。

4. 沉浸媒介时代到来，VR、AR和MR充满潜力。5G技术的发展还将推动VR、AR和MR技术的发展，沉浸式的体验将进一步与人类的感官互动。在此背景下，全息显示、体育现场直播、电子竞技、互动电影和游戏等将成为未来娱乐产业新的增长点。

5. “万物互联”时代来临。5G还将使得大规模的机器通信成为可能，日常物品通过互联网和5G技术加以“智能化”，“万物互联”的时代即将到来。在此背景下，汽车将成为新的媒介空间，“车联网”不仅能实现自动驾驶、为车主带来丰富的媒介服务，还可能解决交通拥堵问题。智能家居将改变人类的生活空间，智慧城市将为“城市病”提供解决方案，可穿戴设备将通过生物信息的追踪与传播改变人类的社交方式。

6. 5G带来新的商业模式。5G使实时的数据分析成为可能。借助数据分析的结果，电信运营商得以据此设计新的服务套餐。此外，5G还将推动沉浸式广告等新的业态发展。

7. 后智能手机时代，终端设备升级换代。在5G时代来临时，人们往往聚焦于5G手机的发展。然而，本文认为5G时代，手机或许将不再是最为普遍的终端。触觉互联网时代可能诞生颠覆性的智能终端设备，为受众提供更加实时的人机交互和更加远程的触觉体验。

十五、《媒体融合时代新闻定义问题的再思考》

雷跃捷、王娜，《新闻大学》2020年第8期

媒体融合时代新闻形态的变化重新定义新闻与人和社会互动的意义建构。本文梳理我国新闻定义研究演变呈现的注重新闻性质研究、重视传播技术对新闻定义的影响以

及多视角和跨学科开展研究的特点，论证媒体融合时代研究新闻定义的意义，就新闻的“新近性”“新闻报道”“媒介技术对新闻传播的变革”3个概念，对“新闻是新近发生事实的报道”在媒体融合时代是否还具有适用性问题进行再思考，进而将新闻理解为一种事实的传播及其意义的互动，并由此思考媒体融合时代新闻的属性和特征所发生的变化。具体如下：

1. 对“新近”当作新闻的决定性因素的再思考。媒体融合时代，在数字化技术和移动互联网技术推动下，新闻基本属性需要丰富，信息的真实性备受重视。“新近”是一个相对的概念，新闻的独特性并非全然体现在时效性上，人们对新闻的态度也不仅是对其新鲜度的期望。媒体融合时代定义“新闻”面临的是如何体现与“新近性”同样重要甚至更为迫切的其他新闻属性的问题。对这些问题的探讨有助于解答人们对于新闻定义在事实选择方面的困惑，解决互联网平台的各类信息推送与新闻本体混沌不分的问题。

2. 对“报道”当作新闻的属概念的再思考。“报道”作为“新闻”的属概念，是从大众传播的角度来解释“新闻”这一社会现象的。“再传播”是媒体融合时代新闻传播渠道和形式的改变所带来的活力，这种活力独属于新形式的媒体，改变了原来的新闻内容指向。在媒体融合时代，已无法用“报道”来界定“再传播”新产生的文本之外的信息，因此有必要从新闻定义的角度来重新考察传受双方的互动性、互换性和融合性，探讨这些变动给新闻带来的变化。

3. 对媒介技术演进给新闻定义带来变革的再思考。这反思的是有关新闻传播活动的主体性问题，将“新闻”作为一种技术化的社会意识，与经济基础及其他上层建筑意识形态的关系等联系起来思考。

新闻定义面临虚拟现实技术给新闻感知带来的交互式感官体验的问题，以及来自人工智能等与人类理性逻辑和经验运用相关的智能技术的挑战。需先解决“媒介技术与人类现实的关系是什么”的前提，后思考“媒体融合时代下新闻的内涵和外部表征是否由媒介支配”的问题。新闻活动的本质是人的实践，对媒介技术给新闻定义带来的种种疑惑需要“在人的实践中以及对这个实践的理解中得到合理的解决”。

十六、《媒体融合进程中的“连接”与“开放”——兼论新型主流媒体建设的难点突破》

蔡雯，《国际新闻界》2020年第10期

随着党和政府对我国媒体发展战略规划要求的逐步明晰，建设新型主流媒体已成为媒体融合深化发展的一项重要任务。从我国媒体融合的实践历程来看，在“起步”和“进阶”阶段均取得过一些引人瞩目的成果，但距实现预期目标仍存在一定距离。本文结合中国媒体融合实践中的代表性案例，从历史性维度对不同媒体融合发展阶段进行梳理与总结，并分析和阐述建设新型主流媒体所要突破的难点及策略。

1. 在媒体融合起步阶段，我国媒体着力于重新配置媒体自身资源。一方面，传统媒体在原有运行机制的基础上添加各种新媒体形态及内容分发渠道。另一方面，传统媒体着力于媒体组织机制变革，如组建跨媒体的报道组织促进资源共享，对媒体组织结构进行局部或整体变革等。此后，在媒体融合上升为国家战略的背景下，各级媒体开展中央厨房“两微一端”等融合探索新举措。总体来看，这一阶段的融合对于传播渠道的掌控和用户资源的开发利用都存在不足，这也使媒体的封闭性未能被打破，难以扭转其传播力、影响力下滑的趋势。

2. 在媒体融合“进阶”阶段，传统媒体开始向开发和整合外部资源方向转变。这一阶段的主要目标是，探索建设主流媒体自主可控的基于互联网的新媒体平台。围绕这一目标，各级传统媒体纷纷加强外部社交网络平台的利用，结合自身任务展开媒体融合探索，并进一步改造内容生产模式、经营模式和组织机制：中央媒体面向全国连接各方面资源，建设辐射全国的新型媒体平台；有条件的省级媒体集团在整合力量的基础上建设新型平台；县级媒体则在省级媒体平台的支持下建设县级融媒体中心。目前这一阶段的探索尚未完成，成果与困境依然并存。

3. 总体来看，“连接”个人用户，建设“开放型”媒体仍是当前媒体融合发展中待突破的难点。基于现状来看，媒体平台与个体用户的连接是松散的、偶发的和不稳定的。而为了解决缺少海量的以个人身份自主加盟的忠实用户这一问题，媒体平台应洞察用户的心理和需求，并激活用户的潜在能量，帮助他们在自我满足和自我价值实现的同时，真正成为媒体的合作主体和资源提供者。此外，新闻管理部门给新闻媒体以更加宽松的探索环境和更加有力的政策支持，帮助其进一步深化体制机制改革，也是实现这一目标不可或缺的条件。

十七、《数据话语权：国际传播的战略性竞争焦点》

陆小华，《现代传播》2020 年第 10 期

本文着重介绍了数据话语权的含义，拥有数据话语权的战略意义，数据话语权在国际传播中的战略价值，分析中国在数据话语权领域的博弈态势，并从战略谋划与对策设计的层面给出建议。

1. 数据与数据发布：深层影响逻辑与竞争力来源。不同的数据构成和发布方式，潜藏不同的影响逻辑，具有不同影响力。以新冠疫情数据发布为例，论文对比了世界卫生组织和约翰斯·霍普金斯大学疫情数据发布方式，指明其数据发布的比较优势，解析其争取到疫情实时数据话语权的背后动因：创意和制作由新人团队完成，成本低，有创新可能；以位置思维抓住病毒传播轨迹的重要特征与人类核心关切；以系统工程思维实现疫情数据实时更新、连续呈现是本数据产品的核心竞争力；核心团队的学术专长和努力

保证了专业质量；在竞争中坚持特色，不断优化，体现比较优势，从而提升竞争门槛；不仅以技术手段获取数据，还以UGC方式让用户提供数据，保证数据更新的及时性和完整性；注重本数据产品的专业传播和大众传播，从而赢得更强的专业依赖性、专业影响力和更高的大众知名度；以学术研究的初衷获得了实际的数据话语权。

2. 话语权与数据话语权：影响力竞争与战略性博弈。数据话语权的特殊表现在于，数据和数据服务的专业性、客观性、连续性，使其更容易让使用者对数据源产生路径依赖，形成特殊信任。相比一般由传播优势、表达方式形成的话语权，数据话语权的说服力、影响力和建立威信的能力更强，对国际政治、经济运行和人们的意识形态，能产生更微妙而深层的影响。人们在获知、接受、使用、传播相关数据的过程中，为说明其权威性和客观性，往往都会强调数据来源，这又不断强化着数据收集者、控制者、发布者、传播者的权威地位。

随着数据挖掘和数据可视化理论与技术的发展，数据积存、收集、清洗、使用有更高效智能的工具，赋予数据收集者、控制者、发布者、传播者们更强的能力，也加剧了舆论博弈。数据可视化手段的发展，使直观、多样的数据表达方式有了更为强大的冲击力和说服力，影响人的认知、行为和决策，使数据话语权具有强大传播优势和深层影响能力，更使舆论博弈与影响力竞争升级，需要以更多资源、更大力度来支持。升级后的数据话语权竞争，也会带来更大的成果和收益。

3. 数据话语权的认知与竞争：理论建构与力量强化。在国际传播中，数据话语权已成为一种战略博弈工具和战略竞争焦点。相对于国际传播的传统领域，中国在数据话语权领域的博弈态势如下：一方面，竞争优势明显，中国经济体量已经位居世界第二，中国经济的数据发布及其解读都是举世瞩目；另一方面，也存在一定劣势，中国数据发布较分散，也缺少权威数据服务平台。

从战略谋划与对策设计上看，数据话语权的竞争与博弈，急需在以下方面加强：

第一，理论建构。包括数据话语权理论研究、规律探索、方法总结，对西方数据话语权领域理论与案例再认识及中国经验、中国案例的再总结。

第二，力量强化。要加强认知投入，能否把数据话语权的竞争放到足够的战略层面认识，放到足以影响未来中国发展的地位来认识，决定了在数据话语权领域的战略性竞争能否获取相对有利的地位，取得足够成效；加强制度投入，即对数据收集、数据处理、数据发布、数据传播等优化制度安排；加强资源投入，提供数据等公共资源，既是一个服务型政府的服务内容，也是掌控数据话语权的行动；加强传播投入，对内传播和国际传播，要在数据发布、数据传播、数据解读等方面投入力量；加强机制投入，建立、优化有利于数据话语权竞争的机制，激励、规制多种力量投入竞争。

十八、《网络违法信息传播次数作为入罪标准的困境与出路——基于186份刑事裁判文书和相关司法解释的思考》

熊波，《新闻与传播研究》2020年第10期

网络违法信息传播次数是当前司法解释和法律实务中普遍采用的网络信息犯罪入罪标准。然而，本文认为，将传播次数作为入罪标准在法理层面违反刑法的谦抑性原则，也并未考虑到当前网络现实环境中算法对于网络传播生态的改变。因此，本文在梳理186份刑事裁判文书和相关司法解释的基础上，对网络违法信息传播次数作为入罪标准的现状、原因、困境和改进方向进行了剖析。

1. 现状：司法解释普遍采用，司法实务进行扩张性解释。当前司法解释中普遍将传播次数作为网络信息犯罪的入罪标准，其中传播次数通常是通过点击、浏览、转发、注册人数等数量进行量化。而在司法实务中，还对司法解释进行了扩张性解释，扩充了违法信息的适用范围，部分法院还将个人精神损失以及政府、官员的形象受损作为附加条件。

2. 原因：应对网络空间的不确定性和“道德恐慌”，为精准化审判提供量化标准。之所以将传播次数作为入罪标准，一方面是因为网络空间的不确定性和网民群体的“群聚效应”引发的“道德恐慌”，需要司法回应这种法治需求；另一方面，传播次数作为可以量化的标准，能够提高司法的效率。

3. 困境：法理上不具有刑法法益关联性，现实层面算法加持导致极易达到入罪标准。虽然将传播次数作为入罪标准有其社会和司法原因，但是单纯将传播次数作为入罪标准在法理和实践层面都遭遇了困境。首先，传播次数只是一种客观的记录，并不能直接等同于抽象的公民的精神损害或者公共秩序受到侵害的程度。其次，在当前算法推送的机制之下，传播的范围和方向往往是算法设计和推荐的结果，且数量上极易达到入罪标准。

4. 改进方向：明确行为和结果关联性，明确侵害法益类型以及排除失真传播次数。为了避免将传播次数作为入罪标准造成的刑法扩张化风险，建议应当对传播次数作为入罪标准的适用条件加以更加严格限制。首先，使用传播次数作为入罪标准应当符合比例原则，不应滥用刑法手段，只有法益受到重大侵害时才适用；其次，只有现实法益受到具体的侵害时才将传播次数作为具体标准，不应放大焦虑、恐慌等抽象的危险；最后，在次数的计算方面还应当通过技术手段排除失真的传播次数，如恶意传播、持有中立或者怀疑立场的转发、僵尸账号的无效传播等。

十九、《对外传播“内宣思维”的理论深解》

郝雨、段思悦，《新闻与传播研究》2020年第10期

改革开放以来，我国综合国力快速提升。但目前，我们的对外传播力与我国经济

社会发展水平和国际地位还不太相称，对外传播中还一直存在着“内宣思维”。本文通过一些案例分析内宣思维的问题和表现，并提出相应的改进策略。

对外传播“内宣”思维主要体现在：第一，“编码/解码”的传受思维错位和不对接。对外传播时故事讲述方式、手段、技巧尚不完善，多从自身立场和传播意图出发，没有遵循“受者为中心”的传播理念，没有在内容制作过程中更多地了解“解码”者可能的和习惯的解码方式与接受基础。第二，主题形象建构中的文化内涵薄弱。对外传播中的政治色彩过浓，较多停留在表层的事件过程和经验总结上，而未深入揭示和表现其中的民族自尊心和文化自信精神，对外传播中文化传播的占比较少。第三，国际传播复杂格局与变局中应对迟缓。当前国际正面临百年未有之大变局，不稳定不确定因素不断出现。在纷繁复杂的国际局势中，有些直接涉及国际关系和国家形象的虚假新闻需要国内媒体强硬回应时，我国媒体的反应有时候相对来说还是不够有力和及时。

对于上述问题，本文提出的打破“内宣思维”的策略是：第一，融合情感，提高亲近性分享和展示。对外传播时应该以中国特色为基础并努力寻求全人类所共通的传播方式，提高具有亲近性的分享感和展示感，用一种较“软”的传播方式向世界传播“软硬兼宜”的文化产品。第二，正确认识“软实力”背后的“软权力”使用。要注重资源的控制和策略的布局，从而更好地控制和驾驭传播关系。对于在地理上较为临近，文化根源相同的国家，利用跨国旅游等文化产品，从地理和历史的角度介绍中国，帮助海外受众逐渐认识中国。第三，增加文化的温度，让中国故事活起来。注重中国故事中“人”的因素，讲述更多有情有义的“普通人”的中国故事，从不同的层次和角度，并以一种更加有温度有活力的方式向世界展示优秀的传统文化，让更多的外国受众认识了解中国。第四，特殊事件权威发声，向世界证明中国。对于特殊事件，我国媒体应在第一时间向世界各国准确通报各类信息，要注意事后的深入研究和总结，在出版方面做好选题，及时以图书和电子出版物等各种形式，从各个层面和角度讲述好中国故事，成规模地向外展示中国智慧和力量，让整个世界正常看待中国。第五，加强与国外媒体沟通共享，推动文化产品落地。我国应与世界各国加强媒体交流与合作，借助这些国家的媒体平台来介绍中国，传播文化产品，拉近与受众之间的距离。要考虑落地国家受众的接受程度，采用文学艺术、影视作品作为实现不同民族情感融合、传播民族文化的途径和通道。

二十、《我国传媒产业关联及其演化趋势分析——基于投入产出表的实证研究》

丁和根，《新闻与传播研究》2020年第11期

传媒产业作为我国国民经济的重要促进

产业之一，具备产业链长、波及面广、辐射性强等特征，但对以上特征的认识还缺乏较多实证研究的支撑。本文以 2007 年、2012 年和 2017 年我国价值型投入产出表为依据，以新闻和出版业、广播电视电影音像业为分析对象，运用投入产出计算方法，分析我国传媒产业与其相关产业的技术经济联系，揭示其带动作用和波及效应，并在此基础上为我国传媒产业的结构调整与政策制定提供建议。研究发现：

1. **我国传媒业对其他产业具有较广泛的波及效应**。实证分析表明，国民经济中大部分产业都与传媒产业有着前向或后向、直接或间接的关联，波及效应明显。但在传媒产业的产业链条中，仅有少部分产业与传媒产业关联较为密切。

2. **传媒产业消耗系数明显高于分配系数**。分析结果显示，传媒产业的后向关联度普遍高于前向关联度。一方面，反映了我国传媒产业对相关产业的后向拉动能力较强，前向推动能力较弱；另一方面，也反映了传媒产业的中间投入过高，集约程度较低，生产成本偏高，发展仍然处于粗放阶段。

3. **传媒产业与三次产业的关联度呈此消彼长态势**。传媒产业对第一产业和第二产业部门的消耗和分配总体上在减少，而对第三产业其他部门的消耗和分配总体上是上升的，传媒产业作为文化产业的特性得到了较为显著的加强。

4. **传媒产业在国民经济中的地位和影响整体呈下降趋势**。总体上看，我国传媒产业与相关产业之间的各种关联度呈逐步下降态势，其影响力系数和感应度系数均低于社会平均水平且都处于不断下降之中，这表明我国传媒产业在国民经济中的整体经济地位及其影响力都在逐步降低。

基于以上结论与讨论，论文从产业关联的分析逻辑出发，着重提出如下 3 方面建议：

1. **应加大供给侧改革力度，坚决淘汰落后产能**。传媒产业应有针对性地调整传媒产业的发展方向，尤其要通过加大媒体融合的力度，带动传统媒体提升技术创新和知识资源的含量，改进其粗放式增长的模式，形成“创意引领”的新特征，从而更好地满足我国文化产业和服务业的发展需求。

2. **继续深化传媒体制机制改革，促进各类资源有效流通与集聚**。具体为应采用互联网思维，打破行政区划和单一媒体属性的限制，打造自主可控的平台型新媒体；引导传媒产业集聚发展，充分利用市场的力量实现生产要素的优化配置，坚持走产业化和集约化发展之路。

3. **增强与新兴产业融合以拓展产业链和价值链，保障传媒产业发展的可持续性**。我国传媒业长期以来形成了一定的路径依赖，因而推动我国传媒产业突破自身封闭的路径依赖，拓宽产业链和价值链，促进自身的多业态发展，建立起较为平衡多元的收入结构依然任重道远。

二十一、《大数据解析全球传播学学科制度化的发展历程与规律》

冯广超,《国际新闻界》2020 年第 12 期

本文用实证结合文献和档案分析的方法，采用大数据挖掘梳理了传播学院系的发展历程。并创建高信度高效度的量表实证检验了影响传播学院系学术表现的因素，具体如下：

1. 传播学学科机构的制度化进程。本论文认为传播学的源头多种多样并在不同高校有着完全不同的演进路径。部分传播学机构经历了频繁的变化，部分则自始至终没有变化或者变化甚微。并总结出了传播学学科制度化发展的一般规律，规律如下：

传播学学科机构的制度化从形式上在很多学校达成了基本共识。传播学发展历史越悠久的地区，其学科建制也越复杂、越难改变，并且传播学学科越发达地区（学术表现排名较高）的大学中存在着更多的传播学院系。

根据表 1 可知，该大学是否形成了正式的传播学院系建制与大学传播学学科的整体学术表现没有显著关系，但是与泰晤士高等教育的全球大学综合排名有显著关系。泰晤士高等教育全球大学综合排名较低的大学比排名较高的大学更多地形成了正式的传播学学科建制。大学传播学院系的名称是否曾经改变与大学传播学学科的整体学术表现和泰晤士高等教育全球大学综合排名均有显著关系。

2. 传播学院系研究表现的影响因素分析。根据图 1、表 2 可知，美国的传播学院系具有绝对实力优势，南美洲和非洲传播学发展较慢，以色列、新加坡和中国香港地区的优异表现受益于大量在美国接受了系统传播学训练的学者的回归。

表 1 学科制度发展与院系及大学表现的交叉表

		大学是否建立了正式的传播学院系		大学存在的传播学院系数量					传播学院系的名称是否曾经改变	
		建立	没有建立	1 个	2 个	3 个	4 个	5 个	没有改变	有改变
大学传播学学科的整体学术表现	较低表现	435	60	486	12	1	0	0	6	453
	中等表现	380	59	370	68	2	0	0	18	407
	较高表现	283	37	171	116	32	2	1	51	271
泰晤士高等教育全球大学综合排名	五星大学	77	26	49	42	7	1	1	7	95
	四星大学	110	26	85	29	11	0	0	13	121
	三星大学	111	16	89	20	6	1	0	15	109
	二星大学	143	16	125	25	3	0	0	5	152
	一星大学	101	8	93	7	1	0	0	2	104

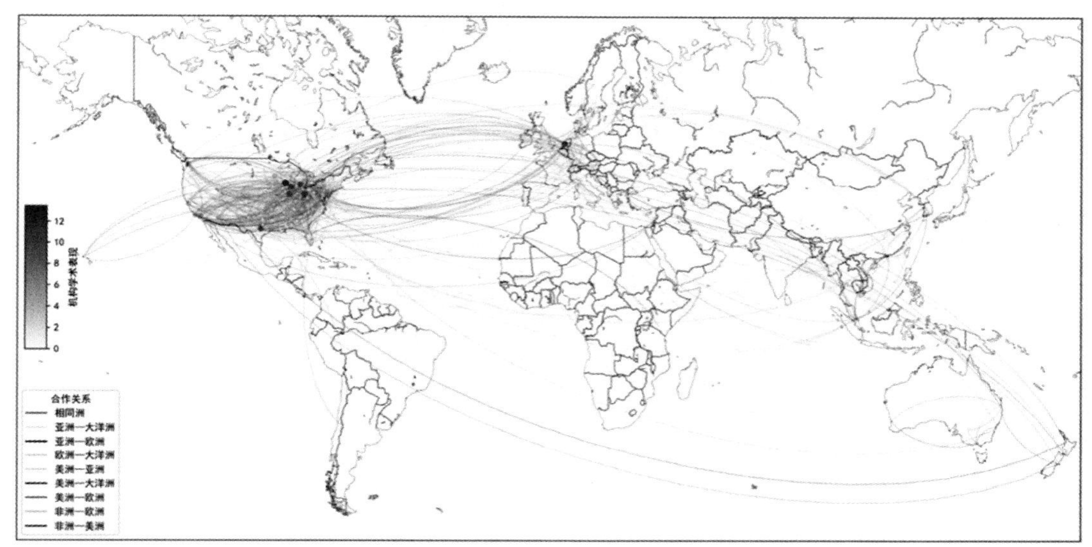

图 1　全球传播学院系的学术实力分布与合作关系网络

表 2　截至 2019 年 4 月各洲排名第一的传播学院系

院系	院系的全球排名	大学	传播学科全球排名	国家	洲	院系研究表现的因子值
School of Communication Research	1	阿姆斯特丹大学	4	荷兰	欧洲	12.6
College of Communication Arts and Sciences	2	密歇根州立大学	5	美国	北美洲	12.4
School of Communication and Information	20	南洋理工大学	36	新加坡	亚洲	4.2
School of Communication and Arts	74	昆士兰大学	57	澳大利亚	大洋洲	1.4
Centre for Augmentative and Alternative Communication	244	比勒陀利亚大学	336	南非	非洲	0.3
Faculty of Communication	309	智利天主教大学	417	智利	南美洲	0.1

多水平建模统计分析的结果表明（见表 3），院系的研究持续性（发表论文涉及的研究领域数量），学者的跨学科能力（每个研究引用其他学科的文献），学术合作网络广度、角色扮演的关键程度，拥有的科研师资都将正向地影响院系的研究表现。

表 3　多水平回归模型

	系数	T 值	显着性（p 值）
截距	−0.123	−1.964	0.053
院系研究领域的持续性	−0.022	−4.299	0
院系的社会网络值	0.157	6.743	0
院系的研究历史	0	−0.177	0.859
院系的发文学者数	0.039	24.6	0
院系的跨学科能力	0.278	1.913	0.050
院系的机构形式	−0.01	−0.165	0.869
大学的办学收入	−0.004	−0.157	0.875
地区的英语能力	−0.003	−1.779	0.086

注：删除缺失值后，分析样本包括了 721 个院系，550 个大学，55 个国家或地区。

根据以上研究结果，作者总结出以下几点结论：

1. 传播学学科有多个源头，部分源头始终独立发展，即使在同一所学校也互不相融。

2. 决定传播学院系学术表现的核心要素是院系所直接拥有的人力资本（属于文化资本的一种）、社会资本以及院系的发展战略。院系的研究历史构成的文化资本、国家 / 地区层面的文化资本、经济资本、英语平均水平，院系的机构形式与院系的学术表现关联性小。

3. 传播学在大学是否完成制度化并不是学科发展实力的决定性因素。

4. 美国等发达国家和地区，“大学校”基本不变，而“小学校”则频变。名校的“不变”与其办学资金，治学理念及培育社会“精英”的发展战略有很大关系，但这也是学科惰性的一种体现。

通过以上结论，论文给出了对中国传播学学科建设的启示：高校不应盲目模仿发达国家的发展模式；人力以及经济资本需要在院系制定适当的学科发展战略、科学合理地使用文化和社会等资本的前提下才能发挥有效作用；我国传播学学科建设的核心应当专注于制定适当的、以促进跨学科研究能力为要旨的（博士）研究生培养方案；加强与发达地区传播学院系的学术交流与合作；保持和促进师资研究领域的持续性。

二十二、《内部改革与跨界协作并重：5G 视域下 VR 出版媒体融合发展策略》

刘德寰、王袁欣，《编辑之友》2020 年第 12 期

汹涌而至的移动化、数字化浪潮给传统出版市场带来了新的危机，然而伴随 5G 技术的迅速发展与商业化进程，VR 出版行业

的外部环境问题出现了新的解决通路。本文提出采用内部改革与跨界协作并行的方式作为出版行业媒体融合发展的策略。

内部改革方面，首先要重构内容生产过程，坚持以优质内容为导向：以新技术为抓手的差异化竞争；提升 VR 内容的美学价值。其次要重塑用户体验，创新商业模式：借助 VR 场景入口，深入用户体验区；提升用户体验，巩固出版业市场根基。

数字化转型后的出版业能够更好地利用数据资源，借助深度学习，强化学习算法，在更大范围内为用户推荐符合其使用习惯的场景、内容、形式，实现多元化的内容版本和呈现形式，迎合不同族群兴趣，以此抢占细分市场，增大市场份额，创造真正以用户为核心的商业模式。

跨界合作方面，VR 技术应用的广泛性能够不受行业限制，与多领域开展交叉合作。VR 出版的发展战略应借由技术开放性的优势加大向外谋求合作的力度，积极打破行业信息技术壁垒，开启跨产业的协同合作模式，顺应和推动媒体融合的发展。全媒体传播体系的建设要审视自身，从媒体机构内部进行流程再造，更要纵观全局，谋求合作和重新定位。

要打造多主体、多中心协作的出版格局。出版业的上中下游联动生产，能够强化出版物的科技属性，并实现多产业共赢。另外，建立适应 VR 的跨界盈利模式。例如 VR 出版在底层思维中纳入共享模式或是付费会员社区模式，抑或采用盈利组合拳的方式优化升级盈利链，开发动态盈利方案，减少各领域区隔，开辟新的盈利空间。

近年来，国家大力倡导推动传统媒体和新媒体的融合发展，尤其是构建全媒体传播体系，这对传统出版行业实现新突破提出了更高要求。VR 出版拓展了出版业的传播形态，也拓展了出版业与其他产业融合的深度和广度，实现出版领域与其他领域的深度融合。在 5G 时代，VR 出版的技术壁垒有望得以解决，跨时空、多场景、强交互的特性将重构原有出版业态。对传统出版业而言，要把握 VR 技术在 5G 时代的优势，把握机会进行媒体融合战略布局，内部改革与跨界协作并重，推动并实现出版行业的媒体融合。

（田丽、张华麟、赵琳、彭炳辉、李哲哲、陈馨婕、欧阳妤璐、孙妍、韩佳蕾摘编）

国家重点实验室年度进展

人民日报人民网传播内容认知国家重点实验室工作综述

传播内容认知国家重点实验室（以下简称“实验室”）由人民日报社主管、依托人民网建设，实验室建设是贯彻落实习近平总书记关于推动媒体融合向纵深发展重要指示精神，适应全媒体时代发展需要，强化先进科技支撑引领的重要举措。2020年，实验室根据中宣部、科技部要求，按照人民日报社工作部署，聚焦科研主业，协同推进产研合作、学术交流、队伍建设、科研条件建设等，各项工作取得积极成效。

一、建设背景

全媒体时代，信息传播呈现多渠道、全领域、交互性的网状化传播新格局，随着信息传播方式和传播量级全面革新，当前网络舆论表现出显著的突发性、多元性、交互性、冲突性和匿名性，各类社会动向向网络空间传导趋势明显。

现有基于人工采集、生产、传播和审核的舆论传播体系受限于专业人员的有限精力成本，一方面难以在海量舆论中凸显主流价值观内容，另一方面也难以有效限制碎片化的有害舆论传播。因此，发展以“智能”为主要特点的下一代舆论传播体系是一个新的时代命题，通过人工智能技术实现舆论的引导已经成为国家和社会发展的基础性需求。

实验室面向国家重大需求，重点围绕智能化信息认知能力、智能化信息创作能力、智能化信息传播能力和智能化信息交互能力建设开展研究，为实现下一代舆论传播体系奠定理论和技术基础。

二、工作进展及成果

为有效开展研究工作，实验室确设立了“三个三”发展思路。以引领传播领域行业发展、赋能传播业务创新、服务国家意识形态安全为三大建设目标。以突破行业关键共性技术、提升行业基础设施和装备水平、培养行业高水平科研人才队伍为三大核心任务。为实现上述建设目标和任务，建立科研开发、标准规范、生态合作三大工作体系，推动人工智能技术在传播内容领域的突破和创新。“三个三”相互配合，协同发展，构成传播内容认知国家重点实验室的整体工作框架。

1. 钻坚研微，关键核心技术研究逐步展开。紧盯技术前沿，瞄准发展趋势，实验室加强传播内容领域新技术、新问题的前瞻性研究和应用，以国家重大需求为导向、应用基础研究为定位、学科交叉融合为特色，立足主流价值观精准传播理论科学与计算、内容智能审核和风控评级、基于内容传播领域的国家网络空间治理三个研究方向，并积极探索智能计算设施在内容传播领域的应用，开展协同创新性研究。2020 年，实验室实施 9 项自主研究课题，发表高水平学术论文 7 篇，申请发明专利 2 项，打造的人物画像系统、新闻识谣系统等已投入使用。

2. 打牢基础，科研创新支撑能力不断提升。根据《智能计算中心规划建设指南》，按照“AI 产业化，产业 AI 化”的思路，围绕实验室科研需求和产业应用需求，推动可管可控、一体化发展的智能计算基础设施的测试与评估工作，助推实验室科研工作进展，助力媒体行业和内容产业突破算力掣肘。实验室实地考察了国内领先的人工智能芯片厂商，依托人民网自有数据中心设施，搭建完成 10P 的试用环境，为科学研究、应用验证等提供基础保障。

实验室坚持科学布局、合理规划，建设数据安全共享平台，汇聚具有科研价值的数据，形成正能量语料数据集，为科研工作提供数据支撑。实验室研发的“内容传播流行度预测”“智能评论生成”等原创性算法模型已部署在算力试用环境中，具备向科研和媒体单位开放试用的条件。

3. 开放共享，发挥学术中心辐射作用。充分发挥实验室交叉学科研究特色，为相关领域专家学者提供高水平学术交流平台。2020 年设置开放课题 7 项，支持相关领域的前沿性研究；举办学术交流会议 10 余次，邀请行业领军专家学者到实验室进行报告 6 人次，参加学术会议 20 人次，举办算法大赛 1 次；搭建实验室展厅，面向高校、企业和社会公众开放，在国家网络安全宣传周、全国科技活动周期间开展人工智能、媒体融合相关知识科普宣传工作。

4. 承担项目，发挥项目牵引聚合作用。实验室充分发挥重大项目的牵引和聚合作用，联合一批知名高校、科研单位和企业共同开展研究工作，加强技术创新能力，带动实验室整体建设。实验室基于国家重大需求，针对媒体融合发展的难题，成功牵头申报国家重点研发计划定向项目 1 个，参与国家社科基金重大项目课题研究。实验室打造的“睿鉴新闻可信度识别支撑系统”，入选国家新闻出版署 2020 年融媒体优秀案例库，核心技术“开放环境下数字伪造内容检测关键技术与服务平台建设”荣获 2020 年北京市科学技术进步奖一等奖。

5. 建设梯队，人才队伍结构渐趋成型。根据前沿领域布局和科研项目部署，实验室建立了主任总体负责，首席科学家牵头，四个研究部开展科研工作，科研管理部和科技发展部提供科研支撑的科研管理创新体系。设置研究员专业序列，合理配置架构，吸引高层次人员加入研究队伍。同时，通过双聘及外部合作的方式，壮大课题研究人员实力。实验室注重发挥研究生和博士后在科研工作中的生力军作用，2020 年受疫情影响，依托人民网博士后科研工作站引进博士后研究人员 1 名，与西安交通大学联合培养研究生 4 名，发挥实验室高级人才培养基地的作用，储备专业领域人才。

6. 开门创新，产学研合作与协同创新不断加强。实验室坚持“开门”办科研，围绕媒体融合创新发展中“产—学—研—用”协同，探索开放合作机制。以实验室为依托发起“内容科技联盟”，面向国家重大需求，针对内容传播领域重大科技问题开展合作研究，探索智能化时代下的新业态、新应用、新服务，组织探讨行业相关标准建设。目前，实验室已与哈尔滨工业大学、西安交通大学、天津大学、清华大学、北京航空航天大学、中科院信息工程研究所、百度、新浪、奇安信等高等院校、科研院所和科技公司在联合科研攻关、重大项目申报、数据治理规划等方面开展深入合作，补齐技术短板、拓展产业资源，为实验室科研突破、技术创新、标准制定和成果转化展开行之有效的工作。

三、下一步工作重点

接下来，实验室将根据中办、国办印发的《关于加快推进媒体深度融合发展的意见》，遵照国家重点实验室有关管理办法和工作要求，重点强化技术创新、队伍建设、成果应用等工作，提升实验室科学问题提炼能力、科研项目抓总能力和科研工作创新能力，围绕实验室研究方向，广泛汇聚高校及科研单位，深入推进研究工作，重点突破跨媒介的内容精准传播策略和推荐、全媒体内容认知、网络空间舆论引导与预测等关键技术，加快构建可应用、可验证、可展示的智算平台、数据安全共享平台，稳步提升实验室在本领域的学术地位和影响力。同时，通过“内容科技联盟”向部分主流媒体拓展应用验证服务，用成果赋能、以应用引领，提升主流媒体传播力、引导力。

（人民网股份有限公司传播内容认知国家重点实验室供稿）

新华社媒体融合生产技术与系统国家重点实验室工作综述

2020年以来，新华社深入贯彻落实中共中央办公厅、国务院办公厅印发的《关于加快推进媒体深度融合发展的意见》，按照媒体融合国家重点实验室“出成果、出人才、出效益”的要求，积极探索媒体办国家重点实验室的有效路径。新一届社党组对国家重点实验室建设工作高度重视，多次组织专题会议研究国家重点实验室建设方案和运行机制。2020年度媒体融合生产技术与系统国家重点实验室在科研攻关、队伍建设、运行管理、合作交流等方面成效显著，为国家重点实验室建设再上新台阶奠定了坚实的基础。

一、实验室介绍

媒体融合生产技术与系统国家重点实验室于2019年12月正式揭牌运行。这是在中宣部指导下、科技部批准建设的媒体融合生产领域首个国家重点实验室，面向跨媒体大规模感知认知分析与推理、人机协同复杂问题分析响应与评估两个方向，重点围绕人工智能在新闻生产流程中的应用，开展媒体融合科学技术应用基础研究。实验室下设4个研究部和3个联合创新中心，聚焦新闻智能化融合生产、智能化采编发应用、视听感知与分析研究等。

二、实验室工作进展及成果

1. 聘请领军科学家组建学术委员会。聘请中国工程院院士潘云鹤担任学术委员会主任，中国科学院院士陈发虎、毛军发，中国工程院院士王耀南等领军科学家担任学术委员会委员，召开学术委员会第一次会议，审议通过2020年度科研计划。潘云鹤、王耀南等院士委员认为，主攻“跨媒体大规模感知认知分析与推理”“人机协同复杂问题分析响应与评估”2个研究方向，有望成为解决媒体交叉科学技术问题的核心创新力量。实验室建设目的与意义体现了前瞻性、机制创新、能力提升、系统性等原则，能进一步满足媒体应用基础科研的迫切需要。

2. 针对重点任务联合开展科研攻关。在智能物联网方面，邀请国内权威人工智能团队加盟指导，合作研究物联网环境交互式推荐课题，有效提升物联网交互传播体验，并助力新华社新闻信息产品进入智能音箱、汽车中台等物联网终端。

在智能音频方面，与腾讯集团等科技公司以及北京大学等科研院所合作研究全景声智能音频课题，联合攻关团队已向国际音频工程协会亚洲分会提交全景视听系统技术标准，并将牵头制定媒体传播场景下的视频和音频沉浸式融合标准。

在卫星遥感方面，与中科院空天院以及遥感科学国家重点实验室等权威机构合作，对时空大数据课题给予学术指导和资源支持，大幅拓展现有信息采集生产模式，有望进一步挖掘我国时空大数据领域全域、高频数据集和大尺度智能分析监测的应用潜力，相关成果在系列重大主题报道和新版本新华社客户端中投入应用。

在智能视频生产方向，智能化视频生产系统研究部人工智能领域中青年领军专家参与自主科研课题实施。“视频内容理解技术与图像描述文本生成”课题部分研发成果进入测试验证阶段，在优化复杂数据可视化算法精度、增强图像 / 视频等多模态数据基础理解与处理能力上取得进展。

3. **推出了一批受业界关注和肯定的科研成果**。一是实验室科研团队参加全球顶级技术比赛并接连获奖。视频算法课题团队在国际计算机视觉顶级会议 ICCV 2019 的 CoView 视频综合理解算法技术挑战赛中获得冠军；在 2020 年计算机视觉和模式识别领域世界顶级学术会议 CVPR 上，视频算法课题团队获得视频五项全能挑战赛第三名；在 2020 年 8 月举行的全球顶级自然语言处理赛事——第四届中文语法诊断大赛上，实验室课题团队获得两个第四名、两个第七名和一个第八名的成绩。二是发布了一批具有较高科研水准的专利、软著和论文。《一种基于卷积神经网络的微博新闻摘要抽取式生成方法》《一种基于多模态融合的视频描述生成方法》等 10 多项专利软著获授权；《用于图像紧急识别的双流卷积神经网络》《Soccer DB：用于全面理解视频的大型数据库》《多传感器集成实时桩定位模型及其海上应用》等 8 篇高水平论文被 EI（工程索引，美国工程信息公司主办，世界三大学术检索系统）、ACM MM（国际计算机学会，图灵奖评选机构）会议或国内 A 类期刊发表。

4. **科研成果工程化应用取得较大社会影响**。运用视频智能化生产科研成果迭代升级“媒体大脑”功能，推出的“两会机器人”服务全国 300 多家媒体机构，累计生成短视频近万条；推出的“疫情报道机器人”每天从全网实时更新 2000 多条疫情新闻素材，首次实现疫情防控发布会直播流自动化共享。

运用遥感大数据媒体应用等研究成果，围绕疫情防控和复产复工主题推出“中国·起来”等系列卫星融媒产品，总浏览量 21 亿次，总互动超千万次，成为广受好评的融媒体产品。围绕“脱贫攻坚”主题，融合运用卫星遥感、卫星导航、航空测绘、地理信息、无人机航拍、地面拍摄、3D 建模、数据可视化等多种技术，拍摄制作国内首部卫星新闻纪录片《太空的见证》，系列产品全网传播量突破10亿次，形成“现象级”传播。

运用5G新媒体技术研发融合传播新场景，结合两会推出全息异地同屏访谈、“5G+8K+卫星”五地联动直播等创新报道，新小微、新小萌、新小浩等数字人主播音色效果升级。

运用5G全景声技术升级“声在中国”融媒产品，打造“中国声音博物馆”，在服贸会期间完成“听，中国反贫困斗争的声音”融媒互动展项落地。

5. 科研平台条件逐步完善。新华社根据国家重点实验室实际科研需要，在各研究单元已有办公场地和科研平台基础上，将新媒体楼安排为国家重点实验室科研办公枢纽平台。截至2020年年底，智能化演播室建设完毕，全息声场交互体验测试、卫星遥感数据可视化加工、视听交互播控等实验测试平台正在试运行。

三、实验室建设新举措

1. 进一步理顺运行机制，充分释放国家重点实验室平台潜力。在充分调研国外相关实验室和国内其他国家重点实验室的架构设置、运行模式的基础上，进一步理顺新华社国家重点实验室的建设方案，明确了国家重点实验室建设的总体要求：在国家重点实验室现有工作基础上，深化落实中宣部、科技部有关要求和社党组有关部署安排，聚焦建设新型主流媒体、壮大主流舆论使命任务，着眼“出成果、出人才、出效益”目标，坚持“升格、做实、搞活”，进一步理顺管理体制、开展机制创新，落实有关政策和建设经费，引进和培养优秀人才，完善和提升研究条件，尽快组建一支数量稳定、能力一流的科研队伍，建立“开放、流动、联合、竞争”的运行机制，将国家重点实验室实验室打造成为媒体融合应用基础研究中心、关键技术创新平台、交叉学科高端人才培养基地、国内媒体融合技术实践转化的“中试平台”，持续产出在国内外有重大影响的科技创新成果。

2. 积极引进首席科学家，牵引带动各项科研工作。启动国家重点实验室首席科学家引进工作，与中科院、北京大学等顶尖学术机构对接，通过征求学术委员会意见，确定国家重点实验室首席科学家人选。同时，建立健全首席科学家团队合作机制，与北京大学合作建设国家重点实验室，从北京大学与新华社层面进行高规格的战略合作。

3. 积极推进人才建设，整体提升团队科研实力。在整合社内已有科研力量基础上，面向海内外招聘相关领域专家学者和青年科技人员成为实验室固定人员。启动博士后招收工作，制订博士后招收计划，建立联合招收和培养博士后研究人员制度，面向人工智能领域，包括知识图谱、时空大数据新闻应用研究、多模态可信度检测、物联网研究、视频理解、视听感知计算等方向招聘8名博士后人员，招收简章通过中国博士后官网、新华网和新华社微信公众号发布。

（新华社媒体融合生产技术与系统国家重点实验室供稿）

中央广播电视总台超高清视音频制播呈现国家重点实验室工作综述

2020年中央广播电视总台超高清视音频制播呈现国家重点实验室持续强化5G+4K/8K+AI整体布局，从国家战略角度出发，面向超高清电视制播技术、5G媒体应用技术、大数据人工智能与呈现技术、视音频评测技术等前沿媒体科技方向，以国家重大科研项目和实验室开放课题研究为依托，积极推进国家重点实验室的科研工作，取得了多项具有自主产权的技术创新成果，并以总台春晚、冬奥会转播等重要大型活动为契机，与国内科研院校紧密合作，成功进行了成果应用和推广，发挥了总台应用需求的牵引优势。

一、实验室建设工作

总台按照国家重点实验室的建设要求，积极推进实验室组建，确定了实验室负责人、理事会、学术委员会等主要机构成员。在系统化管理方面，积极推进科研机制的规范化运行，完善国家重点实验室的组织建设，保障科研项目顺利推进和应用实施。

国家重点实验室根据媒体融合发展趋势，按照全媒体和超高清技术的发展需求，设立了超高清电视制作技术研究实验室、超高清电视播送技术研究实验室、5G媒体应用实验室、视听新媒体融合制播技术研究实验室、新闻融合制播技术研究实验室、三维声数字音频技术研究实验室等六个专业研究实验室，并与上海交通大学和广播电视规划院共建了媒体智能技术和视音频评测技术两个研究实验室。

二、实验室科研工作

按照国家《超高清视音频产业行动计划（2019—2022年）》“4K先行，兼顾8K”的总体技术路线，总台积极推进4K/8K超高清电视发展，实现了“4K跟随、8K超越”的技术发展势头。

1. 承担多项国家重点研发计划和重大科研项目。实验室积极参与国家重大科研项目，2020年取得了丰硕成果，成功申报并承担了3项科技部国家重点研发计划，分别为：“冬奥超高清8K数字转播技术与系统”、“4K超高清电视制播系统研制”和“基于

发展综述

广播网与5G移动网融合的超高清全媒体内容协同分发关键技术研究”。总台以超高清视音频制播呈现国家重点实验室建设为抓手，联合国内科研机构和企事业单位，围绕4K/8K超高清电视制作、播出、传输和呈现全链路开展技术创新，2021年年初开播8K超高清电视试验频道，并圆满完成8K春晚的直播。

国家重点实验室承担国家发改委、工信部宽带网络和5G新型基础设施建设项目“5G+4K/8K超高清制播示范平台”，在上海总站建设4K/8K超高清制播系统，承担上海总站大型综艺、高端纪录片、专题片及长三角地区体育赛事节目的制作需求。同时建设北京总台4K/8K超高清制播系统，通过基于5G技术的“云管端”全新业务模式，连接两地的制播系统，融合台内外制播资源，实现随时随地远程协同制作，并全面对接总台电视、新媒体、影院播出平台，实现4K/8K超高清电视节目在各平台的直播、点播，满足人民群众更高的收视体验需求。

同时，国家重点实验室积极建设8K超高清电视公共服务平台，响应“科技冬奥·8K看奥运”的目标要求，有力地推动我国8K超高清电视实现跨越式发展。在冬奥会8K超高清转播技术、全IP化超高清制播技术、AI虚拟智能制作技术、面向4K/8K超高清全媒体关联内容的广播网与5G移动通信网协同传输技术，以及5G切片和边缘计算、AVS3编解码等关键技术上开展前沿基础性研究，在国家重点科研布局中发挥了应有作用。

2. 积极开展开放课题研究。2020年8月，国家重点实验室公开发布了首批开放课题指南，包括“8K超高清电视频道播出关键技术研究”“科技冬奥8K跨域传输与接收技术及应用”“AI+VR智能虚拟现实制作技术研究”等11个研究项目，覆盖8K超高清制播、AI+VR智能虚拟现实制作、智能图像增强与识别、5G边缘计算、IPv6基础资源等多个前沿技术领域，目前项目研究已全面展开，部分项目已取得阶段性成果。

3. 积极推进科研成果应用转化。总台积极推进国家重点实验室科研成果的转化工作，一是联合相关企事业科研单位参与标准的制定工作；二是联合相关企事业高科技机构推进超高清电视系统设备的国产化，推进总台超高清电视技术体系建设；三是联合相关企事业科研机构参与总台新媒体平台关键技术攻关；四是联合相关企事业高科技单位参与总台春晚等重大活动直播转播工作，创新节目呈现形态。

第一，支撑国际国内标准规范制定。总台国家重点实验室联合国家广电总局广播电视规划院，共同制作的4K/8K超高清电视图像序列获得国际高度认可，其中65个超高清电视图像序列已被国际电联ITU接受，成为ITU-R BT.2245国际标准，广泛应用于国际4K/8K超高清电视系统设备技术评估。

研究制定“5G媒体应用白皮书”，成为5G超高清电视制播、5G+VR等媒体领域的应用指南，在业内引起强烈反响。在8K超高清电视频道成功试验播出的基础上，研究制定“中央广播电视总台8K超高清电视节目制播技术要求”，为总台和业界8K超高清电视的制作和播出提供技术规范。

总台国家重点实验室还牵头承担了20多项超高清电视、IP化制播、大数据方面的广播电视行业标准研究任务，包括“超高清晰度电视系统节目制作和交换参数值”“超高清节目文件格式规范”“4K节目录制规范”“4K/8K超高清制作系统分布式云存储技术要求和测量方法”“SDI-IP转换网关技术要求和测量方法”“IP化交换矩阵技术要求和测量方法”“多声道环绕声电视声音识别与校准信号”“广播电视和网络视听大数据分类指南”“广播电视和网络视听大数据系统参考模型”“广播电视和网络视听大数据治理保障机制”等。

第二，推进超高清电视设备及系统国产化。总台国家重点实验室联合国内企事业科研单位积极推进自主可控的超高清关键技术装备的研发，取得多项显著的进展，包括4K/8K电视演播室系统和4K/8K电视IP主控交换调度系统、4K/8K超高清电视制作和播出的存储系统、4K/8K超高清电视专业监视器、4K/8K视频编辑工作站、8K超高清电视频道播出控管监系统、4K超高清电视摄像机、8K编解码器、8K/4K转换器和8K超高清电视IP播控平台等国产化设备，突破了多项国外长期垄断的核心技术，为8K超高清电视传输分发和终端呈现全链路系统设备的国产化奠定了基础。

另外，实验室结合关键技术研究成果，面向整体系统级别规模的应用需求，围绕4K/8K超高清电视制作、播出、传输和呈现全链路开展技术创新，研发了8K超高清演播室试验系统、8K电视IP主控交换调度试验系统、8K频道播出试验系统、AVS3编码系统和8K电视IP传输系统。

针对总台8K超高清电视试验频道的需求，实验室对8K制播呈现全链路试验系统进行了研究，有力支持了8K超高清电视频道的试验播出。在台内IP网和5G网以组播方式开展了8K超高清电视传输试验，采用我国自主制定的新一代视频编码技术标准AVS3技术向总台北京五址办公区、上海国际传媒港办公区、深圳大湾区制作中心的数万用户进行传送，成为世界首个5G传输的8K超高清电视试验频道。

2021年总台春晚超高清直播采用4K伴随HD制播模式实现了春晚4K智能直播，春晚演播大厅的摄像机，以及春晚导控室的播放服务器、包装虚拟均同步输出HD和4K视频信号，分别接入HD制作系统和4K制作系统，通过实验室研发的虚拟切换技术，实现4K制作系统随着HD制作系统智能联动，使4K制作系统自动智能输出4K PGM信号，在CCTV-4K频道直播4K春晚。

第三，通过科研创新节目制作形态。实验室还根据总台春晚、冬奥会转播等大型活动制作的需求，研发了 AI+VR 裸眼 3D 演播室、全景交互、多维度自由视角等一系列全新制作技术，有力支持了总台节目创新发展。

一是通过国家重点实验室 2020 年开放课题研究项目研发的 AI+VR 裸眼 3D 拍摄技术，在多面拼接而成的 LED 屏幕上构建了可视化的虚拟三维空间，实时呈现动态场景，打破了传统虚拟制作抠像技术限制，实现了虚实空间的无缝衔接。2021 年春晚首次采用此系统制作虚拟场景，让演员突破了传统舞台空间呈现形态，打造出新颖炫酷、科技感十足的春晚精品节目，带给观众焕然一新的视觉体验。

二是针对 2021 年春晚部分节目研制了具有全景视场的自由视角系统，通过多台呈环形分布的影视级摄像机对舞台主体进行 360 度环绕式采集，获得全量多维度视频数据，实时生成以三维视角任意旋转且视效平滑连续的自由视角节目内容，生成“时空凝结”般的精彩瞬间的 4K 视频。

三是研发交互式摄影控制系统，将摄像机的运动轨迹和实时拍摄的画面传输到异地，在异地按照同样的轨迹对明星进行拍摄，再与春晚现场画面进行合成，实现了春晚节目的特效制作，圆满解决了明星演员无法到达现场的问题。

四是针对冬奥会转播的应用场景，实验室研制成功国际一流的 350 米 U 型超高速轨道特种拍摄系统，根据北京冬奥会速度滑冰等项目的需求，采用直线电机驱动，可达到 25 米每秒的高速度，3.5 米秒方的加减速性能，并实现全 4K 图像质量。系统采用国产化的自主核心技术，目前全球仅有一种英国的轨道拍摄系统达到类似水平。

4. **开展全媒体关键技术攻关**。按照“台网并重，先网后台，移动优先”的理念，总台以国家重点实验室为平台，开发建成“央视新闻云”新一代全球新闻采编网络和“央视频”5G 新媒体平台。实现“全球电视和新媒体一体化新闻生产协同，全球素材资源共享，电视和新媒体一体化制作”的工作目标，形成以台本部为核心、以国内和海外总站为外延，覆盖全球的新一代新闻采编网络。现覆盖台本部核心系统、欧洲区域制作中心、总台深圳大湾区中心，建成总台四址新闻素材共享池建设，为央视新闻新媒体、CGTN 电视和新媒体等的制作、播出和发布提供技术支撑，实现了广播、电视、新媒体素材共享。

面向“央视频”5G 新媒体平台采用大数据、人工智能、5G 网络等新技术需求，研发了涵盖公有云、专有云、私有云的多云协同智能分发服务平台，建成由云基础资源、视频中台、数据中台、AI 中台、前台等构成的分布式视音频内容聚合发布系统，实现“云 + 端”的新媒体生产、汇聚、发布和管理，打通大屏和小屏，向广大用户提供全新的视听服务体验。

面向总台 VR 内容生产，实验室研发了 VR 视频加三维声制作技术，可实现三维影像和三维音频的完美融合呈现，三维声音声场随VR视频观看视角而变化，可为观户提供极致的沉浸式视听体验。在总台2021春晚演播大厅通过5G技术实现多机位VR视频远程切换，三维声音频实时输出，在“央视频”和“央视文艺”新媒体上首次进行了“VR视频+三维声”直播。

三、实验室合作交流与推广工作

2020年5月28日至6月1日的北京文化产业博览会、8月18日至21日的北京国际广播电视展览会、9月15日至19日的第二十二届中国国际工业博览会（上海）上，国家重点实验室均受邀进行了专题成果展示和交流，成功面向国内外宣传推广了我国自主研发的科技成果。

2020年11月3日，在广州举行的2020世界超高清视频（4K/8K）产业发展大会上，国家重点实验室成功主办了“超高清制播技术创新论坛”。来自总台、上海交通大学、广播电视规划院、中国移动、广东广播电视台、AVS产业联盟、索尼、英特尔的十余位国内外专家学者进行了精彩发言，吸引了广泛关注，据组委会统计，本论坛是整个大会上参与人数最多的论坛。

四、实验室未来工作进展和科研计划方向

未来中央广播电视总台国家重点实验室将在工作中进一步梳理、明确、细化实验室研究方向和研究内容，加强同科研院校和企业的协作，在超高清视音频技术领域引领国际发展潮流，并在超高清制播相关标准建立过程中占据重要位置。通过实验室科技创新能力，进一步聚焦宽带网络环境下端到端先进视音频技术，打造具有引导作用的视音频媒体融合技术研究和应用示范基地。

（中央广播电视总台超高清视音频制播呈现国家重点实验室供稿）

中国传媒大学媒体融合与传播国家重点实验室工作综述

2019年11月，科技部批准建设包括媒体融合与传播国家重点实验室在内的4家媒体融合领域国家重点实验室。中国传媒大学媒体融合与传播国家重点实验室是唯一一家由教育部主管、依托高校建设的国家重点实验室。

一、建设背景

中国传媒大学坚持“结构合理、层次分明，重点突出、特色鲜明，优势互补、相互支撑”的学科建设思路，形成了多学科融合渗透、协调可持续发展的学科体系。同时，学校在相关领域已运行和对外开放多个省部级重点实验室和研究（工程）中心。这些学科优势和科研平台支撑，为国家重点实验室的研究奠定了很好的基础。媒体融合与传播国家重点实验室获批建设后，已快速组建了媒体融合服务模式、媒体融合传播与未来形态、智能视音频与超高清技术、情智信息科学、媒体融合技术与5G智能应用、智能视音频技术、5G与智能媒体通信、脑与智能、媒体视听融合与智能控制、融媒体体系结构、媒体融合传播数理支撑、区块链与融媒体安全、融合媒体运营与管理等13个研究团队。

此外，中国传媒大学近年来发展的良好国内外合作基础对于实验室搭建政产学研用协作平台起到了极大的促进作用。学校已建立的内部相互交叉与支撑、外部不断延伸与扩展的“协同创新”型跨学科人才培养模式，为国家重点实验室进行多学科交叉拔尖人才的培养奠定了基础。

二、工作进展、研究成果及亮点

国家重点实验室建设运行一年多来，在三大研究方向五个方面，重点推进了以下工作。

1. 媒体融合服务模式理论及实践体系。本成果从服务治国理政出发，构建媒体融合服务模式理论，探索融合媒体的多元化服务模式创新，探索业务类型、服务模式、盈利模式、运行机制的新变化、新趋势，实现服务国家重大战略的服务创新实践发展体系。

基于大量融媒体案例库构建融媒体体

系架构的基础模型，对融媒体服务模式进行形式化建模与分析，提出了基于进程代数 CCS、MU 演算和 Petri 网的服务模式建模方法并研发了其公平性、内容聚合能力、工作流合理性的分析方法及仿真工具；示例了采用决策树分析、合作博弈理论、粒神经网络可以定量地评价媒体融合模式，并给出了以可用性、公平性、可信性、内容发布的多渠道多终端匹配性为优化目标的优化示例。

在基础模型框架的支撑下，针对领域的自身需求，探讨可复用的数字技术在融合媒体服务业务和服务模式创新上的应用，并通过具有传媒特色领域的引领实践，向其他领域进行推广。目前主要的服务模式创新成果包括：无障碍信息传播服务模式、数字文旅融合服务模式以及各级融媒体中心服务模式。其中，无障碍信息传播服务通过制定无障碍信息采集和传播规范，实现以智能系统为核心的面向残障需求的公共服务平台，光明影院无障碍电影项目覆盖全国 31 个省区市，惠及 200 多万残障人士，构筑彰显人文关怀、传播文化成果的“文化盲道”，是教育部直属高校精准扶贫典型。

2. 媒体融合传播理论及智库构建。本成果以建立中国特色的媒体融合传播理论为核心，以国内主流媒体传播以及中国方案对国际体系的全球传播为关注重点，以知识图谱为核心，以实证数据为基础，以顶层设计为指引，将国际和国内传播工作由“后端配合”改为“前端管理”，从底层逻辑上发挥交叉学科前沿优势，切实提高国内及国际舆情研究的监测效率和呈现灵活性，为即时高效的传播引导决策提供支持。

在媒体融合传播理论方面，探讨智能媒体传播的核心社交网络，对智能媒体传播构建起的平台社会问题进行剖析，并结合 5G 技术对媒体乃至社会层面转型的推波助澜共同加以阐释。通过聚焦网络信息传播的均匀混合动力学模型，综合考量现实规律，对各类场景的信息传播情况进行建模，全部使用真实数据驱动模型进行参数估计，并解释其信息传播规律。研究成果发表了 3 部专著和数十篇高水平论文，推进我国信息传播可计算模型的研究进程。

为服务国家重大需求，构建了媒体领域高端智库，研发部署了具有自主知识产权的“国家突发事件舆情应对系统”“全媒体传播监测分析系统”“高等教育舆情监测系统”“国家语言文字舆情数据库”等舆情分析支撑平台，汇聚中英文新闻、社交平台网络语言文字等舆情，已存有 65 万个文本，5 亿多字次，信息抽取及情感计算等核心技术国内领先。该平台为中办、国办、中纪委、中央网信办、中组部、北京市委、市政府等 30 余家部门提供舆情服务。“传媒大数据采集分析系统”的相关技术支撑了国家广电总局 2020 年发布的“中国视听大数据”指标体系和技术架构，助力我国视听产业革新。

3. 5G 通信与广播新型融合网络。本成果面向国家智慧广电的重大需求，立足广播电视行业，针对 5G 通信与广播深度融合的新型网络需求，广泛开展多种标准的音视频广播传输系统研究，在国内标准起草、关键技术攻关、样机开发及传输覆盖等方面进行了深入研究。

提出联合多维资源分配和边缘计算的能耗优化算法，能量效率比基线提升30%，提高了5G通信与广播融合新型网络资源利用率；提出基于压缩感知、张量模型、混合域编码等新型理论算法，显著提高运算效率，降低了5G通信系统接收端算法复杂度；提出的算法在自主研发的5G广播网关与收发原型系统进行了验证，为标准演进提供理论基础。在5G NR通信网络标准协议框架基础上，通过定义用于广播功能的PMCH物理层信道一种实现方式，实现5G手机等移动终端用于公共服务、应急广播等RRC_IDLE状态（无需SIM卡）广播方式接收。通过对PMCH物理信道相关参数优化，支持广域同步组网，实现与5G通信网络深度融合条件下的低成本、低延时的广域广播电视覆盖服务。

在突破700M NR广播物理层设计、广播/通信资源动态配置等关键技术的基础上，开发了支持高塔高功率、具有完全自主知识产权的5G广播基站和CPE原型系统，建立了国内首个适用于5G广播的示范平台；相关成果已通过广电规划院计量检测中心检测，并与2022北京冬奥组委会、贵州广电传媒集团、国家智能网联汽车（武汉）测试示范区、南方电网等单位签订战略合作协议，开展相关测试及示范应用部署。

4.基于微服务架构的媒体融合云服务平台。本成果围绕全媒体时代内容生产智能化和"四力"（传播力、引导力、影响力、公信力）提升，重点突破媒体融合领域信息智能处理基础理论和关键技术，形成了一套标准、三个数据库和一个平台。

研制了《中文新闻信息技术标准体系建设指南》《中文新闻图片内容描述元数据规范》《立体电视图像质量主观评价方法》和5项《视音频内容分发数字版权管理》系列标准等国家及行业标准，研建了大型中文新闻数据库、大型影视镜头数据库、4K超高清视频质量评价数据库3个数据库。研发了基于微服务架构的媒体融合云服务平台，从汇聚管理类、制作类、分发传输类、运维类等提供视听媒体微服务工具集，可完成面向大型直播活动的即时新闻智能生产新闻内容智能生产、超高清内容质量评价、5G+4K直播等功能。上述研发的基于标准微服务架构的媒体融合服务云平台，通过构建微服务在媒体行业应用的平台架构、关键技术、技术规范、综合测试床和验证环境等，为打造适用于未来智能融媒时代可快速迭代、开放共享的绿色生态媒体云平台打下扎实的基础。

上述成果服务于新华社、央视、北京台等主流媒体机构以及数百家国内外新闻媒体机构，同湖南电视台、华为、中移动建立联盟并向国际标准组织SMPTE提交了标准草案，核心技术及服务模式国际领先，实现了智能高效的全媒体内容理解和生产，为构建全媒体传播体系提供了重要支撑，全力推动了媒体融合进程。

5. 5G+ 实时渲染云制作平台。本成果突破 4K/8K/VR 智能音视频处理、边缘云渲染、高可靠网络传输与智能分发等关键技术，研发了基于边缘云渲染的音视频内容虚拟化制作平台，应用于媒体融合创新服务示范，赋能国家传媒产业的发展。

针对超高清音视频边缘处理服务器放置问题，提出基于模型预测控制方法，成本降低最高 3.25 倍；为减少传输拥塞，提出基于 SDN 重分配流量调度和混合直播流控制方案，网络性能提升显著；针对智能云渲染的需求，提出语义聚合的跨模态检索、条件随机场的深度估计，数据驱动人类视觉系统建模的质量评价、滤波器组的稀疏表示等新型音视频处理算法，为实现超高清音视频智能处理提供支撑。

基于文创资源平台化、项目管控软件化、生产工具云端化以及网络传输 IP 化等创新技术的研发，获批国家自然科学基金重点、面上等多项国家级、省部级课题，同时成功落地了国内传媒行业最大的数字内容产业技术服务云平台——“蓝海创意云”，在学界、业界均具有一定的影响力。团队核心成员入选国家级人才计划 1 人，省部级人才计划 2 人，所孵化企业荣获国家高新技术企业资质，成为国家文化出口重点单位。目前已与万达影业、腾讯、20 世纪福克斯等国内外文创企业达成合作，先后参与了《流浪地球》《巴霍巴利王 2》《熊出没》等 3000 多部国内外动漫影视作品的生产制作，服务对象已覆盖东南亚、日韩、欧美等多个海外国家和地区，取得了重要的社会效益和经济效益。

三、发展规划

媒体融合与传播国家重点实验室未来将继续加大服务于国家战略、京津冀协同发展及学校科教融合的力度，将始终重点聚焦媒体融合领域国家重大需求，开展可能引发重大变革的基础研究和应用基础研究，着力解决媒体融合与传播领域的重大科学前沿问题。未来将继续围绕“媒体融合的服务模式”“媒体融合传播与未来形态”“媒体信息智能处理”3 个主要研究方向开展科研攻关，推动原始创新，突破基础理论，攻克关键技术；推动高新科学技术在媒体融合与传播领域的迭代升级进程，助推高新科学技术驱动媒体融合与传播模式创新步伐，提升媒体领域维护意识形态安全与政治安全的技术保障能力，打造未来媒体领域高精尖人才培养平台。具体包括以下 10 个方面：

1. 无障碍信息传播理论、标准体系和服务模式。从服务治国理政出发，构建媒体融合服务模式理论，探索融合媒体的多元化服务模式创新，探索业务类型、服务模式、盈利模式、运行机制的新变化、新趋势，形成无障碍信息传播采集和传播规范，实现服务国家重大战略的服务创新实践发展体系。

2. 媒体融合传播理论体系及智库构建。以国内主流媒体传播为关注重点，以实证数据为基础，以顶层设计为指引，从底层逻辑上发挥交叉学科前沿优势，综合社会科学和自然科学的视角和方法，深刻把握信息传播要素及其相互之间的关系，构建信息传播的可计算模型；构建中国特色融媒体与传播话语体系；形成多学科融合基础理论与方法；构建国家智库平台，提出全媒体全链条传播范式与融媒体创新业态，为实施全媒体传播工程提供理论支撑。

3. 面向国际传播的信息传播计算模型及传播策略。采集不同国别的基础传播数据，构建知识图谱，基于大数据分析及复杂网络理论进行传播动力学研究，基于神经生理学及脑科学进行个体传播特性研究，构建国际传播的信息传播计算支撑技术体系，从传播技术、传播网络、叙事话语、传播艺术、议程设置、舆论博弈等方面提出传播策略并在国际传播实践中进行验证。

4. 全媒体信息传播综合评价体系及应用。研究基于认知科学、心理学与信息科学交叉的新型媒体内容和媒体形态的传播效果评价方法。面向多种传播场景、多类传播主体，同时从顶层理论和底层数据入手，综合自上而下和自下而上的研究思路，分析影响传播效果的差异化因素，实现针对传播机构、传播个体、传播内容的“四力”多维分层指标体系的科学构建和基于客观赋权算法的全流程模型构建方案，为“入脑入心”的传播效果提供客观的评价依据，为全媒体传播工程中各个环节的优化提供可操作的理论支撑。

5. 后 5G/6G 融合广播技术研究及应用示范。面向国家治理体系与治理能力现代化建设重大需求，瞄准后 5G/6G 演进中媒体融合发展的瓶颈问题，面向智慧广电 5G 广播与蜂窝通信深度融合的泛在化网络应用新需求，突破广播侧核心网的网络功能虚拟化、软件定义网络等关键技术。研究适用于广播场景的网络切片、大规模 MIMO 等关键技术，进一步提升 5G 广播的网络效能。研究高塔高功率和蜂窝基站联合覆盖、广播与通信协同服务的实现方式，联合广电部门建设国内首个 5G NR 广播电视先导试验网，完成广播电视进手机、广播电视人人通、移动通这一历史使命；探索 5G 广播与车联网、物联网等垂直行业的创新应用。

6. 高新视频内容生产、分发与传输关键技术及应用示范。针对高新视频内容生产，构建全面、多元、多态的媒体资源数据库；突破实时渲染、制作上云等关键技术，形成面向自由视点、VR/AR 等高新视频形式的高效、稳定的虚拟化内容制作工具；建立云端边协同的内容虚拟化制作云平台，承担国家重大任务，开展高新视频的应用示范。

7. 语义传播基础理论、关键技术及应用模式。针对 6G 系统中，人与网络节点通过语义交互进行更深层次信息交互，使得人与网络结点融为一体、共同演进，重点研究语义信息的计算、传播形式、传播架构、语义失真度量等理论问题，研发语义提取、语义表征、语义匹配、语义传输等语义传播中的关键技术，构建跨文化、跨语种、跨方言的语义传播应用模式并进行示范应用。

8. 6G通信基础理论与关键技术。面向空天地海世界前沿科技，布局全息通信以及沉浸式云XR等未来场景下的6G通信，重点攻关太赫兹通信、智能超表面等研究领域，取得6G理论和关键技术重大突破。

9. 网络文化安全监管关键技术。针对文化艺术创作生产、传播与消费全过程、全要素的文化安全问题，研究其在网络空间的传播环境、传播能力、传播生态和传播受众的特性，确保在网络空间传播的文化内容不会对国家政治、人民思想、公共道德和社会风气等意识安全产生不良影响，基于人工智能、区块链等技术研究网络空间内容安全监管方案和保护网络文化领域知识产权的数字版权管理方案，助力我国网络文化安全治理的实施。

10. 媒体融合先导示范平台。建设一个全功能的媒体融合与传播先导实验示范平台，将其建设成基于5G环境下，智能化、超链接、超高清、高仿真、全流程的科研、教学和融合传播生态系统。其主要功能定位是探索未来智能媒体深度融合的传播规律和运行机理、展示媒体融合与传播重点实验室科研成果。力争在应用创新、实践教学创新和模式创新方面有所突破。

（中国传媒大学媒体融合与传播国家重点实验室供稿）

年度
盘点

1 月

◎ 全国宣传部长会议在京召开

1月3日，全国宣传部长会议在京召开。中共中央政治局常委、中央书记处书记王沪宁出席会议并讲话。他表示，要坚持以习近平新时代中国特色社会主义思想为指导，增强“四个意识”、坚定“四个自信”、做到“两个维护”，紧扣决胜全面建成小康社会、决战脱贫攻坚，扎实做好各项宣传思想工作，更好坚定主心骨、汇聚正能量、振奋精气神。

◎ 2020年“新春走基层”活动聚焦脱贫攻坚

1月7日，新闻战线“新春走基层”活动在河北张家口市康保县启动。全国广大新闻记者深入践行“四力”要求，聚焦脱贫攻坚主题，把新闻写在大地上、写进群众心坎里，展示好奋进的中国、美丽的中国、温暖的中国。

◎ 全国“三教办”倡议新闻战线向新华社西藏分社学习

1月17日，新闻战线“三项学习教育”活动领导小组办公室发出倡议，号召新闻战线和全国广大新闻工作者向新华社西藏分社学习，坚持以习近平新时代中国特色社会主义思想为引领，深入开展增强“脚力、眼力、脑力、笔力”教育实践工作，努力做党和人民信赖的新闻工作者。

◎ 人民日报媒体公益基金发起抗疫一线媒体人保障计划

1月26日，中国宋庆龄基金会人民日报媒体公益专项基金发起“抗击疫情一线媒体人保障计划”，联合中国平安集团、上海哔哩哔哩科技有限公司，以“保险＋补助”的方式为在湖北抗疫的一线媒体人提供保障计划。

◎ 中国晚报工作者协会发起倡议“同帮湖北武汉人”

1月29日，中国晚报工作者协会发出“你呼我应，全国晚报同帮湖北武汉人”特别活动倡议，号召全国160余家晚报会员单位，都共同参与到特别活动中来，迅速开通爱心专线，为需要帮助的湖北武汉人排忧解难；积极报道各地爱心善行，营造良好的抗击疫情舆论环境。

◎ 中国记协和泰康保险推出抗疫一线记者专项保险

1月30日，由中华全国新闻工作者协会、泰康保险集团股份有限公司共同发起的疫情防控报道一线记者专项团体保险计划正式启动。近700名连日奋战在疫情防控新闻报道工作一线的新闻工作者作为首批受助人，每人获赠一年保额20万元人民币的人身保险，包含因新型冠状病毒肺炎引发的被保险人身故责任和高残责任。

◎ 河北日报推出《值班老总读报》短视频栏目

自2020年元旦起，河北日报正式推出《值班老总读报》短视频栏目。该短视频栏目立足于党报权威公信力和内容建设优势，适应移动化、社交化、可视化的传播发展趋势，着力打造党报全媒体传播的重点品牌。栏目由河北日报值班副总编辑轮流担任主播，分为《新闻速览》和《重点关注》两个板块，河北日报“两微一端”、河北新闻网及河北日报报业集团系列媒体所属网站、微博、微信、抖音号、今日头条号、人民号等新媒体平台同步推出。

2月

◎ 广电5G在湖北抗疫一线首次实战应用

2月2日晚，一场没有记者到场的新闻发布会在武汉举行。在湖北省抗疫新闻发布会上，湖北广播电视台长江云联合全国38家主流媒体40多个端口组建的战“疫”集结号报道联盟，通过中国广电提供的5G信号向全网进行了直播。这标志着700MHz+4.9GHz广电5G在抗击疫情最前线实现首次实战应用。

◎ 人民日报全网征集新冠肺炎求助信息

2月4日，人民日报社旗下多个新媒体平台发布全网征集新冠肺炎求助者信息。网友可以将自己了解到的四类人员（确诊、疑似、密切接触者、无法排除的发热者）目前还没得到隔离收治的求助信息，通过邮箱、留言等方式提交，各平台将尽可能为求助者提供帮助。“人民好医生”App还连夜紧急上线在线表格提交功能，方便大家提交求助信息。

◎ 北京市广电局推出支持网络视听机构保经营“八条”

2月7日，北京市广播电视局推出八项举措，支持网络视听节目服务机构和广播电视节目制作经营机构保经营、稳发展，携手共克新冠肺炎疫情。八项举措包括，线上提交备案审核材料；压缩备案审核工作时间；帮扶受疫情影响的重点题材节目；为创作生产反映防疫抗疫的视听作品开通绿色通道；调整优秀网络视听节目申报要求；优化网络视听平台备案制服务；通过直播形式开展多层次专业培训；进一步发挥网络视听协会职能作用。

◎ 甘肃电视台推出全国首家公共应急频道

2月7日，经国家广播电视总局批准，甘肃电视台公共频道调整为甘肃电视台公共应急频道。该频道作为全国第一家公共应急频道的省级电视频道，积极服务新冠肺炎疫情防控工作。

◎《南方》杂志社上线战“疫”机器人

2月22日，广东省委机关刊《南方》杂志上线24小时全天候在线服务的智能应答机器人“战疫AI”。上线3天时间里，覆盖人群高达300万，点击量上百万次，大数据中心筛查反馈数据近60万条，智能解决率高达96%。

◎ 习近平总书记强调提高疫情防控新闻舆论工作有效性

2月23日，统筹推进新冠肺炎疫情防控和经济社会发展工作部署会议在北京召开。习近平总书记出席会议并发表重要讲话，对提高新闻舆论工作有效性提出了要求：要继续做好党中央重大决策部署的宣传解读，深入报道各地统筹推进疫情防控的好经验好做法。要完善疫情信息发布，依法做到公开、透明、及时、准确。要广泛宣传一线医务工作者、人民解放军指战员、公安干警、基层干部、志愿者等的感人事迹，在全社会激发正能量、弘扬真善美，推动社会主义精神文明建设。要适应公众获取信息渠道的变化，加快提升主流媒体网上传播能力。要主动回应社会关切，对善意的批评、意见、建议认真听取，对借机恶意攻击的坚决依法制止。

3 月

◎《网络信息内容生态治理规定》施行

3月1日起，国家互联网信息办公室

发布的《网络信息内容生态治理规定》施行。《规定》作为我国网络生态治理方面的首部综合性专门立法，对网络信息内容生产者、网络信息内容服务平台、网络信息内容服务使用者、网络行业组织等都提出了明确要求。

◎“全国一网”整合启动

3月2日，国家广播电视总局召开电视电话会议，贯彻落实中宣部等九部委联合印发的《全国有线电视网络整合发展实施方案》，启动全国有线电视网络整合和广电5G建设一体化发展工作。

◎ 中国记协发表声明强烈谴责美国国务院变相驱逐中国媒体驻美记者

3月6日，中华全国新闻工作者协会就“美国国务院变相驱逐中国媒体驻美记者”一事发表声明，对美方错误做法表示强烈谴责和坚决反对，郑重呼吁美方摒弃冷战思维和基于意识形态偏见的政治打压，立即停止对中国媒体驻美机构的歧视性限制，立即停止对中国媒体驻美机构正常运转的粗暴干扰，立即停止对中国新闻工作者合法权益的无理侵犯，立即采取措施纠正对中国媒体贴歧视性标签、限制中国记者数量、对中国驻美记者设置签证障碍等错误做法，保障中国媒体驻美新闻工作者的合法权益。

◎ 广电总局公布12条政策措施推动行业复工复产

3月13日，国家广播电视总局通过官网发布《国家广播电视总局关于统筹疫情防控和推动广播电视行业平稳发展有关政策措施的通知》。《通知》就支持广播电视和网络视听行业积极开展疫情防控、有序做好复工复产、实现行业平稳发展公布了12条政策措施，包括加强疫情防控和复工复产的宣传舆论引导支持，加大对内容创作生产传播的支持力度，优化业务审批流程和方式等。

◎“一带一路”记者组织合作平台主席团倡议同心战“疫”

3月17日，“一带一路”记者组织合作平台主席团发出倡议，呼吁面对新冠肺炎疫情这一全球性挑战，各国必须同舟共济、共克时艰。同时，对奋战在疫情报道一线新闻工作者的身心健康深切关心，向各国新闻工作者致以慰问和敬意，倡议各国记者组织采取行动，切实保障新闻工作者的身心健康和合法权益，为他们正常工作提供良好条件。

◎ 习近平总书记对陕西日报创刊80周年作出重要指示

3月24日，习近平总书记对陕西日报创刊80周年作出重要指示，充分肯定陕西日报创刊80年来所发挥的重要作用，对陕西日报守正创新、融合发展提出明确要求和殷切期望。习近平总书记指出，陕西日报的前身是党中央提议创办的边区群众报、群众日报，是拥有光荣历史的党报。80年来，陕西日报秉持宣传党的主张、反映群众呼声的办报宗旨，向群众学习、为群众服务、为群众讴歌，在各个时期发挥了重要作用。希望陕西日报弘扬延安精神、紧跟时代步伐，坚持守正创新，推进融合发展，不断提升传播力、引导力、影响力、公信力，为宣传阐释党的理论和路线方针政策，为组织群众、宣传群众、凝聚群众、服务群众作出新的更大的贡献。

◎ “人民视觉网”上线

3月25日，由人民网主办、视觉中国独家战略合作的“人民视觉网”正式上线。人民视觉网是在人民网自有大型新闻图片库“人民图片网”的基础上进行的一次视觉资源的深度整合和技术升级赋能。新上线的人民视觉网，聚合了海量高品质新闻图片、漫画图表和视频素材，是集视觉内容聚合分发及交易管理运营为一体的视觉内容在线智能服务平台。

◎ 5G高新视频多场景应用广电总局重点实验室落户马栏山

3月31日，5G高新视频多场景应用国家广播电视总局重点实验室挂牌仪式在长沙马栏山视频文创产业园举行。该实验室是经国家广播电视总局批复同意，唯一面向5G、聚焦高新视频的国家级实验室。实验室将依托湖南广电内容、资源、品牌、人才优势，重点聚焦5G高新视频多场景应用创新、商业模式创新和内容生产平台研发以及相关传播及监测监管体系研究，为丰富5G业务应用、推动广电供给侧改革、服务国家数字经济发展提供有力技术支撑。

4月

◎ 国家新闻出版署发布三份处罚决定，打击记者敲诈勒索行为

4月7日，国家新闻出版署通过中国记者网发布三份《行政处罚决定书》，公布对祖国杂志社、陕西农村报社等两家媒体及具体涉事记者的处罚决定，打击记者借媒体监督进行敲诈勒索行为。国家新闻出版署决定给予两家媒体警告、处3万元罚款、暂停核发新闻记者证等处罚，并将涉事记者列入新闻采编人员不良从业行为记录，终身不得从事新闻采编工作。

◎ 广电总局发布《广播电视行业统计管理规定》

4月13日，国家广播电视总局发布《广播电视行业统计管理规定》。《规定》共六章31条，就统计机构与统计人员、统计调查制度、统计资料的管理和公布、统计监督与奖励处罚等作出明确要求。《规定》2020年5月5日起施行。

◎ 12部门联合发布《网络安全审查办法》

4月13日，国家互联网信息办公室、国家发展和改革委员会、工业和信息化部、公安部、国家安全部、财政部、商务部、中国人民银行、国家市场监督管理总局、国家广播电视总局、国家保密局、国家密码管理局等12部门联合制定了《网络安全审查办法》，6月1日起实施。

◎ 新版《广播电视和网络视听统计调查制度》发布

4月15日，国家广播电视总局办公厅在官网发布《关于印发〈广播电视和网络视听统计调查制度〉的通知》。重新修订的《广播电视和网络视听统计调查制度》2020年5月1日起实施。《制度》对广播电视和网络视听统计范围、报表和指标等进行了四方面的调整，并强调各级广播电视部门和单位要坚决贯彻落实中央关于防范和惩治统计造假、弄虚作假重要文件精神，全面提升统计数据质量，坚决杜绝数据作假、信息造假。

◎ 中国新媒体纪录片成为影响纪录片播出格局的最大变量

4月18日，有“中国纪录片蓝皮书”之称的《中国纪录片发展研究报告2020》在线发布。《报告》称，据不完全统计，2019年中国纪录片生产总投入为50.36亿元，同比增长9.4%。年生产总值约66.6亿元，同比增长3.3%。《报告》显示，中国新媒体纪录片快速崛起，成为影响纪录片播出格局的最大变量。播出渠道的多样化，为纪录片的繁荣提供了更多的播出机会和收看群体。2019年国内新媒体对纪录片总投入约13亿元，同比增长18.2%。

◎ 2020年全国扶贫宣传工作会议召开

4月22日，2020年全国扶贫宣传工作会议召开。国务院扶贫办副主任夏更生表示，2020年是脱贫攻坚收官之年，扶贫宣传工作要紧扣决战决胜主题，把握全面收官特征，生动讲好我国扶贫脱贫故事，为决战决胜脱贫攻坚提供强大精神动力。

◎ 国家网信办开展网络恶意营销账号专项整治行动

4月24日起，国家网信办组织各地网信部门开展为期两个月的网络恶意营销账号专项整治行动，进一步聚焦突出问题，压实主体责任，加大惩治力度，对问题严重、影响恶劣的网站平台、网络账号及相关责任人依法依规严肃处置，并向社会公众通报处置结果。

◎ “中国新闻工作者职业道德准则”专项答题在“学习强国”学习平台上线

4月29日，为进一步推动新闻战线学好守好《中国新闻工作者职业道德准则》，中国记协与“学习强国”学习平台联合推出“中国新闻工作者职业道德准则”专项答题，帮助广大新闻工作者进一步了解掌握《准则》主要内容，贯彻落实到新闻采编各项工作中。

5 月

◎ 国家新闻出版署门户网站上线试运行

5月7日，国家新闻出版署门户网站上线试运行。试运行的国家新闻出版署门户网站首页设有“要闻信息”“图片新闻”“视频新闻”“通知公示”“政策法规”“工作动态”“结果公示”“行政处罚公示”等栏目。

◎《海南日报》迎来创刊70周年

5月7日，《海南日报》迎来创刊70周年纪念日，海南省委发贺信表示热烈祝贺。《海南日报》创刊于1950年5月7日，70年间历经“铅与火”“光与电”“数与网”的时代变迁，在创新求变中成为拥有报、刊、网、端、微、屏等全媒体矩阵的融媒集团，连续多年跻身全国日报十强、省级日报四强。

◎ 广州广播电视台获批开路播出4K超高清频道

5月13日，在广州市人民政府新闻办公室举办的第106场疫情防控复工复产新闻发布会上，相关负责人通报了广州广播电视台获批开路播出4K超高清频道相关情况。广州广播电视台成为继中央广播电视总台央视、广东台4K超高清频道之后全国第三个开路播出的4K超高清频道。

◎ 工业和信息化部新闻宣传中心成立

5月15日，在《人民邮电》报迎来创刊70周年之际，工业和信息化部新闻宣传中心（人民邮电报社）正式启航。中心将努力扎根行业，勇于创新，打造工信系统的舆论主阵地、传播主渠道。同时坚持“横向联动、上下贯通”，进一步完善工信部新闻宣传工作体系。

◎ 全国首个区块链新闻编辑部成立

5月20日，全国首个区块链新闻编辑部在云端成立。该编辑部由湖北广播电视台融媒体新闻中心倡导筹备，湖北广播电视台长江云、北京广播电视台北京时间等12个省市的主流新媒体作为首批成员单位联合组建。

◎ 国家网信办启动2020“清朗”专项行动

5月22日起，为进一步规范网上信息传播秩序，切实维护群众切身利益，促使网络空间更加清朗，国家网信办在全国范围内启动为期8个月的2020“清朗”专项行动。专项行动将全面覆盖各类网络传播渠道和平台，集中清理网上各类违法和不良信息。将出重拳、用真招，对有令不行、顶风作案的网站平台依法从严处理，并公开曝光典型案例，有效震慑违法违规行为。

◎ 新华社推出全球首位3D版AI合成主播

全国两会召开前夕，全球首位3D版AI合成主播正式亮相。这款名为“新小微”的主播采用最新人工智能技术“克隆”而成。它高度还原真人发肤，能随时变换发型、更改服装，穿梭于演播室的不同虚拟场景中，依靠算法驱动生成相对应的面部表情和肢体语言，播报形态可多角度呈现。在立体感、灵活度、可塑性、交互能力和应用空间等方面，较前一代AI合成主播（2D形象）均有跃升。

◎ 中央广播电视总台在国内首次实现5G+8K集成制作

全国两会召开前夕，中央广播电视总台成功进行了国内首次5G+8K实时传输和快速剪辑集成制作。利用“5G+4K/8K集成制作”技术，通过5G+8K背包可以对8K外景信号实时传输，同时可以对收录的8K信号快速编辑；利用“AI云剪辑”技术实时收录多路信号，通过人工智能计算，进行人脸检测、动作检测、镜头质量评测、穿帮镜头检测等主要算法逻辑生成AI剪辑成片。

◎ 人民日报“智能云剪辑师”助力两会报道

全国两会召开前夕，人民日报智慧媒体研究院打造推出人民日报“智能云剪辑师”。“智能云剪辑师”内置人工智能多媒体信息识别能力，可对视频画面进行人像识别、文字识别和语音识别，只需要短短几分钟就能根据需要，迅速生成视频，自动匹配字幕；

还能完成画面人物的动态追踪，去除视频的拍摄抖动，迅速实现横屏转竖屏，适配短视频平台特点。

◎ 上海报业集团、东方网联合重组

5月29日，上海市委宣传部、市国资委宣布对上海报业集团、上海东方网股份有限公司实施联合重组。此次联合重组将整合上海报业集团和东方网在新媒体内容领域的生产和技术资源，深化探索“内容建设为根本、先进技术为支撑”的媒体融合发展路径。同时，通过将上海市国资委所持东方网43.63%股份无偿划转至上海报业集团，实现上海市主要新媒体资源在同一平台下集聚，将深化上海文化国资改革创新，优化国资布局，实现优势互补，形成战略双赢，更好地服务国家战略在上海的推进落实。

◎ 国家网信办等8部门开展网络直播专项整治行动

6月5日起，针对网民反映强烈的网络直播“打赏”严重冲击主流价值观等行业突出问题，国家网信办、全国“扫黄打非”办会同最高人民法院、工业和信息化部、公安部、文化和旅游部、市场监管总局、广电总局等部门启动为期半年的网络直播行业专项整治和规范管理行动。

◎ 中国记协新闻道德委员会开展抵制虚假失实新闻专题评议

6月9日，中国记协新闻道德委员会召开“落实新修订《准则》要求，抵制虚假失实新闻”专题评议会。新闻道德委员会委员围绕新冠肺炎疫情期间出现的虚假失实报道，剖析成因危害，探讨治理举措，推动新闻工作者进一步落实新修订的《中国新闻工作者职业道德准则》要求，恪守新闻真实性原则，抵制虚假失实新闻。

◎ 国家版权局发布《关于规范摄影作品版权秩序的通知》

6月11日，为加大图片领域版权整治力度，规范摄影作品版权秩序，国家版权局公布《关于规范摄影作品版权秩序的通知》。通知明确构成摄影作品的要件是具有独创性，并强调以新闻事件为主题的摄影作品不属于时事新闻，受著作权法保护；针对实践中存在的篡改摄影作品标题或作品原意等问题，强调对作者人身权的保护，并重申著作权集体管理组织的法律地位和法定职责；重申行政投诉的材料要件，强调权利声明、水印不能单独作为著作权权属证据；鼓励各方开展合作、形成合力，共同推动摄影作品版权秩序进一步规范等。

◎“走向我们的小康生活”主题采访报道活动启动

6月11日，中宣部举行“走向我们的小康生活”主题采访报道活动启动仪式，全面启动“决胜全面小康　决战脱贫攻坚”重大主题宣传。中共中央政治局委员、中宣部部长黄坤明出席并讲话，强调小康承载初心、小康属于人民，要记录好呈现好全面建成小康社会伟大壮举，充分彰显我们党担当使命、一诺千金的不懈追求，展现人民群众共建美好家园、共享幸福生活的生动实践，汇聚起坚定信心克难关、同心同德奔小康的强大力量。

◎我国首个直播电商研究基地成立，投诉平台同步上线

6月16日，人民日报新媒体、人民日报智慧媒体研究院正式发起成立“直播电商研究基地”。作为首个直播电商研究基地，通过汇聚各大电商平台、主播机构、主流媒体，发布行业数据、组织专业培训，发掘优秀主播、规范行业秩序，共同助力直播电商健康发展。人民日报新媒体联合各大电商机构推出的“全国直播电商投诉平台”也同日上线。

◎“中国银保传媒”揭牌

6月16日，经国家市场监管和新闻出版部门审核批准，中国银行保险传媒股份有限公司（中文简称“中国银保传媒”，英文简称：CBIMC）正式完成更名，举行揭牌仪式。该公司是我国第一家整体实行股份制的新闻传媒企业，注册资本1亿元，旗下《中国银行保险报》（原《中国保险报》）是中国银保监会主管的唯一工作日报。

◎第六届“好记者讲好故事”巡讲活动云端开讲

6月23日，中宣部、中国记协举办的第六届“好记者讲好故事”网络直播巡讲活动举行。新华社国内部央采中心记者武笛、解放军新闻传播中心记者纪梦楠等14位来自中央和地方新闻单位的优秀记者，结合亲身采访经历，讲述了一个个鲜活感人的故事，展示了近年来党和国家工作取得的伟大成就，展示了各个行业、各条战线涌现出的先进人物和普通百姓蓬勃向上的精神面貌，展示了广大新闻工作者自觉践行增强“四力”要求，努力创作更多沾泥土、带露珠、冒热气的新闻作品的职业追求。

◎ 河北日报开通“相约冬奥”微信公众号

6月23日是国际奥林匹克日，为加强冬奥资讯在移动端的传播，引导更多人关注冬奥、助力冬奥，继2019年3月在河北日报开设《聚焦北京冬奥会筹办》版后，6月22日，河北日报报业集团正式上线“相约冬奥”微信公众号。

◎ 浙江广电集团融媒体新闻中心挂牌成立

6月29日，浙江广电集团融媒体新闻中心正式挂牌成立。新亮相的融媒体新闻中心将聚合浙江广电集团优质内容资源、渠道终端，全力拓展小屏、优化大屏，打造展示浙江建设“重要窗口”生动实践的融合传播大平台。

◎ 中央深改委审议通过《关于加快推进媒体深度融合发展的指导意见》

6月30日，中央全面深化改革委员会第十四次会议审议通过《关于加快推进媒体深度融合发展的指导意见》。会议强调：推动媒体融合向纵深发展，要深化体制机制改革，加大全媒体人才培养力度，打造一批具有强大影响力和竞争力的新型主流媒体，加快构建网上网下一体、内宣外宣联动的主流舆论格局，建立以内容建设为根本、先进技术为支撑、创新管理为保障的全媒体传播体系，牢牢占据舆论引导、思想引领、文化传承、服务人民的传播制高点。

◎ 兰州日报报业集团挂牌成立

6月30日，在兰州日报社成立暨《兰州晚报》创刊40周年之际，兰州日报报业集团有限公司正式挂牌成立。新组建的公司将通过建立现代企业制度，实现市场化动作，全面承担报社国有资产的保值增值职责，为报社新闻事业健康持续发展提供充分保障。

◎ 陕西日报社群众新闻网、群众客户端上线

6月30日，为深入贯彻落实习近平总书记对陕西日报创刊80周年作出的重要指示，扎实走好全媒体时代的群众路线，陕西日报社的群众新闻网、群众客户端正式上线。

7月

◎《网络直播营销行为规范》实施

7月1日，《网络直播营销行为规范》实施。这是国内首个关于网络视频营销活动的

专门自律规范。《规范》规定了商家、主播、平台以及其他参与者等各方在直播电商活动中的权利、义务与责任。其中明确禁止刷单、炒信等流量造假以及篡改交易数据、用户评价等行为。

◎ “学习强国”学习平台“县级融媒”频道上线

7月1日，“学习强国”学习平台“县级融媒”频道上线，频道设“县域新闻”“中国乡愁”“好人好事”“文明实践中心”等8个栏目，致力于打造展现县域改革发展和社会治理成果的资讯平台，服务广大城乡群众、助力脱贫攻坚和全面建成小康社会的服务平台，弘扬优秀传统文化、引领乡村文化风尚和乡村文明进步的文化平台。

◎ 全国首家法治传媒集团成立

7月9日，浙法传媒集团正式成立，据悉，这是全国首家法治传媒集团。浙法传媒集团由《浙江法制报》升格而成。成立仪式上还发布了集团5年发展规划，明确要努力打造在全国有较强综合实力和示范引领作用的法治传媒集团。

◎ 2019年度广播电视创新创优节目名单公布

7月14日，国家广播电视总局办公厅公布2019年度广播电视创新创优节目名单。中央广播电视总台《共和国声音日历》等6个广播节目，中央广播电视总台《故事里的中国》、上海广播电视台《这就是中国》等24个电视节目被评为“2019年度广播电视创新创优节目”，每个节目给予5万元的资金扶持。《我家住在解放路》《思想的田野》2个集体创作的节目被评为“2019年度广播电视创新创优特别节目”。

◎ 中非新闻界团结抗疫网络座谈会举行

7月16日，“一带一路”记者组织合作平台举行中非新闻界团结抗疫网络座谈会。来自中国、非洲国家记者组织负责人和主流媒体的资深记者以“共话中非团结抗疫，共建中非命运共同体”为主题，进行了坦诚、深入的交流。参会嘉宾表示，媒体有责任传播正确的信息，传播增强信心的声音，传播有利于团结的信息。

◎ 中央广播电视总台“5G+4K/8K超高清制播示范平台”开建

7月22日，由中央广播电视总台牵头承担的“5G+4K/8K超高清制播示范平台”项目启动。项目总投资为4.2亿元，计划未来2年内完成建设任务。项目建设内容包括：在总台北京总部和上海传媒港建设5G+4K/8K超高清制播系统、5G超高清业务传输网络等基础设施，建设便携式5G+4K/8K直播编码传输系统、AVS2/AVS3标准超高清电视影院直播系统，以及5G和超高清相关测试体系等。

◎ 国家网信办全面部署加强“自媒体”规范管理工作

7月28日，国家网信办召开专项部署会，全面部署加强“自媒体”规范管理工作，决定自7月29日起，在全国范围内开展为期3个月的进一步加强“自媒体”基础管理专项治理行动，促进“自媒体”健康有序发展。

◎ 浙江省通过《浙江省广告管理条例》

7月31日，浙江省十三届人大常委会第二十二次会议修订通过《浙江省广告管理条例》，明确提出违规违法游戏广告的广告主和发布者面临同责同罚。《条例》指出，游戏广告应当以显著方式标注适合的年龄段，并对控制游戏时长、频次给出合理提示或者警示，不得含有诱导、怂恿、暗示用户过度游戏的内容等。广告主违反上述规定的，市场监督管理部门应当责令其停止发布广告，并在相应范围内消除影响。

8月

◎《法制日报》更名为《法治日报》

8月1日，在《法制日报》40岁生日之际，经中央政法委员会、司法部同意，并报国家新闻出版署批准，《法制日报》更名为《法治日报》。作为中央政法委机关报，《法治日报》于1980年8月1日创办，当时报名是《中国法制报》。1988年1月应形势、业务需要，更名为《法制日报》。

◎ 中央广播电视总台融合发展中心成立

8月17日，中央广播电视总台融合发展中心正式成立。融合发展中心下设综合部、发展规划部、统筹运营部、监测评估部、对外合作部。

◎ 新华社11条外文发稿线路全部实现融媒体发稿

8月18日，继开通英文互联网等专线之后，新华社又正式推出法文、西班牙文、俄文、阿拉伯文、葡萄牙文5条互联网专线服务。至此，新华社所有11条外文发稿线路均实现融媒体转型，对海外网络新媒体用户供稿能力显著增强，“网上通讯社”建设取得突破性进展。新华社于2015年提出建设“网上通讯社”目标，旨在不断增强为传统媒体服务功能的同时，显著提高对网络媒体和新媒体用户服务能力。

◎ 中国记协道德委评议7家中央媒体2019年度社会责任报告，首次量化打分

8月18日，中国记协新闻道德委员会召开专题评议会，对中央广播电视总台（中央电视台）、经济日报、中国青年报、人民网、新华网、光明网、中国新闻网等7家中央媒体发布的2019年度社会责任报告，进行评议并打分。这是媒体社会责任报告制度工作开展7年来，首次进行百分制量化打分。

◎ 中央广播电视总台版权交易中心在沪启动建设

8月22日，中央广播电视总台版权交易中心在上海启动建设，新时代城市高质量发展研究院同时筹备启动。总台版权交易中心将依托总台优质版权资源和5G+4K/8K+AI媒体最新技术成果，建立中央系统、版权资产管理系统、产业运营系统三大系统，打造集查询、确权、授权、交易、结算、维权于一体的版权交易平台，实现从生产到市场全流程、全链条管理经营优质版权资产，推动版权得到更好的开发、实现最大价值。

◎ 5G高新视频系列技术白皮书印发

8月25日，《国家广播电视总局办公厅关于印发5G高新视频系列技术白皮书的通知》发布。《通知》指出，为深化广播电视和网络视听供给侧结构性改革，培育打造更高技术格式、更新应用场景、更美视听体验的5G高新视频新产品新服务新业态，广电总局组织编制了互动视频、沉浸式视频、VR视频和云游戏等4份5G高新视频系列技术白皮书。

◎《广播电视和网络视听大数据标准化白皮书（2020版）》发布

8月25日，《国家广播电视总局办公厅关于印发〈广播电视和网络视听大数据标准化白皮书（2020版）〉的通知》发布。《通知》指出，为发挥标准在广播电视和网络视听领域大数据体系构建中的引领和规范作用，推动广播电视和网络视听行业高质量创新性发展，国家广播电视总局组织编写了《广播电视和网络视听大数据标准化白皮书（2020版）》。

◎“决战决胜脱贫攻坚·督战未摘帽贫困县”主题采访活动启动

8月28日，“决战决胜脱贫攻坚·督战

未摘帽贫困县”主题采访活动启动仪式在四川省凉山州昭觉县三河村举行。本次主题采访活动由中宣部组织，采访团由中央和省市媒体组成，将赴四川、甘肃、宁夏、贵州、云南、广西、新疆等7省（自治区），对中央挂牌督战的52个未摘帽贫困县进行为期近一个月的深入采访。

◎ 中国版权协会文字版权工委成立

8月29日，中国版权协会文字版权工作委员会在北京成立。针对网络文学已成盗版“重灾区”的现状，当日发布的倡议书呼吁各大平台企业联合版权方，建立正版内容保护机制，将履行平台责任落到实处。

◎ 全国抗击新冠肺炎疫情表彰大会举行，新闻战线54人受表彰

9月8日，全国抗击新冠肺炎疫情表彰大会在北京人民大会堂隆重举行。中共中央总书记、国家主席、中央军委主席习近平向国家勋章和国家荣誉称号获得者颁授勋章奖章并发表重要讲话。新闻战线有54人被授予“全国抗击新冠肺炎疫情先进个人”称号，7人被授予“全国优秀共产党员”称号，13个集体被授予“全国抗击新冠肺炎疫情先进集体”称号，3个基层党组织被授予“全国先进基层党组织”称号。

◎ 中国广电媒体融合发展大会召开

9月8日，由国家广播电视总局、北京市人民政府指导，中共北京市委宣传部、北京市广播电视局主办的中国广电媒体融合发展大会在京启动。大会以“共融·共生·共美好”为主题。启动式上，还举行了中国（京津冀）广播电视媒体融合发展创新中心揭牌仪式，这是首个突破地域限制的广播电视媒体融合发展创新中心。创新中心所依托的北京歌华有线、天津津云新媒体集团、长城新媒体集团，将进一步加强北京云、津云、冀云“三朵云”的交流合作，共同推进媒体融合向纵深发展，并签署了《京津冀新视听战略合作协议》。

◎ 我国开展App安全认证工作

9月20日，云闪付、苏宁易购、中国移动、百度地图等10家企业的18款App在京获颁安全认证证书，标志着我国App安全认证工作正式开展。2019年3月，国家市场监管总局、中央网信办联合发布《关于开展App安全认证工作的公告》，其中明确认证机构为中国网络安全审查技术与认证中心。认证环节主要包括认证申请和受理、技术验证、现场审核、认证决定、证后监督等。违反相关法律法规的App运营者不得申请认证。

◎ 两岸青少年新媒体“辨”论坛举行

9月20日，两岸青少年新媒体“辨”论坛暨台胞之家“未来媒体人·繁星计划”启动仪式在厦门举行。本次论坛由全国台联、福建省台联等单位共同主办，来自海峡两岸的200位青少年参加。论坛聚焦5G时代下新媒体技术的发展和传播生态的变迁，两岸青年通过视频方式，围绕“网红职业化”和“新媒体技术应用”等话题展开讨论，碰撞思想火花；两岸知名高校的专家学者及头部企业代表现场点评、答疑解惑。

◎ 中办国办印发《关于加快推进媒体深度融合发展的意见》

中共中央办公厅、国务院办公厅印发《关于加快推进媒体深度融合发展的意见》，并发出通知，要求各地各部门结合实际认真贯彻落实。《意见》从重要意义、目标任务、工作原则三个方面明确了媒体深度融合发展的总体要求，要求深刻认识全媒体时代推进这项工作的重要性紧迫性，坚持正能量是总要求、管得住是硬道理、用得好是真本事，坚持正确方向，坚持一体发展，坚持移动优先，坚持科学布局，坚持改革创新，推动传统媒体和新兴媒体在体制机制、政策措施、流程管理、人才技术等方面加快融合步伐，尽快建成一批具有强大影响力和竞争力的新型主流媒体，逐步构建网上网下一体、内宣外宣联动的主流舆论格局，建立以内容建设为根本、先进技术为支撑、创新管理为保障的全媒体传播体系。

◎ 中国广电网络股份有限公司成立

10月12日，中国广电网络股份有限公司在京召开成立大会。这是推进全国有线电视网络整合和广电5G建设一体化发展迈出的重要一步。公司成立后，将按照“统一建设、统一管理、统一标准、统一品牌”的要求，建立有线电视网络整合和广电5G建设统一运营管理体系，进一步优化网络资源配置，推动全国有线电视网络升级改造，实现集约化发展，统筹有线、无线、卫星协调发展。

◎ 2020县级融媒体中心东西协作交流公益项目启动

10月13日，2020县级融媒体中心东西协作交流公益项目在山东青州市融媒体中心启动。来自全国17个省区的30家县级融媒体中心参与该项目。项目采取东部和中西部省区协作帮扶、结对培养县级融媒人才形式，通过“一对一”结对、互派代表驻点交流方式，推动东部与中西部地区县级融媒体中心在内容生产、管理方法等方面深度交流协作。该项目经中宣部批准，由中国记协新媒体专业委员会牵头组织。

◎ 北京城市广播副中心之声开播

10月19日，北京城市广播副中心之声正式开播，通过FM107.3、AM1026双频播出。当天，《北京日报》推出的《北京城市副中心报》试刊，北京广播电视台电视端推出《北京城市副中心新闻》专栏。

◎ 第十一届中蒙新闻论坛举行

10月22日，第十一届中蒙新闻论坛以网络视频方式举行。论坛由中宣部指导和支持，中华全国新闻工作者协会和蒙古国记者协会共同主办，内蒙古自治区人民政府新闻办公室承办。中蒙两国100多名嘉宾和媒体代表围绕“疫情下的媒体：挑战、经验与合作”主题分享合作抗疫经验，畅谈媒体发展与合作，并达成广泛共识，发表了《中蒙新闻媒体新十年交流合作宣言》。论坛会场分别设在北京、呼和浩特和乌兰巴托。

◎ 央视网智慧媒体学院成立并揭牌

10月23日，央视网智慧媒体学院正式成立并揭牌。这是央视网依托“人工智能编辑部”核心资源，联合高校、科研机构及互联网行业内领先企业，开设创办的国内第一家主流媒体建设的智慧媒体学院。

◎ 国家网信办专项集中整治手机浏览器扰乱网络传播秩序突出问题

10月26日起，国家网信办对手机浏览器进行专项集中整治。着力解决三大突出问题：一是发布“自媒体”违规采编的各类互联网新闻信息，如歪曲解读经济民生政策、散布“小道消息”、传播谣言信息、翻炒旧闻编造“新闻”等；二是发布“标题党”文章，如恶意浮夸、“唱衰”、“卖惨”、冒名炒作等；三是发布违背社会主义核心价值观的不良信息，如传播低俗图文视频、炒作明星绯闻隐私和娱乐八卦等。

◎ 中非媒体对话会举行

10月28日，由中国国家广播电视总局、非洲广播联盟合作主办的中非媒体对话会以视频连线形式召开。与会代表呼吁，中非媒体应进一步加强合作，反对将疫情政治化、病毒标签化，反对和抵制虚假信息和污名化做法，坚决捍卫国际社会公平正义，共同讲好中非团结抗疫感人故事，为重启发展中国家后疫情时代的经济社会发展、深化中非各领域务实合作、推动构建更加紧密的中非命运共同体贡献积极力量。

◎ 全国第一家由地方电台开设的区域性广播长三角之声开播

10月28日，上海人民广播电台长三角之声正式开播，这是全国第一家由地方电台开设的区域性广播。长三角之声将以“打造新型传播平台、建成新型主流媒体、扩大主流价值影响力版图”为己任，致力于成为长三角高质量一体化发展进程中的重要媒体力量和跨区域媒体合作平台。

◎ 中宣部召开学习宣传贯彻党的十九届五中全会精神会议

10月29日，中宣部在京召开学习宣传贯彻党的十九届五中全会精神电视电话会议，中共中央政治局委员、中宣部部长黄坤明出席会议并讲话。黄坤明强调，要加大新媒体传播力度和对外宣介力度，生动活泼接地气地宣传好习近平总书记重要讲话精神，展现好“十三五”时期决胜全面小康的决定性成就，阐释好党中央关于当前形势的重大判断和关于推动高质量发展、构建新发展格局等重大部署，用新时代的美好蓝图激励干部群众更加有方向、有信心、有力量地阔步向前。

◎ 中共中央新闻发布制度建立

10月30日，中共中央举行新闻发布会，介绍和解读党的十九届五中全会精神，标志着中共中央新闻发布制度的建立。中央宣传部副部长、国务院新闻办公室主任徐麟说，建立中共中央新闻发布制度，是在中国特色社会主义进入新时代的历史条件下，适应形势发展和时代要求，坚持和加强党的全面领导、提高党的治国理政能力的重要制度安排和制度创新。

◎ 习近平同志《论党的宣传思想工作》出版发行

中共中央党史和文献研究院编辑的习近平同志《论党的宣传思想工作》一书，由中央文献出版社出版，在全国发行。这部专题文集收入习近平同志论述党的宣传思想工作的重要文稿52篇。其中部分文稿是首次公开发表。

◎ 第三十届中国新闻奖、第十六届长江韬奋奖评选揭晓

11月2日，中华全国新闻工作者协会主办的第三十届中国新闻奖、第十六届长江韬奋奖评选结果揭晓。来自全国各级各类媒体的348件作品获中国新闻奖，其中，特别奖5件，一等奖68件，二等奖105件，三等奖170件。同时评出的还有长江韬奋奖，长江、韬奋系列各10位获奖者。

◎ 第三十届中国新闻奖、第十六届长江韬奋奖颁奖报告会举行

11月6日，在中国记者节即将来临之际，第三十届中国新闻奖、第十六届长江韬奋奖颁奖报告会在京举行。中共中央政治局委员、中宣部部长黄坤明出席会议并讲话，强调新闻战线要始终把宣传阐释习近平新时代中国特色社会主义思想作为首要政治任务，深入贯彻党中央关于推动媒体融合发展的战略部署，着力构建全媒体传播体系、培养全媒体传播人才，引导新闻工作者在投身时代大潮中练就过硬本领、忠诚奉献人民。

◎ 国家网信办启动网络"有偿删帖""软色情"问题专项整治

11月5日，国家网信办召开全国网信系统电视电话会议，决定即日起开展网络"有偿删帖""软色情"问题专项整治行动，并就进一步提升依法管网工作能力、深入推进网络生态治理作出安排。根据会议部署，各地网信部门将指导网站平台设立短期、中期、长期整治目标，网信部门全程跟进督导；同时，严肃约谈处理一批问题严重、整改不力的网站平台，及时查办曝光典型案例，形成震慑效应。

◎ 中国新闻传播大讲堂开讲

11月5日，中国新闻传播大讲堂启动仪式在中国传媒大学举行。大讲堂由教育部高等教育司、中央宣传部新闻局指导，由中国传媒大学、教育部高等学校新闻传播学类专业教学指导委员会主办。2020年中国新闻传播大讲堂以"来自武汉抗疫一线的报道"为主题，邀请14家主流媒体参与抗疫一线报道的42名新闻记者，共录制了32集视频教学内容。

◎《关于加快推进广播电视媒体深度融合发展的意见》印发

11月13日，国家广播电视总局印发《关于加快推进广播电视媒体深度融合发展的意见》。就加快推进广播电视媒体深度融合发展的总体要求和目标任务，以及打造具有强大影响力和竞争力的新型主流媒体、全面加强内容建设与供给等方面提出明确要求。

域，以及与文化产业高度相关的旅游、体育等相关行业。

◎ 最高法印发《关于加强著作权和与著作权有关的权利保护的意见》

11月16日，最高人民法院印发《关于加强著作权和与著作权有关的权利保护的意见》。《意见》对全面适用署名推定规则、准确认定侵权故意以及引导当事人诚信诉讼等问题作出了具体规定。

◎ 2020中非媒体合作论坛举办

11月17日，中国驻肯尼亚大使馆和肯尼亚媒体委员会联合举办2020中非媒体合作论坛，来自中国和非洲地区的110余名嘉宾和媒体代表围绕数字时代的中非媒体合作主题，畅谈媒体发展与合作，并达成广泛共识。中国记协书记处书记田玉红以视频方式致辞。此次论坛是为庆祝中非合作论坛成立20周年，落实2018年中非合作论坛北京峰会成果举办的，采用线下加线上方式进行。

◎ 中国文化产业投资母基金成立

11月18日，中国文化产业投资母基金在北京正式成立。基金由中宣部和财政部共同发起设立，目标规模500亿元，首期已募集资金317亿元。作为国家级文化产业投资基金，主要投向新闻信息服务、媒体融合发展、数字化文化新业态等文化产业核心领域，以及与文化产业高度相关的旅游、体育等相关行业。

◎ 2020中国新媒体大会在长沙举行

11月19日至20日，2020中国新媒体大会在长沙举行。本届大会经中宣部批准，由中央网络安全和信息化委员会办公室、国家广播电视总局、湖南省人民政府指导，中国记协、湖南省委宣传部联合主办。作为中国新媒体行业的年度盛会，本届大会以“守正聚力　创新共融”为主题。大会发布了《中国新媒体研究报告2020》《中国新媒体年鉴2019》《全国视频文创产业发展指标体系研究》等成果，举办“内容创新创优”“聚焦新生代　赋能新生态”“新平台的社会责任”等专题论坛，揭晓中国新媒体战“疫”十大精品案例、扶贫十大优秀案例，推出“走进马栏山”主题展示，举办“增强‘四力’推动媒体深度融合发展”专题培训，启动“中国新媒体联合公益行动”。

◎ 首届中国（北京）国际视听大会举行

11月19日至22日，首届中国（北京）国际视听大会在北京举行。大会以“视听改变生活，文化引领未来”为主题，设视听冬奥展区、文化大数据展区、5G+8K超高清展区、广电5G与网络传输展区、新视听展区、视频AI展区、云计算/大数据展区、内容制作展区、智能终端与显示技术展区、AR/VR展区、数字音频展区十一大主题展区，全景展示国内外视听领域产业链上下游发展与创新现状及最新成果。

◎ 第四届中阿新闻合作论坛线上举行

11月24日，中国国务院新闻办公室与阿盟秘书处共同举办第四届中阿新闻合作论坛。来自中国和阿拉伯国家联盟成员国的新闻主管部门代表、主流媒体负责人等近60人，围绕“新冠肺炎疫情下媒体在加强中阿共同发展中的责任”主题线上交流。国务院新闻办主任徐麟、国务院新闻办副主任郭卫民、沙特新闻部大臣马吉德·卡萨比等出席论坛。中阿双方发表了《第四届中阿新闻合作论坛视频会议公报》。

◎ 2020年“一带一路”记者组织论坛召开

11月26日，2020年“一带一路”记者组织论坛通过网络视频方式召开。来自60多个国家和地区的120余位记者组织负责人围绕“团结合作、命运与共——后疫情时代的新闻交流”主题深入交流。论坛发布了《“一带一路”记者组织合作平台共同宣言（2020）》，号召各成员单位弘扬丝路精神，引领媒体机构和新闻从业人员密切沟通、团结合作，坚守职业精神，传播放大客观、理性、科学的声音，共同抵制歧视、污名化做法，坚定支持多边主义，不断完善“一带一路”记者组织合作机制，促进成员组织共同发展。

◎ 金砖国家媒体高端论坛主席团“云聚首”

11月30日，金砖国家媒体高端论坛第五次主席团会议以视频方式举行，各主席团成员一致承诺携手努力，进一步推动论坛机制发展与完善，面向后疫情时代推动和加强金砖国家媒体交流与合作。金砖国家媒体高端论坛由新华社倡议并联合巴西、俄罗斯、印度、南非主流媒体共同发起，主席团是论坛的决策机构。

12月

◎ 国家广电总局发布《广播电视技术迭代实施方案（2020—2022年）》

12月7日，国家广播电视总局办公厅发布《广播电视技术迭代实施方案（2020—2022年）》，指出利用3年左右时间，通过实施广播电视技术迭代，加快重塑广电媒体新生态，加速重构现代传播新格局。加快发展高清/超高清视频和5G高新视频，推动高标清同播向高清化发展，逐步关停标清频道。完善4K/8K超高清视频技术标准体系，推进5G高新视频落地应用，推出高新视频新产品和新应用。

◎ 中央广播电视总台与中国移动开展内容版权深度合作

12月8日，中央广播电视总台与中国移动通信集团有限公司内容版权战略签约仪式在京举行。由中央广播电视总台和中国移动共同建设的5G超高清视音频传播中心也同时揭牌启动，标志着中央广播电视总台和中国移动将在国际顶级体育赛事传播、超高清内容生产、AI智能播控方面开展全面内容版权深度合作。

◎ 中国记协新闻道德委员会开展重大主题宣传报道专题评议

12月9日，中国记协新闻道德委员会围绕全媒体时代创新做好重大主题宣传报道开展评议。与会委员认为，新闻媒体要善于从全局上把握报道选题，从整体上把握报道“时度效”，从内涵上深挖思想价值。找准受众的关注点、共鸣点、兴趣点，通过新闻作品与人民群众实现共情、产生共鸣、发生共振。积极借助新媒体技术，拓宽全媒体视野，让党的主流声音直抵各类用户终端，抢占舆论制高点。

◎ 中韩智库媒体“云对话”

12月16日，由新华社国家高端智库和韩国“一带一路”研究院共同举办的中韩智库媒体对话通过视频方式举行。来自中韩两国20多家智库、媒体的代表，围绕智库和媒体在两国民心相通中的作用与责任、国际秩序变化和东亚经济合作等议题展开“云端”探讨。

◎ 国家广电总局公布2020年度全国广播电视媒体融合先导单位

为加速全国广播电视媒体融合向纵深发展进程，充分发挥先进典型的示范作用和重点项目的带动作用，国家广电总局在2020年开展了全国广播电视媒体融合先导单位、典型案例、成长项目征集评选活动。经过初评、复评、现场终评并公示，共评出2020年度全国广播电视媒体融合先导单位10家、全国广播电视媒体融合典型案例15个、全国广播电视媒体融合成长项目15个。

◎ 中国记协发布《中国新闻事业发展报告》

12月21日，中华全国新闻工作者协会发布《中国新闻事业发展报告（2020年发布）》。这是中国记协自2014年以来发布的第五份有关中国新闻事业发展状况的年度报告。报告重点关注报纸、广播、电视等传统媒体的规模变化和发展趋势，介绍中国媒体融合发展的探索经验以及技术创新在媒体领域的应用。国家互联网信息办公室、国家广播电视总局、国家新闻出版署和部分新闻媒体为报告提供了2019年的数据材料。

◎ 人民日报发布“创作大脑”

12月24日，在2020智慧媒体高峰论坛上，人民日报“创作大脑”正式亮相。“创作大脑”具备直播智能拆条、在线视频快编、图片智能处理、智能字幕制作、可视化大数据、实时新闻监测等18项重点功能，是集轻应用平台、智慧媒体云、知识社区、开放生态于一体的一站式智能创作平台，能够为媒体机构提供全媒体生态智能解决方案，助力智能编辑部建设。

◎ 中央广播电视总台亚太总站揭牌

12月26日，中央广播电视总台亚太总站及下辖香港记者站和澳门记者站在香港、澳门以“云链接”方式正式揭牌成立。中宣部副部长、中央广播电视总台台长兼总编辑慎海雄表示，中央广播电视总台将依托亚太总站，做中国和亚太邻居的桥梁、亚太地区和世界的桥梁，为增进“一带一路”沿线国家人民理解和友谊，推动构建亚太命运共同体和人类命运共同体，作出媒体人应有的贡献。

◎ 中国人民广播事业诞生80周年座谈会举行

12月28日，中国广播电视社会组织联合会在京召开座谈会，纪念、庆祝中国人民广播事业诞生80周年。与会者认为，面向我国“两个一百年”奋斗目标，面临世界百年未有之大变局，面对新兴媒体迅猛发展的激烈挑战，广大广播工作者必须继承发扬人民广播优良传统，发挥广播独特优势，尊重媒体发展规律，统筹广播与电视、内宣和外宣、传统媒体和新兴媒体，加强新型主流媒体建设，奋力促进人民广播事业高质量创新性发展。

◎ 新华社“两报两端”2021年元旦改版升级

12月29日，新华社在京举行“两报两端”暨重点报刊品牌推介会，宣布所属《新华每日电讯》《参考消息》和新华社客户端、新华网“两报两端”将改版升级，于2021年1月1日全新亮相。同时，新华社旗下的《瞭望》周刊、《半月谈》杂志和《经济参考报》《中国证券报》《上海证券报》也将于2021年年初起全面改版。

附录

制度文件简目

一、2015 年

《互联网用户账号名称管理规定》

二、2016 年

1.《网络出版服务管理规定》

2.《关于加强国家网络安全标准化工作的若干意见》

3.《互联网信息搜索服务管理规定》

4.《移动互联网应用程序信息服务管理规定》

5.《互联网直播服务管理规定》

6.《中华人民共和国网络安全法》

三、2017 年

1.《互联网新闻信息服务管理规定》

2.《互联网信息内容管理行政执法程序规定》

3.《互联网新闻信息服务许可管理实施细则》

4.《互联网域名管理办法》

5.《互联网跟帖评论服务管理规定》

6.《互联网论坛社区服务管理规定》

7.《互联网用户公众账号信息服务管理规定》

8.《互联网群组信息服务管理规定》

9.《互联网新闻信息服务单位内容管理从业人员管理办法》

10.《互联网新闻信息服务新技术新应用安全评估管理规定》

四、2018 年

1.《微博客信息服务管理规定》

2.《新闻出版广播影视企业版权资产管理工作指引（试行）》

3.《网络安全等级保护条例（征求意见稿）》

4.《国务院办公厅关于加强政府网站域名管理的通知》

5.《公安机关互联网安全监督检查规定》

6.《关于进一步加强广播电视和网络视听文艺节目管理的通知》

五、2019年

1.《网络短视频平台管理规范》

2.《网络短视频内容审核标准细则》

3.《区块链信息服务管理规定》

4.《县级融媒体中心建设规范》

5.《县级融媒体中心运行维护规范》

6.《县级融媒体中心监测监管规范》

7.《县级融媒体中心网络安全规范》

8.《云计算服务安全评估办法》

9.《关于推动广播电视和网络视听产业高质量发展的意见》

10.《App违法违规收集使用个人信息行为认定方法》

11.《网络音视频信息服务管理规定》

12.《网络信息内容生态治理规定》

六、2020年

1.《关于统筹疫情防控和推动广播电视行业平稳发展有关政策措施的通知》

2.《广播电视行业统计管理规定》

3.《广播电视和网络视听统计调查制度》

4.《关于规范摄影作品版权秩序的通知》

5.《网络安全审查办法》

6.《关于进一步加强网络文学出版管理的通知》

7.《网络直播营销行为规范》

8.《关于印发5G高新视频系列技术白皮书的通知》

9.《广播电视和网络视听大数据标准化白皮书（2020版）》

10.《关于加快推进媒体深度融合发展的意见》

11.《广播电视和网络视听统计基本单位信息库管理办法》

12.《中华人民共和国著作权法》（2020年11月11日修正）

13.《关于加快推进广播电视媒体深度融合发展的意见》

14.《关于加强著作权和与著作权有关的权利保护的意见》

15.《广播电视技术迭代实施方案（2020—2022年）》

16.《关于进一步优化营商环境推动互联网上网服务行业规范发展的通知》

17.《最高人民法院关于审理利用信息网络侵害人身权益民事纠纷案件适用法律若干问题的规定》

18.《最高人民法院关于审理著作权民事纠纷案件适用法律若干问题的解释》（2020年12月23日修正）

（王伟亮　方楚楚）

书籍简目

1.《中国新媒体研究报告 2020》
中国记协新媒体专业委员会　编
主编：曾祥敏
人民日报出版社

2.《中国新媒体年鉴 2019》
中国记协新媒体专业委员会　编
时代文艺出版社

3.《中国视听新媒体发展报告（2020）》
国家广播电视总局网络视听节目管理司
国家广播电视总局发展研究中心　编
中国广播影视出版社

4.《中国新媒体发展报告（2020）》
主编：唐绪军　等
社会科学文献出版社

5.《中国新闻业年度观察报告（2020）》
主编：张志安　等
人民日报出版社

6.《中国传媒产业发展报告（2020）》
主编：崔保国　等
社会科学文献出版社

7.《解析中国新闻传播学 2020》
主编：刘海龙
中国人民大学出版社

8.《中国媒体融合发展报告（2020）》
主编：梅宁华　等
社会科学文献出版社

9.《网络评论蓝皮书：中国网络评论发展报告（2020）》
主编：赵曙光
社会科学文献出版社

10.《马克思主义新闻观经典文献研究》
主编：陈力丹　等
中国人民大学出版社

11.《新闻历史与理论》
主编：王润泽
中国人民大学出版社

12.《融媒体建设与创新》
主编：蔡雯
中国人民大学出版社

13.《公共传播与社会治理》
主编：胡百精
中国人民大学出版社

14.《编辑部场域中的新闻生产：基于〈南方都市报〉的研究》
作者：张志安
复旦大学出版社

15.《效应——舆论传播的 100 个定律》
作者：中璋
中信出版社

16.《新时代新闻传播教育》
主编：胡百精
中国人民大学出版社

17.《视角与手法——中国新闻奖国际新闻作品解析》

作者：高晓虹　等

中国传媒大学出版社

18.《传播机制中的情感因素研究》

作者：易艳

人民日报出版社

19.《人际传播：知识图景与前沿实践》

作者：胡春阳

复旦大学出版社

20.《媒介与修辞》

作者：蒋原伦

生活·读书·新知三联书店

21.《新媒体用户研究》

作者：彭兰

中国人民大学出版社

22.《边界、权威与合法性：中国语境下的新闻职业话语研究》

作者：白红义

复旦大学出版社

23.《释放数据的力量：数据新闻生产与伦理研究》

作者：张超

中国人民大学出版社

24.《新媒体传播：中国主流媒体的实践与探索》

《新媒体传播：中国主流媒体的实践与探索》编写组　编

人民日报出版社

25.《视听传媒的内容生产与传播》

作者：顾亚奇

中国传媒大学出版社

26.《移动社交媒体舆论热点传播机制研究》

作者：张鑫

人民日报出版社

27.《转型时期社会情绪调适与舆论引导研究》

作者：孔德明

人民日报出版社

28.《传媒大家谈：媒体人的 24 堂精进课》

作者：涂凌波　等

人民日报出版社

29.《源流说：内容生产与分发的 44 条法则》

主编：吴晨光

中国人民大学出版社

30.《网络空间的劳动图景》

作者：杨逐原

中国人民大学出版社

31.《国际新闻报道之批评话语分析》

作者：严玲　等

中国传媒大学出版社

32.《见微知著：地县媒体融合创新实践》

作者：谢新洲　等

人民出版社

33.《融合：转型中的“媒介体制”与新闻业》

作者：刘兆明

中国社会科学出版社

34.《中国崛起之舆论战》

作者：任贤良

人民日报出版社

35.《融媒图景：中国新闻传播变革研究》

《融媒图景：中国新闻传播变革研究》编写组　编

人民日报出版社

36.《名声：以传播的视角》

作者：刘宏

中国传媒大学出版社

37.《新时代网络舆情分析与对策研究》

作者：尉永清　等

复旦大学出版社

38.《近代中国新闻实践史略》

作者：王润泽

人民出版社

39.《美国受众研究的历史轨迹》

作者：谷征

中国传媒大学出版社

40.《跳动空间：抖音城市的生成与传播》

作者：潘霁　等

复旦大学出版社

41.《中国居民的媒介使用图谱——全民媒介使用与媒介观调查报告》

作者：喻国明

人民日报出版社

42.《媒体融合时代的地方政府形象传播》

作者：王芳菲

中国传媒大学出版社

43.《交往在云端：数字时代的人际关系》

作者：［美］南希·K. 拜厄姆

译者：董晨宇　等

中国人民大学出版社

44.《习以为常：手机传播的社会嵌入》

作者：［美］理查德·塞勒·林

译者：刘君　等

复旦大学出版社

45.《新媒介：关键概念》

作者：［英］尼古拉斯·盖恩　等

译者：刘君　等

复旦大学出版社

46.《网上遗产：被数字时代重新定义的死亡、记忆与爱》

作者：［英］伊莱恩·卡斯凯特

译者：张淼

海峡文艺出版社

47.《媒介融合：网络传播、大众传播和人际传播的三重维度》

作者：［丹麦］克劳斯·布鲁恩·延森

译者：刘君

复旦大学出版社

48.《文化与社会的媒介化》

作者：［丹麦］施蒂格·夏瓦

译者：刘君　等

复旦大学出版社

49.《互动新闻：黑客、数据与代码》

作者：［美］尼基·厄舍

译者：郭恩强

中国人民大学出版社

50.《注意力分散时代：高速网络经济中的阅读、书写与政治》

作者：［澳］罗伯特·哈桑

译者：张宁

复旦大学出版社

51.《纸知识：关于文档的媒介历史》

作者：［美］丽莎·吉特尔曼

译者：王昀

复旦大学出版社

52.《新闻社会学》

作者：［美］迈克尔·舒德森

译者：徐桂权

中国人民大学出版社

53.《过滤泡：互联网对我们的隐秘操纵》

作者：［美］伊莱·帕里泽

译者：方师师　等

中国人民大学出版社

54.《媒介与传播地理学》

作者：［美］保罗·亚当斯

译者：袁艳

中国传媒大学出版社

55.《对世界说话：公共关系与传播》

作者：［美］丹尼斯·L. 威尔科克斯　等

译者：尚京华　等

中国人民大学出版社

56.《奇云：媒介即存有》

作者：［美］约翰·杜海姆·彼得斯

译者：邓建国

复旦大学出版社

（黄馨茹）